하경효 교수 정년기념논문집

계약과 책임

하경효 교수 정년기념논문집 간행위원회

박영사

河京孝 教授 近影

간 행 사

존경하는 은사이신 하경효 교수님께서 정년을 맞이하시게 되었습니다. 그동안 베풀어주신 학은(學恩)에 대한 감사의 조그마한 표시나마 올리기 위하여 이 논문집을 간행하여 선생님께 올리고자 합니다. 몇 년 전 품어진 이 같은 계획에 관하여 선생님의 간곡한 만류가 있었고, 이에 선생님의 가족이나 다름없는 동학(同學), 후배 그리고 문하생으로만 필진을 구성한다고 허락을 얻어서 선생님의 정년기념논문집은 비로소 발간될 수 있었습니다. 이 자리를 빌려 하서(賀書)를 주신 김형배 선생님, 조규창 선생님 두 분 은사님과 최완진 교수님, 하 선생님의 관심분야에 집중하여 논문을 마련해 주신 집필진 분들, 그리고 논문집 간행에 마음을 함께 해 주신 많은 분들께 먼저 깊은 감사를 드립니다.

교수라는 직분이 연구, 후학양성 그리고 교내행정과 사회봉사라고 할 때에, 하경효 선생님께서는 정말 이들 활동을 고루 하셨다고 모두가 떠올리실 것으로 알고 있습니다. 법학전문대학원이라는 새로운 법학교육 체제의 도입을 전후하여 하 선생님께서는 법과대학장, 법학전문대학원장 직을 역임하셨을 뿐만 아니라, 전공영역인 민법과 노동법 분야에서 법률개정 위원, 공익심판 위원 등 많은 사회봉사 활동을 수행해 오셨습니다. 이러한 분주한 활동 가운데에도 하 선생님께서는 민법과 노동법 영역을 넘나들면서 정년이 되시기까지 매년 끊임없는 집필활동에 정진해 오셨습니다. 특히 여러 계약유형에서 급부장애(給付障碍)의 법률관계, 근로자의 인격권과 사용자의 경영권 보장이라는 대립적 이익형량을 바탕으로 한 개별적 근로관계의 규율을 도모하려는 하 선생님의 많은 논문은 후행 연구에서 반드시 살펴야 할 업적으로 평가되고 있습니다. 또한 법원의 판결례나 노동실무에서 논란의 여지가 있는 현실적 소재로부터 연구대상을 찾고 그 논의에서 논리와 체계에 부합하면서도 구체적으로 타당한 결과를 도모하려고 하였던 연구방법 역시 하 선생님의 후학에 대한 큰 가르침의 하나라고 생각합니다.

한편 온화하고 상대방을 배려하는 학자이신 하경효 교수님께서는 지금껏 은사님들께는 지극한 성의로, 선후배와 동료에게는 굳건한 신의로, 그리고 문하생들에게는 한없는 사랑으로 대해 오셨습니다. 굳이 하나하나의 사연을 언급하지 않더라도 이 글을 읽으시는 분들께서도 각자의 회상으로 이러한 마음이 전해지고 있으리라고 믿습니다. 몇몇 모임과 계기를 통하여 갖게 된 개인적 소회로는 하 선생님께서는 때로는 남의 문제를 그의 입장에서 생각해 주시고 남의 아픔과 근심을 그 자신보다 더 깊게 해 주셨던 그러한 분이셨습니다. 또한 당신의 학문적 풍모가 어느 하나에 치우치지 않고 전체적 질서와 균형을 강조하셨던 바와 마찬가지로 하 선생님께서는 학사 행정에서는 공적 가치와 집단적 조화를 우선하셨고, 후학 지도에서는 사랑과 함께 학문적 내지 직업적 올바름과 성실함을 스스로 보여주고자 애쓰셨던 것으로 알고 있습니다. 아마도 이러한 온화한 품성과 치우침 없는 균형감이 하 선생님께서 30여 년 고려대학교에서 민법과 노동법을 담당하는 교수로서 재직하는 동안 많은 제자들을 품어 지금은 학계, 법조계와 여러 사회분야에서 본분을 다하는 인재를 배출할 수 있었던 원동력이지 않았을까 생각해 봅니다.

큰 뜻은 이를 접한 당시보다는 나중에 비로소 느껴지는 경우가 적지 않은 것 같습니다. 하 선생님의 큰 모습 역시 그런 바의 하나이어서 이런저런 계기에서 느끼지 못하였던 것은 아니지만 금번 정년기념논문집 간행의 과정에서도 새삼 실감할 수 있었습니다. 서두에서 짤막히 소개했던 기념논문집의 간행 경위에서 그러하였고, 아주 한정된 필진선정에도 불구하고 논문을 주셨던 또는 그렇지 못하였던 간에 지인 분들의 뜨거운 애정 어린 관심, 축하의 글을 주셨던 하 선생님의 은사님들과 친우로부터 전해 들었던 신망어린 말씀들, 그리고 긴 시간 동안 각자의 사회활동에 전념하던 터에 하 선생님의 정년 및 기념논문집 간행의 소식을 접하고 많은 분들이 전해주신 아쉬움과 축하의 마음으로부터 하 선생님의 큰 모습을 비추어 볼 수 있었습니다.

정년이라는 또 다른 하나의 시작, 그리고 현직교수라는 직책에서 비롯된 여러 제한에서 벗어나 새로운 시작을 하시는 하경효 선생님께 「계약과 책임」이라는 기념논문집을 마음으로부터 올립니다. 선생님으로부터 배워왔던 학문적 가르침, 전문직업인으로서의 성실성과 책임감을 잘 간직하여 저희들도 저희의 후배에게 전할 수 있도록 하겠습니다.

2017년 9월

하경효 교수 정년기념논문집 간행위원 일동

하 서

—하경효 교수와 나—

—賀序에 붙여—

하경효 교수와 나의 경우와 같이 오랫동안 동학(同學)의 길을 걸어온 사람들은 그리 많지 않을 것이다. 하 교수가 1975년 봄에 대학원에 진학하면서 나의 연구실로 찾아와 노동법을 전공할 뜻을 밝힌 것을 계기로 오늘에 이르기까지 40여 년간 학문적인 인연이 이어지고 있다.

내가 1969년 독일에서 학위를 마치고 귀국한 다음 대학의 발전을 위해서 시급히 서둘러야 할 과업 중의 하나가 학문적 기초를 갖춘 후배 교수의 양성이라고 생각하였는데, 나는 이러한 계획의 실현으로 1970년 초반에 이미 몇 사람의 후배들을 장학생으로 독일에 보낼 수 있었다. 하 교수는 1977년 초에 석사 학위를 받은 후 나에게 학자의 길을 걷겠다며 유학의 뜻을 밝힌 일이 있다. 나는 하 교수의 능력이나 성품과 의지를 잘 알고 있었으므로 전폭 지원하기로 마음먹고, 앞으로 노동법을 넓고 깊이 연구하려면 민법 공부를 병행할 것을 당부하였다. 나는 그 당시 한국에 주재하고 있던 독일 Konrad－Adenauer 재단에 하경효 석사를 추천하였는데 무난히 장학생으로 선발되었다. 독일에 유학하는 사람은 지도 교수의 학문적 깊이와 성향 및 인품의 영향을 크게 받기 마련이므로 하경효 석사가 지도 받을 독일 교수를 정하는 일에는 신중을 기했다. 나는 심사숙고 끝에 그 당시 독일에서 중진 학자로서 많은 논문을 집필하며 학계에서 주목을 받고 있던 Mainz 대학교의 Horst Konzen 교수에게 하경효 석사의 지도를 맡아 주길 당부하는 글을 썼다. 하경효 석사가 박사 학위 논문을 쓸 때는 민법과 연관된 노동법 테마를 선정해 주었으면 좋겠다는 부탁도 정중하게 제의하였다. 하 교수의 박사학위 논문 “Das Lohnrisiko bei Produktionsstörungen in Unternehmen”은 노동법과 민법이 긴밀하게 연계된 내용으로서 독일 노동법학에서 대표적인 쟁점 분야 중의 하나였다. 하 교수가 쓴 학위 논문은 magna cum laude(우등)를 받았다. 하 교수를 지도한 Konzen 교수와는 그 이후부터 오늘에 이르기까지 학문적 교류뿐만 아니라 개인적으로도 두터운 교분을 쌓고 있다.

하 교수는 1990년에 노동법과 민법을 강의하는 교수로 부임하였다. 하 교수는 그 후 노동법, 민법 이외에 외국법에 이르기까지 그의 연구 분야를 넓히면서 연구 업적을 쌓아 차분하게 깊이 생각하는 학자로 학계의 신망과 명성을 얻고 있다. 특히 하 교수는 자유주의적 사고에 서 있으면서도 노동법의 특수성과 강행성을 이해할 때에는 현행법의 전체적인 법질서와 모순되지 않는 해석을 함으로써 현대 노동법이 발전적으로 정착할 수 있는 실효적 법리를 전개하고 있다.

이와 같은 하 교수의 학문적 성향은 독일에서의 연구 배경과 지도 교수의 학풍에 영향을 받은 것으로 짐작되지만, 다른 한편 하 교수 자신이 지닌 인품이나 성격에서 연유하는 측면도 부인할 수 없다.

하 교수는 원래 남에게 싫은 소리를 할 줄 모르는, 이치와 합리성을 벗어난 주장을 하지 않는 선비적 품성을 지니고 있다. 앞뒤의 논리가 서지 않거나 현행법 체계에서 벗어나거나, 질서의식과 모순되는 이론은 처음부터 용인하지 않는 학자이다. 말하자면 예(禮)와 지(智)를 겸비한 학자다. 하 교수의 이러한 성품은 모든 사람과 함께할 수 있는 친화력과 화합을 생산하는 힘으로 작용한다. 하 교수가 한국노동법학회, 한국민사법학회를 비롯하여 여러 분야의 학회장을 역임하고, 대학에서는 법과대학장, 법학전문대학원장 등을 지내며, 중앙노동위원회 공익위원, 법무부 민법개정위원회 위원 등 정부 산하의 각종 관계 기관의 위원 또는 위원장 등의 직책을 맡아 크고 작은 조직을 이끌며 참여할 수 있었던 것은 그가 지닌 성품과 능력에 따른 자연스러운 결과라고 생각된다.

모든 시작은 끝이 있는 것이지만, 그 끝남은 새로운 시작으로 연결된다. 시간은 소멸하는 것이 아니라 창조하는 것이기 때문이다. 나는 교수가 해야 할 직분 중의 하나가 훌륭한 후배를 양성하는 일이라고 평소에 입버릇처럼 말해 왔다. 내가 퇴직하던 1999년에 하 교수는 동료 교수로서 10년 차 중진 교수로 노동법과 민법을 강의하고 있었다. 이제 하 교수는 퇴직하지만, 그가 지도한 제자들이 뒤를 이어 열심히 연구하며 강의하고 있다. 새로운 시작은 끝없이 계속되는 맥(脈)을 이룬다. 학맥(學脈)도 마찬가지이다.

1960년대 말을 전후하여 유학에서 돌아와 대학에서 교수로 자리 잡은 우리 세대를 세칭 유학 1세대로 부르기도 한다. 하 교수가 퇴직하면서 유학 2세대가 그 자리를 3세대에 넘겨주게 되었다. 하 교수는 그동안 우수한 저서와 많은 논문을 쓰면서 2세대로서의 역할을 훌륭하게 성공적으로 수행한 학자라고 생각한다. 그는 조용한 사람이지만 할 일은 다하는 추진력과 견인력을 가진 학자이기도 하다. 건강하게 장수를 누리는 요즘 시대에 정년은 규정상의 마무리에 지나지 않는다. 하 교수는 앞으로도 완숙한 창의력을 가지고 계속 훌륭한 업적을 쌓을 것으로 믿는다.

하 교수의 동료 교수와 제자 교수 그리고 그의 학은을 입은 많은 분들이 하 교수의 퇴임을 축하하는 기념논문집을 간행한다는 것은 참으로 온당한 일로서 축하해야 할 경사가 아닐 수 없다.

오늘 이 시점에 이르기까지 나와 많은 세월을 같이해 온 하 교수에게 경하(慶賀)의 뜻을 전한다.

2017년 7월 17일

고려대학교 명예교수
金 亨 培

하　서

—河京孝 教授의 功績을 致賀하며—

대한민국 공군의 청년장교 하경효 대위의 신선한 인상이 나의 뇌리에서 사라지기도 전에 놀랍게도 하경효 교수가 정년을 맞이하게 되었다 한다. 1990년 3월에 교수로 부임한 이래 근 30년간 하경효 교수(이하 '하 교수'로 축약)는 연구와 강의, 교내보직과 사회봉사를 성공적으로 완수한 법학자이며 교육자로서 자랑스러운 고대인임을 의심치 않는다.

언제 보아도 흐트러짐이 없는 단정한 몸가짐과 감정의 기복을 노출하지 않는 절제와 온화한 성품, 치우침이 없는 균형감각과 강직한 내면세계, 검소한 생활방식은 지난 조선시대의 선비를 연상케 하기에 충분하다. 이로 인하여 나는 하 교수를 晋州兩班 (晋州牧使 正三品 堂上官) 河 大監이라고 불렀다. 지난 8년간(1990. 3.~1998. 8.) 하 교수와 내가 함께 한 강단생활 동안 하 교수가 공인이든 사인이든 막론하고 어느 누구를 비난하거나, 비하하는 모습을 보거나 들어본 일이 없다. 이는 하 교수의 고매한 인품을 말해주며, 하 교수가 끊임없는 자기수양을 통하여 교육자로서 높은 도덕적 경지에 이르렀음을 말해준다.

대학교육에 종사하는 하 교수도 불가피하게 보직교수로서 학사행정에 참여하여 대학원주임을 위시하여 법학과장, 법학연구소장, 노동문제연구소장, 노동대학원장, 2차례에 걸친 법과대학장, 법무대학원장과 법학전문대학원장에 이르기까지 수많은 보직을 역임했다. 그럼에도 하 교수가 보직전문교수로 추락함이 없이 연구생활에 매진하여 괄목할 만한 학문적 연구 성과를 거두었음은 놀라운 일이 아닐 수 없다. 학교보직은 학문적 사고의 연속성을 차단하는 장애사유로서 연구생활에는 아무런 도움이 되지 않는다. 그간 하 교수가 학사행정에서 속출하는 수많은 난관을 극복하고 연구생활을 계속할 수 있었음은 지극히 다행스러운 일이다. 무엇보다도 법과대학에서 법학전문대학원으로 개편하는 시기에 당면한 난제인 새로운 교과목의 편성, 교육시설의 변경, 지극히 민감한 신임교수초빙의 인사문제와 운영기금의 확보 등 무수한 난제를 슬기롭게 해결하여 오늘과 같이 법학전문대학원을 정상화하고 퇴임하는 하 교수의 공로는 지대하다.

하 교수는 보직교수로서 학교발전에 기여하였을 뿐만 아니라 사회봉사에 참여하여 노사관계발전에도 크게 기여했다. 하 교수는 노동문제전문위원으로서 노동부에서 노사관계의 상호협력과 발전 방향을 비롯하여 시대적 변화에 따른 노동관계법 개혁방안 제시 등의 자문활동과 중앙노동위원회의 공익위원으로 참여하여 노동현장에서 발생하는 노사 간의 분쟁사건을 합리적으로 해결하기 위한 심판업무를 헌신적으로 수행했다. 또한 하 교수는 법무부와 대검찰청의 자문위원으로 참여하여 성숙한 시민사회의 형성을 위한 건설적인 의견을 제시하였을 뿐만 아니라 대법원 법관징계위원회의 위원으로도 참여했다. 하 교수가 최고법원의 징계위원으로 참여했음은 하 교수에 대한 높은 도덕적 신뢰가 담보되었음을 말해준다.

그간 하 교수의 학사행정 부담과 사회봉사활동에도 불구하고 그의 학구열은 식지 않았으며, 수많은 난관을 극복하고 이룩한 지대한 학문적 업적에 놀라움을 금할 수 없다. 하 교수는 단행본 11권의 공저(共著)와 공동번역서인 보통유럽매매법에 이어서 역작으로 판(版)을 거듭하는 노동법사례연습과 연구서인 임금제도론을 저술했다.

하 교수의 임금제도론은 흔히 국내의 법률저서와 논문에서 볼 수 있는 외국문헌(주로 독일문헌)의 참고나 인용 없이 순전히 국내학자의 문헌과 대법원판례를 중심으로 구성한 독창적인 저서로 높이 평가된다. 그의 임금제도론은 노동시장에서 임금결정의 기준이 되는 사회경제적 요소를 첨가했으면 하는 아쉬움도 없지 않으나 임금의 개념과 종류, 임금채권 우선보호의 원칙 및 임금제도의 변화와 입법과제를 종합적으로 서술하였다는 점에서, 하 교수의 학문적 정열과 업적이 집약된 대표적인 연구성과라 하겠다.

하 교수는 이들 단행본 저서 외에 무려 125편의 학술논문을 발표했으며, 이 중 민법논문이 26편을 차지하고 있다. 그런데 이들 논문 중에서 하 교수가 1992년 김윤환 교수를 위시하여 2007년 서광민 교수에 이르기까지 총 9편의 논문을 선배교수에게 헌정하는 화갑 또는 정년기념논문으로 기고하였던바, 이는 선배교수를 공경하는 그의 마음가짐이 지극했음을 말해준다. 또한 하 교수는 자신의 지도교수인 독일 Mainz대학의 H. Konzen 교수의 70세 기념을 위하여 기고한 “한국의 해고보호법과 그 개혁방안”이라는 논문과 독일외국법학회의 정기간행물에 기고한 “새로운 한국노동법이 노사관계에 미치는 영향”이란 논문을 통하여 한국노동법의 동향과 개혁실태를 해외에 소개하는 한편, “한국민법 50년, 법률행위론의 전개과정”이란 논문으로 독일과의 법문화교류에 기여했다.

하 교수는 계약법상의 위험부담(민법 제537조), 이른바 불가항력(vis maior) 또는 우연한 사정(causus fortuitus)으로 인한 급부장애의 문제를 학위논문에서 심도 있게 취급하였으며, 이어서 위험부담과 관련하여 임대차계약에 있어서의 급부장애를 비롯하여 도급계약과 고용계약에 있어서의 반대급부의 위험부담 등 급부장애에 관한 4편의 중후한 논문을 발표하여, 아마도 하 교수의 연구논문을 도외시하고 급부장애의 문제를 논의할 수는 없게 되었으리라 생각된다. 또한 하 교수는 여러 논문에서 민법과 노동법의 상호관련성과 법체계에 있어서 노동법의 위상을 상세히 규명하는 한편 산업사회에 있어서 노동법의 기능과 노동법학의 새로운 발전방향을 제시했다. 또한 하 교수는 노동법학자로서 노동문제의 핵심요소인 임금문제에 학문적 관심을 집중하여 파업노동자의 임금지급문제를 비롯하여 임금문제에 관한 다수의 논문을 발표하였다.

또한 하 교수는 근로자 임금채권의 우선보호에 깊은 관심을 표시하였을 뿐만 아니라, 최근의 논문인 "전자장비를 이용한 근로감시·관찰에 따른 법적 문제"를 비롯하여 "새로운 근로감시기술도입에 따른 법률문제"와 "서비스산업 근로자의 인격권 침해와 사업주의 책임" 등에서 근로자의 인격권침해 우려를 심도 있게 취급하였던바, 이는 시의적절한 문제의 제기가 아닐 수 없다. 그간의 수많은 논문과 저서에서 하 교수가 추구하는 노동법의 이상이 근로자의 임금채권과 인격권의 보호에 의한 노사관계의 윤리적 승화에 있음을 잘 알 수 있다.

더 나아가 하 교수는 "노사관계의 환경변화와 노사자율질서의 방향"이라는 논문과 "근로관계에 있어서 근로자의 양심의 자유와 자기책임"과 같은 연구논문에서 노사관계의 자율성 제고 및 경직된 노사관계를 인간적·인격적인 윤리적 경지로 승화시킬 것을 요구하는 한편, 판례평석을 위하여 많은 시간을 할애해 15편의 노동법판례를 분석, 고찰하였다. 그간 실정법의 이론인식은 극복되어 판례를 중심으로 법발달이 진행되었다. 선험적인 현행 실정법규정이 판례를 통하여 여과되고 일반조항이 구체화되며 또한 판례를 기초로 새로운 법리가 구성되고 일반화하는 판례법학의 형성에 따라 판례평석은 날로 중요한 의미를 가지게 되었다. 특히 논리적 빈약성이 현저한 판례에 이론성을 부여할 과제가 판례연구와 판례평석의 과제로 주어졌다. 하 교수의 노동법판례평석이 이론적으로나 실제적으로 노동법 발전에 크게 기여하였을 것임을 의심치 않는다.

이어서 하 교수는 실정법의 이론인식과 판례연구에 만족하지 않고 학문적 영역을 확대하여 유럽경제공동체(EC)와 유럽연합(EU)의 노사관계 동향과 발전방향을 비롯하여 최근의 유럽사법재판소의 판례분석에 이르기까지 8편의 논문을 발표하였을 뿐만 아니라 단행본으로 한국과 EU 회원국 간의 노사관계를 비교, 서술하였으며 또한 공역으로 보통유럽매매법을 간행했다. 오늘의 세계는 인류의 보편적 가치인 인권의 옹호와 자유시장 경제질서를 지향하여 자본, 기술, 노동, 상품과 용역의 유통이 자유로운 세계시장이 형성되어, 하나의 시장에 하나의 법을 요구하는 국제적 거래질서가 형성되고 있다. 이러한 세계화의 추세를 간파한 하 교수는 한국의 법제도와 밀접한 관계에 있는 유럽공동체법의 분석, 비교, 고찰을 통하여 현행법의 발전방향을 모색하는 비교법적 방법을 동원했다.

한편 하 교수는 학회 활동에도 적극 참여하여 노동법학회와 민사법학회에서 논문의 발표와 토론참가의 학술활동에 이어 노동법학회장과 민사법학회장을 역임하여 회원 상호간의 친목과 우의를 증진함과 동시에 학술연구진흥에 크게 기여했을 뿐만 아니라, 하 교수 자신이 한국유럽법학회를 창설하기도 했다. 하 교수는 유럽공동체법의 조직적·체계적인 연구를 통하여 한국법 발전에 기여할 것을 목적으로 그간 국제학술회의 개최와 학회지의 간행 등 연구 활동을 활발히 진행하였으나 불행히도 재정난으로 동면상태(冬眠狀態)에 이르게 되었다. 하 교수의 원대한 연구계획이 좌절되지 않도록 후학이 조만간 학회를 부흥하여 연구 활동을 재개하기를 바랄 뿐이다.

끝으로 하 교수는 법학자로서 많은 학문적 성과를 거두었을 뿐만 아니라 남달리 애정 어린 학생지도와 성실한 수업활동을 통하여 교육자로서도 많은 업적을 남기었다. 학자의 권위와 교육자의 존경은 차원을 달리한다. 수많은 대학원생이 하 교수의 문하로 운집하였음은 하 교수의 학문적 권위 못지않게 하 교수의 높은 인격과 포용력, 학생의 인격을 존중하는 마음가짐 등으로 하 교수를 존경하는 데 기인한다. 하경효 교수의 정년을 기념하기 위한 이번 논문집의 간행을 위하여 후학의 논문이 각처에서 답지하고 있음도 스승에 대한 후학의 존경심을 말해주고 있다. 그간 하 교수가 배출한 많은 제자들이 학계에서 연구활동을 성실히 수행하고 있을 뿐만 아니라 법조와 여러 전문 직업영역에서 각자의 직분에 전념하고 있다는 것 또한 하 교수의 공적에 대한 보상이 아닐 수 없다.

법학자로서 또한 교육자로서 많은 공적을 남긴 하 교수에게서 '생의 충만함'(la plénitude de la vie)을 발견한다. 정년 후에도 건강하게 중단 없는 연구생활을 계속하기 바라는 마음 간절하다.

2017년 7월

고려대학교 전 로마법교수

조 규 창

하 서

— 하경효 교수의 정년퇴임을 축하드리며 —

내가 평소 존경해 마지않는 고려대학교 하경효 교수가 어느덧 정년을 맞이하게 되었다. 하경효 교수는 고려대학교 법과대학과 동대학원 석사과정을 졸업하고 박사과정을 수료한 후 독일 마인츠 대학으로 유학하여 법학박사 학위를 취득하였다. 박사학위를 취득한 후 귀국하여 1990년 3월 고려대학교 법과대학 조교수로 임용되면서 교수생활을 시작하였다. 하경효 교수는 민법과 노동법을 같이 전공하면서 우리나라 민사법 학계와 노동법 학계의 발전에 크게 기여하였다. 일반적으로 대학교수가 한 분야의 전공을 택하여 업적을 쌓아나가는 것도 매우 어려운 일인데 하 교수는 민사법과 노동법 양 분야에 걸쳐서 많은 학문적 업적을 성취하였다. 이것은 하 교수의 지도교수인 김형배 교수님의 전공과 학은에 기인한 것이라고 생각된다. 하 교수는 근 30년에 걸친 교수 생활을 통하여 13권의 저서를 집필하고 125편에 달하는 주옥같은 논문을 발표하였다. 하 교수의 타의 추종을 불허하는 학문적 열의와 해박함은 지금도 후배 교수들에게 귀감이 되고 있다. 하 교수는 학회 활동에도 진력하여 한국민사법학회장, 한국노동법학회장, 안암법학회장, 노동법이론실무학회장, 한국유럽법연구회장 등을 맡아 민사법학계와 노동법학계의 학술연구진흥과 학회 발전에 크게 기여하였다.

또한 학교 행정에도 깊이 관여하여 고려대학교 법과대학장, 법학전문대학원장, 노동대학원장, 법무대학원장, 노동문제연구소장 등을 역임하면서 법학전문대학원의 초석을 다지는 데 큰 역할을 하였고 고려대학교의 발전에 크게 공헌하였다. 이러한 업적이 국가적으로도 인정되어 홍조근정훈장을 수훈하였으며 학교에서는 명강의로 명성을 떨치면서 고려대학교 석탑강의상과 우수강의상을 여러 차례 수상하기도 하였다.

하 교수는 사회 봉사활동에도 적극적으로 참여하여 중앙노동위원회 공익위원, 대검찰청 공안자문위원회 위원, 노동부 노사관계선진화위원회 3분과 위원장, 사법연수원 운영위원회 위원, 노사정위원회 근로시간단축특별위원회 위원 등을 역임하였고 특히 법무부 민법개정위원회 제2분과위원장과 민법개정위원회 위원을 여러 차례 맡아 우리나라 민법 발전에 크게 기여하였고 이밖에도 법무부 변호사시험관리위원회 위원, 대법원 법관징계위원회 위원, 서울서부지방법원 조정위원 등 다방면에 걸쳐 폭넓은 활동을 전개하였다. 또한 사법고시, 행정고시, 외무고시 등 각종 국가시험의 출제위원을 맡아 후학들을 양성하는 일에도 최선을 다하였다.

이러한 학문적 활동과 다양한 사회봉사활동을 통하여 하 교수는 국가발전의 크나큰 역할을 수행하였다고 평가해도 결코 과분한 찬사는 아닐 것이다.

내가 처음 하 교수를 만난 것은 1971년 대학 1학년 때였던 것으로 기억한다. 나는 한국외대 학생이었고 하 교수는 고려대 학생이었지만 우리는 순수했던 젊은 시절에 만나 의기투합하여 여러 가지 활동을 같이 하였다. 각자 자기의 소속 학교를 벗어나 고대와 외대 캠퍼스를 오가며 고려대 법대 강의와 외대 강의를 번갈아 수강하기도 하였고 학회활동, 미팅과 취미생활도 같이 하면서 당시의 암울했던 사회상황과 시국에 대해 뜨거운 담론을 나누기도 하였다. 대학 4년간의 절친했던 우정은 우리가 나란히 고려대학교 대학원 법학과 석사과정과 박사과정에 진학하면서 더욱 깊어져 갔다. 1975년 고려대학교 대학원 법학과 석사과정에 입학한 상당수의 학생은 고시공부를 연장하기 위한 목적으로 대학원에 적을 둔 경우가 많았다. 그러나 우리는 대학원 입학 때부터 대학교수가 되기를 결심하였고 학문으로서의 법학의 가치와 대학교수로서의 진로에 대하여 고뇌하며 토론도 많이 하였다. 나는 고려대학교 법과대학의 유일한 조교로서, 하 교수는 고려대학교 노동문제연구소 간사로서 여러 교수님을 접하고 모시며 학문 탐구와 함께 스승의 학은과 사제 간의 끈끈한 정이 얼마나 소중한 것인가를 깨달을 수 있었다. 아울러 대학사회의 진면목과 후일 대학 사회의 구성원으로서 지켜야 될 책무와 덕목을 깨치게 되었다. 우리는 고려대 법대의 유구한 역사와 전통, 학풍에 대하여 많은 이야기를 나누었고 특히 당시 독일 유학을 마치시고 막 강단에 서신 김형배 교수님과 심재우 교수님을 흠모하였다. 두 분 교수님은 휴일과 방학 중에도 아침부터 저녁까지 계속 연구실을 지키시며 왕성한 연구 활동을 통해 훌륭한 연구 업적을 많이 남기셨다. 또한 위로는 당신의 은사님들을 극진히 모셨고, 많은 제자들을 독일로 유학시키고 장학금을 주선해 주시는 등 오늘날의 고대 법대의 우수한 교수진 구축과 그 명성을 유지하는 데 중추적 역할을 하셨다. 김형배 교수님은 치펠리우스의 법학방법론과 채권법을 주로 강의하셨는데, 깔끔하신 용모와 논리적이고 명쾌한 강의로 많은 학생들이 매료되었다. 심재우 교수님은 법철학과 형사법을 강의하셨는데 그 당시 군부독재의 부당성을 역설하시고 마이호퍼의 사회적 행위론을 처음으로 우리나라에 소개하시는 등 매 강의시간마다 백묵 여러 개가 부러져 나가는 그 열정적인 강의로 깊은 인상을 남기셨다. 하 교수는 그때부터 김형배 교수님을 사부로 모시기로 하였고 나는 심재우 교수님의 지도로 형사법을 전공하려고 하였다. 그러나 학계에 남으려면 여러 가지를 고려하여 상법을 전공하는 것이 장래에 큰 도움이 될 것이라는 사부 이윤영 교수님의 조언과 강권으로 전공을 바꾸게 되었다. 당시에는 관심이 많았던 형사법을 포기해야 하는 점에 섭섭함과 아쉬움이 많았지만 상법 교수로 평생을 보내고 정년퇴임을 목전에 둔 이 시점에서 생각해보니 매우 현명한 결정으로 생각된다.

지금도 생생하게 기억나는 아름다운 추억이 하나있다. 하경효 교수가 결혼을 하게 되었을 때의 일이다. 나는 결혼식 사회를 맡게 되어 주례 김형배 교수님을 모시고 천리 길 경남 진주의하 교수의 부친댁에 가서 하루를 묵게 되었다. 그때 그야말로 진주 양반댁의 전통과 정취를 흠뻑 느낄 수 있었다. 하 교수의 부친은 매우 인자하시면서도 품위가 느껴지는 분이셨는데 부친께서는 선생님과 상호 큰절을 나누시며 매우 겸손한 자세로 김형배 교수님께 부족한 자식을 잘 부탁드린다는 뜻과 함께 전적으로 맡기신다는 말씀을 하신 것이 기억난다. 나는 그때 부모님의 뜨겁고 진솔한 자식 사랑을 느낄 수 있었고, 진정한 사제지정을 다시 깨닫는 계기가 되었다. 하 교수는 부친의 기대에 부응하여 김형배 교수님의 훌륭한 지도와 각별한 사랑을 받아 독일에서 박사학위를 취득한 후 바로 모교인 고려대학교 법과대학 교수가 되었던 것이다.

45년이 넘게 이어져 온 하 교수와의 우정을 생각해보면 정말 하 교수는 양반 중의 양반이라고 생각한다. 친구들 사이에서 항상 온유하고 겸손한 자세를 견지하였으며 자기 자랑이라는 것이 없이 항상 상대방의 입장에서 모든 것을 생각하고 배려하는 그러한 훌륭한 인품을 지니고 있는 것에 항상 존경하는 마음이다. 지금까지 큰 소리를 내어 누구와 다투는 것을 결코 본 적이 없고 어려운 사안이 닥쳐도 결코 비관하거나 좌절하지 않고 맑고 부드러운 리더십으로 문제를 해결하는 것을 여러 번 목도하였다. 최근에는 내가 어느 회사의 노사관계의 법률적 자문을 부탁하였는데 하 교수는 바쁜 일정 속에서도 관련 판례의 예리한 분석과 함께 실무에 바로 적용될 수 있는 정치한 이론을 전개한 검토보고서를 정말 꼼꼼하게 작성해주어 큰 도움이 되었다. 이러한 자랑스럽고 훌륭한 친구를 가지고 있는 나는 행복한 사람이라고 생각한다. 흔히 정년퇴임은 인생의 끝이 아니라 새로운 시작을 하는 계기가 된다고 한다. 하 교수가 항상 건강한 가운데 더욱더 많은 학문적 업적을 쌓고, 지금까지 살아온 훌륭한 생활 자세와 자기보다 남을 먼저 배려하는 그러한 관용과 포용력을 통하여 의미 있고 보람된 삶을 계속 영위해 나가길 기원한다. 다시 한 번 하 교수의 영광스러운 정년퇴임을 진심으로 축하드리며 하 교수 가정에 번영과 축복이 함께 하기를 바라마지 않는다.

2017년 8월 8일

한국외국어대학교 법학전문대학원장

최 완 진

河京孝 教授 年譜

1952. 7. 15(음력) 경상남도 진양군(현 진주시) 대곡면 단목리 932번지에서 父 故 河炳列, 母 故 成良順의 5남 1녀 중 막내로 출생

1982. 3. 14 父 故 方子源, 母 故 金德順의 4녀 方敬爲와 혼인하여 女 炫兆, 男 尙源을 두다.

Ⅰ. 학 력

- 1968. 3. ~ 1971. 2. 진주고등학교 졸업
- 1971. 3. ~ 1975. 2. 고려대학교 법과대학 졸업
- 1975. 3. ~ 1977. 2. 고려대학교 대학원 법학과 석사 졸업
- 1977. 3. ~ 1984. 2. 고려대학교 대학원 법학과 박사과정 수료
- 1984. 4. ~ 1989. 7. 독일 마인츠(Johannes Gutenberg－Universität Mainz) 대학교 법학박사

Ⅱ. 병역사항

1977. 8. 1 ~ 1981. 7. 30 공군 복무(대위전역)

Ⅲ. 경 력

1. 교 육

- 1976. 9. ~ 1977. 7. 고려대학교 노동문제연구소 간사 겸 연구원
- 1981. 11. ~ 1983. 7. 고려대학교 법학연구소 연구원
- 1982. 3. ~ 1983. 8. 전주대학교, 서강대학교, 고려대학교 강사
- 1989. 9. ~ 1990. 2. 고려대학교 강사
- 1990. 3. ~ 2017. 8. 고려대학교 법과대학 · 법학전문대학원 조교수, 부교수, 교수
- 1997. 1. ~ 1997. 8. 독일 Trier EC 노동법 및 노사관계연구소에서 연구

- 2007. 5. ~ 2008. 12. 한국노동교육원 초빙교수
- 2010. 8. ~ 2010. 8. 일본 나고야 名城大에서 韓國法 강의
- 2012. 3. ~ 2012. 5. 미국 시애틀 와싱턴주립대 로스쿨에서 연구

2. 교내 보직

- 1995. 2. ~ 2003. 1. 고려대학교 노동대학원 노동법학과 주임교수
- 1995. 2. ~ 1996. 8. 고려대학교 대학원 법학과 주임교수
- 1995. 2. ~ 1996. 8. 고려대학교 법과대학 법학과장
- 1995. 3. ~ 1996. 8. 고려대학교 노동문제연구소장
- 1998. 6. ~ 2000. 5. 고려대학교 법과대학 교학부장
- 2002. 9. ~ 2004. 1. 고려대학교 법학연구원장
- 2003. 3. ~ 2005. 1. 고려대학교 노동대학원장
- 2006. 7. ~ 2009. 2. 고려대학교 법과대학장 겸 법무대학원장
- 2010. 9. ~ 2011. 8. 고려대학교 법과대학장 겸 법학전문대학원장
- 2010. 11. ~ 2011. 8. 고려대학교 법무대학원장

3. 학회활동

- 2004. 12. ~ 현재 한국유럽법연구회 회장
- 2006. 1. ~ 2007. 12. 한국노동법학회 회장
- 2006. 4. ~ 2007. 4. 안암법학회 회장
- 2008. 3. ~ 2012. 5. 노동법이론실무학회 회장
- 2010. 1. ~ 2010. 12. 한국민사법학회 회장

4. 사회봉사 및 자문활동

- 1993. 2. ~ 2005. 12. 사법 · 행정 · 외무고시, 변리사, 공인노무사 등 출제위원
- 1995. 6. ~ 2003. 6. 노동부 고용보험전문위원
- 1999. 2. ~ 2003. 2. 법무부 민법개정특별분과위원회 위원
- 1999. 12. ~ 현재 중앙노동위원회 공익위원
- 2003. 3. ~ 2009. 2. 대검찰청 공안자문위원회 위원
- 2003. 5. ~ 2004. 4. 노동부 노사관계선진화위원회 3분과위원장
- 2007. 5. ~ 2011. 8. 사법연수원 운영위원회 위원
- 2007. 3. ~ 2009. 8. 학교법인 대양학원(세종대학교) 관선이사

- 2007. 10. ~ 2009. 10. 노사발전재단 자문위원
- 2008. 3. ~ 2009. 3. 법무부 동산채권담보법제정특별위원회 위원장
- 2009. 2. ~ 2011. 2. 법무부 민법개정위원회 제2 분과위원장, 부위원장
- 2007. 12. ~ 2013. 1. 법무부 법무자문위원회 위원
- 2010. 1. ~ 2012. 1. 대법원 법관징계위원회 위원
- 2010. 5. ~ 2011. 5. 노사정위원회 근로시간단축특별위원회 위원
- 2010. 9. ~ 2011. 8. 법무부 변호사시험관리위원회 위원
- 2011. 4. ~ 2014. 2. 서울서부지방법원 조정위원
- 2014. 9. ~ 현재 인사혁신처 개방형직위 중앙선발시험위원회 위원

Ⅳ. 상 훈

- 2008. 5. 5. 고려대학교 석탑강의상(2007학년도 2학기)
- 2013. 4. 30. 홍조근정훈장
- 2013. 5. 3. 고려대학교 우수강의상(2012학년도 2학기)
- 2016. 4. 4. 고려대학교 석탑강의상(2015학년도 2학기)
- 2016. 10. 26. 고려대학교 석탑강의상(2016학년도 1학기)

Ⅴ. 연구업적

1. 저서 및 역서

1. [공저], 『집단적 노사자치에 관한 법률』, 박영사, 1992
2. [공저], 『세계화의 흐름에 대한 노동법적 대응』, 한국노총중앙연구원, 1996
3. [공저], 『한국과 EU국가들의 노사관계』, 법문사, 1996
4. [공저], 『기업의 인수합병과 고용조정』(경총신서53), 한국경영자총협회, 1997
5. [공저], 『외국인 고용에 따른 사회 · 경제적 영향평가와 규율 방안』, 형애장학회/고려대 노동문제연구소, 1998
6. [공저], 『기업의 구조조정과 노동법적 과제』, 한국노동연구원, 1998
7. [공저], 『영업양도와 근로관계의 승계』, 신조사, 1999
8. [공저], 『독일 채권법의 현대화』, 법문사, 2003
9. [공저], 『노동의 미래와 신질서』, 한국노동연구원, 2003
10. [공저], 『사내하도급과 노동법』, 신조사, 2007
11. [공저], 『주석민법』(채권각칙 4, 고용 편), 제4판, 한국사법행정학회, 2010

11. [공역], 『보통유럽매매법』, 세창출판사, 2013
12. [저서], 『노동법사례연습』, 제3판, 박영사, 2017 (초판 2002)
13. [저서], 『임금법제론』, 신조사, 2013

2. 논　문

1. 『한국 노동법제에 관한 사적 고찰』, 고려대 석사학위논문, 1977 (총 167면)
2. “서독 경영조직법의 역사와 내용”, 『노동문제논집』 제7집, 고대 노동문제연구소, 1982 (180~204면)
3. 『Das Lohnrisiko bei Produktionsstörungen in Unternehmen』, 독일 Mainz 박사학위논문, 1989 (총 243면)
4. “파업참가근로자의 임금지급문제”, 『노사관계』 1권 2호, 노사관계발전협의회, 1990 (총 19면)
5. “쟁의행위에 있어서 과잉침해금지의 적용”, 『노동법학』 제3호, 한국노동법학회, 1991 (75~98면)
6. “불법파업에 있어서 손해배상책임”(평석), 『경영계』 91년 9월호, 한국경영자총협회, 1991 (10~13면)
7. “EC 노사관계법”, 『법학논집』 27집, 고대 법학연구소, 1992 (185~209면)
8. “노동관계법 개정논의와 근로기준법”, 『국회보』 92년 4월호, 국회, 1992 (125~128면)
9. “언론기관에서의 경영참가와 보도의 공정성 민주화시대의 노사관계”, 『김윤환선생님화갑기념논문집』, 법문사, 1992 (191~248면)
10. “쟁의행위로 인한 사용자의 제3자와의 채권관계에 있어서 급부장애”, 『법학논집』 제28집, 고대 법학연구소, 1992 (169~208면)
11. “고용계약에 있어서 반대급부위험의 부담”, 『민사법학』 9・10호(합병호), 한국민사법학회, 1993 (294~316면)
12. “도급계약에 있어서 반대급부위험의 부담”, 『안암법학』 창간호, 안암법학회, 1993 (371~396면)
13. “그룹산하 계열별회사로의 전적인사명령의 효력”(평석), 『경영계』 93년 4월호, 한국경영자총협회, 1993 (44~47면)
14. “노동쟁의조정법 제12조 제2항에 관한 헌법소원 결정”(평석), 『경영계』 93년 5월호, 한국경영자총협회, 1993 (38~41면)
15. “조직대상 중복을 이유로 한 노조설립신고 반려처분의 취소”(평석), 『경영계』 93년 7월호, 한국경영자총협회, 1993 (38~41면)
16. “부동산점유취득시효에 있어서 자주점유자와 제3취득자와의 관계”, 『고시연구』 93년 10

월호, 고시연구사, 1993 (90~101면)

17. “출근부날인거부직원에 대한 감봉징계처분의 정당성”(평석), 『경영계』 93년 12월호, 한국경영자총협회, 1993 (40~43면)
18. “부당해고시의 정신적 손해에 대한 배상책임”(평석), 『판례연구』 6집, 고대 법학연구소, 1994 (109~131면)
19. “1993년도 민사법학계・판례의 동향과 전망”, 『고시연구』 94년 1월호, 고시연구사, 1994 (66~79면)
20. “민법 제538조의 해석・적용에 관련된 문제점”, 『고시연구』 94년 3월호, 고시연구사, 1994 (45~56면)
21. “고용보험법상 실업급여의 내용과 그 문제점”, 『노사광장』 94년 5월호, 노사문제협의회, 1994 (72~81면)
22. “사업부폐지결정 자체가 단체교섭대상인지 여부”(평석), 『경영계』 94년 6월호, 한국경영자총협회, 1994 (40~43면)
23. “해고예고규정 위반 및 노조와 합의없이 행한 징계면직의 효력”, 『경영계』 94년 7・8월호, 한국경영자총협회, 1994 (52~55면)
24. “반환목적물의 멸실과 반환이익의 내용”, 『고시연구』 94년 8월호, 고시연구사, 1994 (96~107면)
25. “피담보채권에 우선하는 채권의 종류와 내용”, 『고시연구』 94년 12월호, 고시연구사, 1994 (50~61면)
26. “근로관계에 있어서 근로자의 양심의 자유와 자기책임”, 『노동법에 있어서 권리와 책임』 (김형배교수화갑기념논문집), 박영사, 1994 (166~190면)
27. “ILO 기본협약과 노동법적 대응방안”, 『노동법학』 제4호, 한국노동법학회, 1994 (183~198면)
28. “표시의사가 결여된 표시행위의 효력”, 『고시연구』 95년 2월호, 고시연구사, 1995 (162~168면)
29. “동기의 착오를 이유로 한 의사표시의 취소”, 『고시연구』 95년 3월호, 고시연구사, 1995 (119~126면)
30. “대리권의 남용”, 『고시연구』 95년 6월호, 고시연구사, 1995 (172~180면)
31. “등기청구권의 법적 성질과 등기하지 않은 부동산매수인의 법적 지위”, 『고시연구』 95년 9월호, 고시연구사, 1995 (158~167면)
32. “채권자지체와 그 효과로서의 위험이전”, 『고시연구』 95년 11월호, 고시연구사, 1995 (183~193면)
33. “근로자의 책임제한 법리에 대한 연구”, 『법정고시』 95년 12월호, 법정고시사, 1995

(88~109면)

34. “산재근로자에 대한 합리적인 보상기준과 징수제도의 예방효과”, 『노동문제논집』 제12호, 고대노동문제연구소, 1996 (115~170면)
35. “파업 중의 근로에 대한 부가급부의 정당성”, 『판례연구』 제7집, 고대 법학연구소, 1995 (171~194면)
36. “1995년도 민사법학계·판례의 동향과 전망”, 『고시연구』 96년 1월호, 1996 (68~81면)
37. “위법쟁의행위에 따른 노조간부와 신원보증인의 손해배상책임 여부”, 『경영계』 96년 1월호, 한국경영자총협회, 1996 (72~75면)
38. “파업참가자에 대한 정근수당지급”, 『경영계』 96년 2월호, 한국경영자총협회, 1996 (49~53면)
39. “노조전임자에 대한 상여금, 연월차휴가수당지급 여부”, 『경영계』 95년 3월호, 한국경영자총협회, 1996 (45~49면)
40. “해고권행사 여부 및 해고근로자의 복직문제가 단체교섭 대상인가”, 『현대노사』(한국노동문제연구회), 96년 4월호, 1996 (30~32면)
41. “독일의 노동쟁의조정제도”, 『신세기노동법의 전개』(우전이병태교수화갑기념), 대전서적, 1996 (131~154면)
42. “공동불법행위자 1인에 대한 면책의 효력”, 『고시저널』, 96년 5월호, 1996
43. “노조전임자 급여지원 관행”, 『경영계』 96년 7월호, 한국경영자총협회, 1996 (12~16면)
44. “단체교섭 대상, 어디까지 가능한가?”, 『경영계』 96년 8월호, 한국경영자총협회, 1996 (14~19면)
45. “면책합의의 허용한계와 제3자적 효력”, 『고시계』 96년 10월호, 1996 (111~122면)
46. “점유취득시효 완성후의 점유이전과 소유권이전등기청구권”, 『고시연구』 96년 11월호, 1996 (57~68면)
47. “채용내정자와 시용근로자의 법적 지위”, 『현대법학의 이론』(우제이명구박사화갑기념논문집), 고시연구사, 1996 (717~737면)
48. “근로자의 취업청구권”, 『법실천의 제문제』(동천김인섭변호사화갑기념논문집), 박영사, 1996 (408~430면)
49. “객실 남승무원의 연, 월차휴가 청구권, 비행수당 등의 통상임금 인정여부”, 『경영계』 97년 1월호, 한국경영자총협회, 1997 (92~95면)
50. “변형근로시간제에 관한 연구”, 『노동관계법연구』(경총신서48), 한국경영자총협회, 1997 (67~98면)
51. “현대 산업사회의 성격변화와 노사관계의 발전방향”, 『한국의 도전과 선택』(고대 노동대학원 학술총서), 나남출판, 1997 (511~529면)

52. "상급단체에의 교섭권 위임과 단위노조의 협약체결능력", 『노동법률』, 중앙경제사, 97년 11월호, 1997 (31~35면)
53. "채용시의 성차별에 따른 손해배상의 내용과 성격", 『법학논집』 제33집, 고대 법학연구소, 1997 (205~230면)
54. "Die neue Arbeitsgesetzgebung und ihre Auswirkung auf die Arbeitsbeziehungen in Korea", 『ZIAS』, EC 노동법 및 노사관계연구소(IAAEG), 1997년 4호, 1997 (300~313면)
55. "영업양도와 근로관계의 승계", 『경영계』 98년 1월호, 한국경영자총협회, 1998 (80~83면)
56. "고용승계의 요건으로서 영업양도의 판단기준", 『판례연구』 제9집, 고대 법학연구소, 1998. 2. (223~252면)
57. "변제자대위의 효과", 『고시연구』 98년 4월호, 고시연구사, 1998 (84~96면)
58. "단체협약 위반에 대한 형사처벌 규정(구노동조합법 제46조의 3)의 위헌여부", 『경영계』 98년 5월, 한국경영자총협회, 1998 (48~53면)
59. "독일에서의 협약자율제도의 현황과 문제점", 『법학의 현대적 제문제』(김병대교수화갑기념논문집), 간행위원회, 1998. 2. (1091~1108면)
60. "사용자책임과 관련된 몇 가지 문제", 『고시연구』 98년 7월호, 고시연구사, 1998 (100~111면)
61. "아파트관리업체 변경시 고용승계 여부", 『판례월보』 336호(98년 9월), 판례월보사, 1998 (19~33면)
62. "독일의 협약자율제도의 구조와 현황", 『이철원교수정년기념논문집』, 간행위원회, 1998 (149~169면)
63. "EU 노사관계의 최근동향과 노동법의 발전방향", 『노동법학』 8호, 한국노동법학회, 1998 (321~358면)
64. "변경해지제도", 『법제정책자료집』, 한국경영자총협회, 1999. 2. (1~42면)
65. "영업양도에 따른 노조의 존속과 협약승계의 문제(평석)", 『경영계』 99년 3월호, 한국경영자총협회, 1999. 3. (64~71면)
66. "학력은폐시 징계해고의 타당성(평석)", 『노동법률』 99년 6월호, 중앙경제사, 1999. 6. (13~18면)
67. "기업의 구조조정과 근로관계의 존속보호", 『저스티스』 32권 2호, 한국법학원, 1999. 6. (49~70면)
68. "채용내정자의 법적지위와 해고문제(평석)", 『경영계』 99년 6월호, 한국경영자총협회, 1999. 6. (54~59면)

69. 제8절 고용, 『주석민법 ＜채권각칙(4)＞』, 제3판, 한국사법행정학회, 1999. 10. (33~154면)
70. “대리권 남용시의 대리효과 부인의 근거와 요건”, 『한국민법이론의 발전』(이영준박사화갑논집), 간행위원회, 1999. 11. (129~149면)
71. “기업구조조정과 근로자해고의 문제”, 『비교사법』 제6권 2호(통권 11호), 한국비교사법학회, 1999. 12. (217~239면)
72. “형사유죄확정판결에 대한 당연퇴직규정의 적용한계”, 계간 『조정과 심판』 창간호, 중앙노동위원회, 2000. 4. (51~56면)
73. “노동법의 기능과 법체계적 귀속”, 『사회변동과 사법질서』(김형배교수정년기념논문집), 김형배교수정년기념논문집간행위원회, 박영사, 2000. 6. (221~252면)
74. “쟁의행위의 정당성에 관하여”, 『저스티스』 33권 3호, 한국법학원, 2000. 9. (30~43면)
75. “영업상 비밀과 직업선택의 자유 : 인력스카웃에 따른 법률문제 Ⅰ”, 『경영계』 통권 269호, 한국경영자총협회, 2000. 11. (30~35면)
76. “영업상 비밀과 직업선택의 자유 : 인력스카웃에 따른 법률문제 Ⅱ”, 『경영계』 통권 270호, 한국경영자총협회, 2000 (53~57면)
77. “조합원찬반투표규정의 의미와 위반효과”(판례평석), 『경영계』 2000년 6월호, 한국경영자총협회, 2000. 6. (50~53면)
78. “고용허가제 도입여부에 관한 논란에 대하여”, 『노동법률』 11월호, 중앙경제, 2000. 11. (24~25면)
79. “임치관계에서의 수치인의 의무”, 『고시계』 12월호, 고시연구사, 2000. 12. (105~114면)
80. “임금(채권)의 보호내용과 그 해석에 관련된 문제점”, 『고려법학』 36호, 고려대학교 법학연구원, 2001. 4. (43~65면)
81. “허위표시에서의 선의의 제3자와 보증채무의 부종성”, 『고시연구』 2월호, 고시연구사, 2001. 1. (55~63면)
82. “파업으로 인한 휴업시의 휴업지불예외인정여부와 내용”, 『경영계』 통권 275호, 한국경영자총협회, 2001. 5. (58~63면)
83. “취업규칙의 불이익변경과 사회통념상의 합리성”, 『노동법률』 2001년 6월호, 중앙경제, 2001.6. (34~38면)
84. “징계해고의 정당사유와 절차에 관련된 문제점”, 계간 『조정과 심판』 제6호, 중앙노동위원회, 2001. 7. (30~43면)
85. [공저], 『기업구조조정 등에 따른 근로관계이전 관련 법제 국제비교 및 입법론 검토』, 노동부학술연구용역보고서, 연구책임자(2인공동연구), 노동부, 2001. 10. (총 449면)
86. [공저], “새로운 노동법제의 패러다임 모색”, 『노사포럼』 제18호, 한국경영자총협회 노동

경제연구원, 2002. 9. (22~45면)

87. “노사관계법제의 평가와 과제”, 『노동법학』 제15호, 한국노동법학회, 2002. 12. (65~84면)
88. “노사관계의 환경변화와 노사자율질서의 방향”, 『서강법학연구』 5권, 서강대학교 법학연구소, 2003. 5. (233~253면)
89. “중재재정 후 경정결정의 효력과 중재재심의 대상”, 계간 『조정과 심판』 여름호(제14호), 중앙노동위원회, 2003. 3. (53~60면)
90. “채무불이행과 계약해제의 요건 — 유책성 요건에 대한 비판적 검토를 중심으로 —”, 『고려법학』 제40호, 고려대학교 법학연구원, 2003. 3. (67~96면)
91. [공저], “전자장비를 이용한 근로감시 · 관찰에 따른 법적 문제”, 『고려법학』 제41호, 고려대학교 법학연구원, 2003. (63~93면)
92. “전자장비를 이용한 근로감시에 관련된 법적 규제에 대한 비교법적 검토”, 『안암법학』 제18호, 안암법학회, 2004. 3. (69~112면)
93. “새로운 근로감시기술의 도입에 따른 법적 문제”, 『노동법학』 제18호, 한국노동법학회, 2004. 6. (99~156면)
94. “미성년자의 가해행위에 대한 감독자책임의 근거와 요건 —민법 제755조 개정안을 중심으로—”, 『사법질서의 변동과 현대화』(김형배교수고희기념논문집), 김형배교수고희기념논문집간행위원회, 박영사, 2004. 11. (386~421면)
95. “계속적 계약관계에서의 해지”, 『사법연구』 9집, 법영사, 2004. 12. (43~64면)
96. “근로자의 사직의 의사표시의 해석”, 계간 『조정과 심판』 제23호, 중앙노동위원회, 2005. 10. (3~21면)
97. “노동조합의 민주성과 재정운영의 투명성”, 『산업관계연구』 제16권 제2호, 한국노사관계학회, 2006. 12. (29~55면)
98. Das koreanische Kündigungsschutzrecht und dessen Reformvorhaben, 『Festschrift für Horst Konzen zum siebzigsten Geburtstag』(Hrsg. Barbara Dauner-Lieb/Peter Hommelhoff/Matthias Jacobs/Dagmar Kaiser/Christoph Weber), Mohr Siebeck, 2006. 6., Tübingen (S. 141-156)
99. [공저], “유럽연합의 기업지배구조 개선 동향”, 『재산법연구』 제24권 제2호, 한국재산법학회, 2007. 10. (329~360면)
100. “단체교섭거부에 대한 구제방법과 내용”, 『민사법의 현대적 과제와 전망』(남강 서광민 교수 정년기념논문집), 간행위원회, 2007. 10. (524~549면)
101. “임대차계약에서의 급부장애 — 임차목적물이 화재로 소실된 경우를 중심으로 —”, 『고려법학』 제49호, 법학연구원, 2007. 10. (93~118면)

102. “유럽통합정책의 갈등과 조화 — 기업설립의 자유와 단체행동권 —”, 『유럽법학』 제5호, 한국유럽법연구회, 2008. 10. (99~110면)
103. “해고서면요건의 제도적 기능과 적용상의 쟁점”, 『고려법학』 제56호, 고려대학교 법학연구원, 2010. 3. (549~576면)
104. Das Rechtsgeschäftslehre in Korea, 『50 Jahre Koreanische Zivilgesetzbuch』, 2011, (S. 77－98).
105. “시말서제출요구와 근로자의 양심의 자유 — 대법원 2010.4.14. 선고 2009두6605 판결—”, 『노동법률』 229호, 2010. 6. (66~69면)
106. [공저], “서울지노위 판정례 분석을 통한 경영상 해고의 운용실태와 특징”, 『노동정책연구』 11권 2호, 한국노동연구원, 2011. 6. (1~40면)
107. [공저], “서울지노위 판정례 분석을 통한 해고제한제도의 운영실태와 특징 — 징계·일반해고를 중심으로 —”, 『고려법학』 제61호, 고려대학교 법학연구원, 2011. 6. (425~477면)
108. “퇴직금 분할지급약정의 효력과 분할 지급된 금원의 성격”, 『고려법학』 제63호, 고려대학교 법학연구원, 2011. 12. (1~35면)
109. “조건부 사직의사표시의 성질과 효력”, 『재산법연구』 28권 4호, 한국재산법학회, 2012. 3. (163~184면)
110. “사내하도급 근로자 보호를 위한 입법과제”, 『경영법률』 23권 2호, 한국경영법률학회, 2013. 1. (471~503면)
111. “사용자책임에서의 구상권제한에 관한 규율동향과 입법방향”, 『안암법학』 제40호, 안암법학회, 2013. 1. (559~596면)
112. “복수노조와 단체협약의 근로조건 통일기능”, 『고려법학』 제70호, 고려대학교 법학연구원, 2013. 9. (357~397면)
113. “부당해고구제신청의 대상과 요건에 관한 문제점”, 『안암법학』 제43호, 안암법학회, 2014. 1. (723~759면)
114. “이력서 허위기재와 근로계약의 취소·해지”, 『재산법연구』 30권 4호, 한국재산법학회, 2014. 2. (89~117면)
115. “소멸시효법의 입법동향과 규율구조 — 보통유럽매매법을 중심으로 —”, 『고려법학』 제74호, 고려대학교 법학연구원, 2014. 9. (77~108면)
116. “해고통지 이후의 복직에 관련된 법적 문제”, 『노동법포럼』 제13호, 노동법이론실무학회, 2014. 10. (159~187면)
117. “노사관계의 사법화”, 『노사공포럼』 제32호, (사)노사공포럼, 2014. 12. (29~53면)
118. “아파트 관리주체 변경에 따른 노동법적 쟁점과 입법과제”, 『노동법포럼』 제14호, 노동

법이론실무학회, 2015. 2. (145~171면)

119. “부당해고 구제심판제도의 규율과 운영상의 쟁점”, 『노동연구』 제30호, 고려대학교 노동문제연구소, 2015. 7. (171~198면)

120. Privatautonomie und Arbeitnehmerschutz in der koreanischen Rechtsprechung, 『PRIVATAUTONOMIE』, Marco Haase(Hrsg.), NOMOS, 2015. 10. (S. 279－287)

121. “독일 협약단일화법의 쟁점과 시사점”, 『고려법학』 제79호, 고려대학교 법학연구원, 2015. 12. (247~280면)

122. “연차휴가권의 발생과 사용에 관한 비교법적 검토 — 유럽사법재판소의 최신 판례를 중심으로 —”, 『노동법포럼』 제17호, 노동법이론실무학회, 2016. 2. (215~245면)

123. “부당해고에 따른 불법행위의 인정요건과 법률효과”, 『법학논총』 36권 2호, 전남대 법학연구소, 2016. 6 (71~90면)

124. “서비스산업 근로자의 인격권 침해와 사업주의 책임”, 『고려법학』 제83호, 고려대학교 법학연구원, 2016. 12. (317~352면)

125. [공저], “노동판례에서의 기대권법리 적용에 관한 검토”, 『경영법률』 27권 3호, 한국경영법률학회, 2017. 4. (587~616면)

126. [공저], “임금차별판례에 대한 비판적 검토”, 『노동법포럼』 제21호, 노동법이론실무학회, 2017. 7. (131~155면)

Ⅵ. 석·박사 배출 현황

- 석사 : 95명(일반대학원 49명, 노동대학원 46명)
- 박사 : 27명(외국대학 취득자 8명 포함)

차 례

간행사 ·· i
[하서] 하경효 교수와 나 ························ 〈김형배〉 iii
[하서] 河京孝 敎授의 功績을 致賀하며 ························ 〈조규창〉 v
[하서] 하경효 교수의 정년퇴임을 축하드리며 ························ 〈최완진〉 ix
河京孝 敎授 年譜 ·· xii

[민법 분야]

ARNOLD HEISE — 독일 판덱텐 법학의 體系에 관한 小考 ························ 〈신유철〉 3
의사표시 해석의 소고 ························ 〈안법영〉 25
대리권 남용 시 대리효과 부인을 위한 (임의)대리인의 주관적 요건 ························ 〈정신동〉 67
소멸시효와 법정이율 : 2017년 일본 민법 개정 내용을 중심으로 ························ 〈심활섭〉 93
저당권이 설정된 부동산에 성립된 유치권의 효력에 대한 고찰 ························ 〈이강은〉 113
금전채무의 불이행 ························ 〈지원림〉 137
손해배상법에 대한 몇 가지 단상(斷想) ························ 〈김상중〉 151
변제자대위에 관한 비교법적 고찰 ························ 〈백경일〉 175
보증계약의 부종성과 독립성에 대한 연구 ························ 〈이호행〉 189
약관의 객관적·통일적 해석원칙과 계약체결시의 구체적 사정 ························ 〈이병준〉 213
위험영역에 따른 증명책임의 분배 ························ 〈황원재〉 235
계속적 계약관계의 해지 ························ 〈김기우〉 261
독일매매법상 매수인의 완전물급부청구권 행사시 사용이익반환의 문제점 ······ 〈박미영〉 279
공공조달입찰 관련 법령의 효력범위에 대한 소고 ························ 〈박성완〉 295
雇傭契約에 있어서의 反對給付危險의 負擔 ························ 〈성대규〉 319
「민법」의 도급입법과 해석을 돌아보며 ························ 〈이진기〉 351
도의관념에 적합한 비채변제 ························ 〈김제완〉 385
민법상 사용자책임의 입법론 ························ 〈김봉수〉 401
특수불법행위로서의 언론보도에 관한 소고 ························ 〈김학웅〉 423
전자거래와 개인정보보호 ························ 〈고세일〉 445
사이버 보안 정보공유의 법적 문제점과 입법적 해결방안에 대한 고찰 ························ 〈오일석〉 459
'자에는 자로' : 민법으로 도피한 노동조합법 해석 ························ 〈고영남〉 481

[노동법 분야]

근로계약관계에 대한 법관법 형성과 신의성실의 원칙 …… 〈권 혁〉 499
취업청구권에 관한 입법론적 고찰 …… 〈유성재〉 515
근로계약의 내용통제 …… 〈방준식〉 531
직장 내 집단 괴롭힘에 대한 사용자의 책임 …… 〈이준희〉 545
통상임금 관련 노사합의에 대한 신의칙 적용상의 쟁점 …… 〈박지순〉 567
영업양도의 의미와 판단기준 …… 〈박종희〉 595
대학구조조정의 영향과 교원의 법적 지위 …… 〈전윤구〉 615
영국의 해고구제방법과 절차 …… 〈전형배〉 633
미국과 영국의 대체근로 …… 〈김희성〉 655
사용자의 경비원조와 부당노동행위 …… 〈송강직〉 673
근로자 경영참가의 방법과 수준에 관한 고찰 …… 〈황용연〉 695
노동시장의 구조개선과 노동법제 개정 논의 小考 …… 〈이형준〉 717

[민법 분야]

ARNOLD HEISE
독일 판덱텐 법학의 體系에 관한 小考

申 有 哲*

Ⅰ. Heise의 生涯
Ⅱ. Heise의 Grundriss
Ⅲ. 結　言

Ⅰ. Heise의 生涯

Friedrich Carl von Savigny와 함께 19세기 독일 판덱텐 법학의 체계를 정립한 Georg Arnold Heise는 1778년 8월 2일 Hamburg에서 출생하였다.[1] 부친이 부유한 상인이었던 관계로 처음에는 가정교사[2]를 통하여 5년간 교육을 받았고, 후에는 독일 전역에서 명성이 자자했던 Büsch 교수의 상업학교와 김나지움[3]에서 수학하였으며, 그 후 백부[4]의 권유에 따라 Jena와 Göttingen 대학에서 법학을 전공하였다. Jena 대학 재학시절(1798－1800)에는 특히 Hufeland[5]

* 충남대학교 법학전문대학원 교수, 법학박사

1) *F. Frensdorf*, Heise, Georg Arnold, in: Allgemeine Deutsche Biographie (ADB), Bd. 11, Leipzig 1880, S. 666－669; *H. Schulze-von Lasaulx*, Heise, Georg Arnold, in: Neue Deutsche Biographie (NDB), Bd. 8, Berlin 1969, S. 453 f.; *E. I. Bekker*, Vier Pandektisten, in: Heidelberger Professoren aus dem 19. Jahrhundert － Festschrift der Universität zur Zentenarfeier ihrer Erneuerung durch Karl Friedrich, Bd. 1, Heidelberg 1903, S. 135－202 [153－164].

2) 그의 가정교사는 당시 신학생이였던 Paul Lorenz Cropp이였으며, 그의 아들 Friedrich Cropp은 후에 Heise의 제자 겸 절친이 되었다. Vgl. *Frensdorf*, aaO. (각주 1); *ders.*, Cropp, Friedrich, in: ADB, Bd. 4, Leipzig 1876, S. 610－612.

3) Vgl. *J. Classen*, Die ehemalige Handelsakademie des Proffessors J. G. Büsch und die Zukunft des akademischen Gymnasiums in Hamburg, Hamburg 1865, passim. Büsch 교수의 Handelsakademie는 독일의 유명 인사들을 많이 배출하였으며, Alexander von Humboldt(1769－1859)와 Barthold Georg Niebuhr(1776－1831)도 이 상업학교 출신이라고 한다(aaO., S. 67 ff.).

4) Jahann Arnold Heise(1747－1834). Leipzig, Göttingen 및 Kiel 대학에서 법학을 전공하였으며, 1807년부터 1811년까지 Hamburg 시장을 역임하였음. Vgl. *W. von Melle*, Heise, Johann Arnold, in: ADB, Bd. 11, Leipzig 1880, S. 669－671.

5) Gottlieb Hufeland(1760－1817). Danzig 출생. Leipzig와 Göttingen 대학에서 철학 및 법학을 수학하고 1785

교수의 총애를 받았고, 그 당시 강사였던 Feuerbach[6]와 가깝게 지냈으며, 1800년 여름 Hufeland 교수의 사택에서 Savigny를 만나 그와 한평생 교류하게 되었다.[7] 그리고 Göttingen 대학 재학시절(1800 – 1802)에는 Pütter,[8] Martens,[9] Hugo[10] 교수의 지도를 받았으며, 특히 강사였던 Martin[11]과 친밀히 교류하였다.[12]

1802년 1월 필수상속인의 상속권 및 유류분에 관한 학위논문[13]으로 Göttingen 대학에서

년 Jena 대학에서 철학 및 법학 박사학위를 취득함. 1788 – 1803년 Jena 대학 자연법 및 로마법 교수, 1803 – 1806년 Würzburg 대학, 1806 – 1808년 Landshut 대학 교수, 1808 – 1812년 Danzig 시장, 1816 – 1817년 Halle 대학 교수를 역임함. Immanuel Kant의 인식론적 관념철학을 법학에 계수한 대표적 학자. Vgl. *M. Rohls*, Kantisches Naturrecht und historisches Zivilrecht – Wissenschaft und bürgerliche Freiheit bei Gottlieb Hufeland, Baden-Baden 2004 (= Diss. Frankfurt a. M. 2001).

6) Paul Johann Anselm von Feuerbach(1775 – 1833). 독일 근대 형법 및 범죄심리학의 창시자. Jana 대학에서 철학을 전공하고 Kant 철학의 추종자 Reinhold 교수의 지도하에 1795년 철학 박사학위를 취득한 후, 다시 Jena 대학에서 법학을 전공하고 Hufeland 교수의 지도하에 1799년 법학 박사학위를 취득하였음. Heise가 Jena 대학에서 수학할 당시 Feuerbach는 강사 신분이었으며, 그 후 1802년 Kiel 대학과 1804년 Landshut 대학에서 교수로 활동하다가 1805년부터 대학을 떠나 Bayern의 법무성 공무원으로 새로운 형법전 제정 작업을 주도하였고, 1814년부터 항소법원 판사 및 법원장을 역임하였음. Vgl. *J. Schröder*, Paul Johann Anselm von Feuerbach, in: G. Kleinheyer/J. Schröder (Hrsg.), Deutsche und Europäische Juristen aus neuen Jahrhunderten, 4. Aufl. Heidelberg 1996, S. 126 – 133 m.w.N.

7) *Frensdorf*, aaO. (각주 1), S. 666; *Bekker*, aaO. (각주 1), S. 154.

8) Johann Stephan Pütter(1725 – 1807). 18세기 독일의 대표적 공법학자. Marburg, Halle 및 Jena 대학에서 철학과 법학을 전공하였으며, 자연법 철학의 대가 Christian Wolff(1679 – 1754), 로마법학자 Johann Gottlieb Heineccius(1681 – 1741) 및 독일법사학자 Georg Jahann Estor(1699 – 1773)의 영향을 받았음. 1747년부터 서거할 때까지 Göttingen 대학에서 강의하였음. Vgl. *G. Kleinheyer*, Johann Stephan Pütter, in: Kleinheyer/Schröder (Hrsg.), aaO. (각주 6), S. 331 – 335; *M. Otto*, Pütter, Johann Stephan, in: NDB, Bd. 21, Berlin 2003, S. 1 f., jeweils m.w.N.

9) Georg Friedrich von Martens(1756 – 1821). 국제법학자 겸 외교관. Göttingen 대학에서 법학을 전공하고, Pütter 교수의 지도하에 1780년 법학 박사학위를 취득하였음. 1784년부터 1808년까지 Göttingen 대학에서 자연법 및 국제법 정교수로 봉직하였으며, 그 후 외교관으로 활동함. Martens는 근대 국제법학의 비조로 평가될 뿐만 아니라, Hamburg 출신으로 Büsch 교수의 Handelsakademie에서 수학한 바 있고 Göttingen 대학에서 상법 강의도 하였으며, 그의 상법 강의교재인 Grundriß des Handelsrechts, insbesondere des Wechsel- und Seerechts (Göttingen 1796, 3. Aufl. 1820, XVI + 240 S.)는 독일 최초의 근대적 상법 교과서로 간주됨. Vgl. *F. Manfred*, Martens, Georg Friedrich von, in: NDB, Bd. 16, Berlin 1990, S. 269 – 271 m.w.N.

10) Gustav Hugo(1764 – 1844). Göttingen 대학에서 법학과 사학을 전공하고, 1788년 Halle 대학에서 법학 박사학위를 취득함. 1792년부터 서거할 때까지 Göttingen 대학에서 자연법 및 로마법 교수로 봉직함. 당시의 대표적 로마법 학자로서 약 300편의 서평과 왕성한 학문 활동으로 독일 역사법학의 기초를 마련함. Vgl. *J. Schröder*, Gustav Hugo, in: Kleinheyer/Schröder (Hrsg.), aaO. (각주 6), S. 207 ff. m.w.N.

11) Christoph Reinhard Dietrich Martin(1772 – 1857). 소송법학자. Göttingen 대학에서 법학을 전공하고 1796년 법학 박사학위를 취득하였으며, 동 대학에서 1802년부터 비정규교수, 1805년부터 정교수로 봉직하면서 주로 소송법 강의를 하였음. 그 후 1805 – 1815년 Heidelberg 대학, 1816 – 1842년 Jena 대학의 소송법 및 형사법 교수를 역임함. Vgl. *A. Ritter von Eisenhart*, Martin, Christoph, in: ADB, Bd. 20, Leipzig 1880, S. 485 – 489.

12) Vgl. *W. von Bippen*, Georg Arnold Heise – Mittheilungen aus dessen Leben, Halle 1852, S. 48.

13) Dissertatio inauguralis iuridica – De successoribus necessariis, Goettingae 1802, 64 S.

법학 박사학위를 취득한 Heise는 그 해 여름부터 동 대학에서 강의를 시작하였으며, 1804년 3월 Jena 대학의 정교수 초빙을 받았으나 이를 거절하고 Göttingen 대학의 비정규교수로 임명되었다. 그리고 그 직후 Savigny의 주선으로 1803년부터 대대적인 개혁이 시작된 Heidelberg 대학의 정교수 초빙을 받아 이를 수락하고 1804년 10월 동 대학에 부임하였다.[14] 그 후 Heise는 Heidelberg 법과대학의 재건에 적극적으로 참여하여 Thibaut,[15] Martin,[16] Zachariae[17] 등을 교수로 초빙하고, Thibaut 교수와 함께 로마법, 즉 Institutiones와 Pandekten을 서로 교대로 매 학기 강의하였다.[18] 그리고 1807년 Heise는 자신의 판덱텐 강의를 위한 교재로 독일 공통 민법의 체계에 관한 유명한 저술[19]을 출간함으로써 향후 독일 판덱텐 법학의 이론적 체계를 위한 기초를 마련하였다.[20]

그 후 Heise는 1814년 가을 Göttingen 대학으로 가서[21] 1818년 봄까지 로마법, 상법, 독일 사법 등을 강의하다가, 그 당시 Göttingen이 소속되어 있던 Hannover 왕국[22]의 입법 작업을 돕기 위하여 교수직을 포기하고 1818년 6월 법무성 차관보(Oberjustizrath)로 부임하였다.[23] 또한

14) Vgl. *Bippen*, aaO. (각주 12), S. 92 ff. Heidelberg 대학의 개혁은 신성 독일 로마제국이 Napoleon과의 전쟁에서 패전한 결과 1803년 제국신분대표자회의(Reichsdeputation)의 주요 결의에 따라 Heidelberg가 라인·팔츠 선제후국(Pfalzgrafschaft bei Rhein = Kurpfalz)에서 바덴 대공국(Großherzogtum Baden)으로 편입됨으로써 촉발되었다. Vgl. *K. Fischer*, Festrede zur fünfhundertjährigen Jubelfeier der Ruprecht-Karls-Universität zu Heidelberg, Heidelberg 1886, S. 58 ff.

15) Anton Friedrich Justus Thibaut(1772-1840). Savigny와 민법전 제정의 필요성에 관한 1814년의 논쟁으로 유명한 독일의 민법학자. Göttingen, Königsberg 및 Kiel 대학에서 법학과 철학을 수학하고 1796년 Kiel 대학에서 법학 박사학위를 취득함. 1798-1801년 Kiel 대학 비정규교수, 1801-1802년 동 대학 로마법 정교수, 1802-1805년 Jena 대학 교수, 1805년부터 서거할 때까지 Heidelberg 대학 교수로 봉직함. Vgl. *J. Schröder*, Anton Friedrich Justus Thibaut, in: Kleinheyer/Schröder (Hrsg.), aaO. (각주 6), S. 420 ff. m.w.N.

16) 각주 11 참조.

17) Karl Salomo Zachariae von Lingenthal(1769-1843). Heidelberg로 올 당시 Wittenberg 대학 정교수였음. 그의 프랑스 민법전에 관한 저술(Handbuch des französischen Zivilrechts, 2 Bde. Heidelberg 1808; 4. Aufl. 4 Bde. 1837; 8. Aufl. hrsg. von C. Crome, 4 Bde. 1894)과 국가론(Vierzig Bücher vom Staate, 5 Bde. Heidelberg 1820-1832)이 유명함. Vgl. *W. Fischer*, Zachariae, Karl Salomo, in: ADB, Bd. 44, Leipzig 1898, S. 646-652.

18) *Bekker*, aaO. (각주 1), S. 155.

19) Grundriss eines Systems des gemeinen Civilrechts zum Behuf von Pandecten-Vorlesungen, Heidelberg 1807 (Ⅵ + 105 S.); 3. Aufl. 1819 (ⅩⅥ + 216 S.).

20) Vgl. vor allem *Bekker*, aaO. (각주 1), S. 160 ff.

21) Heise가 Heidelberg 대학에서 Göttingen 대학으로 자리를 옮긴 주된 이유는 같은 민사법 동료 교수인 Thibaut와 Martin 간의 불화를 견디지 못했기 때문이라고 한다. Vgl. *Bekker*, aaO. (각주 1), S. 156 und 163.

22) Hannover 왕국은 Napoleon과의 전쟁이 종결된 후 개최된 Wien 회의의 결과에 따라 종전의 Braunschweig-Lüneburg 선제후국의 후신으로 1814년 성립하였다가 1866년 프로이센과 오스트리아 사이의 독일전쟁(Deutscher Krieg)에서 오스트리아 측의 독일연방(Deutscher Bund)이 패전함에 따라 소멸되어 프로이센에 흡수되었다. Vgl. etwa *Th. Nipperdey*, Deutsche Geschichte 1800-1866 - Bürgerwelt und stärker Staat, München 2013, S. 82 ff. und 790 ff.

23) *Bippen*, aaO. (각주 12), S. 192 f.

1819년에는 Göttingen 대학의 추천으로 Hannover 왕국의 새로운 헌법에 의하여 구성된 신분의회(Ständeversammlung)의 하원의원을 겸직하였다.[24)]

그리고 Wien 회의의 결과로 1815년 체결된 독일연방조약(Deutsche Bundesakte) 제12조 제3항에 따라 1820년 11월 Lübeck에 신설된 4개 자유시[25)]의 최고항소법원(Oberappellationsgericht der vier Freien Städte)[26)] 초대 법원장으로 추대되어 1851년 서거할 때까지 30년 동안 동 법원의 법원장으로 봉직하였다. Heise는 법원장으로서 학식을 갖춘 인재들을 재판관으로 초빙하려고 노력하여 Cropp,[27)] Schweppe,[28)] Bluhme,[29)] Pauli[30)] 등을 동 법원 판사로 영입하였

24) *Schulze-von Lasaulx*, aaO. (각주 1), S. 454.

25) Hansestadt Bremen, Hansestadt Hamburg, Hansestadt Lübeck 및 Freie Stadt Frankfurt am Main.

26) 이 최고항소법원은 1816년부터 그 설치가 논의되었으나 4개 자유시 간에 합의가 이루어지지 못하여 그 설립이 지연되다가 Savigny의 적극적인 노력으로 4개 자유시의 합의가 이루어져 1820년에 신설되었다. Vgl. *Bekker*, aaO. (각주 1), S. 158. 이 법원은 Frankfurt가 1867년 프로이센에 병합되어 자유시의 자격을 상실함에 따라 자유 한자도시 최고항소법원(Oberappellationsgericht der Freien Hansestädte)으로 그 명칭이 변경되었고, 1869년 북독일연방(Norddeutscher Bund)의 연방최고상사법원(Bundesoberhandelsgericht, 1871년 이후 Reichsoberhandelsgericht)이 Leipzig에 설치됨에 따라 그 관할권이 축소되었으며, 1879년 독일 제국의 새로운 법원조직법(Reichsjustizgesetz)에 따라 폐지되었다. Vgl. *K. Polgar*, Das Oberappellationsgericht der vier freien Städte Deutschlands (1820–1879) und seine Richterpersönlichkeiten, Frankfurt a. M. 2007, S. 135 ff.

27) Friedrich Cropp(1790–1832, 각주 2 참조). Hamburg 출생으로 Göttingen 대학과 Heidelberg 대학에서 법학을 전공하고 Heise의 지도로 1813년 Heidelberg 대학에서 법학 박사학위를 취득함. Heise가 1814년 Göttingen 대학으로 감에 따라 그를 대신하여 Heidelberg 대학에서 강의하였으며, 1817년 동 대학의 정교수로 임명됨. 1820년 Lübeck의 최고항소법원 판사로 부임하여 재직하던 중 1832년 콜레라로 서거함. Cropp은 Heise의 Grundriss에서 인용되는 로마법 대전의 원문들을 편찬한 바 있으며 (Loca juris romani selecta in praelectionibus de iure civili ad ordinem conspectus Heisiani habendas illustranda, Heidelberg 1815, 208 S.), Heise와 함께 Lübeck의 최고항소법원의 주요 판결에 관한 논문집을 간행하였음 (Juristische Abhandlungen mit Entscheidungen des Oberappellationsgericht der vier freien Städte Deutschlands, 2 Bde. Hamburg 1827/1830). Vgl. *F. Frensdorf*, Cropp, Friedrich, in: ADB, Bd. 4, Leipzig 1876, S. 610–612.

28) Albrecht Schweppe(1783–1829). Göttingen 대학에서 법학을 전공하고 1803년 상속법에 관한 학위논문으로 동 대학에서 박사학위를 취득하였음. 1805년 Kiel 대학에 비정규교수로 부임하여 1814년 로마법 및 소송법 정교수로 임명됨. 1818년부터 Göttingen 대학의 정교수로 활동하다가, 1822년 최고항소법원 판사로 임명되어 동 법원 재직 중 1829년 서거함. Vgl. *A. Ritter von Eisenhart*, Schweppe, Albrecht, in: ADB, Bd. 33, Leipzig 1891, S. 414 f. Schweppe는 1814년부터 자신의 판덱텐 강의를 위하여 체계적 개론서를 저술한 바 있음. Vgl. *ders.*, Das römische Privatrecht in seiner Anwendung auf teutsche Gerichte als Leitfaden zu den Vorlesungen über die Pandecten, 3 Bde. Altona 1814; 3. Aufl. in einem Bd. 1822; 4. Aufl. 5 Bde. 1828–1833.

29) Friedrich Bluhme(1797–1874). Hamburg 출생. Göttingen 대학과 Berlin 대학에서 법학을 전공하였으며 Heise와 Savigny의 영향을 받았음. 1820년 Jena 대학에서 법학 박사학위, 1821년 Göttingen 대학에서 교수자격을 취득함. 1823년 Savigny의 추천으로 Halle 대학의 비정규교수로 부임하여 1825년 정교수로 임명됨. 1831년 Göttingen 대학의 정교수로 초빙되었으며, 1833년 Cropp의 후임으로 최고항소법원 판사로 임명되어 10년간 봉직함. 1843년 Bonn 대학의 정교수로 초빙되어 게르만 법제사 연구 등 왕성한 학문 활동을 하다가 1874년 Bonn에서 서거함. Bluhme가 판덱텐의 편찬 과정을 3개의 군(Sabinus-, Edikts-, Papinianus-Masse)으로 분류하여 정리한 논문은 매우 유명하여 지금도 인용되고 있고 (vgl. Die Ordnung der Fragmente in den Pandectentiteln – Ein Beitrag zur Entstehungsgeschichte der Pandecten, in: Zeitschrift für geschichtliche Rechtswissenschaft, Bd. 4, Berlin 1820, S. 257–462), 그가 Bonn 대학 교수 시절 동 대학에 재학 중이던 프

다.[31] 그리고 동 법원이 판결한 많은 사건들에 관하여 직접 보충의견서(Correlation)를 작성하였으며, 조금이라도 의문의 여지가 있는 경우에는 그 의문이 해소될 때까지 판결하지 아니하였다고 한다.[32] 그 결과 Lübeck의 최고항소법원은 이론과 실무가 성공적으로 결합된 "학식있는 법원(der gelehrte Gerichtshof)"으로 독일 전역에서 그 권위를 인정받았으며,[33] 특히 상법의 발전에 지대한 영향을 미쳤다.[34]

Heise는 훌륭한 인격의 소유자로 동료들 간의 인화를 매우 중시하였으며, 개인적으로는 겸손하고 온화한 성품이나, 공무 처리에 있어서는 객관적 엄격성과 자기 헌신의 모범을 보였다고 한다.[35] Heise는 1804년 Martin의 소개로 Elisabeth Isenbart(1775–1831)와 혼인하여 슬하에 2녀를 두었으며, 1851년 2월 6일 Lübeck에서 서거하였다.[36]

Windscheid[37]에 의하면 그 당시 학식을 갖춘 법조인들이 가장 선망하던 최고의 영예는 Savigny의 후임으로 Berlin 대학의 판덱텐 교수로 초빙되는 것과 Heise의 후임으로 Lübeck의 최고항소법원 법원장으로 부임하는 것이었다고 한다.[38]

로이센 왕세자에게 법학을 교육한 내용을 정리한 법학전서가 유명함 (vgl. Encyclopädie der in Deutschland geltenden Rechte, 3 Bde. [4 Teilbde.] Bonn 1847–1858). Vgl. *R. von Stintzing*, Bluhme, Friedrich, in: ADB, Bd. 2, Leipzig 1875, S. 734–737.

30) Carl Wilhelm Pauli(1792–1879). Tübingen 대학과 Göttingen 대학에서 법학을 전공하고 Heise의 지도로 1816년 Göttingen 대학에서 법학 박사학위를 취득한 후 Lübeck에서 변호사로 활동함. 1820년 최고항소법원 행정처장으로 임명되었고, 1843년 Bluhme의 후임으로 동 법원 재판관으로 추대되어 1869년까지 활동하다가 건강상의 이유로 퇴임함. Lübeck의 법제사에 관하여 많은 저술을 남겼음. Vgl. *F. Frensdorf*, Pauli, Karl Wilhelm, in: ADB, Bd. 25, Leipzig 1887, S. 262–266.

31) Heise가 법원장으로 재임할 당시 임명된 다른 재판관들에 관하여는 *Polgar*, aaO. (각주 26), S. 221 ff. 참조.

32) Vgl. *Bippen*, aaO. (각주 12), S. 231 ff.

33) Vgl. *R. von Jhering*, Agathon Wunderlich – Ein Nachruf, in: Jahrbuch für die Dogmatik des heutigen römischen und deutschen Privatrechts, Bd. 17 (= N. F. Bd. 5), Jena 1879, S. 145-157 (S. 155 f.: „den gelehrten Gerichtshof Deutschlands").

34) Vgl. *H. Thöl*, Handelsrecht als gemeines in Deutschland geltendes Privatrecht, Bd. 1, Göttingen 1841, Vorrede (S. Ⅲ–Ⅵ); *ders.*, Ausgewählte Entscheidungsgründe des Oberappellationsgerichts der vier freien Städte Deutschlands, Göttingen 1857. 참고로 Lübeck의 최고항소법원 재판관을 역임한 Agathon Wunderlich(1810–1878)는 Heise가 1814년에서 1817년까지 Göttingen 대학에서 상법에 관하여 강의한 내용을 정리하여 책으로 편찬한 바 있다 (Heise's Handelsrecht – Nach dem Original-Manuscript, Frankfurt a. M. 1858, Ⅷ + 452 S.).

35) Vgl. vor allem *Bekker*, aaO. (각주 1), S. 158 ff. und 163 f.

36) *Schulze-von Lasaulx*, aaO. (각주 1), S. 454.

37) Bernhard Windscheid(1817–1892). Berlin 대학과 Bonn 대학에서 법학을 전공하고, Bonn 대학에서 1838년 법학 박사학위, 1840년 교수자격을 취득함. 1847–1852년 스위스 Basel 대학, 1852-1857년 독일 Greifswald 대학, 1857–1871년 München 대학, 1871–1874년 Heidelberg 대학 정교수 역임. 1874년부터 서거할 때까지 Leipzig 대학에서 봉직하였으며, 제1차 독일민법전 초안제정위원회 위원을 역임함. Vgl. *E. Landsberg*, Windscheid, Bernhard, in: ADB, Bd. 43, Leipzig 1898, S. 423–425; *J. Schröder*, Bernhard Windscheid, in: Kleinheyer/Schröder (Hrsg.), aaO. (각주 6), S. 442–446.

38) *B. Windscheid*, Carl Georg von Waechter, Leipzig 1880, S. 14. Savigny의 후임으로는 Georg Friedrich

Ⅱ. Heise의 Grundriss

GRUNDRISS EINES SYSTEMS

DES

GEMEINEN CIVILRECHTS

ZUM BEHUF

VON

PANDECTEN - VORLESUNGEN.

VON

ARNOLD HEISE,

PROFESSOR ZU HEIDELBERG.

HEIDELBERG,

BEY MOHR UND ZIMMER.

1807.

Heise의 Grundriss[39]의 외관적 특징은 이 책이 모두 목차와 각주로만 이루어져 있으며 그 내용은 없다는 점이다. Heise는 자신의 판덱텐 강의를 위하여 이 책을 저술한 바, 그 당시 로마법은 독일 전역에 공통적으로 적용되는 사법(私法)의 유일한 법원(法源)[40]으로 파악되어 법과대학에서의 사법 강의는 주로 로마법 대전(Corpus Iuris Civilis)[41]을 중심으로 이루어졌고, 사법 입문에 해당하는 Institutiones 강의와 사법 심화과정에 해당하는 Pandekten 강의로 진행되었다.[42] 그런데 판덱텐 강의의 주교재인 Digesta는 그 내용이 방대할 뿐만 아니라[43] 그 편별의 체계가 혼미

Puchta(1798－1846) 교수가 1842년 Berlin 대학으로 초빙되었으며, Heise의 후임으로는 Carl Georg von Wächter(1797－1880) 교수가 1851년 최고항소법원 법원장으로 임명되었다.

39) 각주 19 참조.

40) 독일 전역에 공통적으로 적용되는 법원(法源)으로는 로마법 대전 이외에 신성 독일 로마제국(Sacrum Romanum Imperium Nationis Germanicae)의 법률들이 있었으나, 사법(私法)과 관련된 법률들은 그 수가 매우 적을 뿐만 아니라, 프랑스에 대한 동맹전쟁(Koallitionskriege)에서 패전함에 따라 Napoleon의 강요에 의하여 당시 동 제국의 황제 Franz 2세의 1806년 8월 6일자 퇴위선언에 의해 제국이 해체·소멸되었으므로, 그 법률들의 효력에 대하여 의문이 제기되고 있었다. Vgl. *Heise*, Grundriss (각주 19), 1. Aufl. 1807, S. 1, § 4, Fn. *).

41) 동로마 제국의 황제 Iustinianus 대제가 533년 및 534년에 편찬한 Institutiones, Digesta 또는 Pandectae (Πανδέκται) 및 Codex와 그 이후의 칙령들을 모은 Novellae를 통칭하여 로마법 대전(Corpus Iuris Civilis)이라 한다. Corpus iuris라는 표현은 중세 방주학자(Glossatoren) 때부터 사용하였으며, Corpus iuris civilis라는 명칭은 Dionysius Gothofredus(1549－1622)가 1583년에 편찬·간행한 총서의 제목에서 비롯되었다. Vgl. *F. C. von Savigny*, Geschichte des Römischen Rechts im Mittelalter, Bd. 3, 2. Aufl. Heidelberg 1834, S. 517, Fn. a); *M. Kaser*, Römische Rechtsgeschichte, 2. Aufl. Göttingen 1986, S. 246.

42) Heise 당시 Heidelberg 대학에서 Institutiones 강의는 주당 6－8시간 총 120－160시간을 강의하였고, Pandekten 강의는 주당 12－15시간 총 240－300시간을 강의하였다고 한다. Vgl. *Bekker*, aaO. (각주 1), S. 156. Savigny도 Landshut 대학에서 약 300시간이 넘는 판덱텐 강의를 하였으며, Berlin 대학에서는 약 250시간의 판덱텐 강의를 하였다고 한다. Vgl. *J. Rückert/F. L. Schäfer* (Hrsg.), Repertorium der Vorlesungsquellen zu Savigny, Frankfurt a. M. 2016, S. 5.

43) Iustinianus의 Digesta는 로마 고전기 시대의 법학자 39명의 저술 총 215종 1,600여 권 약 300만 줄에서 9,142곳(소위 Fragmenta)의 내용 약 15만 줄을 발췌하여 이를 50권 430장으로 편집·정리한 것이다. Vgl. Index

하여[44] 그 목차대로 강의함에는 많은 문제가 있었다. 그리하여 종래에는 판덱텐 강의도 Institutiones의 체계에 따라 강의하기도 하였으나, 그 체계가 시대에 맞지 않고 너무 간략하여 Digesta의 내용을 충분히 전달하기에는 부족한 점이 많았다.[45] 따라서 Heise는 자신의 판덱텐 강의를 위한 새로운 체계를 구상하여 이 Grundriss를 작성하고 1807년에 출간하였다.

Heise의 Grundriss는 그 후 독일 전역에서 판덱텐 강의 교재로 채택되었으며, Savigny도 처음에는 자신의 판덱텐 강의에서 이 Grundriss를 교재로 사용하였다고 한다.[46] Heise는 10년 후인 1817년에 초판에는 기재하지 않았던 관련 문헌들에 대한 각주를 보완하여 Grundriss의 제2판을 출간하였으며, 대학 강단을 떠난 후인 1819년에 여러 동료 교수들의 부탁에 따라 Grundriss의 최종판인 제3판을 출간하였다. 그리고 이 Grundriss의 제3판은 1839년까지 수차례 복간되었다.[47]

Heise의 판덱텐 강의는 독일 전역에서 유명하여 많은 학생들이 Heise의 강의를 수강하려고 Heidelberg 대학이나 Göttingen 대학으로 왔으며,[48] Heise의 강의를 필사한 필사본들이 학생들 사이에 널리 회람되었고[49] 심지어는 높은 가격으로 거래되기까지 하였다고 한다.[50]

Heise의 Grundriss는 초판에서 최종판에 이르기까지 오로지 목차와 각주로만 이루어져 있

---

auctorum und Index titulorum Digestae, in: *O. Behrens/R. Knütel/B. Kupisch/H. H. Seiler* (Hrsg.), Corpus Iuris Civilis – Text und Übersetzung, Bd. 2: Digesten 1–10, Heidelberg 1995, S. 19–51; Constitutio Tanta § 1, in: aaO., S. 74 f.; *F. Schulz*, Geschichte der römischen Rechtswissenschaft, Weimar 1961, S. 170 ff.

44) Digesta의 그리스어 시행칙령 Constitutio Dedoken (Δέδωκεν) §§ 2–8c 및 라틴어 시행칙령 Constitutio Tanta §§ 2–8c에는 Digesta 50권의 내용을 7부로 나누어 설명하고 있으나 [*Behrens/Knütel/Kupisch/Seiler* (Hrsg.), aaO. (각주 43), S. 3–7 및 75–79 참조], 이는 분업의 원칙에 따라 Ulpianus와 Paulus의 Sabinus 주석서 및 Edictum 주석서, 그리고 Papinianus의 Questiones와 Responsa 등을 기준으로 3개의 군으로 편집된 Digesta의 내용을 사후적으로 개략 기술한 것에 불과하다. 따라서 Digesta의 내용은 중복되는 것이 많고 하나의 주제가 여러 곳에 산재해 있다. Vgl. *M. Kaser*, aaO. (각주 41), S. 246 ff.

45) Iustinianus의 Institutiones의 체계(personae, res, actiones)에 관하여는 Index titulorum Institutionum, in: *O. Behrens/R. Knütel/B. Kupisch/H. H. Seiler* (Hrsg.), Corpus Iuris Civilis – Text und Übersetzung, Bd. 1: Institutionen, 2. Aufl. Heidelberg 1997, S. XVII–XX 참조. Heise는 Heidelberg 대학에서 처음에는 Thibaut의 교과서로 판덱텐 강의를 하였다고 한다. Vgl. *Bekker*, aaO. (각주 1), S. 156. Thibaut의 판덱텐 교과서 System des Pandekten-Rechts는 Institutiones 체계를 따르고 있다 (vgl. Allgemeine Übersicht sowie Inhaltsanzeige des 1. Bandes, aaO., 2. Aufl., Bd. 1, Jena 1805, S. VIII–XVIII; Inhaltsanzeige des 2. Bandes, aaO., 2. Aufl., Bd. 2, Jena 1805, S. III–XIV; Inhaltsanzeige des 3. Bandes, aaO., 2. Aufl., Bd. 3, Jena 1806, S. III–VIII).

46) Vgl. *O. Lenel* (Hrsg.), Briefe Savignys an Georg Arnold Heise, in: Zeitschrift der Savigny-Stiftung für Rechtsgeschichte, Rom. Abt. 36 (Weimar 1915), S. 96-156 [Nr. 17 v. 13. 4. 1810 (S. 116–118); Nr. 24 v. 26. 10. 1812 (S. 126–132, insb. 128)]. Vgl. auch *H. Hamman* (Hrsg.), Friedrich Carl von Savigny – Pandektenvorlesung 1824/25, Frankfurt a. M. 1993, Inhaltsverzeichnis (S. XV – XXXI).

47) Vgl. *Rückert/Schäfer* (Hrsg.), aaO. (각주 42), S. 3, Fn. 21.

48) Vgl. *Bekker*, aaO. (각주 1), S. 156 f.

49) Vgl. etwa Erinnerung von C. G. von Wächter (각주 38 참조), in: *Bippen*, aaO. (각주 12), S. 315 f.

50) Vgl. *Bekker*, aaO. (각주 1), S. 161 f.

어 그 내용까지 기술한 판덱텐 교과서의 출간을 여러 번 권유받았으나 Heise는 이를 거절하였다. 그 주된 이유는 교과서를 간행할 경우 학생들이 교과서에만 의존하고 Digesta의 원전을 읽지 아니할 것을 우려하였기 때문이라고 한다.[51] 즉 Heise는 학생들이 Digesta를 통하여 로마 고전기 시대 법학자들의 법리적 사고를 직접 체득하는 것을 중시하였으며, 자신의 강의는 방대한 Digesta의 내용 중에서 그 당시 실제로 필요한 부분만을 체계적으로 정리하여 이를 학생들에게 안내하는 것으로 생각하였다.[52]

그런데 Wening-Ingenheim[53]이 1822년부터 출간한 판덱텐 교과서[54]는 Heise의 판덱텐 강의 필사본을 거의 표절한 것이므로,[55] 이를 통하여 Heise의 판덱텐 강의 내용을 대체로 파악할 수 있다.

Heise의 Grundriss는 – 초판에서 최종판에 이르기까지 – "공통 민법"의 개념과 범위,[56] 그 법원(法源) 및 참고 문헌에 관한 서설(Einleitung)[57]을 논외로 하면 다음과 같은 6부로 구성되어 있다.

1. Buch : Allgemeine Lehren[58] [제1편 : 총론]

---

51) Vgl. *Bippen*, aaO. (각주 12), S. 322 ff., insb, 323 f.

52) Vgl. *Heise*, Vorrede, in: Grundriss, 3. Aufl. (각주 19), S. Ⅲ – XVI.

53) Johann Nepomuk von Wening-Ingenheim (1790 – 1831). Landshut 대학에서 철학과 법학을 전공하고 1811년 동 대학에서 철학 박사학위, 1813년 Göttingen 대학에서 법학 박사학위를 취득하였으며, 1814년 Landshut 대학에서 법학 교수자격을 취득함. 1816 – 1826년 Landshut 대학, 1826 – 1831년 München 대학 정교수. Vgl. *A. R. von Eisenhart*, Wening-Ingenheim, Johann Nepomuk von, in: ADB, Bd. 41, Leipzig 1896, S. 723 f.

54) Lehrbuch des Gemeinen Civilrechts nach Heise's Grundriß eines Systems des gemeinen Civilrechtes zum Behuf von Pandekten-Vorlesungen, 3 Bde. München 1822 – 1825; 2. Aufl. 3 Bde. 1824 – 1826; 3. Aufl. 2 Bde. 1827 – 1828; 4. Aufl. 3 Bde. 1831 – 1832.

55) Vgl. *Bippen*, aaO. (각주 12), S. 270 ff.; *Bekker*, aaO. (각주 1), S. 162; *Rückert/Schäfer* (Hrsg.), aaO. (각주 42), S. 2, Fn. 5.

56) Heise는 자신의 판덱텐 강의를 위하여 이 Grundriss를 저술하였으므로 그 당시 별도의 강의가 이루어지던 봉건관계법(Lehnrecht), 교회법(Kirchenrecht), 소송법(Prozeßrecht) 및 독일 사법(Deutsches Privatrecht) 등을 제외하면서, 특히 독일 사법을 "공통 민법"에서 제외하는 이유로 Hufeland의 전례를 거론하고 있다. Vgl. Vorrede, in: *ders.*, Grundriss (각주 19), 1. Aufl., S. Ⅲ – Ⅵ (insb. Ⅳ f.).

Hufeland(각주 5 참조)에 의하면 독일 전역에 공통적으로 인정되는 법원(法源)으로는 법률과 관습법을 생각할 수 있는 바, 로마법 대전(Corpus Iuris Civilis), 교회법 대전(Corpus Iuris Canonici) 및 독일 제국의 법률들은 모두 공통 법원으로 인정되나 사법(私法)의 관점에서 파악할 때 교회법과 제국의 법률들은 그 내용이 모두 로마법을 제한하는 것에 불과하므로 이는 모두 판덱텐 강의에서 다루어져야 할 내용이며, 독일 전역에서 공통적으로 인정될 수 있는 관습법은 역사적인 이유에서 그 성립 자체가 불가능하므로, 결국 공통 법원이 아닌 독일 각 지역의 법원들을 파악하여 다수 지역에 공통된 제도와 규범들을 찾아 이로부터 법적 개념과 원칙을 도출해 내는 것을 독일 사법학의 대상으로 보았다. Vgl. *G. Hufeland*, Einleitung in die Wissenschaft des heutigen deutschen Privatrechts, Jena 1796, § 1 (S. 1), § 13 (S. 10 f.), §§ 20 f. (S. 20 ff.); *ders.*, Gibt es ein allgemeines deutsches Privatrecht im juristischen Sinn?, in: *ders.*, Beyträge zur Berichtigung und Erweiterung der positiven Rechtswissenschaften, 1. Stück, Jena 1792, S. 51 – 102.

57) *Heise*, Grundriss (각주 19), 1. Aufl., S. 1 f. (§§ 1 – 8); 3. Aufl., S. 1 – 11 (§§ 1 – 23).

58) *Heise*, Grundriss (각주 19), 1. Aufl., S. 3 – 17 (§§ 9 – 169); 3. Aufl., S. 12 – 37 (§§ 1 – 188).

2. Buch : Dingliche Rechte[59] [제2편 : 물권]
3. Buch : Obligationen-Recht[60] [제3편 : 채무법]
4. Buch : Jura potestatis[61] [제4편 : 가장권(家長權)]
5. Buch : Das gesamte Erbrecht[62] [제5편 : 전(全) 상속법]
6. Buch : Die Restitutio in integrum[63] [제6편 : 원상회복]

우선 Heise가 Grundriss의 내용을 "총론"(Allgemeine Lehren)과 "각론"(Besondere Lehren)으로 나누어 제1편을 총론으로 구성한 것은 전혀 새로운 것이 아니다. 대학의 강의나 교재가 해당 분야의 일반적 개념과 원칙(Allgemeine Begriffe und Prinzipien)부터 설명하는 것은 오히려 지극히 당연하다 할 것이다.[64] 다만 종래의 판덱텐 강의가 Digesta의 편제에 따라 진행되거나 Institutiones의 체계에 따라 행하여졌으므로(소위 Legalordnung), 그러한 강의와 교과서에는 외관상 "총론"이라는 부분이 없었을 뿐이다.[65] 그리고 합리주의(Rationalismus) 철학의 대가 Wolff[66]의 자연법 이론[67]의 영향을 받은 법학 교수[68]들이 실정법 강의를 할 때에도 일반적 개념과 명제로부터

59) *Heise*, Grundriss (각주 19), 1. Aufl., S. 18-29 (§§ 1-148); 3. Aufl., S. 38-64 (§§ 1-175).

60) *Heise*, Grundriss (각주 19), 1. Aufl., S. 30-64 (§§ 1-344); 3. Aufl.: „Von den Obligationen"(채무), S. 65-128 (§§ 1-389).

61) *Heise*, Grundriss (각주 19), 1. Aufl., S. 65-77 (§§ 1-140); 3. Aufl.: „Dinglich-persöliche Rechte"(물적 대인권), S. 129-156 (§§ 1-165).

62) *Heise*, Grundriss (각주 19), 1. Aufl., S. 78-102 (§§ 1-278); 3. Aufl.: „Das Erbrecht"(상속법), S. 157-211 (§§ 1-280).

63) *Heise*, Grundriss (각주 19), 1. Aufl., S. 103-105 (§§ 1-31); 3. Aufl.: „In integrum restitutio"(원상회복), S. 38-64 (§§ 1-175).

64) Vgl. *M. Schmoeckel*, Der Allgemeine Teil in der Ordnung des BGB, in: M. Schmoeckel/J. Rückert/R. Zimmermann (Hrsg.), Historisch-kritischer Kommentar zum BGB, Bd. 1, Tübingen 2003, S. 123-165 (insb. Rn. 14 ff.).

65) Iustinianus의 Digesta는 그 서문에서 제1권부터 제4권까지를 제1부(prima pars, πρῶτα)로 명명하고 있는바, 그 내용은 법원(法源), 관직(官職), 소송절차 및 법원의 판결 및 명령에 의한 원상회복(In integrum restitutio) 등에 관한 일반적 설명이므로 이를 Digesta의 총론으로 볼 수 있으며 [vgl. Constitutiones Dedoken et Tanta § 2, in: *Behrens/Knütel/Kupisch/Seiler* (Hrsg.), aaO. (각주 43), S. 3 und 75], Institutiones는 Iustinianus 대제가 법학 초학도들을 위한 입문서로서 작성하게 한 것이므로 [vgl. Constitutiones Dedoken et Tanta § 11, in: *Behrens/Knütel/Kupisch/Seiler* (Hrsg.), aaO. (각주 43), S. 9 f. und 81 f.] 그 전체를 로마법 총론에 해당한다고 볼 수도 있다.

66) Christian Wolff(1679-1754). Jana 대학과 Leipzig 대학에서 신학, 수학 및 철학을 전공하고, 1703년 Leipzig 대학에서 수학 및 철학 교수자격 취득. 1706-1723년 Halle 대학, 1723-1740년 Marburg 대학 수학 및 철학 정교수, 1740년부터 서거할 때까지 Halle 대학의 자연법 및 국제법 교수 겸 수학 교수로 봉직함. 그의 제자들을 통하여 프로이센 국법전(Allgemeines Landrecht für Preußische Staaten = ALR, 1794) 및 오스트리아 민법전(Allgemeines Bürgerliches Gesetzbuch für die Erbländer der österreichichen Monarchie = ABGB, 1811) 제정에 많은 영향을 미쳤음. Vgl. *H. Hagen*, Christian Wolff, in: Kleinheyer/Schröder (Hrsg.), aaO. (각주 6), S. 446-455.

67) Jus naturae methodo scientifica pertractatum, 8 Vol., Francofurti 1740-1748.

특수한 개념과 명제를 연역적으로 도출해 내는 소위 수학적 논증방법(mathematisch-demonstrative Methode)[69]을 도입하여 실정법의 일반 이론, 즉 "총론"을 제창하였으나, 그 주안점이 자연법적 관점에서 실정법의 일반 이론을 전개해 보려는 것이었으므로,[70] Heise가 말하는 총론과는 그

---

68) Vgl. vor allem *D. Nettelbladt*, Von der Anwendung der demonstrativischen Lehrart in der bürgerlichen Rechtsgelahrtheit, in: *ders.*, Unvorgreiffliche Gedanken von dem heutigen Zustand der bürgerlichen und natürlichen Rechtsgelartheit in Deutschland, Halle 1749, S. 27–89; *ders.*, Von dem rechten Gebrauch der Wolffischen Philosophie in der Theorie der positiven Rechtsgelahrtheit (1750), in: *ders.*, Sammlung kleiner juristischer Abhandlungen, Halle 1792, S. 111–125. Wolff의 제자들 중 대표적인 사법 학자로는 Darjes와 Nettelbladt을 들 수 있다.

Joachim Georg Darjes(1714–1791)는 Rostock 대학과 Jena 대학에서 신학과 철학을 전공한 후 다시 Jena 대학에서 법학을 전공하고 1739년 법학 박사학위를 취득함. 1744–1763년 Jena 대학 윤리학 및 정치학 정교수, 1763년부터 서거할 때까지 Frankfurt a. O. 대학 법학 및 철학 정교수를 역임함. 그의 제자 Carl Gottlieb Svarez(1746–1798)를 통하여 프로이센 국법전(ALR 1794)의 편찬에 많은 영향을 미쳤음. Vgl. *A. Richter*, Darjes, Joachim Georg, in: ADB, Bd. 4, Leipzig 1876, S. 758 f.; *F. Gärtner*, Joachim Georg Darjes und die preußische Gesetzesreform – ein Beitrag zur Entstehungsgeschichte des ALR, Berlin 2007, S. 76 ff.; vgl. auch *G. Kleinheyer*, Carl Gottlieb Svarez, Kleinheyer/Schröder (Hrsg.), aaO. (각주 6), S. 413–417.

Daniel Nettelbladt(1719–1791)은 Rostock 대학에서 신학과 철학을 전공한 후 다시 Marburg 대학과 Halle 대학에서 철학과 법학을 전공하고 1744년 Halle 대학에서 법학 박사학위를 취득함. (1741–1744년 Nettelbladt이 Halle 대학에서 공부할 때 Wolff 교수의 사저에 거주하면서 지도를 받았다고 함.) 1746년부터 서거할 때까지 Halle 대학의 법학 정교수로 봉직함. 그의 제자 Ernst Ferdinand Klein(1744–1810)을 통하여 프로이센 국법전(ALR 1794)의 편찬에 영향을 미쳤음. Vgl. *H. Hattenbauer*, Einleitung in die Geschichte des Preußischen Allgemeinen Landrechts, in: *ders.* (Hrsg.), Allgemeines Landrecht für die Preußischen Staaten von 1794, 2. Aufl. Neuwied 1994, S. 1–29 (insb. S. 8 f.); *T. Repgen*, Nettelbladt, Daniel, in: NDB, Bd. 19, Berlin 1999, S. 85 f.; *J. A. R. von Eisenbart*, Nettelbladt, Daniel, in: ADB, Bd. 23, Leipzig 1886, S. 460–466.

69) Vgl. *Chr. Wolff*, Discursus praeliminaris de philosophia genere, in: *ders.*, Philisophia rationalis sive logica methodo scientifica pertractata, 3. Ed., Francofurti 1740, S. 1–104 (insb. S. 53–71: De methodo philosophico); Deutsche Übersetzung von *G. Gawlick* und *L. Kleimendahl*, Einleitende Abhandlung über Philosophie im allgemeinen, Stuttgart 2006, passim (insb. S. 67–85: Von der philosophischen Methode).

70) Drajes는 그의 실정법 교과서 최종판(Institutiones jurisprudentiae Romanae, Lipsiae 1798)에서 그 내용을 서론, 총론, 각론의 3부로 구성하고, 각론을 다시 로마법 이론과 소송 실무로 나누어 논술하고 있는바, "서론"(Prolegomena)에서 (1) 정의와 법 내지 민법학 일반, (2) 로마법사, (3) 교회법사, (4) 로마법 및 교회법대전, (5) 민법학사, (6) 법학 전문용어 등을 설명한 후, "총론"(Pars generalis)에서 (1) 권리와 의무의 내용(De jurium atqua obligatiorum objecto), (2) 권리와 의무의 종류(De jurium atqua obligatorum diversitate), (3) 권리와 의무의 취득 일반(De adquisitione jurium atqua obligatiorum generatim)을 논하고 있다. 그리고 "각론"(Pars specialis)상의 로마법 이론(Scientia iuris Romani)에서 (1) 대물적 권리(De juribus realibus), (2) 대인적 권리(De juribus personalibus) 및 (3) 신분법(De jure personarum)을 나누어 설명하고 있으며, 소송법학(Jurisprudentia juridicalis)에서 소송 절차에 관하여 설명하고 있다 (aaO., S. 433–436).

한편 Nettelbladt은 그의 실정법 교과서(Systema elementare iurisprudentiae positivae Germanorum communis generalis, Halae 1781)에서 자연법적 관점에서 파악한 실정법 총론을 전개하고 있는바, Nettelbladt은 그 내용을 개인적 권리와 사회적 권리로 나누어 제1부 개인적 권리에 관한 실정법학 총론(Iurisprudentia positiva … generalis stricte sic dicta)에서 (1) 인간의 행위(De actionibus praesertim hominum), (2) 법적 의미의 주체와 객체, 즉 인격과 물건(De personis et rebus in sensu iuridico), (3) 실정 법률과 법적 행위(De legibus positiva et actibus iuridicis), (4) 의무(De obligatione), (5) 권리(De jure), (6) 점유와 준점유(De

관점이 전혀 달랐다.

Heise는 Grundriss의 "총론"을 다음과 같이 구성하고 있다.

1. Kap.: Von den Quellen des Rechts[71] [제1장 : 법원(法源)]
2. Kap.: Von den Rechten im Allgemeinen[72] [제2장 : 권리 일반]
3. Kap.: Von Verfolgung und Schützung der Rechte[73] [제3장 : 권리의 행사와 보호]
4. Kap.: Von den Subjecten und Objecten der Rechte[74] [제4장 : 권리의 주체와 객체]
5. Kap.: Von den Handlungen[75] [제5장 : 행위]
6. Kap.: Raum- und Zeit-Verhältnisse[76] [제6장 : 공간 및 시간 관계]

여기서 주목할 점은 Heise가 공통 민법의 체계를 정립함에 있어 사인의 "권리"를 민법의 최상위 개념(Oberster Begriff)으로 파악하고 있다는 점이다. 따라서 민법에 관한 학문적 논의는 모두 사인의 권리·의무를 중심으로 전개되는바, Heise는 우선 "권리 일반"을 실체법적 관점에서 설명한 후, "권리의 행사와 보호"를 논하면서 자력구제와 소권(訴權)을 설명하고, 이와 관련하여 항변과 소송담보 등을 다루고 있다. 그리고 사인의 권리·의무관계의 요소(Elemente)가 되는 권리의 주체, 객체 및 권리에 관한 행위를 설명한 후, 권리·의무관계의 일반적 범주로서 공간과 시간을 논하고 있다.

Heise가 사인의 권리를 민법 체계의 최상위 개념으로 파악하는 것은 물론 우연이 아니다. 이미 로마 고전기 시대의 법학자 Ulpianus는 법(Ius)이라는 말은 정의(Iustitia)라는 말에서 파생되었다고 설명하면서,[77] 법을 파악하는 방법에는 두 가지 관점이 있음을 지적하고 있다. 하나는 법이라는 현상을 법공동체의 관점에서 거시적으로 파악하는 방법이고, 다른 하나는 동일한 현상을 개인의 관점에서 미시적으로 파악하는 방법인데, 전자를 공법(Ius publicum)이라 하고 후자

---

possessione et quasi possessione, (7) 법적 구제수단(De remediis iuris) 등을 설명하고 있으며 (aaO., S. 10－556), 제2부 사회적 권리에 관한 실정법학 총론(Iurisprudentia positiva … generalis socialis)에서는 인적 결사(Universita personarum) 일반에 관하여 논한 후, 제1부에서 설명한 여러 원칙들이 이러한 결사에서 어떻게 변용되는가를 설명하고 있다 (aaO., S. 557－608).

71) *Heise*, Grundriss (각주 19), 1. Aufl., S. 3－5 (§§ 9－27); 3. Aufl., S. 12－15 (§§ 1－24).

72) *Heise*, Grundriss (각주 19), 1. Aufl., S. 5－6 (§§ 28－40); 3. Aufl.: „Von den Rechten"(권리), S. 15－17 (§§ 25－38).

73) *Heise*, Grundriss (각주 19), 1. Aufl., S. 6－8 (§§ 41－63); 3. Aufl., S. 18－22 (§§ 39－74).

74) *Heise*, Grundriss (각주 19), 1. Aufl., S. 8－11 (§§ 64－105); 3. Aufl., 4. Kap.: „Von den Personen"(인격), S. 23－27 (§§ 75－108) und 5. Kap.: „Von den Sachen"(물건), S. 27－29 (§§ 109－123).

75) *Heise*, Grundriss (각주 19), 1. Aufl., S. 11－14 (§§ 106－146); 3. Aufl., (6. Kap.) S. 29－33 (§§ 124－162).

76) *Heise*, Grundriss (각주 19), 1. Aufl., S. 14－17 (§§ 147－169); 3. Aufl., (7. Kap.) S. 33－37 (§§ 163－188).

77) Ulp. D. 1, 1, 1, pr.: Iuri operam daturum prius nosse oportet, unde nomen iuris descendat. est autem a iustitia apellatum.

를 사법(Ius privatum)이라 한다고 설명한다.[78] 따라서 공법학에서는 법공동체 내지 국가의 법질서가 목적 개념이 되고, 사법학에서는 사인의 권리 · 의무가 핵심 개념이 된다. 그리고 이러한 구별은 법학의 분야에 대한 실체론적 구별이라기보다 법학의 연구에 대한 방법론적 구별이라 하겠다. 원래 라틴어의 Ius라는 말은 이중적 의미, 즉 "법 · 법질서"라는 의미와 "권리 · 권한"이라는 의미를 동시에 내포하고 있다. 이는 Ius의 차용번역어인 불어 droit나 독어 Recht도 마찬가지이다. 따라서 경제학이나 사회학 등 다른 사회과학에서 말하는 거시적 방법론과 미시적 방법론이 이미 법학에서는 로마 시대부터 존재하였으며, 이러한 두 가지 방법론은 상호 순환관계에 있다 하겠다. 다만 로마법 대전의 Digesta는 그 내용이 거의 전부 사인의 권리 · 의무에 관한 미시적 고찰로 이루어져 있다. 왜냐하면 정의(Iustitia)란 각자에게 각자의 권리(Ius)를 보장해 주려는 항구 · 불변의 의지로 파악되었기 때문이다.[79]

Heise는 Grundriss의 "총론"에서 소송상의 권리와 실체법적 권리를 분리한 후,[80] Gaius나 Iustinianus의 Institutiones 체계의 3분법, 즉 권리의 주체(personae), 객체(res), 행위(actiones)를 민법의 일반 개념으로 파악하여 총론에 편입시켰다. 특히 인간의 행위를 파악함에 있어 권리 객체의 관점과 권리변동 원인의 관점을 구별한 후,[81] 권리변동의 원인이 되는 행위를 설명하면서 인간의 자의(Willkür), 즉 자유의사(freier Wille)에 기한 행위만을 법적 의미의 행위로 파악하고,[82] 이러한 법적 행위를 設權行爲(Rechtsgeschäfte)[83]와 侵權行爲(Rechtsverletzungen)[84]로 대별하여 설명

---

78) Ulp. D. 1, 1, 1, 2: Huius studii duae sunt positiones, publicum et privatum. publicum ius est quod ad statum rei Romanae spectat, privatum quod ad singulorum utilitatem.

79) Ulp. D. 1, 1, 10, pr.: Iustitia est constans et perpetua voluntas ius suum cuique tribuendi.

80) Vgl. *Heise*, Grundriss (각주 19), 1. Aufl., 1. Buch, 3. Kap. und 4.–5. Kap. (S. 8 ff.); 3. Aufl. 1. Buch, 3. Kap. und 4.–6. Kap. (S. 18 ff.).

81) Vgl. *Heise*, Grundriss (각주 19), 1. Aufl., S. 10, Fn. **).

82) Vgl. *Heise*, Grundriss (각주 19), 1. Aufl., S. 11 f. (§§ 106 f.); 3. Aufl., S. 29 (§§ 124 f.); vgl. hierzu etwa *Wening-Ingenheim*, aaO. (각주 54), 2. Aufl. Bd. 1, S. 136 f.

83) 현행 민법이 사용하고 있는 "法律行爲"라는 용어는 의용민법, 즉 1896년의 일본 민법상의 용어를 수용한 것인바, 이는 Rechtsgeschäft(e)의 의미를 그 당시 일본 학자들이 잘 파악하지 못한 명백한 오역이다. 이에 관하여는 졸고, Translationsprobleme europäischer Rechtsbegriffe in Ostasien, in: H.-P. Marutschke (Hrsg.), Rechtsvergleichung mit Japan, Köln 2017, S. 19–29 (24 f.) 참조.

84) Heise는 인간의 행위를 법률이 허용하는 행위와 허용하지 않는 행위로 대별하여 "不許行爲(unerlaubte Handlungen)"라는 용어를 사용하고 있으나 그 내용의 본질은 권리침해행위(Rechtsverletzungen), 즉 侵權行爲를 의미한다. Vgl. *Wening-Ingenheim*, aaO. (각주 54), 2. Aufl., Bd. 1, S. 137 und 170 f. [… jede an sich erlaubte Handlung (wird) unerlaubt, wenn sie andere beschädigt, oder in ihren Rechten verletzt …]. 한편 Savigny는 unerlaubte Handlung(en)이라는 용어를 사용하지 아니하고 라틴어의 차용어인 Delikt(e)라는 용어를 사용하면서 그 본질을 침권행위로 파악하고 있다. Vgl. *F. C. von Savigny*, Das Obligationenrecht als Theil des heutigen römischen Rechts, Bd. 2, Berlin 1853, § 82 (S. 293 ff., insb. S. 293: Die Grundlage eines jeden Delicts ist die Rechtsverletzung, und man könnte also versuchen, die Obligationen aus Delicten so zu erklären, als seyen es die Obligationen aus Rechtsverletzungen.). 그리고 Savigny는 침권행위를 민법 총론상의 개념으로 파악하지 아니하고 채권 총론상의 개념으로 파악하고 있다. Vgl. *ders.*, Pandektenvorlesung (각주 46), S. 57 ff.; Obligationenrecht, Bd. 2, § 51 (S. 1 ff.).

하고 있다.[85)]

마지막으로 Heise는 Grundriss의 "총론" 말미에서 권리·의무관계의 일반적 범주로 공간 및 시간을 논하고 있는바, 이는 공간과 시간을 모든 현상 인식의 조건이 되는 필수 관념으로서 인간의 선험적 순수 직관(reine Anschauung a priori)에 의하여 파악된다고 설명한 Immanuel Kant의 인식론[86)]의 영향을 받은 것으로 추정된다. 부기할 것은 Heise는 자연적 점유(possessio naturalis), 즉 소지(Innehaben, detentio)를 점유의 원형으로 보고, 점유를 물건과 사람 사이의 공간 관계로 파악하여 총론에서 설명하고 있다는 점이다.[87)]

Heise는 Grundriss의 제2편 "물권"(Dingliche Rechte)을 다음과 같이 구성하고 있다.

1. Kap.: Von den dinglichen Rechten überhaupt[88)] [제1장 : 물권 총설]
2. Kap.: Vom Eigenthume[89)] [제2장 : 소유]
3. Kap.: Von den Servituten[90)] [제3장 : 역권(役權)[91)]]
4. Kap.: Von der Emphytheusis und Superficies[92)] [제4장 : 영차권(永借權)[93)] 및 지상권(地上權)[94)]]
5. Kap.: Vom Pfandrechte[95)] [제5장 : 질권(質權)[96)] ≈ 담보물권]

---

85) Vgl. *Heise*, Grundriss (각주 19), 1. Aufl., S. 12 ff. (§§ 112 ff.); 3. Aufl., S. 30 ff. (§§ 131 ff.).

86) Vgl. *I. Kant*, Critik der reinen Vernunft, 2. Aufl., Riga 1787, S. 33 ff. (= Akademieausgabe Bd. 3, S. 49 ff.).

87) Vgl. *Heise*, Grundriss (각주 19), 1. Aufl., S. 15 f. (§§ 149－161), insb. S. 15, Fn. *) und Fn. **); 3. Aufl., S. 34 ff. (§§ 166－181), insb. S. 34, Fn. 2).

88) Vgl. *Heise*, Grundriss (각주 19), 1. Aufl., S. 18 f. (§§ 1－9); 3. Aufl., S. 38 f. (§§ 1－9).

89) Vgl. *Heise*, Grundriss (각주 19), 1. Aufl., S. 19 ff. (§§ 10－61); 3. Aufl., S. 39 ff. (§§ 10－65).

90) Vgl. *Heise*, Grundriss (각주 19), 1. Aufl., S. 23 ff. (§§ 62－91); 3. Aufl., S. 48 ff, (§§ 66－105).

91) 로마법상의 役權(servitutes, Servituten, Dienstbarkeiten)은 地役權(servitutes rerum, Real-Servituten, iura praediorum, Grunddienstbarkeiten)과 人役權(servitutes personarum, Personal-Servituten, ususfructus, Nießbrauch)을 포괄하는 개념이다. Vgl. *Heise*, aaO. (각주 90); *Savigny*, Pandektenvorlesung (각주 46), S. 131 ff.; *M. Kaser/R. Knütel*, Römisches Privatrecht, 20. Aufl. München 2014, S. 163 ff.

92) Vgl. *Heise*, Grundriss (각주 19), 1. Aufl., S. 25 f. (§§ 92－107); 3. Aufl., S. 54 ff. (§§ 106－124).

93) 로마법상의 永借權(emphyteusis, Erbpacht)은 원래 국·공유지(ager vectigalis)의 경작을 위하여 국가나 자치 공동체가 사인과 체결한 장기적 토지 용익대차 계약에 의하여 임차인에게 부여된 물권적 권리이나 후에 사유지(fundi rei privatae)의 경우에도 확대 적용되었다. Vgl. *Savigny*, Pandektenvorlesung (각주 46), S. 163 ff.; *Kaser/Knütel*, aaO. (각주 91), S. 172 f.

94) 로마법상 地上物(superficies)의 소유권은 부합의 법리에 따라 토지 소유자에게 귀속되므로 – superficies solo cedit –, 토지 소유자의 허락을 받아 타인의 토지에 주택(aedes)을 신축한 자에게 인정되는 로마법상의 地上權(jus in superficie, Erbbaurecht)은 우리 민법상의 지상권과 그 개념이 상이하다. Vgl. *Savigny*, Pandektenvorlesung (각주 46), S. 164 f.; *Kaser/Knütel*, aaO. (각주 91), S. 173 f.

95) Vgl. *Heise*, Grundriss (각주 19), 1. Aufl., S. 27 ff. (§§ 108－148); 3. Aufl., S. 56 ff. (§§ 125－175).

96) 로마법상의 質權(pignus)은 점유의 이전을 요건으로 하지 않으므로 점유의 이전이 있는 협의의 질권(pignus datum)과 점유의 이전이 없는 저당권(pignus obligatum, hypotheca)을 포괄하는 개념이다. Vgl. *Savigny*,

Heise는 "물권 총설"을 논함은 일반적이지 아니하나 각종 물권에 중요한 공통점이 있는바 이를 각종 물권에서 반복하여 설명하거나 각 물권의 관점에서 일면적으로 서술하는 것보다 "총설"로 집약하여 설명함이 바람직하다고 하면서,[97] (1) 물권의 개념과 종류, 물권의 충돌, 물권적 청구권 등 "물권 일반"[98] 내지 "물권의 본질"[99]과 (2) 물권의 취득,[100] (3) 물권의 상실,[101]을 "물권 총설"에서 설명하고 있다.

그리고 Heise는 "소유"의 장에서 (1) 소유의 개념과 (2) 소유권의 종류 및 소유에 기한 소권을 설명한 후,[102] (3) 소유의 취득[103]과 (4) 소유의 상실을 논하고 있다.

Heise는 Grundriss의 제3편 "채무법"(Obligationen-Recht)[104]을 다음과 같이 구성하고 있다.

1. Kap.: Vom Inhalte einer Obligation[105] [제1장 : 채무의 내용]
2. Kap.: Von den Subjecten einer Obligation[106] [제2장 : 채무의 주체]
3. Kap.: Von Entstehung der Obligationen[107] [제3장 : 채무의 발생]
4. Kap.: Von Aufhebung der Obligationen[108] [제4장 : 채무의 종료]

Pandektenvorlesung (각주 46), S. 170 ff.; *Kaser/Knütel*, aaO. (각주 91), S. 176 ff.

97) Vgl. *Heise*, Grundriss (각주 19), 1. Aufl., S. 18, Fn. *); 3. Aufl., S. 38, Fn. 1.

98) Vgl. *Heise*, Grundriss (각주 19), 1. Aufl., S. 18 (§§ 1−5: Von den dinglichen Rechten an sich).

99) Vgl. *Heise*, Grundriss (각주 19), 3. Aufl., S. 38 f. (§§ 1−5: Von dem Wesen der dinglichen Rechte).

100) Vgl. *Heise*, Grundriss (각주 19), 1. Aufl., S. 18 (§ 6); 3. Aufl., S. 39 (§ 6).

101) Vgl. *Heise*, Grundriss (각주 19), 1. Aufl., S. 19 (§§ 7−9); 3. Aufl., S. 39 (§§ 7−9).

102) Heise는 Grundriss의 초판에서는 소유의 개념과 소유권의 종류 및 소유에 기한 소권을 묶어 "소유 일반"으로 설명하고 다음으로 "소유 주체"를 별도로 논하였으나, 최종판에서는 (1) 소유의 개념과 (2) 소유권의 종류 및 소유에 기한 소권의 절을 분리하고, "소유 주체"를 별도로 논하지 아니하고 있다. Vgl. *ders.*, Grundriss (각주 19), 1. Aufl., S. 19 f. (§§ 10−21 und § 22); 3. Aufl., S. 39 ff. (§ 10 und §§ 11−26). 그리고 소유에 기한 소권으로 "소유물 반환소권"(rei vindicatio), "추정 소유자의 점유회복소권"(actio Publicana) 및 "(소유방해) 부인소권"(actio negatoria)을 거론하고 있다. Vgl. *ders.*, Grundriss (각주 19), 1. Aufl., S. 19 f. (§§ 13−21); 3. Aufl., S. 40 ff. (§§ 18−26).

103) Heise는 Grundriss의 초판에서는 소유의 취득 원인을 (1) 다른 물건의 소유를 통한 소유의 취득과 (2) 그러하지 아니한 소유의 취득으로 대별하였으나, 최종판에서는 이러한 분류를 포기하고 (1) 쌍무계약에 의한 취득, (2) 취득자의 일방적 행위에 의한 취득 및 (3) 우연한 사정 등으로 구분하여 설명하고 있다. 그리고 상속과 유증에 관하여는 제5편에서 설명할 것이므로 여기서 논하지 아니함을 밝히고 있다. Vgl. *ders.*, Grundriss (각주 19), 1. Aufl., S. 20, Fn. ***) und S. 20 ff. (§§ 23−57); 3. Aufl., S. 42, Fn. 15 und S. 42 ff. (§§ 27−62).

104) Heise는 Grundriss의 최종판에서 제3편의 제목을 "채무"(Von den Obligationen)로 변경하였다. Vgl. *ders.*, Grundriss (각주 19), 1. Aufl., S. 30 und 3. Aufl., S. 65.

105) Vgl. *Heise*, Grundriss (각주 19), 1. Aufl., S. 30 ff. (§§ 1−36); 3. Aufl.: „Vom Inhalt einer Obligatio", S. 65 ff. (§§ 1−38).

106) Vgl. *Heise*, Grundriss (각주 19), 1. Aufl., S. 33 ff. (§§ 37−63); 3. Aufl.: „Vom Subject der Obligationen", S. 72 ff. (§§ 39−68).

107) Vgl. *Heise*, Grundriss (각주 19), 1. Aufl., S. 35 ff. (§§ 64−92); 3. Aufl.: „Entstehungs-Gründe der Obligationen", S. 77 ff. (§§ 69−108).

5. Kap.: Zweyseitige Obligationen[109] [제5장 : 쌍방적 채무]
6. Kap.: Obligationen auf ein Geben oder Leisten[110] [제6장 : 급여 또는 급부채무]
7. Kap.: Obligationen auf ein Zurückgeben[111] [제7장 : 반환채무]
8. Kap.: Obligationen auf ein Handeln[112] [제8장 : 작위채무]
9. Kap.: Obligationen auf ein Unterlassen und Wiederherstellen[113] [제9장 : 부작위 및 원상회복채무]
10. Kap.: Obligationen auf Schadens-Ersatz und Strafe[114] [제10장 : 손해배상 및 징벌적 채무]
11. Kap.: Accessorische Obligationen[115] [제11장 : 부수적 채무]

이러한 구성에 대하여 Heise는 다음과 같이 설명하고 있다. 즉 "채무"에 관한 논의는 "총론"과 "각론"으로 대별되는바, 채무의 내용, 주체, 발생 및 종료에 관한 일반적 설명이 "채무 총론"에 해당하고, "각론"은 다시 독자적 채무와 부수적 채무로 분류되며, 독자적 채무는 다시 쌍방적 채무와 일방적 채무로 구분되고, 일방적 채무는 그 내용에 따라 (1) 급여 내지 급부채무, (2) 반환채무, (3) 작위채무, (4) 부작위 및 원상회복채무, (5) 손해배상 및 징벌적 채무로 나눌 수 있는바, 장절의 구성 편의상 이를 세분하여 분류하지 아니하고 상기한 것처럼 나열하였다고 한다.[116]

그리고 Heise는 쌍방적 채무를 다시 양 당사자의 채무 내용이 상이한 경우와 동일한 경우로 구분하여, (1) 매매(emptio venditio), (2) 유상대차(locatio conductio), (3) 무상대차(commodatum), (4) 소비대차(mutuum), (5) 교환(permutatio) 등 기타 무명계약을 전자의 경우로 설명하고, (1) 조합(societas), (2) 우연적 공동관계(communio incidens), (3) 화해(transactio, compromissum), (4) 사행계약 및 내기를 후자의 경우로 설명하고 있다.[117]

---

108) Vgl. *Heise*, Grundriss (각주 19), 1. Aufl., S. 38 ff. (§§ 93–120); 3. Aufl., S. 83 ff. (§§ 109–143).

109) Vgl. *Heise*, Grundriss (각주 19), 1. Aufl., S. 41 ff. (§§ 121–182); 3. Aufl.: „Wesentlich zweyseitige Obligationen", S. 88 ff. (§§ 144–206).

110) Vgl. *Heise*, Grundriss (각주 19), 1. Aufl., S. 47 ff. (§§ 183–202); 3. Aufl., S. 98 ff. (§§ 207–228).

111) Vgl. *Heise*, Grundriss (각주 19), 1. Aufl., S. 49 ff. (§§ 203–216); 3. Aufl., S. 102 ff. (§§ 229–252).

112) Vgl. *Heise*, Grundriss (각주 19), 1. Aufl., S. 51 ff. (§§ 217–242); 3. Aufl., S. 107 ff. (§§ 253–275).

113) Vgl. *Heise*, Grundriss (각주 19), 1. Aufl., S. 54 ff. (§§ 243–274); 3. Aufl., S. 111 ff. (§§ 276–310).

114) Vgl. *Heise*, Grundriss (각주 19), 1. Aufl., S. 57 ff. (§§ 275–307); 3. Aufl., S. 115 ff. (§§ 311–352).

115) Vgl. *Heise*, Grundriss (각주 19), 1. Aufl., S. 61 ff. (§§ 308–344); 3. Aufl., S. 122 ff. (§§ 353–389).

116) Vgl. *Heise*, Grundriss (각주 19), 1. Aufl., S. 30, Fn. *); 3. Aufl., S. 65, Fn. 1.

117) Vgl. *Heise*, Grundriss (각주 19), 1. Aufl., S. 41 ff. (§§ 121–132). Heise는 Grundriss의 최종판에서 "쌍방적 채무"(Zweyseitige Obligationen)를 다시 양 당사자의 채무 내용의 동일성과 상이성에 따라 구분하는 것을 포기하고, 이를 합하여 "본질적 쌍방채무"(Wesentlich zweyseitige Obligationen)로 개명하여 (1) 매매, (2) 유상대차, (3) 무상대차, (4) 소비대차, (5) 조합, (6) 우연적 공동관계, (7) 무명계약, (8) 화해, (9) 사행계약

그리고 일방적 채무 중에서 (1) 증여(donatio)와 부양의무(alimentatio) 등 법정 채무를 "급여 내지 급부채무"로 파악하고,[118] (2) 절도, 강박, 점유침탈, 불법원인급여(condictio ob turpem causam) 등 불허행위에 기한 반환채무와 목적달성불능(condictio ob causam datorum), 비채변제(condictio indebiti), 기타 부당이득(condictio sine causa), 호의대차(praecarium) 등 허용행위에 기한 반환채무를 "반환채무"로 설명하고 있으며,[119] (3) 위임(mandatum),[120] 사무관리(negotium gestio), 공탁집행인(sequester)의 채무 등 타인의 사무를 처리하는 경우와 쟁송물 등의 제출의무, 선매 및 재매매의 경우 인정되는 계약체결의무 및 소송상 증언의무 등의 경우를 "작위채무"로 파악하고,[121] (4) 상린관계에서 인정되는 건물의 개축 및 신축금지(operis novi nunciatio), 토지방해의 금지(interdictum quod vi aut clam) 등 사법적 및 공법적 관점에서 인정되는 각종 금지명령(interdicta prohibitoria)과 점유보호를 위한 점유침탈 금지명령(interdicta retinendae possessionis)에 기한 부작위의무를 "부작위 및 원상회복채무"로 설명하고 있다.[122] 그리고 (5) "손해배상 및 징벌적 채무"에 관하여 초판에서는 이러한 채무의 성질에 따라 순수한 손해배상채무와 순수한 징벌적 채무 및 양자가 혼합된 채무로 나누어 설명하였으나,[123] 최종판에서는 구성을 달리하여 손해귀속의 사유에 따라 과실(culpa), 고의(dolus), 우연(casus)으로 나누어 설명하고 있다.[124]

마지막으로 Heise는 다른 채무의 존재를 전제로 하여 성립할 수 있는 채무를 "부수적 채무"로 파악하고, (1) 담보계약, (2) 이행의 확약(constitutum debiti proprii),[125] (3) 각종 보증계약(intercessiones),[126] (4) 추탈담보 및 하자담보와 (5) 채무의 폐기를 위한 부수 약정[127] 등을 설명

및 내기의 순으로 설명하고 있다. Vgl. *ders.*, Grundriss (각주 19), 3. Aufl., S. 88 ff. (§§ 144–206).

118) Vgl. *Heise*, Grundriss (각주 19), 1. Aufl., S. 47 ff. (§§ 183–202); 3. Aufl., S. 98 ff. (§§ 207–228).

119) Vgl. *Heise*, Grundriss (각주 19), 1. Aufl., S. 49 ff. (§§ 203–216). Heise는 Grundriss의 최종판에서 "반환채무"를 다시 불허행위에 기한 반환채무와 허용행위에 기한 반환채무로 구분하는 것을 포기하고, 이를 (1) 임치(depositum), (2) 절도 부당이득(condictio furtiva)을 포함한 각종 부당이득(condictiones), (3) 소비대차 및 혼자금(dos)의 채무증서(cautio), (4) 강박 원인의 소(actio quod metus causa), (5) 점유침탈의 소(actio spolii) 및 점유회복 명령(interdicta recuperandae possessionis)의 순으로 설명하고 있다. Vgl. *ders.*, Grundriss (각주 19), 3. Aufl., S. 102 ff. (§§ 229–252).

120) Heise는 Grundriss의 초판에서 임치를 위임의 일종으로 파악하였으나 최종판에서는 임치를 반환채무에서 별도로 논하고 있다. Vgl. *ders.*, Grundriss (각주 19), 1. Aufl., S. 52 (§§ 221–225); 3. Aufl., S. 102 f. (§§ 229–233).

121) Vgl. *Heise*, Grundriss (각주 19), 1. Aufl., S. 51 ff. (§§ 217–242); 3. Aufl., S. 107 ff. (§§ 253–275).

122) Vgl. *Heise*, Grundriss (각주 19), 1. Aufl., S. 54 ff. (§§ 243–274); 3. Aufl., S. 111 ff. (§§ 276–310).

123) Vgl. *Heise*, Grundriss (각주 19), 1. Aufl., S. 57 ff. (§§ 275–307).

124) Vgl. *Heise*, Grundriss (각주 19), 3. Aufl., S. 115 ff. (§§ 311–352).

125) 로마법상 이행의 확약이 있는 경우 약정한 기일에 본래의 채무가 이행되지 아니하면 채무자는 사유를 불문하고 엄격한 책임을 지며, 채권자는 본래의 채무에 기한 소권 이외에 이행의 확약에 기한 별도의 소권(actio de pecunia constituta)을 행사할 수 있다. Vgl. *Kaser/Knütel*, aaO. (각주 91), S. 280. 이러한 이행의 확약은 이미 Iustinianus 대제 시절에 그 효력이 부인되어 경개(novatio)로 대체되었다고 한다. Vgl. Ulp. D. 13, 5, 16, 3; *Savigny*, Pandektenvorlesung (각주 46), S. 388.

126) Heise는 여기서 통상의 보증계약(fideiussio), 즉 중첩적 채무인수(intercessio cumulativa) 이외에 소비대차

하고 있다.[128)]

Heise는 Grundriss의 제4편의 편명을 초판에서는 종래의 분류[129)]에 따라 "가장권"(家長權, Jura potestatis)으로 명명하였으나,[130)] 최종판에서는 Kant의 용어례[131)]에 따라 "물적 대인권"(物的對人權, dinglich-persönliche Rechte)으로 개명하고 가족관계에 기한 권리·의무를 다루고 있다.[132)]

Heise는 가족법(Familienrecht)을 물권 및 채권과 분리하여 이를 독립된 편장으로 제4편에 배치하는 이유를 다음과 같이 설명하고 있다. 사인의 권리는 그 대상(Gegenstand)을 기준으로 하여 (1) 자유권(예컨대 혼인할 권리, 유언할 권리 등)이나 이를 보호하는 권리(미성년자의 특권 등)와 같이 특정한 개별적 대상이 없는 권리와 (2) 이러한 대상이 있는 권리로 대별될 수 있고, 후자는 다시 (a) 물건에 대한 권리, 즉 물권과 (b) 사람에 대한 권리로 구별되는바, 사람에 대한 권리는 다시 (i) 상대방에 대하여 일정한 급부만을 요구할 수 있는 권리, 즉 채권과 (ii) 상대방에게 신분적 결합관계에 기하여 포괄적인 행위를 요구할 수 있는 권리로 구별되며, 이러한 권리는 사람에 대한 권리라는 점에서 물건에 대한 권리인 물권과 다르고, 그 권리의 범위와 대세적인 효력이 채권과 상이하므로, 물권 및 채권과 구별하여 이를 별도의 편장으로 구성하여 다루는 것이 바람직하며, 이로써 종래의 Institutionen 체계에 따라 이를 "인법"(Personenrecht, ius personarum)에서 다

의 위임(mandatum qualificatum), 타인 채무의 이행 확약(constitutum debiti alieni), 면책적 채무인수(expromissio, intercessio privativa) 등을 거론하고 있다. Vgl. *Heise*, Grundriss (각주 19), 1. Aufl., S. 61 f. (§§ 314–328); 3. Aufl., S. 123 ff. (§§ 359–374).

127) Heise는 여기서 정지조건 및 해제조건에 의한 계약해제의 유보(in diem addictio), 이행기에 대금 미지불시 계약 자동폐기의 약정(lex commissoria), 시험 매매 등 매수인의 임의적 해제권 약정(pactum displicentiae) 등을 거론하고 있다. Vgl. *Heise*, Grundriss (각주 19), 1. Aufl., S. 64 (§§ 342–344); 3. Aufl., S. 123 (§§ 387–389).

128) Vgl. *Heise*, Grundriss (각주 19), 1. Aufl., S. 61 ff. (§§ 308–344); 3. Aufl., S. 122 ff. (§§ 353–389).

129) Vgl. *Heise*, Grundriss (각주 19), 1. Aufl., S. 6 (§ 38: Jura status, in rem, obligationis, und potestatis).

130) Heise는 이와 관련하여 Gottlieb Hufeland의 Institutionen des gesamten positiven Rechts, 2. Aufl., Jena 1803을 인용하고 있다. Vgl. *ders.*, Grundriss (각주 19), 1. Aufl., S. 65, Fn. *). Hufeland는 타인의 특정한 행위에 대한 권리인 채권과 타인의 행위 전반에 대한 포괄적 권한(Gewalt, potestas)을 구별하고, 이러한 포괄적 권한은 개인에게 부여되는 권리가 아니라 공동체를 전제로 하여 인정되는 권한이며, 따라서 가장(paterfamilias)의 포괄적 권한(patria potestas)은 가공동체(Hausgesellschaft) 내지 가족공동체(Familien-gesellschaft)의 존재를 전제로 하여 인정되는 권한으로 파악하고 있다. Vgl. *ders.*, Institutionen (전게서), S. 37 (§§ 105–115, insb. § 113) und S. 247 ff. (insb. §§ 691, 694 und 712).

131) *I. Kant*, Die Metaphysik der Sitten, 1. Theil: metaphysische Anfangsgründe der Rechtslehre, Königsberg 1798, S. 105 ff. (Von dem auf dinglicher Art persönlichen Recht) [= Akademieausgabe Bd. 6, S. 276 ff.]. Kant는 관계(Relation)에 관한 인식론상의 세 가지 범주(Kategorien), 즉 실체(Substanz), 인과(Kausalität), 공동(Gemeinschaft)에 따라 자연법적 관점에서 인간이 취득할 수 있는 사법상의 권리를 물권(Sachenrecht, ius reale), 대인권(persönliches Recht, ius personale), 물적 대인권(dinglich-persönliches Recht, ius realiter personale)으로 구분하였다. Vgl. aaO., S. 59 und 79 [= Akademieausgabe Bd. 6, S. 247 und 259 f.].

132) Heise는 이와 관련하여 Gustav Hugo의 Lehrbuch der juristischen Encyclopädie, 4. Aufl. Berlin, 1811, § 8을 인용하고 있다. Vgl. *ders.*, Grundriss (각주 19), 3. Aufl., S. 129, Fn. 1.

룰 경우 가족관계가 물권에 미치는 영향을 물권의 설명에 앞서 강의해야 하는 논리적 모순을 피할 수 있다고 한다.[133]

Heise는 Grundriss의 제4편을 다음과 같이 구성하고 있다.

1. Kap.: Von den Rechten der Ehe[134] [제1장 : 혼인(권)]
2. Kap.: Von der väterlichen Gewalt[135] [제2장 : 부권(父權)]
3. Kap.: Von der Vormundschaft[136] [제3장 : 후견]

그리고 Heise는 Grundriss의 초판에서 혼인의 성립 및 이혼에 관해서는 교회법 강의에서 상세히 다룰 것이므로 비록 체계적으로는 맞지 아니하나 판덱텐 강의에서는 이를 생략함을 부언하고 있다.[137] 그러나 Grundriss의 최종판에서는 체계적 완결성을 고려하여 혼인의 성립 및 해소에 관해서도 설명하고 있다.[138]

Heise는 Grundriss의 제5편 "상속법"의 별도 편장에 관하여 다음과 같이 설명하고 있다. 즉 상속에 의하여 피상속인의 물권 및 채권·채무가 전체로서 포괄승계(acquisitio per universitatem) 되므로 이를 종래의 Institutionen 체계에 따라 "물(권)법"(Sachenrecht, ius rerum)에서 다루는 것보다 물권과 채권의 설명 후에 별도로 다루는 것이 타당하며, 특히 유증을 Ius rerum에서 다루는 것은 내용상 타당하지 아니하므로, 비록 유증에 의하여 항상 포괄승계가 일어나는 것은 아니라 하더라도 물권과 채권이 모두 유증의 대상이 될 수 있다는 점을 감안할 때 이를 상속과 관련하여 설명하는 것이 바람직하다고 한다.[139] 더욱이 법정상속(successio ab intestato)과 필수상속(successio necessaria), 즉 유류분의 상속은 가족관계를 전제로 하므로 상속법을 가족법 다음 순서로 다루는 것은 당연하다 하겠다.

Heise는 Grundriss의 제5편 "상속법"(Erbrecht)을 초판에서는 다음과 같이 구성하고 있다.

1. Kap.: Allgemeine Einleitung[140] [제1장 : 총론적 서설]
2. Kap.: Von der Intestat-Erbfolge[141] [제2장 : 법정 상속]

133) Vgl. *Heise*, Grundriss (각주 19), 1. Aufl., S. 65, Fn. *); 3. Aufl., S. 16, Fn. 5) und S. 129, Fn. 1.
134) Vgl. *Heise*, Grundriss (각주 19), 1. Aufl., S. 65 ff. (§§ 1–46); 3. Aufl.: „Von der Ehe", S. 129 ff. (§§ 1–70).
135) Vgl. *Heise*, Grundriss (각주 19), 1. Aufl., S. 69 ff. (§§ 47–86); 3. Aufl., S. 141 ff. (§§ 71–110).
136) Vgl. *Heise*, Grundriss (각주 19), 1. Aufl., S. 73 ff. (§§ 87–140); 3. Aufl., S. 147 ff. (§§ 111–165).
137) Vgl. *Heise*, Grundriss (각주 19), 1. Aufl., S. 65, Fn. **).
138) Vgl. *Heise*, Grundriss (각주 19), 3. Aufl., S. 130 ff. (§§ 2–24).
139) Vgl. *Heise*, Grundriss (각주 19), 1. Aufl., S. 78, Fn. *); 3. Aufl., S. 157, Fn. 1.
140) Vgl. *Heise*, Grundriss (각주 19), 1. Aufl., S. 78 ff. (§§ 1–15).
141) Vgl. *Heise*, Grundriss (각주 19), 1. Aufl., S. 80 ff. (§§ 16–38).

3. Kap.: Von letzten Willens-Ordnungen überhaupt[142] [제3장 : 최종적 의사규율 일반]
4. Kap.: Von Testamenten insbesondere[143] [제4장 : 특히 유언에 관하여]
5. Kap.: Von Codicillar-Dispositionen[144] [제5장 : 비형식적 유언에 의한 처분]
6. Kap.: Von der Erwerbung der Erbschaft[145] [제6장 : 상속재산의 취득]
7. Kap.: Von Erwerbung der Vermächtnisse im Allgemeinen[146] [제7장 : 수증재산의 취득 일반]
8. Kap.: Von den verschiedenen Arten der Vermächtnisse[147] [제8장 : 유증의 종류]
9. Kap.: Vom Verlust deferirter Erbschaften und Vermächtnisse[148] [제9장 : 상속재산 및 수증재산의 상실]

Heise는 이러한 구성에 대하여 다음과 같이 설명하고 있다. 즉 상속법은 "총론"과 "각론"으로 구별되고, (1) "총론"에서는 상속, 상속재산, 상속인, 유증, 신탁 등 상속법의 공통개념, 상속재산과 수증재산의 취득에 관한 일반 원칙 및 상속재산의 점유(bonorum possessio)를 설명해야 하고, (2) "각론"에서는 (a) 상속과 유증의 개시(delatio), (b) 개시된 상속재산 및 수증재산의 취득(acquisitio)과 (c) 그 상실(amissio)을 논하여야 하는바, 상속과 유증의 개시는 (i) 법정상속과 (ii) 피상속인의 최종적 의사에 기한 상속 및 유증으로 대별되고, 후자에 관한 설명은 다시 (α) 일반 원칙과 (β) 최종적 의사의 종류로 구분되며, 이러한 최종적 의사의 종류로는 형식을 갖춘 유언(testamentum)과 비형식적인 최종적 의사(codicilli)를 들 수 있다고 한다. 그리고 상속과 유증에 의한 재산의 취득에 관한 설명은 (i) 상속재산의 취득과 (ii) 수증재산의 취득으로 구별될 수 있고, 후자는 다시 (α) 그 일반 원칙과 (β) 각종 유증의 종류를 설명해야 할 것인바, 장절의 구성 편의상 이를 세분하여 분류하지 아니하고 상기한 바와 같이 나열하였다고 한다.[149]

그리고 Heise는 Grundriss의 최종판에서 이러한 구성을 다소 보완하여, 상속과 유증의 개시에 관하여 (i) 법정상속과 (ii) 피상속인의 최종적 의사에 기한 상속 및 유증의 개시 이외에 (iii) 필수상속(successio necessaria), 즉 유류분(Pflichtteil)의 상속을 별도로 설명하고,[150] 피상속

---

142) Vgl. *Heise*, Grundriss (각주 19), 1. Aufl., S. 83 ff. (§§ 39–79).
143) Vgl. *Heise*, Grundriss (각주 19), 1. Aufl., S. 86 ff. (§§ 80–131).
144) Vgl. *Heise*, Grundriss (각주 19), 1. Aufl., S. 90 ff. (§§ 132–156).
145) Vgl. *Heise*, Grundriss (각주 19), 1. Aufl., S. 93 ff. (§§ 157–204).
146) Vgl. *Heise*, Grundriss (각주 19), 1. Aufl., S. 96 ff. (§§ 205–232).
147) Vgl. *Heise*, Grundriss (각주 19), 1. Aufl., S. 99 ff. (§§ 233–259).
148) Vgl. *Heise*, Grundriss (각주 19), 1. Aufl., S. 101 f. (§§ 260–278).
149) Vgl. *Heise*, Grundriss (각주 19), 1. Aufl., S. 79, Fn. *) a. E.
150) Heise의 Grundriss 초판에서는 유언에 관한 제4장에서 Successio necessaria에 관하여 설명하고 있다. Vgl. *ders.*, aaO., S. 87 ff. (§§ 89–114).

인의 최종적 의사에 기한 상속 및 유증의 개시에 관하여 (α) 최종적 의사의 작성, (β) 최종적 의사 처분의 실행 및 실효, (γ) 특수한 최종적 의사로 나누어 설명하여, 다음과 같이 구성하고 있다.

1. Kap.: Allgemeine Einleitung[151] [제1장 : 총론적 서설]
2. Kap.: Von der Intestat-Ernfolge[152] [제2장 : 법정 상속]
3. Kap.: Von Errichtung eines letzten Willens[153] [제3장 : 최종적 의사의 작성]
4. Kap.: Von der Vollziehung und dem Wegfallen letztwilliger Verfügungen[154] [제4장 : 최종적 의사 처분의 실행 및 실효]
5. Kap.: Von privilegierten Willensordnungen[155] [제5장 : 특수한 의사규율]
6. Kap.: Von der Sucessio necessaria[156] [제6장 : 필수 상속]
7. Kap.: Von der Erwerbung der Erbschaft[157] [제7장 : 상속재산의 취득]
8. Kap.: Von Erwerbung der Vermächtnisse[158] [제8장 : 수증재산의 취득]
9. Kap.: Von den verschiedenen Arten der Vermächtnisse[159] [제9장 : 유증의 종류]
10. Kap.: Vom Verlust einer deferierten Succession[160] [제10장 : 상속재산의 상실]

끝으로 Heise는 Grundriss의 마지막을 "원상회복"에 관한 제6편으로 구성하고 있다.[161] 그런데 로마법상의 원상회복(in integrum restitutio) 제도는 미성년자, 부재자, 강박과 사기의 피해자, 채무자의 사해행위에 대한 채권자 등의 보호를 위하여 특별한 소권(actio rescissoria)을 부여하거나 법원의 명령(pronunciatio)의하여 기왕에 발생한 법적 효과를 소급적으로 부인하고 그 원인행위가 없었던 것으로 의제하여 권리의 침해가 없었던 원상을 회복하게 하는 법무대관(Praetor)의 재량에 기한 특별한 권리구제수단(extraordinarium auxilium)이므로, 이미 Savigny가 Heise에게 직접 지적한 바와 같이 권리의 침해 및 구제와 관련하여 민법 "총론"에서 이를 충분히 설명할 수

151) Vgl. *Heise*, Grundriss (각주 19), 3. Aufl., S. 157 ff. (§§ 1-16).
152) Vgl. *Heise*, Grundriss (각주 19), 3. Aufl., S. 161 ff. (§§ 17-40).
153) Vgl. *Heise*, Grundriss (각주 19), 3. Aufl., S. 167 ff. (§§ 41-97).
154) Vgl. *Heise*, Grundriss (각주 19), 3. Aufl., S. 177 ff. (§§ 98-120).
155) Vgl. *Heise*, Grundriss (각주 19), 3. Aufl., S. 181 ff. (§§ 121-132).
156) Vgl. *Heise*, Grundriss (각주 19), 3. Aufl., S. 184 ff. (§§ 133-158).
157) Vgl. *Heise*, Grundriss (각주 19), 3. Aufl., S. 190 ff. (§§ 159-205).
158) Vgl. *Heise*, Grundriss (각주 19), 3. Aufl., S. 197 ff. (§§ 206-231).
159) Vgl. *Heise*, Grundriss (각주 19), 3. Aufl., S. 201 ff. (§§ 232-260).
160) Vgl. *Heise*, Grundriss (각주 19), 3. Aufl., S. 207 ff. (§§ 261-280).
161) Vgl. *Heise*, Grundriss (각주 19), 1. Aufl.: „Die Restitutio in integrum", S. 103 ff. (§§ 1-31); 3. Aufl.: „In integrum restitutio", S. 212 ff. (§§ 1-30).

있고, 민법 "각론"의 다른 편들과 비교해 볼 때 그 내용과 범위에 비추어 이를 독립된 편으로 구성하여 각론에서 다루는 것은 적절하지 아니하다 하겠다.[162] 그러나 Heise는 In integrum restitutio에 의하여 물권과 채권 등 기존의 권리·의무관계가 포괄적으로 폐지될 수 있으므로 이를 권리·의무의 포괄승계에 관한 상속법 다음에 설명하는 것은 체계적으로 문제가 없고, 이를 민법 "총론"에서 설명할 경우 물권과 채권을 배우지 아니한 초학자들이 이 제도를 잘 이해할 수 없을 것이라는 이유로 자신의 견해를 변경하지 아니하였다.[163] 그러나 독일의 판덱텐 법학자들은 이 점에 있어서는 Heise의 견해를 따르지 아니하였다.[164]

Ⅲ. 結 言

약관 29세의 젊은 교수가 불과 3년간의 강의 경험 후에 방대한 Digesta의 내용을 숙지하고 이를 새로운 논리적 체계에 따라 완전히 재구성하였다는 사실은 매우 놀라운 일이라 아니할 수 없다. 이러한 업적의 배경에는 당시 독일의 높은 인문학적 교육수준, 특히 Corpus Iuris Civilis의 라틴어 원전을 별다른 어려움 없이 해독할 수 있는 인문주의적 교육의 성과와 Immanuel Kant의 인식론적 관념철학(Idealismus)이 학문 전반에 미친 영향이 적지 아니하였음을 쉽게 추측할 수 있다. 특히 학문의 논리적 체계성을 강조한 Kant의 학문관[165]이 Heise의 은사인 Hufeland를 통하여 Heise의 Grundriss 저술에 결정적인 영향을 미친 것으로 생각된다.

물론 Heise의 Grundriss의 성립 배경을 면밀히 검토하려면 Heise의 스승인 Gottlieb Hufeland[166]와 Gustav Hugo[167]의 저술 및 Heise의 동료인 Anton Friedrich Thibaut[168]와

162) Vgl. Savigny's Brief an Heise vom 13. 4. 1810, in: *Lenel* (Hrsg.), Briefe Savignys an Heise (각주 46), S. 116 f. Vgl. auch *Savigny*, Pandektenvorlesung (각주 46), S. 33 ff.; *ders.*, System des heutigen römischen Rechts, Bd. 7, Berlin 1848, S. 90 ff. (§§ 315–343).

163) Vgl. *Heise*, Grundriss (각주 19), 1. Aufl., S. 103, Fn. *); 3. Aufl., S. 212, Fn. 1.

164) Vgl. *B. Windscheid*, Lehrbuch des Pandektenrechts, Bd. 1, Düsseldorf 1862, S. 274, Fn. 7 m.w.N.

165) Vgl. *I. Kant*, Critik der reinen Vernunft (각주 86), S. 860 ff.: Architectonik der reinen Vernunft [= Akademieausgabe Bd. 3, S. 538 ff.]; *ders.*, Logik, hrsg. von G. B. Jäsche, 1800, zit. nach 3. Aufl. neu hrsg. von W. Kinkel, Leipzig 1904, S. 151 (§ 95): Die Erkenntnis als Wissenschaft muß nach einer Methode gerichtet sein. Denn Wissenschaft ist ein Ganzes der Erkenntnis als System und nicht bloß als Aggregat. Sie erfordert daher eine systematische, mithin nach überlegten Regeln abgefaßte Erkenntnis. 이러한 Kant의 학문관은 Christian Wolff의 학문관을 계승·발전시킨 것으로 사료된다. Vgl. *Chr. Wolff*, Discursus (각주 69), S. 14 (§ 30): Per *Scientiam* hic intelligo habitum afferta demonstrandi, hoc est, ex principiis certis & immotis per legitimam consequentiani inferendi. (Unter *Wissenschaft* verstehe ich hier die Fertigkeit, seine Behauptungen zu beweisen, das heißt, sie aus gewissen und unerschütterlichen Grundsätzen durch gültige Schluß herzuleiten.)

166) 각주 5 참조.

167) 각주 10 참조.

168) 각주 15 및 45 참조.

Friedrich Carl von Savigny의 저술에 관한 심층적 비교 연구가 있어야 할 것이다. 그리고 Heise의 Grundriss가 독일 판덱텐 법학의 체계에 미친 영향을 정확히 분석하려면 Heise의 Grundriss 이후에 저술된 독일의 저명 법학자들의 판덱텐 체계서들, 특히 Jahann Friedrich Ludwig Göschen[169](1778–1837), Albrecht Schweppe[170](1783–1829), Christian Friedrich Mühlenbruch[171](1785–1843), Friedrich Bluhme[172](1797–1874), Georg Friedrich Puchta[173](1798–1846), Johann Friedrich Kierulff[174](1806–1894), Karl Adolf von Vangerow[175](1808–1870), Karl Ludwig Arndts von Arnesberg[176](1803–1878)의 저술들과 독일 판덱텐 법학을 집대성한 Bernhard Windscheid[177](1817–1892)의 저술에 관한 비교 검토가 있어야 할 것이다.

---

169) *J. F. L. Göschen*, Grundriß zum Behuf von Pandecten-Vorlesungen, Göttingen 1823; *ders.*, Vorlesungen über das gemeine Civilrecht, hrsg. von A. Erxleben, 3 Bde. (5 Teilbde.), Göttingen 1838–1840.

170) 각주 28 참조.

171) *Chr. F. Müllenbruch*, Doctrina Pandectarum, 3 Vols., Halis Saxonum 1823–1825; 4. Editio 1838–1840; *ders.*, Lehrbuch des Pandekten-Rechts, 3 Bde., Halle 1835; 2. Aufl. 1837/38.

172) 각주 29 참조. *F. Bluhme*, Grundris des Pandektenrechts, Halle 1829.

173) *G. F. Puchta*, System des gemeinen Civilrechts zum Gebrauch bey Pandektenvorlesungen, München 1832; *ders.*, Vorlesungen über das heutige römische Recht, hrsg. von A. A. F. Rudorff, 2 Bde. Leipzig 1847/48.

174) *J. F. Kierulff*, Theorie des Gemeinen Civilrechts, Bd. 1, Altona 1839; vgl. hierzu *K. Larenz*, Johann Friedrich Kierulff - Bemerkungen zu seiner „Theorie des Gemeinen Civilrechts", in: Festschrift zum 275jährigen Bestehen der Christian-Albrecht-Universität Kiel, Leipzig 1940, S. 116–128.

175) *K. A. Vangerow*, Leitfaden für Pandekten-Vorlesungen, 3 Bde. (5 Teilbde.) Marburg 1839–1847; *ders.*, Lehrbuch der Pandekten, 3 Bde., 7. Aufl. Marburg 1863–1869.

176) *L. Arndts*, Lehrbuch der Pandekten, 3 Bde. München 1852; 8. Aufl. in einem Bd. Stuttgart 1874.

177) *B. Windscheid*, Lehrbuch des Pandektenrechts, 3. Bde. (4 Teilbde.), Düsseldorf 1862–1870; 9. Aufl. bearbeitet von Th. Kipp, Frankfurt a. M. 1906.

의사표시 해석의 소고
—시연(始研)에 부쳐서—

안 법 영*

Sein, das verstanden werden kann, ist Sprache.
— H. — G. Gadamer

I.

주지하듯이, 시장경제질서에서 재화거래의 핵심적 사항은 그 소유 및 활용, 그리고 그에 관한 행위이다. 그리고 거래에 자유롭게 참여하는 개인의 위와 같은 행위의 민사법적 규율은 사적자치의 원리(Prinzip der Privatautonomie)에 기초하고 있으며, 사적자치는 자기결정(Selbstbestimmung), 즉 개인의 그에 의사에 따라 법적 관계를 자율적으로 형성하는 원리이다.1)

사적자치가 실현되는 거래행위는 각 개인이 그의 의사를 상대방에게 표현하는 언어적 행태로써 이루어진다. 그런데 이러한 거래(계약)관계의 자율적 형성과정에서 당사자들이 거래상 표현

---

* 고려대학교 법학전문대학원 교수. 이 글은 의사표시 해석에 관한 연구를 하던 중 일부만을 정리한 것이다.

1) Vgl. Motive zu dem Entwurfe eines Bürgerlichen Gesetzbuches für das Deutsche Reich, Band Ⅰ., 1888(Mot. I.), S. 126: "**Rechtsgeschäft** im Sinne des Entwurfes **ist eine Privatwillenserklärung**, gerichtet auf **die Hervorbringung eines rechtlichen Erfolges**, welcher nach der Rechtsordnung deswegen eintritt, **weil er gewollt ist**. Das Wesen des Rechtsgeschäftes wird darin gefunden, daß ein auf die Hervorbringung rechtlicher Wirkungen gerichteter Wille sich bethätigt, und daß der Spruch der Rechtsordnung in Anerkennung dieses Willens die gewollte rechtliche Gestaltung in der Rechtswelt verwirklicht." … "Unter Willenserklärung wird die rechtsgeschäftliche Willenserklärung verstanden. Die Ausdrücke Willenserklärung und Rechtsgeschäft sind der Regel nach als gleichbedeutend gebraucht. Der erster Ausdruck ist namentlich da gewählt, wo die Willensäußerung als solche im Vordergrunde steht oder wo zugleich der Fall getroffen werden soll, daß eine Willenserklärung nur als ein Bestandtheil eines rechtsgeschäftlichen Thatbestandes in Frage kommt." (진한 글씨와 밑줄은 필자의 표기임); B. Windscheid/Th. Kipp. Lehrbuch des Pandektenrechts, Bd. I, 9. Aufl.(1906, ND 1984), S. 310 § 69: "Rechtsgeschäft ist eine auf die Hervorbringung einer rechtlichen Wirkung gerichtet Privatwillenserklärung." u. Fn. 1; W. Flume, Allgemeiner Teil des Bürgerlichen Rechts, Bd. Ⅱ, Das Rechtsgeschäft, 3. Aufl.(1979), § 1, 1: "Privatautonomie nennt man das Prinzip der Selbstgestaltung der Rechtsverhältnisse durch den einzelnen nach seinem Willen. Die Privatautonomie ist ein Teil des allgemeinen Prinzips der Selbstbestimmung des Menschen."

으로써 주고받는 언어 및 그에 상응하는 행태는 그 본질상 변천 · 수정되며, 또한 상황에 따라 다의적이고, 화자(話者) 자신의 고유한 방식이나 그가 속하는 생활영역에 따라 그 활용은 상이할 수 있다. 따라서 계약거래 과정에서 이루어진 언어적 표시나 행태에 의한 소통상 괴리, 즉 표시자와 그 표시의 수령자가 서로 다른 의미를 주장하는 상황이 빈번히 발생한다.

위와 같은 경우, 거래(계약)의 성립 및 그 내용에 관한 법적 분쟁의 해결에 있어서 당사자들의 언어적 표현 및 행태의 의미를 파악하는 것은 법률가의 과제가 되는바, — 거래의도, 내용 등에 관한 평가적인 법적 판단에 앞서 —, 다양한 언어적 행태의 표현방식으로 이루어진 표시들(Erklärungen)은 어떻게 이해되는가라는 표시내용의 인식 방법으로서[2] '올바른' 해석의 문제이다.[3]

자율적 거래(계약)관계 형성을 실현시키는 우리 민법전의 법제도적 개념은 의사표시와 법률행위이며, 고전적인 의사론에 의하면, 표시의 귀속은 의사(Wille)가 그 기반이며, 그 의사를 다른 사람들에게 표명하는 것이 표시(Erklärung)이다.[4]

그런데 기존의 교과문헌에서는 의사표시의 해석에 관한 서술(이하 '종래의 해석론')은, 주 · 객관적 해석규준들을 절충적으로 총괄하는 견해가 주류를 이루고 있으며, 19세기 후반, 그리고 20세기 초 · 중반 독일 민법학의 의사와 표시의 이원적인 의사표시 본질론, 그리고 이러한 교조론

---

2) 방법은 그 대상에 따라 정해지면, 의사표시 해석의 대상은 표시이다. Vgl. Staudinger/H. Dilcher, 12. Aufl.(1980), §§ 133, 157 BGB, Rn. 1: "…, da als Auslegung nur ein methodisches Erkennen des Erklärungsinhalts verstanden werden kann, ….”; R. Zippelius, Juristische Methodenlehre, 7. Aufl.(1999), S. S. 1: "Der Gegnstand bestimmt die Methode."

3) Vgl. Fr. C. v. Savigny, Obligationenrecht, Bd. Ⅱ(1853), § 71, S. 189: "…, daß die in Worten enthaltene ausdrückliche Willenserklärung. eben so, wie die Gesetzgebung, einer Auslegung empfänglich, und oft bedürftig, ist(System B. 3 § 131, S. 244). <u>Alle diese Fälle der Auslegung kommen überein in dem gemeinsamen Zweck, den in dem toten Buchstaben niedergelegten lebendigen Gedanken vor unserer Betrachtung wieder entstehen zu lassen</u>." (밑줄은 필자의 표기임) 이에 관한 관견적 서술은 W. Flume, a. a. O., § 16 1, S. 291 f. 참조. 민사법상 해석은 법률의 해석과 법률행위 및 의사표시의 해석으로 대별된다. 양자 해석의 구별에 관한 개관은 D. Medicus, Allgemeiner Teil des BGB, 9. Aufl.(2006), § 24, Rz. 307 ff. 참조. 보다 상세하게는 A. Lüderitz, Auslegung von Rechtsgeschäften, 1966, S. 10 ff.; W. Flume, a. a. O., § 16, 1; MünchKomm/J. Busche, 5. Aufl.(2006), § 133 BGB, Rn. 2 ff. 5, 7. usw. 법관에 의한 법적용은 법률해석과 생활사안 포섭의 교호적 연계(해석학적 순환)로써 이루어진다. Vgl. K. Engisch, Logische Studien zur Gesetzesanwendung, 3. Aufl.(1963), S. 15: "Hin– und Herwandern des Blicks"; 안법영 · 윤재왕 역, 법학방법론, 2011, 99면: "대전제와 생활사실 사이의 지속적인 시각의 왕래" 참조. 유럽 및 독일에서의 의사표시와 법률행위 해석론의 연혁적 개관은 HKK/St. Vogenauer, Bd. Ⅰ(2003), §§ 133, 157. Auslegung, Ⅲ, S. 565 ff. 특히 14~17세기의 포괄적인 해석론의 전개는 S. 567, Rn. 9: "Gegenstand der Erörterung ist grundsätzlich nicht die *interpretatio legis*, die *interpretatio pacti* oder die *interpretatio testamenti* im besonderen, sondern die *interpretatio iuris* im allgemeinen." 참조.

4) Vgl. Fr. C. v. Savigny, System des heutigen Römischen Rechte, Bd. Ⅲ(1840), § 130, S. 237: "Die Grundlage jeder Willenserklärung ist das Dasein des Wollens …, unsere Betrachtung muß nun weiter fortschreiten zu der Offenbarung desselben, wodurch das innere Ereignis des Wollens in die sichtbare Welt als Erscheinung eintritt; das heißt, wir haben die Erklärung des Willens zu betrachten(§ 104, 114)."; A. Manigk, Willenserklärung und Willensgeschäft, 1907(ND 1970), 2. Kapital, S. 34: "Savigny betont … ausdrücklich, daß die Willenserklärung dem Zwecke der Offenbarung des inneren Willens für anderen Menschen diene."

을 전제한 실정법 조항의 개념에 연계된 해석론에 침잠(沈潛)되어 있다.[5] 이러한 서술에 대하여는, — 실무 판결례(이하 Ⅱ. b)에서도 살펴 볼 수 있듯이 —, 사회·경제적 상황 및 사회의식의 변천과 더불어, 법실무상 다양한 분쟁 사안들에 즉응하여 해석상 논점을 합리적이고 설득력 있는 방법적 논거로써 뒷받침하는 역할을 하고 있는가에 관하여 의문이 제기된다.[6]

우리 민법전에는 법률행위나 의사표시의 해석에 관하여 직접적으로 규율하는 조항을 두고 있지 않다. 따라서 해석학 일반이론과 정합되면서, 또한 법적용의 실천상 유용한 해석론 구성이 요청되며, 또한 독일 민법학의 소산인 의사표시와 법률행위의 개념과 그 규율의 법제도를 계수한 우리 민법전의 연혁에 비추어 그 이론 및 실무의 연혁 등에 관한 천착이 불가결하다.[7]

---

5) 이러한 의사론과 표시론의 논쟁은 주로 착오론(Irrtumslehre)에서 부각된다. 이에 관한 독일민법전의 제정과정에 관한 최근 연구는 양창수, 계약의 구속력의 근거 斷想 – 의사와 신뢰 사이 –, 민사법학 제77호(2016), 3면 이하. 이 연구 발표의 토론과정에서 의사표시 해석과의 관련성에 관한 필자의 질의에 대한 답변은 불분명하게 남겨 졌다.

6) 종래의 해석론에 대하여 필자가 제기하는 문제점은 그 형성으로부터의 시간적 경과가 아니라, 그 동안의 정신과학적 인식과 방법상 발전적 연구 성과를 반영하지 못한 점에 있다. Vgl. H. Coing, Die juristischen Auslegungsmethoden und die Lehren der allgemeinen Hermeneutik, 1959, S. 5: “Leicht wird dabei ver–gessen, daß auch die Geisteswissenschaften im Laufe der letzten 150 Jahre eine bedeutende Entwicklung durchgemacht haben, daß sie nicht nur den Stand der hier zu erwerbenden Kenntnisse erweitert, sondern sich auch in ihrer methodischen Grundlage verändert haben.” 독일민법전의 시행(1900. 1. 1.)이후 1940년경까지 제국법원의 민사판결 중 3/4 정도가 제133조와 제157조, 제242조의 적용과 관련하여 다투어진 사건이었으며(HKK/ St. Vogenauer, a. a. O., Rn. 1, Fn. 1; 이하 주 106 참조), 1970년대 중반경까지 법률행위적 의사표시에 관하여 200명 이상의 저자에 의한 400개 이상의 주제로 논의되었다고 한다. Vgl. D. Bickel, Die Methoden der Auslegung rechtsgeschäftlicher Erklärungen, 1976, S. 9, Fn. 1).

7) 독일제국법원 시대(1879~1945)에 의사표시의 해석에 관한 주요 연구서로서는 1897년 Erich Danz(1850~1914), Die Auslegung der Rechtsgeschäfte. Zugleich ein Beitrag zur Rechts– und Thatfrage, 1. Aufl.(1897) (http://dlib–pr.mpier.mpg.de/), 2. Aufl.(1906), 3. Aufl.(1911) [entschiedener Objektivismus u. objektive Auslegung]. 독일민법전 제정 이후 Heinrich Titze(1872~1945), Die Lehre vom Mißverständnis, 1910 [objektive Auslegung bei Verkehrsgeschäften, subjektive bei nichtempfangsbedürftigen Willenserklärung], Paul Oertmann(1865~1938), Rechtsordnung und Verkehrssitte, 1914(Neudruck 1971) [der gemeinte Sinn; d. h. der wahrer Wille, wenn von Gegner erkannt; sonst die Verkehrssitte], Alfred Manigk(1842~1942), Willenserklärung und Willensgeschäft, 1907(Neudruck 1970), Irrtum und Auslegung, 1918(Neudruck 1970) [entschiedener Subjektivismus, maßgebend zunächst den in der Erklärung zum Ausdruck gebrauchten Willen; erst hilfsweise die Verantwortung des Erklärenden für den Erklärungssinn seines Verhatens]; Karl Larenz(1903~1993), Die Methode der Auslegung des Rechtsgeschäfts 1930(Neudruck 1966) 등. [···]는 각 저서의 개요로서 F. Wieacker, Die Methode der Auslegung des Rechtsgeschäfts, JZ 1967, S. 385, 386 참조. 그리고 방법적 관점, 특히 해석학 이론의 발전 및 그 이론적 수용과 함께 전개된 적지 않은 연구문헌이 있다. Vgl. E. Betti, Zur Grundlegung einer allgemeinen Auslegungslehre, FS für E. Rabel, Bd. Ⅱ, 1954, S. 79 ff.[= Mit einem Nachwort von H.–G. Gadamer(hrsg). 1988]; ders., Allgemeine Auslegungslehre als Methodik der Geisteswissenschaften, 1967(= Die italienische Originalausgabe erschien 1955 unter dem Titel: Teoria generale della interpretazione bei Dott. A. Giuffrè); ders., Die Hermeneutik als allgemeiene Methodik der Geisteswissenschaften, 2. Aufl.(1972). 그리고 K. Larenz의 위 연구서(1930)의 복간에 부쳐진 비평과 20세기 중반까지의 법률행위 해석론의 발전의 개관 및 해석학적 시도는 F. Wieacker, a. a. O., JZ 1967, S. 385 ff. 참조.

이하에서는 종래의 해석론을 일별하고 비판적으로 재검토하며(Ⅱ.), 연혁적 관점에 중점을 두고[8] 의사표시 효력의 본질론과 해석론의 관련성(Ⅲ.), 독일민법전 제133조와 제157조의 해석론(Ⅳ.)을 비교적으로 일별하는바, 일천하나마 인식론적 관점에서 일반 해석학(allgemeine Hermeneutik)의 수용을 모색한다.[9]

8) 필자는 종래의 해석론은 19세기 후반부터 20세기 중반까지의 독일 해석론의 계수와 밀접한 관련이 있다고 생각하며, 연구의 시작으로서 위 시기를 중심으로 연혁을 비교적으로 개관하는데 중점을 두고 각론적인 개별논점에 관한 서술은 유보한다.

9) Vgl. H. Coing, a. a. O., 1959, S. 22: “Die Anwendung der Erkenntnisse der hermeneutischen Disziplin erlaubt uns aber auch eine kritische Stellungnahme zu den juristischen Auslegungstheorien im einzelnen. Sie gibt uns sozusagen den Ort außerhalb der streitenden Theorien, um zu einer Stellungnahme zu dem relativen Wert der verschiedenen Theorien zu kommen.”; HKK/St. Vogenauer, a. a. O., S. 565, Rn. 5 f.: “Die Theorie der Auslegung wird in Theologie und Philosophie seit dem 17. Jahrhundert “Hermeneutik” genannt. In die Rechtswissenschaften geht der Begriff im 18. Jahrhundert ein.” … “Bis heute ist Auslegung keine spezifisch juristische Tätigkeit.” … “Eine Allgemeine Auslegungslehre als Methodik der Geisteswissenschaften” arbeitet als verbindendes Element den **Akt des Verstehens** heraus. Es geht also darum, Bedeutung oder Sinn menschlicher Lebensäußerungen zu ermitteln. Im Bereich des Rechts handelt es sich dabei vor allem um das Verstehen von schriftlich fixierten Texten, insbesondere von Rechtsnormen und rechtsgeschäftlichen Urkunden. Ermittelt wird aber auch die Bedeutung anderer, zumindest potentiell rechtserheblicher Verhaltensweisen, wie etwa von mündlichen Erklärungen, Handlungen im Geschäftsverkehr, Gesten oder Schweigen.” 국내에서 법률행위 해석론을 “해석학(Hermeneutik)의 한 영역”이라는 지적은 이영준, 민법총칙(2007), 281면 참조. 그러나 이 견해(285면)는 의사와 표시를 준별하는 본질론의 고전적인 이원론적 관점에 머물고 있으면서, 우리의 교과 문헌상 “의사주의이론·표시주의이론·효력주의이론이나 「표시주의에 강력하게 기운 절충주의이론」”이어서 이론적 난점이 있다고 비판하면서, “표의자의 의사를 강조하는 신의사주의이론”을 표방한다. 이를 비판하면서 “우리 민법이 「신뢰보호를 위하여 제한된 의사주의」의 입장”에 있다고 하는 견해[송덕수, 민법강의(상, 2004), 97~98면] 참조. 독일 민법학의 의사표시 본질론에 관한 개관은 민법주해/송덕수, 법률행위 전론. [Ⅱ](1992), 118면 이하 참조. 또한 이 견해는(앞의 주해, 142면): “효과의사는 표시의식과 마찬가지로 그것이 의사표시를 구성하는 요소인가의 면에서는 다루어지지 않아야 하며, 오히려 효과의사가 없는 경우에 표시된 대로 효력을 발생하는가의 관점에서 논의되어야 한다”고 함으로써 본질론의 논점을 해석의 문제로 전도시키고, “효과의사(내심적 효과의사)가 없는 경우에는 진정한 의미에서 자기결정에 의한 법률관계 형성은 존재하지 않는다. 그렇지만 자기결정에는 자기책임이 포함되어 있으므로, 법질서는 사적 자치에 기하여 일정한 경우에는 상대방의 신뢰보호를 위하여 일단 표시된 대로 효력을 발생하게 할 수 있다”고 하면서, 또한 실정적 규율상 민법 제107조와 제108조의 무효를 “자기결정”, 제107조와 제109조의 취소를 “자기결정에 우선시키는 자기책임”이라고 하면서, “이와 같이 표시된 대로 효력을 발생하지 않거나 효력을 발생하는 경우의 표시는 정상적인 의사표시는 아니지만 궁극적으로 사적자치(자기결정 또는 자기책임)에 기한 것이므로 의사표시로서 인정하여야 할 것”이라고 함으로써 의사표시 본질론에서 효과의사 없는 의사표시를 인정하고, 자기결정에 의한 자기책임의 사적자치의 원리를 신뢰보호의 책임원리와 동일시하고 있다. 여기에서 ‘자기책임’이라고 한다면, 그것은 자기의 ‘의사결정에 대한 자기책임’이 아니라 그러한 ‘표시행위에 대한 책임’을 가리키는 것이어야 할 것이다. 이하 주 95, 115, 120) 등 참조. 나아가 이 견해(앞의 주해, 132~133면)는 “의사와 표시를 단일체로 파악하는, 새롭게 이해된 의사주의(新意思主義)라고 자칭하면서 W. Flume교수의 견해를 수용한 다른 견해와 같다고 한다. 이하 주 117) 참조.

Ⅱ.

해석을 한다는 것은 해석 대상이 '뜻하는 것(意義, Bedeutung)', 즉 '그 의미(意味, Sinn)를 이해하는 것'이다.[10] 의사표시 해석에서 그 대상은 표시이며, 표시는 법률행위적 규율의 효력을 부여하는 행태(Verhalten)이다. 그리고 여기에서 이해(理解, Verstehen)는 해석대상인 '표시'의 의미를 파악하는 것으로서 의사표시의 내용에 관한 법적 판단에 전제를 이루며, 해석의 과제(Aufgabe)는 당사자 사이에 일치하지 않는 표시(Erklärung) 및 그 행태방식(Verhaltensweise)의 의미(Sinn)를 확인하는 것으로서, 종국적으로 법적 규율에 이바지하여야 한다.[11]

방법적 관점에서 보면, 의사표시 그 자체는 존재적 본질에서 일반 사회생활상 사유적 표현행위의 일종이므로, — 의사표시의 효력에 관한 실정 법규정의 요건상 개념표지의 해석 및 적용에 앞서 —, 그 해석론은 언어적 행태에 의한 소통행위(Verständigungsakt)의 이해에 관한 해석학적 관점[12]에 의해 뒷받침되어야 한다.[13]

---

10) Vgl. HKK/St. Vogenauer, a. a. O., S. 567 f., Rn. 10: "Das heute vorherrschende, enge Verständnis der Auslegung als Sinnermittlung bildet sich erst spät heraus. Bis weit in das 17. Jahrhundert hinein befasst sich die interpretatio iuris noch mit zahlreichen Gegenständen. … In Deutschland wird *v. Savignys* Einteilung der Auslegungskriterien in abgewandelter Form bis heute auch im Zusammenhang mit der Interpretation von Rechtsgeschäften herangezogen."

11) Vgl. Staudinger/H. Coing, 11. Aufl.(1957), § 133 BGB, Rn. 1: "Die rechtliche Auslegung hat aber gegenüber der Interpretation auf anderen Geistesgebieten die besondere Aufgabe, …. … Dies gilt auch bei der Auslegung von rechtsgeschäftlichen Willenserklärungen. Auch sie muß sich stets vor Augen halten, welchen Zweck die Parteien erreichen wollten, welche rechtlichen Wirkungen sie um dieser Zwecksetzung willen erzielen wollten.": K. Larenz는 해석의 방법은 그로써 달성되어야 할 결과에 의하여 목적론적으로(teleologisch) 제약된다고 한다. Vgl. K. Larenz, a. a. O., 1930(ND 1966), S. 2: "Die Methode wird aber teleologisch bedingt durch das Resultat, das mit ihr erzielt werden soll – die Prinzipien der Auslegung müssen sich also begründen lassen in dem Gedanken des Zweckes, dem die Auslegung als ein Teilstück der Rechtsanwendung zu dienen bestimmt ist. Es ist nun die Frage, nach welchem Maßstab der "rechtsmaßgebliche" Sinn einer Erklärung bestimmt werden soll."; ders., Allgemeiner Teil des BGB, 7. Aufl.(1988), § 19 Ⅱ b): "Gegenstand der Auslegung kann … **nur die Erklärung**, d. h. ein Verhalten sein, das den Sinn einer Geltungserklärung hat. Dabei ist es bereits eine **Aufgabe der Auslegung** zu ermitteln, ob ein bestimmtes Verhalten diesen Sinn hat oder nicht." (진한 글씨는 필자의 표기임)

12) Vgl. W, Dilthey, Ges. Schriften, Bd. 5(1957), S. 317, 319: "das kunstmäßige Verstehen von dauernd fixierten Lebensäußerungen."; E. Betti, a. a. O., FS für E. Rabel, Bd. Ⅱ(1954)(= Mit e. Nachw. von H.-G. Gadamer, 1988), S. 79 f.: "Wo immer wir uns objektiven Bekundungen gegenübersehen, durch welche ein anderer Geist zum unsrigen spricht, indem er sich an unser Verständnis wendet, da wird unsere auslegende Tätigkeit mit dem Ziele in Bewegung gesetzt, zu verstehen, was für einen Sinn jene Bekundungen in sich tragen, was sie uns sagen wollen. … – kurz, alles was von einem anderen Geiste an den unsrigen herantritt, ihn wachruft und anregt, richtet einen Appell, ein Ansinnen und eine Anforderung an unsere Aufnahmefähigkeit und unser Verständnisvermögen mit dem Ziele, verstanden zu werden."; ders., a. a. O., 2. Aufl.(1972), S. 11 f.: "***Auslegen und Verstehen***. … ist der Auslegungsprozeß überhaupt dazu bestimmt, **das epistemologische Problem des Verstehens** zu lösen. …, so können wir das ***Auslegen*** vorläufig als ein Verfahren kennzeichnen, dessen Erfolg und zielgemäßes Ergebnis ein **Verstehen**

ist. **Auslegen heißt … zum Verstehen bringen.** Um die Einheit des Auslegungsprozesses zu erfassen, ist nun auf das elementare Phänomen des Verstehens zurückzugehen, wie es durch die Vermittlung der Sprache bewirkt wird. Dieses Phänomen … zeigt uns, … als gestalthafte Quelle einer Anregung, die an unsere Einsicht ergeht, das Wahrgenommene zurückzuübersetzen, dessen Sinn von innen heraus nachzukonstruieren, um mit unseren Denkkategorien den Gedankengang, …, durch einen gestaltenden, formgebenden Vorgang erneut zum Ausdruck zu bringen. ***Der Auslegungsvorgang als ein dreigliedriger Prozeß.*** Nun leuchtet es ein, daß sich **die Beobachtung W. von Humboldts** verallgemeinern läßt. Der Auslegungsprozeß, …, das Problem des Verstehens zu lösen, ist in seinen wesentlichen Momenten, …, ein einheitlicher und gleichartiger. Stets handelt es sich um eine Anforderung, die an die geistige Spontaneität des zum Verstehen Berufenen ergeht, um ein Ansinnen, das ohne dessen tätige Mitwirkung nicht in Erfüllung gehen kann: eine Aufforderung und ein Ansinnen, die von ***sinnhaltigen Formen*** ausgehen, in denen sich ein Geist objektiviert hat und an ein Subjekt ergehen, einen lebendigen und denkenden Geist, der durch die verschiedenartigsten Interessen der Lebensaktualität zum Verstehenwollen angeregt ist. Also weist das Phänomen einen ***dreigiedrigen*** **Prozeß** auf, dessen Endpunkt **einerseits der Interpret** als ein lebendiger, denkender Geist, **andererseits der in sinnhaltigen Formen objektivierte Geist** ist. Diese Endpunkte kommen miteinander … eben durch die Vermittlung dieser sinnhaltigen Formen, in denen der objektivierte Geist dem Interpreten wie ein unverrückbares ***Anderssein*** gegenübertritt. **Subjekt und Objekt des Auslegungsprozesses** – d. h. **der Interpret und die sinnhaltigen Formen** – sind die gleichen, wie sie sich bei jedem Erkenntnisprozeß wiederfinden; …. Hier ist also **das Verstehen ein *Wieder*erkennen und *Nach*konstruieren des Sinnes, mithin des durch die Formen seiner Objektivation erkennbaren Geistes**, der zum denkenden Geiste spricht als einem, der sich ihm im gemeinsamen Menschentum verwandt fühlt: … ; **eine Verinnerlichung dieser Formen**, wobei allerdings ihr Inhalt in eine fremde, von der ursprüinglichen verschiedene Subjektivität umgestellt wird." (진한 글씨와 밑줄은 필자의 표기임) E. Betti의 규범적 해석학과 현상학적 실존해석학에 관한 개관은 김영한, 베티의 정신과학 해석학, 해석학연구(한국해석학회) 8권(2001), 225면 이하; H. Ineichen, Philosophische Hermeneutik(1991), S. 207 ff.(= 문성화 역, 철학적 해석학, 1998, 221면 이하) 참조. 철학적 해석학의 관점에서의 비판은 H.–G. Gadamer, Wahrheit und Methode, 6. Aufl.(1990), [XXVII/XXVIII]; 김창래, 해석학적 문제로서의 표현, 「철학」 66집(2001), 181면 이하, 192면 이하 등 참조.

13) 이해론(理解論)으로서의 해석학(Hermeneutik). Vgl. J. Esser, a. a. O., in: Wege der Rechtsgewinnung(1990), S. 278, 284: Ⅳ. 1. "Interpretieren ist, wie überall, ein Verständnisvorgang in doppeltem Sinn: Textverständnis und Aktualitätsverständnis"; H.–G. Gadamer, a. a. O., Bd. 1, 6. Aufl.(1960/1990), S. 177 ff. 위주 12) 참조. 계약거래의 당사자 관계에서 중요한 것은 소통상 이해의 결과를 달성할 수 있는 표현이 문제되는바, 표현과 이해는 상호귀속적이다. 표현은 이해되어진다는 점에 아레테(Arete)가 있으며, 이해는 내적 사고 자체가 아니라, 그것이 음성, 동작 등으로써 표출된 표현, 즉 '말'을 지향하고 있다. '말'하는 기술로서 수사학과 이해하는 기술로서 해석학의 상호귀속성(F. D. E. Schleichermacher), 체험–표현–이해의 삼각적인 정립(鼎立)적 구조에서 체험과 이해의 내면화과정과 외면화의 과정으로서의 표현, 그리고 '전개념적 현실성으로서의 체험'과 '개념적 인식과정으로서의 이해'의 매개자로서 표현(W. Dilthey)에 관하여는 김창래, 앞의 논문, 「철학」 66집(2001), 191면 이하 참조. Vgl. D. Bailas, Das Problem der Vertragsschließung und der vertragsbegründende Akt, 1962, S. 12 ff., 39 ff.: "Die Vertragschließung vollzieht sich als gemeinsame Rede von mindestens zwei Personen, die zu– und miteinander sprechen, also als ein Gespräch, das sich von anderen sprachlichen Kommunikationsformen, … .", S. 69 ff.: "Der vertragsbegründende Akt als sprachliche Äußerung."; F. Wieacker, a. a. O., JZ 1967, 387 R. c): "… die WE als soziale Übereinkunft … erst als das Gelingen oder Mißlingen von Kommunikation mit dem jeweiligen Partner. … WE als eines auf Regelung zwischenmenschlicher Beziehungen zielenden Verständigungsaktes und dem spezifisch hermeneutischen Problem, insoweit Verstehen immer das aktuelle Verstehen je einer Person ist, und zwar zunächst nicht das Verstehen eines objektiven Betrachters (etwa des Richters), sondern vorerst des in die

a) 기존의 교과문헌도 전반적으로는 위와 같은 관점에서 서술된 것으로 파악할 수도 있겠으나 앞서(Ⅰ.) 제시한 바와 같은 의문점을 부인할 수 없다.

법률행위 해석을 "법률행위의 목적 내지 내용을 명확하게 하는 것"이라고 하면서,[14] 사적자치의 원리에 따라 "법률행위나 의사표시나 모두 당사자가 원하는 데 따라서 효과가 주어지는 것을 그 본질로 하므로, 법률행위(의사표시)의 해석은 당사자의 의사를 밝히는 것"이라고 한다. 이는 표시자의 주관적 의사를 우선한다는 것인데, 동시에 "그것은 당사자의 숨은 진의 내지 내심적 효과의사를 탐구하는 것이 아니며, 당사자의 의사의 객관적인 표현이라고 볼 수 있는 것, 바꾸어 말하면 표시행위가 가지는 의미를 밝히는 것"이라고 하여 표시자의 주관적 의사가 아니라 표시행위를 대상으로 하고, 그 의미를 파악하는 객관적 관점을 표방한다.[15]

그리고 민법 제106조의 주석적 서술에서도, 임의규정(민법 제105조)과 '다른 관습이 있는 경우에 당사자의 의사가 명확하지 아니한 때에는 그 관습에 의한다'는 의미에 관하여, 위 관습을 법률행위 내용으로 하는지 여부에 관한 당사자의 '명확한' 의사를 우선하면서, 기준이 되는 사안은 '당사자가 관습에 의한다는 의사나 의하지 않는다는 의사를 명확하게 표시하지 않은 경우'이고, '당사자가 그 관습의 존재'를 알고 있을 '필요는 없'으나, '양당사자의 직업이나 계급 등에 공통하는 보편적인 것'이어야 하며, ― 위 조항의 반대해석으로서 ―, '특별한 의사표시가 없는 경우 또는 의사표시가 불완전·불분명한 경우에는 임의법규를 적용하며, 나아가 위 해석기준들에 의해 의사표시를 확정할 수 없는 경우에는 "법률상의 행동원리인 신의성실의 원칙 또는 법의

---

aktuelle Kommunikation eingetretenen Partners der Verständigung." 인간의 행태를 규율하는 규범적 성격에 비추어 해석학 일반론의 적용 한계에 관한 지적은 E. Betti, a. a. O., 1967, S. 600, 613 ff.; Staudinger/H. Dilcher, a. a. O., Rn. 1: "Das Bedürfnis mach Auslegung ist allen Geisteswissenschaften gemeinsam, denn Auslegung zielt auf das Verstehen menschlicher Äußerungen. Aufgabe speziell der juristischen Auslegung ist es, den für das Recht maßgebenden Inhalt menschlicher Bekundungen festzustellen."; D. Looschelders/W. Roth, Juristische Methodik im Prozeß der Rechtsanwendung, 1996, S. 72 f.; "Soweit sich solche allgemeingültigen hermeneutischen Gesichtspunkte feststellen lassen, dürfen sie natürlich auch bei der Handhabung der juristischen Methodik nicht vernachlässigt werden. … Von grundsätzlicher Bedeutung für die Einschätzung der juristischen Methodik ist die Erkenntnis der Hermeneutik, daß jeder Interpret mit einem gewissen "Vorverständnis" an seine Aufgabe herangeht und daß das von ihm zu gewinnende Verständnis von der (schriftlichen) Erklärung daher nicht völlig unbeeinflußt von den subjektiven Vorstellungen und Wertungen sein kann, die er in den Auslegungsprozeß einbringt"; MünchKomm/J. Busche, 5. Aufl.(2006) §133 BGB, Rn. 3 참조.

14) 종래의 해석론 서술은 대부분 법률행위의 성립 및 효력의 요건을 당사자, 목적, 의사표시로 나누고, 해석을 통상 법률행위의 목적, 즉 내용에 관한 범주에서 다루고 있다. 이러한 서술체계는 현행 민법전의 체계(민법전 제5장 법률행위, 제1절 총칙, 제103조－제106조)에 상응하며, 또한 계수연혁상 일본 민법전 제92조의 해석론 서술체계를 답습한 것으로 추측된다. 주석민법(상, 1973)/현승종, 133면 이하; 주석 민법총칙(하, 1983)/남윤호, 171면 이하; 김증한, 민법총칙[민법강의 Ⅰ](1983, 중판 1990), 219면 이하; 곽윤직, 민법총칙[민법강의 Ⅰ](1993), 355, 385면 이하 등 참조.

15) 김증한, 앞의 책, 219면; 곽윤직, 앞의 책, 385~386면; 곽윤직·김재형, 민법총칙[민법강의 1], 제9판(2013), 295면.

근본이념이 되는 조리에 따라야" 한다고 함으로써,[16] 객관적 관점을 표방한다.[17]

위와 같은 개설은 표시행위를 해석의 대상으로 하는 점, 그리고 민법 제106조의 문리해석, 관습의 본질과 기능,[18] 사적자치와 임의규정의 적용법리 등에 비추어 보면,[19] 일견 달리 언급할 여지가 없는 것으로 여겨질 수 있다. 그러나 조금만 면밀히 살펴보면, 그 내용 및 개념적 용어, 논거 등에서 적지 않은 의문점들이 드러난다.

기존 교과문헌의 해석론(이하 종래의 해석론)은 그 구성상, 표시자의 내적 의사가 아니라 표시행위의 객관적 의미를 밝힌다는 점에서 '표시상 의미'를 확인하는 객관적인 '규범적 해석', 그리고 표시자의 의사에 부합하지 않는 표시가 있는 경우에는 표시자가 실제 원한 의사를 외부에 드러내는 수단에 불과한 표시가 아니라 확인된 ('상대방도 올바르게 인식한') 의사를 기준으로 하는 '주관적 해석'이라고 하는바,[20] 해석의 목적, 그리고 방법상 주·객관성이 혼재된 절충적 모호함을 드러내며, 또한 법적 판단에 앞서 선취하여야 할 사실확인의 문제와 그에 대한 해석적 판단이 예료(豫了)되어 있다.[21]

---

16) 주석 민법총칙(하)/남윤호, 184~185면; 곽윤직, 앞의 책, 390~391, 393~394면; 곽윤직·김재형, 앞의 책, 301, 303면. 그러나 '신의칙'과 '조리'가 법률행위적 규율(rechtsgeschäftliche Regelung)상 의사표시 및 법률행위의 해석규준으로서, 그리고 법원(法源)으로서 법적 규율(rechtliche Regelung)상 법적용의 규준으로서의 기능적 역할의 구별이 불분명하다.

17) 19세기 후반에서 20세기 초반 사이에 표시론을 대변하면서, 법실증주의의 관점에서 객관적 해석론을 표방한 E. Danz, a. a. O., 1897, 2. Aufl.(1906), 3. Aufl.(1911) 참조. 개요는 D. Bickel, a. a. O., 1976, S. 16 ff. 참조.

18) 김증한, 앞의 책, 221면: "법률행위에 사용된 문자가 그 장소 또는 그 당사자가 속하는 계급 사이에 존재하는 관습 또는 거래관행에 따라서 해석되어야 한다는 것은 당연하다. … 그리고 거래를 하는 자는 보통 그 관습에 따를 의사를 가지고 계약을 하는 것이므로 그 계약내용은 그 관습의 내용에 따라서 해석되지 않으면 안 된다. 그러나 계약에 사용된 문자뿐만 아니라, 법률행위의 전내용도 또한 관습에 따라서 결정되어야 할 것이다. 왜냐하면 우리들의 표시행위의 의미는 결국 이를 지배하는 관습에 따라서 정하여져야 할 것이기 때문이다."; 주석민법 총칙(2)/백태승, 제4판(2010), § 106, 500면: "법률행위의 전내용도 관습에 의하여 결정되어야 함은 지극히 당연하다 … 사실인 관습은 법률행위의 해석의 기준으로 보는 것이 타당하다."

19) "유형·설시적 법문항". Vgl. K. Larenz/C,-W. Canaris, Methodenlehre der Rechtswissenschaft, 3. Aufl.(1995), S. 78 ff.: "2. Unvollständige Rechtssätze, … a) Erläuternde Rechtssätze, Unter "Erläuternde Rechtssätze verstehen wir solche, … (umschreibende Rechtssätze), oder … (ausfüllende Rechtssätze). … Die im Gesetz erhaltenen Umscheibungen von Schuldvertragstypen haben in der Tat nur eine erläuternde Funktion, auch wenn sie im Gewande einer Rechtsfolgeanordnung, also eines vollständigen Rechtssatzes, auftreten. … Es umschreibt den jeweiligen Vertragstypus durch die Angabe der vertragstzpischen Leistungen, zu denen sich die Partner eines solchen Vertrages verpflichten. Ihre Verpflichtung ergibt sich aus dem Vertrag, der eben deshalb ein im Sinne des Gesetzes typischer ist, weil sich die Partner in dieser Weise verpflichtet haben."

20) 이와 같은 이원적 구성은 곽윤직·김재형, 앞의 책, 295~297면; 주석민법 총칙(2, 2010)/백태승, 508면: "… 自然的 解釋 내지 주관적 해석이 선행되어야 하는 경우가 있을 뿐만 아니라 … 상대방의 시각으로부터 표시행위의 의미를 밝히는 규범적 해석 내지 객관적 해석이 2차적으로 고려될 수 있을 것이다." 514면 이하: "가. 單純한 解釋(Einfache Auslegung) (1) 自然的 解釋(Natürliche Auslegung) … 表意者의 眞意를 밝히는 것을 말한다. … (2) 規範的 解釋(Normative Auslegung)" 參조.

21) 그밖에 이와 같은 문제점은 '자연적 해석(natürliche Auslegung)'의 분류는 '규범적 해석(normative Auslegung)'과 대비(對比)하여 '주관적 해석'으로 이분하는 구성적 방법에서 차이가 없다. 이러한 분류적 개념으

위와 같은 이원적 절충성은 종래의 해석론이 해석대상을 표시(Erklärung)로 하면서도 표시자의 주관적인 '의도', '취지' 등을 해석의 목적으로 제시함으로써, — 그리고 판례 요지에서도 —, 계약거래의 다양한 주·객관적인 해석적 관점들이 착종(錯綜)되어 있어서, 개별 사안에서 구체적 적용상 해석방법에서 난점을 초래한다는 점을 지적하지 않을 수 없다.

또한 법률행위와 의사표시의 해석을 일괄하여 개설하면서,[22] 법률행위의 성립요건으로서 목적의 범주에서는 주로 그 내용의 해석에만 국한하고 있다. 따라서 방법적 관점에서, – 의사표시에 의해 성립하는 법률행위, 즉 사적자치의 영역에서 거래의 전형(典型)인 계약의 정상적 유형을 기준으로 하는 해석론의 (원칙적!) 구성과 그 예외를 구별하여야 하는 학리적 방법성은 차치하더라도 –, 실무적으로도 의사표시(Willenserklärung)의 표시(Erklärung)상 오표기(현)(falsa demonstratio) 법리의 적용, 당사자 확정 및 계약성립 등에 관한 해석적 논거와 그 방법에 관하여 적지 않은 혼란과 의문이 제기된다.[23]

로서 '자연적'이라는 용어는 그 자체로서 '비규범성'을 표방하는 것과 다르지 않은바, 해석과정상 단계적 검토, 그리고 사실확인의 문제와 규범적 판단으로서 해석의 의의 및 개념의 학리적 혼란을 초래한다. Vgl. K. Larenz/M. Wolf, Allgemeiner Teil des BGB, 9. Aufl.(2004), §28 B Ⅰ: "3. Einzelne Auslegungsschritte, … (2) … tatsächliche Übereinstimmung des Willens und der Vorstellung … (3) … eine tatsächliche Übereinstimmung nicht feststellen, so ist die normative Erklärungsbedeutung nach dem konkreten Empfängerhorizont …, C Ⅶ: 1. Tat– und Rechtsfrage …, Rn. 127: Eine den Parteien obliegende Tatfrage bei der Auslegung ist, (1) ob die Parteien eine Willenserklärung im Sinne einer falsa demonstratio tatsächlich gleich verstanden haben, da zu den Tatsachen auch die sog. inneren Tatsachen, wie die tatsächliche Meinung des Erklärenden und des Empfängers, gehören." K. Larenz, Allgemeiner Teil des BGB, 7. Aufl.(1989), § 19 Ⅱ b), Fn. 20: "Man Kann dies, wenn man will, als die *erste Stufe* der Auslegung bezeichnen – so Kramer (*E. A. Kramer, Grundfragen der vertraglichen Einigung*, 1972) S. 133, 141 f. –, muß sich dann aber darüber klar sein, daß sich hiervon die zweite Stufe, die normative Auslegung, prinzipiell unterscheidet. Nur Nur auf der ersten Stufe geht er um die Richtigkeit einer Tatsachenbehauptung, auf der zweiten um den Vollzug der rechtlich gebotenen Wertung." (…)는 필자의 추가임. 이와 관련된 그 밖의 각론적인 상술은 유보한다.

22) 곽윤직, 앞의 책, 385면; 곽윤직·김재형, 앞의 책, 295면에서는 "법률행위는 의사표시를 요소로 하는 것이므로, 법률행위의 해석이라고 하지만, 결국 그것은 이에 관하여 의사표시의 해석」과 같다."고 한다. 민법주해[Ⅱ]/송덕수, 171면: "… 법률행위의 해석은 결국 의사표시의 해석임을 알 수 있다. 법률행위의 해석을 굳이 의사표시의 해석과 계약의 해석을 구별할 필요는 없다고 하겠다." 이에 관하여 Fr. C. v. Savigny와 B. Windscheid 이후, 즉 독일민법전의 제정 이후 해석론에서는 "의사표시를 법률행위를 구성하는 불가결의 요소로 하지만 양자를 동의어로 생각하지는 않는다"는 지적은 이미 김증한, 앞의 연구, 346면 참조. 그런데 이와 달리 김증한, 앞의 책(1983), 219면에서는 "… 그러나 의사표시가 그 본체적인 효과를 일으키는 것은 법률행위의 요소가 됨으로써 이므로, 특히 의사표시의 해석으로서 생각하지 않더라도 법률행위의 해석으로 생각하면 된다."고 서술하고 있다. 위 주 1), 이하 주 88, 90) 참조.

23) 보다 근본적으로는 독일 보통법학의 개념법학적 소산인 법률행위 및 의사표시법의 각 실정규정(민법 제107조~제113조 등)상 개념 및 그 해석적 표지들과 혼재되어 초래되는 불명확성도 적지 않다는 것을 지적하지 않을 수 없다. Vgl. A. Manigk, Irrtum und Auslegung, 1918, S. 225: "Ohne sicher begrenzte Begriffe kommen Wissenschaft und Praxis des Rechts nicht aus. Auch wenn wir heute bewußter an dem realistischen, wirtschaftlich und soziologisch orientierten Ausbau des Rechtsfundaments arbeiten wollen, dürfen wir auf die begriffliche Erfassung der rechtlich wesentlichen Element der beobachteten Erscheinungen niemals

해석의 의의에서는 또한 언어, 동작 등으로 의사(意思)가 객관화된 표현, 즉 "당사자의 의사의 객관적인 표현이라고 볼 수 있는 것"인 "표시행위가 가지는 의미를 밝히는 것"이라고 하면서, 당사자의 목적, 관습, 임의법규, 신의성실의 원칙을 중요한 기준이라고 한다.[24] 그리고 "법률행위는 본래 일정한 사회적 경제적 목적을 자치적으로 해결하기 위한 법률상의 수단"이므로, 법률행위의 해석은 무엇보다도 당사자가 달성하려는 목적을 포착한다는 것이 '제1의 과제'라고 함으로써[25] 법률행위의 전형인 계약의 성립요건인 의사표시 해석의 의의 및 개념, 그리고 그 방법적 기준에서도 불분명성을 드러내고 있다.[26]

나아가 당사자가 법률행위로써 달성하려는 목적을 포착하기 위하여는 "표시행위의 표현이나 문자에만 구애함이 없이 당사자가 기도하는 취지를 알아내고, 그 취지를 적당히 달성시키는 데 노력하여야 한다"[27]고 함으로써 오늘날 다양하게 전문화되어 가는 거래양상에서 비롯되는

---

verzichten. Der Begriff ist die Blüte wissenschaftlicher Erkenntnis und das zuverlässigste Instrument der Rechtsanwendung. … Der Begriff ist in der Rechtsanwendung Bindemittel." 그밖에 조규창, 독일法史(상, 2010), 688면 이하; H. Hattenhauer, Grundbegriffe des Bürgerlichen Rechts, 1982, S. 58 ff., 62 ff.; H. Honsell, Römisches Recht, 4. Aufl.(1997), S. 24 ff.

24) 김증한, 앞의 책, 219, 221면; 곽윤직, 앞의 책, 388면; 곽윤직·김재형, 앞의 책, 299면. 그밖에 '의사표시가 행하여진 당시의 사정'은 해석의 표준이라기보다는 '표시행위 자체를 이루는 요소로 보는 것이 옳을 것'이라고 한다. 그런데 법률행위 해석의 의의에서는(곽윤직, 앞의 책, 385면; 곽윤직·김재형, 앞의 책, 295면) "표시행위를 이루는 언어·동작 등에서 불완전·애매한 것을 완전·명확하게 하고, 비법률적인 것을 법률적으로 구성함으로써, 당사자가 꾀한 목적이 이루어지도록 법률이 도와줄 수 있는 기초를 마련하는 법률행위의 해석이 필요"(?)한 것이라고 하면서, 나아가 "법률행위를 해석할 필요성"이 있는 법률지식이 적은 일반인의 비법률적인 표시행위가 이루어지는 '사정'으로 인하여 "법률행위의 내용이나 효력에 관하여 다툼이 생긴 경우"에 위와 같이 "… 법률적으로 구성하고, … 완전·명확하게 하여(곽윤직, 앞의 책, 395~396면: "법률적 의미를 표시행위에 주는 조작"; 곽윤직·김재형, 앞의 책, 304면), 즉 법률행위의 해석이 필요"하다고 한다. 이러한 서술은 일견 그럴 듯하게 여겨지지만, – 해석론 전체의 맥락에서 보면 –, 법적용의 포섭상 법률의 해석과 의사표시의 해석(목적과 대상, 그리고 그 방법적 기준)을 혼동하고 있다는 점을 지적하지 않을 수 없다.

25) 곽윤직, 앞의 책, 388면; 곽윤직·김재형, 앞의 책, 299면: "법률행위의 해석은 무엇보다도 당사자가 달성하려는 목적을 파악하는 것이 첫째 과제이다."; 주석민법 총칙(2, 2010)/백태승, 508면: "계약의 해석의 대상은 어디까지나 表示行爲이지만 그 목적은 그로부터 표의자의 內心的 效果意思를 탐지하는데 있다". 그런데 이 견해는 해석에서는 객관적 기준인 관습에 의해 법률행위의 전내용이 결정되어야 한다고 한다. 위 주 18) 참조.

26) 법률행위와 의사표시는 그에 관한 각 해석의 대상(Gegenstand, Objekt)과 해석의 과제(Aufgabe), 해석이 지향하는 목표(Ziel) 내지 목적(Zweck), 그리고 방법(Methode)는 일응 구별되어야 한다. 일반 어의에 비추어 '목적'이라는 용어를 동의어로서 중첩적으로 사용하는 것은 학리적 서술상 지양되어야 한다. 일찍이 법률행위의 '목적'과 '내용'이라는 용어 분별의 지적은 주석민법(상, 1973)/현승종, 132면 참조. 그리고 김증한, 앞의 책, 219면에서는 "법률행위의 해석이라고 하는 것은. 이 표시행위가 가지는 의미를 말하는 것"이라고 하면서, 과제를 "첫째로 보통사람이 하는 표시행위를 이루는 언어, 거동 따위가 모호·불완전한 것을 명료·완전하게 하고, 둘째로 비법률적인 것을 법률적으로 구성하여, 이리하여 당사자가 달성하려고 하는 사회적 목적에 법률적 조력을 줄 수 있는 기초를 마련하는 것"이라고 한다. 곽윤직·김재형, 앞의 책, 295면에서는 법률행위 해석의 의의와 방법을 구분하여 서술하고 있다.

27) 곽윤직, 앞의 책, 388면; 곽윤직·김재형, 앞의 책, 299~300면: "… 당사자가 꾀하는 취지를 알아내고, 그 취지를 **적절하게** 달성하는 데 노력하여야 한다." 주석 민법총칙(하)/남윤호, 171면 이하 참조. (진한 글씨는 필자의 표기임) 위 서술의 전거는 제시되지 않아 확인할 수 없으나, 독일민법전의 해석론에서 유래된 것으로

판결례 사안들을 유형화하여 해결하여야 하는 현황(現況)에서는 그 모호성은 더욱 증폭된다.

b) 대법원의 판결에서도, — 계약의 해석에 관하여 일찍이 —, '그 계약서 문구에만 구애될 것이 아니라 그 문언의 취지에 따름과 동시에 논리법칙과 경험률(經驗律)에 따라 당사자의 진의를 참작하여 해석하여야 할 것이다',[28] 또는 '계약서에 사용된 문자의 의미는 계약당사자가 기도하는 목적과 계약 당시의 제반사정을 참작하여 합리적으로 해석하여야 한다'[29]라는 요지를 표명하였다.

위 요지는 해석기준인 주·객관적 표지들이 추가·보완되면서 지속적으로 원용되고 있는바, 객관적 해석의 전형이라고 할 수 있는 처분문서[30]의 해석에서 "그 문언의 객관적인 의미가 명확하다면 특별한 사정이 없는 한 그 문언대로의 의사표시의 존재와 내용을 인정하여야 할 것이지만, 그 문언의 객관적인 의미가 명확하게 드러나지 않는 경우에는 그 문언의 내용과 그 계약이 이루어지게 된 동기 및 경위, 당사자가 그 계약에 의하여 달성하려고 하는 목적과 진정한 의사, 거래의 관행 등을 종합적으로 고찰하여 사회정의와 형평의 이념에 맞도록 논리와 경험의 법칙, 그리고 사회일반의 상식과 거래의 통념에 따라 그 계약의 내용을 합리적으로 해석하여야 할 것이고, 특히 당사자 일방이 주장하는 계약의 내용이 상대방에게 중대한 책임을 부과하게 되는 경우에는 그 문언의 내용을 더욱 엄격하게 해석하여야 할 것"이라고 한다(대법원 1993. 10. 26. 선고 93다3103 판결, 대법원 1994. 4. 29. 선고 94다1142 판결, 대법원 2002. 5. 24. 선고 2000다72572 판결, 대법원 2016. 12. 15. 선고 2016다238540 판결 등).[31] 그리고 위 요지는 이후 다른 판결들에도 지속적으로 원용되면서,[32] — 처분문서의 해석에만 국한하지 않고 법률행위 및 의사표시의 해석 일반의 논지

추측(?)할 수 있다.

28) 대법원 1960. 7. 7. 선고 4292민상819 판결.

29) 대법원 1965. 9. 28. 선고 65다1519, 1520 판결.

30) 처분문서는 증명하려는 법적 행위, 즉 공·사법상 법적 효과를 발생·변경·소멸시키는 행위가 이루어진 문서를 가리키는바, 주로 소송법상 서증의 일종으로서 그 문서에 기재된 내용의 법적 행위의 존재와 그 내용을 인정하는 증명력이 있다고 한다. 법적 효과를 지향하는 의사표시를 내용으로 하는 점에서는 실체법상 의미를 포함하고 있다. 용어상 '처분'문서라고 하는 점에서 실체법적으로는 사적자치의 영역에서 자유로운 처분(freie Verfügung)을 하는 것(Disposition)을 가리키는 것으로서, 거래행위(매매계약 등)에서 의사표시를 내용으로 하는 문서 일반을 포괄하는 것으로 파악된다. 윤경현, 처분문서의 증명력(증거력), 사법논집 제7집(1976), 437면 이하; 대법원 1970. 12. 24. 선고 70다1630 전원합의체 판결; 대법원 2003. 4. 8. 선고 2001다29254 판결: "문서에 대한 진정성립의 인정 여부는 법원이 모든 증거자료와 변론의 전취지에 터잡아 자유심증에 따라 판단하게 되는 것(대법원 1988. 12. 13. 선고 87다카3147 판결 등 참조)이고, 처분문서는 진정성립이 인정되면 그 기재 내용을 부정할 만한 분명하고도 수긍할 수 있는 반증이 없는 이상 문서의 기재 내용에 따른 의사표시의 존재 및 내용을 인정하여야 한다는 점을 감안하면 처분문서의 진정성립을 인정함에 있어서는 신중하여야 할 것(대법원 2002. 9. 6. 선고 2002다34666 판결 참조)이다."

31) 대법원 2014. 6. 12. 선고 2012다92159 판결: 계약당사자 사이에 어떠한 계약내용을 처분문서인 서면으로 작성한 경우에 문언의 객관적인 의미가 명확하다면 특별한 사정이 없는 한 문언대로의 의사표시의 존재와 내용을 인정하여야 하고, 특히 문언의 객관적 의미와 달리 해석함으로써 당사자 사이의 법률관계에 중대한 영향을 초래하게 되는 경우에는 그 문언의 내용을 더욱 엄격하게 해석하여야 한다(대법원 2008. 11. 13. 선고 2008다46531 판결, 대법원 2012. 11. 29. 선고 2012다44471 판결 등 참조).

로서도 제시되는바 —, “일반적으로 법률행위의 해석은 당사자가 그 표시행위에 부여한 객관적인 의미를 명백하게 확정하는 것으로서 당사자가 표시한 문언에 의하여 그 객관적인 의미가 명확하게 드러나지 않는 경우에는 그 문언의 내용과 그 법률행위가 이루어진 동기 및 경위, 당사자가 그 법률행위에 의하여 달성하려고 하는 목적과 진정한 의사, 거래의 관행 등을 종합적으로 고찰하여 사회정의와 형평의 이념에 맞도록 논리와 경험의 법칙, 그리고 사회 일반의 상식과 거래의 통념에 따라 합리적으로 해석하여야 한다”(대법원 1995. 5. 23. 선고 95다6465 판결, 대법원 1996. 7. 30. 선고 95다29130 판결, 대법원 2016. 12. 15. 선고 2016다238540 판결, 대법원 2017. 6. 22. 선고 2014다225809 전원합의체 판결 등)고 설시한다.[33)]

2016년 대법원 판결[34)]에서는 처분문서상 당사자 의사의 해석에 관하여, “의사표시의 해석은 당사자가 그 표시행위에 부여한 객관적인 의미를 명백하게 확정하는 것으로서, 계약당사자 사이에 어떠한 계약 내용을 처분문서의 서면으로 작성한 경우에, 서면에 사용된 문구에 구애받지는 아니하지만 어디까지나 당사자의 내심적 의사의 여하에 관계없이 서면의 기재 내용에 의하여 당사자가 그 표시행위에 부여한 객관적 의미를 논리와 경험의 법칙에 따라 합리적으로 해석하여야 하며(대법원 1995. 6. 30. 선고 94다51222 판결, 대법원 2000. 10. 6. 선고 2000다27923 판결 등 참조), 이 경우 문언의 객관적인 의미가 명확하다면, 그 기재 내용을 부인할 만한 분명하고도 수긍할 수 있는 반증이 있는 등의 특별한 사정이 없는 한, 문언대로 의사표시의 존재와 내용을 인정하여야 한다(대법원 2005. 5. 27. 선고 2004다60065 판결, 대법원 2012. 11. 29. 선고 2012다44471 판결 등 참조)”고 하며, 2017년 판결[35)]에서는, “진정성립이 인정되면 법원은 그 기재 내용을 부인할 만한 분명하고도 수긍할 수 있는 반증이 없는 한 원칙적으로 그 처분문서에 기재되어 있는 문언대로의 의사표시의 존재와 내용을 인정하여야 하고, 당사자 사이에 계약의 해석을 둘러싸고 이견이 있어 처분문서에 나타난 당사자의 의사해석이 문제되는 경우에는 그 문언의 내용, 그러한 약정이 이

---

32) 계약 당사자의 확정에 관한 해석에서도 일련의 판결례에서 ‘당사자의 의사해석의 문제에 해당한다’고 하면서, ‘당사자가 그 표시행위에 부여한 객관적인 의미를 명백하게 확정하는 의사표시의 해석’의 요지적 논거를 원용한다. 대법원 2010. 5. 13. 선고 2009다92487 판결: 일반적으로 계약의 당사자가 누구인지는 그 계약에 관여한 당사자의 의사해석의 문제에 해당한다. 의사표시의 해석은 당사자가 그 표시행위에 부여한 객관적인 의미를 명백하게 확정하는 것으로서, 계약당사자 사이에 어떠한 계약 내용을 처분문서인 서면으로 작성한 경우에는 그 서면에 사용된 문구에 구애받는 것은 아니지만 어디까지나 당사자의 내심적 의사의 여하에 관계없이 그 서면의 기재 내용에 의하여 당사자가 그 표시행위에 부여한 객관적 의미를 합리적으로 해석하여야 하며(대법원 1995. 6. 30. 선고 94다51222 판결, 대법원 2000. 10. 6. 선고 2000다27923 판결 참조), 이 경우 문언의 객관적인 의미가 명확하다면, 특별한 사정이 없는 한 문언대로의 의사표시의 존재와 내용을 인정하여야 한다(대법원 2002. 5. 24. 선고 2000다72572 판결 참조). 이 요지를 참조로 원용하는 판결례는 대법원 2011. 1. 27. 선고 2010다81957 판결, 대법원 2012. 11. 29. 선고 2012다44471 판결, 대법원 2013. 4. 26. 선고 2013다2245 판결, 대법원 2015. 4. 9. 선고 2013도484 판결 참조.

33) 판결이유에는 명시되지 않았으나 일련의 판결례(대법원 1997. 5. 16. 선고 97다7356 판결, 대법원 1998. 12. 8. 선고 98다43137 판결 등)에서 위와 같은 요지를 참조로 제시하고 있다.

34) 대법원 2016. 12. 1. 선고 2015다228799 판결 [구상금].

35) 대법원 2017. 1. 25. 선고 2015다203578 판결 [공매배분금지급청구 · 임치청구].

루어진 동기와 경위, 그 약정에 의하여 달성하려는 목적, 당사자의 진정한 의사 등을 종합적으로 고찰하여 논리와 경험칙에 따라 합리적으로 해석하여야 한다(대법원 2005. 5. 27. 선고 2004다60065 판결, 대법원 2011. 5. 13. 선고 2010다58728 판결 등 참조)"고 설시하고 있다.[36)]

c) 위에서 일별 검토한 교과문헌상 종래의 해석론 및 민법 제106조의 주석적 개설, 그리고 이에 상응한 요약에 더하여 그 밖의 해석의 규준적 표지들이 추가된 일련의 판례요지에서도 의사표시의 해석을 '당사자가 그 표시행위에 부여한 객관적인 의미'를 파악하는 것이라고 한다. 그렇지만 거래 당사자들 사이에 약정의 내용 등에 관하여 다툼이 있어 의사표시의 해석을 요하는 경우에 제시되는, '약정이 이루어진 동기와 경위, 그 약정에 의하여 달성하려는 목적, 당사자의 진정한 의사 등'의 해석표지에 내포된 주관적 규준성에 비추어 보면, 표시행위는 의사표시의 해석상 대상적 접근방식에 불과하고, 종국적으로는 표시행위에서 드러나는 당사자의 의사, 즉 거래당사자가 '주관적으로 의욕한 것' 내지 '의도'를 파악하려는 것으로써, ― 의사표시 본질론의 의사론(이른바 의사주의)와 표시론(이른바 표시주의)의 대립관계의 절충적 입법이라는 관점을 견지하면서 ―,[37)] 사실상 의사론(Willenstheorie)에 고착되어 있고, 의사표시에 의해 성립한 법률행위인 계약(약정)의 해석에 중점이 두어져 있음을 부인할 수 없다.[38)] 이러한 요지의 논거는, ― 실무적 편의성을 감안할지라도 부정적으로 비평한다면 ―, 제기되는 논점에 따라[39)] 거래목적이 '적당

36) 그밖에 "처분문서라 할지라도 그 기재 내용과 다른 명시적, 묵시적 약정이 있는 사실이 인정될 경우에는 그 기재 내용과 다른 사실을 인정할 수는 있으나(대법원 2006. 4. 13. 선고 2005다34643 판결 참조), 그와 같은 경우에도" 연계된 각 법률행위(주채무에 관한 계약과 연대보증계약은 별개의 법률행위)이므로 "처분문서의 기재 내용과 다른 명시적, 묵시적 약정이 있는지 여부"를 (주채무자와 연대보증인에 대하여) "개별적으로 판단하여야 한다."는 판결례는 대법원 2011. 1. 27. 선고 2010다81957 판결 [대여금] 참조.

37) 그러나 민법전 총칙편의 조문체계에 따른 교과의 순서상 위와 같은 의사표시의 본질론은 의사표시에 관한 민법 제107조 전론(前論)의 총설로서 서술하고 있다. 김증한, 앞의 책, 241면 이하; 곽윤직, 앞의 책, 396면 등 참조.

38) Vgl. E. Betti, a. a. O., FS für E. Rabel, Bd. Ⅱ(1954), S. 89(= 1988, S. 11): "Gegenüber einem besonders unter uns Juristen ziemlich verbreiteten Irrtum kann man nicht nachdrücklich genug darauf hinweisen, daß bei praktischen Verhaltensweisen wie auch bei Erklärungen der **Gegenstand der Auslegung nicht der "Wille" als solcher** ist, **sondern immer nur die Form**, in welcher er sich entfaltet, betätigt und verwirklicht: das Getane nämlich und das Gesprochene. **Der "Wille" kann und muß, …, aus dem praktischen Verhalten auf dem Wege der Auslegung erschlossen werden**; er ist mithin **gar nicht deren Objekt**, **sondern vielmehr eines ihrer Ergebnisse**, oder, zieht man diesen Gesichtspunkt vor, das Woraufhin der hermeneutischen Ermittelung. Spricht man daher, wie es oft geschieht, von einer **Auslegung des "Willens"**, dann meint man entweder das Ergebnis des Auslegungsprozesses und bedient sich einer ungenauen **Ausdrucksweise, die die Handlung mit ihrem Erfolg verwechselt**; oder aber man meint das Objekt der Auslegung und bedient sich damit einer Ausdrucksweise, die deshalb irrtümlich ist, weil sie nicht so sehr den Willen als dessen objektive Erscheinungsformen im sozialen Leben bezeichnet. Versteht man aber unter "Willen" im eigentlichen Sinne eine bloße psychologische Wesenheit, dann verleitet man zu der Annahme, daß die Auslegung ohne eine sinnhaltige Form möglich sei: das aber ware vollig sinnlos." (진한 글씨는 필자의 표기임)

39) 객관적 해석방법에서는 문언의 해석을, 주관적 해석 방법에서는 오표기(현) 무해의 원칙의 적용사례를, 신의칙

히' 달성되도록 하는 결과적 타당성을 전제하고 제반사정을 포괄적으로 참작하여 '융통성 있게' 해석한다[40]는 것이다.[41]

d) 위에서 일별한 종래의 해석론에서는 의사표시와 법률행위 해석을 포괄하면서, 법률행위의 목적은 그로써 "행위자가 달성하려고 한 효과"라고 하면서, 한편으로는 "의사표시 내지 법률행위에 의하여 의욕된 효과는 오로지 표시행위에 의하여 결정된다. 따라서 법률행위의 해석이라고 하는 것은 이 표시행위가 가지는 의미를 말하는 것"이라고 하면서도,[42] 다른 한편으로는 "표시행위의 표현이나 문자에만 구애함이 없이 당사자가 기도하는 취지를 알아내"는 것이라고 한다.[43]

이러한 서술은 표시행위에 드러난 내용만을 해석의 대상으로 하여 '그 의미를 파악하는 것'과 '당사자가 기도하는 취지를 알아내는 것'은 서로 다른 해석목적을 동일시하는 것이며,[44] 또한 그 표시행위의 의미 또는 표시자의 주관적인 취지를 어떻게 밝혀내야 하는가의 해석의 방법적 규준의 제시도 불분명하다.

위와 같은 종래의 해석론을 표방하는 대표적 문헌의 각론에서는,[45] "계약이 성립하려면,

과 조리의 해석 기준에서는 예문해석을 서술하는 문헌은 곽윤직, 앞의 책, 386~387, 394~395면; 곽윤직 · 김재형, 앞의 책, 295~296, 296~297, 303면 참조.

40) 위 주 27) 참조. 또한 "되도록 내용이 유효 · 가능하도록"(김증한, 앞의 책, 220면), 또는 "당사자의 의도는 될 수 있는 대로 달성되도록" 해석하여야 하고(곽윤직, 앞의 책, 388면; 곽윤직 · 김재형, 앞의 책, 300면), 나아가 신의성실의 원칙과 조리를 최종적 기준으로 하면서, 이는 당사자의 거래의도, 관습, 임의법규를 해석의 기준으로 하는 것은 '사적 자치를 인정하는 것이 합목적적 또는 합리적이라는 법의 정신의 구체적 표현'이라고 한다(곽윤직, 앞의 책, 394면; 곽윤직 · 김재형, 앞의 책, 303면). 그런데 위와 같은 해석론이 법률행위와 의사표시 해석을 동일시하고 있으나, 법률행위인 계약은 그 성립상 당사자 의사표시의 해석이 선행되어야 하며, 계약이 성립되어야 비로소 그 의도된 계약거래가 가능 · 유효한가를 판단할 수 있으므로 논리적으로 비약이며, 사적자치의 영역에서 이루어지는 (불성립 내지 무효가 되는) 대립하는 상이한 의사를 주장하는데, 의사표시 해석의 범주에서 국가 사법(司法)의 후견적 역할을 요하는가라는 의문이 제기된다. Vgl. D. Bailas, a. a. O., S. 30: "Denn der Richter, stellt nicht verschiedene mögliche Bedeutungen dessen, was die Parteien bei der Vertragsschließung gesagt oder geschrieben haben, fest, von denen er eine als die rechtsmaßgebliche erklärt."; K. Larenz, Allgemeiner Teil des BGB, 1. Aufl.(1967), § 25 Ⅱ, S. 341−342: "Die Rechtsordnung hat keinen Anlaß, den Beteiligten eine andere Bedeutung der Erklärung aufzunötigen, als die, die sie beide gemeint haben."

41) 그밖에 판례의 요지적 논거의 실무적 유용성에 관하여 '정당하게' 의구심을 표하는 견해는 이영준, 앞의 책, 287면: "무엇보다도 위 판결이 사회정의와 형평의 이념, 사회 일반의 상식까지 법률행위의 해석의 기준으로 끌어들인 것은 너무도 비약적 · 중복적일뿐만 아니라 … 법률행위의 해석이라는 명분하에 법원이 당사자의 법률행위를 재창조하는 결과를 유발하기 쉽다." 대법원 1990. 11. 13. 선고 88다카15949 판결, 대법원 1992. 5. 26. 선고 91다35571 판결, 대법원 2005. 7. 15. 선고 2005다19415 판결, 대법원 2009. 10. 29. 선고 2009다45221, 45238 판결 등 참조.

42) 김증한, 앞의 책, 219면; 곽윤직 · 김재형, 앞의 책, 295면: "당사자 의사의 객관적인 표현이라고 볼 수 있는 것, 바꾸어 말하면 표시행위가 가지는 의미를 밝히는 것이다."

43) 곽윤직, 앞의 책, 388면; 곽윤직 · 김재형, 앞의 책, 299~300면. 위 주 25) 참조.

44) 이하 주 50) 및 본문 참조.

45) 곽윤직, 채권각칙[민법강의 Ⅳ](1995), 58~60면.

당사자의 서로 대립하는 수개의 의사표시의 합치, 즉 「합의」(Konsens)가 반드시 있어야만" 하며, "합의가 성립하기 위하여는, 객관적 합치와 주관적 합치가 있어야만 한다." 주관적 합치는 "당사자의 의사표시가 상대방의 의사표시와 결합해서 계약을 성립시키려는 의의를 가지는 때에" 있으며, 객관적 합치는 "수개의 의사표시가 내용적으로 일치"하는 것으로서 "외부에 나타나고 있는 표시행위로부터 추단해서 그렇게 인정되어야 한다는 것"으로서, 표시행위에 사용된 문자나 언어의 형식적 표현 양태에 구애되지 않고, "表示行爲에 대하여 사회적으로 주어지는 의미(바꾸어 말해서, 表示行爲로부터 추단되는 意思表示의 내용)가 실질적으로 일치하는 것을 가리킨다"고 한다.[46] 이 견해는 총칙 교과서에서, — 해석의 기준으로서 당사자의 기도하는 목적에 관하여 —, 당사자가 법률행위를 수단으로 하여 자치적으로 달성하려는 사회적·경제적 목적을 포착하는 것이 법률행위 해석의 제1의 과제라고 하는바, 그 목적은 의사표시를 해석하는 자, 즉 계약의 내용에 관하여 당사자 사이에 다툼이 있는 경우에 법관이 표시행위에서 '推斷'하여 판단한다는 것이다. 이는 결과적으로 제3자인 법관이 '객관적으로 推斷한 의사표시의 내용'이 표의자가 주관적으로 기도하는 '실질적'인 목적으로 대체하는 것으로서,[47] 결과적으로 정상적인 의사표시를 중심으로 하는 의사표시의 본질론에서 벗어나, — 아마도 해석의 관점에서 —, 추단적 의사표시를 의사표시의 전형으로 전도시키는 것으로 귀결된다.[48]

위와 같은 해석론의 구성상 의사표시 본질에 관한 의사론 관점을 견지하는 한, "표시에 표현

46) 곽윤직, 채권각칙[민법강의 Ⅳ], 제6판(2003), 33면. 같은 책(1995), 59면에서는 "表示行爲에 관하여 社會的으로 주어지는 의미(表示價値)'라고 한 것을 수정하였는바, 이는 총칙 교과서에서 표방한 의사론적 관점을 일관하려는 것으로 여겨진다. 이러한 서술의 전거는 분명하지 않으나 "表示價値"라고 어구에 해당하는 독일어 표현은 "**Erklärungswert**"라고 할 수 있는데, 이는 객관적 해석에 의한 의사표시의 내용을 가리킨다. Vgl. BGB−RGRK/Krüger−Nieland/Zöller, 12. Aufl.(1982), §133 BGB, Rn. 2: "Als maßgebender Inhalt einer Erklärung kann jedoch nur das angesehen werden, was nach objektiven Gesichtspunkten in der Erklärung zum Ausdruck gekommen ist, der **objektive Erklärungswert**(BGH 47 75, 78; 37 79, 92; 36 30, 33; BGH LM 33 zu §133 C; LM 7 zu §133 D)." (진한 글씨는 필자의 표기임)

47) 여기에서 "추단"한다는 것은 의사표시 해석의 방법이다. 따라서 계약거래에서 청약과 승낙의 의사표시는, − 그 해석에 이르러 −, 의사표시를 추단적 행위 내지 행태(schlüssiges Handeln bzw. konkludentes Verhalten)와 동일하게 취급하는 결과에 이른다. 마찬가지로 이러한 결과를 추종·확장하는 것으로 여겨지는 견해는 민법주해[Ⅱ]/송덕수, 142면 이하 145면: "추단적 행위도 비록 간접적이기는 하지만 효과의사를 표현하는 것이고, 따라서 표시행위이다. 그리하여 추단적 행위가 있으면 의사표시가 존재하게 되어(추단적 행위에 의한 의사표시) 그에 다른 효과가 발생하게 된다." 그리고 이 견해는 같은 면 각주(279)에서는 추단적 의사표시와 묵시적 의사표시를 구별하는 관점은 "옳지 않다."고 한다.

48) Vgl. W. Flume, a. a. O., §5 4: "Die Willenserklärung durch schlüssiges Handeln unterscheidet sich dadurch von der "normalen" Willenserklärung, daß das Handeln unmittelbar nicht die Bestimmung hat, Erklärungszeichen betreffs des Abschlusses des fraglichen Geschäftes zu sein. Zu der Annahme einer Willenserklärung hinsichtlich des fraglichen Geschäfts gelangt man erst durch einen Rückschluß. Deshalb spricht man von "konkludentem" Handeln."; M. Wolf/J. Neuner, Allgemeiner Teil des Bürgerlichen Rechts, 11. Aufl.(2016), §31, Rn. 7: "Das konkludente Verhalten stellt isoliert betrachtet einen bloßen Handlungsvollzug und keinen Kommukationsakt dar. Insbesondere werden keine verkehrsmäßig typisierten Zeichen verwendet." 추단적 행태와 신뢰책임은 이하 주 93) 참조.

된 의사(der in der Erklärung zum Ausdruck gebrachten Wille)"를 탐구한다는 것이며, 의사론과 표시론의 이원적 대립을 전제하고 표시론를 따르는 경우에도,[49] 종국적으로 효과의사는 표의자의 표시행위로부터 추단된 '당사자가 기도하는 취지', 또는 —그렇게 추단한—, '사회적으로 주어지는 의미'라고 하는 것인데, 그 불명료함은 앞서 지적한 바와 같다.[50] 나아가 당사자의 주관적 의도와 사회적 즉, 제3의 객관적 의미를 동일시하는 것은, 그 자체로서 거래생활상 각 개인이 그의 의사에 따라 법적 관계를 형성하는 사적자치의 자기결정에 상치되는 논거라고 아니 할 수 없다.[51]

위와 같은 절충적 해석방법은, —19세기 중·후반부터 20세기 중반에 이르면서— 의사표시의 본질에 관한 의사론와 표시론의 대립, 그리고 의사표시 및 계약의 해석에 관한 독일민법전 조항(§§ 133, 157 BGB)의 이원적 규율의 극복을 위하여 전개된 해석론[52]과 상당 부분 유사하며, 이론구성의 연원상 오늘날의 해석방법의 주류적 견해와도 상당 부분 일치하는 점도 살펴볼 수 있다.

필자의 소견으로는, 독일민법전의 위 해석조항과 그에 관한 일부 해석론을 모종의 경로(?)로 수용하면서 비롯되었다는 점을 부인할 수 없다고 평가할 수 있다. 따라서 여기에서는 해석에 관한 실정적 규율을 하지 않고 있는 우리의 실정에 비추어, —비록 그 전반을 심도 있게 아우르지는 못할지라도—, 비교방법적으로 학리적 연구와 실무 판결례에 의해 형성된 해석방법의 표준(Kanon)들을 검토하여 합리적인 해석론 구성에 유용한 관점의 정립을 모색할 수 있을 것이다.[53]

---

49) 이하 주 61) 참조.

50) 이와 유사한 의사의 추론적 논거는 H. Titze, a. a. O., S. 85: "… (denn "erklärt" ist, was im Wege des richtig angestellten Rückschlusses als gewollt erscheint), …." 참조. Vgl. E. A. Kramer, a. a. O., 1972, S. 141 ff. 이하 주 66, 69), 그리고 1900년 초반의 제국법원(RG)의 판결례의 개요 이하 주 105, 106) 참조. 의사표시의 본질론을 기반으로 하는 한 논리적으로 모순이라고 아니할 수 없다. Vgl. K. Schellhammer, Schuldrecht nach Anspruchsgrundlagen samt BGB Allgemeiner Teil, 9. Aufl.(2014), S. 991: "**2. Willensforschung oder Sinnermittlung?**"

51) 법학적 해석학(juristische Hermeneutik)의 난제(難題)는 주로 구체적 생활사안에서 비롯되는바, 위와 같이 실정법적으로 설정된 의사와 표시의 대립을 전제한 해석론에 따라 거래당사자가 아닌 제3자(법관)가 추단하여 표의자의 의사를 파악한다는 것은 사물논리에서 벗어나는 것이다. Vgl. Th. Mayer-Maly, Auslegen und Verstehen, JBl 1969, S. 413(414): "Die Fragen der juristischen Hermeneutik werden nicht von den Texten, sondern von den Fällen her gestellt". 이념상 문제점은 HKK/St. Vogenauer, a. a. O., Rn. 1: "Die Frage, ob tatsächlich der Wille des Richters oder aber der Wille der am Geschäft Beteiligten bestimmen soll, … : Privatautonomie oder richterliche, und damit staatliche Intervention? Interessen des Individuums oder Interessen des Gemeinwesens, personifiziert durch den Richter? Freiheit oder Gebundenheit des Einzelnen?"

52) 독일민법전 시행(1900. 1. 1.) 후 20세기 초반의 의사표시법의 실무적인 법발전적 형성에 관한 개관은 F. Wieacker, Privatrechtsgeschichte der Neuzeit, 2. Aufl.(1996), S. 514 ff. 참조. S. 517: "Die Lehren der Willenserklärung und Vertragsschließung wurden durch den Übergang von der Willenstheorie der Pandektenwissenschaft zum Vertrauens- oder zum Geltungsprinzip, durch objektive Auslegung nach Treu und Glauben, … Auf der anderen Seite bemühte sich die Rspr. durch eine immer mehr verfeinerte Berücksichtigung der individuellen Motive des Erklärenden um konkrete Vertragsgerechtigkeit."

53) 필자의 졸견으로는, '올바른 이론적 기반에서도 실무적 오류가 있을 수 있으나 오류인 이론에서 올바른 실무가 형성될 수는 없다'는 시각에서 학리적 재검토가 요청된다고 생각한다.

Ⅲ.

a) 연원적으로 로마법에서는 엄격한 형식주의가 지배하였는데, 대부분의 사안에서 사용된 일정한 문구의 형식에 따라 법적 효력이 발생하였고(Wortformalismus), 그 해석에서도 일반적 언어용례를 근거로 한 어의(Wortsinn auf Grund des allgemeinen Sprachgebrauchs)에 따라 엄격하게 객관적으로 이루어졌다고 한다.[54] 공화정 후기에 그리스의 수사학적 해석론이 영향을 미치면서 새로운 관점이 형성되었고, 이로써 어의에 따른 객관적 해석 외에도 내적 의도(innere Meinung; sententia, Voluntas)에 따른 해석의 가능성이 발전되었으며, 종국적으로는 '어구(Wortlaut)'와 '진정한 의사(wahrer Wille)'라는 개념적 대립으로 귀결되어져 공화정 후기와 고전기의 로마법학(römische Jurisprudenz)에서 논쟁의 대상이 되었다고 한다. 당시 법률가들은 사용된 표현이 객관적으로 일반적 언어용례상 다의적인 경우에 내적 의사(innerer Wille)에 따른 해석을 허용하는 예결(例決)적 관점이 형성된 것으로 파악할 수 있다.[55] 그렇지만 이후 표시(Erklärung)가 표시자의 의사지향(Willensrichtung des Erklärenden)에 상응하도록 해석되어야만 한다는 준칙이 관철되었다.[56] 그렇지만 중세의 법실무에서는 이러한 이론적 원리가 일관되지 않았고 엄격한 문구해석의 경향을 보였으며, 근세 계몽시기에 이르러 법전편찬에 반영되기에 이르렀다고 한다.[57]

---

54) Vgl. Staudinger/H. Coing, a. a. O., Rn. 2 a); M. Kaser, Das römische Privatrecht, Abs. 1.(1971), §§5, 6. u. a.; H. Hausmaninger · W. Selb, Römisches Privatrecht, 7. Aufl.(1994), S. 53.

55) "Cum in verbis nulla ambiguitas est, non debet admitti voluntatis quaestio"(Wenn die Worte unzweideutig sind, darf nach dem Gemeinten nicht gefragt werden, **sens－clair－Regel, Paulus D. 32, 25, 1**). Vgl. Staudinger/H. Coing, a. a. O., Rn. 2 a); M. Kaser, a. a. O., Abs. 1.(1971), §58, S. 234 ff.; H. Honsell, a. a. O., §6 Ⅱ, S. 24: "ein Topos". sens－clair－Regel의 적용에 관한 연혁적 개관은 HKK/St. Vogenauer, a. a. O., Rn. 75 ff.; K. Zweigert/H. Kötz, Einführung in die Rechtsvergleichung auf dem Gebiete des Privatrechts, 3. Aufl.(1996), S. 396; BGHZ 86, 41, 45 f., 124, 39, 44 f. usw. 참조.

56) "In conventionibus contrahentium voluntatem potius quam verba spectari placuit"(Bei den Vereinbarungen der Parteien ist mehr auf den Willen als auf die Worte zu achten, **Papinian D 50, 16, 219**) Vgl. Staudinger/H. Coing, a. a. O., Rn. 2 a); "Dies war wohl schon der Standpunkt des Kaisergericht des Prinzipats, jedenfalls der des Corpus Iuris. Inzwischen war seit Konstantin auch der Wortformalismus teils beseitigt, teils desuet geworden."; M. Kaser, a. a. O., Abs. 2.(1975), §201, S. 82 ff.; H. Honsell, a. a. O., §6 Ⅱ, S. 24 f.: "die Maxime".

57) Vgl. Staudinger/H. Coing, a. a. O.: "Seitdem … die erwähten Maximen des römischen Rechts … im Sinne einer Auslegung nach dem Willen der Erklärenden. Indessen hat dieses Prinzip in der Praxis je nach dem Vermögen und der Ausbildung der Richter in der neueren Rechtsgeschichte nicht immer die gleiche Bedeutung gehabt. Die mittelalterliche Jurisprudenz neigte zB trotz theoretischer Anerkennung des oben erwähten Satzes zu strikter Wortinterpretation. Die Kodifikationen seit der Aufklärungszeit sprechen sich ebenfalls im Sinne des römischen Rechts gegen eine Wortauslegung aus, vgl ALR I 4 §65 ff.; I 5 §252 ff; Code civil Art 1156, 1164. Der Code civil wiederholt die römische Maxime aus D 50. 16, 219 im Art 1156 …. … An diese Tradition schließt sich §133 BGB an."; K. Zweigert/H. Kötz, a. a. O., 3. Aufl.(1996), S. 396 ff. 이하 주 75) 이하 참조.

b) 의사표시 해석의 추상적인 목표(abstraktes Auslegungsziel)를 최초로 설정한 것은 자연법과 이성법 학자들(Natur- und Vernunftrechtler)이었는데, 표시자의 의도(Absicht des Erklärenden)를 해석의 최종 목적으로 하였다고 한다. 이들은 스토아 철학과 후기 스콜라적 도덕신학에서 도출된 이념을 기반으로 하여, 표시의 법적 효력을 스스로 모순적이지 않고, 윤리적으로 자기책임을 지는 인격체에 연계하였다.[58]

19세기 후반에 이르러 의사표시가 법률행위론의 중심개념이 되면서, ― 오늘날 주지하는 범주에서 ―, 그 해석의 목표가 표시자의 주관적 의사(subjektiver Wille des Erklärenden), 또는 그 의사로부터 독립된 표시의 객관적 의의(objektive Bedeutung der Erklärung)를 확정하는 것인가라는 주관론과 객관론의 논쟁이 전개되었다.[59] 이는 의사표시의 2요소, 즉 내적 의사(der innere Wille)와

58) 우리가 일반적으로 승인하는 약속의 구속력은 도덕신학적 전통(moraltheologische Tradition)에 기반을 두고 있다. Hugo Grotius(1583~1645): Wille der sittlich selbstverantwortlichen Person, stoisch-christliche Autonomie der Person. 그렇지만 사회적인 법적 효력을 단순히 주관적 감성으로 판단하지는 않았다. Vgl. F. Wieacker, a. a. O., 2. Aufl.(1996), S. 293 f.: "Aber die **Rechtswirkung** können gleichwohl nicht auf bloße *animus motus* hin erfolgen, wenn diese nicht auch durch äußere Zeichen bekundet; denn es sei der Menschennatur nicht gemäß, bloßen inneren Willensakten soziale Wirkung beizumessen (wenn auch Worte und Zeichen nicht verbürgte Gewißheit, sondern nur Wahrscheinlichkeit des Willens erbringen). Deshalb wird, was durch Worte hinlänglich bekundet, auch gegen den Willen des Erklärenden als wahr behandelt. So vermag Grotius' Erklärungslehre Willensethik und Vertauensethik zu vereinbaren. Auch diese Gründung des Rechtsgeschäfts auf zwischenmenschliches Verstehen beruht auf der antiken Tradition (nämlich auf der stoischen Sprach und Verständigungsphilosophie), welche die Moraltheologie für das *forum ecclesiae* schon 13. Jh. übernommen hatte. Sie führt Grotius zu Ergebnissen, wie sie sich erst in der Vertrauenstheorie des neueren Zivilrechts gegen die pandektische Alternative Willens- oder Erklärungstheorie durchgesetzt haben."; M. Diesselhorst, Die Lehre des Hugo Grotius vom Versprechen, 1959, S. 34: "so leitet Grotius nunmehr in radikaler Weise jede rechtsgeschäftliche Bindung aus der stoisch-christlich verstandenen Autonomie der Person her, …, daß einerseits sozialtypische Bindungen nur soweit naturrechtlich anerkannt bleiben, als sie auf einen Selbstbindungsakt der Person zurückzuführen, und daß andererseits jeder autonome Akt geeignet erscheint, eine Rechtsbindung herbeizuführen, …. Um diese Grundvorstellung auszubilden, bedient sich Grotius der spätscholastischen Lehre vom Schenkungsversprechen, die auf diese Weise eine - ihr in der Spätscholastik fremd gebliebene - zentrale Bedeutung erlangt.", S. 36: "Grotius versetzt wenigstens die "Entscheidungen", …. Auf diese Weise repräsentieren sie die dem subjektivem Belieben entrückte sittlich (vernünftige) Ordnung des sozialen Handelns, die allerdings, als "selbst" gesetzte den nachvollziehenden sittlichen Willen der Person wesentlich mitbeansprucht..", 41 f.: "… Grotius in seinem Vertragsrecht diese letzte, voluntaristische Komponente seines zunächst rein rational erscheinenden Rechtsentwurfes beherrschend hervortreten: das am jüdisch-christlichen Gottesbegriff, einem nunmehr natürlichen Leitbild menschlichen Handelns, orientierte Verständnis menschlicher Freiheit als des Vermögens zur willentlichen Zuwendung an den Nächsten gewinnt hier zentrale Bedeutung."; O. Behrends, Treu und Glauben, in: Christentum Säkularisation und modernes Recht, 1981, 957 ff.

59) Vgl. H. Coing, Europäisches Privatrecht, Bd. Ⅱ, 19. Jahrhundert, 1989, S. 444: "Wie im gemeinen Recht ist der leitende Grundsatz, daß bei der Auslegung von Verträgen zunächst danach gefragt werden muß, was die Parteien übereinstimmend gewollt haben. Aber in den verschiedenen Rechtssystemen ist doch auch anerkannt …, daß bei der Auslegung von Verträgen objektive Gesichtspunkte eine erhebliche Rolle spielen, so etwa die natur des Vertrages, der Sprachgebrauch, die Umstände des Vertrages, insbesondere

외적으로 이루어진 표시(die nach außen gelangte Erklärung) 중 어느 것이 법적 효력을 생성시키는가 라는 논제(효력본질론)가 중심을 이루었는바, 의사론(Willenstheorie)과 표시론(Erklärungstheorie)으로 대립되어 19세기 말경에는 전유럽에 확산되었는데, ―우리의 종래의 해석론에서도 드러나듯이(Ⅱ.)―, 의사표시의 해석과도 밀접한 상관관계를 갖고 있다.[60]

c) 종래의 해석론은 주로 의사흠결의 실정적 규율과 관련하여 의사표시 효력본질론에 연계된 '의사주의－표시주의'라는 교조적인 주·객관적 논의의 연장에 머물러 있다.

표시의 법적 효력이 그 유발을 지향하는 의사에만 근거하여 발생하는 것으로 파악한다면(의사론), 그 내적 의사의 확인(die Ermittlung des inneren Willens)을 해석의 목표로 하는 반면, 당사자의 의사와 무관하게 표시에만 근거하여 발생하는 것으로 파악한다면(표시론) 그것을 목표로 하는 행태, 의사표시의 의의 및 의미, 특히 표현된 어구의 의미를 확정하는 것이 된다.[61]

---

wie danach der Partner eine Erklärung auffassen mußte u. ä. Es ist für die Bedeutung dieser objektiven Elemente bezeichnend, daß sie in der deutschen Debatte zwischen den Vertretern der Willens－ und denen der Erklärungstheorie eine nicht unbeschtliche Rolle gespielt haben. In manchen Gesetzen ist auf solche objektiven Elemente in allgemeiner Form hingewieden － so z. B. im deutschen BGB §157 auf die Verkehrssitte und Treu unf Glauben －; in anderen sind in Anknüpfung an die gemeinrechtliche Tradition bestimmte Einzelregeln für die Auslegung festgelegt, so im Code civil(art. 1157－1164)."; HKK/St. Vogenauer, a. a. O., Rn. 34 f.; ders., Die Auslegung von Gesetzen in England und auf dem Kontinent, Bd. Ⅰ(2001), S. 432 ff., Bd. Ⅱ(2001), S. 669 ff.

60) HKK/St. Vogenauer, a. a. O., Rn. 35: "Er betrifft vor allem die Irrtumslehre, führt aber auch im Bereich der Auslegung zu Diskussionen." Vgl. HKK/M. J. Schermaier, §§116－124, Rn. 4 ff.

61) 종래의 법률행위의 본질 및 구성론은, ―계수연혁적으로 비교해 보면―, 대체적으로 이러한 관점에 고착되어 있다고 여겨진다. 김증한, 앞의 연구, 357면: "자기결정과 결합된 자기책임 때문에 오히려, 자기책임에 대하여 자기결정에 의한 표시의 내용적 승인의 결여에 대한 우위를 인정한다고 하는 것을 생각할 수 있다. 만약에 그 우위가 인정될 수 있다면 법적 평가를 위하여 어떠한 apriorisch하게 정당한 규범이라고 하는 것도 정립할 수 없다. 그러나 또한 결정하는 바와 같이, 실정법상의 규제는 자기결정의 행위로서의, 따라서 자기책임의 행위로서의 의사표시라고 하는 의사표시의 본질로부터 이해되고 평가되지 않으면 안된다."; 곽윤직, 민법총칙[민법강의 Ⅰ], 1997, 338면: "의사표시는 효과의사의 결정, 표시의사의 매개, 표시행위라는 심리적 3단계에 의하여 성립하게 된다. … 전에는 내심의 효과의사를 그 본체로 보는 견해가 지배적이었으나 오늘날에 와서는 표시행위를 의사표시의 본체로 보는 것이 보통이다. 전자의 견해는 개인의사 절대의 자연법적 사상을 배경으로 하는 것이나, 그러한 자연법적 관념을 버리고 있는 현재에는 표시행위를 의사표시의 본체라고 하는 견해가 타당하다. … 따라서 우리는 표시행위를 통해서 행위자가 가지고 있는 일정한 효과의사의 존재 및 내용을 판단하여야만 한다."; 곽윤직·김재형, 앞의 책, 257면: "… 이에 대하여 의사를 중시하는 반대견해가 있고(김상용, 송덕수, 이영준), 표시행위와 의사 모두 의사표시의 본체라고 하는 견해도 있다(김증한·김학동). 이들 견해는 의사를 중시할 것인지, 표시를 중시할 것인지에 따라 의사표시를 달리 보고 있다. …." 그러나 사적자치의 원리상 표의자의 의사, 즉 진정한 의사(der wahre, psychologische Wille)를 의사표시 해석의 목표로 하는 것은 법률행위적 규율(rechtsgeschäftliche Regelung)을 의도하는 의사요소로서 거래(행위)의사(Geschäftswille)를 해석하는 것을 의미할 수 있다. 그러나 착오의 의사표시의 법적 규율에서 살펴볼 수 있듯이, 오류가 있는 의사표시의 경우에만 제기되는 것이므로 정상적인 경우, 즉 완전·유효한 의사표시(vollgültige Willenserklärung)를 기준으로 하는 의사표시의 본질론에서는 그 요소로 인정되지 아니 한다. Vgl. W. Flume, a. a. O., §4, 2; M. Stathopoulos, Zur Methode der Auslegung der Willenserklärung, 1. FS für K. Larenz(1973), S. 358.

표시론은 표시수령자(Erklarungsempfänger)가 사실상 이해한(tatsächlich verstanden hat) 의미가 아니라 표시수령자의 상태에서 그 상황에 따라(in der Lage des Erklärungsempfängers nach den Umständen) 합리적인 사람(ein vernünftiger Mensch)으로서 그 표시에 부여하여야만 했던(beilegen musste) 의미(Sinn)를 가리키는 것이었다.[62] 이러한 해석은 객관적 의미를 확인하는 것으로서 서술적(beschreibend)인 것이 아니라 평가적(wertend)인 것으로 파악하는 것인바, 구체적 상황에서 표시수령자의 불합리한 주관적으로 이해가 아니라 표시의 통상적 의미에 대한 정당한 신뢰만이 보호된다는 것이고,[63] 그 적용범위는 애당초 거래행위에 한정되며 유언장의 해석에서는 유언자의 의사를 확인하는 것을 그 해석의 목표로 정의하였다고 한다.[64]

d) 독일민법전 제정에서는 이론적 대립에 관한 종국적 판정을 하지 않았고, 개별 문제들을 실용적으로 해결하는 절충적인 타협으로 종결되었다.[65] 실제에서도, 앞에서 살펴본바, 이미 자연법과 이성법 학자들도 화자의 의도 파악을 해석의 목표로 하였으나 이를 통상적으로 외적 표식(Anzeichen, indicia)과 상황(Umstände)을 고려하여 단순히 추단적인 당사자의 의사(mutmaßlicher Parteiwille)를 확인하였듯이,[66] 의사론과 표시론은 순수하게 그 이론적인 형태로서 실현되지 않았

---

62) Vgl. E. Danz, a. a. O., 1. Aufl.(1897), S. 2, 31 ff., 103 ff., 148; Rudolph v. Jhering, Culpa in contrahendo oder Schadensersatz bei nichtigen oder nicht zur Perfection gelangten Verträgen, JherJb 4(1861) (http://dlib-zs.mpier.mpg.de/), S. 1, 72, Fn. 78: "… nicht die Frage zu entscheiden: was war der wirkliche Sinn der Erklärung des Redenden, sondern wie *mußte* der Gegner nach den *ihm* vorliegenden Umständen sie auffassen."

63) HKK/St. Vogenauer, a. a. O., Rn. 35 a. E.: "… nicht das subjektive, unter Umständen irrationale Verständnis des Adressaten, sondern nur sein berechtigtes Vertrauen auf den üblichen Sinn der Erklärung geschützt wird, …" 이후 이러한 관점은 신뢰론(Vertrauenstheorie)으로 접목된다. HKK/St. Vogenauer, a. a. O.: "… bürgert sich später für diese Lehre auch der Begriff der »Vertrauenstheorie« ein." 이하 주 68, 96, 120) 참조.

64) HKK/St. Vogenauer, a. a. O., Rn. 35 a. E.

65) 제1위원회에서는 부분 초안을 근거하여 주로 착오법(Irrtumsrecht)의 규율에 관하여 의사교조론(Willensdogma)은 상이한 지향들로 모색되었고, 의사표시의 해석조항(§73 BGB E I)을 계약에 적용하는 제안은 종국적으로 거부되었다. Vgl. Mot. I, S. 155: "Unhaltbar erscheint ferner die für das gemeine Recht vertretene Regel, daß es bei einem Vertrage nicht auf den wirklichen Sinn der Rede des Vertragschließenden, sondern darauf ankomme, wie der andere Vertragschließende dieselbe nach den ihm vorliegenden Umständen auffassen mußte." 이러한 관점은 R. v. Jhering의 관점을 따르다가 변경한 B. Windscheid의 견해를 추종한 것이라고 한다. Vgl. B. Windscheid/Th. Kipp, a. a. O., 9. Aufl.(1906, ND 1984), S. 446 f., Fn. 11; HKK/St. Vogenauer, a. a. O., Rn. 38.

66) Vgl. H. Coing, Europäisches Privatrecht, Bd. I, Älteres Gemeines Recht(1500 bis 1800), 1985, S. 410 f.: "Entsprechend den Regeln des justinianischen Rechts ist für die Auslegung grundlegend, was die Parteien gemeisam gewollte haben(D 50, 161, 219), die *ratio quae movit contrahentes.*" … "**Grotius** vertritt aufgrund seiner Lehre von der Mitteilung des Vertragswillens ebenfalls eher objektive Auslegung, die sich zunächst am allgemeinen Sprachgebrauch orientiert[De iure belli ac pacis, Ⅱ, S. 16. Ähnlich **Pufendorf, Samuel von**, De iure naurae et gentium, 1759(ND 1967) V, 12, insb. 3]. Besondere Regeln gelten für die unklar gefaßten Verträge. Hier wird zunächst auf D 2, 14, 39 zurückgegriffen, …, im 18. Jahrhundert versucht man den Satz in dem Sinne zu verallgemeinern. daß gegen den interpretiert wird, der für eine klarere

고, 주·객관적 요소가 조합된 해석론이 관철되었다.[67] 한편, 19세기 말에는 법정책적 구조변천의 인식과 더불어, 해석상 표시론이 우세를 점하게 되었다고 한다.[68]

이러한 양상은 당시 독일일반상법전(ADHGB)의 적용에서뿐만 아니라,[69] — 이하(Ⅳ.)에서 일별하는바 —, 독일민법전의 해석조항의 적용에서도 사실상 동일하게 전개된 양상을 살펴볼 수 있다.[70]

Fassung des Vertragstexes habe sorgen können. § 915 ABGB kodifiziert diese Tendenz: ⋯." ([⋯]와 진한 글씨는 필자의 표기임); HKK/St. Vogenauer, a. a. O., Rn. 37.

67) HKK/St. Vogenauer, a. a. O., Rn. 37, Fn. 142). Vgl. A. Manigk, a. a. O., 1907(ND 1970), S. 152 f.: "Das ius gentium wollte gegenüber der nationalen Engherzigkeit des alten Zivilrechts gerade die erhebliche Rolle und Realakte gebundenen Schranken durchführen. Die "lingua" der Ⅻ Tafeln trat ihre Rechte an voluntas und consensus ab. Es wurden Willensmängel unter Voraussetzungen als erheblich anerkannt. Es hat seitdem keine irgend entwickelte Gesetzgebung gegeben, in der entweder die Willenstheorie oder die Erklärungstheorie durchgeführt gewesen wäre. Jeder dieser beiden Regelungen wäre von vornherein als extrem verfehlt gewesen. Wie müßig ist unser Streit, ob die römischen Quellen der Willenstheorie oder der Erklärungstheorie gefolgt seien! Er basiert doch nur auf dem modernen Irrtum, daß eine dieser Theorien absolut richtig und brauchbar wäre. Daß man beide Auffassungen aus den Quellen ableiten konnte, ist das beste Zeichen dafür, daß auch in ihnen keine Theorie rein durchgeführt war." 독일민법전 제정과정에서 제2위원회(1890)에서도 제1위원회(1874)에서와 같이 전반적으로는 표시론에 대립되는 입장을 견지하였으나 해석조항에 관한 심의에서는 의사교조론(Willensdogma)이 더 이상 명백하게 주장되지 않았으며, 제157조의 수정안에 관하여 신의성실과 거래관행을 고려함에 있어서 당사자 의사의 해석을 연계하고 심의하였다고 한다. Vgl. §§ 95, 97 Ⅰ, 98 Ⅰ BGB E I; Mot. I, 189 ff.; B. Mugdan, Bd. I, S. 710, Ⅱ, S. 522; HKK/St. Vogenauer, a. a. O., Rn. 38; HKK/Schermaier, §§ 116–124, Rn. 8. 이하 주 76, 81) 참조.

68) HKK/St. Vogenauer, a. a. O., Rn. 36: "rechtspolitischer Paradigmenwechsel". 보다 상세하게는 F. Wieacker, Das Sozialmodell der klassischen Privatrechtsgesetzbucher und die Entwicklung der modernen Gesellschaft, 1953, S. 18; ders., Privatrechtsgeschichte der Neuzeit, 2. Aufl.(1967, ND 1996), S. 517: "Die Lehre der Willenserklärung und Vertragsschließung wurden durch den Übergang von der Willenstheorie der Pandektenwissenschaft zum Vertrauens– oder zum Geltungsprinzip, durch objektive Auslegung nach Treu und Glauben, ⋯.", 540 f.; K. Zweigert/H. Kötz, a. a. O., 3. Aufl.(1996), S. 399.

69) 당시 제국고등상사법원(ROHG, 1870~1879)는 실제의 의사와 신의성실에 따라 인정되는 의사를 동일시하였고 한다. 일반독일상법전(ADHGB)에 따라 '체약자의 진정한 의사의 탐구(die Erforschung des wahren Willens der Kontrahenten)가 중심을 이루고 사용된 문구(Worte)는 단지 해석수단(Interpretationsmittel)으로서만 의미가 있다'고 하는 한편, 체약자의 실제적 계약의사 (wirklicher Vertragswille der Paciscenten)의 확인에서는 '당연히 단지 실제로 표시된 의사만(nur der wirklich erklärte Wille)이 고려될 수 있다'고 하면서, 빈번히 의사(Wille)를 (가정적으로) 추단된 체약자의 계약의도(präsumtiven Vertragsintention der Paciscenten)와 동일하게 취급하였다. Vgl. R. Ogorek, Privatautonomie unter Justizkontrolle, ZHR 150(1986), 87, 95 ff.; HKK/St. Vogenauer, a. a. O., Rn. 37: "Auch das **ROHG** praktiziert eine »merkwürdige Gleichstellung von wirklichem und nach Treu und Glauben anzunehmendem Willen«. ⋯, denn im Zweifel darf im kaufmännischen geschäftlichen Verkehre das Gewöhnliche und Regelmäßige als das von den Contrahenten im concreten Fall Gewollte betrachtet werden(Art. 278. 279 des H.G.B.). Reichsgerichtsrat *Bolze*, der spätere Präsident des I. Zivilsenats, erklärt ebenfalls, unter dem »wahren Willen« sei »oft genug nicht der wirkliche Wille zu verstehen«, wenn es auch üblich sei, »mit einer ⋯ Verschleierung statt vom Geiste des Vertrages vom Willen der Kontrahenten, des Testators, des Stifters und dergleichen zu reden«."

70) 독일민법전의 입법과 관련하여 비교적으로 주목할 만한 사항은 당시 학문적 권위에 비추어 독일민법의 제1초안에 상당한 영향을 미친 의사론를 추종한 B. Windscheid의 견해가 이러한 관점을 표방하였다는 점이다. Vgl. B. Windscheid/Th. Kipp, a. a. O., 9. Aufl.(1906, ND 1984), S. 376: "**4. Wirklichkeit des erklärten**

독일에서의 위와 같은 학리적인 이론적 대립은, ―주지하듯이 우리 민법전도 의사론과 표시론이 절충된 실정적 규율을 계수하였는바―, 종래의 해석론에도 투영되어 있다. 그렇지만 입법적 절충을 의사표시 효력의 본질론과 연계하여 곧바로 의사표시의 해석론을 절충적으로 구성하거나, 의사와 표시의 대립적 우열관계를 정하는 논거로 삼을 수는 없다.[71] 위(Ⅱ., Ⅲ.)의 검토

Willens. §75. Das in der Erklärung als gewollt Bezeichnete kann möglicherweise nicht gewollt sein. Die Erklärung geht dahin, daß eine gewisse rechtliche Wirkung eintreten solle; aber gewollt ist dieses Eintreten nicht. Wer ein solches Auseinandergehen von Wille und Erklärung behauptet, muß es beweisen; [Fn. 1; Wenn jemand sagt: ich will, so wird so lange angenommen, daß er wirklich wolle, bis aud objektiv erkennbaren Tatsachen sein Nichtwollen dargetan ist.] steht es fest, so erzeugt die Erklärung die als gewollt bezeichnete rechtliche Wirkung nicht. So das Prinzip [Fn. 1a: "In der neueren Zeit ist dieses Prinzip von verschiedenen Seiten bestritten worden, und es ist an die Stelle desselben das andere Prinzip gesetzt worden, daß füe die rechtliche Wirkung der Willenserklärungen entscheidend sei nicht der wirkliche Wille des Urhebers der Willenserklärung, sondern dasjenige, was dem oder den der Willenserklärung Gegenüberstehenden als sein wirklicher Wille in berechtigter Weise erscheine.]" S. 444: "**D. Wirkung der Rechtsgeschäfte. Im allgemeinen.** §84. Die Wirkung der Rechtsgeschäfte bestimmt sich durch den Inhalt des in ihnen erklärte Willens festzustellen.", 각주 *: "Danz hat m. E. darin recht, daß die Auslegung des Rechtsgeschäfts dessen objektiven Sinn zu suchen hat und daß, wenn dieser feststeht, die Frage, ob der Wille des Urhebers der Erklärung davon abweicht, zur Frage nach den Mängeln des Rechtsgeschäfts gehört. Allein zunächst ist die Ermittelung des Willens des Urhebers der Erklärung von der Ermittelung ihres objektiven Sinnes doch wohl nicht so ganz abtrennbar, wie Danz glaubt. Der objektive Sinn einer Willenserklärung ist dasjenige, was vernünftig und billig denkende Leute als den durch diese unter beiden Umständen abgegebene Erklärung ausgedrückten Willen ihres Urhebers ansehen müssen, und dabei kann es doch wohl geleugnet werden, daß zur Ermittelung dieses Sinnes Feststellungen darüber, was der Urheber der Erklärung wirklich gewollt hat, von dem größten Werte sind.", S. 446: "Von den zuvor erwähnten Mitteln (Wortsinn, Umstände usw.) darf aber nicht bloß zu dem Zwecke Gebrauch gemacht werden, um die Zweifel, welche der Wortsinn übrig läßt, zu beseitigen; sie berechtigen auch, bei unzweifelhaftem Wortsinn im Gegensatz zu demselben den wahren Willen des Erklärenden zur Geltung zu bringen. Natürlich genügt aber nicht eine bloße Wahrscheinlichkeit, daß der Erklärende etwas anderes gemeint als gesagt habe; und auch wenn dies vollständig feststeht, ist doch immer noch erforderlich, daß seine Erklärung als ein irgend welcher Ausdruck seines wahren Willens angesehen werden könne." {[…], (…), 밑줄는 필자의 편집 및 표기임}.; E. Danz, a. a. O., 1. Aufl.(1879), S. 105: "Das, was man gewöhnlich den **Willen** der Parteien nennt, ist die Bedeutung, die die gebrauchten Worte nebst den begleitenden Umständen **ergeben**; auf den inneren Gedanken, der Jemanden bei einer bestimmten Handlung einmal wirklich **beseelt** hat, komme es nur bei der Anfechtung der **Gültigkeit** des Rechtsgeschäfs an, z. B. wegen Betrugs, Irrtums."

71) 의사표시에 의한 법률행위적 규율과 법실증주의의 관계에 관하여, 해석규정의 수규자(受規者)를 법관으로만 국한하고 법실증주의적 관점에서 객관적 해석론을 전개한 19세기 후반 및 20세기 초반의 연구는 E. Danz, a. a. O., 2. Aufl.(1906) 참조. 이와 관련하여 학술적으로 괄목할 만한 사항은, 효력설을 주창한 K. Larenz가 그의 연구서 "Die Methode der Auslegung des Rechtsgeschäfts(1930)"의 1967 재발간 후기에서 효력표시의 귀속근거를 법실증적으로 보았던 견해("staatliche Geltungserklärung")를 수정하여 의사표시와 법률행위를 실정법적 규율에 법논리적으로 선험적인 것으로 인정한 점이다. K. Larenz, a. a. O., (ND 1966), S. 108: "In einer Hinsicht mochte ich meine damalige Stellungnahme doch ausdrüicklich berichtigen. … Die Willenserklärung (das, was der Jurist so nennt) ist ein Akt, der seinem Sinne nach darauf gerichtet ist, daß etwas (der Jurist sagt: die Rechtsfolge) gelten solle. Derartige Akte sind noch ganz unabhängig davon

에서 살펴보았듯이, 이러한 관점에서 벗어나지 못한 의사표시 해석론의 구성상 미완(未完)은, 다양하고 상이한 해석의 규준들을 혼합·절충하여 서술함으로써 학리적으로는 물론, 실무에서의 법적 불안정, 그리고 교과학습에서도 혼란을 가중시키는 요인이 되고 있는 것으로 여겨진다.

Ⅳ.

종래의 해석론에서 의사표시 및 법률행위의 해석의 방법과 관련하여 주로 비교법적 전거로서[72] 독일민법전 제133조와 제157조가 인용되고 있는데, 각 조항은 다음과 같다.

제133조 **의사표시의 해석**[73] 의사표시의 해석에서는 실제적 의사를 탐구하여야 하고 표현의 문구적 의미에 집착하여서는 아니 된다.

제157조 **계약들의 해석**[74] 계약들은 거래관행을 고려하여 신의칙이 요청하는 바와 같이 해석되어야 한다.

a) 위 조항들의 문구만을 본다면, 의사표시(Willenserklärung)와 계약(Vertrag)의 해석을 달리 규정하고 있다. 이러한 차이는 위 조항들은 교조사적 연혁상 로마법에 소급하는 보통법적 전통에서 형성된 법리를 반영하고 있으나 해석학적 관점목록으로 각각 다른 것을 반영하는 것이었기 때문이다.[75][76]

---

denkbar, ob es eine positive Rechtsordnung gibt. Das Rechtsgeschäft ist, seiner Wesensart nach, nicht ein Geschöpf der positiven Rechtsordnung, sondern ihr, ebenso wie Eigentum, Vertrag, Unrechtshandlung, vorgegeben – **ein rechtslogisches a priori**. (진한 글씨는 필자의 표기임) 그러나 해석학적 관점을 수정적으로 인정하면서도 그 구속적 효력에 관하여는 법실증주의적 입장을 견지하였다. A. a. O.: "Das schließt nicht aus, daß in einem ausgebildeten Rechtszustand, in dem wir leben, nur solche Rechtsgeschäfte, Verträge usw. Rechtsgeltung erlangen, die von der betreffenden Rechtsordnung als gültig anerkannt werden, weil sie den von ihr dafür aufgestellten Bedingungen entsprechen. Ihre Geltung beruht dann sowohl auf dem rechtsgeschäftlichen Akt privatautonomer Geltungserzeugung, wie auf der hinzukommenden Anerkennung dieses Akts durch das positive Recht. Das habe ich damals nicht so wie heute gesehen." (밑줄은 필자의 표기임)

72) 그밖에 일본민법 외에 언급되는 외국의 입법례는 구 프랑스민법(2016. 10. 개정) 제1159조, 제1160조, 스위스 채무법 제18조이다. 주석 민법총칙(하)/남윤호, 172면 참조. Vgl. H. Honsell, Willenserklärung oder Erklärungstheorie? FS für H. P. Walter(2004), S. 335 ff.

73) **§133 BGB Auslegung einer Willenserklärung** Bei der Auslegung einer Willenserklärung ist der wirkliche Wille zu erforschen und nicht an dem buchstäblichen Sinne des Ausdrucks zu haften. 이 조항은 독일민법전 제1, 2초안(§73 E Ⅰ, §90 E Ⅱ)과 동일하다.

74) **§157 BGB Auslegung von Verträgen** Verträge sind so auszulegen, wie Treu und Glauben mit Rücksicht auf die Verkehrssitte es erfordern.

75) 독일민법전 제133조(§73 BGB E Ⅰ)의 실정화는 입법초안을 심의한 제1위원회(1. Kommission, 1874)가 일반독일상법전(ADHGB von 1861) 제278조(Art. 278 ADHGB: "Bei Beurtheilung und Auslegung der Handelsgeschäfte

hat der Richter den Willen der Kontrahenten zu erforschen und nicht an dem buchstäblichen Sinne des Ausdrucks zu haften")의 해석규정이 '바람직하지 않은 결과는 아니'라는 관점에서(Mot. Ⅰ, S. 155: "nicht ohne wohlthätige Folge gewesen ist") 위 조항을 기초로 한 프로이센초안(Art. 214 I des preußischen Entwurfs von 1857)을 받아들였는데, 이는 당시 프랑스민법전의 해석조항 제1156조(Art. 1156 Cc von 1804: "On doit dans les conventions rechercher quelle a été la commune intention des parties contractantes plutôt que s'arreter au sens litteral des termes")를 따른 것으로서, R. J. Pothier(Traite des obligations, 1761)를 거쳐, 로마 고전후기 Papinian D. 50, 16, 219으로 소급한다. 위 주 56) 참조. Vgl. H. Honsell, a, a, O., §6, S. 24 ff. 자유주의를 지향하는 계몽적 자연법 사상이 지배하던 당시에 엄격한 어구해석(die strenge Wortauslegung)을 지양하는 입법례에 따른다는 입법취지를 표방하였다. Vgl. Mot. I, S. 155: "… Es wird vor derselben gewarnt und darauf hingewiesen, daß auch andere Umstände bei der Willenserforschung in Betracht zu ziehen sind, – die Uebung des Verkehres, der Sprachgebrauch zur Zeit oder am Ort der Abgabe der Willenserklärung bezw. am Wohnsitze des Erklärenden, der Gang der Vorverhandlungen, der Zusammenhang mit anderen Verabredungen, der offensichtliche Zweck des Rechtsgeschäftes." 당시 프로이센 일반지방법(보편법)의 자구해석 규정(ALR I 4, §65: "Sinn jeder ausdrücklichen Willenserklärung muß nach der gewöhnlichen Bedeutung der Worte und Zeichen verstanden werden")에 대한 입법적 대응 및 연혁의 개관은 HKK/St. Vogenauer, a. a. O., Rn. 18 ff; https://de.wikisource.org/wiki/Allgemeines_Deutsches_Handelsgesetzbuch.; H. Hattenhauer, Allgemeines Landrecht für die Preußischen Staaten von 1794, 2. Aufl.(1994), S. 71 참조. 그밖에 이와 유사한 §914 ABG, Art. 18 OR 참조. 독일민법전(BGB) 제3초안은 1896년 제국의회에 제출되어 같은 해 8. 18. 선포되었다. 입법과정의 개관은 A. Laufs, Rechtsentwicklungen in Deutschland, 4. Aufl.(1991), S. 261 ff.; https://de.wikipedia.org/wiki/BGB 참조. 위 초안 조항의 '실제적 의사(wirklicher Wille)'에 관하여 제1위원회는 "심리적 또는 내적 의사(psychologischer od. innerer Wille)"로 파악하였고, 이에 대응하는 착오 조항에서는 "표시된 의사(erklarter Wille)"라는 표현을 사용하였다. Vgl. E. Zitelmann, Die Rechtsgeschäfte im Entwurf eines Bürgerlichen Gesetzbuches für das Deutsche Reich, 2, Theil, 1890, S. 16; HKK/St. Vogenauer, a. a. O., Rn. 38.

76) 독일민법전 제157조의 입법적 실정화도 일반독일상법전(ADHGB von 1861)에 그 연원을 두고 있다고 한다. 독일민법전 제133조의 연원인 위 상법전 제278조와 밀접하게 결합되어 있었던 제279조(Art. 279 ADHGB: "In Beziehung auf die Bedeutung und Wirkung von Handlungen und Unterlassungen ist auf die im Handelsverkehr geltenden Gewohnheiten und Gebräuche Rücksicht zu nehmen")와 프로이센초안(Art. 214 I des preußischen Entwurfs von 1857)이었는데, 초안은 당시 프랑스민법전 제1160조를 따른 것이라고 한다. 일반독일상법전 제278조에 해당하는 조항이 민법전에 규정됨으로서 독일상법전(HGB)에는 규정하지 않고, 그 기초자가 보충적 해석(ergänzende Auslegung)을 의도한 위 제279조는 상법전에 규정하게 되었는바, 이에 대신하여 비상인의 거래를 위하여 독일민법전 현행 제157조에 해당하는 조항을 마련하게 되었지만 위 제279조는 독일민법전 제157조의 입법적 실정화에 사실상 영향을 미치지 못하였고, 신의칙 조항(§242 BGB)과의 연계가 중점이 되었다고 한다. 민법전 제1초안 채권관계법(Ⅲ. Inhalt der Schuldverhältnisse aus Verträgen)의 제359조(§359 BGB E Ⅰ: "Der Vertrag verpflichtet den Vertragschließenden zu demjeniegen, was sich aus den Bestimmungen und der Natur des Vertrages nach Gesetz und Verkehrssitte sowie mit Rücksicht auf Treu und Glauben als Inhalt seiner Vervindlichkeit ergiebt")는 특히 당시 채권법 부분초안 편집자(Franz Philipp v. Kübel)가 작성한 드레스덴초안(Art. 150 Dresdener Entwurf, Nr. 20, §1 TE–OR: "Ein Vertrag verpflichtet den Vertragschließenden zu demjenigen, was sich als lnhalt seiner Verbindlichkeit aus den besonderen Vertragsbestimmungen und aus der Natur des Vertrages dem Gesetze oder Herkommen gemäß ergiebt")의 문구를 따랐으며, 이 초안은 프랑스민법전 제1135조(Art. 1135 Cc von 1804)과 밀접한 연관을 갖는 것이었다고 한다. 이 조항의 초안 편집자는 해석관점으로서 '신의성실(Treu und Glauben)'을 언급하지 않았으나 그 논거에서 '일정 지역의 관행(das an einem bestimmten Orte Herkömmliche)'은 '계약의 이행을 아주 특별하게' 지배하는 '신의성실' 원리에 의하여 '계약의 의미, 그리고 그에 따라 채무자에게 의무를 지우는 구속성을 탐구함에 있어서(bei der Eruirung des Sinnes eines Vertrages und der hiernach dem

여기에서 우리가 주목할 점은, 의사표시의 해석과 계약의 해석을 본질적으로 다르게 취급하는 것인가, 그리고 보통법시대를 거쳐 19세기 독일 판덱텐법학에서 형성·발전된[77] 의사표시 및 법률행위의 개념 및 법제도의 계수와 더불어, ― 위 실정조항이나 그에 관한 해석론을 우리의 것으로 수용하는 것인지는 불분명하지만 ―, 위 조항들 자체 및 문구, 또는 그 해석상[78] 전개된 내용의 상당 부분이 우리 학계와 실무 판결례의 논거에 사실상 받아들여져 있다는 점이다.[79]

그러나 위 조항의 문구 내지 그 해석론을 절충적으로 포괄하여 우리의 일반 해석론으로서 수용(受用)하는 데에는 '다소' 신중한 재검토를 요한다.

독일민법전 제133조는 우리의 종래의 해석론과 판례의 요지에도 서술되고 있는바, '그 계약서 문구에만 구애될 것이 아니라 그 문언의 취지'에 따라 해석한다는 것이 이에 해당하며, 다

Schuldner obliegenden Verbindlichkeit)' 중요한 사정으로 고려된다고 하였고, '완전하게 표명되지 않은 계약의사는 신의에 의해 당사자가 의욕한 보충적 규범으로서 자리잡는 관행을 통해서 보완'된다고 하였다. Vgl. HKK/St. Vogenauer, a. a. O., Rn. 24. 제1위원회는 법률행위적 거래에서 신의성실의 우월한 의의를 부각시키려 하였고, 이 기준들을 제1초안 제359조에서 명백하게 언급하고 있다. Vgl. H. H. Jakobs/W. Schubert (Hrsg.), Die Beratung des Bürgerlichen Gesetzbuchs in systematischer Zusammenstellung der unveröffentlichten Quellen, Recht der Schuldverhältnisse, Bd. Ⅰ: §§241－432, 1978, S. 46 ff.. 제국법무부의 준비위원회(Vorkommission des Reichsjustizamts)는 위 초안 제359조의 삭제를 제안하였으나 제2위원회(2. Kommission 1890)는 현행 제242조(Leistung nach Treu und Glauben)의 초안(§224 BGB E Ⅰ)을 받아들이면서도 위 초안 제359조가 신의성실과 거래관행을 일반적으로 연계하는 것(die Bezugnahme auf Treu und Glauben und auf die Verkehrssitte allgemein)과는 일치하지 않는바, 위 조항에 의한 보완을 요하며 채무적 계약의 확정뿐만 아니라 다른 계약들에도 신의성실은 규준이 되어야 하므로 총칙편에 규정하는 것으로 심의하였다. §157 BGB [Auslegung von Verträgen] = §127 BGB E Ⅱ: "Verträge sind so auszulegen, wie Treu und Glauben mit Rücksicht auf die Verkehrssitte es erfordern." Vgl. B. Mugdan, Bd. Ⅱ, 522(Prot., Bd. Ⅱ, 1251 f., 1252): "Theoretisch sei zwar zuzugeben, daß es sich bei der Berücksichtigung von Treu und Glauben und der Verkehrssitte nicht selten nicht um Auslegung des Parteiwillens im streng wissenschaftlichen Sinne handle, sondern um Ergänzung des fehlenden Willens durch das Gesetz."; H. H. Jakobs/W. Schubert (Hrsg.), a. a. O., S. 48; Staudinger/H. Coing, 11. Aufl.(1959), §133 BGB, Rn. 3. a. E.; "Dagegen hat man von weiteren Einzelauslegungsvorschriften abgesehen, da man fürchtete, solche spezieller gefaßten Vorschriften könnten zu Fesseln für den Richter werden."; HKK/St. Vogenauer, a. a. O., Rn. 25. 그밖에 위 주 67) 참조.

77) Vgl. A. Manigk, a. a. O., 1907(ND 1970), 2. Kapital, S. 27 ff.

78) 위 조항들은 독일민법전의 실정규정으로서 그 자체로서 해석을 요하는 조항(selbst der Auslegung bedürftigen Vorschriften)이다. Vgl. F. Wieacker, a. a. O., JZ 1967, 385 L.

79) 김증한, 민법총칙[민법강의 Ⅰ](1990), 224면: "독일민법 제157조는 …」고 규정한다. 우리 민법에는 이러한 규정이 없다. 그러나 마찬가지 원칙을 인정하여야 한다." (「…」생략은 필자의 표기임) 나아가 우리 민법 제106조의 개정안으로서 위 조항과 유사한 내용으로 하는 조항의 신설을 제안하는 견해(이영준, 앞의 책, 287면 이하)도 있다. 위 제안 조항에서는 독일 민법전 제133조와 제157조에 상응하여 각 제1, 2항으로 하고 의사표시와 계약을 각 법률행위로, 실제적 의사를 진정한 의사로, 당사자의 의도, 그 밖의 사정을 추가하고, 제1항은 '자연적 해석'을, 제2항은 '규범적 해석과 보충적 해석'을 규정하는 것이고, 제1항을 제1차적인 해석으로서 '내심적 효과의사'를 탐구하는 것이고, 제2항을 제2차적인 해석으로서 '표시상의 효과의사'를 탐구하는 것이라고 한다. 여기에서는 개정 내지 입법론적 논의는 유보한다. 진정한 의사(wahrer Wille)는 위 Ⅲ. a), 주 61, 69, 70, 83), 이하 주 100) 등 참조. 그리고 자연적 해석은 위 주 21) 참조.

른 요지적 논거들은 대부분 해석 일반론 내지 독일민법전 제157조의 해석론의 범주에서 언급되는 사항들에 해당한다. 전자에서는 의사표시의 해석상 "표현의 문구적 의미(buchstäblicher Sinn des Ausdrucks)"에 집착하여서는 아니 되고 "실제적 의사(wirkliche Wille)"를 탐구하도록 규정하고 있는 반면, 후자에서는 계약은 "거래관행을 고려하여 신의칙(Treu und Glauben mit Rücksicht auf die Verkehrssitte)"이 요청하는 바와 같이 해석하도록 규정하고 있는 데서 비롯되는 난점이 우리의 해석론 구성에서도 동일하게 투영되기 때문이다.

우리의 종래 해석론도, — 전거가 제시되지 않아서 명확히 알 수 없으나 —, 법률행위와 의사표시의 해석을 동일시하면서 의사와 표시의 이원적 구조를 전제하는 서술에서 위와 같이 독일민법전 제133조와 제157조의 문구들과 그 해석상 내용이 파편적으로 혼영(混影)된 절충적 모호성을 드러내고 있는 것을 살펴볼 수 있다.

b) 독일민법전 제133조는 이미 입법 당시에 그 실정화에 대하여 의구심이 표명되었고,[80] 독일민법전의 입법 후에는 시행 초기부터 계약의 해석을 규정한 제157조에 따라 해석할 것인지, 아니면 계약당사자의 의사표시를 제133조에 따라 해석하여야 하는지에 관한 논의가 전개되었다.[81] 20세기 초반까지 의사론의 관점에서는 제133조의 '실제적 의사(wirklicher Wille)'에 '진정

80) 독일민법전이 제정되기 전인 19세기에는 의사표시 해석에 관한 실정법 규율은 부적합하다는 견해가 지배적이었다. 독일민법전 제133조의 제1초안(§ 73 BGB E Ⅰ)의 이유서(Mot. Ⅰ, S. 154 f,)에서는 '보통법적 연원에서 의사표의 일반이나 계약에 한정된 해석조항을 규정하고 있는 당시 일련의 입법례들(Mot. Ⅰ, a. a. O., 각주 * 참조]이 있으나, 이러한 실정적 규율들의 대부분은 엄격한 문구해석(strenge Wortauslegung)을 지양(止揚)하여, 그러한 해석에 대해 경고하고, 의사탐구(Willenserforschung)에서 다른 사정(Umstände), 즉 거래의 관행(Uebung des Verkehrs), 의사표시를 하는 시점과 장소 내지 표시자의 거주지에서의 언어사용(Sprachgebrauch), 사전교섭행위의 과정(Gang der Vorhandlungen), 다른 약정들과의 관계(Zusammenhang mit anderen Verabredungen), 법적 거래의 명확한 목적(der offensichtliche Zweck des Rechtsgeschäftes)을 제시되는데, 이러한 양태의 조항들은 그 본질에서 실증적으로 법적 내용이 없는 사유칙들(Denkregeln ohne positiv rechtlichen Gehalt)로서, "법관은 실무적 논리에 관한 교훈적 지식을 보유하고 있다(der Richter erhält Belehrungen über praktische Logik)"는' 점, 그리고 이 조항들을 실제적 법명제(wirkliche Rechtssätze)로서 받아들이고 그 규정된 문구의 의미를 주된 구규(矩規)(Hauptrichtschnur)로서 취급할 위험이 있다는 점을 제시하면서, 규준들의 열거를 배제하고 초안과 같은 내용으로만 제한적으로 규정하며, "도대체 그 같은 명제가 요청되는지 의문스러워 보일 수 있다(Es kann fraglich erscheinen, ob selbst dieser Satz erforderlich sei)"'고 하였다. 19세기 후반 BGB 입법과정에서의 비판의 보다 상세한 내용은 개관은 HKK/St. Vogenauer, a. a. O., S. 572 ff., Rn. 17, 19 ff., S. 577, Rn. 26. 해석규율의 법규범성(Rechtsnormqualität)을 부인하는 회의적 관점은 이미 Fr. C. v. Savigny, System des heutigen Römischen Rechte, Bd. Ⅰ(1840), § 49, S. 311, 313 f., Bd. Ⅲ(1840), § 131, S. 242, 244 f.; ders., Das Obligationenrecht als Theil des heutigen Römischen Rechts, Bd. Ⅱ(1853), § 71, S. 186, 189 참조. 한편, 1930년대 이후에는 법규범성의 배경을 탐색하고 법률에 규정되지 않은 해석원칙들도 긍정하는 견해가 유력하게 되었다. Vgl. J. Esser, Grundsatz und Norm in der richterlichen Fortbildung des Privatrechts, 2. Aufl.(1964), 4. Aufl.(1990), S. 110 ff., 118; HKK/St. Vogenauer, a. a. O., Rn. 26.

81) 오늘날에도 입법적 오류에서 기인한다는 지적이 유력하다. Vgl. D. Medicus, a. a. O., § 24, Rz. 320: "Die **gesetzliche Unterscheidung** ist also **verunglückt**. … Die Römer haben ihren Auslegungslehre hauptsächlich an dem Legaten entwickelt(…). Das waren unentgeltliche Zuwendungen von Todes wegen. Daher braucht bei ihnen das Vertrauen des Bedachten kaum geschützt zu werden die Audlegung konnte also den Willen

한 의미(wahrer Sinn)'의 뜻(Bedeutung)을 부여하였고,[82] 이는 표시자의 '진정한 의사(wahrer Wille)'에 상응하지만,[83] 계약해석에서 제157조가 '거래관행(Verkehrssitte)'에 따르도록 한 것은 모순 없는 체계성의 관점에서는 이율배반(Antinomie)을 이룬 상태이어서 당시의 법학적 실증주의의 주류 하에 선도적 연구주제로 남아 있었다.[84]

법률행위 및 의사표시의 본질론에 집착하는 관점에서 일견 손쉽게 제133조는 의사론을, 그리고 제157조는 표시론을 표방하는 것으로 보아 논리 · 체계적(logischsystematisch)으로 합일시키려는 해석적 시도는 사적자치상 임의적 처분(Dispositionen), 그리고 계약당사자들에게 공통된 언어적 표현관행(Ausdrucksgewohnheiten)에 대한 정당한 기대가 마땅히 존중되어야 하는 점에서는 일견 당연하게 여겨질 수 있다.

그러나 위 각 조항이 의사론이나 표시론을 표방한 것은 아니다.[85] 제133조는 법관으로 하여금 합리적으로 파악할 수 있는 맥락(Kontext)을 소홀히 함으로써 표현상 굳어진 문구(tote Buchstaben)만으로 그 의의(Bedeutung)를 이끌어내지 않도록 경각(警覺)시키는 한편, 다른 한편으로는 거래당사자들에게 문구에만 매달려 단면적이거나 악의적으로(einfältig oder tückisch) '모르는 척하지(dumm zu stellen)' 않도록 하려는 것이고, 제157조는 법관과 거래당사자에게 "거래관행"에 따르도

(die *voluntas*) des Erblassers dem Wortlaut (den *verba*) vorziehen. Das drückt § 133 aus."; Staudinger/H. Roth, 13. Aufl.(1996), § 157 BGB, Rn. 2: "verunglückt"; HKK/St. Vogenauer, a. a. O., Rn. 29: "Heute werden systematische Trennung und Formulierung der beiden Vorschriften mit leichter Hand als »mißglückt« bezeichnet und auf historische Ursachen zurückgeführt. Danach soll § 133 den Willen hervorheben, weil die Römer ihre Auslegungslehre hauptsächlich an Legaten entwickelt hatten. Die Zuordnung des § 157 zu den Vorschriften über den Vertragsschluss gilt als mehr oder weniger unbeabsichtigte Reminiszenz an § 359 E Ⅰ, der sich auf Schuldverträge bezogen habe."; J. Petersen, Die Auslegung von Rechtsgeschaften, Jura, 2004, 536 ff.

82) 의사론에 입각한 입법의도에 따라 문법적 해석(grammatische Auslegung)를 한다면, "실제적으로 의도된 의의(wirklich gemeinte Bedeutung)'"라고 하는 것이 보다 적합하다는 지적은 F. Wieacker, a. a. O., JZ 1967, 385 L. 참조. Vgl. H. Titze, a. a. O., 1910, S. 85. 이하 주 100) 참조.

83) 독일제국법원(RG)은 실제적으로 표시된 의사와 표명되지 않은 내심의 의사를 구분하였다. Vgl. "Auch 133, der die Erforschung des wirklichen Willens vorschriebt und das Haften am buchstäblichen Sinne des Ausdrucks verwirft, will keineswegs den inneren, gar nicht geäußerten Willen festgestellt wissen, sondern den "**wirklich erklärten Willen**, er wendet sich gegegn die Buchstabenauslegung und verlangt die Sinndeutung unter Berücksichtigung aller Umstände des besonderen Falles(RG. 68 128; 67 433; 119 25; 126 125)." Zit. nach H. Lehmann, Allgemeiner Teil des BGB, 7. Aufl.(1952), § 30 Ⅵ, S. 191.

84) Vgl. F. Wieacker, a. a. O., JZ 1967, 385 L.: "··· aber jene Antinomie des "wirklichen Willens" zur "Verkehrssitte" des § 157 entstehen, deren Verspannung in einem widerspruchsfreien Systemzusammenhang das Leitthema des rechtswissenschaftlichen Positivismus in ersten Drittel unseres Jahrhunderts blieb."

85) Vgl. F. Wieacker, a. a. O., JZ 1967, 385 R.: "··· ist aber in § 133 noch gar nichts darüber ausgesagt, ob auch ein nicht erkannter "wirklicher Wille" für sich allein die Bedeutung der Erklärung und somit ihre Rechtsfolge bestimmt. Schon aus diesem Grund enthält **§ 133 kein Bekenntnis zur Willenstheorie**. ···, sagt auch § 157 umgekehrt nichts über die Maßgeblichkeit einer erklärten, aber nicht gewollten Bedeutung aus und enthält seinerseits **kein Bekenntnis zur "Erklärungstheorie"**. (진한 글씨는 필자의 표기임)

록 하여 계약당사자의 합리적 기대(vernüftige Erwartung)에 근접한 의의를 부여하도록 하는 것으로서 당사자들이 신의칙에 비추어 허용되지 않는 의의를 재차 원용하지 않도록 하는 것이다.[86)]

그렇지만 위와 같은 연혁적 취지에도 불구하고, 실정 법조항으로서 그 문구상 전자는 일방적 의사표시, 후자는 거래상대방에 지향된 계약상 표시와 관련되어 있고, 제133조의 "실제적 의사(der wirkliche Wille)"와 제157조의 "거래관행(die Verkehrssitte)"이라는 주·객관적 개념표지의 이율배반성에 비추어 쉽사리 해결되지는 않는 난점을 내포하고 있다.[87)]

c) 독일민법전 제133조가 일면적으로 표시자의 의사에 주안을 두어 규정하게 된 것은, — 앞서 지적한 바와 같이 —, 연혁적 소산이다. 따라서 오늘날 학계의 지배적인 견해는 의사표시와 계약의 해석의 원리는 독일민법전 위 조항의 문구상 차이와 근본적으로 관련이 없는 것으로 파악하며,[88)] 독일연방법원(BGH)도 의사표시 및 법률행위의 해석에서 위 양조항을 병행하여 적용

---

86) F. Wieacker, a. a. O., JZ 1967, 385 R. Vgl. H. Titze, a. a. O., 1910, S. 85: "Der § 133 spricht also, …, lediglich die **Warnung vor der Wortklauberei** aus." (진한 글씨는 필자의 표기임); Staudinger/H. Dilcher, a. a. O., §§ 133, 157 BGB, Rn. 4: "… bedeutet einmal, daß die Auslegung mit den Ziel erfolgen soll, jede Partei für verpflichtet zu erklären, alles zu tun, was von einem redlich denkenden Geschäftspartner vernünftigerweise erwartet werden kann, um den Geschäftszweck zu erreichen. … Als Verkehrssitte wird die den Verkehr der beteiligten Kreise beherrschende tatsächliche Übung bezeichnet(RG JW 1938, 807); dementsprechend ist der Inhalt der Verkehrssitte im einzelnen verschieden."

87) Vgl. F. Wieacker, a. a. O.,, 2. Aufl.(1996), S. 517: "Eine kennzeichnende Spannung der neueren Entwicklung zwischen typisierenden und subjektiv moralisierenden Tendenzen zur individuellen Fallgerechtigkeit kommt auch hierin zum Ausdruck."; K. Larenz, a. a. O.(1930), S. 3: "Es ist nun die Frage, nach welchem Maßstab der "rechtsmaßgebliche" Sinn einer Erklärung bestimmt werden soll. Wir finden in der Literatur die verschiedensten Maßstäbe angegeben. … Endlich wird vielfach versucht, die objektive und die subjektive Auslegungsmethode durch Zuweisung verschiedener Anwendungsgebiete … nebeneinander bestehen zu lassen oder sie irgendwie miteinander zu vereinigen."; HKK/St. Vogenauer, a. a. O., Rn. 29: "… Brisanz liegt darin, dass § 133 mit dem wirklichen Willen ein subjektives Element, § 157 mit Treu und Glauben" und der Verkehrssitte dagegen vom Willen des Erklärenden unabhängige, objektive Maßstäbe betont."

88) 독일에서는 20세기, 특히 중반을 경과하면서 오늘날에는 민법학계와 실무에서는 독일민법전 제133조와 제157조를 법영역 전체를 아우르는 보편적 해석규범(universale Auslegungsnorm)으로 파악하는 견해가 지배적이다. 법사(法史)적 관점에서 본다면, 해석하는 어느 일정 대상에 국한하는 해석준칙(Auslegungsmaxime)은 개별사안과 관련하여 예결론(例決論)적(kasuistisch)이고 문제의 논점으로 중심으로(topisch) 형성된 로마법의 법리, 그리고 로마법의 계수 후 중세(14세기 이후) 주석자들의 연구성과에 그 기반을 두었던 근세 독일법(학)의 연원적 특성의 표출이라고 할 수 있을 것이다(위 주 75, 76 참조). 독일민법전 제133조는 문구상 '의사표시(Willenserklärung)'의 해석이라고 하고 있으나, 그 근본은 계약의 해석을 기반으로 형성된 법리(lex "In conventionibus", Art. 1156 CC)를, – 위 양조항의 문구상 '의사표시'와 '계약'의 해석으로 표현된 연혁적 원인을 오늘날 '불행한' 것으로 평가하듯이(위 주 81 참조) –, 입법과정에서 '체약자들의 의사(Willen der Kontrahenten)'라고 표현하고, 제157조는 '계약(Vertrag)'의 해석으로서 분류하여 독일민법전 총칙상 의사표시에 관한 규정의 일부(§ 73 BGB E Ⅰ)가 아니라 계약체결에 관한 규정으로 분류하여 실정 민법전으로 체계화한데서 비롯된다(위 주 1, 75, 76 참조). 이러한 입법상 편별은 계약은 최소한 2개 이상의 의사표시를 요건으로 하는 법률행위를 상위개념으로 분류하는 오늘날 개념인식과 다르게 취급한 것인데, 이는 독일민법전 편찬이 이루어진 19세기 후반 당시의 입법자들은 의사표시와 법률행위의 개념을 동일시하고, 계약과 구별하

법조문으로 제시한다.[89)]

그렇지만 위와 같은 독일민법전의 해석조항의 적용과 관련하여, 종래의 절충적 해석론과 판례의 요지적 논거가 주·객관적 해석규준을 포괄하여 제시하는 것을 동일시하는 것은[90)] 해석론 구성상 그 내용은 물론, 비교·방법적으로도 설득력이 없다.

독일민법전 제133조와 제157조의 통합적 인식은, — 위에서 비록 부분적 일별하였으나 —, 생성연혁상 동일성 및 상이성에도 불구하고 해석론의 발전을 통해 형성된 원리를 반영하고 있다는 차원에서 그렇게 병행·적용하는 것이며,[91)] 각 조항 자체의 기능상 본질적 차이를 무조건

였다고 한다. Vgl. HKK/St. Vogenauer, a. a. O., Rn. 30: "Die Gesetzesverfasser, die Art. 278 (ADHGB von 1861) als Gegenvorschrift zu einer preußischen Bestimmung über Willenserklärungen konzipieren, ver-wenden im Verlauf der Entstehungsgeschichte die Begriffe »Handelsgeschäft« und »Willenserklärung«, ohne damit inhaltliche Unterschiede zu verbinden. Damit befinden sie sich im Einklang mit der **Lehre des 19. Jahrhunderts**, die den Ausdruck "**Rechtsgeschäft**" noch nicht als Oberbegriff für "**Willenserklärung**" und "**Vertrag**", sondern weitgehend Synonym mit dem Begriff Willenserklärung« verwendet." [(…)는 필자의 추가임] 이러한 개념 분류적 인식에 따른 이러한 용어는 독일민법전 총칙 부분초안을 작성자(Albert Gebhard, Entwurf eines bürgerlichen Gesetzbuches für das Deutsche Reich. Allgemeiner Theil, 1881)와 제1위원회(1. Kommission)에서도 동일하게 사용되었다. Vgl. Mot. Ⅰ, S. 126: "Unter Willenserklärung wird die rechtsgeschäftliche Willenserklärung verstanden. Die Ausdrücke Willenserkrärung und Rechtsgeschäft sind der Regel nach gleichbedeutend gebraucht"; HKK/St. Vogenauer, a. a. O., Rn. 30: "… steht den Vätern des BGB der Unterschied zwischen »Willenserklärungen«/»Rechtsgeschaften« einerseits und "Verträgen" andererseits deutlich vor Augen." 이러한 연유로 독일민법전 제157조는 초안(BGB E Ⅰ, 1888)에서는 제2편 채무관계법 제2장 제1절(Zweites Buch. Recht der Schuldverhätnisse. Zweiter Abschnitt. Erster Titel. Ⅲ. Inhalt der Schuldverhätnisse aus Verträgen. §§ 359–369)에 편제되었고(§ 359 BGB E Ⅰ. Treu und Glauben), 제2위원회(2. Kommission)에서의 심의 결과, 제2초안(BGB E Ⅱ, 1894)에서는 총칙편 제4장 제2절 의사표시(Erstes Buch. Allgemeiner Theil, Vierter Abschnitt, Zweiter Titel. Willenserklärung)이 아니라 특별조항(besondere Vorschrift)으로서 그 다음 절(節)(Dritter Titel. Vertragschließung), 그리고 편집위원회(Redaktionskommission)에서는 제4절에 편제되었다. Vgl. Mot. Ⅱ, S. 197 f.; B. Mugdan, Bd. Ⅱ, S. 522(Prot. Ⅱ, S. 1251); Entwurf eines bürgerlichen Gesetzbuches für das Deutsche Reich, 1. Lesung, 1888; Die zweite Lesung des Entwurfs eines Bürgerlichen Gesetzbuchs für das Deutsche Reich unter Gegenüberstellung der ersten Lesung, Erster Band. Buch Ⅰ–Ⅲ, 1894, S. 59 ff., 67, § 127 BGB E Ⅱ; HKK/St. Vogenauer, a. a. O., Rn. 30 a. E.

89) D. Medicus, a. a. O., S. 124, Rn. 320; M. Wolf, Rechtsgeschäftslehre, in: Grundlagen des Vertrags– und Schuldrechts, 1974, § 3, S. 80 ff. 이러한 추세는 주석서 조항별 편집에서도 드러나는바, 대표적인 예로서는 Staudinger 11. Aufl.(1957)에서는 § 133 BGB에서 § 157 BGB를 함께 포괄하였고, 12. Aufl.(1980)에서는 §§ 133, 157 BGB로 병행·집필되었다.

90) 이러한 견해는 민법주해[Ⅱ]/송덕수, 171면: "명문으로 구별하는 독일에 있어서도 다수설은 의사표시에 관한 규정(독민 § 133)과 계약에 관한 규정(독민 § 157)이 의사표시와 계약 모두에 적용된다고 하는데, 이는 사견의 입장과 일치한다."고 하면서, 나아가 의사표시와 법률행위(계약)의 해석을 구별하지 않고 포괄하는 종래 해석론을 따르면서도, '상대방 있는 의사표시'와 '상대방 없는 의사표시'의 분류에 의한 오늘날의 의사표시 해석론을 그대로 수용하여 서술하고 있다.

91) Vgl. Staudinger/H. Coing, a. a. O., § 133 BGB, Rn. 18: "1. Beide Vorschriften bringen Gedanken zum Ausdruck, die zum Wesen jeder entwickelten juristischen Auslegungstechnik gehören. Es ist daher nicht verwunderlich, daß die Praxis sie nebeneinander ohne schärfere Abgrenzung im einzelen verwendet. Andererseits ist nicht zu leugnen, daß zwischen den Vorschriften ein gewisser Widerpruch besteht." u. Rn.

적으로 도외시되는 것은 아니다.[92]

따라서 비교적 관점에서는 위와 같은 양조항의 법기능적 차별성을 극복할 수 있는 해석학적 문제인식의 전환과 더불어, 이를 기초로 한 신뢰론(Vertrauenstheorie)에 의한 해석론의 구성이 요청된다.[93]

독일 민법학에서 위와 같은 해석원리로서 양조항을 통합적으로 파악하는 것은, — 일반 해석학적 관점에서 본다면 —, 제133조는 표시로서 달성하려는 전체적 맥락을(Kanons der Totalität), 그리고 제157조는 객관화될 수 있는 언어의미의 고려하는 것(Kanons der Objektivität)이다.[94] 그리

---

19 ff.; Staudinger/H. Dilcher, a. a. O., §§ 133, 157 BGB, Rn. 7: "– Jedoch darf man dies nicht im Sinne zweier logisch einander entgegengesetzter Positionen verstehen; vielmehr handelt es sich nur um die Hervorhebung unterschiedlicher Aspekte."; HKK/St. Vogenauer, a. a. O., Rn. 30: "Die Einordnung der §§ 133, 157 beruht jedoch keinesfalls auf Zufall." 이론적 연혁은 H. Titze, a. a. O., 1910, S. 83 ff., 84: "Indessen herrscht doch jetzt – und mit Recht – in Theorie und Praxis ziemliche Einstimmigkeit darüber, daß aud diesen Unterschieden kein Schluß auf ein verschiedenes Anwendungsgebiet der beiden Bestimmungen gezogen werden darf, daß vielmehr diese Äußerlichkeiten ihren Grund in redaktionellen Unebenheiten haben, und daß sich in Wahrheit der § 157 ebenso wie der § 133 auf einseitige Rechtsgeschäfte nicht minder wie auf Verträge bezieht." 20세기 후반의 관점은 Soergel/M. Wolf, 12. Aufl.(1988), § 157 BGB, Rn. 8 ff., 14: "**§§ 133, 157** machen deutlich, daß das Gesetz **beide Gesichspunkte** als Auslegungsgrundsätze anerkannt, Sie verkörpern **zwei prinzipiell gleichwertige Betrachtungsweisen desselben Gegenständes**. Die in §§ 133, 157 zum Ausdruck kommenden Auslegungsprinzipen stehen so in einem **Komplementärverhältnis** der gegenseitigen Ergänzung und Modifizierung."

92) 독일민법전 제133조에 의한 '의사의 탐구(Willensforschung)'는 유언 등과 같이 상대방이 수령을 요하지 않는 의사표시로서 표시자가 일방적으로 최종적인 법률행위적 규율을 하는 경우(einseitige letztwillige Anordnungen)에 국한된다는 견해가 유력하다. H. Titze, a. a. O., 1910, S. 95; P. Oertmann, a. a. O., 1914(ND 1971), S. 135; F. Wieacker, a. a. O., JZ 1967, 385 R.; Soergel/M. Wolf, a. a. O., § 157, Rn. 15 ff.; D. Medicus, a. a. O., S. 124, Rn. 320; K. Schellhammer, a. a. O., 9. Aufl.(2014), Rn. 1952 f. 참조.

93) F. Wieacker, a. a. O., JZ 1967, 386 L.: "So verstanden können beide Vorschriften nicht mehr als Antwort auf die traditionelle Alternative des Geltungsgrundes der WE gelten: Wille oder Erklärung. Es sind erst andere Modelle, in deren Zusammenhang §§ 133 und 157 einen einsichtigen Stellenwert gewinnen: die Vertrauenstheorie, die Theorie der sprachlichen Verständigung und eben auch die von Larenz … begründete Geltungstheorie."; K. Zweigert/H. Kötz, a. a. O., 3. Aufl.(1996), S. 399: "… wird das berechtigte Vertrauen des Adressaten auf den üblichen Sinn der Erklärung geschützt. … Die Willenstheorie mag vertretbar gewesen sein in einer idyllischen Zeit, …. In unserem zeitalter indessen ist allein die Erklärungstheorie sachgerecht." Vgl. Staudinger/H. Coing, a. a. O., § 133 BGB, Rn. 58: "Für die Fälle der Vertrauenshaftung kraft schlüssigen Verhaltens muß § 133 ausscheiden, da es in diesen Fällen auf den Willen desjenigen, dessen schlüssiges Verhalten die Grundlagen der Vertrauenshaftung bildet, nicht ankommt. Es kann daher in diesen Fällen nur die Bestimmung des § 157 herangezogen werden."

94) Vgl. F. Wieacker, a. a. O., JZ 1967, 385 R, a. E.: "In Wahrheit bezeichnen also §§ 133 und 157 jeweils nur verschiedene Aspekte der einen hermeneutischen Aufgabe gegenüber WE und Vertrag. § 133 fordert im Sinne des Bettischen **"Kanons der Totalität"** Heranziehung des ganzen erreichbaren Kontextes einer Erklärung, § 157 im Sinn des **"Kanons der Objektivität"** Beachtung eines objektivierbaren Sprachsinns; … "; E. Betti, a. a. O., FS für Ernst Rabel, Bd. Ⅱ(1954), S. 97: "Nur bei der eigentlichen Interpretation garantiert die Beachtung methodischer Richtlinien in Verbindung mit dem unablässigen Bewußtsein des Abhängigseins von einem sie bedingenden Standort die Kontrollierbarkeit und insoweit **eine relative Objektivität des**

고 신의칙은 표시귀속(Zurechnung der Erklärung)의 근거와 규준으로서 화자(話者)들의 올바른 언어 사용에 대한 책임(Verantwortung für einen richtigen Sprachgebrauch)을 뒷받침하는 것이다.[95]

Verstehens.", S. 101 ff., 102: "… als den Kanon dcr ***Ganzheit (Totalität)*** und des inneren sinnhaften Zusammenhangs der hermeneutischen Betrachtung bezeichnen. … Daß die Wechselbeziehung zwischcn Teilen und Ganzem, deren Kohären und Synthese also, einem Bedürfnis des Geistes entspricht – einem Bedürfnis, das dem Urheber und jenem, dcr berufen ist, ihn zu verstehcn, gemeinsam ist – leuchtet, so darf man annehmen, schon dem gesunden Menschenverstand ein.", S. 104 f.: "Wie Bedeutung, Intensität oder Nuancierung eines Wortes nicht anders verstanden werden können als aus dem sinnhaften Zusammenhänge, in welchem es gesprochen wurde, so können auch die Bedeutung und der Sinn eines Satzes sowie der damit verbundenen Satze nur aus dem wechselseitigen Sinnzusammenhang, aus der organischen Gliederung dcr Rede, welchcr sie zugehorcn, verstanden werden. Daher kann man sagen, daß vom Beginn des Auslegungsverfahrens zum Verstehen hin eine allmählich fortschreitende Linie verläuft, die von den einzelncn Elemcnten zu den Kernen führt, in denen sie sich zusammenfassen, und schließlich zum Ganzen hin, das sich in ihnen aufgliedert. Das Verstehen, zunächst ein vorläufiges, vervollständigt, berichtigt und ergänzt sich mit dem wachsenden Umfang der Rede, von dem der Interpret Übersicht und Besitz ergreift, so daß erst am Ende auf einmal alles einzelne gewissermaßen wie mit einem Schlage sein volles Licht erhält und in reinen und bestimmten Umrissen sich darstellt.", S. 105: "Diese höhere Ganzheit, in die das Einzelne einzugliedern ist, kann mit ***Schleiermacher*** unter subjektiver persönlicher Bezugnahme auf das Leben des Urhebers als das Ganze seines Lebens aufgefaßt werden, sofern jede seiner Taten aus der Gesamtheit der anderen Taten nach Maßgabe ihrer gegenseitigen Beeinflussung und Verwandtschaft als ein mit den übrigen verbundenes Lebensmoment eines ganzen Menschen zu verstehen ist. Die umfassende Ganzheit kann aber auch **unter objektiver Bezugnahme auf das Kultursystem** aufgefaßt werden, dem das auszulegende Werk zugehört, sofern dieses ein Glied in der Kette der zwischen Werken verwandten Sinngehaltes und verwandten Kunstwollens bestehenden Sinnzusammenhänge darstellt. Daher wird auch auf diesem höheren Niveau das Verstehen zu Beginn des Auslegungsverfahrens vorläufigen Charakter haben und sich erst im weiteren Verlaufe festigen und anreichern.", S. 108: "… eine notwendige Bezugnahme auf das Ganze haben muß, und daß **dieses Ganze** um einen Ausdruck von ***Dilthey*** zu gebrauchen – einen Wirkungszusammenhang bildet und eine organische Wechselbeziehung erzeugt, eine gegenseitge Abhängigkeit und eine harmonische Kohärenz und Konsequenz nicht nur zwischen Normen ein und derselben Gruppe oder ein und desselben Rechtsgebietes, sondern auch zwischen Normen und Normengruppen verschiedener Rechtsgebiete, je mehr man nämlich dazu kommt, in ihnen **Bestandteile oder Verästelungen eines einheitlichen Sinnzusammenhangs** zu erblicken.", S. 111 f.: "Neben den Kategorien der Antonomie und der hermeneutischen Ganzheit, welche der Forderung eines dem auszulegenden Objekt, in seiner **inneren Kohärenz und Ganzheit**, immanenten Maßstabes gehorchen und **beide dem Moment der Objektivität des durch die Auslegung zu gewinnenden Sinnes entsprechen**, deckt eine reflektierende Besinnung noch andere Kategorien auf, die bei jeder Auslegung zu beachten sind: Kategorien, welche der Forderung nach einer wirkungsvollen Mitarbeit des zum Verstehen berufenen Subjekts gehorchen, mithin dem oben dargelegten Moment der von der **Spontaneität des Verstehens untrennbaren Subjektivität** entsprechen. Ein dritter, bei jeder Auslegung zu beachtender Kanon ist nun vor allem jener, welchen man den **Kanon der *Aktualität des Vestehens*** nennen könnte. …"; ders, a. a. O., 2. Aufl.(1972), S. 14 ff.: "Richtlinien der Auslegung – **Kanon der hermeneutischen Autonomie des Objekt, Kanon des sinnhaften Zusammenhang (Grundsatz der Ganzheit), Kanon der Aktualität des verstehens**". Vgl. H. Ineichen, Philosophische Hermeneutik, 1991, S. 207 ff.[= 문성화 역, 철학적 해석학(1998), 221면 이하].

95) Vgl. F. Wieacker, a. a. O., JZ 1967, 385 f.: "…; unabhängig davon bringt Treu und Glauben hier zum

이러한 해석학적 관점과 더불어, 20세기 중반에 이르면서 의사표시의 객관적 해석이 주류를 이루면서 범주적으로 의사표시의 상대방 수령 여부를 구분하여 취급하게 되었는바, — 신의칙 원리의 표상 하에서 —, 의사표시의 상대방의 이해가능성(Verständnismöglichkeit)에 주안이 두어지게 된 것과 맥락을 같이하며, 이는 신뢰원칙(Vertrauensprinzip)으로 연계된다.[96]

d) 독일민법전 시행 후 위 양조항의 적용범위가 확대되었는데, 이는 제133조는 계약의 해석, 그리고 제157조는 의사표시의 해석에도 적용하는 것이었다. 제133조의 문구상 계약에의 적용은, 계약이 의사표시를 불가결한 성립요소로 하므로 그 적용에는 비교적 난점이 적었으나, 계약의 해석을 규정하고 있는 제157조를 편면적 법률행위(einseitige Rechtsgeschäfte)에 적용함에 있어서는 다양한 견해가 제시되었다.[97] 긍정하는 견해 중 유력한 논거는 신의성실 원리의 적용은 계약에만 국한되지 않는다는 것이었다.[98]

Ausdruck, daß Grund und Maß der Zurechnung einer Erklärung die Verantwortung des Sprechenden und des Vemehmenden für einen richtigen Sprachgebrauch ist."

96) Vgl. D. Medicus, a. a O., S. 124, Rn. 320 f.: "aa) **§133** betont allzu einseitig den **Willen** des Erklärenden. … Doch dabei verkannt, dass diese allgemeine Vorschrift auch (und zahlenmäßig sogar in erster Linie) Willenserklärungen unter Lebenden betrifft. Bei solcher Erklärungen aber ist ein Vertrauensschutz viel nötiger. bb) Dieser Vertrauensschutz wird freilich in **§157** angedeutet. Denn die dort genannte **Verkehrssitte** wird auch dem Erklärungsempfänger regelmäßig bekannt sein können. Und die Formel von **Treu und Glauben** erlaubt es, auch in anderer Hinsicht auf das Verständnisvermögen des Empfängers Rücksicht zu nehmen. Aber diese Rücksicht ist entgegen dem Wortlaut und der systematischen Stellung des §157 nicht auf vertäge zu beschränken. … noch näher zu bestimmenden maßgebliche Gesichtpunkt durch den farblosen Hinweise auf Treu und Glauben nur sehr allgemein angedeutet."; H. Honsell, a. a. O. FS für H. P. Walter(2004), S. 335, 336: "Die Orientierung an Treu und Glauben trägt ein objektivierendes Element in die Vertragsauslegung hinein. Es kommt nicht darauf an, was der Erklärende gemeint hat, sondern darauf, wie der Adressat die Erklärung nach Treu und Glauben verstehen durfte. Entscheidend ist nach dem sog. Vertrauensprinzip also der Empfängerhorizont. Das Vertrauensprinzip betrifft die Auslegung von Willenserklärungen. …. Mit der Anerkennung des Vertrauensprinzips kehrt man quasi automatisch zur Erklärungstheorie zurück. Dass Willenserklärungen nach Treu und Glauben aus der Sicht des redlichen Empfängers zu interpretieren sind, …. Dann kommt die Auslegung zum Zuge, und hier ist das Vertrauen ein Kriterium unter mehreren. Nach dem Vetrauensprinzip muss der Erklärende die *Erklärung* so gegen sich gelten lassen, wie sie der andere nach Treu und Glauben verstehen musste und durfte, auch wenn er die Erklärung anders gemeint hat."

97) 오늘날 계약의 해석에도 적용된다. Vgl. HKK/St. Vogenauer, a. a. O., Rn. 31: "Auch einer Anwendung auf den gesamten Vertrag als Sinnganzes steht nicht notwendig etwas entgegen." 이에 대한 이견은 HKK/St. Vogenauer, a. a. O., Rn. 31, Fn. 95-98 참조.

98) 이를 대변하는 견해는 Eduard Hölder(ders., Kommentar zum allgemeinen Theil des bürgerlichen Gesetzbuchs, 1900, §157, S. 341)라고 한다. Vgl. HKK/St. Vogenauer, a. a. O., Rn. 31, S. 581; E. Hölder, Zur Lehre von der Auslegung der Willenserklärungen und der Bedeutung des Irrtums über ihren Inhalt, Sonderdruck(FS für E. I. Bekker), 1907, S. 4: "In Wirklichkeit hat Treu und Glauben für die Auslegung nicht eine engere, sondern eine weitere Bedeutung als die durch §157 bestimmte und gilt auch für letztwillige Verfügungen weder der Ausschluß dieses Prinzips noch insbesondere der Ausschluß ihrer Geltung durch Mentalreservation."

위와 같은 긍정적 논거는 곧바로 독일제국법원(RG)에 의해 받아 들여졌다. '거래관행과 신의성실은 법률에 의해 명확히 그어진 경계 내에만 국한되지 않고 그 적용이 명백히 배제되지 않는 경우에는 전반적으로 적용될 수 있다'고 하였고, '이에 준하여 제157조를 편면적 법률행위에 적용함에 아무런 의구(疑懼)가 없다'고 하였고, 제133조 이외에 제157조의 적용을 부인되었던 유언의 해석에 관하여도 제157조는 '해석에 관하여 직접적으로 고려되지는 않으나 그 적용범위를 넘어서 법관에게 해석에 관한 일반적 양태의 객관적인 (판단의) 거점을 제공한다'는 절충적인 제한적 논거를 제시하였다.99)

위와 같은 해석조항의 적용범위를 확장하는 해석론은 제133조의 실정화에도 불구하고 독일민법전 시행(1900. 1. 1.) 후에는, ―주로 제국법원(RG)의 판결례에서―, 제157조를 확장·적용하는 객관화로 발전되었다.100)

신의칙(Treu und Glauben)은 위와 같은 해석의 거점을 제공하였는바, 표시가 '교양있고 합리적인(anständig, vernünftig)', 또는 '공정하게 생각하는(billig denkend)' 수령자로서 이해되어야만 했던 바를 규범적으로(normativ) 확정하는 것이다. 따라서 제133조의 해석에서는, '실제적 의사'는 표시자의 내적 의사(innerer Wille)가 아니라 '실제적으로 표시된 의사(wirklich erklärter Wille)'로, 그리고 '표시내용(Erklärungsinhalt)'과 동일한 것으로, 나아가 표시의 진정한 내용(wahrer Inhalt der Erklärung)이 탐구되어야만 한다는 것으로 귀결된다.101)102)

---

99) HKK/St. Vogenauer, a. a. O., Rn. 31, Fn. 100) f.: RG, Urt. v. 6. 10. 1903 – Ⅶ 208/03, SeuffA 59, Nr. 177, 310, 311 f., RG, Urt. v. 11. 1. 1912 – Ⅳ 186/11, JW 1912, 344, Nr. 8. Vgl. Soergel/M. Wolf, a. a. O., 12. Aufl.(1988), §133 BGB, Rn. 11.

100) Vgl. HKK/St. Vogenauer, a. a. O., Rn. 39: "Das Inkrafttreten des § 133 markiert aber nicht etwa den endgültigen Sieg der Willenstheorie. Lehre und Rechtsprechung bemühen sich nach 1900 vielmehr sofort, die »berühmte oder berüchtigte« Bestimmung zu objektivieren. Die Ausdehnung des Anwendungsbereichs von § 157 ist eine Facette dieses Prozesses. … Sie enthalte nur einen Anwendungsfall des allgemeineren § 157."; H. Titze, a. a. O., 1910, S. 85: "Da aber der "**erklärte Wille**" identisch ist mit dem Erklärungsinhalt (denn "**erklärt**" ist, was im Wege des richtig angestellten Rückschlusses als **gewollt erscheint**), so besagt der § 133 nichts weiter, als daß die Auslegung den **wahren Inhalt** der **Erklärung** zu erforschen und nicht am buchstäblichen Sinne des Ausdrückes zu haften hat. … So verstanden ist er aber nur eine selbstverständliche Konsequenz des vom Gesetz § 157 eingenommenen Standpunktes und dient lediglich dazu, dem hier ausgesprochenen Gebot nach einzelnen Richtungen hin besonderen Nachdruck zu verleihen. Weit entfernt also, daß die §§ 133 und 157 einander widersprechen, ist der erstere in der allgemeinen Norm des letzteren schon von selbst enthalten.", S. 137: "Es gilt also, den **gewöhnlichen** Sinn einer Erklärung zu ermitteln, wenn man ihren **richtigen** Sinn feststellen will" (진한 글씨는 필자의 표기임); Soergel/M. Wolf, a. a. O., 12. Aufl.(1988), § 157 BGB, Rn. 8 ff., 13.

101) 제국법원의 이러한 관점은 H. Lehmann, a. a. O., 7. Aufl.(1952), § 30 Ⅵ, S. 191[= H. Lehmann/H. Hübner, a. a. O., 16. Aufl.(1966), § 30 Ⅵ]: "1. Der **nähere Inhalt** der Willenserklärung wird durch **Auslegung**, d. h. **Deutung ihres Sinnes**, festgestellt. 2. **Ziel** der Auslegung ist den **wahren Willen** des Erklärenden zu ermitteln, …. **Ziel der Auslegung** ist **nicht**, den wahren **inneren** Willen zu erforschen, der **nicht zum Ausdruck gekommen** ist. Gegenstand der Auslegung ist zunächst der **äußere Tatbestand** der Willenserklärung. Auch 133, …, will keineswegs den **inneren**, gar nicht geäußerten Willen festgestellt

이와 같이 제157조와 제133조를 병행적으로 적용하는 관점은 20세기 초반에 의사표시 해석에 관하여 지배적 학설이 되었고,[103] 제국법원은 1900년 이전의 판례로 소급하면서 이러한

---

wissen, sondern den "**wirklich erklärten**" Willen, er wendet sich gegen die Buchstabenauslegung nicht verlangt die **Sinndeutung** unter Berücksichtigung aller Umstände des besonderen Falles(RG. 67 433; 119 25; 169 124; OGHZ. 1 139)."; L. Enneccerus/H. K. Nipperdey, Allgemeiner Teil des BGB, 14. Aufl.(1955), 895, Fn. 14) 참조. 이는 독일민법전 제1초안에 관한 검토에서도 이미 지적된 바와 같다. Vgl. E. Zitelmann, a. a. O., 1. Theil(1898), S. 98: "Unrichtig wäre der § 73 [BGB E I], wollte er dahin verstanden sein: der Richter habe gegenüber dem objektiven Sinn der Erklärung den subjektiven Sinn des Erklärenden zur Geltung zu bringen. Damit würde er dem Willen bei der Willenserklärung eine Präponderanz gegenüber der Erklärung einräumen, und das darf nicht der Fall sein. Im Allgemeinen kann der Wille überhaupt nur so weit in Betracht kommen, wie er erklärt oder aus dem Erklärten zu folgern ist; eine "Erklärung" liegt aber nur vor, wenn der Wille einen solchen Ausdruck gefunden hat, daß der Dritte ihn daraus erkennen kann. Eine wahre Erklärung ist nur die Handlung, welche nach objektivem Maßstab geeignet ist die Absicht erkennen zu lassen. Ist eine Willenserklärung vorhanden, bei der der subjektiven Sinn in dem objektiven Zeichen erscheint, so bedarf es wahrlich der Aufforderung an den Richter nicht mehr, den subjektiven Sinn zur Geltung zu bringen. Deckt sich aber objektiver und subjektiver Sinn nicht, so ist möglicher Weise die Willenserklärung ihrem objektiven Sinne nach giltig, möglicher Weise nichtig (§ 95 ff.); der Richter muß also unter Umständen auch den objektiven Sinn zur Geltung bringen entgegen dem subjektiven. Will hingegen § 73 bloß sagen, was die Thätigkeit der Auslegung an sich sei, daß die nämlich Erforschung des subjektiven Sinnes sei, so ist das zu sagen unnöthig, wie weit der Richter solche Auslegung überhaupt vorzunehmen habe, und das erfahren wir aus § 73 nicht.", 2. Theil(1890), S. 14: "a. Was versteht der Entwurf unter "erklärtem Wilen"? "Erklärter Wille" ist ihm nicht das, was der Hörende thatsächlich als gewollt versteht; denn er spricht auch da von Nichtübereinstimmung zwischen wirklichem und erklärtem Willen, wo der Gegner den wirklichen Willen richtig versteht, …. "Erklärter Wille" ist ihm auch nicht das, was der Hörende bei genügender Aufmerksamkeit als gewollt annehmen mußte; denn er spricht auch da von Nichtübereinstimmung zwischen wirklichem und erklärtem Willen, wo der Gegner bei genügender Aufmerksamkeit den wirklichen Willen richtig hätte verstehen müssen, …." […]은 필자의 추가임.

102) 이러한 관점은 의사와 표시의 불일치 내지 의사의 흠결에 관한 실정조항(§§ 116, 119 BGB, 우리 민법 제106조, 제109조)의 해석적 논거로서도 뒷받침된다. Vgl. E. Zitelmann, a. a. O., 2. Theil(1890), S. 29: "Der Entwurf, …, ergibt folgende Entscheidung. Er geht stillschweigend von dem Prinzip aus: Wille und Erklärung äquivaliren. Diesem Prinzip widerspricht es auch nicht, wenn § 73 [BGB E Ⅰ] sagt; "…". Dieser Paragraph kann nicht dahin verstanden werden, gegenüber dem "erklärten Willen" sei der "wirkliche Wille" zur zur Geltung zu bringen; sonst würde ja § 73 den Irrthumsbestimmungen … völlig widersprechen. Stehen sich nun aber Wille und Erklärung gleich, so müssen wir folgen: die nicht gehörig erklärte Absicht gilt selbst dann nicht, wenn sie richtig verstanden ist."; "Semilodei"-Fall: RGZ (v. 17. 1. 1908 - Ⅱ 325/07) 68, 6 ff.; RGZ (v. 6. 3. 1908 - Ⅶ 250/07) 68, 126, 128: "wie sie[eine Erklärung] die Gegenpartei nach Treu und Glauben auffassen durfte"; K. Larenz, a. a. O., 1930(ND 1966), S. 5 f., 75; HKK/St. Vogenauer, a. a. O., Rn. 39: "Dogmatischer Ausgangspunkt aber ist der angebliche Widerspruch zu den §§ 116 ff.: Sollte tatsächlich jeder Erklärung im Wege der Auslegung diejenige Bedeutung beigelegt werden, die der Erklärende bei Abgabe der Erklärung beabsichtigt hat, so könnten Wille und Erklärungsinhalt nicht auseinanderfallen. Ein Irrtum über den Inhalt der Erklärung im Sinne des § 119 I wäre deshalb nie möglich." […]은 필자의 추가임.

103) Vgl. K. Larenz, a. a. O., 1930(ND 1966), S. 7, Fn. 2: "So die überwiegende Lehre"; K. Larenz/M. Wolf, a. a. O., § 28 B; W. Flume, a. a. O., S. 308; HKK/St. Vogenauer, a. a. O., Rn. 31: "In der Folgezeit wird

수정적인 절충적 관점[104]을 수용함으로써 의사론의 기반을 벗어나게 되었다.[105]

e) 위와 같은 이론과 실무의 추세에 따라 표의자와 표시수령자, — 그리고 제3자 사이에서 상이한 이해가 있는 경우에도 —, 전반적으로 표시를 우선하게 되었고, 의사표시의 규준적 의미의 확인이라는 관점에서의 통일적 방법은 해체되어 갔다.[106] 이 시기에 독일민법전의 해석·적

---

die entsprechende Anwendung gelegentlich noch auf vertragsähnliche Geschäfte beschränkt. Letztlich bildet sich aber die Überzeugung heraus, beide Vorschriften wurden ungeachtet ihres Wortlauts sowohl fur einseitige Erklärungen als auch für Verträge gelten. Heute heißt es sogar, sie könnten gar nicht sinnvoll voneinander getrennt werden. Der Anwendungsbereich decke sich, und sie seien »bei der Auslegung stets neben- einander heranzuziehen«. Die Rechtsprechung stellt deshalb §§ 133, 157 bei der Auslegung von Rechtsgeschäften in der Regel formelhaft nebeneinander."

104) 의사론자들도 표시된 실제적 의사와 표시된 의사와의 관계를 고려하지 않을 수 없음을 표방하였다. Vgl. L. Enneccerus, Allgemeiner Teil, Bd. 1.1, 11. Bearb.(1926), § 192 Ⅰ 1, S. 529. Zit. nach HKK/St. Vogenauer, a. a. O., Rn. 39, a. E.: "Schnell wird die gemeinrechtliche Formulierung wiederbelebt, der wirkliche Wille werde immer, aber auch nur dann gegenüber dem objektiven Sinn der Erklärung zur Geltung gebracht, »wenn er in der Erklärung nur irgendwie erkennbar gemacht« worden sei und dort eine »wenn auch unvollkommene oder fehlerhafte Äußerung« erfahren habe."; A. Manigk, a. a O., 1907(ND 1970), S. 158 f.: "Daß bei der Auslegung von WE. niemals der innere Wille, sondern nur der Sinn der Erklärung festzustellen ist", S. 434 ff.; ders., a. a O., 1918(ND 1970), S. 201: "Die richtige Auffassung des § 133 ist also dahin zu fixieren, daß bei der Auslegung einer We. der der Erklärung zugrunde liegende wirkliche Wille dann als erheblich festzustellen ist, wenn er sich in der Erklärung nur irgendwie erkennbar gemacht hat." 이러한 관점은 앞서 표방한 E. Zitelmann의 견해는 위 주 101) 참조. 이에 관한 비판적 개관은 K. Larenz, a. a. O., 1930(ND 1966), S. 7 ff.

105) 당시에 이러한 제국법원이 판결례의 개관은 HKK/St. Vogenauer, a. a. O., Rn. 40: "Der Sache nach verlässt es[RG] den **Boden der Willenstheorie** spätestens 1904 mit der Bemerkung, … Hinter der willenstheoretischen Maske lugt deutlich das erklärungstheoretische Gesicht der Rechtsprechung hervor, schon für die Erforschung des Parteiwillens komme § 157 in Betracht, …, es geht um richterliche Inhaltsbestimmnung unter Berufung auf den hypothetischen Willen einer Idealpartei. Der Richter wird zum Sozialingenieur. Über diesen Stand gelangt auch die Lehre nicht hinaus." 참조. 개요를 요약하여 살펴보면, 계약해석의 결과가 신의칙에 모순되는 경우 당사자가 의욕하지 않은 것으로 간주하거나[RG(v. 22. 1. 1904 – Ⅵ 234/519/03), JW 1904, 139, Nr. 4: "denn ein Ergebnis der Vertragsauslegung, das mit den Grundsätzen von Treu und Glauben in Widerspruch stehen würde, ist nicht als von den Parteien gewollt anzusehen"]. 당사자가 이해한 바와 달리 의사표시를 해석할 수 있다고 하였으며[RG(v. 27. 10. 1906 – I 220/06), SeuffA 62, Nr. 78, 133, 134], 또한 추단한 당사자의 실제적 의사에 합당하다(dem mutmaßlichen 'wirklichen Willen' der Parteien gerecht wird)고 해석하고, 이러한 해석의 맥락에서 해당 계약조항을 합리적 의미(einen vernünftigen Sinn)라고 해석을 하였는바, 제133조의 실제적 의사는 당사자의 사실적인 내적 의사와 무관하다고 하였고[RGZ(v. 19. 3. 1908 - Ⅳ 322/07) 67, 431, 433], 표시수령자의 지위에서 합리적인 당사자가 표시에 공정하게 부여하여야만 하였던[RGZ(v. 1. 3. 1906 – Ⅵ 230/05) 63, 11, 13; RG(v. 10. 11. 1910 – Ⅵ 134/10), JW 1911, 90, Nr. 8; RG(v. 22. 11. 1924 – Ⅳ 350/24), JW 1926, 2838, Nr. 3 a. E.], – 신의칙 및 거래관행에 상응하는 –, 이해가 중심을 이루었다. 이는 사실상 법관이 사안의 모든 상황을 고려하여 경제적으로 합목적적이고 적정하다고 여기는 (거래)행위내용이었다[RGZ (v. 6. 3. 1908 – Ⅶ 250/07) 68, 126, 128f.; RGZ (v. 21. 11. 1927 – Ⅵ 71/27) 119, 21, 24 f.].

106) Vgl. HKK/St. Vogenauer, a. a. O., Rn. 1: "Nun sind gerade die §§ 157 und 133 … eigentlich die Quintessenz des gesamten bürgerlichen Rechts. Man könnte sagen: fast Dreiviertel der Rechtsprechung des Reichsgerichts, soweit es sich urn das Zivilrecht handelt, könnte mit den §§ 133, 157 und 242

용상 주관적인 “의사론(Willenstheorie)”과 객관적인 “표시론(Erklärungstheorie)”의 대립[107]을 가교(架橋)적으로 극복하려는 해석론 구성이 시도되었는데,[108] — 이미 알려져 있듯이 —,[109] 효력론(Geltungstheorie)이다.[110]

이 이론은 의사와 표시의 이원적 대립을 헤겔의 변증적 의미에서 ‘지양(aufheben)’하는 방법

---

bestritten werden. Diese drei Paragraphen würden für einen qualifizierten Richter genügen, um alles das zu machen, was er will(Fn. 1: Werner Vogels, dem zuständigen Referenten des Reichsjustizministeriums, in der V. Sitzung des Sonderausschusses für allgemeines Vertragsrecht der Akademie für Deutsches Recht am 21. 11. 1940). 이와 같은 판결례 논거에 대한 분석적 비판은 W. Kilian, Zur Auslegung zivilrechtlicher Verträge, in: H.-J. Koch(Hg.), Juristische Methodenlehre und analytische Philosophie, 1976, S. 271, 276 f.: “… identifiziert … in Wirklichkeit die Feststellung des hypothetisch Gewollten mit dessen Bewertung. Die Fiktion, etwas tatsächlich Gewolltes, aber rechtlich als unzulässig Bewertes, sei nicht als “gewollt” anzusehen, mit anderen Worten: die Annahme, Aussagen über die Bewertung bestimmter Tatsachen wirkten auf die Existenz dieser empirisch feststellbaren Tatsachen zurück, dürfte einen mißglückten Versuch darstellen, die rechtliche Bewertung mit dem “Willen” der Parteien zu harmonidieren. … In der Tat kommt so der Charakter von Treu und Glauben als *Bewertungsmaßstab* besser zum Ausdruck als durch leerformelhaftes Zitieren von “§§ 157, 242 BGB” oder “§§ 133, 157, 242 BGB”.” 참조.

107) 의사표시에서 표시자의 표상(Vorstellung des Erklärenden)과 표시수령자의 이해가능성(Verständnismöglichkeit des Erklärungsempfängers), 의사의 탐구(Willenserforschung)와 객관적 표시의미(objektiver Erklärungssinn), 사적자치(Privatautonomie)와 신의칙(Treu und Glauben), 자기결정(Selbstbestimmung)과 책임(Verantwortung)은 주관적·객관적 해석방법의 이원주의(Dualismus von subjektiver und objektiver Auslegungsmethode)의 모순적 대립으로 드러나는바, 이는 의사표시의 본질 및 구성론과 그 해석상 방법적 기준의 설정과 밀접한 상관관계를 갖고 있다. Vgl. F. Wieacker, a. a. O., JZ 1967, 385; M. Stathopoulos, a. a. O., 1. FS für K. Larenz(1973), S. 357.

108) 독일에서 20세기 초반의 이러한 시도는 판례와 학설에서 자유로운 법발전적 형성, 당시 새로이 전개된 독일의 해석학(Hermeneutik von H. Lipps bis H.-G. Gadamer)의 일반이론, 그리고 영국과 스칸디나비아의 신실증주의(Neopositivismus)적 의미론(Semantik)에 의한 통한 법률실증주의의 극복이 그 특징을 이룬다고 한다. F. Wieacker, a. a. O., JZ 1967, 385.

109) 김증한, 법률행위론, 민법논집(1978), 353면 이하 참조. 우리 문헌 중에는 효력설의 내용에 관하여 ‘19세기에 지배적이었던 의사론’을 그 기반이라고 하는 등의 설명(곽윤직, 앞의 책, 399-400면)은 ‘아마도’ W. Flume의 문헌을 참조한 것으로 여겨진다. 그런데 위 이론의 주창자인 K. Larenz 저서의 원문, 그리고 이에 대한 신뢰할 수 있는 비평문헌을 일별하면 위 서술은 의문점이 적지 아니 하다. 곽윤직·김재형, 앞의 책에는 이에 관한 서술은 없다. 이하 주 117) 참조.

110) 위 이론의 주창자는 K. Larenz 교수이다. 1900. 1. 1. 독일 민법전 시행 후 한세대 지난 시점에서 교수자격논문(Die Methode der Auslegung des Rechtsgeschäfts, 1930)에서 주창하였고, 2차 세계대전 이후 20세기 중반을 지나면서 상당한 지지를 받는 상황에서 1966년 내용의 수정 없이 저자의 후기가 붙여져 재발간되었다. 최초 발간 당시의 의사론을 대변하던 A. Manigk의 비판적 서평(Rezensionsabnandlung, Methode der Auslegung des Rechtsgeschäfts, ArchRWPhil. XXVI, Heft 3, S. 359 ff.)과 재발간 당시 F. Wieacker의 비평(Methode der Auslegung des Rechtsgeschäfts, JZ 1967, 385 ff.)이 있다. 효력론은 의사표시의 법적 효과(Rechtsfoge)의 귀속근거(Zurechnungsgrund)를 마련한 점에서 20세기 중반에 이르면서 상당한 지지를 받게 되었다. K. Larenz, a. a. O., 1. Aufl.(1967), § 25 I, S. 337: “Die Willenstheorie, die der Erklärung nur eine zweitrangige Bedeutung zuerkennt, verkennt, daß, …, der Wille sich nur dadurch zu binden und eine Rechtsfolge in Geltung zu setzen vermag, daß er … zur Tat wird, sich verwirklicht.” (밑줄은 필자의 표기임).

으로 극복하는바,[111] 사적자치에 의한 법률행위적 규율에서 발생하는 법적 효과의 직접적인 효력근거(Geltungsgrund)는 각 당사자의 심리적 의사(der psychologische Wille)가 아니고, 의사표시의 '진정한 본질'은 "사실이 된 의사로서 실행행위인 효력표시(Geltungserklärung)"[112]라는 것이다.[113] 이는 법적 효과의 발생은 표의자가 스스로 구속하는 표시가 효력을 갖게 되는 것(in Geltung gesetzt wird)을 의미한다. 따라서 의사표시에 의한 법률행위적 규율의 효력근거로서 표시상 고지된 의사(Wille) 그 자체에는 법률행위적 규율관계의 법창설적 힘(rechtsschöferische Kraft)을 부여하지 아니 한다.[114]

효력본질론에서는 의사표시는 효력표시로서 "복합적 의미체(komplexes Sinngebilde)"로 파악하여 의사와 표시의 대립적 구성에서 의사원리의 우위를 배제함으로써 이원성을 극복하는 한편, 의사표시의 해석에서는 — 위와 같은 효력본질론을 기반으로 —, 표시자의 표시의미에 대한 책임성을 표시자가 상대방에게 이해할 수 있고 그렇게 하여만 하는 의미를 규준적으로 하는 귀속가능성이 법률상 해석원칙에 상응하는가를 검토함으로써,[115] 표시자의 실제적 의도는 고려될 수 없으므로 표시에 부여할 수 있었고 하여야만 했던 것을 표시자에게 요청되었던 것으로 파악하고, — 이러한 의미에서 제133조와 제157조를 통합하여 —, 표시자의 이해가능성(Verständnismöglichkeit des

---

111) 의사표시 효력의 본질을 변증적으로 극복하는 이론으로서 평면적·단선적으로 의사와 표시를 절충적으로 일체화하려는 이전의 방법적 시도와 구별된다. K. Larenz의 변증적 방법은 a. a. O., 1930(ND 1966), S. 8, 9; F. Wieacker, a. a. O., JZ 1967, 385; M. Stathopoulos, a. a. O., 1. FS für K. Larenz(1973), S. 359 참조.

112) K. Larenz, a. a. O., 1930(ND 1966), S. 34 ff., 44: "So besagt das Versprechen nicht, daß der Versprende etwas tun **werde**, noch daß er es tun **wolle**, noch, daß er sich **binden wolle**, sondern daß er sich zu einer Handlung **verbinde**, daß diese Verbindlichkeit **gelten solle**. So wie es gesprochen ist, sei es nunmehr seinem Wollen entzogen, endgültig; so gelte es: das heißt nicht: "**So will ich es**", sondern "**So sei es rechtens**"., S. 45: "**Die Willenserklärnng ist demnach nicht eine Wollenserklärung oder Absichtserklärung, sondern Geltungserklärung.**" 이러한 구성에 관하여 F. Wieacker는 12표법의 "uti lingua nuncupassit, ita ius esto(the person that the oath was sworn to will get rights assigned to him)"이라는 언명이 보다 분명하였을 것이라고 평하였다. Vgl. F. Wieacker, a. a. O., JZ 1967, 386 R.

113) K. Larenz, a. a. O., 1930(ND 1966), S. 34 ff.; ders., a. a. O., 1. Aufl.(1967), § 25 Ⅰ, S. 337: "Die Willenserklärung ist, <u>als Tat gewordener Wille</u>, wesentlich Vollzugsakt, **Geltungserklärung**.", 7. Aufl.(1989), § 19, S. 333 ff.: "I. Die Willenserklärung als Geltungserklärung und als Akt sozialer Kommunikation"; K. Larenz/C.－W. Canaris, a. a. O., 3. Aufl.(1995), S. 118: "Die rechtsgeschäftliche Willenserklärung enthält nicht lediglich die Kundgabe einer bestimmten Meinung oder Absicht; sie ist ihrem Sinne nach <u>Geltungserklärung, d. h. ein Akt, der darauf abzielt, eine Rechtsfolge in Geltung zu setzen</u>."; K. Larenz/M. Wolf, a. a. O.. 9. Aufl.(2004), § 24 Ⅳ, Rn. 25 ff., 29 (밑줄은 필자의 표기임).

114) K. Larenz, a. a. O., 1930(ND 1966), S. 52 f.: "Die Frage aber, ob das Recht nur die Erklärung als gültig behandeln solle, …, ist eine Frage des positiven Rechts, und zwar eine Frage der Zurechnung des Erklärungssinnes und der Erklärungsbedeutung - wobei also der sog. "Geschäftswille" vollkommen ausscheidet."

115) K. Larenz, a. a. O., 1930(ND 1966), S. 75: "Es ist nun zu fragen, ob der Gedanke, die Verantwortlichkeit des Erklärenden für die Erklärungsbedeutung von der Zurechenbarkeit derselben abhängig zu machen, diejenige Bedeutung als die maßgebliche anzusehen, die der Erklärende als die seinem Gegner ver－ständliche ansehen darf und muß, den gesetzlichen Auslegungsgrundsäzen entspricbt."

Erklärenden)을 고려하는 것은 제157조의 신의성실 원칙과 일치한다는 것을 논거로써 제시하며, 제133조는 표시자가 이해할 수 있는 것으로 여길 수 있는 의미를 탐구하는 것으로 제한하여 해석한다.[116] 결론적으로 의사와 그 의사의 표시와의 관계가 아니라, ―상이할 수도 있으나―, 표시상 가능한 의의만이 해석되어야 한다는 것이다.[117]

효력론은 의사표시의 본질에 관한 의사론과 표시론의 대립을 변증적으로 극복하고 의사표시를 효력표시로 구성함으로써 해석의 대상을 표시행위로 하는 기반을 구축할 수 있는 점에서

116) K. Larenz, a. a. O., 1930(ND 1966), S. 75 ff..: "So muß § 133, soll er überhaupt eine Bedeutung behalten, stark eingeschränkt werden. Er kann also nicht bedeuten, daß die wirkliche Meinung des Erklärenden zur Grundlage der Auslegung gemacht werden solle. … In diesem Sinne läßt sich der § 133 auch mit § 157 vereinigen. Denn die Berücksichtigung der **Verständnismöglichkeit des Erklärenden** steht mit dem in § 157 ausgesprochenen **Prinzip von Treu und Glauben durchaus im Einklang.** … Die Billigkeit verlangt es insbesondere, daß seine Worte nicht an einer Verkehrssitte gemessen werden, die er nicht nur nicht kannte, sondern auch nicht kennen konnte. Finden wir also in § 157 den Grundsatz der individuellen und normativen Deutung ausgesprochen, so verlangt § 133 besonders die Berücksichtigung des Erklärenden, zwar nicht seiner subjektiven Auffassung, aber der ihm objektiv möglichen und gebotenen Auffassung. So behält sowohl der § 133 als der § 157 seine Bedeutung; …. Wir legen also den **§ 133** so aus, daß er besagt: "**Es ist derjenige Sinn zu erforschen, den der Erklärende als verständlich ansehen darf**"; dieser "zurechenbare" Sinn bildet den Gegensatz zu dem "buchstäblichen Sinn des Ausdrucks", den § 133 ausschließt, und bei seiner Feststellung ist **gemäß § 157** darauf Rücksicht zu nehmen, was nach Treu und Glauben im Verkehr an Deutlichkeit des Ausdrucks einerseits, an Sorgfalt beim Verständnis einer Erklärung anderseits erwartet und gefordert wird. … Wir gingen davon aus, daß die vom Recht als maßgeblich zu beachtende Bedeutung jeweilig durch die individuellen Verständnismöglichkeiten der Beteiligten – des Erklärenden und des eventuellen Erklärungsgegners – bestimmt wird! Der Erklärende muß für diejenige Bedeutung einstehen, die sein Gegner der Erklärung beilegen muß, sofern er selbst mit ihr rechnen konnte. (진한 글씨와 밑줄은 필자의 표기임)

117) K. Laranz, a. a. O., 1930(ND 1966), S. 69. 이러한 해석적 관점은 전통적 의사론에 기초한 절충적 관점에서 '표시된 의사'라는 것과 결과적으로 동일하다고 여길 수도 있겠으나 의사와 표시의 이원론을 극복의 하는 방법상 전혀 다르며, 전통적인 의사표시 본질론의 관점에서는 오히려 표시론, 객관론에 근접하는 것으로 평가할 수 있을 것이다. Vgl. Staudinger/H. Coing, 11. Aufl.(1957), Rn. 5. a. E. K. Larenz는 표시의식(Erklärungsbewußtsein)을 의사표시의 요소로 보는 견해에 반대하면서, 이러한 이론의 연혁은 Fr. C. v. Savigny에 기초하여 발전된 보통법의 지배적인 의사론에 있다고 하였다. Vgl. K. Larenz, a. a. O., 1. Aufl.(1967), S. 336–337, Fn. 3. 그리고 W. Flume는 올바르게 이해된 의사론은 의사표시를 의사의 실현(Willensverwirklichung), 즉 효력지정(Geltungsanordnung)과 다르지 않다고 하였다. Vgl. W. Flume, a. a. O., 3. Aufl.(1979), § 4. 7, S. 58: "Daß die Willenserklärung ihrem Inhalt nach Geltungserklärung, versteht sich nach der Willenstheorie von selbst und ….", S. 59 "Daß die Willenserklärung schließlich nicht die bloße Mitteilung eines "inneren" Willens, sondern Willensvollzug ist, haben, …, schon so prominente Vertreter der Willenstheorie wie Windscheid und Enneccerus gelehrt." 이에 대하여 K. Larenz는 자신의 효력론과 W. Flume의 의사론은 다른 내용이라는 반론을 표명하였다. Vgl. K. Larenz, a. a. O., Neudruck(1966), Nachwort S. 107: "Wenn *Flume* meint, die „Geltungstheorie" besage gar nichts anderes als die richtig verstandene "Willenstheorie", so will ich darüber nicht mit ihm streiten; die "Willenstheorie" ist jedenfalls nicht immer so verstanden worden, wie *Flume* sie verstanden wissen will.; F. Wieacker, a. a. O., S. 386: "andere Modelle", S. 387: "… mit dem Methodenwandel stand, der den (unkritischen oder neukantianischen) Formalismus in der Zivilrechtswissenschaft durch den Rückgriff auf apriorische Sachstrukturen überwand."

상당한 성과를 이루었다. 그렇지만 의사표시의 구성적 본질이 그 해석의 방법적 관점을 필연적으로 결정하는 것은 아니다.

효력론은 의사와 표시의 대립과 절충적 구성을 극복함에 있어서 방법적으로 거래당사자가 표시행위를 통해 이해한 의미를 파악하는 해석학적 인식에 근접하고,[118] 오늘날 신뢰론(Vertrauenstheorie)에 의한 의사표시 해석론 구성의 기반을 마련하였다는 점에서 긍정적으로 평가할 수 있다.[119][120]

f) 2차대전 이후 독일연방법원(BGH)은 수령을 요하는 의사표시의 해석을, ― 제국법원(RG)의 판례, 그리고 이와 사실상 일치하는 K. Larenz의 논거에서 드러나듯이 ― 신의칙을 그 거점

---

118) F. Wieacker, a. a. O., S. 387 L.: "Es wird freilich zu zeigen sein, daß *Larenz* diese grundlegende Emanzipation des hermeneutischen Problem von der Zurechnungsfrage nicht ganz durchgehalten hat. Aber seine Grundeinsicht entspricht genau der heutigen Theorie der Hermeneutik, …." Vgl. K. Larenz, a. a. O., ND 1966, Nachwort, S 108. "In einer Hinsicht möchte ich meine damalige Stellungnahme doch ausdrücklich berichtigen. Sie Ausführungen S. 53 ff. sind **noch vom juristischen Positivismus beeinflußt** und werden, soweit sie sich kritisch gegen Reinach und G. Husserl wenden, diesen Autoren nicht gerecht. Die **Willenserklärung** ist ein Akt, der seinem Sinne nach darauf gerichtet ist, daß etwas gelten solle. Derartige Akte sind noch ganz unabhängig davon denkbar, ob es eine positive Rechtsordnung gibt. Das **Rechtsgeschäft** ist, seiner Wesensart nach, nicht ein Geschöpf der positiven Rechtsordnung, sondern ihr, …, vorgegeben – **ein rechtslogisches a priori.**"; F. Wieacker, a. a. O., S. 388 L.: "Eben diese letzte Einschränkung zeigt, daß man vielleicht noch einen Schritt weitergehen sollte. Mit der Anerkennung einer apriorischen Struktur der WE nähert sich Larenz jetzt bereits der phänomenologischen Versprechungsanalyse bei *G. Husserl* und *Reinach* an. … Dann wäre durch diese Struktur die Regelungsmaterie des Rechtsgeschäfts *a priori* so vorwegbestimmt, daß ihre Nichtbeachtung durch den Gesetzgeber mangels sachlogischen Regelungsbezugs jedenfalls den Sinn rechtlicher Ordnung verfehlen würde. …", S. 388 R.: "Jedenfalls erscheint uns die Geltungskraft der WE nicht mehr unbedingt und ausschließlich von der Anerkennung oder Nichtanerkennung durch den Gesetzgeber abhängig."

119) F. Wieacker, a. a. O., S. 388 L.: "Eben diese letzte Einschränkung zeigt, daß man vielleicht noch einen Schritt weitergehen sollte. Mit der Anerkennung einer apriorischen Struktur der WE nähert sich Larenz jetzt bereits der phänomenologischen Versprechungsanalyse bei *G. Husserl* und *Reinach* an. … Dann wäre durch diese Struktur die Regelungsmaterie des Rechtsgeschäfts a priori so vorwegbestimmt, daß ihre Nichtbeachtung durch den Gesetzgeber mangels sachlogischen Regelungsbezugs jedenfalls den Sinn rechtlicher Ordnung verfehlen würde."

120) K. Larenz의 의사표시 해석론은 효력표시상 의미에 법적 효과를 귀속시키는 것을 목표로 한다. Vgl. K. Larenz, a. a. O., 1930(ND 1966), S. 70 ff.: "**Die Zurechenbarkeit der Erklärungsbedeutung.** …, S. 72: "Diese Verantwortung des Erklärendcn findet ihre Grundlage in der Zurechenbarkeit der Erklärungsbedeutung, d. h. in dem Gedanken, daß diejenige Bedeutung als die rechtsverbindliche anzusehen ist, die **für den Erklärenden** die objektive, die gerade ihm zurechenbar ist, mit der er selbst rechnen konnte." 실정규정의 적용상 비평은 F. Wieacker, a. a. O., S. 388 R. Ⅳ. ff. 특히 표시의식(Erklärungsbewußtsein)의 결여 및 심리유보(geheimer Vorbehalt, § 116 S. 2 BGB)에서 난점이 드러난다. 이와 관련하여 의사표시 해석론의 원칙적 구성의 방법, 그리고 의사표시 구성요소로서 표시의식의 배제는 K. Larenz, Allgemeiner Teil des BGB, 1. Aufl.(1967), § 25 Ⅰ, S. 336 f. 위 주 61) 참조. 나아가 신뢰론에 의한 구성은 K. Larenz/M. Wolf, a. a. O., 9. Aufl.(2004), § 24 Ⅴ. Die Verantwortung als Grundlage für die geltung der Willenserklärung, § 28 Ⅲ. Selbstbestimmung und Vertrauensschutz 참조.

으로 하는 한, 그 수령자로서 적정한 주의를 기울이는 경우에 이해될 수 있어야만 하는 그러한 표시로서 해석되어야 마땅하다고 판결을 하였고,[121] 20세기 중반을 거치면서 종국적으로 계약과 의사표시의 구분하는 위 실정조항의 적용에 앞서 범주적으로 수령을 요하는 의사표시와 수령을 요하지 않는 의사표시로 나누어 취급하게 되었다.[122]

수령을 요하는 의사표시의 해석은, 어느 표시의 내용(Inhalt einer Erklärung)은 그 표시 당시에 주어진 상황 하에서(unter den gegebenen Umständen) 신의칙에 따라, 그리고 거래관행을 고려하여(nach treu und Glauben und mit Rücksicht auf die Verkehrssitte) 수령자가 어떻게 그 표시를 이해했어야만 했는가에 따라 정해진다(… sich danach bestimmt, wie der Erklärungsempfänger die Erklärung … verstehen mußte)는 것이다.

이러한 해석적 법리는 독일민법전 제133조의 적용에서도 표시자의 실제적 의사가 표시에 표현되었는가 여부에 관하여도 마찬가지로 객관적 관점에서 확정하게 되고, 그러는 한 개별 의사표시에도 독일민법전 제157조의 해석원칙은 상호 보완적으로 적용되는 것으로 귀결된다.[123]

V.

이상에서 의사표시 해석과 관련하여, 우리 종래의 해석론과 판례의 요지적 논거를 비판적으로 일별하고, 주된 전거로서 제시되는 독일민법전 제135조와 제157조의 생성연혁과 그 해석 및 적용에 관하여 19세기 후반에서 20세기 중반에 이르는 시기를 중심으로 개관적으로나마 비교적으로 살펴보았다.

특히 종래의 해석론의 의사표시 효력본질론과 연계된 구성 및 서술은 계수적 이론구성이라

121) (N)JW 1953, 571: "Die Erklärung einer empfangsbedürftigen Willenserklärung soll sich davon leiten lassen, wie die Erklärung, von dem Empfänger bei gehöriger Aufmerksamkeit verstanden werden mußte." Zit. nach Staudinger/H. Coing, a. a. O., § 133 BGB, Rn. 11, 11a. Vgl. K. Larenz, Allgemeiner Teil des BGB, 1. Aufl.(1967), § 25 Ⅱ, S. 343 f.: "Es wird heute im Schriftum und in der Rechtsprechung einhellig anerkannt, daß die Auslegung empfangsbedürftiger Erklärung mit Rücksicht auf die Verständnismöglichkeit des Empfängers der Erklärung zu erfolgen hat." … "Der Grundsatz, daß die empfangsbedürftiger Erklärung die Verständnismöglichkeit des Empfängers zu berücksichtigen hat, ist von der Lehre und der Rechtspechung entwickelt worden. Er ist dem Gesetz nicht unmittelbar zu entnehmen."; K. Larenz/M. Wolf, a. a. O., 9. Aufl.(2004), § 28 B.

122) Vgl. L. Enneccerus/H. K. Nipperdey, a. a. O., 14. Aufl.(1955), 896 ff.; D. Medicus, a. a. O. 9. Aufl.(2006), Rn. 259 f., 322: "An die Stelle unpassenden Unterscheidung zwischen Willenserklärung und Vertrag die heute ganz h. M. eine andere: Sie stellt auf die Empfangsbedürftigkeit der auszulegenden Willenserklärung ab." 의사표시와 계약을 구별한 독일민법전의 입법적 연혁은 위 주 88) 참조.

123) Vgl. BGB－RGRK/Krüger－Nieland/Zöller, 12. Aufl. (1982), § 133, Rn. 11.; H. Kötz, Europäisches Vertragsrecht Ⅰ, 1996, S. 165: "… aber häufig durch eine weitere, stärker auf die objektive Bedeutung des Erklärten abhebende Regel ergänzt und es damit dem Richter überlassen, diesen Widerspruch in jedem Einzelfall aufzulösen."

는 점은 분명하지만, 그 전거가 불분명할 뿐만 아니라 내용상 절충적 모호성을 표출하고 있는 바, 위의 연혁적 일별에서는 그 원인(遠因)을 추측할 수 있는 검토를 모색하였다.

특히 종래의 해석론이 위 독일민법전의 해석조항(§§ 133, 157 BGB)을 사실상 수용하고 있는 점에서 그 실정적 생성연혁 및 19세기 후반 이후부터 제국법원 시대의 해석론과 판례의 동향은 비교적으로 시사하는 바가 적지 않다고 생각한다. 특히 법률행위와 의사표시의 개념체계가 명확히 자리 잡히지 않았던 19세기 후반 내지 20세기 초반 당시의 독일의 주류적 해석론과 유사한 법률행위 해석론을 기초적 일반론으로 하면서, 이에 병행하여 20세기 중반 이후 독일 민법학의 해석론을 반영하는 주·객관적 내지 규범적·자연적 해석, 그리고 수령을 요하는 의사표시와 수령을 요하지 않는 의사표시로 분류하여 해석론을 덧붙여 수용·전개하고 있으며, 새로운 입법적 동향을 적극적으로 탐색하는 경향에 비추어 더욱 그러하다.[124)]

사적자치의 원리는 각 개인의 의사를 기반으로 하고 있으나 그 의사의 실현은 본질상 그 의사의 외적 표현(Willensäußerung)에 의해 제약된다.[125)] 의사표시 해석의 대상은 언어적 행태로 이루어진 외적 표시이며, 이 표시는 규범적 해석 및 실정적 규율의 적용에 앞서 표시는 해석학적 인식의 대상이다. 의사표시의 효력상 의사와 표시의 대립적 우열 내지 절충 및 통합에 관한 논의는 대상적 본질에 관한 문제이고, 거래활동에서 언어적 소통의 매개인 어느 표시를 해석대상으로 인식하고 그 '의미(Sinn)'를 파악하는 것은 이해의 문제로서 해석의 영역에 해당한다.[126)]

---

124) 이와 관련하여 2016년 개정 프랑스민법 제1188조는 계약의 해석은 용어의 자구적 의미에 구애되기 보다는 당사자의 공통된 의도에 따라 해석하고, 그 의도가 증명될 수 없을 때에는 합리적인 사람이 같은 상황에서 부여하였을 의미에 따라 해석하는 것으로 규정하고 있다. Vgl. Article 1188 C. c.: "Le contrat s'interprète d'après la commune intention des parties plutôt qu'en s'arrêtant au sens littéral de ses termes. Lorsque cette intention ne peut être décelée, le contrat s'interprète selon le sens que lui donnerait une personne raisonnable placée dans la même situation." 이와 같은 계약의 해석은 유럽계약법의 비교법적 연구에서 이미 제시된 바와 같다. Vgl. H. Kötz, a. a. O., 1996, S. 167: "Sicher ist, daß … die Ermittlung des gemeinsamen Willens der Parteien nicht zum Ziel führt, jedenfalls dann nicht, wenn man darunter ihren wirklichen, empirisch vorhandenen Willen versteht. … Maßgeblich ist vielmehr diejenige Bedeutung, die der Erklärung von einem vernünftigen Menschen gegeben würde, von dem man sich vorstellen muß, er befinde sich in der Lage des Erklärungsadressaten und habe sich unter Berücksichtigung des Wortlauts der Erklärung und aller anderen dafür maßgeblichen und ihm erkennbaren Umstände ein Urteil über ihren Inhalt zu bilden." 그밖에 The Principles of European Contract Law Art. 5.101 ff.(김재형 역, 유럽계약법 원칙, 2013, 437면 이하), Art. 8. UN-Kaufrecht, UNIDROIT Principles Art. 4.1 ff. 참조.

125) Mot. I, S. 126. 위 주 1, 83) 등 참조. Vgl. H. Honsell, a. a. O. FS für H. P. Walter(2004), S. 336: "Man kann aber nur Erklärungen auslegen, nicht den regelmässig unbekannten, direkt nicht zugänglichen inneren Willen.", S. 337: "Die Privatautonomie verlangt, dass die Parteien das Recht haben aufgrund freien und autonomen Entschlusses Verträge zu schliessen. …. Die Privatautonomie erfordert aber nicht, dass an Stelle des von den Parteien erklärten Wortes der innere Wille tritt. Die Parteien müssen nicht ein Herz und eine Seele sein, dasselbe wollen und dasselbe nicht wollen, …. Es genügt wenn sie sich mit den vorhandenen Verständigungsmitteln, also zu allererst mit der Sprache in Wort oder Schrift verständigt haben."

126) Vgl. K. Larenz/C.-W. Canaris, a. a. O., 3. Aufl.(1995), S. 25 ff., 59 ff., 63 ff.; H.-G. Gadamer, a. a. O.,

인식대상으로서 의사와 표시는 그 표시행위를 통한 거래당사자 사이의 언어적 소통에서의 이해, 즉 의미를 파악하는 해석과는 구별되어야 한다.

특히 종래의 해석론이 주요한 비교적 전거로 삼는 독일민법전 제133조와 제157조는 하나의 규범체계에서 단순히 대립·상충하여 교류할 수 있는 2개 차원의 논리적 구성방법으로 해결되는 것이 아니라, 위 조항들이 규정하고 있는 해석적 관점목록(Topos)은 그 생성·발전의 연혁상 이음새 없이 상호 보완되지 않는 본질을 갖고 있다.[127] 이러한 난점을 극복하려는 20세기 중반 이후 독일 민법학의 해석론 구성과 실무 판결례의 형성에는, — 일천한 소견이지만 —, 해석학적 일반이론의 관점이 적지 않은 영향을 미친 것으로 파악한다.[128]

의사표시 해석에 관한 실정조항을 갖추고 있지 않은 우리의 해석론 구성상 그 효력본질론에 필연적으로 종속시켜야 하는 것은 아니라고 생각한다. 따라서 비교적 관점에서 독일 민법학의 연구 및 실무 판결례의 의사표시 해석의 법리를 긍정적으로 수용하는 한, — 방법적으로 일반 해석학적 관점의 선이해를 기반으로 —, 의사와 표시의 이원성을 전제하는 교조적 관점으로부터 벗어나서 신뢰론에 기초한 합리적인 유용성을 모색하는 유형화를 시도할 수 있을 것이다.

의사표시 해석의 규준과 유형별 각론적 연구는 이후의 발표로 유보하며, 필자의 일천한 역량으로 그 동안 나름 일별한 문헌의 부분별 정리 자료조차도 충분히 반영하지 못한 부족한 글이지만, — 보다 충실한 연구의 계기로 삼고자 —, 이로써 정년을 맞으신 하경효 교수님께 감사의 뜻을 표한다.

Bd. Ⅰ, 6. Aufl.(1990), S. 270 ff.; Ph. Mastronardi, Juristisches Denken, 2001, S. 26 ff.. 그밖에 해석학에 관하여는 위 주 9, 12) 등 참조.

127) Vgl. F. Wieacker, a. a. O., JZ 1967, 385 R. 위 Ⅳ. 참조.

128) 위 주 6, 9, 11−13) 참조. Vgl. W. Flume, a. a. O., § 16 3 b), S. 310: "In Literatur und Rechtsprechung findet sich vielfach die Formulierung, die Auslegung des Rechtsgeschäfts sei Feststellung des Willens [Fn. 40: Hier wirkt das 19. jahrhundert noch nach: zur Auslegung als Frage nach dem wirklichen Willen]. Diese Formulierung ist unglücklich. In jedem Falle geht es um die Feststellung des Inhalts rechtsgeschäftlichen Regelung. Die Formulierung, die Auslegung sei Feststellung des Willens, mag noch hingehen für die Auslegung nach dem tatsächlichen Verständnis der an der rechtsgeschäftlichen Erklärung Beteiligten. Jedenfalls ist sie aber nicht treffend für die normative Auslegung der rechtsgeschäftlichen Erklärung [Fn. 41: Vgl. Betti, festschr, Ernst Rabel (1954) Ⅱ S. 89 ff.]."; […]는 필자의 편집임; MünchKomm/Mayer−Maly, 1978, § 133 BGB, Rn. 3 f., Fn. 11); MünchKomm/J. Busche, 5. Aufl.(2006), § 133 BGB, Rn. 3 f., Fn. 4); Staudinger/R. Singer, (2017), § 133 BGB, Rn. 1. usw.

대리권 남용 시 대리효과 부인을 위한 (임의)대리인의 주관적 요건

—내부관계에 있어서보다 더 넓은 범위의 대리권을 수여할 본인의 이익과 관련하여—

정 신 동*

Ⅰ. 문제의 제기
Ⅱ. 대리효과 부인을 위한 배임의사의 요구
Ⅲ. 대리권 남용항변 요건에 대한 독일법 상황의 분석
Ⅳ. 비교법을 통한 시사점: 대리권 남용에 대한 고의 요구의 정당화와 구체화
Ⅴ. 결 론

Ⅰ. 문제의 제기

1. 대리권 남용의 문제는 수권행위가 기초적 내부관계와 분리된 독자적 법률행위이고(수권행위의 독자성: Trennungsprinzip), 그 결과 대리권은 내부관계에서와 다른 내용을 가질 수 있다는 점(내용상의 무인성원칙: inhaltliche Abstraktionsprinzip)[1]을 전제로 한다. 그렇지 않으면 기초적 내부관계로부터 발생하는 권리와 의무에 따라 대리권의 범위도 결정될 것이고, 결국 대리권 남용의 위험 자체가 발생하지 않기 때문이다. 우리 현행 민법은 구민법에서와 달리 대리권 수여행위와 기초적 내부관계를 구별하여 사용하고 있고, 학설과 판례는 내용상의 무인성원칙을 전제로 대리권 남용의 문제를 다루고 있다. 예컨대 금전대차에 관하여 대리권을 가진 대리인이 본인을 위한 것

* 튀빙겐대학교(Tübingen Univ.) 법학박사

1) 기초적 내부관계와 외부적 대리관계의 무인성 원칙은 내용에 있어서 뿐만 아니라, 발생(Entstehung)과 효력(Wirksamkeit)과 관련해서도 적용된다(대리법상 무인성 원칙의 개별 내용의 소개와 이에 대한 비판에 대해서 Beuthien/이병준 역, "대리권은 무인성을 갖는가? — 위임과 대리권의 관계에 대하여 —", 「법학연구」 제41권 제1호, 2000, 제25면 이하 참조). 현재 우리 민법학계에서는 주로 효력상의 무인성 원칙과 관련하여, 즉 기초적 내부관계가 무효가 되는 경우 대리권의 효력에도 영향을 주는지와 관련하여 논의되고 있다.

임을 표시하면서도 차용한 금전을 자신의 이익을 위하여 유용할 목적으로 상대방과 소비대차계약을 체결한 경우 이 대리행위의 효력을 어떻게 규율할 것인지에 대한 다양한 이론적 기반이 형성되어 있다.

현재 우리 민법은 구체적으로 어떤 요건 하에서 대리권 남용행위의 효력이 부인될 것인지에 대해서 명시적 규정을 두고 있지는 않지만, 판례와 민법학계의 일반적 해석론에 따르면 대리인이 본인의 이익에 반해 자기 또는 제3자의 이익을 도모하려는 배임적 의도로 대리권 남용행위를 하였고, 이에 대해 상대방이 악의였다면 대리효과가 발생하지 않는다는 점에 인식을 같이 하고 있다.[2] 지금까지 이러한 대리권 남용문제에 대해서는 특히 본인의 이익을 보호할 목적으로 대리효과를 부인하기 위해서 거래 상대방이 충족해야 할 요건과 그 법적 근거가 무엇이냐에 논의가 집중되어 있었다고 평가할 수 있다. 이에 반해 대리권 남용 시 대리효과 부인을 위해 충족되어야 하는 본인과 대리인의 주관적 요건에 대한 논의는 전면에 등장한 적이 없는 것으로 보인다. 다시 말해 대리권 남용 시 대리효과를 부인하기 위해 1) 본인의 입장에서 충족해야 할 요건은 어떤 것이 있는지, 2) 대리권 남용행위에 있어서 대리인의 배임적 의사를 전제로 하고 있는 판례와 다수의 문헌이 타당하다고 볼 수 있는지, 과실로 대리권 남용행위를 한 경우 또는 남용행위에 있어 대리인의 고의·과실이 전혀 없었던 경우에도 대리효과가 부인되어야 하는지 문제는 집중적으로 논의되지 못하였다. 1)번 문제는 집중적 논의 전개를 위해 부득이하게 제외하기로 하고, 본고에서는 2)번 문제를 내부관계에 있어서보다 더 넓은 범위의 대리권을 수여할 본인의 이익과 관련하여 상세히 검토해보고자 한다.

2. 본고에서는 대리권 남용 시 대리효과 부인을 위한 대리인의 주관적 요건을 우리 대리법의 모법 중에 하나라 할 수 있는 독일 대리법[3]과의 비교를 토대로 논의하고자 한다. 독일에서는 1866년 Paul Laband[4]에 의해 수권행위의 독자성과 무인성이 주창된 이후 잠시 동안 이를 비판하는 문헌이 산발적으로 등장하였지만, 곧 이를 반대하는 견해를 찾아보기 힘들어질 정도로[5] 많

---

2) 이를 경제적 효율의 관점에서 긍정적으로 평가하는 문헌으로 윤진수, "법(法)의 해석(解釋)과 적용(適用)에서 경제적(經濟的) 효율(效率)의 고려(考慮)는 가능한가?", 「서울대학교 법학」 제50권 제1호, 2009, 68면 이하 참조: 사법상 대리권 남용은 소위 대리인 문제(agency problem)의 예로서 대리제도의 근거는 노동분업의 원리에 따른 경제적 효율 증진에 있고, 따라서 대리인의 대리권 남용으로 인한 손실도 1차적으로 대리제도를 통해 이익을 얻을 뿐만 아니라 대리인을 감독할 수 있는 지위에 있는 본인이 부담해야 하지만, 대리인의 상대방이 악의인 경우에는 본인이 그 손실을 부담할 것은 아니라는 것이 거래비용의 관점에서 수긍된다고 한다.

3) 우리 대리법에 상당한 영향을 준 메이지 민법 내 대리규정은 독일민법초안을 모델로 하였고, 그 정도가 (특히 표현대리 규정에 대한 입법이유를 고려해 보았을 때) 오늘날 우리 다수설의 이해보다 더욱 독일법에 가까운 것으로 보인다는 지적으로 이준형, "일본 메이지민법(총칙편: 법률행위총칙·의사표시·대리)의 입법이유 분석", 「민사법학」 제54-1호, 2011. 387면.

4) Laband, ZHR 10 (1866), 183 ff.

5) Laband의 논문이 출간된 후 상당기간이 지난 뒤에도 이를 비판하였던 문헌으로는 Müller-Freienfels, Die Vertretung beim Rechtsgeschäft, 1955, S. 77 ff.

은 지지를 얻었고, 종국적으로 독일민법전 제정에 있어 내부관계와 독립된 대리의 규율이 명문화되었다.[6] 그런데 이와 같이 양 국가의 대리법 체계가 거의 동일함에도 불구하고, 오늘날 독일에서는 대리권 남용 시 대리효과 부인을 위해 대리인의 고의나 과실을 요구하지 않는 것이 대다수의 판례와 학설의 입장이다. 우리와 달리 독일의 대다수 판례와 문헌은 대리인의 주관적 요건을 요구하지 않고, 거래 상대방이 대리권 남용행위가 내부관계에 반하는 행위임을 안 경우와 같이 상대방의 주관적 요건만 충족시키면 된다는 입장을 취하는 반면, 소수의 견해만이 대리인의 주관적 요건도 충족되어야만 대리효과가 부인될 수 있다고 주장하고 있는 상황이다. 본고에서는 이 문제에 관한 독일의 논의상황을 자세히 검토하고, 우리 대리법상 어떤 시사점이 있는지 살펴보고자 한다. 결론을 미리 밝혀둔다면 본고에서는 대리인의 고의로 대리권 남용행위를 한 경우에 한하여 대리효과가 부인되어야 하고, 따라서 독일 소수설과 같이 원칙적으로 대리인의 남용의사를 고려하고 있는 우리의 다수설과 판례가 타당하다는 점을 개진해 보고자 한다.

3. 대리인의 대리행위가 내부관계에 반하는 의무위반행위가 되는 경우로는 다양한 상황을 예정할 수 있다. 본인의 지시 또는 이익에 반하는 대리인의 대리행위가 내부관계에 반하는 의무위반 행위임이 원칙이지만, 경우에 따라서는 본인의 지시를 따른 대리행위 내지 본인에게 이익이 되는 대리행위라 할지라도 내부관계에 반하는 행위일 수 있기 때문이다. 전자에 해당하는 예로 본인의 지시를 따르는 경우 본인에게 상당한 불이익이 발생하고, 이 경우 지시에 부합하는 대리행위를 오히려 본인이 원치 않는다는 (가정적) 의사를 대리인이 알고 있었던 사례를 들 수 있다. 즉 대리인으로서는 개별적 정황에 따라 본인의 지시를 위반하면서도 본인에게 이익이 되는 대리 행위를 할 내부관계상 의무를 부담할 수 있는 것이다. 또한 후자의 예시로 특정 지역으로의 수출이 본인에게 경제적으로 상당한 이익을 가져다 줄 수 있더라도, 본인이 이 지역으로의 수출을 정치적으로 원치 않는다는 의사를 대리인이 알고 있는 경우를 생각할 수 있다. 이러한 예외적인 경우에는 본인의 이익 유무와 상관없이 본인의 지시를 따라야 할 것이고, 이에 반하는 대리권 남용행위가 대리효과를 가질 수 있는지 문제될 수 있을 것이다.[7] 다만 본고에서는 좀 더 집중적인 논의를 위해 현재 대리권 남용행위 문제에 있어 가장 빈번히 다뤄지고 있는 사안, 즉 "내부관계상 본인의 이익을 위해야 할 대리인의 의무에 반하는 대리권 남용행위"를 주된 논의 대상으로 함을 밝혀둔다.

4. 끝으로 본고에서는 임의대리인이 대리권 남용행위를 하는 경우로 한정하여 논의를 전개함을 밝혀둔다. 남용의 위험은 임의대리, 법정대리, 표현대리,[8] 기관에 의한 법인의 대표 모두

---

6) Motive Ⅰ S. 228 f. = Mugdan Ⅰ, S. 478 f. 참조.

7) 이러한 지적으로 K. Schmidt, Handelsrecht, 2014, §16 Ⅲ 4b) bb) Rn. 73; Canaris, Handelsrecht, 2006, §12 Rn. 37.

에서 발생될 수 있고, 따라서 독일법과의 비교도 4가지 영역 모두에서 가능하겠지만, 본고에서는 다른 기타 남용유형에 대한 하나의 모델로서 임의대리권의 남용행위에 한정하여 비교법적 논의를 시도해 보겠다.

Ⅱ. 대리효과 부인을 위한 배임의사의 요구

일반 사법상 대리권 남용 상황이 발생했을 때 어떤 요건 하에서 대리효과를 부인할 것인지 문제에 대해 (특히 거래상대방이 충족해야 할 요건과 관련하여) 문헌 내 다양한 견해들이 주장되고 있지만, 일반적으로 우리 학설과 판례는 대리권 남용행위에 대해 대리인의 고의를 요구하는 입장을 취하고 있다.[9] 대리인이 본인의 이익에 반하는 객관적인 배임행위를 하고, 대리인과 법률행위를 한 상대방이 이 배임행위를 알았거나 정당한 이유 없이 알지 못한 경우이면 충분하기 때문에 대리인의 고의 또는 과실은 요건이 아니라는 견해[10]가 부분적으로 주장되고 있지만, 대개는 대리인의 남용의사 내지 배임적 의도를 전제로 하고 있다. 객관적으로 내부관계에서 부담하는 의무에 반하는 대리행위이나 이에 대한 대리인의 주관적 의도가 없는 경우 대리권이 남용[11]되

8) 특히 우리 민법이 권한을 넘은 표현대리제도를 두고 있고 조그마한 기본대리권에 기하여 배임적 월권대리가 행하여지는 경우가 대단히 많다는 점에 대리권 남용은 우리 민법에 있어 특히 그 폐해가 크다는 지적으로 이영준, 민법총칙(개정증보판), 박영사, 2007, 549면. 표현대리와 대리권 남용 법리가 하나의 사안에서 교착되는 경우에 대해서는 김정호, "대리권남용의 법리구성", 「법학논집」 제33집, 1997, 628면 이하; 윤일구, "민법 제126조의 표현대리와 대리권 남용의 관계", 「법학연구」 제52집, 2013, 183면 이하: 양 제도가 교착하는 경우 표현대리의 적용을 선검토해야 한다고 한다; 김상용, 민법총칙(제3판), 화산미디어, 2014, 565면; 강태성, 민법총칙(제5판), 대명출판사, 2013, 762면 참조.

9) 민법주해[Ⅲ]/손지열, 박영사, 1992, 41면; 주석 민법[총칙(3)]/문룡호, 한국사법행정학회, 2010, 46면; 김증한/김학동, 민법총칙(제10판), 박영사, 2013, 516면; 명순구, 민법총칙, 법문사, 2005, 444면; 김상용, 민법총칙(제3판), 화산미디어, 2014, 563면; 강태성, 민법총칙(제5판), 대명출판사, 2013, 759면; 지원림, 민법강의(제14판), 홍문사, 2016, 278면; 하경효, "대리권 남용시의 대리효과 부인의 근거와 요건", 이영준박사화갑기념논문집, 박영사, 1999, 143면; 문상일, "대표이사 책임범위에 관한 최근 판례동향", 「상사판례연구」 제25권 제2호, 2012, 272면; 윤일구, "민법 제126조의 표현대리와 대리권 남용의 관계", 「법학연구」 제52집, 2013, 173면; 김정호, "대리권남용의 법리구성", 「법학논집」 제33집, 1997, 626면; 김재범, "이사회의 결의사항과 상대방의 주의의무", 「동북아법연구」 제3권 제2호, 2009, 518면; 정상현, "반사회적 대리권 남용행위의 법률관계 고찰", 「저스티스」 제144호, 2014, 138면 이하: 총 7가지 유형으로 대리권 남용행위를 구분하면서 대리인의 배임의사를 전제로 하고 있다. 대리인의 고의는 최근 민법개정위원회에서 대리권 남용의 요건과 효과에 대해 명시적 규정을 두고자 마련된 가안에도 전제되어 있었다. 이에 대해서 이준형, "현행 대리규정에 관한 입법론적 검토", 「민사법이론과 실무」 제14권 제1호, 2010, 58면 참조.

10) 백태승, 민법총칙(제6판), 집현재, 2014, 460면; 이영준, 민법총칙(개정증보판), 박영사, 2007, 554면; 안춘수, "대리권 남용", 「법학연구」 제5권, 1995, 144면. 대리인의 주관적 요건을 요구하지 않는 견해에 명백히 반대하는 문헌으로 이기용, "대리권의 남용", 「비교사법」 제2권 제2호, 1995, 326면; 정해상, "대리권남용에 대한 당사자의 책임이론", 「중앙법학」 제4집 제2호, 2002, 264면 참조.

11) 하지만 대리권의 남용이라는 표현에 당연히 대리인의 배임의사가 전제되어 있다고 확정적으로 말할 수 있는지 의문이다. 이러한 의문은 특히 민법 제2조 제2항에서의 권리남용이 성립하기 위해 가해의 목적이라는 주관적 요건이 필요한지와 관련하여 다툼이 있는 것을 고려해 보았을 때 더욱 명확해 진다. 판례는 권리남용의

었다고 볼 수 없다는 문헌도 있고,[12] 특히 대리권 남용 시 대리효과 부인을 위해 민법 제107조 제1항 단서 유추적용을 지지하는 학설은 대리행위의 효과를 본인에게 귀속시킬 의사를 가지고 있으나, 본인에게 발생하게 될 대리행위의 효과를 고려할 때, 본인의 이익이 아니라 대리인 자신 내지 제3자의 이익을 도모하기 위한 배임적 의사를 가진 경우 대리효과가 부인된다고 설명한다.

민법 제107조 제1항 단서 유추적용설을 따르는 판례도 비진의표시를 규율하고 있는 동항의 문언을 유추해야 하는 결과 대리인이 모종의 진의를 가져야 하고, 따라서 대리인의 대리권 남용의사가 있어야 대리효과가 부인된다는 일관된 표현을 사용하고 있다. 예컨대 대리권 남용 사례로 잘 알려진 소위 명성사건[13]에서는 "대리인의 진의가 본인의 이익이나 의사에 반하여 자기 또는 제3자의 이익을 위한 배임적인 것임을 그 상대방이 알거나 알 수 있었을 경우"에 대리효과가 부인된다고 판시하면서, 당해 사안에서 "지점장 대리인의 의사는 본인인 은행의 의사나 이익에 반하여 자기 또는 제3자의 이익을 위하여 배임적인 의도로 한 것이고 예금자 역시 위 대리인의 예금계약의 의사가 진의가 아님을 통상의 과실로 알지 못한 채 예금계약을 체결한 것"이므로 예금계약의 효과가 부인되어야 한다고 판단하였다.[14] 나아가 권리남용을 고려하는 판례[15]도 마찬가지여서 "대표이사가 회사의 영리목적과 관계없이 자기 또는 제3자의 이익을 도모할 목적으로 그 권한을 남용한" 경우 상대방의 악의를 입증하여 행위의 효과를 부인할 수 있

성립을 위해 대체로 주관적 요건을 요구하는 반면(최근 판례로 대법원 2008. 9. 25. 선고 2007다5397 판결; 이에 대한 평석으로 이동형, "권리남용 성립요건의 판단방법과 기준", 「법조」 제58권 제11호, 2009, 398면 이하 참조), 다수설에 의하면 가해의 의사 또는 고의·과실의 주관적 요건이 충족될 필요가 없다(대표적으로 이영준, 민법총칙(개정증보판), 박영사, 2007, 86면 이하 참조: 민법 제2조 제2항이 스위스민법 제2조 제2항과 같이 주관적 요건을 규정하고 있지 않으므로 권리의 객관적 행사가 법질서와 조화되지 않는다는 점으로 충분하다고 한다). 동일한 입장의 독일문헌으로 Siebert, Verwirkung und Unzulässigkeit der Rechtsausübung, 1934, S. 121; MüKoBGB/Schubert, § 242 Rn. 214.

12) 정해상, "대리권남용에 대한 당사자의 책임이론", 「중앙법학」 제4집 제2호, 2002, 264면. 대리권 남용 문제를 권리남용 또는 신의성실의 관점에서 바라보아도 남용의 고의 또는 과실이 필연적으로 요구될 필요는 없고, 거래상대방의 악의만으로 충분히 대리효과가 부인될 수 있다는 지적으로 MüKoBGB/Schubert, § 164 Rn. 218.

13) 대법원 1987. 7. 7. 선고 86다카1004 판결. 이러한 판례경향은 최근의 대법원 판례(대법원 2009. 6. 25. 선고 2008다13838 판결; 대법원 2006. 3. 24. 선고 2005다48253 판결)에서도 재확인할 수 있다.

14) 이미 대리권의 남용을 비진의표시와 유사한 것으로 보는 견해에 대해서는 많은 비판이 가해지고 있지만(대표적 문헌으로 하경효, "대리권 남용시의 대리효과 부인의 근거와 요건", 이영준박사화갑기념논문집, 박영사, 1999, 143면 이하: 비진의표시에서는 의사표시로 인한 법률효과의 발생 자체를 의욕 하지 않는 것인 반면, 대리권남용의 경우에는 법률효과의 발생을 의욕 함을 지적하고 있다), 판례와 같이 민법 제107조 제1항 단서를 유추하는 경우 논리 필연적으로 거래 상대방이 대리인의 주관적 의도를 안 경우에 대리효과가 부인된다는 점을 지적해 둔다. 여기서는 대리권 남용 시 대리효과 부인을 위한 대리인의 주관적 요건으로 논의 대상을 한정하고 있기 때문에 더 이상 이 문제를 검토하지 않겠지만, 거래 상대방의 주관적 요건으로서 대리인의 배임적 의사에 대한 인식이 요구되어야 하는지 아니면 대리행위가 내부관계에 반하는 의무위반이라는 사실에 대한 인식이 고려되어야 하는지 분명히 논의할 필요가 있다.

15) 대법원 1987. 10. 13. 선고 86다카1522 판결.

다고 한다.

Ⅲ. 대리권 남용항변 요건에 대한 독일법 상황의 분석

독일의 다수설과 판례의 태도에 의하면 대리행위에 있어 대리인과 거래상대방이 적극 공모하여 본인의 불이익을 위해 협력한 경우 선량한 풍속에 반하는 법률행위의 무효를 규정하고 있는 독일민법 제138조 제1항이 적용된다.[16] 특히 판례는 이 경우 공모에 대한 약정과 이를 토대로 행해진 대리행위 모두가 선량한 풍속에 반하는 것으로 보고 있다.[17] 그런데 대리인과 거래상대방의 적극적 공모 없이 대리권이 남용된 경우 구체적으로 어떤 요건 하에서 대리효과를 부인할 것인지에 대해서는 현재 다양한 주장이 대립하고 있다.[18] 여기서 논의대상이 되고 있는 대리인 측의 요건에 대해서는 일단 '대리행위의 객관적 의무위반'이 있어야 한다는 점에 학설과 판례가 일치하고 있지만, 즉 대리인이 본인과의 내부적 관계에 있어서 존재하는 의무(특히 본인의

16) BGH NZG 2014, 389, 390; BGH NJW－RR 2004, 247; BGH NJW 2000, 2896, 2897; Staudinger/Schilken, § 167 Rn. 93; Erman/G. Meier－Reimer, § 167 Rn. 71; NK－BGB/Stoffels, § 164 Rn. 85; Medicus, BGB AT, Rn. 966. 공모의 경우에도 무권대리인의 대리행위를 규율하고 있는 독일민법 제177조 제1항이 적용되어서, 본인에게 당해 대리행위를 추인할 가능성이 부여되어야 한다는 견해로 Wolf/Neuer, BGB AT § 49 Rn. 107; Bork, BGB AT Rn. 1575; PWW/Frensch, § 167 Rn. 69; Lieder, JuS 2014, 681, 685 f. 독일법 상황을 고려해 보았을 때 대리권 남용에 상대방이 모의하는 등 적극 개입한 경우에는 민법 제103조에 의거한 무효 주장을 지지하는 대표적 한국문헌으로 이영준, 민법총칙(개정증보판), 박영사, 2007, 552면; 하경효, "대리권 남용시의 대리효과 부인의 근거와 요건", 이영준박사화갑기념논문집, 박영사, 1999, 144면 이하; 정상현, "반사회적 대리권 남용행위의 법률관계 고찰", 「저스티스」 제144호, 2014, 138면 이하.

17) BGH NJW 1989, 26.

18) 예컨대 거래상대방이 충족해야 할 주관적 요건과 관련해서 ⅰ) 거래상대방이 대리권이 남용되는 상황에 대해 적극적인 인식을 가져야 한다는 견해(RGZ 15, 206, 207; RGZ 52, 96, 99; Hezel, Der Mißbrauch der Vertretungsmacht, 1936, S. 30 ff.), ⅱ) (중)과실로 대리권 남용의 상황을 인식하지 못한 경우에도 충분하다는 견해(BGH WM 1966, 491, 492; BGH NJW 1968, 1379; Tank, NJW 1969, 6, 11), ⅲ) 적극적인 인식을 가졌거나 또는 대리권 남용의 상황이 객관적으로 명백하거나(Evidenz) 분명한(Öffensichtlichkeit) 경우에 대리효과가 부인되어야 한다는 견해(BGH NZG 2010, 1397, 1399; BGH WM 2008, 1703; BGH NJW－RR 2004 1637; Wolf/Neuer, BGB AT § 49 Rn. 105; Medicus, BGB AT Rn. 967; Erman/G. Meier－Reimer, § 167 Rn. 72; PWW/Frensch, § 164 Rn. 70; MüKoBGB/Schubert, § 164 Rn. 222; Staudinger/Schilken, § 267 Rn. 97; Mock, JuS 2008, 486, 487), ⅳ) 거래상대방이 충족해야 할 요건을 설정하는 것은 (비례의 원칙을 고려해 보았을 때) 바람직하지 않고 거래상대방의 인식 내지 인식가능성과 상관없이 본인은 항상 대리권 남용의 항변을 할 수 있다는 견해(Vedder, Missbrauch der Vertretungsmacht, 2007, S. 57 ff.; ders., JZ 2008, 1077, 1080)가 대립하고 있다. 우리의 경우 민법 제107조 제1항 단서 유추적용설에 따르면 필연적으로 위 ⅱ)견해처럼 거래상대방의 과실을 요구하게 되고, 권리남용설에 따르면 상대방의 중과실을 요건으로 본인에게 대리효과가 부인된다는 결론에 이르게 된다. 이에 관하여 대리권의 남용사실을 과실로 알지 못한 경우까지 포함한다면 상대방에게 대리권의 남용 여부를 조사할 의무를 부과하는 결과가 되므로 독일 내 ⅲ) 견해처럼 남용이 객관적으로 명백한 경우를 고려하는 것이 타당하다는 지적으로 하경효, "대리권 남용시의 대리효과 부인의 근거와 요건", 이영준박사화갑기념논문집, 박영사, 1999, 145면 이하; 유사한 취지로 이영준, 민법총칙(개정증보판), 박영사, 2007, 554면; 이은영, 민법총칙(중판), 박영사, 2002, 622면; 지원림, 민법강의(제14판), 홍문사, 2016, 281면.

이익을 위해 행위 할 의무)의 객관적 위반은 필수적 요건으로 고려되고 있지만, 대리인이 본인의 이익을 고의[19]로 또는 적어도 과실[20]로 침해했을 것이 주관적 요건으로 고려되어야 하는지, 단순히 객관적 의무위반만으로 충분한지[21] 문제가 논의되고 있다.

이러한 대리인의 주관적 요건에 대한 논의는 그 이면에 대리권 남용의 위험이 어떻게 발생되는지의 문제와 연결되어 있는데, 구체적으로 대리권이 내부관계에 있어서보다 더 넓은 범위로 수여되는 이유를 바라보는 관점에 따라서 서로 다른 결론에 이르고 있는 상황이다. 내부관계에 있어서보다 더 넓은 범위를 가지는 대리권(überschießende Vertretungsmacht)[22]이 수여된 경우라야 대리권 남용의 위험이 발생하고, 그러한 남용위험에도 불구하고 본인이 넓은 대리권을 수여하게 되는 이유가 대리권 남용문제를 해결함에 있어 결정적인 의미를 가지기 때문이다.[23] 아래에서는 우선 내부관계에 있어서보다 더 넓은 대리권을 수여함에 있어서 본인이 가지는 객관적·전형적 이익으로 무엇이 고려될 수 있는지, 그리고 이러한 본인의 객관적·전형적 이익이 수권행위의 해석에 어떤 영향을 주는지를 살펴본 뒤, 이를 토대로 대리권 남용 시 대리효과 부인을 위한 대리인의 주관적 요건에 대한 독일 내 논의를 상세히 고찰해 본다.

1. 대리권 남용 위험의 발생

대리권을 남용할 위험은 대리인이 가지고 있는 대리권의 범위가 본인과의 내부적 관계에 있어서 허용된 것보다 더 넓은 경우에, 다시 말해 외부적 관계에 있어서 본인을 대리할 수 있는 범위보다 내부적 권한의 범위가 더 협소한 경우에 발생한다. 따라서 만약 대리인이 외부적으로 활동할 수 있는 대리권의 범위가 본인과의 내부관계에서 허용된 범위와 동일하다면, 처음부터 대리권 남용의 위험은 발생하지 않게 된다.[24] 이처럼 외부관계와 내부관계에서 허용되는 대리인의 권한을 동일한 범위 내에서만 인정하게 되면, 대리권 남용 위험 자체가 발생하지 않을 것임에도 불구하고 왜 내부관계에 있어서보다 더 넓은 대리권이 수여되는지, 이를 위한 어떠한 구체적 이익이 본인에게 존재하는지에 대한 설명이 필요하게 된다.

19) RGZ 75, 299, 301; BGH NJW 1968, 1379; BGH NJW 1990, 384 f.(obiter dictum: 방론); Soergel/Leptien, § 177 Rn. 18; Canaris, Handelsrecht, 2006, § 12 Rn. 37; Vedder, Missbrauch der Vertretungsmacht, 2007, S. 38 ff.

20) Hoffmann, JuS 1970, 286, 287; Michalski, GmbHR 1991, 349, 354.

21) 대다수의 독일 판례가 취하는 견해이다. RGZ 134, 67, 71 f.; BGH 1984, 1461, 1462; BGH 1988, 3012, 3013; BGH NJW 2006, 2776. 동일한 견해를 취하는 대표적 문헌으로 MüKoBGB/Schubert, § 164 Rn. 220; Staudinger/Schilken, § 167 Rn. 95; PWW/Frensch, § 164 Rn. 71; Bork, BGB AT Rn. 1582; Wolf/Neuer, BGB AT § 49 Rn. 106; Medicus, BGB AT Rn. 968; K. Schmidt, Handelsrecht, 2014, § 16 Ⅲ 4b) bb) Rn. 73 ff.; Frotz, Verkehrsschutz im Vertretungsrecht, 1972, S. 623; Tank, NJW 1969, 6, 9; Pawlowski, JZ 1996, 125, 129; Mock, JuS 2008, 486, 487; Steinbeck, WM 1999, 885, 890 ff.

22) 이하에서 '넓은 대리권'이라 할 때 내부관계에서 허용된 범위보다 넓은 범위로 수여된 대리권을 말한다.

23) 아래 Ⅲ. 2. 참조.

24) 이러한 지적으로 Flume, BGB AT, Bd. 2, § 45 Ⅱ 2.

본인에게는 내부관계에 있어서보다 더 넓은 대리권을 수여할 그 어떠한 이익도 존재하지 않고, 대리권을 수여하는 자는 항상 내부관계에서 허용된 범위와 동일하게 대리권의 범위를 제한하고자 하는 것이 객관적으로 자명하다는 견해[25)]가 독일에서 주장된 바 있다. 만약 이 견해가 타당하다면, 대개 객관적으로 인식될 수 있는 본인의 의사에 따라 대리권의 범위가 결정됨을 고려해 보았을 때 임의대리에 있어서 대리권 남용의 문제가 발생하는 경우는 매우 드물 것이다. 즉 의사표시 해석에 의해 내부관계에 있어서보다 더 넓은 범위를 가지는 대리권이 도출되기 힘들 것이고, 내부관계에서 부담하는 의무를 위반하면 곧바로 무권대리가 되기 때문에 대리권남용의 위험 자체가 발생하지 않을 것이다. 하지만 실제에 있어 넓은 대리권을 수여하는 것에 대해 (이로 인해 대리권 남용의 위험을 감수한다 할지라도) 본인의 객관적인 이익이 존재한다는 것이 오늘날 일반적 설명이라고 볼 수 있다.

현재 그러한 본인의 이익으로 설명되는 몇몇 쟁점들이 독일 내 논의되고 있는데, 이들은 모두 '대리를 통해 법률행위를 행할 대리인과 거래 상대방의 준비상태(Bereitschaft)', 즉 '계약 체결에 대한 대리인의 준비상태'와 '계약의 교섭 및 체결에 대한 (잠재적) 거래 상대방의 준비상태'를 확고히 해줄 이익이라고 하는 큰 틀 안에서 설명될 수 있다.[26)] 본인이 대리권을 수여함에 있어서는 대리행위에 의한 계약의 체결을 핵심적 목표로 삼는 것이 일반적이고, 이를 위해서는 대리인의 준비상태 및 그 대리인과 교섭하고 계약을 체결할 거래 상대방의 준비상태를 확고히 해주는 것이 본인에게 필수적일 것이다. 그리고 대리인과 거래 상대방의 적절한 준비상태의 마련을 위해서 (아래의 논증과 같이) 내부관계에 있어서보다 더 넓은 대리권 수여가 전제된다면, 본인은 간접적으로 넓은 대리권의 수여에 대한 이익을 가지게 될 것이다. 대리권 남용의 가능성에도 불구하고 넓은 범위의 대리권이 수여된다는 것은 결국 대리행위에 대한 준비상태를 확고히 할 본인의 이익이 대리권 남용위험을 회피할 반대이익보다 우위를 점한다는 것을 의미하게 된다.

(1) 내부관계에 있어서보다 더 넓은 대리권을 수여할 본인의 객관적 · 전형적 이익

1) (잠재적) 상대방의 교섭·체결 준비상태 강화

(가) 대리행위의 구속력에 대한 불확실성 제거의 이익

대리인과 계약을 체결하려는 거래상대방은 대리인이 본인을 위해 행하는 의사표시가 유효하다는 것을 전제할 수 있어야 계약의 교섭에 임할 것이다. 그런데 대리권 남용위험을 피하기 위해 처음부터 내부관계에 있어 허용되는 한도와 동일한 범위의 대리권이 수여된다면, 거래상대방의 이해에 부합하지 않는 결과가 야기된다. 대리인이 대리행위를 통하여 본인의 이익을 위해 최선을 다할 자신의 의무를 이행하고 있는지 또는 본인의 내부적 지시를 준수하고 있는지 여부를 거래 상대방 입장에서 식별할 수 없는 경우가 대부분이기 때문이다. 따라서 본인과의 내

25) Frotz, Verkehrsschutz im Vertretungsrecht, 1972, S. 338.

26) 이러한 분류로 Vedder, Missbrauch der Vertretungsmacht, 2007, S. 9 ff.; ders., JZ 2008, 1077.

부관계에서 대리인이 부담하는 의무 내지 본인의 구체적 내부 지시를 준수할 대리인의 의무를 통해 외부관계에서의 대리권의 범위도 제한된다는 것은 이로 인해 거래 상대방으로 하여금 대리행위의 구속력에 대한 불확실성을 가지게 하고 — 특히 거래상대방이 내부관계에서의 의무 내지 지시의 내용을 인식할 수 없는 경우 — 이는 곧 거래상대방의 준비상태가 약화됨을 의미한다. 결국 이러한 불확실성을 제거해 주기 위해 (적어도 대리행위가 내부관계에 있어 의무위반에 해당함을 거래 상대방이 알지 못하였던 경우 대리권 범위 내의 행위가 되도록) 내부관계에 있어서보다 넓은 대리권이 수여될 수밖에 없다는 점이 지적되고 있다.[27]

(나) 대리제도가 이용되지 않는 2당사자 관계에서와 동일한 거래기회 제공에 대한 이익

대리권 남용 위험이 발생하게 되는 이유, 즉 내부관계에 있어서보다 더 넓은 대리권을 수여하게 되는 배경으로서 '대리행위의 구속력에 대한 불확실성의 회피' 외에 소위 '동일한 거래기회의 부여(Gewährung gleicher Geschäftschancen wie gegenüber unvertretenen Personen)'를 강조하는 견해가 있다.[28] 이 견해에 의하면 (잠재적) 거래 상대방이 대리제도를 이용하지 않는 자, 즉 자기 자신의 이름으로 법률행위를 하는 자와 비교해 보았을 때 대리제도를 이용하는 자에 대해서도 동일한 거래기회를 가져야 한다고 한다. 대리가 아닌 단순 2당사자 관계에 있어서 거래 상대방은 자기 자신의 이름으로 행위 하는 자와의 거래에 있어서 (선량한 풍속, 신의성실의 원칙 그리고 계약교섭 단계에서의 설명의무 등에 의한) 계약 자유의 일반적 한계에 놓이면서도, 상당히 넓은 범위에 있어 (의도적으로) 자신의 이익을 상대편의 비용으로 관철시킬 가능성을 가지게 된다. 예를 들어 계약의 교섭에 임하는 A가 시장상황에 대해 스스로 그릇된 평가를 하여 자신이 교섭에 있어 가지게 되는 지위를 최적화하지 못한 경우 거래 상대방인 B는 이를 얼마든지 자신의 이익을 위해 이용할 수 있고, 이와 같은 거래기회는 특히 A가 시장상황에 대해 오판함으로서 자신의 이익을 스스로 침해하고 있다는 사실을 B가 인식한 경우에도 보장되어야 할 것이다.

이제 거래 상대방이 대리인과 교섭하는 상황을 생각해본다면 그리고 거래 상대방에게 2당사자 관계에서와 동일한 거래기회가 '대리되는 본인'에 대해서도 부여되어야 한다면, 본인의 이익에 반하여 내부적으로 의무위반에 해당하는 대리인의 대리행위도 대리권 내의 행위이어야 할 것이다. 그리고 이는 거래 상대방이 내부적 의무위반에 대해 인식한 경우에도 마찬가지일 것이다. 왜냐하면 2당사자 관계에서 자기 자신의 이름으로 행위하는 자가 스스로 자신의 이익에 반하는 행위를 하는 경우 거래 상대방이 이를 자신의 이익으로 이용해도 되는 것이고, 그렇다면 대리에서 본인과의 내부관계에 반하는 대리인의 의무위반행위도 거래상대방이 자신의 이익으로

27) 이를 명백히 지적하고 있는 문헌으로 Frotz, Verkehrsschutz im Vertretungsrecht, 1972, S. 533; Pawlowski, JZ 1996, 125, 129. 유사한 지적으로 Staudinger/Schilken, §167 Rn. 95; Wolf/Neuer, BGB AT §49 Rn. 100. 또한 내부관계에 있어서보다 넓은 대리권을 수여할 이익으로 이러한 불확실성의 회피를 고려하는 것은 독일의 다수설이 대리권 남용에 기한 대리효과 부인을 위해 거래상대방이 알았거나 알 수 있었을 것을 요구함에 있어 전제가 되어 있다. 이에 대해서는 주 21) 참조.

28) Vedder, Missbrauch der Vertretungsmacht, 2007, S. 12 f.; ders., JZ 2008, 1077.

이용할 수 있어야 하기 때문이다.[29] 이러한 맥락에서 거래 상대방이 대리제도를 이용하는 본인에 대해 가지는 지위가 2당사자 거래를 하는 경우에 비해 불리해져서는 안 된다는 점은 대리인이 외부적으로 활동할 수 있는 대리권의 범위를 본인과의 내부관계에서 허용된 범위로 제한하는 것, 특히 본인의 이익에 부합하는 대리행위 내지 주의를 다한 대리권의 행사로 대리권 범위를 제한하는 것과 양립하기 힘들다고 한다.[30] 그렇지 않으면 거래상대방의 교섭 및 체결 준비상태가 약화되는 결과를 초래하기 때문이다.

2) 대리인의 체결 준비상태 강화

끝으로 대리권이 내부관계에서 허용된 범위로 제한되어 수여되는 경우 독일의 대리법 적용에 있어 대리인의 계약체결 준비상태가 위협받게 된다는 점에 넓은 대리권을 수여할 이익이 있다는 지적이 있다.[31] 만약 대리권이 본인의 이익을 위해 최선을 다해야 하는 의무에 부합하는 범위로 제한된다면, 그 내부적 의무를 위반하는 즉시 무권대리가 될 것이다. 그런데 이러한 내부적 의무위반이 예컨대 본인의 내부적 지시에 대한 잘못된 해석 또는 최신 시장상황과 같은 외부적 기본상황에 대한 잘못된 평가에 기인하고, 여기에 대리인의 과실이 존재하지 않는 경우, 독일법상 대리인이 외부관계상 부담해야 하는 책임이 내부관계상 본인에 대해 부담하는 것보다 더 넓은 범위에서 인정될 수 있다는 문제가 지적되고 있다.

무권대리인의 책임을 규율하고 있는 독일민법 제179조는 제1항에서 대리인이 대리권을 증명하지 아니하는 한 상대방의 선택에 따라 이행 또는 손해배상의 의무를 진다고 규정하면서도, 제2항에서 대리인이 대리권의 흠결을 알지 못한 경우 상대방에 대하여 대리권을 믿음으로 인하여 입은 손해를 배상할 의무를 진다고 규정하고 있다. 그런데 독일민법 제179조 제2항에 기한 책임은 객관적으로 대리권의 범위를 벗어나기만 하면 발생하는 반면,[32] 내부관계에서 대리인은 독일민법 제280조 제1항 제2문, 제276조 제1항에 따라 유책한 행위에 대해서만 책임을 지는 것이 원칙이고, 나아가 본인에 대해 (예컨대 무상위임 등에 있어 당사자들의 약정에 의해) 책임이 경감되는 경우도 있을 수 있다. 이와 같이 내부관계상 책임을 발생시키지 않는 대리행위를 이유로 외부관계에서 개인적 책임을 부담해야 위험은 대리인에게 상당한 부담을 주게 될 것이고, 결국 대리인의 거래 준비상태가 약화되는 결과가 야기된다. 따라서 대리권의 범위 제한을 통해 대리인의 계

29) 독일 대리법이 '동일한 거래기회 제공'의 원칙을 고려하고 있지 않고, 내부관계에 반하는 대리행위와 스스로 자기 이익을 침해하는 행위가 서로 견줄 수 있는 것이지도 의문이라는 비판으로 Staudinger/Schilken, § 167 Rn. 95.

30) 다만 '본인의 비용으로 유리한 법률행위'를 할 수 있는 거래상대방의 가능성이 사실상 침해되기 힘들 정도로 대리권의 범위가 특정 거래영역 또는 특정 계약대상물에 한정되어 있는 경우에는 문제되지 않는다는 지적으로 Vedder, Missbrauch der Vertretungsmacht, 2007, S. 13.

31) Vedder, Missbrauch der Vertretungsmacht, 2007, S. 10 f.

32) MüKoBGB/Schubert, § 179 Rn. 48; Erman/Maier-Reimer, § 179 Rn. 14; PWW/Frensch, § 179 Rn. 17; Staudinger/Schilken, § 179 Rn. 17; Medicus, BGB AT Rn. 994. 유책성의 요구에 근접한 견해로 Hübner, BGB AT Rn. 1315.

약체결 준비상태가 위협받아서는 안 된다면, 최소한 내부적 의무위반이 외부관계에서뿐만 아니라 내부관계에 있어서도 책임을 발생시킬 수 있을 정도의 대리권 범위를 보장해줄 본인의 이익이 있다고 한다.

(2) 수권행위 해석에 의한 대리권의 범위 설정

지금까지 살펴본 '내부관계에 있어서보다 더 넓은 대리권을 수여할 본인의 이익', 즉 '대리를 통한 계약 체결과 관련하여 잠재적 거래 상대방과 대리인에게 적절한 준비상태를 마련해주기 위해 대리권 남용의 위험을 감내해야 할 본인의 이익'은 법률행위에 의해 수여되거나 제한될 수 있는 대리권의 범위를 정함에 있어 결정적인 의미를 가지게 될 것이다. 그러한 본인의 전형적 이익들이 상대방 있는 의사표시 해석에 대한 일반원칙 따라서 대리권의 범위를 결정하는 모든 의사표시의 해석[33]에 있어서 고려되어야 하기 때문이다.[34] 구체적으로 독일법상 대리권 범위와 관련된 의사표시로는 수권행위(독일 민법 제167조 제1항)와 이미 존재하는 대리권의 (부분적) 제한 또는 철회의 의사표시(독일 민법 제168조 제2문 및 제3문)가 있는데 이들을 해석함에 있어서 앞서 언급한 본인의 이익들이 고려되어야 하고, 그렇다면 법률행위에 의해 수여되거나 제한이 가능한 대리권은 내부관계에서 허용되는 정도보다 넓은 범위에서 인정되는 것이 의사표시 해석의 일반적 결과가 될 것이다. 나아가 거래 상대방에게 대리제도를 이용하지 않는 경우와 동일한 거래기회를 제공할 이익을 고려해 보았을 때 거래 상대방이 본인의 이익에 반하는 대리인의 대리행위에 대한 인식유무에 따라 대리권 범위가 결정될 여지도 없을 것이다.

다만 수권행위에 대한 객관적 상대방의 관점에서 비전형적인 이해관계가 존재하거나, 본인의 다른 의사가 해석을 통해 도출될 수 있다면 (법률상 금지 되지 않는 한) 본인과의 내부관계에서 허용된 범위로 제한되는 대리권 수여도 얼마든지 가능할 것이다. 이 경우 대리인이 내부적 관계에서 부담하는 의무를 위반하여 대리행위를 하였다면 무권대리의 문제가 되는 것이고, 이미 수차례 언급하였듯이 대리권 남용의 문제는 처음부터 발생하지 않는다.[35]

2. 대리권 남용 항변을 위한 대리인의 주관적 요건

내부관계에 있어서보다 더 넓은 범위의 대리권을 수여함에 본인이 가지는 이익들은 앞서

---

33) MüKoBGB/Schubert, § 167 Rn. 55; PWW/Frensch, § 167 Rn. 24; Staudinger/Schilken, § 167 Rn. 86 참조.

34) 이에 대한 상세한 논의로 Vedder, Missbrauch der Vertretungsmacht, 2007, S. 13 f. 참조. 나아가 이 문헌에서는 '내부관계에 있어서보다 더 넓은 대리권을 수여할 본인의 이익'이 법률에서 규율되고 있는 특정 대리권 유형에 있어 내부적인 대리권 제한을 제3자에 대해 무효로 하고 있는 법 규정의 목적을 설명해 준다고도 한다. 예컨대 독일 상법 제126조 제1항에 의해 재판상 또는 재판외의 모든 행위를 할 수 있는 합명회사 사원의 대리권은 동조 제2항에 따라 대리권 범위의 제한이 제3자와의 관계에서 무효인데, 앞서 언급한 불확실성의 회피와 동일한 거래기회의 부여의 관점에서 규정 목적을 이해할 수 있다고 한다.

35) 이러한 차원에서 대리권의 범위를 정확히 확정하는 것이 대리권 남용 문제를 해결함에 있어 첫 단계에 해당한다는 지적으로 John, Der Mißbrauch organschaftlicher Vertretungsmacht, FS Mühl, 1981, S. 351.

살펴본 것처럼 대리권의 범위를 확정함에 결정적인 역할을 함과 동시에 대리권 남용의 항변을 가능케 하는 요건과도 밀접한 관련을 가진다. 내부관계에 있어서보다 넓은 범위를 가지는 대리권이 수여된 경우라야 대리권 남용의 위험이 발생하고, 따라서 왜 굳이 넓은 대리권을 수여했는지에 대한 이유가 대리권 남용의 위험의 본인부담 원칙을 정당화하기 때문이다. 즉 거래 상대방이 가질 수 있는 불확실성을 제거하기 위해서 또는 대리제도를 이용하지 않는 경우와 동일한 거래기회를 상대방에게 제공하기 위해서 본인 스스로 대리권 남용의 위험을 감수한다고 볼 수 있다. 그런데 (넓은 대리권 수여의 이유와 관련하여) 지나치게 완화된 요건 하에서 대리권 남용의 항변이 가능해지고 결국 쉽게 대리효과가 부인된다면, 마땅히 본인이 부담해야 할 대리권 남용위험이 오히려 상대방에게 전가되는 결과가 될 수 있다.

만약 넓은 범위의 대리권이 수여되는 근거가 거래상대방의 대리행위 구속력에 대한 불확실성 회피에만 있는 것으로 본다면, 다시 말해 거래상대방으로 하여금 본인과 대리인 사이의 내부관계를 조사할 필요가 없도록 하고, 이를 통해 대리행위의 구속력에 대한 확신을 거래상대방이 가질 수 있도록 함에 한정하는 경우, 대리행위의 객관적 의무위반과 이에 대한 거래상대방의 인식이 존재한다면 대리권 남용의 항변이 가능하고, 남용행위에 있어 대리인의 고의 또는 과실이 있어야 하는가는 고려될 필요가 없다는 결론에 이르게 될 것이다. 거래상대방이 대리행위의 객관적 의무위반을 안 경우, 넓은 대리권을 수여함으로써 거래 상대방의 대리행위 구속력에 대한 불확실성을 제거하고자 했던 본래의 이익이 이미 존재하지 않기 때문에, 대리인의 고의·과실여부와 상관없이 그러한 거래 상대방은 보호받을 필요가 없다는 것이다. 결국 대리인이 대리권 남용행위를 통해 본인의 이익을 침해함에 있어 고의나 과실을 요구하지 않는다고 하여, 마땅히 본인이 부담해야 할 대리권 남용 위험이 상대방에게 부당하게 전가되지 않는다.[36] 현재 독일의 문헌에서 절대적 다수설[37]을 점하고 있는 이 견해에 대다수의 독일 판례 역시 결론적으로 동조하고 있다.[38]

이와 달리 넓은 대리권 수여에 대한 중요한 근거로서 '대리제도를 이용하지 않는 경우와 동일한 교섭·체결 기회의 제공' 측면도 함께 고려한다면, 대리행위의 객관적 의무위반과 거래상대방의 인식(가능성)만을 근거로 대리 효과를 부인하는 것에 설득력이 없어진다. 이미 설명하였듯이 객관적으로 내부관계에 반하는 대리행위 그 자체는 대리제도를 이용하지 않고 자기 자신의 이름으로 행위 하는 자가 스스로 자신의 이익에 반하는 법률행위를 하는 경우와 견주어

36) 이와 달리 대리권 남용 시 대리효과 부인을 위한 요건으로 거래상대방의 악의 자체를 요구하지 않는 견해(주 18) ⅳ) 참조)를 지지하게 되면, 거래상대방의 불확실성 회피의 이익을 고려해 보았을 때 본인의 남용위험 부담원칙이 훼손되는 결과가 될 수 있다.

37) 불명확성 회피에 대한 본인의 이익만을 고려하면서 대리인의 고의·과실을 요구하지 않는 문헌으로 Frotz, Verkehrsschutz im Vertretungsrecht, 1972, S. 533; Pawlowski, JZ 1996, 125, 129. 유사한 지적으로 Staudinger/Schilken, BGB 2004, §167 Rn. 95.

38) 주 21) 참조.

평가되어야 한다. 즉 2당사자 관계에서 자기 자신의 이름으로 스스로 행위 하는 자가 자신의 이익에 반하는 행위를 하는 경우 거래 상대방은 이를 의도적으로 자신의 이익을 위해 이용해도 되는 것임을 고려하면, 대리에서 본인과의 내부관계에 반하는 대리인의 의무위반행위도 거래상대방이 의도적으로 자신의 이익을 위해 이용할 수 있어야 한다.[39] 결국 대리행위가 본인의 이익에 반하여 내부적으로 의무위반에 해당함을 거래상대방이 인식한 경우에도 대리권 내의 행위가 됨을 본인이 수권행위를 함에 있어 이미 스스로 감내하였다고 볼 수 있다. 따라서 대리행위의 객관적 의무위반과 거래상대방의 인식이 존재하면 언제나 대리권 남용의 항변이 허용된다고 하면, 동일한 교섭·체결 기회의 제공이라는 측면에서 보았을 때 지나치게 완화된 요건 하에서 대리효과가 부인되고, 마땅히 본인이 부담해야 할 대리권 남용위험이 오히려 상대방에게 전가되는 결과가 된다.

이러한 이유로 현재 독일에서는 '본인이 스스로 정한 본인의 이익'이 '고의'로 행한 대리권 남용행위에 의해 침해된 경우라야 대리효과의 부인이 정당화 될 수 있다는 견해가 주장되고 있다.[40] 이에 의하면 2당사자 관계에 있어서 자신의 이름으로 행위 하는 자가 자신이 스스로 정한 이익을 과실로 도외시하거나, 자신의 객관적인 이익을 (예컨대 이타적인 동기에 의해) 고의로 도외시 하는 것은 얼마든지 가능하므로, 이에 준하는 이익의 침해가 대리제도를 이용하는 본인에게 발생한다고 하여 대리효과가 부인될 수는 없다고 한다. 그런데 자신의 이름으로 행위하는 자 스스로가 사전에 정의한 자신의 (특정) 이익을 이후 고의로 도외시한다는 것은 그것이 자신의 이익이 아님을 추후 인정한다는 것이고, 즉 자신의 이익이 무엇인지를 다시금 정의한다는 것을 의미하며, 따라서 대리제도를 이용함 없이 자신의 이름으로 법률행위 하는 자가 자신이 정한 이익을 고의로 침해한다는 것은 처음부터 불가능하다고 한다. 하지만 대리의 경우에는 본인이 스스로 정한 자신의 이익이 얼마든지 대리인의 고의적 남용행위에 의해 침해될 수 있으며, 이는 2당사자 관계와 비교해 보았을 때 대리제도 특유의 위험에 해당하는 사례로 볼 수 있다고 한다. 결론적으로 이 견해는 '본인이 스스로 정한 본인의 이익'이 '고의'로 행한 대리권 남용행위에 의해 침해된 경우에만 대리권 남용 항변을 허용할 수 있고, 그래야만 동일한 거래기회 제공의 이익으로 넓은 대리권을 수여했다는 점이 충분히 고려될 수 있다고 한다.

나아가 이 견해는 내부관계에 반하는 대리행위가 고의로 행해진 경우에만 대리효과를 부인한다고 하여 거래상대방이 지나치게 유리한 지위를 가지는 것은 아니라고 한다. 즉 거래 상대방이 자기 자신의 이름으로 행위하는 자와 거래하는 경우에 비해 대리제도를 이용하는 본인과의

---

39) 이를 강조하면서도 예외적 상황이 가능함을 지적하는 문헌으로 Canaris, Handelsrecht, 2006, § 12 Rn. 37 참조: 거래 상대방이 본인과 직접 법률행위를 한다고 가정했을 때 본인이 스스로 자기 이익을 침해하는 행위를 하고 있음을 알려줘야 할 거래 상대방의 의무가 (예외적으로) 인정된다면, 내부관계에 반하는 대리행위를 하고 있음을 대리인에게 알려줄 상대방의 의무도 인정될 수 있다고 한다.

40) Canaris, Handelsrecht, 2006, § 12 Rn. 37; Vedder, Missbrauch der Vertretungsmacht, 2007, S. 38 ff.; ders., JZ 2008, 1077, 1078 ff.

관계에서 더 유리하게 자신의 이익을 관철할 수 있다는 의미는 아니라는 것이다. 예컨대 사기에 의한 의사표시의 경우에 인정되는 취소 가능성과 같은 계약자유의 일반적 한계는 자기 자신의 이름으로 행위 하는 자뿐만 아니라, (대리인의 의사표시가 사기에 의한 경우) 본인을 위해서도 동일하게 적용되기 때문이다(독일 민법 제166조 제1항). 객관적으로 내부관계에 반하는 대리행위에 대리인의 고의를 추가요건으로 고려함으로써 종국적으로 대리제도를 이용하는 자와 자기 자신의 이름으로 행위하는 자가 추상적 차원에서 동등하게 취급되는 결과를 가져온다고 한다.

Ⅳ. 비교법을 통한 시사점: 대리권 남용에 대한 고의 요구의 정당화와 구체화

1. 넓은 대리권 수여에 대한 독일 논의의 수용 필요성

우리 학설 상 내부관계에 있어서보다 더 넓은 대리권이 수여되는 이유에 대한 면밀한 분석은 찾아보기 힘든 상황에서, 그러한 이유로서 독일에서 논의되고 있는 '적절한 교섭·체결 준비상태 제공에 대한 본인의 이익'은 우리 대리법 체계에도 충분히 수용 가능할 뿐만 아니라, 대리인의 남용행위에 대한 고의 요구를 정당화 하는 차원에서 충분히 이를 고려할 실익이 있다고 판단된다. 다시 말해 수권행위의 해석에 관한 독일 논의에서 소개된 본인의 전형적 이익들이 우리 대리법상 수권행위의 해석에 있어서도 고려되어야 하고, 이를 통해 내부관계에 있어서보다 더 넓은 대리권 수여가 정당화되어야 한다.[41]

첫째, 거래상대방은 대리인의 의사표시가 유효하다는 것이 전제되어야만 교섭에 임할 것이므로 거래상대방의 불확실성을 제거할 본인의 이익이 고려되어야 함은 의문의 여지가 없다. 일반적으로 거래 상대방은 대리인이 본인과의 내부관계에 부합하는 대리행위를 하는지 여부, 특히 본인의 이익을 위한 대리행위를 하는지 여부에 대해 판단할 수 없기 때문이다.[42] 심지어 거래 상대방이 내부관계상 대리인이 부담하는 의무의 내용 내지 기준을 알고 있는 경우에도, 실제로 문제되는 대리행위가 본인의 이익을 위해 행위 할 대리인의 의무를 충족시키는 것인지 여부를 알기 위해서는 (대리인 입장에서 전체 시장 상황을 분석하는 등의) 상당한 노력을 요한다는 점에서,[43] 처음부터 내부관계에 있어 허용되는 한도와 동일한 범위의 대리권을 수여하는 것은 거래상대방의 이해에 부합하지 않을 것이다.

내부관계에서보다 넓은 대리권 수여가 거래 상대방의 불확실성을 제거할 본인의 이익을 토

41) 어느 행위가 대리권 범위 내의 행위인지 여부는 수권행위의 내용이나 해석에 의해 판단해야 함을 명시한 판례로 대법원 2016. 5. 27. 선고 2015다227499 판결; 대법원 1997. 9. 30. 선고 97다23372 판결 참조.

42) 이에 대해 하경효, "대리권 남용시의 대리효과 부인의 근거와 요건", 이영준박사화갑기념논문집, 박영사, 1999, 143면 참조.

43) 독일 내 이러한 지적으로 Flume, BGB AT, Bd. 2, §45 Ⅱ 2; Wolf/Neuer, BGB AT §49 Rn. 100.

대로 정당화될 수 있다는 점은 현재 우리 학설상으로 직접 언급되고 있지는 않다. 하지만 대리권 남용 문제를 논함에 있어 이미 간접적으로 고려하고 있음을 유의해야 한다. 대리권 남용행위라 할지라도 대리권 범위 내에서 행해진 것이므로 일단 본인에게 그 효과가 귀속되는 것이 원칙이라는 데 학설의 대부분이 일치하고 있는데,[44] 이러한 대리권 남용위험의 본인부담원칙은 상대방의 신뢰보호에 대한 요청에서 기인한다거나, 상대방이 대리인의 권한남용 여부를 조사한다는 것은 기대할 수 없으므로 권한남용의 위험은 원칙적으로 본인이 부담해야만 한다고 설명하는 경우[45] 넓은 대리권 수여의 이유로서 상대방의 불확실성 제거 이익이 간접적으로 고려되고 있다고 볼 수 있다.

둘째, 동일한 거래기회를 제공할 본인의 이익에 대해서도 이를 지지하는 견해를 찾을 수는 없으나 우리 대리법 논의에서 배제될 이유가 없다 할 것이다. 거래 상대방이 자기 자신의 이름으로 행위 하는 자와 교섭하게 될지 아니면 대리인과 교섭하게 될지는 우연적 요소에 의해 결정되는 것이므로, 상대방 입장에서는 대리가 아닌 단순 2당사자 관계에 있어서 허용되는 자신의 지위보다 열악한 지위에서 대리인과 교섭 하는 것을 흔쾌히 받아들일 수 없을 것이다. 따라서 대리제도를 통해 거래를 성사시킬 1차적 목적을 가지는 본인으로서는 거래상대방에게 대리제도가 이용되지 않는 경우에서와 동일한 교섭·체결의 기회를 제공할 추상적 이익을 가진다고 봐야 한다. 앞서 독일법 상황에 대한 분석에서 이미 소개가 되었지만, 동일한 거래기회 부여의 이익을 고려함으로써 대리권 남용이론 체계상 주로 상대방의 신뢰보호 측면만 주목하고 있는 우리 학설에 새로운 논의의 계기가 마련될 수 있을 것이다. 거래상대방의 주관적 요건만으로는, 예컨대 남용행위에 대한 거래상대방의 악의만으로는 대리효과를 부인할 근거로서 충분하지 않기 때문이다.

물론 거래상대방에 따라 '내부관계에 있어서보다 넓지 않은 대리권'의 수여를 흔쾌히 받아들일 수 있고, 따라서 동일범위의 대리권 수여로 인해 상대방의 교섭·거래 준비상태가 약화되는 결과가 발생되지 않는 비전형적인 이해관계도 얼마든지 가능함을 유의해야 한다. 예를 들어 거래상대방의 교섭·거래 준비상태가 이미 계약의 내용에 따라 보장되는 경우가 있는데, 거래상대방을 수증자로 하는 증여계약이 대리에 의해 체결되는 상황과 같이 해당 계약 내용에 따라 거래 상대방에게 제공되는 이익이 매매계약에 있어서와 같은 교섭을 통해 취득될 필요가 없는 사례를 생각할 수 있다.[46] 여기서는 2당사자 관계에서 자신의 이름으로 행위하는 자가 시장상

44) 다만 표현대리에 관한 민법 제126조 유추적용을 주장하는 견해에 의하면, 대리인의 남용행위의 효과가 일단 본인에게 귀속되어야 한다는 원칙이 관철되지 않는다(민법주해[Ⅲ]/손지열, 박영사, 1992, 46면). 이 견해에 의하면 남용행위는 무권대리로서 본인에게 그 효과를 귀속할 수 없음이 원칙이고, 대리인이 대리권을 남용한다는 사실을 상대방이 정당한 이유에 기해 알지 못한 경우에 표현대리로서 본인에게 법률효과가 생긴다고 한다.

45) 예컨대 하경효, "대리권 남용시의 대리효과 부인의 근거와 요건", 이영준박사화갑기념논문집, 박영사, 1999, 131면 및 133면 참조.

46) 독일 내 이러한 예시로 Vedder, Missbrauch der Vertretungsmacht, 2007, S. 14.

황에 대한 오판에 기해 스스로 자신의 이익에 반하는 행위를 하려고 함을 거래 상대방이 안 경우, 그 상대방이 이를 적극적으로 이용할 수 있어야 한다는 점이 고려될 필요가 없다.

아울러 2당사자 관계에서와 동일한 거래기회 제공의 이익이 단독행위를 위한 수권행위, 예컨대 형성권의 행사를 위한 수권행위에 있어서도 고려될 필요가 없는지 문제될 수 있다. 이 경우 의사표시 상대방의 협력이 필요하지 않기 때문이다. 하지만 형성권 행사와 같은 단독행위의 경우에도 내부관계에서 허용된 범위와 동일하게 대리권 범위가 제한된다는 수권행위 해석은 예외적으로만 가능할 것이다. 행위자의 일방적 의사에 따라 효력이 발생하는 단독행위에 관하여는 조건을 붙일 수 없는 것이 원칙인데,[47] 조건과 거의 유사한 방식으로 대리권을 제한하게 되면 조건부 단독행위에 의해 상대방의 지위를 불확정한 상태로 만드는 경우에 준하는 상황이 발생될 수 있기 때문이다. 따라서 예컨대 조건에 준하는 방식으로 제한된 대리권을 기초로 형성권을 행사한다면, 형성권의 조건부 행사에서와 동일한 기준[48]에 따라 무효가 될 것이다.[49] 결국 유효한 단독행위를 위해 대리권을 수여한다는 본인의 객관적 이익을 고려하여 수권행위를 해석한다면, 본인의 이익을 위해 대리행위를 해야 할 내부관계상의 의무를 기준으로 (조건과 거의 유사하게) 대리권을 제한하려는 본인의 의사를 도출하기 힘들 것이다.

셋째, 대리인의 거래 준비상태를 확고히 할 이익에 대한 논의 역시 우리법상 수용 가능할 뿐만 아니라, 독일법과 비교해 보았을 때 이를 고려할 필요성이 오히려 더 크다는 점에 주목해야 한다. 왜냐하면 독일 대리법이 대리행위를 한 자가 대리권의 부존재에 대해 안 경우와 알지 못한 경우를 나누어 전자의 경우 거래 상대방에 대하여 이행이익을, 후자의 경우 신뢰이익의 배상책임을 인정하는 반면, 우리 민법 제135조 제1항은 대리권 부존재에 대한 무권대리인의 인식 여부 및 과실 유무와 상관없이 대리인이 의사표시를 할 당시에 객관적으로 대리권이 결여되어 있으면 충분한 것으로 하고 있고,[50] 신뢰이익이 아니라 일률적으로 이행이익을 상대방에게 배상하도록 규정하고 있기 때문이다.

이러한 책임이 과연 정당한가는 여기서 상세히 논할 필요가 없지만,[51] 독일법에 비해 상당

---

47) 대표적으로 이영준, 민법총칙(개정증보판), 박영사, 2007, 760면; 이은영, 민법총칙(중판), 박영사, 2002, 720면.

48) 상대방의 이익을 보호하고자 하는 목적을 해하지 않는 경우에는 예외가 인정될 수 있다. 정지조건부 해제 의사표시와 관련하여 대법원 1981. 4. 14. 선고 80다2381 판결 참조.

49) 독일 내 이러한 지적으로 Müller-Freienfels, Die Vertretung beim Rechtsgeschäft, 1955, S. 249 f.

50) 이를 명시적으로 확인한 최근 판결로 대법원 2014. 2. 27. 선고 2013다213038 판결 참고. 이 판결에서 대법원은 과거 민법 제135조 제2항이 규정하고 있는 무권대리인의 면책사유의 증명책임과 관련하여 간접적으로 동조 제1항의 책임이 무과실책임임을 판시한 것과 달리(대법원 1962. 4. 12. 선고 4294민상1021 판결), 무과실책임으로서의 법적 성격을 직접적으로 다루면서 "무권대리 행위가 제3자의 기망이나 문서위조 등 위법행위로 야기되었다고 하더라도 책임은 부정되지" 않는다고 판시하였다.

51) 비판적인 최근 문헌으로 이성희, "무권대리인의 책임범위", 「비교사법」 제17권 제2호, 2010, 196면 이하; 정상현, "무권대리인 책임의 근거에 관한 시론", 「민사법학」 제63권 제1호, 2013, 22면; 정상현/서순택, "무권대리인의 상대방에 대한 무과실책임 재검토", 「성균관법학」 제26권 제3호, 2014, 169면 이하: 특히 이 문헌은 현재 규율 상황과 달리 과실책임으로 구성함을 제안하면서, 구체적으로 손해배상의 범위도 무권대리인이 대

히 무거운 책임을 무권대리인에게 부담시키고 있다는 점을 통해 우리 대리법 체계상 대리인의 거래 준비상태를 확고히 할 본인의 이익을 더욱 뚜렷하게 인식할 수 있음은 의심의 여지가 없다. 즉 본인의 이익을 위해 행위할 내부관계상 의무와 동일하게 대리권이 제한된다면, 그 내부적 의무를 위반하는 즉시 무권대리가 될 것이고, 이러한 내부적 의무위반에 대리인의 과실이 존재하지 않는 경우 그 대리인이 내부관계상 본인에게 책임을 부담하지 않음에도 외부관계상 상대방에게 이행이익의 손해배상을 부담해야 하는 상황이 우리법상 가능해진다. 민법 제135조 제1항에서의 이행이익에 대한 손해배상의무는 객관적으로 대리권의 범위를 벗어나기만 하면 발생하는 반면, 내부관계에서 대리인의 책임은 원칙적으로 귀책사유 있는 행위를 전제로 하고 있기 때문이다. 따라서 이러한 위험이 대리인에게 부담으로 작용하여 대리인의 계약체결 준비상태가 위협받지 않도록 더 넓은 범위의 대리권을 수여할 추상적 이익이 본인에게 존재함을 쉽게 도출할 수 있다.

물론 여기서도 대리인 입장에서 '내부관계에 있어서보다 넓지 않은 대리권'의 수여를 흔쾌히 받아들일 수 있고, 따라서 대리인의 거래 준비상태가 약화되지 않는 비전형적인 상황이 얼마든지 있을 수 있다. 예컨대 대리인이 민법 제135조 제1항의 책임을 부담할 위험에도 불구하고 본인이 이 위험에 대해 금전적 사례를 사전 지급하여 대리인이 이를 감내할 이유가 있다면, 대리인의 거래준비상태가 약화된다고 볼 수 없을 것이다.[52)]

결론적으로 넓은 대리권 수여의 전형적 이익들은 수권행위 해석을 통해 대리권 범위를 설정함에 있어서 원칙적으로 고려되어야 할 요소라 할 수 있다. 이는 대리권의 수여가 기초적 내부관계를 발생시키는 행위, 예컨대 위임과 함께 외형상 하나의 행위로 그리고 그 위임의 틀 내에서 추단적 의사표시로 행해지는 경우에도 마찬가지이고, 따라서 이 경우에도 내부관계에서보다 넓은 대리권 수여가 수권행위의 해석으로 도출될 수 있다.[53)] 대리권의 수여와 내부관계상 사무처리의 위탁에는 서로 다른 이익들이 기초를 이루고 있고, 이 이익들이 각각의 의사표시를 규범적으로 해석함에 있어 고려되어야 하기 때문이다.[54)] 본인이 위임을 함에 있어서는 대리인

리권의 부존재에 대하여 악의이거나 중과실이 있는 경우에는 이행이익, 경과실만 있는 경우에는 신뢰이익 손해배상책임을 묻고, 과실이 없는 경우에는 책임을 묻지 말아야 한다고 한다.

52) 독일 민법 제179조 제2항의 책임과 관련하여 동일한 예시로 Vedder, Missbrauch der Vertretungsmacht, 2007, S. 14.

53) 실제 거래에 있어 양 행위가 외형상 구분되지 않고 행해지는 것이 일상적일 것이지만, 관념적으로 서로 독립되어 있음을 우리 민법과 판례가 분명히 하고 있다. 특히 대법원 1962. 5. 24. 선고 4294민상251 판결 참조: "위임과 대리권수여는 별개의 독립된 행위로서 위임은 위임자와 수임자간의 내부적인 채권채무관계를 말하고 대리권은 대리인의 행위의 효과가 본인에게 미치는 대외적 자격을 말하는 것이므로 위임계약에 대리권수여가 수반되는 일은 있으나 위임계약만으로는 그 효력은 위임자와 수임자 이외에는 미치는 것"이 아님을 명시하였다.

54) 독일 내 같은 견해로 Vedder, Missbrauch der Vertretungsmacht, 2007, S. 15. 나아가 Beuthien/이병준 역, "대리권은 무인성을 갖는가? — 위임과 대리권의 관계에 대하여 —", 「법학연구」 제41권 제1호, 2000, 27면 참조.

으로 하여금 본인의 이익을 위해 행위 할 의무를 부담시키는 것이 문제되는 반면, 추단적 의사표시에 의한 수권행위에 있어서는 내부관계에 허용된 범위와 동일하게 제한되는 대리권 수여를 포기함으로써 대리인의 거래 준비상태와 거래상대방의 교섭·거래 준비상태를 확고히 해줄 본인의 이익이 문제되기 때문이다.[55]

2. 우리 대리법상 고의적 남용행위 요구의 정당화

우리 대리법에서도 고려되어야 할 넓은 대리권 수여의 이익들은 결론적으로 대리권 남용 시 대리효과 부인을 위해 대리인의 남용의사 내지 배임적 의사를 요구하고 있는 통설과 판례에 설득력 있는 근거를 제시해 준다. '거래상대방의 불확실성 제거' 외에 '동일한 교섭·체결 기회의 제공' 측면도 함께 고려하게 되면, 거래상대방이 내부관계에 반하는 대리인의 행위를 인식하고 적극적으로 이용한 경우에도 대리권 내의 행위가 됨을 본인이 이미 감내하였다는 규범적 해석이 가능해지기 때문이다.[56] 결국 객관적으로 내부관계에 반하는 대리행위와 상대방의 인식 외에 (본인이 스스로 정한) 본인의 이익을 침해하려는 대리인의 '고의'가 있어야만 2당사자 관계에서 발생될 수 없는 대리특유의 위험이 문제되고, 이를 근거로 대리효과 부인이 정당화될 수 있을 것이다.[57] 만약 남용행위에 있어 대리인의 고의를 요구하지 않으면, 본인이 수권행위에 있어 이미 감내하였던 남용상황에서도 대리효과가 부인될 수 있어 마땅히 본인이 부담해야 할 남용위험이 오히려 상대방에게 전가되는 결과가 초래된다. 결국 독일의 다수 판례와 학설에 의해 지지되고 있는 입장과 달리 우리 다수설과 판례가 대리권 남용행위에 있어 원칙적으로 대리인의 고의를 요구하는 것은 그 자체로 결론적인 면에서 정당한 것으로 볼 수 있다.[58] 다만 현재 우리

---

55) 이를 엄격히 구분하지 않는 견해로 박찬주, "수권행위에 관한 몇 가지 문제", 「홍익법학」 제9권 제3호, 2008, 171면 참조: 이 견해에 의하면 대리권 성실 행사의무의 근거가 수권행위라고 한다. 다시 말해 대리권을 성실하게 행사해야 할 의무를 굳이 수권행위에서 분리하여 내부관계설정계약에서 찾아야 할 이유가 없다고 한다. 유사한 문헌으로 이지민, "본인과 대리인 사이의 권리의무에 관한 검토", 「비교사법」 제21권 1호, 2014, 100면 이하: 대리인이 본인에 대해 부담하는 선관주의 의무 및 충실의무 등을 기초적 관계를 바탕으로 한 위임 등의 규정이 아니라, 본인과 대리인 사이에 대리관계가 있다는 그 사실 자체로부터 기인해야 한다고 주장한다.

56) 김정호, "대리권남용의 법리구성", 「법학논집」 제33집, 1997, 626면 참고: 이 문헌에서 거래 상대방의 거래기회 보장 측면이 직접 언급되지는 않지만, 특히 거래의 안전이 더욱 요구되는 포괄정형적인 기업형 대리권(예컨대 상법상 지배인의 대리권)에 있어서 거래 상대방 보호의 취지에서 대리인이 고의적 남용행위에 한해 대리 효과를 부인해야 한다고 한다.

57) 주 40) 참조.

58) 대리인의 고의적 남용행위에 한해 대리효과가 부인되어야 하는지 문제는 거래 상대방에 대한 요건과의 관련 속에서 볼 때 실제적 의미가 크지 않다는 지적으로 하경효, "대리권 남용시의 대리효과 부인의 근거와 요건", 이영준박사화갑기념논문집, 박영사, 1999, 143면: 이 견해는 대리 효과가 부인되는 대리권 남용의 요건이 상대방을 기준으로 판단해야 할 문제이므로 대리인의 남용에 대한 고의를 요건으로 할 필요가 없으나, 거래 상대방의 악의를 요건으로 한다면 이러한 경우에 대리인이 남용 사실을 부주의로 알지 못하였다는 것은 현실적으로 매우 드물 것이라고 한다.

학설이 그 근거를 제시함에 있어서는 보충이 필요하다고 판단되는바, 거래상대방에게 적절한 교섭·체결의 준비상태를 마련해줄 본인의 이익들이 고려될 필요가 있다.

대리인의 고의를 추가요건으로 요구함으로써 대리인이 특별히 서툴거나 미숙하여 불이익이 발생할 위험은 본인이 부담하게 되는데,[59] 이는 임의대리에 있어 대리인 선임은 본인이 직접 하는 것이고, 따라서 대리인의 선임과 관련된 인적 위험을 본인이 지배할 수 있다는 점에서 정당하다.[60] 특별히 서툴거나 미숙한 대리인으로부터 나오는 위험은 결국 특별히 미숙하거나 서툰 대리인을 선임할 기회와 상응하는 것이다.

3. 내부적 지시를 따르지 않은 경우 예외 인정?

대리인이 본인의 구체적 지시에 반하는 행위를 (의도적으로[61] 또는 비의도적으로) 하였는데 이 행위가 본인의 이익에 반하는 대리권 남용행위에 해당하는 경우[62]에도 반드시 고의의 요건이 충족되어야 하는지가 문제될 수 있다. 본인이 지시를 내린 경우에는 본인 스스로가 이미 확정적·종국적 판단을 내린 것으로 보일 수 있고, 그 결과 대리인이 이 최종적 결정을 따르지 않을 위험은 (2당사자 관계에서 찾아볼 수 없는) 대리에 의해 야기되는 특유한 위험으로 보일 수 있기 때문이다. 그렇다면 이 경우 지시에 반하는 대리인의 행위를 거래상대방이 자신의 이익을 위해 이용하는 것이 가능하다고 하면 대리제도가 이용되지 않는 2당사자관계에 있어서보다 오히려 상대방을 우대하는 결과가 될 것이다. 따라서 대리인이 내부적 지시에 반하는 행위를 한 경우 고의의 요건이 충족될 필요가 없고, 단지 그 행위가 본인의 이익에 반하는 대리행위이고 이를 상대방이 알고 있다면 대리효과가 부인된다는 견해[63]가 앞서 언급한 동일한 거래기회의 제공 이익과 모

---

59) 이기용, “대리권의 남용”, 「비교사법」 제2권 제2호, 1995, 326면. 이러한 본인위험부담은 우리 학설이 대리권 남용의 경우에도 대리권의 범위 내에 속하는 이상 그 법률효과가 본인에게 귀속하는 것이 원칙이라고 설명할 때 이미 전제되어 있는 가치판단이다.

60) 대리법 적용 시 대리인 선임·감독·지시 등에 있어 본인의 위험부담 사상을 고려하였던 대표적 독일 문헌으로 Müller-Erzbach, AcP 106(1910), 309, 413; (우리 민법 제116조 제1항에 부합하는) 독일민법 제166조 제1항에 기한 (대리인) 인식의 (본인에의) 귀속과 관련한 인적 위험배분사상에 대하여 Buck, Wissen und juristische Person, 2001, S. 127 ff. 참조.

61) 의도적으로 지시에 반하는 대리행위를 하였으나, 그 행위가 고의에 기한 남용행위가 아닌 경우도 가능하다. 사무 처리에 관한 위임인의 지시에 따르는 것이 위임의 취지에 적합하지 않거나 또는 위임인에게 불이익한 경우 수임인은 이 사실을 위임인에게 알리고 지시의 변경을 구해야 하는데(대법원 2011. 9. 29. 선고 2010다5892 판결), 사정이 급박하여 그럴 여유가 없다면 임시조치를 취할 권리와 의무가 있기 때문이다. 즉 대리인이 지시를 따르는 것이 적합하지 않다고 생각하여 의도적으로 지시에 반하는 대리행위를 하였으나 이것이 오판이었고 오히려 본인의 이익에 반하는 대리행위이었더라면, 이 행위가 내부관계에 반할 수 있을지언정 본인의 이익을 해하려는 대리인의 고의 자체는 존재하지 않는다.

62) 단순히 본인의 지시를 위반한 경우를 넘어 본인에게 불이익한 행위이어야 대리권 남용이 된다는 문헌으로 하경효, “대리권 남용시의 대리효과 부인의 근거와 요건”, 이영준박사화갑기념논문집, 박영사, 1999, 142면. 내부관계상 의무위반에 해당하는 행위의 다양성에 대해서는 Ⅰ. 3. 참조.

63) 결론에 있어 이와 같은 독일 문헌으로 Drexl/Mentzel, Jura 2002, 289, 294.

순됨 없이 주장될 수 있어 보인다.

하지만 본인의 이익에 반하는 대리권 남용행위를 대리인이 고의로 한 경우에만 대리효과가 부인된다는 원칙은 내부관계에 반하는 남용행위가 (가격한도와 같은) 본인의 구체적인 지시에 반하는 경우에도 고수되어야 한다. 만약 그 어떠한 경우에도 지시에 반하는 대리행위의 구속력을 감수하지 않겠다는 본인의 절대적 의사가 지시의 객관적 해석을 통해 도출될 수 있다면, 본인의 구체적인 지시가 동시에 (예컨대 대리권의 일부를 철회하는 방식으로) 대리권 제한에 대한 추단적 의사표시로 봐야 한다. 이 경우에는 지시를 초과하는 경우 곧바로 무권대리가 될 것이다. 따라서 대리권 남용의 문제가 발생되지 않는 것이 원칙이고, 기껏해야 표현대리권의 남용[64]이 문제될 수 있을 것이다. 결국 지시를 따르지 않더라도 대리인이 여전히 구속력 있는 대리행위를 할 수 있다는 객관적 해석이 가능한 경우라야 대리권 남용의 항변이 문제될 수 있다.[65]

후자와 같이 본인의 지시를 해석할 수 있는 경우로는 첫째, 대리인으로 하여금 상당히 유연한 대리권을 가지도록 하는 것이 본인의 직접적 이익에 부합하는 경우가 있을 수 있다. 예를 들어 예상치 못하게 시장가격이 급속히 인상되고 있는 경우 본인에 의해 사전에 (대리인에게) 설정되어 있던 가격 한도를 초과하여 대리행위를 할 필요가 있을 수 있다. 즉 통상적인 상황을 고려하여 내린 지시를 대리인이 의도적으로 도외시함으로써 이례적인 상황에서도 본인의 이익을 관철시키도록 할 필요성이 본인에게 있을 수 있다.[66] 둘째, 거래상대방이 제한 없는 대리권을 가지고 있는 대리인과 교섭을 진행하고자 한다는 요구가 예상되는 경우 본인의 입장에서 이렇게 예상되는 요구를 충족시켜주면서 거래상대방과 법률행위를 할 간접적 이익이 있을 수 있다.[67] 어떠한 경우든 본인이 구체적인 지시를 통해 대리권을 제한하지 않았고, 지시에 반하는 행위라 하더라도 구속력을 가질 수 있는 상황을 스스로 야기하였다는 점으로부터 추후 대리권 남용의 항변에 의해 결코 무력화 되어서는 안 되는 '본인의 위험인수'가 도출된다.

사실 이러한 본인의 위험인수는 '대리제도가 이용되지 않는 경우와 동일한 거래기회 제공에 대한 본인의 이익'을 달리 표현한 것에 불과하다. 본인이 의도적으로 유연한 지시를 행한 첫 번째 유형에서는 본인이 통상적인 상황을 대비하여 지시를 내렸고, 개별적 정황을 고려해 보았을 때 그 지시를 따르지 않는 것이 오히려 본인의 이익에 부합하는지 여부를 대리인이 판단할 수 있는 상황이 문제된다. 대리제도를 이용하지 않고 자신의 이름으로 행위하는 자가 시장상황

---

64) 주 8) 참조.

65) 본인의 지시가 대리권 범위의 제한을 의미하는 것으로 협소하게 파악하는 문헌으로 이지민, "본인과 대리인 사이의 권리의무에 관한 검토", 「비교사법」 제21권 1호, 2014, 99면 이하: 이 문헌에서는 지시의 의미를 항상 대리권의 제한과 연결하여 좁게 이해하는 결과 대리인에게 본인의 지시를 따르지 않을 수 있는 재량이 허용되지 않아야 하고, 불법적인 지시에 한해서 거부할 수 있다고 이해한다. 동일한 견해를 재확인하는 문헌으로 이지민, "민법상 대리인과 수임인의 신인의무", 「법학논총」 제35집 제1호, 2015, 67면.

66) 이러한 본인의 이익에 대한 독일문헌으로 Westermann, JA 1981, 521, 525.

67) 독일 내 이러한 지적으로 Vedder, Missbrauch der Vertretungsmacht, 2007, S. 44; ders., JZ 2008, 1079.

에 대한 오판으로 인해 스스로 사전에 설정한 (자기)지침을 벗어나고, 이를 통해 자신의 이익을 침해한다고 할지라도, 거래상대방은 이를 얼마든지 이용할 수 있어야 한다는 점에 의문이 여지가 없다. 그렇다면 동일한 거래기회에 대한 본인의 이익을 고려해 보았을 때 대리인이 (의도적으로 또는 비의도적으로) 본인의 지시를 따르지 않고 잘못된 결정을 하는 경우에도 거래상대방이 이를 얼마든지 이용할 수 있어야 할 것이고, 이는 본인의 지시를 객관적으로 해석함에 있어 고려되어야 한다.

두 번째 유형으로 거래상대방이 제한 없는 대리권을 가진 대리인과 계약의 교섭을 진행하고자 할 것이라는 예상 때문에 본인의 지시가 대리권을 제한하는 결과를 가지지 못한 경우에는 (이례적 상황 대비 등을 위한) 유연한 지시가 있었던 첫 번째 유형과 비교했을 때 무조건적으로 또는 절대적으로 의도된 내부적 지시라는 점에 그 차이가 있으나, 역시 대리인이 지시를 따르지 않을 위험을 본인이 부담해야 한다는 점에서 다르지 않다. 2당사자 관계에서 거래상대방은 (사기에 의한 의사표시의 경우 취소가능성 등과 같은 일반적 계약자유의 한계 내에서) 자신의 이름으로 행위하는 자가 계약의 교섭 시작 전에 설정한 자기지침을 벗어나 행위하는 것을 이용할 수 있을 뿐만 아니라, 그러한 이탈을 (설득력 또는 협상기술 등을 통해) 의도적으로 유도하는 것도 얼마든지 허용된다. 또한 이는 자기지침의 이탈행위가 행위자 자신의 이익에 반한다는 것을 거래상대방이 인식하였던 경우에도 마찬가지이다. 결국 다시금 '동일한 교섭·체결기회의 이익'을 고려하면 두 번째 유형에서도 대리인이 본인의 실제 이익 또는 오인된 이익을 위해 (즉 본인의 이익 침해에 대한 고의 없이) 의도적으로 또는 비의도적으로 내부적 지시를 따르지 않는 것을 거래상대방이 이용하고, 나아가 이를 유도하는 것도 가능하게 할 본인의 (양보적) 이익이 존재한다. 이 점은 본인의 지시를 객관적으로 해석함에 있어서 고려되어야 하고, 결국 지시에 반하는 대리행위가 고의에 기한 대리권 남용행위가 아닌 이상 대리행위의 구속력을 감내할 본인의 위험인수가 인정된다.

4. 자기 또는 제3자의 이익을 위한다는 배임의사?

우리 학설과 판례는 대리권 남용행위 자체를 개념정의 하는 경우뿐만 아니라, 남용 시 대리효과 부인을 위한 요건을 설시함에 있어서도 "대리인 자신 내지 제3자의 이익을 도모하기 위한 배임적 의사"의 존재가 필요하다는 표현을 빈번히 사용하고 있다.[68] 본인의 이익에 반하여 (또는 회사의 영리목적과 관계없이) 자기 또는 제3자의 이익을 위한 배임적인 것임을 거래상대방이

68) 판례의 일관된 태도이다(대표적으로 대법원 1987. 7. 7. 선고 86다카1004 판결 참조). 동일한 태도의 문헌으로 지원림, 민법강의(제14판), 홍문사, 2016, 278면; 곽윤직/김재형, 민법총칙(제8판), 박영사, 2012, 349면; 명순구, 민법총칙, 법문사, 2005, 444면; 김증한/김학동, 민법총칙(제10판), 박영사, 2013, 516면; 김상용, 민법총칙(제3판), 화산미디어, 2014, 563면; 강태성, 민법총칙(제5판), 대명출판사, 2013, 759면; 문상일, "대표이사 책임범위에 관한 최근 판례동향", 「상사판례연구」 제25권 제2호, 2012, 272면; 김재범, "이사회의 결의사항과 상대방의 주의의무", 「동북아법연구」 제3권 제2호, 2009, 518면; 윤일구, "민법 제126조의 표현대리와 대리권 남용의 관계", 「법학연구」 제52집, 2013, 173면.

알았거나 알 수 있었을 경우 대리효과가 부인된다고 하기도 하고, 처음부터 대리권 남용행위 문제를 정의함에 있어 형식적으로 대리권 범위 내의 행위이나 실질적으로 오직 자기 또는 제3자의 이익을 꾀할 목적으로 행해진 경우 대리효과가 본인에게 귀속되어야 하는지 문제라는 설명도 발견된다. 특히 이러한 요건표지는 최근 민법개정위원회에서 대리권 남용의 요건과 효과에 대해 분명히 하고자 마련된 가안에도 등장한 바 있다.[69]

대리권 남용행위의 요건표지와 관련된 이러한 표현들은 대다수의 대리권 남용행위가 대리인 자신 또는 제3자의 이익을 위해 행해질 것이라는 점에서 별다른 문제가 없어 보이지만, 본인과 대리인간의 내부관계에 반하는 대리행위가 항상 대리인 자신 또는 제3자의 이익을 위한 행위이어야 하는 것은 아니기 때문에 정확한 개념정의 내지 요건설시라고 볼 수 있는지 의심스럽다. 예를 들어 대리인의 이익이나 제3자의 이익과는 아무런 관련 없이 그저 본인에게 불이익을 주고자 하는 대리인 자신의 동기에 기해 순전한 본인 가해목적의 남용행위를 하는 것도 얼마든지 가능하기 때문이다.

우리 판례가 '자기 또는 제3자의 이익을 위한다는 배임의사'라는 표현을 빈번히 사용함에는 형법상 배임죄의 구성요건과 밀접한 관련이 있어 보인다.[70] 우리 형법 제355조 제2항에는 "타인의 사무를 처리하는 자가 그 임무에 위배하는 행위로써 재산상의 이익을 취득하거나 제삼자로 하여금 이를 취득하게 하여 본인에게 손해를 가한 때에" 형벌이 가해진다고 하여 배임죄가 규정되어 있다.[71] 그런데 배임죄 구성요건으로서 배임행위란 타인의 사무를 처리함에 있어서 그 임무에 위배되는 행위로서 (준)법률행위뿐만 아니라 사실행위도 가능하다는 점에서 사법상 '대리권 남용행위' 문제를 논함에 있어 굳이 불필요한 오해를 야기할 수 있는 '배임행위'라는 포괄적 표현을 반드시 사용해야 할 필요가 있는지 의심스럽다. 나아가 판례는 배임행위로 인하여 본인에게 손해를 가하였다고 할지라도 행위자 또는 제3자가 재산상 이익을 취득한 사실이 없다면 형법상 배임죄가 성립하지 않는다는 입장을 취하고 있고,[72] 그 당연한 결과로서 배임죄에 있어서의 고의는 재산상 이익을 본인이 취득하거나 제3자로 하여금 취득케 한다는 인식과 의사를 전제로 하고 있다. 이 뿐만 아니라 (다툼의 여지가 있기는 하지만) 형법상 배임죄 성립을 위한 고의 초과적 주관적 요건으로서 불법이득의사가 요구되기도 한다는 점을 고려해 보았을 때,[73] 사

---

69) 이준형, "현행 대리규정에 관한 입법론적 검토", 「민사법이론과 실무」 제14권 제1호, 2010, 58면 참조.

70) 사법상 대리(표)권 남용행위는 형법상 배임죄와 밀접한 관련을 가지는데, 특히 이사의 대표권 남용행위가 사법상 무효임에도 불구하고 회사에 손해가 발생한 것으로 보아 배임죄 성립을 인정할 수 있는지가 최근 논의되고 있다. 대표적으로 홍가혜, "사법상 무효가 되는 대표권 남용행위의 배임성", 「법과 정책」 제22권 제2호, 2016, 455면 이하; 문상일, "대표이사의 대표권 남용과 배임죄", 「연세법학」 제20호, 2012, 165면 이하 참조.

71) 이에 반해 독일 형법상 배임죄는 타인(본인)에게 손해를 가하기만 하면 자기 또는 제3자가 재산상의 이익을 취득하지 않더라도 성립한다(이에 대해 최문희, "독일에서의 이사의 의무위반과 배임죄", 「BFL」 제36호, 2009, 92면 참조).

72) 대법원 2006. 7. 27. 선고 2006도3145 판결; 대법원 1982. 2. 23. 선고 81도2601 판결.

73) 예컨대 대법원 2008. 1. 17. 선고 2007도6987 판결.

법상 '대리권 남용에 있어 대리인 자신 내지 제3자의 이익을 도모하기 위한 배임의사'가 있어야 한다는 판례와 학설의 표현은 불필요한 논쟁을 유발할 위험을 야기한다. 왜냐하면 사법상 대리권 남용행위 시 대리효과 부인을 위해 요구되는 고의는 자기 또는 제3자의 이익 취득을 위한다는 인식과 의사가 아니라, 앞서 살펴보았듯이 본인과의 내부관계상 의무위반에 해당하는 행위임을 알면서도 행한다는 것을 내용으로 하기 때문이다.[74] 결코 형법상 배임죄의 구성요건에서와 같이 대리인 자신 또는 제3자의 이익을 위한 고의만을 전제로 협소하게 이해되어서는 안 된다. 본인과 거래 상대방의 균형 있는 보호를 핵심으로 하는 사법상 대리권 남용문제를 형법상 배임죄의 임무위배와 동일한 선상에서 판단해서는 안 된다는 비판[75]을 도외시 하더라도, 결론적으로 양 법 영역에서 사용되고 있는 구성요건표지가 동일한 표현방식을 취하고 있음에도 다른 내용을 내포하고 있을 수 있다는 점에서 불필요한 오해를 방지할 실익이 있음을 유의해야 할 것이다.

다만 대리인에 의해 추구된 자신의 이익 또는 제3자의 이익 그 자체는 대리인이 본인의 이익에 반해 고의로 대리권 남용행위를 행하였다는 것을 증명하기 위한 간접사실(Indiz)로서 기능할 수 있을 것이다.[76] 대부분의 고의적 대리권 남용행위가 본인과의 신임관계에 반해 대리인 자신의 이익 또는 제3자의 이익을 도모하는 형태로 나타나기 때문이다.

Ⅴ. 결 론

1. 대리권의 범위가 본인과의 내부관계에서 허용된 범위와 동일하다면 처음부터 대리권 남용의 위험은 발생하지 않는다. 그럼에도 불구하고 내부관계에 있어서보다 더 넓은 대리권을 수여하게 됨이 일반적인데, 본인의 입장에서 '대리인과 법률행위를 행할 상대방의 적절한 거래 준비상태'를 마련해줄 이익을 가지기 때문이다.

2. 거래상대방이 대리행위의 구속력에 대해 가질 수 있는 불확실성을 제거하기 위해 본인

74) 대리인 자신 또는 제3자의 이익을 도모하기 위한 대리행위로 제한하지 않고, 대리인이 기초적 내부관계에 반해 본인의 이익에 반하여 대리행위를 하는 모든 경우가 대리권 남용행위임을 지적하는 문헌으로 장재현, "제3자를 위한 대리권 행사", 「법학논고」 제27집, 2007, 416면; 안춘수, "대리권 남용", 「법학연구」 제5권, 1995, 143면; 정해상, "대리권남용에 대한 당사자의 책임이론", 「중앙법학」 제4집 제2호, 2002, 265면: 대리인이 적극적으로 자기 또는 제3자의 이익을 도모할 목적으로 대리행위를 하거나 본인의 손실발생을 의도한 사례 그리고 소극적으로 본인에게 이익이 되는 법률효과를 결정하려는 의사를 결여한 사례 등 모든 경우에 대리권 남용 문제가 발생한다고 한다.

75) 홍가혜, "사법상 무효가 되는 대표권 남용행위의 배임성", 「법과 정책」 제22권 제2호, 2016, 472면: 이 문헌은 판례가 사법상 대표권 남용행위와 형법상 배임죄에 있어 권한의 남용에 의한 임무위배를 명확히 구분하지 않고 있다고 하면서, 사법상 대표권 남용행위는 형법상 권한 남용이 아니라 권한 초월에 해당하고, 따라서 신의파괴의 임무위배가 된다고 한다.

76) 독일 내 이러한 지적으로 Vedder, Missbrauch der Vertretungsmacht, 2007, S. 55; ders., JZ 2008, 1080.

으로서 내부관계에 있어서보다 더 넓은 대리권을 수여할 이익을 가지게 된다. 대리인의 대리행위가 내부관계상 의무에 부합하는지 여부를 거래 상대방 입장에서 식별할 수 없는 경우가 대부분인데, 대리권 남용위험을 피하기 위해 처음부터 내부관계에 있어 허용되는 한도와 동일한 범위의 대리권이 수여된다면 대리행위의 구속력에 대한 불확실성 때문에 상대방이 계약의 교섭에 임하지 않을 것이기 때문이다.

3. 나아가 대리제도가 이용되지 않는 2당사자 관계에서와 동일한 거래기회를 상대방에게 제공하기 위해 본인으로서 내부관계에 있어서보다 더 넓은 대리권을 수여할 이익을 가지게 된다. 2당사자 관계에서 자기 자신의 이름으로 행위 하는 자가 스스로 자신의 이익에 반하는 행위를 하는 경우 거래 상대방이 이를 자신의 이익으로 이용해도 되는 것이고, 이와 같은 거래기회는 자기이익 침해행위를 상대방이 인식한 경우에도 보장된다. 따라서 대리에서 본인과의 내부관계에 반하는 대리인의 의무위반행위도 (이를 상대방이 인식하였다 할지라도) 상대방이 자신의 이익으로 이용할 수 있어야 교섭에 임할 것이다. 상대방 입장에서는 2당사자 관계에 있어서 허용되는 자신의 지위보다 열악한 지위에서 대리인과 교섭 하는 것을 흔쾌히 받아들일 수 없을 것이기 때문이다.

4. 이러한 본인의 객관적·전형적 이익들은 상대방 있는 의사표시 해석에 대한 일반원칙 따라서 대리권의 범위를 결정하는 모든 의사표시의 해석에 있어서 고려되고, 대리권 수여가 기초적 내부관계를 발생시키는 행위와 함께 추단적 의사표시로 행해지는 경우에도 마찬가지이다. (거래상대방을 수증자로 하는 증여계약이 대리에 의해 체결되는 상황과 같이) 비전형적인 이해관계가 존재하거나, 본인의 다른 의사가 해석을 통해 도출될 수 있다면 본인과의 내부관계에서 허용된 범위로 제한되는 대리권 수여도 가능하다. 이 경우 대리인이 내부적 관계에서 부담하는 의무를 위반하여 대리행위를 하였다면 무권대리의 문제가 된다.

5. 내부관계에 있어서보다 더 넓은 대리권을 수여할 본인의 2가지 이익을 모두 고려하면 대리권 남용 시 대리행위의 객관적 의무위반과 거래상대방의 악의를 근거로 대리 효과를 부인하는 것에 설득력이 없어진다. 대리행위가 본인의 이익에 반하여 내부적으로 의무위반에 해당함을 거래상대방이 인식한 경우에도 대리권 내의 행위가 됨을 본인이 수권행위를 함에 있어 이미 스스로 감내하였기 때문이다. 즉 '대리제도가 이용되지 않는 경우에서와 동일한 교섭·체결기회의 제공'의 측면에서 보았을 때 대리행위의 객관적 의무위반과 거래상대방의 악의를 근거로 대리효과를 부인하는 것은 마땅히 본인이 부담해야 할 대리권 남용위험을 상대방에게 전가시키는 결과를 가져온다.

6. 이와 달리 대리권 남용 시 대리효과 부인을 위해 대리행위의 객관적 의무위반 및 거래상대방의 악의 외에 대리인의 고의도 요구한다면, 본인이 '동일한 거래기회 제공의 이익'으로 넓은 대리권을 수여했다는 점이 충분히 고려될 수 있다. 자기 자신의 이름으로 행위하는 자 스스

로가 사전에 정의한 자신의 (특정) 이익을 추후 고의로 도외시한다는 것은 자신의 이익이 무엇인지를 다시금 정의한다는 것을 의미하며, 따라서 자기 자신의 이름으로 행위하는 자가 자신이 정한 이익을 고의로 침해한다는 것은 처음부터 불가능하다. 하지만 대리의 경우에는 본인이 스스로 정한 자신의 이익이 얼마든지 대리인의 고의적 남용행위에 의해 침해될 수 있으며, 이는 2당사자 관계와 비교해 보았을 때 대리제도 특유의 위험에 해당하는 사례에 해당한다.

7. 본인의 내부적 지시에 반하는 대리행위도 고의에 기한 대리권 남용행위가 아닌 이상 본인이 대리행위의 구속력을 감내한 것으로 보아야 한다. 그 어떠한 경우에도 지시에 반하는 대리행위의 구속력을 감수하지 않겠다는 본인의 절대적 의사가 지시의 객관적 해석을 통해 도출될 수 있다면, 본인의 지시 자체를 대리권 제한에 대한 추단적 의사표시로 봐야 하고, 이 경우 지시를 따르지 않으면 무권대리가 된다.

8. 사법상 대리권 남용행위 시 대리효과 부인을 위해 요구되는 고의는 자기 또는 제3자의 이익 취득을 위한다는 인식과 의사가 아니라, 본인과의 내부관계상 의무위반에 해당하는 행위임을 알면서도 행한다는 것을 내용으로 한다. 따라서 형법상 배임죄의 구성요건에서와 같이 대리인 자신 또는 제3자의 이익을 위한 고의만을 전제로 협소하게 이해되어서는 안 된다. 다만 대리인에 의해 추구된 자신의 이익 또는 제3자의 이익 그 자체는 대리인이 본인의 이익에 반해 고의로 대리권 남용행위를 행하였다는 것을 증명하기 위한 간접사실로서 기능할 수 있다.

소멸시효와 법정이율 : 2017년 일본 민법 개정 내용을 중심으로

심 활 섭*

Ⅰ. 서 론
Ⅱ. 소멸시효
Ⅲ. 법정이율
Ⅳ. 결 론

Ⅰ. 서 론

일본 민법은 1896년 공포되어 1898년에 시행되었는데, 재산법 분야와 관련하여서는 약간의 개정이 있었을 뿐,[1] 기본적으로는 당시의 내용이 100여 년간 유지되어 왔다.[2] 특히 채권법 분야는 보증과 관련한 규정이 개정되었을 뿐, 대부분의 내용은 제정당시의 내용이 그대로 유지되고 있는데, 그 원인은 세 가지 정도로 꼽을 수 있다고 한다.[3] 즉, 첫 번째 원인으로는 민법이 다수의 특별법과 판례에 의하여 보충되어 왔다는 것이다. 그러면서 민법의 규율이 수정되거나, 민법에는 구체적으로 규정되지 않은 새로운 법리가 발전되어 오면서 시대변화에 대응하여 왔는데, 결과적으로는 민법전 공동화현상이 지적되기에 이르렀다. 두 번째 원인으로는 채권법, 특히 계약법분야에서는 계약자유의 원칙이 적용되기 때문이다. 민법전 규정은 기본적으로 임의규정이어서, 당사자가 자유로이 계약할 것을 예정하고 있다. 민법 규정이 시대에 맞지 않더라도 당사자가 자유로이 계약하는 것으로 대응할 수 있게 된다. 그 결과 민법 규정이 사회에서 충분히 기능하지 않더라도 그다지 지장이 없게 되었다. 세 번째 원인으로는 이른바 학설계수에 의하여 독일의 학설이 도입되어 민법 조문과는 괴리된 해석이 이루어지게 되었다. 이 때문에 30년가량

* 서울고등법원 고등법원판사

1) 저당권을 중심으로 한 담보규정의 개정(2003년), 조문을 문어체에서 현대어로 바꾼 개정(2004년), 민법의 법인에 관한 규정을 대부분 삭제하고 '일반사단법인 및 일반재단법인에 관한 법률'과 '공익사단법인 및 공익재단법인 인정에 관한 법률'을 제정한 것(2006년) 등이다.

2) 古積健三郎, "日本における近時の民法改正の動向と課題", 「법학논총」 28권 3호, 한양대학교, 313면.

3) [座談會] "債権法改正をめぐって－ 裁判実務の観点から", 「ジュリスト」 No.1392, 50~51면(中田裕康 교수 발언).

전부터는 조문이 경시되어 민법 개정에 대한 관심도 그다지 없는 상황이 이어졌다.

2009년 10월 28일 개최된 법제심의회 총회에서 법무대신으로부터 "민사기본법인 민법 중 채권관계 규정에 대하여, 민법 제정이래의 사회·경제 변화에 대응하고, 일반 국민이 알기 쉽게 하고자 하는 관점에서, 국민의 일상생활과 경제활동에 관계가 깊은 계약에 관한 규정을 중심으로 재검토할 필요가 있다고 보이므로,[4] 그 요강을 제시해 달라"는 내용의 자문이 있었음을 이유로[5] 법제심의회 민법(채권관계) 부회(部會)가 설치되었다.

법제심의회 민법(채권관계) 부회[6]는 2009년 11월 24일부터 2015년 2월 10일까지 99차례의 회의를 거쳐 2015년 2월 10일에 「민법(채권관계) 개정에 관한 요강안」을 결정하였다.

위 요강안을 토대로 한 '민법 일부 개정법률안'이 2015년 3월 31일 국회에 제출되어 2017년 5월 26일 국회에서 가결되었고, 2017년 6월 2일 공포되었다. 공포된 법률은 일부 규정을 제외하고 공포된 날로부터 기산하여 3년을 넘지 않는 범위에서 정령으로 정하는 일자에 시행될 예정이다.[7]

일본 민법의 개정내용을 살펴보는 것은 우리나라 민법을 이해하고 민법 개정방향을 살펴보는데 참고가 될 것이므로, 일본 민법의 개정내용을 살펴보기로 한다(가능한 범위 내에서 우리나라 민법과 일본 민법을 대비하여 살펴보되, 내용이 같거나 유사한 조문에 대하여는 우리나라에서의 논의나 판례에 관하여 살펴본다). 다만, 한정된 지면관계상 이하에서는 '소멸시효'와 '법정이율'에 관하여만 살펴본다(그 밖의 개정내용에 관하여는 후속 연구를 통하여 살펴보기로 한다).

Ⅱ. 소멸시효

1. 개 관

개정 일본 민법은 '채권의 소멸원인이라는 측면'에서 소멸시효제도를 개선하였다. 주된 개정내용은 다음과 같다.

---

4) 민법개정연구회 활동을 통하여 '민법개정시안' 발표를 주도하기도 하였던 加藤雅信 교수는 2000년에 공포되어 2001년부터 시행된 소비자계약법 탓에 그 이전까지 법무성 민사국이 계약법 일반에 관하여 가졌던 권한을 소비자계약에 관하여는 상실하게 되자(소비자계약에 관한 실질적인 권한은 소비자청이 갖게 되었다), 계약법을 전면개정하는 방법으로 소비자계약법의 규정을 포함한 권한을 회복하고자 채권법개정을 추진한 것이라고 주장한다(加藤雅信, "世界と日本における民法典の編纂と改正", 「判例時報」 2283호, 7면).

5) 법무성이 추진하는 채권법 개정 동향의 문제점에 관하여는 古積健三郎(주 2), 314~316면 참조.

6) 이하에서 法制審議会民法 (債権関係) 部会의 자료나 회의록를 언급할 때는 '部會資料'나 '회의록' 등의 방법으로만 표기한다(위 자료의 출처는 http://www.moj.go.jp/shingi1/shingikai_saiken.html이다).

7) 일본 법무성 웹사이트(トップページ > 所管法令等 > 国会提出法案など > 国会提出主要法案 第189回 国会(常会) > 民法の一部を改正する法律案)에서 법률안요강, 법률안, 이유, 신구대조조문, 수정안요강, 수정안, 수정에 관한 신구대조조문, 법률 등을 볼 수 있다. http://www.moj.go.jp/MINJI/minji07_00175.html 참조.

가. 기산점과 시효기간

개정 전 일본 민법은 채권의 소멸시효 기산점과 시효기간에 관하여 '권리를 행사할 수 있는 때로부터 10년'이라는 원칙적 규정을 두었는데(개정 전 일본 민법 제166조 제1항, 167조 제1항[8]), 개정 일본 민법은 위와 같은 규정(개정 일본 민법 제166조 제1항 제2호)에 덧붙여 '채권자가 권리를 행사할 수 있는 것을 알았던 때부터 5년간'이라는 규정을 추가하였다(개정 일본 민법 제166조 제1항 제1호). 즉 종래의 객관적 기산점부터 10년이라는 시효기간 이외에도, 주관적 기산점으로부터 5년이라는 2원적인 구성을 채용하였다. 위 기간 중 어느 것이라도 빠른 기간이 지나갈 때 소멸시효가 완성한다.[9]

그 밖에도 ① 사람의 생명 또는 신체의 침해에 따른 손해배상청구권(개정 일본 민법 제167조[10]), ② 정기금채권(개정 일본 민법 제168조), ③ 판결로 확정된 권리(개정 일본 민법 제169조)에 관한 특칙을 두었다.

반면, ① 정기급부채권의 단기소멸시효(개정 전 일본 민법 제169조), ② 직업별 단기소멸시효(개정 전 일본 민법 제170조~제174조), ③ 상사소멸시효(상법 제522조) 제도를 폐지하여 소멸시효기간에 관한 규율을 단순화하였다.

위와 같은 특칙규정 중 '사람의 생명 또는 신체의 침해에 따른 손해배상청구권'에 관한 규정은 법익의 중요성을 고려하여 시효기간을 장기화한 것으로, 손해배상청구권의 발생원인이 불법행위인 경우에도 같은 규정이 신설되었다(개정 일본 민법 제724조의2). 한편 일본 판례는 불법행위에 의한 손해배상청구권의 행사기간에 관한 '불법행위시부터 20년'이라는 개정 전 일본 민법 제724조 후단의 규정[11]을 제척기간을 규정한 것으로 보는데,[12] 개정 일본 민법은 소멸시효기간임을 명백히 밝히면서(개정 일본 민법 제724조 단서), 시효에 관한 규정이 적용됨을 명백히 하였다.[13]

나. 시효장애

1) 갱신과 완성유예

개정 일본 민법은 용어를 적정하게 사용하기 위하여, 개정 전 일본 민법의 '중단'과 '정지'의 개념을 '갱신'과 '완성유예'라는 용어로 바꾸었다. 즉 시효의 '중단'은 그 때까지 진행된 시효

---

8) 우리나라 민법 제162조 제1항, 제166조 제1항과 같다.

9) 石井教文, 詳説 改正債権法, 25면.

10) 생명·신체 침해에 따른 손해배상청구권에 대하여는 그 기간을 20년으로 정하고 있다.

11) 제724조(불법행위로 인한 손해배상청구권의 기간의 제한) 불법행위로 인한 손해배상의 청구권은 피해자 또는 그 법정대리인이 손해 및 가해자를 안 때부터 3년간 이를 행사하지 아니하면 시효로 인하여 소멸한다. 불법행위의 때부터 20년을 경과한 때에도 또한 같다(우리나라 민법 제766조의 내용과 대체로 동일하나, 위 20년 부분만 우리나라 민법은 10년으로 규정되어 있다).

12) 最一小判 1989. 12. 21. 昭和59年 (オ) 第1447号(最高裁判所民事判例集 43권 12호 2209면, 判例タイムズ 753호 84면). 우리나라에서도 제척기간이라고 보는 견해가 있다.

13) 우리나라 판례는 민법 제766조 제2항의 기간을 '소멸시효기간'으로 본다(대법원 1996. 12. 19. 선고 94다22927 전원합의체 판결).

기간은 진행하지 않았던 것과 마찬가지로 되고, 중단사유가 종료한 때로부터 다시 시효기간이 진행하는 것이지만[14]('reset'을 하는 것과 같다), '중단'이라는 용어는 시효기간 진행이 일시적으로 정지한다는 의미를 갖는 것으로 오해를 초래하기 쉽다는 지적이 있어 적절한 용어인 '갱신'이라는 용어로 바꾸었다.[15] 또한 당해 사유가 계속되는 동안 시효의 완성이 유예되는 경우를 '완성유예'라고 부르고, 일본 판례에서 채용된 '재판상최고'의 개념을 명문화하여 완성유예사유로 정리하였다.[16]

시효장애에 관한 규정방식도, 일본 개정 민법과 같이 중단, 정지별로 이에 해당하는 사유를 열거하지 않고, 채권자와 채무자 사이에 생길 전형적인 경우(소송, 화해, 조정, 파산절차참가, 민사집행, 보전 등)별로 어느 시점에 완성유예나 갱신의 효력이 생기는지를 규정하는 체재로 바꾸었다(개정 일본 민법 제147조 내지 제149조).

그 밖에도 개정 일본 민법은 당사자 사이에 계쟁채권에 관하여 협의를 행하는 취지의 합의에 일정한 범위에서 시효완성을 유예하는 제도를 신설하고(개정 일본 민법 제151조), 이외에도 시효중단사유(갱신사유)였던 가압류 및 가처분을 완성유예사유로 바꾸고(개정 일본 민법 제149조), 재판외 최고를 반복하더라도 완성유예효가 생기지 않는 것을 명문으로 규정하였다(개정 일본 민법 제150조). 덧붙여 시효장애효력의 주관적 범위도 명확히 규정하였다(개정 일본 민법 제153조, 제154조).

2) 시효의 정지

개정 일본 민법은 개정 전 일본 민법의 시효정지에 관한 규정(개정 전 일본 민법 제158조~제161조)도 '완성유예'의 개념으로 바꾸고, 천재(天災) 등에 의한 시효완성유예기간을 개정 일본 민법의 2주간으로부터 3개월로 연장하였다(개정 일본 민법 제158조~제161조).

3) 시효의 효과

① 시효의 효과가 기산일로 소급하는 것(개정 일본 민법 제144조), ② 당사자가 원용하지 않으면 법원이 시효를 이유로 재판할 수 없는 것(개정 일본 민법 제145조), ③ 시효이익은 미리 포기할 수 없는 것(개정 일본 민법 제146조)은 개정 전 일본 민법(제144조~제146조)과 같다. 또한 소멸시효 원용권자에 '보증인, 물상보증인, 제3취득자 그 밖에 권리의 소멸에 관하여 정당한 이익을 갖는 자'가 포함되어 있음이 부기되었다(개정 일본 민법 제145조 괄호).

2. 기산점과 시효기간

가. 시효기간의 통일

개정 일본 민법은 채권의 소멸시효기간과 관련하여, ① 직업별 단기소멸시효(개정 전 일본 민법 제170조~제174조), ② 정기급부채권의 단기소멸시효(개정 전 일본 민법 제169조), ③ 상사소멸시효(상법 제522조)를 폐지하여 시효기간을 단순화하였다.

---

14) 우리나라 민법에 관한 설명도 동일하다(윤진수, 민법주해(3), 485면 참조).

15) 民法（債権関係）の改正に関する中間試案の補足説明, 79면.

16) 民法（債権関係）の改正に関する中間試案の補足説明, 83면 이하.

1) 직업별 단기소멸시효 폐지

단기소멸시효에 대하여는 채권이 단기소멸시효규정의 대상이 되는지를 확인하는 것이 어렵고 번잡하며, 단기소멸시효의 대상이 되는 채권 사이에 시효기간의 차이를 두는 것에 합리적 이유를 찾기도 어렵다는 비판이 있었다.[17] 이와 같은 비판을 받아들여 개정 일본 민법에서는 제170조에서 제174조까지의 직업별 단기소멸시효규정을 삭제하여 소멸시효의 시효기간을 단순화·일원화하였다. 이에 따라 종전에 단기소멸시효의 대상이 되었던 채권은 시효시간이 장기화되었다(다만, 개정 일본 민법 부칙 제10조 제4호에 의하여 개정 일본 민법 시행 전에 생긴 채권의 소멸시효기간은 종전의 규정에 의한다).

2) 상사소멸시효 폐지

상행위로 인한 채권의 소멸시효기간은 원칙적으로 5년이었다(일본 상법 제522조 본문[18]). 상행위로 인한 채권(상사채권)은 쌍방적 상행위로 인한 채권이든 일방적 상행위로 인한 채권이든 불문하고, 이러한 일방적 상행위로 인한 채권은 채권자를 위한 상행위이든 채무자를 위한 상행위이든 불문하고, 상행위를 직접적 원인으로 하여 발생한 채권뿐만 아니라 그와 동일성 있는 채권(채무불이행으로 인한 손해배상청구권, 상사계약의 해제로 인한 원상회복청구권, 상사계약의 무효로 인한 부당이득반환청구권 등)을 포함한다.[19]

상사채권(상사채무)의 소멸시효기간을 민사채권(민사채무)보다 단기로 규정한 것은 상거래의 신속한 해결을 위한 것인데,[20] 상사채권과 동일성 있는 채권이나 이에 준하는 채권에 해당하는지 여부에 관한 판단을 '당해 거래가 신속한 해결을 필요로 하는 것인가'라는 관점에서 판단함으로써 상사소멸시효의 적용범위가 불명확해진다는 비판이 있었다.[21] 그런데 개정 일본 민법은 '채권자가 권리를 행사하는 것이 가능한 것을 알았을 때'라는 주관적 기산점으로부터 5년간의 시효기간을 정하고 있으므로(상행위채권자는 '권리를 행사할 수 있는 때'에 권리행사가능성을 인식하고 있는 것이 일반적일 것이므로, 주관적 기산점과 객관적 기산점이 대부분 일치할 것이다), 상행위로 인한 채권에 대하여 특칙을 둘 필요가 없어져 상사소멸시효를 폐지하였다.

3) 정기급부채권의 단기소멸시효 폐지

개정 전 일본 민법은 '연 또는 이보다 단기로 정한 금전 그 밖의 물건의 급부를 목적으로 하는 채권'의 소멸시효기간에 관하여는 특칙을 규정하여 소멸시효기간을 5년으로 하였다.[22] '연 또는 이보다 단기로 정한 채권'이란 1년 또는 이보다 짧은 기간 이내에 정기로 지급되는 채권

17) 우리나라 민법규정상의 단기소멸시효에 대하여도 입법론적으로 동일한 비판이 있다[윤진수(주 14), 440~441면).
18) 우리나라 상법 제64조와 같다.
19) 정찬형, 상법강의(상)(제20판), 215~216면.
20) 정찬형(주 19), 215면.
21) 石井教文(주 9), 29면.
22) 우리나라 민법 제163조 제1호는 '이자, 부양료, 급료, 사용료 기타 1년 이내의 기간으로 정한 금전 또는 물건의 지급을 목적으로 한 채권'의 소멸시효기간을 3년으로 정하고 있다.

(정기급여채권)을 말한다.[23] 가령 1월 단위로 지급하여야 하는 집합건물의 관리비채권,[24] 정수기 대여계약에 기한 월 대여료채권,[25] 1년 또는 이보다 짧은 기간에 정기적으로 변제하기로 하는 지분권인 이자채권은 위 단기소멸시효의 적용을 받게 된다.

개정 일본 민법은 정기급부채권의 단기소멸시효규정을 삭제하고, 이와 관련한 특칙을 별도로 규정하지 않았다.

그런데 계약상 채권의 경우, 채권자가 '권리를 행사할 수 있는 때'에 권리행사가능성을 인식하고 있는 것이 일반적일 것이므로, 주관적 기산점과 권리를 행사할 수 있는 때가 일치하게 되므로, 주관적 기산점으로부터 5년이 경과하면 시효가 완성되어(개정 일본 민법 제166조 제1항 제1호), 결과적으로는 개정 전 일본 민법의 규정과 동일하게 된다.[26]

한편 기본권인 정기금채권에 대하여 개정 전 일본 민법은 최후의 변제기부터 10년간 행사하지 않을 때 시효로 소멸하는 것으로 규정하고 있었는데(개정 전 일본 민법 제168조 제1항), 개정 일본 민법은 '채권자가 정기금채권으로부터 생기는 금전 그 밖의 물건의 급부를 목적으로 하는 각 채권'을 행사할 수 있다는 것을 알았던 때(주관적 기산점)로부터 10년, 행사할 수 있는 때(객관적 기산점)로부터 20년으로 시효소멸하는 것으로 규정하였다(개정 일본 민법 제168조 제1항). 또한 개정 전 일본 민법과 마찬가지로 정기금채권자는 시효갱신의 증거를 얻을 수 있도록 채무자에 대하여 승인서의 교부를 청구할 수 있는 것으로 규정하였다(개정 일본 민법 제168조 제2항).

4) 계약책임과 불법행위책임

개정 일본 민법은 개정 전 일본 민법이 채용하고 있던 객관적 기산점에 더하여 주관적 기산점을 두어, 객관적 기산점으로부터 10년, 주관적 기산점으로부터 5년을 원칙적인 소멸시효기간으로 규정하였다(일본 민법 제166조 제1항). 이는 불법행위에 의한 손해배상청구권의 기간제한(개정 일본 민법 제724조, 제724조의2)과 동일하게 2원적 구성을 채용한 것이다. 이와 같은 개정에 대하여는 불법행위책임 및 계약책임에 기한 손해배상청구권의 소멸시효기간을 통일적으로 처리하는 기반이 조성되었다는 평가가 있다.[27] 즉 계약책임과 불법행위책임의 손해배상청구권의 소멸시효기간이 다르면 어느 쪽으로 법률구성을 하느냐에 따라 소송의 승패가 나뉠 가능성이 있을 수 있는데, 개정 일본 민법에서는 사람의 생명 또는 신체의 침해에 따른 손해배상청구권의 소멸시효기간에 관하여 계약책임이나 불법행위책임 어느 것에 의하더라도 객관적 기산점으로부터 20년(개정 일본 민법 제167조, 제724조 제2호), 주관적 기산점으로부터 5년(개정 일본 민법 제166조 제1항 제1호, 제724조의2)으로 통일되었다. 그러나 그 밖의 불법행위에 의한 손해배상청구권에 대하여는 주

---

23) 지원림, 민법강의(제13판), 409면; 윤진수(주 14), 441면.

24) 대법원 2007. 2. 22. 선고 2005다65821 판결.

25) 대법원 2013. 7. 12. 선고 2013다20571 판결.

26) [民法 (債権関係) 部会資料 69A] 民法(債権関係)の改正に関する要綱案のたたき台(4), 8면.

27) 法制審議会 民法 (債権関係) 部会 第12回会議 議事録, 21면.

관적 기산점으로부터 3년이라는 개정 전 일본 민법의 규정(개정 전 일본 민법 제724조 전단[28])이 유지되고 있으므로(개정 일본 민법 제724조 제1호), 이를 5년이라고 하는 일반원칙(개정 일본 민법 제166조 제1항 제1호)과의 관계에서, 당해 손해배상청구권이 불법행위책임 또는 계약책임의 어느 것을 발생원인으로 하는가에 따라 여전히 소멸시효기간에 차이가 생기게 된다. 설명의무위반에 따른 손해배상청구의 근거를 계약상 책임으로 보는가, 불법행위책임으로 보는가에 따라 소멸시효 완성여부가 달라지게 된다.[29]

나. 기산점과 시효기간

개정 전 일본 민법 제166조 제1항이나 우리나라 민법 제166조 제1항이 규정한 '권리를 행사할 수 있는 때'란 권리를 행사함에 법률상 장애사유가 없는 것을 말한다.[30] 그러나 권리자가 권리의 발생 여부를 알기 어려운 객관적 사정이 있고 권리자가 과실 없이 알지 못한 경우에도 법적가능성설의 입장을 관철하면 정의와 형평의 이념에 반할 뿐만 아니라 소멸시효제도의 존재이유에 부합된다고 볼 수 없다는 이유로 일정한 경우 예외를 인정하고 있다[31][32](일본과 우리나라의 경우가 같다).

개정 일본 민법은 채권의 소멸시효기간을 ① 객관적 기산점으로부터 10년, ② 주관적 기산점으로부터 5년으로 정하고, 어느 것이든 빨리 시효기간이 만료하면 시효가 완성하는 것으로 규정하였다. 개정 일본 민법도 개정 전 일본 민법과 마찬가지로 '권리를 행사할 수 있는 때'로부터 시효가 기산되는 것으로 규정하고 있어, 개정 전 일본 민법에 관한 해석과 동일한 해석이 가

---

28) 제724조(불법행위로 인한 손해배상청구권의 기간의 제한) 불법행위로 인한 손해배상의 청구권은 피해자 또는 그 법정대리인이 손해 및 가해자를 안 때부터 3년간 이를 행사하지 아니하면 시효로 인하여 소멸한다.

29) 계약의 일방 당사자가 당해 계약의 체결에 앞서, 신의칙상의 설명의무를 위반하여 당해 계약을 체결할지 여부의 판단에 영향을 미칠 정보를 상대방에게 제공하지 않은 경우에는, 당사자 일방은 상대방이 당해 계약을 체결한 것에 의하여 입은 피해에 대하여 불법행위에 의한 손해배상책임을 부담함은 별론으로 하더라도, 당해 계약상 채무불이행책임에 의한 손해배상책임은 부담하지 않으므로, 신용협동조합이 경영파탄 위험에 관한 설명을 하지 않은 채 출자를 권유하여 계약체결에 이른 경우, 위 조합의 채무불이행으로 인한 손해배상책임이 부정된 사례[最二小判 2011. 4. 22. 平成22年 (受) 第1079号(金融法務事情 1928호 111면)], 경영파탄한 신용협동조합에 대하여 경영파탄의 위험을 설명하지 않은 의무위반을 이유로 불법행위에 기한 손해배상청구를 하였는데, 같은 입장에 있던 사람들의 집단소송이 제기된 시점부터는 시효가 진행한다는 이유로 3년의 소멸시효기간이 경과하였다고 판단한 사례[最二小判 2011. 4. 22. 平成21年 (受) 第131号(最高裁判所裁判集民事 236호 443면)]가 있다.

30) 지원림(주 23), 401면; 윤진수(주 14), 461면.

31) 지원림(주 23), 403면.

32) 보험사고가 발생한 것인지 여부가 객관적으로 분명하지 않아서 보험금청구권자가 과실 없이 보험사고의 발생을 알 수 없었던 경우 보험청구권자가 보험사고의 발생을 알았거나 알 수 있었던 때로부터 보험금청구권의 소멸시효가 진행한다고 판단한 사례(대법원 2001. 4. 27. 선고 2000다31168 판결); 공제사고가 발생한 것인지가 객관적으로 분명하지 아니하여 공제금청구권자가 공제사고의 발생사실을 확인할 수 없는 사정이 있는 경우에는 보험금청구권의 경우와 마찬가지로 공제금청구권자가 공제사고 발생을 알았거나 알 수 있었던 때부터 공제금청구권의 소멸시효가 진행한다고 해석하여야 한다고 판단한 사례(대법원 2012. 2. 23. 선고 2011다77870 판결).

능하다. 또한 주관적 기산점은 '채권자가 권리를 행사할 수 있는 것을 알았던 때'(개정 일본 민법 제166조 제1항 제1호)를 기산점으로 하는데, 채권은 특정의 자(채무자)에 대하여 특정한 급부를 청구하는 권리이므로, 채권자의 인식대상에는 권리행사의 객체인 '채권'의 발생원인 뿐만 아니라 '채무자의 존재'도 포함되는 것이므로, 결국 불법행위에 의한 손해배상청구권의 소멸시효의 기산점인 '손해 및 가해자를 안 때'(개정 일본 민법 제724조 제1호)와 마찬가지라고 볼 것이다.

3. 시효장애

가. 시효장애에 관한 개정 전 일본 민법의 규성

개정 전 일본 민법은 ① 청구, ② 압류 또는 가압류, 가처분, ③ 승인을 시효중단사유로 규정하였다(개정 전 일본 민법 제147조[33]). 위 ①, ②에 대하여는 소정의 법적절차를 신청할 때 시효가 중단되고,[34] ①의 경우에는 계쟁채권에 관한 재판이 확정된 때, ②의 경우에는 압류, 가압류 및 가처분 절차가 종료된 때부터 새로이 시효가 진행되는 것으로 규정하고(개정 전 일본 민법 제157조[35]), ①②의 법적절차가 취하 등에 의하여 중도에 종료된 경우에는 소급적으로 시효중단의 효력이 상실되는 것으로 규정하고 있었다(개정 전 일본 민법 제149조 내지 제152조, 제154조[36]). 이에 따라 일본 판례는 소취하에 의하여 소송이 종료되더라도 소송 계속중에는 채권자의 최고가 계속되었던 것으로 평가하여, 취하에 의하여 소송이 종료된 때로부터 6개월 이내에 개정 전 일본 민법 제153조에서 정한 절차를 밟으면, 시효가 중단하는 것으로 해석하여 불합리한 점을 회피하였다(우리나라 민법은 제170조 제2항을 통하여 위와 같은 불합리한 점을 개선하였다[37]).

나. 시효장애에 관한 개정 일본 민법의 규정

개정 일본 민법은 완성유예, 갱신사유가 되는 법적절차의 신청시점에서는 완성유예효과가 생기는 것에 그치고, 시효갱신의 효과가 생기는 것은 이들 절차가 종료된 시점으로 하고, 그 법적절차가 취하 등으로 중도에 종료된 경우에도 신청 등 시점에 발생한 완성유예효가 당해 법적절차 종료시부터 6개월이 경과할 때까지 계속하는 것으로 규정하였다. 시효 갱신효의 발생시점을 소정의 법적절차 종료시로 하여, 재판상 최고의 법리를 완성유예사유의 하나로 하고, 시효장애의 발생, 종료의 시기를 명확히 하고, 개정 전 일본 민법의 불합리한 점을 명문으로 해결하였다(다만, 명시적 일부청구의 나머지 부분에 대하여 완성유예의 효과를 부여할 것인지에 관하여는, 일부 집행이나 일부 보전의 경우에도 동일한 문제가 발생하는데, 이에 대한 검토가 부족하다는 이유로 입법화되지 못하였다[38]).

---

33) 우리나라 민법 제168조와 같다.
34) 윤진수(주 14), 507면, 525면.
35) 우리나라 민법 제178조와 같다.
36) 우리나라 민법 제170조 제1항, 제175조와 같다.
37) 독일 민법 제212조를 본받아 신설한 규정이라고 한다[윤진수(주 14), 510면].
38) 石井教文(주 9), 36면.

다. 재판상 청구, 제소전 화해, 민사 · 가사 조정 및 파산절차 참가

위 절차에서 채권의 존부가 확정되면 소멸시효 갱신사유가 되고, 당해 사유의 종료시부터 새로이 시효기간이 진행된다(개정 일본 민법 제147조 제2항). 반대로 위 절차에서 채권의 부존재가 확정되면 소멸시효가 문제될 여지가 없다.

1) 완성유예사유

소멸시효 완성유예사유가 생기는 것은 재판상 청구(개정 일본 민법 제147조 제1항 제1호), 지급독촉(같은 항 제2호), 제소전 화해, 민사조정·가사조정에 의한 조정(같은 항 제3호), 또는 파산절차에의 참가[39](같은 항 제4호)를 한 때이다. 즉 소제기, 지급명령 신청, 파산채권 신고가 법원에 수리된 시점에 완성유예 효과가 생긴다. 나중에 소가 각하, 취하에 의하여 종료되더라도, 그때부터 6개월을 경과할 때까지는 완성유예효과가 계속된다. 이에 반하여 소장이나 파산채권신고가 각하된 경우[40](일본 민사소송법 제137조,[41] 일본 파산법 제13조, 민사재생법 제18조, 회사갱생법 제13조에 의하여 민사소송법 제137조를 준용)에는 완성유예 효과가 생기지 않는다.

2) 갱신사유

소멸시효 갱신사유가 되는 것은 계쟁채권의 존재가 '확정판결 또는 확정판결과 동일한 효력'을 가지고 확정된 경우로(개정 일본 민법 제147조 제2항), 반드시 기판력을 가지고 확정될 것까지 필요하지는 않다.

파산, 갱생, 재생절차에의 참가는 파산채권 신고의 방법에 의하는데, 파산채권이 판결절차(조사확정재판에 대한 이의의 소, 이의채권에 대한 소송수계)에 의하여 확정되는 경우뿐만 아니라 조사확정재판이나 조사확정재판에 대한 이의의 소에 따른 확정도 확정판결과 동일한 효력이 있다. 신고된 파산채권의 존재가 '확정판결 또는 확정판결과 동일한 효력을 갖는 것'에 의하여 확정된 경우에는 도산절차가 종료된 때로부터 10년의 시효기간이 진행하고(개정 일본 민법 제147조 제2항, 제169조), 반대로 확정판결 또는 이와 동일한 효력을 갖는 것에 의하여 확정되지 않은 채 도산절차가 종료한 경우에는 종료 시부터 6개월 동안 소멸시효완성이 유예된다(개정 일본 민법 제147조 제1항 단서).

---

39) 개정 전 일본 민법 하에서는 파산선고의 신청은 재판상청구에 해당한다고 본 판례가 있다[最判 1960. 12. 27.(最高裁判所民事判例集 14권 14호 3253면)].

40) 소장이 각하되는 것은 소송물 또는 당사자가 특정되어 있지 않는 경우여서, 실질적으로는 소장 불수리와 같고, 피고에게 소장송달도 하지 않기 때문에 완성유예효과를 부여할 조건이 갖추어지지 않았기 때문이고, 파산채권 신고가 각하되는 경우도 신고채권이 특정되지 않은 경우여서 완성유예효과를 부여할 조건이 갖추어지지 않았기 때문이다[石井教文(주 9), 37면 각주 41]. 이에 반하여 파산채권의 신고가 각하된 경우에도 시효완성유예를 인정하는 견해도 있다[伊藤眞, 條解破産法(제2판), 794면].

41) 우리나라 민사소송법 제254조와 같다.

라. 민사집행절차에 의한 완성유예 및 갱신

개정 일본 민법은 민사집행의 신청에 의하여 소멸시효의 완성이 유예되는 효력을 부여하고(개정 일본 민법 제148조 제1항 각호), 집행절차의 종료에 따라 갱신의 효력이 발생하는 것으로 하였다(같은 조 제2항 본문). 또한 개정 일본 민법은 신청이 취하되거나 법률의 규정에 따르지 않음으로 인하여 민사집행절차가 취소되어 종료된 경우에는 소멸시효가 갱신되는 효력을 부여하지 않고(개정 일본 민법 제148조 제2항 단서), 재판상 청구(일본 개정 민법 제147조 제1항)와 마찬가지로 절차 신청 시점에 생긴 완성유예효가 절차 종료시로부터 6개월이 경과할 때까지 계속되는 것으로 하였다(개정 일본 민법 제148조 제1항).

1) 강제집행·담보집행

강제집행 또는 담보집행의 신청에 의하여 집행채권, 피담보채권에 대하여 소멸시효 완성이 유예되고, 당해 절차에서 집행채권 또는 피담보채권이 만족을 얻으면 그 한도에서 집행채권과 피담보채권은 소멸하고, 만족을 얻지 못한 부분에 한하여 당해 절차 종료시부터 새로이 소멸시효가 진행한다(개정 일본 민법 제148조 제2항). 집행대상재산의 부존재나 대막대금의 부족 등으로 집행이 의미 없게 끝나더라도, 집행채권 내지 피담보채권의 전액에 대하여 시효가 갱신된다.

갱신의 효력이 생기는 것은 집행절차종료시점인데, 개시된 절차의 최종단계에 해당하는 행위가 완료된 때이다. 반면 채권자가 신청을 취하한 경우, 집행취소문서의 제출에 의하여 민사집행이 종국적으로 정지 및 이미 행하여진 집행처분의 취소가 이루어진 경우, 그 밖에 사유에 의하여 집행절차의 취소가 된 경우에는 소멸시효의 갱신사유가 아니라, 당해 절차의 종료시부터 6개월이 경과할 때까지 시효완성이 유예되는 것에 그친다(개정 일본 민법 제148조 제1항).

2) 형식경매

유치권에 기한 형식적 경매는 유치권 피담보채권의 행사로서의 측면도 있으므로 소멸시효 완성 유예사유 및 갱신사유가 된다.

3) 재산명시

집행권원에 기하여 적법한 신청이 이루어지면 완성유예사유가 되고, 신청이 요건을 충족하여 명시절차개시결정이 이루어지면, 설령 명시의무자가 재산목록을 제출하지 않거나, 명시기일에 출석, 선서, 진술을 거부하여 목적을 달성하지 못한 채 명시기일이 종료되더라도, 명시기일의 종결일로부터 새로이 시효기간이 진행한다.[42] 신청이 취하되거나 법률의 규정에 따르지 않음으로 인하여 실시결정이 취소된 경우에는 완성유예사유가 될 뿐이므로 갱신효력은 생기지 않는다.

---

42) 우리나라 판례도 재산관계명시신청을 최고의 효력을 부여한다(대법원 2001. 5. 29. 선고 2000다32161 판결 참조).

마. 민사보전에 따른 시효완성유예

개정 전 일본 민법은 '가압류 또는 가처분'(개정 전 일본 민법 제147조 제2호)이 시효의 중단사유로 되어 있었으나, 민사보전절차의 경우 개시에 집행권원이 필요하지 않고, 원칙적으로 가압류 또는 가처분과 별개로 보안의 소의 제소 또는 속행이 필요하다. 이에 채권자가 제소명령에 따르지 않으면 보전명령은 취소되어 시효중단의 효력은 발생하지 않고(개정 전 일본 민법 제154조, 민사보전법 제37조), 본안의 소가 제기되면 그에 따라 시효가 중단되었다(개정 전 일본 민법 제147조 제1호). 이와 같은 민사보전의 부수성, 잠정성에 비추어 보면, 결국 가압류 등은 본안의 소가 제기될 때까지 동안 시효완성을 저지하는 것에 그쳐서, 실질적으로는 시효정지사유로서만 기능하였다. 개정 일본 민법은 이와 같은 인식을 전제로 가압류 및 가처분을 시효완성유예사유로 구성하였다(개정 일본 민법 제149조).

완성유예의 효력이 생기는 시점은 신청시이고, 완성유예의 종기인 '그 사유가 종료된 때로부터 6개월'에서 '그 사유가 종료된 때'란 보전집행이 예정된 유형의 민사보전절차에서는 보전집행이 종료된 때, 그렇지 않은 유형은 발령절차가 종료된 때라고 보아야 한다. 가압류에 의한 시효중단의 효력은 가압류의 집행보전의 효력이 존속하는 한 계속되는데,[43] 완성유예효의 종기에 관하여도 동일하게 보아야 할 것이다.

바. 최 고

개정 일본 민법은 최고에 최고시부터 6개월이 경과할 때까지의 기간 동안 시효완성이 유예되는 효과를 부여하였다(개정 일본 민법 제150조 제1항). 개정 전 일본 민법은 6개월 이내에 다른 강력한 중단조치를 취하지 않으면 중단효가 없는 것으로 규정하고 있었는데(개정 전 일본 민법 제153조), 개정 일본 민법은 확정적인 완성유예사유로 규정한 것이다.

또한 최고에 의하여 시효완성이 유예되는 기간 동안 재차 최고를 반복하더라도, 재차 시효완성이 유예되는 효력이 생기지 않음을 명문으로 규정하였다[44](개정 일본 민법 제150조 제2항).

사. 승 인

개정 일본 민법은 '승인'을 갱신사유로 하고, 승인시부터 새로이 시효가 진행되는 것으로 규정하였다(개정 일본 민법 제152조 제1항). 승인요건으로 상대방의 권리에 관한 처분의 능력이나 권한이 있음을 요하지 않는 것은 종전과 마찬가지이다.[45]

---

43) 最三小判 1999. 11. 24. 平成７年（オ）第1413号(最高裁判所民事判例集 52권 8호 1737면). 우리나라 판례도 동일하다(대법원 2006. 7. 4. 선고 2006다32781 판결).

44) 최고를 반복하다가 재판상 청구를 한 경우에, 시효중단의 효력은 재판상 청구를 한 시점을 기준으로 하여 이로부터 소급하여 6월내에 한 '최후의' 최고시에 발생하는 것으로 보는 우리나라 판례의 취지(대법원 1983. 7. 12. 선고 83다카437 판결)와 동일하다.

45) 우리나라 민법 제177조와 같다.

아. 협의를 행하는 취지의 합의에 따른 시효완성유예

개정 일본 민법은 당사자 사이에 권리에 관한 협의를 행하는 취지를 서면(전자적 기록을 포함한다)으로 합의한 경우를 새로운 시효완성유예사유로 규정하였다(개정 일본 민법 제151조). 여기서 합의의 내용은 '권리에 관한 협의를 행하는 것'으로, 채무자가 계쟁채권의 존재를 인정하면 '승인'으로서 시효갱신사유가 되기 때문에, 계쟁채권의 존부와는 관계없이 협의하는 것 자체에 관한 합의가 해당한다. 이 경우 협의를 하는 것에 대한 합의만 있으면 되고, 소멸시효완성을 유예하는 것에 대한 합의까지 이루어질 필요는 없다. 서면에 의한 합의가 필요한 것으로 규정한 것은 시효완성이 유예되는 기간을 명확하게 파악하기 위한 것이므로, 동일한 서면에 의하여 합의가 이루어질 필요도 없고, 합의의 제안과 승낙이 별도의 서면으로 이루어져도 된다.[46]

위와 같은 합의가 이루어지면, 다음의 ①부터 ③까지의 어느 것이든 빨리 도래하는 시점까지 사이에는 시효가 완성되지 않는다(개정 일본 민법 제151조 제1항). 즉 ① 당해 합의에 의하여 당사자가 협의를 행할 기간을 정하지 않았을 때에는 합의시로부터 1년이 경과한 날, ② 당해 합의에 의하여 당사자가 협의를 행할 기간(1년 미만의 것에 한함)을 정한 경우에는 그 기간을 경과한 때, ③ 당사자 일방이 협의의 속행을 거절하는 취지의 서면(전자적기록에 의한 것을 포함함)으로 통지한 때로부터 6개월이 경과한 때.

시효의 완성이 유예되는 사이에 재차 합의를 하는 것도 가능하나, 그 완성유예효과는 당초부터 시효의 완성이 유예되지 않았더라면 시효가 완성하였을 때로부터 통산하여 5년을 넘길 수 없다(개정 일본 민법 제151조 제2항).

또한 최고에 의하여 시효 완성이 유예되고 있는 동안에 행하여진 합의는 시효완성유예의 효과가 없고, 협의를 행하는 취지의 합의에 의하여 시효완성이 유예되고 있는 사이에 행하여진 최고도 시효완성 유예효력이 인정되지 않는다(개정 일본 민법 제151조 제3항).

4. 소멸시효의 효과

개정 일본 민법은 종전과 마찬가지로 채권자체가 소멸하는 것으로 규정하였는데[47](개정 일본 민법 제166조, 제168조), 시효의 효과가 기산일에 소급하는 것(일본 민법 제144조[48]), 법원은 당사자가 원용하지 않으면 시효에 의하여 채권이 소멸한 것으로 판단할 수 없는 것(일본 민법 제145조), 시효원용의 효과가 상대적인 것은 개정 전 민법과 동일하다.

---

46) 石井教文(주 9), 44~45면.

47) 우리나라 대법원 1979. 2. 13. 선고 78다2157 판결도 "당사자의 원용이 없어도 시효완성의 사실로서 채무는 당연히 소멸되는 것이고 다만 변론주의의 원칙상 소멸시효의 이익을 받을 자가 그것을 포기하지 않고 실제 소송에 있어서 권리를 주장하는 자에 대항하여 시효소멸의 이익을 받겠다는 뜻을 항변하지 않는 이상 그 의사에 반하여 재판할 수 없을 뿐"이라는 입장을 취하고 있다.

48) 우리나라 민법 제167조와 같다.

개정 일본 민법은 소멸시효의 원용권자로서 '당사자(소멸시효에서는 보증인, 물상보증인, 제3취득자 그 밖에 권리소멸에 대하여 정당한 이익을 갖는 자[49]를 포함한다)'라고 규정하고 있다(개정 일본 민법 제145조). 일본 민법 개정 전에는 시효원용권자를 직접수익자로 보았는데, 개정 민법 제145조 괄호는 판례에 의하여 인정된 원용권자를 열거한 것으로, 한정열거가 아닌 예시적 열거에 해당하므로 원용권자의 범위는 여전히 해석에 맡겨져 있다.[50]

Ⅲ. 법정이율

1. 개정내용의 개요

개정 전 일본 민법 제404조는 "이자가 생기는 채권에 대하여 다른 의사표시가 없는 때에는 그 이율은 연 5푼으로 한다."라고 규정하고 있었다.[51] 개정 일본 민법 제404조 제1항은 "이자가 생기는 채권에 대하여 다른 의사표시가 없는 때에는 그 이율은 그 이자가 생긴 최초 시점의 법정이율에 의한다."고 규정하면서, 같은 조 제2항에서 "법정이율은 연 3%로 한다."고 규정하는 한편, 같은 조 제3항에서 '법정이율은 법무성령으로 정하는 바에 따라, 3년을 1기(期)로 하여 1기마다 변동하는 것'으로 규정하였다.

이와 같이 이자로서의 법정이율을 일정한 방법에 의하여, 3년을 1기로 하여 변경되는 것으로 법정이율제도를 개선하였고, 상사법정이율(일본 상법 제514조[52])은 폐지하였다.

2. 법정이율 개정과 금리변동제의 도입

가. 법정이율 개정

'이자로서의 법정이율'을 연 5%[53]에서 연 3%로 개정하였다.

법정이율을 시장금리에 비하여 높은 이율로 하는 것이 정책적으로 필요하다고 인정하더라도, 시장금리에 비하여 지나치게 높다는 점을 고려한 것이다.[54] 1890년대부터 2010년대까지의

49) 우리나라 판례도 가등기담보가 설정된 부동산의 제3취득자(대법원 1995. 7. 11. 선고 95다12446 판결), 매매예약에 기한 가등기가 마쳐진 부동산의 제3취득자(대법원 1991. 3. 12. 선고 90다카27570 판결), 유치권이 성립된 부동산의 매수인(대법원 2009. 9. 24. 선고 2009다39530 판결), 물상보증인(대법원 2004. 1. 16. 선고 2003다30890 판결)이 소멸시효 완성을 원용할 수 있는 '직접수익자'에 해당하는 것으로 보았다.

50) 石井教文(주 9), 44~45면.

51) 우리나라 민법 제379조도 같은 취지로 규정하고 있다.

52) 우리나라 상법 제54조와 같다.

53) 일본 민법에서 법정이율이 연 5%로 정해졌던 것과 관련하여, 민법 법률안 기초자는 당시의 통상 금리를 기초로 법정이율을 연 5%로 정한 것이어서, 경제변동에 따라 법정금리를 개정할 필요가 있다는 내용을 언급하였다고 한다[部會資料 9-2 民法(債權關係)の改正に関する検討事項⒁詳細版, 8~9면].

54) 中井康之, 詳說 改正債權法, 61면.

기준할인율 및 기준대출이율의 추이는 아래 그림과 같다.[55] 1990년대 이후의 위 금리추이는 연 1%를 넘지 않고 있다.

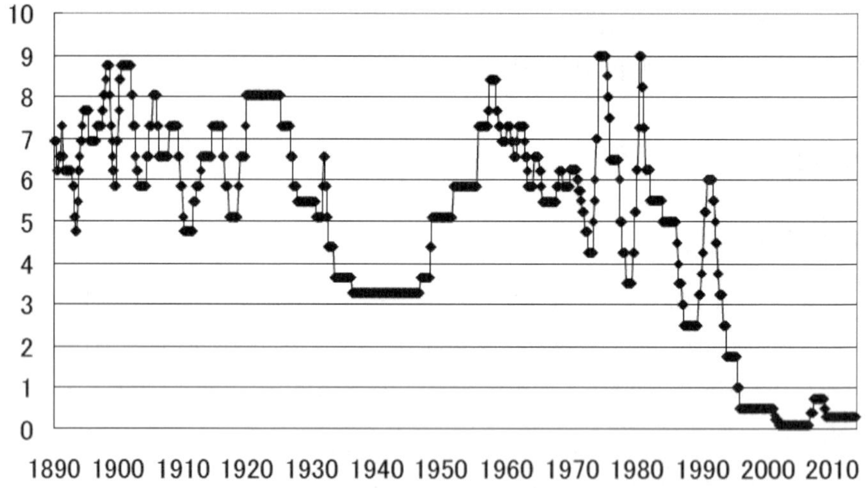

나. 금리변동제의 도입

1) 3년주기 변동제

개정 일본 민법 제404조 제3항에 의하여 법정이율은 3년을 1기(期)로 하여, 1기마다 변동하는 방식을 채용하였다. 이와 같은 변동제는 제404조 제4항에 "각기의 법정이율은 제4항의 규정에 의하여 법정이율의 변동이 있었던 가장 최근의 것(직근변동기라 한다)의 기준비율과 당기의 기준 비율의 차이에 상당하는 비율(그 비율에 1% 미만의 단수가 있는 경우에는 버린다)을 직근변동기의 법정이율에 가산하거나 감산한 비율로 한다."라고 규정하고, 같은 조 5항에서 "전항에 규정한 기준비율이란 법무성령으로 정하는 바에 의하여, 각 기의 초일에 속하는 해의 6년 전의 해의 1월부터 전전년의 12월까지의 각 월의 단기대출평균이율(해당 각 월에 은행이 새로이 행한 대출로서 대출기간이 1년 미만의 것의 평균)의 합계를 60으로 나누어 계산한 비율(그 비율에 0.1% 미만의 단수는 버림)로서 법무대신이 고시한 것을 말한다."고 규정하고 있다.

다만, 법정이율을 3년마다 변동하기로 하였으나, 개별 채권에 적용되는 법정이율은 일단 결정이 되면 그 후 법정이율이 변동되더라도 변동하지 않는 것으로 하였다.

법정이율은 3년마다 변동되고, 변동 후 3년 동안은 변동하지 않는다. 이와 같은 변동의 빈도에 관하여는 보다 짧은 기간을 주장하는 견해도 있었으나, 3년이 채택되었다.

2) 변동의 지표가 되는 금리

개정 일본 민법은 일본은행이 매월 공표하는 '신규'(해당 월말대출잔고 중 해당 월에 실행된 대출)

---

55) [民法 (債権関係) 部会資料 74B] 民法(債権関係)の改正に関する要綱案の取りまとめに向けた検討(10), 2면.

및 '단기'(약정시의 대출기간이 1년 미만의 대출)의 '대출약정평균금리'를 채용하였다.

3) 기준비율

개정 일본 민법은 '신규·단기 대출약정평균금리'를 채용하고, 과거 5년간(60개월)의 그것을 합계하여 60으로 나누어 계산한 비율을 '기준비율'로 정하고, 그 변동을 비교하기로 하였다.

기준비율에 관하여는 기준일이 포함된 월의 '대출약정평균금리'를 그대로 채용하는 방안부터, 1년(12개월), 3년(36개월), 5년(60개월), 10년(120개월) 등의 일정기간의 '대출약정평균금리'의 평균치를 채용하는 방안 등이 논의되었는데, 개정 일본 민법은 5년(60개월)의 평균치를 채용하였다.

4) 변동요건과 변동폭

개정 일본 민법은 당기의 법정이율은 당기의 기준비율과 직근변동기의 기준비율의 금리차가 1% 이상 생긴 경우에는 그 금리차(1% 미만의 단수는 버림)를, 직근변동기의 법정이율에 가산 또는 감산한 비율로 한다(제404조 제4항). 기준비율이 1% 단위로 변동할 경우에는 법정이율이 변동하게 된다.

결국 개정 일본 민법은 '자동변동하는 고정금리제'를 채용하였으나, 3년을 1기로 하여 과거 5년(60개월)의 대출약정평균금리의 평균치(기준비율)가 1% 이상 변동한 경우에 한하여 1% 단위로 법정이율이 변동하는 금리변동제를 채택하였으므로, 완만한 변동제를 채택하였다고 볼 수 있다.

다. 개별채권에 적용되는 법정이율

개별채권에 적용되는 법정이율은 이자가 최초로 생긴 시점의 법정이율이다(개정 일본 민법 제404조 제1항). 이자가 최초로 생긴 시점이란, 이자의 최초 지급일이 아니라, 이자가 발생하는 초일(利子計算始期)이다. 따라서 이자가 발생하는 초일은 대여금의 경우 돈이 교부된 날이 된다(우리나라 민법 제600조). 일본 민법에는 이자계산의 시기에 관한 규정이 없었으나 이번 개정에서 제589조 제2항에 이자계산의 시기에 관한 규정이 신설되었다.

라. 개정 일본 민법의 적용시점

어떤 채권부터 개정 일본 민법이 적용되는지에 관하여, 개정 일본 민법 부칙 제15조 제1항은 "시행일 전에 이자가 생긴 경우에 그 이자 있는 채권에 관한 법정이율에 대하여는, 신법 제404조의 규정에도 불구하고, 종전의 예에 의한다."고 규정하고 있으므로, '시행일 후에 이자가 생기는 채권으로서 이자가 처음 발생하는 채권'부터 개정 일본 민법 제404조가 적용된다(연 3%).

따라서 채권에 관하여 이자가 최초로 생기는 날이, 시행일 전이면 당해 채권에 관한 이자로서의 법정이율은 연 5%이고, 시행일 후라면 연 3%가 된다. 그 후 법정이율이 변동되어도 마찬가지이다('이자가 최초에 생긴 일'이 법정이율이 변동된 기준일의 전인가 후인가에 따라 결정되는 것이다).

3. 손해배상액으로서의 법정이율

가. 금전채무불이행에 대한 특칙

개정 일본 민법 제419조 제1항은 "금전급부를 목적으로 하는 채무의 불이행에 대하여는, 그 손해배상액은 채무자가 지체의 책임을 부담한 최초 시점의 법정이율에 의한다."라고 규정하여, 개정 전 일본 민법과 마찬가지로 '손해금리로서의 법정이율'을 '이자로서의 법정이율'과 동일한 이율로 채택하였다.[56)]

'손해배상액으로서의 법정이율'을 '이자로서의 법정이율'에 일정 비율을 가산하여 정해야 한다는 견해[57)]도 있었으나, 개정 일본 민법은 위와 같은 견해를 채용하지 않았다.

'이자로서의 법정이율'과 '손해배상액으로서의 법정이율'은 본래 다른 성질과 기능을 갖는 것이므로, 기능별로 법정이율을 정하는 것이 적절하다고 보인다. 구체적으로는 '이자로서의 법정이율'은 시장대출금리를 기준으로 정하고, '손해금리로서의 법정이율'은 '이자로서의 법정이율'보다 높게 정하는 방안을 생각해볼 수 있다.[58)]

나. 이자초과손해

일본 판례[59)]는 금전채무의 불이행에 기한 손해배상으로 이자초과손해를 인정하지 않는다[민법에서 별도의 손해를 배상할 것을 규정하고 있는 경우는 예외이다(정하고 있는 수임인의 금전소비책임(일본 민법 제647조 후단,[60)] 제669조,[61)] 제704조,[62)] 제873조 제2항[63)])]. 이에 대하여 금전채무의 불이행에 기하여 통상 생기는 손해를 '손해금리로서의 법정이율'로 보고, 그것을 초과하는 손해가 있는 경우에는 개별적으로 입증하는 것에 의하여 그 배상을 인정하는 방안이 제안되기도 하였으나,[64)] 채택되지 않았다.

개정 전 일본 민법은 법정이율에 의하여 정해진 액수의 손해배상의무를 일률적으로 인정하는 한편으로, 이자초과손해를 인정하지 않는 것으로 채권자와 채무자간의 균형을 도모하고 있

---

56) 우리나라 민법 제397조도 동일한 내용이다.

57) 法制審議会民法 (債権関係) 部会 제19회 회의록 9면(新谷信幸委員 발언)－사용자의 금전지급지연이나 정당한 이유 없는 해고를 막기 위하여 지연손해금의 산정이율을 법정이율보다 높은 이율로 하여야 한다고 주장한다.

58) 독일민법은 기초금리를 정하고(제247조), 지연이자는 기초금리에 연 5%~8%를 가산한 금액으로 정하고 있다(제288조)[民法(債権関係)の改正に関する検討事項(14) 詳細版, 11~12면].

59) 最一小判 1973. 10. 11. 昭和45年 (オ) 第851号(判例時報 723호 44면, 金融法務事情 704호 22면, 最高裁判所裁判集民事 110호 231면).

60) 우리나라 민법 제685조와 같다.

61) 우리나라 민법 제705조와 같다.

62) 우리나라 민법 제748조와 같다.

63) 우리나라 민법 제958조 제2항과 같다.

64) 民法(債権関係)の改正に関する論点の検討(6), 16~17면.

는 점, 금전 지급청구소송에서는 손해액에 관한 분쟁이 많이 발생할 것으로 예측되는데, 더욱이 금전채무의 불이행에 기한 손해에 대한 손해에 대하여는 그 범위나 액수의 인정이 용이하지 않으므로, 분쟁해결 비용도 높아지고, 이자초과손해를 인정하지 않는 것으로 대량으로 발생하는 금전채무의 이행지체에 관한 분쟁발생이 억제되는 점, 금전이 종류물에 해당하는 것으로 본다면 금전채무의 불이행이 있더라도 채권자는 당해 금전을 조달하는 것이 이론적으로 가능하므로 불이행에 의한 손해는 채권자 스스로 금전을 조달하는 것으로 회피가능한 점, 이와 같은 점이 다른 채무불이행과 정형적으로 다르므로 실천적 관점에서 금전채무의 불이행에 대하여는 손해금리로서의 법정이율에 의한 손해를 인정하는 데 그치고, 그것을 초과하는 손해배상을 인정하는 것은 타당하지 않다는 의견이 대세를 이루어, 이자초과손해를 청구할 수 있도록 개정하자는 제안은 채택되지 않았다고 한다.[65]

다. 적용관계[66]

금전채무의 불이행에 적용되는 법정이율은, 채무자가 지체의 책임을 지는 최초시점의 법정이율이다(개정 일본 민법 제419조 제1항). 변제기의 정함이 있는 경우에는 그 변제기가, 기한의 정함이 없는 금전채무의 경우에는 이행의 청구시이다.

불법행위에 기한 금전채무의 경우에는, 불법행위에 의하여 곧바로 지체가 된다고 해석되고 있으므로 불법행위시의 법정이율에 의한다.

부동산 불법점유의 경우에는 매일 불법행위가 있다고 볼 수 있으므로, 그 시점의 법정이율이 적용된다. 따라서 불법점유가 계속되고 있는 상황에서 법정이율의 변동이 있는 경우에는 그 후에는 새로운 법정이율이 적용된다. 소음진동 등으로 말미암은 건강피해에 대한 손해배상 등 계속적 불법행위의 경우도 마찬가지이다.

법률의 정함에 따라 지연이자를 지급하는 경우(일본 민법 제647조 후단, 제669조, 제704조, 제873조 2항 등)에도, 지연이자의 지급의무를 부담하는 시점의 법정이율에 의한다.

4. 중간이자 공제

가. 중간이자를 공제하는 경우의 이율

일본 판례[67]는 법정안정성과 통일적 처리의 필요성을 이유로, 민사법정이율인 연 5%를 써야만 한다고 판시하고 있었다.

개정 일본 민법 제417조의2 제1항은 "장래에 있어서 취득할 이익에 대한 손해배상액을 정

65) [民法 (債権関係) 部会資料 68A] 民法(債権関係)の改正に関する要綱案のたたき台(3), 43면

66) 中井康之(주 54), 55면.

67) 손해배상액을 산정하면서 피해자의 장래 일실이익을 현재가치로 환산하는데 공제할 중간이자율은 민사법정이율에 의하여야 한다는 이유로, 중간이자의 공제비율을 연 3%로 한 원심판결을 파기한 사례[最三小判 2005. 6. 14. 平成16年 (受) 第2099号(交通事故民事裁判例集 38권 3호 631면)].

할 경우에, 그 이익을 취득할 때까지의 이자상당액을 공제할 경우에는, 그 손해배상청구권이 생긴 시점의 법정이율에 의하여 이를 행한다."라고 규정하여, 중간이자공제를 할 경우에 사용하는 이율이 '이자로서의 법정이율'과 같음을 명시하였다. 또한 '장래에 부담하여야 할 비용'에 대하여도 마찬가지이고(같은 조 제2항), 불법행위에 의한 손해배상액에 대하여도 개정 일본 민법 제722조는 같은 법 제417조의2를 준용하고 있다.

이에 따라 중간이자공제가 변동하는 법정금리와 연동하게 되었다.

파산법이나 민사집행법에서 무이자채권의 현재화에 관하여도, 파산절차개시 또는 배당 등의 일의 법정이율이 적용되는 것으로 하였다(개정 일본 파산법 제99조 제1항 제2호, 개정 일본 민사집행법 제88조 제2항).

나. 적용관계

중간이자공제를 하는 경우, 손해배상청구권이 생긴 시점의 법정이율이 적용된다.

개정 일본 민법이 시행되면 법정이율이 당초의 연 5%에서 연 3%로 변경되므로, 법정이자와 연동되는 중간이자공제율로 변경된다. 이 경우 개정 일본 민법 시행일 전일까지 발생한 불법행위에 기한 일실이익 계산에서는 연 5%로 계산한 중간이자를 공제할 것인데, 시행일부터 발생한 불법행위에 기한 일실이익 계산에서는 연 3%로 계산한 중간이자를 공제하게 될 것이어서 금액상 상당한 차이가 발생할 것인데 어떠한 방법으로 조화로운 해결을 할 것인지가 문제될 수 있다.[68]

Ⅳ. 결 론

앞서 살펴본 바와 같이 개정 일본 민법은 소멸시효기산점과 관련하여 '주관적 기산점'을 도입하여 소멸시효기산점을 2원화하였고, 소멸시효기간을 단순화하였으며, 시효장애에 관한 용어를 정비하고, 시효장애사유를 상세히 규정하였다. 또한 법정이율에 관하여 변동이율제를 도입하고, 중간이자공제에 관한 근거규정을 신설하면서 법정이율에 의하도록 규정하였다.

우리나라 민법규정도 시행된 때로부터 50년이 경과하여 그동안의 사회변화를 반영하고, 장래에도 적용될 수 있는 내용이 되도록 개정될 필요가 있다. 또한 민법의 규율대상은 국민의 생활이라는 점에서 국민에게 알기 쉬운 내용으로 개정될 필요도 있다. 그동안 여러 차례 민법(재산법편)의 전면개정이 추진되었던 이유이기도 하다.

2013년 민법개정시안은 일반소멸시효기간을 단축하되 채권자의 실질적 권리행사기간을 확보하기 위하여 주관적 기산점을 도입하면서 최대기간제를 도입하고, 단기소멸시효제도를 폐지하며, 시효장애사유를 정비하고, 소멸시효 완성의 효력에 관한 상대적 소멸설을 명문화하는 등

68) 中井康之(주 54), 70면.

의 내용을 담고 있다.[69]

개정 일본 민법은 우리나라 민법을 개정하는 데 참고가 될 수 있을 것이다. 특히 민법이 규율하는 것은 국민의 생활이라는 측면에서, 개정과정에서의 논의를 상세히 기재한 회의록과 회의에서의 논의의 기초가 된 자료를 홈페이지에 게재하는 방식으로 공개하고, 다양한 의견수렴을 수렴하는 절차를 거치는 것은 인상적인데, 우리나라도 회의록과 회의자료를 인터넷홈페이지에 게재하는 방법으로 공개하고 의견수렴절차를 거치는 것이 국민에게 밀접한 생활을 규율하는 기본법인 민법을 개정하는 합당한 절차가 될 수 있을 것으로 기대한다.

69) 법무부 민법개정자료발간팀 편, 2013년 법무부 민법개정시안－총칙편, 400~433면 참조.

저당권이 설정된 부동산에 성립된 유치권의 효력에 대한 고찰*

이 강 은**

Ⅰ. 들어가며
Ⅱ. 통설과 판례의 유치권의 효력에 대한 설명
Ⅲ. 유치권의 효력을 제한하는 견해에 대한 검토
Ⅳ. 마치는 글

Ⅰ. 들어가며

우리 민법은 유치권을 당사자들의 합의와 물건의 점유만으로 그 성립이 가능한 담보물권으로 규정하고 있다. 그런데 동산유치권의 경우에는 점유만으로 유치권이 성립한다고 하더라도 그것이 동산물권의 공시방법과 다르지 않은 반면, 부동산유치권의 경우에는 우리 민법상 부동산에 관한 법률행위로 인한 물권의 득실변경은 등기하여야 그 효력이 생기고, '등기'를 통해 물권이 공시되는 점에서 부동산 유치권이 등기를 통한 공시의 원칙과 조화를 이루지 못하는 측면이 있다.

이렇게 부동산 유치권이 우리 민법상 부동산 물권변동시 등기를 요건으로 하고 등기를 공시 방법으로 하고 있는 점과 조화를 이루지 못하는 점에서, 부동산 유치권은 실제 사건에서 예기치 못하는 피해를 발생시키는 존재로 인식되고 있다. 특히 부동산 경매절차에서 부동산 등기부에 담보권자로 등기되어 공시되어 있지 않던 자가 갑자기 부동산 유치권을 주장하며 나타나는 경우, 매수인으로서는 예기치 못한 피해를 입게 될 수 있다. 또한 예기치 못한 유치권의 등장으로 인해 유치권자의 피담보채권만큼의 가치하락을 예상하여 경매가 계속 유찰되게 되고, 그로 인해 선행담보권자는 당초 평가하였던 가격으로 환가를 하지 못해 예상하지 못하던 피해를 입게 되는 현상이 발생할 수 있다.

---

* 이 글은 제64회 안암법학회 춘계학술발표회에 발표되었던 발표문을 일부 수정한 글임을 밝힌다.
** 법무법인(유한) 대륙아주 변호사

유치권이 점유로만 성립되기 때문에 경매절차에서 매각물건명세서 작성시 유치권의 존재 여부를 완전하게 확인하는 것도 어려운 점이 있다. 나아가 유치권 관련 분쟁으로 경매절차가 중단된 후 유치권 존부에 관한 오랜 법적 분쟁이 진행되는 경우가 적지 않게 발생되면서 부동산 유치권의 문제점에 관한 논의가 활발해지기 시작하였고, 급기야 부동산 유치권의 존폐의 논의까지 나오게 되었다. 2009년에 출범한 법무부 민법개정위원회는 담보법에 관한 개정연구안을 마련하면서 등기된 부동산의 유치권을 폐지하는 것을 기본 골자로 하는 개정안을 마련하였고, 그 대안으로 저당권설정청구권을 인정하여 유치권을 사실상 법정저당권화하는 시도도 이루어진 바 있었으나, 제19대 국회를 통과하지 못해 자동폐기된 적이 있었다.

그동안 부동산 유치권의 문제점을 해결하는 방안에 대해서는 많은 방안이 제시된 바 있었지만, 기본적으로 우리 민사법의 해석의 범주 내에서 이러한 문제점을 해결해보고자 하는 시도에는 크게 부동산 유치권의 성립요건의 해석을 엄격히 하여 부동산 유치권의 성립범위를 좁히는 방안과 부동산 유치권의 효력을 제한하는 해석을 통해 불측의 손해가 될 가능성을 차단하는 방안이 있다.

성립요건의 해석을 통해서 부동산 유치권의 문제점을 해결해 보려는 방안에서는 유치권을 인정하는 근거에 부합하는 범위 내에서만 유치권이 성립되는 것으로 해석하면 현재와 같은 현상은 문제점이라고 할 수 없거나, 그러한 점을 감수하고 인정되는 것이 유치권이라는 설명을 하게 된다. 반면 유치권의 효력을 제한하려는 시도는 우리 민법상 유치권의 유치적 효력을 누구에게나 주장할 수 있다는 것이 물권의 우선적 효력에 대한 예외를 인정하는 것으로 유치권을 인정하는 근거에 비추어 유치권으로 선행 권리자에게 우선하지 못하는 것으로 보아야 하는 경우에는 유치권의 효력을 제한하고자 하는 시도이다.

이렇게 유치권의 효력을 제한하고자 하는 해석은 지금까지 통설과 판례가 유치권의 유치적 효력을 누구에게나 주장할 수 있고, 목적물에 저당권이 설정되어 있는 경우라고 하더라도 사실상 최우선적으로 변제를 받게 된다는 설명에 정면으로 반하는 해석으로, 통설과 판례의 입장에서는 그렇게 해석할 수 있는 근거가 무엇인지, 과연 그러한 해석이 가능한 것인지 의문이 들 수 밖에 없다. 한편으론 지금까지 통설과 판례가 유치권의 유치적 효력을 강력하게 인정한 근거는 무엇이고, 그러한 근거나 유치권의 효력에 대한 기존 통설의 설명이 타당한 것인지 다시 한번 고찰해 볼 필요성도 깨닫게 된다.

마침 우리 대법원은 강제경매절차에서 압류가 있은 후 유치권이 성립된 경우 유치권으로 그 부동산에 관한 경매절차의 매수인에게 대항할 수 없다는 판시[1)2)]를 하였고, 담보권실행을 위

1) 대법원 2005. 8. 19. 선고 2005다22688 판결 등 다수.

2) 대법원은 강제경매절차에서 압류가 있은 후 유치권이 성립된 경우 유치권의 효력이 제한되는 근거에 대해 과거 압류의 처분금지효로 설명을 하다가, 최근에는 경매절차의 법적 안정성에서 그 근거를 찾아 유치권의 효력을 제한하는 입장을 취하고 있다(대법원 2014. 4. 10. 선고 2010다84932 판결 등).

한 경매절차에서도 목적물에 저당권이 설정된 후 성립요건을 갖춘 상사유치권의 경우 기존의 제한물권이 확보하고 있는 담보가치를 사후적으로 침탈하지 못한다고 보아야 한다며, 선행저당권자 또는 선행저당권에 기한 임의경매절차에서 부동산을 취득한 매수인에 대한 관계에서는 상사유치권으로 대항할 수 없다[3]고 하여 유치권의 효력을 제한하려는 시도를 하고 있다. 다만 대법원은 담보권실행을 위한 경매절차에서 민사유치권의 경우에는 선행저당권자에게 대항할 수 있는 것으로 해석하고 있다.[4]

이에 본 연구에서는 민사유치권의 효력에 관한 각 해석 특히 담보물권의 선후 관계에서 먼저 성립된 저당권이 있는 경우 선행저당권의 실행을 위한 경매절차에서 나중에 성립된 유치권으로 선행저당권자에게 대항할 수 있는 것인지에 대한 논의를 통해 유치권의 효력에 관한 각 해석들의 입장을 분석해 보고자 한다.

Ⅱ. 통설과 판례의 유치권의 효력에 대한 설명

1. 통설: 유치권의 유치적 효력을 누구에게나 주장할 수 있다는 견해(대항력 긍정설)

통설은 유치권자는 그의 채권의 변제를 받을 때까지 목적물을 유치할 수 있는데 '유치'한다는 것은 목적물의 점유를 계속하고 인도를 거절하는 것이고, 이러한 유치적 효력 및 권능은 대세적으로 주장할 수 있는 것이어서 채무자 뿐 아니라 그 밖의 모든 사람에 대해서도 대항할 수 있다고 설명한다.[5] 결국 통설은 유치권의 유치적 효력을 누구에게나 주장할 수 있다고 보아 유치권의 성립시기의 선후에 관계없이 유치권이 저당권에 우선하는 것이고, 따라서 선행저당권자에 의한 경매절차에서도 유치권으로 선행저당권자에게 대항할 수 있는 것으로 해석한다.

그런데 통설의 입장을 취하는 대부분의 견해에서는 유치권이 "물권이기 때문에", "대세효가 있어" 모든 사람에게 주장할 수 있고 유치물이 제3자의 소유가 되었더라도 유치권을 제3자에 대하여 행사할 수 있다고 설명을 하고 있다.

저당권과의 경합에 대해서는 유치권은 우선변제적 효력을 가지고 있지 않기 때문에 이론상 저당권과의 경합, 즉 우열의 문제가 생길 수가 없는 것이고, 다만 민사집행법 제91조 제5항에 따라 사실상 우선변제를 받게 되는 것이라고 설명을 한다.[6] 즉 유치권은 목적물을 채권의 변제

3) 대법원 2013. 2. 28. 선고 2010다57350 판결.

4) 대법원 2009. 1. 15. 선고 2008다70763 판결.

5) 곽윤직 · 김재형, 물권법[민법강의 Ⅱ], 박영사, 2015, 384면; 김상용, 물권법, 화산미디어, 2009, 562~563면; 김증한 · 김학동, 물권법, 박영사, 1997, 464면; 김준호, 물권법, 법문사, 2014, 382~383면; 김현태, 신물권법(하), 일조각, 1964, 122면; 김형배 · 김규완 · 김명숙, 민법학강의, 신조사, 2015, 710면; 방순원, 신물권법, 일한도서출판사, 1960, 232면; 송덕수, 물권법, 박영사, 2012, 421~422면; 이영준, 물권법[민법강의 Ⅱ], 전정신판, 박영사, 2009, 778면; 이은영, 물권법, 박영사, 2006, 688면; 장경학, 신물권법각론 상권, 서울고시학회, 1960, 281~282면; 지원림, 민법강의, 홍문사, 2014, 742면 등.

6) 곽윤직 · 김재형, 앞의 책, 384~385면.

를 받을 때까지 점유하면서 인도거절함으로써 간접적으로 변제를 받는 권리이므로, 다른 물권과 경합이 된다는 것을 상상하기 어렵다고 파악한다. 따라서 이러한 통설의 입장에서는 선행저당권자에게 대항여부를 논하는 것은 유치권의 본질을 제대로 파악하지 못한 것으로 이해하기도 한다.

경매신청채권자와 그보다 우선하는 저당권자에게 유치권을 주장할 수 있는 자가 있을 때, 유치권이 소멸하여 매각대금 중에서 변제받을 수밖에 없다고 한다면 우선변제청구권이 있는 저당권자는 자기 의사에 의하여 담보물이 현금화된 사실 외에는 불평이 있을 수 없지만 우선변제청구권이 없는 유치권자가 일반채권자와 동일하게 배당받을 수밖에 없게 되는 것은 물권으로서의 유치권이 완전히 무시당하는 결과가 되기 때문에, 결국 유치권은 경매로 인하여 소멸하지 아니하는 것으로 해석해야 한다고 설명하기도 한다.[7)]

통설의 논리대로라면 선행저당권자가 예상하지 못한 유치권자가 등장하여 입게 되는 불이익은 우리 법이 예정하는 것이기 때문에 감수해야 할 위험으로 파악될 수 있을 것이다.

다만 이러한 통설의 입장에서도 현행 민사집행법의 해석에 의하면 유치권자의 사실상 우선변제권을 우선시하거나 그와 정반대로 유치권자의 권능을 무시하게 되는 양자택일의 결론에 이를 수밖에 없는 한계가 있다며 유치권으로 인한 선순위 저당권자의 피해를 최소화하기 위해 신의칙의 법리를 동원하여 유치권 행사를 제한할 필요성을 인정하는 견해가 있다.[8)]

유치권의 대항력을 부정하는 해석은 일반적으로 유치권의 대항력을 부정하는 해석인데, 선행저당권 성립 후 지출한 비용은 저당권자가 파악한 담보가치에 포함되는 것이 아니었음에도 불구하고 선행저당권이 존재한다는 사유만으로 일체 유치권이 대항하지 못한다고 하면 저당권은 목적물의 교환가치를 지배할 뿐 소유자의 사용수익을 방해하지 않는 담보물권임에도 불구하고 소유자가 저당물을 개량하는 행위를 크게 위축시키고, 소유자로부터 도급받은 공사업자의 입장에서는 비용을 투입하고도 달리 채권을 확보할 수 있는 방법이 마땅치 않게 되어 유치권의 본래 목적인 공평의 견지에서 바람직하지 않아, 신의칙에 따라 개별 사안에 따른 해결을 도모할 수밖에 없다는 견해[9)]도 동일한 취지의 견해이다.

2. 판례의 태도(=대항력 긍정설)

대법원은 민사유치권에 대하여 다음과 같이 상세히 판시한 적이 있다.

『우리 법에서 유치권제도는 무엇보다도 권리자에게 그 목적인 물건을 유치하여 계속 점유할 수 있는 대세적 권능을 인정한다(민법 제320조 제1항, 민사집행법 제91조 제5항 등 참조). 그리하여 소

---

7) 주석민사집행법(편집대표 김상원 외 3인) Ⅲ, 한국사법행정학회, 2004, 340면; 주석민사집행법(편집대표 김능환, 민일영) Ⅲ, 한국사법행정학회, 2012, 321면.

8) 이승규, “유치권자와 경매절차에서의 매수인 사이의 대상관계”, 「민사판례연구」 제36권, 박영사, 2014, 264면.

9) 이선희, “부동산 유치권의 대항력 제한”, 「민사법학」 제72호, 한국민사법학회, 2015, 242~243면.

유권 등에 기하여 목적물을 인도받고자 하는 사람(물건의 점유는 대부분의 경우에 그 사용수익가치를 실현하는 전제가 된다)은 유치권자가 가지는 그 피담보채권을 만족시키는 등으로 유치권이 소멸하지 아니하는 한 그 인도를 받을 수 없으므로 실제로는 그 변제를 강요당하는 셈이 된다. 그와 같이 하여 유치권은 유치권자의 그 채권의 만족을 간접적으로 확보하려는 것이다. 그런데 우리 법상 저당권 등의 부동산담보권은 이른바 비점유담보로서 그 권리자가 목적물을 점유함이 없이 설정되고 유지될 수 있고 실제로도 저당권자 등이 목적물을 점유하는 일은 매우 드물다. 따라서 어떠한 부동산에 저당권 또는 근저당권과 같이 담보권이 설정된 경우에도 그 설정 후에 제3자가 그 목적물을 점유함으로써 그 위에 유치권을 취득하게 될 수 있다. 이와 같이 저당권 등의 설정 후에 유치권이 성립한 경우에도 마찬가지로 유치권자는 그 저당권의 실행절차에서 목적물을 매수한 사람을 포함하여 목적물의 소유자 기타 권리자에 대하여 위와 같은 대세적인 인도거절권능을 행사할 수 있다. 따라서 부동산유치권은 대부분의 경우에 사실상 최우선순위의 담보권으로서 작용하여, 유치권자는 자신의 채권을 목적물의 교환가치로부터 일반채권자는 물론 저당권자 등에 대하여도 그 성립의 선후를 불문하여 우선적으로 자기 채권의 만족을 얻을 수 있게 된다. 이렇게 되면 유치권의 성립 전에 저당권 등 담보를 설정받고 신용을 제공한 사람으로서는 목적물의 담보가치가 자신이 애초 예상·계산하였던 것과는 달리 현저히 하락하는 경우가 발생할 수 있다. 이와 같이 유치권제도는 "시간에서 앞선 사람은 권리에서도 앞선다"는 일반적 법원칙의 예외로 인정되는 것으로서, 특히 부동산담보거래에 일정한 부담을 주는 것을 감수하면서 마련된 것이다.

유치권은 목적물의 소유자와 채권자와의 사이의 계약에 의하여 설정되는 것이 아니라 법이 정하는 일정한 객관적 요건(민법 제320조 제1항, 상법 제58조, 제91조, 제111조, 제120조, 제147조 등 참조)을 갖춤으로써 발생하는 이른바 법정담보물권이다. 법이 유치권제도를 마련하여 위와 같은 거래상의 부담을 감수하는 것은 유치권에 의하여 우선적으로 만족을 확보하여 주려는 그 피담보채권에 특별한 보호가치가 있다는 것에 바탕을 둔 것으로서, 그러한 보호가치는 예를 들어 민법 제320조 이하의 민사유치권의 경우에는 객관적으로 점유자의 채권과 그 목적물 사이에 특수한 관계(민법 제320조 제1항의 문언에 의하면 "그 물건에 관한 생긴 채권"일 것, 즉 이른바 '물건과 채권과의 견련관계'가 있는 것)가 있는 것에서 인정된다.』(대법원 2011. 12. 22. 선고 2011다84298 판결).

즉 대법원은 우리 민사유치권제도가 "시간에서 앞선 사람은 권리에서도 앞선다"는 일반적 법원칙의 예외로 인정되는 것이고, 특히 부동산담보거래에 일정한 부담을 주는 것을 감수하면서 마련된 것이라고 보는 가장 중요한 이유는 민사유치권이 객관적으로 점유자의 채권과 그 목적물 사이에 견련관계가 인정될 때 인정되는 담보물권이라는 점이라고 파악하고 있다. 점유자의 채권과 그 목적물 사이에 견련관계가 인정되는 경우에 인정되는 유치권의 효력은 시간에서 앞선 사람은 권리에서도 앞선다는 일반적 법원칙의 예외로까지 인정하여 누구에게나 우선하여 인도거절권능을 주장할 수 있도록 하더라도 그것이 공평하기 때문에 정당화된다는 것이다.

좀 더 구체적으로는 점유자가 비용을 물건에 투여하여 채권이 생겼는데 비용 투여 전에 목적물에 저당권이 설정되어 있었다고 할 때, 점유자의 비용 투여로 인해 그 물건의 가치가 유지 내지 상승하는 것으로 볼 수 있고, 이러한 가치 유지 내지 상승분에 대해서는 선행 저당권자가 담보하지 않은 가치라고 볼 수 있으므로, 이 부분으로 비용 투여자에게 우선하여 변제되도록 하더라도 이론상으로는 선행저당권자를 해하지 않는다는 것이다.

이러한 논리에서 대법원은『부동산 경매절차에서의 매수인은 민사집행법 제91조 제5항에 따라 유치권자에게 그 유치권으로 담보하는 채권을 변제할 책임이 있는 것이 원칙이나, 채무자 소유의 건물 등 부동산에 경매개시결정의 기입등기가 경료되어 압류의 효력이 발생한 후에 채무자가 위 부동산에 관한 공사대금 채권자에게 그 점유를 이전함으로써 그로 하여금 유치권을 취득하게 한 경우, 그와 같은 점유의 이전은 목적물의 교환가치를 감소시킬 우려가 있는 처분행위에 해당하여 민사집행법 제92조 제1항, 제83조 제4항에 따른 압류의 처분금지효에 저촉되므로 점유자로서는 위 유치권을 내세워 그 부동산에 관한 경매절차의 매수인에게 대항할 수 없다. 그러나 이러한 법리는 경매로 인한 압류의 효력이 발생하기 전에 유치권을 취득한 경우에는 적용되지 아니하고, 유치권 취득시기가 근저당권설정 후라거나 유치권 취득 전에 설정된 근저당권에 기하여 경매절차가 개시되었다고 하여 달리 볼 것은 아니다.』라고 판시[10]하여, 통설과 마찬가지로 유치권의 선행저당권에 대한 대항력을 긍정하는 해석을 하고 있다.

다만 대법원은 유치권의 대항력을 긍정하는 입장에 있으면서도 유치권의 성립요건이 충족되는 모든 경우에 대항력을 긍정하는 것이 아니고, 그 유치권 행사가 신의칙에 반하는 경우 유치권의 남용을 인정하여 그 행사를 제한하는 방식으로 구체적 타당성을 고려하여 문제를 해결하고 있다.[11]

3. 통설 및 판례에 대한 검토

생각건대, 우리 민법은 다른 담보물권과 달리 유치권에 우선변제권을 규정하지 않아 우선변제효를 인정하지 않았지만, 민법 제320조에서 유치적 효력이 있다고 규정하여, 유치적 효력으로 채무자로부터의 변제를 간접적으로 강제하는 효과를 누리도록 규정하고 있는 점, 이러한 유치적 효력이라는 것은 목적물을 변제받을 때까지 유치할 수 있다는 것이므로 매각절차에서 우선적으로 변제받을 수 있는 권리와는 이론상 양립이 가능할 수 있는 것이어서, 우선변제적 효력이 있는 저당권과의 우열을 논하는 것이 관념적으로 가능하지 않다고 판단된다. 특히 우리 민사집행법 제91조 제5항은 매수인이 유치권자의 채권을 변제할 책임이 있는 것으로 규정하여 유

10) 대법원 2009. 1. 15. 선고 2008다70763 판결.

11) 유치권의 남용을 인정한 사례로 대법원 2011. 12. 22. 선고 2011다84298 판결, 인정하지 않은 사례로 대법원 2014. 12. 11. 선고 2014다53462 판결 등이 있다.

치권이 경매절차에서 소멸되지 않고 그대로 인수되도록 규정하고 있는데, 이는 유치권이 매각절차에서도 목적물을 유치할 수 있는 효력이 있음을 전제로 규정한 것으로 볼 수 밖에 없는 점이 된다.

결국 선행저당권자가 있는 상태에서 유치권의 성립요건을 충족한 유치권자는 선행저당권자에게도 대항할 수 있다고 해석하는 대항력 긍정설이 기본적으로 타당하다고 판단된다.

이와 같이 우리 민법상 유치권이 성립하는 경우 유치권자는 민법 제320조 제1항에 따라 인도거절권능을 가지고 이러한 유치적 효력은 다른 담보물권과 관념상 충돌되는 것으로 보기 어려우므로 결국 유치권의 유치적 효력은 누구에게나 주장할 수 있게 된다고 볼 수 있다.

Ⅲ. 유치권의 효력을 제한하는 견해에 대한 검토

통설과 판례와 달리 유치권을 누구에게나 주장할 수 있다고 보지 않고 선행 저당권자에게 대항할 수 없다고 보아 유치권의 효력을 제한하려는 해석들이 있다. 그러한 해석의 논거는 다양하며 특히 선행 저당권자가 있는 상태에서 선행저당권 실현을 위한 경매절차에서 나중에 성립된 유치권의 효력을 제한하는 해석으로는 다음과 같은 견해들이 있다.

1. 민법 제320조 제2항을 유추적용하여 유치권의 효력을 제한하는 견해

(1) 입장 및 논거

이 견해는 유치권의 담보물권으로서의 특성과 담보물의 교환가치에 대한 저당권자의 신뢰이익 존중이라는 측면에서 저당권이 설정된 부동산임을 알면서도 기존 공사대금채권을 회수할 목적으로 당해 부동산의 점유를 취득하거나 저당권이 설정된 부동산의 점유를 취득한 후 필요비 내지 유익비를 지출한 경우에는 민법 제320조 제2항을 유추적용하여 유치권을 내세워 대항하는 것은 허용되지 않는다고 한다.[12)]

이 견해는 저당권은 그 개념자체로는 설정 당시 교환가치를 지배하는 것까지도 내용으로 하는 권리는 아니지만 거래실제의 측면에서 금융기관이나 일반 개인이 저당물을 담보로 금전을 대여할 경우 나름대로 담보가치를 평가하여 대여액수를 정하는 것이 보통인데, 만일 저당권설정 후에 목적물에 관하여 성립한 권리로 인하여 담보가치가 하락하고 법률적으로 이것이 용인된다면 여신거래 안정에 커다란 위협이 된다는 점을 이유로 한다.

특히 목적물에 대한 저당권의 부담은 등기부를 통해 공시되고 있기 때문에 누구나 알 수 있다는 점에서 이미 저당권이 설정된 부동산에 대하여 권리를 취득하려는 자는 이로 인하여 불

12) 강민성, "민사집행과 유치권 — 이미 가압류 또는 압류가 이루어졌거나, 저당권이 설정된 부동산에 관하여 취득한 점유 또는 견련성 있는 채권으로써 경매절차에서 그 부동산을 매수한 사람을 상대로 유치권을 내세워 대항하는 것이 허용되는지 여부에 관하여", 「사법논집」 제36집, 법원도서관, 2003, 91~92면.

측의 손해를 입을 가능성이 없고, 따라서 목적물에 선행 저당권이 설정된 사실을 알면서 점유를 취득하거나 비용을 투여하여 유치권의 성립요건을 충족시킨 경우에는 이미 선행 저당권에 의하여 담보되고 있는 목적물임을 알고 있다는 점에서 담보권 실행경매절차에서 유치권으로 선행 저당권자에게 대항하지 못한다고 보아야 한다는 것이다.

실제 하급심 판결이지만, 이러한 논리로 유치권의 낙찰자에 대한 대항력을 부정한 판결이 있었는데, 대전고등법원은 『… 피고 OOO는 이 사건 건물 및 그 대지에 위와 같이 거액의 근저당권, 전세권, 가압류등기 등이 되어 있는 등 그 소유자였던 ㅁㅁㅁ와 ○○○의 재산상태가 좋지 아니하여, 위 건물 및 그 대지에 관한 경매절차가 개시될 가능성이 있음을 충분히 인식하고서 위와 같이 공사대금이 금 560,000,000원에 이르는 공사도급계약 및 그 후의 사용·수익 약정을 하고, 그에 따라 위 건물 2층, 5층, 6층 부분을 점유하였다고 봄이 상당한바, 이러한 경우에는 위 피고가 전 소유자와 사이에 위 건물 부분에 관한 공사도급계약을 하고 그 계약에 따른 공사를 일부라도 실제로 진행하여 상당한 공사비용을 투하하였다고 하더라도, 만약 이러한 경우에까지 유치권의 성립을 제한 없이 인정한다면 전 소유자와 유치권자 사이의 묵시적인 담합이나 기타 사유에 의한 유치권의 남용을 막을 방법이 없게 되어 공시주의를 기초로 하는 담보법질서를 교란시킬 위험이 있다는 점을 고려할 때, 위 피고의 공사도급계약 전에 가압류등기와 근저당권설정등기를 마친 자의 신청에 의한 경매절차의 매수인(낙찰자)인 원고에 대한 관계에서는, 민법 제320조 제2항을 유추적용하여 위 피고가 위 공사대금채권에 기초한 유치권을 주장하여 그 소유자인 원고에게 대항할 수 없다고 하거나, 그 유치권을 행사하는 것이 신의칙에 반하여 허용될 수 없다고 해야 한다.』라고 하여,[13] 신의칙에 의한 유치권 행사 제한의 논리와 함께 민법 제320조 제2항을 유추적용하여 유치권의 대항력을 제한할 수 있다는 논리를 언급한 적이 있었다.

(2) 검토 및 비판

그런데 물권의 효력이라는 것이 사안의 경우에 따라 달라진다고 보는 것은 물권은 특정의 상대방이 없고 누구에 대해서도 주장할 수 있는 절대권이라는 점과 조화되기 어려운 해석이라는 점에서, 유치권의 효력을 제한하는 견해 중 구체적인 경우를 나누어 유치권의 선행 저당권에 대한 대항력 유무를 나누어 설명하는 견해는 기본적으로 찬동할 수 없다. 따라서 목적물에 선행 저당권이 성립되어 있는지 여부를 알고 유치권을 취득한 경우와 모르고 취득한 경우를 구분하여 유치권의 효력에 차이가 있다고 설명하는 것은 물권의 효력에 대한 적절한 해석이 아니라고 생각된다.

또한 저당권이 설정된 상태에서 유치권을 취득하는 것이 법률적으로 위법하다고 볼 수 있는 근거가 없다. 따라서 위 견해가 선행저당권이 설정된 목적물에 대해 유치권이 성립하는 경우

13) 대전고등법원 2004. 1. 15. 선고 2002나5475 판결.

에 점유가 불법행위로 인한 경우에 대해 규정한 제320조 제2항을 유추적용할 수 없다는 점에서 기본적으로 타당하지 않다. 즉 우리 민법은 유치권과 저당권이 동시에 양립하는 것을 법률적으로 허용하고 있기 때문에 저당권이 설정되어 있음을 알고 유치권을 취득하였다고 하여 그것이 위법하다고 볼 수 없고, 그러한 행위를 위법한 행위처럼 보아 불법 점유에 관한 규정을 유추할 성질의 행위가 아닌 것이다.

특히 이 견해에 의하면 목적물에 저당권이 설정되어 있다는 것을 모르고 유치권을 취득한 자의 경우는 선행 저당권에 대하여 대항할 수 있다는 것으로 기본적으로 유치권이 선행저당권에 대한 대항력이 있다고 보게 되는 것인데 선행 저당권에 대한 대항력이 있는 유치권을 선행 저당권이 설정되어 있음을 알면서 취득했다고 하여 이를 위법하다고 보는 것은 다소 모순이라고 생각된다.

따라서 위 견해가 민법 제320조 제2항을 유추적용하여 유치권의 선행저당권에 대한 대항력을 제한하려는 것은 불법 점유와 상황이 전혀 유사하지 않은 상황에 대해 불법 점유에 관한 규정을 유추적용하자는 것이어서 그 자체로 타당성이 부족하다고 판단된다.

2. 대항력 구분설

(1) 입장 및 논거

한편 저당권설정 및 유치권 성립의 순서에 따라 유형을 구분하여 유치권의 효력을 달리 보아야 한다는 해석도 있다.

즉 1) 부동산에 비용을 먼저 지출하고 제3자의 저당권이 설정된 후 비용지출자가 점유를 취득하여 유치권을 취득하는 경우(비용지출－저당권설정－점유취득, 제1형)에는 저당권자가 전혀 예상하지 못한 불측의 손해를 가할 위험이 있고 채무자와 유치권자의 통모에 의한 담보질서 교란의 문제가 있으므로, 이 경우에는 저당권자가 담보권실행을 위한 경매신청을 하여 집행법원이 경매개시결정을 한 후에 점유를 취득한 경우는 압류의 처분금지적 효력에 저촉되는 유치권으로 보아 매수인에게 대항할 수 없다고 보아야 하고, 2) 점유를 먼저 취득한 후 저당권이 설정되고 그 부동산에 비용을 투입하여 유치권을 취득하는 경우(점유취득－저당권설정－비용투입, 제2형)나, 3) 저당권이 설정된 후에 점유를 취득하여 비용을 투입한 후 유치권을 취득하는 경우(저당권설정－점유취득－비용투입, 제3형)에는 저당권이 설정되고 난 후에 목적물의 가치를 상승시켜 그 가치가 목적물에 현존하고 있기 때문에 그 상승된 가치만큼을 유치권자에게 반환시키는 것이 공평의 원리에서도 타당하고 저당권자를 해하지도 않으며 민법 제367조에 비추어 보더라도 유치권으로 대항할 수 있다고 보아야 한다는 것이다.[14]

담보물권이 성립한 이후에 유치권의 성립요건을 갖춘 경우에도 유치권의 성립은 인정하되,

---

14) 김원수, "압류(가압류)의 효력이 발생한 이후에 유치권을 취득한 자가 매수인(경락인)에게 대항할 수 있는지 여부", 「판례연구」 18집, 부산판례연구회, 2007.2., 655~659면.

유치권을 유형적으로 고찰하여 도급대금채권 등과 같이 물건의 가치 증가로 인한 채권과 매매대금반환청구권과 같은 물건의 교환가치를 체현하는 채권으로 구분하여, 전자의 경우에는 증가가치에 한하여 절대적 우선권을 주되 후자의 경우에는 선행저당권자나 경락인에게 유치권을 주장할 수 없다는 견해[15]도 이 부류로 분류할 수 있다.

(2) 검토 및 비판

우선 위 견해도 구체적인 경우를 나누어 경우에 따라 유치권의 선행 저당권에 대한 대항력 유무가 다른 것으로 설명하고 있는 측면에서 기본적으로 찬동할 수 없다.

대항력 구분설의 첫 번째 견해는 기본적으로 비용을 투여하여 가치를 상승시킨 자에 대한 보호에 충실한 해석이나, 물권변동에 대한 성립요건주의를 취하고 있는 우리 물권법 하에서 유치권의 성립이 있으면 바로 유치적 효력이 발생되게 되는데, 일단 성립된 유치권의 효력을 일관되게 해석하지 않는 것은 타당하지 않다고 본다. 이러한 점을 지적하면서 위 견해처럼 유형을 구분하여 대항력 유무를 결정하는 해석은 대세적 효력이 있는 물권의 효력에 관하여 일관되게 해석하지 못하는 점에서 물권법의 대원칙인 물권법정주의에 반한다는 견해도 있다.[16]

대항력 구분설 중 피담보채권을 교환가치를 체현하는 채권과 가치증가로 인한 채권으로 구분하여 대항관계를 달리 파악하는 견해는 공익비용에 한하여 비용의 우선적인 회수지위를 부여하여야 한다는 이념에 충실하고자 하는 해석으로 이해된다. 그러나 공사대금채권에 대해 물건과 견련관계를 부인하기가 어렵고, 그 공사대금채권 중 공익비용에 해당하는 점을 일일이 사안마다 구별하여 유치권의 효력을 다르게 판단하는 것도 물권의 효력에 대한 해석 내지 법적 안정성을 위한 해석으로는 취하기 어려운 측면이 있다.[17]

3. 대항력 부정설

(1) 입장 및 논거

저당권이 설정된 물건에 대하여 유치권의 성립요건을 갖춘 자는 그 유치권을 취득은 한다고 할 수 있지만 선순위 저당권자에게 대항할 수 없다고 해석하여야 한다는 견해이다.[18]

선행 저당권자에 대하여 유치권을 주장할 수 있는가의 문제는 유치권의 성립 요건에 관한

---

15) 이춘원, “부동산 경매에 있어서 유치권의 효력 범위에 관한 연구”, 「부동산학보」 제43권, 한국부동산학회, 2010, 35~36면.

16) 서인겸, “부동산경매절차상 유치권의 효력에 관한 몇 가지 쟁점”, 「원광법학」 제32집 제2호, 원광대학교 법학연구소, 2016, 276면.

17) 오히려 위 견해가 피담보채권을 공익비용에 해당함에 따라 구분하고 있는 것은 유치권 성립인정의 근거에 따라 유치권의 성립요건을 좁게 해석하여야 한다는 주장의 근거가 될 수도 있다고 판단된다.

18) 대표적으로 이상태, “유치권에 관한 연구－대항력 제한을 중심으로(대법원 2009. 1. 15. 선고 2008다70763 판결)”, 「토지법학」 제26권 1호, 한국토지법학회, 2010, 101면; 차문호, “유치권의 성립과 경매”, 「사법논집」 제42권, 법원도서관, 2006, 446~447면 등.

문제라고 할 수 없고 유치권의 효력의 문제라는 전제 하에, 저당권이 설정된 목적물에 그 이후에 성립된 유치권으로 저당권자에게 대항할 수 없고 그 결과 경매절차의 매수인에게도 유치권을 주장할 수 없다는 견해[19]도 동일한 견해로 볼 수 있다.

이러한 견해는 만약 통설과 판례의 입장처럼 민사유치권으로 선행저당권자나 선행하는 저당권자에 의한 경매절차의 매수인에게도 대항할 수 있다고 한다면, 우리 민법이 유치권을 담보물권으로 규정하면서도 우선변제권을 인정하지 아니하였음에도 불구하고, 유치권자는 사실상 최우선으로 피담보채권 전액을 변제받을 수 있어 민법의 규정 취지에 반하는 것이 된다는 점을 논거로 삼고 있다. 또한 통설과 판례의 입장에 의할 경우 선순위 담보권자가 저당물을 통한 우선변제 받을 권리를 예기치 않은 사정에 의하여 그보다 뒤에 생긴 유치권에 의하여 박탈당하는 불합리한 사태가 발생되며, 이러한 점은 공시주의를 기초로 한 담보법질서를 동요시킬 염려가 있다는 것을 이유로 한다.

이러한 대항력 부정설의 내용은 결국 유치권도 물권 성립의 시간 순서에 따라 우열이 가려지는 물권의 우선적 효력의 원칙에 대한 예외일 수가 없고, 유치권도 물권 성립의 시간 순서에 따라 그 효력의 우열이 판단되어야 한다는 것으로 귀결되는 것으로, 결국 물권 성립의 시간 순서에 따른 원칙에 따라 유치권의 효력을 판단해야 한다는 해석으로 이해할 수 있다.

그 밖에 대항력 부정설의 논거들이 다양하게 제시되고 있고 설득력 있는 부분이 있는데, 이를 나열해 보면 다음과 같다.[20]

① 우선 우리 민법은 등기하여야 성립하는 저당권에 비하여 유치권은 점유만으로 쉽게 성립할 수 있도록 규정하면서 담보물권에 인정되는 우선변제적 효력을 인정하지 않아 저당권보다 불완전한 담보물권으로 규정하고 있는바, 우리 민법이 규정하고 있는 유치권의 유치적 효력을 통한 담보기능은 상당히 약한 것으로 보아야 한다는 것이다. 그러나 통설과 판례가 유치적 효력을 누구에게나 주장할 수 있다고 해석하여 물권 성립 순서에도 따르지 않는 예외적인 효력을 가진 것으로 해석하고 있는데 이는 오히려 민법이 규정하고 있는 유치권의 효력을 아무 근거 없이 강력하게 해석한 것이라는 설명이다.

이렇게 민법이 규정한 유치권의 효력을 통설과 판례와 같이 해석하여 사실상 우선변제효를 인정하게 되면 현재 각종 법률에서 최우선변제권이 인정되는 권리들보다도 유치권자가 우선하게 되어 그러한 입법들을 둔 취지가 퇴색되게 되어 부당하다는 것이다.[21]

② 또한 대법원이 유치권제도를 "시간에서 앞선 사람은 권리에서도 앞선다"는 일반적 법원

19) 박상언, "저당권설정 후 성립한 유치권의 효력 : 경매절차에서의 매수인에 대한 대항가능성을 중심으로", 「민사판례연구」 제32권, 박영사, 2010, 386~387면.

20) 대항력 부정설이 입장의 견해가 많이 있으나 그 중 통설의 입장을 상세히 비판한 글로 박상언, 앞의 논문, 333~407면의 논거를 주로 소개한다.

21) 박상언, 앞의 논문, 382~383면.

칙의 예외로 인정하는 근거로 물건과 채권의 견련관계를 들고 있는데, 이는 비용이 물건에 투입되는 경우 객관적 가치가 유지 내지 증가한다는 전제에 서있는 것인바, 물건에 비용이 투입되었다고 하여 항상 목적물의 교환가치가 늘어나는 것이 아니고, 비용을 투입한 만큼 교환가치가 동일하게 증가하는 것도 아니어서 물건과 채권의 견련관계가 있다고 모든 채권에 대해 강력한 유치적 효력을 인정할 근거가 부족하다고 설명한다. 더구나 물건과 채권의 견련관계가 유치권의 효력을 강력하게 해석할 근거라면, 물건의 교환가치를 객관적으로 증가시키는 비용만큼이 아닌 비용투입자가 약정(예를 들어 공사계약)에 의한 채권 전부에 대하여 유치권의 대항력을 인정하는 것도 모순된다는 것이다.

이는 판례가 유치권의 피담보채권을 공익채권이라고 설명하기도 하나, 유치권자의 피담보채권 액수가 반드시 소액이 아닌 점, 그 피담보채권이 공익을 위해 기여된 채권이라고 보기도 어려운 점을 고려할 때 공익채권이라는 이유를 근거로 위와 같은 강력한 효력을 해석할 수 없다는 설명과 일맥상통하는 주장이다. 또한 가사 유치권의 피담보채권이 주로 공사대금채권이고 이는 저당권의 피담보채권과 같은 대출금 채권에는 없는 공익성이 인정될 수 있다고 하더라도 그것이 선행 담보권에 의하여 담보되는 피담보채권을 배제시키고 우선하여 변제시킬 정도로 공익성이 강력한 것이라고 할 수도 없어 유치권자의 피담보채권에 특별한 보호가치가 있다고 볼 수 없다고 주장한다.[22)]

아울러 물건에 비용을 투여한 사람에게 담보가치가 돌아가도록 하는 것이 공평의 원칙에 부합한 것이라는 해석도 선행저당권이 없는 경우라면 타당하지만, 선행저당권과 같은 이해관계인이 발생된 경우에는 그러한 정당성 근거도 타당하지 않게 된다는 설명도 한다.[23)]

③ 연혁적으로 볼 때 유치권이 저당권에 대하여 항상 대항할 수 있다거나 우선한다는 입법을 찾아보기가 어렵고 일본 민법에서 정도가 그러한 해석이 있을 뿐이며, 우리 민법과 일본 민법이 다른 민법과 달리 부동산 유치권을 물권적으로 인정하는 독특한 입법이라고 하더라도 그러한 입법례이기 때문에 유치권이 선행저당권보다 항상 우선하는 해석을 하는 것은 더욱 더 찾아보기 어려운 해석이라고 주장하기도 한다.[24)]

④ 유치권의 공시가 불완전한 공시방법인 점유에 의한 것이어서 다른 권리자들에게 예상하지 못한 부담을 안겨 주게 된다는 점에서 유치권의 효력을 제한적으로 해석해야 하는 논거가 되고, 선행저당권자등과의 우열관계는 등기가 아닌 유치권의 성립시기를 기준으로 판단하면 되기 때문에 등기만을 기준으로 우열을 정해야 한다는 전제도 잘못된 것으로 등기가 아닌 유치권의 성립시기를 기준으로 판단할 수 있다고 주장한다.[25)]

---

22) 강민성, 앞의 논문, 73면.
23) 박상언, 앞의 논문, 382~383면.
24) 박상언, 앞의 논문, 378면.
25) 박상언, 앞의 논문, 369면.

이는 기본적으로 통설과 판례에서 유치권은 우선변제적 효력을 가지고 있지 않기 때문에 이론상 저당권과의 경합 즉 우열의 문제가 생길 수가 없고, 다만 민사집행법 제91조 제5항에 따라 사실상 우선변제를 받게 되는 것이라는 설명과 달리, 유치권자가 사실상 우선변제를 받는 결과를 인정하느냐, 선행저당권자나 매수인에게 대항하지 못한다고 해석하느냐에 따라 현실적으로 우열이 생길 수 있다는 것을 인정하는 전제에서 우열관계를 성립시기로 비교할 수 있다는 주장이다.

⑤ 대법원이 유치권과 마찬가지로 법률에 의하여 성립되는 법정지상권의 경우 저당권자의 이익을 보호하기 위하여 최선순위 저당권설정 당시 지상에 건물이 존재한 경우에만 법정지상권이 성립한다고 해석을 하고 있는데,[26] 이는 법원이 저당권의 효력을, 우리 민법이 정하는 '우선변제효'를 넘어 저당권설정 후 목적물에 관하여 생긴 권리변동으로 인하여 그 교환가치가 하락하는 것을 용인하지 않음으로써 사실상 저당권의 교환가치에 대한 지배를 저당권설정당시로 동결하는 효력까지 인정하고 있다는 점에서, 사후에 성립한 유치권에 의하여 선행저당권자가 파악하고 지배한 교환가치 및 그에 대한 신뢰를 침해할 수 있다고 해석할 수 없다는 것이다.[27]

(2) 검토 및 비판

1) 대항력 부정설의 주요 논거에 대한 비판

i) 민법이 규정한 유치권의 효력

우선 대항력 부정설은 우리 민법이 유치권에 우선변제효를 인정하지 않았기 때문에 우선변제효가 인정된 저당권보다 보호정도가 낮은 정도의 담보권이라는 설명을 하고 따라서 유치권으로 누구에게나 대항할 수 있다고 해석하여 사실상 우선변제효를 부여하는 것은 실체법과 잘 부합하지 않는 것처럼 설명한다.

그러나 우리 민법 제335조에서는 동산 질권에 유치적 효력을 규정하면서 질권으로는 자기보다 우선권 있는 채권자에게 대항하지 못한다고 규정하고 있는 반면 유치권에 대해서는 제320조에서 '유치할 권리가 있다'고만 규정할 뿐 누구에게도 대항할 수 없다는 규정은 두고 있지 않다. 즉 우리 민법은 똑같은 '유치적 효력'이라는 표현을 사용하고 있으면서도 질권의 유치적 효력은 자기보다 우선권 있는 채권자에게 대항하지 못하는 효력으로 규정하면서 유치권의 유치적 효력은 대항여부에 대하여 규정하지 않고 있는 점에서 누구에게나 대항할 수 있다는 해석의 근거가 된다고 판단된다.

'유치'라는 개념에는 목적물을 보유하고 인도거절한다는 의미가 담겨져 있고, 우리 민법이 그러한 내용을 물권으로 규정하고 있어 결국 유치권은 대세적으로 유치할 권리를 행사할 수 있는 권리라는 것인데, 똑같은 물권인 질권의 경우에는 대항력을 약하게 규정하면서 사실상 '유치'

---

26) 대법원 2003. 9. 5. 선고 2003다26051 판결.
27) 차문호, 앞의 논문, 413면.

라는 수단을 권리의 핵심으로 규정하고 있는 유치권의 경우 별도로 대항력에 관한 규율을 하지 않는 입법자의 의도를 객관적으로 추정해볼 때, 유치권의 유치적 효력은 질권의 그것보다 분명히 강력히 규율하고자 했음을 알 수 있다. 이러한 민법의 규율에 따라 실제 우리 민사집행법 제91조 제5항은 이러한 실체법의 내용을 실현하여 규정한 것으로 자연스럽게 이해되는 점에서 이 부분 대항력 부정설의 논거는 타당하지 않다고 할 것이다.

우리 민법이 유치권에 우선변제적 효력을 직접적으로 규정하고 있지 않으나 유치적 효력을 누구에게나 주장할 수 있다고 하지 않을 경우 유치권자는 유치권을 통해 담보할 수 있는 영역이 매우 축소될 수밖에 없고, 그러한 정도의 효력을 가진 유치권이라면 담보물권으로서의 본질을 갖추었다고 보기가 힘들어, 우리 민법이 다른 입법과 달리 유치권을 담보물권으로 명시적으로 규율한 취지를 전혀 고려하지 않은 해석이 될 수 있다. 따라서 우리 민법이 유치권을 담보물권으로 규정하면서 유치적 효력에 질권과 같은 대항력의 제한을 규정하지 않은 이상 유치권을 누구에게나 대세적으로 주장할 수 있는 것으로 해석을 하는 것이 옳다고 본다. 더구나 우리 민법이 위와 같이 유치적 효력을 대세적으로 주장할 수 있는 경우는 유치권자의 채권이 목적물과 견련관계가 있는 경우로 국한되기 때문에, 다른 채권과 달리 특별한 보호가치가 있는 것으로 볼 수 있고, 이러한 엄격한 견련관계가 인정되는 채권에 한하여는 유치권을 인정하여 그 물건을 통해 사실상 우선변제 받는 것이 가능하도록 규정한 것으로 해석하여야 한다고 본다.

ii) 유치권의 우선적 효력의 예외 인정 근거

대항력 부정설에서는 이러한 견련관계가 인정되는 범위를 언급하며 유치권에 강력한 효력을 부여할 근거로서는 부족하다는 취지의 설명도 하나, 물권적인 민사유치권이 인정되는 근거는 물건에 비용을 투여하여 가치를 보존 내지 상승시켰다는 점에 있고, 이미 저당권자가 교환가치를 파악하여 저당권을 설정한 상태에서는 비용투여로 인한 가치상승분에 대해서는 교환가치로 파악하지 않았던 것이라 그 부분에 대해 비용투입자가 만족을 얻도록 하더라도 저당권자에게 피해가 없다는 고려에 있는 것이다. 판례나 통설의 입장에서 목적물에 투여되는 비용 중 견련관계가 인정되는 비용은 결국 목적물의 가치를 보존 내지 증가시키는 것이라는 점에서 사회경제적 관점에서 공익적인 비용이라는 표현을 사용하고 있는 것으로 이해된다. 목적물에 투여되는 비용이 반드시 객관적 가치를 상승시키는 것은 아니더라도 최소한 물건의 가치를 유지 내지 증가시키는 것으로 볼 수 있으므로, 사회경제적 측면에서 비용을 공익적 비용이라고 설명할 수 있다고 본다. 이러한 이론적인 측면을 고려하면 물권 성립 순위에 따른 우열과 관계없이 비용 투입 부분에 대해 유치권자가 우선하여 변제받는 효과를 부여하더라도 이로 인해 피해를 받는 제3자가 없다고 할 수 있고 따라서 선행저당권자도 자신이 파악한 교환가치 및 그에 대한 신뢰를 침해받지 않는다는 이해가 가능하고 그러한 결론이 공평하다고 볼 수도 있다.

또한 민법은 유치권에 대해 물건의 소유자조차도 그 성립을 막지 못하는 법정 담보물권으로 규정하고 있는바, 다른 제한물권자들은 당연히 법이 규정하는 유치권이라는 물건에 대한 비용투여자에 대한 우선권의 부담을 감수해야 한다고 볼 수 있다. 즉 다른 담보권과 달리 유치권이 법정 요건을 충족시 당연히 성립되는 것으로 규정하고 있어, 다른 담보권자들은 사후에라도 법정 담보물권이 성립될 수 있다는 점을 예상 내지 감수하고 있는 것이라는 이해도 가능하다. 즉 유치권은 일종의 '위험'으로 규정되어 있다고 볼 수 있는 것이다.

나아가 배타성이 없는 점유권은 물건에 대한 사실적 지배 그 자체로 성립되는 것이고 그 득실은 점유라는 외형적 사실과 운명을 같이 하는 것이기 때문에 두 개 이상의 점유권 상호간의 대립이라는 것은 생각할 수 없다.[28] 더욱이 물권 상호간의 우선적 효력은 물권의 배타성에서 나오는 효과인데 이러한 배타성이 없는 점유를 요건으로 하는 유치권은 다른 권리와 경합되는 것을 상정할 수 없어 유치권이 저당권에 대항한다는 개념도 생각하기가 어려운 측면도 있다. 따라서 유치권의 경우 물권 상호간 우선적 효력에 대한 예외라고 해석하는 것이 부당하다는 대항력 부정설의 논거는 타당하지 않은 측면이 있다.

iii) 연혁적 이유

대항력 부정설이 연혁상 이유를 근거로 통설과 판례의 입장을 비판하는 것도 부당한 측면이 있다. 대항력 부정설이 논거를 드는 유치권의 연혁은 다음과 같다.

유치권은 로마법의 악의의 항변에서 기원하였는데, 이는 유럽 각국에서 다양한 모습의 입법으로 발전하여 그 규율형태가 일관되어 있지 않다. 독일의 경우 크게 일반적 유치권과 점유의 효력으로서의 유치권으로 크게 구분될 수 있는데, 일반적 유치권은 채권적 항변권으로 규정되어 있고,[29] 점유의 효력으로서의 유치권은 물권적 권리에 가까운 법적 구성을 하고 있다고 평가되기도 하나, 부동산의 경우 제3자에 대한 대항가능성을 크게 제한하고 있다.[30] 유치권을 물권으로 구성하고 있는 스위스의 경우도 부동산유치권을 인정하지 않고 있는 점에서 우리 민법과 차이가 있다. 의사주의를 취하는 프랑스의 경우 유치권의 물권성에 대한 이견이 존재하고, 일본의 경우도 의사주의라는 점, 부동산 질권제도가 인정되며 유치권의 피담보채권과 유사하다고 할 수 있는 선취특권도 인정되는 점에서 부동산 유치권의 활용정도가 우리나라의 경우와 다소 차이가 있을 수 있다. 다만 민상법통일규율을 하고 있는 스위스를 제외하고는 대부분의 나라에서 부동산 유치권을 인정하고 있다.

결국 부동산 유치권을 물권적으로 구성하는 것은 논리 필연의 결과는 아니며 입법 정책상

28) 곽윤직 · 김재형, 앞의 책, 25면; 김상용, 앞의 책, 41면; 김준호, 앞의 책, 28~29면; 송덕수, 앞의 책, 25면; 이은영, 앞의 책, 52~53면 등.

29) § 273 BGB Zurückbehaltungsrecht 제1항은 우리의 동시이행의 항변권과 유사하고, 제2항이 우리의 유치권과 유사한 규정이다.

30) 이선희, 앞의 논문, 221면. 즉 독일 강제경매법 제9조상의 이해관계인에 해당되지 않으며, 매수인은 강제경매법 제93조 제2항에 따라 낙찰 전 투입된 비용에 대하여 책임지지 않는다고 한다. 파산법 InsO 제51조는 부동산의 경우 적용이 없다고 한다. MünchKomm/*Raff* (7. Aufl. 2017), BGB § 1000 Rn. 22.

다르게 규율할 수 있는 영역이라고 할 수 있다. 특히 부동산 물권변동에 관하여 등기함으로써 물권이 성립하는 성립요건주의를 취하면서도 그 원칙과 달리 점유만으로 성립하는 물권적 유치권을 규정하고 있는 우리 민법의 태도는 매우 독특한 입법임을 알 수 있다. 그런데 연혁적, 비교법적인 관점을 우리 민법 해석시 충분히 고려는 해야 할 것이지만, 우리 제도가 독특하다고 하여 우리 민법의 해석을 반드시 다른 입법과 같이 해야 하는 것은 아닐 것이다. 오히려 우리 민법상 부동산 유치권에 발생되는 문제점은 우리 제도상의 독특한 문제일 수 있고, 이를 해결하기 위해서 비교법적인 검토와 함께 우리 민법 및 민사집행법, 상법을 기준으로 하는 독자적인 해석을 고찰해봐야 하는 것이 우선이고, 만약 해석으로 불가능할 경우에는 바람직한 입법을 모색해보는 것이 순서일 것이다.

따라서 다른 입법과 비교할 때 독특하다는 것만으로 그것이 부당하다는 논거는 될 수 없다. 오히려 물권적 유치권을 인정할 수 있는 근거가 인정된다는 점에서 우리 민법의 고유한 규율 내지 해석이 가능한 분야가 바로 유치권이라고 보아야 할 것이다. 그러한 점에서 우리 민법 및 민사집행법의 직접적인 해석이 가장 중요하다고 할 것이다.

iv) 우열판단 기준에 대한 논거

우리 민법상 유치권이 점유로 성립하는 것이고 채권의 변제받을 때까지 목적물을 유치하여 인도를 거절하는 권능을 지닌 것이기 때문에, 우선변제적 효력이 있는 담보물권과 우선변제적 효력에 관한 점에서 충돌이 발생한다고 보기가 어렵다. 오히려 대항력 부정설에서 주장하는 현실적인 충돌은 그야말로 민사집행법에서 인수주의를 취할 것인가 소멸주의를 취할 것인가의 문제일 뿐이지, 이를 저당권과 유치권의 우열로 파악하기는 어렵다고 본다.

또한 유치권은 등기없이 성립되기 때문에 저당권과 등기의 선후에 의하여 우열이 정해질 수 없는 측면이 있다. 이에 대해 대항력 부정설에서는 성립시기는 비교가 가능하기에 이를 기준으로 우열을 정할 수 있다고 하나, 가사 물권 성립의 순서를 기준으로 우열을 판단한다고 하더라도 현실적으로 유치권의 점유의 여부를 판단하는 것이 어려워, 점유의 시점을 기준으로 유치권의 성립시기를 판단하여 저당권의 등기시를 비교하여 우열을 결정하도록 한다는 것도 적절하지 않은 측면이 있다.

v) 판례가 파악하는 저당권의 가치와 관련된 논거에 대하여

대법원이 저당권을 보호하는 정도에 비추어 볼 때 선행 저당권자가 나중에 성립된 유치권에 의하여 교환가치가 침해되어서는 안 된다는 대항력 부정설의 논거에 대해서도, 대항력 긍정설의 입장에 의할 때에도 신의칙에 따라 유치권 남용을 인정함으로써 얼마든지 선행저당권자를 보호할 수 있다는 반박이 가능하다. 즉 선행저당권이 있는 목적물에 유치권이 나중에 성립하더라도 항상 선행 저당권자가 파악한 담보가치 전부에 대해 만족을 얻지 못하는 것은 아니다. 따라서 일반적으로 유치권의 선행 저당권자에 대한 대항력을 부정하지 않더라도 개별적 사안에서

신의칙을 통해 선행 저당권자를 보호하여도 충분하다고 볼 수 있다.[31] 나아가 대법원이 저당권에 대해 취하는 해석은 충분히 유치권의 해석시 고려될 수는 있겠지만 그것이 법률은 아니기 때문에 그러한 대법원의 해석 때문에 유치권의 효력에 대한 해석도 달리 해야 한다는 것은 다른 논거들에 비해 직접적인 논거가 될 수는 없지 않을까 하는 의문도 든다.

2) 대항력 부정설에 의할 경우 생기는 문제점

위와 같은 대항력 부정설의 논거에 대한 비판과는 별도로, 대항력 부정설을 취할 경우 발생될 수 있는 다음과 같은 몇 가지 문제점도 있다.

i) 저당권의 만족이 충분한 경우까지 일률적으로 대항력을 부정하는 문제

대항력 부정설에 의하면, 목적물을 실행하여 선행저당권의 피담보채권과 유치권의 피담보채권액을 모두 만족시킬 수 있는 경우에도 유치권이 선행저당권보다 나중에 성립하였다는 이유로 인수되지 않고 소멸하여 일반채권자로 전락하게 되는 문제가 있다.[32] 즉 선행저당권자에게 예기치 못한 손해가 발생되지 않는 상황임에도 유치권이 다른 담보물권과 달리 선행 저당권이 존재하는 이유만으로 일반채권자와 같이 만족을 얻어야 한다는 논리가 되어 우리 민법이 유치권을 담보물권으로 규정한 취지를 몰각하게 되는 측면이 있게 된다.

이에 대해 대항력 부정설은 유치권의 효력상 적어도 경매절차의 매수인으로부터 인도청구를 받아 소멸되기 전까지는 물건의 유치를 통해 변제 받을 가능성이 남아 있고, 그 정도가 실체법인 민법이 유치권에 부여한 효력이어서 선행 저당권자의 만족이 충분한 경우까지 유치권이 소멸된다고 하더라도 부당하지 않다는 반론이 가능할 수도 있을 것이다. 그러나 우리 민법이 유치권을 우선변제효가 없는 담보물권으로 규정한 취지는 유치권의 유치적 효력을 통해 사실상의 만족을 얻을 수 있도록 한 것이지, 이렇게 유치권을 일반채권자와 큰 차이가 없는 권리로 규정한 것이라고 보기는 어렵다.

또한 대항력 부정설은 저당권설정등기가 경료되어 있어 선행 저당권이 공시되기 때문에 소멸될 수 있는 위험을 알고 비용을 투자한 자로서는 예상하지 못한 불이익을 입게 되는 것이 아니어서 유치권자에게 어떠한 손해도 발생시키지 않는 것이라는 반론을 할 수도 있을 것이다. 그러나 저당권의 피담보채권이 공시되어 유치권자가 저당권자가 파악한 교환가치를 제외하고도 남는 교환가치가 충분하다고 인식한 상황에서는 오히려 유치권을 소멸시킬 필요보다는 유치권의 대항력을 인정해 주어야 할 필요가 더 크다는 점에서 위와 같은 논거도 타당하기 어렵다고 본다.

ii) 소유자의 저당물 개량행위 위축 및 공사업자의 채권확보 문제

대항력 부정설에 의할 경우, 우리 민법상 저당권은 목적물의 교환가치를 지배할 뿐 소유자

31) 이선희, 앞의 논문, 246면.
32) 이선희, 앞의 논문, 241~242면.

의 사용 수익을 방해하지 않는 담보물권임에도 불구하고 소유자가 저당물을 개량하는 행위를 크게 위축시키게 된다. 예를 들어 저당권자가 10억원의 부동산에 8억원의 저당권을 설정해 놓았는데, 자연재해로 부동산이 일부 손상되어 그 가치가 8억원 이하(예를 들어 5억원)가 되었을 때, 부동산의 보전, 개량을 위한 공사를 시행하여 공사업자에게 2억원의 피담보채권이 발생하였을 경우 그 2억원의 비용투여로 인한 가치상승을 저당권자가 부당하게 취하게 되며, 따라서 이러한 경우 유치권으로 인해 채권을 담보하기 어려워 공사업자등은 부동산의 보존, 개량을 위한 행위를 꺼리게 될 수 밖에 없게 될 우려가 있다.[33)]

이와 관련하여 대항력 부정설의 논리대로라면, 공사업자로서는 채권 확보를 위해 유치권을 행사할 수 없다고 하더라도 유치권보다 강력한 저당권을 설정해달라고 청구할 수 있는 권리(민법 第666조)가 있어 사실상 소유자의 저당물 개량행위가 위축된다는 우려는 상당부분 해소될 수 있다거나, 선행저당권의 효력이 미치는 부분에까지 유치권으로 대항할 수 있다는 해석을 해왔기 때문에 민법 제666조의 저당권설정청구권이 제대로 활용되지 못했던 것이고 대항력을 부정하는 해석을 할 때 민법이 예정했던 저당권설정청구권의 기능이 비로소 정상적으로 발휘될 수 있게 될 것이라고 반론을 제기할 수는 있을 것이다.

그러나 유치권은 기본적으로 약자의 보호를 위해 인정되는 측면이 있어 위와 같은 예에서 유치권이 공사업자를 보호하는 가장 실효성 있는 수단일 수밖에 없다. 또한 물권법과 채권법에는 비용지출자에 대한 보호방안이 각각 규정될 수 있는 것이라, 물권법에서는 유치권으로 채권법에서는 저당권설정청구권으로 보호될 수도 있는 것이고, 비용지출자가 이 중 유리한 방법을 이용하는 것은 당연하다. 저당권설정청구권이 청구권에 불과한 점을 고려하면, 유치권의 효력이 인정되어야 할 필요성은 더 크다고 할 것이다.

한편 대항력 부정설의 논리에서는 저당권이 성립된 후 지출된 비용에 따라 개량된 부분은 대부분 그 부동산에 부합하는 경우가 보통이며 이 경우 민법 제358조에 따라 저당권의 효력이 그 부분에까지 미치도록 한 것이 우리 민법의 태도여서 이러한 경우 유치권이 부정된다고 하여 그것이 유치권의 본래 목적인 공평의 견지에서 바람직하지 않다고 할 수 없다고 할 수도 있다. 그러나 민법 제358조에 따라 저당권의 효력이 미치는 것과 유치권이 유치적 효력을 누구에게나 주장할 수 있는 문제는 별개의 차원의 문제이므로, 민법 제358조만으로 유치권의 효력이 제한되는 것으로 해석하기는 어렵다.

iii) **유치권보다 나중에 성립한 저당권과의 관계**

저당권 후에 성립한 유치권의 대항력을 부정한다면, 만약 선행저당권자가 있는 상태에서 유치권이 성립하고, 이후 차순위 저당권이 설정된 경우, 유치권자는 후순위 저당권보다는 먼저

---

33) 이러한 측면에서 소유자로부터 도급받은 공사업자의 입장에서는 비용을 투입하고도 달리 채권을 확보할 수 있는 방법이 마땅치 않게 되어 유치권의 본래 목적인 공평의 견지에 반하게 된다는 견해도 같은 취지이다. 이선희, 앞의 논문, 242면.

성립된 것임에도 불구하고 차순위저당권자와의 관계에서도 열위에 서게 되는 불합리한 결과가 발생하여, 오히려 물권 성립 순서에 따른 우열의 원칙에 반하는 결과를 초래하게 되는 문제가 발생된다.[34)]

이에 대해 대항력 부정설의 논리에서는 다른 제한물권의 경우에도 경매에서 소멸하는지 여부에 대한 우열관계는 가장 선순위저당권을 기준으로 판단한다는 점에서 후행 저당권자가 우선변제를 받게 되어 유치권자가 후에 성립한 저당권자와의 관계에서도 열위에 서게 된다는 것은 불합리하다고 볼 수 없다거나, 이러한 후행 저당권자에게 열위에 서게 되는 상황을 예상하여 공사업자의 경우는 민법 제666조에 따라 저당권설정청구권을 행사하게 될 것이라거나, 비용상환청구권의 경우는 민법 제367조에 따라 우선상환받을 수 있는 경우가 마련되어 있어 불합리한 결과가 발생되지 않는다는 반론을 제기할 수 있을 것이다.

그러나 유치권은 지출된 비용이 물건의 보존 내지 가치를 상승시키는 것을 전제로 하고 있어 선행 저당권자에게 불리하지 않다고 할 수 있고 이러한 이유로 물권성립의 시간 순서에 따른 예외로 인정되는 것인데, 후행 저당권자에게까지 열위에 서게 되는 상황은 유치권의 담보물권성에 정면으로 배치되는 것이다. 따라서 이를 두고 다른 제한물권의 경우와 동일한 경우라서 불합리하지 않은 것으로 볼 수는 없다. 또한 민법 제367조가 인정되는 저당물의 제3취득자의 범위에 대해서는 해석상 다툼이 있고,[35)] 모든 유치권자가 위 제3취득자의 범위에 포섭되지 않기 때문에 유치권자가 보호되지 못하는 경우에는 후순위 저당권자에게도 열위에 서는 불합리가 그대로 발생한다.

iv) 대항력 부정설의 입장에서 대항력 없는 유치권자의 경매절차에서의 지위

대항력 부정설의 입장에 따라 유치권자가 유치권 성립 이전에 설정된 저당권자에게 대항하지 못하는 경우 유치권자는 경매절차에서 자신의 권리를 주장할 방법에 대해 민사집행법에서 규정된 내용이 없다. 즉 대항력 없는 유치권자는 경매에서 배당기일에 배당받을 수 있는 채권자에 포함된다고 보기가 어렵다. 우리 민사집행법은 배당기일에 배당을 받을 수 있는 채권자에 대하여 민사집행법 제148조에서는 배당요구의 종기까지 경매신청을 한 압류채권자(1호), 배당요구의 종기까지 배당요구를 한 채권자(2호), 첫 경매개시결정등기전에 등기된 가압류채권자(3호), 저당권·전세권, 그 밖의 우선변제청구권으로서 첫 경매개시결정등기 전에 등기되었고 매각으로 소멸하는 것을 가진 채권자(4호)를 규정하고 있을 뿐 유치권자를 규정하고 있지 않기 때문이다. 이러한 점에서 우리 민사집행법은 기본적으로 대항력 긍정설을 전제로 규정된 것이지, 대항력 부정설을 전제로 규정된 것으로 볼 수 없다.

---

34) 심 판, "유치권의 효력 우열관계에 관한 대법원 판결례 검토-압류, 가압류, 저당권자와의 우열관계를 중심으로", 「재판실무연구」, 광주지방법원, 2013, 148면.

35) 민법 제367조의 제3취득자에 관하여는 이준현, "제3취득자의 비용상환청구권", 「동아법학」 제48권, 동아대학교 법학연구소, 2010. 8., 485~516면 참고.

대항력 부정설을 취하는 견해 중에서는 유치권자는 사실상 우선변제받을 수 있다는 점에서 민사집행법 제88조 제1항의 '그 밖의 법률에 의하여 우선변제청구권이 있는 채권자'에 해당된다고 유추적용할 수 있고 이에 따라 유치권자도 배당요구할 수 있는 채권자에 포함시킬 수 있다고 해석하는 견해가 있다.36) 위 견해는 배당요구한 유치권자의 배당순위에 대하여, 유치권자는 적어도 자신이 대항하지 못하는 채권자나 물권자에 해당하는 부분을 제외한 나머지 매각대금에 대하여는 유치권을 행사할 수 있고, 따라서 대항력 없는 유치권자라고 하더라도 후순위권리자들에 대한 관계에서는 매각대금에서 대항할 수 없는 채권자들에 대한 배당액을 공제한 나머지 금액에 대하여 유치권을 행사하여 유치할 수 있으며, 그 유치의 방법으로 배당을 받을 수 있다고 해석하여, 결국 선순위저당권, 유치권, 압류채권자, 후순위저당권이 있는 상황에서 유치권자는 선순위저당권자, 유치권자, 압류채권자, 후순위저당권자의 순서로 배당을 받게 된다고 설명한다.37)

그러나 이는 유치권자에게 저당권자와 유사한 법률적 지위를 인정하는 것이 되어 민법이 규정하고 있는 유치권의 효력을 넘어서는 것으로 부당하다고 판단된다.38) 따라서 위와 같이 유치권의 대항력을 부인하고 유치권자가 배당요구채권자에 포함시킬 수 있다고 설명하는 것은 민사집행법에 부합하지 않는 해석이고, 결국 유치권의 담보물권자로서의 지위를 형해화시키는 해석이라고 할 것이다.

대항력 부정설의 입장 중에서는 유치권자가 유치권에 기한 경매를 신청하여 민사집행법 제148조 제1호에서 정한 배당받을 채권자의 지위를 얻은 후 배당절차에서 일반채권자와 같은 순위로 배당받을 수 있다는 견해도 있다. 즉 현행법 해석에 의할 때 우선변제권 없는 유치권자로서는 배당요구 종기까지 유치권에 기한 경매를 신청하여 민사집행법 제148호 제1호에서 정한 배당받을 채권자의 지위를 얻은 후 배당절차에서 일반채권자와 같은 순위로 배당받을 수밖에 없다는 견해도 있다.39) 그러나 다른 나라와 달리 우리 민법이 유치권자를 명시적으로 담보물권자로 규정하고 있음에도 유치권자에게 일반채권자로서의 지위를 인정하는 것은 실체법의 규정을 무시하는 해석이다. 기본적으로 민사집행법이 대항력 없는 유치권자를 전제로 한 규정을 두고 있지 않다는 사실은 우리 민사집행법이 유치권의 대항력이 부정되는 경우를 상정조차 하지 않고 제정되었다고 해석할 수밖에 없는 것이다.

한편 유치권자 중에서 물건의 가치를 유지, 증대시킨 경우에는 민법 제367조를 유추적용하여 집행비용 다음 순위로 우선상환을 받을 수 있다는 견해도 있다.40) 그러나 기본적으로 임차

---

36) 차문호, "유치권의 성립과 경매", 「재판실무연구(2)」 민사집행소송, 한국사법행정학회, 2008, 451면.

37) 차문호, 앞의 논문, 452면.

38) 동지, 박상언, 앞의 논문, 391면; 이승규, 앞의 논문, 262면.

39) 박상언, 앞의 논문, 391면.

40) 박상언, 앞의 논문, 395~396면.

인의 비용상환청구권이나 공사수급인의 보수채권의 경우 임차인, 수급인을 민법 제367조의 제3취득자에 해당된다고 보기 어렵고, 제3취득자로 유추적용될 수 있는 유사한 지위에 있다고 해석하기도 어려우며, 가사 제3취득자에 해당하거나 이를 유추적용할 수 있는 유사한 지위에 있다고 하더라도 이는 모든 유치권자의 경우에 적용되기는 어려운 규정이라는 점에서 유치권의 대항력을 부정할 경우 유치권자의 보호에 공백이 생길 수밖에 없는 것이다.

v) 민사집행법 제91조 제5항을 유명무실화 하는 문제점

실제 경매절차에서 경매 목적 부동산에 저당권이 설정되어 있는 경우가 대부분이거나 유치권을 주장하는 자는 대개 채무자의 재산상태가 악화되어 임의 변제를 기대하기 어려울 때 점유를 취득하는 것이 보통이어서 압류 시점과 비교적 근접하여 점유가 시작되는 경우가 대부분인데, 그러한 경우 저당권설정 후에 유치권이 성립하였다고 하여 일률적으로 그 대항력을 부정한다면 저당권이나 지상권, 지역권 등 용익권과는 달리 유치권에 관하여 인수주의를 채택한 민사집행법 제91조 제5항의 규정은 사실상 유명무실한 규정으로 만들어 버리는 문제점이 발생할 수 있다는 견해가 있다.[41)]

vi) 동산 질권에 유치권이 우선하는 경우의 타당성

동산 소유자가 그 동산을 임대한 후 그 목적물반환청구권을 질권자에게 양도하는 방법으로 질권을 설정하여 주는 것이 가능하다. 이후 동산 임차인이 물건의 수리를 맡기고 수리비를 지급하지 않는 경우, 수리업자의 유치권이 질권에 비하여 나중에 성립되기는 하였지만 수리업자는 질권자에게 유치권을 주장할 수 있다고 보아야 할 것이다.[42)] 왜냐하면 대항력 부정설의 논리대로 이러한 경우 유치권의 대항력을 부정해야 한다면 동산에 질권이 설정된 후에는 유치권이 성립하더라도 대항력이 없게 되어 수리업자로서는 비용을 투여하고도 담보를 확보할 방법이 마땅치 않아 수리가 이루어질 수가 없게 된다. 즉 동산의 경우에는 수급인의 저당권설정청구권도 인정되지 않아 질권이 설정된 물건에는 수리가 이루어질 수 없게 되는 문제가 있게 되는 것이다. 따라서 이러한 경우에 유치권의 대항력을 긍정할 필요가 있다는 점에서도 대항력 부정설은 타당성이 부족하다고 본다.

Ⅳ. 마치는 글

대항력 부정설의 논거에 논리적 타당성이 없는 것은 아니다. 특히 통설의 경우 유치권의 효력에 대해 설명을 하면서 유치적 효력을 누구에게나 주장할 수 있다는 근거를 단지 '유치권이 물권이라 대세적 효력을 가지기 때문'이라고 설명하는 것은 적절한 설명이 아니라고 판단된다.

41) 심 판, 앞의 논문, 148면.
42) 김연우, "상사유치권에 부동산이 포함되는지 여부 및 선행저당권자와의 관계", 「재판과 판례」 제22집, 대구판례연구회, 2013, 375~376면.

유치권이 물권이기 때문에 누구에게나 주장할 수 있다는 것과 유치권과 다른 담보물권 사이에 성립의 순서에 따라 우열이 달라진다고 할 수 있는가의 문제는 완전히 별개의 문제이기 때문이다. 통설이 유치권의 유치적 효력에 대하여 지금까지 무비판적으로 어느 누구에게나 주장할 수 있다고 해석해 왔기 때문에 이러한 두 가치 차원의 문제를 구별하지 않고 설명을 해왔을 가능성을 배제할 수 없다. 통설적 입장에서는 유치권이 결국 시간순서에 관계없이 먼저 성립된 담보물권보다도 우선하는 셈이므로, 물권의 우선적 효력의 예외에 관한 설명에서 유치권을 언급할 수도 있는데, 대부분의 경우 점유권만을 예외로 설명하고 있다. 따라서 유치권의 효력을 점유권의 효력과 혼동하여 유치권의 효력을 잘못 설명한 것은 아닌지, 대항력 부정설의 입장처럼 유치권도 다른 담보물권과의 관계에서는 시간에 앞선 권리가 우선하는 일반적 법원칙에 따라야 한다고 해석해야 하는 것인지 논증해 볼 필요성이 충분히 있다고 판단된다.

그러나 지금까지 살펴본 바와 같이 기본적으로 우리 민법의 해석으로는 유치권의 선행 저당권자에 대한 대항력을 긍정하는 것이 옳다고 본다. 유치권을 인정하는 정당성 근거, 즉 민사유치권은 물건과 견련관계에 있는 채권에 대해서만 인정되고 그러한 채권은 물건의 가치를 보전 내지 상승시키는 측면이 있는 점, 유치적 권능을 규정한 민법 제320조 제1항, 질권에 관한 민법 제335조의 반대해석, 민사집행법 제91조 제5항 등을 종합할 때, 현재로서는 유치권의 선행저당권자에 대한 대항력을 긍정하는 통설과 판례의 태도의 타당성이 우세하다고 본다. 다만 이전과 같이 유치권이 물권이기 때문에 대세적 효력을 가져 누구에게나 주장이 가능하다는 설명은 수정되어야 할 것이고, 민법 제320조 제12항과 질권에 관한 민법 제335조의 반대해석이 가장 중요한 해석의 근거가 되어야 한다고 본다. 아울러 실체법의 태도를 실현하기 위해 규정된 민사집행법 제91조 제5항의 태도도 부차적인 근거가 될 수 있다고 본다. 이렇게 대항력 긍정설의 입장을 취하더라도 구체적인 사안의 경우 선행 저당권의 실현을 방해하는 정도로 유치권이 남용되는 경우 신의칙을 통해 유치권 행사를 저지하는 것이 가능하다는 점에서 일률적으로 대항력을 부정하는 견해보다는 대항력 긍정설이 유치권자의 보호를 포기하지 않으면서 구체적 타당성 있는 결론을 도출할 수 있는 견해라고 할 것이다.[43] 현재 판례가 취하고 있는 입장도 이러한 측면에서 타당하다고 본다.[44]

다만 압류에 대한 유치권의 대항력을 부정하는 판례에 입장에서는, 저당권이 압류보다 더

43) 동지, 서인겸, “부동산경매절차상 유치권의 효력에 관한 몇 가지 쟁점”, 「원광법학」 제32집 제2호, 원광대학교 법학연구소, 2016, 276면.

44) 다만 상사유치권은 중세 이태리의 상인단체의 관습법에서 기원하는 제도로 민사유치권과 그 연원을 달리하고, 채권과 목적물의 견련관계를 요구하지 않으며, 목적물도 채무자의 소유에 국한되는 차이점이 있다. 상사유치권은 민사유치권에 비하여 그 피담보채권의 범위가 매우 방대하다는 점에서 민사유치권과 같은 효력을 인정하는 것은 그 제도의 기원, 목적, 요건상의 차이를 고려할 때 타당하지 않을 수 있으며, 얼마든지 민사유치권의 효력과 다른 효력을 가지는 것으로 해석될 여지가 있다. 따라서 대법원이 상사유치권의 효력을 대항력 부정설의 논리와 같이 제한하는 판시를 하였다고 하여, 민사유치권의 효력까지 대항력 부정설의 입장으로 변경할 가능성은 적다고 예상된다.

강력한 권능을 가졌다는 점에서[45] 선행저당권자에 대한 유치권의 대항력이 더욱 더 부정될 필요성이 있다고 이해할 수도 있다. 또한 다른 입법례에서는 유치권의 효력을 우리 민법과 같이 강력하게 규율하고 있지 않은 점, 현재 유치권에 의해 발생되고 있는 문제점, 대항력 부정설에서 주장하는 바와 같이 민법 제666조에 따른 저당권설정청구권의 취지, 다른 최우선변제권을 규정한 입법의 취지를 살릴 수 있다는 점을 고려할 때, 현재 해석으로는 무리가 있으나, 입법적으로 유치권의 효력을 다소 제한하는 방향을 고려해 볼 필요성은 충분히 있다고 판단된다. 이러한 입법의 방향 및 구체적인 개정 내용에 대해서는 추후 연구 과제로 남겨두고자 한다.

45) 즉 압류에는 처분금지효가 있지만 우선변제효는 없고, 압류채권자는 목적물의 처분행위에 대항할 수 있지만 처분행위 전 경매절차에 참여한 채권자들과 평등배당을 받게 되는 점에서 추급효가 있고 목적물의 처분행위에도 불구하고 저당권이 여전히 존재하여 저당권을 실행할 수 있는 저당권의 효력이 더 강력하다는 설명으로 윤동현, 경매절차에서 유치권의 한계에 관한 고찰, 서울대학교 석사학위논문, 2015, 105면.

금전채무의 불이행

지 원 림*

Ⅰ. 들어가며
Ⅱ. 요건에 관한 특칙: 제2항
Ⅲ. 효과에 관한 특칙: 제1항
Ⅳ. 나가며

Ⅰ. 들어가며

1. 시장경제질서를 지탱하는 기둥의 하나로서 오늘날 경제 전반에 걸쳐 불가결한 금전은 동산의 일종이지만, 고도의 대체성과 유통성을 가짐에 따라 "일반적으로" 물성 자체가 중요하지 않고, 본래의 용법에 따른 사용이 양도에 한정되는 소비재로서, 소유와 점유가 분리되지 않으며,[1] 수량으로 표시된 일정한 화폐가치(즉 화폐의 구매력)가 중요시된다는 점에서 보통의 동산과 구별된다.[2]

2. 금전채무는 가치조달채무(Wertverschaffungsschuld),[3] 즉 일정한 화폐"가치"의 이전을 목적으로 하는 채무로서, 물건의 인도를 목적으로 하는 채무와는 다른 특성을 가진다. 즉 금전채무를 이행하지 않는 경우에 통상 채무자는 이자 상당의 이익을 얻고 채권자는 그에 상응하는 손해를 입는다. 그래서 민법[4] 제397조는 금전채무의 불이행에 관하여 특칙을 규정한다.

학설은 대체로 거래계에서 금전이 가지는 특성을 고려하여 특칙을 두었다고 하면서도, 규정의 취지나 당사자들 사이의 이해관계의 조절에 별다른 관심을 보이지 않는다.[5] 즉 채무불이

---

* 고려대학교 법학전문대학원 교수

1) 다만 횡령죄와 관련하여 소유와 점유가 분리됨에 관하여 대법원 2009. 12. 24. 선고 2008도11967 판결 참조.

2) 이러한 금전(채권)의 통설적 이해에 관하여 우선 최수정, "민법상 금전의 개념과 금전채권의 특질", 「비교사법」 제10권 제1호, 2003, 15면 이하 참조. 이와 달리 금전이 지불수단과 가치척도로서 고도의 대체성과 유통성을 가진다고 해서 동산으로서 물건이 아니라고 할 필요가 없고, 사법상 금전은 특별한 물건일 뿐이라는 견해로 정병호, "'금전은 점유하는 자가 소유한다'는 이론 비판", 「법조」 제712호, 2016, 5면 이하 참조.

3) Anwaltkommentar/Schulte－Nölke, BGB, 2005, § 288 Rn.4.

4) 이 글에서 민법은 법명의 표시 없이 인용한다.

5) 최수정, "금전채무불이행의 특칙에 대한 재검토: 손해배상액을 중심으로", 「민사재판의 제문제」 제19권, 2010, 197면도 동지. 참고로 양창수/김재형, 민법 Ⅰ 계약법 제2판, 487면은 "민법은 금전채무가 불이행된 경

행의 형태로서 이행지체가 가능할 뿐임을 전제로[6] 요건과 효과의 측면에서 그 내용을 소개하는데, 특히 ① 불가항력이 면책사유로 되는지와 ② 이자를 초과하는 손해의 배상이 인정될 수 있는지를 둘러싸고 다툼이 심하다. 이러한 다툼은 제397조의 취지를 어떻게 이해할 것인지에 대한 입장차이가 반영된 결과라 할 수 있다. 그리고 최근 대법원 2009. 12. 24. 선고 2009다85342 판결은 제397조 제1항 단서의 적용과 관련하여 법문과 다른 판시를 하였는데, 이 역시 그 조항의 취지와 관련된다. 이러한 사정들을 고려하여 이 글에서는 제397조의 규정취지와 내용을 살핀다.

그런데 채무자에게 무과실책임을 지우고 손해의 증명을 요하지 않을 뿐만 아니라 이자 상당의 손해를 의제한다는 점에서 제397조는 기본적으로 채권자를 위한 규정으로 이해할 것이다.[7] 다만 요건에 관한 제2항 및 효과에 관한 제1항이 채권자를 우대하는 근거 및 모습이 반드시 단일하지는 않다. 그래서 아래에서는 금전채무 불이행의 요건과 효과를 나누어 규정취지와 내용을 각각 검토하기로 한다.

Ⅱ. 요건에 관한 특칙: 제2항

1. 서

손해배상 일반에서와 달리 금전채무 불이행의 경우에 제397조 제2항에 따라 채무자는 무과실책임을 지고 아울러 채권자는 손해의 발생 및 그 액에 관한 증명을 요하지 않는다. 채권자를 우대하는 이 조항은 — 제1항의 추상적 손해산정을 전제로 하는 것으로 — 금전의 특성에서 그 근거를 찾을 수 있다. 즉 채무자의 주관적 지급불능은 면책사유가 될 수 없다는 점에서 무과실책임이 정당화되고,[8] 제1항의 손해의 추상적 산정과 더불어 이른바 금전의 만능적 성격에 따라 채권자는 언제나 이자 상당의 손해[9]를 입을 수 있다는 점에서 증명책임의 면제가 근거 지워질 수 있다.

우에 발생할 법적인 분쟁을 가능하면 간편하게 해결하기 위하여, 이에 대하여 특칙을 두고 있다. 그 내용은, 한편으로 손해배상의무의 발생을 일률적으로 긍정하되, 다른 한편으로 그 의무의 내용을 극도로 정형화하는 데 있다."고 한다.

6) 금전채무에서 이행불능을 상정하는 것이 거의 무의미하기 때문이다. 이에 관하여 별다른 논의는 없고, 다만 김증한/김학동, 채권총론 제6판, 1998, 41면이 제376조를 언급한다는 점 정도가 특기할 만하다.

7) 제397조가 금전채권자를 우대하는 규정이라는 이해로 제철웅, "민법 제397조의 법적 지위에 관한 검토", 「한림법학」 FORUM 제5권, 1996, 195면; 김미리, "민법 제397조 제1항에 관한 소고", 「민사재판의 제문제」 제19권, 2010, 598면. 최수정, 앞의 글(주 5), 219면도 결과에서 동지.

8) 김형배, 채권총론 제2판, 1998, 69면; 양창수/김재형, 앞의 책, 488면.

9) 지급받은 금전을 다른 이에게 빌려줌으로써 이자 상당을 얻을 수 있는 이익의 상실이라는 손해. 채무자의 입장에서는 지체하고 있는 금액을 다른 이에게 대여하여 이자를 얻을 수 있는 이익 또는 자신이 그 금액만큼의 신용을 얻는 데 필요한 이자를 절감하는 이익.

2. 무과실책임

(1) 원칙으로서 채무자는 자신의 과책에 기한 것이 아닌 채무불이행에 대하여 책임을 지지 않지만(제390조 단서), 금전채무의 채무자는 채무불이행이 자신에게 책임 없는 사유로 인한 것임을 증명하더라도 책임을 면할 수 없다. 즉 금전채무의 불이행에 대하여 채무자는 과실 없었음을 항변하지 못하므로 「결과책임」(結果責任)을 부담한다(제397조 제2항 후단).[10]

그런데 금전채무 불이행으로 인한 손해배상을 구하기 위하여 이행지체의 객관적 요건 전부가 충족되어야 함은 물론이다.

(2) 불가항력으로 인하여 이행지체에 빠진 경우에 채무자가 면책될 수 있는지에 관하여 견해가 나뉜다. 이 문제는 의용민법 제419조 제3항이 불가항력으로써 항변할 수 없다고 규정한 점과 관련된다.[11]

학설로 불가항력 항변을 허용하지 않는 입장[12]도 있지만, 대체로 금전채무의 이행지체가 불가항력에 의한 것임을 증명하면 책임을 면한다고 새긴다.[13]

생각건대 불가항력은 전쟁이나 천재지변 등 예측가능성이나 회피가능성이 없는 외부적인 우발사유로서 일반적으로 과책의 부존재보다 좁은 개념인데, 무과실책임이 인정되는 경우에 그 책임이 지나치게 가혹한 것을 제한하기 위하여 사용된다.[14] 그런데 금전채무에서 채무자의 주관적 지급불능은 면책사유가 될 수 없다는 점에서 무과실 항변을 봉쇄하더라도, 불가항력 항변까지 허용하지 않는 것은 채무자에게 지나치게 가혹하다.[15] 뿐만 아니라 민법은 과실(過失)과 별

10) 대법원 2003. 4. 8. 선고 2001다38593 판결 참조.

11) 참고로 제397조 제2항은 만주국 민법 제383조 제2항과 같다. 그리고 일본의 채권법 개정논의에서 불가항력 항변을 봉쇄하는 일본민법 제419조 제3항을 삭제하고 채무불이행의 일반원칙에 맡기자는 제안([3.1.1.72])이 있었으나, 보류되었다. 개정제안의 내용에 관하여 民法(債權法)改正檢討委員會 편, 詳解 債權法改正の基本方針 Ⅱ, 2009, 283~284면 참조. 2017년 개정된 일본 민법(채권법)에 관하여 서희석, “일본 민법(채권법) 개정조문 시역(試譯), 「민사법학」 제79호, 2017, 123면 이하 참조.

12) 가령 김대정, 채권총론, 2006, 67면은, 불가항력은 무과실의 한 종류에 불과한 것이므로 면책사유로서 불가항력을 규정하지 않고 있는 현행민법 하에서는 불가항력 항변을 허용하는 것은 무리한 해석론이라고 생각된다고 한다. 분명하지 않지만 민법주해[Ⅸ] 채권(2), 1995, 629면(양삼승 집필부분)(아래에서 “주해/양삼승, 629면”의 형태로 인용한다)도 같은 입장으로 보인다.

13) 곽윤직, 채권총론 신정판, 1994, 64면; 김증한/김학동, 앞의 책, 41면(다만 의용민법과 달리 규정한 것이 채무자의 책임을 완화하기 위한 취지에 기한 것인지 여부는 알 수 없다고 한다); 김형배, 앞의 책, 70면(다만 이때에도 이행지체책임의 시한적 면책만이 인정될 뿐이라고 한다); 송덕수, 채권법총론, 2013, 80면; 양창수/김재형, 앞의 책, 488면; 주석 민법 채권총칙(2) 제4판, 2013, 35면(유남석 집필부분)(아래에서 “주석/유남석, 35면”의 형태로 인용한다) 등.

14) 양창수/김재형, 앞의 책, 488면은 실제로 금전채무가 가령 임료와 같이 물건사용의 대가로서 발생한 경우에 불가항력에도 불구하고 채무자가 불이행책임을 진다는 것은 공평하지 않다고 한다.

15) 참고로 학설은 일치하여 법령에 의한 지급유예의 경우(가령 1972. 8. 2.의 경제의 안정과 성장에 관한 긴급명령)에 채무자는 지체책임을 지지 않는다고 한다.

도로 "불가항력"(不可抗力)이라는 용어를 사용하면서도(제308조, 제314조, 제336조 참조), 제397조 제2항 단서를 의용민법 제419조 제3항과 달리 규정하였다. 이러한 점들에 비추어 금전채무의 이행지체가 불가항력으로 인한 것임을 증명하면 손해배상책임을 지지 않는다고 하여야 한다.[16)]

3. 증명책임의 면제

채무불이행 일반에서 손해배상을 구하는 채권자가 손해의 발생 및 그 액을 증명하여야 하는데, 금전채무 불이행의 경우에 그 증명이 곤란하다고 하여 손해배상이 부정된다면 사회 일반의 정의관념에 반하므로 그러한 결과를 막아야 한다. 이에 더하여 금전은 일정한 과실(果實)을 발생시키는 것이 보통이므로(이른바 금전의 만능적 성격), 채권자가 손해의 발생과 손해액을 증명할 필요가 없다. 그래서 제397조 제2항 전단은 — 제1항의 추상적 손해산정을 전제로 — 금전채무의 이행지체가 있으면 이자 상당액의 손해가 있는 것으로 의제하는데, 지연이자를 청구하는 채권자는 손해의 발생 및 손해액에 대한 증명책임을 지지 않는다.

다만 손해의 발생에 대한 「주장책임」(主張責任)까지 면제되는 것은 아니다. 즉 채권자가 금전채무의 불이행을 원인으로 손해배상을 구할 때 지연이자 상당의 손해가 발생하였다는 취지의 주장은 하여야 하고, 주장조차 하지 않아서 그 손해를 청구하고 있다고 볼 수 없는 경우에도 손해배상을 인용해 줄 수는 없다.[17)]

Ⅲ. 효과에 관한 특칙: 제1항

1. 서 언

"금전채무불이행의 손해배상액은 법정이율에 의한다. 그러나 법령의 제한에 위반하지 아니한 약정이율이 있으면 그 이율에 의한다."라고 규정하는 제397조 제1항에 따라 금전채무 불이행에 따른 손해배상액은 이율에 따라 산정된다.

이 규정을 둘러싸고 논란이 많은데, 역시 규정의 취지와 관련된다. 가령 일본에서는 대체로 금전의 용도가 다양하여 금전채무 불이행에 의한 손해를 판단함이 곤란하다는 점, 금전을 받은 이는 상당한 이자를 받고 타인에게 대여할 수 있으므로 이자분을 손해로 볼 수 있다는 점 및 불가항력 면책을 인정하지 않는 것과의 균형 등을 근거로 손해배상액의 한정으로 새기는데,[18)] 이러한 이해는 이자초과손해의 배상을 부정하는 결론으로 이어지기 쉽다. 우리 학설이 대체로 제397조 제1항의 취지에 관하여 별다른 논증 없이 이자초과손해의 배상을 부정하는 입장이 우세한 것도 이와 관련된 듯하다.

---

16) 불가항력 면책을 명문으로 인정한 예로 가령 개정된 프랑스민법 제1231－1조(개정 전의 제1148조) 참조.
17) 대법원 2000. 2. 11. 선고 99다49644 판결.
18) 中田裕康, 債權總論 제3판, 2013, 185면 참조. 위 근거들 중 마지막의 것이 제397조와 무관함은 물론이다.

그런데 결론부터 미리 말하자면, 제397조 제1항은 추상적 손해산정을 인정함으로써 채권자를 우대하는 규정으로 이해하여야 한다. 즉 이자 상당액이 객관적인 최소손해로서 배상되어야 한다는 점에서 채권자를 위한 규정이며, 추상적 산정의 기준으로 법정이율과 약정이율의 관계는 단서의 법문대로 이해하여야 할 것이다. 그리고 이자를 초과하는 손해의 배상이 배제되지는 않는다. 이러한 결론을 아래에서 구체적으로 살펴보자.

2. 추상적 손해산정

(1) 제394조가 금전배상의 원칙을 취함에 따라 배상되어야 할 손해가 금전으로 산정되어야 한다. 그런데 채권자의 손해는 원칙적으로 구체적으로 산정되어야 하고, 예외적으로 추상적으로 산정될 수 있다. 여기서 구체적 손해란 개별적인 경우의 특수사정에 따라 발생하는 손해, 특히 피해자에 의하여 실제로 취하여진 조치에 따라 발생한 손해를 말한다. 가령 매도인이 상품을 인도하지 않았기 때문에 매수인이 다른 이로부터 비싼 값으로 상품을 살 수밖에 없었던 경우나 매수인의 수령거절로 매도인이 다른 이에게 헐값으로 상품을 팔 수밖에 없었던 경우에, 실제로 행하여진 대체거래의 가액과 계약가액의 차액이 구체적 손해이다. 반면 추상적 손해란 "사물의 통상적인 경과"에 따라 발생하는 손해, 즉 시장가격과 계약가격의 차액을 말하는데, 실제로 채권자가 얼마의 손해를 입었는지를 증명할 필요가 없다.

(2) 추상적 손해산정은 채권자가 구체적 손해를 증명할 수 없는 경우에 그에 갈음하는 방법으로 유용할 수 있다.[19] 그러나 보다 중요한 것은 추상적 손해산정을 통하여 채권자는 객관적인 최소손해(objektiver Mindestschaden)를 배상받을 수 있다는 점이다. 즉 채무자는 그보다 낮은 손해의 증명을 통하여 감액을 주장할 수 없는 반면,[20] 채권자는 구체적 손해의 증명을 통하여 보다 큰 손해를 배상받을 수 있다.[21] 이러한 의미에서 추상적 손해산정은 전적으로 채권자를 위한 것이다.[22]

(3) 제397조 제1항은 추상적 손해산정에 관한 규정[23]으로 이해되어야 하는데, 그 의미를 구체적으로 살펴보자.[24]

---

19) 손해증명의 어려움을 덜어주는 방법이라는 점에서 코먼로에서 원칙적인 구제수단으로서 기대이익(expectation interest)의 산정이 곤란한 경우에 신뢰이익(reliance interest)의 배상이 허용되는 것(엄동섭, 미국계약법 Ⅱ, 2012, 241면 이하 참조)과 비견될 수 있다. 참고로 독일에서 독일민법 제252조 제2문도 일반적으로 추상적 손해산정의 예로 보지만, K. Larenz, Lehrbuch des Schuldrechts Bd.1. Allgemeiner Teil, 14.Aufl., 1987, S.512; H. Lange/G. Schiemann, Handbuch des Schuldrechts 1: Schadensersatz, 2003, S.355 등은 부정적이다.

20) Anwaltkommentar/Schulte-Nölke, aaO, § 288 Rn.5; Jauernig/Vollkommer, BGB 10.Aufl., 2003, § 288 Rn.2.

21) Larenz, aaO, S.513.

22) 동지로 제철웅, 앞의 글, 195면. Lange/Schiemann, aaO, S.353도 참조.

23) 그 밖에 특허법 제128조 제5항이나 증권관련 집단소송법 제34조 제2항 및 CISG 제76조 등도 참조.

24) 제철웅, 앞의 글, 187면은 금전채무 불이행으로 인한 손해를 이자손해, 통화가치의 하락(외화채권에서 제378조에 좇아 이행지의 환금시가에 의해 국내통화로 지급할 수 있는데 그 사이에 환율이 하락한 경우 또는 인

① 우선 손해의 발생과 그 액을 증명하지 못함으로써 채권자가 아무런 보상을 받지 못하는 결과를 방지하기 위하여 이자 상당의 손해를 의제한다. 즉 금전채무가 적시에 이행되었다면 채권자는 그 금전을 다른 이에게 빌려줌으로써 이자 상당의 이익을 얻을 수 있었을 것이고, 채무자는 다른 이로부터 대차하여 이자 상당의 비용을 지출할 것이어서, 이자 상당의 손해가 정당화된다. 그래서 "채권자를 위하여" 이러한 손해를 의제[25]하는 것이다. 이러한 의미에서 금전채무의 불이행에서 이자 상당의 손해는 거래계에서 일반적으로 수용될 수 있는 최소한의 손해라 할 수 있다.[26]

② 추상적 손해산정의 기준인 이율로 제397조 제1항은 법정이율과 "법령의 제한에 위반하지 아니한 약정이율"의 둘을 들고 있다. 우선 여기서 약정이율은 뒤에서 보는 바와 같이 (준)소비대차에서의 이율로, (준)소비대차의 당사자들이 정한 「돈값」, 즉 자본사용의 대가(돈의 실질적 가치)를 의미한다고 이해하여야 한다. 그리고 법정이율은 약정이율이 없는 경우에 손해산정의 일반적·추상적 기준이지만, 이자부 소비대차에서 당사자들이 스스로 정한 「돈값」, 즉 약정이율이 보다 구체적인(덜 추상적인) 기준으로서 그들의 이해를 보다 잘 반영하므로 법정이율에 앞서 손해산정의 기준으로 되어야 한다는 것이 같은 항 단서의 의미라고 새겨야 한다. 즉 사회 일반에 적용되는 「돈값」인 법정이율에 앞서 당사자들이 정한 「돈값」인 약정이율을 기준으로 손해를 산정하는 것이다.[27] 그런데 이러한 규정태도는 제397조의 모법에 해당하는[28] 일본민법 제419조 제1항이나 뒤에서 보는 많은 입법례들과는 상당히 다른데, 지연손해에 관한 별도의 약정이 없는 경우에 당사자들이 정한 금전의 사용가치를 우선적으로 관철하려는 의도가 담긴 것으로 이해할 것이다.

③ 제397조 제1항은 임의규정이므로, 당사자들 사이에 실제로 발생한 손해액을 배상한다는 특약이 있는 경우, 지연손해금에 관한 약정이 있는 경우(제398조) 또는 불이행 후 손해배상액에 대한 합의가 있는 경우에 당연히 그에 의한다. 그 밖에 법률에 특별한 규정이 있는 경우(예: 제685조, 제705조, 소송촉진법 제3조 등)에도 그에 의한다.

④ 결국 금전채무의 불이행에서 손해산정의 기준인 이율은 '채무불이행을 고려한 지연손해금률 → 당사자들이 정한 「돈값」으로서 약정이율(법정이율보다 낮더라도) → 일반적 「돈값」인 법정이율'의 순으로 적용된다고 할 것이다.

플레이션으로 인한 통화가치의 하락), 그 밖의 확대손해의 세 형태를 든다. 그런데 이 중 제397조에 포섭될 수 있는 것은 이자손해만이다. 통화가치의 하락은 명목설에 따라 원칙적으로(즉 사정변경의 원칙이 적용될 수 있는 예외적인 경우를 제외하고) 채권자가 부담하여야 할 몫이고(제철웅, 앞의 글, 206면은 다소 다른 입장으로 보인다), 확대손해는 추상적 손해산정의 범주를 벗어나 제393조와 관련된다(대법원 1991. 10. 11. 선고 91다25369 판결; 대법원 1980. 5. 13. 선고 80다130 판결 등 참조).

25) 또는 "반증불가능하게 추정": 제철웅, 앞의 글, 195면, 198~199면.

26) 최수정, 앞의 글(주 5), 207면.

27) 이러한 관계는 제106조와 관련하여 일반적·추상적 기준으로서 임의규정에 앞서 보다 구체적인 기준으로서 사실인 관습에 의하도록 한 것과 맥을 같이한다고 할 수 있다.

28) 민의원 법제사법위원회 민법안심의소위원회, 민법안심의록(상), 1957, 237면 참조.

3. 법정이율에 관하여

⑴ 제379조는 민사법정이율로 연 5푼을, 상법 제54조는 상사법정이율로 연 6푼을 규정한다.

⑵ 종래 법정이율이 실세이율(시장금리)보다 낮아서 채권자를 두텁게 보호하려는 의의를 상실하였다는 비판이 일반적이었고,[29] 그래서 남상소 등에 의한 소송의 지연을 피하기 위하여 소송촉진법 제3조 제1항이 "금전채무의 전부 또는 일부의 이행을 명하는 판결(심판을 포함한다. 이하 같다)을 선고할 경우, 금전채무 불이행으로 인한 손해배상액 산정의 기준이 되는 법정이율은 그 금전채무의 이행을 구하는 소장(訴狀) 또는 이에 준하는 서면(書面)이 채무자에게 송달된 날의 다음 날부터는 연 100분의 40 이내의 범위에서 「은행법」에 따른 은행이 적용하는 연체금리 등 경제 여건을 고려하여 대통령령으로 정하는 이율에 따른다."고 규정하는데,[30] 소송촉진 등에 관한 특례법 제3조 제1항 본문의 법정이율에 관한 규정에 따른 현재의 이율은 연 15%이다.

그런데 실세이율이 낮아진 현재의 상황 하에서는 오히려 법정이율이 너무 높다는 비판을 받을 수 있다.

⑶ 약정이율이 없는 경우에 법정이율에 따라 지연손해가 산정되는데, 경제상황과 동떨어진, 따라서 적어도 어느 일방에게는 수용할 수 없는/부당한 결과는 법에 대한 사회 일반의 신뢰를 저하시킬 수 있다. 이러한 점을 고려하여 외국의 입법례들[31]과 같이 변동이율제의 도입을 고려할 필요가 있다.

그런데 변동이율을 규정하는 방식으로 일정한 기본이율을 정하고 시장상황에 따라 이를 보정하는 방법과 금융시장의 금리(가령 한국은행의 기준금리)에 일정한 비율을 가산한 이율로 하는 방법을 생각할 수 있는데, 내용에 있어서 실질적인 차이는 없다. 한편 제397조에서 손해액 산정기준으로서 법정이율만 변동이율을 정하는 것과 아예 제379조의 법정이율 자체를 변동이율로 하는 것의 두 가지를 고려할 수 있다. 개인적으로는 「돈값」을 제대로 반영하기 위하여 제379조에서 법정이율 자체에 관하여 일정한 기본이율을 전제로 보정가능성을 부여하고, 제397조에서는 지체에 따른 제재적 성질을 고려하여 법정이율에 일정비율을 가산하는 방법이 적당할 것으로 보인다. 가령 제379조에서 기본이율을 연 3%로 정하고 이에 1년 단위로 당해 연도 연초의 한국은행 기준금리의 전부 또는 일정비율을 가산하는 방법으로 민사법정이율을 정하고, 제397조에서는 그렇게 정하여진 법정이율에 2%포인트 정도를 가산하는 방식이 합리적이지 않을까 생각된다.

29) 채무자에게 채무이행을 주저할 동기를 제공한다는 제철웅, 앞의 글, 187~188면도 참조.

30) 그 합헌성에 관하여 헌재 2000. 3. 30. 97헌바49 참조.

31) 이에 관하여 최수정, 앞의 글(주 5), 208면 이하 참조. 2017년 개정된 일본민법 제404조가 민사법정이율과 상사법정이율을 통합하여 변동이율을 채택하였음에 관하여 서희석, 앞의 글(주 11), 144면 참조.

4. 약정이율에 관하여 1: 약정이율의 의미

(1) 제397조 제1항 단서의 약정이율이란 원본에 대하여 이자를 지급하기로 하는 약정이 있는 경우에 그 이율을 말한다.[32] 반면 금전채무의 불이행에 대비한 위약금을 이율로 정한 경우에 이는 손해배상액의 예정으로 위의 약정이율에 해당하지 않는다. 즉 약정이자만 정하고 지연이자에 대해서는 정함이 없는 경우에 법정이율보다 당사자들이 합의한 「돈값」에 따라 지연손해를 산정하도록 한 것이 제397조 제1항 단서의 의미라고 이해하여야 한다.

그런데 약정이율이 법률의 제한을 넘는 경우에, 지연이자가 법정이율로 낮아지는 것이 아니라 제한최고이율의 한도에서 인정된다.[33] 그리고 제397조 제1항 단서의 약정이율은 (준)소비대차에 한정되는 것으로, 그 밖의 채무와 관련하여 이율의 약정이 있으면 이는 당연히 지연손해금률을 정한 것으로 위약금약정에 해당한다.

(2) 이러한 일반적 이해와 달리 제397조 제1항 단서의 약정이자가 이행지체로 인한 손해에 관한 약정이율, 즉 지연손해금률이라는 입장도 있는데,[34] 지연손해금률에 대한 합의가 없는 경우에 단순히 변제기까지의 이율에 대한 합의가 있다는 사실만으로 당연히 이를 기준으로 지연배상액을 산정해서는 안 될 것이라는 점[35]과 함께 이를 약정이율로 본다면 이율이 지나치게 높은 경우에 제398조 제2항의 적용을 받지 않는 불합리가 생긴다는 점[36] 등의 근거를 든다.[37]

그러나 약정이자율을 기준으로 손해를 산정하는 것은 당사자들이 합의한 「돈값」의 연장효로 이해되어야 한다.[38] 대법원 1981. 9. 8. 선고 80다2649 판결도 "소비대차에 있어 그 변제기 후의 이자약정(엄밀한 의미로는 지연손해)이 없는 경우에는 특별한 의사표시가 없는 한 그 변제기가 지난 후에도 당초의 약정이자를 지급하기로 한 것으로 보는 것이 대차관계에 있어서의 당사자의 의사라고 할 것"이라고 하였다.

한편 약정이율이 지나치게 높더라도 법령(가령 이자제한법이나 대부업법)을 위반하지 않는 한 당사자들의 자율을 존중하여야 한다. 대차기간 중에 유효하던 이자율이 제재의 성격이 추가된

---

32) 박동진, 계약법강의, 2016. 314면; 양창수/김재형, 앞의 책, 489면; 김미리, 앞의 글, 603면 등.

33) 대법원 1971. 3. 23. 선고 70다2950 판결 참조.

34) 최수정, 앞의 글(주 5), 200면; 주석/유남석, 36면. 분명하지 않지만 주해/양삼승, 630면도 같은 입장으로 보인다.

35) 가령 최수정, 앞의 글(주 5), 200~201면은 법정이율보다 훨씬 높은 이율만을 정한 후에 시장에서의 이율이 급락한 상황을 예로 드는데, 이러한 상황은 대차기간 중에도 발생할 수 있다.

36) 최수정, 앞의 글(주 5), 205면.

37) 참고로 주석/유남석, 36면은 제397조 제1항의 약정이율이 지연손해금률을 의미한다고 하면서도 앞의 70다2950 판결을 인용하는데, 위약금에는 제한최고이율이 적용되지 않는다.

38) 최수정, 앞의 글(주 5), 201면도 약정이율이 법정이율보다 높은 경우에 변제기까지의 이율을 변제기 이후에도 적용하고자 하는 것이 이 경우 당사자의 합리적인 의사라고 한다. 다면 약정이율이 법정이율보다 낮은 경우에는 "이를 변제기 이후에도 여전히 적용하려는 당사자의 의사를 추단할 수 없는 한" 제397조 제1항 본문에 의해 법정이율을 기준으로 하여야 한다고 한다.

지연손해의 산정기준으로 되지 못할 이유가 없다. 따라서 제398조 제2항이 적용되지 않는다고 하여 문제될 것이 없다.

5. 약정이율에 관하여 2: 법정이율과의 관계

(1) 제397조 제1항은 이자 상당의 손해를 최소손해로 보장해주는 추상적 손해산정을 규정하는데, 손해산정의 기준으로 되는 이율로 법정이율과 약정이율의 2가지가 있다. 그런데 "다만, 약정이율이 법정이율을 초과하는 때에는 약정이율에 의한다."고 규정하는 의용민법 제419조 제1항 단서와 달리 제397조 제1항 단서는 "그러나 법령의 제한에 위반하지 아니한 약정이율이 있으면 그 이율에 의한다."라고 한다. 이러한 태도는 약정이율이 법정이율보다 높은 경우에만 약정이율에 의하도록 하는 대개의 입법례[39]와 분명 구별된다.

왜 이렇게 바뀌었는지에 관한 명확한 자료가 없지만,[40] 어떻든 이러한 규정의 명백한 차이가 법률의 해석에서 무시되어서는 안 된다. 즉 해석은 "법문의 가능한 의미" 안에서 이루어져야 하고, 모든 해석의 출발점은 문리해석(Wortinterpretation), 즉 법률의 규정이 가지는 사전적 의미의 탐구에 있기 때문이다.[41] 한편 제397조 제1항 단서는 약정이율의 연장효에서 그 근거를 찾을 수 있다.[42] 즉 이 조항은 「돈값」, 즉 돈의 사용가치에 대한 당사자들의 합의를 존중하여 지연손해에 대해서도 그러한 의사가 유지된다고 의제하는 규정으로, 약정이율이 법정이율보다 낮은 경우에도 다르지 않다고 할 것이다. 따라서 법정이율보다 낮더라도 당사자들 스스로가 정한 덜 추상적인 기준으로 약정이율을 우선시키는 것이 사적자치에 부합한다. 물론 이행지체에 대한 제재라는 성격도 가진다는 점에서 법정이율보다 높을 것을 요구할 수도 있지만, 법정이율보다 낮은 지연손해금률의 유효성이 전혀 문제되지 않는다는 점과의 균형을 고려할 필요가 있다.

이렇게 본다면 법정이율에 기한 추상적 손해산정을 전제로 보다 덜 추상적인 기준으로서 약정이율을 ① 의용민법 제419조 제1항 단서는 편방향으로 확장하는 반면,[43] ② 제397조 제1항 단서는 양방향으로 확장하는 것으로 보아야 한다. 한편 추상적 손해산정의 기준으로 약정이율을 규정하지 않았다면[44] "추상적 손해산정"의 취지에 따라 법정이율이 적용된다고 해석하여

---

39) 가령 의용민법 제419조, 독일민법 제288조, 스위스 채무법(OR) 제104조 등.

40) 민법원안 제388조 제1항이 그대로 제397조 제1항으로 되었는데, 의용민법 제419조 제1항과 달리 규정한 연유에 대해서는 자료가 없다. 가령 민사법연구회, 민법안 의견서, 1957에도 이에 관한 사항이 없다. 명순구, 실록 대한민국 민법 3, 2010, 60~62면도 참조. 참고로 만주국 민법 제383조는 대체로 제397조와 유사하지만, 제1항 단서는 의용민법 제419조 제1항 단서와 같다.

41) 법률의 해석에 관하여 우선 이호정, 법학개론(한국방송통신대학), 1983, 46~50면; 한양대학교 법학연구소 편, 법학일반론, 2002, 139~142면(김영환 집필부분) 참조.

42) 앞의 80다2649 판결 참조.

43) 연 5%의 지연손해를 배상하여야 한다고 하면서, "계약상의 이자가 그보다 낮더라도"(selbst wenn die vertragsmässigen Zinse weniger betragen) 적용된다는 OR 제104조 제1항도 참조.

44) 오스트리아 일반민법전(ABGB) 제1333조 참조.

야 할 것이다. 지체가 채무자의 지위를 더 유리하게 해서는 안 되기 때문이다.

(2) 이에 관한 판례를 보자.

① 대법원 1995. 10. 12. 선고 95다26797 판결은 "금전채무의 불이행으로 인한 손해배상액은 달리 특별한 사정이 없는 한 민법 소정의 법정이율인 연 5푼의 비율에 의한 금원이라 할 것이고, 다만 그와 다른 이자율의 약정이 있거나 지연손해금률의 약정이 있는 경우에 한하여 그 별도의 약정에 따른 손해배상액을 인정할 수 있다 할 것인데, 이와 같이 별도의 약정이 있음을 이유로 하여 법정이율보다도 낮은 비율에 의한 지연손해금을 인정하기 위하여는 법정이율보다 낮은 이자율 또는 지연손해금률의 약정이 있다는 점에 관하여 당사자 사이에 다툼이 없거나 증거에 의하여 적극적으로 인정되는 사정이 존재하여야 할 것이고, 피고가 법정이자율보다 낮은 비율에 의한 이자율 또는 지연손해금률의 약정이 있음을 자인한다 하여 그에 따른 금원의 지급을 명할 수는 없다."(하선은 필자)고 하여 법정이율보다 낮은 약정이율이 있는 경우에도 약정이율에 따라 손해가 산정된다는 입장인 반면, 대법원 2009. 12. 24. 선고 2009다85342 판결은 "민법 제397조 제1항은 본문에서 금전채무불이행의 손해배상액을 법정이율에 의할 것을 규정하고 그 단서에서 "그러나 법령의 제한에 위반하지 아니한 약정이율이 있으면 그 이율에 의한다"고 정한다. 이 단서규정은 약정이율이 법정이율 이상인 경우에만 적용되고, 약정이율이 법정이율보다 낮은 경우에는 그 본문으로 돌아가 법정이율에 의하여 지연손해금을 정할 것이다."(하선은 필자)라고 하여[45] 다른 입장이다.

② 앞에서 본 입장을 전제로 2009다85342 판결이 들고 있는 근거들을 살펴보자.[46]

첫째, "금전채무에 관하여 아예 이자약정이 없어서 이자청구를 전혀 할 수 없는 경우에도 채무자의 이행지체로 인한 지연손해금은 법정이율에 의하여 청구할 수 있으므로, 이자를 조금이라도 청구할 수 있었던 경우에는 더욱이나 법정이율에 의한 지연손해금을 청구할 수 있다고 하여야 할 것"이라고 한다. 이 근거와 관련하여 이자의 약정이 없는 경우의 이익상황을 살펴보자. 먼저 법정채권관계에서 법정요건이 충족되어야 비로소 채권이 발생하고, 채권이 발생하면 최고를 통하여 지연손해를 배상받을 수 있다는 점[47]에서 비교대상으로 적절하지 않다. 그리고 유상·쌍무계약에서는 반대급부/채무와의 견련성 때문에 실질적으로 채권자에게 이자 상당의 이익이 보장된다고 할 수 있음을 제587조가 보여준다. 즉 이러한 경우에 채권자가 아무런 이익이 없다가 갑자기 법정이자 상당의 지연손해를 구할 수 있게 되는 것은 아니고, 자기 채무의 이행을 거절할 수 있음에 따른 이익을 누리다가 그것이 법정이자 상당의 손해배상으로 바뀔 뿐이

45) 대법원 2013. 4. 26. 선고 2011다50509 판결도 같은 입장이다.

46) 학설은 대체로 이 판결의 입장을 수긍한다. 가령 박동진, 앞의 책, 314면; 송덕수, 앞의 책, 82면(81면은 별다른 설명 없이 현재의 판례는 2009다85342 판결이라고 한다). 제철웅, 앞의 글, 205면도 참조.

47) 특히 불법행위의 경우에는 최고도 요하지 않는다는 것이 대법원 1993. 3. 9. 선고 92다48413 판결 등 확고한 판례의 입장이다(위자료청구권에 대하여 예외가 인정됨에 관하여 대법원 2011. 7. 21. 선고 2011재다199 전원합의체 판결 참조).

다. 한편 무이자소비대차와 같은 무상·편무계약에서는 이자청구를 전혀 할 수 없다가 갑자기 법정이자 상당의 지연손해를 배상받을 수 있게 되지만, 이 경우에 채권자는 채무자에게 호의를 베풀었는데 채무자가 이행지체라는 배신행위를 함에 따라 호의를 거두어들인 것으로 보아야 한다. 그리고 이러한 경우들에서 당사자들 사이에 「돈값」에 대한 정함이 없으므로 일반적인 「돈값」으로서 법정이율이 적용되어야 한다. 반면 이자부 (준)소비대차에 기한 채권의 경우에 당사자들 사이에 「돈값」(금전의 이용가치)에 대한 정함이 있으므로 그 연장효로 약정이율이 적용된다고 하여야 한다. 물론 지체에 빠지면 당사자들 사이의 이해관계가 변할 수 있지만, 그렇다고 하여 당사자들 사이의 상대적 관계에서 「돈값」 자체가 바뀌지는 않는다고 보아야 한다. 한편 뒤에서 보는 바와 같이 이자초과손해의 배상이 허용되어야 하므로, 약정이율에 따라 손해를 추상적으로 산정하더라도 채권자는 실제로 발생한 손해를 증명하여 그 배상을 구할 수 있어서 실제로 문제될 여지도 거의 없다.

둘째, "금전채무불이행으로 인한 손해배상문제를 균일하게 처리하기 위하여 추상적인 손해로서 법정이율로 산정한 액을 기준으로 하는 민법 제397조 제1항 본문을 마련하였다고 할 것인데, 그러한 균일처리의 필요는 이율을 법정이율보다 낮게 약정한 경우에도 이자가 아니라 손해배상이 문제되는 한 마찬가지로 시인되어야 하는 것"이라고 한다. 그런데 앞에서 본 바와 같이 제1항 단서 역시 추상적 손해산정의 일종이되, 보다 가까운/밀접한 기준을 제시한 것으로 보아야 한다. 즉 일반적·추상적 기준으로서 법정이율 그리고 덜 추상적인[48] 약정이율이라는 추상적 기준의 이원화로 이해될 수 있고, 그렇다면 법정이율보다 낮은 약정이율을 적용한다 하여 균일처리가 부정되지는 않는다.

셋째, "민법 제397조 제1항 단서에서 약정이율이 있으면 이에 좇도록 한 것은 약정이율이 법정이율보다 높은 경우에 법정이율에 의한 지연손해금만으로 족하다고 하면 채권자로서는 위에서 본 대로 원칙적으로는 허용되었을 터인 보다 많은 손해의 주장이 봉쇄됨으로써 채무자가 이행지체로 오히려 이익을 얻게 되어 불합리하다는 점을 고려한 것으로서, 약정이율이 법정이율보다 낮은 경우에는 그러한 불합리가 운위될 소지가 없다."고 한다. 그런데 이 근거는 이자초과손해의 배상이 인정되지 않음을 전제로 하는데, 뒤에서 보는 바와 같이 이자초과손해의 배상을 인정한다면 이러한 불합리가 발생할 여지가 없다.

넷째, "민법 제397조에 대응하는 의용민법 제419조는 제1항 단서에서 명문으로 "약정이율이 법정이율을 넘는 때"에 한하여 약정이율에 의하도록 정하고 있었는데, 민법의 제정과정에서 그와 달리 약정이율이 법정이율보다 낮은 경우에도 위 단서규정이 적용된다는 것이 입법자의사이었다고 볼 아무런 자료가 없"다고 한다. 그런데 입법자의 의사가 분명하지 않다고 하여 명백하게 문언에 반하는(contra legem) 자의적 해석을 할 수 있는지 의문일 뿐만 아니라 입법자의 의

48) 약정이율이 금전채무 불이행에 따른 구체적인 손해를 상정한 것은 아니므로, 역시 추상적일 수밖에 없다.

사가 가지는 의미 자체에 대해서도 의문이 없지 않다. 즉 문리해석을 전제로 법률의 의미(ratio legis)를 밝히는 의미해석(Sinninterpretation)에서 법률의 의미를 밝히기 위한 보조수단 중의 하나가 입법자의 의사이지만, 그것이 유일한 보조수단은 아니고, 오히려 해석에서 중요한 것은 법률의 의미이지 입법자의 생각은 아니다.[49)]

③ 결국 2009다85342 판결의 결론은 법문에 반하는 것으로 95다26797 판결과 입장을 달리하는데, 앞으로 전원합의체를 통한 대법원의 입장정리가 있어야 할 것이다.

6. 이자초과손해에 관하여

(1) 금전채무의 불이행으로 발생한 실제의 손해가 법정이율 또는 약정이율에 따라 산정한 금액보다 작은 경우에 채무자가 감액을 주장할 수 없음에는 별다른 반대가 없다. 제397조 제1항을 추상적 손해산정을 허용하는 규정으로 이해하는 한, 채권자에게 최소손해의 전보를 보장해 주는 제도이기 때문이다.[50)]

(2) 그러면 채권자의 입장에서 실제 발생된 손해가 이자 상당액보다 큰 것을 증명하여 그 실손해의 배상을 청구할 수는 없는가?

① 학설은 대체로 부정적이다.[51)] 감액과 증액을 같은 맥락에서 이해하고, 나아가 별도의 손해배상을 인정하려고 하는 경우에 민법이 예외적으로 명문규정을 두고 있는 점(685조, 705조, 958조 등 참조) 등을 그 근거로 든다. 반면 이자초과손해의 배상을 인정하여야 한다는 주장도 유력하다.[52)]

② 이러한 견해의 대립은 다음의 두 가지와 관련된다.

첫째, 제397조 제1항이 채무자를 위하여 손해배상액을 한정한다고 이해한다면,[53)] 이자초과

---

49) 이호정, 앞의 책, 49면.

50) 참고로 손해배상액의 예정에서 실제의 손해액이 예정된 배상액보다 크거나 작더라도 채권자는 예정된 배상액을 청구할 수 있을 뿐인데(대법원 1990. 2. 13. 선고 89다카26250 판결), 특별사정으로 인한 손해의 배상도 원칙적으로 청구할 수 없다(대법원 1988. 9. 27. 선고 86다카2375 · 2376 판결; 대법원 1993. 4. 23. 선고 92다41719 판결). 배상액의 예정은 면책약정의 성질도 가지기 때문이다. 그러나 손해배상액의 예정이 전제한 채무불이행의 유형을 넘어서는 경우(가령 지연배상을 예정하였는데 이행불능으로 된 경우)에 그러한 제한이 인정될 수 없음은 당연하고, 나아가 반대의 특약이 있으면 그에 의한다. 가령 대법원 2002. 7. 12. 선고 2000다17810 판결 참조. 자세한 것은 지원림, "위약금에 관한 약간의 고찰", 「인권과 정의」 제430호, 2012, 25면 이하 참조.

51) 곽윤직, 앞의 책, 65면; 김증한/김학동, 앞의 책, 42면(그 근거를 입법자의 의사에서 찾으면서도 그러한 입법이 타당한지 의문이라고 한다); 송덕수, 앞의 책, 82면; 양창수/김재형, 앞의 책, 490면; 주석/유남석, 37면; 주해/양삼승, 633면(다만 금전채무불이행이 불법행위를 구성할 경우에는 초과손해까지도 배상받을 수 있다고 한다) 등.

52) 김형배, 앞의 책, 69면 주 3(초과손해를 특별손해(제393조 제2항)로서 증명할 수 있을 경우에는 배상청구가 가능할 것이라고 한다); 박동진, 앞의 책, 314면; 최수정, 앞의 글(주 5), 216면 이하; 김미리, 앞의 글, 604면; 제철웅, 앞의 글, 188면 이하 등.

53) 참고로 일본에서 통설과 판례는 일본민법 제419조가 손해배상액을 한정한다는 입장이다. 그 근거에 관하여 주 18의 본문부분 참조.

손해의 배상에 대하여 부정적일 수밖에 없다.[54] 그러나 앞에서 여러 번 밝힌 바와 같이 그 조항은 추상적 손해산정에 관한 것으로 손해의 증명이 없더라도 그에게 최소손해의 배상을 보장해 준다. 따라서 실제로 발생한 손해가 이자 상당액보다 작다고 하여 감액을 주장할 수 없지만, 이 조항을 들어 이자초과손해의 배상을 부정할 것은 아니다. 다만 이자초과손해는 구체적 손해산정을 통해서만 가능하고, 따라서 제397조 제2항도 작동하지 않는다고 보아야 한다. 즉 채권자가 이자초과손해의 발생 및 그 액을 증명하여야 하고, 아울러 채무자가 과책 없음을 증명하지 못하여야 한다.[55] 이 조항은 제1항의 추상적 손해산정을 전제로 하기 때문이다.

둘째, 제685조, 제705조 등을 예외에 관한 특별규정으로 본다면, 일반적인 경우에 이자초과손해의 배상이 부정되어야 한다. 그런데 위 규정들은 채무자에 대한 제재와 채권자 보호의 필요성이 특히 문제되는 전형적인 계약에서 초과손해의 배상을 정한 것일 뿐으로, 이를 유사한 이익상황에 처한 채권자가 손해배상 일반원칙에 따라 배상청구를 하는 것을 배척하는 의미로 해석해야 할 이유는 없을 것이다.[56]

③ 앞에서 본 바와 같이 부정설의 근거를 설득력 있는 것으로 보기 어렵다. 우선 채무자의 고의, 특히 해의(害意)가 개재되었음에도 이자 상당의 손해만으로 족하다고 한다면 사회 일반의 건전한 상식에 반하므로, 이자초과손해가 배상되어야 한다. 나아가 보다 일반적으로 추상적 손해산정은 채권자에게 객관적인 최소손해의 배상을 보장하는 것일 뿐으로,[57] 그것이 있다고 하여 구체적 손해산정을 배제하는 것은 아니고, 따라서 채권자가 이자초과손해의 발생 및 그 액을 증명하면 배상을 청구할 수 있다고 하여야 한다. 참고로 비교법적으로도 이자초과손해의 배상을 인정하는 것이 합리적으로 보인다.[58][59]

(3) 이자초과손해의 배상에 관한 판례의 입장을 보자.

① 대법원 1991. 10. 11. 선고 91다25369 판결은 "원고들은 매수인으로서 이 사건 부동산상

54) 제철웅, 앞의 글, 199면, 특히 주 61도 참조.

55) OR 제106조 제1항은 "채권자가 지연이자에 의하여 배상받는 것보다 더 큰 손해를 입은 경우에, 채무자는 그에게 과실 없음을 입증하지 못하면 이 손해도 배상하여야 한다."고 규정하는데, 이 경우 채권자가 손해 및 인과관계를 증명하여야 한다. 즉 구체적 손해증명이 필요하다. Kommentar zum Schweizerischen Obligationenrecht (hrsg. von Urs Bertshinger ua)/J. K. Kostiewicz, 2002, Art.106 Rn.2.

56) 최수정, 앞의 글(주 5), 220면. 참고로 제철웅, 앞의 글, 201~202면은 공동사업을 경영할 계약을 한 이가 금전출자의무를 위반하여 그 사업에 손해를 가져오게 한 경우와 계약 또는 법률의 규정으로 타인의 사무를 관리하여야 할 의무를 부담하는 이가 본인에게 인도하여야 할 금전을 자기를 위하여 소비한 경우로 구분하여 이 규정들이 "그" 채권자만을 우대하는 규정으로 볼 수 없다고 논증한다.

57) 독일민법 제288조의 성립에 관한 B. Mugdan, Die gesamten Materialien zum Bürgerlichen Gesetzbuchs für das deutsche Reich, Band 2, 1979, S.34 참조.

58) 독일민법 제288조 제4항 등 입법례에 관하여 최수정, 앞의 글(주 5), 214면 이하 참조. 참고로 프랑스민법 제1153조는 같은 내용의 제1231−6조로 바뀌었다.

59) 참고로 일본의 채권법 개정논의에서 이자초과손해의 배상가능성을 인정하자는 제안([3.1.1.72] <3>)이 있었으나(民法(債權法)改正檢討委員會 편, 앞의 책, 281~283면 참조), 보류되었다.

에 설정된 근저당권의 피담보채무를 변제할 정당한 이해관계가 있는 자로서 그 채무변제를 위한 공탁은 정당하고, 또 피고가 원고들로부터 이 사건 매매대금을 약정된 기일에 지급받지 못한 결과, 소외 ○○○로부터 그 소유의 대지 및 건물을 매수하고 그 잔대금을 지급하지 못하여 그 계약금 7,600,000원을 몰수당함으로써 피고가 손해를 입었다고 하더라도 이는 특별손해로서 원고들이 이를 알았거나 알 수 있었다고 볼 증거가 없으므로 원고들이 책임질 수 없"다고 하였다.

② 이 판결의 의미에 관하여, 학설은 일반적으로 실손해의 증명을 통하여 이자초과손해, 즉 추상적으로 산정된 액을 넘는 손해도 특별손해(제393조 제2항)로서 배상받을 수 있다는 입장이라고 이해한다.[60] 반면 이 판결을 근거로 우리 판례가 책임 인정설 또는 특별손해 인정설의 입장이라고 할 수는 없다는 입장도 있는데,[61] "피고가 대금을 받지 못한 결과로 손해를 입었다고 하더라도 이는 특별손해로서 원고들이 이를 알았거나 알 수 있었다고 볼 증거가 없다고 하는데, 이것만으로는 그 판결이 특별손해임을 인정하였다고 보기 어려울뿐더러 오히려 원고의 책임을 부정하기 위한 설시라는 느낌이 매우 강하게 풍긴다"고 하면서, 선례로서의 가치가 있는 판례라고 보는 것이 옳은지 의문이라고 한다. 그러나 오히려 이러한 이해가 결론을 가지고 판례를 읽은 결과가 아닌지 생각된다.

③ 그런데 이 판결은 이자초과손해를 특별손해로 보았는데, 도식적으로 제397조 제1항에 따른 이자 상당의 손해를 통상손해(제393조 제1항)로 보고 이자초과손해를 특별손해로 보는 것은 적절하지 않지만,[62] 이자초과손해는 대개 특별손해에 해당할 것이다.

Ⅳ. 나가며

지금까지 본 바와 같이 제397조는 금전채무의 불이행에 관하여 추상적 손해산정을 규정함으로써 채권자에게 이자 상당의 최소손해를 보장해 주는 규정으로 이해하여야 한다. 그리고 채무자가 무과실책임을 지지만 불가항력 항변까지 봉쇄되는 것으로 새길 것은 아니고, 이자초과손해는 추상적 손해산정의 범주를 벗어나는 것으로 구체적 손해산정의 방법에 의하여 배상범위에 포함된다고 하여야 할 것이다. 나아가 대법원 2009. 12. 24. 선고 2009다85342 판결은 약정이율이 법정이율을 초과하는 경우에만 제397조 제1항 단서가 적용된다고 하지만, 약정이율이 법정이율보다 낮은 경우에도 법문 그대로 약정이율에 따라 지연손해가 산정되어야 할 것이다. 주어진 법률규정의 사전적 의미를 전제로 법문의 가능한 의미 안에서 의미를 부여하는 것이 해석의 기본이기 때문이다.

---

60) 박동진, 앞의 책, 314면; 최수정, 앞의 글(주 5), 213면; 김미리, 앞의 글, 606~607면(대법원 2001. 7. 13. 선고 2001다22833 판결도 초과손해의 배상가능성을 긍정한 예로 든다) 등.

61) 송덕수, 앞의 책, 82면.

62) 제철웅, 앞의 글, 204면.

손해배상법에 대한 몇 가지 단상(斷想)
: 위법행위의 억제적, 예방적 기능이라는 관점에서

김 상 중*

Ⅰ. 들어가며
Ⅱ. 위법행위의 억제적 관점에 따른 규범적 손해의 인정
Ⅲ. 가해자의 유책성 정도 등에 따른 배상책임
Ⅳ. 과잉배상 금지의 법리와 실 손해 전보 이상의 배상책임
Ⅴ. 맺으며

Ⅰ. 들어가며

최근 가습기 살균제 사건을 계기로 하여 일정한 불법행위 유형에서 피해자의 손해 전보를 넘어서 가해행위를 억제 또는 제재하기 위한 손해배상책임의 기능이 강조되고 있다.[1] 이에 대하여는 지지하는 입장도 있지만[2] 반대하는 시각도 제시되고 있는바,[3] 그 찬반 논거의 이론적 핵심은 무엇보다 손해배상책임의 기능이 무엇인가에 달려 있다고 하겠다. 즉, 전자의 지지 입장이 손해배상책임의 억제적·예방적 기능을 강조하고 있다면, 후자의 반대 입장은 손해배상책임의 전보적 기능을 보다 강조하고 있다. 이와 관련해 손해배상책임의 기능에 관한 민법학계의 시

---

* 고려대학교 법과대학·법학전문대학원 교수, 법학박사

1) 2016. 10. 20. 사법연수원이 주최한「사법발전을 위한 법관세미나(민사)」에서 마련된「불법행위 유형별 적정한 위자료 산정방안」 최종안 참고. 이 산정방안의 작성은 종래 우리 나라의 위자료 인정액이 지나치게 낮다는 지적에 따라 지난 2016. 7. 20.「전국민사법관 포럼」에서「불법행위 유형에 따른 적정한 위자료 산정방안」 초안이 마련된 후 이를 위 세미나에서 최종안으로 작성하였고, 그 후 2017. 2. 3. 서울중앙지방법원 교통·산재 실무연구회가 위 최종안에 기초하여 교통사고 위자료 기준을 상향 조정하는 안을 발표하였다.

2) 가령 김현, 징벌적 손해배상, 입법이 필요하다. 인터넷법률신문 법조광장, 2016. 9. 12.자 기고문.

3) 예를 들어 채근직, 쏟아져 나오는 징벌적 손해배상법안들의 문제점, 인터넷법률신문 법률정조 연구논단 2016. 12. 22.자 기고문. 다만 이 기고문은 손해배상책임에 의한 가해행위의 억제적 기능 전반에 대한 비판이 아니라 가습기 살균제 사건에 따른 특별법안의 소급입법적 성격에 초점을 맞추고 있다.

각이 주목되는데,[4] 주지하듯이 민법학계의 전통적 입장에 따르면 손해배상책임은 피해자의 손해전보를 목적으로 할 뿐 위법행위의 억제·예방적 기능의 경우에는 손해전보를 통한 부산물 정도로 취급하면서[5] 피해자의 실 손해를 벗어나는 배상책임을 인정하는 데에는 소극적이라고 할 수 있다. 이 글은 최근 손해배상책임의 억제적 기능이 강조되는 상황에서 위와 같은 민법학계의 전통적 입장이 이미 우리의 현행 법 상황을 설명하는 데에도 충분하지 못함을 살펴보는 가운데, 우리나라의 최근 논의 및 비교법적으로도 널리 확인되는 손해배상책임의 억제적·예방적 기능을 긍정하는 입장을 피력하고자 한다.

이러한 논의의 구체적 전개를 위하여 우선 손해배상책임에 관한 전통적 입장에 따른 핵심적 법리를 간추린다면 다음과 같다고 하겠다. 손해배상책임은 전통적 시각에 의하면 ① 피해자에게 발생한 손해의 전보를 목적으로 하며(손해의 전보), ② 이때 손해의 전보는 피해자가 가해행위를 겪지 않았더라면 있었을 가정적 재산상태의 회복을 내용으로 한다는 점에서 형벌의 경우와는 달리 가해자의 고의·과실의 비난가능성 정도에 따른 구별을 하지 않으며(고의·과실의 차등 포기),[6] ③ 손해의 전보를 목적으로 할 뿐 배상책임에 의하여 피해자가 실 손해의 배상을 넘어서는 재산적 이익을 향유하도록 해서도 안 된다(부당이득 금지)는 법리[7]에 입각하고 있다.[8] 그런데 이러한 법리의 이해에서는 무엇보다 손해의 개념이 그 출발점에 있는 관계로, 아래에서는 손해배상책임에 관한 전통적 입장이 바탕으로 하고 있는 ① 차액설에 의한 손해의 파악(아래 Ⅱ), ② 가해자의 고의·과실에 따른 차등 포기의 법리(아래 Ⅲ), 그리고 ③ 실 손해 전보와 과잉배상 금지의 법리(아래 Ⅳ)에 대하여 간략히 소개하면서 이들 법리만으로는 우리의 손해배상 현황과 비교법적 경험이 제대로 설명될 수 없고, 이들 경우에 바로 손해배상책임의 억제적·예방적 관점이 두드러지게 나타나고 있음을 확인해 보고자 한다. 짧은 생각에 불과한 이 글이 올해 정년이 되시는 은사 하경효 선생님께 감사의 표시와 더불어 학문적 관심거리가 되기를 바라면서, 우선 차액설에 따른 손해의 파악 및 규범적 입장에 따른 보완을 설명해 보도록 하겠다.

---

4) 윤남근, 징벌적 손해배상 논의에 부쳐, 인터넷법률신문 법조광장, 2015. 5. 18.자 기고문(하도급공정화법 등의 배액배상책임이 영미법 국가의 징벌적 손해배상책임에 근접해 있음을 우려하면서 민법적 논의가 강조되어야 한다는 시각).

5) 무엇보다 민법주해 [XVIII] 채권(11), 31면(김성태 교수 집필); 아마도 주석민법 채권각칙 (6), 54, 64면(박동진 교수 집필. 다만 손해의 공평·타당한 분담을 강조하면서도 “손해예방적 기능을 손해배상제도의 독자적이면서 보편적인 기능으로 파악하는 것은 바람직하지 않다”는 지적); 독일의 전통적 입장도 마찬가지로 MünchKomm/Oetker § 249 Rn. 8; Staudinger/Schiemann vor §§ 249 Rn. 3.

6) 원칙적으로는 민법주해 [XVIII] 채권 (11), 183면(이상훈 판사 집필); 주석민법 채권각칙 (6), 157면(이연갑 교수 집필).

7) 손익상계에 대한 이 같은 근거의 제시로서 민법주해 [IX] 채권(2), 580면(지원림 교수 집필).

8) 독일 문헌의 이러한 분석으로는 Dreier, Kompensation und Prävention, 2002, 28~29면; 마찬가지로 Wagner, Neue Perspektiven im Schadensersatzrecht, Gutachten A für den 66. Deutschen Juristentag, 2006, A 72.

Ⅱ. 위법행위의 억제적 관점에 따른 규범적 손해의 인정

1. 차액설에 의한 손해의 파악

우리 민법은 독일 민법과 마찬가지로 손해의 개념에 관한 정의규정을 두고 있지 않으며 이를 학설과 판례에 맡기고 있다. 그런데 우리의 학설과 판례에 의하면 '손해란 위법행위가 없었더라면 존재하였을 재산상태와 그 위법행위가 가해진 현재의 재산상태의 차이'라고 파악하고 있다.[9] 이러한 손해의 개념파악은 주지하듯이 독일민법 제정 당시 몸센의 차액설(Differenztheorie)에 연원하는 바로서[10] 현재 독일에서도 다수 입장으로 여겨지고 있다.[11]

위와 같은 차액설의 접근은 손해의 파악이 피해자의 현재 상태와 가해행위가 없었더라면 있었을 가정적 상태의 비교에 의해서만 가능하다는 점에서 불가피하고 원칙적으로 타당한 방법으로 평가되고 있다.[12] 또한 차액설은 침해된 개별적 권리나 법익의 주관적 또는 객관적 가치가 아니라 침해행위가 피해자의 재산 전체에 미친 영향을 고려하기 때문에 침해행위로 인한 직접적 손해 이외에 후속손해에 대한 배상책임도 자연스럽게 설명할 수 있는 이론적 장점을 갖는다고 한다.[13] 더 나아가 차액설에 따르면 손해배상이란 피해자의 현재 재산상태와 가해행위가 없었더라면 있었을 가정적 재산상태의 차액, 다시 말해 계산상의 문제라고 여김으로써, 피해자의 손해전보, 완전배상 및 과잉배상 금지의 법리로 이어지는 한편[14] 당사자의 지위, 가해행위의 비난가능성 등과 같은 가치형량에서 벗어나 가치중립적으로 이루어지게 되어 법적 안정성의 도모에 기여한다고 한다.[15]

2. 규범적 평가에 의한 보완적 이해

차액설의 위와 같은 특징, 즉 전 재산상태의 계산적 비교에 따른 손해의 파악이라는 특징에 따라 민사책임의 성립 여부에 대한 판단에서와 달리 보호법익의 침해가 아니라 그로 인한 재산적 차이로 시야를 돌리도록 하고 있다. 이런 점에서 차액설은 가령 오스트리아 민법 제

9) 가령 대법원 1992. 6. 23. 선고 91다33070 전원합의체 판결; 주석민법 채권각칙 (6), 236면(이연갑 교수 집필).

10) 민법주해 [Ⅸ] 채권(2), 466면(지원림 교수 집필).

11) MünchKomm/Oetker § 249 Rn. 19.

12) 차액설에 대한 비판에도 불구하고 이런 입장으로 Wagner, Neue Perspektiven im Schadensersatzrecht, Gutachten A für den 66. Deutschen Juristentag, 2006, A 13.

13) 국내 문헌의 소개로는 주석민법 채권각칙 (6), 236면(이연갑 교수 집필); Lange/Schiemann, Schadensersatz, 3.Aufl., 2003, 27~28면.

14) Dreier, Kompensation und Prävention, 2002, 28~29면; 마찬가지로 일본 문헌을 인용한 채 유사한 사고의 반영으로 주석민법 채권각칙 (6), 237면(이연갑 교수 집필)("차액설은 피해자의 재산상태의 변동을 남김없이 파악하는 것을 가능하게 한다").

15) Lange/Schiemann, Schadensersatz, 3.Aufl., 2003, 10면("ideologiefrei"); 동일한 취지에서 주석민법 채권각칙 (6), 55면(박동진 교수 집필)("탈이데올로기화").

1293조 1문이 "어떤 사람의 재산, 권리 또는 인격에 가해진 모든 불이익"으로, 유럽불법행위법원칙(PETL) 제2:101조가 "법적으로 보호되는 이익의 물질적 또는 비물질적 손실"이라고 손해를 개념 정의하면서 법익에 가해진 불이익 자체에서 파악하는 태도와 구별되고 있다.[16] 또한 차액설은 손해배상이 단순한 계산적 문제라고 파악함으로써 가해행위로 인한 피해 상태가 피해자에게 손해로서 배상되어야 할 것인지 여부에 대한 아무런 평가기준을 제시해 주지 못한다는 비판을 받아 오고 있다. 이러한 비판은 독일이나 우리나라에서 모두 널리 받아들여져,[17] 이른바 규범적 평가에 따른 손해 여부의 파악이라는 방법에 의하여 차액설은 보완, 수정되고 있다. 가령 이미 오래된 논의의 예로서, 인신상해로 인한 일실이익 배상의 경우 상해에 따른 피해자의 현실적 수입 감소가 없더라도 노동능력 상실비율에 따른 손해배상을 인정한다거나[18] 무직자나 전업주부와 같이 사고 당시 직업적 활동을 하지 않음으로써 일실이익의 현실적 손해가 없는 경우에도 일반일용노임 상당의 이익을 의제하여 배상액을 산정하는 경우[19]를 들 수 있겠다. 또한 생명침해의 경우 조의 등의 위로금이 공제되지 않으며 또한 여러 사회보장적 급여가 배상액 산정에서 고려되지 않는 경우[20] 역시 이와 마찬가지라고 여겨진다.

더 나아가 저작권, 특허권 등의 지적재산권의 무단이용에 따른 손해배상책임 역시 차액설에 대한 규범적 평가에 따른 수정·보완의 중요한 영역으로 언급할 수 있겠다. 지적재산권의 무단이용에 따른 손해배상책임은 권리자가 무단이용자의 권리침해로 인해 입게 된 구체적·현실적 손해 이외에 권리자가 침해자에게 실시허락을 하였더라면 받을 수 있었을 실시료 상당액 또는 무단실시행위로 침해자가 얻게 된 이익에 따라 배상액을 산정할 수 있다(이른바 세 가지 방법에 의한 배상액 산정. 저작권법 제125조, 특허법 제128조, 상표법 제67조).[21] 물론 이 같은 세 가지 방법에 의한 배상액 산정은 지적재산권 침해에 따른 권리자의 구체적 손해를 산정하기 어렵다는 입증의 곤란을 해소하고 있는데, 가령 실시료 상당액의 손해배상은 권리자가 침해자를 포함한 제3자에게 실시허락을 하지 않았을 것이라는 주관적 실시 의도와 관계없이 인정되면서[22] 권리침해에

16) 이런 차이의 지적으로는 Wagner, Neue Perspektiven im Schadensersatzrecht, Gutachten A für den 66. Deutschen Juristentag, 2006, A 13. 더 나아가 신유철, "손해배상법의 체계에 관한 산고", 「민사재판의 제 문제」 제23권, 2015, 267면.

17) 주석민법 채권각칙 (6), 239면(이연갑 교수 집필); 독일의 견해소개로는 MünchKomm/Oetker § 249 Rn. 21−22.

18) 가령 대법원 1990. 11. 23. 선고 90다카21022 판결; 대법원 1992. 12. 22. 선고 92다31361 판결 등.

19) 가령 대법원 1987. 10. 26. 선고 87다카346 판결; 대법원 1992. 3. 10. 선고 91다27044 판결 등.

20) 가령 대법원 1971. 7. 27. 선고 71다1158 판결 등.

21) 이에 관한 상세한 소개로는 배대헌, 특허권침해와 손해배상, 1997; 박성수, 특허침해로 인한 손해배상액의 산정, 2007; 김상중, "지적재산권 침해로 인한 손해배상책임", 「재산법연구」 제31권 제3호, 2014, 249면; 독일의 경우 Dreier, Kompensation und Prävention, 2002, 81면.

22) 물론 실시료 상당액 배상규정의 법적 성격에 관하여 입증곤란의 해소를 위한 손해액 산정의 편의규정으로 파악하는 입장도 적지 않다. 그러나 이 입장에서도 침해자로 하여금 위와 같은 항변을 받아들여 권리자의 손해발생이 없었음을 주장, 증명할 기회를 부정하는 한 결과에 있어서 손해발생의 의제 또는 권리침해로 인

따른 최소한의 손해배상을 보장하고 있다.[23] 더욱이 지적재산권의 편재성(遍在性)에 따라 권리자는 침해자의 무단실시행위에도 불구하고 자신의 권리를 종전 형태로 계속하여 활용할 수 있다는 점에서 실시료 상당액 또는 침해자이익에 따른 손해배상은 피침해 권리자에게 현실적 재산 감소가 없는 경우에도 인정될 수 있다.

이 같은 권리침해 자체로 인한 손해배상책임의 인정은 무형의 재산적 권리라는 유사성에 따라 유명인의 성명, 초상 등 동일성(identity) 표지의 상업적 이용에 관한 권리인 이른바 퍼블리시티권(right of publicity)의 침해행위에서도 마찬가지라고 여겨진다. 즉, 퍼블리시티권의 침해에 따른 손해배상책임의 인정은 그 배상액을 산정함에 있어서 지적재산권 침해의 경우와 마찬가지로 퍼블리시티권 침해로 실제 입게 된 구체적 손해액 이외에 이용허락의 계약을 체결하였을 경우 지급하였을 보수 상당액에 따른 배상액 산정이 가능하며,[24] 이 경우에도 지적재산권 침해의 경우와 마찬가지로 본인의 성명, 초상 등을 무단이용 당한 권리자는 이에 대한 상업적 이용 또는 그 허락 여하에 대한 자신의 주관적 의사와 무관하게 그 같은 지위의 상업적 가치에 따라 무단이용자에 대한 이용허락의 보수 상당액 등의 배상책임을 물을 수 있다고 하겠다.[25] 또한 견해 다툼이 없지는 않지만 퍼블리시티권 침해에 있어서도 침해된 퍼블리시티권이 침해자의 영업이익에 중대한 기여를 하였다고 판단할 수 있는 한도에서는 침해자이익에 따른 배상액의 산정도 가능하다고 하겠다.[26]

3. 법익보호 내지 법익침해의 억제적 필요에 따른 손해의 인정

지금껏 서술한 바와 같이 인신상해에 따른 일실이익의 배상책임, 지적재산권 또는 퍼블리시티권의 무단이용을 이유로 한 배상책임의 경우 피해자의 현실적 재산 감소가 없더라도 권리침해 자체로 손해배상책임이 인정되고 있다. 차액설이 여전히 손해파악의 원칙적 방법이라고

한 손해의 규범적 평가의 입장과 차이를 갖지는 않는다고 이해된다. 위 본문과 같은 태도로는 아마도 정상조·박성수, 특허법 주해 Ⅱ, 241면("특허권자가 제3자와 사이에 혹은 어느 누구와도 특허실시계약을 체결한 바 없다는 사정만으로는 특허권자가 특허발명에 대하여 실시허락계약을 체결할 가능성조차 없었다고 할 수는 없다"); Dreier, Kompensation und Prävention, 2002, 21, 168면.

23) 오승종, 저작권법, 2013, 1428면; 윤선희, 특허법, 2012, 816면; 정상조·박성수, 특허법 주해 Ⅱ, 2010, 239면.

24) 퍼블리시티권이라는 독자적 재산권을 승인하여 재산적 손해의 배상을 인정한 판결례 이외에 위자료의 지급만을 인정하면서도 통상의 모델료 등을 고려하여 배상액을 산정함으로써 결국에는 동일한 결론에 이르는 하급심 판결례의 일별로는 김상중, "'퍼블리시티권'에 관한 국내 논의의 현황과 비교법적 고찰을 통한 법리적 제언", 「비교사법」 제23권 1호, 2016, 24~26면.

25) 이른바 손해의 규범화, 추상화에 따른 결론으로서 이에 관하여는 김상중, "지적재산권 침해로 인한 손해배상책임", 「재산법연구」 제31권 제3호, 2014, 269~271면.

26) 침해자의 이익반환을 인정하는 비교법적 경험에 관하여는 권태상, "미국법상의 퍼블리시티권", 「비교사법」 제23권 1호, 2016, 100면; 안병하, "독일법상의 퍼블리시티권", 「비교사법」 제23권 1호, 2016, 151면; 이에 따른 국내법의 수용 가능성에 대한 긍정적 태도로 김상중, "'퍼블리시티권'에 관한 국내 논의의 현황과 비교법적 고찰을 통한 법리적 제언", 「비교사법」 제23권 1호, 2016, 49면; 이와 달리 부정적 입장으로 한위수, "퍼블리시티권의 침해와 민사책임", 「민사재판의 제문제」 제9권, 1997, 569면.

한다면, 위와 같은 경우에는 왜 재산적 차이 여하에 관계없이 일정한 기준에 따른 배상책임이 인정되는지 해명되어야 할 것이다.[27)]

이와 관련하여 가장 많은 논의가 축적된 영역이 바로 지적재산권 침해에 따른 손해배상책임이라고 하겠는데, 지적재산권 침해행위의 경우에는 무엇보다 다음과 같은 특징, ① 피해자가 손해 여부와 손해액의 입증에서 곤란함을 겪게 된다는 점, ② 지적재산권의 편재성에 따라 침해자의 무단이용에도 불구하고 권리자가 종전의 이용상태를 유지할 수 있다는 점, 특히 ③ 지적재산권의 무단이용에 따라 침해자에게는 실시료 지출의 절약과 영업상 수익의 증가 등 재산적 이익을 향유하게 된다는 점[28)] 등에 따라 피해 권리자의 현실적 재산 감소가 없는 경우에도 '저작권·특허권 등 지적재산권의 무단이용 = (시장을 통하여 권리자에게 사용대가를 지급해야만 취득할 수 있는) 상업적 가치의 침해 = 재산적 손해의 발생'을 인정할 수 있다는 논거가 피력되고 있다. 다시 말해 가령 실시료 상당액의 최소 배상책임의 경우, 이 같은 배상책임은 지적재산권 실시허락 자체가 갖는 재산적 가치에 비추어 무단이용에 따른 그러한 기회의 침해만으로 권리자에게 실시료 상당의 손해 발생을 인정할 수 있다는 것이다.[29)] 왜냐하면 만약 이와 달리 무단침해에도 불구하고 권리자에게 현실적 재산 감소가 확인되지 않는다는 이유만으로 손해배상의 책임을 인정하지 않을 경우, 무단이용자가 타인의 지적재산권을 시장에서 정상적으로 실시허락의 계약을 맺고 이용하는 자와 비교하여 우대받게 되는 불합리한 결과가 방치되며 더 나아가 거시적으로는 법질서가 창작·발명 등을 공개하도록 하되 권리자에게 독점적 이용과 이윤창출의 기회를 보장하고 이로써 창작의욕을 높이기 위하여 승인해 준 지적재산권이라는 권리의 보장 자체가 실현될 수 없기 때문이라고 한다.[30)]

이와 같은 논거에 따라 피해자의 현실적 재산 감소에 대한 보전이기보다는 법질서가 보장한 권리와 법익의 보호·관철 내지 그 침해행위에 대한 배상책임의 부과 및 이를 통한 위법행위

---

27) 차액설의 유용성을 인정하는 가운데 규범적 손해 또는 손해의 추정 내지 의제에 따라 현실적 재산 감소가 없는 경우에도 배상책임을 인정해야만 할 경우에 그 구체적 타당성을 제시해야 한다는 지적으로 Lange/Schiemann, Schadensersatz, 3.Aufl., 2003, 39면.

28) 이러한 지적재산권 침해행위의 특징에 관하여는 김상중, "지적재산권 침해로 인한 손해배상책임", 「재산법연구」 제31권 제3호, 2014, 252~253면. 더 나아가 위에서 소개한 특징 이외에 ④ 무형적 침해와 기술발전 등으로 지적재산권 침해가 용이하면서도 침해상황에 대한 인식과 예방의 어려움, ⑤ 지적재산권 침해행위가 방치될 경우 창작·발표 등에 대한 의욕을 저하시켜 지적재산권 제도의 기반을 흔들리게 할 수 있다는 우려가 일반적 손해배상 법리에 대한 수정의 필요성으로 지적되고 있다.

29) 최근 국내의 지적재산권 학계에서 널리 주장되는 손해평가설의 입장으로서 이에 관하여는 전효숙, "특허권 침해로 인한 손해배상", 「저스티스」 제30권 1호, 1997, 17면; 정상조·박성수, 특허법 주해 Ⅱ, 240~241면; 오승종, 저작권법, 2013, 1439면; 아마도 조영선, "불사용 상표에 대한 침해와 손해배상", 「인권과 정의」, 437호, 2013, 14면; 김상중, "지적재산권 침해로 인한 손해배상책임", 「재산법연구」 제31권 제3호, 2014, 267~269면; 더 나아가 독일의 경우 Dreier, Kompensation und Prävention, 2002, 29면.

30) 김상중, "지적재산권 침해로 인한 손해배상책임", 「재산법연구」 제31권 제3호, 2014, 256, 267면; Dreier, Kompensation und Prävention, 2002, 21, 168면.

의 억제라는 취지에 비추어 손해의 인정 여부를 판단해야 할 필요가 있다는 지적은 인격권의 재산적 측면인 퍼블리시티권의 침해행위에서도 그대로 타당하다고 하겠다. 즉, 퍼블리시티권의 민사법적 보호 역시 만약 피해 권리자의 현실적 재산 감소 내지 피해자의 이용허락에 관한 주관적 의도 여하에 따라 달리 판단하는 한, 타인의 성명·초상 등을 영리 목적으로 무단이용한 자에게 부당한 이득을 그대로 향유할 수 있도록 하고 이로써 무단이용을 방치·조장하는 결과를 초래할 것이다. 이러한 억제적 필요에 따른 손해 및 배상책임의 인정은 인격권의 재산적 측면 이외에 명예훼손 등과 같은 인격권의 관념적·정신적 측면에서도 마찬가지라고 여겨지는데, 이는 위자료가 통설적 입장에 따르면 피해자의 정서적 고통에 대한 보상이라는 전보적 기능 이외에 가해자에 대한 배상책임의 인정을 통한 피해자의 만족을 도모한다는 위자적 기능에 의하여 보완, 설명되는 것에서 잘 드러나고 있다.[31] 또한 인신상해의 경우 차액설에 입각한 소득상실설 이외에 평가설의 반영인 노동능력상실의 관점에 따른 일실이익의 손해 인정과 배상액 산정이 "합리적이고 정의와 형평에 합당하다"[32]는 설명 역시 노동능력 자체에 소득의 바탕이 된다는 의미를 인정하고 이로써 다음과 같은 불합리한 결과, 즉 가해자의 법익침해가 있었음에도 불구하고 피해자의 노력 또는 개별적 사정에 따라 현실적 재산 감소가 발생하지 않았음을 이유로 배상책임이 인정되지 않는 결과를 회피하여 인신의 법적 보호를 철저히 도모할 수 있다는 취지로 이해할 수 있다.[33]

31) Wagner, Neue Perspektiven im Schadensersatzrecht, Gutachten A für den 66. Deutschen Juristentag, 2006, A 22, 23. 더 나아가 아래 Ⅲ. 3. 참고.

32) 대법원 1990. 11. 23. 선고 90다카21022 판결: 원고가 사고로 인한 부상 및 후유증으로 인하여 노동능력의 32%를 상실하였다면 원고는 그가 종사하고 있는 국가공무원으로서의 직무를 수행함에 있어 그에 상응하는 정도의 지장이 초래되었다고 인정하는 것이 우리의 경험칙에도 합치된다 할 것이므로 원고가 원심 인정의 후유장애에도 불구하고 원심 변론종결시까지 종전과 같은 직장에서 종전과 다름없는 보수를 지급받고 있다는 이유만으로 위와 같은 신체훼손으로 인한 재산상의 손해가 없다고 단정하는 것은 잘못이다. (따라서) 타인의 불법행위로 인하여 상해를 입고 노동능력의 일부를 상실한 경우에 피해자가 입은 일실이익의 산정방법에 대하여서는 일실이익의 본질을 불법행위가 없었더라면 피해자가 얻을 수 있는 소득의 상실로 보아 불법행위 당시의 소득과 불법행위 후의 향후 소득과의 차액을 산출하는 방법(소득상실설 또는 차액설)과 일실이익의 본질을 소득창출의 근거가 되는 노동능력의 상실 자체로 보고 상실된 노동능력의 가치를 사고 당시의 소득이나 추정소득에 의하여 평가하는 방법(가동능력 상실설 또는 평가설)의 대립이 있는데, 당해 사건에 현출된 구체적 사정을 기초로 하여 합리적이고 객관성 있는 기대수익액을 산정할 수 있으면 족한 것이고 반드시 어느 하나의 산정방법만을 정당한 것이라고 고집해서는 안된다고 할 것이지만 사고 전후에 있어서의 현실적인 소득의 차액이 변론과정에서 밝혀지지 않고 있는 경우에는 앞에서 본 차액설의 방법에 의하여 일실이익을 산정하는 것은 불가능하고 평가설의 방법에 의하여 산정하는 것이 합리적이고 정의와 형평에도 합당하다.

33) 이와 관련하여 Wagner, Neue Perspektiven im Schadensersatzrecht, Gutachten A für den 66. Deutschen Juristentag, 2006, A 48에서는 인신상해 피해자의 노력에 따라 일실이익의 현실적 재산 감소가 없는 경우 이러한 피해자의 노력을 통하여 침해자가 이익을 받아서는 안 된다는 사고에서 가해자의 배상책임 근거를 찾고 있다. 또한 지적재산권 침해행위에서 피해 권리자의 현실적 재산 감소가 없음에도 실시료 상당액 또는 침해자이익에 따른 배상책임을 발전시켰던 초기의 독일 판결례 역시 지적재산권 침해행위의 특징에 따른 배상책임의 필요성을 형평적 숙고(Billigkeitserwägung)로 판시해 왔다고 한다. Dreier, Kompensation und Prävention, 2002, 63면.

이상과 같이 피해자의 현실적 재산 감소 여부가 아니라 침해법익의 보호 필요 내지 침해행위의 억제적 필요에 따른 손해 여부의 파악은 근본적으로 민사적 손해배상책임이 그 내용인 피해자의 손해를 전보해 준다는 과제와 더불어 법질서에 의하여 승인된 권리와 법익의 보장 및 이를 위한 침해행위의 억제적 과제를 도모한다는 인식을 깔고 있다. 물론 후자의 억제적 기능은 (단순한 계산적 과제를 내용으로 하는) 손해배상법이 아니라 민사책임법 또는 민법 이외의 공법적 과제라는 인식이 오래전부터 내려오고는 있다. 그러나 법질서가 권리·법익을 보장하고 있는 한 그 침해에 대한 제재가 이루어져야만 효율적 권리·법익 실현이 비로소 가능하며, 이러한 과제 수행에서 손해배상법은 민사책임의 인정에 따른 법률효과를 정한다는 점에서 민사책임법의 질서형성의 과제를 함께 수행해야만 하며 그 과정에서 형사법과 행정법에 의한 규제적 기능을 보완하는 역할을 해야만 할 것이다.[34] 이런 관점에서 위법행위의 억제적 관점에 따른 배상책임의 인정은 위에서 말한 지적재산권, 인격권의 침해행위 이외에 가령 타인의 부동산을 무단이용한 경우 권리자의 현실적 재산 감소 내지 이용 계획 여하에 관계없는 손해배상책임의 인정, 최근 정보통신망 이용촉진 및 정보보호 등에 관한 법률(이하 '정보통신망법') 제32조, 제32조의2에 따른 손해배상책임의 인정에서도 중요한 근거로 기능할 수 있다고 여겨지며,[35] 더 나아가 외국의 경우 유전자 정보 등 인체 부산물에 관하여 허락한 범위를 넘는 무단사용에 따른 민사법적 손해배상책임의 인정 근거로서 논의되고 있다.[36]

Ⅲ. 가해자의 유책성 정도 등에 따른 배상책임

1. 고의·과실의 준별 포기 법리

손해배상책임은 가해자의 배상책임 자체가 인정되는 한 피해자의 재산상태의 변화에만 초점을 맞춘다고 이해되고 있다. 따라서 배상액 산정에서는 과실상계와 같은 개별적 예외현상을 제외하는 한 가해자의 고의·과실과 같은 비난가능성의 정도, 가해행위의 경위 내지 의도 등을 더 이상 고려하지 않게 된다.[37] 이러한 전통적 이해 역시 독일 민법이 그 입법과정에서 분명한 의도로 채택한 고의·과실의 준별(Gradationssystem)에 대한 포기에서 비롯한 바인데, 이 같은 포기는 다음의 두 가지 목적을 실현하기 위한 방법이었다고 한다. 먼저 독일 민법 입법 당시에는 그 이전의 경험, 즉 직접손해가 아닌 후속적 재산손해에 대하여는 가해자의 중과실이 있는 경우

34) 아래 Ⅲ. 3. 및 Ⅳ. 3. 참고.

35) 아마도 위와 다른 입장으로는 이동진, "개정 정보통신망법 제32조의2의 법정손해배상", 「서울대학교 법학」, 제55권 제4호, 2014, 382~386면. 이 논문은 개정 정보통신망법에서 도입한 법정손해배상에 대하여 손해액에 대한 증명도 경감 및 전보적 손해배상의 관점에서 설명하려고 시도하고 있음.

36) Wagner, Neue Perspektiven im Schadensersatzrecht, Gutachten A für den 66. Deutschen Juristentag, 2006, A 25.

37) 위의 Ⅰ. 각주 6에서 인용한 국내 문헌 참고.

에 비로소 인정된다는 경험으로부터 벗어나 침해행위로 인한 피해자의 전 재산상태의 비교 및 가해행위가 없었더라면 있었을 완전한 재산상태의 회복을 의도하고자 했으며 그 목적 실현에서는 고의와 과실이 구별되지 않는다는 점을 분명히 하고자 했다고 한다.[38] 또한 가해자의 비난가능성인 고의·과실의 준별을 포기함으로써 민사책임과 형사책임을 분리하고 이로써 윤리적, 형벌적 관점으로부터 손해배상책임을 벗어나게 하였고, 이로서 피해자의 재산상태 비교만으로 배상액의 결정을 가능하도록 함으로써 결과적으로 법관으로 하여금 가치판단에 따른 부담을 덜어줄 수 있게 되었다고 한다.[39]

2. 가해자의 비난가능성 정도 등에 대한 예외적 고려

독일 민법의 위와 같은 고의·과실의 준별 포기 법리는 주지하듯이 우리 민법의 이해에서도 크게 영향을 미치고 있다. 그러나 이런 법리는 비교법적으로 보았을 때에 일반적 경향이라고는 말할 수 없다. 오히려 오스트리아 민법은 여전히 위와 같은 준별 법리에 따라 손해배상의 범위를 유책성의 정도에 따르고 있다(오스트리아 민법 제1324조).[40] 또한 스위스 채무법 제43조 제1항 역시 배상범위의 산정에 있어서 유책성의 정도를 고려하도록 규정하고 있다. 더 나아가 가해자가 영리를 도모할 목적으로 불법행위를 행한 경우 이른바 'exemplary damages'라는 일종의 징벌적 손해배상을 인정하는 영국법을 언급하지 않더라도[41] 이미 프랑스의 손해배상법 역시 피해자의 유책성 정도가 문제되지 않는다고 하면서도 법관에게 인정되는 재량을 통하여 고의 또는 중과실의 경우에는 그렇지 않은 경우와 비교하여 손해배상액을 증액하고 있다고 한다.[42]

실제로 독일에서도 일정한 경우에는 배상액 산정에서 가해자의 비난가능성 또는 침해행위의 경위와 의도 등을 고려하고 있다. 무엇보다 위자료의 산정에서 피해자의 침해 정도만이 아니라 가해자의 고의 등과 같은 피해자와의 관계를 참작하는가 하면,[43] 예를 들어 포르노 업자가 미인대회에 참가한 한 무명 소녀의 사진을 무단 이용하여 방송을 제작, 방영케 한 경우 배상액 산정에서 파렴치한 영리적 이용 의도를 고려한 바 있다.[44] 더 나아가 사생활 침해, 명예훼손과

38) Motive Ⅱ S. 19 f. 더 나아가 HKK/Jansen § 249 Rn. 40-41.

39) 이 같은 분석으로는 Staudinger/Schiemann vor § 249 Rn. 24, 25(이상의 유책성 정도의 준별 포기 역시 몸센의 차액설에 따른 재산상태의 비교에 따른 완전배상의 법리에 기초해서만 가능했다는 지적).

40) Koziol, in: Magnus (Hrsg.), Unification of Tort Law: Damages, 2001, S.9.

41) 이에 관한 국내 문헌의 소개로는 김제완, "영국과 캐나다에서의 징벌적 배상 법리의 발전과정과 현황: 우리나라에서의 도입가능성 논의에 부쳐", 「인권과 정의」 제376호, 2007, 101면 이하.

42) Wagner, Neue Perspektiven im Schadensersatzrecht, Gutachten A für den 66. Deutschen Juristentag, 2006, A 25.

43) 이러한 고려는 전보적 기능과 함께 위자료의 만족적·위자적 기능으로부터 도출된다고 하는데, 이에 대해서는 MünchKomm/Oetker § 249 Rn. 10-11.

44) OLG Hamm, VersR 2005, 129; Wagner, Neue Perspektiven im Schadensersatzrecht, Gutachten A für den 66. Deutschen Juristentag, 2006, A 43.

같은 일반적 인격권 침해의 경우, 특히 우리나라에도 알려진 Caroline von Monaco 사건[45]과 같이 언론매체에 의한 인격권 침해의 경우에는 수익적 침해 의도에 따라 가중적 배상책임이 인정되고 있다.[46]

위자료 산정에서 이 같이 침해자의 비난가능성과 침해행위의 의도 등에 대한 고려는 이미 우리나라에서도 익숙한 법리로서, 가령 허위비방광고에 따른 손해배상액의 산정에서 "비방광고들로 인하여 인격과 명예, 신용 등이 훼손됨으로써 분유제조업체인 피해 회사가 입은 손해(의 경우) … 비방광고 행태 전반에서 드러나는 악의성의 정도, (…) 부정적 영향으로부터 회복함이 곤란한 점, 부정적 광고에 대하여 효율적인 구제수단인 사죄광고가 허용되지 아니하는 점, 비방광고 회사의 규모와 재산 정도 등 여러 사정을 참작하여" 배상액을 산정하여야 한다고 판시한 바 있다.[47] 특히 가해자의 유책성 정도에 따른 배상액 산정과 관련하여 최근 우리나라에서는 의미 있는 입법이 도입되고 있는데, 가령 하도급거래의 공정화에 관한 법률(이하 '하도급법') 제35조 제2항에서 일정한 의무위반에 대하여는 위반사업자로 하여금 손해의 3배 이내에서 배상책임을 지도록 하면서, 그 배상액 산정에 있어서 ① 고의 또는 손해 발생의 우려를 인식한 정도, ② 위반행위로 인하여 원사업자가 취득한 경제적 이익, ③ 원사업자의 재산상태와 피해구제 노력의 정도 등을 고려하도록 규정하고 있다. 또한 정보통신망법 제32조 제2항은 "정보통신서비스 제공자 등의 고의 또는 중대한 과실로 인하여 개인정보가 도난·유출·위조·변조 또는 훼손된 경우로서 이용자에게 손해가 발생한 때에는 법원은 그 손해액의 3배를 넘지 아니하는 범위에서 손해배상액을 정할 수 있다"고 함으로써 배상액 산정에서 위법행위자의 유책성 정도를 고려하고 있다.[48]

더 나아가 작년 10월 사법연수원은 「사법발전을 위한 법관세미나(민사)」를 개최하여 그 동안 우리나라의 위자료 인정액이 지나치게 낮다는 지적에 따라 손해발생의 제반 사정을 고려하여 이를 현실화 해야 한다는 취지에서 가해자의 비난가능성 등을 위자료산정에서 적극 고려하겠다는 취지의 「불법행위 유형별 적정한 위자료 산정방안」 최종안을 마련한 바 있다.[49]

---

45) BGHZ 128, 1. 이 사건에서는 잡지의 판매부수를 높이기 위하여 카롤리나 공주의 허위 인터뷰 기사가 게재되었던 바 잡지사의 이 같은 악의적 이윤추구 목적을 고려하여 위자료의 증액을 인정하였다. 이에 관한 국내문헌의 소개로는 안병하, "인격권 침해와 부당이득반환", 「민사법학」 제68호, 2014, 510면 각주 45(물론 부당이득법의 적극 활용을 지지하는 관점에서).

46) Lange/Schiemann, Schadensersatz, 3.Aufl., 2003, 452면.

47) 대법원 1996. 4. 12. 선고 93다40614, 40621 판결.

48) 피해자의 민사적 권리로 규정한 것은 아니지만 기간제 및 단시간근로자 보호 등에 관한 법률 제13조 2항에 따르면 노동위원회는 사용자의 차별적 처우에 명백한 고의가 인정되거나 차별적 처우가 반복되는 경우에는 차별적 처우로 인하여 기간제 근로자 또는 단시간 근로자에게 발생한 손해액을 기준으로 3배를 넘지 아니하는 범위에서 손해배상을 명령할 수 있다고 규정하고 있다.

49) 2016. 10. 20. 사법연수원이 주최한 「사법발전을 위한 법관세미나(민사)」에서 마련된 「불법행위 유형별 적정한 위자료 산정방안」 최종안 참고. 이 자료는 책자로 발간될 예정이라고 한다.

위 최종안은 ㉮ 교통사고의 위자료, ㉯ 대형재난사고의 위자료, ㉰ 영리적 불법행위의 위자료, ㉱ 명예훼손의 위자료 산정방안의 유형으로 나누어, ㉮ 교통사고의 위자료 산정방안에 따르면 ① 사고 후 도주, 음주운전 등의 경우에는 특별가중사유로서 고려하며(1억 원의 기준금액에서 2억 원의 가중금액) ② 가해자의 과실, 책임정도 및 가해행위의 동기와 피해 회복을 위한 노력 정도 등을 일반증액·감액의 사유로서 고려하도록 하고 있다. ㉯ 대형재난사고의 위자료 산정방안의 경우에는 화재, 붕괴 등에 따른 다수의 인명피해 등 중대한 결과가 발생한 재난에서는 범죄행위, 부실설계, 사고은폐 등의 경우 특별가중사유로서 고려하며, ㉰ 영리적 불법행위, 즉 사업자가 영리 추구 과정에서 불법행위를 저질러 소비자 또는 일반인에게 피해를 입힌 경우에 위자료 산정방안에도 고의 또는 중과실, 부정한 수단·방법에 의한 불법행위에 대해서는 특별가중사유로서 정하고 있으면서 양 경우 모두 가해자의 비난가능성과 개별 사정(피해회복을 위한 진지한 노력의 결여 등)을 일반증액·감액사유로서 고려하고 있다. 끝으로 ㉱ 명예훼손의 위자료 산정방안의 경우에도 ① 허위사실에 기한 행위, 악의적·모해적·영리적 목적의 행위에 대해서는 특별가중사유로서, 그리고 ② 정보수집의 불법성, 장기간의 계속적 불법행위 등 가해자의 유책성 정도와 가해행위의 동기 여하에 따라 일반증액·감액이 가능하도록 정하고 있다.

3. 위법행위의 억제적 기능과 가해자의 유책성 등에 대한 고려

(1) 가해자의 유책성 등에 따른 배상액 산정의 근거 : 위법행위의 억제적 기능

지금껏 배상액 산정에서 개별 사례 유형에 따라 가해자의 고의·중과실, 영리 추구의 가해목적 등에 따라 책임이 가중되는 현행 법 상황을 소개하였다. 전통적 입장에 따르면 민사책임이 인정되는 한 가해자의 비난가능성 여부를 더 이상 고려하지 않고 피해자의 재산상태 차이만을 고려해야 함에도 불구하고 무슨 근거로 가해자의 유책성 정도, 가해행위의 경위 등의 가해자 사정도 참작해야 하는지 해명되어야 할 것이다.

이와 관련하여 위에서 상세히 소개한 법원의 「불법행위 유형별 적정한 위자료 산정방안」 최종안에 따르면 위와 같은 ㉮ 교통사고의 경우 가해자의 음주운전, 난폭운전 등의 고의 또는 중대한 과실로 인한 경우 "피해자와 유족의 정신적 고통이 매우 크고, 가해자에 대한 비난가능성이 크며, 사고 발생에 대한 예방의 필요성도 크다"는 점, ㉯ 대형재난사고의 경우 "다수의 피해자에게 처참한 결과가 발생하고 … 그로 인한 정신적 고통이 가중되며, 그 영향이 사회적·경제적으로 중대하고 광범위할 뿐만 아니라 재발가능성에 대한 공포와 불안감, 국가·사회적 신뢰 저하를 야기하는 경우가 많아 사고 발생에 대한 예방의 크다"는 점, ㉰ 영리적 불법행위의 경우에는 "사업자가 인간 생명과 신체의 존엄을 도외시하고 사회 일반에 생활필수품 등 재화와 용역의 인체에 대한 안전성과 무해성 등에 관한 불신과 공포·불안을 야기하였으며, 사업의 규모와 사회적·경제적 영향력에 상응하는 기본적인 윤리의식과 이에 대한 일반의 기대를 저버렸고,

이와 같은 불법행위의 예방과 억제의 필요성이 강하게 요청되는" 점, 끝으로 ㉣ 명예훼손의 위자료 산정방안의 경우에는 피해자의 커다란 정신적 고통 이외에 "명예훼손으로 인하여 피해자가 손해를 입었음에도 이에 대한 배상이 충분하지 못한 경우 피해자는 더욱 심각한 정신적 고통을 겪게 된다(는 점과) 아울러 명예훼손행위가 피해자에게 미치는 영향이 중대한 점에 비추어 재발에 대한 억제와 예방의 필요성이 크다"는 점을 지적하고 있다.

이러한 상세한 설명은 위자료의 기능과 관련하여 피해자의 정신적 고통을 손해배상에 의하여 완화해 준다는 전보적 기능 이외에 가해자에 대한 제재 내지 가해행위에 대한 억제적 기능을 강조해 온 입장[50]과 일치하고 있다. 물론 이러한 위자료의 다원적 기능에 대하여 최근에 손해배상책임의 전통적 목적과 부합하지 않음을 이유로 전보적 관점에 따라 일원적으로 설명하려는 시도도 있다.[51] 그런데 이러한 시도는 그 근거로서 "가해행위의 동기, 가해자의 고의·과실의 정도, 가해행위 후의 가해자의 태도 등도 특히 감정손해의 크기에 지대한 영향을 미칠 수 있다는 사실"[52]을 지적하고 있을 때에는 종래 그저 피해자의 주관적, 심리적 요인에만 의존하여 위자료의 근거를 설명할 때에 지적되었던 비판, 다시 말해 피해자가 의식불명으로 개인적으로 고통을 느낄 수 없는 경우 또는 피해자가 재력이 상당하여 가해자의 금전지급으로는 별다른 고통 완화가 되지 않는다는 등에 대한 해명을 줄 수 없다는 지적을 생각나게 한다. 이에 최근 독일에서는 전보적 관점에 따른 위자료의 일원적 설명을 위하여 "인격 자체의 심대한 침해에 따른 객관적 정도(objektive Schwere)"[53]를 언급하고 있는바, 이런 근거에 대해서도 왜 고의적 가해행위의 경우에는 그렇지 않은 경우와 비교하여 피해자의 인격 침해가 더 심대하다고 평가하게 되는가의 반문을 하지 않을 수 없다. 여기에서 다시 한 번 피해자의 주관적, 심리적 고통으로 회귀하지 않고자 한다면, 고의의 가해행위에 대하여는 그렇지 않은 경우와 비교하여 더 중한 책임을 물려야 하며 또한 가해행위에 대한 적정한 책임을 묻기 위해서는 해당 행위의 제반 사정을 고려해야만 한다는 점에서 찾지 않을 수 없을 것이다.[54]

물론 가해행위의 억제적 목적을 위하여 가해자의 비난 정도, 가해행위의 수익적 의도 등을 고려한 위와 같은 배상책임의 가중이 물건의 멸실·훼손 등과 같은 통상적인 불법행위의 경우에 인정되어야 할 필요는 없다고 판단된다. 그러나 위와 같은 억제적 관점에 따른 배상액 산정은 단지 위자료의 경우에만 한정하지는 않고 이미 현행법이 발전시킨 바와 같이 신용정보의 인

---

50) 장재옥, "위자료에 관한 몇 가지 고찰", 「한국민법이론의 발전」(이영준박사 화갑기념논문집), 2000, 632면; 아마도 박동진, "비재산적 손해의 배상과 위자료", 「연세대학교 법학연구」 제21권 제3호, 2011, 177~178면.

51) 안병하, "위자료 기능의 새로운 이해", 「사법」 21호, 2012, 4면; 독일의 경우 Lange/Schiemann, Schadensersatz, 3.Aufl., 2003, 437면.

52) 안병하, "위자료 기능의 새로운 이해", 「사법」 21호, 2012, 32면.

53) Lange/Schiemann, Schadensersatz, 3.Aufl., 2003, 437면.

54) 이는 전보적 관점에 따른 위자료의 일원적 기능을 강조하는 바로 위 각주의 독일 문헌에서도 스스로 인정하고 있는 바이다. Lange/Schiemann, Schadensersatz, 3.Aufl., 2003, 438~439면.

격적 법익 보호, 하도급법 등에서 정한 시장질서 위반행위에서도 인정되고 있을 뿐만 아니라 비록 우리나라에서는 인정되고 있지 않지만 저작권 등의 지적재산권에 대한 고의의 침해행위에 대하여는 배액배상책임을 인정하는 외국의 입법례에서도 그러한 배상책임의 가중이 확인되고 있다.[55] 더 나아가 민법 제393조 제2항의 특별손해에 대한 배상책임이 인정되기 위해서는 주지하듯이 가해자의 특별한 사정에 대한 인식 또는 그 가능성이 인정되어야 하는데, 가해자에게 고의가 있는 경우에는 그렇지 않은 경우와 비교해 이를 인정하기 쉬우며,[56] 실제로 재산권 침해에 따른 정신적 손해를 특별손해로서 배상할 것인지 여부에 있어서 대법원 판결례는 침해행위의 동기, 방법과 모습 등에 따라 판단하고 있다.[57]

(2) 민사책임법과 손해배상법, 민사적 책임과 공법적 규제의 관계

이렇듯 일정한 경우에 손해배상책임의 억제적 기능에 대한 적극적 고려는 전통적 관점에 따라 그저 피해자의 재산상태 비교에만 머물러 있던 시야를 이제 가해자의 비난가능성, 침해행위의 경위 등 가해자 사정으로 돌리고 이로써 민사책임법의 본래적 기능, 즉 피해자의 완전성 이익과 침해자의 행위자유 사이의 형량이라는 과제를 보다 분명하게 표현해 줄 수 있게 된다.[58] 물론 이러한 시도에 대하여는 전통적 입장에 따라 다음과 같은 비판, 즉 ① 유책성과 가해행위의 경위 등에 대한 고려는 민사책임의 성립 여하를 판단하기 위한 민사책임법의 영역에서 이루어질 뿐 손해배상법의 과제가 아니고 또한 ② 위법행위의 제재나 억제 역시 손해배상법이 아니라 형법·행정법의 공법적 과제에 속한다는 지적을 생각할 수 있다. 그런데 이 같은 지적이 (언제나) 타당한지에 대하여는 심히 의문이 있다.

먼저, 민사책임법과 손해배상법의 역할 내지 과제의 준별과 관련하여, 이러한 역할 구별은 무엇보다 손해배상법이 그저 가해행위 전후의 전 재산상태의 비교로서 계산적 문제라는 차액설의 접근에 따를 경우에만 유지될 수 있다고 여겨진다. 그러나 위에서 살펴본 바와 같이 가해자의 유책성, 가해행위의 비난가능성 등을 고려한 배상액 산정은 대체로 손해배상액의 정확한 산정이 곤란하거나 가능하지 않은 경우에서 문제되고 있다. 다시 말해 이러한 경우에는 애초부터 재산상태의 전후 비교에 따른 배상액의 산정 자체가 가능하지 않으며, 따라서 피해자에게 어찌

55) 가령 오스트리아 저작권법 제87조 제3항. 반대로 경과실에 의한 저작권 침해에서 배상액 감경의 규정 도입가 있다는 지적으로 조영선, "선의의 저작권 침해에 관한 법률문제", 「저스티스」 제142호, 2014, 125면 이하.

56) 가령 지원림, 민법강의, 14판, 1621면; 양삼승, "민법 제393조를 준용하는 민법 제763조의 의미", 「손해배상법의 제문제」(황적인박사 화갑기념논문집), 1990, 120면; 아마도 이 한도에서는 마찬가지로 안병하, "위자료 기능의 새로운 이해", 「사법」 21호, 2012, 33~34면.

57) 가령 "피고의 무법자와 같은 방자한 공사행위"라는 사정을 제시하면서 재산적 손해 이외에 별도의 정신적 손해배상을 인정한 판결례로서 대법원 1992. 12. 8. 선고 92다34162 판결. 더 나아가 과실개념이 윤리적 비난요소에서 벗어나 재화보호에 필요한 주의의 요청에 대한 결여의 정도라는 평가에 따르는 한 배상범위의 판단에 연결되어야 함이 바람직하다는 독일 문헌의 지적으로는 Dreier, Kompensation und Prävention, 542~543면.

58) Dreier, Kompensation und Prävention, 607면.

되었건 '적정한' 손해배상을 보장해 주고자 하는 한 판례도 그러하지 않을 수 없듯이[59] 개별 사례의 제반 상황, 즉 피침해 법익의 성격과 그 불이익의 정도, 그리고 가해행위의 경위와 동기, 가해자의 비난가능성 정도 등이 고려되지 않을 수 없다.[60] 그리고 손해배상책임이 민사책임의 성립에 따른 법률효과라는 점을 고려한다면 배상액 산정에서 위와 같은 제반 사정의 고려를 통해서만 민사책임법의 본연의 과제, 즉 어떠한 행위에 대하여 위법성 여부의 판단을 내림으로써 법익 보장과 행위의무 준수를 관철하고자 하는 민사책임법의 과제가 그 효과로서 주어지는 손해배상법에서도 비로소 반영될 수 있다고 여겨진다.[61]

한편, 위와 같은 위법행위의 억제적·제재적 기능에 따른 손해배상책임의 파악은 종래 징벌적 손해배상의 부정으로 표현되는 민·형사 책임의 대륙법적 준별이라는 관점에서 극히 소극적으로 취급되어 왔다. 물론 양 책임의 구별에 대하여는 적어도 대륙법적 시각에서는 그 누구도 근본적 의심을 품지 않을 것으로 여겨진다. 다만 위와 같은 준별의 연장선에서 손해배상책임에 의한 위법행위의 억제적·제재적 기능에 대한 부정적 파악태도와 관련하여, 과연 사회적으로 비난받는 위법행위에 대한 억제적·제재적 기능이 형법 또는 행정법의 고유한 영역에 속할 뿐이며 손해배상법을 포함한 민사법의 과제에는 해당하지 않는다는 전제가 타당한 지 의문이 아닐 수 없다. 이와 관련해 독일 민법의 경우 그 입법과정에서 손해배상책임으로부터 윤리적·형법적 관점을 차단하여 가해자에 대한 제재 내지 징벌의 기능을 부인하고자 하였음은 분명하게 확인되고 있다.[62] 그러나 이 같은 기능적 엄별은 자연법 시대 이후의 산물에 불과할 뿐만 아니라 독일민법 제정 이후에도 가령 피해자의 전보적 기능 이외에 만족적 기능에 따른 위자료 지급책임, 독일 상법에 규정된 상업사용인, 주식회사 이사가 경업금지의무를 위반하여 자기 또는 제3자의 계산으로 영업을 한 경우 영업주, 회사가 그 이익의 양도를 구함에 따라 상업사용인, 주식회사 이사가 지게 되는 책임,[63] 우리 저작권법 등에서도 규정된 바와 마찬가지로 지적재산권 침해행위에 대하여 권리자의 현실적 손해 발생 여부와 관계없이 실시료 상당액 또는 침해자이익에 따른 손해배상책임을 인정하는 법리[64] 등을 통하여 완전히 일소되지는 않고 있다고 지적되고 있다.[65]

---

59) 이제는 민사소송법 제202조의2 : "(…) 법원은 (…) 모든 사정을 고려하여 상당하다고 인정되는 금액을 손해배상 액수로 결정할 수 있다."

60) 독일 문헌에서 일반적 인격권의 침해 유형에서 이 같은 지적으로는 Dreier, Kompensation und Prävention, 2002, 95면.

61) 이러한 인식으로는 Wagner, Neue Perspektiven im Schadensersatzrecht, Gutachten A für den 66. Deutschen Juristentag, 2006, A 21; Alexander, Schadensersatz und Abschöpfung im Lauterkeits- und Kartellrecht, 2009, 157면.

62) 이미 앞의 Ⅲ. 1. 각주 38 참고.

63) 독일 상법 제61조 제1항, 주식회사법 제88조 제2항.

64) 독일 저작권법 제97조 제1항, 특허법 제139조 제2항.

65) Wagner, Neue Perspektiven im Schadensersatzrecht, Gutachten A für den 66. Deutschen Juristentag, 2006,

위와 같은 규율 현황은 우리나라에서도 마찬가지이며,[66] 위 Ⅲ. 2.에서 소개한 경우 외에도 가령 환경오염피해 배상책임 및 구제에 관한 법률에서 시설사업자의 도덕적 해이를 방지하기 위하여 "고의 또는 과실로 환경오염피해가 발생한 경우, 관계 법령 미준수의 경우, 환경오염피해 방제를 위한 적정한 조치를 하지 아니한 경우" 무과실에 따른 금액유한책임의 적용을 배제하고 무한책임을 인정한 규정내용(위 법률 제7조 단서), 종래 공법적 규제영역이라고만 알고 있던 독점규제법 위반행위에 대해서도 손해배상책임을 통한 이른바 사적 규제가 강조되고 있는 법적 상황[67] 등을 통하여 손해배상책임이 피해자의 개인적 손해 구제와 함께 위법행위의 억제적 기능을 위하여 활용되고 있음을 알 수 있겠다. 오히려 독점규제법 위반행위에 대한 손해배상책임의 경우에서 확인되듯이, 손해배상책임에 의한 위법행위의 억제적·제재적 기능은 종래 형법과 행정법에만 그 역할이 맡겨짐으로써 발생하게 되는 과도한 부담[68]을 해소하고 이들의 역할을 보완해 줄 수 있을 것으로 기대되고 있다.[69]

(3) 소결 : 억제적 기능에 따른 배상액 산정의 개별적 정당화

이상에서 억제적 관점에 따라 가해자의 비난가능성, 가해행위의 의도 등을 고려한 배상액 산정의 법리 현황과 그 타당성을 역설해 보았다. 이러한 주장에는 위 Ⅱ. 3.에서 피력한 바와 같이 손해배상책임은 피해자 개인에게 발생한 불이익한 재산상태의 회복을 내용으로 하는 민사책임의 법률효과로서 법질서가 승인한 권리와 법익의 보장 및 행위의무의 관철을 결과적으로 도모하여 권리침해 내지 의무위반의 위법행위를 억제하는 과제를 맡고 있다는 사고를 깔고 있다. 이를 위하여 손해배상책임 역시 민사책임법의 주된 역할이 그러하듯이 피해자의 보호이익과 가해자의 행위자유를 형량해야 하는 과제에서 결코 자유로울 수 없게 된다.[70]

물론 이 같은 과제수행은 물건의 멸실·훼손과 같이 시장가치를 통하여 배상액 산정의 기준이 비교적 분명한 경우에는 분명히 드러나지 않게 된다. 왜냐하면 이러한 경우에는 피해자의 재산적 손해를 전보해 줌으로써 손해배상책임은 가해자에 대한 응분의 책임을 묻게 되는 셈이고 이로써 가해행위에 대한 억제적 기능도 다 하였다고 볼 수 있기 때문이다.[71] 그러나 위 Ⅲ.

A 73~75; Dreier, Kompensation und Prävention, 515~516면.

66) 이런 한도에서 양 나라의 규율상황에 대한 개관으로는 김상중, "영국의 restitution for wrongs와 위법이익의 반환", 「민사법학」 제78호, 2017, 347~352면.

67) 김상중, "경쟁질서 위반행위로 인한 손해배상책임 : 민사책임법의 현대적 발전경향의 관점에서", 「경희법학」 제50권 제4호, 2015, 83면.

68) 즉 형법의 경우 강한 제재수단이라는 점에서 보충적 기능만을 수행해야 한다는 관점과의 충돌, 행정법의 경우 효율적 집행을 위하여는 인력 등의 공적 장치 완비에 많은 비용을 소요한다는 점을 들 수 있겠다.

69) Wagner, Neue Perspektiven im Schadensersatzrecht, Gutachten A für den 66. Deutschen Juristentag, 2006, A 78－80.

70) Alexander, Schadensersatz und Abschöpfung im Lauterkeits－ und Kartellrecht, 2009, 136~137면; Dreier, Kompensation und Prävention, 607면. 더 나아가 손해의 개념 파악에 있어서 이 같은 사고의 반영으로는 신유철, "손해배상법의 체계에 관한 산고", 「민사재판의 제 문제」 제23권, 2015, 268면.

2.에서 소개한 경우와 같이 피해자의 손해가 정확히 산정되기 곤란하거나 사실상 불가능한 경우 피해자의 적정한 배상액을 정하는 데에는 위와 같은 형량의 과제, 다시 말해 피침해 법익의 성격과 그 불이익의 정도 이외에 가해자의 유책성과 가해행위의 비난가능성 정도에 대한 고려가 대두되지 않을 수 없다.72) 이러한 이유에서 손해배상책임이 피해자의 손해 전보를 주된 내용으로 한다는 점은 분명하겠으나, 그렇다고 하여 손해배상책임에 의한 위법행위의 억제적·제재적 기능이 언제나 부정되어서는 안 된다고 생각된다. 다만 문제는 어떠한 상황에서 억제적 관점의 배상책임이 정당화될 수 있는가에 대한 적극적 해명에 있다고 하겠다.73) 앞으로 보다 많은 논의가 축척되기를 바라며, Ⅲ. 2.에서 억제적 기능에 따른 배상액 산정이 인정된다고 소개한 경우를 통하여 짧게 생각해 본다면 ① 위자료의 지급, 일반적 인격권 또는 지적재산권 침해행위와 같이 피해자의 손해가 산정하기 곤란하거나 불가능한 경우, ② 영리적 불법행위와 같이 가해행위의 결과가 피해자의 재산상태보다는 가해자의 재산상황에서 확인되는 경우, 그리고 ③ 대형재난사고, 하도급법 또는 기간제근로자 차별금지 등과 같이 해당 가해행위에 대한 사회적 비난가능성 내지 억제의 필요가 높은 경우가 그러한 억제적 관점의 배상책임이 뒷받침될 수 있다고 생각된다.74)

Ⅳ. 과잉배상 금지의 법리와 실 손해 전보 이상의 배상책임

1. 전보배상의 원칙과 과잉배상 금지의 법리

손해배상책임에 의한 피해자의 손해 전보라는 원칙이 독일과 우리나라의 경우 가해자의 비난가능성 정도와 관계없이 피해자를 가해행위가 없었더라면 있었을 재산상황으로 회복하는 것을 내용으로 한다면, 그 반대로 손해배상에 의하여 피해자를 가해행위 이전과 비교하여 보다 유리한 재산상황에 놓이도록 해서도 안 될 것이다.75) 이러한 과잉배상의 금지 내지 손익상계의

---

71) Alexander, Schadensersatz und Abschöpfung im Lauterkeits- und Kartellrecht, 2009, 143~144면; 마찬가지로 권영준, "불법행위법의 사상적 기초와 그 시사점 : 예방과 회복의 페러다임을 중심으로", 「저스티스」 제109호, 2009, 99면.

72) 권영준, "불법행위법의 사상적 기초와 그 시사점 : 예방과 회복의 페러다임을 중심으로", 「저스티스」 제109호, 2009, 99면("회복과 예방의 상호관계가 모든 유형의 불법행위에서 똑같은 양상으로 나타나지는 않는다. 사건이나 손해의 성격상 손해액 산정이나 손해회복이 온전히 이루어지기 어려운 경우에는 예방적 요소를 참작하지 않을 수 없다").

73) 지연손해에 관하여 채권관계 당사자가 소비자가 아닌 경우에는 그렇지 않은 경우와 비교하여 가중된 지체이율을 정해 둔 독일민법 제288조 제2항의 위약벌적 성격을 지적하면서 그러한 (전보배상에서 벗어난) 예외적 성격의 정당화 필요에 대하여 HKK/Jansen § 249 Rn. 156.

74) 독일 문헌에서 이와 유사한 지적으로는 Alexander, Schadensersatz und Abschöpfung im Lauterkeits- und Kartellrecht, 2009, 143~144면. 더 나아가 아래 Ⅳ. 3. 참고.

75) Lange/Schiemann, Schadensersatz, 3.Aufl., 2003, 10면; 마찬가지로 민법주해 [Ⅸ] 채권(2), 580면(지원림 교수 집필). 독일에서는 위와 같은 연관성은 손해전보의 기능에 따른 완전배상의 법리와 연결하고 있는데, 우

법리는 손해배상법의 의미, 즉 손해배상책임이 피해자의 손해를 전보할 뿐 그로 인하여 피해자에게 재산상 이득을 보도록 해서는 안 된다는 제도적 취지 자체로부터 도출된다고 이해되고 있다.[76] 그러나 이렇듯 자명해 보이는 손해전보의 원칙 및 그 배면인 과잉배상금지의 법리는 때로 서로 충돌하는 경우도 있다. 가령 조의 등의 부조금이 지급되는 경우 또는 사용자가 제3자에 의해 상해를 당한 자신의 피해 근로자에게 종전과 같은 급여를 계속 지급하는 경우에 이 같은 '이득' 항목은 가해자의 부당한 면책의 결과를 방지하기 위하여 가해자의 배상책임에서 공제되지는 않아야 할 것이다.[77] 따라서 이런 한도에서 피해자는 손해배상책임의 인정을 통하여 가해행위가 없었더라면 있었을 가정적 재산상황과 비교하여 유리한 재산상황에 놓이게 될 수도 있다. 물론 차액설에 의한 손해의 파악, 이에 입각한 손해의 전보적 기능이 여전히 손해배상책임의 핵심 사고인 한 과잉배상금지 내지 손익상계의 법리 역시 손해배상법의 주요한 사고로서 기능할 것임은 의문이 없다. 다만 위와 같은 예시를 통하여 알 수 있는 바는, 이러한 법리의 적용과 관련하여 어떠한 경우에 그 예외가 인정되어야만 하는지, 그리고 그 예외에 대한 명확한 뒷받침을 제시해야만 한다는 점이다.[78] 아래에서는 현행 손해배상법에서 피해자의 현실적 손해발생 또는 정도와 무관하게 배상책임이 인정되는 경우를 살펴본 후 손해배상책임에 의한 위법행위의 억제적 관점에 따라 그의 이론적 필요성을 설명해보고자 한다.

2. 실 손해 이상의 배상책임 또는 실 손해 전보와 무관한 책임

현행 손해배상법 전반에서 피해자의 실 손해 발생 여부 또는 그 정도와 관계없는 배상책임을 정하고 있는 경우는 크게 세 가지 방법으로 나누어지는데, ① 손해액의 추정 또는 의제에 의한 우회적 방법, ② 의무위반자의 이익양도책임에 의한 방법, ③ 실 손해에 대한 배액배상책임의 방법이 그것이다.

나누어 설명하면, 먼저 손해액의 추정 또는 의제에 의한 우회적 방법의 경우로는 무엇보다 지적재산권 침해행위에서 피해자의 구체적 손해액에 갈음하여 저작권법 제125조 제2항 등에 따라 실시료 상당액의 배상책임을 인정하는 경우를 들 수 있겠다. 이들 규정은 최소한의 손해배상을 규정한 것이라고 하면서 최근 유력한 입장에 의하면 규범적 손해의 반영인 손해평가설에 입각하였다고 설명되고 있다.[79] 그러나 손해액의 추정규정이라고 파악하는 입장에 의하더라도 권리자가 가해자에게 피침해 권리의 실시를 허락하지 않았을 것이라는 항변 등을 받아들이지 않는 한 실제에서 침해자의 면책은 거의 인정되지 않는다고 할 것이다. 이런 이유에서 지적재산권

리나라의 경우에 상당 범위에 따른 제한배상의 법리에 입각해 있다고 하더라도 위와 달리 볼 것은 아니다.

76) 민법주해 [IX] 채권(2), 580면(지원림 교수 집필).

77) 민법주해 [IX] 채권(2), 586면(지원림 교수 집필); Lange/Schiemann, Schadensersatz, 10면.

78) 이런 한도에서는 MünchKomm/Oetker § 249 Rn. 20; Staudinger/Schiemann vor §§ 249 Rn. 2.

79) Ⅱ. 2. 각주 23에서 인용한 문헌 참고.

침해행위의 경우 피해자에게는 침해행위로 인한 현실적, 구체적 재산 감소가 발생하지 않았음에도 그 사용 가능성의 부여에 대해 시장의 객관적 거래가치가 부여된 권리의 무단침해에 따라 객관적 사용료 상당의 배상책임이 인정된다고 할 것이다.[80]

또한 저작권 등 지적재산권 침해행위에서 침해자가 침해행위를 통하여 얻은 이익에 따라 손해액을 산정할 수 있다고 규정한 저작권법 제125조 제1항 등의 경우에도 손해액 추정의 방법에 따라 피해자의 현실적 손해액을 넘어서는 배상책임으로 기능할 수 있다. 물론 이들 규정은 원래 피해 권리자에게 보장된 지적재산권의 배타적 실시를 통한 영업기회가 침해자의 무단실시행위를 통하여 침해자에 의하여 대체되었다는 점에서 그 같은 손해액 추정의 근거를 찾고 있으며 이런 한도에서 손해배상책임을 정한 것이라고 설명되고 있다.[81] 그렇지만 예를 든다면 특허권, 상표권 등이 저급한 모조품의 생산, 유통과정에서 무단이용된 경우와 같이 침해행위가 없었다고 하더라도 권리자가 실제로 침해자의 공급시장에서 생산 · 판매활동을 하였을 것이라고 말하기 어려운 경우에도 침해자이익에 따른 배상책임은 인정될 수 있어야 하고, 그런 한도에서 피해 권리자의 현실적 재산 감소가 없는 경우에도 침해자이익에 따른 배상책임은 인정될 수 있다고 하겠다.[82]

다음으로, 상법 제17조 제2항, 제397조 제2항에서는 상업사용인, 주식회사 이사가 경업금지 의무를 위반하여 자기 또는 제3자의 계산으로 거래를 하거나 (동종업종을 영업으로 하는) 다른 회사의 이사 등이 되는 경우 영업주 또는 회사는 그 같은 행위에 개입하여 그 거래를 자신의 것으로 하거나 또는 상업사용인 또는 이사가 취득한 바의 양도를 구할 수 있도록 정하고 있다. 또한 신탁법 제43조 역시 수탁자가 신탁법이 정한 일정한 의무를 위반한 경우 "신탁재산에 손해가 생기지 아니하였더라도 수탁자는 그로 인하여 수탁자나 제3자가 얻은 이득 전부를 신탁재산에 반환하여야 한다"고 규정하고 있다. 그런데 이들 규정에 따른 이익반환책임은 영업주, 신탁자 등 본인에게 재산적 손해의 발생가능성 자체가 인정되지 않는 경우 또는 손해의 발생은 인정되더라도 그 정도와 무관하게 인정될 수 있다. 예를 들어 상업사용인이 제3자의 계산으로 상법 제17조에 반하는 거래를 행한 경우 영업주는 상업사용인에게 제3자로부터 받은 보수의 반환을 청구할 수 있는데,[83] 이 경우 양도의 대상이 되는 보수 등의 이익이 영업주 입장에서 만약 경업금지의무 위반행위가 없었다고 하더라도 본인이 얻을 수 있었을 일실이익이라고는 결코 말

80) Ⅱ. 3. 각주 29에서 인용한 문헌 참고.

81) 김상중, "지적재산권 침해로 인한 손해배상책임 : 손해배상법의 현대적 발전경향의 관점에서", 「재산법연구」 제31권 제3호, 2014, 271~272면.

82) 김상중, "지적재산권 침해로 인한 손해배상책임 : 손해배상법의 현대적 발전경향의 관점에서", 「재산법연구」 제31권 제3호, 2014, 271~272면. 위에서 소개한 바와 같은 무단침해에 따른 실시료 상당액 또는 침해자이익에 의한 배상책임의 설명은 부정경쟁방지 및 영업비밀보호에 관한 법률 제14조의2에서 정한 손해액의 추정 등에 관한 경우에도 그대로 타당하다고 하겠으며 또한 유명인의 성명권 · 초상권 등 이른바 퍼블리시티권의 침해행위에 따른 이용료 상당의 손해배상책임에서도 마찬가지로 하겠다.

83) 김정호, 상법강의(상), 제3판, 2001, 82면.

할 수 없을 것이다.[84] 이러한 내용의 규정은 비록 이익반환이라는 명칭으로 책임을 정해두고는 있지만, 상법 제397조의2는 위 규정들과 유사하게 주식회사 이사의 회사 기회 및 자산 유용금지의무라는 충실의무 위반행위에 대하여 — 이제는 이익양도책임의 명칭은 아니지만 — 이사 또는 제3자가 얻은 이익에 따라 회사의 손해를 추정한다는 규정을 두고 있다는 점에서, 상법 제17조, 제397조 제2항에 따른 이익반환책임은 상법 제397조의2에서 정한 손해배상책임과 그 기능에서 동일하다는 것을 알 수 있다.[85]

끝으로, 이상에서 소개한 ① 손해액의 추정 또는 의제에 의한 우회적 방법, ② 위법행위자의 이익양도책임에 의한 방법의 경우에는 손해액 추정 또는 이익양도책임이라는 법적 구성에 비추어 해당 책임이 피해자의 실 손해를 넘어서는 손해배상책임인지 여부가 우회적으로 표현되고 있을 뿐이라고 한다면, Ⅲ. 2.에서 소개한 바와 같이 하도급법 제35조 제2항, 정보통신망법 제32조 제2항에 따른 배상책임, 최근「불법행위 유형별 적정한 위자료 산정방안」에 따라 일정한 불법행위의 유형에서 가해자의 고의 등에 따라 가중된 위자료 배상책임은 모두 실 손해에 일정 승수를 곱하여 배상액을 가중시키는 배액배상책임의 방법이라고 하겠다.[86] 이러한 배액배상책임은 최근 가습기 살균제 사건을 계기로 하여 제조물 결함에 따라 고의적으로 소비자의 생명, 신체에 중대한 손해를 입힌 경우 최대 3배 이내의 배상책임을 부과하려는 입법시도에서도 논의되는가 하면,[87] 독점규제법 위반행위와 같이 경쟁질서 의무위반행위에서도 찬반양론이 있으나 외국의 경우와 마찬가지로 우리나라에서도 도입할 필요가 있다고 주장되고 있다.[88]

3. 위법행위의 억제적 기능과 실 손해 이상의 배상책임

(1) 실 손해 이상의 배상책임의 예외적 타당성

이상에서 소개한 바와 같이 피해자에게 실 손해 이상으로 또는 실 손해 여부와 관계없이 인정되는 손해배상책임이 과연 손해배상법의 취지에 부합하는지 의문이 제기되지 않을 수 없을 것이다. 이러한 의문의 바탕에는 손해배상책임이 전보적 기능을 수행하며 위법행위의 억제적·예방적 기능은 그저 바람직한 부산물에 불과하다는 사고가 자리 잡고 있을 것이다. 그런데 이미

---

84) 김상중, "영국의 Restitution for wrongs와 위법이익의 반환", 「민사법학」 제78호, 2017, 361면.

85) 이들 규정에 따른 손해액 추정에 따른 손해배상책임과 회사의 개입권에 따른 이익양도책임의 기능적 동일성에 대한 지적으로는 장재영·정준혁, "개정상법상 회사기회유용의 금지", 「BFL」 제51호, 2012, 39면.

86) 배액배상제도에 관한 국내 문헌의 개관적 소개로는 김태선, "미국 배액배상제도 및 법정손해배상제도의 도입에 관한 소고", 「민사법학」 제66호, 2014, 239면.

87) 인터넷 법률신문 뉴스 2017년 1월 6일자 기사("실손해액의 최대 3배까지 … 공정위, '징벌적 배상' 연대 도입 추진").

88) 가령 긍정하는 입장으로 김두진, "카르텔에 대한 징벌적 배상제도의 도입론", 「경쟁법연구」 제29권, 2014, 309면; 반대 입장으로는 홍대식, "공정거래법상 징벌적 손해배상제도 도입에 대한 비판적 검토", 「법과 기업연구」 제5권 제2호, 2015, 73면; 이들 견해의 개관으로는 김상중, "경쟁질서 위반행위로 인한 손해배상책임", 「경희법학」 제50권 제4호, 2015, 116~120면.

수차례 역설한 바와 같이 손해배상책임에 의한 전보적 기능이 충분히 실현되기 위해서는 다음과 같은 전제, 즉 손해 여부의 파악과 손해액 산정이 피해자의 가해행위 전후에 따른 재산적 차이의 비교에 의하여 가능하고 바로 그 차이의 보전에 의하여 피해자가 충분히 구제될 수 있다는 전제가 갖추어져야만 한다.

그러나 위 Ⅳ. 2.에서 제시된 경우들을 살펴보면 모든 경우에 있어서 가해행위에 따른 피해자의 재산적 변화가 산정하기 곤란하거나 그러한 손해의 전보만으로는 법질서가 해당 위법행위를 억제하고자 하는 필요의 정도에 부합하지 못함을 알 수 있다. 나누어 살펴보면, ① 지적재산권 침해행위의 경우에는 피해자의 손해산정이 곤란할 뿐만 아니라 침해행위로 인한 재산적 결과가 (종전과 같이 해당 권리를 실시하고 있는) 피해자의 재산상태 보다는 (무단실시에 따른) 가해자의 재산상태로 나타나고 있다는 점, ② 하도급법 제35조 제2항과 정보통신망법 제32조 제2항에 따른 배액배상책임, 「불법행위 유형별 적정한 위자료 산정방안」에 의한 가중적 위자료 배상책임이 인정되는 경우에는 법익침해의 경위와 영리적 의도 등에 따라 가해행위에 대한 비난가능성 및 그 억제의 필요가 유난히 높게 취급되고 있다는 점, ③ 상법 제17조, 제397조, 제397조의2 및 신탁법 제43조에 따른 이익반환책임 또는 손해액 추정 규정은 상업사용인, 주식회사 이사, 수탁자가 영업주, 회사, 신탁자에 대해 부담하는 경업금지의무 등 충실의무의 철저한 관철을 위하여 의무위반의 기회주의적 행위 가능성 자체를 차단하고자 하며, 더욱이 이 경우에도 의무위반의 결과 역시 영업주, 회사 및 신탁재산에서 재산적 감소로 나타나기 보다는 상업사용인, 주식회사 이사 및 수탁자의 재산적 증가로 표현되고 있다는 점이다. 따라서 이들 경우에 만약 가해자로 하여금 피해자의 현실적 손해만을 전보하도록 한다면, 현실적 손해 자체가 없어서 손해배상책임이 아예 인정되지 않거나(가령 지적재산권 침해행위의 경우, 상법의 개입권 또는 신탁법의 이익양도책임이 인정되는 경우) 또는 원래 법질서는 (가령 대량재난사고, 영리적 불법행위, 시장교란의 경쟁질서 위반행위 등과 같이) 해당 법익의 보호와 의무이행의 철저한 관철을 의욕하고 있음에도 불구하고 수범자가 그저 전보배상의 책임위험을 감수한 채 법익침해와 의무위반의 행위를 자행하는 만연한 상황을 방치하게 될 것이다.[89)]

(2) 실 손해 이상의 배상책임의 법정채권관계 내 구성위치와 징벌적 손해배상과의 구별

위법행위의 억제적 목적을 위하여 피해자의 손해 전보를 넘어서는 가중적 손해배상책임을 인정하려는 이상의 시도가 과연 '손해'의 개념에 비추어 손해배상법의 영역에서 가능한가, 다시 말해 오히려 준사무관리 또는 부당이득법의 과제에 맡겨야 하는 것이 아닌지 하는 반론이 제기될 수 있다.[90)]

89) 독일 문헌에서 가해자의 위법이익을 반환하도록 함으로써 위법행위의 억제적 기능이 효과적으로 관철될 수 있다는 지적으로 Wagner, Neue Perspektiven im Schadensersatzrecht, Gutachten A für den 66. Deutschen Juristentag, 2006, A 20; Dreier, Kompensation und Prävention, 4.

90) 부당이득법에 의한 해결을 지지하는 견해로는 서종희, "침해부당이득에서 수익자의 초과수익반환", 「저스티

실제로 지적재산권 침해행위로 인한 침해자이익에 따른 손해액 산정, 상법에서 정한 상업사용인 등의 이익양도책임에 대하여 독일의 경우 이를 준사무관리에 따른 취득물인도의무(§§ 687 Ⅱ, 681, 667 BGB)로 설명하려는 입장이 다수에 속한다.[91] 그러나 우리나라의 경우에는 견해다툼이 없지는 않지만 민법학계에서 다수 입장에 따르면 준사무관리라는 법리 자체를 인정하지도 않을 뿐만 아니라[92] 독일에서도 준사무관리라는 제도가 원래 불법행위로 인한 민사책임의 문제를 해결하기 위한 방편이라는 지적[93]에 비추어 보면 굳이 준사무관리에 의한 구성을 채택할 필요는 없다고 하겠다. 또한 최근에는 위법행위의 억제적 기능을 위하여 영미법의 restitution for wrongs 제도의 영향을 받아 위법행위자의 위법이익을 피해자(손실자)로 하여금 반환청구할 수 있도록 하기 위한 근거로서 부당이득반환제도를 적극 활용해야 한다는 입장이 강하게 피력되고 있다.[94] 물론 예를 들어 지적재산권 침해행위에 따른 실시료 상당액의 반환의무와 같이 부당이득반환제도가 침해자의 위법이익 반환에 기능하고 있음은 의문이 없다.[95] 그러나 위 Ⅳ.2.에서 제시된 바와 같이 지적재산권 침해행위에 따른 침해자의 (실시료 절약의 비용을 넘어선) 영업이익 반환책임, 일정한 불법행위 유형에서 배액의 배상책임이 인정되는 경우 등에서 부당이득반환제도는 '이득' 개념의 객관적 파악, 침해자의 악의·고의에 따른 책임가중의 근거가 없다는 사정 등에 따라 그 법적 근거로 활용되기에는 적합하지 않다고 하겠다.[96]

따라서 이 글에서는 위 Ⅳ.2.에서 소개한 피해자의 실 손해 이상의 배상책임을 억제적 목적에 따른 손해배상책임으로 파악하고자 한다. 이러한 구성시도는 ① 저작권법 제125조 등의 손해액의 추정 또는 의제, ③ 하도급법 제35조 등에서 표현되는 배액배상책임의 경우에는 해당 규정의 문언 등에 비추어 큰 의문이 제기되지는 않을 것이다. 그렇지만 ② 상법 제17조, 신탁법 제43조 등에서 정한 의무위반자의 이익양도책임은 의무위반을 당한 영업주, 신탁자에게 손해 자체가 없는 경우도 있으며, 따라서 이를 손해배상책임이라고 구성하는 것은 적합하지 않을 수 있다.[97] 다만 이 같은 고유한 책임이 의무위반에 따라 본래 민법이 예정한 손해배상책임에 갈

스」 통권 151호, 2015, 173면 이하; 신탁법의 이익양도의무에 관하여 준사무관리 등을 포함한 법리구성의 논의로는 법무부, 신탁법 해설, 2012, 357면.

91) 독일 학설의 소개로는 Helms, Gewinnherausgabe als haftungsrechtliches Problem, 2007, 396, 437면.

92) 가령 김형배·김규완·김명숙, 민법학강의, 2016, 1586~1597면; 지원림, 민법강의, 2016, 1561면; 송덕수, 신민법강의, 2013, 1578면; 김준호, 민법강의, 2015, 1769면.

93) Wagner, Neue Perspektiven im Schadensersatzrecht, Gutachten A für den 66. Deutschen Juristentag, 2006, A 95; 국내 문헌의 소개로는 김상중, "지적재산권 침해로 인한 손해배상책임 : 손해배상법의 현대적 발전경향의 관점에서", 「재산법연구」 제31권 제3호, 2014, 263~264면.

94) 서종희, "침해부당이득에서 수익자의 초과수익반환", 「저스티스」 통권 151호, 2015, 173면; 진도왕, "민국 침해부당이득법 개관", 「재산법연구」 제33권 제3호, 2016, 279면; 이혜리, "미국법상 기회주의적 계약위반에 대한 토출(吐出)책임", 「비교사법」 제21권 2호, 2014, 700~701면; 마찬가지로 이상용, "미국 부당이득법의 개관", 「민사법학」 제75호, 2016, 363면.

95) 예를 들어 대법원 2016. 7. 14. 선고 2014다82385 판결.

96) 김상중, "영국의 restitution for wrongs와 위법이익의 반환", 「민사법학」 제78호, 2017, 325, 353면 이하.

음하여 위법행위의 억제적 기능을 수행하고 있음은 의문이 없다고 여겨지고 이런 한도에서 손해배상책임과 더불어 의무위반의 한 구제수단이라고 파악, 강조되어야만 할 것이다.[98]

한편, 이상에서 주장하는 억제적 기능에 따른 실 손해 이상의 손해배상책임에 대하여는 징벌적 손해배상의 도입에 대한 반감이 여전히 부정적으로 작용할 것이라고 능히 짐작된다. 이와 관련하여 징벌적 손해배상에 대한 찬반 논의에서 자주 제시되고 있는 부정적 논거, 즉 ① 민법과 형법의 기능적 분리, ② 형벌의 부과에 대한 절차적 보장이 징벌적 손해배상에서는 결여되어 있다는 지적은 이미 지금까지의 논의를 통하여 상당 부분 극복되었다고 여겨진다.[99] 다만 ① 피해자에게 실 손해를 넘는 배상책임을 인정함으로써 부당한 이득(windfall profit)을 안겨준다는 점, ② 법관의 자의적 판단의 위험은 여전히 의미 있는 지적이라고 하겠다.

그러나 이들 지적도 다음과 같은 이유에서 억제적 목적의 손해배상책임을 인정하는데 장애로 되지는 않는다고 판단된다. 먼저, Ⅳ.2.에서 제시한 경우들 중 적지 않은 경우에 위법행위의 결과가 피해자가 아니라 침해자의 재산상태에서 표현되고 있으며 이에 법질서는 가해자에 대한 과소책임과 피해자에 대한 과잉배상의 선택에 직면하게 되는바, 이 가운데 가해자에게 위법행위에 따른 수익을 그대로 보유하도록 하는 것보다는 피해자에게 권리실현의 강한 유인을 제공하기 위해서 실 손해 이상의 배상책임을 인정하는 선택이 불가피하다고 여겨진다.[100] 또한, 하도급법, 정보통신망법 및 「불법행위 유형별 적정한 위자료 산정방안」에 따른 배액배상책임은 가해자로 하여금 실 손해에 대한 3배 이내의 가중적 책임을 물리고는 있으나, 이 역시 해당 위법행위에 대한 사회적 비난의 정도 등을 감안할 경우 징벌적 손해배상책임의 논의에서 지적되는 바와 같이 위법행위자에게 그 부담을 기대할 수 없을 정도의 과도한 책임이라고는 여겨지지 않는다고 판단된다. 위약금의 배상액 예정을 통하여 각자가 상대방의 의무위반을 억제하기 위하여 실 손해 이상의 배상액을 예정할 수 있는 한,[101] 이러한 책임가중의 여지가 사회적으로 도저히 수용할 수 없을 정도의 과도한 것이 아닌 한 입법자에게 부인되어야 할 합리적 근거를 찾기는 어려울 듯하다.[102] 더 나아가 법적 안정성의 저해라는 우려와 관련하여, 억제적 목적의 가

---

97) 정순섭 · 노혁준(편저), 신탁법의 쟁점(제1권), 2015, 343면(이연갑 교수 집필).

98) 이런 한도에서는 Wagner, Neue Perspektiven im Schadensersatzrecht, Gutachten A für den 66. Deutschen Juristentag, 2006, A 93.

99) 김태선, "징벌적 손해배상제도에 고찰", 「민사법학」 제50호, 2010, 253면; 더 나아가 아마도 도입에 부정하는 듯한 입장임에도 이런 점에서는 마찬가지로 고세일, "대륙법에서 징벌적 손해배상 논의", 「민사재판의 제 문제」, 제22권, 2013, 106~107면.

100) 지적재산권 침해행위에서 침해자이익에 따른 손해액 산정의 정당화를 위한 이 같은 근거의 제시로는 김상중, "지적재산권 침해로 인한 손해배상책임", 「재산법연구」 제31권 제3호, 2014, 272~273면.

101) 종래 채무자에게 채무이행에 대한 심리적 압박을 가할 목적으로 위약벌의 약정이, 손해의 발생과 손해액의 입증 곤란을 배제하여 분쟁의 사전 방지 목적으로 손해배상액의 예정으로 이원적으로 설명되기도 하였으나 최근에는 손해배상액의 예정이 이 같은 양 자의 기능을 함께 하고 있다고 지적되고 있다. 가령 대법원 2016. 7. 14. 선고 2012다65973 판결; 더 나아가 엄동섭, "미국 계약법상 손해배상액의 예정과 위약벌 — 우리 민법상 두 제도의 통합을 위한 제언", 「민사법학」 제78호, 2017, 207면.

중적 배상책임이 법관의 손해액 산정에서 현실적 어려움을 가져다 줄 것임은 부인할 수 없겠으나 이미「불법행위 유형별 적정한 위자료 산정방안」의 마련 과정에서 확인된 바와 같이 법 실무에서 그 산정방안을 구체화 하여 법적 안정성을 충분히 도모할 수 있을 것이라고 기대된다. 오히려 손해배상법은 이러한 과정을 통하여 피해자의 손해전보라는 전통적 기능과 더불어 위법행위의 억제적 기능에 적극적으로 부응해 갈 수 있고 이로써 개인의 권리보호와 행위의무의 관철 및 이를 통한 사회질서의 형성이라는 사법인 민법도 결코 피해갈 수 없는 본연의 과제에 충실할 수 있다고 판단된다.

V. 맺으며

지금껏 위법행위의 억제적 관점에 따라 손해 여부의 규범적 파악, 가해자의 비난가능성 정도 등에 따른 배상액 산정, 그리고 실 손해 이상의 가중적 배상책임에 관한 현행법적 소개와 그 뒷받침을 시도해 보았다. 이러한 시도는 본문에서 수차례 지적한 바와 같이 전보적 관점에 따른 차액설의 접근방법, 고의·과실의 원칙적 동일 취급, 그리고 과잉배상금지의 전통적 법리를 일소한다는 의미가 아니라 일정한 경우에 이를 보완·수정해야 할 필요가 있음을 밝히고자 하였을 뿐이다. 다시 말해 손해배상법에 관한 전통적 관점도 지적하듯이 가령 물건의 멸실·훼손 등과 같은 경우 가해자로 하여금 피해자의 손해를 전보하도록 함으로써 피해자의 손해회복과 함께 가해행위에 대한 억제·제재적 기능도 수반한다고 할 수 있다.

그러나 이 같은 손해의 전보를 통한 위법행위의 억제와 제재적 기능은 배상되어야 할 손해액에 대한 정확한 산정을 전제로 하는 것이므로, 가령 일반적 인격권 또는 지적재산권 침해행위 등과 같이 손해액의 산정 자체가 곤란하거나 사실상 불가능한 경우에는 그 관철에서 한계를 갖지 않을 수 없다. 따라서 이러한 경우에는 확정 곤란한 현실적 손해액에 갈음하여 실시료 상당액 또는 침해자이익이라는 다른 합리적 산정기준에 따라 배상액을 정할 수밖에 없는데, 바로 그 과정에서 (현실적 손해의 발생과 무관한) 법익 침해로 인한 손해 발생의 인정, 가해자의 비난가능성 또는 영리추구의 의도 등에 따른 배상액의 가중을 통하여 권리보장과 의무이행 관철 및 이를 위한 위법행위의 억제와 제재가 비로소 가능해질 수 있다.[103] 또한 이 같은 필요는 우리나라의 경우 가령 하도급법 제35조 제2항,「불법행위 유형별 적정한 위자료 산정방안」에서 정한 가중적 위자료 배상책임에서와 같이 가해행위의 비난가능성과 영리추구의 목적 등에 따라 강한 억제의 필요가 있다고 여겨지는 경우에도 마찬가지라고 여겨진다. 이러한 위법행위의 억제적 필요에 따른 실 손해 이상의 민사책임은 신인관계(fiduciary relationship)에서 발생하는 충실의무를

102) Dreier, Kompensation und Prävention, 534면.

103) Alexander, Schadensersatz und Abschöpfung im Lauterkeits- und Kartellrecht, 2009, 155면.

법제화한 상법 제17조, 신탁법 제43조에 따른 이익반환책임에서도 표현되고 있다.

끝으로 강조하고자 하는 바는 이상과 같은 위법행위의 억제적 관점에 따른 손해배상책임의 적극적 고려의 뒷면에는 다음과 같은 사고, 즉 손해배상법이 피해자 개인의 재산상태의 회복을 실현해야 한다는 과제와 관련하여 이러한 과제가 최종 목적이 아니라 이를 통하여 침해된 권리·법익의 보장 및 행위의무의 관철을 도모하고 이로써 사회질서의 형성·유지에 일조해야 한다는 사고를 깔고 있다. 이러한 기능의 수행 과정에서 전통적 법률행위 이론과 계약정의의 사고가 현대사회의 끊임없는 변동에 따라 실질적 계약정의, 전자적 의사표시 등에 따라 본래의 모습에서 수정·보완을 거쳐 그 본질을 유지해 온 바와 마찬가지로, 손해배상법 역시 차액설의 접근에 따른 전보적 기능을 핵심적 사고로 여전히 유지해 가기 위해서는 그로 인한 한계도 분명히 직시해야만 할 것이다. 또한 이러한 관측의 과정에서는 손해배상법의 문제가 피해자와 가해자라는 두 당사자의 법률관계를 규율하는 것이지만 여기에 한정하지 않고 이로써 권리침해와 의무위반에 대한 사법적 대응 및 이를 통한 사회질서의 유지와 방향 제시와도 연관되어 있다는 인식이 분명하게 될 것이다. 따라서 이 글에서 피력하고자 했던 위법행위의 억제적 관점에 따른 손해배상책임의 인정과 책임내용의 결정은 해당 입법의 불가피한 도입, 민법의 사회적 과제 수행 등에서 결코 피해갈 수 없다고 여겨지며, 향후의 논의는 어떠한 경우에 이 같은 책임이 인정되어야 하는지에 집중되었으면 하는 바람이 있다.

변제자대위에 관한 비교법적 고찰

백 경 일*

Ⅰ. 서 론
Ⅱ. 프랑스민법상의 변제자대위
Ⅲ. 독일민법상의 변제자대위
Ⅳ. 결 론

Ⅰ. 서 론

어떤 채무자를 위해 인적 담보나 물적 담보를 제공한 사람이 있다고 하자. 대개의 경우 채무자는 채무를 이행하여 소멸시킬 것이고, 담보제공자는 책임을 면하게 될 것이다. 하지만 만약 그렇지 않은 경우라면, 담보제공자는 책임을 면할 수 없게 되고, 이때 자기 이외에 다른 담보제공자가 존재하는지는 그에게 매우 중요한 문제가 된다. 어차피 주채무자는 자력이 없는 상황이니만큼, 다른 담보제공자와 그 담보위험을 나누어 부담해야 하기 때문이다.

이렇듯 다수의 담보제공자가 존재하는 상황에서 그들 간에 담보위험을 분담할 수 있도록 하는 장치가 바로 변제자대위(辨濟者代位)[1]이다. 그러한 변제자대위에 의해 다수의 담보제공자들은 채권자를 대위하여 서로에 대해 담보권을 실행할 수 있게 된다.

문제는 그 여러 담보제공자들 중 1인이 다른 담보제공자들보다 먼저 대위변제를 하고 변제자대위를 할 경우이다. 대위변제한 자가 대위변제한 금액 전부를 갖고서 자력 없는 채무자를 대신하여 채무자의 보증인, 물상보증인, 제3취득자 등에 대해 변제자대위를 한다면, 먼저 대위변제한 사람만 손실을 보지 않게 되고, 대위변제를 하지 않은 자들은 그에 따른 모든 손실을 부담

---

* 숙명여자대학교 법과대학 교수(민법 전공)

1) 변제자대위는 본디 프랑스법상 'la subrogation personnelle'에서 온 말이다. 프랑스법상의 인적 대위제도를 일본민법이 '弁済による代位'라는 표제의 규정으로 계수하면서(제499조 이하), 법정대위할 수 있는 자 상호 간의 구상비율에 관한 규정(제501조) 등을 추가하였고, 이것이 우리 민법 제480조 이하 규정의 모범이 된 것이다. 오늘날 우리 법학에서는 변제자대위를 가리켜 "채무자를 위하여 변제한 자가 채무자에게 갖는 구상권을 확보하기 위해 변제로 소멸하게 될 채권자의 채권 또는 그 담보권을 변제자와 채무자 사이의 관계에서는 그대로 존속시키면서 구상권자에 의한 행사를 허용하는 제도"라고 설명하고 있다. 이에 관해서는 예를 들어 河京孝, "변제자대위의 효과", 「고시연구」, 1998. 4, 84(84~85)면.

한다는 결과가 발생한다.[2)]

이러한 혼란과 불공평을 피하기 위해 법정대위변제를 할 수 있는 자 상호간의 대위관계 혹은 대위비율을 미리 정할 필요가 있다.[3)] 우리 민법은 제482조 제2항에서 이를 자세하게 규율하고 있다. 예를 들어 보증인과 물상보증인 사이에는 그 인원수에 비례하여 채권자를 대위하고(제482조 제2항 제5호 제1문), 다수의 물상보증인이나 다수의 제3취득자들 간에는 각 담보재산의 가액에 비례하여 채권자를 대위하도록 한다거나(제482조 제2항 제3호), 대위변제한 보증인은 그 채무를 담보한 부동산에 대위를 미리 부기등기해야만 제3취득자에 대하여 채권자를 대위할 수 있고(제482조 제2항 제1호), 제3취득자는 보증인에 대하여 채권자를 대위하지 못한다(제482조 제2항 제2호)고 규정하고 있는 것이 그와 같다.

하지만 우리 민법 제482조 제2항은 물상보증인과 제3취득자 간의 대위관계 혹은 대위비율이나 기타 여러 문제에 관해서 침묵하고 있다. 따라서 그간 제482조의 해석과 관련하여 많은 논란이 발생하였다. 이에 본고는 우리 법해석의 모범이 되는 프랑스민법과 독일민법이 변제자대위에 관하여 그동안 어떻게 규율하고 있었는지 살펴보고, 우리 민법 제482조의 해석론에 참고자료를 제공하고자 한다. 특히 프랑스민법은 작년에 변제자대위에 관한 규정을 대폭 개정하였으므로, 본고는 이에 관하여 그 개정내용을 간략하게 소개해보기로 하겠다.

Ⅱ. 프랑스민법상의 변제자대위

1. 변제자대위에 관한 법률규정

(1) 법정변제자대위에 관한 규정

프랑스민법은 2016년 10월 1일의 개정 이전까지 제1251조에서 법정변제자대위(La subro-

2) 이에 관해서는: 李仁宰, in: 민법주해 [XI], 박영사, 1995, 199면; 諸哲雄, "구상관계와 변제자대위", 「민사법학」 제23호, 2003. 3, 698(706)면. 독일에서는 이에 관하여 법정대위변제할 수 있는 자들 간에 서로 먼저 대위변제를 하려 하는 경쟁이 벌어질 수 있다고도 얘기한다: BGHZ 108, 179(185). 물론 수인의 담보제공자들은 서로의 존재에 대해 전혀 모르는 경우가 많으므로, 이러한 일은 일어나지 않는다는 견해도 존재한다. 이러한 견해는 수인의 법정대위 가능자 가운데서 가장 먼저 대위변제를 한 자는 다른 법정대위 가능자로부터 구상을 받지 못할 수도 있는 위험을 감수하고서 가장 먼저 희생한 자이므로, 이러한 이익을 받을 자격이 있다고도 주장한다. 이에 관해서는 Bülow, Recht der Kreditsicherheiten, 6. Aufl., Heidelberg 2003, Rn. 242; ders. Sicherungsgeberausgleich bei Wechselbegebung für eine Drittschuld, WM 1989, 1877(1880 f.).

3) 이러한 대위비율과 비슷한 것으로서 로마법상의 beneficium divisionis, 즉 분별의 이익을 생각해볼 수도 있다. 예를 들어 채무자를 위하여 인적 담보를 제공한 다수의 공동보증인이 그 인원 숫자로 나누어 그 책임범위를 제한하도록 한다는 것이다. 이에 관해서는 Kaser, Das römische Privatrecht Ⅰ, 2 Aufl., München 1971, §155 Ⅱ 4b; Zimmermann, The Law of Obligations, 1990, S. 137. 다만 이러한 분별의 이익은 채권자의 담보권을 제약하는 이상, 담보 자체의 매력을 떨어트리는 부작용을 수반하기도 하였다(Kaser, Das römische Privatrecht Ⅰ, §155 Ⅱ 3a). 물론 여기서 말하는 대위변제할 수 있는 자 상호간의 변제자대위는 채권자의 담보권을 제약하지 않으면서 담보제공자들 내부의 분담부분을 정한다는 의미가 강하다.

gation légale)라는 표제 하에 제3자의 법정대위 가능성에 관해 규정하고 있었다. 이에 따르면, '선취특권[4] 또는 저당권으로 인하여 자기에게 우선하는 다른 채권자에게 변제한 채권자(제1호)',[5] '부동산의 취득대금을 그 부동산에 대하여 저당권을 가진 채권자에의 변제에 사용한 부동산취득자(제2호)', '타인과 공동으로 또는 타인을 위하여 채무를 변제할 책임이 있어서 이행에 이익을 가진 자(제3호)', '자기의 재산으로 상속의 채무를 변제한 한정상속인(제4호)', '상속계좌를 위하여 장례비용을 변제한 자(제5호)'의 다섯 유형을 법정대위할 수 있는 자로서 규정하고 있었다.[6]

여기서 '부동산의 취득대금을 그 부동산에 대하여 저당권을 가진 채권자에의 변제에 사용한 부동산취득자'란, '제3취득자' 가운데서도 담보물권 설정에 관해 선의였던 자에 해당한다고 볼 수 있겠다.[7] 그리고 '타인과 공동으로 또는 타인을 위하여 채무를 변제할 책임이 있어서 이행에 이익을 가진 자'에는 '연대채무자' 또는 '보증인'은 물론이고 '물상보증인[8]'과 일반적인 의

4) 프랑스민법상 선취특권(privilèges)은 질권(antichrèse) · 저당권(hypothèque)처럼 담보물권의 한 종류를 차지한다. 우리 상법상 선박의 우선특권처럼 일종의 법정담보물권으로서 경매권과 함께 우선변제권을 갖춘 것으로 보면 된다. 선취특권자는 저당권자보다도 더 우선하여 담보물로부터 변제를 받으며, 그의 우선순위는 등기일이 아니라 채권발생일을 기준으로 정해진다. 이에 관해서는 Simler/Delebecque, Droit civil: Les sûretés, la publicité foncière, 7e édition, 2016, n° 249.

5) 후순위저당권자가 대표적인 예이다. 채무자가 선순위저당권자에게 변제하지 않을 경우 담보부동산이 임의경매될 수밖에 없는데, 그 담보부동산의 가치가 지극히 저평가되어 있고, 향후 그 가치가 상승할 것이 확실시되는 상황에서, 선순위저당권자의 저당권실행으로 인해 지금 당장 후순위저당권자가 배당을 거의 못 받은 채 자신의 후순위저당권을 상실할 수밖에 없다면 차라리 대위변제를 함으로써 선순위저당권에 대한 대위권을 얻는 것이 후순위저당권자에게는 더 나을 것이기 때문이다. 이에 관해서는 Marty/Raynaud/Jestaz, Droit civil, Les obligations, n°399; Chabas/Juglart, Leçon de droit civil, Obligation: théorie générale, n°855; 拙著, "보증인과 후순위저당권자 간의 변제자대위 — 대법원 2013. 2. 15. 선고 2012다48855 판결 —", 「민사법학」 제64호, 2013. 9, 231(259)면.

6) 이에 관해서는 Marty/Raynaud/Jestaz, Droit civil, Les obligations, t.2, Le régime, 2e édition, 1989, n°396 et svt; Chabas/Juglart, Leçon de droit civil, Obligation: théorie générale, 8e édition, 1991, n°854 et svt; Bénabent, Droit civil, Les obligations, 10e édition, 2005, n°742; Carbonnier, Droit civil, t. 4, Les obligations, 15e édition, 1991, n°334.

7) 프랑스민법 제2476조는 담보부동산의 소유권을 취득하는 제3자(tiers détenteur)가 담보권의 실행으로 자기소유권을 상실하게 되었을 때, 그 담보부동산의 매도인에게 지급할 취득대금을 그 담보권자에게 지급하고, 그로써 담보권을 소멸시킬 수 있게끔 척제(purge)의 권리를 부여하고 있다. 우리 민법 제364조(제3취득자의 변제)와 비슷한 규정이라고 할 수 있으나, 프랑스민법 제2476조의 경우 그 취득대금이 피담보채권액보다 더 적은 금액인 경우에도 담보물권이 소멸되도록 하는 만큼, 제3취득자가 그 부동산에 담보가 설정될 것임을 몰랐던 경우에 한하여 이러한 척제권을 원용하게 한다는 점에 아주 큰 차이가 있다 하겠다. 다시 말해 제3취득자가 채무자의 담보부채무에 관하여 이행인수를 하고서 담보부동산을 취득한 경우에는 프랑스민법 제2476조가 적용되지 않는다는 것이다. 참고로 프랑스민법은 이렇게 제3취득자의 척제권이 행사되는 경우 담보물권자가 제3취득자의 그러한 청구에 응하는 대신, 척제권 행사의 통지가 있었던 날로부터 40일 이내에 그 부동산을 그 매매대금보다 더 높은 가격에 경매하도록 법원에 신청할 수도 있는 것으로 규정하고 있는데(제2480조 제1항), 실무에서는 그렇게 혼란스럽게 내버려두지 않고 피담보채권액과 취득대금이 상계되도록 처리하고 있다. 이에 관해서는 Dalloz, Code Civil, Édition 2017, 116e édition, p. 2614–2616; Dross, Droit Civil: Les Choses, 2012, n° 126; Terré/Lequette/Simler, Droit civil: Les Obligations, 11e édition, 2013, n° 1376; 朴秀坤, "프랑스민법상의 저당권의 효력 개관", 「민사법학」 제49–2호, 2010. 6, 241(262~265)면.

미에서의 '제3취득자'가 포섭된다.[9] 그러나 이러한 열거주의는 채무자 소유의 물건을 소유권유보하고 매수한 자, 채무자인 사단의 지분을 가진 구성원 등 다양한 이해관계인들을 포섭하지 못한다는 한계를 드러내고 있었다.

따라서 2016년 10월 1일의 개정 이후 프랑스민법은 이러한 법정대위의 자격에 관한 기존의 열거주의적 입장을 포기하고, 법정대위의 자격에 관하여 일반규정을 도입하였다. 제1346조의 규정[10]을 통하여, 변제에 관한 법정의 이해관계(intérêt légitime)를 갖고 있는 자라면 누구나 대위변제를 할 수 있고, 대위변제자에게는 변제자대위권이 법률규정에 의해 자동으로 부여되게끔[11] 규정을 한 것이다. 이는 일본민법 제500조 및 우리 민법 제481조와 매우 비슷한 규정을 도입한 것이라고도 볼 수 있다.

(2) 구상권에 관한 법률규정

문제는 이러한 법정변제자대위가 당사자 간의 구상권을 전제로 하고 있는데, 그 구상권이 과연 당사자 간에 존재하는가 하는 점이다. 이에 관하여 예를 들어 프랑스민법 제2310조는 다수의 보증인들 가운데 먼저 대위변제를 한 자는 나머지 보증인들에 대해서 구상권을 행사할 수 있는 것으로 규정함으로써, 대위변제를 한 보증인에게 다른 보증인들에 대한 인적 구상권(recours personnel)을 부여하고 있다.

(3) 약정변제자대위에 관한 법률규정

프랑스민법은 2016년 10월 1일의 개정 이전까지 제1250조에서 약정변제자대위(La subrogation conventionnelle)라는 표제 하에 제3자의 임의대위 가능성에 관해 규정하고 있었다.[12] 2016

---

8) 프랑스민법은 타인의 채무를 담보하기 위해 자기 부동산에 담보물권을 설정하는 경우에 관하여 명문규정을 두지 않고 있다. 하지만 타인의 채무를 담보하기 위한 동산질권의 설정을 규정한 제2334조와, 유증된 부동산이 타인의 채무를 위하여 담보될 수 있음을 규정한 제1020조에서 그러한 '물상보증(cautionnement réel)'이 행해질 수 있음을 암시하고 있다. 그리고 그러한 물상보증인에게도 제1251조의 변제자대위, 즉 채권자 지위의 이전이 인정된다는 것이 프랑스에서 지배적 견해이다. 이에 관해서는 Dalloz, Code Civil, 2017, p. 2550~2551.

9) 이에 관해서는 Terré/Lequette/Simler, 앞의 책, n° 1374; Marty/Raynaud/Jestaz, Droit civil, Les obligations, Tome 2, Le régime, 2e édition, 1989, n° 396 et svt; Chabas/Juglart, Leçon de droit civil, Obligation: théorie générale, 8e édition, 1991, n° 854 et svt; Bénabent, Droit civil, Les obligations, 10e édition, 2005, n° 742; Carbonnier, Droit civil, Tome 4, Les obligations, 15e édition, 1991, n° 334.

10) Code Civil Art. 1346: "La subrogation a lieu par le seul effet de la loi au profit de celui qui, y ayant un intérêt légitime, paie dès lors que son paiement libère envers le créancier celui sur qui doit peser la charge définitive de tout ou partie de la dette."(변제자대위는 그의 변제가 채무의 전부 또는 일부를 부담하는 자를 채권자한테서 해방하는 때에 그 변제에 법정의 이해관계를 갖는 자의 이익을 위하여 법률의 효과로서 성립한다).

11) 어차피 프랑스민법상 법정변제자대위에 있어서 대위변제자는 종래의 채권자를 당연히 대위하는 것으로서, 이에 관해 채무자나 보증인, 또는 물상보증인이나 제3취득자의 반대는 인정되지 아니하였다. 이에 관해서는 Bénabent, Droit civil, Les obligations, n°742.

12) 프랑스민법 제1250조에 따르면 임의대위변제를 한 자는 채권자가 채권, 소권, 선취특권, 저당권 등을 변제자

년 10월 1일의 개정 이후 프랑스민법은 이 규정을 제1346-1조 및 제1346-2조로 대체하였는데, 그 기본골격은 그대로 유지가 되고 있다. 변제에 관한 법정의 이해관계 없이 변제한 자는 채권자의 승낙을 얻어야만 채권자를 대위할 수 있게끔 한 것이 그와 같다. 이러한 변제자대위가 명시적으로(expresse) 이루어져야 한다고 규정한 것도 예전과 같다(제1346-1조 2항). 이는 우리 판례가 변제를 수령한 채권자에 대해서 변제자대위를 승낙한 것으로 추정하는 것과 대비된다.[13] 예전과 달라진 점은, 개정 프랑스민법이 변제자대위의 승낙에 대해 이것이 사전적으로 이루어질 수도 있음을 규정한 것 정도이다.

2. 변제자대위에 관한 학설

(1) 변제자대위의 가능성

프랑스민법은 다수의 보증인 간에 분별의 이익(bénéfice de division)이 존재한다고 규정하고 있다(프랑스민법 제2303조).[14] 다수의 물상보증인들 간에도 비록 명문의 규정은 없지만 그와 같은 분별의 이익이 존재한다는 게 프랑스법의 태도이다.[15] 그 밖에 다수의 제3취득자 간에도 분별의 이익은 존재한다고 하는데, 이때 책임의 분담은 각자가 갖고 있는 물건의 가치를 기준으로 한다는 게 프랑스 판례 및 학설의 입장이다.[16]

이렇게 보증인·물상보증인·제3취득자 등에게 서로 분별의 이익이 존재하는 이상, 자기 분담부분을 넘어서 변제한 보증인·물상보증인·제3취득자 등은 다른 담보제공자들에 대하여 당연히 구상권을 갖게 된다. 다만 프랑스법은 연대채무자, 공동보증인, 공동상속인 간의 구상에 있어서 전액구상이 아니라 부분구상을 원칙으로 하고 있다. 그리고 구상의 비율은 부담부분의 비율에 상응하도록 하며, 특히 각 물상보증인의 부담부분은 그가 제공한 담보물의 가액비율에 따르도록 하고 있다.[17]

로 하여금 대위하게 하였거나(제1250조 제1호), 채무자가 그 채무변제를 위하여 일정금액을 차용한 대주에게 공증으로써 채권자의 권리를 대위하게 하였거나(제1250조 제2호) 했을 때에만 변제자대위를 할 수 있다.

13) 이에 관해서는 대법원 2011. 4. 15. 자 2010마1447 결정.

14) 프랑스법상 공동보증인들은 각자 분할채무(obligation conjointe)만을 부담할 뿐이다. 이른바 분할채무자(codébiteurs conjoints)의 지위만을 갖는다는 것이다. 따라서 채권자는 다수의 보증인들에 대해 각각 일정한 분담분만을 청구할 수 있을 뿐이다. 이에 관해서는 Terré/Lequette/Simler, 앞의 책, n° 1145.

15) 다만 다수의 물상보증인들이 담보로 제공한 부동산의 가액을 계산하여, 그 부동산 가액이 채무액을 모두 초과할 경우에는 그 인원수에 비례하여 책임을 분담하고, 그 부동산 가액이 채무액에 미달할 경우에는 그 미달하는 가액의 담보제공자에 한하여 그 미달하는 부동산 가액에 비례하여 책임을 경감하도록 한다. 이에 관해서는 Simler, Cautionnement: Garanties autonomes – garanties indemnitaires, 2008, n° 622.

16) Cass. req., 8.12.1903, D.P. 1904, 1, 193; Mourlon, Traité théorique et pratique des subrogations person-nelles, 1848, p. 65; Simler/Delebecque, 앞의 책, n° 353.

17) 이에 관해서는 Mestre, La subrogation personnelle, Paris 1979, n°549; Schulz, Rückgriff und Weitergriff, S. 63; Schlechtriem, Ausgleich zwischen mehreren Sicherern fremder Schuld, FS Caemmerer 1978, S. 1013(1019); 諸哲雄, "구상관계와 변제자대위", 「민사법학」 제23호, 2003. 3, 698(716)면.

물론 프랑스법 실무에서 대부분의 보증은 연대보증(cautionnement solidaire)이다.[18] 이는 우리 법실무에서 대부분의 보증이 연대보증인 것과 같다. 이러한 연대보증관계에서 다수의 연대보증인들은 주채무자에 대해서만이 아니라 서로에 대해서도 연대채무(obligation solidaires[19])를 부담한다.[20] 그러나 이러한 연대의 효과가 연대보증인 간의 내부관계에는 영향을 미치지 아니한다. 물론 보증인 간에 불가분성(indivisibilité)에 관한 특약이 있을 수도 있지만(프랑스민법 제1320조 1항), 이 경우에도 내부관계에서는 구상권(recours en contribution)이 인정된다(프랑스민법 제1320조 2항).

(2) 보증인과 물상보증인 간의 우열

특기할 점은 이러한 상호대위에 있어서 프랑스법상 물상보증인과 보증인이 서로 동등한 지위를 갖는다는 점이다. 물론 19세기에는 이와 다른 견해가 제기되기도 하였다.[21] 그러나 오늘날 프랑스의 지배적 견해[22]와 판례는[23] 물상보증인과 보증인 간에 원칙적으로 차별은 없으며,[24] 이들 모두 각 인원수에 비례하여 책임을 분담하도록 서로에게 구상할 수 있는 것으로 해석하고 있다.

문제는 보증인이 최악의 경우 자기 전재산에 관하여 손실의 위험을 부담하는 반면, 물상보증인은 특정의 담보물에 한해서만 책임을 부담한다는, 양자 간의 엄연한 차이라고 할 수 있다. 보증인은 처음부터 거의 무한대의 책임을 각오하는 경우가 많지만, 물상보증인은 한정된 책임

---

18) 이에 관해서는 Simler, 앞의 책, n° 82.

19) 어떤 판례(Cass. com., 18.10.1983, Bull. civ. Ⅳ, Nr. 266)에서는 이 경우 다수의 연대보증인들이 불가분채무(obligation in solidum)를 부담한다고 판시하기도 하였다. 그러나 프랑스법 실무에서 불가분채무는 보통의 경우 다수인이 공동의 불법행위 또는 공동의 채무불이행에 기하여 손해배상책임을 부담하게 될 때에나 고려될 뿐이다. 이에 관해서는 Terré/Lequette/Simler, n° 1164.

20) 연대보증인이 모두 같은 금액의 채무를 부담하여, 그 책임의 객체가 동일한 경우, 그러한 연대보증인 간에는 분별의 이익이 인정되지 않는다는 것이다. 이에 관해서는 Cass. civ. Ⅰ, 27.06.1984, J.C.P. 1986, Ⅱ., 20689; Simler, 앞의 책, n° 514. 물론 우리 판례도 이 문제에 관해서는 같은 입장을 취하고 있다(대법원 2009. 6. 25. 선고 2007다70155 판결). 다만 프랑스법학에서는 이에 관해 비판적 의견이 존재하는 것도 사실이다: Malaurie/Aynès/Stoffel－Munck, Droit des obligations, 2016, n° 146; Simler/Delebecque, 앞의 책, n° 102.

21) 이에 관해서는 Pont, Commentaire－traité des petits contrats. Tome 2, 1878, n° 272, 319; Schlechtriem, Ausgleich zwischen mehreren Sicherern fremder Schuld, in: FS Caemmerer zum 70. Geburtstag, Tübingen 1978, S. 1013(1019); Troplong, Droit Civil Expliqué Suivant L'ordre Du Code. Des Priviléges Et Hypothèques Ou Commentaire Du Tit. Ⅹviii, Liv. Ⅰii, Code Civil, Volume 2, 2012, Art. 2033, n° 427 et svt; 고전후기 로마법에서도 'Beneficium excussionis personalis'라고 해서 인적 담보제공자에 대한 물적 담보제공자의 우위가 언급된 바가 있다(Nov. 4, 2).

22) 이에 관해서는 예를 들어 Aubry/Rau, Droit civil français: 7e édition, 1968, n° 240.

23) 이에 관해서는 Cass. civ., 23.11.1954, Bull. civ. Ⅰ, n° 331; Cass. civ. Ⅱ, 5.05.1976, Bull. civ. Ⅱ, n° 143; Paris, 27.04.1936, D.H. 1936, 382.

24) 그 근거로 보증인과 물상보증인 모두 주채무에 부종(accessoire)하는 책임만을 부담할 뿐이고, 채권자에 대하여 일방적으로 책임을 부담(unilatéralement obligatoire)한다는 점에서 크게 다르지 않다는 점이 제시되고 있다. 이에 관해서는 Grua, Le cautionnement réel, JCP G 1984, Ⅰ, n° 3167. 참고로 프랑스민법은 독일민법과 달라서 담보물권의 부종성(accessoirité)을 엄격히 요구하고 거기에 예외를 인정하지 않고 있다.

만을 부담하는 자라는 점에서, 물상보증인을 보증인보다 우대해줄 필요가 있다는 것이다.

따라서 프랑스법학은 인적 담보인 보증의 법리가 물적 담보인 물상보증에 준용될 경우 담보의 물적 성격에 반하지 않는 범위 내에서만 준용될 수 있는 것으로 해석하고 있다. 다시 말해, 보증인이 물상보증인에게 변제자대위를 하는 경우, 물상보증인이 소유한 담보물의 가치가 채무액에 미달하는 만큼, 물상보증인에 대한 보증인의 대위범위가 그에 비례하여 줄어드는 것으로 계산하고 있는 것이다.[25)]

(3) 보증인과 제3취득자 간의 우열

다음의 문제는 변제자대위에 있어서 보증인과 제3취득자 역시 보증인과 물상보증인처럼 서로 동등한 지위를 누리는지에 관한 것이다. 그런데 프랑스법학은 이를 부정하고 있다. 다시 말해 보증인은 제3취득자에 대해 변제자대위를 할 수 있지만,[26)] 제3취득자는 보증인에 대해 변제자대위를 할 수 없는 것으로 해석하고 있다.[27)]

그리고 그 근거는 제3취득자가 보증인에 대해 애초부터 변제자대위를 할 의사도 이익도 없었을 것이라는 데 두고 있다.[28)] 대개의 경우 제3취득자는 그 책임에 상응하여 감액된 취득대금으로 물건소유권을 취득하기 때문이다.

물론 일정한 경우 제3취득자는 저당권 등에 의해 자신에게 우선하는 다른 채권자가 있다는 사실을 모르고서 부동산을 취득할 수도 있다.[29)] 하지만 이러한 제3취득자를 위해 프랑스민법 제2465조는 이른바 검색의 항변권(bénéfice de discussion), 즉 채무자의 재산을 먼저 검색·집행하도록 채권자에게 항변할 수 있는 권리[30)]를 부여하고 있다. 그리고 프랑스민법 제2476조는 이러

25) 예를 들어 물상보증인이 담보로 제공한 부동산의 가액이 채무액보다 더 많을 경우, 보증인과 물상보증인 간에는 그 인원수에 비례하여 채권자를 대위할 것이지만(우리 민법 제482조 제2항 제5호 제1문 및 제3문과 같음), 물상보증인이 담보로 제공한 부동산의 가액이 채무자가 부담하는 채무액보다 더 적을 경우에는, 그에 비례하여 보증인은 물상보증인에 대해 그만큼 더 적게 채권자를 대위하게 된다는 것이다(우리 민법은 물상보증인과 보증인 간의 관계에서 담보물의 가액이 채무액보다 더 적은지와 상관없이 그 인원수에 비례하여 보증인이 물상보증인에 대해 채권자를 대위하게끔 하고 있음). 이에 관해서는 Simler, 앞의 책, n° 622; Mestre, Subrogation personnelle, 1998, p. 171.

26) 물론 제3취득자가 소유한 담보부동산의 가액이 채무자가 부담하는 채무액보다 더 적다고 하더라도 보증인은 그 담보부동산을 경매한 전액으로부터 구상을 받을 수 있다.

27) 이에 관해서는 Cass. civ., 16.03.1938, D.P. 1939, 1, 41.

28) 이에 관해서는 Soulié, Essai sur la nature juridique et les effets du cautionnement réel sous la forme hypothécaire, 1913, p. 18, 23.

29) 프랑스법은 독일법과 달리 물권변동과 관련하여 '형식주의'가 아닌 '의사주의'를 취하고 있다. 따라서 부동산 등기 없이도 소유권이 취득되고 저당권이 설정될 수 있다. 다시 말해 이렇게 '의사주의'를 따르는 프랑스식 법제에서는 제3취득자가 알지 못하는 사이에 그가 취득한 부동산에 저당권이 설정되는 경우가 자주 발생할 수 있다. 제3취득자가 일정한 부동산의 소유권을 먼저 취득하였다 하더라도, 그 양도인에 대해 채권을 갖고 있는 자가 그 부동산에 관해 선의로 저당권을 설정 받으면서 등기로써 먼저 대항요건을 가질 수 있다.

30) 보증인이 채권자에 대해서 행사하는 최고·검색의 항변권과 유사한 것이다(우리 민법 제437조; 프랑스민법 제2021조). 다시 말해 자기가 취득하는 부동산이 저당권 설정된 부동산임을 몰랐던 제3취득자는 마치 보증

한 제3취득자에게 변제로써 담보물권을 소멸시킬 수 있는 권리, 즉 척제권(purge)을 부여하고 있다. 따라서 이 경우에도 제3취득자가 굳이 보증인에 대하여 채권자를 대위할 필요가 있는지는 의문이라고 할 수 있다.31)

물론 이러한 척제권이 부여됨에도 불구하고, 제3취득자가 변제로써 담보물권을 소멸시킬 수 없는 경우 역시 있을 수 있다. 채무자가 무자력인 경우 제3취득자가 제2465조의 항변을 하더라도 소용이 없고, 제2476조의 권리를 행사해봤자 그로써 제3취득자가 변제한 금액을 보상받을 수는 없을 것이기 때문이다. 하지만 그러한 경우라 하더라도, 제3취득자를 보증인과 같은 지위로 보기는 어렵다. 보증인은 애초에 채무자의 전재산이 담보가 될 것임을 신뢰하고서 만일의 경우 채무자에게 구상하면서 그 일반재산에 대해 집행하겠다는 생각으로 보증을 섰을 것이다. 그런데 그 일반재산이 타인에게 양도되었다고 해서 그러한 사정만으로 그 일반재산에 관한 보증인의 신뢰이익을 깨트릴 수는 없다. 반면 담보부동산의 제3취득자처럼 누군가에게서 일정한 물건 또는 권리를 특정승계한 자는, 그에 관해 선의이든 악의이든, 그 물건 또는 권리에 관한 모든 위험을 그와 함께 승계하는 것으로 봐야 한다.32)

마찬가지로 후순위저당권자 역시 보증인에 대해 변제자대위를 하지는 못하게 된다. 후순위저당권자는 대개의 경우 저당권을 설정 받을 당시에 선순위저당권이 이미 존재한다는 이유로 채무자로부터 높은 이율 등을 보장받는 자이기 때문이다. 이는 담보물의 제3취득자가 대개의 경우 담보물의 소유권을 취득하면서 채무자로부터 채무이행의 인수를 하고 그 채무액만큼 매매대금에서 공제를 받기 마련이며, 그때 이미 저당권자 또는 그의 법정대위자(예를 들면 담보물 전소유자의 보증인)의 권리행사로 인하여 자기 권리가 상실될 수도 있다는 부담을 각오했을 것으로 봐야 하는 것과 유사하다.33)

(4) 물상보증인과 제3취득자 간의 우열

프랑스법상 물상보증인은 변제자대위에 있어서 보증인과 동등한 지위를 갖는다. 따라서 물

인처럼 채무자의 재산에 대한 검색의 항변권을 행사하여, 채무자의 재산에 대해 먼저 경매가 행해지도록 할 수 있다는 것이다.

31) 이에 관해서는 Simler, 앞의 책, n° 558.

32) 이에 관해서는 Soulié, 앞의 책, p. 103; Simler/Delebecque, 앞의 책, n° 346. 물론 양도인에 대해 담보책임을 묻는 것은 별론으로 한다. 그리고 양수인, 즉 제3취득자가 부동산이 아닌 동산을 양수하면서 선의취득을 했을 때에는, 그로써 양수인은 승계취득이 아니라 원시취득을 한 것이므로(프랑스법은 부동산과 달리 동산에 관해서는 선의취득을 인정함), 설령 그 동산에 질권이 설정되었다 하더라도, 그 제3취득자가 질권의 부담으로부터 벗어나는 것으로 보아야 한다.

33) 이에 관해서는 특히 Chabas/Juglart, Leçon de droit civil, Obligation: théorie générale, n°855. 2순위 채권자(le créancier de second rang) 입장에서는 1순위 저당권자(le premier créancier hypothécaire)에게 변제함으로써 잃을 것이 없다고 판단되었을 때에 한하여 대위변제했을텐데, 담보부동산의 시가하락 등으로 인하여 그러한 대위변제의 결과가 그에게 불이익으로 돌아온다면 그 결과는 대위변제자 자신이 부담하여야 할 것이다. 이에 관해서는 拙著, 보증인과 후순위저당권자 간의 변제자대위, 231(260)면.

상보증인 역시 보증인과 마찬가지로 제3취득자에 대해서 일방적으로 변제자대위를 할 수 있는 것이 당연하다. 다시 말해 물상보증인이 채권자의 담보물권 행사로 인하여 채권자에게 대위변제하였으면, 그 변제한 금액 전부를 구상 받기 위해 채권자를 대위하여 제3취득자 소유의 담보부동산을 경매하고 그 대금에서 만족을 얻을 수 있다는 것이다. 물론 제3취득자는 물상보증인에 대해서 변제자대위를 하지 못한다.[34] 제3취득자는 보증인 또는 물상보증인의 변제자대위를 각오하고서 그 물건을 승계취득한 것으로 봐야 하기 때문이다.

다만 제3취득자가 그 담보부동산을 채무자에게서 승계취득한 게 아니라 물상보증인에게서 승계취득한 경우에는 사정이 조금 달라진다. 이 경우 제3취득자는 채무자의 지위가 아니라 물상보증인의 지위를 승계한 것이기 때문이다.[35] 따라서 이렇게 물상보증인에게서 물건을 승계취득한 제3취득자가 소유한 물건이 채권자에 의해 경매된 경우, 제3취득자는 다른 물상보증인이나 보증인에 대해서 동등한 자격으로 변제자대위를 하여 책임분담을 요구할 수 있게 된다.[36] 물론 채무자에게서 담보부동산을 승계취득한 제3취득자에 대해서는 변제자대위를 통해 전적인 책임을 요구할 수 있게 된다.[37]

Ⅲ. 독일민법상의 변제자대위

1. 변제자대위에 관한 법률규정

(1) 담보물권의 독립성

독일민법은 우리 민법 또는 프랑스민법과 달리 담보물권에 관하여 부종성(Akzessorietät)을 엄격하게 요구하지 않고 있다. 채권자와 담보물권자가 따로 존재할 수 있고, 채권 없이도 담보

34) 이에 관해서는 Soulié, 앞의 책. p. 104.

35) 다시 말해 물상보증인에게서 담보부동산을 매수한 제3취득자는 변제자대위에 있어서 제3취득자로 보는 것이 아니라 물상보증인으로 보겠다는 얘기이다.

36) 이에 관해서는 Simler, 앞의 책, n° 558. 물론 책임의 분담은 보증인의 경우 각 인원수에 비례하여, 그리고 물상보증인과 제3취득자는 각 부동산의 가액을 기준으로 하되, 부동산가액이 채무액을 초과할 경우에는 각 인원수에 비례하는 것으로 계산하여야 할 것이다.

37) 그런데 이는 공동저당의 이시배당에 있어서 먼저 경매된 부동산이 물상보증인의 소유가 아니라 채무자의 소유일 때에, 먼저 경매된 부동산의 후순위저당권자가 다른 담보부동산을 제공한 물상보증인에게 대위권을 행사하지 못하는 반면, 물상보증인은 그러한 후순위저당권자에게 변제자대위를 할 수 있다고 하는 학설을 연상시킨다. 여기서 물상보증인은 공동저당권자에 대해 책임을 질 수 있다는 것만 예상했을 뿐, 채무자의 후순위저당권자가 그 담보부동산에 대위하는 것에 대해서도 책임을 져야 한다는 것을 계산에 넣었을 리가 없고, 이러한 물상보증인의 신뢰는 보호되어야 하는 것이기 때문이다. 이에 관해서는 金奎完, “공동저당과 후순위권리자들의 이익교량: 물상보증인 특혜설에 대한 비판”, 「고려법학」 제49호, 2007. 11, 439면 이하; 諸哲雄, “사적 자치와 공익의 상호관계”, 「서울대 법학」 제47권 제3호, 2006, 121(127)면; 明淳龜, “변제자대위에 있어서 이해관계인 간의 이익조정”, 「고려대학교 법학논집」 제34권, 1998, 251면 이하; 河京孝, 앞의 논문, 84(96)면; 梁彰洙, “후순위저당권자 있는 공동저당부동산에 대한 경매와 물상보증인의 지위”, 「인권과 정의」 1996. 2, 105면 이하; 대법원 1994. 5. 10 선고 93다25417 판결 참조.

물권이 존속할 수 있기 때문이다. 이는 독일에 토지채무(Grundschuld)라는 이름의 부동산질권제도가 있어 그것이 활발히 이용된다는 데 기인한다. 다시 말해 독일은 부동산질권 그 자체를 상품화하여 거래의 객체로 증권처럼 전전유통시키는 나라이다.[38)]

이렇게 부동산질권의 독립적 유통이 가능하고, 부동산등기에 공신력이 부여되는 이상, 독일의 대위변제자는 법정변제자대위를 굳이 할 필요가 없게 된다. 대위변제의 대가로 채권자에게서 그 담보부동산에 관한 담보권을 전부 또는 일부 이전 받으면 되기 때문이다. 그런 이유때문인지 독일의 법실무에서는 법정변제자대위가 그렇게 많이 행해지지 않고 있다. 변제자대위에 관한 규정도 프랑스민법처럼 체계적으로 존재하지 않고, 단지 산발적으로만 존재할 뿐이다.

(2) 보증인의 변제자대위 가능성

독일민법은 대위변제한 보증인에 관해 제774조에서 채권자의 권리[39)]가 만족의 범위 내에서(im Ausmaß der Befriedigung) 대위변제한 보증인에게 이전함을 규정하고 있다. 보증인이 채권자에게 대위변제를 하면, 채무자의 다른 보증인이나 물상보증인, 그리고 담보부동산의 제3취득자 등에 대해 채권자가 갖고 있던 권리를 대위 행사할 수 있게 된다는 것이다. 그러한 이유로 과거에는 보증인이 일반적으로 물상보증인이나 제3취득자보다 변제자대위에 있어서 우위에 있어야 한다는 견해[40)]가 제기된 적도 있었다.

(3) 물상보증인의 변제자대위 가능성

채무자를 위하여 자기 소유 동산 등에 질권을 설정한 물상보증인에 관해서는 제1225조에서 채권자의 권리가 그 대위변제한 물상보증인에게 이전함을 규정하고 있다.[41)] 물상보증인 역시 보증인에 대해서 변제자대위를 할 수 있다는 얘기이다. 그런데 여기서 참고로 덧붙여 말하자면, 독일민법은 보증인 또는 물상보증인과 같은 법정대위변제자가 다른 담보제공자에 대해 변제자대위를 하기 위하여 반드시 일부변제가 아닌 전부변제를 하도록 요구하고 있다. 독일법상 변제자대

---

38) 朴鍾瓚, "독일 토지채무에 관한 연구", 「강원법학」 제12호, 2000. 12, 107(108)면.

39) 본래의 채권은 물론이고 이에 부수된 권리, 그리고 이를 담보하기 위한 인적·물적 담보의 권리 일체를 포함한다. 채무자에 대해서는 변제한 전액에 대하여 보상을 청구하고, 채무자가 무자력인 경우 다른 담보제공자들에 대해서는 인원수에 비례하여 분담을 청구하되, 물적 담보제공자들의 경우 그들이 담보로 제공한 물건의 교환가치 한도에서 분담을 청구한다는 것이다.

40) 보증인이 물적 담보제공자들보다 변제자대위에 있어서 더 우대 받아야 하는 근거는 보증인이 그의 전재산으로 책임을 진다는 점에 있다고도 하였다. 이에 관해서는: Horn, in: Staudingers Kommentar zum BGB, 1997, §774, Rn. 57 ff.; Tiedtke, Aus dem Hauptschuldverhältnis abgeleitete und eigene Einreden des Bürgen, JZ 2006, 940.

41) 다시 강조하지만, 여기서 물상보증인이라 함은 채무자를 위하여 자기 부동산에 저당권을 설정한 물상보증인이 아니라 채무자를 위하여 자기 소유 동산에 질권을 설정한 물상보증인을 말하는 것이다. 물론 이러한 물상보증인에게 이전되는 채권자의 권리는 본래의 채권만이 아니라 이에 부수된 권리, 그리고 이를 담보하기 위한 인적·물적 담보의 권리 일체를 포함한다. 이에 관해서는 Damrau, in: Münchener Kommentar zum BGB, 6. Auflage 2013, §1225, Rn. 2, 5 ff.

위의 요건이 그 변제자대위로써 채권자가 불이익을 당하지 않는 것에 있기 때문이다.[42)]

(4) 제3취득자의 변제자대위 가능성

독일민법은 제3취득자에 대해서도 원칙적으로는 변제자대위의 가능성을 부여하고 있다. 담보된 물건의 소유자가 채무자를 위하여 대위변제한 경우에는, 제1143조에서 채권자의 권리가 그 담보물 소유자에게 이전함을 규정하고 있는 것이다.[43)] 그 담보부동산의 소유자가 제3취득자인지 아니면 물상보증인인지 여부를 불문한다.[44)] 이를 보면 독일민법상 보증인과 물상보증인, 그리고 제3취득자는 변제자대위의 관계에 있어서 얼핏 상호 동등한 지위에 있는 것처럼 여겨진다.[45)]

---

42) 이른바 "누구도 자기 이익에 반하여 대위되지 않는다(nemo subrogat contra se)"는 원칙의 반영이다. 이에 관해서는 Bittner, in: Staudinger Kommentar zum BGB, 2009, § 268, Rn. 7, 21, 22; Wacke, Der Erlaß oder Vergleich mit einem Gesamtschuldner. Zur Befreiung Mithaftender beim Regreßverlust durch Gläubigerhandeln, AcP 170(1970), 42(60). 그리고 이는 프랑스법도 마찬가지이다. 이에 관해서는 Marty/Raynaud/Jestaz, Droit civil, Les obligations, t.2, Le régime, n°396.

43) 물론 이러한 담보부동산 소유자에게 이전되는 채권자의 권리는 본래의 채권만이 아니라 이에 부수된 권리, 그리고 이를 담보하기 위한 인적·물적 담보의 권리 일체를 포함한다. 보증인에 대한 권리만이 아니라 다른 물상보증인이 저당권설정자가 아니라 질권설정자인 경우 그 물상보증인에 대한 채권자의 권리도 그 대위변제자에게 이전한다. 이에 관해서는 Wolfsteiner, in: Staudingers Kommentar zum BGB, 2009, § 1143, Rn. 3; § 1143, Rn. 31.

44) 다시 말해 여기에는 타인의 채무를 위한 저당권설정자, 타인의 채무를 위해 저당권이 설정된 부동산을 양수한 자, 담보부동산의 공유자 또는 공동상속인이 다 포함된다. 물상보증인 또는 제3취득자가 채무자의 채무를 이행인수하였는지 여부도 불문한다. 다만 아직 소유권이전등기를 마치지 않은 담보부동산 매수인은 여기에 포함되지 아니한다. 이에 관해서는 Wolfsteiner, in: Staudingers Kommentar zum BGB, § 1143, Rn. 3; § 1143, Rn. 1.

45) 특히 물상보증인과 보증인은 독일의 통설에 따르면 서로에 대해 동등하게 변제자대위를 하는 관계로서 한때는 서로 끝없는 변제자대위의 공방이 벌어지는 것조차 불가피한 것으로 여겨지기까지 하였다. 이에 관해서는: BGHZ 108, 179(183 ff.) = NJW 1989, 2530; BGH NJW－RR 1991, 170(171); 1991, 499; 1991, 682(683); NJW 1992, 3228(3229); NJW 2001, 2327(2330); Hüffer, Die Ausgleichung bei dem Zusammentreffen von Bürgschaft und dinglicher Kreditsicherung als Problem der Gesamtschuldlehre, AcP 171 (1971), 470(479 ff.); Schlechtriem, FS v. Caemmerer, 1978, S. 1013(1037 f.); Steinbach/Lang, Zum Gesamtschuldregreß im Verhältnis zwischen Personal－ und Realsicherungsgeber, WM 1987, 1237(1244); Medicus, Bürgerliches Recht, 23. Aufl., 2011, Rn. 941; Konzen, in: Soergel Kommentar BGB, Sachenrecht 3, 13. Aufl., 2001, § 1143 Rn. 7; Habersack, in: Soergel Kommentar BGB, § 1225 Rn. 9; Larenz, Lehrbuch des Schuldrechts Ⅱ/2, 13. Aufl., 1986, § 60 Ⅳ 3; Pecher, in: Soergel Kommentar BGB, § 769 Rn. 20 ff.; Schanbacher, Der Ausgleich zwischen dinglichen Sicherer (Grund－, Hypotheken－ und Pfandschuldner) und persönlichem Sicherer (Bürgen), AcP 191 (1991), 87. 그리고 보증인과 물상보증인이 주채무를 동등한 지위에서 담보하고, 마치 수인의 공동보증인이 그러하듯이 보증인과 물상보증인도 서로 동일한 단계의 의무를 부담하며, 나머지의 담보제공자는 그들보다 변제자대위에 있어서 후순위에 놓일 뿐이라는 견해로는: Habersack, in: Münchener Kommentar zum BGB, 5. Auflage 2009, § 774, Rn. 29; BGH NJW 1992, 3228(3229); Reinicke/Tiedtke, Bürgschaftsrecht, 3. Aufl., 2008, Rn. 649 ff.; Horn, Haftung und interner Ausgleich bei Mitbürgen und Nebenbürgen, DZWiR 1997, 265(270).

(5) 공동저당관계에서의 변제자대위 부정

놀라운 것은, 독일민법이 공동저당(Gesamthypothek)의 관계, 즉 부동산을 담보로 제공한 자가 수인인 경우에 담보부동산 소유자들 간의 법정변제자대위를 인정하지 않는다는 데 있다.46) 구체적으로 말하자면, 독일민법 제1173조에서 여러 담보부동산 소유자들 중의 1인이 채무자를 위하여 먼저 대위변제하였다 하더라도, 다른 담보부동산에 관한 채권자의 저당권이 대위변제한 담보부동산 소유자에게 원칙적으로 이전하지 않고 바로 소멸하는 것으로 규정되어 있다.47) 이렇게 대위변제를 한 공동저당부동산소유자가 물상보증인인지, 아니면 제3취득자인지 여부는 여기서 따지지 아니한다.

2. 변제자대위에 관한 학설

(1) 보증인, 물상보증인, 제3취득자 간의 폭넓은 변제자대위가능성

실제로 오늘날 보증인, 물상보증인, 그리고 제3취득자 간에는 변제자대위에 관하여 우위 또는 열위는 존재하지 않는다는 것이 독일의 지배적 견해이다.48) 물론 자기 소유 부동산을 담보로 제공하였거나 그러한 담보부동산을 취득한 자들인 경우 그 부동산이 공동저당권의 목적이 되는 이상 변제자대위가 제한되긴 한다. 그러나 독일민법 제1173조 제2항은, 공동저당관계에 있어서도 수인의 담보부동산 소유자들 간에 구상권(Ersatzanspruch)이 존재할 경우에는,49) 피담보

---

46) 공동저당은 그 자체로 구상이 없는 것이라는 말로 표현하기도 한다. 이에 관해서는 BGHZ 108, 179; BGH NJW-RR 1995, 589; Wolfsteiner, in: Staudingers Kommentar zum BGB, 2009, §1173, Rn. 23. 동일한 담보부동산 위에 지분권을 가진 자가 여러 명인 경우에도 위와 같은 법리가 적용된다.

47) 그러니까 독일법상 제3취득자는 보증인에 대해서는 변제자대위를 할 수 있어도, 다른 담보부동산의 저당권설정자나 다른 담보부동산의 제3취득자에 대해서는 원칙상 변제자대위를 하지 못한다. 그리고 저당권설정자인 물상보증인 역시 보증인에 대해서는 변제자대위를 할 수 있어도, 다른 담보부동산의 저당권설정자나 다른 담보부동산의 제3취득자에 대해서는 원칙상 변제자대위를 하지 못한다. 물론 변제자대위에 관한 특약이 있었을 때에는 예외이다. 이에 관해서는 Habersack, in: Münchener Kommentar zum BGB, 5. Auflage 2009, §774, Rn. 29; Hartmaier, Ausgleichsfragen bei mehrfacher Sicherung einer Forderung, Tübinger Diss. 1963, S. 99 ff.; Becker, Ausgleich zwischen mehreren Sicherungsgebern nach Befriedigung des Gläubigers, NJW 1971, 2151(2154); Selb, Mehrheiten von Gläubigern und Schuldnern, 1984, S. 123; Schulz, Rückgriff und Weitergriff, Breslau 1907, S. 41 ff; Hawellek, Die persönliche Surrogation, Tübingen 2010, S. 10 ff; Wolfsteiner, in: Staudingers Kommentar zum BGB, 2009, §1143, Rn. 4, §1173, Rn. 24; BGH NJW 1983, 2449; BGH NJW-RR 1995, 589.

48) 보증인이 그의 전재산으로 책임을 진다고 하지만, 때로는 보증인의 전재산 가액이 물상보증인의 특정담보물 가액보다 더 낮을 수도 있다. 보증인들 가운데는 보증책임의 한도액을 매우 낮게 정한 보증인도 존재하며, 보증인이 보증채무를 부담하는 대가로 그 위험성에 비례하여 주채무자로부터 금전을 수취하는 경우 역시 드물지 않다. 보증인이 정말로 보호를 받아야 한다면, 왜 다른 담보제공자들이 얼마나 있는지 여부에 따라 그 보호의 정도가 달라져야 하는지도 의문이다. 이에 관해서는 Hawellek, 앞의 책, S. 269; Wolfsteiner, in: Staudingers Kommentar zum BGB, 2009, §1143, Rn. 39 ff.; Wiegand, in: Staudingers Kommentar zum BGB, 2002, §1225, Rn. 29.

49) 이러한 배상청구권은 특약에 의해 부여될 수도 있고, 법률의 특별규정에 의해 부여될 수도 있다. 이에 관해

채무가 그 중 1인의 변제로 소멸하더라도 그 채무를 담보한 저당권이 바로 소멸하지 않고, 대위변제한 담보부동산 소유자에게 그것이 이전한다고 규정하고 있다.

그리고 독일판례[50]는 물상보증인이나 제3취득자 간에도 연대채무자들 간의 내부적 관계와 유사한 구상·대위의 관계가 발생한다고 보고 있다. 그 근거로, 만약 그러한 구상·대위의 관계가 발생하지 않는다면, 채권자가 우연히 어느 물상보증인 또는 제3취득자의 부동산에 자의로 먼저 저당권을 실행하는가에 따라서 물적 담보제공자들의 지위가 크게 달라지지 않겠는가 하는 점을 언급하고 있다. 사실상 공동저당관계의 여부를 따지지 않고 모든 담보제공자들 간에 구상·대위의 관계가 존재할 수 있음을 시사한 것이다.[51]

(2) 제3취득자의 변제자대위를 부정한 판례

물론 독일판례 가운데서도 예외적으로, 이미 저당권설정이 되어 있는 부동산을 사후에 양수한 자, 즉 제3취득자가 채무자를 위하여 대위변제한 경우에는 변제자대위를 인정하지 않는다는 판례가 있긴 하다.[52] 하지만 이 사안에서 그 제3취득자는 그 담보부동산을 양수할 때 그 담보물권의 실행만이 아니라 일방적인 변제자대위까지도 전부 감수했던 자[53]로서 특별하게 취급되었다고 봐야 할 것이다. 다시 말해 이는, 제3취득자가 보증인이나 물상보증인 등의 다른 담보제공자들에 비해 일반적으로 더 열위에 있어서 보증인·물상보증인에 대해 변제자대위를 못한 것이 아니다. 그게 아니라, 이 경우 채무자가 제3취득자에게 담보부동산을 양도하는 것이, 그 양도계약 당사자가 아닌, 다른 물적 담보제공자들(예를 들어 보증인·물상보증인)의 출연 또는 부담을 반대급부로 한 양도약정[54]이 되어서는 안 되기 때문에 제3취득자의 변제자대위를 금지한 것이다.[55]

Ⅳ. 결 론

변제자대위에 있어서 우리 법이 모법(母法)으로 삼은 프랑스민법은, 변제자대위를 할 수 있

서는 Wolfsteiner, in: Staudingers Kommentar zum BGB, 2009, §1173, Rn. 24; BGH NJW 1983, 2449; BGH NJW-RR 1995, 589.

50) BGHZ 108, 179 = ZIP 1989, 1044; BGH NJW-RR 1991, 499; BGH JR 1993, 322; BGH ZIP 2001, 914; BGH JZ 2000, 626; BGH vom 9. 12. 2008 – Ⅺ ZR 588/07 – NJW 2009, 437.

51) 물론 이에 대해서는 반대의 견해 역시 존재한다. 보증인, 물상보증인, 그리고 제3취득자를 동등하게 취급하는 데 대해서는 동의하지만, 그들 간의 변제자대위는 공동저당관계인지 여부와 상관없이 모두 허용하지 말아야 한다는 견해로는: Wolfsteiner, in: Staudingers Kommentar zum BGB, 2009, §1143, Rn. 45.

52) BGH NJW 2001, 2327(2330). 이러한 판례와 동일한 견해로는 Schlechtriem, 앞의 논문, S. 1013(1031)면; Schulz, 앞의 책, S. 63 f.

53) 이 경우 제3취득자는 채무자로부터 담보부동산을 양수하면서 그 피담보채권액만큼 매매대금을 감액하는 것이 보통이다.

54) 이런 식의 계약을 '제3자의 부담 있는 계약(Vertrag zulasten Dritter)'이라고도 한다. 이에 관해서는 Gottwald, in: Münchener Kommentar zum BGB, 5. Auflage 2007, §328, Rn. 188 ff.

55) Schlechtriem, 앞의 논문, S. 1031.

도록 법정된 자들 간의 상호관계에서 보증인과 물상보증인의 지위를 우선하고, 제3취득자는 원칙적으로 변제자대위를 할 수 없게 하였다. 대개의 경우 제3취득자는 보증인에 대해 애초부터 변제자대위를 할 의사도 이익도 없었을 것이라고 보았기 때문이다. 한편 선의의 제3취득자를 위해서는 이른바 검색의 항변권(bénéfice de discussion)과 척제권(purge)을 부여하여 사실상 변제자대위를 할 필요가 없게끔 규율하였다.

그리고 보증인과 물상보증인 간의 관계에서는 물상보증인을 좀 더 우대하여, 물상보증인이 채무액에 미달하는 물적 담보를 제공한 경우, 물상보증인의 책임범위가 보증인의 그것보다 더 줄어들도록 규율하였다. 또한 제3취득자가 그 담보부동산을 채무자에게서 승계취득한 게 아니라 물상보증인에게서 승계취득한 경우에는 다른 물상보증인이나 보증인에 대해서 동등한 자격으로 변제자대위를 하여 책임분담을 요구할 수 있게 하였다. 이 경우 제3취득자는 채무자의 지위가 아니라 물상보증인의 지위를 승계한 것이기 때문이다.

한편 독일법은 변제자대위에 있어서 보증인과 물상보증인, 그리고 제3취득자를 거의 차별하지 않는다는 입장이다. 공동저당관계에서는 변제자대위를 원칙적으로 금지하고 있으나, 이는 독일법실무에서 변제자대위가 사실상 거의 이루어지지 않는다는 데 기인한다고 볼 수 있다.

변제자대위는 기본적으로 변제자의 채무자에 대한 구상채권의 실현을 목적으로 한다.[56] 물론 그 변제자가 보증인이었는지, 물상보증인이었는지, 제3취득자였는지에 따라서 그 변제자가 애초에 기대하고 있던 구상이익은 다를 수밖에 없다. 따라서 변제자대위에 의해 확보하고자 하는 대위변제자의 법적 지위는 대위변제에 법정의 이해관계를 갖고 있는 다른 자, 특히 채권자, 제3취득자, 후순위저당권자 등의 이익이나 권리, 그리고 이와 관련된 제도의 목적을 조화롭게 고려하는 가운데 설정되어야 할 것이다.[57] 특히 프랑스법의 경우 이에 관해 이미 많은 논의가 이루어진 바가 있으므로, 이러한 비교법적 자료를 참고하여 변제자대위에 관한 우리 법규정을 해석하고 추후 보완하여야 할 것으로 생각된다.

---

56) 河京孝, 앞의 논문, 84(96)면.

57) 河京孝, 앞의 논문, 84(96)면.

보증계약의 부종성과 독립성에 대한 연구

이 호 행*

Ⅰ. 들어가며
Ⅱ. 2당사자 보증관계와 3당사자 보증관계의 구별
Ⅲ. 2당사자 보증관계
Ⅳ. DCFR의 인적담보(Personal security)
Ⅴ. 결론에 갈음하여…

Ⅰ. 들어가며

보증계약은 채권자와 보증인 사이에 이루어지는 계약이다. 이러한 보증계약은 채권자가 주채무자에 대해 채권 ― 그것이 현존·특정의 채무이든, 장래·불특정의 채무이든 ― 을 갖는다는 전제하에 체결되는 것이 일반적이다. 다만, 주채무자와 보증인 사이에는 계약관계의 존재나 채권의 존재가 전제되어 있지는 않다. 특히 우리나라는 경제적 이해관계 보다는 정의적 관계에 기초하여 보증계약을 체결하는 경우가 많기 때문에,[1] 보증인과 주채무자 사이의 관계에 대해서는 별도의 계약관계가 있는 특수한 경우를 제외하면 대부분 구상권 내지 변제자대위권을 통한 법률상 규율만이 존재할 뿐이다.

한편, 우리나라는 보증채무의 성질에 대한 논의를 중심으로 규율한다.[2] 이는 우리 민법[3] 제3편 제1장 제3절 제4관의 표제어가 "보증채무"라는 점에 있어서 더욱 명확하게 드러난다. 대부분의 교과서는 보증채무의 성질에 대해 독립성, 내용상 동일성, 부종성(성립·내용·이전), 보충성으로 구분하여 설명하면서, 독립성과 관련하여서는 단지 소멸시효기간을 별개로 할 수 있고,

---

* 충북대학교 법학전문대학원 초빙교수

1) 새로운 보증유형의 등장에 따라 기존의 정의적 보증인을 전제로 규율되어 온 보증법리에 부조화가 생기게 되었다(박영복, "보증의 유형화", 「민사법학」 제4호, 한국민사법학회, 2009. 9, 5면 참고).

2) 역사적으로 의무본위에서 권리본위로 발전해왔다고 설명되고 있으나, 우리 민법 채권편 수인의 채권자 및 채무자에서는 '의무'를 중심으로 규율하고 있다.

3) 그러나 프랑스(프랑스민법 제2011조 이하), 독일(독일민법 제756조 이하), 스위스(스위스채무법 제492조 이하)의 경우에는 이를 계약의 장에서 규정하고 있다. 우리 민법에 대해서도 계약각칙편에 규율하는 것이 바람직하다는 지적이 있었다(법무부, 민법(재산편) 개정자료집, 2004. 11, 625면 참고).

보증채무 자체의 이행지체로 인한 손해배상은 보증한도액과는 별도로 부담하며,[4] 보증채무에 대한 보증도 가능하다고 한다. 독립성에 관한 민법의 규정은 민법 제429조 제2항(보증채무에 대해 따로 위약금 기타 손해배상액을 예정할 수 있다)이다. 그러나 이와 같은 태도는 보증계약이 성립된 이후의 논의에 불과할 뿐, 보증계약 자체에 대한 논의라고 볼 수 없다. 그렇기에 보증계약 자체에 초점을 맞추어 논의할 필요가 있다.

미국의 논의는 기본적으로 계약의 측면에서 보증관계를 논의한다.[5] 다만 실용성이 지배하는 경험주의적 풍토에 기초하여 이론적 관점보다는 내용적 측면에 중점을 두고 있는 것으로 생각된다. 이 점에서 결과적으로는 보증채무의 성질에 대한 논의와 연결되지만, 적어도 보증계약 자체의 법적 검토가 중심이 되고,[6] 채권자의 보증인에 대한 권리, 그리고 보증인의 채권자에 대한 권리(항변권)와 보증인의 채무자에 대한 권리를 중심으로 규율한다는 점, 민법과 상법이 분화되지 않았다는 점에서 우리 법제와 다른 점이 있다. 이하에서는 미국의 보증계약을 독립성이 강조된 2당사자 보증관계와 부종성이 강조된 3당사자 보증관계를 중심으로 검토하고, DCFR(Draft Common Frame of Reference)[7]의 담보제도를 간략히 검토하여, 이를 어떻게 이해하여야 할 것인지에 대해 생각해 보기로 한다.

---

4) 대법원 2003. 6. 13. 선고 2001다29803 판결.

5) 미국에서도 보증계약의 체결은 채권자와 보증인 사이의 계약이며, 주채무자의 동의나 인식은 요건이 아니다(California Commentary on The Restatement of The Law Third, Suretyship and Guaranty; LOYOLA OF LOS ANGELES LAW REVIEW [Vol. 34:23], Loyola Law School of Los Angeles, 2000. 11, p.245 참고).

6) 이 표현이 채권자와 보증인 사이의 명시적인 보증계약을 요구한다는 의미는 아니다. 즉, 미국에서는 각종 증권에 의한 보증(예컨대, Bid bond(입찰보증), Advanced payment bond(선수금반환보증), Performance bond(이행보증), Warranty bond(하자담보보증), Payment bond(지급보증) 등)이 가능하기 때문에, 우리와 달리 보증계약의 체결을 전제하지 않는다. 다만. 일정한 경우 계약을 의제할 수는 있다(다음에서 논의하는 각주 24) 및 보증신용장 부분 참고). 각종 증권에 의한 보증의 개념에 대해서는 이호남, 신용장과 독립적 은행보증에 있어서 독립추상성과 그 한계, 고려대학교 법무대학원 석사학위논문, 2004, 28~30면 참고. 한편, 이와 같은 증권에 의한 보증을 전통적인 보증계약이 아니라 보증신용장에 유사한 것으로 설명하는 경우도 많다. 이행보증의 성격에 대해서는 배용원, "履行擔保와 스탠드바이 信用狀", 「중재」 제278호, 대한상사중재원, 1995. 12., 89면 이하 참고. 한편 위와 같은 경우, 채권자는 증권상의 권리를 가질 뿐, 보증인에 대한 어떠한 의무도 부담하지 않는 것이 원칙이다. 각주 27)에 소개된 사건 참고.

7) DCFR의 성격에 대해서 주의해야 할 것은, 법통일의 도구가 아니라는 점이다. 이것이 설령 유럽차원에서 입법화된다 하여도, 이는 어디까지나 선택적 도구(Optionales Instrument)로서의 의미를 갖는다. 즉, 추가적인 법규범에 불과한 것으로, 국내법질서를 건드리지 않으면서 당사자들이 이를 선택할 경우에만 적용되기 때문이다. 이 '선택적 도구'의 효력요건은 항상 준거법으로의 선택이다(Christian von Bar의 EU사법 Ⅱ(2010), 한국외대 법학연구소, 서문 참고).

Ⅱ. 2당사자 보증관계와 3당사자 보증관계의 구별[8)]

1. 보증관계

(1) 보증관계의 특징

보증관계에 있어서 ⅰ) 채권자의 보증인에 대한 이행청구가 주채무자의 채무이행 여부에 의존하고, ⅱ) (보증채무가 이행되었음을 전제로) 보증인의 주채무자에 대한 구상권 행사가 채권자와 채무자의 법적 쟁점에 의해 좌우되는 관계[9)]는 일반적으로 보증계약에 해당한다.[10)] 반면, 3 당사자가 참여하지만 권리와 의무가 서로와의 관계에서 전적으로 독립적인 2당사자 사이의 보증계약은 그 명칭에도 불구하고 엄밀한 의미의 보증계약은 아니다. 다만, 이 경우에도 그들의 권리가 (법적으로가 아니라 사실적 측면에서) 관련되어 있기 때문에, 이를 보증계약과 명확하게 구별하는 것이 쉬운 일은 아니다.

(2) 1차적(primary) 보증과 2차적(secondary) 보증[11)]

1차적 보증은 2당사자 보증관계에 유사하고, 2차적 보증은 3당사자 보증관계에 유사하다. 이러한 구별은 명칭이 아니라 거래적 요소에 의해 결정된다. 즉, 은행이나 법원은 그 명칭과 상관없이 보증계약 여부를 판단한다. 보증계약이 될 수 있는 경우는 계약의 확립된 조건[12)]에 의하는데, 예를 들어 기본계약상 분쟁이 있을 때 수익자가 결정할 수 있는 권리를 부여받고 있다는 사실에 기초하여 보증인의 의무가 이행되어야 한다면, 이는 2차적 보증이다.[13)] 또한 법원은 계약외적 상황을 기초로 한 조건들을 고려함으로써 1차적 보증관계를 2차적 보증관계로 해석하기도 한다. 예컨대, 채권자와 보증인의 사이에서는 채권자가 일정한 증서를 제시하면 보증인은

---

8) 논의의 편의를 위해 보증계약이란 용어는 우리에게 익숙한 부종성이 중심이 된 상호의존적 관계를 의미하는 것으로, 보증관계란 용어는 보증계약을 포괄하는 계약관계를 의미하는 것으로 전제한다. 다만, Peter A. Alces, The Law of Suretyship and Guaranty, Database updated June 2010에서는 3당사자 보증관계를 보증계약으로, 2당사자 보증관계는 보증과 유사하지만 보증계약은 아닌 것으로 사용하고 있다.

9) 예컨대, 채권자에 대한 주채무자의 항변권이 있는 경우, 채권자가 주채무자를 면제한 경우, 채무초과상태에서 주채무자가 파산한 경우 등을 들 수 있다. 이는 우리 법제와 비슷하나 다르다. 우리 민법에서도 보증인이 사전·사후 통지의무를 이행하지 않은 경우에는 구상권이 제한된다. 그러나 우리 민법에서는 주채무자에 대한 면제가 절대효를 가지므로, 그 부분은 당연히 구상범위에서 제외된다.

10) 이를 "서로의 권리와 의무는 다른 2 당사자의 행동에 의해 결정된다."고 표현한다. Peter A. Alces, op.cit., §2: 6 참고. 당연한 것이지만, 주채무자가 표시되지 않은 보증계약은 강제될 수 없는 합의이다(See Staten Island Savings Bank v. Tri−State Power Wash, Inc., 284 A.D.2d 527, 728 N.Y.S. 2d 53 (2d Dep't 2001), Peter A. Alces, op.cit., §2: 6, 각주 1)).

11) J. Dolan, "Documentary Credit Fundamentals: Comparative Aspects", 2 Banking & Finance Law Review. 121, 1989.

12) 그러나 단순하게 서류의 제시와 관련된 계약조건일 경우에는 1차적 보증관계이다. 이는 뒤에서 논의하는 보증신용장으로 연결된다.

13) 반면, 수익자가 주채무자에 대한 청구나 기본계약상 분쟁과 상관없이 보증인에게 청구할 수 있다면 이는 1차적 보증이다.

이행하도록 되어 있음에도,[14] 보증인에게 수익자가 가진 증서의 진위여부를 확인하도록 허용하거나 강제하면,[15] 이는 2차적 보증이 된다.

2. 보증계약: 3 당사자의 상호의존성

(1) Restatement

1) 보증계약에 관한 리스테이트먼트[16]는 상호의존적 관계를 다음과 같이 규정한다.

(1) 리스테이트먼트는 §3를 제외하고 적용되며, 2차적 채무자는 다음과 같은 경우에는 언제나 보증인의 지위를 갖는다.

a) (2차적 의무에 대한) 계약에 의하여, 채권자가 (기본계약에 기초한) 주채무자의 의무에 관하여 2차적 채무자 내지 그의 재산에 대하여 청구권을 갖고,[17]

b) 기본채무 혹은 2차적 채무의 이행여부에 따라서 채권자가 다른 채무에 대해 이행을 청구할 권리가 없게 되며,[18]

c) 1차적 채무자와 2차적 채무자 사이에 있어서 기본채무를 이행해야 하거나 이행의 비용을 부담하는 자는 주채무자가 된다.[19]

(2) 채권자는 다음의 경우에 기본채무에 관해 2차적 채무자 혹은 그의 재산에 대하여 청구권을 갖는다.

a) 주채무자가 기본채무를 이행할 의무가 있고,[20]

b) 다음 중 어느 하나에 의해 2차적 채무가 결정될 것

i) 2차적 채무자는 기본채무의 내용에 따라 전부 내지 일부를 이행할 의무를 진다.[21]

ii) 채권자는 주채무자가 기본채무를 이행할 수 없는 경우에 2차적 채무자 내지 그의 재산에 대해 청구권을 갖는다.[22]

iii) 채권자는 연속적으로 2차적 채무자에게 기본채무를 인수하도록 청구하거나 위 i), ii)에서 설명된 의무를 부담하도록 청구할 수 있다.[23]

---

14) 이는 주로 증권의 형태로 발행된 보증에서 문제된다.

15) J. Dolan, op.cit., p.243. 이와 같은 긴장관계는 신용개설도구의 조사에 있어서 검토된다(Peter A. Alces, op.cit., §2: 6 각주 3)).

16) Restatement에 관한 각주 17)－23)의 주석은 LOYOLA OF LOS ANGELES LAW REVIEW [Vol. 34:23], pp. 240－242를 참고하였다.

17) 누군가의 채무, 파산, 과실에 대하여 책임을 지기로 약속하거나, 그에 대한 담보를 제공하는 자는 보증인이 된다.

18) 채권자는 오직 하나의 이행만을 받을 수 있다.

19) 궁극적으로 채무에 대해 책임을 지는 자는 주채무자이고, 다른 사람은 보증인이다.

20) 채권자의 보증인에 대한 권리는 주채무와 관련된 것이어야 한다.

2) 보증계약의 표지: 상호의존성

보증의 정의에 관한 Restatement에 의하면, 보증이란 당사자 간의 관계로부터 발생되는 것이고, 그들 사이에 명시적 계약이 있을 필요는 없다.[24] "§1의 [상호의존성] 요건을 충족하는 보증인(sureties)과 보증인(guarantors)은 보증계약상 보증인의 지위를 갖는다.[25]", "형식보다는 실질에 의해 보증계약상 지위에 따르는 권리가 결정된다.[26]" Section 1의 주석은 상호의존성이 보증계약의 본질임을 강조한다. 다시 말해서 보증계약의 두드러진 특징은 3 당사자의 권리와 의무가 상호의존적이라는 점이다. 즉, 보증계약은 3 당사자 사이의 관계이고, 이는 주채무자가 채권자에게 1차적 의무이행의 책임을 지며, 보증인은 계약에 따라서 주채무자의 이행여부에 의해 결정되는 2차적 의무이행의 책임을 질 뿐이다.[27] 채권자는 오직 하나의 이행만을 받을 수 있다.[28]

---

21) 주채무자와 보증인은 공동으로 각자 책임을 진다. 다만, 보증인의 의무는 계약에 의한 것으로 주채무보다 작거나 주채무와 다를 수 있다.

22) 이 규정은 주채무자의 파산 후에 책임을 지기로 동의한 경우에 문제된다. 한편, 보증인도 주채무의 내용과 동일한 책임을 부담해야 하므로, 대개의 경우 보증인은 더 이상의 책임을 지지 않기 위하여 담보를 제공할 것이다.

23) "보증은 한 당사자가 채무를 지고, 다른 당사자는 (오직 하나의 이행만을 받을 수 있는) 채권자에게 채무 내지 다른 의무를 부담하며, 관련된 두 당사자 중에서 한 사람은 이행해야만 하는 관계이다."(Peter A. Alces, op.cit., §2: 7 각주 34)).

24) 다만, 보증계약상 관계는 이러한 권리를 포함하는 두 개의 묵시적 계약 — 하나는 2차적 채무자와 1차적 채무자 사이에서, 다른 하나는 2차적 채무자와 채권자 사이에서 — 을 만들어낸다고 한다(Peter A. Alces, op.cit., §2: 7 각주 4)).

25) Peter A. Alces, op.cit., §2: 7 각주 5). 참고로 Surety와 Guarantor을 구별하면, Surety는 채권자에 대해 직접적으로(primarily) 책임을 지고, Guarantor는 채권자에 대해 오직 간접적으로(secondly) 책임을 진다. 대개의 경우 전자는 3자간의 계약으로 주채무자와 공동으로 각자 전부(확정된 채무액)에 대한 책임을 지며, 후자는 2자간의 계약으로 주채무자의 채무불이행시에 채무를 이행하기로 계약(채무액은 가변적)하는 경우이다. 다만, 이러한 차이는 보증계약상 내재적인 권리의 본질이 아니라 계약상 2차적 채무자에게 부과되는 의무와 관련된다. 어쨌든 양자는 Section 1의 기준을 충족하는 한 보증계약인 것이고, 그에 따른 권리들에 차이는 없다(Bernard A. Reinert & John W. Rourke, Chapter Ⅱ Suretyship in general; Richard A. Lord, Williston on Contracts 4th, Thomson/West, 2010, §61: 1).

26) 2차적 채무를 구성하는 계약은 보증계약상 관계를 초래한다는 결론은 형식이 아니라 실질에 기초한다(Peter A. Alces, op.cit., §2: 7 각주 6)).

27) Walton건설회사는 Kansas시와 컨벤션센터 확장공사계약을 체결하면서, 확장공사를 위해 하도급계약을 체결하였다. 도급인인 Walton사는 하청업체에 하청업체의 이행과 (재료)공급자의 지급을 보장하는 증권을 발행할 보증인을 요구하였다. 도급인인 Walton건설회사는 하청업체의 작업에 하자가 있고 이행기가 도과되었음을 발견한 후에, 하청업체와 보증인을 피고로 소송을 제기하였다. 한편 하청업체도 도급인과의 계약에 따른 미지급공사대금과 변호사비용을 청구하는 반소를 제기하였고, 보증인도 이행증권과 변호사비용에 대한 하도급계약에 따라서 각각 도급인과 하청업체를 상대로 교차청구를 하였다. 하급심법원은 변호사비용에 대한 도급인의 책임에 대하여 제기된 보증인의 교차청구를 각하하였는데, 그 이유는 도급인은 이행증권에 있어서의 당사자가 아니므로 보증인에 대하여 어떠한 계약상 책임도 지지 않기 때문이라고 하였다. 비록 보증인이 이행증권에 의해 도급인에 대해 의무를 부담하더라도, 그 역은 성립할 수 없다. 더욱이 그들의 합의에서 하청업체와 보증인이 하도급계약의 이행에 협력하여야 한다는 사실은 도급인의 권리에 영향을 미치지 않는다(Peter A. Alces, op.cit., §2: 7 각주 1)).

28) 보증인의 책임은 표시사항, 보장사항의 위반과 합의사항에 국한된다(Peter A. Alces, op.cit., §2: 7 각주 2)).

3) 상호의존성의 의미 — 보증계약상 권리와 항변권

당연한 귀결로 보증계약의 본질은 보증인의 권리와 필연적으로 연결된다. 계약 혹은 여하한 이유로든 그 권리를 포기하는 보증인을 보증인이라고 할 수 없는 것처럼, 그러한 권리를 가지지 않은 보증인을 보증인이라고 할 수 없다. 3 당사자의 책임이 상호의존적이라는 결론을 뒷받침하는데 충분할 정도로 거래관계에서 보증계약상 권리가 나타날 때, 보증계약이 존재하는 것이고, 보증계약상 항변을 이용할 수 있을 것이다.

종종 그와 같은 사실에 기초하여 거래관계가 충분한 상호의존성을 포함하며 한 당사자가 보증계약상 권리와 항변을 가진다는 결론이 도출된다. 3 당사자 중 1인이 보증계약상 권리를 주장하거나 보증계약상 항변을 하려고 할 때, (이해관계가 대립되는) 상대방은 보증계약상 권리를 발생시키기에 충분한 상호의존성이 없었다는 점과 추정적 보증인과 채권자 사이의 계약조항하에서는 주장되는 권리나 항변이 허용될 수 없다는 점을 주장·증명하여야 한다.

(2) 보험과 보증의 구별 — 상호의존성

Fausett Builders v. Globe Indem. Co. 사건[29]에서, Arkansas 대법원은 보증계약상 책임의 상호의존성에 관하여 다음과 같이 판시하였다.

> 보증인이 이행을 약정하는 계약의 조항들은 그 계약 속에서 이해되어야 한다. 주채무자의 계약과 보증인의 증권이나 책임은 하나의 증서에서 함께 해석되어야 한다. … 보증인의 책임은 주계약과 적용가능한 법령에서 정의된 것처럼, 반드시 그의 주채무자의 책임에 관한 내용을 담고 있는 명확한 계약조항에 의해 인정되어야 한다.[30]

만약 보험계약에 어떤 제3자의 이행의무가 포함되어 있고, 보험자의 책임이 그러한 이행의무와 관련하여 결정된다고 언급되어 있다면, 그 계약은 보험의 한 종류가 아니라 보증계약의 원칙에 의해 규율되는 보증계약이다. 그래서 보증계약상 책임의 상호의존성은 보험자의 책임의 독립성과 구별된다.

---

29) Fausett Builders v. Globe Indem. Co., 247 SW2d 471 (Ark. 1952)(Peter A. Alces, op.cit., §2: 10 각주 9)).
30) Madison County Farmers' Ass'n, at 585, citing Fausett Builders v. Globe Ins. Co., at 471, quoting Stearns, Law of Suretyship, at 1, 13, 14, 262 (5th ed. 1951)(Peter A. Alces, op.cit., §2: 10 각주 10)).

Ⅲ. 2당사자 보증관계

1. 보증신용장: 독립적 2당사자 계약들

(1) 보증신용장(stand by Letter of Credit)[31)]

1) 보증신용장의 개념과 연혁

보증신용장(standby letter of credit)은 수익자(beneficiary)가 보증신용장조건과 일치하는 지급청구를 하면 기본거래와는 관계없이 보증신용장개설은행이 보증신용장대금을 지급하는 특수한 보증수단으로서 채무자가 특정채무를 이행하지 아니하는 경우에 그 이행을 담보한다. 즉, 보증신용장은 상업신용장과 달리, 상품매매를 전제하지 않고, 개설의뢰인이 수익자에 대한 일정한 의무를 이행하지 않는 경우에 그로 인한 수익자의 손실보상을 담보하는 신용장이다.

미국에서는 은행의 수권된 활동을 열거하고 있는 연방은행법(National Bank Act 1864)을 고려하여 은행이 타인의 채무를 보증할 권한이 없다는 것이 일반적으로 인식되어 왔다. 실제로 동법은 은행의 보증행위에 대한 금지규정이 없었지만,[32)] 1899년 Bowen v. Needles National Bank 사건에서 은행이 타인을 위하여 보증을 하는 것은 은행의 권한 외의 행위(ultra vires acts)로서 이는 무효라고 판결하였기 때문에 은행의 보증행위에 대한 제동이 걸리게 되었다.[33)] 즉, 보증행위는 보험회사 및 보증회사의 독점적인 영역에 속하는 것으로 생각되었다. 그 후 미국 기업의 국제적 활동이 활성화됨에 따라 국제입찰과 국제계약에 관하여 보증이 필요하게 되었는데, 그 당시 미국에는 국제적 명성이 있는 보증회사가 없었기 때문에 국제적 명성을 지닌 은행의 보증이 요구되었다. 그런데 전술한 바와 같이 미국의 연방은행(National Bank)은 권한 외의 행위로서 보증의 개설이 금지되었지만, 미국 내의 외국은행에 대해서는 이러한 문제가 발생하지 않았다. 이 때문에 1960년대 이후 국제거래의 확대에 따라 미국 은행업계는 미국에서 영업을 하는 외국은행과의 경쟁과정에서, 은행의 업무영역인 신용장을 활용하여 은행의 영업능력범위 내에서 신용장에 보증의 성격을 부가한 스탠드바이 신용장을 고안하였다.[34)] 즉, 화환신용장의 기능을 활용

---

31) 우리나라에서는 일반적으로 의무의 이행을 보장하는 신용장을 주로 "보증신용장"이라고 칭하고 있기에 그 용어를 본 논문에도 그대로 사용한다. 하지만 보증이라는 용어는 附從性을 연상시키기 때문에, 차라리 정지조건부신용장이란 표현이 어떨까 생각해본다. 보증신용장이라는 용어의 사용에 대해 부정적인 견해로, 박석재, "독립적 보증 및 스탠드바이 신용장에 관한 유엔협약", 「상사법연구」 제22권 5호, 한국상사법학회, 2004, 315면 각주 2) 참고. 한편 stand by의 의미를 'on demand'의 의미로 이해하는 견해도 있다(박영복, 앞의 글, 14면 각주 8) 참고).

32) 그러나 현재는 미국 연방은행도 보증을 개설하는 것이 가능하다. 미국 통화감독관(US Comptroller of the Currency)이 1996년 2월 5일 공포하고 4월 1일부터 발효한 개정된 해석적 규칙 §7.7016(61 Feb. Reg. 4865(Feb. 9, 1996)에서는, 연방은행에게 신용장과 준거법 또는 법적으로 인정된 관행 규칙의 범위 이내에 있는 은행 보증과 같은 서류 상환의 "다른 독립적 지급 확약"을 개설 및 개설 위임할 권한을 부여하고 있기 때문이다(Wunnicke, B., D. Wunnicke & P. S. Tumer, "Stand-by and commercial letters of credit", 2nd ed., Wiley Law Publications, 1996, p.153.).

33) 박석재, 앞의 글, 319면 각주 18).

하여 신용장 금액을 한도로 주채무자의 계약불이행을 입증하는 불이행진술서 내지 불이행증명서와 상환으로 채권자에게 신용장 금액을 지급하는 스탠드바이 신용장의 형식[35]을 고안해낸 것이다.

2) 보증신용장의 구조

전형적인 보증신용장거래[36]에서는 3 당사자(개설인, 계좌개설의뢰인, 신용의 수익자)[37]가 존재한다. 그러나 신용장에 적용되는 성문법[38]과 판례법 모두에서 보증신용장은 상호의존적인 1개의 3 당사자 사이의 계약이라기보다는 다음에서 말하는 독립적 두 당사자 사이에서 3개의 계약관계를 발생시킴을 명백히 밝히고 있다.

* 개설의뢰인과 수익자(대개의 경우 국제거래[39]에 있어서 각각 상품의 매도인과 매수인) 사이의 계약 → 기본계약

---

34) 박석재, 앞의 글, 319면 각주 20).

35) 따라서 스탠드바이 신용장이란 화환신용장의 형식을 취한 독립적 보증(박석재, 앞의 글, 320면 각주 21)) 내지 독립적 보증의 특수형태(박영복, 앞의 글, 14면)로 볼 수 있다.

36) 법적 성질상, 서면화된 처음의 청구에 지급해야 할 보증인들은 은행의 추상적인 약속어음이다. 보증사건에 있어서 문서들이 수익자의 일방적 진술에 의해 대체될 수 있다는 점을… 제외하면, 보증은 서류상 신용장과 유사하다(Blau, Werner & Joachim Jedzig., "Bank Guarantees to Pay upon First Written Demand in German Courts", The International Lawyer 23, (1989): 725－726).

37) 추가은행은 그들이 신용을 통지하거나 확인한다면 참여하게 될 것이다. 통지은행과 확인은행의 차이는 각각에 의해 부담되는 의무와 책임에서 드러난다. 확인은행은 개설인과 동일한 의무를 부담한다. 반면 통지은행은 필수서류의 제출을 위한 통로로서 기능한다(See U.C.C. §5－103(1)(e), 5－103(f) 참고). 통지은행은 개설은행의 의뢰 내지 지시에 따라 수익자에게 신용장의 개설을 통지하는 은행을 말한다(대개의 경우 수익자 소재지의 본·지점이나 환거래은행). 확인은행은 취소불가능 신용장에 있어서 개설은행의 수권이나 요청에 의해 신용장에 개설은행의 지급확약에 추가하여 다시 한 번 동일한 내용의 지급확약을 하는 은행을 말한다. 보다 자세한 내용은 유중원, 신용장 — 법과 관습(상), 청림출판, 2007, 510면 이하, 521면 이하 참고.

38) U.C.C. §5－114(1)은 "개설인은 상품이나 서류가 매매를 위한 기본계약에 일치하는지 여부와 관계없이 관련된 신용장조건에 일치하는 환어음이나 지급요구서에 따라 지급하여야 한다."고 규정한다. 현행 U.C.C 제5－102조(정의) a)항 (10)은 "신용장이란 개설의뢰인의 계산과 요청에 의하여, 그러나 금융회사인 경우에는 스스로 또는 그 자신의 계산에 의하여 개설인이 수익자에게 행한 서류의 제시와 동시에 금전적 가치를 지급 또는 양도하겠다는 확정적인 약속을 말한다. 다만 지급약속은 제5－104조에서 규정하는 요건을 충족하여야 한다."고 규정하고 있다. 또 현행 U.C.C 제5－108조(개설인의 권리와 의무) a)항에서 개설인의 지급의무의 독립성을 규정하고 있다.). 그리고 제6차 개정 신용장통일규칙(Uniform Customs and Practice for Documentary Credits, 2007 Revision, ICC Pubbication No. 600: 이하 U.C.P.) 제4조 a)는 "신용장은 그 성질상 그것이 근거하고 있는 매매계약 또는 기타 계약과는 독립된 거래이다. 은행은 신용장에 그러한 계약에 대한 어떠한 참조사항이 포함되어 있는 경우에도 그러한 계약과는 아무런 관계가 없으며 또한 이에 구속되지 아니한다. 당연히 신용장에 의하여 지급이행하거나, 매입하거나 또는 기타 모든 의무를 이행한다는 은행의 확약은 개설은행 또는 수익자와 개설의뢰인과의 관계로부터 발생한 개설의뢰인의 클레임 또는 항변에 지배받지 아니한다."고 규정하고 있다.

39) 물론 이러한 합의는 상업적 신용에 있어서 거래당사들인 수익자(매수인)와 개설의뢰인(매도인)의 입장을 전환시킨다. 이 차이는 두 장치가 계획되어 있는 각각의 위험들에 영향을 끼친다(Peter A. Alces, op.cit., §2:8 각주 5)).

* 개설인(일반적으로는 은행)과 신용장을 신청하는 개설의뢰인 사이의 계약 → 상환계약
* 개설인과 신용장에 의한 수익자 사이의 계약 → 신용장관계

(2) 구별개념 — 독립적 보증[40)]

1) 독립적 보증의 개념과 연혁

독립적 보증(independent guarantee)이라 함은 주채무를 보증하기 위하여 발행되지만 주채무에 견련되지 아니하는, 즉 부종성이 없는 보증을 의미한다.[41)] 독립적 보증은 원인거래에 기하여 발행되지만, 일단 발행되면 원인거래와는 단절된 무인성을 갖는다. 독립적 보증은 국제적 거래관행의 산물이고 그 용도와 보증금청구에 필요한 요건서류의 유무, 종류에 따라 그 형태와 명칭도 다양하다.[42)] 독립적 보증[43)]은 유럽을 중심으로 국제상거래에 출현하였으며,[44)] 만일 보증의 조건이 충족된다면 지급하겠다는 보증인에 의한 제1차적이고 독립적인 확약[45)]을 의미한다. 독립적 보증은 수익자에게 신속한 재정상의 구제수단 제공을 목적으로 하며, 그 목적을 위하여 형식에 있어서는 제1차적이며 성질에 있어서는 서류부, 즉 일치서류제시를 조건으로 한 지급확약이다.[46)]

---

40) 신용장(Letter of Credit)에 대해서 간략히 소개하면, 신용장은 국제거래에서 상품이 운송중에 있거나, 목적지에 도착하고 난 후 매수인에 의하여 인수가 거절되거나, 대금을 지급받을 수 없게 되는 위함, 즉 매수인에 대한 신용위험을 개설은행에 대한 신용위험으로 전환시킴으로써 매도인으로 하여금 대금수취에 대한 확실성을 확보해준다. 경우에 따라서는 대금지급의 확실성이 개설은행의 신용만으로 부족한 경우에는 확인신용장이 사용되기도 한다(신용장의 필요성과 그 한계에 대해서는 유중원, 앞의 책, 46~53면 참고). 상업신용장은 상품대금의 지불을 전제로 하므로 본질적으로 지불수단으로서의 기능을 가지지만, 보증신용장은 채무불이행시의 손해배상수단으로서 본질적으로 담보로서의 기능을 가진다(이호남, 앞의 글, 34면 참고). 한편 수출상(매도인)의 물품인도의무의 이행을 담보하기 위하여 발행되는 이행보증(Performance bond)도 있다. 다만, 이행보증제도는 국제상거래에서 이용되기 보다는 각국에서 정부구매의 경우에 이용되는 것이 일반적이다(유중원, 앞의 책, 46면 참고).

41) 우리 민법학계에서는 손해담보계약의 일종으로 본다(편집대표 곽윤직, 민법주해 X – 채권(3), 박영사, 2002, 162면 참고).

42) 상세한 내용은 Anthony Pierce, Demand Guarantees in International trade, Sweet & Maxwell, 1993, pp.5–8; pp.21–23 참고. 국제상업회의소(International Chamber of Commerce: 이하 ICC라 약함)가 1992년에 제정한 청구보증에 관한 통일규칙(Uniform Rules for Demand Guarantees: 이하 URDG. 2010년 개정 제758호)의 보급을 위하여 작성한 독립적 보증(URDG에서는 'Demand Guarantee'라는 용어를 사용하고 있다)의 용도에 따른 표준양식은 10가지나 된다(김선국, "독립적 보증과 보증신용장에 관한 UN 협약", 「비교사법」 제3권 1호, 한국비교사법학회, 1996, 2면 각주 3)). 또 같은 글, 각주 6)에 소개된 각종 증권에 의한 보증 참고.

43) 기본계약과의 독립적 보증은 전형적으로 은행에 의하여 개설된다. 비록 은행에 의하여 개설된 모든 "guarantee"가 반드시 독립적 보증은 아닐지라도, 이러한 이유로 인하여 "bank guarantee"는 일반적으로 독립적 보증을 의미하는 증서로서 인식되고 있다(박석재, 앞의 글, 317면 각주 6)).

44) 박석재, 앞의 글, 317면 각주 7).

45) 여기서 독립적 보증의 독립성이란 동 증서는 비록 기본거래와 관련한 손실로부터 수익자를 보호하기 위하여 의도되었을지라도, 주채무자와 수익자간의 기본계약으로부터 독립된 보증인과 수익자 사이의 제1차적인 지급확약을 의미한다(박석재, 앞의 글, 318면 각주 8)).

2) 독립적 보증과 보증신용장의 비교[47)]

형식적으로 Stand-by 신용장은 신용장의 형식을 취하며 독립적 보증은 보증의 형식을 취한다. 또한 형식의 정형화 측면에서도 차이가 있다. 즉, 독립적 보증은 정형화된 형식이 없으며 보통 그 문언 중에 "letter of guarantee"라는 표현을 포함하고 있고 그 문서의 내용이 대체로 복잡하지만, Stand-by 신용장은 개설형식이 어느 정도 정형화되어 있고 그 내용도 단순한 편이다.

준거규범에서 Stand-by 신용장은 국제적으로 인정을 받고 있는 2007년 개정 "U.C.P 600"[48)] 또는 1999년부터 실시되고 있는 "International Standby Practice, 1998(이하 'ISP 98')"이 적용되어 법률관계가 비교적 명확하다. 이에 반하여 독립적 보증의 경우에는 국제적으로 정립된 통일규칙(1992년 제458호 및 2010년 제758호 U.R.D.G, 그리고 2000년 독립적 보증 및 스탠드바이 신용장에 관한 유엔 협약(U.N. Convention on Independent Guarantees and Stand-by Letters of Credit, 이하 '유엔 협약'이라 함) 등)이 존재함에도 국제적으로 인정을 받지 못하고 있다. 따라서 관련당사국의 보증관계법이나 불확실한 국제관례가 적용되어 법률관계가 애매한 부분이 많다.[49)] 다만, 2000년 유엔협약이나 2010년 U.R.D.G의 경우는 국제적으로 인정을 받기 위한 노력을 많이 기울이고 있다.

(3) 보증신용장의 독립성과 추상성[50)]

보증신용장의 당사자들은, 수익자가 개설인에 대하여 신용장에 표창된 기금의 지급을 청구할 때, 일반적으로 이러한 요구가 유예되지 않을 것을 기대한다. 신용은 이행보험과 유사하다. 만약 개설의뢰인이 계약상 부과된 의무를 이행하지 않으면, 수익자는 개설인에 대하여 청구할 권리를 갖게 된다.[51)] 그리고 보험에서와 마찬가지로, 보증신용장은 다른 두 계약(개설인과 개설의뢰인 사이의 상환계약과 개설의뢰인과 수익자 사이의 기본계약)에서 계획된 이행의무와 독립적으로 기능한다.

---

46) 박석재, 앞의 글, 318면 각주 10).

47) 보다 상세한 내용은 박석재, 앞의 글, 317면 이하 참고.

48) U.C.P의 제·개정과정과 그 법적 성격에 대해서는 유중원, 앞의 책, 234~246면 참고. 한편, 신용장의 내국규범으로 가장 대표적인 U.C.C의 제·개정과정과 U.C.P와의 비교에 대해서는 유중원, 앞의 책, 247~259면 참고. 양자를 간략히 비교하면, 첫째, 미국통일상법전은 개설인(issuer)이라는 용어를 사용함으로써 은행이외의 자가 개설한 신용장을 포함시키고 있고, 둘째, 미국통일상법전에서 신용장이라는 것은 화환신용장뿐만 아니라 무담보신용장(clean credit)까지 포함시키고 있으며, 셋째, 신용장통일규칙은 개설은행의 약속을 arrangement라고 표현하고 있는 반면 미국통일상법전은 engagement라고 표현함으로써 신용장의 계약적 성격을 강조한 점에 약간의 차이가 있다(안강현, 신용장에 대한 법적 고찰, 연세대학교 박사학위논문, 1994, 18면 이하 참고).

49) 한국금융연수원 편, 「국제금융관계법률」, 한국금융연수원, 1996, 110면.

50) 상세한 내용은 아래 2. 독립원칙의 사법적 적용 부분 참고.

51) J. Dolan은 이러한 요구는 여러 형태 중에 하나를 택하게 된다고 지적한다.: 문서화는 전혀 필요하지 않다.; 수익자는 개설의뢰인이 이행하지 않았다는 취지로 보증서를 제출해야만 한다.; 수익자는 개설의뢰인이 약속어음상의 채무를 불이행했다는 진술을 해야 할 것이다.; 수익자는 오직 채무 전부가 이행기에 도달했다는 주장을 해야 할 것이다(Peter A. Alces, op.cit., §2: 8 각주 6)).

(4) 보증계약과의 구별

만약 개설인의 의무의 독립성이 약화되고, 그래서 다른 두 계약들의 이행이 계약에 따른 신용장의 이행과 관련된다면, (신용장이 갖는) 신용도구로서의 상업적 유용성은 손상된다.[52] 또한 신용장채무의 독립성이 상업적 신용도구[53]로서 중요하다면, 원칙의 작용에 따른 결과가 가장 유용하다는 점은 신용장이 등장하게 된 맥락 속에서 확인할 수 있다. 신용장은 그 자체로서, 보증신용장하에서 신용조항에 일치하는 수익자의 청구(이는 신용을 위해 고안된 것으로서 오직 단순한 청구면 족하다)가 있으면, 개설인의 의무가 발생하는데 충분하고 충분하여야 한다.

그래서 순회법원이 판시한 것처럼, "비록 보증신용장이 상업적 신용장과 본질적 보증의 혼성이긴 하지만, 그것은 보증이 아니다."[54]

신용장이 등장하게 된 배경 속에서 독립원칙의 엄격한 적용을 지지하는 학자들은, 독립원칙의 경직성과 잠재적 엄격함에 직면하길 원하지 않는 상업적 거래당사자들은, 수익자(채권자)와의 기본계약에 기초한 개설의뢰인(채무자)의 이행을 확보하기 위하여 보증신용장보다 보증계약을 이용해야 한다고 주장한다. 보증신용장은 "상업적 특수성"이 있고, 보다 큰 그림에 대한 고려 없이 몇몇 형평법에 경도된 법원에 의해 그와 같은 특수성이 누락되어서는 안 된다. 신용장 개설인들은 일반적으로 영원한 상업적 이유[55]에서 위의 견해에 동의한다.

보증신용장과 보증(계약)을 구별하는 것은 상업적 거래에서 활용할 수 있는 선택지를 증가시켜준다. 따라서 2당사자 보증관계와 3당사자 보증관계의 차이를 무시하는 것은 상업적 필요에 역행하는 것이다.

2. 독립원칙의 사법적 적용

(1) 독립원칙의 개념: 독립성과 추상성[56]

1) 독립성

독립성이라 함은 보증신용장 내지 독립적 보증은 기본계약에 기초하여 발행되지만 보증신용장을 중심으로 한 당사자 사이의 법률관계는 그러한 원인거래(기본계약, 상환계약)에 영향을 받지 아니한다는 것이다. 따라서 개설인과 채권자의 권리·의무는 보증신용장의 조건에 의해서만 결정된다. 즉 보증신용장 내지 독립적 보증거래에서 채권자들이 보증금을 지급받기 위한 조건

52) J. Dolan, op.cit., at 3.06.

53) Boris, Kozolchyk, "The Legal Nature of the Irrevocable Commercial Letter of Credit", The American Journal of Comparative Law 14, 1965, p.395.

54) In re Slamans, 69 F.3d 468, 473 (10th Cir. 1995)(Peter A. Alces, op.cit., §2: 8 각주 9)).

55) 제조업자는 신용장의 목적달성에 실패함으로써 야기될 수 있는 국제은행에 대한 신용도의 손실에 직면하게 된다(See American Bell Int'l, Inc. v. Islamic Republic of Iran, 474 F. Supp. 420, 426 (SDNY 1979))(Peter A. Alces, op.cit., §2: 8 각주 10)).

56) 보다 상세한 내용은 김선국, 앞의 글, 4면 이하 참고.

은 채권자의 청구가 보증신용장의 조건과 일치하느냐 하는 것뿐이고, 주채무자가 실제로 기본채무를 이행하였는가 이행하지 아니하였는가는 원칙적으로 아무런 관계가 없다. 이러한 독립성은 국제거래에서 보증신용장의 상업적 효용에 가장 크게 기여하는 것이고, 영국의 Kerr판사는 이를 '국제거래에서의 생명피'라고 표현하였다.57)

그런데 이러한 독립성은 때때로 악의의 채권자(수익자)에 의하여 남용되어 구체적인 경우에 악의의 채권자까지도 보호되는 결과를 초래하게 되고, 그러한 결과를 막기 위하여는 원인거래를 파악하지 아니할 수 없어 결국 독립적 보증거래가 원인거래와는 독립된 것이라는 독립성의 예외를 인정하지 아니할 수 없게 된다. 그러나 만일 구체적 타당성을 위하여 지나치게 원인거래에 집착하면, 이는 결국 독립적 보증거래의 안전에 크게 영향을 미치게 되고 결국 독립적 보증의 상업적 효용을 반감시키는 결과가 초래되고 거래가 위축될 수밖에 없게 된다.

결국 독립적 보증의 상업적 효용과 악의의 채권자를 배제하여 당사자의 법률관계의 공평한 해결을 통하여 우리의 정의감에 합당하는 결과를 도출할 것인가의 문제는 딜레마라고 할 것이다.

2) 추상성(abstact rule)

추상성이라 함은 보증신용장 내지 독립적 보증거래가 서류에 의한 거래라는 점에서 파생된다. 즉 독립적 보증거래가 원인관계와는 단절되므로 당연히 독립적 보증거래의 당사자들은 서류에 의하여서만 그들의 권리·의무의 발생요건이 충족되었는가를 판단할 수밖에 없다. 독립성과 추상성과의 관계에 대하여 전자가 후자에서 파생되었다는 견해가 있고,58) 독립성과 추상성을 동일한 의미를 가지는 것으로 보는 이도 있다.59) 어느 견해에 의하든, 보증인이 보증금의 지급여부를 결정할 때의 유일한 판단대상은 서류밖에 없다. 따라서 보증인은 채권자가 제시한 서류가 보증서의 조건과 일치하는가 여부만을 고려하여 보증금지급여부를 결정하는 것이다.

그동안 국제거래에서 추상성과 관련하여 가장 문제가 많이 된 것은 다음과 같다.

첫째, 수익자가 제시한 서류와 보증서조건의 일치성 판단기준, 즉 어느 정도의 불일치가 허용될 수 있는가? 둘째, 보증인은 위의 사항에 대한 판단과 관련하여 어느 정도의 시간을 갖는가? 이는 그 시간 내에는 이행지체가 되지 아니한다는 점에서 의미가 있다. 셋째, 보증인이 지급을 거절하면 어떠한 조치를 취하여야 하는가? 등이 그것이다.

---

57) 김선국, 앞의 글, 5면.

58) Henry Harfield, Bank Credits and Acceptances, 5th ed.(Ronald Press Co., N.Y., 1974), pp. 71-72. Harfield는 신용장의 추상성에서 이른바 독립성의 원칙과 엄격일치의 원칙(strict compliance rule)이 파생되었다고 한다.

59) Marc R. Richter, Standby Letter of Credit, (Zurich: Schulthese Polygraphisher Verlag, 1990), S.121, 각주 326에서는 개정 전의 미국통일상법전 제 5-114(1)을 인용하면서 추상성을 설명하고 있다. 그러나 독립성과 추상성이 떼어놓을 수 없는 밀접성을 가지지만 원인관계와 분리된 것이라는 독립성과 서류에 의한 거래라는 추상성은 개념상 서로 분리되어야 할 것으로 생각된다.

3) 특성의 법적 의의

보증신용장 내지 독립적 보증은 원인관계와 분리·독립된 것이고, 당사자들의 법률관계가 서류만에 의하여 판단되므로 독립적 보증거래의 당사자들이 판단하는 서류도 독립적 보증서에 명시된 것에 국한된다. 따라서 당사자들은 독립적 보증의 원인계약에 기한 항변을 주장하지 못함은 물론 관련당사자들 모두가 다른 관계에서의 사유를 주장하는 것도 금지된다(항변의 제한).[60] 또한 만일 보증인이 지급을 거절하고 채권자가 부당한 지급거절을 이유로 소를 제기하는 경우 채권자는 자신의 이행을 입증할 필요가 없고, 지급거절사유의 존재는 보증인이 입증을 하여야 한다(입증책임의 제한).[61]

(2) 독립원칙의 구체적 적용

신용보증증권(fidelity bond)과 보증신용장에 관련된 사건들에 있어서, 법원은 3 당사자의 책임, 보증의 요소들을 2 당사자의 채무, 보험과 구별할 것을 명하여 왔다.

1) 신용보증(fidelity bond)

a) 신용보증의 개념

신용보증(fidelity bond)은 종업원이 단독으로 혹은 다른 사람과 함께 저지른 불성실하거나 부정한 행동으로부터 직접 야기되는 손실을 담보하는 증권이다.[62]

b) 신용보증의 성격

미국법원은 신용보증을 보험의 일종으로 볼 것인지, 보증으로 볼 것인지에 대하여 명확한 기준이 있는 것 같지는 않다. 예컨대, First Fed. Bank v. Hartford Accident & Indem. Co. 사건[63]에서, 법원은 보증계약에 대한 South Dakota의 법률상 정의[64]와 South Dakota와 다른 사법권을 통해 축적된 중요한 판례법을 인용하면서, 보험의 방식인 신용보증이 보증계약이 아니라는 일반원칙을 구축했다.[65] 한편 제1연방법원은, 2차적 선례[66]에 의존하여, 발행된 신용보증

60) Richter는 이를 실질적 추상성(materielle Abstraktheit)이라고 부른다. Richter, a.a.O., S.123.

61) Richter는 이를 입증추상성이라 한다. Richter, a.a.O., S.142.

62) First Fed. Bank v. Hartford Accident & Indem. Co., 762 F. Supp. 1352, 1353 (DSD 1991)(Peter A. Alces, op.cit., §2: 10 각주 2)).

63) First Fed. Bank v. Hartford Accident & Indem. Co., 762 F. Supp. 1352 (DSD 1991). 이 사건은 South Dakota의 법규정(보증인에게 보증계약에 기초해 소송을 제기할 수 있는 기간을 24개월로 제한하는 규정)을 적용할 것인가가 쟁점이었다.

64) "보증계약은 상대방의 부탁과 보장의 목적을 위해 그에게 이익을 주기로 한 자가 제3자를 위한 어떤 행위 내지 담보물로 기능하는 담보재산을 통해 이행에 대해 책임을 지는 계약이다."
일방당사자가 정상적 법정에서 통상적인 법적 절차에 의해 자신의 권리를 실현하지 못하도록 하거나, 그와 같은 권리의 행사시기에 제한을 하는 계약상 모든 조항은 무효이다. 그러나 … 권리의 행사시기를 제한하는 보증계약상의 조항은, 조치의 원인이 발생한 후 2년 내이기만 하면 어느 것이나 유효하게 기능한다(First Fed. Bank v. Hartford Accident & Indem. Co., 762 F. Supp. 1352, 1353 (DSD 1991), citing SDC 153-9-6)(Peter A. Alces, op.cit., §2: 10 각주 3)).

65) First Fed. Bank at 1353, citing United Bank & Trust Co. v. Kansas Bankers Sur. Co., 901 F2d 1520 (10th

증권이 보증계약[67]임을 밝혔고, 보험계약들은 Arkansas법[68]하에서 신용보증에 의해 형성되는 3각관계와 구별되어야 한다는 점을 주목하였다.

이와 같이 서로 모순된 것처럼 보이는 법원의 판단이 내려지는 이유는 계약의 실질을 기초로 상호의존성이 있는가 여부에 의해 결정하기 때문이라고 생각된다.

2) 신용장

Dolan교수는 보증신용장의 독특한 특징은 보증계약상 원칙에 따르지 않는 2 당사자의 책임이라고 설명하고 있다.

> 신용장은 … 상관습법으로부터 발생한 것이고, 법률가가 아니라 상인과 은행가의 창조물이다. 결론적으로 신용장은 보통법상의 법관들이 사용하는데 익숙한 계약법에는 어울리지 않는다. 특징적으로 신용장은 그 특수성 때문에 전통적으로 상관습법에 의해 감당될 수 있는 특별한 보호를 요구한다. 무엇보다도 그와 같은 보호는 두 가지 측면을 구성한다.: (1) 그 특수성 때문에 관련된 거래로부터 독립성을 지닌다는 원칙, 그리고 (2) 그 특수성 때문에 계약조건상의 철저한 준수를 요구한다는 원칙. 상관습법상의 측면에서 첫 번 째 것은 독립의 원칙이다.; 두 번 째는 엄격일치의 원칙[69]이다.

(신용장에 기재된 조건을 제외하면) 아무런 조건 없이 청구 시 지급을 보증한다는 점은 보증신용장의 두드러진 특징이다. 그와 같은 확실성이 무너질 때, 보증신용장의 유용성은 손상된다. 더욱이 상법상 개설인의 책임이 지닌 특수성의 측면에서 그와 같은 지급의 확실성은 중요한 상업적 효용성이 있다. 이러한 차별성은 여러 가지 선택지들을 제공하고, 일반적으로 기업법에서 다양한 선택지들이 기여하는 중요한 경제적 이익에 도움이 될 것이다. 이 기능은, 구체적 사건에서 형평을 실현하기 위한 법원의 너무나 현학적이고 심지어는 과도한 노력으로 인해 공식적이거나 거래적인 필요를 충족할 수 없다는 사실 때문에 손상될 수 있다. 개별사건에 있어서의 그와 같은 유

Cir. 1990); Fidelity & Deposit Co. v. Smith, 730 F2d 1026 (5th Cir. 1984); Luso－American Credit Union v. Cumis Ins. Soc'y, 616 F. Supp. 846 (DC Mass 1985); Bank v. Fireman's Ins. Co., 339 F. Supp. 1229 (ND Ga. 1972); Dawson v. Fidelity & Deposit Co., 189 F. Supp. 854 (DSD 1961); First Hays Bancshares, Inc. v. Kansas Bankers Sur. Co., 244 Kan. 576, 769 P2d 1184 (1989); Federal Deposit Ins. Corp. v. Western Sur. Co., 66 SD 149, 285 NW 909 (1939); Lundeen v. Schumacher, 52 SD 149, 216 NW 883 (1927)(Peter A. Alces, op.cit., §2: 10 각주 4)).

66) Madison County Farmers' Ass'n. v. American Employers' Ins. Co., 209 F2d 581, 584 (8th Cir. 1954), citing Am. Jur., §110830(Peter A. Alces, op.cit., §2: 10 각주 6)).

67) Ark. Stat. §34－334 1987(Peter A. Alces, op.cit., §2: 10 각주 7)).

68) Madison County Farmers' Ass'n, at 584, citing Donahue v. Arkadelphia Milling Co., 179 Ark. 409, 16 SW2d 569 (1929)(Peter A. Alces, op.cit., §2: 10 각주 8)).

69) J. Dolan, "Standby Letters of Credit and Fraud (Is the Standby Only Another Invention of the Goldsmiths in Lombard Street?)," 7 Cardozo L. Rev. 1 (1985).

혹과 보다 넓은 그림 사이의 충돌은 독립성/상호의존성의 긴장을 반영하고 있는 것이다.

3. 독립원칙의 훼손

(1) 거래상 사기

1) 독립원칙과의 관계

신용장 거래에 있어서, 개설의뢰인(보증관계에서의 주채무자와 유사)이 수익자(채권자와 유사)의 개설인(보증인에 유사)에 대한 청구 — 수익자가 개설의뢰인과의 계약상의 조항에 일치하는 이행이 되지 않았다는 이유로 신용장에 의해 표상되는 일정금액의 지급 요구 — 를 저지하고 싶을 때, 아마도 개설의뢰인은 수익자의 청구는 사기적이라고 강력하게 주장할 것이다. 비록 U.C.C §5-114(1)은 개설인의 책임의 독립성을 규정하고 있지만, U.C.C §5-114(2)는 거래상의 사기에 대한 입증이 있으면 수익자의 청구에 따른 개설인의 지급책임을 면제할 수 있고, 그리고 필연적으로 개설의뢰인에 대한 개설인의 보상청구를 제한할 수 있음을 인정하고 있다.[70)]

많은 법원[71)]과 법학자들[72)]은 사기예외에 대한 의존은 개설인의 책임에 있어서의 독립성을 훼손시키고, 그 결과 보증신용장을 보증계약에 더욱 유사한 것으로 변경시키며, 신용장도구의 상업적 유용성을 해치게 됨을 인정하고 있다. 한편 다른 학자들은 신용장을 규율하는 법에서 사기를 인정할 때 이루어지는 상업적 원칙들에 대한 침해가 사기이론[73)]의 강제에 의해 야기되는 빈번한 혼란보다 더욱 파괴적임을 주장하고 있다.

2) 상업적 필요와 독립원칙의 극복

법원은, 사기주장이 독립원칙을 극복하기에 충분한 일련의 사례들과 독립성이 다른 상업적 필요에 의해 포기되어져야 할 사례를 구별하기 위하여, 다양한 사기의 유형들을 확인해오고 있다. 사기가 언어도단일수록, 그래서 검토가 진행됨에 따라서, 독립원칙의 적용에 따른 효과는 더욱 더 엄격해진다. 그리고 독립원칙을 적용할 이유가 감소하면 할수록, 보증신용장은 3당사자

---

70) 본문의 설명은 1953년 U.C.C에 기초한 것이고, 현행(1995년 개정)은 U.C.C 제5-108조에서 개설인의 권리와 의무를, 제5-109조에서 사기 및 위조를 보다 상세하게 규정하고 있다. 본 논문의 말미에 그 내용을 소개하였다.

71) 독립의 원칙은 무역금융의 도구로서 신용장의 효율성을 보전하는데 필요하다. 신용장의 주요한 목적 중의 하나는 매도인의 입장에서 그의 상품에 대한 즉시 지불을 확보하기 위해 준비된 수단을 제공하는 것이다. 만약 은행이 발행된 화환어음에 대해서 지급하기 전에 매도인의 청구시에 서류에 대해서 조사하고 선적된 상품의 품질에 대한 매도인과 매수인 사이의 다툼에 개입할 의무가 주어진다든지 혹은 그것이 허용된다면, 이는 기업간 거래에 있어서 가장 불행한 개입이 될 것이다(Peter A. Alces, op.cit., §2: 12 각주 1)).

72) "제5장 제114조 제2항 (b)에 대한 개방적 이해와 관대한 적용은 미국의 개설인들에 의해 구축된 신용에 대한 수용가능성을 파괴할 수 있다."(Henry, Harfield, "Enjoining Letter of Credit Transactions", Banking LJ 95, 1978, p.596, 599)

73) 지급확보를 위한 규칙들이 협상도구로서의 수용가능성에 대해서 정반대의 결과를 가져오지는 않는 것처럼, 신용장하에서 만들어진 지급확보를 허용하는 몇몇 규칙들은 이러한 지급보증장치로서의 유용성을 파괴하지 않는다(See, e.g., Leary Jr. Fairfax & Michael R. Ippoliti, "Letters of Credit: Have We Fully Recovered From Three Insolvency Shocks?", U. Pa. J. Int'l Bus. L. 9, 1987, p. 595, 601)

관계인 보증계약상 책임에 더욱 더 유사해진다.

수많은 사례들은 거래관계에 악영향을 미치게 되는 사기의 정도에 초점이 맞추어져 왔는데, 이는 독립원칙에 대한 상당한 이유들이 극복되기 이전부터, 그리고 신용이 보증계약 조항으로 이해되기 이전부터였다.[74] 이러한 발견을 통해, (1) 개설의뢰인은 개설인이 수익자에게 지급할 권리 — 수익자의 조치가 정당한 경우이든 사기인 경우이든을 묻지 않고 — 를 결정하고, (2) 지급에 대한 개설인의 권리와 의무는 (2 당사자 거래에서) 수익자의 단순한 청구라기보다는 (3 당사자 관계처럼) 수익자의 이행에 따라서 결정된다는 두 가지 결론이 도출된다. 독립원칙의 작용을 거부하는 당사자가 얼마나 설득력 있게 사기의 주장을 할 수 있는가에 따라서 책임의 독립성이 결정된다는 것은 기본적으로 모순된다. 동시에 만약 독립원칙이 상업적 필요성에 기여하기 위해 만들어졌다면, 이 원칙이 상업적 이유를 벗어나서 작동할 수는 없어야 한다. 사기주장이 터무니없다는 언급은 위와 같은 긴장에 대한 반응이다. 나아가 계약위반과 적극적 사기가 동일한 연속선 위에 존재한다는 사법적 인식은 추정된 사기꾼(수익자)의 악의가 계산논법의 일부가 되어야 할 것을 요구한다.

3) 계약위반과 거래상 사기의 구별

일련의 사례들은 단지 계약위반에 그치는 사기의 주장은 독립원칙의 폐기와 보증계약상 원칙들의 발동을 강제할 수 없을 것이라는 원칙을 발전시켜왔다.

Asbury Park & Ocean Grove Bank v. National City Bank of NY 사건[75]에서 법원이 처음으로 예외를 고안했었던 단 1년 후에, 동일한 법원은 거래상 사기의 예외에 대해 승인되고 주어졌던 효과가 일반적으로 받아들여진다는 결정을 내렸다. 앞의 사건(Sztejn v. J. Henry Schroder Banking Corp.[76])에서는 개설인의 신용장상의 책임에 대해 금지명령을 내리기 위한 사기에 대한

---

74) 예컨대, ① 사기는 전체거래를 너무나 저하시켜서, ② 수익자의 잘못된 행동은 전체거래를 너무나 저하시켜서, ③ 수익자의 잘못된 행동이 전체거래를 너무나 저하시켜서 개설인의 의무의 독립성이라는 합법적 목적들이 더 이상 작동하지 않게 될 것이다(Peter A. Alces, op.cit., §2: 12 각주 4)).

75) For a case considering the distinction between breach of contract and fraud, see Asbury Park & Ocean Grove Bank v. National City Bank of NY, 35 NYS2d 985 (NY Sup. Ct. 1942), aff'd, 268 AD 984, 52 NYS2d 583 (1944)(Peter A. Alces, op.cit., §2: 12 각주 5)).

76) Sztejn v. J. Henry Schroder Banking Corp., 177 Misc. 719, 31 NYS2d 631 (NY Sup. Ct. 1941)(Peter A. Alces, op.cit., §2: 12 각주 6)).
[사안의 개요] 수입상인 원고는 선적서류에 표시된 물품과 실제로 운송된 물품이 서로 상위하다 하여 피고은행에 대하여 화환어음의 지급을 금지하도록 청구하고 있다. 원고는 1941. 1. 7. 공동피고의 하나인 트랜지무역회사와 사이에 일정량의 bristle(강모)의 수입계약을 체결하였다. 원고는 피고 슈로더은행으로부터 취소불능신용장을 개설받아 인도에 있는 트랜지무역회사에 송부했는데 그 신용장에는 트랜지회사가 일정량의 bristle을 선적하고서 송장을 제시해 오면 피고은행이 환어음금을 지급하기로 하였다. 트랜지회사는 거래은행인 차타드은행을 통하여 피고 슈로더은행에 대하여 어음금의 지급을 구하였다. 그런데 원고는 트랜지회사가 선적해 보낸 물품은 bristle이 아니라 쓰레기(Rubbish)를 채운 나무상자를 선적하였다고 주장하면서 이는 트랜지회사가 사술을 쓴 경우에 해당하니 피고은행으로 하여금 어음금을 지급하지 못하도록 해야 한다고 주장하였다.

충분한 입증에 대해 밝혀내었다. 그러나 Asbury Park 사건에서 법원은 변경된 서류의 제출은 적극적 사기[77]라기보다는 단순한 계약위반이라고 하였다. Sztejn 사건에서 개설의뢰인은 수익자의 청구에 대한 지급을 거절하는 금지명령을 요구하였다. 반면 Asbury Park 사건에서 개설의뢰인은 사실에 기초하여 개설인에게 피해보상을 요구하였다. 아마도 법원은 처음의 예에서 개설인이 수익자에 대한 지급을 거절하기 위한 사기에서보다는 개설인으로부터 피해배상을 받기 위한 사기에 대해서 보다 자세한 설명을 요구하는 것으로 보인다.

유사하게, 법원은 U.C.C. §5－114(2)의 해석을 통해 사기와 단순한 계약위반을 구별하면서, 발행된 신용장에 의한 수익자의 인출금지를 거부하였다. 텍사스항소법원은, GATX Leasing Corp. v. DBM Drilling Corp. 사건[78]에서 개설자의 "거래상 사기"의 예외에 대한 청원에 대해 판단하였다. 보증신용장은, 신용에 기초한 인출을 위해서는 수익자가 개설의뢰인인 본인이 수익자 중의 1인과의 사이에서 이루어진 보증합의에 따르지 않았다는 취지의 진술을 할 것을 요구하도록 규정하고 있다. (기본거래에 편입되었음을 주목하라.) 법원은 기본채무가 이미 소멸되었다는

[판결요지] (ⅰ) 신용장거래가 그 기본인 매도인과 매수인간 물품판매계약과는 별개의 독립된 것이라 함은 확립된 판례의 입장이다. 신용장개설은행은 물품이 아니라 선적서류 등이 제출되면 어음금을 지급할 것임을 확약하였다. 이는 무역거래의 금융 편의를 위한 기구로서의 신용장제도의 효율성을 유지하기 위해서 필요불가결한 것이다. 신용장거래의 제일의 목적은 매도인에게 신속히 물품대금을 결제받을 수 있게 하는 것이다. 그러므로 은행으로 하여금 매수인의 요청에 이끌려서 단순한 서류심사를 넘어서서 매도인과 매수인간에 거래된 물품의 품질에 관해서 야기된 분쟁에 끼어들도록 하는 것은 부당한 처사이다. 만약 매도인과 매수인들이 은행으로 하여금 그와 같은 일을 시킬 의도가 있다면 신용장자체에 이를 규정함으로써 해낼 수 있는 것이며, 이러한 규정이 없는 경우에는 법원은 형식을 구비하여 제시된 어음에 대하여 은행이 지급을 지연하도록 허용해서는 아니 된다.

(ⅱ) 물론 위와 같은 원칙을 적용함에 있어서는 환어음 첨부·제시된 서류 등이 진정한 것이고 신용장의 조건에 합치되어야 함을 전제로 한다. 그런데 본 건에 있어서는 사정이 다르다. 본 건에서는 매도인과 매수인간의 단순히 일반적인 품질보증에 관한 계약불이행의 문제가 아니라 매도인이 고의적으로 매수인이 주문한 물품을 선적하지 아니한 것이다. 이와 같이 매도인에 의해서 사술이 자행된 사실이 대금결제 이전에 은행에 알려진 경우에는 신용장거래에서의 개설은행의 의무의 독립성 원칙은 파렴치한(unscrupulous) 매도인을 보호하기 위해 확장·적용되어서는 안 된다.

신용장개설에 있어서 주요한 것은 물론 매수인의 신용이기는 하지만 그 외에도 거래물품이 가지는 가치도 고려의 대상이 되어 있는 것이다.……물론 은행은 구체적이고 정확한 계약이행에 관해서는 관계가 없다고는 하더라도 최소한 계약서류에 의해서 표상되는 물품이 현실로 존재하는가를 확인함에는 절대적인 이해관계를 가진다. 본건에 있어서 차타드은행은 정상적인 거래에 의해서 어음을 취득하여 소지하는 제3자가 아니다. 바로 사술을 쓴 매도인을 위하여 추심의뢰를 받은 자에 불과하다. 만약 지급청구하는 은행이 일반거래에 의해서 어음을 취득한 자였더라면 비록 기본적인 물품거래관계가 사기에 의해서 얼룩진 경우라 하더라도 어음금 지급청구는 배척될 수 없다고 할 것이다. 그러나 본건에 있어서 피고은행은 그가 환어음을 인수 또는 지급하기 이전에 매도인의 사술에 관하여 통지를 받았다.

77) 개설의뢰인은 손해배상을 받기위해서 기본계약의 내용에 있어서 부족 보다는 수익자의 서류제출의 부적절함을 주장했다. Asbury Park 법원은 사실상 선적된 상품이 없을 때, 사기이론의 강제를 지지하는 사건으로 Sztejn을 주목하였다(Peter A. Alces, op.cit., §2: 12 각주 8)).

78) GATX Leasing Corp. v. DBM Drilling Corp., 657 SW2d 178 (Tex. Civ. App. 1983)(Peter A. Alces, op.cit., §2: 12 각주 9)).

개설의뢰인의 이의는, U.C.C §5−114(2)의 사기예외를 청원하는 주장의 형태가 아니라 보증계약위반 내지 계약이행좌절에 대한 주장이라고 판시하였다. 개설의뢰인은 단지 기본계약의 무효에 대해서만 다투는 것이다. 개설의뢰인은 "자신에게서 기본계약에 따른 여하한 이익을 박탈하는, 그리고 신용장을 사기를 치기 위한 수단으로 변형시키는… 고의적이거나 파렴치한 행동"[79]을 주장하지는 않았었다.

(2) 부족한 기술(Poor draftsmanship)

몇몇의 보증신용장 사례들에서는 당사자들이 기본계약을 신용장거래에 포함시키는 정도를 결정하여 신용장의 조건 그 자체를 판단해오고 있다.

개설의뢰인, 개설인, 그리고 신용장의 수익자들은 개설의뢰인과 수익자 사이의 기본계약상의 조항에 의존하는 정도에 따른 조항을 포함하여 신용장조건을 정의한다. 3 당사자는 신용보증책임의 독립성을 구축할 수도 있고, 독립성을 훼손시키는 방식으로 신용장을 만들 수도 있다. 예컨대, 신용장에서 수익자가 발행된 화환어음을 제시하고 개설인이 신용장에 대한 단순한 확인을 하면 지급한다고 규정하고 있다면, 개설인은 단순한 청구에 대해 지급할 것이고, [이 경우] 신용보증책임의 독립성을 구별하는 것은 어렵지 않을 것이다. 그러나 만약 신용장에서 기본계약의 위반을 입증하는 서류의 제시가 있어야 지급한다고 규정되어 있다면, 신용장의 독립성은 훼손되고, [이 경우] 관할법원이 세 계약이 보증계약 원칙의 적용을 받는 상호의존적인지 여부를 판단하는 것은 어렵지 않을 것이다.

아래의 세 사례들은 신용장의 조항을 통해 독립원칙을 훼손시키는 신용장에 대한 법원의 접근방식을 잘 보여주고 있다.

> In re Pine Tree Elec. Co. 사건[80]에서, Maine주 파산법원은 채무자인 개설의뢰인의 손해배상청구에 대해 판단하였다. 개설의뢰인은 건설회사와의 계약에 따라 전기설비를 하기로 하면서, 자신의 이행을 담보하기 위해 Northeast은행으로 하여금 도급인(일반청부업자)에게 신용장을 발행하도록 종된 계약을 체결하였다. 수익자는 실제 그 채무액에 이르지 않음을 인정하면서도 신용장에 의해 보증된 전액을 지급할 것을 주장하면서, 청구를 하였다. 신용장은 독립원칙이 적용되는 한도에서는 [다음과 같이] 단순하게 작성되었다. : 개설의뢰인과 수익자 간의 기본계약에 종속됨을 명백히 하면서 ; 나아가 수익자가 [개설의뢰인의] 채무불이행에 기초해서 신용장에 따른 권리를 행사하기 전에 개설의뢰인이 자신의 채무불이행을 해결하기 위한 권리를 분명하게 규정하였다. 법원은 개설의뢰인은 사전금지명령을 발하기에 충분할 정도의 사기주장을 했었어야 한

79) GATX Leasing Corp. v. DBM Drilling Corp., 657 SW2d 178, 183 (Tex. Civ. App. 1983)(Peter A. Alces, op.cit., §2: 12 각주 10)).

80) Sawyer v. EA Gralia Constr. Co. (In re Pine Tree Elec. Co.), 16 Bankr. 105 (Bankr. D. Maine 1981)(Peter A. Alces, op.cit., §2: 13 각주 1)).

다고 판시하였다. 이러한 결정은 개설의뢰인과 수익자 사이의 기본계약이 신용장에 결합된 데 따른 결과라는 점에서 충분히 납득할 만하다.

마찬가지로 O'Grady v. First Union Nat'l Bank 사건[81]에서, 신용장의 당사자들은, 지급을 위해서는 수익자가 증명서와 개설의뢰인의 지급을 확정하는 증서의 복사본을 제출하도록 신용장에 규정을 둠으로써 보증신용장의 독립성을 붕괴시켰다.[82] 법원은 수익자에 의해 제출된 일련의 서류들이 당사자들이 예정한 것이 아니며, 수익자는 그 사실을 인식하고 있었다는 결론을 내렸다. : "신용장이 그 특수조항을 보장하기 위해 마련된 것이 아니라는 점에서, 전반적으로 당해 서류들은 사기적이며, 수익자는 이 사실을 인식하고 있었다."[83] 법원은 사기예외의 부과를 반증하는 자의적인 서류의 제시라는 점에서 사기의 충분한 증거를 발견하였다.

Bank of Newport v. First Nat'l Bank & Trust Co. 사건[84]은 양도불능신용장[85]의 양도와 그 이후의 지급청구에 대해 다투고 있다. 신용장에는 "신용장에 기초해 발행된 화환어음들이 화환어음을 위한 이유를 진술해야 한다."[86]는 명문규정이 있었다. 수익자가 인출을 위해 신용장[에 따른 지급조건]에 위배되는 진술을 할 때, 서류의 제시는 "신용장의 목적과 일치한다."[87]는 주장을 하고 있는 것이다. 법원은, 신용장은 수익자가 지급받기 위한 이유를 진술할 것을 요구하기 때문에, 실제로는 목적과 불일치하며 수익자가 이미 그 불일치를 알고 있으면서 (신용장에 따른) 지급이 신용장의 목적과 일치한다고 진술하는 것은 사기예외를 불러오는 데 충분한 근거가 된다고 결정하였다.

이러한 사례들은, 서류상요건의 결여를 사기상 거래의 예외와 직접적으로 연결시키는 방법

---

81) O'Grady v. First Union Nat'l Bank, 296 NC 212, 250 SE2d 587 (1978)(Peter A. Alces, op.cit., §2: 13 각주 2)).

82) 당사자들은 신용장을 "상업적" 신용장이라고 명명한 반면, 법원은 보증신용장이라는 의미에서, "guaranty"신용장이라고 해석하였다(O'Grady v. First Union Nat'l Bank, 296 NC 212, 229, 250 SE2d 587, 599 (1978))(Peter A. Alces, op.cit., §2: 13 각주 3)).

83) O'Grady v. First Union Nat'l Bank, 296 NC 212, 234, 250 SE2d 587, 601 (1978)(Peter A. Alces, op.cit., §2: 13 각주 4)).

84) Bank of Newport v. First Nat'l Bank & Trust Co., 687 F2d 1257 (8th Cir. 1982)(Peter A. Alces, op.cit., §2: 13 각주 5)).

85) J. Dolan, The Law of Letters of Credit, THE LAW OF LETTERS OF CREDIT, 4th ed, John F. Dolan, A.S. Pratt & Sons, 2007, at 3.03[4]. 양도가능신용장이란 수익자가 제3자에게 신용장 금액의 일부 또는 전부를 양도할 수 있도록 미리 허용하고 있는 신용장을 말하며, 이를 허용하지 않는 신용장을 양도불능신용장이라고 한다.

86) Bank of Newport v. First Nat'l Bank & Trust Co., 687 F2d 1257, 1259, n. 2 (8th Cir. 1982)(Peter A. Alces, op.cit., §2: 13 각주 7)).

87) Bank of Newport v. First Nat'l Bank & Trust Co., 687 F2d 1257, 1264 (8th Cir. 1982)(Peter A. Alces, op.cit., §2: 13 각주 8)).

으로, 법원이 신용장에 합체된 기본계약과 관련된 조항을 어떻게 해석하고 있는지를 보여준다. : 일단 신용장은 기본계약에 기초한 당사자의 이행 혹은 그 이행에 관한 주장에 종속시킨 조건에 의해 지급된다. 이때 그 이행의 주장과 불일치가 있으면, 그 청구는 그 자체로서 사기적인 것으로 되는 것이다. 따라서 신용장거래의 사기가 성립한다. 위와 같은 사례에서는 독립원칙의 충실한 지지자들조차 그 조건에 의해 기본계약과 독립되지 않은 신용장을 포함시키는 결정을 납득하고 있다.[88]

4. 독립원칙과 사기예외의 중간지점

모든 주석가들이 보증신용장의 내용에 있어서 독립원칙의 장점만을 지지하는 것은 아니다. 예컨대, Messrs. Kimball과 Sanders는 개설의뢰인이, 이른바 자살신용, "화환어음의 형태로 즉시 지급하기로 하는"[89] 신용장을 기피함으로써 독립원칙의 엄격함을 피할 수 있음을 제안한다. 개설의뢰인은 보증신용장에 상세한 서류상의 지급요건을 포함시킴으로써, 다시 말해서 "소송에 대비한 준비를 함으로써",[90] 상호의존성의 수많은 장점들을 이용할 수 있다. 몇몇 주석가들이 개설의뢰인의 관점에서 상호의존성의 상업적 가치를 알아내고 있다는 사실은, 아마도 독립성/상호의존성의 긴장은, 몇몇 상업적 가치들을 포기해야 확실성이 확보된다는 점에서 확실성의 이익의 측면에서 폐기에까지 이르지는 않겠지만, 상거래의 현실이 될 것이라는 관점을 뒷받침된다.

Kimball과 Sanders는 다음과 같은 설명을 한다.

> (예컨대 운송실패 시) 지급청구를 위한 사실적 근거에 대한 설명은 중요하다. 만약 나중에 명백하게 잘못된 주장에 근거하여 지급청구가 이루어지면, 개설의뢰인은 아마도 송장, 선적기록, 그리고 유사한 이행기록들을 통해 사기를 입증할 수 있을 것이다. 발행은행은 이러한 증서의 진위여부를 조사하지 않지만, 위조서류라면 개설의뢰인은 거래상 사기뿐만 아니라 서류상의 사기[91]도 입증된다.

---

88) J. Dolan, op.cit., at 7.04[4][d].

89) George, Kimball & Barry A. Sanders, "Preventing Wrongful Payment of Guaranty Letters of Credit—Lessons from Iran", The Business Lawyer 39, 1984, p.417, 437 (1984)(Peter A. Alces, op.cit., § 2: 14 각주 1)).

90) 주석가들은, 비록 회계감사보고서, 독립적 평가보고서, 법원의 판결문, 기타 중재자의 판단이 제출되더라도, 그 대신 신용장이 개설의뢰인의 채무불이행에 대한 독립적인 확인을 필요로 할 것을 제안한다. 이런 제안은 자의적이고 잘못된 지급청구에 대한 훌륭한 보호를 달성할 수 있기 때문이다. 수익자가 이러한 조건을 자진해서 수용한다면, 일정한 절차가 완성될 때까지 신용장의 조건을 개설의뢰인이 확장할 수 있도록 허용될 수 있을 것이다(George, Kimball & Barry A. Sanders, ibid. p.417, 436)

91) George, Kimball & Barry A. Sanders, ibid., p.417, 437.

5. 독립원칙의 사법적 적용 – 신용장 – 문제의 표준화

계약위반과 적극적 사기의 차이와 상호의존성과 독립성은 정도의 문제라는 점에서, 보증신용장의 내용에 있어서 보증계약상 원칙의 적용 여부를 이해하기 위하여 그래프를 통해 도표화할 필요가 있다. 그래프의 한 축은 단순한 계약위반으로부터 적극적 사기로, 다른 한 축은 완전한 독립성에서 완전한 상호의존성으로 범위를 설정한다. 법원은 그늘진 범위에 들어서는 사례들에 대해서는 보증계약상 원칙들을 더욱 적용하지 않게 될 것이다. 법원은 그늘진 범위를 벗어나는 사례들에 대해서는 보증계약상 원칙들을 더욱 적용하게 될 것이다. 각 축은, 타당한 범위에서 주어진 사례들에 대한 "계약위반/사기"와 "독립성/상호의존성"의 쟁점들에 대한 법원의 결정을 반영한다. 이 조합들은 고안자, 해석자, 보증신용장의 조건에 따라서 이행하는 자의 이해력에 의해서만 제한될 수 있다.

Ⅳ. Draft Common Frame of Reference(이하 DCFR)의 인적담보(Personal security)

1. 서

DCFR의 인적담보에 관한 규정 중, 논문의 주제와 관련하여 의미 있는 내용을 간략하게 소개한다.[92] 우선 담보제공자(security provider)[93]란 용어를 사용하는바, 이는 보증인을 포함하여 여러 형태의 인적 담보제공자를 포괄하는 개념이라고 볼 수 있다. 또 기존의 부종성을 가진 종속적 인적담보(기존의 보증채무에 구속력 있는 보증서에 의한 인적담보를 포함)에 국한하지 않고, 부종성이 없는(경우에 따라서는 피담보채무가 없을 수도 있는[94]) 독립적 인적담보를 인정하고 있다. 한편 특이한 것은 담보제공계약의 체결이 담보제공자의 일방적 의사표시에 의해 체결될 수 있고, 구속력 있는 보증서에 의한 종속적 인적담보는 담보제공자의 일방적 행위에 의해 성립한다[95]는 점이다.[96] 한편, 비영업적 또는 비직업적으로 담보를 제공하는 자를 보호하기 위하여 제4장을 규정하여 담보제공자가 소비자인 경우, 특별한 보호를 규정하고, 이를 강행규정으로 하고 있다(제4:102조 참조).

---

92) 보다 자세한 내용은 위계찬, DCFR상의 인적담보, EU사법(Ⅱ), 한국외국어대학교 출판부, 2010, 238면 이하 참고.

93) 경우에 따라서는 담보제공자와 채무자의 구별이 곤란할 수 있다. 양자의 구별표준은 담보제공을 통해 직접적 경제적 이익을 얻는가 여부이다. 즉 경제적 이익을 가지더라도 간접적인 것에 그치는 경우에는 담보목적으로 채무를 인수하였다고 보아야 한다. 양자를 구별하는 실익은 담보제공자에 해당하면 제1:104조 및 제4장(소비자담보제공자)에 의한 보호가 가능하기 때문이다(위계찬, 앞의 글, 242면 참고).

94) 이는 DCFR Part G 제1:101조 d) 채무자의 정의 규정에 "if any"라는 표현에서 확인할 수 있다(위계찬, 앞의 글, 241면 참고).

95) DCFR Part G 제3:103조 참고.

96) 보다 자세한 내용은 위계찬, 앞의 글, 244~245면 참고.

2. 종속적(dependent) 인적담보

(1) 개 관

보증의 의미를 가진 다양한 용어(suretyship, guarantee, caution, Kaution, bürgshaft 등)를 버리고, 기능적이고 기술적 용어인 '종속적(dependent)'이라는 용어를 사용하였다.

종속적 인적담보의 유형은 담보제공자가 금전의 지급을 약속하는 것(경우에 따라서는 손해배상을 약속하는 것), 구속력 있는 보증서를 발행하는 것, 유통가능한 증권 또는 다른 재화의 제공과 같은 금전의 지급 이외의 다른 이행을 약속하는 것의 세 가지로 분류할 수 있다.

(2) 종속성

의심스러운 경우에는 종속적 인적담보를 설정한 것으로 추정하며, 구속력 있는 보증서의 경우에도 종속적 인적담보로 추정한다(제2:101조).

종속성의 원칙에 따라 담보채무의 유효성, 범위, 그리고 조건은 피담보채무의 그것에 종속한다(제2:102조 제1항). 그러나 파산절차에서 피담보채무의 면제나 감축, 파산으로 인하여 채무자의 이행불능에 의해 야기되는 기타의 상황, 개인적 사건에 의한 것으로 법에 의해 채무자의 채무가 면제되거나 감축되는 경우에는 종속성에 대한 예외로 된다(제2:102조 제2항).[97]

(3) 연대책임의 원칙과 보충적 책임의 예외

담보제공자는 주채무자와 연대하여 책임을 지는 것이 원칙이다(제2:105조). 다만, 보충적 책임을 지기로 합의한 경우, 구속력 있는 보증서에 의한 보증(제2:106조 제1항. 보충적으로 추정), 소비자담보제공자(제4:105조 (b). 명시적 반대특약이 있으면 그러하지 않음)의 경우에는 보충적 책임을 진다.

3. 독립적(independent) 인적 담보

(1) 개 관

전술한 바와 같이 부종성이 없는 담보채무를 독립적 인적 담보라 한다. 이는 국제거래에서 전형적 상업적 도구로서 빈번하게 사용되고 있음에 비추어, 이를 명문화하기에 이른 것이다.

제3:101조에서는 기본채무에 대한 일반적이고 단순한 언급에 의해 담보의 독립성이 영향을 받지 않는다고 규정하고 있다. 실제에 있어서 기본채무를 전제로 인적 담보가 이루어지더라도, 기본채무에 대한 단순한 언급만으로는 부종성 있는 종속적 인적담보가 되는 것이 아니다. 다만, 그러한 언급은 기본채무에의 종속성을 추론할 수 없는 방식으로 이루어지는 것이 바람직하다. 한편, 보증신용장은 독립적 담보의 형태로 규정되고 있다.[98]

---

97) 당연한 것으로 포괄적 담보(우리식으로 하면 근보증)는 그 자체가 종속성의 예외이므로 별도로 규율된다(위계찬, 앞의 글, 243면, 249면 참고).

98) DCFR Part G 제3:101조 제2항 참고.

(2) 담보제공자의 이행

1) 담보제공자의 채무자에 대한 통지(제3:102조)

2) 담보제공자에 의한 이행

담보제공자는 담보를 발생시키는 계약 또는 다른 법률행위에 기재된 조건과 정확히 일치하는 이행청구가 서면의 형식으로 이루어지는 경우에만 이행할 의무를 부담한다(제3:103조 제1항).

독립적 담보의 특수한 형태로 요구불 독립적 인적담보가 있는데, 이는 담보제공자의 채권자에 대한 항변이 제한되는 경우가 많다(제3:104조 제3항, 제3:103조 제2항 참조).

담보제공자를 보호하기 위하여 제3:105조는 채권자의 이행청구가 남용되었거나 사기적인 경우에는 이행청구에 응할 의무가 없다고 규정한다. 또 제3:106조는 부당한 이행청구에 따라 채무를 이행한 담보제공자가 이행한 것의 반환을 청구할 수 있도록 규정하고 있다. 나아가 채무자도 채권자의 이행청구가 남용되거나 사기적임이 명백히 입증된 경우에는, 담보제공자에게 이행을 하지 못하도록 할 수 있다(제3:105조 제2항).

Ⅴ. 결론에 갈음하여…

미국의 담보제도와 DCFR의 담보제도를 보면 보증계약이 가진 부종성을 완화하여 독립된 담보로 기능하는 다양한 담보제도들이 존재하는데, 우리 민법은 이를 수용하는 데 소극적이다. 물론 사적 자치의 원칙이 지배하는 사인간의 계약에서, 자유롭게 독립성을 가진 계약을 체결하는 것 자체는 가능하고, 실제로도 은행이나, 신용보증기금 등의 다양한 보증업체들은 이를 약관 내지 업무지침의 방식[99]으로 활용하고 있다. 그러나 상업적 도구로서의 독립성이 아무리 중요하다고 하더라도, 보증인 내지 담보제공자의 보호 역시 필요한 것이 사실이다. 따라서 법원의 계약해석에 맡겨 놓기보다는 이를 법제화함으로써 독립적 보증과 종속적 보증의 한계를 명확히 할 것이 필요하다. 더욱이 우리 민법은 보증제도를 계약의 측면에서 규율하는 것이 아니라, 채무의 측면에서 규율한다는 점에서 그 법제화의 필요성은 더 크다고 판단된다. 최근 EU에서 만들어진 DCFR은 대륙법계와 영미법계를 아우르고 있으므로, 우리의 법제에 수용하는데 큰 어려움이 없을 것으로 생각된다. 예컨대, 보증에 관한 우리 민법규정의 해석론을 위한 학문적 논의와 입법론적 논의에 있어서 중요한 시사점을 줄 수 있을 것이다.

특히, 인적담보와 관련된 부분을 독립적 부분으로 편제하여 체계적으로 규정하고 있다는 점은 우리 민법상 보증규정의 정비에 방향성을 제시해준다고 생각된다. 서두에서 지적한 바와

99) 예컨대, 보증채무이행업무해설, 기술보증기금, 2005, 138면 이하에서 보증종류별 이행청구사유, 160면 이하에서 보증채무이행심사, 196면 이하에서 보증종류별 보증채무이행을 규정하고 있다.

같이 입법론적으로 보증계약에 관하여 계약각칙에 규율하는 것이 체계적이라고 생각되는데,[100] DCFR 역시 계약법 파트에서 이를 규정하고 있다. 또한 우리 민법은, 2015년 개정을 통해 보증인보호를 위한 특별법의 일부규정을 민법에 받아들이면서도, 여전히 보증인보호를 위한 특별법을 존속시킴으로써 보증인의 보호를 이원적으로 규율하고 있는데, DCFR은 하나의 체계 내에 규정을 둠으로써 일원적 규율을 하고 있다. 나아가 보증주체를 구별하여 직업적·영리적 목적의 보증(주로 은행이나 보증회사와 같은 상업적 목적하에 이루어지는 독립적 보증들)과 정의적 보증(즉, 소비자담보제공자에 의한 종속적 인적 담보)을 구분하고 있는바, 이러한 구분은 우리도 참고할 만하다고 생각된다.

100) 법무부, 민법(재산편) 개정자료집, 2004.11, 625면 참고.

약관의 객관적 · 통일적 해석원칙과 계약체결시의 구체적 사정

이 병 준*

Ⅰ. 들어가며
Ⅱ. 객관적·통일적 해석원칙의 입법유래와 우리 약관규제법의 입장
Ⅲ. 약관의 해석이 계약의 해석과 동일하다는 학설(특수성 부정설)의 내용
Ⅳ. 약관규제법에 따른 약관으로 체결된 계약내용의 확정
Ⅴ. 약관규제법상 당사자의 주관적 의사와 구체적 사정의 반영방법
Ⅵ. 결론 및 요약

Ⅰ. 들어가며

1. 약관해석에 관한 약관규제법의 규정

약관규제법은 제5조에서 약관의 해석원칙을 규정하고 있다. 그에 따르면 제1항에서 "약관은 신의성실의 원칙에 따라 공정하게 해석되어야 하며 고객에 따라 다르게 해석되어서는 아니된다"고 규정하고 있다. 이를 우리 학설은 해석원리로서 신의성실의 원칙과 객관적 해석원칙을 입법화한 것이라고 보고 있다. 그리고 이러한 객관적 해석원칙의 하부원칙으로서 "고객에 따라 다르게 해석해서는 아니된다"라는 문구는 통일적 해석 내지 획일적 해석을 구현한 것으로 본다. 이러한 객관적·통일적 해석원칙은 제2항의 작성자 불이익원칙과 함께 일반적 계약해석과는 다른 약관의 독특한 해석원칙이라고 할 수 있다.[1)]

신의성실의 원칙에 따라 공정하게 해석되어야 한다는 신의성실의 원칙은 약관이 계약의 성

---

* 한국외국어대학교 법학전문대학원 교수

1) 민법주해/손지열, 328면; 서희석, "공정위의 표준약관 직권제정 및 사용권장과 그 전제로서의 약관조항의 불공정성 판단: 추상적 내용통제와 구체적 내용통제의 관계", 「판례연구」 제24집, 부산판례연구회, 2013, 491면.

질을 가지는 이상 계약해석의 원리를 규정한 것이다. 따라서 이 해석원칙은 계약의 해석원리를 약관의 해석에도 인정한 것으로 보아야 한다.[2] 이러한 측면에서 약관을 계약의 내용을 형성하는 것으로 이해하는 계약설을 취하는 이상 이 해석원칙은 약관의 특유한 해석원칙은 아니다.[3]

객관적 해석의 원칙은 약관규제법이 명문의 규정으로 인정한 것은 아니나, 신의성실의 원칙의 파생원칙으로서 당연히 인정되는 것으로 보거나,[4] 신의성실에 따른 공정한 해석이 곧 객관적 해석원칙으로 이해하기도 한다.[5] 하지만 최소한 이러한 객관적 해석은 그 파생원칙으로서 통일적 해석원칙을 규정함으로써[6] 입법화된 것으로 볼 수 있다. 즉 "약관은 … 고객에 따라 다르게 해석되어서는 아니된다"고 규정하여 고객에 따른 개별적·구체적 상황을 약관의 해석에 있어서 고려할 수 없도록 하고 있다.[7] 이는 계약의 해석과는 다른 약관의 독특한 해석원리를 입법화한 것으로 보는 것이 일반적 견해이다.

2. 구체적 사정의 고려 여부에 관한 학설의 입장

만약 이러한 원칙을 엄격히 적용한다면 모든 약관은 법률처럼 고객에 따라 다르게 해석되면 안 되므로 고객과 체결하는 구체적 사정과 상관없이 동일하게 해석되어야 한다. 따라서 약관을 해석함에 있어서 계약체결 시에 존재하였던 당사자의 개별적·구체적 사정을 해석에서 고려할 수 없음은 물론 (이러한 구체적 사정의 한 내용으로서) 당사자의 주관적 의도를 또한 고려할 수 없다. 따라서 통상 계약의 해석에서 인정되는 주관적 의사에 따른 주관적 해석 내지 자연적 해석은 약관의 해석에서는 인정될 여지가 없게 된다.[8]

그런데 최근에 우리 학설은 약관해석의 독특한 원리로서의 객관적 해석을 부정하고 약관해석은 일반적 계약해석과 동일하게 보아야 한다는 주장이 제기되고 있다.[9] 이에 따라 일반적 계약해석과 동일하게 당사자의 주관적 의사가 일치하면 약관과 다른 주관적 의사가 우선하여 계약의 내용을 결정하고, 그렇지 않은 경우에 계약 상대방인 고객의 입장에서 이해가능한 내용으

---

2) 이 규정을 계약해석에 관한 독일 민법 제157조에 상응하는 일반원칙을 규정한 것으로 본다(소비자 문제를 연구하는 시민의 모임, 약관 규제의 입법, 1986, 34면 이하; 이재현, "약관의 해석", 「민사법이론과 실무」 제8권 제2호, 2004, 140면).

3) 이재현, 「민사법이론과 실무」 제8권 제2호, 140면.

4) 민법주해/손지열, 331면.

5) 이은영, 약관규제법, 박영사, 1994, 147면.

6) 이은영, 약관규제법, 박영사, 1994, 143면.

7) 이재현, 「민사법이론과 실무」 제8권 제2호, 145면.

8) 박창희, "약관해석에 관한 일고찰", 「전북법학논집」 제1집, 2000, 218면.

9) 김진우, "약관의 해석에 관한 일고찰 — 객관적 해석과 작성자 불이익의 원칙의 유럽법과의 비교를 통한 검토 —", 「재산법연구」 제28권 제3호, 2011, 185면 이하; 최준규, "보험계약의 해석과 작성자불이익 원칙 — 최근 대법원 판례들을 중심으로 —", 「BFL」 제48호, 2011, 40면; 박설아, "약관의 해석에 관한 연구", 서울대학교 박사학위논문, 2016, 183~184면; 권영준, "자살과 재해사망보험금 지급에 관한 보험약관의 해석", 「재산법연구」 제32권 제3호, 2013, 207~208면.

로 계약내용이 정해진다고 한다. 이는 결국 계약의 해석원칙에서 인정되는 자연적·규범적 해석을 그대로 동일하게 적용하는 것이다. 그 결과 객관적 해석을 함에 있어서도 계약체결시의 구체적 사정도 고려될 수 있다고 한다.

이러한 학설에 따라 개별적·구체적 사정 내지 당사자의 주관적 의도를 기초로 약관을 해석하게 된다면 '고객에 따라 다르게 해석되어서는 안 된다'는 법률규정에 반하는 결과가 된다. 이러한 해석이 입법론으로는 몰라도 해석론으로 타당한지에 관한 의문이 제기될 수 있다.[10] 그런데 제4조에서 규정하고 있는 개별약정 우선의 원칙에 따르면 모든 고객에 적용되는 계약관계는 동일하지 않다. 왜냐하면 개별약정을 인정하게 된다면 개별적인 약정에 따라 그 한도에서는 계약관계가 형성되기 때문에 해당 부분의 약관은 적용될 수 없고 약관을 기초로 한 계약관계는 통일적이지 않게 된다. 그러면 객관적·획일적 해석과 개별약정의 관계는 어떻게 이해해야 할지의 의문도 자연스럽게 등장하게 된다.

3. 논문의 논의순서와 범위

본 논문은 이러한 학설의 대립을 근본적으로 검토하기 위하여 객관적·통일적 해석원칙을 규정하게 된 독일법상의 판례와 학설의 법리를 고찰하고 이를 수용한 약관규제법의 입법 및 학설과 판례를 우선 살펴보려고 한다(Ⅱ). 다음으로 독특한 해석원리로서의 객관적 해석원칙을 부정하는 우리나라와 독일의 학설을 소개하려고 한다(Ⅲ). 그리고 독특한 약관의 해석원리를 인정하고 있는 약관규제법 자체의 논리를 기초로 약관이 개별적인 해석의 대상이라는 점과 개별약정과는 별도로 해석이 이루어진다는 점을 중심으로 살펴보고 약관에 대하여 독특한 해석원리를 부정하는 독일의 입법적 변화에 관하여 살펴보려고 한다(Ⅳ). 끝으로 구체적 사정으로서 당사자의 주관적 의사가 개별약정에 반영되는 사례를 고찰함으로써 우리 판례가 학설에서 주장하는 바대로 충분히 개별적 사정을 개별약정을 통하여 인정하고 있어서 고객의 이익을 충분히 반영하고 있다는 점에 관하여 살펴봄으로써(Ⅴ), 독특한 약관의 해석원리를 인정하는 약관규제법의 입법태도가 문제가 없음을 논증해 보려고 한다.

Ⅱ. 객관적·통일적 해석원칙의 입법유래와 우리 약관규제법의 입장

1. 독일 판례법의 유래

객관적 해석원칙은 독일의 판례이론에서 유래한다. 독일의 구약관규제법과 이를 채권법개정 때 편입한 독일 민법은 우리 약관규제법처럼 객관적 해석원칙을 명문의 규정으로 인정하지 않고 있다. 이 원칙을 처음 선언한 독일 제국법원 판례 이래로 객관적·통일적 해석원칙은 현재

10) 이러한 의문 제기로 이미 이병준, "모순 있는 보험약관조항의 해석과 불명확조항 해석원칙의 적용", 「선진상사법률연구」 통권 제74호, 2016, 20~24면.

독일 판례와 다수설이 취하고 있는 입장이다.[11)]

제국법원의 첫 판결[12)]에서 객관적 해석원칙을 취한 이유는 현재 우리가 이 해석원칙을 바라보는 것과는 달랐다. 해당 판결에서 객관적 해석원칙을 취하게 된 것은 소송법적 이유에 있었다. 즉 약관해석의 문제를 이유로 상고를 가능하게 하기 위해서 객관적 해석을 인정한 것이다. 제국법원에 의하면 "보험계약자에게는 일반적 규범으로서 다양한 계약관계에 동일한 의미로 적용되는 약관규정의 효력을 적용받는다는 사실이 알려져 있다". 따라서 "특별한 개별약정이 이루어지지 않은 한 약관 규정의 해석에 있어서 개별적인 사안에서 확인될 수 있는 계약의사를 반영할 여지가 없게 된다. 오히려 물어야 할 것은 해당 약관 규정이 일반적으로 어떠한 의미를 가질 것인지의 여부이다". 즉, 제국법원에 의하면 약관의 해석을 통하여 보험계약규정의 일반적·객관적 의미를 확정해야 한다는 결론에 이른다.

오늘날의 관점에서 보았을 때 이러한 제국법원이 제시한 근거는 최소한 2가지 측면에서 문제가 있다. 첫째, 제국법원은 객관적 해석원칙의 근거를 약관의 규범적 성질로부터 도출하고 있으나, 현재 규범설[13)]을 포기한 이상 이는 논거가 될 수 없다. 즉 계약설[14)]의 입장에서 이에 맞는 논거를 찾아야 할 것이다. 둘째, 약관해석에 대한 상고를 가능하기 위하여 객관적 해석원칙이 요구되지도 않는다.[15)] 왜냐하면 법률행위의 해석문제 자체가 이미 법률문제에 해당하여 상고의 대상이 될 수 있고[16)] 약관의 해석도 그에 따라 당연히 상고의 대상이 된다고 보기 때문이다.[17)]

---

11) 독일의 판례와 학설의 입장에 관하여 자세한 것은 아래 Ⅲ. 2. 참조.

12) RGZ 81, 119.

13) 규범설은 약관이 독자적·자생적 효력을 가지는 법규범으로서 계약당사자의 의사와 관계없이 계약내용을 규율한다고 본다. 규범설 내에서도 약관을 거래에 관여하는 집단 내에서의 자치법규로 보는 자치법규설(차락훈, 상법(상), 1966, 80면), 약관의 내용이 거래관여자의 법적 확신에 의하여 관습법이 되었다는 상관습법설(정희철, 상법학(상), 1989, 55면; 손주찬, 상법(상), 1985, 50면; 최기원, 상법학신론(상), 1986, 46면; 양승규·박길준, 개정 상법요론, 1984, 41면)이 약관규제법이 시행되기 전에 주장되었다.

14) 계약설은 약관이 그 자체로서 효력을 갖는 것이 아니라 당사자 사이의 편입합의에 의하여 계약의 내용이 된다고 본다. 계약설은 약관규제법 제정 전 다수설 및 판례의 입장이었고, 약관규제법 역시 기본적으로 계약설의 입장(제2조 제1호, 제2조 제2호, 제3호, 제3조)을 취하였다(민법주해/손지열, 304면; 김형배, "보통거래약관에 의한 계약", 「고시연구」 20(2), 1993, 61면; 장경환, "약관의 구속력의 근거", 「고시계」 제40권 제7호, 1995, 138~143면). 약관규제법 제정 후에는 약관의 본질을 계약설로 보는 데 이견이 없다. 다만, 편입요건으로 고객의 동의가 필요한지 여부에 관하여, 당사자 사이에 일치된 합의로서 구속력을 갖는다는 순수한 계약설(김진환, "약관규제법과 전자약관의 계약편입", 「경상대학교 법학연구」 제10집, 2001, 42면; 장경환, 「고시계」 제40권 제7호, 1995, 142면), 계약설을 기본으로 하되 일정한 경우 예외적으로 다른 근거에서 구속력이 인정된다는 제한적 계약설(곽윤직, 채권각론 제6판, 2003, 22면), 약관의 법적 성질은 계약에 해당하지만 그것이 거래계에서 수행하는 규범과 유사한 기능으로 인해 규범적 요소가 가미된 계약으로 변형되었다고 보는 절충설(이은영, 약관규제법, 박영사, 1994, 104~108면) 등이 주장되었고, 판례는 순수한 계약설(대법원 1998. 9. 8. 선고 97다53663 판결; 대법원 1990. 4. 27. 선고 89다카24070 판결; 대법원 1983. 12. 27. 선고 83다카893 판결)을 취하고 있다.

15) 그에 반하여 객관적 해석이 독일에서 약관해석의 상고가능성을 정당화하는 근거가 된다고 설명하는 우리 문헌으로 김진우, 「재산법연구」 제28권 제3호, 198~200면 참조.

16) 곽윤직·김재형, 민법총칙 제9판, 박영사, 2013, 304면; 대법원 2001. 3. 15. 선고 99다48948 전원합의체 판결.

17) 이은영, 약관규제법, 박영사, 1994, 160면. 그에 반하여 Hellwege의 교수자격 논문(Allegemeine Geschäft

2. L. Raiser의 계약설 입장에 따른 설명

오늘날 이해되고 있는 객관적 해석원칙의 의미는 L. Raiser에 의하여 명확히 설명되고 있다. 그의 명저 “Das Recht der Allgemeinen Geschäftsbedingungen”에서 기본적으로 약관의 해석에서 신의성실의 원칙이라는 일반원칙이 다른 계약의 해석에서와 마찬가지로 적용되지만 이러한 일반원칙을 객관적 해석을 통하여 구체화하고 있다.[18)]

> “법리적으로 보았을 때 약관은 법률행위에 의한 산물이다. 약관은 계약당사자의 개별계약에 의하여 효력을 가지게 되며 이러한 계약당사자 사이의 약관해석이 문제되는 것이다. 이에 … 의사표시 해석원칙이 … 적용된다. 따라서 이러한 해석의 목적은 계약당사자에게 척도가 되는 의사표시의 내용을 확정하는 것이다. 하지만 약관에서는 통상의 계약해석과는 달리 그 본질상 일회적으로 계약상대방에 초점을 맞춘 것이 아니다. 사업자가 모든 고객과의 법률관계를 위하여 일반적 질서로서 객관화하여 약관은 사전에 마련한다는 측면에서 그 특수성이 있다. 약관은 일반적인 계약에서의 의사표시처럼 특정한 상대방을 향하는 것이 아니라, 사업자의 사정에 따라 고객의 범위에서는 차이가 있지만, 전체 고객을 대상으로 한다. 고객은 계약체결시에 이렇게 마련한 약관을 제시받는다. 이는 해석에서 중요한 결과를 낳는다.
>
> 개별계약이 성립하게 된 구체적 사정, 계약당사자의 의도와 의사는 약관의 해석에 있어서 고려되지 않는다. 계약당사자들은 약관과 다른 내용을 합의할 수 있다. 개별약정은 … 약관에 우선한다. 당사자들, 특히 고객에게 요구되는 모든 사정을 반영할 수 있도록 개별약정을 인정하기 위한 요건의 충족은 그리 엄격하지 않다. 하지만 이러한 개별약정이 발견되지 않은 경우에는 개별적인 요소는 약관을 해석함에 있어서 배제된다. 약관의 의미는 그 대상으로 하는 고객에게 동일한 것이다.”

이와 같은 L. Raiser의 설명은 현재 독일과 우리나라의 다수설의 입장으로 이어지고 있으며 그 내용을 압축적으로 잘 설명하고 있다. 앞의 제국법원 판결과 달리 L. Raiser는 명확히 계약설을 취하고 있다. 즉 약관은 법률행위 내지 계약의 산물로 보는 것이다. 그러면서 약관의 해석에는 원칙적으로 계약의 해석에 관한 원칙이 적용된다는 점을 밝히고 있다. 즉 해석의 목적은 계약내용을 확정하는 것에 있다는 점을 밝히고 있다. 그런데 약관의 특수성에 기초하여 약관 해석

---

sbedigungen, einseitig gestellte Vertragsbediungen und die allgemeine Rechtsgeschäftlehre, 2010, S. 523)에서는 ‘약관의 해석에서 개별적인 사례의 구체적인 사정은 고려되지 않고 객관적 해석을 인정하는 견해를 취한다면 상고가능성이 당연히 인정되지만, 그에 반하여 개별적인 사례의 구체적인 사정이 존재하지 않은 경우에만 객관적 해석이 가능하다고 하는 견해를 취한다면 이러한 경우에만 약관해석에 대한 상고가능성이 인정될 수 있다고 한다’. 그러면서 Hellewege도 후자의 견해를 지지한다. 즉 구체적 계약체결 상황에서 당사자의 주관적 의사를 확인하는 자연적 해석은 상고의 대상이 되지 않는다고 한다.

18) L. Raiser, Das Recht der Allgemeinen Geschäftsbedingungen, 1935, S. 251 f.

의 독특한 해석원리를 도출하고 있다. 즉 약관은 개별적인 고객을 위하여 마련된 것이 아니라, 사업자가 약관을 사용하는 해당 거래영역의 모든 고객을 위하여 만든 것이므로 이러한 사업자의 이익을 반영해야 한다는 것이다. 그 결과 약관의 해석에서 당사자의 계약체결 시 구체적 사정과 의도를 고려할 수 없다는 객관적 해석원칙을 도출하고 있다. 이를 통하여 달성하는 것은 약관의 의미를 모든 고객에게 동일하게 통일적으로 해석할 수 있다는 것이다.

하지만 약관을 통하여 체결되는 계약 전체를 보았을 때 약관을 통하여 그 내용이 정해지는 것뿐만 아니라 개별약정을 통해서도 규율이 된다. 따라서 아무리 약관 내용이 동일하게 해석되더라도 개별약정을 통하여 당사자의 구체적인 사정을 반영할 수 있도록 하고 있다. 따라서 체결된 전체 계약의 관점에서는 약관의 내용은 동일하게 해석될지라도 개별약정에 따라 구체적인 고객별로 계약의 내용은 다르게 정할 수 있는 여지가 있는 것이다. 그런데 중요한 점은 이러한 고객별로 구체적인 사정을 반영하기 위한 개별약정을 인정함에 있어서 고객의 모든 사정을 반영할 수 있도록 엄격한 요건을 설정해서는 안 된다는 것이다. 이는 매우 중요한 의미를 갖는다. 왜냐하면 이를 통하여 많은 고객의 구체적 사정과 의도가 반영될 수 있기 때문이다.[19]

3. 우리 약관규제법의 입장

우리 약관규제법의 내용을 살펴보면 바로 이러한 L. Raiser의 설명대로 규정하고 있다. 즉 해석원칙으로서 신의성실의 원칙을 제5조 제1항에서 천명하는 한편 그 구체화로 객관적 해석원칙을 반영한 통일적 해석을 규정하고 있는 것이다. 또한 약관해석에 앞서서 개별약정을 계약관계 내에서 고려할 수 있도록 제4조에서 규정하고 있는 것이다. 따라서 우리 약관규제법은 L. Raiser의 설명대로 이해하면 큰 어려움 없이 해당 규정 내용이 이해된다.

약관규제법을 입안하였던 소비자 문제를 연구하는 시민의 모임에서는 다음과 같이 서술하고 있다.[20] 명문의 규정이 없는 객관적 해석에 대하여는 별다른 설명 없이 『'약관은 모든 고객에게 동일하게 해석하여야 한다'는 부분은 종래 약관의 해석원칙인 개개의 고객에 따라 각각 다르게 해석되어서는 안 되고 모든 고객에게 통일적으로 해석되어야 한다는 통일적 해석의 원칙은 입법화한 것이다. 이는 약관이 개별약정과는 달리 다수인에게 통용되는 것이므로 약관조항은 약관작성자의 주관적 목적에 따르기보다는 문언에 따라 객관적으로 해석되어야 한다는 객관적 해석원칙의 파생원칙이다. 그리고 모든 고객에게 동일하게 해석됨으로써 사업자가 고객에 따라 차별적으로 해석하는 것을 막을 수 있다. 그러나 합리적인 이유가 있는 경우 고객 그룹에 따라 다르게 해석할 수 있다는 예외까지 금하는 것은 아니다.』라고 입법이유를 밝히고 있다. 입법이유에서도 명확히 앞에서 살펴본 L. Raiser에 따른 독일의 다수설과 판례이론을 입법적으로

19) 이에 관하여 자세한 것은 아래 Ⅲ. 1. 참조.
20) 소비자 문제를 연구하는 시민의 모임, 약관 규제의 입법, 1986, 34면.

받아들인 것이다. 그러면서 우리 입법자는 객관적·통일적 해석의 입법이유를 사업자의 주관적 의도에 따라 약관을 해석하는 것을 방지하고 사업자가 고객에 따라 다르게 차별적으로 해석하는 것을 막을 수 있다는 점에서 찾고 있다. 즉 L. Raiser가 근거로 든 약관의 합리화 기능에 추가하여 사업자가 약관해석을 자의적으로 해석할 가능성을 차단하기 위한 목적을 그 근거로 제시하고 있다. 그런데 이러한 입법이유가 통일적 해석의 근거로 타당한지는 의문이다. 왜냐하면 사업자의 자의적 해석이 일어나지 않도록 고객을 보호하는 것은 이미 약관을 신의성실의 원칙에 따라 해석함으로써 충분히 달성될 수 있기 때문이다.[21]

그리고 개별약정과 관련된 제4조의 입법이유[22]에서는『약관보다는 개별적인 합의(즉, 개별약정)가 더욱 당사자의 의사에 가까우므로, 개별약정이 약관보다 우선하여 계약내용을 구성하도록 하는 것이 당연하다. … 당사자(또는 그의 피용자)가 고객에게 계약의 내용과는 다른 설명을 해주어 고객이 그것을 믿고 계약한 경우에도 그러한 설명은 개별약정이 되어 당사자를 구속한다.』고 밝히고 있다. 여기서 주목해야 할 것은 두 가지라고 생각된다. 첫째는 개별약정, 즉 당사자들이 구체적으로 한 합의내용이 우선 계약의 내용을 결정하고 약관은 부차적인 의미만을 갖는다고 하는 것이다. 두 번째는 입법이유에서 개별약정의 인정범위를 통상적인 의미보다 넓게 이해하여, 사업자 또는 그 피용자가 고객에게 약관의 내용과는 다른 설명을 하여 고객이 이를 믿고 계약을 체결한 경우에도 개별약정을 인정하고 있다는 것이다. 이러한 내용이 판례에 의하여 반영되고 있음은 나중에 더 자세히 살펴보겠다.[23]

4. 약관법 제정 후 학설과 판례

약관규제법 제정 후 대표적 학자들은 약관규제법의 입법취지에 맞추어 객관적·통일적 해석을 약관의 독특한 해석원리로 이해하고 있다.

약관규제법 제정 위원 중의 한 분이셨던 이은영 교수는 객관적 해석과 관련하여 그 교과서에서 “약관은 그 조항이 하나하나 객관적으로 그 문언에 제한되어 해석되어야 한다”고 서술하고 있다.[24] “이때 원칙적으로 당사자의 주관적 의사나 의도와는 무관하게 해석되어야 하며, 조항의 문구를 벗어난 사정을 고려해서는 안 된다”고 한다. 그 이유로 “약관은 당사자의 협의 없이 이미 계약체결 전에 만들어져 있는 것이기 때문에, 보통의 계약에서의 당사자의 협상을 전제로 한 계약해석원칙은 약관해석에 적용될 수 없다”고 하면서 독일 판례와 학설을 그 근거로 제시한다. 그런데 이와 같이 객관적으로 해석하고 당사자의 개별적 상황이나 의도를 고려하지 않

21) 민법주해/손지열, 330면에서 신의성실의 원칙에 따른 공정한 해석의 내용으로 약관해석에 있어서 사업자와 고객 쌍방당사자의 정당한 이익이 고려되며 형평을 이루어야 한다고 설명하고 있다.

22) 소비자 문제를 연구하는 시민의 모임, 약관 규제의 입법, 1986, 33면.

23) 아래 Ⅴ. 2. 참조.

24) 이은영, 약관규제법, 박영사, 1994, 152면.

는 것은 "약관의 객관적 해석원칙이 해석과정의 중간단계에 불과"하기 때문인 것으로 본다. 즉 "개별적 상황이나 당사자의 의도는 결국 개별약정의 범주에 들어가게 되며, 약관의 해석에 있어서도 개별약정우선의 원칙이 지배하기 때문"이라고 한다.[25)]

또한 손지열 판사는 약관의 해석도 계약해석 방법에 의한다는 것을 원칙으로 인정하면서,[26)] 객관적 해석원칙에서는 "구체적·개별적 당사자의 이해관계가 아니라 그 거래에 전형적으로 관여하는 집단의 총체적 이해관계를 고려의 대상으로 해야 한다"[27)]고 하여 전통적 방식으로 객관적 해석원칙을 서술하고 있다. 그 논리적 귀결로 "당사자의 의사와 이해관계를 제1의 기준으로 삼는 일반 계약해석과는 다르다"고 한다.[28)] 그러면서도 "통일적 해석은 약관 자체의 해석에 관한 것이고, 당사자 사이에 약관과 다른 개별약정이 있는 경우에는 개별약정이 우선하는 결과 각 거래별로 법률관계가 달라질 수 있다"고 한다.[29)]

우리 판례도 위 학설과 크게 다르지 않게 판시를 하고 있다. 즉 "약관의 내용은 개개 계약체결자의 의사나 구체적인 사정을 고려함이 없이 평균적 고객의 이해가능성을 기준으로 하여 객관적·획일적으로 해석"하여야 한다고 판시하고 있다.[30)]

Ⅲ. 약관의 해석이 계약의 해석과 동일하다는 학설(특수성 부정설)의 내용

1. 우리나라에서의 논의

약관의 법적 성질이 계약이라는 입장에서 약관의 해석은 계약의 해석과 본질적으로 다를 수 없다는 입장이 점차 많은 지지를 얻고 있다.

계약의 해석에 관하여 일가견이 있는 최준규 교수는 판사시절에 쓴 글에서 기본적으로 이러한 입장에서 계약의 해석에서 주장되고 있는 자연적 해석과 규범적 해석원리를 약관해석에 동일하게 적용하고 있다.[31)] 우선 약관 이외에 별도의 합의가 존재하거나 약관조항을 해석함에 있어 통상의 이해와 다른 내용으로 해석하는 데 의사의 합치가 있다면 이때에는 자연적 해석원리에 따라 그 합의내용이 당연히 우선한다고 한다. 그러면서 개별약정에 관한 약관규제법 제4조의 규정은 이러한 당연한 결과를 입법한 것이라고 본다. 그리고 더 나아가 개별약정의 인정범위를 넓혀서 평균적 고객의 이해가능성과 다른 개별 고객의 의사가 존재하고 그러한 의사를 약관작성자에게 귀속시킬 수 있는 정당한 사유가 존재한다면, 즉 사업자의 귀책사유로 고객이 평

25) 이은영, 약관규제법, 박영사, 1994, 153면.
26) 민법주해/손지열, 327면.
27) 민법주해/손지열, 331면.
28) 민법주해/손지열, 331면.
29) 민법주해/손지열, 333면.
30) 대법원 2009. 5. 28. 선고 2008다81633 판결 등 다수 판결.
31) 최준규, 「BFL」 제48호, 40면 이하.

균적 고객의 이해와 다른 이해를 한 경우에는 이때에도 구체적인 고객의 의사에 따라 해석할 수 있다고 한다. 이 또한 자연적 해석원칙의 한 내용이 될 수 있다는 것이다.[32] 그리고 이러한 개별적 사정이 존재하지 않거나 고객의 개별적 의사가 확인되지 않는다면 객관적 해석원칙에 따라 약관의 내용은 평균적 고객의 이해가능성을 기준으로 해석된다고 한다.

이와 유사하게 김진우 교수도 약관의 해석도 통상의 계약해석처럼 당사자의 주관적 의사가 일치하면 그에 따르고 주관적 의사가 일치하지 않으면 객관적 해석원칙이 적용된다고 한다. 그리고 여기서 객관적 해석원칙은 구체적 사정을 고려하면 안 된다는 의미를 갖고 있는 것은 아니고, 원칙적으로 약관해석에서 구체적 사정이 존재하지 않기 때문에 이를 고려하지 않는다는 것을 의미한다고 한다. 이러한 주장을 펼치면서 다음과 같은 논거를 사용하고 있다.[33] 첫째, 비교법적으로 객관적 해석원칙은 지지를 받지 못하고 있으며 그 유래가 있는 독일에서도 논란이 되고 있다. 둘째, 객관적 해석은 약관의 성질을 규범으로 보던 때에 탄생한 것이고 계약설을 취하고 있는 현재에도 마치 약관을 규범과 유사한 것으로 보는 시각이 전제되어 있다고 비판한다. 셋째, 객관적 해석이 지향하는 획일적 해석이 너무 형식적·도식적이어서 그 결과도 타당하지 않다고 한다. 즉 약관사용자가 계약교섭을 할 때 구체적인 상대방에게 어느 계약조항의 용어를 통상적 의미와는 다른 의미로 사용된다는 인상을 야기한 경우, 약관사용자가 계약체결 전 또는 계약체결 시에 구체적인 상대방이 어느 계약조항의 용어 등을 객관적 의미와 다르게 이해한다는 점을 안 경우에는 당사자들의 공통적 이해가 존재하는 것으로 보아서 이를 구체적인 사정으로 해석에서 고려해야 한다는 것이다. 따라서 넷째, 이러한 사정은 개별약정을 인정하지 않더라도 해석의 결과 인정할 수 있어야 한다고 주장한다.

이러한 김진우 교수의 주장은 독일의 학설상 논란을 바탕으로 한 것이므로 독일의 논의상황을 살펴보고 이러한 주장의 타당성에 관하여 살펴보려고 한다.

2. 독일에서의 논의

1) 객관적 해석 긍정설

명문의 규정이 없는 독일에서도 약관의 객관적 해석원칙을 인정하고 있으며 그에 따라 계약체결의 구체적인 사정과 계약체결자의 구체적인 의사를 고려하는 것을 금지하고 있다. 객관적 해석의 원칙에 의하면 소송당사자의 구체적인 관계와 개별적 분쟁사안의 우연적 요소는 모두 고려되지 않는다. 이에 따라 약관에서의 객관적 해석원칙은 통일적 해석원칙이라는 의미를 갖는 것으로 이해되고 있다.[34] 그럼에도 불구하고 객관적·통일적 해석원칙은 약관의 객관적 의

32) 다만 고객과 직접 대면하는 직원에게 계약체결대리권이 없는 경우가 많은 점, 약관사용자가 고객의 개별적 사정을 일일이 확인하기 곤란한 점, 대량거래의 합리화를 도모해야 하는 약관사용자의 입장 등을 고려할 때, 정당한 사유가 인정되기는 쉽지 않을 것이라고 한다.

33) 김진우, 「재산법연구」 제28권 제3호, 185면.

34) 독일 판례에 따르면 심한 장애를 가지고 있는 딸의 아버지가 여행주최자의 손해배상조항 해석에 있어서 자

미와는 다르게 계약당사자들의 구체적인 사정을 고려하는 것을 금지하지 않는다. 이는 독일 판례와 통설의 입장이다.[35] 당사자들의 주관적 의사에 따른 해석은 약관조항에 우선하는 개별약정으로 본다.[36] 이 견해가 예로 들고 있는 사례는 (예외적인 상황이지만) 은행과 관련된 전문적인 식견을 가지고 있는 전문은행가가 (그 자체로는 불명확성을 가지고 있는) 약관조항을 동일한 의미로 이해한 경우이다. 이때 해당 약관조항은 "주관적"으로 고객의 이해가능성을 기초로 하여 해석된 것이 아니라, 구체적인 사정 하에서 개별적인 약정이 있기 때문에 약관의 객관적 의미에 대하여 우선한다고 본다. 이러한 구분은 실무적으로 중요한 의미를 갖는다. 왜냐하면 약관의 객관적 해석과 다른 의미를 부여하기 위해서는 고객의 특별한 지식이 중요한 것이 아니라 당사자 사이에 개별약정을 인정할 만한 사정이 존재해야 하기 때문이다.[37]

이와 달리 개별약정을 인정할 만한 사정이 없는 경우에도 당사자의 일치하는 당사자의 주관적 의사를 해석에서 고려할 수 있다는 견해도 있다.[38] 즉 이 견해는 그 근거를 개별약정을 인정하고 있는 조항을 기초로 하여 도출하고 있기는 하다. 이 견해에 따르면 개별적인 구체적인 사정은 해당 약관조항의 주관적 의사가 일치하는지 여부를 판단함에 도움이 되는 한도에서 고려될 수 있다고 한다.

2) 객관적 해석 부정설

그에 반하여 약관규제법상 인정되는 독특한 원리로서의 객관적 해석은 인정될 수 없다고 하는 견해도 유력하게 주장되고 있다.[39] 즉 이 견해는 계약과 동일한 원리에 의하여 해석이 이루어져야 하나, 다만 해석대상의 특수성이 고려되어야 한다고 본다. 이러한 특수한 사정에는 통상적으로는 고려될 수 있는 개별적 사정이 약관에서는 원칙적으로 존재하지 않는다고 한다. 그런데 이러한 구체적 사정이 예외적으로 존재하는 경우에는 이러한 사정은 해석에 있어서 고려될 수 있다고 한다.[40] 그리고 이러한 특수한 사정에는 당사자들이 객관적 의미내용과 다르게 약관에 의미를 부여한 경우도 속한다. 이러한 사정이 존재하여 해석에 의하여 고려되는 경우에

신이 항상 딸을 돌보아야 하는 특수한 사정이 있다는 사실은 고려할 수 없다고 한다[BGHZ 77, 116 (118)]. 또한 국내에서 사업을 하고 있는 사업자의 약관을 외국인이 고객이더라도 이성적인 내국인인 고객이 통상적인 사정 하에서 이해할 수 있었던 내용을 기초로 해야 하지, 고객이 외국인이라는 구체적인 사실은 고려될 수 없다고 한다(BGH NJW 1960, 1661).

35) BGH NJW 2002, 2102 (2103); MüKoBGB/Basedow, §305c Rn. 26.

36) BGHZ 113, 251 (259) = NJW 1991, 1604 (1606); MüKoBGB/Basedow BGB, §305c Rn. 26; Schmidt-Salzer, AGB, 2. Aufl. 1977, Rn. E 30-E 32.

37) 이를 명확하게 지적하는 것으로 L. Raiser, Das Recht der Allgemeinen Geschäftsbedingungen, S. 260.

38) Ulmer/Schäfer, §305c Rn. 84.

39) Wolf/Lindacher/Hau, §305c Rn. 105 f.; Lindacher FS Horn, 2006, S. 83 [86]; Staudinger/Schlosser, 305c Rn. 126 ff.; Fikentscher/Heinemann, Schuldrecht, 10. Aufl. 2006, §25 Rn. 181; Dammann, GS Wolf, 2011, 11 [19 ff., 25]; Hellwege, S. 520 ff.

40) Wolf/Lindacher/Hau, §305c Rn. 111; Staudinger/Schlosser, §305c Rn. 130.

는 개별약정 내지 우리 약관규제법 제4조에 해당하는 독일 민법 제305조b를 근거로 할 필요가 없다고 한다. 하지만 이 견해에서도 해석의 척도는 개별적인 고객의 이해가능성이 아니라, 해당 계약유형의 평균적 고객의 이해가능성이다.[41)]

3) 학설의 차이점

양 견해의 차이점은 방법론적인 출발점을 어디에 두느냐에 있다. 독일에서는 객관적 해석에 관한 명문의 규정이 없으므로 방법론상 약관해석의 특유한 원리로 객관적 해석원칙을 설정할 필요가 없다는 견해가 설득력이 있다고 할 수 있다.[42)] 약관은 계약의 내용을 형성하는 규정인 이상 법규 내지 법규와 유사한 것이 아니며, 행정관청의 인가를 받더라도 규범적 성질을 갖는 것이 아니다. 따라서 객관적 해석원칙을 통하여 약관을 법규와 유사한 방법으로 해석하는 것은 타당하지 않다고 한다.

또한 유럽연합의 불공정조항입법지침[43)]을 통하여 개정된 내용도 고려되어야 한다. 독일에서는 이러한 입법지침에 따라 소비자계약인 경우에는 개별약정에 대하여도 내용통제가 가능하다. 그런데 개별약정의 경우에는 내용통제를 함에 있어서 구체적 사정을 고려하도록 하고 있다 (입법지침 제4조 제1항[44)]). 독일의 입법자도 이를 독일 민법 제310조 제3항 제3호에 받아들였다. 이에 따라 구체적 사정을 내용통제 뿐만 아니라, 이미 해석에서도 고려할 수 있다는 입장[45)]과 개별약정의 경우에 인정되는 예외적 규정이라고 이해하는 입장[46)]이 대립하고 있는 것이다. 또한 독일민법상으로는 개별약정과 약관규정의 해석, 소비자에 대한 약관과 소비자가 아닌 자에 대한 약관으로 구분할 수 있는데, 이를 통일적인 시각에서 그 해석원칙을 설정하는 것이 타당하다는 입장이 존재하는 것이다.

또한 약관조항의 객관적 내용과 다른 당사자 사이의 주관적 이해를 반영하기 위하여 (의제적인) 개별약정을 인정할 필요 없이 바로 해석으로 고려하는 것이 타당하다고 한다. 이 견해에 따르면 약관을 사용하는 사업자 또는 사업자를 위하여 행위하는 대리인의 의사표시를 해석에서 바로 고려할 수 있다고 한다.

---

41) Wolf/Lindacher/Hau, § 305c Rn. 112; Staudinger/Schlosser, § 305c Rn. 128.

42) Lindacher, FS Horn, 2006, S. 83 [85]; Hellwege, S. 522.

43) COUNCIL DIRECTIVE 93/ 13/EEC of 5 April 1993 on unfair terms in consumer contracts.

44) Article 4.

1. Without prejudice to Article 7, the unfairness of a contractual term shall be assessed, taking into accoount the nature of the goods or services for which the contract was concluded and by referring, at the time of conclusion of the contract, to all the circumstances attending the conclusion of the contract and to all the other terms of the contract or of another contract on which it is dependent.

45) MüKoBGB/Basedow, § 305c Rn. 23; Staudinger/Schlosser, § 305c Rn. 130; 더 좁게 해석하는 견해로 Wolf/Pfeiffer, RL Art. 4 Rn. 6; Bamberger/Roth/Schmidt, § 305c Rn. 40.

46) Dammann, GS wolf, S. 20 f.

3. 소 결

객관적·통일적 해석을 설정한 우리 입법자와 그 후 학설과 판례가 독일의 학설과 판례에 영향을 받은 것은 사실이지만, 최근에 약관의 해석을 계약의 해석과 동일하게 보아야 한다는 우리나라의 학설 내용도 부분적으로는 유럽의 입법적 변화에 따른 독일의 학설 내용에 영향을 받은 것으로 보인다. 그런데 우리 약관규제법은 그 실체법적 내용, 특히 해석 및 내용통제에 관하여는 제정된 이후 그 내용상으로는 아무런 변화 없이 계속 유지되고 있다. 그에 반하여 유럽연합, 특히 독일에서는 약관규제법이 민법 내용으로 편입된 한편 입법지침의 제정으로 많은 수정이 가해졌다. 독일의 학설 변화는 이러한 입법내용의 변화에 기인한 것이고 현재 독일 민법에 규정되어 있는 약관규정 내용으로는 충분히 일어날 수 있는 견해대립이라고 생각된다. 하지만 이러한 입법상의 변화가 없는 우리 약관규제법상으로 독일에서의 논의가 수용가능한지는 다시 한 번 검토가 필요하다고 생각된다.

Ⅳ. 약관규제법에 따른 약관으로 체결된 계약내용의 확정

약관의 해석에 있어서 학설을 제대로 이해하기 위해서는 기본적으로 해석의 목적이 약관으로 체결된 전체 계약내용을 확정함에 있다는 점을 우선 상기할 필요가 있다. 즉 약관으로 체결된 전체 계약내용을 정함에 있어서 해석에 따른 각종 해석방법을 사용하는 것이다. 그런데 여기서 주의할 점은 약관으로 체결된 계약에서 전체 계약의 내용을 결정하는 것은 약관뿐만 아니라, 당사자들이 개별적으로 합의한 내용도 있다는 점이다. 즉 약관으로 체결된 계약의 내용은 당사자들이 개별적으로 합의한 내용과 약관 등을 기초로 결정되는 것이다.

1. 약관은 개별적인 해석의 대상인가 아니면 계약해석에서 고려될 수 있는 하나의 요소인가?

첫 번째 단계에서 일단 생각할 것은 개별적으로 합의한 내용과 약관의 내용을 별도의 단계에서 확정할 것인지 아니면 같은 단계에서 확정할 것인지를 생각해 보아야 한다. 즉 계약의 해석에서 중요한 것은 당사자의 의사를 확인하여 계약의 내용을 결정하는 것이므로 약관을 계약의 해석에 있어서 이를 찾는 하나의 고려요소로만 둘 것인지 아니면 별도의 개별적인 해석대상으로 둘 것인지를 먼저 고민해 볼 수 있다. 이를 다른 말로 표현한다면 약관은 계약해석의 요소인가 아니면 개별적인 해석의 대상인가라는 질문이 될 것이다.

약관이 아닌 통상의 계약서를 통하여 계약의 해석이 이루어지는 과정을 생각해 보면 이 쟁점은 다음과 같이 해결될 것이다. 당사자 사이에 주관적 의사의 일치가 있으면 계약서의 내용을 살펴보지 않고 바로 일치하는 당사자의 주관적 의사를 기초로 하여 계약의 내용을 확정할 것이다.[47] 물론 이 때 계약서는 이러한 의사를 확인하는 참고 자료로 활용될 수는 있을 것이다. 따라서 통상의 계약에 있어서 계약서는 당사자의 의사를 확인하는 하나의 요소인 것이다. 즉 당사자가 말로 한 내용, 작성한 계약서, 계약체결시의 거래관행 등 계약해석의 다양한 요소 중의 하나로 계약서가 작용할 것이다.[48]

약관을 통하여 체결한 계약에서도 약관은 전체 계약의 내용을 확인하는 요소에 불과하다고 생각할 수도 있다. 이것이 유력설의 입장인 것이다. 하지만 약관으로 체결된 계약의 경우 별도의 단계로 약관 자체의 해석 문제를 구분해야 한다. 물론 약관으로 체결된 계약의 해석, 즉 약관으로 체결된 계약의 내용확정이 궁극적인 목적이긴 하지만 그 과정에서 약관 자체의 해석문제가 별도로 존재하는 것이다.[49]

그러면 약관으로 체결한 계약의 해석에서 약관이 그 내용을 찾을 수 있는 하나의 요소에 불과한 것이 아니라, 약관을 별도의 해석의 대상으로 삼은 이유는 약관규제법의 내용통제와 관련된다. 즉 계약의 내용을 결정하는 요소 중에서 당사자가 개별적으로 한 약정은 약관규제법에 의한 내용통제의 대상이 안 되고 약관만이 내용통제의 대상이 되기 때문이다.[50] 따라서 약관규제법의 시각에서는 내용통제의 대상이 되는 부분과 내용통제의 대상이 되지 않은 부분을 엄격히 구분하기 위하여 개별약정과 약관을 구분하고 있는 것이다.

[약관으로 체결된 전체 계약의 내용형성]		
개별적으로 합의한 내용	+	약관의 내용

결국 약관으로 체결된 계약에서는 개별적으로 합의한 내용에 대한 해석과 약관의 내용에 대한 해석이 개별적으로 이루어진다. 이를 통하여 개별적으로 각 내용으로 확정된 부분을 상호

47) 예컨대 지원림 교수는 해석이란 1차적으로 당사자의 내심의 효과의사, 즉 진의가 무엇인지를 밝히는 것이라고 한다(민법강의, 제14판, 2015, [2−221]). 그에 반하여 법률행위 해석의 목적은 당사자의 숨은 진의 또는 내심적 효과의사를 찾아서 밝히는 것이 아니며, 표시행위가 가지는 의미를 밝히는 것이라고 설명하는 견해도 있다(곽윤직 · 김재형, 민법총칙, 제9판, 2013, 295면). 판례도 당사자가 그 표시행위에 부여한 객관적 의미를 명백하게 확정하는 것이 법률행위의 해석이라고 한다(대법원 1988. 9. 27. 선고 86다카2375 · 2376 판결).

48) 우리 판례는 “당사자가 표시한 문언에 의하여 그 객관적인 의미가 명확하게 드러나지 않는 경우에 그 문언의 형식과 내용 그 법률행위가 이루어진 동기 및 경위, 당사자가 그 법률행위에 의하여 달성하려는 목적과 진정한 의사, 거래의 관행 등을 종합적으로 고려하여 사회정의와 형평의 이념에 맞도록 논리와 경험의 법칙, 그리고 사회일반의 상식과 거래의 통념에 따라 합리적으로 해석하여야 한다”고 하고 있다(대법원 2001. 3. 23. 선고 2000다40858 판결).

49) 이러한 입장에서 ‘약관 그 자체’의 해석과 ‘약관에 의한 계약’의 문제를 구별해야 한다는 견해로 이은영, “보통거래약관의 해석문제”, 「사법연구1: 계약법의 특수문제」, 1983, 55면.

50) 개별약정의 경우 약관규제법이 적용되지 않는다는 입장으로 장덕조, 184면; 대법원 2000. 12. 22. 선고 99다4634 판결.

비교하여 개별적으로 합의한 내용이 정하는 내용이 우선하게 되고 개별적으로 합의한 내용과 약관의 내용이 충돌하게 되면 약관규제법 제4조의 개별약정 우선의 원칙에 따라 개별약정의 내용이 약관에 우선하게 된다.

이와 같은 방식으로 약관으로 체결된 계약의 내용을 결정하는 이유는 바로 약관규제법에 내재되어 있는 내용통제 원리, 개별약정 우선의 원칙을 규정하고 약관규제법 제4조와 약관의 해석원리를 규정하고 있는 약관규제법 제5조의 규정을 통하여 우리 입법자가 내정하고 있는 것이기 때문이다. 이러한 해석방식은 약관규제법의 경우에는 명문의 규정을 통하여 정하고 있는 것이다.

2. 개별약정과 약관의 해석이 개별적으로 이루어지는 경우에 동일한 해석원리가 적용되는가? 아니면 다른 해석원리가 적용되는 것인가?

그러면 본 논문의 주된 관심사의 대상이 되는 쟁점인 개별약정의 해석과 약관의 해석에 대하여는 동일한 해석원리가 적용되는지의 여부에 대하여 살펴보려고 한다. 앞에서 살펴본 바대로 약관규제법이 개별약정과 약관을 개별적·독립적으로 해석할 것을 요구하고 있다면 각각 어떠한 해석원리가 적용될 것인지가 문제되는 것이다. 다른 말로 말하면 약관의 해석에서도 당사자의 주관적 의사 내지 구체적 사정을 고려할 수 있는지를 살펴보아야 한다.

일단 개별약정이나 약관 모두 계약의 내용이 되는 것에 있어서는 동일하고 약관이 계약의 성질을 갖는다는 점에서 보면 일단 모두 계약의 해석원리가 적용된다는 것이 출발점일 것이다. 개별약정에 대하여는 달리 정함이 없으므로 계약의 일반적 해석원리가 그대로 적용되어 자연적 해석과 규범적 해석에 따라 그 내용을 확정하면 될 것이다. 따라서 당사자의 주관적 의사가 일치하면 일치하는 의사대로 그 내용이 확정되고 일치하지 않은 경우에는 객관적 해석에 따라 표시행위에 부여한 객관적 의미내용대로 그 내용이 확정될 것이다. 그리고 여기서는 당연히 계약체결 시 당사자의 구체적인 사정 등도 해석에서 고려될 것이다.

그에 반하여 약관의 경우에는 계약의 해석원칙이 그대로 적용될 수 있는가? 그렇지 않다. 왜냐하면 바로 약관규제법 제5조에서 약관해석의 특수한 원리를 규정하고 있기 때문이다. 즉 우리 약관규제법의 경우는 유럽연합이나 독일의 입법자와 달리 약관을 해석해야 할 원리를 명문의 규정을 통하여 정하고 있는 것이다. 즉 객관적 해석원리의 구체적인 내용으로서 개별적 구체적 사정을 고려할 수 없다는 해석원리를 규정한 것이다. 객관적·통일적 해석을 통하여 고객의 구체적 사정에 따라 약관의 내용을 달리 해석할 수 없도록 한 것은 약관을 사용한 사업자의 이익을 반영한 것이라고 한다. 사업자는 약관을 사용함으로써 하나의 계약내용을 통하여 수많은 고객을 상대할 수 있는 하나의 시스템을 만들고 싶은 것이다. 이러한 사업자의 이익을 반영하여 계약과는 다른 약관의 독특한 원리가 형성된 것이라고 한다.[51)]

---

51) 이러한 입장으로 예컨대 Ulmer/Schäfer, § 305c Rn. 69. 여기에 추가하여 법적 안전성을 가져올 수 있는 것도 사업자에게 이득이 될 수 있다고 보는 입장도 있다. 즉 약관을 마련하는 사업자의 입장에서는 약관을 작성할

3. 유럽연합에서의 논의변화의 이유

그러면 유럽연합 내지 독일에서 약관의 해석에 대하여 계약의 해석과 동일한 해석원리가 적용될 수 있다는 최근의 견해들이 나오는 이유는 무엇일까? 이는 최근 입법의 변화와 연관된다. 현재 유럽연합에서는 소비자계약의 경우 사업자가 사전에 마련한 계약의 내용이기만 하면 내용통제의 대상이 되기 때문에 약관뿐만 아니라 개별약정도 내용통제의 대상이 될 수 있다. 따라서 유럽연합의 차원에서는 개별약정과 약관을 명확히 구분할 필요성이 처음부터 없다. 또한 유럽연합의 입법지침을 수용한 독일의 경우도 이러한 영향 하에 놓이기 때문에 논의의 변화가 일어나고 있는 것이다. 즉 약관에 대하여 특수한 해석원리만 규정한 내용만 있다가 독일 민법에 편입되는 한편 유럽연합의 영향을 받아서 소비자계약의 경우에는 사전에 마련된 계약조항에 대하여도 내용통제가 가능하게 된 것이다. 따라서 독일의 경우에는 계약의 해석, 사전에 마련한 조항의 해석 그리고 약관 자체의 해석을 별도의 원리로 살펴볼 동인이 사라지고 있는 것이다.

김진우 교수가 비교법 논거로 사용하고 있는 유럽연합의 불공정조항지침 제4조 제1항은 기본적으로 불공정성 판단과 연관된 것이다. 즉 그에 의하면 "계약조항의 불공정성은 계약의 대상인 물품 또는 용역의 성질을 고려하여 계약체결 시에 수반된 모든 사정 및 해당 계약의 다른 조항 또는 그 계약이 의거하고 있는 다른 계약의 모든 조항에 의거하여 판단해야 한다"고 규정하고 있다. 그런데 이 조항을 근거로 김진우 교수는 내용통제에 있어서 개별적 사안의 구체적 사정이 고려되어야 한다면 해석단계에서도 동일하게 구체적 사정이 고려될 것이라고 한다. 하지만 이러한 지적은 타당하지 않다. 첫째, 해당 입법지침은 소비자계약인 경우 약관이 아니라, 사전에 협상되지 않은 개별적인 조항의 불공정성을 판단하는 것을 내용으로 하므로 약관에 사용되는 객관적 해석원칙이 원천적으로 차단되어 있다. 따라서 반대로 이야기하면 개별적인 조항의 경우에는 당연히 그 해석에 있어서 구체적인 개별적 사정이 고려될 수 있지만 약관의 경우에는 다르게 해석된다고 볼 수 있다. 둘째, 내용통제에 있어서 개별적 사안이 구체적으로 고려될 수 있다고 하여 바로 해석단계에서도 구체적 사정이 고려될 수 있는 것은 아니다. 이러한 논리에 반대하는 견해가 독일에서 주장되고 있으므로 이러한 결론은 속단할 것이 아니다.

4. 소 결

결국 우리 약관규제법은 약관으로 체결한 계약내용을 확정하는 해석에 있어서 이를 개별약정과 약관으로 나누고 약관에 대하여는 독특한 해석원리를 규정하고 있는 것이다. 따라서 약관의 해석에서도 계약의 해석원리를 그대로 인정해야 한다는 우리 학설은 약관규제법의 입법의도와 규정내용을 무시한 견해라고 보인다.

당시에 그 약관의 해석방향을 객관적으로 정할 수 있다면 구체적·개별적 사정을 기초로 한 해석을 할 때 보다 재판에서 약관이 어떠한 방향으로 해석될 수 있을지를 더 잘 예측할 수 있다고 한다.

특히 외국의 입법례를 근거로 입론하는 것은 타당하지 않다. 왜냐하면 유럽연합의 경우에는 개별약정과 약관으로 나누는 규정을 두지 않은 입법례가 많고, 유럽연합 입법지침의 경우 개별약정에 대하여도 내용통제를 하는 것이 소비자계약에서의 원칙이므로 굳이 개별약정과 약관을 구분할 필요가 없는 것이다. 또한 약관의 해석에 관하여 독특한 해석원칙을 명문의 규정으로 인정하지 않은 이상 개별약정과 약관에 대하여 같은 원리를 적용할 것인지 아니면 다른 원리를 적용할 것인지는 학설에 맡겨진 것이다. 따라서 현재 유럽, 특히 약관규제법의 모태가 된 독일에서 이와 연관된 학설상의 대립이 있는 것은 충분한 이유가 있는 것이다. 즉 약관과 관련된 독일 민법상 법률규정의 변화를 기초로 하고 있는 것이다. 이러한 변화가 없는 우리 약관규제법상 이를 주장하는 것은 법률적 근거가 없는 논의이며 오히려 약관규제법의 규정내용에 정면으로 반하는 해석인 것이다.

V. 약관규제법상 당사자의 주관적 의사와 구체적 사정의 반영방법

그러면 약관의 독특한 해석원리로서 객관적 해석의 구체적인 내용으로서 계약체결 시에 구체적인 당사자의 사정은 약관해석에서 고려할 수 없다는 내용이 타당성을 갖는지를 여기서 살펴보려고 한다. 명문의 규정으로 있지만 그 타당성이 결여되어 있다면 이는 개정의 대상이 될 수 있기 때문이다. 이와 관련하여 타당한 비판으로 생각될 수 있는 것은 약관의 해석에서 당사자의 주관적 의사와 구체적 사정을 고려하지 않으면 구체적인 고객의 보호에 합당한 해석결과를 가져오지 못한다는 비판이다. 이는 실질적인 고객보호와 연관된 비판의 내용이라고 할 수 있다. 이는 결국 당사자의 주관적 의사와 구체적 사정을 개별약정을 통하여 충분히 반영할 수 있는지 여부와 연관된다.

1. 개별약정의 의미

약관규제법상 개별약정이라는 명칭만 보면 명시적으로 사업자와 고객 사이의 개별적인 합의가 있는 것을 생각하기 쉽다. 하지만 개별약정은 독일법상 'Individualabrede'의 번역으로서 사업자가 다수 고객을 위하여 마련한 약관과는 달리 개별적으로 협상을 통하여 정하여진 계약조건으로 이해하면 된다.[52] 따라서 사업자와 고객 사이에 이루어진 협상 내지 계약체결을 바탕으로 하여 구체적으로 이루어진 합의를 통하여 정해진 계약조건인 것이다.

대부분의 약관을 기초로 체결되는 계약이 갖는 대량적인 성질을 기초로 해서 보면 이러한 개별적으로 인정되는 범위는 넓지는 않을 것이다. 통상 개별약정은 계약이 성립하기 위하여 필요한 본질적 요소, 매매계약의 경우에는 매매목적물과 가격에만 존재하고 그 밖의 내용은 약관

52) Ulmer/Schäfer, §305b Rn. 10; 손지열, "일반거래약관과 예문해석", 「민사판례연구」 제3집, 1981, 53면; 장덕조, "설명의무위반으로 인한 계약편입배제와 개별약정우선의 원칙", 「사법」 37호, 2016, 183면.

을 통하여 결정될 것이다. 그리고 전자상거래를 통하여 체결되는 계약을 보면 이러한 부분도 대부분 클릭을 통하여 결정되기 때문에 실질적인 협상이나, 구체적 사정을 반영할 수 있는 부분은 거의 없을 것이다. 그러나 보험계약체결에서처럼 그 계약의 내용이 복잡하고 보험회사에게 다양한 설명의무가 부과되고 있는 사업영역에서는 개별약정을 인정할 여지가 많다. 결국 많은 사례에서는 아니지만 개별약정을 통하여 당사자의 주관적 의사와 구체적 사정을 반영할 사례들이 존재한다. 그러면 학설이 비판하는 것처럼 우리 판례에서 인정되고 있는 개별약정사례들이 당사자의 주관적 의사와 구체적 사정을 제대로 인정하지 않는지를 이하에서 살펴보려고 한다.

2. 판례상 개별약정이 인정된 사례

판례상 인정된 개별약정 사례를 살펴보면 사업자가 개별약정을 주장하는 경우와 고객이 개별약정을 주장하는 경우에 그 인정요건과 인정사례가 많이 다르다. 따라서 이를 나누어서 살펴보겠다.

1) 사업자가 주장하는 개별약정의 경우

사업자가 약관과 다른 내용의 개별약정을 주장하는 경우에는 엄격한 요건이 설정되어 있다. 왜냐하면 약관을 작성하거나 제시한 자가 바로 사업자이기 때문에 사업자의 의사는 기본적으로 약관과 동일할 것이라는 추정이 이루어진다. 따라서 사업자가 약관의 내용과 다른 내용의 개별약정을 주장하여 인정받기 위해서는 고객에게 실질적인 협상가능성을 부여하여 개별약정이 이루어질 것을 요구하는 한편[53] 사업자에게 이에 대한 증명책임을 부과하고 있다.[54]

2) 고객이 주장하는 개별약정의 경우

그에 반하여 고객이 개별약정을 주장하는 경우에는 사업자에게 요구하는 엄격한 요건이 적용되지 않는다. 우리 판례에서 인정된 사례를 살펴보면 사업자가 약관과 다른 설명을 하여 고객이 이러한 설명을 신뢰하여 계약을 체결한 경우이다. 보험대리점 내지 보험외판원 등 보험모집인이 보험약관의 내용과 달리 설명을 했고 보험계약자는 보험모집인의 설명을 믿고 계약을 체결하게 되는 것이 분쟁의 발단이 되는 경우가 일반적이다. 보험계약자가 보험사고 발생 시 보험모집인의 설명 내용에 따라 보험금을 청구하더라도 보험자는 보험약관의 내용에 따라 설명 내용과 다른 액수의 보험금을 지급하게 되고 보험계약자는 보험약관의 내용과 달리 설명한 내용에 따라 보험금지급을 주장하면서 소를 제기하게 된다.

---

53) 대법원 2000. 12. 22. 선고 99다4634 판결.

54) 누가 개별약정을 주장하느냐에 따라 이를 주장하는 자가 증명책임을 부담한다는 입장으로 장덕조, 「사법」 제37호, 191면; 김주호, “금융기관의 이율변경에 관하여 정한 약관조항에 대한 개별약정우선의 원칙”, 「판례연구」 13집, 부산판례연구회, 2002, 27면. 그밖에 사업자가 주장하는 개별약정에 관한 자세한 내용은 이병준, “선택규정의 약관성 — 근저당권설정비용 반환소송과 관련하여 —, 「안암법학」 제42호, 2013, 106면 이하 참조.

[보험약관개정 미고지 사건][55)]

1980년 6월 경 원고는 보험업자인 피고 회사와 자동차안전보험 보통 보험약관에 기하여 보험계약을 체결하였다. 피고 회사는 재무부장관의 인가를 받아 위 보통보험약관을 같은 해 말에 폐지하고 1981. 1. 1부터 그에 대신하여 자동차대인배상정액보험약관을 만들었다. 원고는 1981년 6월 경 피고 회사와 개정된 보험약관에 기하여 보험계약을 체결하였다. 그런데 원고가 보험계약을 체결할 때에 피고회사 산하 대리점 직원인 甲이 개정된 보험약관의 내용을 원고에게 알려주지 아니하고 종래의 안전보험약관이 정액보험으로 명칭만 바뀌었을 뿐이라고 말하므로 원고는 그 말을 믿고 종전의 안전보험약관과 같은 내용의 보험금을 지급받을 생각으로 이 사건 보험계약을 체결하였다. 그 후 피보험자동차의 사고가 발생하여 개정된 약관의 내용대로 보험금이 지급되었다. 원고는 피고 회사 측으로부터 개정된 정액보험약관을 고지 받은 바도 없고 오직 甲의 말을 믿고 종전의 안전보험약관에 따른 보험계약을 체결할 생각으로 보험계약을 체결하였으므로 피고는 종전의 약관에 따라 보험금을 지급할 의무가 있다고 주장하였다.

본 사건은 약관규제법 제정 전의 판례로서 아직 약관의 성질을 법규적 성질을 가지고 있는 것으로 볼 것인지 아니면 계약적 성질을 가지고 있는 것인지가 정립되지 않았을 때였다. 이에 따라 원심판결[56)]에서는 규범설에 따라 보험약관의 내용은 법규적 성질을 가지므로 보험계약자는 그 약관의 내용을 의욕 하는지 여부에 상관없이 계약체결과 동시에 구속된다고 보았다. 따라서 계약체결 당시 계약당사자의 일방이 그 약관의 전부나 일부를 몰랐다 하더라도 이 구속으로부터 면한다고는 볼 수 없다고 판단하였다. 즉 원고가 피고 회사 측으로부터 개정된 보험약관의 내용을 고지 받지 못하여 이를 알지 못하였다 하더라도 그 약관에 따른 계약의 효력을 부정할 수 없는 것이라고 판단하였다. 그러나 대법원은 "원심이 확정한 바와 같이 6개월이라는 단기간을 보험기간으로 정한 보험계약을 체결한 후 그 보험기간만료시마다 보험계약을 갱신하여 체결해 오는 계속적 계약관계에 있어서, 그 중간에 보통보험약관의 내용이 개정된 경우에 보험업자의 대리점직원이 보험계약자에게 개정된 약관내용을 단순히 알리지 않은 것에 그친 것이 아니라 나아가 적극적으로 그 개정이 명칭의 변경에 불과하고 그 약관내용에는 변경이 없음을 강조하기 때문에 보험계약자도 기왕에 가입한 구 약관과 같은 내용의 보험계약을 갱신하여 체결할 의사를 표시함으로써 계약이 성립된 것이라면, 이는 당사자 사이에 명시적으로 구 약관에 따르기로 약정한 경우와 같이 보는 것이 타당하므로 개정된 약관의 구속력은 발생할 여지가 없다고 보아야 할 것이다."라고 판단하였다. 당사자 사이의 구체적인 계약체결과정에서 보험회사 측의 잘못된 설명으로 인하여 고객이 잘못된 생각을 가지고 계약을 체결한 경우 잘못 생각한 내용대로 계약이 체결된 것으로 보아야 한다는 판결이다. 특히 본 사안에서 이러한 약관이 계약의 내

55) 대법원 1985. 11. 26. 선고 84다카2543 판결.
56) 서울고법 1984. 10. 19. 선고 84나787 판결.

용으로 편입되느냐와 연관하여 잘못된 설명으로 구약관이 적용되는 것으로 당사자의 개별적 합의가 이루어진 것으로 본 것이다.

[잘못 설명된 보험약관 사건][57)]

원고는 1987년 6월 경 피고 보험회사와 자동차종합보험계약을 체결하였다. 원고는 보험기간내인 1987년 7월 경 자동차를 운전하던 중 교통사고로 인하여 안면부다발성열창 등의 상해를 입고 치료를 받은 결과 치료비를 지출하였다.

원·피고 사이의 보험계약을 체결하게 된 경위는 다음과 같다. 당시 피고회사의 대리점을 하는 甲이 원고를 방문하여 피고회사의 자동차종합보험에 가입할 것을 권유하면서 자손사고로 인한 부상의 경우에는 금 3,000,000원의 한도 내에서 실제 부담한 치료비 전액이 보험금으로 지급된다고 설명하였다. 이에 따라 원고가 피고회사를 대리한 甲과 보험계약을 체결하였으나, 그 당시 원고는 甲으로부터 보험증권을 교부받거나 보험약관의 구체적 내용에 관한 고지를 받은 사실이 없었다.

원고는 설명받은 보험계약내용에 따라 보험금 3,000,000원의 지급을 구하였고, 이에 대하여 피고는 원고의 상해는 약관에서 인정되는 금액에 한하여 보험금지급의무가 있다고 항쟁하였다.

1심법원[58)]은 금 900,000원의 범위에서만 원고청구를 인용하고 나머지 원고청구를 기각하였다. 그러나 항소법원[59)]은 "피고가 주장하는 자동차종합보험보통약관은 이른바 일반거래약관의 일종으로서 계약당사자가 이를 계약의 내용으로 하기로 하는 명시적 내지 묵시적 합의가 있는 경우에만 적용된다"고 보고 "보험보통약관과 다른 내용으로 보험계약을 설명하고 이에 따라 계약이 체결된 경우에는 그 때 설명된 내용이 보험계약의 내용이 되고 그와 배치되는 보통약관의 적용은 배제된다고 보아야 할 것"이라고 판단하여 원고의 청구를 전부 인용하였다.

대법원은 "보통보험약관이 계약당사자에 대하여 구속력을 갖는 것은 그 자체가 법규범 또는 법규범적 성질을 가진 약관이기 때문이 아니라 보험계약당사자 사이에서 계약내용에 포함시키기로 합의하였기 때문이라고 볼 것인 바, 일반적으로 당사자 사이에서 보통보험약관을 계약내용에 포함시킨 보험계약서가 작성된 경우에는 계약자가 그 보험약관의 내용을 알지 못하는 경우에도 그 약관의 구속력을 배제할 수 없는 것이 원칙이나 다만 당사자 사이에서 명시적으로 약관의 내용과 달리 약정한 경우에는 위 약관의 구속력은 배제된다고 보아야 한다는 것이 당원의 판례이다(1985. 11. 26. 선고 84다카2543 판결 참조)"라는 기존의 원칙을 확인한 후, 원심판결을 인용하였다. 대법원에서 아직 약관규제법이 제정되기 전에 인정되었던 법리를 사용하고 있기는

57) 대법원 1989. 3. 28. 선고 88다4645 판결. 이에 대한 평석으로 손지열, "보험외판원의 잘못된 설명과 개별약정의 성립", 「민사판례연구(XII)」, 1990, 237면 이하 참조.

58) 서울지법 남부지원 1988. 4. 9. 선고 87가소21529 판결.

59) 서울민사지법 1988. 9. 21. 선고 88나15347 판결.

하지만 당사자 사이에 명시적으로 약관과 달리 약정한 경우의 사례로 보험모집인이 약관의 내용과 다른 설명을 하고 이를 신뢰한 채 계약이 체결된 경우에는 설명된 내용이 계약의 내용이 된다고 본 것이다. 즉 본 판결에서도 구체적 계약체결과정에서 약관의 내용이 잘못 설명된 구체적 사정이 반영되어 약관과 다른 개별적 합의로 인정된 것이다. 그 후 이러한 판결의 법리는 다른 사건에서도 동일하게 이어지고 있다.[60)]

3) 학설의 태도

판례의 발전에서 알 수 있는 바와 같이 약관의 성질에 관하여 규범설[61)]과 계약설이 대립하고 있을 당시에 개별약정의 인정가능성에 관하여 대립이 있었다. 하지만 계약설을 취하고 약관규제법 제4조에서 개별약정우선의 원칙을 규정한 이상 잘못된 설명으로 계약을 체결한 경우 이와 배치되는 약관은 배제되고 잘못된 설명이 계약의 내용이 된다고 본다.[62)] 특히 보험계약에서 이와 같은 판례가 이어지는 것은 보험모집에 있어서 보험회사나 보험모집인 등이 보험계약자에게 약관의 내용을 제대로 설명하여 주지 아니하였거나 과대선전에 의하여 보험계약이 이루어진 때에 보험약관의 구속력이 없음을 밝힌 것으로 불완전보험모집에 경종을 울려주었다는 점에서 긍정적인 평가를 내릴 수 있다고 한다.[63)] 보험영업의 많은 형태에서 고객의 실질적

---

60) 대법원 1991. 9. 10. 선고 91다20432 판결. 이에 대한 평석으로 김택주, "보험모집인의 설명과 개별약정의 성립", 「상사판례연구」 제5권, 1992, 100면 이하 참조.

61) 규범설의 입장에서 개별약정을 인정할 수 없다는 주장이 있었다(이러한 견해로 양승규, "내용설명이 다른 보통보험약관의 효력", 「보험학회지」 제34권, 1989, 11~14면; 정호열, "약관과 다른 보험모집인의 설명과 보험자의 책임", 「보험법연구」 제1권, 1995, 32~33면). 즉 1) 보험제도는 단체적 성질을 가지므로, 보험자는 보험계약을 체결함에 있어서 각 보험계약자를 균등하게 대우하여야 하므로 어떤 특정한 보험계약자에게 특별한 이익을 제공하는 약정을 할 수 없다는 것이다. 또한 보험업법에서도 보험계약자 또는 피보험자에 대하여 특별한 이익의 제공을 약속하거나 보험료 할인 또는 수수료 기타 특별한 이익을 제공하는 행위를 금지하고 있는데(구보험업법 제156조 제1항 제4호; 현행 보험업법 제98조 제2호), 이는 보험계약자를 공평하게 다루어야 하는 것을 나타내므로 보험자와 보험계약자 사이의 개별약정을 통해 보험약관의 내용을 변경하여 보험계약을 체결할 수 없다는 것이다. 2) 보험모집인은 보험사업자에게 종속되어 보험계약의 체결을 중개하는 자이므로(구보험업법 제2조 제3항), 보험모집인이 보험자를 대리하여 보험계약을 체결할 수 있다는 것을 전제로 하지 않고는 보험모집인의 잘못된 설명내용이 곧 보험계약의 내용으로 되고 보통보험약관의 관련조항의 적용이 배제된다고 볼 수 없다는 것이다. 3) 잘못 설명을 한 경우라 하더라도 상해보험의 경우 상해의 등급에 따라 지급하는 것이 성질상 마땅하다는 것이다.

62) 손지열, "보험외판원의 잘못된 설명과 개별약정의 성립", 「민사판례연구」 제12집, 1990, 242~243면.

63) 이기수, "보통보험약관의 효력", 「사법행정」 제346호, 1989, 64면. 보험모집인은 보험계약체결권을 가지고 있지 않는다는 비판에 대해서는 물론 보험 분야의 단체성과 개별성의 조화가 필요하지만 오늘날 보험의 특수성을 강조하는 주장은 국제적으로 쇠퇴하고 있을뿐만 아니라 보험약관 또한 일반 약관과 마찬가지로 당사자의 인지가능성 여부를 기준으로 계약의 편입여부를 따지고 개별약정도 허용하는 것이 바람직하다는 주장이 있다(이러한 주장으로 최병규, "약관규제법상 개별약정 우선의 원칙에 관한 연구", 「경제법연구」 제1권 1호, 2011, 222면). 이 견해는 보험설계사의 경우 계약체결권이 없으므로 이들의 행위에 대하여는 설명해준 내용대로 주장하는 것은 무리여서 오히려 보험업법 제102조의 사용자배상책임으로 문제를 해결하는 것이 최근 경향이나, 사용자책임은 계약책임과 구별되므로 약관의 법적 성질로서 의사설과 고객의 인지가능성을 우선시 하여 설명해준 내용대로 계약의 내용을 주장하는 것이 가능하다고 한다.

인 접촉점이 보험모집인인 경우가 대부분임에도 보험회사의 체약대리권이 없는 보험모집인의 설명이 잘못된 경우 이를 꼼꼼히 읽어 해석하지 않은 고객에게 모든 위험을 부담시키는 것은 보험제도 자체의 불신을 초래하는 점을 고려할 때, 보험모집인을 통하여 이익을 얻는 결과로 인한 위험은 보험회사의 영역에서 발생하므로 보험회사가 이를 부담하는 것이 소비자보호차원에서 합당하다고 한다.[64]

3. 소 결

지금까지 살펴본 바대로 판례는 개별약정 안에서 구체적 사정과 당사자 의사를 고려하고 있다. 이는 객관적·획일적 해석을 주장하는 학설에서 구체적 사정과 당사자의 구체적 의사는 개별약정을 통하여 고려되어야 한다는 입장과 일맥상통하는 것이다. 그리고 계약의 해석을 약관의 해석에 적용해야 하는 견해에서 우려하는 것처럼 약관을 통하여 체결된 계약에서 당사자의 주관적 의사와 구체적 사정이 무시되는 것이 아니라 개별약정을 통하여 충분히 판례에서 고려되고 있다. 이러한 측면에서 현재 약관규제법 및 이를 근거로 객관적·통일적 해석을 하고 있는 학설의 내용을 특별히 변화시킬 요인은 존재하지 않은 것으로 평가된다.

Ⅵ. 결론 및 요약

약관을 기초로 체결한 계약에 있어서 전체 계약을 해석할 때에는 개별약정과 약관을 구분해야 한다. 당사자들이 개별적으로 체결한 계약의 내용은 개별약정으로 정해진다. 그리고 이렇게 당사자들이 구체적으로 정한 내용에 사업자가 사용하는 약관이 부차적으로 계약의 내용을 결정하는 것이다. 이러한 구분이 이루어지는 것은 개별약정에 대하여는 약관규제법에 기한 내용통제가 가능하지 않음에 반하여 약관에 대하여는 내용통제가 이루어지기 때문이다.

개별약정에 대하여는 의사표시 내지 계약의 해석에 관한 일반원칙이 적용된다. 그에 반하여 약관의 경우에는 계약의 성질을 가지고 있으므로 의사표시 내지 계약의 해석에 관한 일반원칙이 적용되는 것이 원칙이지만, 약관규제법상의 특수한 해석원칙이 적용된다. 이러한 특수한 해석원칙의 대표적인 내용이 객관적 해석원칙의 구체화된 형태로 개별적 구체적 사정은 고려되지 않는다는 통일적 해석원칙이다. 약관에 대하여 계약의 일반적 해석원칙처럼 주관적 해석을 적용하여 당사자의 주관적 의사나 구체적 사정을 반영하는 것은 약관규제법의 명문의 규정에

64) 김남홍, 약관에 의한 계약에서 개별약정우선의 원칙에 관한 연구, 한국외대 법학과 석사학위논문, 2014, 46~47면. 보험모집인의 법적 지위에 비추어 그 설명내용이 개별약정으로 보험계약의 내용으로 인정함에 있어서는 대리의 기본구조에 반하기 때문에 의문을 표하면서, 오히려 보험자에 대한 다른 책임이론인 표현대리, 사용자책임, 계약체결상의 과실책임 등을 통하여 소비자보호 문제를 해결하는 것을 주장하는 입장(김택주, "보험모집인의 설명과 개별약정의 성립", 「상사판례연구」 제5권, 1992, 113~116면)이 존재한다.

반한다.

약관의 해석에서 당사자의 주관적 의사나 구체적 사정을 반영하지 못한다고 하여 당사자의 주관적 의사나 구체적 사정이 약관을 통하여 체결된 계약의 해석에서 반영되는 것은 아니다. 왜냐하면 전체 계약의 측면에서 보면 이 계약의 내용은 개별약정과 약관의 내용으로 구성되기 때문이다. 이러한 측면에서 당사자의 주관적 의사와 구체적 사정은 개별약정의 내용으로 고려된다. 우리 판례와 학설은 이러한 개별약정의 인정범위를 보험모집인이 약관의 내용과 달리 설명한 경우에 달리 설명한 내용대로 계약의 내용을 결정하여 당사자의 구체적 계약체결사정을 반영하여 계약의 내용을 인정하고 있으므로 고객은 충분히 보호를 받는다.

현재 유럽에서 진행되고 있는 약관의 해석에 있어서 주관적 의사 내지 구체적 사정을 고려하자고 하는 견해는 변화된 입법 환경을 바탕으로 한 논쟁이다. 또한 우리 입법자처럼 객관적 해석원칙을 명문의 규정으로 인정하지도 않았다. 객관적·획일적 해석을 명문으로 규정한 우리 약관규제법의 입장은 기본적으로 사업자의 이익, 즉 자신의 사업을 통일적으로 규율하려는 이익을 반영한 것이기는 하지만, 개별약정의 범위를 판례가 넓게 인정함으로써 고객보호의 만전을 기하고 있으므로 이러한 입법 자체가 잘못된 입법은 아니며 개정 필요성도 존재하지 않은 것으로 생각된다.

위험영역에 따른 증명책임의 분배

— 임차물의 화재로 인한 멸실과 관련하여 —

황 원 재*

Ⅰ. 서 론
Ⅱ. 임차물 소훼사건에 관한 우리 판례
Ⅲ. 표현증명과 위험영역에 따른 증명책임의 전환
Ⅳ. 원인불명의 화재로 임차물반환이 불가능한 경우 증명책임의 소재
Ⅴ. 결 론

Ⅰ. 서 론

원인불명의 화재로 임차물이 일부 소훼된 사건을 다룬 대법원 2010. 4. 29. 선고 2009다96984 판결에서 우리 법원은 임차인이 임차물 반환불능에 따른 손해배상책임을 면하기 위해서는 임차인이 선량한 관리자로서의 주의의무를 충실히 이행하였음을 증명해야 한다고 보았다. 반면 대법원 2006. 1. 13. 선고 2005다51013, 51020 판결은 화재의 원인으로 추정되는 전선의 하자가 임대인의 지배·관리영역에 속하는지 아니면 임차인의 지배·관리영역에 속하는지에 따라서 그 의무위반을 달리 판단하였다. 이 두 판결은 임차물이 화재로 소훼되고 화재의 원인을 증명하기 어려운 경우에 임대인과 임차인중 누가 화재로 발생한 불이익을 지는가라는 질문에 서로 다른 답변을 준다. 즉 증명불능의 위험을 누가 지는가에 대하여 서로 다른 입장을 취한다. 전자의 경우 임차물 반환의무의 이행불능이 바로 임차인의 의무위반을 의미하지만, 후자의 경우 위험영역에 따라서 그 의무위반자가 달리 정해지며 결과적으로 증명불능의 위험이 위험영역에 따라서 분담된다.

민법상 피해자가 손해배상을 청구하기 위해서는 청구권의 객관적 그리고 주관적 요건을 모두 증명해야 한다.[1] 이러한 요건으로는 가해자의 객관적 의무위반행위, 유책성 그리고 의무위

---

* 고려대학교 법과대학 강사, 독일 오스나브뤽 대학교 법학박사

1) Luckey, in: Prütting/Wegen/Weinreich, BGB (10. Aufl.), vor §249 Rn. 5; MünchKomm/Oetker (7. Aufl.

반행위와 발생한 1차적 손해결과간 인과관계 혹은 후차적으로 발생한 결과의 책임귀속가능성을 들 수 있다.[2] 즉 자전거 운전자 甲이 교차로에서 乙의 자전거와 충돌하여 乙의 신체와 자전거가 심하게 손상된 경우에 민법 제750조에 의한 손해배상의 책임을 묻기 위해서는 가해자인 甲의 의무위반행위, 고의 과실과 같은 유책성 그리고 乙에게 발생한 손해 및 손해와 甲의 의무위반행위간의 인과관계를 증명해야 한다. 그러나 증명책임에 관한 이러한 일반원칙이 민법의 모든 영역에서 언제나 수정 없이 적용되는 것은 아니다.

대표적으로 계약상 손해배상의 경우에는 유책성에 대한 증명책임이 전환된다(민법 제390조 제2문, BGB 제280조 제1항 제2문). 즉 계약상의 의무위반을 이유로 손해배상을 청구하는 채권자는 그 채권관계의 성립사실과 채무자의 계약상 의무위반사실을 증명해야 한다. 또한 손해의 발생사실과 그 손해와 의무위반간의 인과관계 역시 채권자가 증명해야 한다. 그러나 채권자는 채무자의 고의·과실과 같은 유책성을 증명할 필요가 없으며 오히려 채무자가 그 의무위반이 자신에게 책임을 물을 수 없는 사유로 발생하였음을 증명하면 손해배상책임으로부터 해방된다.[3] 계약상 손해배상에 적용되는 증명책임에 관한 일반원칙의 수정은 임대차계약의 경우에도 당연히 적용된다.[4]

원인불명의 화재로 임차물이 소훼된 경우와 같이 발생한 채권자의 손해에도 불구하고 채무자의 의무위반 자체를 확정하기 어려운 경우에는 다시 한 번 증명책임의 분담이 문제된다. 이 경우 증명책임에 관한 일반원칙은 위험영역에 따른 증명책임의 분배(Beweislastverteilung nach Gefahrenbereichen)라는 원칙에 따라 조정된다.[5] 물론 위험영역에 따른 증명책임의 분배는 그 분배기준의 모호성 때문에 증거법적 수단을 통한 판사의 자의적 책임분배라는 비판을 받기도 한다.[6] 그럼에도 앞서 언급한 증명책임의 원칙이 소송법상 무기평등의 원칙, 소송수행의 정당성 및 수인가능성이라는 측면을 고려할 때 위험영역에 따라 조정되어야 한다고 보는 시각도 존재한다.[7]

우리나라에서는 아직까지 위험영역에 따른 증명책임의 분배를 받아들이는 데 망설임이 있

2016), BGB §249 Rn. 480; Staudinger/Schiemann (2004), BGB §249 Rn. 88.

2) Münchkomm/Wagner (6. Aufl. 2013), BGB §823 Rn. 73.

3) MünchKomm/Ernst (7. Aufl. 2016), BGB §280 Rn. 34.

4) 다만 근로계약의 경우 유책성에 관한 증명책임의 전환이 다시금 조정된다. 즉 사용자는 근로자 보호라는 특별한 목적에 따라 근로자의 유책성을 증명하는 경우에만 채무불이행에 따른 손해배상을 청구할 수 있다. MünchKomm/Henssler (6. Aufl. 2012), BGB §619a Rn. 1; Löwisch, NZA 2001, 465, 466; BT-Drucks. 14/7052, S. 204. 그 외에도 Däubler, NZA 2001, 1329, 1331; Oetker, BB 2002, 43; Dedek, ZGS 2002, 320, 321 참고.

5) 위험영역설에 대한 자세한 설명은 백경일, "증명책임의 분배와 위험영역설에 관한 비판적 고찰", 「법학논총」 제19권 제3호(2012), 267면 이하; MünchKomm/Oetker (7. Aufl. 2016), BGB §249 Rn. 490 참고.

6) Stoll, AcP 176 (1976), 145 ff.

7) Stodolkowitz, VersR 1994, 11, 13; Musielak ZPO/Foerste (13. Aufl. 2016), ZPO §286 Rn. 37.

으며, 우리 법원의 판례는 위험영역에 따른 증명책임의 분배와 표현증명(Anscheinsbeweis; prima-facie-Beweis)을 분명히 구분하여 사용하고 있지는 않는 것으로 보인다. 이하에서는 우선 임차물 소훼사건과 관련한 우리 판결의 증명책임에 관한 입장을 살펴보고(Ⅱ), 표현증명과 위험영역에 따른 증명책임의 분배를 구분해 본 뒤(Ⅲ), 원인불명의 화재로 임차물반환이 불가능한 경우 올바른 증명책임의 소재를 검토해 본다(Ⅳ).

Ⅱ. 임차물 소훼사건에 관한 우리 판례

우리 판례에서 위험영역에 따른 증명책임의 분배를 인정하고 있다고 알려져 있는 대표적인 사례는 임차물이 화재로 소실된 경우이다.[8] 임차물이 화재로 소실된 경우 임대인은 임차인에게 임차물을 사용하도록 할 채무를 위반한 것이 되며, 동시에 임차인은 임대차 종료후 목적물을 임대인에게 반환할 의무를 위반한 것이 된다. 의무위반의 효과로 손해배상이 문제되는 경우 그 증명책임의 소재가 문제된다. 민법 제390조에 따르면 채무불이행시 채권자는 채무자에게 그로 인한 손해의 배상을 청구할 수 있고, 채무자는 손해배상책임으로부터 벗어나기 위하여 자신이 유책하지 않음을 증명해야 한다. 즉, 임차물이 화재로 소실된 경우 계약의 양당사자에게 의무위반이 인정되고 양자가 서로 상대방에게 손해배상을 청구한다면 화재의 원인을 밝힐 수 없는 경우 양당사자가 상대방의 청구에 대한 책임을 지고 이를 벗어나기 위하여 자신이 유책하지 않음을 증명해야 하는 모순된 사태가 발생하게 된다.

보다 현실적인 경우는 화재로 임차물을 잃은 임대인이 임차인에게 손해배상을 청구하는 경우로 이 경우 임차인은 자신이 유책하지 않음을 증명해야 하는데 이러한 증명은 자신이 임차인으로서 필요한 모든 주의를 다하였다는 사실을 증명해야 한다는 것이어서 생각할 수 있는 모든 주의의무위반의 경우를 전부 배척해야 함을 의미하기 때문에 그 증명이 매우 어렵다. 따라서 이 경우 증명불능 혹은 배척불가능에 따른 위험을 임차인이 모두 안게 된다. 그러나 이러한 결론은 앞으로 살펴볼 바와 같이 임차인에게 법이 예정하지 않은 과도한 위험을 부과하는 것으로 그 조정이 필요하다. 이하에서는 우선 유사한 사건에 대한 우리 법원 및 독일 법원의 입장을 비교·검토하여 문제의 핵심을 보다 분명히 해 본다.

---

8) 대법원 2010. 4. 29. 선고 2009다96984 판결; 대법원 2006. 1. 13. 선고 2005다51013, 51020 판결; 대법원 2001. 1. 19. 선고 2005다57351 판결; 대법원 2000. 7. 4. 선고 99다64384 판결; 대법원 1999. 9. 21. 선고 99다36273 판결; 대법원 1994. 10. 14. 선고 94다38182 판결; 대법원 1994. 2. 8. 선고 93다22227 판결; 대법원 1992. 9. 22. 선고 92다16652 판결; 대법원 1987. 11. 24. 선고 87다카1575 판결; 대법원 1985. 4. 9. 선고 84다카2416 판결; 대법원 1982. 8. 24. 선고 82다카254 판결; 대법원 1980. 11. 25. 선고 80다508 판결; 대법원 1969. 3. 18. 선고 69다56 판결.

1. 임차물 소훼에 대한 원칙적 입장

캬바레 영업장소의 배전실 부근에서 발생한 화재의 책임을 임차인이 배척하기 위해서는 자신이 선량한 관리자의 주의의무를 다하였음을 증명해야 한다는 대법원 판결이나,[9] 16개의 사무실이 목조합판으로 분리된 건물에서 화재가 발생한 경우 그 중 가장 많은 연소가 일어난 한 사무실의 임차인에게 그 화재의 책임을 묻고, 해당 임차인이 그 책임을 면하기 위해서는 자신이 선량한 관리자의 주의의무를 다하였음을 증명해야 한다고 판시한 대법원 판결은[10] 증명불능의 위험을 임차인에게 지우는 판결에 해당한다.

더 나아가 한의원을 경영중이던 임차인의 가게에서 발생한 원인불명의 화재의 경우 임차인의 임차물반환의무가 불능이 되어 그 유책성에 대한 증명책임은 임차인이 진다고 보아 임차인이 자신의 선관주의의무이행을 증명할 것을 요구한 판결,[11] 그리고 양복점을 운영하던 임차인의 가게에서 발생한 원인불명의 화재는 임차인의 임차물반환의무의 불능을 야기하고 그 면책에 대한 증명책임은 임차인이 진다고 판단한 판결,[12] 그리고 임차인이 점포내 천장에 비규격의 전선을 무자격자를 시켜 설치하고 다른 임차인에 비하여 많은 전기를 사용하였다는 점을 통해 임차인의 선량한 관리자로서의 주의의무를 배격하며 화재로 인한 책임을 임차인에게 지우는 판결은[13] 임차물반환의무의 이행불능을 근거로 임차인에게 증명불능에 따른 책임을 지우는 판결에 해당한다.[14]

이러한 판례의 경향은 대법원 2001. 1. 19. 선고 2000다57351 판결을 통해 더욱 분명해 진다. 이 판결에서 법원은 화재가 임차인의 임차부분에서 발생한 것인지 아니면 인접한 다른 임차인의 임차부분에서 발생한 것인지 불명한 경우조차도 임차인에게 임차물반환불능에 따른 손해배상책임을 인정하고 있으며, 그 면책을 위해서는 자신이 선량한 관리자의 주의의무를 다 이행하였음을 증명해야 한다고 판시하고 있다.[15]

그러나 이러한 판례의 경향은 다른 몇몇 판결에서 조금씩 변화하고 있다. 판형조각을 업으

9) 대법원 1969. 3. 18. 선고 69다56 판결.
10) 대법원 1980. 11. 25. 선고 80다508 판결.
11) 대법원 1982. 8. 24. 선고 82다카254 판결.
12) 대법원 1985. 4. 9. 선고 84다카2416 판결.
13) 대법원 1987. 11. 24. 선고 87다카1575 판결.
14) 유사한 판결로, 대법원 1992. 9. 22. 선고 92다16652 판결; 대법원 1994. 2. 8. 선고 93다22227 판결; 대법원 1994. 10. 14. 선고 94다38182 판결.
15) "피고가 임차한 부분을 포함하여 소외 회사 소유의 건물 부분이 화재로 소훼된 이 사건에 있어서, 임차인인 피고가 임차물 반환채무의 이행불능으로 인한 손해배상책임을 면하려면 그 임차건물의 보존에 관하여 선량한 관리자의 주의의무를 다하였음을 적극적으로 입증하여야 하고, 이 점을 입증하지 못하면 그 불이익은 궁극적으로 임차인인 피고가 져야 한다고 할 것인바, 이러한 이치는 화재가 피고의 임차 부분 내에서 발생하였는지의 여부 그 자체를 알 수 없는 경우라고 하여 달라지지 아니한다고 할 것이다." 대법원 2001. 1. 19. 선고 2000다57351 판결.

로 하는 임차인이 임대한 공장에서 발생한 화재의 발화지점을 정확히 확정할 수 없고 임차인이 아무런 전기기구를 사용하지 않았으며 천장에 설치된 공용전기시설은 임대인이 그 관리를 맡고 있었기 때문에 이 화재는 임대인의 관리소홀로 인한 것으로 의심되는 사건에서 법원이 그 증명책임의 전환을 인정하지도 임차인의 책임을 조각하지도 않았지만[16] 임대인의 관리영역을 그 판단에 고려하고 있다.[17]

또한 대법원 2000. 7. 4. 선고 99다64384 판결은 화재의 원인을 확정한 뒤 그 화재의 원인을 어느 당사자가 관리하는지를 기준으로 의무위반 여부를 판단하고 있다. 즉 임차인이 임차한 목조건물에 화재가 발생할 당시 아무도 없었으며 화재의 위험을 내포한 시설이나 물건조차 없었다면 그 화재가 현관 천장에 설치된 전선의 합선으로 발생하였다고 본 원심의 판단을 정당한 것으로 인정하면서,[18] 법원은 건물구조의 일부를 이루는 해당 전선을 임차인이 직접 수리를 하는 등 개입하지 않았다면 이 전선의 하자는 임차물을 사용, 수익에 적합한 상태로 유지할 임대인의 계약상 의무위반을 의미하기 때문에 화재로 인한 임차물의 일부 멸실은 임대인의 의무위반의 결과에 속하는 것이지 임차인의 주의의무위반의 결과가 아니라고 판단하였다.

그러나 이 판결은 증명책임 자체의 전환을 인정한 것으로 보기보다 위험영역과 표현증명을 통해 임대인의 의무위반을 증명한 것으로 보는 것이 타당하다. 따라서 이 판결에서 화재는 임대인의 계약상 의무위반의 결과일 뿐이며 임차인이 화재의 원인인 하자를 미리 알았거나 알 수 있었다는 등의 특별한 사정이 없는 한 임차인의 선관주의 의무위반은 고려될 필요가 없었다. 표현증명을 통해 임대인이 의무를 위반하였음이 확정되었기 때문에 임차인의 선량한 관리자로서의 주의의무 위반이 고려될 필요가 없었다는 점에서 이 판결은 앞선 다른 판결들과 분명히 구별된다. 그럼에도 불구하고 이 판결은 이하에서 살펴볼 대법원 2006. 1. 13. 선고 2005다51013, 51020 판결 및 대법원 2009. 5. 28. 선고 2009다13170 판결의 판단에 중요한 영향을 미쳤다는 점에서 그 의미가 있다.

2. 위험영역에 따른 증명책임의 전환을 일부 받아들인 판결

보다 적극적으로 증명책임의 전환을 인정한 판결로는 대법원 2006. 1. 13. 선고 2005다51013, 51020 판결을 들 수 있다.[19] 이 판결에서 법원은 임차인이 운영하는 도정공장에 들어오

16) 그러나 원심은 "임차인인 피고가 임대인인 경의산업에 대하여 임차목적물을 선량한 관리자로서 보관할 의무를 짐은 분명하나 이 사건 화재의 발생원인이나 그 발화지점이 정확하게 밝혀지지 아니한 이상 단지 화재가 발생하였다는 사실만으로 곧바로 피고가 위 임대차계약상의 채무를 이행하지 않았다고 단정할 수 없는 노릇"이라고 보아 원고의 손해배상청구를 배척하였다. 서울지방법원 1999. 6. 4. 선고 98나74130 판결.

17) 대법원 1999. 9. 21. 선고 99다36273 판결. 이 사건에서 임대인의 과실과 화재간 인과관계를 표현증명에 의해서 증명된 것으로 볼 수도 있었을 것이나, 법원은 이러한 인과관계를 확신하지는 못하였다.

18) "위 사실관계에 의하여 이 사건 화재가 위 현관 천장 부분 비닐전선의 합선으로 인하여 발생한 것으로 확정하였는바, …" 대법원 2000. 7. 4. 선고 99다64384 판결.

19) 이 판결에 대한 설명으로는 하경효, "임대차계약에서의 급부장애", 「고려법학」 제49권(2007), 93면 이하.

는 고압전류가 흐르는 인입선을 임차인의 이행보조자가 설치하고 관리하였다면 이 인입선의 단락으로 인한 발열로 발생한 것으로 추정되는 화재의 책임을 임차인이 진다고 보아, 앞선 판례들이 인정하는 임차인의 임차물 반환불능에 따른 손해배상책임과 구별되는 위험영역에 따른 의무위반의 판단방식을 취하고 있다.[20] 즉 법원은 원칙적으로 임차인의 임차물반환채무가 이행불능이 된 경우 임차인이 자신에게 귀책사유가 없음을 증명할 것을 요구하고 있지만, 화재의 원인이 임대인의 위험영역에 있는 경우라면 "특별한 사정이 없는 한" 임차물을 사용·수익에 적합한 상태로 유지할 임대인의 의무가 위반된 것으로 보아 증명책임에 관한 판례의 기본입장을 수정하였다.[21]

이 판결은 위험영역에 좇아 증명책임을 분배하였기 때문에 화재로 인한 임차물의 소훼가 임차인의 의무위반을 바로 의미하지 않게 되었으며, 지배관리영역에 좇아 임차인의 선량한 관리자로서의 주의의무 위반이 되기도 임차물을 사용·수익에 적합한 상태로 유지할 임대인의 의무위반이 될 수도 있게 되었다.[22] 물론, 이 사건에서 법원은 임차인이 직접 설치하였고 그 하자를 인지했으며 부주의하게 관리한 임차건물의 내부 전기배선은 임차인의 지배관리 영역에 속하기 때문에 이 인입선의 하자로 인해 발생한 것으로 추정되는 화재라는 결과는 "특별한 사정이 없는 한" 임차인의 선량한 관리의무 위반의 결과가 된다고 보아 그 결과에 있어 앞선 다른 판결과 크게 다르지는 않다. 판결의 문언상 분명하지는 않으나 이 판결이 말하는 "특별한 사정"은 임차인이 임차물 보존에 필요한 선관주의의무를 다 하였음을 보여주는 사정을 말한다 할 것이다. 따라서 임차인의 위험영역에서 발생한 화재의 책임을 면하기 위해서는 임차인 자신에게 책임 없는 사정으로 화재가 발생하였음을 혹은 자신에게 부과된 선량한 관리자로서의 주의의무를 다 하였음을 증명할 필요가 있다.

3. 표현증명을 통해 의무위반을 추단한 판결

위험영역에 따라 증명책임의 전환을 인정한 듯이 보이는 또 다른 최근의 판결로는 대법원

---

20) 대법원 2006. 1. 13. 선고 2005다51013,51020 판결.

21) "임차건물이 건물구조의 일부인 전기배선의 이상으로 인한 화재로 소훼되어 임차인의 임차목적물반환채무가 이행불능이 되었다고 하더라도, 당해 임대차가 장기간 계속되었고 화재의 원인이 된 전기배선을 임차인이 직접 하였으며 임차인이 전기배선의 이상을 미리 알았거나 알 수 있었던 경우에는, 당해 전기배선에 대한 관리는 임차인의 지배관리 영역 내에 있었다 할 것이므로, 위와 같은 전기배선의 하자로 인한 화재는 특별한 사정이 없는 한 임차인이 임차목적물의 보존에 관한 선량한 관리자의 주의의무를 다하지 아니한 결과…" 대법원 2006. 1. 13. 선고 2005다51013, 51020 판결. 이 판결에서 임대인의 의무위반을 명시적으로 언급하고 있지는 않으나 판결문의 내용을 통해 이를 유추할 수 있다.

22) "이 사건 화재의 원인으로 추정되는 위 인입선의 하자에 대한 관리책임은 임대인인 피고가 유지 및 수선의무를 부담하는 영역에 속해 있었던 것이 아니라 임차인인 甲[인용자 수정]이 선량한 관리자로서 임차목적물을 보존하여야 할 주의의무를 부담하는 영역에 속해 있었던 것" 대법원 2006. 1. 13. 선고 2005다51013, 51020 판결.

2009. 5. 28. 선고 2009다13170 판결을 들 수 있다. 임차한 건물의 천장에 설치된 전선이 합선을 일으켜 건물에 화재가 발생한 것으로 추정되는 사건에서 법원은 문제의 전선이 임대인에 의하여 설치되었고 임차인이 해당 전선에 인위적인 조작을 가하지 않았으며 더 나아가 전선의 이상을 미리 알지 못하였다면 임차목적물을 사용에 적합한 상태로 유지할 의무를 임대인이 해태하여 화재가 발생한 것이므로 임대인의 의무위반에 따른 결과인 화재로 인한 임대차계약의 종료 및 임차물반환불능이라는 후속사건의 책임을 임차인에게 물을 수 없다고 판단하였다.[23] 즉 이 판결에서 법원은 임차물반환불능의 경우 증명책임은 기본적으로 임차인이 지지만, 그 임차물반환불능이 임대인의 (사용, 수익에 적합한 상태로 임차물을 제공할) 의무위반에 기인하여 발생하였다면[24] 임차인은 별도의 선관주의의무 이행을 증명할 필요 없이 면책된다고 보았다.[25]

그러나 임대인의 의무위반과 그 유책성 및 인과관계가 증명된다면 임차물 소훼의 책임은 임대인이 지는 것이 당연하며, 이러한 결과는 화재가 어느 당사자의 의무위반에 기하여 발생한 것인지 분명히 밝혀지지 않은 경우에 위험영역에 좇아 그 증명불능의 책임을 묻는 증명책임의 문제가 아니다. 즉 위험영역에 따른 증명책임 분배가 문제될 수 있는 사안은 의무위반의 당사자를 표현증명을 통해서도 특정하지 못하는 경우이며, 이 사건과 같이 “임대인의 의무위반에 원인이 있음이 밝혀진 경우”에는 증명책임의 분배가 문제될 여지가 없다.

다만, 이 판결문에서 화재의 원인과 관련하여 사용하고 있는 “추단(推斷)”이라는 표현이 화재의 원인에 대하여 법관이 완전한 확신을 얻지 못한 경우를 말하는 것이라고 본다면 화재의 원인 및 의무위반의 당사자가 증명되지 않은 경우에 해당한다고 할 수 있다. 이렇게 본다면 이 판결의 이유 중 제1 문단과 제2 문단이 서로 충돌하게 된다. 즉 제1 문단은 이 사건이 “임대인의 의무 위반에 원인이 있음이 밝혀진 경우”라고 본 반면, 제2 문단은 “임대인이 지배·관리하는 영역에 존재하는 하자로 인하여 발생한 것으로 추단”되는 경우라고 보았기 때문이다. 만약 제2 문단이 법원 판단의 중요한 이유가 된다면 이 판결은 위험영역에 좇아 의무위반의 당사자를 추정하고 그 증명책임을 분배한 사건에 해당하게 된다. 그러나 제1 문단이 법원 판단의 중요한 이유가 된다면 이 판결은 오해의 소지가 있는 표현에도 불구하고 위험영역에 따른 증명책임의 전환과는 무관한 사건이 된다.

---

23) “…이 사건 건물의 소훼는 위와 같은 전기배선의 하자를 제거하여 임대차목적물을 사용·수익하기에 적합한 상태로 유지할 임대인의 의무를 다하지 못한 결과라고 할 것이므로, 임차인인 피고에게 그 목적물의 반환불능으로 인한 법적 책임을 물을 수 없고…” 대법원 2009. 5. 28. 선고 2009다13170 판결.

24) “그 화재가 건물소유자측에서 설치하여 건물구조의 일부를 이루는 전기배선과 같이 임대인이 지배·관리하는 영역에 존재하는 하자로 인하여 발생한 것으로 추단된다면, 그 하자를 보수·제거하는 것은 임대차목적물을 사용·수익하기에 필요한 상태로 유지할 의무를 부담하는 임대인의 의무에 속하는 것이므로, …” 대법원 2009. 5. 28. 선고 2009다13170 판결.

25) “그러나 그 이행불능이 임대차목적물을 임차인이 사용·수익하기에 필요한 상태로 유지하여야 할 임대인의 의무 위반에 원인이 있음이 밝혀진 경우에까지 임차인이 별도로 목적물보존의무를 다하였음을 주장·입증하여야만 그 책임을 면할 수 있는 것은 아니라고 할 것이다.” 대법원 2009. 5. 28. 선고 2009다13170 판결.

결론적으로 이 판결은 “지배·관리 영역”에 따라서 증명책임의 전환을 인정한 판결로 보기 어렵다.[26] 왜냐하면 판결이유 제3 문단에서 법원은 제반 사정을 고려할 때 이 사건 건물의 소훼가 “전기배선의 하자를 제거하여 임대차목적물을 사용·수익하기에 적합한 상태로 유지할 임대인의 의무를 다하지 못한 결과”라고 분명히 보았기 때문이다. 오히려 추단(推斷)이라는 판례의 문언은 표현증명을 인정하는 판례에 사용되는 법관의 확신을 얻은 추정(推定, tatsächliche Vermutung)으로 보는 것이 타당하다. 따라서 임대인의 지배·관리 영역에 속하는 전기배선을 임차인이 수리하는 등 임차인의 인위적 조작이 개입되었다면[27] 임대인의 의무위반에 대한 법관의 확신이 무너지고 증명불능사태가 발생하며, 이로 인한 불이익을 임차인이 부담하게 된다.

만약 이 판결을 위험영역에 따른 증명책임의 분배가 인정된 판결로 본다면 전기배선에 대한 임차인의 인위적 조작이 인정될 경우에도 임대인이 증명불능에 따른 불이익을 지게 될 것이다. 왜냐하면 건물구조의 일부를 이루고 건물소유자가 설치한 전기배선은 임대인의 지배·관리 영역에 속하기 때문이다. 임대인이 그 책임을 벗어나기 위해서는 화재가 임대인의 위험영역에 있지 않은 다른 사유로 인하여 발생하였다는 사실을 증명하거나 자신이 필요한 모든 의무를 이행하였음을 증명해야만 한다. 즉 전기배선에 대한 임차인의 인위적 조작으로 인하여 건물구조의 일부를 이루는 전기배선이 임차인의 위험영역에 속하게 되었다고 주장해야 한다. 참고로 위험영역에 따른 증명책임의 전환을 인정한 것으로 보이는 대법원 2006. 1. 13. 선고 2005다51013, 51020 판결은 “전기배선을 임차인이 직접 하였으며 임차인이 전기배선의 이상을 미리 알았거나 알 수 있었던 경우”에 해당 전기배선이 임차인의 지배·관리 영역에 속하게 된다고 보았다. 그러나 대법원 2009. 5. 28. 선고 2009다13170 판결은 적극적으로 위험영역을 판단하고 있지 않으며, 오히려 임대인의 의무위반을 일응 추정하기 위한 방편으로 이용하고 있을 뿐이다.

4. 기존 원칙적 입장으로 회귀한 판결

끝으로 임차물의 화재에 관한 가장 최근의 판례인 대법원 2010. 4. 29. 선고 2009다96984 판결은 위험영역에 따른 증명책임의 전환이 전혀 문제되지 않았다.[28] 이 사건은 원인불명의 화재(임차인 甲이 점유, 관리하는 치과 소독실에서 발생한 것으로 추정되나 그 화재의 원인은 불명)로 원고들이 임차한 성형외과 및 치과 점포가 일부 소훼된 경우로, 원고들은 임대인인 피고의 수선의무 불이행을 원인으로 임대차 계약을 적법하게 해지하였고 이에 임대인인 피고가 임차보증금을 반환하면서 원고 1인(임차인 甲)의 임차보증금에서 화재로 발생한 수리비 등의 손해액을 공제한 사건이다.

---

26) 위험영역설을 인정한 것으로 보는 견해로는 이동진, “위험영역설과 증거법적 보증책임”, 「저스티스」 제138호(2013. 10.), 181면 이하.

27) 대법원 2009. 5. 28. 선고 2009다13170 판결, 제3문단 제2번 이유.

28) 다만 제1심 법원은 이 화재가 소독실의 내부전기배선에서 발생한 것이며, 이 내부전기배선에 대해서 임차인은 관리책임이 없다는 원고의 주장을 임차인이 행한 내부인테리어 공사를 근거로 배척하면서 위험영역을 일부 검토하고 있다. 서울중앙지방법원 2009. 2. 16. 선고 2008가합17965 판결.

이 사건에서 법원은 원심과 달리 임차물 반환의무가 이행불능이 된 경우 임차인이 임차물 반환불능에 따른 손해배상책임을 면하기 위해서는 자신이 선량한 관리자의 주의로 임차물을 보존하였음을 증명하여야 한다고 판단하였다.[29] 또한 법원의 이러한 원칙적 입장은 화재의 원인이 불명인 경우에도 동일하게 적용된다고 보았다.

5. 우리나라와 달리 임대인의 증명책임을 우선시하는 독일의 판례

독일에서 임차물의 화재로 인한 손해배상이 문제된 대표적 사건으로는 1994년 5월 18일에 내려진 BGH의 판결을 들 수 있다.[30] 이 사건은 임대인의 건물 반지하에서 임차인이 건축장비 판매점을 운영하던 중 원인불명의 화재(임대인은 쉽게 불이 붙을 수 있는 양탄자묶음 20cm 앞에 설치한 임차인의 조명기구가 화재의 원인이라고 주장하였고, 임차인은 건물 내부에 설치된 고압의 전기배선이 화재의 원인이라고 주장하였다)가 발생하였고, 임대인이 임차인을 상대로 임차물의 변형 및 손실로 인한 손해배상(BGB 제548조)을 청구한 사건이다.[31]

이 사건에서 항소법원은 화재의 원인이 불분명하고 이를 밝히는 것이 불가능함을 전제로 임대인이 임차인에게 임차물의 변형 및 손실로 인한 손해배상(BGB 제548조)을 청구할 경우 그 증명부담을 피청구인인 임차인이 진다고 보았다. 이러한 증명책임의 분담이 표현증명의 경우에서처럼 법관의 확신을 흔드는 가능성을 제시함으로써 임대인에게 부담될 수 있는가라는 질문에, 항소법원은 임차인의 조명기구가 양탄자묶음 가까이에 설치되어 있었고 이러한 사정이 화재의 원인을 설명함에 있어 고려되지 않을 수 없기 때문에 최소한 임차인의 과실이 화재라는 사실에 직접, 혹은 공동으로(화재의 원인으로 임차공간 천장내부에 설치된 10미터 길이의 고압전선이 화재의 다른 원인으로 지목되었다) 원인을 제공하였다는 점을 부정할 수 없어 따로 판단하지는 않았다.[32] 더 나아가 항소법원은 피청구인인 임차인이 조명기구가 화재의 원인이 아니라는 점을 증명하지 못하였기 때문에 다른 가능성들에도 불구하고 증명불능에 따른 위험을 임차인이 진다고 판단하였다.

그러나 BGH는 조명기구의 설치상 하자와 같은 임차인의 임차물 사용상 과실 외에도 다른 화재의 원인이 충분히 고려될 필요가 있음을 적시하고 있다.[33] 즉 BGH는 항소법원과 달리 임

---

29) 원심은 "이 사건 화재가 임차인인 원고들의 귀책사유로 인하여 발생하였다는 점에 대한 증명이 없는 한 피고는 이 사건 성형외과 및 치과를 수선해 줄 의무가 있고, 원고들은 수선이 되지 않은 상태에서 임대차가 종료한 경우 수선이 되지 않은 임차목적물을 그대로 반환함으로써 그 임차목적물 반환의무를 다하는 것이 된다"고 보아 임차물 반환의무의 이행불능을 인정하지 않았다. 서울고등법원 2009. 11. 3. 선고 2009나33213 판결.

30) BGH, NJW 1994, 2019.

31) BGB 제548조 제1항: 임차물의 변경 또는 훼손으로 발생하는 임대인의 배상청구권은 6개월의 시효기간을 갖는다. 이 기간은 임대인이 임차물을 돌려받은 때로부터 기산한다. 임대인의 임차물 반환청구권이 시효로 소멸하면 임대인의 배상청구권도 시효로 소멸한다.

32) BGH, NJW 1994, 2019, 2020.

33) BGH, NJW 1976, 1315 참고.

차인의 과실을 화재의 원인으로 단정하지 않고 천장에 설치된 10미터 고압전선과 같은 다른 원인을 고려할 필요가 있다고 보았다. 또한 항소법원이 증명불능에 따른 위험을 임차인이 지는 것으로 판단한 근거인 BGB 제548조는 임차물의 사용으로 발생한 손해(즉, 임차물의 사용으로 인한 임차물의 변형 및 손실)에 관한 규정이며, 임차물의 사용과 관련 없이 임차물의 위험이 발현된 경우에는 그 적용이 없다고 판시하였다.[34] 더 나아가 임차물의 사용으로 인하여 손해가 발생한 경우라도 그 사용행위가 임차인의 감독 및 통제(Obhut und Sachherrschaft)범위, 즉 위험 및 책임범위(Risiko- und Verantwortungsbereich) 내에서 행해진 경우여야 한다고 보았다.

따라서 BGB 제548조에 의하여 증명책임을 임차인에게 부담시키기 위해서는 임대인이 손해의 원인이 임차인의 관리 및 통제범위에 있음을 증명해야 하며, 더불어 임대인 자신의 위험범위에 다른 손해의 원인이 있다면 그 관련성을 스스로 조각해야 한다.[35] 즉 이 사건의 경우 그 손해의 원인은 임대인의 지배영역에서 발생할 수도 임차인의 책임범위에서 발생할 수도 있기 때문에 임대인이 자신의 위험영역에 존재하는 손해의 잠재적 원인이 손해와 아무런 관련이 없음을 증명한 뒤에야 임차인에게 증명책임이 부과된다고 보았다.[36]

이러한 BGH의 입장은 다른 판결에서도 찾아볼 수 있다.[37] 병원을 운영하기 위하여 1993년 11월 6일부터 10년간 건물을 임차한 임차인이 건물의 원인이 밝혀지지 않은 침수로 임대차의 목적을 달성할 수 없어 차임감액을 청구하고 임대차를 해지한 사건에서 BGH는 임차물이 그 사용에 의하여 훼손되었다면 그에 대한 책임 없음을 임차인이 증명해야 하지만,[38] 임차물이 그 적법한 사용으로 훼손된 것인지 자체가 다투어 진다면 임대인이 해당 손해의 원인이 임차인의 감독영역(Obhutsbereich)에 있음을 증명해야 하며 또한 임대인 자신의 책임범위에 있는 손해의 원인은 스스로 손해와 관련 없음을 증명해야 한다고 판시하였다. 따라서 침수가 임대인의 위험영역에 속한 위험원으로부터 발생한 것인지 임차인의 위험영역에 속한 위험원으로부터 발생한 것인지 불명확하다면 우선적으로 임대인이 자신의 위험영역에 있는 침수원인이 손해를 야기한 것이 아니라는 점을 증명해야 하며, 이러한 임대인의 증명이 성공한 경우에만 임차인에게 증명책임이 부과된다고 보았다.[39]

임차물의 화재나 침수와 관련된 판결은 아니나 최근 독일의 하급심 판결은 임차인의 임차물반환의무 불이행과 그로 인한 손해배상청구 사건에서 임차인이 위반한 의무의 성격과 증명책

34) BGH, NJW 1992, 683 참고.
35) OLG München, NJW-RR 1989, 1499, 1501 참고.
36) OLG Karlsruhe, NJW 1985, 142, 143 참고.
37) BGH, NJW-RR 2005, 235.
38) BGH, NJW 1976, 1315 참고.
39) BGH, NJW 1998, 594; BGH, NJW 1994, 2019, 2020; BGH, NJW 1994, 1880, 1881 참고. 그러나 이 사건에서 임대인은 전문가의 감정평가를 통해 건물내 상하수도관의 이상 없음을 증명하고, 다른 임차인의 잘못으로 침수가 발생한 것이 아님을 증명하여 증명책임을 임차인에게 전환하는데 성공하였다(BGH, NJW-RR 2005, 235).

임의 소재에 대하여 눈에 띄는 결정을 내렸다.[40] 이 사건은 임대인 소유 건물의 2층을 임대한 임차인이 임대차계약이 적법하게 해지된 뒤 임차물을 반환하였으나, 임대인은 임차인이 임차물을 적법하게 사용하지 않아 임차물에 손해가 발생하였고 결과적으로 임차인의 임차물반환의무가 불이행되었음을 이유로 손해배상을 청구한 사건이다. 반면 임차인은 임차물에 발생한 손해가 자신에 의해 야기된 것이 아니라고 항변하였다.

이 사건의 핵심은 임차물에 발생한 손해가 임차인의 적법한 임차물 사용으로 발생한 것인가에 있다(BGB 제538조).[41] 만약 임차물에 발생한 손해가 계약에 좇은 임차물의 사용에 의하여 발생한 것이 아니라면 임차인은 임차물을 반환하였음에도 불구하고 임차물반환에 관한 자신의 계약상 의무를 위반한 것이 되기 때문이다. 특히, 임차물반환의무가 계약상 급부의무(Leistungspflicht)에 속하는지 아니면 임차인에게 부여된 보호의무 혹은 법익고려의무(Rücksichtnahmepflicht)에 속하는가라는 질문에 법원은 후자의 입장을 취하였다.[42] 더 나아가 법원은 임대인이 임차물에 발생한 손해가 임대차 계약기간중 발생했음을, 즉 임차인에게 임차물을 인도하기 전에는 하자가 없었음을 증명해야 한다고 보았다. 임대인이 이러한 사실을 증명한 뒤에야 임차인에게 자신의 책임 없음에 관한 증명책임이 부과된다고 보았다.

앞서 설명한 판례의 태도를 종합하면 임차인의 계약에 적합한 임차물 사용이 문제된 사건에서 독일법원은 임대인이 하자 없는 임차물을 임차인에게 인도하였음을 증명할 것을 우선 요구하고 있다. 임차물이 임차인의 사용으로 훼손된 것인지가 다투어지는 경우에는 임대인이 임차물에 발생한 손해가 임차인의 지배·관리영역에서 발생한 것임을 증명해야 한다.[43] 또한 임대인은 자신의 위험영역에 놓인 잠재적 손해발생의 원인이 실제로 발생한 손해와 관련이 없음을 증명해야 한다.[44] 또한 임대인은 손해가 임차인과 무관한 제3자에 의하여 야기되지 않았다는 사실도 증명해야 한다.[45] 이러한 임대인 측의 증명이 모두 성공한 경우에만 비로소 임차물의 적법사용 혹은 유책성 없음에 관한 임차인 측의 증명책임이 문제된다.

Ⅲ. 표현증명과 위험영역에 따른 증명책임의 전환

대법원 2006. 1. 13. 선고 2005다51013, 51020 판결에서 살펴볼 수 있는 바와 같이 원인불명의 화재가 발생한 경우 표현증명과 위험영역에 따른 증명책임의 분배가 동시에 문제된다. 따

40) LG Saarbrücken, Urteil vom 21.11.2014 – 10 S 60/14, BeckRS 2014, 22377.
41) BGB 제538조[계약에 따른 사용에 따른 임차물의 손실] 계약에 따른 사용으로 발생한 임차물의 변형이나 훼손은 임차인이 책임지지 않는다.
42) 이와 같은 입장으로 BGH, NJW 2014, 143 참고.
43) MünchKomm/Bieber (6. Aufl. 2012), BGB § 538 Rn. 7.
44) BGH, NJW – RR 2005, 235.
45) BGH, NZM 2005, 100.

라서 양자를 분명히 구별하지 않으면 혼란이 발생할 수 있다. 대표적으로 대법원 2009. 5. 28. 선고 2009다13170 판결은 판결문에서 명시적으로 언급된 지배·관리 영역이라는 표현에도 불구하고 위험영역에 따른 증명책임의 분배를 인정한 판결로 보기 어렵다.[46] 즉, 법원이 판결문에서 지배·관리 영역을 언급했음에도 불구하고 소송수행의 정당성 등을 이유로 채무불이행에 기한 손해배상 청구권자인 임대인에게 증명책임을 부담시킨 것이 아니라 지배·관리 영역에 좇아 임대인의 의무위반을 바로 추단하였기 때문이다. 따라서 이 판결은 표현증명에 따라 임대인의 의무위반을 확정한 경우에 해당하며 위험영역에 따라 증명책임을 분배한 경우로 보기 어렵다. 그럼에도 불구하고 표현증명과 위험영역에 따른 증명책임의 분배가 혼용되는 경우가 많기 때문에 원인불명의 임차물 소훼사건에서 그 책임소재를 분명히 하기 위하여 우선 이 두 개념을 구별해 볼 필요가 있다.

1. 표현증명

표현증명은 일반적인 경험에 따라 특정한 원인이나 결과가 추론될 수 있는 전형적인 사건, 즉 사건진행의 전형성(typischer Geschehensablauf)이 인정되고, 사건의 개별 정황은 그 증명에 아무런 영향을 미치지 못하는 것으로 법관이 확신하는 경우에 적용되는 증거평가의 방식이다.[47] 이러한 표현증명의 요건은 본증을 행하는 자가 지며, 그 요건에서 알 수 있는 바와 같이 반증을 행하는 자는 사건진행의 비전형성을 드러내는 사실을 증명하여 법관의 확신형성을 방해함으로써 표현증명의 성립을 방해할 수 있다.[48] 표현증명과 구별되는 증명방식으로는 간접증명(Indizienbeweis)을 들 수 있다. 간접증명은 통상적인 증명방식에 속하며, 따라서 개별적인 정황을 경험칙에 따라 평가해야 한다. 그러나 표현증명은 해당 사건 전체의 사건진행 전형성을 경험칙에 따라 평가한다는 점에서 구별된다.[49] 따라서 표현증명이 부정되는 경우, 간접증명을 통해 요증사실이 증명될 수도 있다.[50]

표현증명의 구체적인 예를 들면, 아무런 합리적인 이유 없이 운행중이던 차량이 반대 차선에 진입하여 진행하였다면 차량 운전자의 유책성이 증명된 것으로 보거나(유책성 증명),[51] HIV 바이러스가 포함된 혈액으로 생산된 제품을 복용한 환자가 이전에 HIV 감염그룹에 포함되어 있지 않았고 HIV 위험에 노출된 적도 없다면 복용한 제품이 HIV 감염의 원인으로 볼 수 있다

46) 대법원 2009. 5. 28. 선고 2009다13170 판결을 위험영역에 따른 증명책임 분배를 인정하는 판결로 보는 입장으로 이동진, "위험영역설과 증거법적 보증책임", 「저스티스」 제138호(2013. 10.), 181면 이하 참고.

47) BGH, NJW 1987, 1944; Musielak ZPO/Foerste (13. Aufl. 2016), ZPO § 286 Rn. 23; MüKoZPO/Prütting (4. Aufl. 2013), ZPO § 286 Rn. 48.

48) BGH, NJW 1953, 584; BGH, NJW 1991, 230, 231; Musielak ZPO/Foerste (13. Aufl. 2016), ZPO § 286 Rn. 23.

49) Musielak ZPO/Foerste (13. Aufl. 2016), ZPO § 286 Rn. 25.

50) BGH, NJW 1961, 777, 779.

51) BGH, VersR 1961, 846.

고 판단하는 것(인과관계 증명)이 표현증명의 예에 해당한다.52) 더 나아가, 목적물의 인도 후 6개월 안에 발생한 물건의 하자를 통해 목적물 인도시에 이미 목적물에 하자가 있었음을 추론하는 것(하자의 추론)도 표현증명의 예에 해당한다.53)

가) 표현증명에 필요한 법관의 확신

표현증명에서 사건진행의 전형성에 대한 판단은 법관 개인의 확신이 필요하며 스스로 확신하지 못하는 경우 표현증명이 허용되지 않는다. 즉 법관은 사건진행의 전형성에 대하여 완전한 확신이 필요하며 표현증명을 통해 주장된 사건경과가 발생 가능한 다른 사건경과에 비하여 더 가능성이 높다는 정도의 확신만으로는 부족하다.54) 그러나 표현증명에 법관의 완전한 확신을 강하게 요구할 경우, 사건진행의 전형성이 강하게 인정됨에도 불구하고 완전히 배제할 수 없는 예외적 가능성 때문에 표현증명을 인정하기 어렵게 된다.55) 따라서 표현증명에 법관의 완전한 확신을 요구하지 않는 견해도 존재한다.56) 그러나 일반적으로 표현증명이 증명도(Beweismaß)를 완화하는 것으로 보지 않는 것이 다수 견해이다.57) 물론 표현증명으로 증명을 하고자 하는 요증사실이 다른 법률에 의하여 낮은 증명도를 요하는 경우라면, 표현증명 역시 낮은 증명도로 족하다.

또한 표현증명은 증명책임의 전환 혹은 분배를 가져오는 증명방식이 아니다.58) 따라서 표현증명은 법관의 이러한 완전한 확신을 방해하는 반증의 제출만으로 뒤집힐 수 있다. 이 경우 증명불능 사태가 발생하며 증명불능에 따른 책임은 원래 요증사실에 대한 증명책임을 지는 자가 진다. 즉 앞서 언급한 대법원 2009. 5. 28. 선고 2009다13170 판결에서 임대인이 화재의 원인에 관한 법관의 확신을 흔들 수 있는 반증을 제출할 수 있었다면,59) 증명불능에 따른 위험은 요증사실에 대한 증명책임을 지는 자(우리 판례의 경우에는 임차인)가 진다.60)

나) 표현증명에 필요한 사건진행의 전형성

표현증명의 핵심은 법관이 완전하게 확신해야 하는 사건진행의 전형성에 있다. 여기서 사

52) BGH, VersR 2005, 1238.

53) BGB 제476조 참고. Musielak ZPO/Foerste (13. Aufl. 2016), ZPO §286 Rn. 28.

54) MüKoZPO/Prütting (4. Aufl. 2013), ZPO §286 Rn. 50. 이와 달리 높은 정도의 발생가능성만으로 족하다는 의견으로는 MünchKomm/Oetker (7. Aufl. 2016), BGB §249 Rn. 496.

55) BGH, NJW 1996, 1828 참고. Musielak ZPO/Foerste (13. Aufl. 2016), ZPO §286 Rn. 24.

56) MüKoZPO/Prütting (4. Aufl. 2013), ZPO §286 Rn. 52 참고.

57) Musielak ZPO/Foerste (13. Aufl. 2016), ZPO §286 Rn. 24, Fn. 170.

58) 다른 의견으로 Diederichsen, VersR 1966, 214 f. 참고.

59) 이 판결에서 법원은 "이 사건 화재 발생 전에 비가 많이 와서 물이 새자 피고의 처가 건물관리인에게 전기를 보아 달라고 요구한 일이 있다는 등의 사정"이 법관의 확신을 흔드는 반증으로 충분치 못하다고 판단한 것으로 보인다.

60) 대법원 1969. 3. 18. 선고 69다56 판결, 대법원 1987. 11. 24. 선고 87다카1575 판결 등. 이에 대한 자세한 설명은 이하 Ⅳ. 참고.

건진행의 전형성은 같은 부류의 사건이 갖는 가장 일반적인 사건진행의 과정을 의미한다. 따라서 사건진행의 전형성을 통해 발견된 경험칙은 엄격하게 말하면 완벽하게 증명되지 않은 개연성진술에 해당한다. 그러나 표현증명에서 말하는 사건진행의 전형성에는 강행적 경험칙은 제외된다. 예를 들면 한 사람이 동시에 두 곳에 존재할 수 없다는 경험칙은 그 반증이 논리적으로 부정되는 대표적인 강행적 경험칙에 해당한다.[61]

오히려 표현증명이 예상하는 경험칙은 예외가 논리적으로 전혀 존재할 수 없는 경우는 아니지만 통상적인 경험에 따를 때 거의 예외 없이 정당한 것으로 인정되는 법칙을 의미한다. 따라서 단지 일회적으로 그 정당성이 인정되는 것이 아니라 법칙으로써 유사한 사건에 적용이 가능한 분명하고 진술이 가능한 법칙을 의미한다.[62] 구체적으로 예를 들면 인도 위를 질주하는 자동차는 일상적인 교통규범과 통상적인 경험칙에 좇아 판단해 볼 때, 그 운전자의 고의, 과실과 같은 유책성을 증명해 준다.

물론 경우에 따라서 결과발생에 관한 높은 가능성만으로 표현증명이 인정되는 경우도 있다. 대표적으로 규정에 어긋나게 깊게 시공되었고 안전장치조차 없는 수영장에서 일어난 수영을 전혀 할 줄 모르는 자의 사망사건을 들 수 있다.[63] 이 사건에서 독일 항소법원은 사망이라는 결과와 안전규정 위반이라는 의무위반간의 인과관계를 부정했다. 왜냐하면 사망의 원인이 정확히 밝혀지지 않았기 때문에 溺死인지 아니면 다른 건강상의 원인으로 우연히 수영장에서 사망한 것인지 알 수 없었기 때문이다. 즉 사망과 안전규정위반간의 인과관계를 밝힐 수 가 없었기 때문이다. 그러나 항소법원과 달리 BGH는 수영을 못하는 자의 사망과 위험한 수심지점에 아무런 출입제한조치가 없는 수영장간 인과관계를 표현증명에 의하여 인정하였다. 그리고 이러한 표현증명을 전복하기 위해서는 사망이 다른 원인에 의해서 발생할 수 있다는 가능성을 제시하는 것이 필요하나, 이 사건에서 이러한 증명이 없었음을 강조하였다.[64] 이 사건만을 살펴보면 결과적으로 표현증명이 경우에 따라 높은 가능성만으로도 인정되는 것처럼 보인다. 그러나 높은 결과발생의 가능성만으로 표현증명이 인정된 듯이 보이는 경우는 인과관계 증명의 경우들이 대부분이며, 인과관계를 증명하는 경우에는 표현증명의 인정여부와는 상관없이 상대적으로 낮은 증명도를 요구한다.[65]

2. 위험영역에 따른 증명책임의 분배

표현증명과 달리 위험영역에 따른 증명책임의 분배는 손해발생의 원인이 누구의 위험영역

61) MüKoZPO/Prütting (4. Aufl. 2013), ZPO § 286 Rn. 57.
62) MüKoZPO/Prütting (4. Aufl. 2013), ZPO § 286 Rn. 58.
63) BGH, NJW 1954, 1119.
64) BGH, NJW 1954, 1119, 1120.
65) MüKoZPO/Prütting (4. Aufl. 2013), ZPO § 286 Rn. 61.

에 속하는가에 따라 그 증명책임 자체를 전환한다.[66] 즉 손해의 원인이 가해자의 관리영역에 있다면 가해자가 스스로 인과관계 및 유책성을 조각해야만 하며, 피해자이자 손해배상의 청구권자는 인과관계 및 유책성에 대한 증명책임을 지지 않는다.[67] 따라서 要證事實에 대한 증명책임은 청구권을 행사하는 자가 청구권규정의 규범내용에 따라서 부담한다는 기본원칙이 법관의 법형성을 통하여 예외적으로 수정된다.[68] 위험영역에 따른 증명책임의 분배를 비교적 새로운 학설로 소개하는 우리나라의 문헌과는 달리 독일 판례는 이미 오래전부터 위험영역에 따른 증명책임의 분배를 인정하고 있으며,[69] 계약에 의한 채권관계뿐만 아니라 법률에 의한 채권관계에서도, 대표적으로 불법행위에 기한 채권관계에서도 이를 인정하고 있다.[70]

위험영역에 따른 증명책임의 분배가 인정되는 이유는 요증사실에 대한 증명책임을 지는 피해자이자 손해배상의 청구권자가 가해자의 고의, 과실과 같은 유책성을 증명하는 것이 거의 불가능하고, 이와 달리 손해의 원인을 자신의 지배 및 관리 영역에 두고 있는 가해자는 자신의 지배 및 관리 영역을 鳥瞰할 수 있으며 경우에 따라서 직접 감독해야할 의무를 지며 따라서 손해의 원인이 된 사실관계를 보다 쉽게 설명할 수 있는 위치에 있기 때문이다. 더 나아가 손해의 원인을 자신의 지배 및 관리 영역에 두고 그 손해발생과정을 알 수 있는 자가 현실적으로 손해의 예방을 위한 조치를 효과적으로 취할 수 있으며, 따라서 증명불능으로 인한 위험을 이 자에게 부과할 때에만 손해예방조치가 적극적으로 이루어 질 것이라는 법정책적 측면도 고려가 된다. 결과적으로 손해원인을 자신의 지배 및 관리 영역에 두고 있는 자가 증명불능에 따른 위험을 지는 것이 책임귀속의 정의에 합치되며 법의 목적에도 부합하기 때문이다.[71]

가) 위험영역 확정의 문제

그러나 위험영역에 따라 증명책임의 분배를 인정할 경우, 위험영역을 어떻게 확정할 것인지가 문제시된다. 위험영역에 따라 증명책임을 분배한다면 위험영역을 어떻게 확정하는가에 따라서 청구권의 행사가 용이해지기도 하고 반대로 봉쇄될 수도 있기 때문이다. 특히 위험영역의 확정이 법관의 판단에 맡겨져 있다는 점에서 법률이 정하는 청구권의 행사가 법관의 판단에 좇아 수월해지거나 봉쇄될 수도 있다는 문제가 생긴다. 청구권 행사와 관련한 위험영역 확정의 중요성에도 불구하고, 그러나 위험영역을 어떻게 확정해야 할 것인가라는 질문에 일치된 의견은 없는 실정이다. 이 점이 위험영역에 따른 증명책임 분배의 가장 큰 문제점으로 언급되고 있다.[72]

---

66) BGH, NJW 1959, 34; BGH, NJW 1968, 2240; BGH, NJW 1973, 1602.

67) MünchKomm/Oetker (7. Aufl. 2016), BGB §249 Rn. 490.

68) 규범설에 관한 설명은 백경일, “증명책임의 분배와 위험영역설에 관한 비판적 고찰”, 「법학논총」 제19권 제3호(2012), 261면 이하.

69) 독일 위험영역설에 대한 설명으로는 김윤구/김승구, “위험영역론에 의한 증명책임의 분배”, 「사회과학연구」 5(2)(1988. 12), 5면 참고.

70) BGHZ 67, 383, 387 참고.

71) Larenz, FS Hauß (1978), 226 참고.

실제로도 위험영역(Gefahrenbereich)이나 위험범위(Gefahrenkreis)라는 개념의 정의를 법률에서 찾아볼 수는 없다. 다만 단어의 뜻을 풀어보면 위험영역 혹은 위험범위는 손해발생의 잠재적 가능성이 존재하는 공간적 혹은 대상적 범위를 의미한다고 해석해 볼 수 있다. 증명책임의 분배라는 문맥에서 단어의 뜻을 해석해 보면 가해자 혹은 피해자에 의하여 지배되고 관리되어 증명책임의 전환 혹은 조정이 필요한, 잠재적 손해발생의 원인을 내포한 공간적 혹은 대상적 범위를 의미한다고 할 수 있다.[73] 즉 누구의 지배·관리영역에 문제가 되는 손해발생의 원인이 속하는가의 문제가 된다. 그러나 이러한 개념정의를 단순히 그대로 사용할 경우, 가해자의 모든 행위가 대상적인 위험영역에 포함될 위험이 있다.[74] 왜냐하면 그 대상에 가해자가 조금이라도 영향을 미칠 수 있다면, 이 역시 가해자의 위험영역이 되며 증명책임의 전환을 가져올 수 있기 때문이다.[75] 또한 제3자가 손해의 원인을 지배·관리하는 경우에도 증명책임의 소재를 정하지 못하는 문제가 생긴다.[76]

나) 증명책임 전환의 범위

위험영역에 따른 증명책임의 전환을 인정하는 경우에도 그 전환의 범위가 문제된다. 증명책임의 기본적인 원칙에 따르면 피해자인 청구권자는 손해의 발생, 가해자의 의무위반, 의무위반과 손해간의 인과관계 그리고 가해자의 유책성을 증명해야 한다. 위험영역에 따른 증명책임의 전환을 인정하는 BGH의 기본적인 입장은 손해발생의 원인을 가해자가 지배하고 있는 경우라면 피해자인 손해배상청구권자는 손해의 발생, 가해자의 의무위반 그리고 손해와 의무위반간 인과관계를 증명해야 하며,[77] 가해자의 유책성과 같은 주관적 요소에 대한 증명책임은 가해자인 피청구인에게 전환된다고 본다.[78] 고의, 과실과 같은 주관적 요소는 객관적 과실개념을 취하는 경우라도 행위자인 가해자외 다른 자가 이를 증명하는 것이 매우 어렵기 때문이다.

그러나 BGH의 판결을 살펴보면 증명책임의 전환이 유책성과 같은 주관적 요소에 한하여 인정되는 것은 아니다.[79] 위험영역에 따른 증명책임의 전환을 인정한 대표적인 판례인 조류독감(페스트) 예방주사 사건에서 BGH는 제조자의 의무위반, 과실 및 그 하자발생과정에 대한 증명책임을 손해배상의 청구권자가 아닌 제조자가 진다고 판단하였다.[80]

72) 백경일, “증명책임의 분배와 위험영역설에 관한 비판적 고찰”, 「법학논총」 제19권 제3호(2012), 272면.
73) Kang, Bong-Soo, Beweislastverteilung nach Gefahrenbereichen, The Justice 16(1), 1979.4., S. 39.
74) J. Prölss, Beweiserleichterungen im Schadensersatzprozeß (1966), S. 82 ff.
75) Larenz, FS Hauß (1978), 226.
76) 백경일, “증명책임의 분배와 위험영역설에 관한 비판적 고찰”, 「법학논총」 제19권 제3호(2012), 272면 이하.
77) Lessmann, JuS 1978, 433 ff.
78) Larenz, FS Hauß (1978), 227; Kang, Bong-Soo, Beweislastverteilung nach Gefahrenbereichen, The Justice 16(1), 1979.4., S. 38.
79) Lieb, JZ 1976, 527.
80) BGH, NJW 1969, 269, 274.

구체적으로 사실관계를 살펴보면, 이 사건은 양계장을 운영하는 원고가 수의사를 통해 피고의 조류독감 예방주사를 닭에게 접종시키고 며칠 뒤 조류독감이 발생하여 닭이 폐사하거나 살처분된 사건이다. 이 사건은 양계업자인 원고가 예방주사의 하자를 이유로 불법행위에 따른 손해배상을 청구한 사건이므로 원칙적으로 손해배상의 청구권자인 원고가 제조자인 피고의 의무위반과 유책성 및 인과관계를 증명해야 한다. 그러나 법원은 피해자가 단지 통상의 경험법칙에 따라 제조과정의 과실을 방증(傍證)하는 인과과정(Kausalkette)을 증명하는 것으로 족하다고 보았다. 물론 제조자는 제조물의 하자가 자신의 과실 없이, 예를 들면 운송중에 발생하였다는 점을 증명하여 그 책임으로부터 벗어날 수 있다고 보았다. 특히 이 사건의 경우 동일 예방주사를 접종한 다른 양계장에서도 조류독감이 발생하였기 때문에 발생한 조류독감이 접종한 조류독감 예방주사의 하자(정확히는 용기의 멸균하자)로 인하여 발생하였다는 사실이 표현증명에 따라 인정된 것으로 보았다.[81]

일견 이 판결은 우리 대법원의 2009. 5. 28. 선고 2009다13170 판결과 유사해 보인다. 그러나 이 판결은 대법원 2009. 5. 28. 선고 2009다13170 판결과는 달리 위험영역에 따른 증명책임의 전환을 인정한 판결에 해당한다. 왜냐하면 양계업자에게 발생한 손해의 원인으로 일응 추단되는 제조상의 의무위반이 손해발생의 다른 가능한 원인이 제시되는 것만으로 부정되지 않았기 때문이다. 즉, 표현증명에서 인정하는 바와 같이 법관의 확신을 흔드는 반증의 제시만으로 의무위반에 대한 증명이 전복되지 않았다. 오히려 법관의 확신이 흔들리는 경우에도, 즉 증명불능의 경우에도 위험영역에 좇아 제조자가 의무위반과 유책성 및 인과관계를 부정할 책임을 진다. 이 판결에 따르면, 제조자가 증명책임을 지는 이유는 제조물이 전적으로 제조자의 제작과정을 통해 탄생한다는 점과 최종 소비자가 이를 증명하는 것이 불가능에 가깝다는 점에 있다. 즉, 피해자 보호의 필요성에서 그 정당성을 찾을 수 있다고 한다.[82]

다) 의무위반 및 인과관계에 관한 증명책임의 전환

물론, 하자 있는 물건의 인도자체를 계약상 의무위반으로 본다면[83] 조류독감 예방주사의 하자를 증명하는 것만으로 제조자의 계약상 의무위반은 증명되므로 위험영역에 따른 증명책임의 전환이 따로 문제되지 않을 수 있다. 같은 이유에서, 임차인이 임대차 종료시 임차물을 원상태로 반환하기로 담보하였다면 임차물의 반환불능은 임차인의 의무위반을 의미하게 된다. 이 경우, 제조자 혹은 임차인의 유책성 증명만이 위험영역에 따른 증명책임 전환의 범위에 포함되게 된다.[84]

---

81) BGH, NJW 1969, 269, 274.

82) BGH, NJW 1969, 269, 274. 제조자책임(Produzentenhaftung)은 무과실책임인 제조물책임법(Produkthaftungsgesetz)상 제조물책임(Produkthaftung)과는 구별된다.

83) Stoll, AcP 176 (1976), 168; Musielak, AcP 176 (1976), 483.

84) 그러나 조류독감에 관한 BGH의 판결은 양계업자와 예방주사 제조자간 계약관계 및 제3자 손해청산

그러나 행태의무의 위반이 문제되는 경우라면 의무위반에 대한 증명책임의 전환이 특별한 의미를 갖는다. 반면에 유책성에 대한 증명책임 전환은 큰 의미가 없다. 왜냐하면 행태의무의 경우 그 위반이 바로 행위자의 과실을 뜻하기 때문이다. 구체적으로 예를 들면, 거래안전의무의 위반은 그 거래에 통상적으로 요구되는 주의의무를 지키지 않았음을 의미한다.[85] 따라서 행태의무를 위반한 행위자는 그 책임으로부터 벗어나기 위해서 자신의 유책성을 스스로 조각해야 한다. 결과적으로 행태의무위반의 경우에는 유책성에 대한 증명책임 전환을 인정하지 않는 경우에도 손해배상의 청구권자가 가해자인 의무위반행위자의 유책성을 증명할 필요가 없다.

다만, 행태의무 위반의 경우 증명책임의 전환이 인과관계의 문제에 까지 미칠 것인지는 또 다른 문제이다. 결과발생에 대한 의무가 없는 행태의무의 위반은 그 위반을 주장하며 손해배상을 청구하는 자가 원칙적으로 의무위반과 손해결과간의 인과관계를 증명해야 한다. 따라서 행태의무위반의 경우에 손해배상을 청구하는 자에게 증명의 어려움이 있다면 위험영역에 좇은 증명책임의 전환이 인과관계 확정과 관련하여 문제될 수밖에 없다. 구체적으로 예를 들면, 임차물이 원인불명의 화재로 소실된 경우와 같이 양 당사자가 모두 행태의무(임차인의 선량한 관리자로서의 주의의무와 임대인의 임차물을 사용·수익에 적합한 상태로 유지할 의무)를 부담하는 경우에는 임차물의 소훼라는 발생결과와 의무위반간 인과관계 역시 위험영역에 따라 그 증명책임을 분배하는 것이 타당하다. 그러나 우리 판례의 입장은 임차물 반환불능이라는 사실로부터 임차인의 의무위반을 바로 도출하고 그 의무위반과 발생결과간 인과관계 역시 바로 인정하고 있다. 이와 달리 독일의 판례는 위험영역에 놓인 잠재적 화재의 원인이 임차물 소훼라는 발생결과와 인과관계가 없음을 그 화재의 원인을 자신의 위험영역에 두고 지배·관리하는 자가 증명하도록 요구하고 있다.[86]

물론, 독일 법원은 위험영역에 따른 증명책임의 전환 외에도 표현증명을 인과관계의 증명에 적극적으로 활용하고 있다. BGB 제618조 제1항(보호의무, Fürsorgepflicht)[87]이 문제된 사건에서 BGH는 인과관계를 표현증명을 통해 증명하고 있다.[88] 사용자가 근로자의 신체 또는 건강에 위해가 될 수 있는 장소, 설비 또는 도구를 제공한 경우, 그 장소, 설비 또는 도구의 하자만으로 바로 사용자의 보호의무 위반은 인정된다.[89] 그러나 실제로 사용자가 제공한 장소, 설비 또는 도구의 하자 때문에 근로자의 신체 또는 건강상의 손해가 발생했는지는, 즉 인과관계는 손해배

(Drittschadensliquidation)이 부정되었기 때문에 불법행위에 따른 책임만이 문제되었고, 불법행위에 따른 손해배상 사건에서 결과보증의무는 일반적으로 인정되지 않기 때문에 유책성증명 외에도 의무위반에 대한 증명이 필요하였다.

85) 다른 의견으로 Deutsch, Allgemeines Haftungsrecht (2. Aufl. 1996), S. 238.

86) BGH, NJW-RR 2005, 235.

87) BGB 제618조 제1항: 사용자는 그 근로의 성격상 허용되는 범위에서 근로자가 신체, 건강상 위해를 입지 않도록 자신이 근로를 위하여 제공하는 장소, 설비, 도구를 설치 및 관리해야 하며 근로급부를 명령 또는 지시해야 한다.

88) BGH, NJW 1958, 1437; BAG, NJW 1962, 411.

89) MünchKomm/Henssler (6. Aufl. 2012), BGB §618 Rn. 1.

상의 청구인인 근로자가 증명해야 한다. 이 경우 BGH의 입장에 따르면 사용자가 제618조 제1항이 정하는 의무를 위반하여 근로자의 신체 또는 건강에 해로울 수 있는 장소, 설비 또는 도구를 제공한 경우, 표현증명과 구 BGB 제282조,[90] 제285조[91]에 의하여 인과관계의 증명이 완화되고 따라서 통상적인 사건의 진행상 근로자의 신체 또는 건강을 해하는 장소, 설비 또는 도구의 하자를 증명함으로써 인과관계가 증명되었다고 보았다. 이 경우, 사용자는 적극적으로 다른 손해발생의 원인을 증명하여 자신의 의무위반과 발생손해간의 인과관계를 부정해야 그 책임으로부터 해방된다고 보았다.[92]

행태의무를 위반한 경우 인과관계에 관한 증명책임을 전환한 다른 사건으로는 광고상담계약상 설명의무 위반에 관한 BGH 사건을 들 수 있다.[93] 이 사건은 광고업자인 원고의 약정된 보수청구에 광고의뢰인인 피고가 원고의 설명의무 위반을 이유로 손해배상을 반소로 제기한 사건이다. 이 사건에서 BGH는 광고업자가 의뢰인의 광고와 관련된 법률분쟁의 발생가능성에 대해서 유책하게 설명의무를 위반하였음을 인정하고 있다. 즉, 광고업자는 의뢰인의 광고에 문제의 소지가 있다면 이를 알릴 계약상 의무가 있으나 이를 유책하게 해태한 것으로 보았다. 다만 광고업자의 설명의무 위반과 의뢰인에게 발생한 손해간 인과관계를 인정할 것인가에 대해서 다툼이 있었다.

이 사건에서 BGH는 인과관계에 관한 증명책임을 원고인 광고업자가 진다고 보았다.[94] 다만, 행태의무 위반의 경우 원칙적으로는 손해배상의 청구권자(이 사건에서는 피고인 광고의뢰인)가 인과관계에 관한 증명책임을 진다는 점은 분명히 하였다. 그럼에도 불구하고 BGH는 소송결과의 정당성을 지키기 위하여 증명책임에 관한 원칙을 수정하여 원고인 광고업자에게 증명책임을 부담시켰다. 즉, 광고업자가 광고의뢰인에게 법적 분쟁가능성을 알린 경우에도 의뢰인이 문제가 된 광고를 사용했을 가능성을 전적으로 배제할 수 없다는 이유만으로 손해배상의 청구권자인 광고의뢰인이 인과관계에 관한 증명불능의 위험을 지게 된다면 적극적이고 확정적으로 자신의 설명의무를 위반한 광고업자가 소송 수행상 부당하게 유리한 위치에 서게 되기 때문이다. 왜냐하면 광고업자가 설명의무를 행한 경우에도 광고의뢰인이 문제가 된 광고를 사용하여 손해가

---

90) 구 BGB 제282조: 급부불능이 채무자에게 책임 있는 사유로 발생하였는지 아닌지 다툼이 있다면 그 증명책임은 채무자가 진다.

91) 구 BGB 제285조: 채무자에게 책임 없는 사유로 급부가 이행되지 않고 있다면 채무자는 지체의 책임을 지지 않는다.

92) BGH, NJW 1958, 1438; BAG, NJW 1962, 412. 그러나 이미 앞서 살펴본 바와 같이 표현증명의 경우에는 법관의 확신을 흔들 수 있는 정도의 반증으로도 가해자는 자신의 책임에서 해방될 수 있기 때문에 BGB 제618조 제1항과 관련된 BGH의 판결은 단순히 표현증명을 적용한 것으로 볼 수 없으며 위험영역에 따른 증명책임의 전환을 인정한 것으로 보아야 할 것이다. BeckOK BGB/Fuchs (39. Edition 1.5.2016), BGB §618 Rn. 34; Larenz, FS Hauß (1978), 233.

93) BGH, GRUR 1974, 286.

94) BGH, GRUR 1974, 286, 286.

발생할 수 있다면, 설명의무 위반과 발생한 손해간 인과관계는 부정되기 때문이다. 결과적으로 이 사건에서 BGH가 인과관계에 관한 증명책임을 전환한 이유는, 의무위반자가 해당 손해가 의무위반이 없었을 경우에도 발생할 수 있었을 것이라는 가능성을 제시하는 것만으로 자신의 의무위반 책임에서 벗어나는 것을 막기 위함이다.

Ⅳ. 원인불명의 화재로 임차물반환이 불가능한 경우 증명책임의 소재

1. 우리 판례 입장의 문제점

화재사건의 경우 화재는 (1) 임차인의 과실에 의하여 발생할 수도 있지만, (2) 동시에 임차목적물 자체의 하자로 인하여 발생할 수도 있으며, (3) 계약 당사자와 무관한 제3자에 의하여 발생할 수도 있다. 그러나 우리 판례는 임차목적물이 화재로 소훼된 경우, 그 화재의 추정적 원인을 확정하지 않고 임차물을 직접 지배하고 관리하는 임차인이 그 책임을 지는 것을 원칙으로 하고 있다. 따라서 임차인은 임차물의 화재가 자신의 귀책사유로 인한 것이 아님을 증명하여 그 화재로 인한 책임을 면할 수 있을 뿐이다.[95]

이러한 법원의 입장은 임대인의 계약상 의무를 고려해 볼 때 임차인에게 부당하게 가혹하다. 임대차계약에서 임대인은 임차물의 하자로 임차물에 대한 임차인의 적법한 사용에 위해를 주지 않도록 할 책임이 있다.[96] 즉, 난방시설, 전기, 수도 또는 안전시설의 하자로 임차물에 손상이 발생하여 임차물의 적법한 사용에 관한 임차인의 권리에 침해가 발생한다면 임대인은 자신의 유책성을 묻지 않고 담보책임법상의 책임을 진다.[97] 또한 임차물의 하자로 직접 점유자인 임차인이 손해를 입은 경우에는 소유자인 임대인이 민법 제758조 제1항 제2문에 따른 공작물 소유자의 책임을 진다.[98] 더 나아가 임대인 혹은 임차인의 책임으로 돌릴 수 없는 제3자의 과실로 임차물이 소훼된 경우라면 양 당사자중 누구에게 위험을 귀속시키는 것이 타당한가라는 문제가 발생한다. 따라서 원인불명의 화재로 임차물이 소훼된 경우, 임차물반환의무의 이행불능만을 이유로 임차인이 원칙적으로 증명책임을 지도록 하는 우리 법원의 입장은 구체적인 사정을

---

95) 우리 판례의 기본입장은 다음의 판례 문구를 통해 분명해 진다. “임차인의 목적물반환의무가 이행불능이 됨으로 인한 손해배상책임을 면하려면 그 이행불능이 임차인의 귀책사유로 인한 것이 아님을 입증할 책임이 있다.”(대법원 2009. 5. 28. 선고 2009다13170 판결). 즉, 화재로 임차인의 목적물반환의무가 이행불능이 되면, 그 화재의 원인을 묻지 않고(대법원 1999. 9. 21. 선고 99다36273 판결 참고) 증명불능에 따른 불이익을 임차인이 진다.

96) 이러한 임대인의 채무를 임차인의 임차물반환채무나 임차물보관에 필요한 선관주의의무에 앞서는 것으로 보는 의견으로 하경효, “임대차계약에서의 급부장애”, 「고려법학」 제49권(2007), 97면. 일본판례의 입장을 소개한 것으로는 곽윤직/양창수, 민법주해 Ⅸ(1999), 381면 각주 420 참고.

97) BGB 제536조 제1항 참고.

98) 하경효, “임대차계약에서의 급부장애”, 「고려법학」 제49권(2007), 105면. 공작물 소유자의 책임에 대해서는 김상중, “한국의 위험책임 현황과 입법 논의”, 「민사법학」 제57권(2011.12.), 164면 이하 참고.

고려하지 않고 임차인을 부당하게 불리하게 대하는 결과를 가져온다.

물론, 우리 판례의 입장을 따르는 경우에도 임차물 반환불능이 임차인의 귀책사유로 인한 것이 아님을 임차인이 증명하면 그 책임으로부터 해방된다. 임차인은 그 화재가 임차물의 하자, 즉 임대인의 의무위반으로 인한 것임을 증명하거나 제3자에 의하여 발생한 것임을 증명하여 임대인 혹은 제3자에게 책임을 돌리고 자신을 면책시킬 수 있다.[99] 그러나 그 증명이 임차물의 소훼로 어려운 경우 또는 유력한 화재의 원인을 제시하였지만 법관의 확신형성을 방해하는 다른 가능성을 임대인이 제시함으로써 증명불능의 상태에 빠진 경우에는 임차인이 그 책임을 피하지 못한다.

이러한 판례의 입장은 임차인이 임차물을 직접적으로 지배·관리하며 사용·수익하기 때문에 정당하다고 지지될 수 있다. 즉, 임차인이 임차물을 직접 지배·관리하였기 때문에 잠재적 화재원인에 대하여 보다 증명하기 쉽고, 임차인에게 증명책임을 부담시키는 경우 임차인이 화재의 감독·예방에 보다 적극적으로 대응할 것이기 때문이다. 이러한 주장은 임대차계약 자체의 책임구조가 아닌 소송법상 위험영역설의 입장을 적극적으로 수용하여 증명책임을 조정한 결과이다. 왜냐하면 임차인이 임차물을 적극적으로 사용·수익하기 때문에 자신의 위험영역에 임차물을 두고 그 위험을 관리할 지위에 있는 것은 사실이지만, 자신의 위험 및 책임범위 밖에서 발현된 위험에 대해서까지 임차인이 책임을 지는 것은 계약법, 즉 임대차계약 자체의 책임구조와 조화되기 어렵기 때문이다.[100] 특히, 임차인은 자신의 과실 없이 목적물을 반환하지 못하는 경우까지 자신이 책임진다는 점을 염두에 두고 임대차계약을 체결할 때 차임을 정하지는 않는다. 결국 법원은 원인불명의 화재에 대하여 실체법상 법률관계를 고려하지 않고 소송법상 증명책임만을 임차인에게 부담시키고 있다. 법원의 이러한 증명책임 분배가 임대차 계약관계에서 실체법상의 법률관계를 소송과정에서 효과적으로 실현시킬 수 있도록 돕고 있는 것으로 보이지는 않는다.[101]

더욱이 판례의 입장을 적극적으로 위험영역설을 받아들인 결과로 볼 수도 없다. 만약 우리 판례가 인정하는 증명불능에 대한 임차인의 책임이 적극적으로 위험영역설을 적용한 결과라면, 임대인의 의무위반이 증명되지 않았지만 유력한 잠재적 화재원인이 임대인의 위험영역에 놓여 있는 경우에는 이 위험원을 지배·관리하는 임대인이 증명책임을 져야만 한다. 그러나 우리 법원은 위험영역을 적극적으로 구분하여 증명책임을 분배하지 않고 일관되게 임차물반환채무의 이행불능의 경우 임차인이 자신의 귀책사유 없음을 증명하도록 요구하고 있다는 점에서 원인불명 화재사건의 경우 임차인이 지는 증명책임은 위험영역설로도 모순 없이 설명되기 어렵다.

---

99) 대법원 2000. 7. 4. 선고 99다64384 판결; 대법원 2009. 5. 28. 선고 2009다13170 판결 참고.
100) 같은 문제점에 대해서는 하경효, "임대차계약에서의 급부장애", 「고려법학」 제49권(2007), 97면 이하 참고.
101) 이동진, "위험영역설과 증거법적 보증책임", 「저스티스」 제138호(2013.10.), 171면 이하 참고.

2. 증명책임 부여의 근거가 되는 임차물반환채무의 성격

결국, 임차인이 지는 증명책임은 민법 제390조 자체에서 발생하는 증명책임이라고 해석할 수밖에 없다. 즉 규범설에 따라서[102] 그리고 민법 제390조의 조문에 따라서, 채권자인 임대인이 임차물의 소실 및 그 반환불가능을 증명하면 채무자인 임차인은 자신의 고의, 과실 없이 이행불능이 발생했음을 증명하여야만 그 책임을 면할 수 있는 것이다. 따라서 대법원 2006. 1. 13. 선고 2005다51013, 51020 판결은 특히 예외적인 판결이라 할 수 있다. 이 판결은 비록 기존 판례의 입장을 완전히 부정하고 있지는 않지만, 임차목적물 반환채무가 이행불능이 되었다는 사실에 상관없이 화재의 원인으로 꼽히는 전기배선이 양 계약 당사자중 누구의 지배관리영역에 속하는지를 밝혀 그 의무위반을 추론하고 있기 때문이다.[103] 또한 이러한 추론을 뒤집기 위해서는 "특별한 사정"을 증명할 것을 요구하고 있어 위험영역설에 따른 증명책임의 전환과 동일한 구조를 취하고 있다.

그럼에도 불구하고 (1) 화재의 원인을 특정할 수 없는 경우, (2) 특정된 화재의 원인이 누구의 위험영역에 속하는지 다툼이 있는 경우, (3) 임대인의 위험영역에 속하는 위험원이 손해를 야기했지만 특별한 사정에 의하여 임대인의 의무위반을 의미하지 않는 경우, (4) 임대인의 위험영역에서 화재가 발생한 것으로 경험칙에 따라 추단되나 임대인이 다른 가능성 있는 화재의 원인을 제시하여 법관의 확신을 무너트린 경우, (5) 임대인도 임차인도 그 책임을 지지 않는 제3자에 의하여 화재가 발생한 경우에는, 즉 증명불능의 경우에는 우리 법원은 자신의 원칙적 입장에 따라 임차인에게 증명책임을 지우게 될 것이다. 이 경우 BGH의 판결과 달리 우리 법원의 판결은 임차인에게 가혹한 결과를 가져올 수밖에 없다.

이러한 차이점은 우리 법원이 임대차 종료시 임차인의 임차물반환채무를 결과채무(erfolgsbezogene Verpflichtung)로 보기 때문에 발생한다. 즉 임차물의 반환불가라는 결과에서 채무자인 임차인의 임차목적물 보존에 관한 선량한 관리자로서의 주의의무 위반을 도출하고 이 의무의 위반과 발생결과간 인과관계를 인정하기 때문이다. 따라서 다수의 판결에서 "임차인이 그 이행불능으로 인한 손해배상책임을 면하려면 그 이행불능이 임차인의 귀책사유로 말미암은 것이 아님을 입증"하도록 요청하는 것이다.[104] 즉 임차물 반환불가라는 결과로부터 임차인의 의무위반과 인과관계는 이미 인정되었으며, 다만 임차물반환 채무자인 임차인의 유책성만이 손해배상청구와 관련하여 문제되는 것이다.

102) 이시윤, 신민사소송법(제3판), 2006, 481면 이하.

103) "이 사건 화재의 원인으로 추정되는 위 인입선의 하자에 대한 관리책임은 임대인인 피고가 유지 및 수선의무를 부담하는 영역에 속해 있었던 것이 아니라 임차인인 이백용이 선량한 관리자로서 임차목적물을 보존하여야 할 주의의무를 부담하는 영역에 속해 있었던 것" 대법원 2006. 1. 13. 선고 2005다51013, 51020 판결.

104) 대표적으로 대법원 2006. 1. 13. 선고 2005다51013, 51020 판결 참고.

그러나 임차물의 소실과 그로 인한 임차물 반환불가는 계약의 양 당사자에게 책임 없는 사유로 발생할 수도 있고, 임차물 자체의 위험이 발현되어 발생할 수도 있으며, 임차인의 임차물 보존에 관한 선관주의의무 위반으로 발생할 수도 있다. 임차물 반환불가라는 사실로부터 임차인의 의무위반을 도출할 수 있는 경우는 마지막에 들고 있는 경우로 제한됨에도,[105] 이를 정당화할 수 있는 특별한 사정이나 요건을 묻지 않고 임차물반환채무의 불능으로부터 바로 의무위반을 인정하는 판례의 태도는 타당하다고 할 수 없다. 따라서 판례에서 반복적으로 등장하는 문구인 "임차인은 임차건물의 보존에 관하여 선량한 관리자의 주의의무를 다하여야 하고, 임차인의 임차물반환채무가 이행불능이 된 경우, 임차인이 그 이행불능으로 인한 손해배상책임을 면하려면 그 이행불능이 임차인의 귀책사유로 말미암은 것이 아님을 입증할 책임"이 있다는 표현[106]은 논리적으로 타당하지 않다. 오히려 법원은 "임차인은 임차건물의 보존에 관하여 선량한 관리자의 주의의무를 다하여야 하고, 이러한 의무를 다하지 못하여 임차인의 임차물반환채무가 이행불능이 된 경우, 임차인이 그 이행불능으로 인한 손해배상책임을 면하려면 그 이행불능이 임차인의 귀책사유로 말미암은 것이 아님을 입증할 책임이 있다"고 판시했어야 했다. 이렇게 본다면 손해배상을 청구하는 임대인은 임차물반환채무의 이행불능이 임차인의 선량한 관리자로서의 주의의무 위반의 결과임을, 즉 의무위반과 그 인과관계를 증명할 필요가 생긴다.

특히 임차인의 임차물반환의무는 계약이 종료함에 따라 계약관계를 청산하면서 발생하는 임차인의 의무(Abwicklungspflicht)이며 쌍무적 성격을 갖지도 않는다.[107] 즉 임차인의 임차물 반환의무는 따로 임대차 계약에서 명시하지 않아도, 혹은 법률이 따로 규정하지 않는다 해도 임대차계약의 종료와 함께 발생한다.[108] 물론 임대차 종료후 임차인이 임차물을 반환함에 있어 따로 약정한 바가 있다면 약정한 상태로 임차물을 반환해야 하지만,[109] 여기서 말하는 약정한 상태로 목적물을 반환할 채무는 임차물의 반환상태를 말하는 것일 뿐 대외적인 위험으로부터 임차물의 안전을 담보한 것이거나,[110] 임차물에 내재한 위험으로부터 임차물의 안전을 담보한 것은 아니라는 점을[111] 다시 한 번 명심할 필요가 있다.

3. 소 결

이상의 논의를 정리하면 우리 법원의 입장을 다음과 같이 바꿀 필요가 있다. 원인불명의

105) 같은 의견으로는 이동진, "위험영역설과 증거법적 보증책임", 「저스티스」 제138호(2013.10.), 191면.
106) 대법원 2006. 1. 13. 선고 2005다51013, 51020 판결.
107) MünchKomm/Bieber (6. Aufl. 2012), BGB §546 Rn. 1.
108) Binder, Nachsorgende Vertragspflichten?, AcP 211 (2011), 593 참고.
109) MünchKomm/Bieber (6. Aufl. 2012), BGB §546 Rn. 10.
110) 이는 임대인의 의무에 속한다. Schmid, VersR 2010, 43, 43.
111) 담보책임과의 관계를 고려하면 임대인의 의무에 속한다. BGB 제536a조 참고. MünchKomm/Häublein (6. Aufl. 2012), BGB § 536a Rn. 4; Weidenkaff, in: Palandt (73. Aufl. 2014), BGB § 538 Rn. 4. BGH, NJW 1994, 1880; BGH, NJW 2009, 142; OLG Celle, ZMR 2009, 683.

화재로 임차물반환의무가 이행불능이 되고 임대인이 임차인에게 손해배상을 청구하려면 원칙적으로 임대인이 임차인의 선량한 관리자로서의 주의의무 위반을 증명해야 한다.[112] 즉 임대인이 의무위반에 관한 증명책임을 진다. 다만 증명과정에서 위험영역과 표현증명이 도움을 줄 수는 있다. 다만 위험영역에 따른 증명책임의 분배를 인정함에 소극적인 우리 판례의 입장을 고려해 보면, 정황상 유일한 화재의 원인이 임차인의 위험영역에 속하는 경우 임대인에게 유리한 일차적 추정이 성립한다.[113] 그러나 증명책임이 임차인에게 전환되는 것은 아니다. 따라서 임차인이 다른 잠재적 화재원인을 제시하거나 제3자가 화재를 야기하였을 수 있다는 가능성을 제시하여 법관의 확신이 형성되는 것을 방해할 수 있다면 임대인이 증명불능에 따른 위험을 안게 된다. 결과적으로 위험영역에 따른 증명책임의 분배를 적극적으로 인정하는 것이 임대인에게 유리하다. 다만 위험영역에 따른 증명책임의 분배를 인정하는 경우에도 임대인이 우선 자신의 위험영역에 속하는 잠재적 화재원인과 화재결과간 관련성을 조각해야 하며, 만약 제3의 잠재적 화재원인이 존재한다면 이 화재원인과 화재결과간 관련성 역시 조각해야 한다. 임대인의 이러한 증명이 성공한 경우에만 임차인이 증명책임을 부담한다고 보는 것이 논리적으로 타당하다.

Ⅴ. 결 론

증명불능상태에서 책임을 지는 당사자를 정하는 일은 일차적으로 결과보증과 같은 수단을 통해 이해관계의 당사자가 결정할 일이나, 이러한 결과보증이 없는 경우라면 최종적으로 입법자가 책임법의 구조를 통해 결정할 일이다. 그러나 이러한 입법자의 결정이 임의적일 수는 없으며, 입법자는 증명불능사태로 불이익을 겪을 수 있는 당사자의 이해를 고려하여 합리적인 결정을 내려야 한다.[114] 그러나 이러한 입법자의 입증책임에 대한 결정이 예외 없이 언제나 납득할 수 있는 결론을 가져오지는 않는다. 따라서 입법자가 미처 예측하지 못한 예외적인 사건에서는 법관의 법형성을 통해 증명책임의 조정이 필요하다. 위험영역에 따른 증명책임의 분배는 자신의 지배·관리 영역에 위험원을 두는 자가 손해의 원인을 더 쉽게 설명할 수 있으며, 위험을 감독하고 예측할 수 있으며, 적당한 손해예방 조치를 취할 수 있다는 점에서 증명책임의 예외적 조정수단으로 그 정당성을 인정할 수 있다. 즉 증명불능에 따른 위험을 위험영역이라는 기준으로 합리적으로 재분배한다.

다만 위험영역에 따른 증명책임의 전환은 예외적으로 인정되며, 일반적으로 증명책임을 정하는 기준으로 사용할 수는 없다. 따라서 우리 법원의 판례가 위험영역에 따른 증명책임의 전환

112) MünchKomm/Ernst (7. Aufl. 2016), BGB § 280 Rn. 142 참고. 임차인의 고의, 과실을 임대인이 증명해야 한다는 판례로 AG Senftenberg, GE 2009, 1131 참고.

113) Langenberg, in: Schmidt−Futterer Mietrecht (12. Aufl. 2015), § 538 Rn. 5.

114) Leipold, Beweislastregeln und gesetzliche Vermutungen (1966), S. 38 ff.

에 조심스러운 자세를 취하는 것도 이해될 수 있다. 그러나 발생한 결과의 원인을 분명히 확정하고 그 원인과 관련된 의무를 위반한 당사자를 정하는 일이 화재나 침수사건의 경우에는 어렵기 때문에 예외적이나마 위험영역에 따른 증명책임의 전환을 통해 화재나 침수의 원인으로 추정되는 위험원을 관리하는 자에게 그 의무이행을 다했음을 증명하도록 책임지우는 것이 증명불능의 위험을 합리적으로 배분하는 방법이 될 것이다. 이러한 의미에서 대법원 2006. 1. 13. 선고 2005다51013, 51020 판결은 그 의미가 있다. 다만 위험영역으로 증명책임을 분배할 수조차 없는 증명불능의 경우 임차인이 그 증명책임을 지도록 하는 우리 판례의 법리는 임차물 반환채무의 성격을 오해하고 임차인의 의무위반을 잘못된 전제하에 인정하였다는 점에서 타당하다고 할 수 없다.

계속적 계약관계의 해지*
— 근로계약을 중심으로 —

김 기 우**

Ⅰ. 들어가며
Ⅱ. 계속적 계약관계의 해지에 관한 규율개관
Ⅲ. 계속적 계약관계에서 채무불이행과 해지권의 발생
Ⅳ. 근로계약관계에서 해지
Ⅴ. 결 어

Ⅰ. 들어가며

먼저 계속적 계약관계 내지 계속적 채권관계라는 표현에 대해 보려 한다. 우리나라 민법을 보면, 이 표현을 명시적으로 사용하고 있지 않다. 또한 이를 정의하고 있지도 않다. 다만 약관의 규제에 관한 법률에서는 '계속적인 채권관계'(제9조)라는 용어를 사용한다. 하지만 정의하고 있지는 않다. 채무자 회생 및 파산에 관한 법률에서도 '계속적 급부를 목적으로 하는 쌍무계약'(제122조)이라는 표현을 사용하지만, 이를 정의하고 있지는 않다.

한편, 우리나라 민법은 계약관계의 종료와 관련하여 당사자의 일방적 의사표시에 기해 계약을 해제, 해지할 수 있도록 규율하면서, 해지는 해제와 달리 '장래에 대해' 채권관계의 효력을 소멸시킬 수 있는 것으로 규정하고 있다(민법 제543조, 제550조).[1)2)] 우리나라 민법은 이행지체로

* 이 글은 2004년 사법연구(私法硏究) 제9집의 43면 이하에 게재된 하경효 선생님의 "계속적 계약관계에서의 해지"라는 논문에 착안점을 두고, 계속적 계약관계의 해지에 관한 그간의 규율논의를 근로계약을 중심으로 재구성한 것이다.

** 한국노총 중앙연구원 연구위원, 법학박사

1) 이하에서 민법조문 표기시 법률명은 생략한다.

2) 계속적 채권이란 개념은 독일에서 19세기 중엽 판례에서 처음 등장했다고 하고, 문헌상으로는 1904년부터 사용되어 왔지만, 처음으로 계약법상 계속적 채권관계를 자리매김한 것은 1914년 Gierke의 논문 '계속적 채권관계론(Dauernde Schuldverhältnisse)'에서라고 한다. Otto von Gierke, Dauernde Schuldverhältnisse, Jherings Jahrb., Bd. 64, 1914, 355ff.; 出中整爾, 繼續的法律關係とその特性, 現代契約法大系 제1권, 1983, 176~181면; 김성천, "계속적 공급계약에 관한 비교법적 고찰", 『외법논집』 제3집, 한국외국어대학교 법학연

인한 해제권의 발생은 제544조에서, 이행불능으로 인한 것은 제546조에 통칙적 규정을 두어 규율해 왔다. 이에 반해, 해지권의 발생에 관해서는 일반적인 통칙규정을 마련하고 있지 않다. 다만 계속적 계약관계의 성격을 가지는 임대차, 고용, 위임, 임치 등의 개별 계약유형에서 개별적으로 해지권을 두어 규율하고 있다(제635조 이하, 제658조 이하, 제689조, 제698조와 제699조 등).[3] 이처럼 계속적 계약관계는 일상생활에서 빈번히 행해지고 있음에도, 우리나라 민법은 해제와 달리 이에 관한 통칙규정을 마련하고 있지 않다.

이러한 규율방식으로 인하여 해지권의 발생과 관련해서, 해제권에 대한 제544조, 제546조를 적용할 수 있는지, 그리고 당사자의 신뢰를 기초로 하는 계속적 채권관계에서 계약의 기초가 된 행위기초의 변동이나 당사자 간 신뢰관계의 파탄 등 계약관계의 존속을 기대하기 어려운 중대한 사유가 있는 경우에 해지권을 인정할 것인지 등이 논의되어 왔다. 그리하여 2004년 민법의 재산법분야를 대상으로 구성된 법무부의 '민법개정특별분과위원회'에서는 계속적 채권관계에서의 해지권발생에 관해 채무불이행시의 해지권발생(제544조의3)과 사정변경시의 해제 · 해지(제544조의4)에 관한 규정의 신설이 제안되기도 하였다.[4] 이때 제안된 제544조의3의 해지요건을 중심으로 몇 가지 의문점을 검토한 '계속적 계약관계에서의 해지'라는 선생님의 논문을 토대로, 관련 내용들의 근로계약에의 적용여부 등을 살펴보려 했다. 이후 2013년에도 법무부는 재산법 분야의 민법개정안을 마련하였다. 이 내용도 검토하여 민법상 계속적 계약관계에서 해지에 관한 통칙적 규율에 관한 논의들을 살피기로 한다. 글의 후반부에서는 계속적 계약관계 유형 중 특히 근로계약관계에 대한 근로기준법상 해지규율의 특수성에 관한 검토를 함께 하였다.

Ⅱ. 계속적 계약관계의 해지에 관한 규율개관

계속적 계약관계는 기본적으로 '급부'가 계속적이라는 성질[5] 이외에 다음과 같은 특성을 갖는 것으로 파악된다.[6] 첫째, 특정 시점이 아니라 일정한 시기 내에 계속적으로 '이행'이 행해진다. 둘째, 기초가 되는 종합적 청구권과 이로부터 파생한 개별적 청구권으로 나눌 수 있고, 종합적 청구권이 이행되지 않은 경우에 계속적 채권에 기해 독립된 개별적 청구권이 발생하게 된다.[7] 셋째, 계속적 채권관계는 그 채권관계가 존속하는 기간 동안 계속해서 새로운 채무가 발생

구소, 1996, 527면 이하 참고.

3) 김형배 · 김규완 · 김명숙, 『민법학강의 – 이론 · 판례 · 사례』, 신조사, 2011, 1292면.

4) 이 규정의 제안은 국회에 제출된 법무부 민법 개정안에도 포함되어 있었다.

5) 계속적 채권관계에서 본질적인 것은 급부를 계속적으로 준비하는 것이라고 한다. 근로계약에서 근로자가 항상 근로계약관계의 구조 안에서 노무를 제공할 준비를 하는 것이나 보험자가 언제라도 계약에 따른 위험을 처리할 수 있게 해 두는 것이 대표적 예라고 한다. Esser, Schuldrecht, Bd. Ⅰ, 4. Aufl., S. 135–136; 박진근, "계속적 채권관계의 개념에 관한 고찰", 『한양법학』 제15집, 한양법학회, 2004, 274면.

6) 박진근, "계속적 채권관계의 개념에 관한 고찰", 272~274면.

7) 계속적 거래계약은 기본계약 외에 구체적인 거래조건을 개개의 매매에 관한 별개의 개별계약에서 정하도록

하기 때문에 시점의 경과로 채권관계는 소멸하지 않고,[8] 일시적 채권관계와 달리 소급효가 없는 해지제도가 기능하게 된다. 아래서는 그러한 해지제도를 중심으로 고찰하려 하는데, 우리나라 민법은 다음과 같이 규율하고 있다.

1. 현행 민법의 해지에 대한 규율방식

계약총칙에서는 해제와 마찬가지로 계약이나 법률에서 정한 해지권이 있는 경우, 그 해지는 상대방에 대한 의사표시로 하며 그 의사표시는 철회할 수 없도록 하고 있다(제543조). 그리고 해지권의 불가분성(제547조)과 해지는 손해배상의 청구에 영향을 미치지 않는다(제551조)고 규정하고 있다. 다만 계약해지의 효과에 관해, 우리나라 민법은 해제와 달리 장래에 대하여 효력을 잃는다는 내용(제550조)을 명시하고 있을 뿐이다. 이처럼 해지의 방식이나 일반적 효력에 대하여는 계약총칙에서 규율하고 있으나, 계속적 계약관계의 급부장애와 관련해서는 그에 상응한 규정을 두고 있지 않다. 즉 해지권의 발생에 대하여는 '해제권' 발생에서처럼 급부장애에 상응한 규정을 두고 있지 않다. 다만, 임대차, 고용, 위임, 임치 등 개별계약에서 이에 대한 규율을 명시하고 있을 뿐이다.

2. 규율의 기본구도

(1) 상호해지의 자유와 제한

민법의 계속적 채권관계로 볼 수 있는 계약유형에서, 기본적으로 해지와 관련된 규율내용은 계약당사자가 계약기간을 정하지 않은 경우에 상호해지의 자유를 원칙으로 하고 있다. 임대차(제635조), 고용(제660조), 위임(제689조), 임치(제699조)에서 공통적으로 각 당사자가 언제든지 해

예정하는 경우가 있다. 이때 개별계약의 체결은 원칙적으로 기본계약 자체에서 정하는 바에 의해 결정될 것이지만, 여기서 정한 바가 없더라도 개별계약의 체결을 의무지우려는 의사가 있던 것으로 볼 만한 사정이 존재하는 때에는 그 공급자 또는 피공급자는 상대방에 대하여 개별계약을 체결할 의무를 부담하는 것으로 보아야 한다. 이처럼 계속적 거래계약에서 개별계약의 체결이 당사자의 의무로 되는 경우 그 의무를 부담하는 자가 정당한 이유 없이 계속적 거래계약을 일방적으로 부당하게 파기하는 것은 상대방에 대한 관계에서 채무불이행이 되며, 상대방은 그로 인한 손해의 배상을 청구할 수 있다. 이 경우 손해배상의 범위는 거래계약이 계속되었더라면 얻을 수 있었던 이익, 즉 이행이익의 배상에까지 미친다고 한다. 대법원 1999. 6. 25. 선고 99다7183 판결. 이 사안은 당사자 일방인 백화점이 전용매장운영자로부터 상품을 구매하고 상품의 판매도 전용매장운영자가 한 후 상품의 판매분에 대한 매입원가를 지불하기로 하는 내용의 계속적 거래계약이다. 이때 기본계약에서는 거래조건의 대강만을 정하고 구체적인 납품의류의 품목과 수량, 단가 등은 개별계약에서 정하기로 하였는데, 백화점은 전용매장운영자로 하여금 상품의 관리 및 판매촉진를 위하여 지출하는 비용과 전용매장 설치비용까지 부담토록 하였다. 대법원은 이와 같은 사정하의 상품공급계약이라면, 기본계약에 따른 계약 존속기간 동안 백화점은 전용매장운영자에 대해 상품공급을 위한 개별계약의 체결의무를 져야 한다고 본 것이다.

8) 독일에서는 Larenz에 이르러 전체량이 미리 정해져서 상이한 시기에 급부되는 경우이거나 일정금액이 분할로 지불되는 경우는 계속적 채권관계에 포함되지 않는다고 한다. Larenz, Lehrbuch des Schuldrecht, Bd. Ⅰ, 10. Aufl., S. 25f; 박진근, "계속적 채권관계의 개념에 관한 고찰", 274면.

지할 수 있음을 명시하고 있으며, 다만 해지(통고)기간을 달리 정하고 있을 뿐이다.[9] 요컨대 우리나라 민법은 계속적 계약관계에서 기간을 정하지 않은 경우에 각 당사자는 자유롭게 해지하여 계약관계를 종료시킬 수 있음을 기본원칙으로 삼고 있다. 다만 사회적 관점에서 민법상 해지자유의 원칙을 쌍방 당사자에게 동일한 수준으로 인정할 경우 타당하지 않은 결과가 나와 이에 대비케 하기 위해 임대차나 고용계약에 관해서 민사특별법이나 노동법으로 제한이 가해지고 있다.[10]

여기서 주된 고찰대상으로 삼은 근로계약의 경우에도, 해지자유의 원칙은 제한을 받고 있다. 즉 우리나라 근로기준법 제23조 제1항은 근로자에 대하여 '정당한 이유' 없이 사용자가 해고하지 못하도록 하고 있다. 이처럼 해지의 자유 원칙은 근로자보호를 위하여 사용자의 해지권을 제한하는 내용으로 규율되고 있다. 따라서 민법의 특별법인 노동법으로 인해 사실상 고용계약에서 해지의 자유는 근로자에게만 인정되는 것으로 볼 수 있다. 근로계약관계는 근로자와 그 부양가족의 생존의 기초를 이룬다는 점에서 이처럼 그 존속의 보호필요성을 인정받고 있으며, 나라마다 그 구체적인 내용과 정도는 상이하지만 일반적으로 사용자의 해지제한제도는 수긍되고 있다.

(2) 해지통고기간의 적용 예외로서 즉시해지

우리나라 민법은 계약해지의 자유를 기본원칙으로 하면서, 일정한 기간 다시 말해 해지통고기간이 경과한 후에 해지의 효력을 발생하도록 하는 방식을 취하고 있다. 한편, 우리나라 근로기준법은 명시적이든 묵시적이든 근로계약을 체결한 근로자를 해고하려 할 경우 적어도 30일 전에 해고예고를 하도록 하고, 이를 하지 않은 때에는 30일분 이상의 통상임금을 지급하게 하고 있다(제26조). 그러나 해지통고기간을 부여하여 그 기간까지 채권관계를 지속시키는 것이 기

---

9) 기간의 약정이 없는 임대차의 경우에, 토지, 건물 기타 공작물에 대하여는 임대인이 해지를 통고한 경우에는 6월, 임차인이 해지를 통고한 경우에는 1월, 동산에 대하여는 5일의 기간이 경과해야 해지의 효력이 생기는 것으로 정하고 있다(제635조).

10) 우리나라는 임대차와 관련하여, 주택임대차와 상가건물임대차에 대해서 특별법을 통해 임차인보호를 하고 있다. 주택임대차의 경우 주택임차인의 주거안정 등을 위하여 주택임대차보호법에서 특례규정을 두고 있다. 즉, 기간의 정함이 없거나 기간을 2년 미만으로 정한 임대차는 그 기간을 2년으로 보고(제4조), 계약의 갱신과 관련하여서도, '임대인이 임대차기간이 끝나기 6개월 전부터 1개월 전까지의 기간에' 임차인에게 갱신거절(更新拒絕)의 통지를 하지 아니하거나 계약조건을 변경하지 아니하면 갱신하지 아니한다는 뜻의 통지를 하지 아니한 경우에는 그 기간이 끝난 때에 전 임대차와 동일한 조건으로 다시 임대차한 것으로 본다고 규정하고 있다(제6조 참고). 이 내용은 민법 제639조와는 다른 것이다. 또한 상가건물임대차보호법에서도 계약종료에 대한 임대인의 자유는 제한받고 있다. 이 법은 기간의 정함이 없거나 기간을 1년 미만으로 정한 임대차는 그 기간을 1년으로 본다(제9조)고 정하는 동시에 임대인이 계약기간 만료 전 6개월 전부터 1개월 전까지 사이에 행하는 임차인의 계약갱신요구를 정당한 사유 없이 거절하지 못하도록 하고 있다(제10조). 이러한 계약갱신요구권은 전체 임대차기간 5년 범위 안에서만 행사할 수 있도록 하고 있으나(제10조 제2항), 임대인의 의사와 상관없이 임차인보호를 위하여 일정기간 임대차계약관계의 존속을 보장한다는 점에서 궁극적으로 계약의 자유와 해지의 자유를 제한하는 것이다.

대가능하지 않은 경우에는 해지의 효력을 즉시 발생시킬 필요가 있게 된다.11) 이러한 경우에는 그 채권관계가 기간을 정하고 있는지, 기간의 정함이 없는 경우인지 구애받지 않는다.

현행 민법은 사용대차에서 차주가 대주의 승낙 없이 차용물을 제3자에게 사용·수익하게 하는 경우(제610조 제3항), 임대차에서 임대인이 임차인의 의사에 반하여 보존행위를 함으로써 임차인이 이로 인하여 임차의 목적을 달성할 수 없는 경우(제625조), 임차물의 일부가 임차인의 과실 없이 멸실 기타의 사유로 사용·수익할 수 없게 되어 그 잔존부분만으로는 임차의 목적을 달성할 수 없는 경우(제627조 제2항), 임차인이 임대인의 동의 없이 그 권리를 양도하거나 임차물을 전대하는 경우(제629조 제2항), 건물 기타 공작물의 임대차에서 임차인이 2기 이상의 차임액을 연체하는 경우(제640조)에는 해지통고기간의 부여 없이 해지권자가 즉시 해지할 수 있도록 하고 있다. 그리고 고용계약에 대해서는 노무자의 동의 없이 노무자가 제3자로 하여금 자기에 갈음하여 노무를 제공하게 하는 경우(제657조 제3항), 사용자가 노무자에 대하여 약정하지 아니한 노무의 제공을 요구하는 경우(제658조 제1항), 약정된 노무가 특수한 기능을 요함에도 불구하고 노무자가 그 기능을 보유하고 있지 않은 경우(제658조 제2항), 부득이한 사유로 고용관계를 더 지속시킬 수 없는 경우(제661조)12) 특히 일방 당사자의 과실이 있는 경우에 해지권자는 즉시 해지할 수 있다고 정하고 있다.

근로계약관계를 규율하는 근로기준법에서는 즉시 해지할 수 있는 사유로 천재·사변, 그 밖의 부득이한 사유로 사업을 계속하는 것이 불가능한 경우와 근로자가 고의로 사업에 막대한 지장을 초래하거나 재산상 손해를 끼친 경우를 정하고 있다.13) 즉 우리나라 근로기준법은 해고예고를 할 필요가 없는 정당한 사유로 근로자의 귀책사유와 상관없이 '부득이한 사유'로 사업계속이 불가능한 경우와 근로자의 고의로 인해 사업에 막대한 지장이나 재산상 손해를 발생케 한

11) 김형배, 『채권각론』[계약법], 박영사, 1997, 259면.

12) 이때의 '부득이한 사유'는 인적 신뢰관계를 유지하는 것이 곤란할 정도의 사유를 말하는데, "고용계약을 계속 존속시켜 그 이행을 강제하는 것이 사회통념상 불가능한 경우"를 의미한다(대법원 2004. 2. 27. 선고 2003다51675 판결). 따라서 부득이한 사유에 기한 즉시해지가 이루어진 경우에는 당사자의 의사에 기한 위험배분의 변경은 허용되지 않는다. 이때의 해지권은 구체적인 형평을 고려하여 이익을 조정하기 위해 둔 것으로 이해되기 때문이라고 한다. 김영신, "계속적 계약관계의 해지에 관한 연구", 서울대학교 법학박사학위논문, 서울대학교 대학원, 2008, 257~258면 참고.

13) 이에 해당하는 고용노동부령으로 정하는 사유(근로기준법 제26조 제2항; 근로기준법 시행규칙 제4조 관련 [별표] 해고예고의 예외가 되는 근로자의 귀책사유)에, 1. 납품업체로부터 금품이나 향응을 제공받고 불량품을 납품받아 생산에 차질을 가져온 경우, 2. 영업용 차량을 임의로 타인에게 대리운전하게 하여 교통사고를 일으킨 경우, 3. 사업의 기밀이나 그 밖의 정보를 경쟁관계에 있는 다른 사업자 등에게 제공하여 사업에 지장을 가져온 경우, 4. 허위 사실을 날조하여 유포하거나 불법 집단행동을 주도하여 사업에 막대한 지장을 가져온 경우, 5. 영업용 차량 운송수입금을 부당하게 착복하는 등 직책을 이용하여 공금을 착복, 장기유용, 횡령 또는 배임한 경우, 6. 제품 또는 원료 등을 몰래 훔치거나 불법 반출한 경우, 7. 인사·경리·회계담당 직원이 근로자의 근무상황 실적을 조작하거나 허위 서류 등을 작성하여 사업에 손해를 끼친 경우, 8. 사업장의 기물을 고의로 파손하여 생산에 막대한 지장을 가져온 경우, 9. 그 밖에 사회통념상 고의로 사업에 막대한 지장을 가져오거나 재산상 손해를 끼쳤다고 인정되는 경우를 정하고 있다.

경우로 나누어 적시하고 있다. 특히 후자의 즉시해고사유는 근로계약관계의 당사자 사이의 신뢰가 중대하게 침해되었느냐의 여부를 중심으로 계약법적 관점에서 판단해야 할 것이다.[14] 즉시해지를 비롯한 계약법적 관점에서 판단되어야 하는 계속적 계약관계의 해지는 통상적으로 신뢰관계가 파괴된 때에 인정되는데, 신뢰관계가 파괴된 때라 함은 중요한 계약위반이 있는 경우 등을 말한다. 따라서 중요하지 않은 일부 계약위반만으로는 신뢰관계가 파괴되었다고 할 수 없다.[15]

Ⅲ. 계속적 계약관계에서 채무불이행과 해지권의 발생

아래에서는 그간 계속적 계약관계의 해지와 관련한 논의들에 관해 살펴보기로 한다.

1. 채무불이행시의 법정해제권에 관한 규정이 계속적 계약관계의 해지에도 적용되는가

채무불이행시의 법정해제권에 관한 통칙적 규정인 제544조, 제546조 등이 계속적 채권관계의 해지에도 적용될 수 있는 것인지에 대해 종래부터 이를 긍정하는 견해와 부정하는 견해가 있어 왔다.

먼저 법정해제권에 관한 통칙적 규정이 계속적 채권관계의 해지에도 적용될 수 있다는 견해에 따르면,[16] 계속적 채권관계의 구별기준이 되는 급부의 계속성은 상대적 개념으로, 일시적 채권관계가 생길 뿐이라고 생각하는 계약에서도 계속적 채권관계가 발생할 수 있는데 이에 대해 민법은 전혀 규정한 바가 없다고 한다. 따라서 계속적 채권관계에서 채무불이행이 발생하면 해지권을 인정하는 것이 타당할 것이므로, 법정해제권의 발생요건에 관한 규정을 계속적 계약관계의 해지권과 관련해서도 인정할 수 있도록 해석되어야 한다고 한다.

다음으로 법정해제권에 관한 통칙적 규정의 적용을 부정하는 견해에 따르면,[17] 제544조 내지 제546조의 규정들은 주로 쌍무계약의 상환적 채무를 염두에 둔 것으로, 첫째 계약의 해지는 계속적 급부를 목적으로 하고 계약의 해제는 일회적 급부를 목적으로 하므로 그 발생요건도 다르게 파악해야 한다고 한다. 즉 계속적 계약에서는 전회기(前回期)의 채무불이행을 이유로 장래 어느 시기에 계약관계를 종료케 할 수 있느냐의 문제를 통일적으로 판단하기 어렵기 때문에 법

---

14) 김형배, 『노동법』, 박영사, 2015, 682~683면.

15) 예컨대, 대법원은 갑 재단법인이 을 재단법인 등과 체결한 찬송가 출판권설정계약에서 "본 계약기간은 계약일부터 3년으로 한다. 단 상호하자가 없는 한 연장한다."고 정한 경우에, 제반사정에 비추어 을 법인 등이 출판권설정계약을 일부 위반하였다는 이유만으로 계약의 기초가 되는 신뢰관계가 파괴되어 계약관계를 그대로 유지하기 어려운 정도에 이르렀다고 보기 어려운 경우에, 원심판결이 해지를 인정하였다면 이에는 법리오해의 위법이 있다고 보았다. 대법원 2015. 4. 3. 선고 2011다19102, 19119 판결.

16) 곽윤직, 『채권각론』, 박영사, 2004, 110~111면.

17) 김증한, 『채권각론』, 박영사, 1998, 116면; 이은영, 『채권각론』, 박영사, 2004, 269~270면.

정해제권의 발생에 관한 규율을 그대로 준용할 수 없다고 한다. 둘째 임대차, 할부매매 등의 계속적 계약에서 임차인, 매수인의 단 1회의 차임, 할부금의 지체만으로 해지권을 부여한다면 이것도 부당하다고 할 것인데, 해제에 관한 제544조를 유추적용하게 된다면 1회의 차임연체만으로도 임대차계약을 해제하게 되어 부당한 결과를 낳는다고 한다. 셋째 해지권의 발생요건으로 최고 및 유예기간을 요구할 것인가는 각 계약의 특성에 맞게 정해져야 하며, 제544조를 언제나 유추적용할 것은 아니라고 한다. 결국 이 견해는 민법에서 임대차, 고용, 위임, 임치, 조합에 관하여 각각의 해지사유를 정하고 있기 때문에, 이에 기초하여 판단하면 된다고 한다.

이러한 상반된 해석은 근본적으로 계속적 계약관계와 일회적·일시적 채권관계의 차이, 즉 계속적 채권관계 내의 급부가 일회적·일시적 채권관계 내의 급부와 차이가 있기 때문이라 할 것이다. 따라서 계속적 계약관계에서 해지에 관한 통칙적 규정이 필요하다면, 이를 입법적으로 해결하는 것이 바람직할 것이다. 2004년과 2013년의 법무부 민법개정안은 이에 관한 대표적인 시도이다. 그 개정안의 내용은 아래와 같다.

(1) 2004년 법무부 민법개정안 제544조의3(채무불이행과 해지)

① 계속적 계약관계에서 채무자가 채무의 내용에 좇은 이행을 하지 아니하여 장래의 계약이행이 의심스러운 경우에는 채권자는 상당한 기간을 정하여 그 이행을 최고하고 그 기간 내에 이행이 이루어지지 아니한 때에는 약정된 계약기간에 불구하고 계약을 해지할 수 있다. 그러나 채무자의 고의나 과실 없이 그 이행이 이루어지지 아니한 때에는 그러하지 아니하다.

② 제1항의 경우에 채무자의 중대한 채무불이행으로 인하여 계약을 유지할 수 없는 부득이한 사유가 있는 때에는 최고를 하지 아니하고 계약을 해지할 수 있다.

(2) 2013년 법무부 민법개정안 제544조의2(계속적 계약의 해지)

① 계속적 계약의 당사자 일방이 채무의 내용에 좇은 이행을 하지 아니한 때에는 상대방은 계약을 해지할 수 있다. 이 경우에는 제544조 제1항 단서 및 제2항 내지 제4항을 준용한다.[18)]

---

18) 2013년 법무부 민법개정안 제544조(채무불이행과 해제)

① 당사자 일방이 채무의 내용에 좇은 이행을 하지 아니한 때에는 상대방은 계약을 해제할 수 있다. 그러나 일방의 채무불이행이 경미하여 계약의 목적달성에 지장이 없는 경우에는 그러하지 아니하다.

② 제1항에 따라 계약을 해제하기 위해서는 상대방은 상당한 기간을 정하여 이행을 최고하고 그 기간 내에 이행이 되지 아니하여야 한다. 그러나 다음 각 호의 경우에는 최고를 요하지 아니한다.

1. 채무의 이행이 불능하게 된 때
2. 채무자가 미리 이행하지 아니할 의사를 표시하거나 채권자가 상당한 기간을 정하여 이행을 최고하더라도 그 기간 내에 이행되지 아니할 것이 명백한 때
3. 계약의 성질 또는 당사자의 의사표시에 의하여 일정한 시일 또는 일정한 기간 내에 이행하지 아니하면 계약의 목적을 달성할 수 없을 경우에 당사자의 일방이 그 시기에 이행하지 아니한 때
4. 지체 후의 이행 또는 추완이 채권자에게 이익이 없거나 불합리한 부담을 주는 때

③ 채무의 이행이 불능한 경우 또는 채무자가 미리 이행하지 아니할 의사를 표시하거나 이행기가 도래하더라도 채무가 이행되지 아니할 것이 명백한 경우에는 채권자는 이행기 전에도 계약을 해제할 수 있다.

② 제1항 이외의 중대한 사유로 계약의 존속을 기대할 수 없는 때에는 당사자 일방은 계약을 해지할 수 있다.

2. 민법 개정안(2004년, 2013년) 내 통칙규정에 대한 검토

2004년, 2013년의 민법 개정안은 당사자 간의 신뢰가 중요시되는 계속적 채권관계에서 더 이상 채권채무관계의 유지를 기대할 수 없는 부득이한 사유가 발생한 경우에 해지권을 발생하도록 해야 한다는 일반조항의 필요성에 관한 그간의 논의를 반영하여 이루어진 것이다.[19] 먼저 2004년 법무부 민법개정안을 마련하는 과정에서의 논의부터 살피기로 한다.

(1) 2004년 법무부 민법개정안

위 제544조의3으로 그 내용을 담으려 했던 2004년 법무부 민법개정안은 계속적 계약관계에서의 해지에 대한 통칙적 규정을 두려한 취지에도 불구하고, 다음과 같은 비판이 있었다.[20] 첫째, 개정안 제544조의3은 채무불이행이 아닌 사유로 계약관계의 유지·존속이 기대될 수 없는 경우를 포섭하지 못하고 있다고 한다. 채무불이행으로 계약관계로부터 만족을 얻을 수 없는 경우에만 계약의 구속력으로부터 해방시켜 줄 필요가 있는 것이 아니고, 계약의 지속에 대한 당사자의 신뢰가 깨진 경우도 계약의 구속력으로부터 해방시켜줄 필요가 있어서, 계속적 계약관계에 속하는 계약유형 중 개별적 규율이 없어 신의칙에 기하여 계약관계를 장래에 향해 해소시켜야 할 경우에 그에 적용할 수 있는 일반규정으로서의 규범목적에 제544조의3은 충실하지 못하다고 지적한다. 둘째, 개정안 제544조의3 제1항에서 "채무의 내용에 좇은 이행을 하지 아니하여 장래의 계약이행이 의심스러운 경우"와 제2항에서의 "중대한 채무불이행"이 동일한 것인지, 차이가 있다면 그 구별기준은 무엇인지가 불명확하다는 점도 지적되고 있다. 셋째, 계약관계는 가능한 한 유지·존속되어야 하고 계약해지는 최후수단으로 예외적으로 허용되어야 하지만, 이 규정에서 상정하고 있는 '장래의 계약이행을 의심스럽게 할 정도의 채무불이행'이라는 요건은 채무불이행의 유형뿐 아니라 개별사안에서 계약의 유지·존속이 객관적으로 기대 불가능한 경우에 인정되어야 하는 계속적 계약관계에서의 해지라는 본래의 취지를 살리기에 적절치 않다고

---

④ 당사자 일방의 채무불이행이 채권자에게 주로 책임 있는 사유에 기한 경우에는 채권자는 계약을 해제할 수 없다. 채권자의 수령지체 중에 당사자 쌍방에게 책임 없는 사유로 채무불이행이 발생한 때에도 같다.

19) 독일민법도 계속적 계약관계에 관한 개별규정에서 예컨대 임대차, 고용, 조합에 관한 규율에서 계약기간이나 해지기간에 상관없이 해지할 수 있는 경우를 정하고 있다가, 채권법분야의 대폭적 개정을 담은 채권법현대화법에서 중대한 사유에 기한 계약해지에 관한 일반규정으로 독일민법 제314조(중대한 사유로 인한 계속적 채권관계의 해지)를 채권총론편에 신설하였다고 한다. 2002년 1월 1일 "채권법현대화법(Gesetz zur Modernisierung des Schuldrechts)"에 대해서는 김형배 외 5인 공저, 『독일채권법의 현대화』, 법문사, 2002 참고.

20) 하경효, "계속적 계약관계에서의 해지", 『사법연구』 제9집, 법영사, 2004, 51면, 54면 이하. 2004년 민법 개정안 544조의2 제1항 단서가 계약해제에 유책성을 요건으로 하고 있는데, 이에 대한 법리적·입법적 문제에 대해서는 하경효, "채무불이행과 계약해제의 요건 — 유책성 요건에 대한 비판적 검토를 중심으로 —", 『고려법학』 제40호, 고려대 법학연구원, 2003, 67면 이하 참고.

한다(독일민법 제314조[21] 참고). 다음으로 개정안 제544조의3 제2항에서 상당한 기간을 정한 이행최고를 하지 않고 바로 해지할 수 있는 요건으로써 "채무자의 중대한 채무불이행으로 인하여 계약을 유지할 수 없는 부득이한 사유"가 있을 것을 정하고 있는데, 이행최고가 필요 없거나 무의미한 경우를 계약해제(위 개정안 제544조의2 제2항 참고)에서와 마찬가지로 규율하든지, 독일민법 제314조 제2항처럼 이와 관련한 계약해제의 규정을 준용하도록 하는 것이 정확한 규정방법이 될 것이라고 한다.

사회적 관점에서 계약의 일방당사자인 근로자를 보호하고자 하는 근로기준법에서도 근로관계의 지속을 기대할 수 없는 때에는, 사용자가 적어도 30일 전에 예고하거나 30일분의 해고예고수당을 지급하도록 규정하고 있으며, 특히 부득이한 사유로 사업계속이 불가능하거나 근로자의 특정한 악의적 위법행위의 경우(근로자가 고의로 사업에 막대한 지장을 초래하거나 재산상 손해를 끼친 경우)에 즉시해지(해고)할 수 있도록 정하고 있음은 앞서 본 바와 같다(제26조 단서).

기본적으로 근로기준법은 '정당한 이유'를 해고요건으로 적시하고 있다(제23조 제1항). 근로계약관계의 존속보호를 위해 정해 놓은 근로기준법의 해고제한규정을 보면, "중대한 채무불이행"과 "계약을 유지할 수 없는 부득이한 사유"라는 요건내용을 결합시키고 이행최고 내지는 해지예고가 불필요한 즉시해지(해고)도 허용하고 있는 것으로 해석할 수 있다. 그런데 그러한 근로계약관계는 사회적 관점에서 보호가 필요한 계약유형이라는 점 또한 고려되고 있다. 반면 민법은 이보다는 다양한 해지사유를 포섭할 수 있도록 기준을 설정하는 게 바람직할 것이다. 사적자치의 원칙을 근간으로 법체계가 정립되어 있기 때문이다. 이러한 이유로 신뢰관계의 파기여부에 집중하는 견해가 유력하게 존재해 왔던 것이라 생각된다. 이러한 점들로 인해, 채무불이행과 계약관계를 지속할 수 없는 부득이한 사유를 모두 충족시켜야 이행최고를 요하지 않는 즉시해지를 가능하도록 한 위 개정안 제2항에 대해 즉시해지의 요건내용을 혼란스럽게 하고, 일반규정으로서의 성격에 부합하지 않는 규율이라는 지적이 있었던 것이다.

(2) 2013년 법무부 민법개정안

2013년 민법개정안에서는 해제의 요건에 관해서 채무불이행의 유형에 따라 규율하던 것을 '채무불이행과 해제'(개정안 제544조)로 통일적으로 규정하고, 중대한 불이행의 요건을 소극적으로 도입하였다(각주 18) 참고). 또한 이행기 전의 해제에 관한 규정을 두고 채권자의 귀책사유가 있는

---

21) 독일민법 제314조(중대한 사유로 인한 계속적 채권관계의 해지) ① 각 계약당사자는 중대한 사유를 이유로 해지기간의 준수 없이 계속적 채권관계를 해지할 수 있다. 개별 사안의 모든 사정을 고려하고 양 당사자의 이익을 비교할 때 합의한 종료시점까지 또는 해지기간의 경과시까지 계약관계의 존속을 해지당사자에게 기대할 수 없는 경우에 중대한 사유가 있는 것으로 한다.
② 중대한 사유가 계약상의 의무를 위반한 것인 경우 그 시정을 위해 설정된 기간이 도과한 후 또는 최고를 하였으나 성과가 없게 된 때에 비로소 해지할 수 있다. 제323조 제2항은 준용된다.
③ 해지권자는 그가 해지사유를 안 후 상당한 기간 내에만 해지할 수 있다.
④ 손해배상을 요구할 수 있는 권한은 해지에 의해 배제되지 않는다.

경우에 해제권을 배제하는 내용을 담았다. 그리고 여기서의 고찰대상인 계속적 계약관계의 해지에 관한 일반규정의 신설필요성을 개정제안배경으로 적시함으로써, 2004년 민법개정안 때의 개정제안배경과 동일한 취지에서 행해진 것임을 밝혔다.

계속적 계약관계의 해지와 관련하여, 2013년 민법개정안 논의에서는 위에서 본 계속적 계약의 해지(제544조의2) 이외에, 채무불이행과 해지(제544조의3)에 대한 두 개의 개정시안이 제기되었다. 계속적 계약관계에 관한 해지에 대해 2013년 민법개정안에서는 2004년 민법개정안에 가해진 지적들을 수용하여 계속적 계약관계의 해지에 관한 내용을 정비하고자 했음을 볼 수 있다.[22] 그리하여 2004년 개정안에서는 귀책사유를 해지의 요건으로 요구하였으나, 2013년 개정안에서는 이것을 해지의 요건으로 삼지 않았다. 아래 개정시안 1이나 2 모두, 계속적 계약관계에서 계약의 존속을 기대할 수 없는 정도로 중대한 사유가 있는 경우에 당사자 일방은 즉시 해지할 수 있도록 하였다. 다만 아래의 개정시안들은 2004년 개정안의 "당사자 일방의 채무불이행으로 인하여 장래의 계약이행이 의심스러운 때"라는 표현을 최고를 요하는 해지의 요건으로 그대로 사용하고 있어, 2004년 개정안에 대해 가해졌던 지적이 그대로 가능하다.[23] 또한 2004년 개정안에서와 마찬가지로 일관된 규율을 위해 해제요건과의 정합성을 꾀할 필요가 있다는 지적도 제기되었다.

분과위 개정시안 1안	분과위 개정시안 2안
제544조의3(계속적 계약관계와 해지) ① 계속적 계약관계에서 당사자 일방이 채무의 내용에 좇은 이행을 하지 아니하여 장래의 계약이행이 의심스러운 때에는 상대방은 상당한 기간을 정하여 그 이행을 최고하고, 그 기간 내에 이행이 이루어지지 아니한 때에는 계약을 해지할 수 있다. ② 계속적 계약관계에서 계약의 존속을 기대할 수 없을 정도로 중대한 사유가 있는 때에는 당사자 일방은 최고를 하지 아니하고 계약을 해지할 수 있다.	제544조의3 (계속적 계약관계와 해지) ① 계속적 계약관계에서 당사자 일방의 채무불이행으로 인하여 장래의 계약이행이 의심스러운 때에는 상대방은 상당한 기간을 정하여 그 이행을 최고하고, 그 기간 내에 이행이 이루어지지 아니한 때에는 계약을 해지할 수 있다. ② (좌동)

22) 법무부 민법개정자료발간팀 편, (2013년)법무부 민법개정시안: 채권편 上·下, 법무부, 2013, 313면 이하.

23) 이와 함께 해지에 관한 일반조항이 어느 정도 문제해결능력을 가지는지에 대해 의문을 제시하며, 현행과 같이 일반조항을 두지 않고 개별 계약유형에 따라 규율하자는 의견도 제출되었다. 법무부 민법개정자료발간팀 편, (2013년)법무부 민법개정시안: 채권편 上·下, 353, 355면.

결국 위에서 제기된 문제점들을 보완하여 제544조의3의 개정시안과 같은 방식보다는 제544조의2를 신설함으로써 계속적 계약관계에 대한 해지의 일반조항을 두어 규율하는 방식을 취하였다. 이로써 채무불이행 이외의 사유에 기한 계약해지의 통칙조항을 두었다. 이는 채무불이행만을 계약해지사유로 규정하였던 2004년 개정안과는 구별될 수 있는 것이다. 그리고 채무불이행으로 인한 계약해지에 대해서는 계약해제규정과의 정합성을 고려하여 관련 규정들을 준용하도록 하였다. 다시 말해 채무불이행으로 인한 경우와 그 이외의 중대한 사유로 인한 경우를 나누어 규정하는 방식을 취하였다.

Ⅳ. 근로계약관계에서 해지

아래서는 계약적 계약관계의 해지를 근로계약관계의 특수성을 중심으로 살피려 한다.

1. 근로계약관계에서 해지의 제한과 특징

(1) 해지의 제한

위와 같은 계속적 계약관계의 해지에 관한 개정논의와 달리, 근로계약에서 해지는 근로자가 사용자에게 하는 사직의 의사표시도 있지만, 대부분 사용자가 근로자에게 하는 일방적인 근로계약관계 종료의 의사표시가 문제되어 왔다. 이러한 경우 대부분의 근로자는 자신과 그 가족을 위한 경제적 대비를 할 수 없기 때문이다.

이에 관해 우리나라 근로기준법은 1953년 제정 당시부터 해고가 실체적으로 적법·유효하기 위한 요건을 규율해 왔다. 즉 "사용자는 근로자에 대하여 정당한 이유 없이 해고, 휴직, 정직, 전직, 감봉 기타 징벌을 하지 못한다."라는 규정을 마련하였다.[24] 이러한 규율은 현재까지 이어져 오고 있다.

통상 근로계약은 근로자가 제공한 노무를 사용자가 수령하고 임금지급의무를 부담하기로 함으로써 체결된다. 이러한 근로계약은 계속적 계약관계를 상정한다. 이론적으로 근로자의 노무제공이 지체되거나 불능이 되거나 불완전한 것이면 근로자는 자신의 급부의무를 제대로 이행하지 않은 것이 되고 채무불이행이 된다. 현실에서는 다른 사람이 제공하는 급부의 제공을 방해한다거나 다른 사람의 급부제공을 현저히 방해하는 직장분위기를 조성하는 경우에도 제재의 대상이 된다. 그리고 그 정도가 심하면 계약관계의 해지, 즉 해고의 대상이 된다. 법원은 사용자나

---

24) 1953년 제정 근로기준법 제27조(해고 등의 제한) ① 사용자는 근로자에 대하여 정당한 이유 없이 해고, 휴직, 정직, 전직, 감봉 기타 징벌을 하지 못한다.
② 사용자는 근로자가 업무상 부상 또는 질병의 요양을 위한 휴업기간과 그 후 30일간 또는 산전·산후의 여자가 본법에 규정된 휴업기간과 그 후 30일간은 해고하지 못한다. 단 사용자가 본법에 규정한 금액보상을 지급하였을 경우 또는 천재사변 기타 부득이한 사유로 인하여 사업계속이 불가능한 때는 예외로 한다. 이때 그 사유에 관하여 사회부의 인정을 받아야 한다.

상사에 대한 항명 등으로 근로자가 기업경영질서를 극도로 문란케 하거나 지속적 근무태만 및 장기간의 무단결근행위를,[25] 근로자가 사용자의 사업에 고의로 막대한 지장을 초래하거나 재산상의 손해를 끼친 경우에 준해 판단했다. 이러한 법원의 판단은 근로계약관계를 즉시 소멸시킬 수 있는 즉시해고사유를 근로계약관계의 당사자 사이에 신뢰가 중대하게 침해되었느냐 여부를 중심으로, 계약법적 관점에서 판단한 것이라고 풀이된다.[26]

제정 근로기준법 제27조의 내용은 현행 근로기준법 제23조에 규정되어 있다. 즉 사용자가 근로자에게 일정한 제재, 즉 해고, 휴직, 정직, 전직, 감봉 기타 징벌을 행함에 '정당한 이유'가 있어야 한다고 하고 있다.[27] 이외에도, 노동조합 및 노동관계조정법(이하 '노조 및 조정법'이라 한다) 제81조 제1호에서는 근로자가 노동조합에 가입 또는 가입하려고 하였거나 노동조합을 조직하려고 하였거나 기타 노동조합의 업무를 위한 정당한 행위를 한 것을 이유로 근로자를 해고할 수 없다고 정하고 있다. 헌법 제33조 제1항이 보장하고 있는 노동기본권에 대한 침해행위로부터 근로자의 권리를 구제하기 위해 노조 및 조정법이 부당노동행위유형으로 보아 구제제도를 마련한 것이다. 이와 같은 부당노동행위로써의 해고는 사법상 무효가 된다.[28][29] 노조 및 조정법 제81조 제1항은 강행규정이기 때문이다.

다른 한편 근로기준법 제24조에서는 긴박한 경영상의 이유(경영악화를 방지하기 위한 사업의 양

25) 대법원 1994. 4. 26. 선고 93다60700 판결 등.

26) 김형배, 『노동법』, 683면 참고.

27) '정당한 이유'는 개별적 사안에 따라 구체적으로 판단한다. 판례에 의하면, 당해 사용자의 사업의 목적과 성격, 사업장의 여건, 당해 근로자의 지위 및 담당직무의 내용, 비위행위의 동기와 경위, 이로 인하여 기업의 위계질서가 문란하게 될 위험성 등 기업질서에 미칠 영향, 과거의 근무태도 등 여러 가지 사정을 종합적으로 검토하여 고용계약관계를 계속시킬 수 없을 정도로 근로자에게 책임 있는 사유가 있다든가 부득이한 경영상의 필요가 있는 경우를 말한다고 한다. 대법원 1992. 5. 22. 선고 91누5884 판결; 대법원 2002. 5. 28. 선고 2001두10455 판결; 대법원 2009. 5. 28. 선고 2007두979 판결 등.

28) 대법원 1993. 12. 21. 선고 93다11463 판결 등. 근로자의 노동3권 행사와 관련해서 사용자가 행한 해고처분이 부당노동행위에 해당되나, 그 원인에 있어서 근로기준법 제23조의 정당한 이유를 아울러 구비하고 있는 경우 그 처분의 효력이 문제된다고 한다. 이 경우에 노조 및 조정법이 그 법원적(法源的) 효력에 있어서 근로기준법보다 우위에 있다고 보아야 하기 때문에 사용자의 해고처분은 부당노동행위가 되어 무효인 동시에 근로자의 지위는 부당노동행위구제절차를 통하여 원상회복하게 된다고 한다. 김형배, "근로기준법상의 해고제한과 부당노동행위로서의 해고금지", 『노동법연구』, 박영사, 1991, 187면 이하. 이와 관련하여 영업양도 시에 노동조합활동을 이유로 일부 근로자에게 취업을 거부함으로써 사실상 해고하는 경우에 부당노동행위로서의 해고를 검토한 사례로는, 대법원 1995. 9. 29. 선고 94다54245 판결이 있다. 다만 이 판결은 조합활동을 이유로 영업양수인이 노동조합 위원장을 해고케 한 것이라는 증거를 찾을 수 없다고 하여 해고의 정당성을 인정하였다.

29) 또한 근로기준법 제6조에서는 남녀의 차별적 대우나 국적·신앙 또는 사회적 신분을 이유로 한 근로조건상의 차별적 대우를 금지한다(벌칙 근로기준법 제114조; 남녀고용평등과 일·가정 양립지원에 관한 법률 제7조 내지 제11조). 따라서 혼인을 이유로 한 해고나 국적·신앙 또는 사회적 신분을 이유로 해고를 행한 경우에도 그 효력은 무효로 된다. 그리고 근로기준법 제104조 제2항은 사용자가 근로기준법과 그 시행령 등을 위반하였음을 근로감독관에게 통고한 것을 이유로 해서 근로자에게 해고 또는 기타 불이익처우를 하지 못하도록 하고 있다(벌칙 근로기준법 제110조). 따라서 이에 위반한 해고도 무효가 된다.

도·인수·합병 포함)가 있는 경우에도 정당한 이유가 있는 해고로 본다.[30] 다시 말해 사용자에게 긴박한 경영상의 이유가 있고, 사용자가 해고를 회피하기 위한 노력을 다하였으며, 합리적이고 공정한 해고의 기준을 정하여 그 대상자를 선정, 근로자의 과반수로 조직된 노동조합이나 그러한 노동조합이 없는 경우에 근로자의 과반수를 대표하는 자에게 해고일로부터 50일 전까지 통보하여 이에 관해 협의한 후 행한 경영상의 해고는 '정당한 이유'가 있는 해고라는 것이다. 그러나 이 경영상 해고는 근로자의 일신상 또는 행태상의 사유에 의한 해고와 구별된다. 따라서 현행 근로기준법은 해고사유와 요건을 근로자의 일신상 또는 행태상의 사유에 의한 것과 기업경영상의 필요에 의한 것으로 구별하여 이원적 규율구조를 갖고 있다고 해석한다.[31]

위와 같은 근로기준법상의 여러 해고제한 규정들은 그 제한의 정도가 경영상 해고의 도입으로 다소 완화된 측면도 있지만, 기본적으로 사회적 관점에서 계약당사자 일방인 근로자의 직장존속보호의 측면에서 접근하여 계속적 계약관계의 해지가 규율되고 있다고 볼 수 있다.[32]

(2) 해지의 특징

근로계약관계는 다른 계속적 계약관계와는 달리, 다음과 같은 특징을 갖고 있다. 계속적 계약관계의 구속으로부터 벗어나고자 하는 계약당사자는 기존의 계약의 구속으로부터 해방을 요구하게 된다. 그런데 민법의 다른 전형계약의 해지와 달리, 근로계약을 해지하려 할 경우에 사용자는 '정당한 이유'를 인정받아야 그 행위의 적법성과 정당성이 인정된다. 민법에서는 고용계약관계의 해지에 관해 근로자 측의 해지와 사용자 측의 해지를 구별함이 없이 똑같이 취급하는 것이 원칙인데 반해, 근로기준법에서는 사용자의 해지와 근로자의 해지를 동일하게 취급하지 않고 사용자의 해지에 대해 실체적 제한, 절차적 제한,[33][34] 시기적 제한[35] 등 여러 제한이 존재

30) 아래에서는 이에 해당하는 해고를 '경영상 해고'라 줄여 말하기로 한다.

31) 김형배, 『노동법』, 679면.

32) 앞서 본 것처럼 임대차계약도 계약관계의 존속에 대한 보호가 요구되는 계약유형이라는 점에서 근로계약과 공통된다. 특히 임대차계약 중 주거목적의 주택이나 투자목적이 아닌 생계유지를 위한 상가의 임대차계약에서 임차인이 가지는 주택이나 상가의 이용관계는 근로계약에서 근로자에 대한 직장존속보호와 마찬가지로, 임차인과 그 가족의 생활보장과 관련하여 그 존속보호가 요구된다. 사업규모가 영세하고 그와 가족의 생활유지와 밀접한 관련이 있는 프랜차이즈계약의 가맹점사업자(예컨대 1인 프랜차이즈 가맹점사업자)에 대한 계약관계의 존속보호와 갱신시 부당한 가맹금의 증액요구로부터의 보호도 동일한 맥락에서 이해할 수 있다. 김기우, 『합의해지에 관한 연구 — 근로계약을 중심으로』, 고려대학교 법학박사학위논문, 고려대학교 대학원, 2010, 47면 이하.

33) 대법원 1992. 3. 31. 선고 91누6184 판결 등에 나타난 법원의 판단을 보면, 해고의 예고는 정당한 이유가 있는 경우에 적용되는 것이므로, 해고의 예고를 했다고 하여 정당한 이유 없이 해고할 수 있다는 것은 아니라고 한다.

34) 또한 근로기준법은 해고의 사유 및 시기를 서면으로 명시하여 통지하여야 해고의 효력이 있는 것으로 규율한다. 다만 해고의 예고를 해고사유와 시기를 명시하여 서면으로 한 때에는 서면통지의무를 다한 것으로 본다(제27조 제1항 내지 제3항).

35) 근로기준법 제23조 제2항은 근로자가 업무상 부상 또는 질병의 요양을 위한 휴업기간과 그 후 30일간 및 산전·산후의 휴업기간과 그 후 30일간은 원칙적으로 해고를 금지하고 있다. 이에 관한 벌칙은 근로기준법 제

한다. 이로 인해 근로계약관계에서 채무불이행에 따른 해지권의 발생 및 행사는 통상의 계속적 계약관계에서의 채무불이행에 따른 해지권의 발생 및 행사와 다른 모습을 보이곤 한다. 즉 민법상 규정되어 있는 계속적 계약관계에서는 쌍방이 해지사유의 발생과 그에 따라 해지권자가 해지권을 행사하는 것이 일반적이지만, 근로계약관계에서 해지분쟁의 대부분은 사용자에 의한 해지가 차지하고 있고, 이 경우에 종료여부 및 종료에 따른 권리의무의 청산에 따른 법률관계가 문제시되어 왔다.

현행 근로기준법에 따르면 사용자는 '정당한 이유'라는 실체적 사유의 존재, 절차적으로 해고예고제도와 해고사유 서면통지의 요건들을 충족해야 하고, 금품청산을 해야 한다. 또한 부당해고의 의심이 있는 경우에는 근로자의 권리구제를 위해, 노동위원회에 대한 구제신청을 정하고 있다. 반면에 근로자는 상대적으로 폭넓은 해지권 행사의 자유와 합의해지의 자유를 향유해 왔다.[36] 이러한 이유로 인해 사용자는 근로자의 의사에 기한 해지인양 위장하려 하기도 했다. 다시 말해 사용자는 계속적 근로계약관계의 부담에서 벗어나고 근로기준법상의 제한도 피하기 위해, 여러 변형된 형태의 근로계약관계의 종료방법을 취하곤 했다. 명예퇴직이나 희망퇴직, 권고사직, 일괄사표의 수리 등을 통해 변형된 형태의 종료들을 볼 수 있다. 이에 법원은 근로자가 행한 사직의 의사표시에 대해서도 그러한 근로계약관계 종료의 의사가 진정한 것인지를 따지게 되었다. 즉 법원은 근로기준법상 해고제한규정의 실효성 제고를 위해 민법의 의사표시규정을 검토하고, 그것이 실질적으로 해고제한규정에 저촉되는지를 다시 따지는 과정을 거치곤 한다.[37] 왜냐하면 근로계약관계를 종료하려는 근로자의 의사가 진의에 기한 자발적인 것이 아닌 한, 역으로 근로자의 사직의 의사나 합의해지의 청약이 사용자 주도로 그의 지배·영향 하에 이루어진 것으로 판단된 때에는 근로자의 사직의 의사표시를 진의 아닌 것으로 보아 무효라고 판단해야 하기 때문이다(제107조 제1항 단서).[38] 이는 실질적으로 근로기준법에서 정하고 있는 사용자에 의한 일방적 해고가 되며, 그러한 근로자의 의사표시에 기한 사용자의 사직서 수리행위는 부당해고에 해당하는 것이 된다. 따라서 현실에서는 위와 같은 사실의 확정과 이와 관련한 법규정의 해석이 중요하게 다루어질 수밖에 없다.

위와 같은 해석태도는 취업규칙이나 단체협약에서 당연퇴직사유를 정하고 있는 경우에도 동일하게 적용될 수 있다. 즉 당연퇴직사유에 해당하는 사실이 발생하더라도, 바로 당연퇴직되

107조에서 정하고 있다. 이 기간 중에는 정당한 이유가 있더라도 근로자를 해고할 수 없고, 즉시해고사유가 있더라도 즉시해고하지 못하며, 해고의 예고도 허용되지 않는다. 김형배, 『노동법』, 681면.

36) 해지권 행사의 경우에는 민법 제660조 제3항에서 정한 기간(기간으로 보수를 정한 때에 상대방이 해지의 통고를 받은 당기후의 일기)이 경과한 때, 합의해지의 경우에는 당사자가 합의한 시점에 근로계약관계는 종료한다.

37) 대법원 2002. 6. 14. 선고 2001두11076 판결 등.

38) 사용자의 강요나 강박 등의 방법으로 사직의 의사 없는 근로자로 하여금 사직서를 제출케 한 경우에도 부당해고로 된다.

는 것으로 볼 것이 아니라, 근로기준법상의 해고제한규정에 저촉되는지를 따져 사용자에 의한 부당해고여부를 밝혀내도록 한다. 이러한 해석태도가 법원이 취하고 있는 바이며, 이에 따르면 해고는 실제 사업장에서 불리는 명칭이나 방법 또는 절차에 관계없이 근로자의 의사에 반하여 이루어지는 모든 근로계약관계의 종료를 의미하게 된다.[39]

근로계약의 해지는 근로자의 입장에서는 자신의 생활유지나 생존의 문제에까지 연결되곤 한다. 그래서 우리나라를 포함한 많은 산업 국가들은 실업급여 등 고용보험 제도를 마련하고 있는 것이다. 이러한 이유로 고용보험을 포함한 사회보장법은 근로자의 귀책사유로 근로계약이 해지된 경우에도 해당 피해지자의 생활유지를 위한 방편을 국가적 차원에서 마련하고 있는 것이다. 이는 근로기준법이 통상의 계약해지와 다른 취급을 하도록 규율하고 있는 이유이기도 하다. 퇴직급여제도도 근로자의 안정적인 노후생활보장이라는 측면과 함께 위와 유사한 취지를 내포한다(근로기준법 제34조 및 근로자퇴직급여 보장법).

2. 채무불이행과 해지권의 제한

이론상 해고는 계약해지제도의 일종이므로, 이러한 점을 강조한다면 종래 법원이 대체로 취해온 징계의 관점에서 탈피하여 규율될 필요도 있다. 그런데 우리나라의 해고제도의 운용현실은 독일 해고법제의 적용과는 달리 근로계약관계의 해방효를 지향하는 데 그치지 않고 제재의 수단으로 활용되어 온 특징이 존재한다.[40] 이는 해고의 사유상 제한으로 '정당한 이유'를 요구하는 것과 관련이 있는 것으로 파악된다. 근로자에게 귀책사유가 존재하는 경우에 이 해고요건의 규명이 용이해지기 때문이다. 따라서 지금까지 법원에서 문제되었던 대부분의 해고분쟁사안들에서, 해고는 근로자의 귀책사유가 분명한 징계해고에 치우치는 경향을 보인다.[41] 이러한 사실은 판례가 사회통념상 고용계속이 기대가능하지 않은 경우를 전제로 하여, 해고의 원인이 근로자의 행태에 기인하고 그 행태로 인해 고용관계를 계속할 수 없을 정도로 근로자에게 책임이 있는지를 따져 정당성 여부를 파악하고 있는 데서 확인할 수 있다.[42]

---

39) 대법원 1993. 10. 26. 선고 92다54210 판결.

40) 김기우, "근로계약법제의 과제와 전망 — 해고법을 중심으로", 『저스티스』 통권 제158-3호(한국법률가대회 특집호Ⅱ), 2017, 280면.

41) 일반적으로 근로자 측의 사유로 인한 해고는 통상해고와 징계해고로 구별된다. 임종률, 『노동법』, 박영사, 2014, 524면. 그런데 통상해고는 단체협약이나 취업규칙에서 정해 놓은 당연퇴직사유와 일치하는 경우가 대부분이다. 이 통상해고를 과거의 일정한 사실에 대한 비난적 기능을 수행하는 징계해고와 대비하여, '향후 발생될 상황에 비중을 두고, 더 이상 근로관계가 지속될 수 없으므로 계약적 의무로부터 벗어나기 위해 행하는 사용자의 해지권 행사'라고 개념화하기도 한다. 권혁, "해고유형론 소고", 『법학연구』 제51권 제1호, 부산대 법학연구소, 2010, 719면 이하. 허나 그러한 개념화를 통해 걸러진 통상해고의 경우에 '정당한 이유'라는 요건을 어떻게 충족시킬 것인지 용이하지 않을 수 있다. 따라서 종래와 같이 근로자의 귀책사유가 전제되는 경우를 징계해고, 그렇지 않은 경우를 통상해고로 봄이 타당하다. 박종희, "현행 해고보호제도의 체계적 이해와 해석에 관한 연구", 『안암법학』 제44호, 안암법학회, 2014, 451면 참고.

42) 대법원 2003. 7. 8. 선고 2001두8018 판결 등.

따라서 사실상 근로계약관계에서의 해지는 단순한 채무불이행 이외에 사실상 그 채무불이행이 근로자의 귀책사유에 기인하여야 함을 말한다. 이는 민법이 통상의 계속적 계약관계에서 해지에 귀책사유를 요구하지 않음에도 법원이 해석상 귀책사유의 존재를 요구하는 것과 상통하는 부분을 만든다. 해지를 함에 귀책사유를 요구하는 이유는 다르지만, 결과적으로 근로계약관계에서나 다른 통상의 계속적 계약관계에서 정당한 해지를 인정받기 위해서는 당사자 일방의 귀책사유를 요구하는 것이 대체적인 법원의 해석태도라 할 수 있기 때문이다. 그런데 통상의 계속적 계약관계에 대한 이러한 해석은 법률에 존재하지 않는 요건을 요구하는 것이어서, 해석의 타당성에 비판이 있어 왔다. 근로계약관계에 대해서도 이러한 해석에 대해 다른 해석의 여지가 있음이 시도되고 있다. 다만 근로계약관계의 경우에는 근로기준법에서 '정당한 이유'라는 실체적 요건을 요구하고 있어서, 종래 법원의 해석과 다른 해석을 시도하는 것이 타당하지 않다는 재반론도 만만치 않다.[43]

근로계약관계도 계속적 계약관계의 일종이므로, 급부하기로 한 노무의 이행이 지체되었다거나 제공하기로 한 노무가 이행불능상태가 된 경우에는 그 계약관계를 해지할 수 있다. 또한 노무의 이행이 불완전하여 이로 말미암아 당초 예정했던 근로계약을 충분히 만족시킬 수 없는 경우에도 그 계약관계를 해지할 수 있다. 이 중 근로자의 노무제공이 이행불능이 된 경우에 해당하는 개별사유들은 대체로 취업규칙이나 단체협약에서 정해 놓은 당연퇴직사유와 일치한다.[44] 이 경우에도 법원은 그 사유의 발생으로 당연히 퇴직하는 것은 아니라고 한다. 통상 해지통고가 이루어지며, 법원은 이와 관련한 분쟁에서 근로기준법에서 정해 놓은 사유인 '정당한 이유'가 존재하는지를 따진다. 그리고 해고의 실질을 가진다면 서면에 의한 통지가 있어야 한다(근로기준법 제27조).

그럼에도 다른 계속적 계약관계와 마찬가지로 근로계약관계의 경우에도 당사자 간 신뢰관계의 파탄 등 계약관계의 존속을 기대하기 어려운 중대한 사유가 있는지를 검토할 필요가 있다. 계약법에서 해지는 기본적으로 계약의 구속력으로부터 해방효를 부여하는 것이기 때문이다. 하지만 앞서 말한 근로계약관계의 특수성을 결합시킨다면, 정당한 이유라는 실체적 해고제한사유를 충족하느냐를 중심으로 해지(해고)권의 발생 및 행사가 이루어지도록 해석하는 것이 타당할 것이다.

---

43) 이에 대해서는 김기우, "근로계약법제의 과제와 전망 — 해고법을 중심으로", 280~293면 참고.

44) 이러한 당연퇴직사유를 예시하면 다음과 같다. (1) 정신 또는 신체장애에 의해 도저히 직무를 수행할 수 없는 자 (의사진단서 및 소견서 제출) 혹은 한정후견, 성년후견 또는 파산선고를 받았을 때, (2) 형사상 소추로 인하여 금고 이상의 형을 확정 받은 자. 단, 교통법규 위반으로 인한 경우는 제외 (음주운전자는 미적용), (3) 정당한 사유 없이 한 무단결근이 ○일 이상을 초과하거나 월간 ○일 이상 결근한 자 (유급휴일 제외), (4) 복직명령을 받고 복직하지 아니하거나 회사 승인 없이 타 직장에 종사한 자, (5) 신원, 경력, 자격 등에 관하여 주요사항을 속이거나 사기 또는 부정한 방법으로 채용되었거나 채용하게 하였을 때 등이다.

V. 결 어

종래 계약관계의 종료와 관련하여 계약당사자 일방의 일회적, 단속적 계약관계에 대한 종료의 의사표시를 해제라고 한 반면, 계속적 계약관계에 대한 종료의 의사표시를 해지라고 하여 구별해 왔다. 계속적 계약관계는 그 급부의 계속성과 반복성으로 인해 신의칙과 사정변경의 원칙의 영향을 강하게 받게 된다. 이러한 계속적 계약관계에 대한 해지에 대해 법무부를 중심으로 2004년과 2013년에 통칙규정의 신설에 관한 본격적 논의가 있었다. 하지만 이때 논의된 내용이 입법으로 실현되지는 못했다.

이러한 계속적 계약관계에 대한 해지는 사회적 보호를 요하는지에 따라 사회적 보호를 필요로 하는 것과 특별한 보호를 요하지 않는 통상의 것으로 구별할 수 있다. 우리나라의 관련 특별법을 중심으로 보면, 전자에 해당하는 민법상 전형계약으로는 고용, 임대차 등을 꼽을 수 있고, 후자에 해당하는 것으로 위임, 임치 등을 들 수 있다. 이러한 이유로 위에서는 전자를 중심으로 살피려 했으며, 이 중에서도 특히 각국의 입법이 사회적 보호가 필요한 대표적 계약유형으로 다루어 온 근로계약에 대해 집중하고자 했다.

계속적 계약 중 근로계약의 해지가 사용자에 의해 행해지는 경우에 각국은 특별한 요건을 요구하고 있는데, 대체적으로 그 요건은 정당한 이유의 존재에 귀일하는 경향을 보인다. 여기서 자세히 다루지는 않았지만 독일이나 일본에서도 사용자에 의한 근로계약의 해지에 대해 이와 같은 제한이 가해지고 있음을 볼 수 있다. '정당한 이유'라는 해고요건은 근로자에게 귀책사유가 있는 경우에 그 요건의 존재를 입증하는 것이 용이해진다. 우리나라 법원에서 다루어진 해고분쟁사안들에서도, 대체로 근로자의 채무불이행이 근로자의 고의, 과실에 기한 것이라는 행태상의 사유가 존재하거나 적어도 질병 등 일신상의 귀책사유가 있는 경우에 정당한 이유의 존재라는 요건이 용이하게 인정되고 있는 것을 볼 때도 그러하다.

일반적인 계속적 계약관계의 종료에 대한 해지는 계약당사자 일방의 타방에 대한 의사표시의 도달만으로 해지의 효력이 발생하도록 되어 있는데, 이 경우에도 종래 법원은 피해지자의 귀책사유의 존재를 구하는 경우가 많았음을 볼 수 있다. 이에 대해서는 앞서 본 바와 같은 유력한 비판이 있어 왔다. 여하튼 법원의 해석을 보면, 근로계약의 해지에도 이러한 귀책사유의 존재를 요구해 왔다. 즉 법원은 통상 근로자 측의 귀책사유가 있는 경우에, 대체로 이를 이유로 사용자에 의한 해고의 정당성을 인정하는 경향을 보였다. 다만 근로계약에 대해서는 정당한 이유의 입증차원에서 행해지는 데 반해, 통상의 계속적 계약관계에서는 법률규정에 없는 귀책사유를 해지의 요건으로 요구한다는 데 차이가 있다.

이러한 사실들을 감안하여 2004년 개정안과 2013년의 개정안을 비교해 본다면, 채무불이행과 신뢰관계의 파탄 등과 같은 그 외의 중대한 사유는 구별될 필요가 있으며, 2013년 개정안에서 규정하고자 했던 통칙규정의 내용이 좀 더 설득력을 갖는다고 할 수 있다. 개정안들이 당시 논의들을 전부 담아낸 것은 아니었겠지만, 필자는 그 동안의 논의들을 토대로 제안된 2013년 개정안을 중심으로 통칙규정이 마련되기를 기대해 본다. 다만 이때에도 근로계약과 같이, 사회적 관점에서 보호의 필요성이 있는 계속적 계약관계의 해지에 대해서는 지금과 같은 별도의 규정을 통해 다루어져야 할 것이다. 따라서 Industry 4.0으로 대변되는 기술의 변화나 급변하는 경제현실 속에서도, 입법 정책적으로 사회적 관점에서 보호가 필요한 계속적 계약관계의 존속보호의 논거와 해지의 기준은 명확히 제시되어야 한다.

참고로 독일에서는 Industry 4.0에 조응하는 Arbeit 4.0을 병행하여 추진함으로써 새로운 경제현실과 체제에 부합하는 미래의 일자리와 노동의 문제를 고민하고 있다고 한다. 이때에도 계속적 계약관계의 해지에 관한 내용은 이러한 논의에 내재될 수밖에 없으며, 고부가가치 노동과 대체가 용이한 노동이 공존하는 현실에서 후자의 경우 그 보존의 수위에 대한 근본적인 검토가 있어야 할 것이다. 또한 이것이 변화하는 경제 및 노동현실에서 사회적 관점의 보호가 요구되는 계속적 계약관계 유형들의 존속과 해지에 있어 민법과 노동법적 측면에서 지속적으로 검토, 보완되어야 할 향후 연구과제일 것이다.

독일매매법상 매수인의 완전물급부청구권 행사시 사용이익반환의 문제점

박 미 영*

Ⅰ. 들어가면서
Ⅱ. 독일매매법상 매수인의 완전물급부청구시 사용이익반환의무
Ⅲ. 사용이익반환의무에 대한 학설의 대립
Ⅳ. 독일연방대법원의 판결
Ⅴ. 결 론

Ⅰ. 들어가면서

현대 시장경제질서 하에 상대방과의 거래에 있어서 그 등가성이 유지된다고 하는 신뢰는 시장을 작동시키는 기초적 동인으로 이해된다. 누구라도 거래를 통해 최대의 이익을 추구하려 하고, 이 때 거래상대방과의 관계에서 손해를 입지는 않을 것이라는, 즉 상대방이 행하는 급부와 자신이 지급하는 대가가 동등한 가치가 있다는 바탕이 없이는 거래 자체가 성립할 수 없기 때문이다. 이러한 신뢰를 보호하기 위해 사회적 제도가 필요함에 따라 우리 민법은 제570조 이하에서 매도인의 담보책임을 자세히 규정하고, 이를 모든 유상계약에 준용하고 있다.

등가성보호의 원리는 매매법상 가장 기본적인 원칙중 하나로, 독일매매법에서도 이를 지키기 위한 규정들을 확인할 수 있다. 특히 2002년도에 실시된 독일채권법현대화법의 내용 중 하나인, 독일민법 제439조에 규정된 매매계약상 하자담보책임의 내용으로서 매수인의 사후이행청구권(Nacherfüllungsanspruch) 행사시의 법률효과를 통해 등가성보호의 원칙이 명확하게 드러난다. 독일민법 제439조 제4항에 의하면, 매수인이 제439조 제1항에 따라 사후이행청구권 행사의 내용으로서 하자없는 물건의 급부를 청구(완전물급부청구권, Nachlieferung 또는 Neulieferung)하였을 때,

* 독일 뮌스턴 대학교 법과대학 박사과정

매수인은 매도인에게 기존에 제공받은 (하자가 발생한) 물건의 반환과 함께 이 물건에서 취한 사용이익을 돌려줘야만 한다.[1] 실제 매도인이 완전물급부를 이행하였을 시 매수인은 완전히 새로운 물건을 얻게되고, 처음 제공받은 물건으로부터 얻은 이익은 하자가 발생한 물건을 반환한다 하여 사라지는 것은 아니다. 따라서 독일의 입법자는 이를 이유로 매수인의 사용이익반환의무가 정당하다고 한다. 그러나 매수인의 사용이익반환의무는 현실적으로 매수인의 권리행사를 방해하는 요인으로 지적되어왔는데, 그 이유는 시간이 지남에 따라 늘어나는 사용이익반환액에 대한 부담은 매수인에게 자신의 권리행사를 주저하게 만들기 때문이다. 게다가 법리적으로 이 사용이익반환의무는 오히려 등가성보호라는 기본원칙에 반한다는 반론이 제기되었다.

독일매매법상의 법리문제와는 별도로, 유럽연합입법지침의 국내법전환과 관련하여 매수인의 사용이익반환의무규정이 소비재매매입법지침(Verbrauchsgüterkaufrichtlinie 1999/44/EG)의 규정과 합치하는지의 여부 또한 논란이 되었다. 우선 소비재매매입법지침 제3조 제2항은 명시적으로 사후이행청구권 행사시의 무상성(Unentgeltlichkeit)을 규정하고 있다. 본 조항의 무상성에 대해 동조 제4항에서 다시 구체적으로 설명하였는데, 즉 판매자는 하자보수(Nachbesserung) 또는 완전물급부(Neulieferung) 시 발생하는 필수비용(notwendige Kosten)을 부담하여야 하며, 이를 소비자에게 청구할 수는 없다. 따라서 논의 중심은 바로 소비재매매입법지침상의 필수비용을 어떻게 해석하여야 할 것인가 이었다. 독일의 입법자는 완전물급부 시 발생하는 필수비용에 매수인이 본 청구권 행사시 반환하여야 할 이익, 즉 독일민법 제100조에 규정된 사용이익(Gebrauchsvorteil)은 해당하지 않는다고 보았다. 모든 유럽연합의 회원국은 입법지침에 합치되게 그 규정들을 국내법으로 전환하여야 할 의무를 진다. 따라서 국내법의 규정이 본 의무를 위반하였는지가 의심되는 상황 하에서는, 입법지침에 합치하도록 법률의 재해석(richtlinienkonforme Rechtsfortbildung)을 통해 다른 결과를 이끌어 내야 하는지 혹은 입법자의 의지를 이유로 입법지침에 반할 수도 있는 규정을 계속 적용하여야 하는지가 문제가 된다. 이러한 배경을 가지고 독일연방대법원(BGH)은 제439조 제4항의 매수인의 완전물급부청구권 행사시 사용이익반환의무가 입법지침규정과 합치하는지의 여부를 유럽연합재판소(EuGH)에 심판청구하였고, 이후 본 재판소는 매수인의 사용이익반환의무는 소비재매매입법지침 상의 무상성에 반한다는 결정을 내림으로써, 독일채권법현대화법의 제정 이후 오랜 시간 동안 논란이 되었던 독일매매법상의 문제는 일단락이 되었다.[2] 그러나 본 결정의 대상은 소비재매매에 한정되고, 결정이 있기 바로 직전에 행해진 관련규정의 개정 또한 그 범위에 한해서 이루어졌기 때문에,[3] 그 외의 일반매매법의 영역에서 매수인의 사용이

---

1) 독일민법의 원문은 이러하다: “(4) Liefert der Verkäufer zum Zwecke der Nacherfüllung eine mangelfreie Sache, so kann er vom Käufer Rückgewähr der mangelhaften Sache nach Maßgabe der §§ 346 bis 348 verlangen.”

2) BGH, Urteil vom 26.11.2008 – VIII ZR 200/05.

3) BT–Drucks. 16/10607 vom 15.10.2008.

익반환의 문제는 계속해서 불분명하게 남게 되었다.

우리 민법에서는 종류물매매와 관련하여 제581조 제2항에서 사후이행청구권의 하나인 완전물급부청구권을 규정하고 있다. 그러나 그 체계적 지위의 문제, 행사의 요건 및 한계 그리고 효과 등에 대해서는 구체적 논의가 매우 부족하다. 우리 민법의 개정론으로서 매수인에게 일반적인 완전물급부청구권을 인정한다든가, 또는 하자담보책임의 내용으로 (독일민법의 경우처럼) 완전물급부청구권과 더불어 하자제거청구권까지 포함한 사후이행청구권을 인정하자는 견해[4]도 나타나고 있는 시점에서 상세한 논의의 필요성은 더욱 대두된다. 특히 최근의 판결[5]을 통해 종류물매매에서의 완전물급부청구권의 행사요건 등이 구체적으로 설시되는 등 현실적으로 본 완전물급부청구권에 대한 이론적 고찰을 더 이상 미룰 수는 없다 할 것이다.

본고는 이러한 문제의식 아래에 매수인이 완전물급부를 청구하였을 시 효과의 측면에서 원래 제공된 하자있는 물건의 반환과 더불어 사용이익 또한 반환하는 것이 필요한가에 대해 독일매매법 상의 예를 들어 고찰해 보고자 한다. 독일민법상 매수인의 사용이익반환의무는 완전물급부청구권 행사시에 한정하여 존재하기 때문에 우리 민법과의 비교에 있어서 유의미하다고 생각한다. 하자담보책임의 내용 중 하나로서 사후이행청구권에 대한 일반론은 본고에서는 대상으로 하지 않으며 기존의 논의들로 갈음하고자 한다.[6]

Ⅱ. 독일매매법상 매수인의 완전물급부청구시 사용이익반환의무

독일민법 제437조 제1호에 따르면 매수인은 급부된 물건에 하자가 있는 경우 사후이행청구권(Nacherfüllung)을 행사할 수 있다. 이 때 매수인은 독일민법 제439조 제1항에 의해 사후이행청구권 행사의 내용으로서 하자보수(Mängelbeseitigung)와 완전물급부(Neulieferung) 중 하나를 선택할 수 있다. 독일민법상 다른 하자담보책임을 묻기 위해서는 사후이행청구를 위한 기간설정이 요구되기 때문에(독일민법 제440조, 제441조), 사후이행청구권은 독일민법상 하자담보책임 중 가장 우선적인 권리(das primäre Mängelrecht)라고 이해되어진다. 결국 매수인이 다른 하자담보책임을 묻기 위해서는 사후이행청구권 행사가 불가능하거나, 매도인의 이행거절이 허용되는 경우이어야만 한다. 사후이행청구권은 매도인에게도 이익이 되는데, 그가 매매계약에 따른 급부를 제대로 이행하지 않았음에도 불구하고 다시 이행할 수 있는 기회가 제공되기 때문이다(두번째 이행의 권리, 이른바 Recht zur 2. Andienung).[7] 제거 또는 보수할 수 없는 하자의 경우에는 완전물급부청구만

4) 대표적으로 김대정, "매도인의 담보책임에 관한 민법규정의 개정을 위한 일제언", 「민사법학」 제49-1호(2010), 246면 이하 및 315면 이하.

5) 대법원 2014. 5. 16. 선고 2012다72582 판결.

6) 대표적으로 김봉수, "물건의 하자에 대한 매수인의 추완청구권", 고려대학교 대학원 법학과 박사학위논문, 2009; 신차매매와 관련하여서는 안병하, "매수인의 사후이행청구권(Nacherfüllungsanspruch) — 독일민법상 자동차 매도인의 하자담보책임을 중심으로 —, 「한양법학」 제24권 제3집 통권 제43집(2013. 8), 547면.

이 가능한데, 독일민법 제439조 제4항에 의하여 그 행사에 있어서는 제346조에서 제348조까지의 해제권 행사에 관한 규정에 따라 내용이 정하여진다.

1. 사실관계

본 문제가 본격적으로 부각이 된 것은 이른바 “Quelle(독일의 온라인쇼핑몰 명칭)” 사건이라고 불리는 소비재매매에 있어서 완전물급부청구시 소비자의 사용이익반환문제가 법정에서 다투어졌기 때문이다. 구체적인 사실관계는 다음과 같다.

“매수인은 2002년 여름 한 온라인쇼핑몰을 통해서 전기레인지오븐세트를 524.90유로에 구입하였고 이 상품은 2002년 8월에 배송되었다. 2004년 1월, 매수인은 오븐 내의 도색이 벗겨졌음을 확인하였고 당시 물건의 수선이 불가능했었기 때문에 쇼핑몰에 대해 완전물급부청구권을 행사하였다. 온라인 쇼핑몰은 계약에 따라 새 물건을 2004년 1월에 배송하였고 매수인에게 사용이익으로서 119.97유로(이후 67.86유로로 감액됨)를 반환할 것을 청구하였다. 매수인은 처음에는 온라인쇼핑몰에 이 금액을 지불하였으나, 이후 이 지불한 금액의 반환소송을 위해 소비자단체에 자신의 권리를 위임하였다.”

2. 독일매매법상 관련 규정

독일민법 제439조 제4항에 의하면 매도인은 사후이행청구권 행사의 내용으로서 매수인에게 완전물을 급부할 때에, 독일민법 제346조부터 제348조까지의 규정에 따라 기존의 하자있는 물건의 반환을 청구할 수 있다. 제439조 제4항은 단지 준용규정에 따라 반환을 청구할 수 있다(“Rückgewähr … nach Maßgabe der §§ 346 bis 348”)고만 정하고 있기 때문에, 이를 통해서는 준용규정 내용의 전체를 적용한다는 것인지 혹은 단지 이 준용규정에서 하자있는 물건의 반환에 관한 개별내용들만 적용한다는 것인지의 여부가 불분명하다. 입법이유서에 따르면, 우선 사후이행청구권의 내용으로서 매수인이 완전물급부청구권을 행사하였을 때, 매도인의 하자있는 물건의 반환청구를 위한 법적 근거가 필요하였음을 명확하게 언급하고 있다.[8] 구 독일민법(독일채권법현대화법 이전의) 상 종류물매매에 있어서 매수인의 완전물급부청구권 행사의 내용이 약정해제(Wandelung)의 규정[9]에 따라 정하여졌었기 때문에,[10] 매도인에게 독일채권법현대화법으로 인해 약정해제에 관한 규정이 삭제된 현행법상으론 해제권의 규정에 따른 반환청구권이 인정되어야 한다고 보았다. 따라서 기존의 하자있는 물건의 반환 시, 매수인은 제346조 제1항[11]에 따라 용익(Nutzungen), 즉 독

7) BT−Drucks. 14/6040, S. 89, 220; *Bruns*, NZV 2006, 640.

8) BT−Drucks. 14/6040, S. 232.

9) § 480 Abs. 1 S. 2 BGB a.F. i.V.m. § 467 S. 1 BGB a.F.

10) BT−Drucks. 14/6040, S. 232.

11) 해제의 효과에 관한 일반규정으로서 본 조항에 따라 해제권 행사시 이행된 급부와 그로 인해 얻은 이익은 반환되어야 한다. 독일민법의 원문은 이러하다: „(1) Hat sich eine Vertragspartei vertraglich den Rücktritt

일민법 제100조에 규정된 사용이익(Gebrauchsvorteil)을 반환하여야만 한다. 독일의 입법자는 이 규정의 정당성에 대해 다음과 같이 설명하고 있다: “매수인은 완전물급부청구권의 행사를 통해 완전히 새로운 물건을 제공받게 된다. 따라서 매수인은 돌려줘야만 하는 물건을 반환 이전에 무상으로 사용한 것으로 볼 수 있고, 이러한 부당한 이익이 하자로부터 도출되는 결과가 되어서는 안된다고 할 것이다.”[12]

소비재매매입법지침과 관련하여 독일의 입법자는 독일민법 제439조 제2항과의 관계를 고려하여 매수인의 사용이익반환의무규정은 입법지침과 합치된다고 평가하였다. 제439조 제2항이 바로 소비재매매입법지침 제3조 제4항에 규정된 판매자의 하자보수 또는 완전물급부 시 발생하는 비용의 부담을 전환한 규정이기 때문이다.[13] 즉, 계약내용에 일치하는 상태는 완전물급부청구권 행사시에는 바로 새 물건으로의 재이행을 통해 완성이 된다. 이 과정에서 발생하는 비용은 당연히 매도인이 부담해야하는 것이지만, 매수인이 반환해야 하는 사용이익이 이 비용(Kosten)에 해당한다고 볼 수 없다. 또한 이 사용이익을 반환하는 것이 계약내용에 일치하는 상태를 완성하는데 더 적합하다고 보았다. 즉, “물건에 하자가 없었다면 매수인은 구매한 물건을 계속 사용함으로써 무상으로 사용한 것이 아니게 된다. 여기서 통상적인 사용으로 인해 물건이 소모되는 것은 매수인에게 당연히 자신의 부담으로 지워야 하는 것이다.”[14] 그럼에도 불구하고 완전물급부를 통해 물건이 소모되는 것의 부담을 매수인이 지지 않게 되는 것은 불합리 하다는 것이다.

이러한 입법자의 견해에 따라 독일민법 제439조 제4항에 의한 매도인의 반환청구권은 제346조 제1항에 의거하여 하자있는 물건의 반환뿐만 아니라 매수인이 그간 얻은 사용이익도 포함하게 된다. 만약 사용이익의 반환이 불가능하다면, 매도인은 제346조 제2항과 제3항에 의하여 가치전보배상(Wertersatz)과 제346조 제4항에 의하여 손해배상(Schadensersatz)을 청구할 수 있다.[15]

Ⅲ. 사용이익반환의무에 대한 학설의 대립

매수인의 사용이익반환의무에 대한 모든 논의 중심에는 해제권에 대한 제346조에서 제348조까지의 준용을 어떻게 해석해야 할 것인가가 문제된다. 이 논의에 있어서는 목적론적 해석방법에 의한 접근이 필요하며, 그에 따라 매수인의 사용이익반환의무의 가부를 검토해야 할 것이다.

---

vorbehalten oder steht ihr ein gesetzliches Rücktrittsrecht zu, so sind im Falle des Rücktritts die empfan-genen Leistungen zurückzugewähren und die gezogenen Nutzungen herauszugeben.“

12) BT-Drucks. 14/6040, S. 232 f.

13) 독일민법의 원문은 이러하다: „(2) Der Verkäufer hat die zum Zwecke der Nacherfüllung erforderlichen Aufwendungen, insbesondere Transport-, Wege-, Arbeits- und Materialkosten zu tragen.“

14) Vgl. BT-Drucks. 14/6040, S. 233.

15) *Jacobs*, in: Dauner-Lieb/Konzen/Schmidt (Hrsg.), Das neue Schuldrecht, S. 392.

1. 사용이익반환의 필요성을 인정하는 입장

1) 하자있는 물건의 무상사용의 부당성

사용이익반환의무를 긍정하는 견해는 기본적으로 입법이유서에서의 논거에 기초하고 있다. 위에서 언급한 매수인의 사용이익반환의무에 대한 독일입법자의 기본태도는 그동안 독일의 문헌 안에서 매우 광범위하고 무비판적으로 긍정되어 왔다.[16] 또한 본 반환의무를 긍정하는 입장에서는 독일민법 제439조 제4항은 구 독일민법 제480조 제1항 제2문의 종류물매매에 있어서 완전물급부시 사용이익의 반환의무를 수정, 보완한 규정으로 이해하고 있기 때문이다.

매수인이 이미 지불한 매매대금과 급부된 물건 사이의 대가성을 생각해보면, 하자있는 물건을 사용함으로써 얻은 이익은 이 대금으로는 치환이 될 수 없다. 왜냐하면 매수인은 계약에 따라 (첫 번째) 이행 당시 계약의 목적물인 물건에 대한 하나의 급부청구권만을 가지고 있음에도 불구하고 완전물급부청구에 의해 또다시 다른 물건을 얻게 되기 때문이다.[17] 따라서 매도인의 이행지체와 유사한 상황에서, 매수인의 하자있는 물건으로부터 얻은 사용이익으로 인해 완전물급부를 통해 얻는 물건, 즉 원래 급부되었어야 할 계약내용에 일치하는 상태를 훨씬 넘어버리게 되는 것이다. 이를 지연손해배상의 내용으로 할 수도 없는 것이, 손해배상법에 의하면 오직 매도인의 귀책사유가 있을 경우에만 지연손해가 배상되어질 수 있다.[18]

또한 사용이익반환의무는 두 종류의 사후이행청구권을 동일하게 다뤄야 한다는 점에서 정당화 될 수 있다고 한다. 독일민법 제439조 제1항에 의한 매수인의 사후이행방법의 선택권을 고려한다면 하자있는 물건을 사용함으로써 얻은 이익은 매수인에게 무제한으로 주어질 수 없는 것이다. 매도인이 하자있는 물건에 대한 보수청구권(Nachbesserung)을 행사하게 되면, 매수인은 지금까지의 사용으로 인한 가치감소를 매도인에게 이전할 수 없게 된다.[19] 이와 반대로 매수인이 완전물급부청구권(Neulieferung)을 행사하게 된다면, 가치감소의 위험은 물건의 반환과 더불어 매도인에게 이전된다. 사용이익반환의무가 인정되지 않는다면, 매수인은 자신의 선택권에 근거하여 사용으로 인한 물건의 가치감소를 매도인에게 이전할지의 여부를 결정할 수 있게 된다. 이러한 두 종류의 사후이행청구권 사이의 불공평한 취급을 피하기 위해서 독일의 입법자는 사용이익반환의무를 매수인에게 부여한 것이다.[20]

---

16) *Buck*, in: Westermann (Hrsg.), Das Schuldrecht 2002, S. 138 f.; *Huber*, in: Huber/Faust, Schuldrechtsmodernisierung, § 13 Rn. 55 f.; *Jacobs*, in: Dauner－Lieb/Konzen/Schmidt (Hrsg.), Das neue Schuldrehts, S. 393; BeckOK/*Faust*, § 439 BGB Rn. 33 f.; Erman/*Grunewald*, § 439 BGB Rn. 19; MünchKomm/*Westermann*, § 439 BGB Rn. 19 f.; Oetker/*Maultzsch*, § 2 Rn. 229; *Bruns*, NZV 2006, 640; *Fest*, NJW 2005, 2959; *Westermann*, NJW 2002, 249.

17) *Fest*, NJW 2005, 2961.

18) Oetker/*Maultzsch*, § 2 Rn. 231.

19) 이미 조문상 사용이익반환의무는 매수인의 완전물급부청구권 행사에 한하여 존재한다. 앞의 각주 1) 참고.

20) *Fest*, NJW 2005, 2960.

2) 매수인의 권리남용의 위험성

경미한 하자의 경우에 매수인은 하자있는 물건을 우선 계속하여 사용할 수 있게 된다. 그리고 담보책임기간이 종료하기 바로 직전에서야 완전물급부청구권을 행사 할 수 있는데, 왜냐하면 매수인은 그간 사용했던 물건을 새 물건으로 '교환'하길 원하기 때문이다. 이와 같은 권리남용은 허용되지 않으며, 따라서 반드시 매수인은 매도인에게 사용이익을 반환하게 하여야 한다.[21)]

2. 사용이익반환의 부당성을 주장하는 입장

매수인의 사용이익반환의무에 대해 현실적으로 그 공정성이 의심받기 시작하면서부터 기존의 지배적 학설이었던 긍정설의 지위가 흔들리게 되었다. 이 반환의무에 반대하는 견해는 입법자가 여러 법적 착오에 빠져있음을 지적하고,[22)] 특히 매매법상 사후이행청구권과 해제권의 관계를 고려하여 제439조 제4항의 의의와 목적을 제한적으로 해석하는 것이 필요하다고 말하고 있다.

1) 허용되지 않는 쌍무계약관계의 침해로서의 사용이익반환의무

처음부터 독일민법 제439조 제4항의 해제권 규정에 대한 준용방식이 문제가 되는데, 그 이유는 사후이행청구권 행사시의 경제적 그리고 법적 교환관계는 일방적인데 반해 해제권의 행사시에는 쌍방의 청산관계가 요구되어지기 때문이다. 따라서 해제권 규정을 준용하는데는 별도의 변형이 필요하게 된다.[23)]

a) 긍정설에서의 계약이행 시점의 연기에 대한 비판 — 독일민법 제446조 제2문과의 관계에서의 문제점

여기서 다시 한번 입법의 출발점을 이야기하자면 다음과 같다:

"매수인은 완전물급부 이전에 하자있는 물건을 무상으로 사용한 것이 되어서는 안되고 이미 지불한 상품의 대금은 물건의 반환 전까지 얻은 사용이익의 대가(Entgelt)로 보기에는 어렵다. 따라서 완전물급부는 이론적으로 매매계약에 따른 (확정적인) 의무의 이행이라고 설명되어져야 할 것이다."[24)]

그러나 이 관점은 독일민법 제446조 제2문의 기본가치에 반한다. 본 조항에 따르면 사용이익(Nutzungen)은 물건이 넘겨진 시점부터 명백하게 매수인에게 귀속된다.[25)] 이 이익귀속의 정당

---

21) *Buck*, in: Westermann (Hrsg.), Das Schuldrecht 2002, S. 139.

22) AnwK/*Büdenbender*, § 439 BGB Rn. 43; *Ball*, NZV 2004, 221 f.; *Kohler*, ZGS 2004, 53, *Rott*, BB 2004, 2479; *Schulze/Ebers*, JuS 2004, 369; *Wagner/Michal*, ZGS 2005, 371; *Woitkewitsch*, VuR 2005, 5.

23) *Kohler*, ZGS 2004, 49.

24) Vgl. MunckKomm/*Westermann*, § 439 BGB Rn. 2; *Fest*, NJW 2005, 2961.

25) 독일민법의 원문은 이러하다: „Von der Übergabe an gebühren dem Käufer die Nutzungen und trägt er die Lasten der Sache."; *Woitkewitsch*, VuR 2005, 3; a. A. *Tonner/Echtermeyer*, in: Kohte/Micklitz/Rott/Tonner/

성은 이후에도 정당한 사유 없이 제거되어서는 안 된다.26) 매수인은 계약의 체결과 함께 당연히 물건의 인수 후 통상적인 사용연한까지 그 사용이익을 취할 것을 예상하게 된다. 이는 계약상 당연히 인정되는 것이다. 이후의 완전물급부는 단지 사후이행(Nacherfüllung)에 지나지 않는다.27) 그러나 사용이익반환의무을 부담하는 완전물급부청구권은 앞서 언급한 제446조의 기본방향과 비교하여 볼 때 위험의 이전시점을 뒤로 미루는 것이 아니라 계약의 체결시점을 뒤로 미루게 한다.28) 이렇게 해석할 경우 특히 시장에서의 수명이 짧은 상품의 경우에는 계약체결시점의 지연과 그로 발생하는 불합리함이 명확하게 드러난다. 예를 들면, 스마트폰의 경우 2016년 2월에는 100유로에 제공되었던 것이 바로 1년 뒤에는 그 절반인 50유로에 구입할 수 있을 정도로 시장에서의 가치가 매우 빠르게 변화한다. 매수인이 1년 전에 처음 스마트폰을 구입한 뒤 지금 다시 동일 물건을 구입하려 한다면, 결코 새로운 계약을 자신이 처음에 구입했던 당시의 조건 그대로, 즉 동일금액으로 체결하지는 않을 것이다. 그러나 완전물급부청구권을 행사하게 된다면, 매수인은 처음 계약시의 매매대금에 대해 계속 구속되기 때문에, 이 매매대금에 기초해 산정된 사용이익의 반환의무를 통해서 경제적으로 2017년 2월에 다시 스마트폰을 100유로에 사게 되는 것과 동일한 결과가 된다. 완전물급부청구권 행사시로 계약체결시점이 지연된다고 보는 한, 같은 시기에 동일 물건을 재구매하는 경우와 마찬가지로 완전한 새 물건의 제공을 통해 계약이 완성되지만 그에 대한 가치평가는 너무나 확연하게 달라진다.

b) 하자있는 물건을 급부한 매도인의 불합리한 우위

매도인이 완전물급부청구권을 행사하는 매수인에 비하여 불합리한 우위를 점하고 있다는 점은 매우 명확한데, 그 이유는 바로 하자있는 급부를 받은 매수인은 이미 그것을 위해 대금을 지불했기 때문이다.29) 만약 계약의 체결과 이행을 위한 기준시점을 완전물을 급부했을 시점으로 이해하게 된다면, 매수인은 매매대금을 미리 지급한 것이 되어 불공정한 이익획득이 발생하게 된다.30) 엄격한 해제권 상의 사용이익반환의무는 오직 타방 당사자의 대금반환과 동시에 그 대금으로부터 얻게 되는 이자를 상환함으로써 정당화 될 수 있다.31)

비록 입법이유서에서는 사용이익반환에 대한 매도인의 이해관계를 명시적으로 인정하고 있다 해도, 제439조 제4항의 기반이 된 구 독일민법에서의 매수인의 완전물급부청구권은 다음과 같이 이해된다:

구 독일민법 제480조 제1항 제1문은 매수인에게 약정해제(Wandelung)를 갈음하여 완전물급

Willingmann, Das neue Schuldrecht, § 439 BGB Rn. 21.

26) AnwK/*Büdenbender*, § 439 BGB Rn. 43.

27) *Gsell*, NJW 2003, 1970 f.; *Woitkewitsch*, VuR 2005, 3.

28) *Gsell*, NJW 2003, 1970; *Herrler/Tomasic*, ZGS 2007, 210; *Muthorst*, ZGS 2006, 94.

29) *Kohler*, ZGS 2004, 49.

30) *Grohmann/Gruschinske*, VuR 2007, 13.

31) *Kohler*, ZGS 2004, 49; *Woitkewitsch*, VuR 2005, 2.

부청구권을 인정한다. 본조항 제2문은 완전물급부청구권의 행사에 대해 다른 특별한 언급없이 약정해제에 적용되는 제467조 제1문을 준용하며, 제467조 제1문은 다시 일반적으로 해제권에 적용되는 제346조 이하의 규정을 준용한다. 결국 구 독일민법에 의하면 경우에 따라 매수인 뿐만 아니라 매도인도 사용이익반환의 의무를 지게 된다.[32]

그러나 현재 독일민법 제439조 제4항은 매도인의 이익을 위한 일방적인 특수규정이고,[33] 게다가 제280조 제1항과 제2항 그리고 제286조에 의해 발생하는 매수인의 지연배상청구권은 완전물급부청구시 (이행지체가 발생한 것이 아니므로) 행사할 수 없다.[34]

더 나아가, 유통단계에서 매도인은 그의 하자있는 급부제공으로 인해 추가로 이익을 얻을 수 있다. 반환되어야 하는 사용이익은 매매물건의 일률적인 가치손실을 추정하기 위해 일반적 수명(사용연한) 대비 사용된 기간으로 계산되어진다.[35] 이에 따라 반환되어야 할 액수는 (매도인의 판매이익이 포함되어 있는) 매매대금을 기준으로 정해진다. 예를 들면, 스마트폰의 최종판매자가 2년의 일반적 사용연한을 가지고 있는 스마트폰을 50유로에 중간판매자로부터 매입하고 다시 최종소비자에게 100유로의 가격으로 스마트폰을 판매한다. 최종소비자가 물건의 하자를 이유로 매매후 일년내에 새로운 스마트폰으로 완전물급부를 청구하였다면, 최종소비자는 사용기간에 따른 가치손실인 50유로를 사용이익으로 최종판매자에게 돌려주어야 한다. 최종판매자는 자신에게 물건을 제공한 중간판매자에게 완전물급부를 청구하면서 사용이익반환으로 단지 25유로(즉, 처음 물건을 매입했을 당시의 금액 50유로를 기준으로 계산된)를 지불하고 다시 새 물건을 가지게 된다. 결국 최종판매자는 완전물급부청구권에 묶인 사용이익반환의무에 의해 추가적으로 25유로의 이익을 얻게 된다. 이러한 결과는 처음부터 매매계약에서 예정하고 있던 것이 아니다. 매수인의 사용이익반환의무는 결국 계약법적 관점에 의하면 하자있는 물건을 급부한 매도인에게 불공정하게도 더 나은 지위를 부여하게 되는 것이다.[36]

2) 사후이행청구권 사이의 가치모순의 문제

사후이행청구권 행사에 있어서 매수인은 하자제거청구권(Nachbesserung)과 완전물급부청구권(Neulieferung) 둘 중 하나를 선택하여 행사할 수 있음에도 불구하고, 독일민법 제439조 제4항은 단지 완전물급부청구권 행사시로 한정하고 있는 데에서 오는 가치모순의 문제점이 있다.[37] 물건의 일부분에 하자가 발생한 경우, 매도인은 그 부분의 수선을 하거나 또는 다른 부속으로 교체를 할 수 있다.[38] 매수인의 입장에서는 물건의 중요부분의 교환을 통해서도 가치개선의 이

32) Palandt/*Putzo*, 58. Aufl., §480 BGB Rn. 7 und §467 BGB Rn. 13, 16.

33) *Kobler*, ZGS 2004, 49; *Woitkewitsch*, VuR 2005, 2.

34) *Woitkewitsch*, VuR 2005, 2.

35) *Herrler/Tomasic*, ZGS 2007, 210.

36) *Herrler/Tomasic*, ZGS 2007, 210; *Woitkewitsch*, VuR 2005, 2.

37) *Bruns*, NZV 2006, 642; *Grohmann/Gruschinske*, VuR 2007, 13.

익을 얻을 수 있다. 예를 들면, 매수인이 하자담보책임기간이 끝나기 바로 직전에 자신의 자동차의 모터에 수리할 수 없는 하자가 있음을 발견하고, 새로운 모터로 교체하는 방법으로 하자제거(Nachbesserung)가 이루어진 경우는 매수인은 지금까지 얻은 사용이익의 반환의무를 지지 않는다. 가치의 개선과 연장되는 자동차의 수명은 여기에서도 강제적으로 발생한다. 이와 반대로 매수인이 완전물급부를 청구하게 된다면, 매수인은 반드시 거의 2년에 가까운 기간의 사용으로 발생한 사용이익을 반환하여야만 한다. 두 사후이행청구권의 행사에 왜 이런 차이를 보여야만 하는지는 명확하게 설명되고 있지 않다.[39] 두 종류의 사후이행청구권은 단순히 사후이행을 위한 방법의 차이이며 사후이행의 목적에 기여할 뿐인 것으로 이해할 수 있다.[40] 결국 매수인의 사용이익반환의무는 동일한 사후이행청구권이자 단순한 방법의 차이뿐인 하자제거청구권과 완전물급부청구권 사이의 부당한 차별을 만들 뿐이다.[41]

3) 소 결

매매계약상 완전물급부의 경우에 계약의 완전한 청산을 위한 사용이익반환규정을 적용하는 것은 법리적으로 하자가 있으며, 그 입법이유에도 불구하고 결과적으론 설득력을 갖지 못한다.[42] 제446조 제2문에 의하여 매수인은 이미 넘겨진 물건의 사용이익을 향유할 수 있음에도 독일의 입법자는 이를 간과한 것으로 보여진다. 계약을 신뢰한 매수인이 자신의 사용이익을 제대로 계약을 이행하지 않은 매도인으로 인해 잃어버려야만 하는가에 대해, 입법이유서는 설명하지 않고 있다. 게다가 해제권에 대한 제346조 이하의 규정들은 하자담보책임법상 완전물급부청구권 행사시 사용이익반환의무를 인정하는데 있어 완전히 적합하다고 말하기 어렵다.[43]

처음에 언급된 사례를 통해서도 두 사후이행청구권 사이의 가치모순을 확인할 수 있다. 만약 일체의 부엌조리시스템이 매매의 대상이 된 경우라면, 그에 부착되어 있었던 수리가 불가능한 하자있는 레인지의 교체는 하자보수(Nachbesserung)의 대상이 된다. 이와 비교하여 전체 부엌조리시스템의 완성을 목적으로 하지만 구성품들이 각각 매매가 된 경우에는, 하자있는 레인지의 교체를 위해서는 사용이익반환의무에 묶인 완전물급부청구권을 행사하여야 하는데, 실제 두 사례에서 매수인의 지위는 동일하다.[44] 매수인의 사용이익반환의무는 거래의 대상이 어떻게 정해지는지, 특히 그것이 개별적 판매인지 혹은 집합물로 판매되는지의 여부에 따라 좌우되면 안

---

38) *Beck*, JR 2006, 179; *Rott*, BB 2004, 2479.
39) *Grohmann/Gruschinske*, VuR 2007, 14; auch *Beck*, JR 2006, 179.
40) *Beck*, JR 2006, 179.
41) *Grohmann/Gruschinske*, VuR 2007, 14.
42) *Beck*, JR 2006, 178 ff.; *Grohmann/Gruschinske*, VuR 2007, 13; *Gsell*, JuS 2006, 204; *Wagner/Michal*, ZGS 2005, 372.
43) *Wagner/Michal*, ZGS 2005, 371.
44) *Beck*, JR 2006, 179; *Herrler/Tomasic*, ZGS 2007, 211.

된다.[45] 뿐만 아니라 극단적이라 할 수 있는 권리남용의 상황을 가정하면 안 된다. 매수인은 하자담보책임기간의 마지막 순간까지 이를 사용할 권리가 있다. 그가 하자에도 불구하고 그 경미함을 적극적으로 이용하려고 한다는 것은 단지 극단적 가정에 불과할 뿐이다. 매도인은 또한 제439조 제3항에 의해 완전물급부가 과도한 비용을 필요로 할 경우에는 이를 거부할 수 있기 때문에, 이 조항을 통해 충분히 매수인의 권리남용을 방지할 수 있다.[46]

따라서 매수인은 완전물급부청구권 행사시 사용이익의 반환의무를 져서는 안 된다. 제439조 제4항의 해제권에 대한 제346조에서 제348조까지의 준용은 그에 따라 목적론적으로 축소해석 하여야 하며, 매도인의 반환청구권은 하자있는 물건의 반환에 한정하여야 한다.

Ⅳ. 독일연방대법원의 판결

처음에 살펴본 사례에서 확인하였듯이, 완전물급부시 사용이익반환에 대한 문제는 결국 법원에서 다투어 졌다. 하급법원에서는 우선 완전물급부청구권 행사시 매수인의 사용이익반환의무를 인정하지 않았다.

1. 하급심에서의 판단

1) 판 결

Nürnberg-Fürth의 지방법원[47]은 본 사례에서 조문의 표현과 하자담보책임법의 목적을 이유로 매수인의 사용이익반환의무를 부정했다. 해당 조문에는 명시적으로 하자있는 물건의 반환만을 언급하고 있기 때문에, 제346조에서 제348조까지의 준용을 통해 물건의 반환을 이유로 당연히 사용이익의 반환의무까지 인정하는 것은 아니라고 한다. 매수인의 사용이익반환을 하자있는 물건의 소모에서 도출시키는 한 반환의무를 부정하는 것은 정당하다고 판단한다. 왜냐하면 소모된 물건의 배상과 사용으로 얻은 이익의 반환 사이에는 명백히 차이점이 존재하기 때문이다.[48] 해당 조문에서는 사용이익반환에 대한 관련성뿐만 아니라 물건의 소모에 따른 배상청구의 이유도 존재하지 않는다. 법원은 사용이익반환의무를 인정하려면 입법자는 관련 문구의 삽입을 통해 해결할 수 있었을 것이라고 판단한다. 또한 본 법원은 제446조의 규정을 반환의무를 부정하는 논거로 원용한다. 이 조문에 의하면 사용이익은 물건의 인도시부터 매수인에게 귀속되어진다. 따라서 매도인의 불완전이행시에도 사용이익은 제446조에서 정하는 바에 따라 특별한 사정이 없는 한 매수인에게 귀속된다. 이와 함께 해제권과 완전물급부청구권 사이의 서로

---

45) *Herrler/Tomasic*, ZGS 2007, 211.

46) Vgl. MünchKomm/*Westermann*, §439 BGB Rn. 22 ff.; *Bruns*, NZV 2006, 641.

47) LG Nürnberg-Fürth NJW 2005, 2558.

48) LG Nürnberg-Fürth NJW 2005, 2558, 2560.

다른 이해관계가 고려되어야 한다. 따라서 완전물급부청구시 무제한이 아닌, 오직 하자있는 물건의 반환에 한정하여 해제권 규정을 준용하는 것이 타당하다고 한다.[49)]

Nürnberg 고등법원[50)] 또한 결과뿐만 아니라 그 이유에서도 원심하급법원의 판결내용을 모두 인용했으며 매도인에게 반환된 사용이익을 다시 매수인에게 돌려줄 것을 명령했다. 게다가 본 법원은 입법이유서의 입법자의 의지는 조문해석에 절대적이지 않음을 근거로, 제439조 제4항의 입법이유를 설득력이 없다고 평가했다. 독일의 입법자가 하자없는 이행의 경우와 매수인의 하자담보권행사를 통해 제거된 하자있는 이행의 경우를 비교하여 매수인의 사용이익반환의무의 정당성 근거로 제시한 것에 대해 재고할 것을 요구한다. 그 대신 동일한 하자있는 물건의 급부라는 조건하에서의 독일민법 제437조 제1호에 따른 하자담보책임법의 내용인 완전물급부청구권과 제437조 제2호의 해제권을 비교해야 올바를 것이다. 이를 통해 해제로부터 나오는 모든 법률효과를 완전물급부의 경우에도 적용가능한지의 여부를 확인할 수 있다. 본 법원은 해제권의 행사시에는 매도인의 상황이 완전물급부의 경우와 비교하여 확실히 유리하지 않다고 한다. 해제권의 행사시에는 기존의 매매계약관계는 청산관계로 전환되고 매도인 또한 매매대금을 돌려줘야한다. 단지 반환되는 매매대금은 매수인이 반환하여야 하는 사용이익 만큼 삭감될 수 있을 뿐이다. 그러나 완전물급부의 경우에는 매도인에게 매매대금이 완전히 남아있고 따라서 그에 따른 이익도 존재한다. 이와 같은 해제와는 엄연히 차이나는 당사자 사이의 이해관계에도 불구하고 왜 완전물급부시 매수인의 사용이익반환의무를 해제권 규정의 일괄적인 준용을 통해 도출하는지 명확하게 설명할 수 없다.[51)]

2) 하급심의 판결에 대한 평가

Nürnberg 고등법원의 판결은 매수인이 완전물급부청구시 사용이익을 반환하여야 하는지의 문제를 다룬 첫 번째 고등법원판결이다. 본 법원의 판결에 동의하며 매수인은 사용이익반환의무를 부담하지 않는다고 보아야 할 것이다. 제439조 제4항의 법문은 지방법원에서 판시한 해석이 허용된다. 본 조문은 단지 하자있는 물건의 반환만을 명시하고 있다. 만약 입법자가 그의 의도를 법문안에 명시적으로 나타내고자 하였다면, 그는 이 조문안에 사용이익반환에 대한 표현을 넣었어야만 했다.[52)] 또한 이 조문에 대한 입법이유서에서의 고려사항들은 설득력이 있다고 할 수 없다. 우선 매수인의 사용이익반환의무는 제439조 제4항에 명시적으로 언급된 법률효과인 하자있는 물건의 반환에 단순히 포함되어 있는 것으로 말할 수 없고, 해제권에 관한 규정을 일괄적으로 적용하고자 한다면 완전물급부청구시 해제의 상황, 즉 쌍방의 청산관계가 존재하여야 법률효과의 준용이 가능하다 할 것이다. 따라서 매수인의 사용이익반환의무를 인정하고

49) *Wagner/Michal*, VuR 2006, 47.
50) OLG Nürnberg NJW 2005, 3000.
51) *Wagner/Michal*, VuR 2006, 47.
52) *Saenger/Zurlinden*, EWiR 2005, 820.

자 한다면, 실제로 계약상 하자담보책임의 내용으로서 완전물급부청구권이 어느 정도까지 해제권의 행사 및 효과에 합치되는지를 검토해야 한다.[53)]

2. 독일연방대법원의 판결

사실 입법자의 확고한 의지표명으로 인하여 하급법원의 견해는 인용되기 어려울 수도 있음을 부정할 수는 없다. 입법자는 명확한 문구삽입을 통해 자신의 의지를 더 분명히 밝혔어야 했다는 논지 또한 지극히 단순한 사고라는 비판도 있다.[54)] 피청구인은 이러한 입법이유서내의 입법자의 의사를 근거로 이미 지급받은 사용이익의 반환거부를 위해 독일연방대법원에 상고하였다.

1) 독일연방대법원에서의 쟁점

독일연방대법원[55)]은 우선 하급심에서의 결정과 달리 제439조 제4항의 법문은 명확하게 제346조 제1항의 매수인의 사용이익반환의무를 가리키고 있다고 본다. 따라서 매수인은 완전물급부청구권 행사시 매도인에게 하자있는 물건과 함께 그로부터 얻은 사용이익을 반환해야만 한다. 독일연방대법원 또한 매수인만 이러한 반환의무를 지는 것에 대해 이해하기 어려운 점이 있다며 하급심판결에 일부 동의를 하였지만,[56)] 이미 입법이유서에 매수인의 사용이익반환의무를 너무나도 명시적으로 가리키고 있기 때문에 독일연방대법원은 이에 대해 다른 해석을 내놓는 것은 불가능하다고 판단했다. 그 대신 독일연방대법원은 이 조문이 유럽연합의 소비재매매입법지침에 합치하는지를 판단하는 것은 필요하다고 보고, 따라서 이 문제를 유럽연합재판소에 회부하였다.

2) 독일연방대법원의 입장에 대한 평가

실제 독일연방대법원은 사용이익반환의무로 인한 매수인의 일방적 부담에 대해 동의하면서도, 확고한 입법자의 의사를 이유로 설령 불합리한 법조문이라 할지라도 해석을 통하여 수정할 수 없다고 판단하였다.[57)] 입법자의 의사가 법률해석의 중요한 기준임은 의심의 여지가 없다. 독일연방대법원은 유럽연합재판소에의 심판청구서를 통해서 이점을 명확하게 밝히고 있다. "법률해석의 가능성은 그것이 법문언과 입법자의 명시적 의사에 반하는 지점에서 사라지게 된다 (BVerfGE 18, 97, 111; 98, 17, 45; 101, 312, 319)."[58)]

여기서 간과해서는 안 되는 것은 — 이미 하급심에서 정확하게 인식하고 있듯이 — 입법이유서 내의 입법자의 서술은 완전치 않다는 것이다.[59)] 입법이유서는 단지 매수인의 사용이익반환의

53) *Wagner/Michal*, VuR 2006, 48; a. A. *Fest*, NJW 2005, 2960 f.
54) *Wagner/Michal*, ZGS 2005, 372.
55) BGH NJW 2006, 3200.
56) BGH NJW 2006, 3200, 3201.
57) BGH NJW 2006, 3200, 3201.
58) BGH NJW 2006, 3200, 3201.
59) Vgl. *Gsell*, NJW 2003, 1969 ff.

무에 대해서만 설명하고 있다. 완전물급부청구권과 해제권의 비교를 통해서 허용되지 않는 당사자사이의 형평성파괴가 명확하게 확인되어짐에도 불구하고, 이러한 오류가 입법당시 왜 지적이 되지 않았는지는 여전히 불명확하다. 법률의 역사적 해석만이 유효한 법률적용을 위한 유일한 방법은 아니다.[60] 어떤 법률이 논거에 있어 흠결을 보인다면, 법률가들은 역사적 해석을 뛰어넘어 법률이 의도하는 원래의 목적에 맞는 해석을 할 필요가 있다.[61] 법문언상으로도 제439조 제4항에서 매수인의 사용이익반환의무를 직접적으로 규정하고 있지 않다.[62] 따라서 청산관계를 전제로 하는 해제의 경우와 온전한 급부이행을 추후 청구하는 추완이행청구권을 비교하면 제439조 제4항을 목적론적으로 제한하여 해석하는 것이 가능해진다. 이렇게 본다면 독일연방대법원은 유럽연합재판소에의 선결청구 없이 매수인의 사용이익반환의무를 부정할 수 있었다.

Ⅴ. 결 론

완전물급부청구권 행사시 매수인의 사용이익반환의무는 기본적으로 급부이행에서 허용되지 않는 쌍방당사자 사이의 등가성파괴와 두 사후이행청구권 사이의 가치모순의 문제를 근거로 인정되어서는 안된다. 하급심판결은 이점에 대해 명확하게 잘 지적하고 있다. 입법자는 완전물급부시 사용이익반환의무를 위해 해제권의 규정을 준용하고 있으나, 이를 위한 완전물급부청구권과 해제권의 이유있는 비교가 존재하지 않고, 대신 하자가 없어야 할 원래의 급부와 하자가 있는 현재의 급부상태에 대한 비교만이 있을 뿐이다. 따라서 하급법원에서 제439조 제4항을 단지 하자있는 물건의 반환을 위한 단순한 법률효과준용규정으로 다룬 것이다. 독일연방대법원은 입법자의 확고한 의지를 이유로 하급법원과는 달리 판단하였다. 명시적인 입법자의 의사로 인해 목적론적 제한해석은 부정된다고 판단하였다. 그러나 입법자의 의지는 법률해석의 중요한 기준이지만, 실제적인 유의미한 법률적용을 위한 다른 해석방법들 또한 존재한다. 여기서 간과하지 말아야 할 것은, 독일연방대법원 또한 사용이익반환으로 인한 매수인의 일방적 부담에 반대하는 견해에 동의하고 있다는 것이다. 결국 독일연방대법원은 유럽연합재판소에의 선결청구를 통해 불합리하지만 국내법상 다른 해석의 여지가 없는 조항에 대해 어떻게든 해결방법을 찾으려 했던 것으로 보여진다. 결국 유럽연합재판소는 소비재매매에 있어서 매수인의 사용이익반환의무는 소비재매매입법지침에 합치하지 않는다는 결정을 내렸고, 바로 이어진 민법개정을 통해 오랜 시간동안 학계에서 다투어온 문제가 일차적으로 종결되었다.

완전물급부청구시 매수인의 사용이익반환의무에 관한 일련의 조치에도 불구하고 이 문제가 소비재매매 외의 다른 분야에서 어떻게 해결되어야 할 것인지는 여전히 논란의 여지가 남아

---

60) *Wagner/Michal*, ZGS 2005, 372.
61) *Wagner/Michal*, ZGS 2005, 372.
62) *Woitkewitsch*, VuR 2005, 5.

있다. 독일매매법의 개정방향으로 인해 이 문제는 어찌보면 해결없이 원점으로 돌아간 것과 다를 바 없다. 유럽연합재판소는 소비재매매계약을 대상으로 결정을 내렸고, 이에 따라 독일의 입법자는 민법 내 소비재매매계약에 한하여 예외규정[63]을 둠으로써 소비재매매계약에 해당하지 않는 한 여전히 매수인은 사용이익반환의무의 부담을 지게 된다.

우리 민법에 주는 시사점은 이러한 문제상황에서 쌍방당사자 사이의 형평성, 즉 거래의 등가성에 대한 신뢰를 위해 어떤 방식을 따라야 할 것인가 라는 부분일 것이다. 사후이행청구권 중 하나인 하자보수청구권은 우리 민법에서는 인정되고 있지 않아, 두 청구권 사이의 가치모순을 이유로 매수인의 사용이익반환의무를 부정하는 것은 우리에게는 적절한 근거가 되지 못한다. 우리 민법은 종류물매매에 있어서 완전물급부청구권을 인정하고 있는데 이는 구 독일민법의 규정과 유사하다. 그러나 구 독일민법과 달리 그 행사와 효과에 대해서는 명확한 준용규정조차 없기 때문에 결국 우리 민법의 하자담보책임법의 체계 내에서 완전물급부청구권의 성격에 따라 그 내용이 정해질 것이다. 단지, 현재 독일매매법에서와 같은 매수인의 사용이익반환의무는 일방적인 부담이라는 점이 명확하기 때문에, 이러한 결과는 채택하기 어렵다 할 것이다.

63) 개정민법은 기존의 소비재매매계약의 적용범위에 관한 제474조 제2항(현 제474조 제5항)에 새로이 문장을 추가하여 매수인은 사용이익반환 또는 그 전보배상의 의무를 지지 않음을 명시적으로 밝히고 있다. 즉, "소비재매매계약에 해당하는 한 사용이익반환 또는 그 전보배상이 이루어지지 않는 범위 내에서 제439조 제4항의 규정이 적용된다(Auf die in diesem Untertitel geregelten Kaufverträge ist §439 Absatz 4 mit der Maßgabe anzuwenden, dass Nutzungen nicht herauszugeben oder durch ihren Wert zu ersetzen sind.)."

공공조달입찰 관련 법령의 효력범위에 대한 소고
: 대법원 2016. 11. 19. 선고 2013다23617 판결을 중심으로

박 성 완*

Ⅰ. 서 론
Ⅱ. 조달계약의 특수성
Ⅲ. 공공조달 관련법령의 위반의 효력
Ⅳ. 비교법적 검토
Ⅴ. 결 론

[사실관계]

본 판결의 사실관계는 다음과 같다.

(1) 2010. 1. 관사건립을 위해 해당 관서에 예산으로 273,830,000원이 배정되었다.

(2) 2010. 4. 위 관서의 담당재무관 갑은 입찰에 앞서 A 건축사무소와 설계업무 위탁계약을 체결하였다.

(3) 2010. 5. 7. A 사무소는 최초 원가를 500,000,000원으로, 직접노무비와 간접노무비는 166,208,034원으로 하는 설계도서와 설계내역서를 제출하였으나, 담당공무원 중 을은 예산초과를 이유로 재검토를 요구하였다.

(4) 이에 2010. 5. 13. A 사무소는 다시 건축재료를 변경하거나 부대공사와 냉난방설비공사를 제외할 것을 제안하면서 관사신축공사의 원가를 300,000,000원으로 하는 설계도서와 설계내역서를 제출하였으나 담당공무원 을은 주재료의 변경이 많다는 이유로 이를 받아들이지 않았다.

(5) 설계업무와 준공검사를 담당한 공무원 병은 A가 5. 7.자 작성하였던 설계도서와 설계내역서에 기재된 19개 공종에 관한 일위대가표의 노무수량을 크게 줄여 원가를 226,965,002원으로 하는 원가계산서 안을 작성하여 이를 A 사무소에 전달하며 설계도서와 설계내역서에 반영하여 줄 것을 요청하였다.

(6) 2010. 5. 17. A 사무소는 병이 요청한 사항을 대부분 반영하고 일부 노무 수량만을 늘

* 해군본부 해양법제과장, 군법무관(해군 중령)

려 관사신축공사의 원가를 230,037,000원으로 하는 설계도서와 설계내역서를 제출하였고, 이를 검수한 병은 설계업무가 완성된 것으로 처리하였다.

(7) 2010. 6. 14. 담당관서 재무관 갑은 위 신축공사에 관하여 1) 제한경쟁입찰 방식으로 2) 기초예비가격 223,465,690원, 3) 예산액 230,377,000원, 4) 입찰방법 총액제, 5) 입찰일 6. 22., 6) 공사기간은 계약일로부터 6개월, 7) 낙찰자결정방식은 국방부 군시설공사 적격심사기준에 관한 예규에서 정한 평가기준에 따라 심사하여 종합평정 95점 이상인 자 중에서 예정가격의 87.745% 이상인 최저가격으로 입찰한 자를 낙찰자로 결정하기로 하는 내용의 입찰공고를 하였다. 입찰공고에는 첨부서류로 입찰공고문안, 건축시방서, 설비시방서, 공사도면, 원가계산서가 첨부되어 있었다.

(8) 2010. 6. 22. 원고는 관사신축공사를 195,370,000원(예정가격 222,572,477원의 87.7781%)에 낙찰받았다.

(9) 2010. 6. 28. 위 낙찰결정에 따라 원고는 대한민국을 계약상대방으로 하는 공사도급계약을 체결한 후 공사를 개시하였다.

(10) 2010. 8. 4. 공사현장을 실사한 원고는 공사에 필요한 노무비가 지나치게 낮게 산정되었음을 이유로 원고가 평가를 의뢰한 외부업체가 산정한 액수(설계금액은 직접노무비 129,856,253원, 간접노무비 2,013,143원이었으나, 외부업체 산정액은 직접노무비 129,856,253원, 간접노무비 14,284,187원)로 계약금액의 수정을 요청하였다.

(11) 이에 대해 담당공무원은 공사원가계산서나 예정가격조서, 단가산출서나 일위대가표 자체는 설계서가 아니므로 서류의 작성상 오류 등의 사유만으로는 설계변경에 따른 계약금액 조정을 할 수 없다는 이유로 거절하였다.

(12) 이에 대해 원고는 부득이 관사신축공사를 그대로 진행하여 공사를 완성한 후 피고에게 인도하였다. 그 결과 원고는 계약금액을 상당히 초과하는 공사비용을 지출하였다. 특히 원고가 계약수정을 요구한 원인이 되었던 직접노무비와 간접노무비의 도급계약에 산입된 금액은 35,792,444원이었으나, 원고가 실제 지출한 금액은 96,915,000원이었다.

[원심판결: 서울고법 2013. 2. 7. 선고 2011나102822 판결]

위와 같은 사실관계를 근거로 원고 회사는 담당공무원이 부당하게 노무수량을 축소·삭감하여 설계금액을 산정하여 과도하게 낮은 예정가격으로 입찰이 이루어져 계약금액과 실제 지출한 공사비용 차액 상당의 손해를 입었음을 주장하여 국가배상 또는 사용자 책임에 따른 피고 국가의 손해배상 책임을 주장하였다. 이에 1심은 담당공무원 병이 노무수량을 축소·삭감하여 수정을 요청한 행위는 '국가를 당사자로 하는 법률(이하, 국가계약법) 제13조 제14조의 검사·감독 권한에 근거한 것으로 위법행위로 볼 수 없다고 하면서 원고의 청구를 기각하였다. 반면 2심인 원심은 아래와 같은 이유로 피고의 위법행위를 인정하여 손해배상을 인정하였다. 2심은 먼저 고의나 과실에 의한 법령위반 행위의 위법성에 대해 관련법령은 내부준칙에 불과하다는 입장에서 벗어나 공공조달계약의 입찰에 있어 기회균등·공정성·투명성·경제성 등을 확보하기 위한 것으로 위 법령을 통해 계약담당관으로서 그 기준에 반해 부당하게 감액하거나 과잉계산하지 않도록 할 주의의무가 있다고 하였다. 그리고 법령에서 정하고 있는 재량의 범위를 넘어 자의적으로 축소·조작하여 설계금액을 공고한 행위는 위 주의의무에 반하는 위법한 행위로 평가될 수 있다고 하였다. 즉 입찰과 관련하여 담당공무원의 법령위반은 단순히 내부준칙의 위반을 넘어 그 법령이 부여하고 있는 재량을 넘는 경우 상대방에 대한 위법행위의 근거가 될 수 있다는 취지로 판시하였다. 그리고 이에 따른 손해의 산정은 피고 측이 관련법령을 기준으로 불합리하게 축소 계산한 항목인 노무비와 실제 피고가 투입한 노무비에 한하여 차액을 손해로 보았다.[1] 다만 원고로서는 입찰 당시 설계금액 산정을 신뢰하였다고는 하지만 참가 당시 면밀히 검토하였더라면 파악할 수 있는 내용이라는 점에서 원고의 과실을 30% 인정하여 최종적인 손해액을 산정하였다.

[대상판결: 대법원 2016. 11. 10. 선고 2013다23617 판결]

대법원은 원심의 결과를 수긍하고 피고의 상고를 기각하였으나 최종적으로 결론에 이르는 법적 구성은 다소 차이를 두었다. 먼저 대법원은 공공조달계약은 국가를 당사자로 하는 계약에 관한 법률(이하, 국가계약법) 제5조 제1항에 명시적으로 신의성실의 원칙이 강조될 뿐만 아니라 국가가 계약당사자인 경우 일반 사인 사이의 계약과 달리 그 계약조건은 경비의 절감 못지않게 계약이행 결과의 건전성과 품질 및 안전의 확보 등 공공 일반의 이익까지 중요한 고려요소가 된다는 점을 설시하여 일반 사인간의 계약과의 차이점을 지적하였다. 그리고 이와 같은 전제에서 국가계약법 시행령, 시행규칙 및 기획재정부 회계예규인 '예정가격작성기준'에 반하여 작성된 점에 있어 회계예규 등이 국가가 사인과 사이의 계약관계를 합리적·효율적으로 처리할 수 있도록 관계공무원이 지켜야 할 계약사무 처리에 관한 필요사항을 규정한 계약담당공무원의 실무준칙에 지나지 않으므로 규정 위반 자체만으로 곧바로 국가가 계약상대방에 대하여 손해배상책임을 지는 것은 아니라는 기존 대법원의 전제를 인정하였다. 반면 먼저 관련 법령을 통해 예정가격 결정방식을 정한 것은 그 가격결정에 입찰참가자의 행위가 개입되어 예정가격의 사전누설에 따른 가격경쟁의 저하 및 담합 등의 문제를 방지하고 입찰절차의 공정성·투명성을 확보하기 위한 것이라고 하였다. 위 회계예규 등 관련 법령 역시 단순히 공공조달계약의 경비 절감의 목적을 넘어 계약이행 결과의 건전성과 품질 및 안전의 확보 등 공공 일반의 이익에 공할 것을 목적으로 담당공무원이 지켜야 할 가격산정의 기준을 매우 구체적이고 상세하게 규정한

1) 즉 2심 재판부는 재료비나 경비 등에 관하여 초과 지출을 주장한 원고의 주장에 대해 설사 초과지출이 있었다고 하더라도 법령위반 행위와 인과관계가 없으므로 인정하지 않았다.

것이어서 해당 계약의 입찰조건은 특별한 사정이 없는 한 위 회계예규 등에서 정한 기준에 따라 정해질 것으로 보인다고 하였다. 그리고 이와 같은 점에서 입찰에 참가하는 당사자로서도 입찰공고에서 따로 공지된 사항이 없는 이상 기초예비가격과 복수예비가격이 회계예규에서 정한 표준품셈 등의 기준에 따라 산정되었을 것을 신뢰하고, 만약 그 가격이 회계예규 등의 기준을 현저히 벗어난 방식으로 산정된 것이라면 그 내용을 명시적으로 공지하여 입찰참가자가 이를 고려할 수 있도록 할 것을 기대하는 것은 합리적인 기대의 범위 내에 있다고 보았다. 결국 계약담당공무원이 회계예규를 준수하지 않고 표준품셈이 정한 기준에서 예측가능한 합리적 조정의 범위를 벗어난 방식으로 기초예비가격을 산정하였음에도 그 사정을 입찰공고에 전혀 표시하지 아니하였고, 낙찰자가 그러한 사정을 알았더라면 입찰에 참가할지 여부를 결정하는데 중요하게 고려하였을 것임이 명백한 경우, 국가는 신의성실의 원칙상 입찰공고 등을 통하여 입찰참가자들에게 미리 그와 같은 사정을 고지할 의무가 있다고 하였다. 이와 같은 의무가 있음에도 국가가 위와 같은 고지의무에 반하여 입찰정보를 제공하였고, 입찰참가자가 관련법령에 따라 정해지는 통상의 경우와 다르지 않을 것으로 오인한 나머지 그 제시 조건대로 공사계약을 체결한 낙찰자가 불가피하게 계약금액을 초과하는 공사비를 지출하는 등으로 손해를 입었다면 계약상대방이 그러한 사정을 인식하고 그 위험을 인수하여 계약을 체결하였다는 등의 특별한 사정이 없는 한 국가는 위 고지의무 위반과 상당관계 있는 손해를 배상할 책임이 있다고 하였다. 그리고 위와 같은 사실관계를 바탕으로 담당공무원은 일반적인 거래관행이나 사회통념에 비추어 합리적 조정의 범위를 넘었다고 할 만큼 과도하게 노무수량을 축소하거나 삭감하여 건축사무소로 하여금 그에 맞추어 설계금액을 감액하도록 함으로써 회계예규가 정한 준칙 및 표준품셈에 의한 가격 기준에서 벗어난 방식으로 원가산정을 하고 이에 근거하여 기초예비가격을 결정하였다고 할 것이고, 이와 같은 사정을 미리 알았더라면 원고가 위 공사도급계약과 같은 조건으로 입찰에 참가하지는 않았을 것이 경험칙상 명백하다고 하였다. 그리고 이를 바탕으로 피고인 국가가 위와 같은 사정을 고지하지 않은 채 원고가 위 공사도급계약을 체결한 것은 신의칙상 고지의무를 위반한 것이라고 보아야 하므로 손해배상책임이 있다고 하였다. 즉, 담당공무원이 회계예규 등 관련법령에 현저하게 벗어난 점 그 자체에 위법성이 있는 것이 아니라, 입찰참가여부를 결정하는데 중요한 요소가 되는 점에 대해 관련법령과 현저하게 벗어난 결정을 하였음에도 이에 대한 고지를 하지 않은 점이 위법하다고 보았다. 그리고 손해의 산정에 있어 원심과 같이 고지의무의 위반에 따른 손해, 즉 직·간접 노무비의 실제 투입비용과 실제 계약금액 중 위 노무비의 차액을 기준으로 삼았으며, 원고의 과실을 30% 인정한 원심의 판단을 정당하다고 판단하여 최종적으로 상고를 기각하였다.

Ⅰ. 서 론

공공조달계약은 국가·지방자치단체·기타 공법인 등이 당사자 일방이 되는 계약으로 그 기능 수행을 위해 시장으로부터 필요한 물품·용역·공사 등을 구매 공급을 목적으로 하는 계약이라고 할 수 있다. 공공조달계약은 계약이라는 형식에도 불구하고 당사자, 공익추구성의 목적, 국가정책을 위한 보조적 지위 및 부패와의 관련성 등 일반 사인간 계약과는 다른 특성을 가지고 있다. 따라서 이에 따른 규율 또는 규제방식 역시 일반계약과 다른 독자성을 갖는다. 일반 사인간 계약의 형태와 규제의 측면에 있어 눈에 띄게 구별되는 특성 중 하나는 계약 전 절차부터 계약성립, 나아가 계약의 이행에 이르기까지 매우 구체적이고 세부적으로 관련법령이 규율되어 있으며, 특히 계약 성립 전 절차인 입찰절차에 관련법령의 규율이 집중되어 있다는 점을 들 수 있다. 그리고 이와 같이 자세하게 규정된 법령은 단순히 발주관서 내부 질서를 위한 목적을 넘어 입찰참가자가 참가를 결정하거나 입찰내용을 정하고 그 절차를 규율하는 결정적인 역할을 하게 된다. 다만 이와 같은 관련법령의 실질적 효력·역할에도 불구하고 대법원은 일관하여 내부준칙에 불과하다고 하여 효력범위를 발주관서 내로 제한하였다. 그러나 이와 같은 대법원의 태도는 지속적으로 비판받아왔고 학계 및 실무계를 중심으로 관련법령의 효력범위 또는 구제에 대한 논의가 꾸준히 제기되어 왔다. 특히 낙찰자결정에 대한 국가계약법 제10조의 강행규정성과 구제에 대한 논의가 그 중심에 있었던 것으로 보인다. 그러나 대법원은 최근 대상판결을 통해 내부준칙으로서의 성격을 가진다고 하면서도 공공조달계약의 공익적 성격과 입찰참가자의 신뢰 등을 근거로, 관련법령이 제시하는 기준에서 합리적인 범위를 벗어난 경우, 그리고 법령위반의 점이 계약성립 여부를 결정할 정도로 중요한 사항인 경우 이에 대한 고지의무가 있다는 점을 밝혀 관련법령의 효력범위를 확장한 바 있다. 이와 같은 판시는 기존 대법원의 태도와 비교하여 상당한 변화가 있는 것으로 해석될 수 있다. 따라서 아래에서는 공공조달계약의 특성과 함께 기존 대법원의 해석과 함께 대상 판결 이전 대법원의 태도에 대한 변화의 가능성을 보여준 판결 역시 함께 살피며, 이와 같은 태도 변화가 비교법적으로도 타당한지 여부를 살핀다.

Ⅱ. 조달계약의 특수성

1. 공공조달계약의 특수성에 대한 대법원의 태도

가. 기존의 대법원의 태도

우리 대법원은 국가,[2] 지자체[3] 또는 공공기관[4]의 조달 계약에 대해 '공공계약'으로 칭하며

2) 대법원 2012. 9. 20. 선고 2012마1097 결정: "국가를 당사자로 하는 계약에 관한 법률에 따라 국가가 당사자가 되는 이른바 공공계약은 …".

3) 대법원 2006. 6. 19. 자 2006마117 결정: "지방재정법에 의하여 준용되는 국가를 당사자로 하는 계약에 관한

일반 사인간의 계약과는 구분되는 독립적인 개념을 인정하여 왔다. 그러나 이와 같은 독립적인 개념의 인정에도 불구하고 실제 일반 사법상의 계약과 큰 차이를 인정하지 않은 것이 기존 대법원의 태도였다. 즉 기존 대법원의 판시에 따르면 공공계약은 국가 등이 사경제 주체로서 상대방과 대등한 위치에서 체결하는 사법상의 계약이며 그 본질적인 내용은 사인 간의 계약과 다를 바가 없어 그에 관한 법령에 특별한 정함이 있는 경우를 제외하고는 사적 자치와 계약자유의 원칙 등 사법의 원리가 그대로 적용되는 계약이라고 하였다. 즉 일반 사법상의 계약과는 '법령에 특별한 정함이 있는 경우'가 아니라면 차이가 없다고 하여 매우 제한적인 범위에서 일반계약과의 차이를 인정하고 있다.[5)]

나. 대상판결의 공공조달계약에 대한 태도

매우 제한적인 범위에서 일반 사인간의 계약과 차이를 인정하였던 기존 대법원의 판시와 달리 본 판결은 공공조달계약의 특수성을 비교적 명확하게 드러내고 있다는 점에서 기존의 대법원 판시와 차이가 있다. 대법원은 국가계약법의 취지상 공공조달계약에 있어 신의성실의 원칙이 강조되어야 할 뿐만 아니라 공공조달계약은 '일반 사인 사이의 계약과 달리' 그 계약조건은 경비의 절감 등 경제성뿐만 아니라 계약이행 결과의 건전성과 품질 및 안전의 확보 등 공공일반의 이익까지 중요한 고려요소가 된다고 하였다. 그리고 후술하는 바와 같이 공공조달계약의 특수성을 전제로 관련법령의 효력범위를 살피고 있다. 즉, 사인 사이 계약과의 공통성을 강조하여 예외적으로 특수성을 인정하는 기존 판시와 달리 본 판결의 경우 양자간의 차이점을 분명히 하고 공공일반의 이익이 계약의 중요 고려요소가 되며 그 예로 계약이행 결과의 건전성과 품질 및 안전의 확보 등을 듦으로써 기존 대법원 판시와 다른 전향적 태도를 보였다.[6)]

2. 학설의 검토

기존 대법원의 판결과 달리 학설은 공공조달계약을 민사법상의 영역으로 보던 행정법상의 영역으로 보던 일반 사인간의 계약과는 구별되는 공공조달 영역 계약의 독자성을 인정하고 있는 것으로 보인다. 다만 그 용어에 대해서는 다양한 견해가 제시되고 있다.

법률에 따라 지방자치단체가 당사자가 되는 이른바 공공계약은 …".

4) 대법원 2014. 12. 24. 선고 2010다83182 판결: "구 정부투자기관 관리기본법의 적용 대상인 정부투자기관이 일방 당사자가 되는 계약(이하 '공공계약'이라 한다)은 …".

5) 대법원 2012. 12. 27. 선고 2012다15695 판결; 대법원 2006. 6. 19. 자 2006마117 결정 등.

6) 이와 같은 전향적인 대법원의 태도는 기존 하급심 법원에서도 부분적으로 발견된다. 예컨대 부산고등법원 2006. 1. 10. 자 2005라146 결정은 지방자치단체가 시행하는 입찰절차는 본질적으로는 사경제주체로서의 행위라는 점은 인정하면서도 그 진행절차의 요식성, 법정성, 진행주체의 지위, 입찰에 부하여진 공사의 내용, 그 소요비용의 출처 등에 비추어 행정행위에 유사한 공공성을 강하게 띠고 있다고 판시하여 일반사인간의 계약과 다르다는 점을 강조한 바 있다.

가. 공공계약

대법원은 공공조달계약 관련 분쟁에서 일관하여 공공계약으로 지칭하고 있다.[7] 대법원의 판시만 보면 일견 국가 또는 지방자치단체가 당사자가 되는 계약에 대해 모두 공공계약인 것처럼 보인다. 그러나 실제로 공공계약은 공법상 계약을 제외한 사법상의 계약에 한정하는 개념이라고 보아야 한다는 견해가 유력하다.[8] 공공계약 개념을 지지하는 견해에 따르면 후술하는 정부계약, 정부조달계약 또는 행정조달계약 등의 개념이 자칫 정부 또는 행정부가 계약당사자가 되는 것과 같은 오해의 소지가 있다고 지적한다. 즉 정부 또는 각 정부부처의 경우 독립적인 법인격을 갖추지 못하였으므로 정부라는 용어를 사용하는 것은 자칫 주체상의 혼동이 발생할 수 있다고 지적한다.[9] 다만 공공계약의 개념은 표현만을 놓고 보면 공법상 계약 또는 공공기관 사이의 계약, 심지어 국가간의 조약까지 포함하는 듯한 표현으로 비칠 수 있다. 따라서 이 개념은 계약의 주체를 적정하게 포괄할 수 있는 장점에도 불구하고 개념의 명확성이라는 측면에서 난점이 있다.

나. 정부계약 또는 정부조달계약

정부계약은 조달청 홈페이지 또는 국회 공식 문서[10]에도 쓰이는 등 공공조달과 관련된 계약을 지칭함에 있어 폭넓게 사용되는 용어이다.[11] 국가계약법 제2조 역시 정부조달계약이라는 표현을 사용하고 있다. 그러나 현행법상 정부계약 또는 정부조달계약에 대한 명확한 정의를 찾기는 쉽지 않다. 다만 그 용례를 볼 때 판례상의 공공계약과 같거나 유사한 개념인 것으로 보인다. 문언상으로 '정부'계약이라고 함으로써 정부계약의 범위가 국가 또는 그 기관인 정부에 한정되는 것으로 비칠 수 있는바, 주체의 측면에서 볼 때 지자체 및 공법인 등 공공조달의 범위를 제대로 담아내지 못하는 개념이라는 비판이 가능하다. 덧붙여 법인격이 없는 각 정부부서가 단지 계약의 권한이 있다는 점만으로 정부계약이라는 명칭을 부여할 수 있는지 의문이다. 따라서 현행 우리 법제상 정부계약 또는 정부조달계약의 개념은 계약당사자를 명확히 하는데 한계를 가진 개념으로 판단된다.

다. 행정계약 또는 행정조달계약

국가 또는 지방자치단체 등이 주체가 되는 계약에 대해 행정법학계를 중심으로 일반사법과 분리하여 공법적 성격이 강조된 행정계약 또는 행정조달계약의 독립된 개념을 인정할 필요가

---

7) 대법원 2006. 6. 19. 자 2006마117 결정; 대법원 2001. 12. 11. 선고 2001다33604 판결.

8) 이영동, "공공계약을 둘러싼 몇 가지 문제 — 공공계약의 공법적 특성을 중심으로", 「사법논집」 제44집 (2007), 93면.

9) 이영동, 앞의 논문, 96면.

10) 제94회 법사위 제19차 회의록.

11) 미국은 government contract라는 개념으로 공공조달계약이 정의·규율되는 것으로 보인다. Federal Acquisition Regulation Art. 2.101. 등; Bryan A Garner (ed), Black's Law Dictionary (4th edn, West 2011).

있다는 논의가 활발하다. 다만 행정법 학계 내에서도 행정계약을 직·간접적으로 행정목적을 수행하기 위하여 이루어지는 합의로서 행정주체－국민 또는 행정주체 상호간의 계약이라고 정의하면서, 이를 다시 정부계약, 국공유재산에 대한 계약, 특별행정법 관계의 설정합의로 나누는 견해,[12] 행정계약은 공법상 계약으로 '행정상 계약'이라는 개념을 통해 공법상 계약과 사법상 계약을 묶는 견해,[13] 광의의 행정계약과 협의의 행정계약을 구분하여 구제절차와 상관없이 행정주체가 체결하는 계약은 광의의 행정계약으로 하되 협의의 행정계약은 공법상 당사자 소송의 대상이 되는 계약으로 구분하는 견해,[14] 그리고 최근에는 행정계약에 대해 사적자치 원칙과 계약자유 원칙의 지배를 받는 계약이라는 틀로 보면서도 행정이 추구하는 법률적합성과 공익적합성의 가치를 담아내는 행정작용으로서 이해하는 견해[15] 등이 다양하게 제시되고 있다. 이와 같은 견해는 대체로 공공조달 계약의 영역을 공법과 사법의 접점영역으로 보면서, 세금으로 재원이 마련되고 공무원의 직무행태와 부패·비리와의 관련성이 크며 나아가 조달계약이 국가정책 및 외교 수단으로도 쓰이고 있다는 점에서 이와 같은 유형의 계약은 공법적 성격을 가진 계약으로서 행정계약 또는 행정조달계약의 개념을 통해 행정법의 법리에 따른 규제가 필요하다고 한다.[16] 그리고 모든 행정주체가 행정수요충족을 위해 사인과 체결하는 물품매매, 공사, 용역도급계약을 위한 조달계약의 특수성을 인정할 수 있다는 점에서 행정조달계약의 개념을 인정할 필요가 있다고 한다. 물론 공공조달계약에 공법적인 특성이 있다는 점은 부인할 수 없다. 그러나 행정계약 또는 행정조달계약의 개념과 관련하여 입법론적인 타당성을 별론으로 하더라도, 대법원이 사법계약으로 보는 관점의 변경을 기대하기 어렵다는 현실적인 문제점뿐만 아니라 행정계약의 개념 인정을 통해 얻는 실익이 정확히 무엇인지 특히 행정계약의 용어를 사용하는 학자별로 그 내용에 상이가 있어 그 개념을 통일적으로 확정하기가 쉽지 않다는 문제점 속에서 그 의의를 도출해 내는 것은 쉽지 않아 보인다.

3. 소 결

공공조달계약은 국가가 사경제 주체로서 체결되며 일반 민법의 법리가 지배하는 영역이라는 점을 부인할 수는 없다. 그러나 일반 사법상의 계약과는 여러 가지 면에서 구분되는 특성을

12) 김도창, 일반행정법론(상) (청운사, 1992), 511면 이하. 이중 정부계약이 본 연구에서 논의하는 공공조달계약의 영역으로 보인다.

13) 박균성, 행정법강의 제13판, 박영사, 2016, 345면.

14) 김대인, 행정계약법의 이해, 경인문화사, 2007, 37면 이하.

15) 김판기, 행정계약의 공법적 체계에 관한 연구, 고려대 박사학위논문, 2016. 이에 따르면 행정작용형식으로서 계약은 행정상의 계약으로 지칭하되, 행정상의 계약은 다시 공법계약과 공사혼합계약을 포함하는 행정계약과 행정상의 사법계약으로 구분한다.

16) 박정훈, "행정조달계약의 법적 성격", 「민사판례연구」 제25권(2003), 561면; 김대인, 앞의 책, 267면; 현대호, 국가·지방의 계약제도에 관한 개선방안, 한국법제연구원, 2011; 강지웅, 독일법상 행정조달 낙찰자결정에 대한 권리구제에 관한 연구, 서울대 석사학위논문, 2009, 126면.

갖는다. 예컨대 먼저 시장이라는 관점에서 보면 수요 독점이라는 시장 환경 속에서 국가의 입찰참가자들에 대한 실질적인 지위상의 우위, 공정성 또는 투명성 등 조달계약과 관련한 특유의 원칙과 이를 반영한 구체적인 관련 법령 및 시행세칙, 그리고 공공조달계약의 근본 목적이 공익에 있다는 점 등을 감안하건대 일반 사인간의 계약과 비교적 뚜렷한 차이점이 있으며, 나아가 조달재원의 특성과 종국적으로 공익에 공하는 특성을 감안하건대 일반 사인간의 계약과 구분하여 규율할 필요성을 인정할 수 있다. 이와 같은 관점에서 보면 대법원이 기존 판결과 달리 대상판결을 통해 일반 사인간의 계약상 주된 고려요소가 되는 경제성에 대한 고려 못지않게 계약이행결과의 건전성과 품질 및 안전의 확보 등 공공 일반의 이익 역시 중요한 고려요소가 된다고 설시하면서 "일반 사인 사이의 계약과 달리" 볼 필요가 있음을 최초로 명시적으로 판시한 점은 상당한 의의가 있다.

Ⅲ. 공공조달 관련법령의 위반의 효력

1. 학설의 개관

(1) 공공조달계약과 관련한 주요 법적 쟁점 중 하나는 발주관서 담당공무원의 공공조달계약 관련법령 위반을 근거로 입찰참가자가 구제를 구할 수 있는지, 즉 관련법령의 규범력이 발주관서 내부를 넘어 발주관서－입찰참가자 사이의 법률관계에 미치는지 여부이다. 일부 조문을 제외하면 국가계약법 및 하위 법령의 문언상 수범주체를 발주관서의 장 또는 담당공무원으로 정하고 있다는 점에서 내부규율을 위한 목적을 가지고 있다는 점은 부인하기 어렵다. 그러나 실제 공공조달계약체결 과정에서 입찰참가자에 대한 규율이 관련법령 조문을 통해 이루어지고 있으며 관련법령의 목적이 공정성·투명성과 불가분의 관계를 가진 점, 입찰참가자 역시 이들 규정에 따라 절차가 진행된다는 점에 대한 보호가치 있는 신뢰를 가지고 있다는 점에서 이를 내부준칙적인 효력으로 제한하는 기존 대법원의 해석은 공공조달계약의 실제를 담지 못한다는 주장이 꾸준히 제기되어 왔다.

(2) 일부 학설 중에는 대법원의 태도를 지지하는 견해도 있으나,[17] 대부분의 견해는, 특히 낙찰자 결정과 관련한 국가계약법 제10조 제2항과 관련하여, 입찰참가자와 발주관서 사이의 법률관계를 규율한다는 전제에서 입찰참가자의 구제를 긍정하여야 한다는 입장을 취하고 있다. 다만 그 논리적 구성은 견해마다 차이가 있다. 먼저 공공조달계약을 민사계약으로 보는 전제에서 관련 조항을 내부준칙적인 성격을 갖는 조항과 발주관서－입찰참가자 사이를 규율하는 조항을 구분하여 후자의 경우 강행규정으로 보아 관련 법령의 위반을 근거로 입찰참가자가 구제를

---

17) 선재성, "공공계약에서 낙찰자결정과 계약이 무효가 되는 사유", 「대법원판례해설」 제38호(2002), 46면 이하. 법리적인 설명 외에도 입찰참가자의 법령위반에 따른 구제를 인정할 경우 발생할 수 있는 공공사업 수행의 지연 또는 발주관서의 손해배상 부담에 따른 납세자의 부담증가 등 정책적인 점 역시 그 논거로 들고 있다.

구할 수 있다는 견해와[18] 공법적 관점에서 관련법령의 법규적 효력을 긍정하는 견해로 크게 대별되며 후자는 다시 낙찰을 행정처분으로 보는 반면 이에 따른 계약관계는 민사적으로 규율된다는 견해와[19] 낙찰부터 행정계약 체결 이후 전반을 공법적 관점에서 규율하여야 한다는 견해로 나뉜다.[20] 이와 같이 대법원의 기존의 소극적인 태도에 대해 학계와 실무계 공히 지속적인 비판을 가하였으며 법원 역시 부분적으로나마 거래의 실제와 판례의 간극을 메우려는 시도를 지속한 것으로 보인다. 아래에서는 앞선 문제제기에 대한 대법원의 태도를 중심으로 대상판결을 검토한다.[21]

2. 관련법령의 법적 성격과 효력의 범위에 대한 대법원의 태도

가. 기존 대법원의 태도: 계약사무처리를 위한 내부준칙

우리 대법원은 관련 법령에 대해 개별적으로 그 성격 및 효력을 판단하였을 뿐 명시적으로 공공조달관련 법령 전반에 대해 그 성격을 설시하지는 않았다. 다만 대법원은 국가계약법 제10조 제2항의 경쟁입찰 낙찰자 결정조항의 법적 성격을 판단하면서, 내용적 유사성을 발견하기 어려운 구 예산회계법상 지연손해배상 규정을 계약사무처리를 위한 내부준칙에 불과하다는 판결을 참조판례로 하여 위 조항을 내부준칙에 불과하다고 판시한 점을 감안하면,[22] 원칙적으로 국가계약법상 조달관련 법령을 계약사무처리를 위한 내부준칙으로 보고 있다고 평가할 수 있다.[23] 즉 공공조달계약의 성립을 위해 계약서 작성을 요구하는 국가계약법 제11조 제2항을 제외하면 원칙적으로 국가가 사인과 사이의 계약관계를 합리적·효율적으로 처리할 수 있도록 관계공무원이 지켜야 할 계약사무 처리에 관한 필요사항을 규정한 것으로서 계약담당공무원의 실무준칙에 불과하다는 태도를 보이고 있다. 따라서 관련 법령위반의 문제는 정부 행정기관 내의 문제에 불과할 뿐 입찰참가자 또는 계약상대방에 대하여 위법한 것으로 평가할 수는 없다는 태도로 해석할 수 있다. 다만 이와 같은 관련 법령의 효력에 대한 소극적인 법원의 태도는 꾸준히 비판받아 왔으며 하급심 판결뿐만 아니라 대법원 역시 대상 판결 이전부터 국가와 입찰참가자

---

18) 홍기태, "국가 또는 지방자치단체가 실시하는 경쟁입찰의 적격심사에 잘못이 있는 경우의 사법심사", 「민사재판의 제문제」 제12권(2003), 30면 이하; 김해붕, "국가나 지방자치단체가 실시하는 적격심사낙찰제에서 심사기준 위반에 대한 사법심사", 「판례연구」 22집(2011), 528면.

19) 이영동, 앞의 논문, 87면 이하.

20) 박정훈, 앞의 논문, 566면 이하.

21) 관련 조문에 일정한 효력을 인정하는 방식 외에도 해당 계약 해석의 방향을 설정하는 대법원 판결 역시 광의로 보면 관련법령의 규범력을 인정하는 것으로 해석할 수 있다. 대법원 2012. 12. 27. 선고 2012다15695 판결: "… 계약내용이 국가계약법령의 규정을 배제하려는 것이 뚜렷하게 드러나거나 그에 모순되지 않는다면 가능한 국가계약법령이 규정하는 바를 존중하는 방향, 즉 해당 계약 조항을 관련 국가계약법령의 규정 내용을 보충 내지 구체화하는 내용으로 해석되어야 한다."

22) 대법원 2001. 12. 11. 선고 2001다33604 판결.

23) 박성완, 공공조달계약 체결상의 법적 쟁점과 구제방안에 관한 연구, 고려대 박사학위논문, 71면.

사이에서 규범력을 긍정하는 듯한 판시를 보여 온 것으로 보인다.

나. 입찰관련 법령을 근거로 입찰참가자의 책임을 인정한 사례[24)]

기존 대법원의 판시에도 불구하고 일부 판결의 경우 내부준칙을 넘어 입찰참가자에게 그 효력이 미친다는 점을 인정한 판결·결정을 발견할 수 있다. 먼저 입찰관련 법령이 입찰참가자를 구속할 수 있다는 전제로 입찰참가자의 책임을 인정하는 근거로 본 대법원 결정이 발견된다. 사실관계는 다음과 같다. 방파제 공사를 목적으로 S건설사를 대표자로 하여 수 개의 업체는 공동수급체를 형성하여 입찰에 참가하였다. 이후 위 공동수급체는 발주관서로부터 입찰적격자로 인정받아 입찰에 참여하여 실시설계적격자로 선정되었다.[25)] 그러나 입찰적격자 선정 후 실시설계입찰서 제출 전 공동수급체 중 하나인 H사 공동대표이사가 단독대표이사가 되었음에도 등록정보를 변경하지 않았다는 사실이 밝혀졌다. 이에 발주관서인 조달청은 시행령 제39조 제4항과 시행규칙 제44조 제6호의3 (나)목에 따라 입찰무효에 해당한다며 공동수급체 전체에 대하여 실시설계적격자 선정을 취소·통보하고 새로이 다른 공동수급체를 실시설계적격자로 선정하였다. 이에 대해 채권자는 위 등록정보 미변경만으로 입찰무효 사유가 되는 것은 아니며, 설령 입찰무효사유에 해당된다 하더라도 H사를 제외한 나머지 공동수급체는 여전히 적격자로서의 지위를 갖는다고 하면서 실시설계적격자 지위확인 및 계약진행을 금지하는 가처분 신청을 하였다.

이와 같은 신청에 대해 대법원은 이 사건 공동대표이사를 단독대표이사로 변경한 H사의 입찰무효의 근거가 된 시행규칙 제44조 제6호의3 (나)목이 계약담당 공무원이 입찰절차에서 지켜야 할 내부규정이라는 입장을 유지하면서도[26)] 대표자 변경등록을 해태한 경우 입찰무효가 될 수 있다는 점을 입찰공고 등을 통해 입찰 참가자들에게 고지하거나 제시함으로써 이를 숙지하도록 하고 입찰 참가자들도 이를 전제로 입찰유의서에 따라 입찰에 참가한 경우에는 위와 같은 사유가 있는 참가자의 입찰은 무효로서 평가될 수 있다고 하여 원심의 결정을 파기하였다. 즉 위 입찰무효 규정이 내부준칙에 불과하다 하더라도 발주관서가 입찰공고 또는 입찰유의서를 통해 공개·제시하고 입찰참가자 역시 입찰무효사유에 대해 확인하고 숙지한 사항이었다는 점을 근거로 위 조항이 국가와 입찰참가자 사이에서 규범력이 인정될 수 있고 이를 근거로 H사의 입찰을 무효로 할 수 있다는 취지로 보인다. 다만 입찰참가무효의 효력은 H사에 한하며 그 입찰

---

24) 대법원 2012. 9. 20. 자 2012마1097 결정.

25) 실시설계적격자의 선정에 따른 지위는 낙찰자 결정에 앞서 그 교섭과정에서 거치는 중간 단계에 불과하다. 다만 실시설계적격자는 이후 실시설계도서를 제출하여 적격통지를 받는 경우 계약서를 작성함으로써 계약을 확정시킬 수 있는 다른 입찰참가자보다 고양된 지위를 갖는다.

26) 시행규칙 제44조(입찰무효) ① 영 제39조 제4항에 따라 무효로 하는 입찰은 다음과 같다.
6의3. 제15조 제1항에 따라 등록된 사항 중 다음 각 목의 어느 하나에 해당하는 등록사항을 변경등록하지 아니하고 입찰서를 제출한 입찰
가. 상호 또는 법인의 명칭
나. 대표자(수인의 대표자가 있는 경우에는 대표자 전원)의 성명

무효가 공동수급체의 입찰무효로 이어지는지 여부는 별도로 판단이 필요하다고 하였다. 즉 내부 규정으로 해석되는 조항이라고 하더라도 입찰참가자에게 충분한 숙지의 기회가 주어졌다면 발주관서는 관련 규정의 담당공무원에 대한 내부적 구속을 넘어 입찰참가자에 대한 규범적 효력을 긍정하였다. 비록 위 결정은 발주관서가 입찰참가자에게 불이익한 결정을 내리는 근거로서 관련 법령의 입찰참가자에 대한 규범력을 긍정한 판시이지만 역으로 입찰참가자는 발주관서의 법령 위반의 행위가 있는 경우 그 위법성을 주장할 수 있는 논거로 활용할 수 있을 것으로 보인다.

다. 입찰관련 법령의 미준수를 계약상대방에 대한 위법행위로 인정한 사례[27]

대상판결과 유사한 사례로 K시 담당공무원이 H건축 사무소에 설계용역계약을 체결하며 편성예산이 19억3천만원임을 H사무소 건축사인 갑에게 통지하였다. 이후 갑은 설계도면 및 시방서 등은 자신이 직접 작성하고 건축에 필요한 물량을 산출한 수량산출조서와 위 조서의 물량을 기초로 금액을 산출한 공사비내역서의 작성은 S사무소에 작성을 의뢰하였다. 최초 S사무소는 이 사건 공사부분의 공사비가 당초의 예산액을 초과하는 23억2천만원으로 공사비내역서를 작성하였다. 그러나 갑은 설계도면, 시방서, 수량산출조서 등은 그대로 둔 채 위 S사무소에 공사비내역서만 위 공사예산액에 맞추어 수정하도록 지시하였다. 이에 S사무소는 이 사건 공사부분 중 가설공사 등 20개 항목에서 수량과 금액을 축소, 그 공사대금을 19억3천만원으로 변경한 공사비내역서를 재작성하여 갑에게 전달하였다. 그리고 H사무소는 이를 설계도면 등과 함께 발주관서에 제출하였다. 그리고 검수의 책임이 있는 담당 공무원은 제출받은 설계도면 등을 검수하면서 공사비내역서를 수량산출조서와 대조하여 확인하지 아니하는 바람에 공사비내역서가 축소 작성된 것을 발견하지 못하고 설계용역이 준공된 것으로 처리하였다. 이에 따라 발주관서는 위 축소 수정된 공사비내역서를 기초로 하여 설계금액을 19억3천만원으로 하는 입찰공고를 하였다. 원고는 입찰공고된 설계금액의 약 85%인 16억3천만원에 이 사건 공사부분을 낙찰 받아 위 낙찰액을 계약금액으로 하는 공사도급계약을 체결하고 같은 해 12. 5. 이 사건 공사부분의 공사에 착수하였다. 그러나 그 후 원고는 공사비내역서가 축소 작성되었음을 발견하고 피고에게 설계변경을 요구하였으나 발주관서는 공사비내역서의 오류만으로는 설계변경을 할 수 없다는 이유로 이를 거절하였다. 원고는 원래의 설계도면대로 이 사건 공사부분을 완공하여 실제 투입된 금액이 공시된 설계금액의 30% 이상 초과되었음에도 피고로부터 당초의 계약금액 및 물가변동으로 인하여 증액된 계약금액만을 수령하게 되자 국가배상법상의 손해배상을 청구하였다.

대법원은 입찰 당시에 시행되던 구 지방재정법, 예산회계법 및 동 시행령의 규정상 지방자치단체의 장은 적정한 거래실례가격이 없는 공사계약의 경우 원가계산에 의한 가격을 예정가격으로 결정하며, 원가계산에 의한 가격은 계약의 목적이 되는 공사를 구성하는 재료비, 노무비, 경비, 일반관리비 및 이윤으로 이를 계산하도록 규정되어 있다는 점을 먼저 밝혔다. 그리고 설

---

27) 대법원 2003. 10. 9. 선고 2001다27722 판결[손해배상(기)][미간행].

계금액이란 재료비, 노무비, 경비, 일반관리비 및 이윤 등 공사의 원가를 의미하며, 위 관련법상 지방자치단체의 장 또는 그 위임을 받은 공무원은 계약상대자가 계약의 이행을 완료한 때에는 그 이행을 확인하기 위하여 계약서·설계서 기타 관계서류에 의하여 스스로 이를 검사하거나 소속 공무원에게 그 사무를 위임하여 필요한 검사를 하게 하도록 규정되어 있다는 점을 지적하였다. 따라서 설계에 대한 준공검사, 설계금액의 공고, 예정가격의 결정 등 사무를 담당한 피고 소속 공무원으로서는 갑이 설계용역계약의 이행을 제대로 완료하였는지 검사·확인하는 동시에 이 사건 공사부분의 실제 원가를 산정하기 위하여, 적어도 공사원가계산서는 공사비내역서 부분과, 공사비내역서 부분은 수량산출서 부분과 각각 대조하여 상호 상이함이 없이 일치되는지 여부를 확인하여야 할 주의의무가 있다고 하였다. 따라서 본 사안의 경우 위 대조 작업이 건축적산전문가 또는 건축사가 아니더라도 설계에 대한 준공검사 또는 공사입찰에 관한 사무를 처리할 능력이 있는 공무원이라면 쉽게 수행할 수 있는 것으로 판단되며 수량산출서 부분을 공사비내역서 부분과 전혀 대조하지 아니함으로써 공사원가계산서가 축소 조작되었음을 간과하여 이 사건 공사부분의 입찰공고를 함에 있어서 축소 조작된 공사원가계산서대로 설계금액을 공고하였다면, 위 담당공무원에게 사무집행상의 과실이 있다고 판시하였다. 본 판결은 국가배상법 제2조의 담당공무원 과실을 평가함에 있어 공공조달계약 관련 법령의 위반을 주요 판단요소로 삼았다는 점에서 관련법령은 국가와 입찰참가자 사이에서 규범력이 있음을 인정한 판시로 평가할 수 있다. 그러나 본 판결은 미간행 판결이라는 점에서 대법원의 공식적인 입장으로 보기는 어렵다는 한계를 갖는다.

라. 대상판결의 태도: 법령위반 미고지의 위법

대상판결 역시 예정가격 산정을 위한 근거 법령인 국가계약법 시행령, 시행규칙, 회계예규의 구조와 내용을 설시한 후 예정가격 산정과 관련한 구체적인 사항이 규정된 회계예규에 대해 국가가 사인과 사이의 계약관계를 합리적·효율적으로 처리할 수 있도록 관계공무원이 지켜야 할 계약사무 처리에 관한 필요사항을 규정한 것으로서 계약담당공무원의 실무준칙에 지나지 않는다고 하고, 따라서 계약담당공무원이 예정가격을 정하는 과정에서 위와 같은 회계예규의 규정을 준수하지 않았다고 하더라도 그 사유만으로 곧바로 국가가 계약상대방에 대하여 손해배상책임을 지게 되는 것은 아니라고 하여 일단 기존 대법원의 판결에 따르는 태도를 취하였다.

그러나 본 판결은 기존 판결과 달리 관련법령의 위반이 입찰참가자 또는 계약상대방에게 고지의무위반의 위법행위가 될 수 있다고 하여 입찰참가자 등으로 하여금 손해배상을 통해 구제받을 수 있는 요건을 비교적 명확하게 제시하였다. 즉 입찰공고에 관련 법령이 공고되었는지 여부에 상관없이 입찰참가자 등은 법령이 정한 기준에서 예측가능한 합리적 조정의 범위를 벗어났을 뿐만 아니라 그 위반의 점이 입찰참가자가 참가 여부를 결정하는데 중요하게 고려하였을 것임이 경험칙상 명백한 경우, 국가는 신의성실의 원칙상 그와 같은 점을 고지할 의무가 있으며 이를 위반하여 손해를 유발한 경우 손해배상책임이 있다고 판시하였다.[28] 이때 관련 법령이 입찰공고를 통해 공지될 것을 필요적으로 요구하는 것은 아니며 그 법령준수에 대한 신뢰의 문제로 접근하는 것으로 보인다. 구체적으로 보면 회계예규 등을 정해 예정가격 결정방식을 미리 정한 목적을 입찰절차의 공정성·투명성을 확보하기 위한 것이라고 하면서 공공조달계약과 일반 사인 사이의 차이점, 즉 공공 일반의 이익을 고려요소로 삼고 있다는 점을 강조하였다. 위와 같은 목적에서 정해진 회계예규 역시 그와 같은 점을 고려하여 계약담당공무원이 지켜야 할 가격산정의 기준을 매우 구체적이고 상세하게 규정한 것으로 공공조달계약의 입찰조건은 특별한 사정이 없는 한 회계예규 등에서 정한 기준에 따라 정해지게 된다고 하였다. 따라서 입찰에 참가하는 당사자로서도 입찰공고에서 따로 공지된 사항이 없는 이상 기초예비가격과 복수예비가격이 회계예규에서 정한 표준품셈 등의 기준에 따라 산정되었을 것으로 신뢰하고, 만약 그 가격이 회계예규 등의 기준을 현저히 벗어난 방식으로 산정된 경우 일탈한 점에 대해 명시적으로 공지하여 입찰참가자가 이를 고려할 수 있도록 할 것을 기대하는 것이 합리적이라고 하였다. 이에 따라 담당공무원이 회계예규를 준수하지 않고 표준품셈이 정한 기준에서 예측 가능한 합리적 조정의 범위를 벗어난 방식으로 기초예비가격을 산정하였음에도 그 사정을 입찰공고에 전혀 표시하지 않았고, 낙찰자 역시 그러한 사정을 알았더라면 입찰에 참가할지를 결정하는데 중요하게 고려하였을 것임이 경험칙상 명백한 경우 국가는 신의칙상 입찰공고 등을 통하여 미리 그와 같은 사정을 고지할 의무가 있다고 설시하였다. 따라서 그와 같은 고지의무를 다하지 않은 대상 판결의 경우 위법한 행위로서 그와 상당인과관계 있는 손해에 대한 배상책임이 인정된다고 하였다. 대상판결의 고지의무에 따른 접근법을 중심으로 고지의무 일반과 공공조달계약에서의 특성, 가격의 의의와 그 형성 및 절차에 대해 세부적으로 검토한다.

3. 발주관서의 법령위반에 따른 고지의무위반의 법적 구성

가. 계약체결상 정보제공 · 고지의무

(1) 당사자 일방이 알고 있는 정보를 상대방에게 사실대로 고지하여야 할 신의칙상의 주의의무가 인정된다고 볼 만한 특별한 사정이 없는 한 계약체결상 일반적인 계약체결상의 정보 예컨대 교환목적물의 시가나 그 가액결정의 기초가 되는 사항에 대한 설명 또는 고지의무를 인정하기는 어렵다.[29] 그러나 정보제공 또는 고지의무의 부인이 계약자유·자기결정의 전제인 인식

---

28) 공공조달계약의 경우 일반계약과 비교하여 공익성, 신의칙의 강조(국가계약법 제5조), 투명성(동법 제5조의2 등) 등이 강조된다는 점에서 계약체결과정에서 발주관서의 법령준수에 대한 신뢰를 배신하여 입찰참가자들의 합리적 예상범위를 벗어난 기준을 제시하는 것을 규제하는 태양은 약관규제상의 기습조항에 대한 규제와 유사한 측면이 있다. 특히 투명성의 경우 약관규제에 있어 상대방에 대한 적절한 정보제공을 그 목적으로 하고 있다는 점에서 더욱 그러하다. 의외조항과 투명성 원칙과의 관계에 대해 이병준, "의외조항 내지 기습조항의 법률적 취급", 「민사법학」 제73호(2015), 246면 이하.

29) 대법원 2006. 11. 23. 선고 2004다62955 판결.

이나 정보의 불균형과 이에 따른 계약의사의 왜곡 또는 시장질서의 불공정으로 이어지는 경우까지 인정될 수는 없으며 일정한 경우 조리 또는 법률을 통한 고지의무가 정당화 될 수 있다. 구체적으로 보면 먼저 실질적인 근거로서 계약당사자 사이의 정보량의 격차를 들 수 있다.[30] 일반적으로 상호간 이익을 극대화하려는 계약체결 상황에서 계약체결을 위한 정보 역시 당사자 스스로 갖추도록 하는 자기정보책무가 각자에게 주어지지만 현대 계약에 있어 복잡성과 전문성으로 인해 정보에 대한 접근성이 제한된 경우 합리적 인식을 형성하기 어렵고 사회 전체적으로도 불투명하고 공정하지 못한 시장질서의 형성을 초래할 수 있다는 점에서 정보제공의무 또는 고지의무를 인정하는 것이 정당성을 갖는 경우가 늘고 있는 것으로 보인다.[31] 다음으로 고지의무의 법적 근거로 직접적인 법령의 규정뿐 아니라 널리 계약상·관습상 또는 조리상의 일반원칙에 의하여도 인정될 수 있다.[32] 계약체결 이전 정보제공 또는 고지의무의 위반과 관련하여 민법상 명시적인 규정을 찾기는 쉽지 않다. 다만 우리 민법은 제2조의 신의성실의 원칙, 해석상 부정확한 정보제공으로 착오가 유발된 경우 취소권이 도출되는 제109조,[33] 계약교섭과정에서 의도적으로 잘못된 정보를 받아 기망에 이른 자의 취소권을 도출하는 제110조와 같이 간접적인 규율방식을 채택하고 있다. 반면 민법과 달리 소비자보호를 목적으로 하는 할부거래에 관한 법률(제1조, 제5조), 방문판매 등에 관한 법률(제1조, 제7조) 및 전자상거래 등에서의 소비자보호에 관한 법률(제1조, 제13조)이나 시장질서의 투명성을 목적으로 하는 자본시장과 금융투자업에 관한 법률(제1조, 제47조) 등은 명시적으로 계약체결 전 정보제공의무를 인정하여 직접적인 규율방식을 취하고 있다.

(2) 대법원 판시 중 고지위무의 위반에 대해 관련 법령을 밝히지 않은 경우도 있으나 일부 판결은 거래 상대방이 고지를 받았다면 거래를 하지 않았을 것임이 경험칙상 명백한 경우 신의칙상 고지의무가 발생하며 고지의무를 해태한 경우 제750조의 불법행위 책임을 진다고 판시하여 고지의무 위반을 불법행위 책임으로 판단하고 있다.[34] 다만 고지의무의 위반에 대해 부수적 채무불이행 책임으로 채무불이행 책임으로 보거나[35] 계약체결상의 과실책임으로 판단하는 견해[36] 역시 유력하다. 대법원의 고지의무 위반의 태도에 대해 채무불이행 책임인지 불법행위책임인지 명시적인 판단이 없다는 지적도 있다.[37] 그러나 대상판결의 경우 최종적으로 계약체결

30) 최상호, "계약상의 정보제공의무에 관한 연구", 채권법에 있어서의 자유와 책임, 김형배 교수 화갑기념논문집(1994), 171면.

31) 김상중, "계약체결 이전 단계의 정보제공의무", 「고려법학」 제56호(2010. 3.) 19, 20면.

32) 대법원 2007. 6. 1. 선고 2005다5812, 5829, 5836 판결.

33) 대법원 1997. 9. 30. 선고 97다26210 판결.

34) 대법원 2009. 8. 20. 선고 2008다19355 판결.

35) 김재형, 민법판례분석, 2015, 240면.

36) 김형배·김규완·김명숙, 민법학강의(제14판), 2015, 1222면.

37) 김재형, 앞의 책, 240면.

에까지 이른 사안임에도 계약성립단계의 고지의무 위반을 국가배상법 제2조의 위반으로 파악하고 있다. 이는 사경제 주체로서 체결되는 계약의 위법에 대해 국가배상법의 적용을 부인하는 대법원의 판시를 고려하건대,[38] 대법원은, 최소한 공공조달계약체결의 영역에 있어서는, 고지위무 위반을 불법행위책임으로 파악하는 것으로 보인다.

(3) 고지의무 위반의 유형에 대해 대법원은 거래상대방이 일정한 고지를 받았다면 그 거래를 하지 않았거나 적어도 그와 같은 내용 또는 조건으로 계약을 체결하지 아니하였을 것임이 경험칙상 명백함에도 이를 해태한 경우[39] 또는 제공되는 정보의 정확성을 확인하려는 별다른 노력을 기울이지 않고 의사결정에 영향을 줄 수 있는 중요한 사정에 관하여 잘못된 정보를 제공한 경우[40] 두 유형으로 파악하고 있는 것으로 보인다. 이때 그 상대방이 알 수 있었음에도 알지 못한 과실이 있다 하더라도 일부 책임을 제한할 여지는 있지만 고지의무 자체를 면할 수는 없다.[41] 다만 내용상 고지의무가 인정되는 경우라고 하더라도 상대방이 고지의무의 대상이 되는 사실을 이미 알고 있거나 스스로 이를 확인할 의무가 있는 경우 또는 거래 관행상 상대방이 당연히 알고 있을 것으로 예상되는 경우에는 고지의무의 위반이라고 볼 수 없다.[42]

나. 예정가격 산정과 관련한 법령위반과 고지의무

앞서 본 일반 계약체결상 예외적으로 인정되는 정보제공 · 고지의무는 공공조달계약체결 성립 간에는 매우 다른 양상을 갖는다. 즉 일반 사인 사이의 계약과 달리 국가는 원칙적으로 입찰공고 등을 통해 입찰절차 등을 통해 계약체결에 필요한 정보의 상당부분을 제공하며, 그 제공되는 정보의 범위는 관련법령에 미리 규정되어 있다. 반대로 입찰참가자 역시 입찰공고 등에서 요구하는 정보를 입찰을 전후하여 발주관서에 제공하게 된다. 대상판결은 공공조달계약의 체결과 관련한 법령의 위반을 고지의무의 위반으로 의율하기 위해서는 두 가지 요건을 요구하고 있다. 먼저 담당공무원이 법령이 정하고 있는 기준에서 예측가능한 합리적 조정의 범위를 벗어난 방식으로 업무를 처리하고, 나아가 그와 같이 불합리하게 이루어진 업무가 낙찰자 등 입찰참가자의 입찰참가여부를 결정하는 데 중요하게 고려하였을 것임이 경험칙상 명백할 것을 요구하고 있다.

(1) 공공조달계약상 가격의 의의

입찰을 원칙으로 하는 공공조달계약은 입찰절차에서 계약과 관련한 대부분의 정보가 공개

38) 대법원 1999. 11. 26. 선고 98다47245 판결.

39) 대법원 2013. 11. 28. 선고 2011다59247 판결; 대법원 2009. 8. 20. 선고 2008다19355 판결. 나아가 고지의무 사항에 대해 일단 체결 당시 알았거나 예견할 수 있었으나 이를 상대방에게 고지하지 않은 경우에는 그 사유로 인해 후에 채무불이행이 되는 것 자체에 대해 그에게 어떠한 잘못이 없다고 하더라도 원칙적으로 채무불이행이 인정된다고 한다. 대법원 2011. 8. 25. 선고 2011다43778 판결.

40) 대법원 2009. 8. 20. 선고 2008다19355 판결.

41) 대법원 2007. 6. 1. 선고 2005다5812, 5829, 5836 판결.

42) 대법원 2013. 11. 28. 선고 2011다59247 판결.

되는 반면 일단 입찰에 참가하기로 결정한 입찰참가자는 제공된 정보에 따라 입찰서에 가격을 적어냄으로써 계약의 일부내용을 형성할 수 있을 뿐이다.[43] 즉 가격은 입찰참가자가 사실상 유일하게 계약의 내용형성에 실질적으로 기여하는 요소이다. 공공조달계약상 가격의 위치를 고려하건대 가격은 공공조달계약에 있어 본질적 구성부분을 이루는 것으로 평가할 수 있다. 대상판결의 경우 입찰참가자의 입찰가격 책정의 핵심정보가 되는 기초예비가격·복수예비가격 등의 산정, 보다 정확히는 예정가격의 산출과정의 문제점을 지적하고 있다. 즉, 대상판결은 예정가격의 산정을 위한 국가계약법 시행령, 시행규칙 및 기재부 회계예규인 예정가격작성기준의 위반을 고지의무위반 여부의 중요요소로 보고 있으므로, 이에 대한 위반이 고지의무에 반하는 정도에 이르렀는지 판단하기 위해서는 먼저 예정가격 산정절차가 공공조달계약의 체결에서 갖는 의미를 검토할 필요가 있다. 또한 대상판결의 경우 기초예비가격 그 자체에 허위가 있는 것이 아니라 그 산정에 법령위반의 점이 있는바 기초예비가격 산정의 법령위반이 입찰참가자의 입찰참가여부를 결정하는 데 중요한 고려요소가 될 수 있는지 판단할 필요가 있다.

(2) 공공조달계약체결상 예정가격의 작성과정과 의의

예정가격은 입찰 또는 계약체결 전에 낙찰자 및 계약금액의 결정기준으로 삼기 위하여 미리 작성·비치하여 두는 가액으로 정의된다.[44] 일반적인 경쟁계약 절차에서 예정가격의 작성절차는 예상가격 작성 → 추정가격 작성 → 설계가격 또는 조사가격 작성 → 기초금액 작성 → 복수예비가격 작성 → 예정가격 작성의 순으로 정해진다.[45] 일단 예정가격이 정해지면 개찰 전까지 밀봉하여 개찰장소에 비치되어 누설되지 않도록 하고 있다.[46] 이때 입찰참가자로서는 다른 경쟁입찰자와 비교하여 경쟁력 있는 입찰가격을 제시하여야 하는 동시에 예정가격을 초과하는 경우 낙찰 받을 수 없고[47] 또한 개찰 후 적격심사시 예정가격 대비 과소한 입찰가격은 낙찰을 무산시킬 수 있다는 점을 감안하여 입찰가격을 정한다. 따라서 예정가격과 예정가격 산정을 위한 기초예비가격 등은 입찰참가자의 낙찰에 결정적인 역할을 하게 된다. 이에 따라 예정가격은 계약내용에 포함되지 않음에도 이의 결정방법과 절차는 동 시행령과 시행규칙, 회계예규인 예정가격작성기준에 비교적 구체적으로 정해져 있다. 그리고 예정가격작성기준 제2조 제2항은 불가피하게 원가계산 등에 의해 산정된 금액과 다르게 예정가격을 결정한 때에는 그 조정사유를 예정가격 조서에 명시하도록 하고 있다. 이와 같은 중요성에도 불구하고 예정가격은 개찰 전까지 밀봉하여 개찰장소에 비치되며 누설되지 않도록 정하고 있어, 입찰참가자로서는 예정가격이 정해지기 전에 발주관서가 사전에 공개하는 기초금액 또는 기초금액의 ±2 또는 ±3% 범위에서

43) 실제 입찰서 양식은 입찰차와 입찰내용으로 구성되어 있으며, 입찰내용은 건명·입찰가격·준공연월일 등으로 단순한 형식으로 구성되어 있다.

44) 시행령 제2조 제2호.

45) 정원, 공공조달계약법, 71면.

46) 시행령 제7조의2 제1항.

47) 시행령 제42조 제1항 등.

선정된 15개 복수 예비가격 등을 통해 정해진다는 점을 감안하여 불완전하게나마 예측하여 입찰금액을 정할 수밖에 없다. 즉 기술한 추정가격, 설계가격 또는 조사가격, 기초금액 및 복수예비가격과 이를 규율하는 관련 법령 규정들은 발주관서 내부에서는 예정가격 작성을 위한 기준으로서의 성격을 가지지만 동시에 입찰참가자에게 자신의 입찰가격의 책정과 최종적으로 낙찰에도 직접적이고 구체적인 영향을 미치게 된다.

(3) 예정가격 산정을 위한 관련법령위반의 한계

입찰절차를 중심으로 하는 공공조달계약 체결의 경우 법령에 따라 정해진 상호간 필요한 정보를 제공할 의무를 갖는 것은 일반적인 공공계약의 특징이라 할 수 있다. 이때 공공조달계약 체결을 위한 정보의 제공은 일반적으로 양측 모두 관련 법령에 따라 이루어지며 이 점은 예정가격의 결정 전에 이루어지는 기초예비가격이나 복수예비가격 등의 산정 역시 마찬가지이다. 특히 예정가격이 공개되지 않은 상태에서 사전에 이루어지는 추정가격 등의 산정과 이와 같은 산정이 관련 법령에 의해 이루어진다는 신뢰는 법적으로 보호받을 만한 가치가 있는 것으로 보인다. 이와 같은 신뢰에 반하여 관련 법령 등을 통해 정한 기준에서 예측 가능한 합리적 조정의 범위를 벗어나 산정하였고 나아가 관련법령에 부합하지 않는 방법으로 산정한 가격이 원가에도 못미쳐 낙찰자로서는 처음부터 손해를 감수할 수밖에 없는 점은 낙찰자로서 입찰참가여부를 결정하는데 중요한 사정이라고 판단한 대법원의 판단은 충분히 수긍할 수 있다. 결국 그와 같은 위반사실은 고지의무의 대상이 되며 이를 고지하지 않았다면 고지의무 위반으로서 손해배상의 대상이라고 할 수 있다. 대상 판결의 경우 예정가격은 미리 공지된 기초예비가격 또는 복수예비가격을 기준으로 일응 정상적으로 작성되었으나 실제로 그 기초가 되는 기초예비가격 등의 산정에 있어 관련 법령이 정한 기준과 충돌하여 부당하게 낮게 산정되었다. 비록 기초예비가격 등이 예정가격을 정하기 위한 일응의 기준이며 이를 정하는 법령 역시 내부준칙으로서의 성격을 부인할 수는 없다고 하더라도 입찰참가자는 기초예비가격 등과 이에 대한 법령준수의 신뢰를 바탕으로 입찰참가여부 및 입찰액을 정한다는 점을 고려할 필요가 있다. 즉 이들 관련법령의 보호목적은 단순히 공무원의 업무처리를 위한 내부준칙으로서의 성격을 넘어 입찰참가자에 대한 정보의 제공과 신뢰에까지 미친다고 평가할 수 있다.

4. 소 결

비록 대상판결 이전 대법원이 계약서 작성의 규정을 제외한 입찰관련법령의 국가와 입찰참가자 사이의 규범력에 대해 전반적으로 소극적인 모습을 보인 것과는 대조적으로 하급심 판결을 통해 입찰관련 법령에 대한 규범력 부여의 시도는 꾸준히 이어져 왔다. 예컨대 입찰참가자에게 법령에 따른 기대권적 지위를 인정하거나,[48] 발주관서의 법령준수에 대한 신뢰보호를 근거

---

48) 광주고등법원 2001. 5. 11. 선고 2001라10 판결: 국가를 당사자로 하는 계약에 관한 법률 및 같은 법 시행령은 국가나 지방자치단체 뿐만 아니라 위 법령에 규제된 계약상대자의 기대권적 지위를 침해하여서는 안된다는

로 이들의 구제를 인정한 바 있다.[49] 대법원의 소극적 태도에도 불구하고 하급심에서 지속적으로 관련 법령의 발주관서－입찰참가자 사이 규범적 효력을 인정한 점은 양자 사이에서 갖는 관련 법령의 의미, 즉 담당공무원에 대한 내부준칙에 그치는 것이 아니라 실질적으로 입찰참가자와 발주관서를 규율하며 입찰참가자들이 이를 기준으로 의사결정에 이르는 점을 감안한 것으로 보인다. 요컨대 입찰참가자로서 입찰을 결정하거나 입찰의 조건을 결정하는 정보와 관련된 법령의 경우 단순히 담당공무원의 업무처리를 위한 내부준칙으로서의 성격에 그치는 것으로 볼 수는 없다. 그리고 관련법령의 내용에 따라 이를 준수하여 정해진 정보가 제공된다는 입찰참가자의 신뢰는 입찰을 중심으로 체결되는 공공조달계약에 있어 법적으로 보호할 만한 가치가 있다고 평가할 수 있다. 즉 입찰공고 등을 통해 참가자들에게 제공되는 정보를 규율하는 법령들은 그 보호목적의 범위에 있어 계약담당공무원의 내부질서·규율을 넘어 입찰참가자들의 정당한 신뢰 및 이익 역시 이에 담겨있다고 평가할 수 있다. 이와 같은 측면에서 대법원이 대상판결을 통해 입찰참가자가 입찰관련 정보에 대해 법령에 따라 준수될 것이라는 점과 법령을 기준으로 예측가능한 합리적인 조정 범위를 벗어난 경우 입찰참가자들에 대한 고지의무가 인정된다고 한 점은 관련법령의 보호목적을 내부준칙에 한정하였던 기존 판결과 비교하여 진일보한 판결로 평가할 수 있다.

Ⅳ. 비교법적 검토

1. EU

EU는 공공조달의 영역을 규율하기 위하여 공공조달계약의 성립을 규제하는 공공조달지침(Public Procurement Directive)과 구제지침(Remedies Directive)을 두고 있다.[50] 제정 당시 위 지침들은

의미에서 상대방 당사자인 사인에게도 그 효력이 미친다고 할 것이고, 지방자치단체인 채무자가 미리 낙찰자의 결정방식에 관하여 위 법령에 근거한 구체적인 심사기준을 정하여 공고하고 이에 따라 채권자가 응찰하였으므로, 입찰시행자인 채무자는 위 법령과 제시된 심사기준에 따라 낙찰자를 결정하여야 할 의무가 있고, 적격심사 대상자로 선정된 입찰자로서는 적격심사에 합격하면 장차 낙찰자로 선정되어 계약을 체결할 수 있는 조건부 권리를 취득하였다고 할 것이므로, 채무자로서도 위 법령 및 그에 근거한 구체적 심사기준에 위배하여 이를 침해할 수는 없는 것이다.

49) 서울고등법원 2004. 8. 20. 선고 2003나83988 판결: 국가기관이 입찰을 실시하는 관급공사에 관하여 관계 법령이 낙찰자를 정함에 필요한 요건, 절차 등을 구체적이고 상세하게 명시하고 있는 경우, 국가기관이 제반규정을 자의적으로 해석하지 아니하고 충실하게 준수하는 것이 당연하기 때문에, 원고와 같이 적어도 공사 이윤 상당의 수익을 기대하여 입찰에 참가하는 시공업체들도 국가기관이 시행하는 입찰의 적법성이나 절차적 투명성을 신뢰하는 것이다. 이러한 점에 비추어 보면, 낙찰자의 결정을 위한 적격심사절차 역시 적격심사대상자가 제출한 근거서류의 진위 여부와 위 적격심사기준상의 배점에 대한 객관적인 사항에 관하여 위와 같은 규정에 따라 확인하여 종합평점을 산정하는 절차에 불과한 것으로 인정된다.

50) 이 외에도 공공시절사업분야 지침(Utilitiies Directive)과 이에 대한 구제지침이 있으나 이에 대한 논의는 생략한다.

각 회원국의 공공조달 규제에 있어 하나의 틀을 제공하는 목적을 가지고 출발하였으나 지침의 회원국 국내법 반영과 EU 재판소를 통해 지침을 근거로 한 판결의 집적이 이루어짐에 따라 공통 법규로서의 성격을 갖게 된 것으로 평가된다.[51] EU는 특히 공공조달지침 외에도 발주관서 담당 공무원의 관련법령 위반이 있는 경우 입찰참가자 등 계약체결과 관련하여 이익을 가졌거나 가진 자가 그 위반으로 인해 불이익을 받거나 받을 수 있는 경우 구제를 구할 수 있는 권리를 인정하고 있다. 이때 이해관계인의 구제는 손해배상뿐만 아니라 지위에 대한 보전처분(interim relief), 낙찰의 취소(set-aside), 최소유예기간의 확보(minimum standstill period), 계약의 무효 (ineffectiveness) 그리고 이와 같은 구제를 실질적으로 보장하기 위한 낙찰과정 등의 정보 제공을 법제화하고 있다. 이와 같이 EU 법제는 담당공무원의 위법에 대해 손해배상부터 입찰절차 나아가 계약의 효력여부까지 폭넓게 구제방법을 정함으로써 실질적으로 발주관서와 이해관계인 사이 관련법령의 규범력을 확보하고 있다.

2. 영 국

영국은 EU 공공조달지침 제정 전까지 일부 공공조달행정을 위한 입법이 있었던 것은 사실이나 전반적으로 보았을 때 공공조달계약 영역을 독립적으로 규율하였다고 보기는 어렵다. 다만 영국법원은 EU의 공공조달지침 제정 전부터 본계약 체결 전 입찰절차를 묵시적 계약(implied contract)으로 구성하여 입찰참가자와 발주관서 사이의 법률관계를 규율한 점에 다른 입법례와 차별성을 갖는다.[52] 묵시적 계약법리가 설시한 첫 사례인 Blackpool 사례에서 행정상의 실수로 원고를 입찰에서 배제한 발주관서의 행위에 대해, 적법하게 입찰서를 제출한 사업자는 계약적 근거를 바탕으로 발주관서에 관련 규정에 따른 의무준수를 요구할 수 있으며 시청 측의 명시적인 계약체결의 의사가 드러나지 않았다고 하더라도 권리의 행사가 가능하다고 하였다. Bingham 판사는 “만일 입찰자가 입찰공고에 따라 기한에 맞추어 적법한 입찰서를 제출하였다면, 그는 단순한 기대로서가 아닌 계약적 권리로서 다른 적법한 입찰서와 함께 그의 입찰서가 개봉되고 평가되어야” 한다고 판시한 바 있다.[53] 다만 영국법원이 모든 입찰단계의 법률관계를 묵시적 계약관계로 보고 있다고 일반화하기는 어렵다. Blackpool 사례의 경우 계약적 관계를 구성하면서 원고가 기존 사업자였던 점과 시청측이 제한된 업체에 한하여 입찰요청서를 송부하였고 엄격한 기한 준수를 요구하였다는 점을 강조하였기 때문이다. 이후 Harmon 사례는 이 점을 더욱 명확히 하여 단순히 입찰공고와 그에 따른 입찰참가자의 입찰만으로 묵시적 계약이 성립하는 것은 아니며 기타 제반사정에 따른 강화된 요건이 필요하다고 판시하면서 묵시적 계약

51) Sue Arrowsmith, ‘The Past and Future Evolution of EC Procurement Law: From Framework to Common Code’, 35(3) PCLJ 337.
52) Paula Giliker, *Pre-contractual Liabilities in English and French Law*, (Kluwer Law International 2002) at 39.
53) *Blackpool & Flyde Aero Club v Blackpool BC* [1990] 1 WLR 1195.

위반과 불법행위에 따른 손해배상을 병행하여 판결한바 있다.[54] 이와 같은 법리에 따른다면 입찰참가자로서는 계약적 권리로서 관련법령의 준수의무를 주장할 수 있다는 점에서 계약법리를 통해 관련법령의 규범력을 확보하는 것으로 보인다.

3. 프랑스

프랑스는 행정부의 행위에 대한 일반 사법통제를 제한하는 전통의 영향으로 계약이라는 형식에도 불구하고 공공조달계약상 발생하는 위법행위는 행정법의 영역으로 보아 행정계약의 개념을 독립적으로 인정하고 행정법원(Tribunal administrative)의 관할에 두도록 하였다.[55] 공공조달계약 역시 행정계약의 개념에 편입되어 일반 민사법상의 계약과는 다른 방향으로 규율되어 구제방법 역시 다양하고 폭넓게 인정되었다. 이에 따라 프랑스는 EU 공공조달 관련 지침의 제정으로 규제 법령이 크게 변화된 다른 국가들과 비교하여 그 구제수단이 대부분 행정계약 개념의 인정을 통해 이미 인정된 경우가 많아 상대적으로 그 영향이 제한적인 것이 사실이다. 행정계약 개념의 인정과 행정법원을 통한 규제를 통해 관련법령은 법원이 낙찰 등 입찰절차에서의 위법 판단의 직접적인 근거가 될 수 있도록 하였다. 특히 낙찰에 탈락한 입찰참가자의 경우 다른 이해관계인과 비교하여 보다 강화된 구제절차가 인정되어 이들은 체결된 계약 또는 계약 조문의 효력을 다툴 수 있으며, 그 효력을 다투는 절차를 효력분쟁의 소(recours en contestation de la validité)라고 한다.

4. 미 국

미국 연방의 조달계약은 일반적으로 연방획득규칙(Federal Acquisition Regulation)에 따라 규율된다. 특히 미 연방법원은 계약담당공무원의 관련법령 위반행위를 일종의 권한유월행위로 보아 효력을 제한하는 Christian Doctrine을 확립하여 관련법령의 효력을 강제하고 있다. 이 법리는 G. L. Christian & Associate v. United States 판결을 통해 공공조달계약 영역에서 형성된 것이다.[56] 위 사안은 담당 계약관이 미 육군 기지 부속 건물에 대한 계약을 체결하며 법령에서 요구하는 편의적 표준 해제 규정을 과실로 누락한 경우,[57] 국가가 누락된 법령상의 조항을 근거로 주장할 수 있는지가 쟁점이 되었다. 이에 대해 법원은 필수 계약 조항은, 비록 물리적으로 부존

54) *Harmon CFEM Facades (UK) Ltd v Corporate Officer of the House of Commons* (2000) 2 L.G.L.R. 372 (QBD(TCC)).

55) Barry Nicholas, *The French Law of Contract* (2nd edn, Clarendon Press Oxford 1992) at 25.

56) *GL Christian & Associations v United States* 312 F2d 418 (Ct Cl 1963).

57) 다만 본 판결의 경우 단순히 계약담당공무원의 과실 뿐만 아니라 계약 상대방 측의 기대이익 쟁점이 되는 규정에 대해 관련 사정을 통해 알거나 알 수 있었다는 점까지 감안하여 판단하고 있다. “For many years unearned profits have not been paid upon such terminations, and we think it probable, too, that Centex-Zachry knew of that general policy.”

재한다고 하더라도 실질적으로 체결된 계약에 있어 유효하게 포함될 수 있다고 판결하였다. 이에 대한 이론적 근거로, 법 또는 강제력을 가지는 규칙에 따른 예외가 없는 한 계약관은 계약체결을 할 수 있는 권한이 없다는 점을 제시하면서, 계약의 합법성을 규율하는 유일한 법령이 계약 체결 당시 이미 존재하고 있었다는 것이다.[58] 따라서 각급 법원은 반드시 "권한의 위임이 발간된 행정규칙에 따라 제대로 이루어졌는지 합리적으로 결론 내릴 수 있어야" 한다고 하였다. 즉, Christian doctrine은 법령을 통해 담당공무원에게 의무를 부과한 조항의 경우 계약상 기재 여부에 상관없이 본 원칙을 통해 계약 속에서 포함된 것으로 간주되며, 발주기관 뿐만 아니라 법령위반에 따른 불이익을 입은 이해관계자 역시 위법을 다툴 수 있는 권리를 보장하였다는 점에 있다. 다만 본 원칙은 계약상 그 규정이 누락된 경우에 적용될 뿐, 협의를 통해 의도적으로 배제한 규정의 적용까지 보장하는 것은 아니다.[59] 이에 따라 1996년 계약재심위원회(board of contract appeals)는 Computing Application Software Tech. 케이스에서는 의도적으로 배제한 법령 조항 역시 계약에 포함되어야 한다는 주장을 기각한 바 있다.[60]

Ⅴ. 결 론

요컨대 공공조달계약 관련법령의 조문들은 규정형식과 내용상 담당공무원이 계약관계를 합리적 효율적으로 처리할 수 있도록 계약사무처리에 관한 필요 사항을 규정화한 내부준칙의 성격을 갖는다는 대법원의 태도를 부인할 수는 없다. 그러나 관련법령이 실제 입찰절차에서 갖는 역할을 고려할 때 입찰참가자의 입찰참가, 입찰내용의 형성 및 입찰절차 진행에 대한 신뢰를 발생시킨 이상, 즉 해석을 통해 관련법령 조문의 입찰참가자에 대한 보호목적성이 인정되고 입찰참가자가 발주관서의 법령 준수를 신뢰하였다면 발주관서는 입찰참가자와의 관계에서 관련법령에 일정 부분 구속을 인정할 필요가 있다. 이와 같은 점은 외국의 입법례에서도, 비록 개별적인 형태는 다르지만 결과적으로 관련법령의 규범력을 인정하고 있다는 점은 공통된다. 국내 학설 역시 내부준칙에 그친다는 기존 대법원의 태도와 실제 입찰절차의 현실과의 간극을 좁히기 위해 행정계약 개념을 인정하거나 관련 조항의 목적과 해석에 따라 법령의 위반이 직접적으로 입찰참가자에 대한 위법행위가 될 수 있음을 인정하고 있다. 반면 대상판결은 관련법령의 법적 지위가 내부준칙이라는 기존 입장을 유지하여 관련법령의 위반만으로 즉시 입찰참가자에 대한 위법행위가 되는 것은 아니라고 하면서도, 관련법령의 위반행위가 입찰참가자의 신뢰에 반하여

58) 일단 관련 법령이 연방공고에 실리거나 미연방규정집에 포함되어 발간된 경우 그 행정규칙에 의해 영향을 받는 또는 받을 수 있는 모든 사람들에게 그 내용에 대해 법적인 통지를 제공한 것으로 갈음한다. Noel Keyes and Steven W. Feldman, *Government Contract* (5th edn West 2011) at 7.

59) Feldman and Keyes (n 51) at 7, 8.

60) Computing Application Software Tech., ASBCA No. 47554, 96-1 BCA 28, 204.

관련 법령을 기준으로 예측 가능한 합리적 조정의 범위를 벗어나 산정되었고 그 위반행위가 계약참여의사의 변경을 가져올 수 있을 만큼 중대한 것이라면 고지의무의 위반이 된다고 하고 있다. 이와 같은 태도는 입찰참가자에게 있어 앞선 학설들과 비교하여 간접적인 구제방안으로 볼 수 있으나, 공공조달계약의 특수성과 함께 공익성과 투명성을 강조하면서 이를 근거로 원고에게 고지의무를 통한 손해배상청구권을 인정한 것은 거래현실을 반영하고 나아가 입찰참가자의 신뢰를 보호한 판결로서 그 의의를 인정받을 수 있다. 다만 대상판결의 경우 다음 세 가지 점에서 지속적인 연구가 필요해 보인다. 먼저 대법원은 '예측가능한 합리적 조정의 범위'라는 표지로 발주관서 담당공무원의 관련법령 불일치를 허용하고 있으나 명확성의 측면에서 우려되는 점이 있다. 또한 고지의무의 위반의 법적 성격상 금전배상에 머무르게 될 것으로 보이는바, 관련법령의 위반을 근거로 낙찰에 대한 지위상의 다툼의 법적 근거로 기존 대법원 판결과 비교하여 보다 폭넓게 활용될 수 있는지 지켜볼 필요가 있다. 마지막으로 대상판결의 경우 입찰진행단계에서의 위법행위이기는 하지만 원고는 입찰을 통해 낙찰을 받아 계약 상대방이 된 자이므로 계약상대방 외에 탈락한 입찰참가자 역시 고지의무 위반의 위법을 다툴 수 있을지 연구가 필요하며, 이에 대한 연구는 추후 연구과제로 둔다.

글을 마무리하며 본 연구의 계기에 대하여 다음과 같이 밝히고 싶다. 하 선생님의 지도 아래 2016년 12월 말경 박사 논문 마무리 과정에서 심사위원으로 논문을 검토해 주셨던 이진기 교수님의 도움으로 대상 판결을 발견하였다. 대상판결은 박사 논문의 주제의식과 맞닿아 있어 연구를 통해 담을 필요가 있었던 판결이었지만 물리적인 시간의 부족으로 사실관계와 판결요지만을 간단하게 소개하는 데 그쳤다. 박사논문을 마치고 이 판결에 대한 연구를 계획하던 차에 하선생님의 정년기념논문집 발간 소식을 듣고 연구를 진행하게 되었다. 선생님의 정년논문집을 통해 부족했던 박사논문을 조금이나마 보충하였다는 점이 다행스럽기도 하면서 학위를 취득한 이후에도 여전히 선생님의 학은을 입고 있다는 생각에 절로 고개가 숙여진다. 정년 이후에도 건강하고 더 나은 삶이 함께 하시기를 기원하며 글을 마친다.

雇傭契約에 있어서의 反對給付危險의 負擔*

— 일반 경영장애(Allgemeine Betriebsstörung)와 경영위험부담론(Betriebsrisikolehre) —

성 대 규**

Ⅰ. 문제의 제기

Ⅱ. 법이론적 논의의 기초

Ⅲ. 독일에서의 논의의 과정과 현황

Ⅳ. 우리나라에 있어서 해석론

Ⅴ. 결 론

Ⅰ. 문제의 제기

계속적 고용계약관계(근로계약관계)에 있어서 채무자인 피용인(근로자)은 노무급부를 이행할 의무를 부담하고, 채권자인 고용인(사용자)은 그 반대급부로서 보수(임금)를 지급할 의무를 부담한다.[1] 이때 양 당사자의 의무는 이른바 쌍무적 견련관계에 놓이게 되며, 노동법의 전통적인 법원칙인 「무노동 무임금(ohne Arbeit kein Lohn)」에 근거할 때 고용인(사용자)의 반대급부이행(임금지급)은 본질적으로 피용인(근로자)의 노무급부에 대한 「대가」로서의 의미를 가진다.[2] 그런데 양 당사자 모두에게 「고의 또는 과실 (Verschulden)」 없이 고용인(사용자) 측(側)[3]에 「경영장애(Betriebsstörung)」가 발생함으로써 피용인(근로자)의 노무급부의 이행이 실현(=현실화, Bewirkung)될

* 본고의 목차는 기본적으로 하경효, "雇傭契約에 있어서의 反對給付危險의 負擔", 「민사법학」 제9·10호(합병호), 1993, 294~316면을 따름.

** 고려대학교 법과대학 강사, 법학박사

1) 우리 민법 제655조; 우리근로기준법 제2조 제1항 제4호; §611 Ⅰ BGB.

2) 김형배, 「노동법(제18판/신판 제5판)」, 박영사, 2009, 307면; 우리근로기준법 제2조 제1항 제5호; §614 S. 1 BGB; BAG AP Nr. 1 zu §614 BGB.

3) 여기서 사용된 「측(側)」이라는 표현은 사용자의 행위영역(Geschäftskreis)을 의미한다. 이 표현은 무엇보다 책임법상의 책임근거(Haftungsgrund) 내지 책임귀속원칙(Zurechnungsgprinzip)과 관련하여 그 의미가 적지 않다. 이에 관하여 보다 자세한 것은 본고 Ⅳ. 3. (3) 참고. 나아가 *Canaris*, Vertrauenshaftung, S. 468 Fn. 3 참고.

수 없는 경우, 그에 따른 반대급부위험(Gegenleistungsgefahr), 즉 임금위험(Lohnrisiko)을 누가 부담할 것인지가 문제된다. 예컨대 사업장의 소실 또는 침수, 사업계속에 불가결한 원료·반제품(半製品)·에너지 등의 공급부족 내지 결핍, 기계의 고장 및 파손 또는 적법절차에 따른 행정명령으로 인한 「일시적」 영업 및 생산 중지 등의 경우가 고용인(사용자) 측의 경영장애에 속하며,[4] 이때 고용인(사용자)이 피용인(근로자)에게 임금을 지급할 의무를 부담하는지, 즉 피용인(근로자)이 자신의 임금청구권을 상실하지 않고 보전할 수 있는지 여부가 바로 「경영장애에 있어서의 임금위험부담」에 관한 문제이다.[5] 주지하는 것처럼 이 문제는 우리나라에서뿐만 아니라, 독일에서도 일찍이 1900년의 민법 제정 당시 및 그 이후 꾸준히 판례와 학설에서 다루어져 온 민법과 노동법 분야의 주요논의대상(主要論議對象) 중 하나이다. 특히 양국에서 이 문제에 관한 논의는 「고용인(사용자)에게 임금위험이 귀속된다」는 결과적인 측면보다, 이른바 경영위험부담론(Betriebsrisikolehre)을 중심으로 책임귀속의 「근거구성(根據構成)」에 집중되어 있다.[6]

우선 독일에서는 이미 1900년의 민법 제정 당시에 경영장애에 따른 임금위험부담에 관한 문제 인식을 가지고 "명백한 법적 규율"을 시도한 바 있었다.[7] 그러나 제정민법에 직접적인 실정법규정이 마련되지는 못했으며, 이후 판례와 학설을 중심으로 이 문제가 다루어져왔다. 결과적으로 한 세기에 걸쳐 축적된 판례 및 학설상의 내용들이 2002년 채무법현대화법을 통해 § 615 S. 3 BGB(경영위험부담론)로 도입되었다. § 615 S. 3 BGB의 의미는 무엇보다 당시까지 판례와 학설에서 논의·발전되고 인정된 핵심적인 규율내용을 다시금 확인하면서, 그 범위 내에서 해석되고 적용된다는 점에 있다.[8]

이에 비해 우리법제는 여전히 이 문제에 대한 직접적인 명문규정을 마련하고 있지 않다. 따라서 근거구성을 위한 해결은 이론과 학설에 맡겨져 있다. 근거구성을 위해 고려되는 우리실정법규정으로는 민법 제538조(채권자귀책사유로 인한 이행불능) 제1항 전단 및 후단과 근로기준법 제46조(휴업수당)가 있으며, 원용될 수 있는 독일법상 이론으로는 이른바 영역설(Sphärentheorie)에

4) 제시된 사례들과 함께 「노동쟁의로 인해 사업이 계속될 수 없는 경우」도 전통적인 경영장애의 사례에 속하며, 이때에는 이른바 노동쟁의위험(Arbeitskampfrisiko)이 문제된다. 이에 관해서는 본고 Ⅱ. 2. 참고. 다만 여기에서 제시된 경영장애의 사례들이 본고의 주제 및 § 615 S. 3 BGB와 직접적인 관련성을 갖는다.

5) 하경효, "雇傭契約에 있어서의 反對給付危險의 負擔", 「민사법학」 제9·10호(합병호), 1993, 294면 이하.

6) 경영위험부담론에 기초한 근거구성으로는 대표적으로 하경효, "雇傭契約에 있어서의 反對給付危險의 負擔", 「민사법학」 제9·10호(합병호), 1993, 294~316면.

7) 독일민법 제정 전후의 논의들에 대하여 하경효, "雇傭契約에 있어서의 反對給付危險의 負擔", 「민사법학」 제9·10호(합병호), 1993, 297면 이하.

8) MünchKomm–*Henssler*, 7. Aufl., § 615 Rn. 90; *Luke*, NZA 2004, S. 244 f. 이하에서 원용되는 오늘날의 § 615 BGB는 다음과 같이 규정되어 있다: **제615조 (수령지체 및 경영위험에 있어서 보수)** [1] 고용인(Dienstberechtigte)이 노무의 수령을 지체한 경우, 피용인(Verpflichtete)은, 추후급부의무(Nachleistung)를 부담함이 없이, 합의된 보수를 요구할 수 있다. [2] 그러나 (피용인은) 그가 노무급부를 하지 않음으로써 절약한 것 또는 그 노무를 달리 사용함으로써 취득한 것 또는 고의로 취득하지 아니한 것을 공제해야 한다. [3] 제1문과 제2문은 사용자(Arbeitgeber)가 노무단절의 위험(Risiko des Arbeitsausfalls)을 부담하는 사례에 대하여 준용된다.

기초한 경영위험부담론(Betriebsrisikolehre)이 있다.[9] 우리법제에서 해석론을 전개함에 있어서는 독일에서 이루어졌던 판례 · 학설 · 법규정을 둘러싼 논의들도 함께 참작된다.

이에 본고에서는「계속적 고용계약관계(근로계약관계)에서 채권자인 고용인(사용자)과 채무자인 피용인(근로자) 모두에게 고의 또는 과실 없이 경영장애(Betriebsstörung)가 발생함으로써 경영위험(Betriebsrisiko)이 문제되는 경우, 그 현실화된 반대급부위험인 임금위험을 어떠한 근거에서 고용인(사용자)에게 귀속시킬 것인가」에 관하여 검토하고자 한다(사용자에의 임금위험귀속). 우선 논의 과정에서의 불필요한 오해를 제거하고 논의를 더 명확하게 전개하기 위해 기초적인 법이론적 내용들을 확인한 후(Ⅱ), 독일법제 내에서 오늘날까지 이루어져온 판례이론 및 입법론(특히 § 615 S. 3 BGB)을 검토 · 정리한 다음(Ⅲ), 현재 우리법제 내에서 논의되고 있는 근거구성을 위한 해석론들을 소개하고, 양 법제의 내용을 고려하여 우리법제하의 해석론을 시도해보고자 한다(Ⅳ). 무엇보다 독일에서 임금위험부담을 둘러싼, 말하자면 한 세기에 걸친 논의들은 우리법제하에서의 해석론을 다루는 데 있어서 분명 시사하는 점이 있다고 생각한다.

Ⅱ. 법이론적 논의의 기초

1. 경영위험부담론(Betriebsrisikolehre)의 적용상 인적 범위

우선 경영위험부담론과 관련하여, 고용계약(Dienstvertrag)과 근로계약(Arbeitsvertrag)의 개념적 구분 및 둘의 관계를 주목해야 한다.[10] 일반적으로 고용계약이 근로계약과 동일시될 수 있을 것이지만, 고용계약과 근로계약을 엄격하게 구분하는 관점에서 본다면,[11] 경영위험은 근로계약관계에서 문제되는 것으로 이해된다. 왜냐하면 고용계약관계에 있어서는「예컨대」이른바「민법상의 순수한 자유고용계약노무자(자유노무자)」[12]가 피용인으로서 존재하며, 이러한 자유노무자는 ① 고용인의 지시권(Weisungsrecht)에 구속됨이 없이 자유롭게 자신의 업무를 형성하고 시간을 결정할 수 있으며, ② 일반적으로 그의 업무수행을 위해 고용인에 의한 노무기초의 채비(Arbeitssubstrat)가 불필요하기 때문이다. 따라서 그와 같은 고용형태의 당사자들인 고용인과 피용인에 있어서는 본고에서 문제를 삼고 있는 임금위험(Lohnrisiko)은 처음부터 발생할 여지가 없

---

9) 뒤에서 확인되는 것처럼, 종래 지배적 견해에 의해서 원용되었던 영역설은 잘못된 이해에 기초하고 있는 것으로 판단된다. 종래 지배적 견해에 대한 소개와 문제점들에 대하여 본고 Ⅳ. 2. (1) 참고. 영역설에 대한 올바른 이해에 근거한 해석론으로서 무엇보다 하경효, "雇傭契約에 있어서의 反對給付危險의 負擔",「민사법학」제9 · 10호(합병호), 1993, 313면 이하 및 본고 Ⅳ. 3. (4) 참고.

10) 고용계약과 근로계약의 의의 및 양자의 관계에 대하여 김형배,「노동법(제18판/신판 제5판)」, 박영사, 2009, 44면 이하.

11) 예컨대 김형배,「노동법(제18판/신판 제5판)」, 박영사, 2009, 45면 이하; Palandt－*Weidenkaff*, Einf v §611 Rn. 4 ff.; MünchKomm－*Müller－Glöge*, 7. Aufl., §611 Rn. 154 ff. 이른바「동일설」에 대하여 예컨대 이은영,「채권각론」, 박영사, 2004, 498면 참고.

12) 자유고용계약노무자의 유형에 대해서는 김형배,「노동법(제18판/신판 제5판)」, 박영사, 2009, 45면 이하 참고.

다.[13] 이러한 이유에서 이하에서는 고용계약관계를 계속적 고용계약관계에 국한하여 「근로계약관계」로, 고용인을 「사용자」로, 피용인을 「근로자」로 지칭한다.

또한 실정법상의 근거규정으로서 고려되는 우리근로기준법 제46조(휴업수당)가 상시 5인 이상이 종사하는 사업(장)에만 적용된다는 점도 반드시 유의해야 한다. 즉 동조가 적용되지 않는 사업(장)에서 노무급부를 이행하는 근로자라 하더라도, 사용자와 근로자 모두에게 고의·과실 없이 근로자의 노무급부이행이 실현될 수 없는 경우에는 그로 인한 임금위험을 「민법 또는 다른 정당한 근거」에서 사용자가 부담해야 할 것이다. 다만 근로기준법 제46조를 적용하는 경우에는, 동조가 일반법에 대한 특별법이므로, 동조에서 규정하는 사용자의 귀책사유의 의미 및 휴업수당청구권의 범위를 어떻게 이해할 것인지가 문제된다. 이에 관해서는 후술하기로 한다.[14]

2. 경영위험(Betriebsrisiko)과 다른 개념의 구별

앞서 언급했듯이, 경영위험은 사용자의 사업(장)에 「사실적·법률적인 운용·기술상의 원인(betriebstechnische Gründe)」[15]에 따른 경영장애가 발생함으로써 문제된다. 그러나 이러한 경영위험과 개념적으로 구별되는 경제위험(Wirtschaftsrisiko)은 근로자의 노무급부이행이 (운용·기술상의 관점에서) 실현가능함에도 불구하고, 그러한 노무급부가 사용자에게 「경제적」으로 무의미하다는 이유에서 사용되지 않는 경우에 문제된다.[16] 예컨대 판매부진 또는 주문감소 등의 사례가 여기에 속한다.[17] 특히 경제위험에 있어서는 근로자의 노무급부불이행은 명백하게 사용자의 의도된 수령거절에 기인한다는 점에서, 사용자의 의사와 무관한 경영위험과 대비된다. 경제위험은 수령지체에 빠진 사용자가 부담하게 되며, 따라서 근로자는 여전히 임금청구권을 상실하지 않는다.[18] 그러나 § 615 S. 3 BGB에서 규정하는 경영위험(Betriebsrisiko)과 § 615 S. 1 BGB가 적용되는 경제위험(Wirtschaftsrisiko)은 개념적으로 구별될 뿐, 사용자가 임금위험을 부담한다는 「결과」적 측면에서는 동일하게 취급될 수 있다.[19]

경영위험은 또한 노동쟁의위험(Arbeitskampfrisiko)과 개념적으로 구별된다. 우선 두 위험은 모두 (각각 원인을 달리함에도 불구하고) 사용자의 의사와 무관하게 발생한 사업(장) 내의 장애에 기인한다는 점에서 사용자 측의 경영장애에 속한다.[20] 나아가 노동쟁의로 인해 발생하는 경영장애

13) Palandt–*Weidenkaff*, §615 Rn. 2; MünchKomm–*Henssler*, 7. Aufl., §615 Rn. 90.

14) 본고 Ⅳ. 3. (4) ④ 참고.

15) MünchKomm–*Henssler*, 7. Aufl., §615 Rn. 89; *Luke*, NZA 2004, S. 245.

16) 하경효, “雇傭契約에 있어서의 反對給付危險의 負擔”, 「민사법학」 제9·10호(합병호), 1993, 295면; MünchKomm–*Henssler*, 7. Aufl., §615 Rn. 91; *Luke*, NZA 2004, S. 245.

17) 하경효, “雇傭契約에 있어서의 反對給付危險의 負擔”, 「민사법학」 제9·10호(합병호), 1993, 295면.

18) MünchKomm–*Henssler*, 7. Aufl., §615 Rn. 91; *Luke*, NZA 2004, S. 245.

19) 오늘날 독일의 연방노동법원도 경영위험과 경제위험을 개념적으로만 구별할 뿐, 결과적 측면에서 동일하게 다루고 있다. 예컨대 BAG AP Nr. 70 und Nr. 71 zu Art. 9 GG Arbeitskampf 참고.

20) 뒤에서 확인되는 것처럼, 이러한 이유에서 독일의 제국법원·제국노동법원 및 초기 연방노동법원은 두 개념

에 있어서는 구체적 사정에 따라 경영위험 또는 경제위험의 관점에서 임금위험부담의 문제가 다루어질 수도 있을 것이다.[21] 그러나 독일의 최근 판례[22]는 노동쟁의로 인해 노무급부가 단절된 경우에는 경영위험 및 경제위험의 관점에서 임금위험부담문제가 해결되지 않는다고 판단했다. 즉 노동쟁의위험이 문제되는 사례에서는 쟁의대등성의 원칙(Grundsatz der Kampfparität)에 근거한 사용자 측의 쟁의권(Kampfrecht der Arbeitgeberseite)이 그 본질이라고 한다. 구체적으로 노동쟁의위험은 파업에 불참가한 근로자의 임금청구권과 부분파업 및 다른 사업장의 파업으로 인해 당해 사업장이 더 이상 운영될 수 없는 경우에 문제되며, 오늘날 이 문제는 이른바 쟁의위험부담론(Arbeitskampfrisikolehre)에 의해서 해결되고 있다.[23]

경영위험은 나아가 근로자의 노무급부가 사용자와 근로자 모두에게 과실 없이 「객관적 사정」에 의해 이행될 수 없는 경우에 고려되어야 하는 위험(이른바 「Wegerisiko」)과 구별된다. 이 위험은 예컨대 홍수로 인한 교통장애 또는 운수업체의 파업 등에 의해 근로자가 근로계약상 예정된 시간에 사업장에 도착할 수 없었고, 따라서 이행되었어야 할 「그」 노무급부가 이미 불능이 된 경우에 문제된다. 이러한 경우 ① 근로자는 이미 자신의 노무급부를 예정된 이행지(Erfüllungsort)에서 객관적으로 이행할 수 없었고, ② 외부적·객관적 사정으로 인해 야기된 장애는 사용자의 사업운영 또는 사업책임의 범주 안에 놓여 있다고 평가될 수 없다. 따라서 본 사례에서 임금위험은 근로자가 부담해야 한다.[24]

3. 「급부불능과 채권자지체(수령지체)」의 법률효과

주지하는 것처럼 급부불능은 채무자의 급부가 이행될 수 없을 때 인정된다. 급부불능에 관한 직접적인 정의규정은 없으며, 다만 관련 규정들이 급부불능을 전제하고 있을 뿐이다.[25] 특히 채무자의 급부가 채권자와 채무자의 고의·과실 없이 후발적으로 불능이 된 경우에 채무자는 채무자위험부담주의에 따라서 반대급부청구권을 상실한다(우리 민법 제537조; § 326 Ⅰ S. 1 BGB).

반면 채무자가 급부를 이행(제공, Angebot)하였으나 채권자가 이를 수령하지 않는 경우에 그는 수령지체에 빠진다(우리 민법 제400조; § 293 BGB). 채권자지체의 성립을 위해 우리의 다수설은 채권자의 수령「의무」를 전제로 하지만,[26] 독일민법상 채권자의 수령은 단지 그의 「책무

을 구분하지 않았다. 이에 관하여 보다 자세한 것은 본고 Ⅲ. 2. 참고.

21) MünchKomm – *Henssler*, 7. Aufl., §615 Rn. 92; BAG AP Nr. 70 und Nr. 71 zu Art. 9 GG Arbeitskampf.

22) 특히 BAG AP Nr. 70 und Nr. 71 zu Art. 9 GG Arbeitskampf 참고.

23) 하경효, "雇傭契約에 있어서의 反對給付危險의 負擔", 「민사법학」 제9·10호(합병호), 1993, 301면; BAG AP Nr. 70 und Nr. 71 zu Art. 9 GG Arbeitskampf. 구체적인 사례와 관련하여 예컨대 MünchKomm – *Henssler*, 7. Aufl., §615 Rn. 102 ff. 참고.

24) 하경효, "雇傭契約에 있어서의 反對給付危險의 負擔", 「민사법학」 제9·10호(합병호), 1993, 306면 이하; *Fischinger*, JuS 2016, S. 211; MünchKomm – *Henssler*, 7. Aufl., §615 Rn. 101.

25) 예컨대 급부불능의 법률효과에 관한 우리 민법 제535조; 제538조 및 §§ 275; 311a; 283 BGB 등 참고.

26) 채권자지체의 본질에 대한 학설의 소개로서 김형배, 「민법학강의(제9판)」, 신조사, 2009, 959면 이하.

(Obliegenheit)」에 불과하다.[27] 그러나 어느 입장에 따르더라도, ① 우선적으로 채권자가 수령지체에 빠진 이후에, ② 채무자가 추후급부를 이행하거나 혹은 채무자의 급부가 그의 고의·과실 없이 불능이 된 경우에만, 채무자는 반대급부청구권을 보전하게 된다(우리 민법 제538조 제1항 후단; § 326 Ⅱ S. 1 Var. 2 BGB). 즉 수령지체의 일반적인 법률효과로서 채무자의 반대급부청구권이 보전되는 것은 아니다(우리 민법 제401조 내지 제403조; §§ 300–304 BGB).

이러한 급부불능과 수령지체의 법률효과는 특히 근로계약관계에서 매우 중요한 의미를 가진다. 그 이유는 ①「일반적인 법률효과」로서 급부불능이 수령지체를 배제시키며,[28] ② 그러한 법률효과의 전제하에 채무자인 근로자는「그의 노무급부이행이 급부불능으로 판단되는 경우에는」채무자위험부담주의에 따라 임금청구권을 상실하기 때문이다. 그러나 근로계약관계에서 근로자의 노무급부가 지니는 속성 및 그에 근거하는 특이성,[29] 나아가 무엇보다 노무급부의 이행이 근로자 측(생계수단)과 사용자 측(이익의 창출)에서 가지는 의미 등을 고려할 때, 이러한「결과」는 이미 불합리하다고 인정된다.[30]

4. 소 결

이상에서 본격적인 논의를 위한 기초적인 법이론적 내용들을 살펴보았다. 이를 바탕으로 이하에서는 경영위험부담론을 둘러싼 독일법제(Ⅲ)와 우리법제(Ⅳ) 내에서의 논의들을 검토하고자 한다. 특히 독일의 § 615 S. 3 BGB와 같은「사용자에의 임금위험귀속」에 관한 직접적인 실정법규정을 마련하고 있지 않은 우리법제에서 어떠한 근거구성이 가능한지를 알아본다. 무엇보다, 혼돈스럽게 사용되고 있는 우리법상의 개념들을 보다 명확하게 정의한 후, 이를 기초로 우리현행법규정들을 중심으로 한 해석론적 접근들이 가지고 있는 오해들을 제거하고,「가능한 범위 내에서」해석론을 제시하고자 한다.

Ⅲ. 독일에서의 논의의 과정과 현황

1. 개 관

앞서 언급했듯이 독일은 경영장애에 있어서 임금위험부담의 문제를 어떻게 규율할 것인지와 관련하여 이미 1900년의 독일민법 제정 당시에 직접적인 실정법규정의 도입을 시도한 바 있

27) 본고 각주 68), 69) 참고.

28) 급부가 불능이 되면 수령할 대상이 더 이상 존재할 수 없기 때문에 당연한 결과이다. Staudinger–*Richardi/Fischinger*, § 615 Rn. 26; Palandt–*Grüneberg*, § 293 Rn. 3 참고.

29) 즉 노무급부는 일반적인 급부와 다르게 시간적 확정성(feste zeitliche Bestimmtheit), 정기채무성(Fixschuldcharakter) 및 추후급부불능성(Nichtnachholbarkeit)을 그 특징으로 한다. 하경효, "雇傭契約에 있어서의 反對給付危險의 負擔",「민사법학」제9·10호(합병호), 1993, 297면 참고.

30) 노무급부와「급부불능 및 수령지체」의 관계에 대한 이해로서 보다 자세한 것은 본고 Ⅲ. 3. (2) ① (ii) 참고.

다. 그러나 제정민법에서 명문규정이 도입되지는 못하였고, 주지하는 것처럼 이 문제는 판례이론으로서 정립되었던 이른바 경영위험부담론과 그 정당성 근거인 영역설(Sphärentheorie)에 의해서 규율되었다. 그러나 「영역설」은, 특히 이른바 연대사상(Solidaritätsgedanken)과 연계되어 오랫동안 학계에 의해서 비판받았다.[31] 그에 따라 「일반 경영장애」[32]와 「쟁의행위로 인한 경영장애」가 각각 개별적 사례로서 검토될 필요성이 분명해졌고, 나아가 영역설에 기초하지 않는 독일민법 규정 내에서의 근거구성이 학계에서 계속해서 시도되었다.[33] 그 결과로서 일반 경영장애, 즉 사용자가 노무단절(Arbeitsausfall)의 위험을 부담하는 사례에 대한 실정법규정으로서 § 615 S. 3 BGB가 2002년 채무법현대화법을 통해 도입되었다. 이하에서는 우선 종래에 판례이론으로서만 인정되었던 경영위험부담론과 영역설에 대하여 간략하게 살펴본 후, 2002년에 새로이 도입된 § 615 S. 3 BGB에 관하여, 동규정의 체계적 지위와 이론구성을 중심으로 검토해보고자 한다.

2. 경영위험부담론과 영역설

(1) 판례를 통한 경영위험부담론의 생성과 발전

① 제국법원과 제국노동법원의 판례

경영위험부담론의 「출발점」은 제국법원의 1923년 2월 6일 “Kieler Straßenbahn” 판결이다.[34] 본 판결은 부분파업과 관련된 것으로서, 파업으로 인한 경영장애에 있어서 경영위험부담의 문제는 불능에 관한 이론뿐만 아니라, 이행지체 또는 수령지체의 이론들에 의해서도 해결되지 않는다는 점이 제국법원에 의해서 인지되었다. 제국법원에 따르면 그와 같은 경영위험부담 문제의 해결을 위해서는 종래 이론들이 아니라 독일민법 제정 및 특히 경영협의회법(Betriebsrätegesetz)의 발효 이후의 사회적 관계, 즉 사용자와 개별 근로자의 관계 및 사회와 기업과 근로자집단의 관계가 어떻게 인정되어왔는지가 고려되어야 한다고 한다.[35] 따라서 당시에는 이른바 연대적 관점(Solidaritätsgesichtspunkt)에서 이 문제가 해결되었고, 결과적으로 노무단절이 파업 등 근로자(집단)의 행위로 인해 야기된 경우에 임금청구권은 인정되지 않았다.[36]

---

31) MünchKomm – *Henssler*, 7. Aufl., § 615 Rn. 99.

32) 경영장애의 분류상 이러한 표현은 다음에 근거한다. 연방노동법원은 1980년 12월 22일의 결정에서 우선 경영장애가 발생하는 원인이 일반적인 경우와 노동쟁의로 인한 경우로 나누어진다는 전제하에, 이른바 새로운 「경영위험부담론(Betriebsrisikolehre)과 쟁의위험부담론(Arbeitskampfrisikolehre)」을 분명히 구분하여 판단하고 있다. 따라서 노동쟁의로 인한 경영장애의 사례와 구별하여, 그 외의 원인들에 의한 경영장애를 하나의 사례군으로서 묶어 일반 경영장애로 분류할 수 있다. 정확한 용례로서 무엇보다 하경효, “雇傭契約에 있어서의 反對給付危險의 負擔”, 「민사법학」 제9 · 10호(합병호), 1993, 294~316면 참고.

33) 독일민법규정들을 중심으로 한 다양한 해석론들의 요약적 소개에 대하여 예컨대 MünchKomm – *Henssler*, 7. Aufl., § 615 Rn. 100.

34) RGZ 106, 272.

35) 다시 말해서 파업으로 인한 경영장애에 있어서는 집단법적 요소와 관점을 토대로 임금위험부담의 문제가 해결되어야 한다는 것이다. 하경효, “雇傭契約에 있어서의 反對給付危險의 負擔”, 「민사법학」 제9 · 10호(합병호), 1993, 301면; BAG AP Nr. 1 zu Art. 9 GG Arbeitskampf.

계속해서 제국노동법원은 제국법원의 입장을 보다 진전시켰으며,[37] 무엇보다 제국법원과는 다르게 경영장애에 있어서 임금위험부담문제에 관한 독일민법전 내의 규율공백(Lücke im Gesetz)을 인정하였다. 이러한 관점에서 제국노동법원은 독일민법규정들로부터 「순수한 일반적 법사고」를 도출할 수 있다는 전제하에, 경영장애의 결과는 그것이 귀속되는 자가 부담한다고 판단했다. 먼저 제국노동법원에 따르면 근로자는 계속적 고용계약관계(근로계약관계)에 근거하여, (i) 단지 그들의 노동력을 사업(운영)에 사용토록 할 의무만을 부담하는 것은 아니며, (ii) 오히려 그들이 사업(운영)과 불가분관계에 있다는 점에서 사용자의 사업 목적과 그 운영 · 유지 및 경제성에도 이바지해야 한다고 한다. 이 같은 기본적 견해에 근거해서 제국노동법원은 책임영역, 즉 「영역설(Sphärentheorie)」에 따른 위험의 분담에 관한 지침을 발전시켰다. 영역설에 의하면 (다른 계약상의 규정이 없는 한[38]) 근로자(집단)의 행위, 즉 노동쟁의로부터 야기되는 결과의 위험은 근로자(집단)에게 귀속되고, 이는 노동쟁의에 참가하지 않은 근로자에 대해서도 마찬가지라고 한다. 그에 반해 사용자는 근로계약상 예정된 적절한 시기에 충분한 사업(운영)수단을 마련해야 하고, 나아가 처음부터 고려될 수 있었던, 일반적으로 또는 사업(운영)의 특별한 관계에서 발생하는 장애의 결과에 대해서 그 위험을 부담해야 한다고 한다.[39]

② 연방노동법원의 판례

오랫동안 제국법원과 제국노동법원에 의해서 생성 · 발전되고 유지되었던 경영위험부담론의 근거인 「영역설」은 이후 연방노동법원을 통해서 「근로자의 노동쟁의로 인한 경영장애」의 사례와 관련하여 그 의미를 상실하게 된다.

우선 초기의 연방노동법원은 제국노동법원의 지침을 그대로 따랐다. 즉 초기의 연방노동법원도 노동쟁의로 인한 경영장애의 사례에서 임금위험부담의 문제를 (제국노동법원과 같이) 영역사상과 연대사상(Sphären- und Solidaritätsgedanken)에 근거하여 판단하였다. 따라서 노동쟁의로 인한 취업불가능성(Beschäftigungsunmöglichkeit)이 근로자(집단)의 행위에 근거하는 경우, 그것으로부터 야기된 결과인 임금위험은 근로자(집단)에게 귀속된다고 한다. 결국 초기 연방노동법원은 「영역설에 근거하여」 파업에 직접 참여하지 않은 근로자(집단) 및 파업과 직접 관련이 없음에도 취업불가능성이 발생한 다른 사업장의 근로자(집단)는 취업청구권 및 임금청구권을 상실한다고 판단했다.[40]

그러나 최근의 연방노동법원은 노동쟁의로 인한 경영장애의 사례와 관련하여 영역설을 정

36) MünchKomm-*Henssler*, 7. Aufl., §615 Rn. 93.

37) RAG 3, 116.

38) 예컨대 「사용자가 경영위험을 부담한다」는 원칙은 단체협약(Tarifvertrag) 또는 당사자 간의 개별근로계약(Einzelarbeitsvertrag)을 통해서 일정한 요건하에, 즉 충분한 명확성에 근거하여 규정되고 합의됨으로써 다르게 정해질 수 있다. 이에 관하여 예컨대 BAG AP Nr. 5 zu §615 BGB Betriebsrisiko 참고.

39) MünchKomm-*Henssler*, 7. Aufl., §615 Rn. 94 f.

40) BAG AP Nr. 2 und Nr. 4 zu §615 BGB Betriebsrisiko; MünchKomm-*Henssler*, 7. Aufl., §615 Rn. 96.

당하게 비판했다.[41] 즉 본 사례에서 근로자(집단)에게 인정되는 「영역 내지 연대성」은 「책임귀속원칙」의 측면에서 보면 완전하게 부당한 결과를 야기한다는 것이다. 예컨대 어느 1인 근로자에 의한 방화와 같이, 도무지 다른 근로자의 책임으로 전가시킬 수 없고, 오히려 그러한 근로자를 고용한 사용자에게 그 책임을 부담시키는 것이 정당하게 보이는 경우에는 영역사상 내지 연대사상은 결코 다른 근로자들의 책임부담을 정당화할 수 없다고 한다.[42] 다만 그러한 견지에서 연방노동법원은 새로운 이른바 쟁의위험부담론(Arbeitskampfrisikolehre)[43]에 따라 「쟁의대등성의 원칙(Grundsatz der Kampfparität)」[44]에 정당성의 근거를 두고 「동일한 결과」를 도출하였다. 다시 말해 파업으로 인해 사업이 계속될 수 없거나 경제적으로 무의미한 경우에까지 사용자에 대하여 임금(계속)지급의무를 부담시키는 것은 쟁의당사자들 사이의 쟁의대등성에 부당한 장애를 야기한다는 것이다.[45]

그러나 연방노동법원은 노동쟁의로 인한 경영장애 이외의 사례, 즉 일반 경영장애에 있어서는 결과적으로 경영위험부담론(Betriebsrisikolehre)을 그대로 유지하고 있다. 특히 2002년에 새로 도입된 § 615 S. 3 BGB는 판례에 의해서 생성·발전된 경영위험부담론에 대한 「원칙들」이 계속해서 적용됨을 명백히 보여준다.[46]

(2) 「일반 경영장애」와 경영위험부담론

일반 경영장애에 있어서의 경영위험부담론과 관련해서는 ① 사용자가 경영체를 조직·운용·관리하고, 그러한 점들에 대하여 책임을 부담하며, 그 경영체로부터 근로자의 노무에 기초하여 직접 이익을 취득한다는 점과, ② 그러한 이유에서 사용자는 경영체가 원활하게 기능할 수 있도록 해야 하고, 그 일환으로서 무엇보다 근로자가 작업을 수행할 수 있도록 하며, 그에 따라 근로자의 임금청구가 가능하도록 하고, 특히 노무제공을 위한 환경, 말하자면 근로자가 작업도구 등을 이용하는 것에 대해서 책임을 부담해야 한다는 점이 「원칙적이고 우선적으로」 전제되어야 한다(이른바 사용자에 의한 노무기초위험「zivilrechtliche Substratsgefahr」의 부담).[47] 그리고 경영위험부담론의 관점에서 본다면, 당해 경영장애가 사업(장)의 물적·인적 결합에 근거하는지, 또는 그 밖의 원인들로부터 기인하는지는 중요하지 않다.[48] 나아가 경영장애가 발생하더라도 사

---

41) 무엇보다 BAG AP Nr. 70 und Nr. 71 zu Art. 9 GG Arbeitskampf.

42) MünchKomm–*Henssler*, 7. Aufl., §615 Rn. 97.

43) BAG AP Nr. 70 und Nr. 71 zu Art. 9 GG Arbeitskampf.

44) BAG AP Nr. 1 zu Art. 9 GG.

45) *Fischinger*, JuS 2016, S. 211. 이러한 판단에 있어서 「파업에 참가한 또는 불참가한 근로자(집단)」는 사용자와 사회적 동반자관계(Sozialpartnerschaft) 및 쟁의당사자관계(Kampfparteien)에 있는 근로자단체로서 이해된다. 이에 관하여 무엇보다 BAG AP Nr. 64 und Nr. 65 zu Art. 9 GG Arbeitskampf 및 나아가 MünchKomm–*Henssler*, 7. Aufl., §615 Rn. 97 und 103 참고.

46) MünchKomm–*Henssler*, 7. Aufl., §615 Rn. 90.

47) 이에 관하여 BAG AP Nr. 2 und Nr. 3 zu §615 BGB Betriebsrisiko; MünchKomm–*Henssler*, 7. Aufl., §615 Rn. 96.

용자에게 즉시해지권이 인정되지 않는다. 왜냐하면 그로 인한 경영위험이 근로자에게 전가되는 결과를 가져오기 때문이다.49) 그러나 예외적으로 임금을 계속 지급하는 것이 사업 자체를 위험에 빠뜨리는 경우에는 근로자가 경영위험을 부담해야 할 것이다. 그렇지 않은 경우 그 결과는 사용자와 근로자 모두에게 이익이 되지 않을 것이기 때문이다.50)

3. § 615 S. 3 BGB에 따른 임금청구권

(1) 서 설

위에서 살펴본 것처럼, (개별 사례에 따라서 그 원인을 각각 달리함에도 불구하고) 경영장애에 있어서 임금위험부담문제는 오랫동안 판례에 의해서 정립되었던 「일반적인 영역사상」에 근거해서 다루어져왔다. 그러나 오늘날에는 판례 스스로 개개 사안별 검토를 통해서 「일반 경영장애에 있어서의 경영위험부담론」과 「노동쟁의로 인한 경영장애에 있어서의 쟁의위험부담론」을 구별하고 있다. 또한 학계는 독일민법 내의 책임체계를 벗어나는 독자적 이론으로서 그 지위가 인정되었던 영역설(일반적인 영역사상)을 꾸준히 비판하였고, 독일민법 체계 내의 이론구성을 위한 논쟁을 지속적으로 이어왔다. 이러한 배경에서 드디어 2002년 채무법현대화법을 통해 경영위험부담론에 관한 § 615 S. 3 BGB가 도입되었다. 요컨대 동규정의 의의는 무엇보다 ① 2002년 이전에 § 615 BGB a. F.의 적용방안을 포함하여 학계에서 활발하게 전개되었던 법률적 근거구성을 위한 다양한 논쟁들이 더 이상 무의미하게 되었다는 점, ② 일반 경영장애에 있어서 경영위험부담론에 따라 인정되는 사용자에 대한 근로자의 임금청구권은 독일민법규정에 근거한 실정법적 규율범주 내에서 급부불능이 아닌 채권자지체(사용자의 수령지체)의 「법률효과(§ 615 S. 1 BGB)」가 인정된다는 점이다.51) 특히 후자와 관련하여 § 615 S. 3 BGB는 § 326 Ⅰ BGB의 확장에 따른 과도한 해석의 문제를 방지한다고 평가된다.52)

(2) § 615 S. 3 BGB에 따른 임금청구권의 보전

① 「무노동 무임금」의 원칙과 § 615 S. 3 BGB

(i) 판례에 의해 생성·발전되었던 경영위험부담론은 2002년 채무법현대화법을 통해 § 615 S. 3 BGB 안에 성문화되었다. § 615 S. 3 BGB는 사용자가 노무단절의 위험(Risiko des Arbeitsausfalls)을 부담하는 사례에 대해 동조 제1문과 제2문을 준용함을 정하고 있다. 특히 § 615

---

48) MünchKomm－*Henssler*, 7. Aufl., §615 Rn. 97.

49) BAG AP Nr. 28 zu §615 BGB Betriebsrisiko.

50) BAG AP Nr. 2 und Nr. 5 zu §615 BGB Betriebsrisiko. 이 문제는 사업이 존치될 수 있을 것인가(이른바 「존재위험(Existenzgefährdung)」)에 관한 것으로서, 논쟁 자체는 큰 의미를 가지지 않을 것이다.

51) 예컨대 *Fischinger*, JuS 2016, S. 210.

52) MünchKomm－*Henssler*, 7. Aufl., §615 Rn. 90. 나아가 §615 S. 3 BGB는 여전히 경영장애의 구체적이고 다양한 사례(사정)들에 대하여 판례의 지속적인 발전가능성을 열어두고 있다고 한다. 이에 관하여 *Löwisch*, FS Wiedemann, 2002, S. 331 참고.

S. 3 BGB는 동조 제1문과 함께 노동법의 전통적인 법원칙인 「무노동 무임금」의 예외를 실정법상 명시적으로 인정한 것이라 할 수 있다. 즉 일반적으로 노무급부는 그 속성상[53] 근로계약에서 예정하는 시간과 장소에서 이행되지 않는 경우, 그 의무는 소멸하게 된다(§ 275 I BGB). 이때 근로자의 노무급부와 사용자의 임금지급은 쌍무적 견련관계에 있다는 점에서, 근로자는 원칙적으로 채무자위험부담주의(§ 326 I S. 1 BGB)에 따라 임금청구권을 행사할 수 없다고 해야 할 것이다. 그러나 노동법의 영역에서 예컨대 사용자와 근로자 사이의 관계적 특수성, 그에 따른 근로자의 사회적 보호필요성 및 사용자에 대한 근로자의 경제적 의존성 등을 고려할 때,[54] 위와 같은 결과를 그대로 수용한다는 것은 불합리할 수밖에 없다. 따라서 독일법제는 다양한 사례에서 「무노동 무임금」 원칙의 예외[55]를 실정법으로서 인정하고 있으며, § 615 S. 3 BGB 또한 그러한 규정으로서 의의를 가진다.

(ii) 따라서 노무급부의 이행과 「급부불능 및 수령지체」의 관계는 다음과 같은 이론적 해석에 기초해서 이해될 수 있다.

근로계약관계에서 채무자인 근로자는 노무급부를 이행할 의무를 부담하며, 노무급부가 이행되지 않는 경우 급부의 교환원칙(무노동 무임금)에 따라 근로자의 임금청구권은 상실된다. 그런데 근로자가 노무급부를 이행할 의사와 능력을 갖추고 있음에도 불구하고 양 당사자의 고의·과실 없이 사용자 측에 발생한 「일정한 사유」에 의해 근로자가 현실적으로 취업을 할 수 없게 되어 근로자의 노무급부이행이 「실현(=현실화, Bewirkung)」되지 못한 경우에 당사자 간의 법률관계를 어떻게 이해해야 할 것인지가 문제된다.[56] 이는 한편으로 '어떠한 요건하에서 근로자가 그에게 부여된 「일정한 시점(기간)의 노무급부의무」로부터 벗어날 수 있는가'라는 문제와, 다른 한편으로 '어떠한 요건하에서 근로자가 사용자에 대하여 「임금청구권」을 행사할 수 있는가'라는 문제와 연관된다.

우선 전자는 근로자가 이행지체(Leistungsverzug)의 책임을 부담하는지와 관련된다(우리 민법 제387조 등; §§ 286 ff. BGB). 요컨대 근로자가 일정한 시점의 노무급부의무로부터 벗어나기 위해서는 「스스로」 취업의사와 취업능력을 갖추고 그의 노동력을 사용자의 처분가능한 상태에 두는 것으로 족할 것이다.[57] 물론 일반적인 급부제공관계에서 본다면 원칙적으로 급부의 현실적 제공이 있는 경우에 채무자는 급부의무를 면할 수 있다(우리 민법 제460조 전단; § 294 BGB). 그리고 경

---

53) 본고 각주 29) 참고.

54) *Fischinger*, JuS 2016, S. 208 참고.

55) 1900년의 독일민법 제정 당시에도 그러한 결과는 부당한 것으로 인식되어 「급부의 교환원칙(무노동 무임금)」을 사회·경제적 이유에서 입법적으로 제한하려던 시도가 있었다. 하경효, "雇傭契約에 있어서의 反對給付危險의 負擔", 「민사법학」 제9·10호(합병호), 1993, 298면. 오늘날 「무노동 무임금」 원칙의 예외규정으로는 예컨대 §615 S. 1 BGB를 비롯하여 §616 BGB 및 동조에 대한 특별규정으로 이해되는 §§2, 3 EFZG, §11 BUrlG, §19 I BBiG 등이 있다.

56) 법이론적 기초로서 급부불능과 수령지체의 일반적 법률효과에 대하여 본고 Ⅱ. 3. 참고.

57) 김형배, 「노동법(제18판/신판 제5판)」, 박영사, 2009, 252면 이하.

영장애가 발생하면 근로자의 노동력이 현실적으로 「사용자 측」에서 처분가능하지도 않게 된다. 그러나 근로자의 고의·과실 없이 사용자 측에 발생한 일정한 사유에 의해서 그의 노동력이 「현실적으로」 처분불가능한 상태에 놓이게 된 경우, 그것으로부터 야기된 「처분불능의 위험(Risiko)」은 사용자가 부담해야 할 것이다. 결국 그러한 사정하에서 근로자는 「그」 노무급부의무로부터 벗어나고, 사용자는 근로자의 이행지체로 인한 법률효과를 주장할 수 없을 것이다.[58]

반면 후자의 경우에는 더욱 신중한 숙고와 판단이 요구된다. 왜냐하면 이 경우는 근로자가 자신의 노무급부의무로부터 벗어나는 것을 넘어서, 사용자에 대하여 임금청구권을 행사할 수 있는지가 문제되기 때문이다. 특히 경영장애가 발생하는 경우에는 단지 근로자의 취업의사 및 취업능력만이 존재할 뿐, 사용자 측의 운용·기술상 원인으로 인해 근로자의 「취업 및 노무급부의 현실적 이행」이 불가능하게 된다. 이때 그 실현불가능성이 전면적으로 강조된다면, 근로자가 이미 갖추고 있는 취업의사와 취업능력에 근거해서 그의 노동력이 처분가능「상태」에 놓여있다고 인정될 수는 있을지언정, 그러한 상태 자체를 「노무급부이행의 대가인 임금」의 반대급부로서 「노무급부의 실현(Bewirkung)」이라고 볼 수는 없을 것이다. 무엇보다 현실적인 취업이 불가능한 상태에서 근로자의 노무급부는 이른바 「시간적 확정성, 정기채무성 및 추후급부불능성」으로 인해 종국적으로 「급부불능」이 된다.[59] 결국 이와 같은 현실적 취업 및 노무급부이행의 불가능성이 전면적으로 강조되면, 그에 따른 급부불능의 법률효과로서 근로자가 임금위험을 부담하게 된다. 따라서 근로자는 채무를 면하기는 하지만(§ 275 BGB), 사용자에 대하여 임금청구권을 행사할 수 없게 된다(채무자위험부담주의, 우리 민법 제537조; § 326 I S. 1 BGB).

그러나 경영장애의 사례에 대하여 위와 같은 채무자위험부담주의를 그대로 관철하는 것은 사회적·정책적·경제적 관점에서 정당하지 않다. 왜냐하면 경영장애의 상황이 아닌 일반적인 경영체와 경영상태하에서라면 근로자는 취업의사와 취업능력을 갖추고 언제든지 사용자의 처분에 따라 노무급부를 현실적으로 이행함으로써 임금청구권을 가질 수 있기 때문이다. 그럼에도 불구하고 사용자 「측」에 발생한 일정한 사유로 인해 단지 노무급부의 실현이 불가능하게 되고, 종국적으로 채무자위험부담주의에 따라 임금청구권을 근로자로부터 박탈시키는 것은 부당할 수밖에 없다. 무엇보다 그 반대급부인 임금이 근로자의 생계와 직결된다는 점에서 근로자의 생활보장적 측면이 반드시 참작되어야 하며,[60] 사용자는 전체 사업을 조직·형성하고, 그로부터 수익을 얻는다는 점에 있어서도 임금위험을 근로자가 부담하는 것은 정당하지 않은 것으로 여겨진다.[61] 이러한 점들이 전면적으로 강조된다면 경영장애의 사례에 대해 사용자의 수령지체 및

58) 독일제국법원의 초기 판례도 이점을 명확히 하고 있다. 이에 관하여 RGZ 106, 272; MünchKomm-*Henssler*, 7. Aufl., §615 Rn. 93 참고.

59) 하경효, "雇傭契約에 있어서의 反對給付危險의 負擔", 「민사법학」 제9·10호(합병호), 1993, 297면; *Dütz/Thüsing*, Arbeitsrecht, Rn. 190.

60) 김형배, 「노동법(제18판/신판 제5판)」, 박영사, 2009, 334면 이하.

61) 사용자에의 「원칙적이고 우선적인」 경영위험의 귀속에 관하여 본고 Ⅲ. 2. (2) 참고.

그 법률효과가 본격적으로 「고려」될 수 있을 것이다(예컨대 채권자지체에 관한 우리 민법 제400조 이하; §§ 293 ff. BGB 및 특히 § 615 BGB 등). 이하에서는 이러한 이론적 해석과 이해에 기초하여 § 615 BGB에 따른 근로자의 임금청구권을 검토한다.

② § 615 S. 1 BGB에 따른 수령지체와 임금청구권

(i) § 615 S. 3 BGB가 § 615 S. 1 BGB를 준용하고 있으므로 § 615 S. 1 BGB에 대한 이해가 선행되어야 한다.

§ 615 S. 3 BGB와 함께 「무노동 무임금」 원칙의 예외를 규정하는 § 615 S. 1 BGB는 사용자가 노무급부와 관련하여 수령지체에 빠진 경우 근로자가 「추후노무급부」를 이행하지 않음에도 그에게 임금청구권을 인정한다. 이때 사용자의 과책(Verschulden)은 요구되지 않는다.[62] 또한 § 615 S. 1 BGB에 따라 임금청구권이 새로이 형성되는 것은 아니며, 단지 근로계약상 합의된 바대로 보전된다(Aufrechterhalten). 따라서 § 615 S. 1 BGB가 적용되는 경우에는 언제나 § 611 Ⅰ BGB가 함께 고려(언급)되어야 한다.[63] § 615 S. 1 BGB의 적용여부를 판단함에 있어서는 무엇보다 동조와 급부불능에 관한 § 326 Ⅱ S. 1 Var. 2 BGB와의 구별이 요구된다. 왜냐하면 수령지체와 급부불능은 양립할 수 없기 때문이다.[64] 판례에 따르면 두 규정의 구별은 이른바 수령불능(Annahmeunmöglichkeit)과 불수령의사(Annahmeunwilligkeit)에 따라서 정해진다고 하며, 후발적 급부불능으로 인해 수령지체는 종료된다고 한다.[65] 그에 반해 유력한 학설은 첫째, 독일민법이 수령지체의 성립을 위해 채권자의 과책을 요구하지 않는 점, 둘째, 일반 경영장애로 인한 (현실적) 급부불능의 사례에서 § 615 S. 3 BGB가 § 615 S. 1 BGB를 준용하고 있는 점 등에 비추어볼 때, § 615 S. 1 BGB가 § 326 Ⅱ S. 1 Var. 2 BGB에 「우선하는 법규정」으로서 적용된다고 한다.[66] 물론 어느 규정이 적용되더라도 근로자가 임금청구권을 행사할 수 있다는 결과적 측면은 동일하다.

(ii) § 615 S. 1 BGB는 단지 수령지체의 법률효과(임금청구권)만을 규정하고 있으며, 따라서 요건은 §§ 293 ff. BGB로부터 도출된다.[67]

첫째, 선행적으로 유효한 근로계약관계가 존재해야 하며, 무효인 해고기간은 유효한 근로계약관계가 존속했던 것으로 인정된다.

둘째, 근로자는 근로계약에서 정한 노무급부를 § 294 BGB에 따라서 예정된 시간과 장소에서 적절한 방법으로 사용자에게 실제로 이행해야 한다. 다만 § 295 S. 1 BGB에 따라서 사용자가 노무급부를 수령하지 않을 것임을 분명히 하거나(Var. 1) 또는 노무급부의 이행을 위해 사용자의 사전적 행위가 요구되는 경우에는(Var. 2) 반드시 노무급부를 현실적으로 이행할 필요는 없

62) *Fischinger*, JuS 2016, S. 208.
63) *Fischinger*, JuS 2016, S. 208 f.
64) 본고 각주 28) 참고.
65) BAG AP Nr. 20 zu §615 BGB; BAGE 10, 202.
66) *Fischinger*, JuS 2016, S. 209 참고.
67) 이하에서 검토되는 요건들에 대하여 해당 법조문과 함께 무엇보다 *Fischinger*, JuS 2016, S. 209 f. 참고.

다(wörtliches Angebot). 여기에서 특히 § 295 S. 1 Var. 2 BGB를 주목해야 한다. 즉 사용자에게 요구되는 사전적 행위(§ 295 S. 1 Var. 2 BGB)는 § 296 S. 1 BGB에 따라 예정된 때에 이루어져야 하고, 그러한 경우에만 노무급부가 요구될 수 있다. § 295 S. 1 Var. 2 BGB와 § 296 S. 1 BGB에 근거하게 되는 사용자의 예정된 사전행위는 사용자가 근로계약관계로부터 부담하게 되는 부수적 의무인 협력의무(Mitwirkungspflicht)를 의미한다. 사용자의 협력의무는 일종의 책무(Obliegenheit)로서,[68] 사용자가 이행하지 않는 경우 근로자에 의해서 요구될 수는 없으나, 책무가 어떠한 이유에서 준수되지 않은 경우에 그 불이익은 사용자가 부담해야 한다.[69]

셋째, § 297 BGB에 따라서 근로자에게 노무급부와 관련된 객관적인 급부능력 및 주관적인 급부의사가 인정되지 않으면 사용자는 수령지체에 빠지지 않는다. 그러나 예컨대 근로자가 해고무효소송 중에 다른 근로계약을 체결하였다 하더라도 § 297 BGB가 적용되지는 않는다. 왜냐하면 근로자가 새로운 근로계약체결 이전에 소제기를 했다는 사실로부터, 그가 판결에 따라 언제든지 노무급부를 이행할 능력과 의사를 갖추고 있었음이 인정될 수 있기 때문이다.

넷째, 마지막으로 노무급부가 사용자 측에 수령되지 않아야 하며, 그 원인은 불문한다.

(iii) 위와 같이 § 293 ff. BGB에 따라서 사용자의 수령지체가 인정되면, 근로자는 § 615 S. 1 BGB에 근거해서 「추후노무급부 없이」 임금청구권을 보전·행사할 수 있다.[70] 다만 § 615 S. 2 BGB에 의해 근로자에게는 그가 실제로 근로했었던 것과 동일한 법률효과만이 인정되어야 하므로 이른바 중간수입공제(中間收入控除)를 해야 한다.

③ § 615 S. 3 BGB에 따른 경영위험과 임금청구권

§ 615 S. 1 BGB에서와 마찬가지로, § 615 S. 3 BGB에 근거한 근로자의 임금청구권 또한 새로이 형성되는 것이 아니라 원래 합의된 바대로 보전된다(Aufrechterhalten). 따라서 § 615 S. 3 BGB을 적용함에 있어서도 § 611 Ⅰ BGB가 함께 고려(언급)되어야 한다. § 615 S. 3 BGB와 관련해서는 무엇보다 첫째, 일반 경영장애에 있어서 근로자의 임금청구권이 § 326 Ⅰ S. 1 BGB(채무자위험부담주의)에 따라서 상실된다는 것은 불합리한 결과라는 점, 둘째, 사용자는 일상적이고 원활한 사업운용에 있어서는 근로자의 노무로부터 이득을 취하기 때문에 일반 경영장애가 발생하는 경우 그로 인한 노무단절의 위험(Risiko eines Arbeitsausfalls)은 스스로 부담해야 한다는 점이 고려되어야 한다.[71] 이러한 관점에서 § 615 S. 3 BGB의 적용요건은 다음과 같이 정해질 수 있다.[72]

(i) 유효한 근로계약관계를 전제로, 경영상의 영역(betriebliche Sphären)에서 발생한 장애로 인해 노무공급이 단절(중단)되어야 한다. 즉 근로자의 취업불능상태가 존재해야 한다. 이때 반드

---

68) MünchKomm–*Henssler*, 7. Aufl., §615 Rn. 35. 사용자의 협력의무의 내용에 대하여 본고 Ⅲ. 2. (2) 참고.
69) MünchKomm–*Ernst*, 7. Aufl., Einl. Rn. 14 f.
70) §615 S. 1 BGB의 문언으로부터 동규정이 추후급부가능성(Nachholbarkeit)을 전제로 한다는 점이 도출된다. Staudinger–*Richardi/Fischinger*, §615 Rn. 32; *Luke*, NZA 2004, S. 245.
71) 본고 Ⅲ. 2. (2) 참고.
72) 이하의 적용요건에 대하여 예컨대 *Fischinger*, JuS 2016, S. 210 참고.

시 염두에 두어야 할 것은, § 615 S. 1 BGB에서와 마찬가지로 § 615 S. 3 BGB의 적용이 고려되기 위해서는「근로자가 이미 스스로 노무급부의 의사와 능력을 갖추고 언제라도 근로계약상 예정된 시간에, 그 장소에서 적절한 방법으로 사용자 측에 노무급부이행을 실현(Bewirkung)할 태세」에 있어야 하며, 이를 전제로 단지 사용자 측에 존재하는 경영장애로 인해 노무급부가 불수령될 수밖에 없어야 한다는 점이다.73)

(ii) 경영장애의 「발생」에 대하여 사용자와 근로자 모두에게 책임이 없어야 한다. 즉「경영위험」은 명백하게 § 326 Ⅱ BGB가 아닌 § 326 Ⅰ S. 1 BGB의 예외를 인정한 것이다. 왜냐하면 § 326 Ⅱ BGB는 (사용자의 수령지체 중 또는) 사용자의 고의·과실에 의한 불능을 전제로 하기 때문이다. 마찬가지로 불능이 근로자의 고의·과실에 기인하는 경우에 § 615 S. 3 BGB는 적용되지 않는다.

4. 소 결

이상으로 독일에서 경영위험부담론(Betriebsrisikolehre)이 어떠한 원인에 기인하여 형성되고 발전되었으며, 오늘날에 이르게 되었는지를 살펴보았다. 판례에 의해서 창설되었고, 학설에 의해서 (특히) 근거구성을 중심으로 끊임없이 비판되어 왔으며, 오늘날 종국적으로 § 615 S. 3 BGB를 통해서 도입된 경영위험부담론은 한 세기에 걸친 논쟁의 결과물이라고 평가할 수 있을 것이다. 이하에서는 경영위험부담론에 관한 독일의「핵심적이고 최종적인」내용들을 참작해서, 지금까지 우리법제에서 이루어졌던 해석론을 검토한 후, 사용자에의 임금위험귀속을 어떻게 근거지울 수 있는지에 대한 해석론을 제안해 보고자 한다.

Ⅳ. 우리나라에 있어서 해석론

1. 개 관

우리 민법 제537조 또한 (§ 326 Ⅰ S. 1 BGB와 마찬가지로) 채권자와 채무자 모두에게 고의·과실 없이 채무자의 채무가 이행불능이 된 경우에 그 위험을 채무자가 부담한다고 규정한다(채무자위험부담주의). 즉 우리법제는 (§ 615 S. 3 BGB와 같이)「근로계약관계에 있어서 임금위험부담(Lohnrisikoverteilung)」에 관한「일반적·직접적」인 실정법규정을 마련하고 있지 않다. 물론 오늘날 그 임금위험을 사용자가 부담한다는 결과에 대해서 이의를 제기하는 견해는 없다. 그럼에도 불구하고 여전히 그 근거구성에 대해 완전하게 통일된 견해가 존재하지 않으며, 특히 근거구성을 위해 제시될 수 있는 관련 법규정들을 일반적 해석에 기대어 그대로 원용하기에도 주저되는 것이 사실이다. 이하에서는 경영위험부담론(Betriebsrisikolehre) 및 우리법규정들을 중심으로 한 종

73) 경영장애가 전제되지 않는 노무급부의 불수령은 사용자를 수령지체에 빠지게 한다. 따라서 § 615 S. 1 BGB가 적용된다.

래의 해석론들을 검토하고, 각각의 해석론이 가지는 문제점들을 알아본다. 나아가 하나의 「정돈된 해석론」을 제시해보고자 한다.

2. 「사용자에의 임금위험귀속」을 위한 종래 해석론

(1) 영역설 원용론

앞서 살펴본 독일의 영역설(Sphärentheorie)을 원용하여 사용자의 임금위험부담을 정당화하는 입장이 종래의 지배적 견해였다.74) 이 견해는 (그러나 독일에서와 다르게) 영역설을 급부불능과 수령지체를 구분지우는 일종의 「요건」으로 이해한다. 즉 이 견해에 따르면 경영장애가 발생한 경우 그 장애의 원인이 양 당사자 가운데 누구의 위험 또는 영향범위에서 기인했는지에 의해서 임금위험의 부담이 결정된다고 한다. 따라서 경영장애의 원인이 사용자의 영역에서 기인한 때에는 사용자의 수령지체가 인정된다고 하며, 이때 사용자는 근로자에 대하여 임금지급의무를 부담하게 된다고 한다. 그에 반해 파업과 같이 근로자의 영역에 경영장애의 원인이 존재하는 경우에는 그 장애로 인한 임금위험을 근로자가 부담하게 된다고 한다. 그러나 이 견해에서는 다음과 같은 몇 가지 동의할 수 없는 점들이 발견된다.75)

① 독일의 영역설(영역사상)은 원래 급부불능과 수령지체를 구분지우기 위해서 생성된 이론이 아니다. 다시 말해서 영역(Sphären) 그 자체가 급부불능 또는 수령지체를 결정짓는 요건이 아니라는 것이다. 제국법원의 판례로부터 시작된 영역설은 「경영장애에 따른 임금지급」에 관하여 독일민법이 예정하고 있었던 급부불능(§ 323 I BGB a. F.; § 326 I S. 1 BGB)과 수령지체(§ 293 ff. BGB)에 의해서는 명확하게 판단될 수 없었던 어려움을 극복하기 위해 생성된 이론이다.76) 다시 말해서 경영장애가 발생한 경우 단지 임금위험을 누구에게 부담시켜야 하는가라는 문제인식에서 출발하여, 경영장애의 원인이 사용자의 영역에서 발생한 경우에는 수령지체와 「같이」, 근로자의 영역에서 발생한 경우에는 급부불능과 「같이」 그 「법률효과」를 인정하는 이론이다.77) 따라서 이 견해는 영역설에 대한 오해로부터 기인하는 것으로 생각된다.

② 이 견해에 따르면 경영장애의 원인에 사용자의 고의·과실이 관여하지 않았음에도 불구하고, 단지 그 원인이 사용자의 영역에서 기인했다는 사실이 사용자의 수령지체를 구성하게 된

74) 이어지는 종래의 지배적 견해에 대한 소개로서 하경효, “雇傭契約에 있어서의 反對給付危險의 負擔”, 「민사법학」 제9·10호(합병호), 1993, 308면; 김성진, “경영장애와 임금위험의 문제”, 「법학연구」 제29집, 전북대학교 법학연구소, 2009, 102면 이하 참고.

75) 이하에서 언급되는 「영역설 원용론」에 관한 비판에 대하여 무엇보다 하경효, “雇傭契約에 있어서의 反對給付危險의 負擔”, 「민사법학」 제9·10호(합병호), 1993, 308면 이하 참고.

76) BAG AP Nr. 2 zu §615 BGB Betriebsrisiko.

77) 물론 그 법률효과만을 고려한다고 하더라도 독일에서 인정되는 것처럼, 오늘날에는 §615 S. 3 BGB의 도입을 통해 사용자와 근로자 모두에게 고의·과실 없이 경영장애가 발생한 경우의 경영위험(임금위험)은 더 이상 불능의 사례와는 무관하고, 오히려 수령지체와 「동일하게」 계속적인 임금지급의무가 존재한다는 점이 분명해졌다고 말할 수 있다. MünchKomm–*Henssler*, 7. Aufl., §615 Rn. 99.

다. 그러나 이러한 결과는 우리의 다수설(채무불이행설)이 채권자지체의 성립을 위해 채권자의 「수령의무(Annahmepflicht)」 및 「수령지체에 대한 고의 · 과실」을 요구하고 있는 점과 모순된다. 반면 독일은 동일한 사례에서 수령지체의 성립을 위하여 채권자의 고의 · 과실을 요구하지 않기 때문에 그러한 이론구성이 가능하고, 수령지체의 법률효과(§ 615 S. 1 BGB)를 준용할 수 있다.

③ 이 견해에 따라 경영장애에 있어서 사용자의 수령지체를 인정한다고 하더라고, 수령지체에 따른 법률효과인 근로자의 임금청구권이 우리법제의 어느 실정법규정으로부터 도출될 수 있는지 의문이 들지 않을 수 없다. 이 견해도 이 점에 대해서 침묵하고 있다. 또한 사용자의 채무불이행책임(다수설)을 인정하고 그에 따른 근로자의 손해배상청구권을 인정할 수는 있을지언정, 그 손해배상청구권이 임금청구권과 동일시 될 수 없음은 분명하다.[78] 나아가 영역설이 지니는 본래적 의미의 관점에서 본다면(무과실원칙), 근로자에게 다수설(채무불이행설)에 따라 손해배상청구권과 함께 계약해제권(Rücktritt)까지도 인정될 수 있다는 점은 동의하기 어렵다.

(2) 민법 第538조 제1항 적용설

① 동조항 「전단」 적용설

우리 민법 제538조 제1항 전단은 「쌍무계약의 당사자 일방의 채무가 채권자의 책임있는 사유로 이행할 수 없게 된 때에는 채무자는 상대방의 이행을 청구할 수 있다」고 규정한다. 경영장애의 사례에 대하여 동규정을 적용하자는 견해는 채권자의 「책임있는 사유」를 넓게 해석하고자 한다.[79] 즉 채권자의 「책임있는 사유」의 범위 안에 채권자의 「고의 · 과실」뿐만 아니라 경영장애의 원인이 채권자 「측」에 존재하는 경우까지도 포함시키고자 한다. 다시 말해서 이 견해에 의하면, 채권자의 책임있는 사유는 채무불이행책임(우리 민법 제390조)에서 전제하는 원칙적인 고의 · 과실(Verschulden)의 범위를 벗어나는, 보다 넓은 의미를 가지게 된다. 다만 채권자의 책임있는 사유를 그렇게 넓게 해석한다 하더라도 이는 「확장된 책임있는 사유」일 뿐이며, 결국 무과실을 전제로 하는 위험부담의 문제와는 구별된다고 한다. 우리통설도 채권자의 귀책사유를 「채권자의 어떤 작위 또는 부작위가 채무자의 이행을 방해하고, 그 작위나 부작위는 채권자가 피할 수 있었던 것이라는 의미에서 신의칙상 비난을 받을 수 있는 사유」라고 정의함으로써, 채권자의 귀책사유를 채무자의 귀책사유보다 비교적 넓게 해석하는 것으로 이해된다.[80] 그러나 이 견

---

78) 다시 말해서 근로자가 노무급부의 대가로서 취득하게 되는 임금청구권은 근로계약관계로부터 주어지는 사용자의 주된 급부의무(보수지급의무, 우리 민법 제655조; § 611 I BGB)에 대한 이행청구권이다. 따라서 근로자의 임금청구권은 사용자가 그러한 주된 급부의무를 이행하지 않음으로써 부담하게 되는 손해배상책임(우리 민법 제390조 이하; §§ 280 ff. BGB)과는 명백히 구별된다. 임금청구권과 손해배상청구권의 구별에 대하여 보다 자세한 것은 본고 Ⅳ. 3. (2) 참고.

79) 이 견해에 대한 소개로서 하경효, “雇傭契約에 있어서의 反對給付危險의 負擔”, 「민사법학」 제9 · 10호(합병호), 1993, 311면; 김성진, “경영장애와 임금위험의 문제”, 「법학연구」 제29집, 전북대학교 법학연구소, 2009, 103면 이하 참고.

80) 이러한 통설의 소개로서 예컨대 하경효, “雇傭契約에 있어서의 反對給付危險의 負擔”, 「민사법학」 제9 · 10호

해에서도 다음과 같은 점들에는 동의할 수 없다.[81]

우선 우리 민법규정 내의 「책임있는 사유」는 일반적으로 「고의 또는 과실」을 의미한다는 전제하에,[82] 이 견해처럼 사용자의 영역에 존재하는, 현실화되는 모든 위험(Risiko)의 원인을 사용자의 책임있는 사유로 인정하는 것은, 책임있는 사유, 즉 고의(Vorsatz)와 과실(Fahrlässigkeit)의 개념에 혼란을 야기하게 된다. 또한 같은 맥락에서 독일의 전통적인 일반 경영장애의 사례에서는 사용자와 근로자 모두에게 고의 또는 과실 없이, 즉 양 당사자의 무과실을 전제로 사용자 측에 장애가 발생한 경우에 근로자의 (현실적인) 취업불능과 그에 따른 임금청구권이 문제된다. 그러나 이 견해는 직접 밝히고 있는 것처럼, 무과실의 위험부담과는 무관한 「확장된 책임있는 사유」를 전제로 한다. 따라서 이러한 해석은 일반 경영장애의 사례에는 적합하지 않다고 생각한다.[83]

② 동조항 「후단」 적용설

우리 민법 제538조 제1항 후단은 「채권자의 수령지체 중에 당사자쌍방의 책임없는 사유로 이행할 수 없게 된 때에도 같다」라고 규정하여, 동조항전단을 준용하고 있다. 일반 경영장애의 사례에 대하여 동규정을 적용하자는 견해는 § 615 BGB의 이론적 구성을 전제하는 것으로 보인다. 즉 이 견해는 사용자와 근로자의 고의·과실 없이 사용자 측에 발생한 일반 경영장애로 인해 근로자의 노무급부가 객관적으로 수령될 수 없는 경우에 이를 급부불능이 아닌 수령지체의 「상태」에 준(準)하여, 그러한 고려에서 임금위험귀속을 판단한다. 요컨대 이러한 이론적 해석에는 충분히 수긍할 수 있다고 생각한다.[84] 그럼에도 불구하고 이 견해에 있어서도 다음과 같은 의구심이 완전히 제거되지 않는 것도 사실이다.[85]

(합병호), 1993, 311면.

81) 이어지는 이 견해에 대한 비판으로서 무엇보다 하경효, "雇傭契約에 있어서의 反對給付危險의 負擔", 「민사법학」 제9·10호(합병호), 1993, 315면 참고.

82) 우리법제 내에서 귀책사유(歸責事由)를 어떻게 이해할 것인지에 대하여 보다 자세한 것은 본고 Ⅳ. 3 (3) 참고.

83) 한편 김성진, "경영장애와 임금위험의 문제", 「법학연구」 제29집, 전북대학교 법학연구소, 2009, 104면에서는 사용자와 근로자 사이에 존재하는 중립영역 및 우리근로기준법 제46조상의 사용자의 책임있는 사유와 연계하여 민법 제538조 제1항 전단 적용설(해석론)을 비판하고 있다. 그러나 ① 이 비판이 제시하는 중립영역의 개념이 모호할 뿐만 아니라, 사용자의 영역 외에 존재하는 중립영역을 (추상적으로) 인정한다고 하더라도, 그 영역에서 현실화되는 위험은 현재의 법이론적 관점에서는 사용자에게 귀속시킬 수 없다. 그러한 책임의 귀속근거(Zurechnungsgrund)가 없기 때문이다. 따라서 중립영역의 존재를 「전제」로 하는 비판에는 수긍하기 어렵다. ② 이 비판과 다르게, 민법 제538조 제1항 전단 적용설에 따른 사용자의 확장된 책임있는 사유를 우리근로기준법 제46조상의 책임있는 사유와 동일하게 해석하더라도, 두 규정의 적용상 모순이 발생한다거나, 근로자에게 불리하다고 할 수 없다. ②와 관련하여 보다 자세한 것은 본고 Ⅳ. 2. (3) 참고. 이와 함께 근로기준법 제46조상 사용자의 책임있는 사유에 대한 새로운 해석론 제안으로서 본고 Ⅳ. 3. (4) ④ 참고.

84) 이러한 이론적 해석 및 근거구성에 대하여 보다 자세한 것은 본고 Ⅳ. 3. (4) ③.

85) 이 견해에 대하여 가능한 비판적 시각으로서 무엇보다 하경효, "雇傭契約에 있어서의 反對給付危險의 負擔", 「민사법학」 제9·10호(합병호), 1993, 312면 참고.

이 견해는 일반 경영장애가 사용자의 수령지체(우리 민법 제400조; § 293 BGB)를 우선적으로 성립시킨다는 전제 위에서 주장될 수 있는 해석론이다. 따라서 여전히 이러한 이론구성에 반대하는 입장, 즉 경영장애의 사례에서는 급부불능만이 문제가 된다는 관점에서는 동의할 수 없는 견해이다. 같은 맥락에서 수령지체의 본질을 채무불이행으로 이해하는 우리의 다수설의 입장에서도 이 견해를 받아들일 수 없을 것이다. 주지하는 것처럼 일반 경영장애의 사례는 사용자와 근로자 모두에게 고의·과실이 존재하지 않는 경우가 전제되기 때문이다.

(3) 근로기준법 제46조 적용설

우리근로기준법 제46조를 적용하자는 견해가 있다. 동조에 따르면 사용자의 귀책사유로 휴업하는 경우에 사용자는 휴업기간 동안 그 근로자에게 휴업수당을 지급해야 한다. 동조의 의의는 앞서 살펴본 영역설 원용론 및 민법 제538조 제1항 적용설과 다르게, 휴업의 사례에서 사용자가 근로자에게 그 기간 동안의 휴업수당을 직접 지급할 것을 명시적으로 규정한다는 점에 있다. 동조는 무엇보다 민법 제538조 제1항 전단과의 관계에서 체계적 법해석을 통해 근로자를 보호할 수 있는 것으로 평가된다고 한다. 즉 근로자의 노무급부가 불능이 된 경우, 그 불능이 채권자(사용자)의 고의·과실에 기인하는 경우에는 민법 제538조 제1항 전단을, 그 외에 사용자의 사업경영과 관련하여 급부불능이 발생한 경우에는 근로기준법 제46조를 적용하자는 견해이다.[86] 근로기준법 제46조 적용설은 주지하는 것처럼, 첫째, 동조상의 휴업수당청구권은 명백히 손해배상청구권이 아니라는 점, 둘째, 중간수입공제를 하지 않아도 된다는 점 등에 비추어볼 때, 사용자의 임금위험부담을 근거지우는 적합한 실정법규정으로 「일견」 보이기도 한다. 그러나 동조의 적용을 고려할 때 다음과 같은 문제점들이 지적될 수 있다.

① 이 견해는 근로기준법 제46조에서 규정하는 「사용자의 책임있는 사유」를 민법 제538조 제1항 전단의 그것과 동일하게 해석해서는 안 되며, 전자를 후자보다 넓게 인정해야 한다고 한다. 그 이유는, 만약 양 자를 동일한 의미로 이해하는 경우, 예컨대 민법 제538조 제1항 전단의 사용자의 책임있는 사유를 「고의·과실」이 아닌 「확장된 책임있는 사유」[87]로 인정하고 이를 근로기준법 제46조상의 그것(사용자의 책임있는 사유)과 동일하게 이해한다면, 그 법률효과, 즉 민법 제538조 제1항 전단에 의한 임금전액청구가 근로기준법 제46조에 의한 평균임금의 70%에 비해서 유리하기 때문이라고 한다. 다시 말해서 근로기준법 제46조 적용설은 그러한 관점에서 "근로자에게 불리한 결과로 이어지는 모순이 발생한다"고 한다.[88] 그러나 (i) 민법 제538조 제1항 전단의 「적용상 인적 범위」가 근로기준법 제46조의 그것보다 넓게 인정된다는 점, (ii) 근로기준법의 입법목적은 근로자를 보호하기 위한 최저한을 규율하는 것이므로, 「근로자에게 유리하

---

86) 김형배, 「노동법(제18판/신판 제5판)」, 박영사, 2009, 336면 이하.

87) 이에 관하여 본고 Ⅳ. 2. (2) ① 참고.

88) 김성진, "경영장애와 임금위험의 문제", 「법학연구」 제29집, 전북대학교 법학연구소, 2009, 104면 및 107면.

다면」 일반법과 특별법의 관계라는 이유 때문에 민법 제538조 제1항 전단의 적용이 근로기준법 제46조에 의해 배제되어서는 안 된다는 점, (iii) 비록 중간수입공제를 해야 하지만, 임금액의 산정에 있어서 민법 제538조 제1항 전단의 적용이 반드시 근로자에게 불리한 것은 아니라는 점 등을 고려할 때, 이 견해에 수긍하기 어렵다. 오히려 민법 제538조 제1항 전단의 적용이 긍정될 수 있다면, 근로기준법 제46조에 의해 보호받을 수 없는 근로자가 동규정의 적용을 통해서 보호받을 수 있다는 점이 간과되어서는 안 될 것이다.[89] 무엇보다 민법 제538조 제1항 전단의 적용이 근로기준법 제46조의 적용보다 유리하다고 해서, 전자의 귀책사유의 의미를 후자의 그것에 「한계선」을 두고 해석할 것도 아니다.[90]

② 앞서 잠깐 언급했듯이 이 견해에 따르면 근로기준법 제46조는 상시 4인 이하의 사업장에서 종사하는 근로자에게는 적용되지 않기 때문에, 이 근로자들과 상시 5인 이상의 사업장에서 종사하는 근로자들 사이에 법적용상의 차이(Differenzierung)가 발생하게 된다. 즉 근로기준법 제46조상의 사용자의 책임있는 사유를 민법 제538조 제1항 전단상의 그것보다 넓게 인정해야 한다는 전제하에, 「결과적으로」 상시 5인 이상이 종사하는 사업장의 근로자에게는 양 규정에 의한 청구권의 경합을,[91] 상시 4인 이하가 종사하는 사업장의 근로자에게는 사용자의 고의·과실이 있는 경우에 한하여 민법 제538조 제1항 전단에 의한 임금전액청구권만을 인정하게 되는 것이다. 그러나 이러한 결과는, 특히 민법 제538조 제1항 전단의 적용에 있어서는 중간수입공제를 해야 한다는 점(동조 제2항)을 고려하면 오히려 소규모사업장에 종사하는 근로자를 차별하는 것으로 보인다. 또한 일반적으로 근로기준법 제46조가 근로자의 최저생활을 보장하기 위한 강행규정으로 이해된다[92]는 점에서 이 견해는 더욱 납득되기 어렵다. 근로기준법 제46조의 존재가 오히려 소규모사업장(4인 이하)의 근로자를 차별하는 결과가 되기 때문이다.[93]

③ 이 견해는 사용자의 책임있는 사유의 의미를 구체적으로 판단하기 위해 동조 제2항의 「부득이한 사유」를 그 기준으로 삼는다. 즉 경영장애의 발생 사유가 부득이한 사유에 해당하는 경우에, 그 사유는 사용자의 책임있는 사유에서 배제된다고 한다.[94] 그러나 이 견해가 제시하는 구체적인 예들, 예컨대 예기치 못한 악천후에 따른 작업의 「일시적인」 중단 및 법령·행정명령

---

89) 이에 관하여 김형배, 「노동법(제18판/신판 제5판)」, 박영사, 2009, 336면 이하.

90) 그러한 한계선을 고려하는 것으로 보이는 견해로서 예컨대 김성진, "경영장애와 임금위험의 문제", 「법학연구」 제29집, 전북대학교 법학연구소, 2009, 107면.

91) 김성진, "경영장애와 임금위험의 문제", 「법학연구」 제29집, 전북대학교 법학연구소, 2009, 110면 이하.

92) 예컨대 김형배, 「노동법(제18판/신판 제5판)」, 박영사, 2009, 336면 이하.

93) 근로기준법 제46조와 경영위험부담론의 관계적 이해에 대하여 본고 Ⅳ. 3. (4) ④ 참고.

94) 김성진, "경영장애와 임금위험의 문제", 「법학연구」 제29집, 전북대학교 법학연구소, 2009, 108면 이하에 따르면, 부득이한 사유인지 여부는 구체적으로, 경영장애가 「사업에 관계없는 외부의 자연력 또는 근로자의 행위에 기인했는지」, 「통상의 사용자가 가질 것으로 추정되는 능력에 따른 해결이 기대 가능한지」 또는 「통상의 사용자에게 요구되는 주의의무(예방조치)를 다하였는지」에 따라서 판단될 수 있다고 한다. 나아가 경영위험부담론(Betriebsrisikolehre)에 근거하여 부득이한 사유를 엄격하게 해석할 필요가 있음을 인정하고 있다.

에 기한 「일시적인」 휴업 등이 사용자의 책임없는 사유로 인정될 수 있을 것인지는 의문이다. 그러한 사례에서 사용자의 사업장 내에 존재하는 일시적 노무급부의 단절에 따른 임금위험은 사용자에게 부담시킬 수 있다고 생각한다.[95)]

3. 해석론 제안

(1) 종래 우리해석론에 대한 평가

지금까지 경영장애(Betriebsstörung)에 있어서 현실화되는 경영위험(Betriebsrisiko)인 임금위험(Lohnrisiko)을 어떠한 근거에서 사용자에게 부담시킬 수 있는지에 대한 우리의 해석론들을 살펴보았다. 우리의 해석론들에 대해서 가능한 비판들을 다시 한 번 간략하고 핵심적으로 정리하자면, ① 독일의 전통적인 영역설은 사용자와 근로자의 무과실을 전제로 하는 반면, 우리의 종래 「영역설 원용론」은 한편으로 독일의 영역설에 따라 수령지체를 인정하면서도, 다른 한편으로 (이와 모순되게) 수령지체의 성립을 위하여 사용자의 고의·과실을 요구한다는 점, ② 「민법 제538조 제1항 전단 적용설」은 동규정상 사용자의 책임있는 사유를 확장된 책임있는 사유로 인정하면서도, 이것을 어디까지나 무과실과는 구분되는 개념으로 이해하며, 따라서 경영장애의 사례를 판단함에 있어서 위험부담의 법리를 배제한다는 점, ③ 「민법 제538조 제1항 후단 적용설」은 가장 설득력이 있다고 보이나, 동규정 자체가 임금위험부담에 관한 명시적·실정법적 규정이 아니며, 따라서 경영장애에 따른 노무급부의 단절에 대하여 급부불능만을 인정하는 입장에서는 여전히 비판이 가해질 수밖에 없다는 점, ④ 「근로기준법 제46조 적용설」은 무엇보다 적용상의 인적 범위가 다분히 제한적이라는 점 등으로 요약할 수 있다. 이처럼 사용자에의 임금위험귀속에 대한 오늘날 우리의 해석론들은 통일되어 있지 않고, 또한 완전하지 않은 것으로 보인다.

종래 우리의 해석론들이 가지는 불완전성을 제거하기 위해 우선적으로 염두에 두어야 할 것은 근로계약관계로부터 근로자에게 주어질 수 있는 「임금청구권」과 「손해배상청구권」이 서로 구별되어야 한다는 점이다. 그 구별의 실질적 의의는 당연히 각각의 청구권이 행사될 수 있는 요건이 다르다는 점에 있다. 주지하듯이 임금청구권은 원칙적으로 근로자가 노무급부를 이행(Bewirkung)함으로써, 손해배상청구권은 근로자의 노무급부이행 및 「원칙적인 과책주의하에서」 사용자의 고의·과실에 기한 임금부지급의 경우에 한하여 행사가 가능하다. 또한 주의해야 할 점은, 귀속여부가 판단되어야 할 「임금위험」이 ① 경영장애의 발생원인에 일방당사자의 고의·

95) 예기치 못한 악천후의 사례에 관하여 *Richardi*, NJW 1987, S. 1235; BAG AP Nr. 83 zu §615 BGB 참고. 특히 예상할 수 없는 행정명령이라 하더라도 「일시적인」 경우에는 사용자에의 임금위험귀속이 인정되어야 할 것이다. 이에 관하여 하경효, “雇傭契約에 있어서의 反對給付危險의 負擔”, 「민사법학」 제9·10호(합병호), 1993, 307면 참고. 나아가 하수급 공장의 자재 또는 자금난에 의한 휴업이 사용자의 책임있는 사유로 인정될 수 있을 것인지에 대해서도 의문이 든다. 왜냐하면 이 견해가 고려하고 있는 경영위험부담론에 따르면, 일반적으로 경영장애의 원인이 사용자의 사업장 「외부」에 존재하는 경우에는 사용자에게 임금위험을 부담시킬 수 없기 때문이다. 반대견해로서 대법원 2000. 11. 24. 선고 99두4280 판결 참고.

과실(Verschulden)이 관여함으로써 문제되는 것인지, ② 아니면 경영장애로 인해 발생한 「일정한 결과」의 귀속(Zurechnung)과 관련하여 문제되는 것인지를 구분해야 한다는 것이다. 이 점에 있어서는 무엇보다 귀책사유의 개념을 어떻게 이해해야 할 것인지가 문제된다.

(2) 임금청구권과 손해배상청구권의 구별

임금청구권과 손해배상청구권을 구별함에 있어서는 우선 채무와 책임의 개념을 어떻게 정의할 것인지, 그리고 양자의 관계를 어떻게 이해할 것인지가 문제된다. 우리의 통설은 「채권자의 채권에 대응하는 채무자의 의무가 채무이며, 채무는 채무의 내용인 급부를 해야 할 급부의 당위성을 의미하는 반면에, 책임은 채권자가 강제적으로 채권을 실현할 수 있는 힘인 공취력(Zugriffsmacht)에 채무자의 일반책임재산이 복종하는 상태」[96]라고 설명한다. 특히 계약관계(약정채권관계)에 있어서 채무와 책임의 관계는 기본적으로 「법률행위 → 채무 → 책임」의 매커니즘 하에서 이해되어야 한다.[97] 따라서 경영장애에 있어서 임금청구권과 손해배상청구권의 관계는 다음과 같이 요약할 수 있다.

경영장애가 존재함에도 불구하고 보전(Aufrechterhalten)되어지는 근로자의 임금청구권은 본질적으로 (자신의 노무급부이행에 따른) 사용자에 대한 반대급부이행청구권(=사용자의 임금지급의무)이다. 이를 통설의 정의에 따라 이해하면, 「노무급부의 대가(=반대급부=임금)」의 관점에서 근로자(채권자)의 임금청구권(채권)에 대응하여 사용자(채무자)가 임금지급의무(채무)를 부담하게 된다. 이 때 사용자의 임금지급의무는 사적자치(Privatautonomie)에 따라 근로자와의 법률행위를 통해 형성된 법률관계(근로계약관계)의 내용인 사용자의 주된 급부의무(primäre Leistungspflicht)이다. 노무급부이행의 대가로서 근로자(채권자)가 사용자(채무자)에 대하여 임금을 청구할 수 있고, 사용자(채무자)는 근로자(채권자)에게 임금을 지급함으로써, 계약은 합의된 바대로 실현되는 것이다.[98] 따라서 근로자가 임금청구권을 행사하기 위한 요건으로서 사용자의 고의·과실은 요구되지 않는다.

그러나 사용자(채무자)가 근로자(채권자)의 임금청구에도 불구하고 임금지급의무(주된 급부의무)를 이행하지 않는 경우에, 「통설의 정의」에 따르면 근로자(채권자)에게는 강제적으로 그의 임금청구권(채권)을 실현할 수 있는 힘인 공취력(Zugriffsmacht)이 인정된다. 따라서 사용자(채무자)의 일반책임재산은 이에 복종해야 하는 상태에 놓인다. 즉 사용자는 임금부지급이 자신의 「고의·과실」에 기인하는 경우에 손해배상책임을 부담하게 되고, 그에 따라 근로자는 사용자의 손해배상책임과 동일한 내용의 손해배상청구권을 가지게 된다.

요컨대 경영장애에 있어서 보전되는 근로자의 임금청구권은 손해배상청구권과 분명히 구별된다. 근로자의 임금청구권의 관점에서 판단한다면 ① 「원칙적으로」 사용자의 수령지체를 인

---

96) 이 정의는 김규완, "채무와 책임", 「서강법학연구」 제5권, 2003, 198면 이하에 따른 것이다.

97) 김규완, "채무와 책임", 「서강법학연구」 제5권, 2003, 199면 이하.

98) 계약적 법률관계(약정채권관계)에 있어서 이른바 채무자의 1차적 채무불이행책임으로서 본래 채무의 이행에 관하여 김규완, "채무와 책임", 「서강법학연구」 제5권, 2003, 212면 이하 및 각주 59) 참고.

정하기 위해 그의 고의·과실은 요구되지 않는다. 즉 사용자의 수령의무는 근로계약상 협력의무(Mitwirkungspflicht)에 속하는 책무(Obliegenheit)로 이해해야 하며,[99] 따라서 사용자의 수령의무 자체에 대한 소구가능성은 없다. 결과적으로 채권자지체의 본래적 법률효과로서 손해배상책임은 인정되지 않는 것이다(우리 민법 제401조 내지 제403조; §§ 300－304 BGB). ② 다만「예외적으로」경영위험부담론에 근거하여 사용자에 대한 1차적 이행청구권으로서 근로자의 임금청구권이 인정된다(§ 615 S. 3 BGB).

(3) 귀책사유(歸責事由)의 개념정의

앞서 확인한 것처럼,「사용자에의 임금위험귀속」에 관한 우리의 해석론들은 대체로 이른바 귀책사유의 개념적 이해를 중심으로, 그러한 기초 위에서 이루어져 왔다. 그러나 귀책사유의 개념이 완전하고 통일적으로 정의되어, 즉「하나의 개념정의」에 근거하여 각각의 해석론들이 주장되고 있는지에 대해서는 의문이 든다. 결과적으로 각각의 해석론들이 각자의 개념적 이해에 따라서 해석론을 전개하기 때문에, 해석론들 상호 간에 오해가 존재할 수밖에 없는 것으로 보인다.[100] 요컨대 오늘날 책임귀속가능성(Zurechenbarkeit)을 검토함에 있어서는, 첫째, 사법질서 내에 책임귀속의 대전제로 받아들여지는 자기책임의 원칙(Selbstverantwortungsprinzip)하에서, 둘째, 자기책임의 원칙이 구체화되는 특별한 모습인 과실책임주의(Verschuldensprinzip)와 위험책임주의(Risikoprinzip)에 따라 책임의 귀속여부가 판단되어야 한다.[101]

① 우선 우리법제가 채택하고 있는 표현인 귀책사유(歸責事由)는 일본식 표현을 줄인 것이라고 한다. 유책사유(有責事由)와 구별되는 귀책사유의 개념은 자신의 고의·과실뿐만 아니라 타인의 고의·과실도 포함한다는 점에서 적절하고, 이에 대해서는 견해가 일치하는 것으로 보인다.[102] 그러나 귀책사유라는 표현은 책임귀속원칙(Zurechnungsprinzip)으로 대치하여 이해하는 것

---

99) 본고 각주 68), 69) 참고.

100) 즉 귀책사유와 관련하여,「손해배상」만이 귀책사유의「대상」이라는 견해, 귀책사유를 과책(고의·과실)과 동일하게 이해하는 견해 또는 과책뿐만 아니라 그와 동등시할 수 있는 사유를 포함하여 귀책사유를 이해하는 견해 등이 존재한다. 서로 다른 이해들에 대한 소개로서 김규완, “채무와 책임”,「서강법학연구」제5권, 2003, 209쪽 이하 참고.

101) *Canaris*, Vertrauenshaftung, S. 468 ff. 그 외에 이른바 원인책임주의(Veranlassungsprinzip)가 책임귀속원칙으로서 고려될 수 있다. 예컨대 계약체결 전 계약교섭의 일방당사자가 자신의 일정한 행위를 통해 곧 계약이 체결될 것이라는 신뢰를 타방당사자에게 불러일으키고, 타방당사자는 그것을 신뢰함으로써 두 당사자(potenzielle Vertragspartner) 사이에는 신뢰채권관계(Vertrauensschuldverhältnis, § 311 Ⅱ Nr. 1 BGB)가 형성된다(신뢰의 요구와 제공「Inanspruchnahme und Gewährung von Vertrauen」에 의한 채권관계의 형성). 이때 신뢰채권관계의 형성에 원인을 제공한 자는, 그가 그 신뢰를 스스로 침해함으로써 인정되는 손해, 즉 일반적으로 그 신뢰에 기하여 타방당사자가 이미 지출하게 된 비용(Aufwendungen)에 대한 배상책임을 부담해야 한다는 원칙이 바로 원인책임주의(Veranlassungsprinzip)이다. 이에 관하여 예컨대 *Küpper*, culpa in contrahendo, S. 231 참고. 그러나 다른 견해에 의하면 원인책임주의는 책임귀속원칙으로서 인정되지 않는다. 예컨대 *Canaris*, Vertrauenshaftung, S. 474 ff. 참고. 다만 본고에서 원인책임주의는 논외로 한다.

102) 김규완, “채무와 책임”,「서강법학연구」제5권, 2003, 209쪽 이하.

이 보다 적절하다고 생각한다. 즉 귀책사유는 개념(내용)적으로 「일정한 사유에 의해서 발생한 결과를 어느 일방에 귀속시키는(=책임귀속) 정당화 원칙」으로 이해해야 할 것이다.[103] 이러한 이해를 전제로 할 때 귀책사유의 개념(내용)은 앞서 언급된 자기책임의 원칙과 과실책임주의 및 위험책임주의를 통해서 구현될 수 있다.

② 자기책임의 원칙에 따라서 일정한 결과가 당사자에게 귀속되기 위해서는 먼저 그 결과의 원인이 그 당사자의 「직접적인」 행위이거나(과실책임주의, Verschuldensprinzip) 또는 그 원인이 적어도 당사자의 「행위영역」에 존재했어야 한다(위험책임주의, Risikopinizip).[104] 주지하는 것처럼 과실책임주의가 책임법 전체에서 기본원칙으로 작동하고, 예외적으로 위험책임주의가 명문규정 또는 판례법에 근거해서 고려될 수 있다. 계약적 법률관계[105]에서 위험책임주의의 사례로는 예컨대 「보증 또는 조달위험의 인수에 따른 책임의 가중(Übernahme einer Garantie oder eines Beschaffungsrisikos, § 276 I BGB)」, 「타인행위에 대한 책임(우리 민법 제391조; § 278 BGB)」,[106] 「신뢰책임 또는 의사표시에 따른 책임(§§ 122 I, 179 II, 311 III S. 2 BGB)」[107] 등이 있으며, 특히 이른바 「영역책임(Sphärenhaftung)」[108]도 위험책임주의에 따라서 인정된다. 요컨대 당사자 일방에게 또는 양 당사자에게 분산되어 귀속되는 「책임의 대상」에는 고의·과실(Verschulden)뿐만 아니라 위험(Risiko)도 포함된다.

---

103) 이와 같은 정의의 근거로서 무엇보다 *Canaris*, Vertrauenshaftung, S. 467 ff. 참고.

104) *Canaris*, Vertrauenshaftung, S. 468 ff.

105) 다른 한편 불법행위법상 불법(Delikt)은 과실책임주의에 따라서(*Canaris*, Vertrauenshaftung, S. 470), 위험책임(Gefährdungshaftung) 또는 제조물책임법(Produkthaftungsgesetz)은 위험책임주의(Risikoprinzip)에 따라서 판단된다(Jauernig–*Stadler*, § 276 BGB Rn. 9). 그러나 이때 동일하게 「위험」으로 번역되는 「Risiko」와 「Gefahr」의 개념을 구별할 실익은 미미하다고 판단되며, 다만 위험책임주의(Risikoprinzip)가 적용되는 가장 중요한 영역이 위험책임(Gefährdungshaftung)의 영역임은 분명해 보인다. *Krawitz*, Investitionen, S. 151. 같은 의미에서 위험책임(Gefährdungshaftung)은 또한 엄격책임(strikte Haftung)의 가장 중요한 영역으로 이해된다. 김상중, "한국의 위험책임 현황과 입법 논의 : 유럽의 논의와 경험을 바탕으로", 「민사법학」 제57호, 2011, 각주 1) 참고.

106) 불법행위법상 「피용인이 제3자에게 부담하는 책임」에 대한 사용자의 「배상」책임은 여전히 「법문언상」 과실책임주의에 따른 책임으로 이해된다. 그 이유는 첫째, 불법행위에 있어 그 불법(Delikt)은 피용인 자신의 과실책임을 본질로 하고, 둘째, 사용자에게는 그의 「부주의의 정도(비난가능성)」에 따라 「배상」에 대한 면책이 인정될 수 있기 때문이다(우리 민법 제756조 제1항 후단; § 831 I S. 2 BGB). 말하자면 사용자가 「자신과 무관한」 제3자에 대하여 피용인의 불법으로 인한 손해배상책임을 「대신」 부담한다는 것은, 「배상에 대한 자기책임」을 이행함과 동시에 「손해에 대한 대위책임」을 부담하는 것이다. 따라서 책임귀속원칙상 사용자의 피용인에 대한 「손해」의 구상권이 인정될 수 있다. 물론 사용자와 피해자가 채무자와 채권자의 관계(우리 민법 제391조; § 278 BGB)에 있는 경우에는 구상권이 인정되지 않으며, 다만 청구권경합은 인정된다.

107) 예컨대 (독일민법에 따르면) 의사표시자는 자신의 (행위)영역으로부터 야기된 하자(Mangel, 착오)의 결과에 대해서 책임을 부담해야 하며, 대리권의 흠결에 대해서 무권대리인을 비난할 수 없다고 하더라도 그 무권대리인은 이른바 엄격책임(strikte Haftung)을 부담해야 한다. 이에 관하여 예컨대 *Krawitz*, Investitionen, S. 152 f. 참고.

108) BGH 114, 243 ff; 115, 45; 119, 169.

③ 귀책사유(책임귀속원칙)의 한 축인 위험책임주의에 있어서 위험(Risiko)은 일반적으로 일정한 개연성(Wahrscheinlichkeit)에 따라 부정적인 외부효과를 가지고 나타나는 결과(Ereignis)로 이해된다. 물론 이 같은 개념정의로부터 결과위험의 귀속이 곧바로 결정되지는 않는다. 왜냐하면 과실책임주의의 예외인 위험책임주의는「본래」각각의 거래참가자가 스스로 부정적인 외부효과를 부담해야 한다는 것을 의미하기 때문이다. 따라서 일반적인 생활위험(allgemeines Lebensrisiko)은「소유자가 우연성을 부담한다(casum sentit dominus: Den Zufall trägt der Eigentümer)」는 규범에 따라 각자에게 속하게 된다. 이러한 이유에서 위험책임의 귀속은 무엇보다「평가적 관점」에서, 그것을 통해 구체화되고 결정되어야 한다. 즉 어떠한 위험이 개별 사안에서 문제가 되는지, 특히 어떠한 관점에서 그 위험이 분담(Verteilung eines Risikos)되어야 하는지가 해명되어야 한다는 것이다. 위험책임주의에 관한 이론들이 해야 하는 결정적인 역할이 바로 위험책임의 귀속(Risikozurechnung)을 판단하기 위한「평가적 해명」에 있다.[109] 위험책임주의에 기초하여 경영위험부담론에 따라 사용자에게 귀속되는 임금위험에 대한 평가적 해명은 이미 여러 차례 강조되었듯이, 사용자는 근로자의 노무급부에 기초하여 원활한 사업경영을 통해 이윤을 얻고, 근로자는 유일한 생활수단인 임금을 반대급부로서 보장받아야 한다는 점이다.[110]

④ 이처럼 오늘날 사법상 귀책사유(책임귀속원칙)는 과실책임주의뿐만 아니라 위험책임주의를 내포하는 개념으로 이해해야 한다. 그럼에도 불구하고 예컨대 귀책사유가 곧 고의·과실(과책, Verschulden)을 의미하는 것처럼 전제하고, 위험책임주의를 귀책사유(과책)의 확장된 개념으로 이해해서는 안 될 것이다.[111] 물론 우리법제가「책임 있는 또는 없는 사유」라는 표현을 통해서 귀책사유를 규정하고 있으며, 대부분의 관련 규정들이 읽혀지는 바대로 원칙적인 과실책임주의를 전제하고 있다고 해석된다.[112] 그러나 적어도 경영장애에 따른 임금위험의 귀속과 관련하여 우리실정법규정들을 해석하고 적용하고자 한다면, 귀책사유로서 과실책임주의와 함께 위험책임주의가 독립적인 귀책사유로서 고려되어야 할 것이다.[113]

---

109) *Krawitz*, Investitionen, S. 151.

110) 위험책임주의에 따른 사용자에의 임금위험귀속에 관한 이론구성으로서 무엇보다 *Henssler*, Risiko als Vertragsgegenstand, S. 60 ff. und 82 ff.

111) 따라서 손해만이 귀책사유의 대상이라고 한다거나, 우리 민법 제538조 제1항 전단의 귀책사유를 확장된 귀책사유라고 하면서 위험부담과는 무관하다고 설명하는 것은 귀책사유의 개념을 고의·과실과 동일시한 결과로 보인다.

112) 귀책사유를 조문 내에서 직접 명시하고 있는 우리 민법규정으로는 제202조; 제315조; 제362조; 제538조; 제546조; 제600; 제729조 등이 있다.

113) 예컨대 김형배,「노동법(제18판/신판 제5판)」, 박영사, 2009, 333쪽 이하에서는 민법상 귀책사유를 고의·과실 또는「이와 동등시할 수 있는 사유」라고 정의하면서,「이와 동등시할 수 있는 사유」가 무엇인지에 대해서는 언급이 없다. 생각건대 이때의「이와 동등시할 수 있는 사유」를 책임귀속원칙으로서 과실책임주의와 동등한 지위를 인정할 수 있는 위험책임주의로 이해한다면, 경영장애에 따른 사용자에의 임금위험귀속에 대한 합리적인 해명(사용자의 사업경영에 따른 이윤획득과 근로자의 최저생활보장)이 유기적으로 보다 더 의미 있게 이해될 수 있다고 생각한다.

(4) 해석론 제안

이상에서 검토된 개념적 내용들과, 특히 독일의 경영위험부담론(Betriebsrisikolehre) 및 § 615 BGB에 근거하여 「경영장애에 따른 사용자에의 임금위험귀속」을 위한 해석론을 다음과 같이 정리할 수 있다[114]:

① 근로자의 노무급부의 현실적 이행이 사용자와 근로자 모두의 고의 · 과실(Verschulden) 없이 불가능하게 된 경우에는 「법리적으로」 급부불능이 된다. 이는 사용자가 근로자의 정상적 노무급부를 수령하지 않음으로써 수령지체에 빠진 경우에도 마찬가지다. 즉 근로계약에서 예정하고 있는 시간과 장소에서, 적절한 방법을 통해 현실적으로 이행되었어야 할 근로자의 「그」 노무급부는 어느 경우에나 최종적으로 급부불능이 된다. 이러한 「일반론」에 의하면 근로자는 채무자위험부담주의(우리 민법 제537조; § 326 I S. 1 BGB)에 따라서 「그」 노무급부에 대한 임금위험을 부담해야 하고, 그러한 한도에서 근로자의 임금청구권은 상실된다. 그러나 이러한 결론이 불합리하다는 점에 대해서는 이론(異論)의 여지가 없다. 그와 같은 연유에서 경영장애가 발생한 경우 경영체를 조직하고 근로자의 노무에 기초하여 사업을 원활하게 운영함으로써 수익을 얻는 사용자에게 그 경영체 내에서 현실화되는 위험(경영위험 = 임금위험)을 귀속시키고자 하는 이론이 바로 영역설에 기초한 경영위험부담론이다(§ 615 S. 3 BGB). 우리법제에서도 이러한 경영위험부담론에 근거하여 동일한 사례에서 사용자에의 임금위험귀속을 이론적으로 구성할 수 있을 것이다. 이에 더하여, 그러한 이론구성이 의지할 수 있는 실정법규정으로서는 민법 제538조 제1항 후단이 고려될 수 있다고 생각하며, 다만 이 경우 근로기준법 제46조와의 해석상 · 적용상 조화가 요구된다.

② 우선 분명히 해야 할 것은, 경영장애가 발생함으로써 노무급부가 현실적으로 이행되지 못한 것이 § 615 S. 3 BGB에 따라서 사용자의 수령지체를 성립시키지 않는다는 점이다. 즉 § 615 S. 3 BGB가 사용자의 수령지체에 관한 § 615 S. 1 BGB를 준용하고 있지만, 이는 어디까지나 § 615 S. 1 BGB의 법률효과, 즉 임금청구권의 보전을 준용하고 있는 것이다. 물론 앞서 살펴보았듯이 § 615 S. 3 BGB에 의한 임금청구권의 보전 요건을 「이해」함에는 § 615 S. 1 BGB의 요건을 참작하는 것이 상당한 의미를 가진다. 그럼에도 특히 개념적 관점에서 명백히 해야 할 것은 § 615 S. 3 BGB에 의해서 수령지체 그 자체가 성립하는 것이 아니라, 노무급부의 수령지체에서와 동일한 법률효과(§ 615 S. 1 BGB), 즉 「추후노무급부 없이」 임금청구권이 보전된다는 점이다. 요컨대 우리법제하에서도 경영위험부담론은 영역설에 근거한 수령지체에 따른 법률효과가 아닌, 「근로계약관계의 양 당사자인 사용자와 근로자 사이에서 발생한 경영장애로 인한 임금"위험(Risiko)"은 사용자에게 귀속시키는 것이 합당하다는 의미」로서, 그러한 한도 내에서

114) 이어지는 최종적인 해석론은 무엇보다 하경효, "雇傭契約에 있어서의 反對給付危險의 負擔", 「민사법학」 제9 · 10호(합병호), 1993, 313쪽 이하에 근거한다.

원용해야 할 것이다.

③ 그러나 오롯이 독일의 경영위험부담론에만 기초하여 이론적인 근거구성을 한다는 것이 우리법제하에서는 여전히 완전해 보이지 않는 것도 사실이다. 그 이유는 당연히 우리법제가 그러한 이론구성을 직·간접적으로 뒷받침할 만한 § 615 BGB와 같은 실정법규정을 마련하고 있지 않기 때문이다. 독일에서도 이와 같은 이유에서 영역설이 판례에 의해 형성·적용되는 동안에, 실정법규정에 기초한 해석론적 근거구성이 학계에 의해 끊임없이 시도되어 왔다.[115] 따라서 이론적 근거구성에 앞서 실정법규정의 해석을 통한 근거구성이 우선되어야 한다는 관점에서 본다면, 경험위험부담론에 의지하여 그 내용을 담아 해석할 수 있는 우리의 실정법규정으로는 1차적으로 민법 제538조 제1항 후단이 고려될 수 있다고 생각한다.

동규정에 의하면 채무자인 근로자는 채권자인 사용자의 「수령지체」 중에 당사자쌍방의 「책임없는 사유」로 노무급부를 이행할 수 없게 된 때에는 임금청구권을 행사할 수 있다고 한다. 주지하는 것처럼 민법 제538조 제1항 후단이 § 326 Ⅱ S. 1 Var. 2 BGB와 동일한 규율내용을 가진 「수령지체 중의 급부불능」에 관한 규정임은 자명하다. 그럼에도 불구하고 민법 제538조 제1항 후단이 경영위험부담론의 실정법상 근거규정으로서 우선적으로 고려되는 이유는, (i) 현행 근로기준법 제46조가 상시 4인 이하의 근로자가 종사하는 사업(장)에 적용될 수 없다는 한계를 가진다는 점과, (ii) 경영장애의 경우에 근로자가 노무급부를 위한 의사와 능력을 이미 갖추고 있음에도 그 노무급부가 현실적으로 이행될 수 없는 것은 사용자 측의 불수령에 근본적인 원인이 있다는 점 때문이다. 요컨대 경영장애의 경우에 임금위험부담을 판단함에 있어서는 사용자의 불수령을 그 「논리적 출발점」으로 삼아야 하며, 따라서 민법 제538조 제1항 후단이 「가능한 해석의 범주 내에서」 § 615 S. 1 BGB와 § 615 S. 3 BGB의 기능(Funktionen)을 수행할 수 있을 것으로 판단된다.

우선 사용자에 의한 노무급부의 불수령(수령지체)은 사용자가 수령을 하지 않는 경우(§ 615 S. 1 BGB)와 수령을 할 수 없는 경우(§ 615 S. 3 BGB)로 나뉜다. 이미 강조되었듯이 두 경우 모두 무노동 무임금의 예외를 인정한 규정이고, 그러한 인정 근거는 무엇보다 § 615 S. 1 BGB와 § 615 S. 3 BGB가 규율하는 사례 모두 그 촛점이 「사용자의 수령의지(Annahmeunwilligkeit)의 유무」가 아닌, 「근로자의 노무급부의 의사와 능력의 채비」에 맞추어져 있다는 점이다. 따라서 「근로계약관계」에서 근로자가 이미 스스로 노무급부의 의사와 능력을 갖추고 언제라도 근로계약상 예정된 시간에, 그 장소에서 적절한 방법으로 사용자 측에 노무급부이행을 실현(Bewirkung)할 태세에 있는 경우, 사용자 측의 불수령으로 인한 노무급부의 종국적 불능상태로 가는 「과정」에서 민법 제538조 제1항 후단이 규정하는 수령지체를 「사실적 수령지체의 "상태"」로 해석상 인정하는 것은 무리하게 보이지 않는다.

---

115) 본고 각주 33) 참고.

나아가 (i) 우리의 다수설이 수령지체의 「성립」을 위하여 채권자의 고의·과실을 요구하고 있지만, 그러한 입장에 대해 여전히 이견이 존재한다는 점,[116] (ii) 우리의 다수설도 영역설을 원용함에 있어서는 「무과실의 요구에 대한 명확한 입장 표명 없이」 곧바로 수령지체를 인정한다는 점, (iii) 우연히 발생한 급부불능의 상태가 계약관계의 존속 자체를 무의미하게 만드는 일회적·쌍무적 급부이행관계가 아닌, 계속적 법률관계인 근로계약관계로부터 「일시적」으로 발생하는 「결과론적」 불능의 문제에 대해서도 민법 제538조 제1항 후단의 적용이 당연히 고려될 수 있다는 점, (iv) 특히 「경영장애에 따른 임금위험부담」을 결정함에 있어서는 「노무가 급부불능에 이르는 과정에서 존재할 수밖에 없는 사용자의 불수령 상태」가 완전히 배제될 수도 없다는 점 등을 고려할 때, 위에서 제시된 해석은 설득력이 있다고 생각한다. § 615 S. 1 BGB와 § 615 S. 3 BGB도 종국적으로는 위와 같은 고민에 뿌리를 두고 있는 것이며, 그러한 고민의 결과로서 수령지체의 예외적 법률효과인 「추후노무급부 없는」 임금청구권이 인정되고(§ 615 S. 1 BGB), 이를 「사실적 수령지체의 "상태"」가 우선적으로 고려되어야 하는 경영위험의 사례(§ 615 S. 3 BGB)에도 준용할 수 있는 것이다. 물론 두 규정에 있어서는 「근로자의 노무급부의 의사와 능력」 및 「사용자의 불수령 상태」와 함께, 사용자가 경영체를 조직함과 아울러 근로자의 노무급부에 기초한 원활한 사업운영으로부터 이익을 취득한다는 「평가적 해명」이 형평의 관점에서 근로자의 임금청구권을 보전하는 근거가 된다는 점은 당연하다.

④ 경영위험부담론의 이론적 구성이 1차적으로 민법 제538조 제1항 후단의 가능한 해석을 통해 실정법상 뒷받침될 수 있다 하더라도, 우리법제가 또한 근로기준법 제46조를 마련하고 있다는 점이 결코 간과되어서는 안 된다. 왜냐하면 근로기준법 제46조는 유일하게 근로계약관계에 있어서 근로자의 노무단절에 따른 사용자에의 임금위험부담원칙을 명시적으로 규정하고 있기 때문이다. 따라서 민법 제538조 제1항과의 상호관계성에 대한 이해가 요구된다.

(i) 먼저 근로기준법 제46조상 사용자의 귀책사유를 어떻게 이해할 것인지가 문제된다. 이는 우선 민법 제538조 제1항 전단 적용설과 관련하여 생각해 볼 수 있다. 앞서 지적했듯이, 동조에서 요건으로 삼고 있는 사용자의 귀책사유의 의미를 민법 제538조 제1항 전단상의 그것과 동일하게 이해하더라도, 이것이 해석상 근로자에게 불리하게는 보이지 않는다.[117] 그러나 다른 한편 민법 제538조 제1항 전단을 적용하는 견해는 경영위험부담론이 전제하는 무과실의 경우, 즉 위험부담의 관점을 배제하고 있는 반면,[118] 근로기준법 제46조는 여전히 위험부담의 관점에

116) 김형배, 「민법학강의(제9판)」, 신조사, 2009, 959쪽 이하 참고. 무엇보다 채무와 책임의 관계를 고려할 때 채권자지체(수령지체)의 성립을 위해서 채권자의 고의·과실은 요구되지 않는 것으로 이해된다. 이에 관하여 본고 Ⅳ. 3. (2) 참고.

117) 이에 관하여 본고 Ⅳ. 2. (3) 참고.

118) 물론 민법 제538조 제1항 전단의 귀책사유를 위험책임주의로 이해하는 경우, 즉 경영장애를 사용자의 사업(장) 내에 존재하는 일체의 원인에 기인하는 사례로 이해하는 때에는 동규정에 의해서도 위험부담이 채권자로 이전하는 것을 설명할 수 있다. 귀책사유의 이해에 관한 본고 Ⅳ. 3. (3) 참고.

서 사용자의 귀책사유를 해석할 여지가 남아있다. 따라서 둘의 관계적 해석은 민법 제538조 제1항 후단을 고려할 때 그 필요성이 상당하지 않다고 생각한다.

(ii) 근로기준법 제46조상 사용자의 귀책사유를 경영위험부담론과 연계하여, 「근로자보호의 필요성」을 전면에 내세워 해석하는 경우, 그 귀책사유(책임의 귀속근거, Zurechnungsgrund)는 위험책임주의(Risikoprinzip)로 이해할 수 있다. 이때의 책임은 (단지 손해배상책임만이 아니라) 일정한 사유에 의해서 발생한 결과에 대해 당사자 일방이 부담하게 되는 「결과의 귀속책임」을 의미한다.[119] 그렇다면 근로기준법 제46조 제1항의 문언상 「사용자의 귀책사유로 휴업하는 경우」는 「사용자의 사업(장) 내에 근로자의 노무급부단절의 원인이 존재하는 휴업(경영장애)의 경우」로 해석될 수 있다. 따라서 사용자 측에 휴업의 원인이 존재할 때 그로 인한 위험책임주의에 따른 임금위험은 사용자에게 귀속된다. 이러한 해석은 경영위험부담론이 기초로 하고 있는 이론적 해석에 의하더라도 결코 무리하게 보이지 않는다. 요컨대 「근로자가 이미 스스로 노무급부의 의사와 능력을 갖추고 근로계약에서 예정하는 시간에 그 장소에서 적절한 방법으로 언제든지 사용자 측에 노무급부를 이행(Bewirkung)할 수 있음에도 불구하고, 사용자 측에 존재하는 원인에 의한 휴업으로 말미암아 노무급부이행이 사실상 실현될 수 없는 경우에」, 즉 휴업의 원인이 사용자의 영역에 존재하는 경우에 근로자는 여전히 임금청구권을 보전할 수 있다. 이러한 이해는 휴업의 의미를 고려할 때 더 분명해진다.[120] 따라서 민법 제538조 제1항 후단에 의하든 근로기준법 제46조에 의하든, 그리고 「사실적 수령지체의 "상태"」가 사용자가 노무급부를 수령하지 않는 경우를 뜻하든 수령할 수 없는 경우를 뜻하든, 어느 경우에라도 근로자의 과실에 기인하지 않는 취업불능의 원인이 사용자 측에, 즉 그의 영역 내에 존재하는 한, 사용자는 임금위험을 부담하고, 근로자는 임금청구권(휴업수당청구권)을 보전한다. 물론 휴업에 사용자의 고의·과실이 관여한 경우에는 과실책임주의(Verschuldensprinzip)에 따라서 휴업수당청구권과 손해배상청구권이 판단될 수 있음은 당연하다.

(iii) 위와 같은 견지에서 민법 제538조 제1항 후단과 근로기준법 제46조에 따른 청구권경합이 인정되기 때문에, 근로기준법 제46조의 적용상 인적 범위(5인 이상 종사하는 사업장의 근로자)와 휴업수당의 범위(평균임금의 70%)를 어떻게 이해할 것인지가 문제된다. 요컨대 「민법 제538조 제1항 후단」은 모든 근로자에게 적용되고, 임금전액청구가 가능하며, 다만 중간수입공제(민법 제538조 제2항)를 해야 한다는 점이, 그에 반해 「근로기준법 제46조」는 근로자가 상시 5인 이상 종사하는 사업(장)에게만 적용되고, 휴업수당은 중간수입공제를 하더라도 원칙적으로(근로기준법 제46조 제1항) 평균임금의 70% 또는 이에 해당하는 통상임금이 지급되며,[121] 다만 부득이한 사유가

119) 즉 여기에서의 책임은 2차적인 손해배상책임이 아니라, 그 이전의 「임금을 지급할 책임」이다.

120) 휴업의 의미에 대하여 예컨대 김성진, "경영장애와 임금위험의 문제", 「법학연구」 제29집, 전북대학교 법학연구소, 2009, 106면 이하 참고.

121) 예컨대 대법원 1993. 11. 9. 선고 93다37915 판결 참고.

인정되는 때에는 (최광의로 해석하는 경우) 노동위원회의 승인을 받아 책임감면도 가능하다는 점이 종합적으로 고려되어야 할 것이다.[122)]

V. 결 론

이상으로 근로계약관계에서 사용자와 근로자 모두에게 고의 · 과실(Verschulden) 없이 사용자의 사업(장)에 경영장애(Betriebsstörung)가 발생한 경우에 임금위험을 누가 부담할 것인지, 그리고 그 근거는 무엇인지에 대하여 우리법제와 독일법제를 중심으로 살펴보았다.

주지하는 것처럼 독일에서 이 문제는 한 세기를 지나는 동안 민법과 노동법 분야의 중요한 논의대상 중 하나였다. 독일의 판례는 이 문제를 해결하기 위해 영역사상(Sphärengedanken)에 기초한 경영위험부담론(Betriebsrisikolehre)을 형성 · 발전시켰고, 그에 따라서 일반 경영장애로 인한 임금위험의 문제를 해결해왔다. 그러나 영역설이 독일법체계를 벗어난 독자적인 이론이라는 이유에서 학계에 의해 끊임없이 비판되었다. 이에 독일은 마침내 2002년 채무법현대화법을 계기로 이 문제를 규율하는 직접적인 실정법규정인 § 615 S. 3 BGB를 도입함으로써, 길었던 논쟁에 종지부를 찍었다고 평가된다. 요컨대 오늘날 독일에서 경영장애에 따른 경영위험(Betriebsrisiko)은 § 615 S. 3 BGB에 따라서 노무단절(Arbeitsausfall)의 위험(Risiko)을 부담하는 사용자에게 귀속되고, 최종적으로 근로자는 사용자의 수령지체와 동일한 법률효과(§ 615 S. 1 BGB)로서 임금청구권을 보전(Aufrechterhalten)하게 된다.

그에 반해 우리법제는 오늘날까지 § 615 BGB와 같은 규정을 마련하고 있지 않으며, 따라서 여전히 이론과 해석론에 의지할 수밖에 없다. 먼저 문제의 해결을 위해 시도되었던 우리실정법규정, 즉 민법 제538조 제1항 전단과 후단 및 근로기준법 제46조를 중심으로 한 종래의 해석론들은 각각 조금씩의 흠결 내지 한계를 가지고 있다. 이러한 흠결 내지 한계는 각각의 해석론 자체가 내포하는 것이기도 하고, 각 해석론들이 서로 다른 개념적 이해에 기초하기 때문에 발생하는 것이기도 하다. 또한 종래 지배적 견해였던 영역설 원용론의 문제점 역시 영역설에 대한 잘못된 이해에서 비롯된 것으로 판단된다. 이러한 연유에서 요컨대 독일의 경영위험부담론에 대한 올바른 이해가 전제되는 경우, 경영위험부담론이 경영장애에 있어서 사용자에의 임금위험 귀속이라는 결과를 이론적으로 가장 잘 해명해준다고 생각한다. 나아가 실정법규정에 근거한 해석론이 우선되어야 한다는 관점에서 본다면, 또한 우리 민법 제538조 제1항 후단이 경영위험

122) 민법규정에 따른 임금청구권을 손해배상청구권으로 이해하여 민사소송절차를 거쳐야 하는 번거로움을 그 이유로 들면서, 민법규정의 적용이 근로자에게 불리하다는 주장도 가능할 것이다. 그러나 경영장애의 경우에 인정되는 사용자에 대한 근로자의 권리는 어디까지나 1차적 · 우선적인 임금청구권을 의미하며, 사용자의 임금지급의무의 위반으로부터 주어지는 2차적인 손해배상청구권이 아님에 주의해야 할 것이다. 물론 사용자가 1차적 본래급부이행의무인 「임금 · 휴업수당」 지급의무를 위반하는 경우에는 2차적인 손해배상청구권이 인정된다. 이에 관하여 본고 Ⅳ. 3. (2) 참고.

부담론의 내용을 가장 잘 담아낼 수 있다고 생각한다. 한편 근로기준법 제46조는 적용상 인적 범위의 한계에도 불구하고, 휴업수당을 정하는 유일한 명시적 규정이라는 의미를 가진다. 따라서 「근로자보호의 관점」에서 양 규정의 적용상 조화를 이룰 수 있도록 해야 할 것이다.

「민법」의 도급입법과 해석을 돌아보며
─ 완성건물의 소유권귀속관계와 하자담보책임 ─

이 진 기*

Ⅰ. 글을 시작하며
Ⅱ. 완성건물의 소유권귀속과 보수지급
Ⅲ. 공사의 중지·중단의 법률문제: 보론
Ⅳ. 도급의 하자담보책임: 민법 제665조 제1항 본문과 제667조 제3항
Ⅴ. 결론에 갈음하여

Ⅰ. 글을 시작하며

도급은 당사자 일방이 어느 일을 완성할 것을 약정하고 상대방이 그 일의 결과에 대하여 보수를 지급할 것을 약정함으로써 성립하는 유상의 낙성계약이다(「민법」[1] 제664조). 도급은 고용과 함께 현대사회에서 용역을 제공하는 기본계약의 기능을 담당하는 중요한 계약유형으로서, 특히 건설공사의 근간을 이루는 계약유형이다. 그동안 민법의 도급계약의 적용영역은 「건설법」, 「건설산업기본법」과 「하도급공정화에 관한 법률」 등의 특별법의 제정으로 심각하게 잠식되었으며, 적어도 건설공사에 관하여는 민법의 도급은 이제 이름만 남은 계약이 되었다고 하여도 틀리지 않을 것이다. 법의 세계에서 이와 같은 현상 또는 이를 넘어서 심지어 특별법이 일반법을 참칭하거나 껍데기만을 남기는 현상은 드물지 않게 확인된다: 민법의 고용계약을 압도한 「근로기준법」 등 노동관계법과 민법의 조합계약을 관심 밖으로 밀어낸 「상법」 등 특별법 등. 분명히 고도로 전문화·분화된 현대사회에서 특별법에 의한 일반법의 압도는 거스를 수 없는 조류이다. 물론 특별법을 일반법에 수용하는 노력도 얼마든지 가능하며, 불완전한 형태이기는 하나 「보증인보호를 위한 특별법」을 「민법」에 포섭한 2015년 2월 13일의 민법개정이 그 대표사례이다. 그럼에도 특별법과 그 해석이 일반법과 그 해석을 밀어내고 그 자리를 차지하거나 심지어 우위를

* 성균관대학교 법학전문대학원 교수
1) 다음에서는 「민법」의 법률이름을 생략하고 법률조문만을 표시한다.

주장하는 모습이 드물지 않고, 이에 편승한 대법원판결도 적지 않다. 그러나 특별법의 제정과 시행이 일반법의 배제 또는 폐지를 의미하지 않으며, 일반법이 특별법의 초석(Kardinäle)이라는 사실에는 변함이 없다. 적용목적과 범위에서 제한된 특별법과 특별한 사정을 취급하는 대법원판결은 처음부터 例外를 위하여 준비된 장치이다. 그런데 이러한 성질의 특별법과 판결에 의한 사안대처와 해결의 강조는 법학의 생존기반이 되는 기본개념을 깨뜨리고 균형잃은 해석의 단초가 될 위험으로부터 결코 자유로울 수 없다. 그럼에도 정작 「민법」이 그린 도급의 본래 모습에 관한 연구성과는 아직까지 그다지 많지 않다.

이글은 「민법」의 도급계약, 특히 건설계약을 중심으로 기본개념과 해석의 문제를 비판적으로 검토하고 일관되고 통일적인 해석방향을 제시함을 목적으로 한다. 이를 위하여 「민법」의 법률규정과 대법원판결례, 그리고 해석을 바탕으로 완성건물의 소유권귀속관계와 도급의 하자담보책임, 그리고 여행계약으로 연장된 하자개념에 관한 법률문제를 순차적으로 검토·비판한다.

Ⅱ. 완성건물의 소유권귀속과 보수지급

1. 민법의 입법태도

(1) 보수지급과 완성물인도

도급을 정의하는 제664조를 제외한 민법의 도급규정은 선량한 풍속 기타 사회질서와 관계없는 任意規定으로서 "다른 의사표시[약정]가 없고 법률에 다른 규정이 없을 때"에 적용되는 補充規定이다. 이는 바로 보수지급시기에 관하여 제656조 제2항을 준용하는 제665조 제2항에서 확인된다.

보수채권의 지급시기는, 당사자 사이에 특약이 있으면 그에 따르고, 특약이 없으면 관습에 의하며(제665조 제2항, 제656조 제2항), 특약과 관습이 없으면 공사를 마친 때를 보수지급시기로 보아야 한다.[2] 그런데 제656조 제2항을 준용하는 제665조 제2항은 그 자체로 매우 불친절하고 불완전한 입법이다. 왜냐하면 보수지급시기의 약정이 없으면 관습에 따름은 지극히 당연하기 때문이다(제106조). 그리고 관습이 없으면 약정한 노무를 종료한 후 지체없이 보수를 지급하도록 규정하는 제656조 제2항 후단은 다시 「그 일을 완성한 후 지체없이」 보수를 지급하도록 하는 제665조 제1항에 전사된다.[3] 이처럼 보수지급에 관한 도급규정이 몹시 혼란스럽다. 비록 제665조 제1항과 본질의 차이가 없음에도 내용을 보완한다는 취지에서 제665조 제2항이 준용하는 제656조 제2항을 제665조 제1항으로 옮겨 보완하려는 민법개정시안은 이를 확인하는 증거이다.

---

2) 대판 2017.4.7., 2016다35451.

3) 다만 법무부, 2013년 법무부민법개정시안 (조문편), 2013, 192(제665조 개정시안)과 (채권편 하), 2013, 특히 168, 199 이하: "개정시안 제665조 1항 보수는 약정한 시기에 지급하여야 하며, 그 시기의 약정이 없으면 관습에 의한다." 참조.

한편 일의 완성을 보수지급에 선행하는 것으로 하는 제665조 제1항의 법문에서 '일의 완성'을 완성물의 인도 또는 소유권이전과 동일시할 것은 아니다. 보수채권은 공사에 부수되는 채권이므로 제163조 제3호의 3년을 소멸시효기간으로 한다.4)

흔히 공사금이라고 부르는 報酬는 수급인이 공사완성을 위하여 실지 지출한 모든 비용 외에 수급인의 적정한 이익금이 포함하는 개념으로서,5) <보수=(노력+비용)+이익금>으로 구성된다.6) 반면에 수급인이 비용을 전혀 지출하지 않고 노력만을 투입한 때에는 <보수=노력+이익금>이 되어야 한다. 여기에서 勞力[노동]은 일의 완성을 목적으로 하는 도급의 본질적 구성부분이고,7) 수급인의 '費用'은 그 성질상 일의 완성을 노력에 수반되는 투입이다. 말을 바꾸면, 아무런 비용지출 없이 노력만으로 이루어지는 물건의 완성을 상상하기 어렵고, 노력은 대개 비용을 수반한다. 가공물의 소유권귀속관계를 결정하는 제259조는 이를 뒷받침한다. 제665조 제1항 본문이 소유권의 이전이 아니라 보수지급을 완성목적물의 인도와 동시이행관계에 둔 이유도 아마도 여기에 있을 것이다: 「보수는 그 완성된 목적물의 인도와 동시에 지급하여야 한다.」8) 그러나 어디까지나 노력이 主이고 비용은 從이다. 이러한 측면에서 "수급인이 자기의 비용으로 완성한 건물"을 慣用句로 사용하여 수급인소유로 귀속하는 대법원판결은 민법의 기본태도를 비켜나서 비용지출을 지나치게 중시하고 그를 지출한 主體를 기준으로 소유권귀속관계를 결정하는 변칙적인 접근방법이라고 할 수 있다.

(2) 민법에서 도급의 정의와 소유권귀속

도급은 일의 完成과 그에 대한 대가[報酬]의 지급을 기본내용으로 하고 완성한 목적물의 인도가 요구되는 경우 이를 추가내용으로 하는 계약이다(제664조, 제665조). 이때 보수지급과 인도는 쌍무적 견련관계를 이룬다(제665조 제1항 본문). 여기에서 완성한 목적물의 "引渡"와 이어지는 "受領"은 그에 대한 점유이전(제196조 제1항 참조)으로서, 수령은 목적물이 도급계약에 맞추어 완성되었다는 도급인의 확인행위이다.9) 그러나 인도는 그 본질에서 소유권이전과 무관한 개념이

4) 대판 1993.7.13., 92다39822, 대판 2003.2.11., 99다66427, 73371; 대판 2008.3.27., 2007다78616, 78623; 대판 2009.11.12., 2008다41451 등.

5) 대판 1965.9.7., 65다1314. 같은 취지에서 또한 실지출비와 보수와의 차액이 부당이득이 아니라는 대판 1995.2.10., 94다44774 참조.

6) 대판 1965.9.7, 65다1314 공사의 도급계약에 있어서의 공사금은 도급공사의 완성에 대한 보수인 바 거래의 통념상 그 보수 중에는 공사의 완성을 위하여 실지 지급한 제비용 이외에 수급인의 적정한 이익금이 포함되어 있는 것 …; 대판 1995.2.10., 94다44774 등. 비교. 독일민법 제632조(보수).

7) 이미 장경학, 도급계약에 있어서 완성물의 소유권의 귀속, 사법행정 29/9 (1988) 31; 김증한, 채권각론, 1988, [164] (310); 곽윤직, 채권각론, 2000, [153] (309 이하); Palandt/Sprau, Einf. v. §631 Rn.1 등.

8) 비교. 또한 독일민법 제641조 제1항 제1문: 보수는 완성물을 수령할 때에 지급하여야 한다(Die Vergütung ist bei der Abnahme des Werkes zu entrichten). 그런데 일의 완성과 보수지급의무는 반드시 동시이행의 관계에 있지는 않으나 수급인은 일종의 불안의 항변을 원용하여 공사완공의무를 거절할 수 있다(대판 2005.11.25., 2003다60136).

9) D.Medicus, SchR Ⅱ (BT), 8.Aufl., 1997, Rn.379.

다.[10] 인도와 수령은 결코 소유권양도와 동의어가 아니며,[11] 소유권 등의 재산권을 취득하여 이전할 의무는 도급의 公式에 속하지도 않는다. 그리고 만약 완성물소유권의 양도의무가 도급계약의 내용이라면 제568조 또는 제569조에서와 같은 "재산권의 이전"이라는 문구가 반드시 있어야 하나, 도급계약 어디에서도 이를 만날 수 없다. 줄여 말하면, 민법의 도급규정은 애당초 완성물의 소유관계를 그 관심사로 하지 아니한다.

또한 수급인이 그의 비용으로 완공한 완성건물의 소유권을 원시취득한다는 대법원판결에 따를 때에는 제665조의 "인도"는 (a) 소유권이전을 위한 인도와 (b) 단순한 점유이전을 내용으로 하는 인도를 포괄하는 상위개념이 되어야 한다. 그러나 민법은 같은 곳에서, 하나의 법률용어를 두 개의 서로 다른 의미로 나누어 취급하는 용례와 친하지 않다.

나아가 소유권의 양도는 인도가 없어도 얼마든지 가능하다. 예를 들어 완성물이 일단 수급인의 소유권으로 귀속된다고 할 때에도 도급인이 보수 전부를 지급한 경우에는 현실인도가 없이 보수의 지급만으로 즉시 소유권이 도급인에게 이전한다고 할 것이다. 이때에는 인도가 아니라 도급인의 보수지급이 소유권취득요건이며, 대법원도 같은 취지이다.[12] 그런데 인도=소유권이전이라는 기본공식을 관철하기 위하여는 도급인이 보수 전부를 지급한 때에도 또 다시 보수지급과 함께 인도, 즉 소유권이전이 의제된다는 架空의 理論을 덧붙여야만 할 것이지만, 그 타당성과 효용가치가 의문이다.

마지막으로 건축주의 명의는 수급인의 소유권취득에 아무런 영향도 미치지 아니한다.[13] 왜냐하면 건축허가는 행정관청이 건축행정상 목적을 수행하기 위하여 수허가자에게 일반적으로 행정관청의 허가 없이는 건축행위를 하여서는 안 된다는 상대적 금지를 관계법규에 적합한 일정한 경우에 해제함으로써 일정한 건축행위를 하여도 좋다는 자유를 회복시켜 주는 對物的 性質의 행정처분에 불과하기 때문이다.[14] 그리고 건축허가서는 허가된 건물에 관한 실체적 권리의 득실변경의 공시방법이 아니고 추정력도 없으므로 건축허가서에 건축주로 기재된 사람이 반드시 건물소유권을 취득하는 것도 아니다.[15]

---

10) 같은 차원에서 독일민법은 '인도'라는 표현은 전혀 없이 단지 도급인의 수령의무(Abnahmepflicht, 제640조)만을 기준으로 편성할 뿐이다.

11) 비교. 곽윤직, 채권각론, [153] (307)과 김형배, 채권각론 <계약법>, 2001, 616은 일을 완성할 의무를 수급인의 기본의무로 파악하고 인도의무를 완성의무의 한 내용으로 새긴다.

12) 대판 1973.1.30., 72다2204; 대판 1999.2.9., 98두16675: 수급인이 자기의 노력과 출재로 건축중이거나 완성한 건물의 소유권은 도급인과 수급인 사이의 특약에 의하여 달리 정하거나 기타 특별한 사정이 없는 한 도급인이 약정에 따른 건축공사비 등을 청산하여 소유권을 취득하기 이전에는 수급인의 소유에 속한다고 봄이 상당하다.

13) 예컨대 대판 1984.1.24., 82다카58.

14) 대판 2010.5.13., 2010두2296; 대판 2017.3.15., 2014두41190 : "… 행정청으로서 그 허가를 할 때에 건축주 또는 토지소유자가 누구인지 등 인적 요소에 관하여는 형식적 심사만 한다."

15) 대판 2006.5.12., 2005다68783.

(3) 저당권설정청구권(제666조)과 완성물의 소유권귀속

1) 저당권설정청구권의 개요와 입법연혁

「부동산공사의 수급인은 전조[제665조]의 보수에 관한 채권을 담보하기 위하여 그 부동산을 목적으로 한 저당권의 설정을 청구할 수 있다.」(제666조). 제666조는 "법률에 다른 규정이 없거나 다른 약정이 없을 때" 비로소 적용되는 임의규정이다.

저당권설정청구권은 부동산공사에서 그 목적물이 보통 수급인의 노력과 비용으로 완성되는 것을 감안하여 도급인이 －하자없이 제대로 된－[16] 완성건물의 소유권을 원시취득하는 경우 수급인이 사실상 완성건물로부터 우선변제를 받을 수 있도록 함을 입법이유로 하는 法定債權이다.[17] 그리고 여기에서 도급인이 건물소유권을 원시취득한다는 것은 그의 이름으로 소유권보존등기를 마쳤다는 의미이다.[18] 그러나 보수채권의 발생원인은 부동산공사이면 충분하고 반드시 건물신축일 필요는 없고, 도급인의 명의로 소유권등기가 있으면 충분하다. 그리고 저당권설정청구권은 부동산공사를 개시한 때에 즉시 발생하며, 저당권으로 담보될 보수채권이 반드시 변제기에 있을 필요도 없다.[19]

그런데 민법안심의록은 제666조(초안 제658조)는 草案에는 없었으나 先取特權을 폐지함에 따라 부동산공사의 선취특권을 대치하기 위하여 마련된 신설조문이라고 소개하고 그 전거로 개정 전의 중화민국민법 제513조[20]와 만주국민법 제652조[21]를 든다.[22] 그런데 제666조의 제정에 참고한 외국입법례는 똑같이 저당권설정청구권이 아니라 직접 "法定抵當權"을 수여하는 규정이므로 이들이 "草案과 동일하다"는 민법안심의록의 설명이 몹시 낯설다. 이는, 확실한 증거는 없으나, 제666조가 독일민법 제648조 제1항을 본받아 신설된 규정이라는 평가[23]가 보다 설득력을

---

16) 아직 보수되지 않은 하자가 있으면 저당권설정청구권이 성립하지 않는다(BGHZ 68, 180, 184f.).

17) 대판 2008.3.27., 2007다78616, 78623; 대판 2016.10.27., 2014다211978. 그러나 여기에서 "사실상"의 의미·내용이 분명하지 않으며, "법률상" 또는 "법적으로"가 옳은 표현일 것이다.

18) 곽윤직, 채권각론, [155] (318); 민법주해/김용담, 제665조 Ⅱ.

19) Jauernig/Mansel, §648 Rn.1, 9.

20) 도급한 일이 건축물이나 그밖에 토지의 공작물, 또는 이들 공작물의 중대한 수선인 때에는 수급인은 도급과 관련하여 발생한 채권에 관하여 그 일이 이루어지는 도급인의 부동산에 대하여 저압권[저당권]을 가진다(承攬之工作, 為建築物或其他土地上之工作物或為此等工作物之重大修繕者, 承攬人就承攬關係所生之債權, 對於其工作所附之定作人之不動產, 有抵押權). 그러나 제513조는 추정컨대 독일민법 제648조와 제649조를 모범으로 하여 법정저당권을 저당권설정청구권에 의한 법정저당권의 대체를 특징으로 하는 2015년 6월 10일의 중화민국민법의 개정으로 전면개정되었다. 이를 요약하면 수급인은 장래에 완성될 부동산을 목적으로 하는 저압권의 설정을 청구할 수 있고(제513조 제1항) 아직 일을 시작하기 전에 저압권의 설정을 청구할 수 있으며(제2항), 도급계약을 공증한 때에는 단독으로 저압권설정등기를 신청할 수 있고(제3항), 수급인이 취득한 저압권은 공작물의 수선으로 증가한 가액의 한도에서 선순위의 저압권에 우선한다(제4항).

21) 만주국민법 제652조 (1) 부동산공사의 청부인은 그 보수에 관하여 그 부동산 위에 저압권을 가진다.
(2) 전항의 저압권은 등록함으로써 그 효력이 생긴다. 그 등록은 공사를 시작할 전이라도 이를 할 수가 있다.

22) 민법안심의록, 395.

23) 김형배, 채권각론, 641. 또한 곽윤직, 채권각론, [155] (318); 곽윤직 대표편집, 민법주해 15: 채권 8, 1992, 제

가지게 되는 이유이다.

독일민법 제648조 제1항 1문에 따르면, 건축물이나 그 일부의 수급인은 계약에서 발생하는 채권 전부의 담보를 위하여 도급인 소유의 대지에 대한 담보저당권의 설정(Einräumung einer Sicherungshypothek an dem Baugrundstück des Bestellers)을 청구할 수 있다. 이때 저당권설정청구권은 법률의 규정으로 당연히 성립하는 담보권이 아니라 일종의 채권[적 청구권]이다.[24] 저당권설정청구권은 경험칙상 도급인이 대지소유자임을 반영하여 그 목적물을 도급인 소유의 토지로 제한하고 도급인이 아닌 타인 소유의 토지에 지상물을 건축할 때에는 적용되지 않는다.[25] 그리고 "지상물은 토지에 속한다"(superficies solo cedit)는 법원칙의 지배로 토지만이 저당권설정의 대상이 되는 부동산이기 때문이다.

한편 독일민법 제647조는 동산수급인의 보수청구권을 담보할 목적으로 별도로 수급인법정질권(Unternehmerpfandrecht)을 둔다. 그러나 현행민법은 독일민법과 달리 수급인의 법정동산질권을 내용으로 하는 법률규정을 알지 못하므로, 보수채권을 담보하려는 동산수급인은 부득이하게 제320조의 유치권 또는 동시이행의 항변(제665조 제1항 본문)에 기댈 수밖에 없다.[26]

2) 도급인의 부동산소유권

제666조의 저당권설정청구권은 "공사의 목적이 되는 부동산"을 대상으로 하며, 제666조와 결합된 제665조는 이를 「완성된 목적물」로 명문화한다. 따라서 건물신축을 내용으로 하는 도급에서는 완성건물이 목적부동산이므로 건물의 소유권보존등기가 저당권설정등기청구권을 행사하기 위한 선행요건이다.[27] 그리고 증축으로 새로운 건물을 완성한 때에는 증축된 부분이 목적부동산이다. 반면에 건물신축을 제외한 부동산공사, 즉 토지[목]공사와 기존건물의 수리 등을 내용으로 하는 도급계약에서는 토지 또는 기존건물이 그 목적부동산이라고 하여야 한다.

한편 도급인이 대지소유자가 아니라 지상권이나 전세권 등 물권효를 가진 用益權者일 경우 저당권설정청구권의 허용 여부와 허용할 경우 그 實效가 문제된다. 비록 지상권 또는 전세권을 목적으로 하는 저당권설정이 허용되지만(제371조), 제666조는 뚜렷이 부동산을 사용·수익을 목적으로 하는 권리가 아니라 "부동산을 목적으로 하는"이라고 제한하여 언급하므로 이는 가능하지 않다고 할 것이다.

665조 Ⅰ (김용담) 등.

24) Jauernig/Mansel, §648 Rn.1.

25) Jauernig/Mansel, §648 Rn.4, 5.

26) 이밖에 수급인은 일종의 不安의 抗辯을 행사할 수 있다(대판 2005.11.25., 2003다60136). 한편 독일민법학과 판례도 수급인에게 독일민법 제1000조의 인도거절권(Zurückbehaltungsrecht)을 준다. 이에 관하여 K.Larenz, Lehrbuch des SchR Ⅱ/Ⅰ (BT), 13.Aufl., 1986, §53 Ⅲ; Palandt/Sprau, §647 Rn.6.

27) 장경학, 건축중인 건물의 담보권 보전, 고시계 33/10 (1988) 166~175, 169 (도급인의 협력 없이 수급인은 대위신청으로 소유권보존등기를 할 수 있다).

3) 저당권설정청구권의 기능과 내용

저당권설정청구권은 부동산공사에 부수하여 수급인이 이를 원인으로 발생하는 보수채권을 담보하기 위하여 저당권설정등기절차의 이행을 구하는 채권이다.[28] 먼저 건물신축의 경우 소유권보존등기를 마칠 때까지는 저당권설정등기가 물리적으로 불가능하여 저당권설정청구권에서 발생시기는 중요하지 않고 오히려 보존등기를 마치는 시점이 그 행사시기로 등장한다. 그리고 수급인의 저당권은 도급인의 동의 또는 확정판결로 설정등기를 마친 때에 비로소 성립한다(제186조). 그렇지만 동의 또는 확정판결은 수급인을 보호하기에 벌써 너무 늦다(viel zu spät!). 물론 저당권설정청구권의 보전을 위한 가처분이나 순위보전을 위한 가등기도 가능할 것이나 이마저도 늦어(auch zu spät!) 그 효용이 몹시 의문이다. 그런데 심지어 이미 존재하는 도급인소유의 토지에 대한 저당권설정청구권의 효용에 대하여 짙은 의혹을 제기하는 독일민법의 현황과 비교하여도, 완성건물 자체를 목적으로 하는 저당권설정청구권의 가치가 아주 미미할 수밖에 없음은 불 보듯이 명백하다. 이러한 사정은 거래현실에서 수급인명의로 하는 담보목적의 소유권보존등기[29]와 같은 변칙수단이나 보수의 분할지급약정[30]이 일반화되는 계기로 작용한다. 한편 일반거래약관의 사용이 보편화된 건설공사에서 약관에 의한 저당권설정청구권의 포기는 허용되지 않는다고 새겨야 할 것이다.

저당권설정청구권은 이제 완성건물의 소유권을 원시취득한 수급인과 하수급인의 관계로 확대적용되어, 자기의 노력과 출재로 건물을 완성하여 건물소유권을 원시취득한 수급인으로부터 건물신축공사 중 일부를 도급받은 하수급인도 수급인에 대하여 저당권설정청구권을 행사할 수 있다.[31] 이때에는 당연히 수급인 명의의 소유권보존등기가 먼저 이루어져야 할 것이다. 그러나 대법원의 일관된 태도에도 불구하고, 이는 얽힌 법률관계를 더욱 복잡하게 할 뿐이다. 이는 예컨대 여러 명의 하수급인이 있거나 수급인 명의로 보존등기를 마치고 저당권설정등기를 한 다음 이를 말소하여 다시 도급인에게 이전등기를 하는 등 복잡하게 꼬여 쉽게 풀 수 없는 법률문제의 순환고리로 이어지게 될 위험이 적지 않다. 또한 수급인을 상대방으로 하는 하수급인의 저당권설정청구권은 지나치게 작위적이다. 이는 정상적인 상황 아래에서는 전혀 표면화되지 않을 수급인명의의 소유권보존등기를 강제하는 결과로 이어질 수 있기 때문이다. 뿐만 아니라 일정한 요건 아래 하수급인에게 하도급대금을 직접지급할 도급인의 의무를 규정한 「하도급거래 공정화에 관한 법률」 제14조와 「동 시행령」 제9조 때문에 하수급인에게 저당권설정청구권을 인정할 실익도 그다지 크지 않을 것이다. 따라서 하수급인에게 저당권설정청구권을 주는 것은

28) 대판 2016.10.27., 2014다211978.

29) 대판 1992.8.18., 91다25505; 대판 1997.4.11., 97다1976 등.

30) 이와 비교하여 이제는 수급인의 담보제공청구권을 법정한 독일민법 제648a조 참조.

31) 대판 2016.10.27., 2014다211978. 이와 비교하여, 독일민법은 하수급인에게 저당권설정청구권을 부여하지 않으며(Jauernig/Mansel, §648 Rn.8), 이는 저당권의 객체가 토지소유권이라는 사실에서 추론된다.

아주 신중하여야 한다. 마지막으로 하수급인이 저당권설정청구권을 가진다고 할 때에는 그가 객관적으로 이를 행사할 수 있음을 안 날로부터 그 소멸시효가 진행한다.[32)]

4) 저당권설정청구권과 대법원판결의 비유

저당권설정청구권을 내용으로 하는 제666조는 수급인이 도급인 소유의 부동산으로부터 사실상 우선변제를 받을 수 있도록 하는 법률규정이다. 저당권설정청구권은 소유권의 존재를 전제하는 권리이므로 이는 반드시 도급인의 건물소유권 원시취득을 배경으로 한다.[33)] 그렇지만 대법원판결을 좇아 수급인이 그의 비용으로 완공한 완성건물의 소유권을 원시취득한다고 새길 때에는, 저당권설정청구권은 아무런 쓸모가 없으며, 그 결과 제666조는 도급인이 소유자일 때에만 적용되는 반쪽짜리 법률규정으로 전락하게 될 것이다. 이 세상 어디에서도, 소유자가 자발적으로 소유권을 포기함으로써 스스로 자기를 낮추어 힘없는 채권자가 되고 그가 가진 채권을 행사한 때에만 비로소 제한물권자가 되도록 권장하는 입법은 지지를 얻을 수 없기 때문이다. 그리고 우여곡절 끝에 수급인이 저당권을 확보하더라도 그 실행에 적지 않은 어려움이 수반된다.[34)]

뿐만 아니라 채권에 불과한 저당권설정청구권과 그 효과로 수급인이 취득하는 저당권의 가치는 수급인이 보수채권을 담보하기 위하여 행사하는 유치권과 비교할 때 아주 보잘 것 없다.[35)] 이럴 바에는 차라리 유치권이 수급인에게 보다 간단하고 효율적인 방어방법이 된다.[36)] 물론 수급인은 동시이행의 항변(제665조)을 원용할 수도 있지만, 채권의 효과에 지나지 않는 동시이행의 항변은 제3자 대항효를 가지지 아니한다. 이처럼 물권과 채권은 그 효력에서 比較適狀에 있지 않다. 같은 차원에서 대법원도 설령 수급인이 완성물에 대하여 저당권을 취득하더라도 그의 지위가 유치권을 행사하는 지위보다 강화되지 않는다고 솔직하게 시인하고 저당권설정행위는 사해행위를 구성하지 않는다고 한다.[37)] 이 때문에 수급인의 저당권설정청구권의 현실가치에 대한 회의론이 지배한다. 또한 이는 특히 민법개정으로 부동산유치권을 저당권화하려는 주장들[38)]이 결코 놓치지 않아야 할 사항이기도 하다. 왜냐하면 이때에도 제666조의 저당권설정청구권과 결합된 法律難題가 그대로 옮겨져 계속 숙제로 남을 것이기 때문이다.

제666조의 의미에서 저당권설정청구권은 토지공사 또는 건축공사를 원인으로 발생하는 권

---

32) 대판 2016.10.27., 2014다211978.
33) 양창수/김재형, 민법 Ⅰ (계약법), 2010, 276.
34) 김형배, 채권각론, 641; 민법주해/김용담, 제666조 Ⅱ.
35) 곽윤직, 채권각론, [155] (318).
36) 곽윤직, 채권각론, [155] (318); 김형배, 채권각론, 641; 민법주해/김용담, 제666조 Ⅱ; 법무부, 2013년 법무부 민법개정시안 (채권편 하), 2013, 143.
37) 대판 2008.3.27., 2007다78616, 78623.
38) 대표적으로 법무부, 2013년 법무부민법개정시안 (조문편), 116 이하 (개정시안 제320조); 2013년 법무부민법개정시안 (물권편), 2013, 15 이하; 김재형, 부동산유치권의 개선방향, 민사법학 55 (2011) 339~384 등. 그 비판은 이진기, 부동산유치권의 재고, 법률신문 4122호 (2013) 13 참조.

리이고 건축공사가 제666조가 적용될 수 있는 주된 사례이므로 다음에서는 이를 중심으로 논의한다.

(4) 민법의 입법태도

지금까지 검토한 민법의 규정방식은 도급계약에서 완성물의 소유관계는 전혀 고려대상이 아니며, 다른 한편으로 민법입법자가 도급인을 이미 완성물의 소유자로 예정하였음을 증명한다. 그렇지 않다면 민법입법자가 소유권의 이전관계 또는 귀속관계를 이렇게까지 무관심 속에 방치하지는 않았을 것이기 때문이다. 그럼에도 완성물의 소유관계는 도급인과 수급인, 그리고 도급인을 상대로 하거나 직접 완성된 물건에 권리를 가진 제3자의 이익에 결정적인 역할을 담당한다. 그렇지만 소유권의 귀속관계를 반드시 위험부담과 연계하여야 할 정당한 이유는 없다. 왜냐하면 도급인의 소유권을 인정할 때에도 수급인의 점유 또는 지배 아래에 있는 완성물은 그의 위험영역에 속하며, 따라서 이때에는 점유자인 수급인이 위험을 부담하여야 하기 때문이다. 다만 수급인의 선의를 요건으로 하여 도급인이 재료를 제공하거나 지시한 경우 수급인의 하자담보책임은 면제된다(제669조).

한편 동산도급은 부동산[공사]도급과 전혀 사정을 달리한다. 特定(제375조) 등 다른 특별한 사정[39]이 없으면, 수급인이 인도하기 전까지 동산도급인은 일의 완성 여부를 확인할 수 있는 유효한 수단을 가지지 아니한다. 따라서 동산도급의 경우 특정될 때까지는 수급인을 완성물의 소유자로 보아도 무방할 것이다.[40] 그러므로 동산도급에서 수급인이 완성물을 인도하는 행위는 도급계약으로 부담한 의무의 이행과 소유권이전(제188조 제1항)의 이중적 의미를 가지게 된다. 바로 여기에 부동산공사도급과 동산도급의 차이가 존재한다.

이와 관련하여 수급인이 주로 자기의 재료를 사용하여 도급인이 주문한 부대체물을 제작·공급하는 경우 수급인이 완성된 물건의 소유권을 원시취득하며, 이때에 소유권이전의무가 수급인의 의무의 일부를 형성한다는 설명이 있다. 그러나 이를 따를 때에는 미리 제작한 부대체물의 소유권을 이전할 의무를 지는 매매와 '주문을 받아' 부대체물을 제작하고 이를 인도할 의무를 부담하는 도급을 구태여 나눌 이유가 없을 것이다. 이와 같이 소유권의 이전은 매매와 도급을 구별하는 핵심표지이며, 그렇지 않으면 도급을 특징짓는 주문의 의미가 쇠퇴할 것이다. 그럼에도 불구하고 원칙적으로 부대체물도급에서도 도급인이 일의 완성을 주장·증명할 수밖에 없으므로 일단 수급인의 소유로 귀속하고 이어서 소유권을 이전하는 것과 외형상 유사함을 완전히 부정하기는 어려울 것이다.

---

39) 예컨대 대판 1996.7.9., 96다14364 참조.

40) 동산도급과 관련하여 목적물을 대체물과 부대체물로 나누고 전자의 도급을 제작물공급계약이라고 하고 매매와 같이 취급하지만, 어떻게 구성하여도 법률효과가 별로 다르지 않다. 반면에 부동산공사를 목적으로 하는 계약은 그 완성물이 언제나 부대체물이므로 매매가 아니라 도급이다.

2. 완성건물의 소유권귀속에 관한 대법원판례의 논리

1. 일반적으로 [특약으로 달리 정하거나 기타 특별한 사정이 없으면] 자기의 노력과 비용[41]을 들여 건물을 건축한 사람이 그 건물의 소유권을 원시취득한다.[42] 그 건축허가가 타인의 명의로 된 여부는 문제되지 아니한다.[43] [그리고 이 법리는 도급계약에도 유효하다.]

다만, 채무의 담보로 채무자가 자기 노력과 비용으로 신축하는 건물의 건축허가명의를 채권자명의로 하였다면 이는 완성될 건물을 담보로 제공하기로 하는 합의로서 법률행위에 의한 담보물권의 설정과 다름없으므로, 완성건물을 완공한 채무자가 일단 이를 원시취득한 후 채권자명의로 소유권보존등기를 마침으로써 담보목적의 범위 내에서 채권자에게 그 소유권이 이전된다.[44]

2. [그러므로] 수급인이 자기의 비용으로 완성한 건물의 소유권은, 도급인과 수급인 사이의 특약으로 그 귀속을 달리 정하거나 그밖에 특별한 사정이 없으면, 수급인에게 귀속한다.[45] 그리고 수급인은 건물을 인도하기 전까지 건물소유자로서[46] 대외적으로 건물소유권의 원시취득을 주장할 수 있다.[47] 이는 건물신축만이 아니라 타인 소유의 건물을 증축한 때에도 마찬가지이다.[48] 이는 "지상물은 토지에 속한다"(*superficies solo cedit*)는 기본법리가 굳건히 자리잡은 서구법제에서는 보기 드물다. 수급인이 자기의 노력과 비용을 들여 건물을 완성하더라도 수급인의 소유권취득을 배척하는 특별한 사정으로 도급인과 수급인 사이에 도급인 명의로 건축허가를 받아 소유권보존등기를 하기로 하는 약정[49] 또는 완성건물의 소유권을 도급인에게 귀속하기로 하는

---

41) 일원화된 개념을 사용하지 않고 판결례에 따라 "출재" 또는 "재료"를 "비용"을 대체하는 개념으로 쓴다.

42) 대판 1992.8.18., 91다25505.

43) 대판 2006.5.12., 2005다68783.

44) 대판 1992.8.18., 91다25505; 대판 1997.5.30., 97다8601.

45) 대판 1990.2.13., 89다카11401; 대판 1999.2.9., 98두16675; 대판 2002.4.26., 2000다16350; 대판 2016.10.27., 2014다211978 등. 심지어 대판 1985.5.28., 84다카2234는 수급인의 이용지출을 고려함이 없이 "건물건축도급계약에 있어서는 준공된 건물을 도급자에게 인도하기까지에는 수급인의 소유라고 함이 일반이라고 할 것이다."라고 판시한다. 한편 양창수/김재형, 민법 Ⅰ (계약법), 2010, 274 이하는 판례의 태도를 수급인원시취득설이라고 이름짓지만, 대법원은 수급인이 그의 비용으로 건물을 완공한 경우로 제한하여 수급인의 소유권취득을 판시할 뿐이다.

46) 대판 1963.1.17., 62다743; 대판 1973.1.30., 72다2204; 대판 1983.2.8., 81도3137 등.

47) 대판 1985.7.9., 84다카2453.

48) 대판 1985.7.9., 84다카2453.

49) 대판 1985.7.9., 84다카2452(제3자 명의로 소유권보존등기를 하기로 하는 도급인과 수급인 사이의 약정이 있는 경우).
대판 1985.5.28., 84다카2234; 대판 1990.2.13., 89다카11401 (… 공사도급계약에 있어서 수급인의 비용으로 신축하여 도급인에게 소유권을 귀속시키기로 특약을 하고 …); 대판 1990.4.24., 89다카18884; 대판 1997.5.30., 97다8601; 대판 2003.12.18., 98다43601 전원합의체판결; 대판 2003.12.18., 98다43601 전원합의체판결; 대판 2005.11.25., 2004다36352; 대판 2010.1.28., 2009다66990 등.

명시적·묵시적 합의[50] 등을 들 수 있다.

그런데 이러한 내용의 대법원판결례는 부동산에 관하여 소유권유보매매의 법리의 적용을 배제한 대법원판결[51]와 같은 선상의 機能的 創造物로 보인다. 수급인이 자기의 비용으로 완성하였으나 아직 소유권보존등기를 마치지 않은 완공건물의 소유권을 보유하는 것은 담보권의 실질을 가지는 소유권유보부매매[52]와 비슷하기 때문이다. 이는 등기·등록가능한 동산을 부동산 법리에 의하여 규율하는 태도가 역전된 모양이다. 그러나 이는 유감스럽게도 도급에 관한 민법 규정을 외면한 판단이다.

성급하지만 미리 결론부터 내리면, 건물소유에 관한 대법원판결은 건물도 동산과 마찬가지로 독립물이라는 예단 아래 동산도급에 특유한 법리[53]를 건축도급에 그대로 옮긴 결과로 볼 수 있다.[54] 그러나 이는 건물이 그 본질에서 부합물(제256조 본문)의 集合物이라는 사실을 놓친 흠이 있다. 또한 부대체물의 완성을 목적으로 하는 동산도급에서도 그 완성물은 그 비용투입의 주체를 가리지 않고 도급인의 소유이라고 하여야 하며, 비록 부동산이라는 것이 다르기는 하지만 완성건물은 부대체물의 전형이다.

3. 민법의 도급규정과 대법원판결의 비교

도급에 관한 민법규정은 임의규정으로서 "특별한 약정이 없으면" 도급인이 완성물의 소유자라는 발판 위에 서 있다. 이와 달리 대법원은 "일반적으로 자기의 비용과 노력으로 건물을 완성한 사람은 그 건축허가 명의와 관계없이 그 소유권을 원시취득한다"[55]를 출발점으로 한다. 이로써 대법원은 민법과 거의 같은 골격 위에 "수급인이 그의 비용으로 완성한 때에는"을 부가하여 수급인의 소유권취득을 정당화한다. 이로써 대법원은 비용지출의 주체를 완성건물의 소유자로 정의하여 "완성물의 소유자는 도급인"이라는 민법의 기본원칙을 형해화하고 예외를 원칙화한다. 이때에는 민법의 기본원칙은 수급인이 "도급인의 비용으로" 건물을 완공한 경우에만 도급인이 완성건물의 소유권을 원시취득한다는 의미로 축소적용되어야 하기 때문이다. 이러한 태

50) 대결 1994.12.9., 94마2089; 대판 1996.9.20., 96다24804; 대판 1997.5.30., 97다8601; 대판 2011.8.25., 2009다67443 등. 그런데 원도급계약의 특약에 저촉하는 약정이 없고 이에 대한 이의제기가 없으면 수급인과 하도급계약을 체결한 하수급인은 수급인의 비용으로 완공한 완성건물의 소유권을 도급인에게 귀속하는 약정의 효력을 승인한 것으로 보아야 하므로(대판 1990.2.13., 89다카11401) 하도급에도 효력을 가진다. 그러나 하도급관계의 현실을 감안할 때 이러한 기본태도를 강행하는 것은 언제나 바람직하지는 않아 보인다.

51) 대판 2010.2.25., 2009도5064: "… 부동산과 같이 등기에 의하여 소유권이 이전되는 경우에는 등기를 대금완납시까지 미룸으로써 담보의 기능을 할 수 있기 때문에 굳이 위와 같은 소유권유보부매매의 개념을 원용할 필요성이 없으며, 일단 매도인이 매수인에게 소유권이전등기를 경료하여 준 이상은 특별한 사정이 없는 한 매수인에게 소유권이 귀속되는 것이다."

52) 대판 2014.4.10., 2013다61190 등.

53) Medicus, Rn.786 참조.

54) 다만 이는 토지와 함께 건물을 매매하거나 신축건물 자체의 매매의 경우에는 옳을 수 있다.

55) 대판 1990.4.24., 89다카18884; 대판 1992.8.18., 91다25505; 대판 2006.5.12., 2005다68783 등.

도는 수급인의 보호를 지나치게 강조한 강박관념의 산물이라고 하지 않을 수 없다.

그리고 민법의 기본원칙을 받아들이고, 다만 다른 특별한 사정이 있으면 완성물을 수급인의 소유로 한다는 해결방안이 훨씬 간단하고 명쾌하다. 아래는 이를 정리하여 도표화한 것이다.

특별한 약정 또는 다른 특별한 사정이	민법	대법원판결
1. 있으면,	이에 따른다.	이에 따른다.
2. 없으면,	비용을 지출한 주체를 묻지 않고, 도급인이 완성건물의 소유권을 원시취득한다.	비용을 지출한 주체[도급인, 수급인]가 완성건물의 소유권을 원시취득한다.[56] 그 결과 수급인은 자기의 비용으로 완공한 완성건물의 소유권을 원시취득한다.[57] [수급인이 재료와 노무 등을 제공하여 준공된 건물소유권은 수급인에게 귀속한다는 법리는 당사자 사이의 특약이나 특별한 사정이 없을 때에 적용되는 보충적인 것이다.[58]]

4. 민법의 시각에서 본 대법원판결의 검토와 평가

법률제도 또는 법이론은 －체계의 이유이든, 법률현실의 이유이든 가리지 않고－모름지기 이를 채택하는 이익이 있어야 한다. 그러나 수급인의 보호를 전면에 앞세운 대법원의 성급한 판단은 결과에서 수급인의 보호가 아니라 오히려 그에 대한 불이익으로 돌아온다. 이는 수급인의 보호를 정조준한 대법원의 본래의도를 무색하게 한다.

a. **인도와 소유권이전**: 수급인이 원시취득한 부동산[건물]의 소유권은 인도함으로써 도급인에게 이전한다.[59] 여기에서 "이전"은 형식요건으로 소유권보존등기와 관계없이 "승계취득"을 뜻한다. 그러나 수급인이 소유권을 원시취득함에도 도급인의 명의로 소유권보존등기가 이루어지는 경과가 자연스럽지 않다. 특히 대법원판결과 교과서는 완성건물의 소유권이 등기없이 오로지 인도만으로 양도되는 근거에 관하여 아무런 말이 없다.[60] 이에 관하여 오직 "아마도 부동

56) 대판 1990.2.13., 89다카11401; 대판 1999.2.9., 98두16675; 대판 2002.4.26., 2000다16350; 대판 2006.5.12., 2005다68783; 대판 2016.10.27., 2014다211978 등.

57) 대판 1980.7.8., 80다1014; 대판 1984.11.27., 80다177; 대판 1990.2.13., 89다카11401; 대판 2006.5.12., 2005다68783; 대판 2011.8.25., 2009다67443, 67450; 대판 2016.10.27., 2014다211978.

58) 대판 1979.6.12., 78다1992: "수급인이 재료와 노무 등을 제공하여 준공된 건물소유권은 수급인에게 귀속한다는 법리는 당사자 사이의 특약이나 특별한 사정이 없을 때에 적용되는 보충적인 것이다."

59) 대판 1980.7.8., 80다1014 수급인이 자기의 재료와 노력으로 건물을 건축한 경우에 특별한 의사표시가 없는 한 도급인이 도급대금을 지급하고 건물의 인도를 받기까지는 그 소유권은 수급인에게 있다; 대판 1988.12.27., 87다카1138, 1139 등 다수.

산물권변동에 대하여 의사주의를 택했던 구민법시대의 판례가 아무런 수정없이 답습된 데서 유래한 것으로 판단된다"는 유력한 지적이 있을 뿐이다.[61] 아무튼 이는 명백하게 物權法定主義를 위반하는 구성이다.

어느 경우를 막론하고 引渡로써 완성건물의 소유권이 이전한다는 구성은 물권법정주의는 물론 부동산물권변동에 관한 민법의 기초이론을 위반할 뿐 아니라 판례이론 자체 내에서도 모순된다. 비록 중간생략등기 또는 무효등기의 전환 등의 예외가 있지만, 소유권을 원시취득한 소유자는 소유권을 이전하기 전에 먼저 소유권보존등기를 마쳐야 함이 실체법과 등기의 기본원칙이다(제187조 단서). 부동산소유권을 원시취득한 사람이 소유권이전을 내용으로 하는 계약을 체결하는 경우에도 그는 반드시 그의 명의로 소유권보존등기를 마친 다음 이전등기를 하여야 한다(「부동산등기특별조치법」 제2조 제5항). 그리고 소유권보존등기가 없는 상태에서 소유권의 승계취득을 부정하고 소유권이 계속 원시취득자에게 남는다는 대법원의 엄격한 태도는 미등기건물의 양도[62]와 특히 판례로 승인된 관습법상 지상권제도[63]를 중심으로 꾸준히 유지된다. 그러므로 대법원이 수급인의 소유권취득을 인정하는 기존의 판결태도를 관철하기 위하여는 마땅히 이를 정당화하는 사유를 제시하여야 했으나, 이를 찾기 어렵다. 이로써 대법원은 스스로 세운 원칙마저 지키지 않는다는 비난을 피하기 어렵다.

b. 보수지급과 인도: 다음으로 도급인의 비용으로 건물을 완성한 때에는 완공건물이 설령 수급인의 점유 아래 있더라도 도급인의 소유이다. 이때 소유권이전요건으로 인도는 아예 문제되지 않는다. 그런데 수급인의 비용으로 완성한 건물의 수급인소유를 판시한 대법원판결을 따를 경우에도, 도급인은 완성건물을 인도받지 않은 때에도 보수 전부를 지급함으로써 즉시 완성건물의 소유권을 취득한다고 새겨야 한다.[64] 여기에서 보수 전부의 지급은 도급인이 비용을 부담한 것과 다름없기 때문이다. 따라서 인도를 소유권의 이전으로 본 판시내용은 옳지 않다.

다른 한편 수급인이 소유권을 원시취득한다는 것과 같은 취지이면서도 "도급인이 보수를 지급하고 인도받기 전에는"이라고 판시한 판결례[65]가 적지 않으나, 도급에서 보수의 지급 여부는 결코 완성물의 소유권이전 또는 귀속을 좌우하는 사유가 될 수 없다. 그렇지 않으면 "보수=완성물대금"이라는 등식이 성립하거나 수급인의 소유권취득이 담보목적의 소유권취득이 되어야 하나, 이는 도급의 본질에 반한다.

---

60) 비교. 다만 같은 지적으로 이미 곽윤직, 채권각론, [153] (309); 김형배, 채권각론, 619.

61) 김형배, 채권각론, 619 주3.

62) 대판 1981.1.13, 80다1959, 1960; 대판 2009.10.15, 2009다48633 등. 그리고 경매의 경우로 대결 2008.3.27., 2006마920.

63) 대판 2002.6.20, 2002다9660 전원합의체판결.

64) 또한 대판 1999.2.9., 98두16675("수급인이 자기의 노력과 비용으로 건축 중이거나 완성한 건물의 소유권은 … 도급인이 약정에 따른 건축공사비 등을 청산하여 소유권을 취득하기 이전에는 수급인의 소유에 속한다….") 참고.

65) 대판 1980.7.8., 80다1014; 대판 1984.11.27., 80다177; 대판 1985.5.28., 84다카2234 등.

c. **동산도급과 부동산도급의 混同**: 수급인소유의 귀속을 내용으로 하는 대법원판결은 動産都給의 法理를 신중한 검토 없이 그대로 부동산도급, 즉 건물신축에 전사한 일종의 과도기적 판결로 결론내릴 수 있다. 동산도급의 경우 수급인이 그의 비용으로 완성한 물건을 그의 소유로 하더라도 전혀 문제되지 아니한다.[66] 왜냐하면 수급인이 그의 비용으로 동산을 완성하고 이를 점유하는 모습은 소유권의 외형을 그대로 간직하기 때문이다. 즉, 수급인은 보수를 지급하지 않는 도급인에 대하여 완성물의 소유권을 주장하여 이를 보유할 권리가 있다. 여기에서 인도는 소유권의 이전과 함께 도급계약의 이행으로서의 二重效를 가진다고 볼 수 있다. 다만 도급인이 재료를 제공하거나 초상화의 제작 등과 같은 不代替物 도급에서와 같이 목적물이 이미 特定된 때에는 완성물은 도급인의 소유라고 하여야 할 것이다.[67]

이에 덧붙여 부대체물일 경우에는 비용을 부담한 주체와 관계없이 처음부터 완성된 동산을 도급인의 소유로 하면서도, 단지 수급인이 비용을 부담하였다는 이유로 완성건물을 수급인의 소유로 귀속하는 태도는 수미일관하지 않은 모순된 해결방식이다. 건물은 어떻게 보더라도 부대체물의 典型이기 때문이다.

d. **비용의 共同負擔**: 일도양단식의 해결을 위주로 하는 대법원판결은 도급인이 비용을 공동부담하거나 미리 보수 일부를 선지급한 경우에 완성건물의 소유권귀속관계를 해결하기에 부족하다. 지금까지 대법원은 "수급인의 노력과 비용으로"라고만 할 뿐 지금까지 그 기준이 어느 정도가 되어야 하는지를 다룬 사례를 찾을 수 없다.[68] 이처럼 대법원판결은 "모 아니면 도"이다. 아마도 이때에는 加工에서 소유권관계를 규율하는 제259조의 규정을 유추적용하여 가액증가의 측면에서 "현저히 다액"라는 애매모호한 기준(제259조 제1항 단서 참조)을 동원하여야 할 것이다. 그러나 완성물이 도급인의 소유라는 민법의 기본태도를 관철할 때에는 이는 아예 문제되지 않는 사항이다.

e. **하수급인이 부담한 비용**: 다른 한편 하수급인이 도급인의 동의를 얻어 그의 비용으로 건물을 완성한 경우 법률관계가 또한 몹시 복잡하게 얽힌다. 이때에도 대법원판결의 태도를 관철하게 되면, 추측건대 하수급인이 일단 완성건물의 소유권을 취득한 후 등기없이 인도로써 수급인에게 소유권을 이전한 다음 수급인은 이를 다시 등기없이 도급인에게 인도함으로써 소유권을 이전하는 順次的 引渡가 이루어져야 할 것이다. 그러나 이는 누가 보더라도 자연스럽지 않고 번거롭기 그지없다.

f. **완성건물에 대한 수급인의 이익**: 끝으로 수급인이 완성건물의 소유권을 취득한다는 대법원판결과 이를 채용한 교과서의 주장은 수급인에게 그다지 도움이 되지 않는다. 이는 수급인

---

66) 곽윤직, 채권각론, [153] (310).

67) 곽윤직, 채권각론, [153] (308 이하); 김형배, 채권각론, 618 이하 등.

68) 한편 김증한, 채권각론 [164] (309)는 "주된 재료"를, 그리고 곽윤직, 채권각론 [153] (309)와 김형배, 채권각론, 618은 "재료의 전부 또는 주요부분"이라고 서술하므로 실제 같은 뜻으로 볼 수 있다.

의 利益에 관한 문제이다.

먼저 도급인의 이름으로 건축허가를 받고 처음부터 그의 이름으로 소유권보존등기를 마치는 것이 일반의 慣習이며, 수급인이 일단 소유권을 취득하고 인도함으로써 도급인이 소유권을 취득하여 소유권보존등기를 한다는 것은 드문 예외이다.[69] 그리고 수급인명의로 소유권보존등기를 하는 것은 사실상 거의 불가능하다.[70]

수급인의 관심은 완성건물의 소유권취득이 아니라 보수채권의 확보와 실현에 집중된다.[71] 이는 도급계약에서 일의 완성과 완성물의 인도가 도급인의 이익에 기여하기 때문이다. 그리고 수급인이 완성건물을 보유할 이익도 없다. 또한 도급인이 충분한 자력을 가질 때에는 수급인이 그의 일반재산으로 보수채권의 만족을 얻을 수 있으므로 소유권의 귀속관계는 아예 문제되지 아니한다. 다시 말하여 수급인의 소유권취득은 대부분 도급인의 자력이 부족하거나 없는 상황을 예정한다. 그런데 이는 이미 저당권 등 도급인소유의 대지에 우선변제효 있는 물권을 가진 채권자가 있거나 적어도 도급인을 상대로 채권을 가진 일반채권자가 존재할 개연성이 짙은 상황을 말한다. 이러한 배경 아래 완성건물의 소유권을 취득하는 수급인이 얻는 최대이익은 도급인에게 보수채권의 이행의 압박하는 효과로 집약된다. 그러나 수급인이 완성건물의 소유자가 된다고 하여도 아무런 것도 달라지지 않는다.

이밖에 대법원판결의 태도는 제674조 1항 2문과 맞지 않다: 「이 경우에는[도급인이 파산선고를 받은 때에는] 수급인은 일의 완성된 부분에 대한 보수 및 보수에 포함되지 아니한 비용에 대하여 파산재단의 배당에 가입할 수 있다.」 수급인의 배당가입은 곧 수급인이 완성물의 소유자가 아니라 보수청구권자, 즉 채권자임을 말한다. 만일 수급인이 자기의 비용으로 건축한 건물의 소유권을 가진다고 새길 때에는 수급인의 배당가입을 논의할 이익이 없다.

g. **환가수단의 부재**: 그리고 수급인이 완성건물의 소유권을 취득한다고 할 때에도 이를 처분·환가하여 보수채권의 만족을 얻을 수 있는 마땅한 방법이 없다.

건물공사에서 도급인은 보통 대지소유자이다. 이러한 상황 아래에서는 수급인의 건물소유권취득을 인정하는 대법원판결은 필연적으로 대지소유권과 건물소유권이 서로 다른 권리주체로 이원화되는 결과를 초래한다. 그러나 수급인은 건물소유를 위한 대지이용권이 없는 사람이다.[72] 만일 도급인이 계속 대지소유자로 남을 때에는 그의 대지인도청구권 또는 건물철거청구권에 대하여 수급인은 여하튼 도급계약 또는 권리남용을 주장하여 방어할 수 있을 것이다. 그렇

---

69) 장경학, 도급계약에 있어서 완성물의 소유권의 귀속, 사법행정 29/9, 1988, 28~34, 34; 곽윤직, 채권각론, [153] (311). 건축과 관련된 처리절차는 건축허가신청 – 건축허가교부 – 기존건물철거멸실신고 – 착공신고 – 사용승인신청 – 사용승인서교부 – 건축물대장등재 – 등기의 순서로 이루어진다.

70) 자세한 내용은 양창수/김재형, 민법 Ⅰ (계약법), 2010, 275 참조.

71) 김증한, 채권각론, [164] (310); 곽윤직, 채권각론, [153] (311). 비슷하게 또한 김형배, 채권각론, 621.

72) 곽윤직, 채권각론, [153] (310 이하); 김형배, 채권각론, 621. 같은 취지에서 또한 양창수/김재형, 민법 Ⅰ (계약법), 2010, 276.

지만 제3자가 직접 도급인으로부터 대지를 매수하거나 수급인이 아닌 도급인의 채권자 중 1인의 경매신청으로 대지소유권을 취득할 경우, 건물소유를 위한 法定地上權이 성립할 전망이 몹시 어둡고 수급인소유의 완성건물은 마땅히 철거되어야 할 운명을 맞이한다.[73] 이와 같이 수급인의 건물소유권은 대지사용권이 없는 소유권으로 전락하여 보호의 사각지대에 방치될 수밖에 없다. 그렇다고 하여 대지매수인의 건물철거청구를 權利濫用으로 볼 수 없다. 반대로 완성건물을 도급인소유로 볼 때에는 이로 인한 어려움은 다소 제거된다. 대지가 매도되거나 경매된 경우 －소유권보존등기 여부를 묻지 않고－ 완성건물을 위한 관습법상 지상권이 인정되므로, 완성건물과 이를 위한 지상권 등 대지사용권을 매각하고 그 대금에서 보수채권의 만족을 얻을 수 있다. 관습법상 지상권이 성립하지 않을 때에도 수급인은 보수채권의 담보를 위하여 도급인소유의 완성건물을 유치함으로써 사실상 최우선순위의 변제효를 확보할 수 있을 것이다.[74]

마지막으로 수급인의 소유권취득이 도급인을 심리적·경제적으로 압박하는 효과가 있음을 완전히 배제할 수는 없으나, 이는 事實의 問題에 그치고 法律問題가 되지 아니한다.

h. 유치권과 동시이행의 항변: 대법원판결에 따르면, 자기의 비용으로 건물을 완공한 수급인은 완성건물의 소유자이며 동시에 인도로써 도급인에게 완성건물의 소유권이전의무를 지는 사람이다. 따라서 소유권이전의 의사가 없이 단순히 점유만을 이전한 수급인은 도급계약상의 의무를 이행하지 않은 것이 된다. 과연 그렇게 볼 것인가?

수급인은 정당한 사유가 있으면 완성건물의 인도를 거절할 수 있다. 그러나 수급인을 그의 비용으로 완공한 완성건물의 소유자로 다룰 때에는 수급인은 정작 그에게 사실상 가장 강력한 구제수단이 되어야 할 留置權을 잃는다. 유치권은 他物權이며, 따라서 채권자 자신의 소유물을 목적으로 하는 留置權은 아예 성립할 수 없지 않기 때문이다.[75] 이렇게 이해할 경우 민법 안에서 수급인의 인도거절을 정당화하는 사유는 相對效가 전부인 同時履行의 抗辯만이 남는다: 수급인은 보수를 지급하지 않고 이행을 청구하는 도급인에 대하여 동시이행의 항변을 행사하여 이행[인도와 소유권의 이전]을 거절할 수 있다(제665조 제1항 본문). 그런데 동시이행의 항변은 변제의 제공을 성립요건으로 한다(제536조, 제460조와 제461조 참조). 이는 －대법원판결을 따를 경우에도－ 수급인이 건물이 완공한 때에는 소유권을 이전하지 않더라도 도급계약상의 의무가 일단 이행되었음을 의미한다. 그리고 도급인이 그의 권리를 제3자에게 양도한 때에는 수급인은 양도통지를 받은 때까지 도급인에 대하여 생긴 사유, 즉 도급인에게 대항할 수 있는 사유로 오로지 양수인에게만 대항할 수 있다(제451조 제1항).

---

73) 곽윤직, 채권각론, [153] (311).

74) 특히 대판 2011.12.22., 2011다84298 참조.

75) 같은 취지로 대판 1993.3.26., 91다14116: “유치권은 타물권인 점에 비추어 볼 때 수급인의 재료와 노력으로 건축되었고 독립한 건물에 해당되는 기성부분은 수급인의 소유라 할 것이므로 수급인은 공사대금을 지급받을 때까지 이에 대하여 유치권을 가질 수 없다.” 이와 달리 도급인 소유의 완공건물을 목적으로 하는 유치권 행사를 인정한 대판 1995.9.15., 95다16202, 16219; 대결 2008.5.30., 2007마98 참조.

이밖에 비록 부수된 문제이지만 수급인이 공사를 완성하여도 도급인이 공사대금지급채무를 이행하기 곤란한 현저한 사유가 있을 때에는 수급인이 그러한 사유가 해소될 때까지 공사완공의무를 거절할 수 있다는 대법원판결[76]도 여전히 논의의 여지가 있다. 왜냐하면 수급인이 완성건물의 소유권을 원시취득한다면 구태여 공사완성의무를 거절할 정당한 이유가 없게 되는 경우가 적지 않을 것이기 때문이다.

지금까지의 논의를 정리하면, 대법원판결의 논리구조가 몹시 궁색하다. 수급인의 소유권귀속을 내용으로 하는 대법원판결은 수급인의 보호에 천착하여 동산도급에 적합한 이론을 억지로 부동산도급에 가져다 붙인, 그러나 민법의 전체체계를 떠난 미봉책이다. 이와 관련하여 건물이 그 본질에서 동산의 集合物이고 부합된 동산들은 건물로 인정되기 전까지 부동산소유자의 소유로 귀속되는 부동산의 구성부분이라는 특징을 소홀히 한 부분이 보다 문제이다. 다시 말하면 대법원판결은 건물과 토지를 별개의 부동산으로 구성하는 현행법제 아래에서 부합물이 특정시점, 즉 건물화하는 때에 독립물로 바뀌는 反轉을 면밀히 살피지 않은 잘못에서 자유롭지 않다. 비용부담의 주체를 나누지 않고 도급인이 완성건물의 소유자라고 하는 것이 옳다.[77]

Ⅲ. 공사의 중지 · 중단의 법률문제: 보론

1. 공사의 중단과 완성건물의 소유권취득

완성건물의 소유권취득에 관한 대법원판결의 도급법리는 미완성건물을 인수하여 완공한 경우로 연장된다. 이를 보면:

먼저 원래의 수급인이 그의 비용으로 건축하던 도중 수급인의 사정으로 건축공사가 중단되었지만 미완성건물이 그 중단시점에 사회통념상 독립건물로 볼 수 있는 정도의 형태와 구조를 갖춘 때에는, 제3자가 미완성건물을 인도받아 나머지 공사를 마치고 건물을 완성하더라도 원래의 수급인이 건물소유권을 원시취득한다.[78] 이때 건물을 완성한 사람은 그와 수급인 사이에 존재하는 법률관계를 기초로 발생하는 청구권만을 가진다.

다음으로 건축주 또는 수급인의 사정으로 건축공사가 중단되고 그 시점에 아직 독립건물로 볼 수 없을 때에는, 미완성건물을 이어받아 자기의 비용으로 건물을 완공한 사람이 건물소유권을 원시취득한다.[79] 수급인이 많은 노력과 비용을 투입한 사정은 결과에 전혀 영향을 미치지

76) 대판 2005.11.25., 2003다60136과 같은 법리를 不安의 抗辯으로 확장한 대판 1995.2.28., 93다53887(임가공거래)와 대판 2012.3.29., 2011다93025(건축도급) 등 참조.

77) 김증한, 채권각론, 310; 곽윤직, 채권각론, [153] (310 이하); 김형배, 채권각론, 618 이하.

78) 대판 2011.8.25., 2009다67443, 67450.

79) 대판 2006.5.12., 2005다68783 … 따라서 건축주의 사정으로 건축공사가 중단된 미완성의 건물을 인도받아 나머지 공사를 하게 된 경우에는 그 공사의 중단 시점에 이미 사회통념상 독립한 건물이라고 볼 수 있는 정

아니한다.

대법원은 건물을 완공한 사람이 건물소유권을 원시취득하는 근거를 밝히지 않지만, 건물완성사실과 비용과 노력의 투입주체 모두를 소유권의 귀속관계를 확정하는 기준으로 삼은 것으로 추측된다. 그럼에도 완성건물의 소유권귀속에 관한 대법원판결은 민법의 전체 체계와 법리를 잊고 오로지 수급인의 보호를 위한 땜질식의 판결이 될 위험이 크다. 이는 건물=動産의 合成物이라는 특수성이 제대로 반영되지 않은 결과이다.

동산의 집합으로 지어진 구조물은 최소한의 기둥과 지붕 그리고 주벽이 완성되어 더 이상 토지 또는 기존건물의 부합물로 볼 수 없고 사회통념상 독립건물[80]로서의 모습을 갖추는 법적 순간에(juristische Sekunde) 돌연 不動産化한다. 그렇지만 아직 건물의 상태에 이르지 않은 신축부분은 기존건물의 구성부분을 형성하는 附合物로서 법률상 부동산이 아니므로 단독으로 거래·처분의 객체가 될 수 없다. 그리고 다른 특별한 사정이 없으면 주된 물건, 즉 토지나 기존건물의 소유자가 이에 대한 소유권을 취득한다(제256조 본문 참조). 그러므로 수급인으로부터 신축부분에 관한 권리를 취득한 제3자는 이 사실을 근거로 부합물의 소유권을 취득한 도급인에게 대항하지 못한다.

다음으로 제256조 단서의 의미에서 토지에 부합할 수 있는 權原은 지상권, 전세권, 임차권 등과 같이 타인의 부동산에 자기의 동산을 부속시켜서 그 부동산을 이용할 수 있는 권리를 의미하므로,[81] 수급인은 부속할 권원을 가지지 아니한다. 따라서 수급인이 건물을 신축하기 위하여 부동산에 부합한 동산의 소유권은 부동산소유자에게 귀속한다. 그리고 백보 양보하여 도급계약을 제256조 단서의 권원의 근거라고 볼 때에도, 그 결과는 다르지 않다. 부합물에 관한 소유권 귀속의 예외를 규정한 제256조 단서는 타인이 그 권원에 기하여 부속한 물건도 분리하여 경제적 가치가 있는 경우에만 그의 권리에 영향이 없다는 취지이다.[82] 그러나 부합으로 사실상 분리복구가 불가능하여 부동산의 구성부분이 됨으로써 一體를 이루어 거래상 독립된 권리의 객체성을 잃은 물건은 권원의 존부에 좌우되지 않고 부동산소유자의 소유로 한다.[83] 수급인이 그의 비용으로 부합한 사실은 이러한 법리에 아무런 영향도 미치지 않는다. 같은 차원에서 대법원도 일관되게 건물공사의 수급인이 건물로 볼 수 없는 정착물을 토지에 설치한 상태에서 공사가 중단된 경우 이는 토지의 附合物[기성부분]에 지나지 않아 유치권의 대상이 되는 독립물이 될 수 없고 공사를 중단할 때까지 발생한 보수채권은 토지에 관하여 발생한 채권이 아니므로 토지

도의 형태와 구조를 갖춘 경우가 아닌 한 이를 인도받아 자기의 비용과 노력으로 완공한 자가 그 건물의 원시취득자가 된다; 대판 2011.8.25., 2009다67443, 67450 등.

80) 대판 1986.11.11., 86누173; 대판 2002.4.26., 2000다16350; 대판 2006.11.9., 2004다67691(이 판결에서 구분소유의 성립에 관한 부분은 대판 2013.1.17., 2010다71578 전원합의체판결로 변경되었다) 등.

81) 대판 1989.7.11., 88다카9067.

82) 대판 2007.7.27., 2006다39270, 39278.

83) 대판 1985.12.24, 84다카2428; 대판 2008.5.8, 2007다36933, 36940; 대판 2009.8.20., 2008두8727 등.

에 대한 유치권마저 행사할 수 없다고 판시한다.[84]

대부분의 경우, 건물신축에 투입된 건축자재는 분리로 경제적 가치를 잃으며, 이는 또한 도급을 해제할 때에 旣成高를 참작하는 관행에서 확인된다. 기성고는 원상회복의 대상이 될 수 없고 그 공사에 투입한 노력과 비용의 주체와 관계없이 언제나 도급인의 소유이다. 왜냐하면 기성고에 대하여는 부합의 법률효과가 주어져야 하기 때문이다(제256조 단서 참조). 도급인[건축주]이 수급인의 채무불이행을 이유로 건축도급계약을 해제하였으나 해제할 때에 이미 공사가 상당한 정도로 진척되어 원상회복이 중대한 사회·경제적 손실을 초래하고 완성된 부분[기성고]이 도급인에게 이익이 되는 경우 도급계약은 미완성부분[85]에 대하여만 실효된다. 그러므로 수급인은 해제 당시의 상태 그대로 미완성건물을 도급인에게 인도하여야 하고, 도급인은 특별한 사정이 없으면 所有權에 대한 대가가 아니라 미완성건물에 대한 報酬를 지급할 의무가 있다.[86] 다만 완성부분이 도급인에게 이익이 없고 원상회복이 중대한 사회·경제적 손실을 부르지 않을 때에는 계약해제는 소급효를 가진다(제548조).[87] 반면에 건물 또는 그밖의 공작물이 이미 완성된 때에는 도급계약을 해제할 수 없다(제668조 단서).[88] 도급계약에서 기성고를 긍정하는 관행은 도급인의 소유권을 전제하고 －제137조 단서를 유추적용하여－ 그 부분에 대한 해제의 효과가 제한된 이른바 一部解除의 허용과 다름없다. 결론적으로 건물이 완성되기 전에는 비용을 투입한 주체를 가리지 않고 신축부분에 대한 소유권은 도급인에게 있다.

그럼에도 구태여 건물의 소유권취득관계를 둘러싸고 이와 같은 특유한 현상을 설명하기 위하여 애쓸 필요는 없다. 왜냐하면 이는 현행법이 동산의 합성물에 불과한 건물을 독자적인 부동산으로 파악하는 동안 비켜날 수 없는 理論의 엇박자이기 때문이다.[89] 다만 대법원은 건물이 되기 전까지 토지 또는 건물소유자의 소유에 속한 동산의 집합물이 건물로서 모습을 갖추는 순간 갑자기, 단지 수급인이 그의 비용으로 건축하였다는 이유로, 수급인이 건물소유권을 원시취

---

84) 대판 1993.3.26., 91다14116; 대결 2008.5.30., 2007마98. 비교. 대판 1995.9.15., 95다16202, 16219.

85) 미완성과 하자의 구별은 대판 1994.9.30., 94다32986 (공사가 도중에 중단되어 예정된 최후의 공정을 종료하지 못한 경우에는 공사가 미완성된 것으로 볼 것이지만, 공사가 당초 예정된 최후의 공정까지 일응 종료하고 그 주요 구조 부분이 약정된 대로 시공되어 사회통념상 일이 완성되었고 다만 그것이 불완전하여 보수를 하여야 할 경우에는 공사가 완성되었으나 목적물에 하자가 있는 것에 지나지 아니한다고 해석함이 상당하고 …); 대판 1997.10.10., 97다23150; 대판 1997.12.23., 97다44768 참조.

86) 대판 1994.11.4., 94다18584; 대판 1992.12.22., 92다30160.

87) 대판 1992.12.22., 92다30160. 비슷하게, 도급인에 대한 파산선고를 근거로 수급인 또는 파산관재인이 계약을 해제할 수 있다고 규정한 제674조 1항에서 도급계약의 해제는 해석상 －소급효 없이－ 장래에 향하여 도급의 효력을 소멸시키는 것을 의미하고 원상회복은 허용되지 아니하므로 수급인은 일의 완성된 부분에 대한 보수만을 청구할 수 있다(대판 2017.6.29., 2016다221887).

88) 비교. 심지어 건설공사가 완공된 후에도 토목·건축공사의 해제를 인정하면서 제668조 단서 또는 신의칙을 근거로 그 기성고에 관하여 해제의 효력을 제한한 판결로 대판 1994.8.12., 92다41559 참조.

89) 건물개념에 관한 연구로 관련문헌과 함께 박득배, 건물의 법률적 일체성에 관한 소고, 명지법학 15/2 (2017) 27~54 참조.

득하는 과정과 이유를 설명하여야 했다.

다음으로 수급인이 제3자에게 미완성건물을 완성하게 한 경우: 수급인이 제3자에게 미완성 건물을 완성하게 한 경우 법률관계는 더욱 복합하다. 여기에서 미완성건물은 공사가 중단된 시점에 사회통념상 독립건물이라고 볼 수 있는 구조와 형태를 갖추지 못한 것을 말한다.[90] 비록 도급은 위임에 이를 정도의 信頼關係까지 요구하는 계약은 아니지만, 그 사정이 어떻던 수급인 자신은 계약의 구속을 벗어나면서 제3자에게 일의 완성의무를 지우는 것은 수급인이 단독으로 할 수 있는 성질의 행위가 되지 아니한다. 즉, 수급인은 미완성건물을 완성한 제3자의 완성건물 소유권취득을 결정할 권리를 가지지 아니한다.[91] 건물을 완공하지 못한 상태에서 수급인이 임의로 타인에게 완공하게 하는 행위는 채무인수로서 일종의 第3者權利의 處分行爲라고 할 것이다. 그러나 이는 수급인과 제3자 사이의 법률관계가 무엇이든 관계없이 도급인에 대하여 효력이 없고 제3자는 도급인과의 관계에서 수급인의 이행보조자로 남는다. 다만 처분행위는 제3자, 즉 도급인이 개입된 契約引受로 유효하게 이루어질 수 있다.[92] 계약인수는 계약 일방과 상대방, 그리고 인수인 사이의 3者契約으로 성립함이 일반이며, 이는 수급인의 완성채무와 보수채권의 승계, 그리고 부합물[기성고]을 기초로 하여 장래 완성되는 완공건물의 소유권귀속을 내용으로 한다.[93]

2. 완성건물의 소유권귀속관계와 해제

「도급인이 완성된 목적물의 하자로 인하여 계약의 목적을 달성할 수 없는 때에는 계약을 해제할 수 있다. 그러나 건물 기타 공작물에 대하여는 그러하지 아니하다」(제668조). 건물과 부동산공작물의 하자로 인한 해제는 수급인에게 지나친 부담이 될 뿐 아니라 사회경제적 손실이 되기 때문이다.[94] 도급인은 하자의 보수에 갈음하거나 보수와 함께 손해배상을 청구하거나(제667조 제2항), 전보배상을 청구하거나(제395조) 전보배상과 함께 자유의사로 보수 또는 철거를 선택하는 방법으로 건물 또는 공작물의 운명을 결정할 수 있다.

그런데 완성물의 소유권귀속관계를 직접 언급하지 않지만 제668조 단서는 수급인이 자기의 비용으로 완공한 완성건물의 소유권을 취득한다는 대법원판결의 기본태도를 배척한다. 먼저 건물과 그밖의 공작물도급의 경우 해제를 배제한 제668조 단서의 입법목적은 이들이 도급인의 소유임을 말한다. 만일 해제를 허용할 때에는 수급인은 그의 비용으로 완공한 그 소유의 완성건

90) 대판 1984.9.25., 83다카1858.

91) 비교. 건물소유권을 원시취득한 수급인에 대한 하수급인의 저당권설정청구권을 인정한 대판 2016.10.27., 2014다211978.

92) 대판 2011.8.25., 2009다67443, 67450(도급인과 인수인 사이의 약정으로 인수인이 완공한 경우). 또한 분양보증계약을 제3자를 위한 계약으로 보고 건물을 완공한 분양보증인이 건물소유권을 원시취득한다고 판시한 대판 1996.12.20., 96다34863, 대판 2006.5.12., 2005다68783과 대판 2006.5.25., 2003다45267 등 참조.

93) 대판 1984.6.26., 84다카1659.

94) 김형배, 채권각론, 633.

물을 철거하여 원상회복할 의무를 진다고 하여야 한다. 그렇지만 제668조 단서는 해제를 제한할 뿐 소유권의 귀속관계에 관하여는 한 마디도 하지 아니한다. 이는 추측건대 민법의 입법자가 완성건물의 도급인소유를 당연하게 본 탓일 것이다.

다음으로 만일 수급인의 비용으로 완공한 완성건물이 수급인의 것으로 볼 때에는 도급인은 단지 보수지급을 거절함으로써 사실상 해제와 동일한 효과를 얻을 수 있게 된다. 그러나 이는 제668조 단서의 입법목적과 모순된다.

마지막으로 아직 건물이 완공되지 않은 상태에서 수급인의 의무위반으로 해제되는 경우 해제의 소급효를 제한하여 일부해제와 같은 효과를 가지는 기성고[95]를 본다. 여전히 건물이 완공되지 않은 상태에서는 완성된 부분은 토지 또는 기존건물에 부합되어 집합물을 이루는 구성부분으로서 건축주[도급인]의 소유이다.[96] 그러므로 도급인이 수급인의 채무불이행을 원인으로 해제한 때에도 수급인의 소유권문제는 전혀 현실화하지 않는다. 다시 말하여, 공사가 완공되지 않은 상태에서 도급계약이 해제되어 공사비를 정산하여야 하는 경우 완성된 부분이 도급인에게 이익이 될 때에 예외적으로 논의되는 기성고는 소유권귀속관계를 전혀 건드리지 않고 이미 도급인소유로 귀속된 구성부분에 대한 報酬支給關係로 집약되는 부분이다.[97] 여기에서 비용지출의 주체는 전혀 고려되지 아니한다.

반면에 수급인이 도급인의 보수미지급을 이유로 도급계약을 해제하는 경우에도 구성부분이 된 부분은 자연히 도급인의 소유이므로 수급인의 소유권이전의무는 아예 문제되지 않는다. 이때에는 수급인은 단지 보수채권만을 행사하고 그의 미지급을 원인으로 하는 채무불이행책임을 물을 수 있다. 나아가 도급계약을 해제하는 경우 건물소유권의 반환은 수급인에게 아무런 이익이 없다고 할 것이고, 따라서 수급인이 해제한 때에는 해제의 효과를 규정하는 제548조 제1항 본문에서 원상회복은 보수미지급을 원인으로 하는 손해배상책임의 형태로만 가능하다고 하여야 한다.

마지막으로 지금까지의 결론은 심지어 개정시안에서도 타당하다. 민법개정위원회는 "중대한 하자를 포함한 건물 기타 공작물을 존치시키는 것은 더 큰 사회경제적 비용을 초래할 수 있으므로, 이와 같은 사정이 있는 경우에는 계약해제를 인정하는 것이 타당"함을 이유로 제688조 단서를 삭제하는 개정시안을 의결하였다.[98] 이는 결국 건물철거를 뜻한다. 해제는 －그 효과에 관한 이론대립에도 불구하고－ 실정법상 直接效를 가진다고 보아야 하고 따라서 해제는 원상회복, 즉 건물소유권의 반환과 건물철거를 그 법률효과로 한다(제548조 제1항 본문). 그러나 과연 이

---

95) 대판 1994.11.4, 94다18584; 대결 2000.6.13., 99마7466; 대판 2003.2.26., 2000다40995 등.

96) 대판 2009.8.20, 2008두8727 참조.

97) 비교. 다만 완성부분이 도급인에게 이익이 되지 않고 원상회복이 중대한 사회적, 경제적 손실을 초래하지 않음을 들어 해제의 소급효를 인정한 대판 1992.12.22., 92다30160 참조.

98) 법무부, 2013년 법무부 민법개정시안 (채권편 하), 2013, 158 이하와 191, 196 이하 참조. 어쨌던 제668조와 개정시안 제668조의 논의는 모두 "계약목적의 달성"의 해석으로 모아질 것으로 예상된다.

러한 해결방안이 옳은지는 신중하게 판단할 문제이다. 현행 제668조와 개정시안 제668조의 차이는 결국 도급인과 수급인 중에서 누가 건물철거의 부담을 인수하는가의 문제로 집중된다.

모든 사정을 종합하면, 현행민법상 원칙적으로 해제가 허용되지 않는 건물도급계약에서 완성건물의 소유권을 수급인에게 유보하기 위한 정당한 근거가 확인되지 아니한다. 이는 곧 도급인의 소유권귀속을 말한다. 그럼에도 대법원판결은 도급계약의 성질을 도외시한 결론으로서 그 논리구조가 몹시 어색하다. 게다가 어떻게 보더라도 민법상 또는 거래현실에서 수급인의 완성건물 원시취득을 뒷받침하는 증거를 찾을 수 없다. 완성물의 소유권귀속에 관한 대법원판결의 판시내용에 채용하는 것은 물권법정주의, 인도와 부합의 법리와 거리가 먼, 따로 노는 도급법리를 인정하는 것과 다름없다. 그리고 일단 완성건물의 소유권을 원시취득한 수급인이 도급인에게 인도함으로써 그 소유권을 이전하고 다시 도급인의 이름으로 소유권보존등기를 마친다는 논리구성은 程度를 넘는 擬制이다.

비용지출의 주체를 완성건물의 소유권귀속을 판단하는 기초로 함은 잘못이며, 동산과 부동산을 망라하여 그 비용부담주체를 나누지 않고 도급인이 완성물의 소유권을 원시취득한다고 구성할 때에 비로소 수미일관된 해석이 가능하게 된다.[99] 이것이 또한 민법의 도급규정의 입법태도와 부합한다. 또한 이는 일반적으로 도급인명의로 소유권보존등기를 마치는 도급계약 당사자의 의사와 거래관행과도 합치한다.[100] 그렇지 않으면 물권법정주의가 깨어지고 상황에 따라 소유권귀속관계가 달리하는 불안정한 상태가 끊임없이 반복될 것이다.

대법원판결은 수급인의 보호를 위하여 완성건물의 소유권귀속에 관하여 法을 創設한 셈이다. 다시 말하면, 이는 도급에 관한 민법의 입법태도를 사려깊게 관조하지 않고 오로지 수급인의 보호를 최우선의 명제로 설정하고 배치하고 이러한 목적의식에서 민법과 논리를 희생한 작품이다. 그렇지만 수급인이 그의 비용으로 완공한 완성건물의 소유권을 원시취득한다는 논리구조는 실효성 없는 과잉보호로서 徒勞이다. 이와 같이 실정법률을 버리고 이를 해석·적용하는 역할을 맡은 법원이 앞뒤를 바꾸어 그의 판단을 법률의 앞에 배치하는 자세는 어느 경우에도 정당하지 않다. 오히려 진솔하게 도급인의 소유권취득을 받아들이고 수급인에게 유치권을 주는 방안이 보다 강력하고 유효한 수급인의 구제수단이 될 것이다. 도급인의 소유권원시취득을 긍정할 때에 수급인의 유치권을 인정하는 제도의 취지가 활성화되기 때문이다.

수급인이 그 자신의 비용으로 완공한 완성건물의 소유권을 원시취득한다는 대법원판결은 언제나 옳을 수 없는 반쪽의 해석에 불과하다. 도급의 목적물이 특정되거나 부대체물일 경우 그 비용지출의 주체를 가리지 않고 언제나 도급인이 완성물의 소유권을 취득하며, 건물은 부대체물의 대표사례이다.

---

99) 같은 취지에서 이미 곽윤직, 채권각론, [153] (311); 김형배, 채권각론, 620 이하 참조.

100) 김증한, 채권각론, [164] (310).

Ⅳ. 도급의 하자담보책임: 민법 제665조 제1항 본문과 제667조 제3항

1. 도급의 하자개념의 문제

도급계약에서 하자담보책임의 무게중심이 “고쳐달라[하자보수]”에 있다는 것은 틀림없으나, 하자의 기본개념은 매매에서와 다르지 않다. 그러므로 완성건물의 하자도 원칙적으로 “보증하였거나 숨은 하자”를 뜻한다. 그러나 제667조와 제671조의 하자는 그 정도에 그치지 않는다.

(1) 깨어진 하자개념의 복원을 위한 해석 — 민법의 하자개념과 연관하여

민법은 하자를 정의하지 아니한다.[101] 瑕疵(Mangel)는 보통 계약으로 성립한 채권을 이행하였으나 그 목적실현을 불가능하게 하거나 방해하는 흠(Fehler)을 말한다.[102] 하자담보책임은 적극적으로 급부행위를 하였으나 완전하게 履行하지 못한 경우의 책임, 즉 不完全履行責任을 본질로 하며, 대법원도 같은 태도이다.[103] 즉, 이행 없는 하자담보책임은 없다.

도급에서의 하자는 매매에서와 달리 완성된 목적물에 계약에 맞는 성질이 결여되어 그 물건의 가치 또는 사용목적에 영향을 미치는 흠,[104] 즉 일의 결과로 발생한 흠으로 정의된다.[105] 대법원은 건축물의 하자를 일반적으로 완성된 건축물에 공사계약에서 정한 내용과 다른 구조적·기능적 결함이 있거나, 거래관념상 통상 갖추어야 할 품질을 제대로 갖추고 있지 아니한 것으로 구체화한다.[106] 그러므로 완성되어 인도된 목적물 또는 완성전의 성취된 부분에 하자가 있는 경우 수급인은 하자담보책임을 진다(제667조 제1항 본문). 독일민법도 물건의 하자와 권리의 하자를 정의하는 제633조를 두고, 이어서 제634조에서 “완성된 목적물에 하자가 있는 때”(Ist das Werk mangelhaft, …) 이를 구제하기 위한 개별수단을 열거한다.

그런데 이미 지적한 바와 같이, 하자담보책임은 이행을 전제로 하여 이행이 이루어진 후에

---

101) 다만 전체 법체계를 아우르는 통일되고 일원화된 하자개념의 도입을 강조한 법무부, 2013년 법무부 민법개정시안, 채권편 (하), 2013, 144 참조.

102) 김형배, 채권각론 <계약법>, 2001, 344. 한편 민법주해/김용담, 전론 [하자담보책임]은 “우리 민법의 규정의 표현은 독일민법과 같이 상세하지 않으나 마찬가지로 해석하여야 할 것이다.”라고 하면서도 담보책임이 이행을 전제로 하는 개념임을 밝히지 않는다. 그리고 주관적 하자와 객관적 하자개념은 이글의 논지와 직접 연결되지 않으므로 깊게 논의하지 아니한다.

103) 대판 1992.4.14, 91다17146, 17153 양도목적물의 숨은 하자로부터 손해가 발생한 경우에 양도인이 양수인에 대하여 부담하는 하자담보책임은 그 본질이 불완전이행책임으로서 본 계약내용의 이행과 직접 관련된 책임… 비교. 대판 2015.6.24., 2013다522. 또한 곽윤직, 채권각론, 2000, [153] (311)은 하자를 “완성된 일이 계약으로 정한 내용대로가 아니고, 불완전한 점”이라고 정의한다.

104) K.Larenz, Lehrbuch des Schuldrechts Ⅱ/Ⅰ (BT), 13.Aufl., 1986, §53 Ⅱ: “Fehler” ist jede Abweichung des Werkes von der nach dem Vertrae gesollten Beschaffenheit, durch die sein Wert oder sein Gebrauchszweck beeinträchtigt wird.

105) 김형배, 채권각론 <계약법>, 2001, 622 이하.

106) 대판 2010.12.9., 2008다16851. 또한 설계도면대로 시공한 경우 하자를 부정한 대판 1996.5.14., 95다24975와 그렇지 않은 경우 이를 하자로 본 대판 1996.9.20., 96다4442 참조.

문제되는 사항이므로, 제667조 제1항 본문에서 "완성전의 성취된 부분의 하자"가 고유한 의미의 하자에 해당하는지를 반드시 검토하여야 한다. 이와 관련하여 완성전의 성취된 부분이 있다고 하더라도 담보책임을 물을 수 없고 그 부분이 독립하여 도급인에게 인도된 때에만 담보책임이 생긴다는 해석[107]은 완성 전에는 하자가 존재할 수 없음을 직시한 주장으로 생각된다. 또한 어디에서도 완성전의 성취된 부분의 하자에 관한 내용을 확인할 수 없다. 이는 하자개념을 통일적으로 엄격하게 유지한 결과라고 할 것이다. 이처럼 일의 완성을 목적으로 하는 도급에서 일을 완성하기 전에는 채무불이행이 문제될 뿐이고 하자담보책임의 요건이 아직 충족되지 않는다. 그리고 혹시 완성전에 성취된 부분에 흠이 있다고 하여도 일 전부가 완성하기 전에는 이를 하자라고 부를 합당한 이유도 없다. 다만 대판 2001.9.18., 2001다9304는 완성 전의 성취된 부분을 "도급계약에 따른 일이 전부 완성되지는 않았지만 하자가 발생한 부분의 작업이 완료된 상태"라고 정의한다. 그렇지만 하자가 발생된 부분의 작업이 완료된 상태가 완성물이 인도되어 이행이 이루어진 상태와 同義語는 되지 아니한다.

그럼에도 민법개정위원회는 "완성전에 성취된 부분의 하자"에 관한 문제의식을 제쳐두고 전체의 맥락이나 내용과 관계없는 축조작업에 몰두하여 보수감액청구권을 도입하는 한편 이를 대상으로 담보책임을 확대하려고 시도한 인상이 뚜렷하다.[108] 이는 완성전에 성취된 부분의 하자를 －채무불이행법이 아니라－ 담보책임법의 영역에서 소화하는 것을 자연스럽게 받아들인 탓으로 추측된다.[109] 그러나 무엇보다 보수감액 없이 손해배상만을 개념으로 채택한 제667조에 보수감액청구권을 도입하는 위원회 개정안은 매매의 담보책임과 균형을 이룬 개정이 되었어야 했으나 실상은 전혀 그렇지 않다.[110] 매매에 관한 정의규정을 유상계약에 준용하는 제567조는 매매의 하자담보책임이 기준이 되는 법률제도임을 말한다. 그렇다면 제667조의 개정에 앞서 제570조 이하, 특히 비슷하게 손해배상만을 담은 제575조 제1항의 개정이 선행되어야 했을 것이다. 어느 경우에도 하자개념과 어울릴 수 없는 "완성전"의 이해가 여전한 숙제로 남는다.

(2) 서투른 도급의 하자개념 — 이행 전의 하자

도급은 당사자 일방이 어느 일을 완성할 것을 약정하고 상대방이 그 일의 결과에 대하여

---

107) 양창수 · 김재형, 계약법, 2010, 282.

108) 법무부, 2013년 법무부 민법개정시안, 채권편 (하), 2013, 143 이하: "… 완성되기 전이라도 공사중인 부분에 대한 하자가 있다면 이에 대한 보수를 청구하는 등의 조치를 취할 수 있어야 할 것으로 보임."과 155 이하, 특히 157 이하, 169 이하.

109) 그러면서도 책무불이행책임과 하자담보책임의 관계설정에 민법개정위원회의 논의가 계속 집중된다는 것이 몹시 흥미롭다(법무부, 2013년 법무부 민법개정시안, 채권편 [하], 143 이하 참조).

110) 박수곤, 임대차 및 도급계약의 개정방향, 민사법학 55 (2011) 297~337, 320 이하는 도급인에게 보수청구를 강요하는 결과를 방지하고 수급인이 간명하게 문제를 해결할 수 있는 감액청구의 길을 열기 위하여 담보책임을 확장함으로써 도급인의 구제수단을 다양하게 하는 방안이라고 정당화한다. 이에 대하여 보수감액청구권이 무용하다는 윤용섭의 정당한 지적은 법무부, 2013년 법무부 민법개정시안, 채권편 (하), 2013, 186 참조.

보수를 지급할 것을 약정함으로써 성립하는 계약이다(제664조). 도급인은 완성한 목적물의 인도와 동시에 수급인에게 보수를 지급하여야 하며(제665조 제1항 본문), 인도와 보수지급은 동시이행의 관계(제536조 제1항)에 있다는 데 견해가 일치한다.[111] 이로써 완성물의 인도는 보수를 지급한 사실에 대한 증명이 되기에 충분하다.

한편 보수의 약정이 없을 때에는 관습에 따라 지급하여야 한다(제665조 2항과 제656조). 그런데 제665조 제1항과 제656조를 준용하는 제2항의 관계가 그 자체로서 왠지 이상하다. 왜냐하면 제656조 제1항이 同時支給을 원칙으로 함에도 제2항이 준용하는 제656조는 관습에 의한 보수지급을 규정하기 때문이다. 이 때문에 보수에 관하여 인도와 보수지급의 동시이행관계는 뒷전으로 밀려나고 관습의 적용을 전제하는 제656조가 실제로는 제665조 제1항에 우선하는 기본규정으로 등장한다. 이는 공사대금의 지급의무가 공사의 완공의무와 반드시 동시이행관계를 이루지 않는 건축도급에서 특히 그러하다.[112] 그런데 지금은 「근로기준법」 제17조와 제43조가 매월 1회 이상 일정한 날짜를 정하여 임금을 지급할 것을 규정하므로 이 범위에서 제665조 마저 이미 사문화된 법률규정임을 주의하여야 한다.

아무튼 민법개정위원회는 2014년 민법개정안에서 현행 제665조에서 제656조를 준용하는 제2항을 폐지하고 제656조의 규정사항을 직접 제665조 안에 수용하여 제1항으로 하는 개정안을 채택하였다. 민법개정위원회는 이를 제665조의 규정이 "체계상 원칙과 예외가 전도된 것으로 평가되어 조문의 배열을 바꾼 것"이라고 근거짓는다.[113] 그러나 그 내용에는 의문이 없지만 민법은 이러한 입법방식과 친하지 않을 뿐 아니라 이미 제106조로 충분하다. 제656조의 일반규정을 형성하는 제106조는 임의법규와 다른 관습에 있으면 의사표시가 명확하지 않을 경우 그 관습[사실인 관습]을 적용한다. 여기에서 관습은 意思를 보충하는 기능을 수행한다.

그런데 제665조만이 아니라 예컨대 제139조, 제394조와 차임이나 지료지급시기 등을 비롯한 보충적 성질의 임의규정을 일거에 바꾸거나 신설하였다면 민법개정이 보다 많은 지지를 얻을 수도 있었을 것이다. 그렇지만 관습에 자리를 양보하는 개정방향이 반드시 바람직하다거나 현행 민법의 입법태도와 맞다고 보기 어렵다. 왜냐하면 현행민법, 특히 채권편은 의사표시 또는 계약을 보충하여 私的自治에 자리를 양보하는 임의규정으로 가득하며, 이들은 당연히 例外를 내용으로 하는 법률규정이기 때문이다: "사적자치가 원칙이다."[114] 이는 결국 기대효과의 측면에서 제

111) 양창수 · 김재형, 계약법, 2010, 273. 비교. 동시이행관계를 인정하면서도 완성물의 인도를 좁게 새기는 곽윤직, 채권각론, 2000, [153] (307); 김형배, 채권각론 <계약법>, 2001, 639, 667 참조.

112) 대판 2005.11.25., 2003다60136.

113) 법무부, 2013년 법무부 민법개정시안, 채권편 (하), 2013, 139, 154 이하. 그런데 특이하게 고용계약은 처음부터 민법개정대상에서 배제된 부분이다. 추측건대 이는 특별법인 노동관계법이 고용관계의 원칙규정을 이루는 민법의 고용규정을 잠식 · 구축한 결과로 여겨진다.

114) 이밖에 관습이 언급된 현행민법의 규정은 제106조, 제185조, 상린관계(제224조, 제229조, 제234조, 제237조, 제242조), 제302조, 제532조와 제568조이며, 이 중 채권법규정은 제532조와 제568조이다.

665조 개정안의 이익이 별로 없다는 부정적 평가[115]를 면할 수 없게 한다. 이밖에도 「하도급거래 공정화에 관한 법률」 제13조 제1항은 목적물 등의 수령일로부터 60일을 보수지급시기로 하므로 제665조의 개정이익이 제한된다. 개인의 의견으로는 구태여 관습에 관한 부분에 집착하지 말고 이를 아예 삭제하거나 관습을 대체하여 「다른 법률의 규정이나 의사표시가 없으면」 등 기존의 표현양식을 존중하여 일반화·통일화·간단화하는 개정방향이 차라리 나을 것이다.[116]

아무튼 거래실정을 반영한 탓인지 알 수 없으나, 제667조 제3항은 수급인의 하자담보책임에 관하여 동시이행의 항변에 관한 민법규정을 준용한다: 「전항[제2항]의 경우에는 제536조의 규정을 준용한다.」 제667조 제2항에 의하면 도급인은 하자의 보수에 갈음하는 손해배상 또는 보수와 함께 손해배상을 청구할 수 있고, 이에 대하여 의문을 제기하는 견해는 없다. 그러나 현행민법 안에서도 제3항의 문언이 몹시 거슬린다. 왜냐하면 이는 보수 또는 보수와 손해배상의 짝이 되어 동시이행관계를 이루게 되는 "給付"를 불확정상태로 열어둔 매우 不親切한 立法이기 때문이다. 그렇지만 민법개정위원회가 이 문제를 논의한 흔적은 어디에도 없다.

동시이행관계에 있는 급부가 무엇인가? 제667조의 문리해석만으로는 동시이행할 급부를 확정할 수 없고, 오로지 도급계약의 정의와 제665조를 체계적으로 엮을 때에 報酬支給義務가 유일한 후보로 부상한다. 관련문헌과 판례도 특별한 사정이 없으면 도급인이 하자의 보수에 갈음하여 또는 보수와 함께 손해배상을 청구할 수 있는 권리는 수급인의 공사대금채권[보수지급청구권]과 동시이행관계에 있으므로 "하자가 있어 도급인이 하자보수나 손해배상청구권을 보유하고 이를 행사하는 한에 있어서는 도급인의 공사비지급채무는 이행지체에 빠지지 아니"한다고 아무런 부연설명 없이 한 목소리로 말한다.[117] 이때 동시이행관계에 있는 보수는 손해에 상당하는 금액을 한도로 하게 된다.[118]

그런데 제665조는 보수지급을 이행을 위한 요건으로 한다. 반면에 하자담보책임은 그 본질에서 이행이 이루어진 후에 비로소 발생하는 不完全履行責任이다:[119] 이행 없이 하자담보책임 없다. 다시 말하여 하자발견은 인도 후에 비로소 가능하다. 이들을 있는 그대로 함께 묶으면, 이

---

115) 박수곤, 민사법학 55 (2011) 319.

116) 또한 매매계약의 채무이행에 관한 제568조와 여행계약의 대금지급시기를 규정하는 제674조의5에 대하여도 같은 지적이 가능하다. 심지어 구태여 관습을 반복하여 언급하는 것은 지나치게 위축된 자세이다. 그리고 도급에서 보수지급 또는 여행에서 대금지급의 관습을 확정하는 작업도 계약당사자와 법원에 지나친 짐이 될 것이다

117) 대판 1989.12.12., 88다카18788. 또한 대판 1987.9.22., 85다카2263; 대판 2005.11.10., 2004다37676(도로건설공사로 인한 하자확대손해와 보수지급의 동시이행관계를 판시한 판결례); 대판 2001.6.15., 2001다21632, 21649; 대판 2007.10.11., 2007다31914 등 참조.

118) 대판 1996.6.11., 95다12798.

119) 대판 1992.4.14, 91다17146, 17153 양도목적물의 숨은 하자로부터 손해가 발생한 경우에 양도인이 양수인에 대하여 부담하는 하자담보책임은 그 본질이 불완전이행책임으로서 본 계약내용의 이행과 직접 관련된 책임… 비교. 대판 2015.6.24., 2013다522.

행 또는 수령을 위하여 報酬 전부를 지급한 도급인은 더 이상 보수를 지급할 의무가 없고 따라서 補修의 대가로 수급인에게 지급할 報酬도 없다. 이는 제667조 제2항의 의미에서 동시이행의 대상이 되는 의무가 더 이상 존재하지 않음을 말한다. 이제 제667조 제3항의 이해에 접근하는 유일한 남은 방안은 완성물을 인도하면서 하자보수기간이 경과할 때까지 보수의 지급을 유예하거나 순차적으로 지급하기로 약정하고 보수 전부를 지급하지 않은 건물신축이나 건설도급에 관한 실제의 거래관행을 반영한 상황을 상상하는 것이다. 그렇지만 이렇게 새기기 위해서는 제667조 제3항을 보수와 인도의 동시이행관계를 선언한 제665조 제1항 본문의 원칙을 벗어나 처음부터 관습의 존재를 예정한 법률규정으로 받아들여야만 한다. 그러나 이는 도급의 지붕 아래 서로 다른 두 살림을 차리는 몹시 어색한 해석이다.

한편 독일민법은 먼저 제641조 제1항 제1문에서 「報酬는 완성물의 인도와 함께 지급한다.」고 규정한 다음 제3항에서 「도급인이 하자의 제거[補修]를 청구할 수 있을 때에는 그는 지급기의 도래 이후에도 그에 상당하는 報酬부분의 지급을 거절할 수 있다; 통상 하자의 제거를 위하여 필요한 비용의 배액이 적절하다.」고 한다.[120] 독일민법 제641조 제1항은 임의규정이다. 외관에서 접근하면 독일민법도 현행민법 제655조와 제657조의 구조와 아주 비슷하게 보인다. 그럼에도 의심스러울 경우 수급인은 先給付義務를 부담하며 보수청구권은 완성물의 수령 또는 수령과 같은 효력을 가지는 일의 완성으로 발생한다는 해석이 독일의 실무와 학계를 지배한다.[121] 이때 수령지체는 수령의 법률효과를 갖지 아니한다.[122] 또한 독일민법은 현행민법과 달리 분할지급(Abschlagszahlungen)을 자세히 규정하는 제632a조를 신설하여 보수지급과 완성물의 인도 사이의 견련관계를 완화함으로써 어렵지 않게 하자담보책임으로 넘어갈 수 있는 문을 열어두고 있다.

지금까지의 논의를 모으면, 완성물의 인도와 보수지급은 동시이행관계에 있으므로 보수지급 없이 완성물을 수령할 수 없고, 도급인은 보수 전부를 지급하여 완성물을 수령한 때에 드디어 하자담보책임을 물을 수 있으나 이때에는 하자를 원인으로 하는 보수청구권과 보수지급청구권이 동시이행관계에 있다는 이상한 결론에 이르게 된다. 그러나 제667조 제2항과 제3항에서 동시이행의 항변이 적용되어야 하는 반대급부를 도무지 발견할 수 없다. 왜냐하면 보수지급이 없으면 인도를 선행요건으로 하는 보수청구권이 성립할 수 없고 인도를 받은 사실은 보수를 전부지급하였음을 의미하므로 보수청구권과 동시이행관계에 설 수 있는 보수지급청구권이 있을 수 없기 때문이다. 그러므로 문헌과 판례는 법문과 동떨어진 이론을 펼친 잘못이 있다. 이로 인

120) 독일민법 제641조 제2항과 제3항은 구 동독민법(ZGB)과 기업[수급인]채권의 보전과 청구권행사의 촉진을 위한 법률(FoSiG vom 23.10.2008)로 개정된 법률규정이며, 민법시행법 229 제18조[실제로는 제19조]가 그 시행을 위한 경과규정이다. 그 입법연혁은 Jauernig/Mansel, Vor § 631 Rn.1, § 641 Rn.1 참조.

121) Jauernig/Mansel, § 641 Rn.2.

122) BGH 149, 289.

하여 제667조 제3항의 의미·내용에 대한 의문이 재점화된다.

그런데 어떻게 하더라도 제667조 제3항의 문제를 해결할 도리가 없다. 왜냐하면 이행 후에 비로소 법률관계의 전면에 등장하는 보수청구권과 그에 대응하는 보수지급의무는 어느 경우에도 병존할 수 없기 때문이다. 이는 일부 견해와 같이 목적물의 인도를 점유이전에 그치지 않고 도급인의 점검에 의하여 계약내용에 따른 일의 완성을 인정하는 檢收를 수반하는 것으로 새길 때[123]에도 마찬가지이다. 왜냐하면 도급인의 검수권[의무]을 긍정할 때에는 하자담보책임은 처음부터 문제될 수 없고 단지 순수한 채무불이행책임이 쟁점화되어야 하므로[124] 제667조가 간섭할 여지가 없기 때문이다. 그런데 대판 2006.10.13., 2004다21862는 "목적물의 인도는 완성된 목적물에 대한 단순한 점유의 이전만을 의미하는 것이 아니라 도급인이 목적물을 검사한 후 그 목적물이 계약내용대로 완성되었음을 명시적 또는 묵시적으로 시인하는 것까지 포함하는 의미"라고 한다.[125] 그러나 이는 제작물공급계약에 관한 판결이므로 여기에서의 검수를 도급 전체로 일반화하여 적용할 것은 아니다. 그리고 대판 2003다60135에 관하여 분할급특약이 있을 때에는 변제기에 이른 보수와 그 이후의 일의 수행이 동시이행관계에 있다는 설명[126]이 있으나 이는 잘못이다. 왜냐하면 보수지급의무와 이후의 일의 수행, 말을 바꾸어 공사대금의 지급의무와 공사완성의무는 서로 견련관계에 있지 않기 때문이다.[127] 다만 이때에도 제536조 제2항의 不安의 抗辯의 유추적용이 가능할 것이며, 대법원판결[128]도 같은 취지이다.

결론적으로 제667조 제3항은 문언이 불명확하여 해석없이 쉽게 이해하기 어렵다. 만일 보수를 전부 지급하지 않고 완성물이 인도된 전제 아래 보수지급의무과 보수의무의 동시이행관계

---

123) 예컨대 곽윤직, 채권각론, [153] (307); 김형배, 채권각론 <계약법>, 2001, 623 이하(검수 당시에 발견한 하자를 수급인에게 고지함으로써 이의를 유보하지 않은 도급인은 수급인에게 그 하자에 관하여 더 이상 담보책임을 물을 수 없다), 639 이하 등. 그런데 민법은 검수를 명문화하지 않으므로 검수를 정당화하는 근거가 의문이다. 그리고 곽윤직, 채권각론, [153] (307)은 인도를 계약내용에 따른 이행을 명시적, 묵시적으로 인정하여 완성된 물건의 직접점유를 받는 것을 의미한다고 해석하나 도급인이 반드시 직접점유를 취득할 필요는 없다.

124) 검수의무는 부동산공사도급에서는 특별한 의미를 가지기 어렵다. 왜냐하면 민법과 그 특별법을 구성하는 「건축법」은 담보책임기간을 장기로 하고 검수에서 빠뜨린 하자도 역시 그 대상으로 하기 때문이다. 거래현실에서 부동산공사, 특히 건물신축의 경우 하자담보책임에 갈음하여 瑕疵保證이라는 용어가 관행화된 사실도 이를 반영한 결과라고 할 것이다.

125) 비교. 대판 2010.11.25., 2010다56685.

126) 박수곤, 민사법학 55 (2011) 317 주34.

127) 대판 2005.11.25., 2003다60136.

128) 대판 2005.11.25., 2003다60136. 비교. 또한 일정기간마다 이미 이루어진 공사부분에 대하여 기성공사금 등의 이름으로 그 대가를 지급하기로 약정하였으나 이를 지급하지 않은 경우 공사계속의무의 거절권을 인정한 대판 2012.3.29., 2011다93025(민법 제536조 제2항의 이른바 불안의 항변권을 발생시키는 사유에 관하여 신용불안이나 재산상태 악화와 같이 채권자측에 발생한 객관적·일반적 사정만이 이에 해당한다고 제한적으로 해석할 이유는 없다)과 계속적 동산임가공거래에 불안의 항변을 적용한 대판 1995.2.28., 93다53887 참조.

를 인정할 경우에는 다시 제665조 제1항 본문과 조화가 깨어지므로 삭제하여야 한다. 어떤 경우에도 적어도 동시이행의 적용대상이 보수지급의무라는 사실만이라도 명확히 하여야 한다. 그리고 제665조 제1항 본문과 제667조 제3항 사이에 제거될 수 없는 충돌상황은 하자개념에 대한 부정확한 이해에 그 뿌리를 두고 있다. 잘못된 하자개념과 외국입법례에 대한 부족한 이해는 최근 신설된, 도급과 유사한 성질의 여행계약에서 반복된다.

2. 되풀이되는 잘못된 여행계약의 하자개념 — 아직 존재하지 않는 하자(?)

2016년 12월 20일 민법 일부개정으로 신설된 여행계약은 여행주최자가 운송, 숙박, 관광 또는 그 밖의 여행 관련 용역을 결합하여 제공할 것을 약정하고 상대방이 이에 대하여 대금을 지급할 것을 약정함으로써 성립하는 여행급부 전체(Gesamtheit von Reiseleistungen)를 아우르는 계약이다(제674조의2).[129] 여행업자는 계약에 따라 흠이 없는 상태로 여행을 조직할 의무를 진다.[130] 그렇지 않을 경우에 대비하여 개정민법의 입법자는 제674조의6 제1항 본문에서 「여행에 하자가 있는 경우 여행자는 하자의 시정 또는 대금의 감액을 청구할 수 있다.」고 규정하고 이어서 제674조의7에서 여행자의 해지권을 둔다. 신설된 제674조의6은 "상당한 기간을 정하여 시정 청구를 하여야 한다"는 내용을 별도의 항으로 둔 점을 제외하고 도급계약에 관한 제667조와 규정형식과 내용을 같이한다. 이는 여행계약이 그 본질상 도급계약의 특별유형이라는 사실을 반영한 결과라고 할 것이다.[131] 같은 선상에서 개정위원회도 매매와 도급의 개정내용을 고려하여 여행주최자의 담보책임의 내용을 규정함을 명확히 한다.[132]

> 제674조의7(여행주최자의 담보책임과 여행자의 해지권) (1) 여행자는 여행에 중대한 하자가 있는 경우에 그 시정이 이루어지지 아니하거나 계약의 내용에 따른 이행을 기대할 수 없는 경우에는 계약을 해지할 수 있다.

개정민법은 계약유지사상을 받아들여 "是正請求權"을 여행계약의 하자담보책임에 관한 기

129) Jauernig/Teichmann, §651a Rn.5.

130) 비교. 독일민법 제651c조 (1) 여행주최자는 여행이 보증한 내용을 가지고 통상적이고 계약으로 약정한 목적을 없애거나 감소하게 하는 결함(Fehler)이 없는 상태로 여행을 조직할 의무를 진다.
(2) 여행이 이러한 제공이 없는 경우 여행자는 그 시정을 청구할 수 있다. 여행주최자는 그 시정에 지나치게 과다한 비용을 요할 때에는 이를 거부할 수 있다.
(3) 여행주최자가 여행자에게 상당한 기간 내에 시정하지 않을 때에는 여행자는 스스로 시정하고 지출한 비용의 상환을 청구할 수 있다. 시정이 여행주최자에 의하여 거부되거나 여행자의 특별한 이익을 위하여 즉시시정이 필요하다는 사정은 상당한 기간의 확정에 요구되지 아니한다.

131) 법무부, 2013년 법무부 민법개정시안 (채권편 하), 2013, 210: "도급계약과 비슷하지만 도급계약 자체는 아닌 독립된 계약."

132) 법무부, 2013년 법무부 민법개정시안 (채권편 하), 2013, 222, 특히 252 이하에 수록된 '시정에 관한 논의 참조.'

본구제수단으로 하고 이어서 대금감액청구권, 손해배상청구권과 해지권을 법정한다. 是正은 본래 "잘못된 것을 바로잡음"을 뜻한다.[133] 그러나 제647조의7에서 시정(Abhilfe)[134]의 의미 · 내용이 아주 모호하고 막연하다.

여행계약은 時間과 場所의 연결 또는 계속을 본질로 하는 1회성계약이며, 이것이 常識이다: "지나간 것은 되돌릴 수 없다." 또한 이미 발생한 결함의 치유는 역시 가능하지 않다. 그리고 '하는 債務'의 성질을 가진 여행계약은 가능한 것을 대상으로 하는 시정과 친하지 않다. 교과서[135]는 약정보다 낮은 등급의 숙박업소, 지저분한 침실, 숙박업소 주변의 소음, 건강을 해치는 식사제공, 관광일정의 일부생략을 시정대상으로 소개하나, 이들은 -비록 불완전하지만- 이미 이행이 이루어진 상태를 전제하는 진정한 의미의 하자가 아니라 제460조의 의미에서 채무의 내용에 좇은 급부의 제공이 없는 채무불이행에 해당한다.[136] 그리고 만일 여행자가 모르고 이를 받아들였을 때에는 이는 분명 하자가 될 수 있으나, 불행이도 그 시정이 더 이상 가능하지 않다. 다만 일정기간 계속되는 계약이라는 여행계약의 성질에서 지금까지 급여된 부분은 어쩔 수 없지만 이제부터는 제대로 급부하라는 청구의 의미로 시정청구를 이해할 수는 있을 것이다. 이렇게 구성할 때에는 전체로서 여행계약의 전체구도 안에서 시정청구권을 담보책임의 내용에 편입할 수 있을 것이나 이는 억지에 가깝다.

이처럼 여행은 시간을 거스를 수 없어 여행주최자가 채무를 제대로 이행하지 않은 때에도 추완은 애초부터 기대대상이 되지 않는다. 정리하면 시정은 이미 발생한 하자를 치유하는 행위가 아니라 '잘못 제공한 급부를 보정하여 제대로 이행하는 행위'를 말하는 개념이다. 그리고 시정청구권은 이행청구권을 그 본질로 하는 추완청구권과 같은 차원의 구제수단이므로 결코 불완전이행을 요건으로 하는 담보책임의 이름 아래 두어서는 아니될 것이다.[137]

다음으로 「이행을 기대할 수 없는 경우」에는, 아직 이행이 없어 결코 전통적인 의미에서 담보책임이 성립할 수 없다. 이는 제536조 제2항의 「상대방의 이행이 곤란한 현저한 사유가 있는 때」를 연상하게 하는 법문으로서 일종의 장래의 이행에 대한 '不安의 解止'를 내용으로 한다.

133) 국립국어원, 표준국어대사전, "시정" 참조.

134) 이밖에 개정위원회는 '추완', '보완', '구제'를 법률개념으로 논의하였으나 채무불이행에서 추완권과 표현이 달라야 할 것이고 다른 대체적인 표현이 없다는 이유로 -아마도 양창수 역, 독일민법전을 본받아- '시정'을 채택하였으며(법무부, 2013년 법무부 민법개정시안 [채권편 하], 2013, 251 이하, 특히 259), 실무위원회도 '시정'개념을 이론없이 그대로 수용하였다(앞의 책, 275 이하).

135) 송덕수, 채권각론, 2016, 347 이하.

136) 기획여행업자의 신의칙상의 주의의무 또는 안전배려의무를 판시한 대판 1998.11.24., 98다25061; 대판 2011.5.26., 2011다1330 참조.

137) 민법개정시안 제388조의2(추완청구권)와 이에 관한 자세한 서술로 이진기, 민법개정안 채무불이행법에 대한 검토, 민사법학 68 (2014) 169~223, 특히 204~215와 이에 인용된 문헌 참조. 그러나 법무부, 2013년 법무부 민법개정시안 (채권편 하), 2013, 253(백태승 발언)과 301 이하(윤진수 발언)는 "시정청구권은 불완전이행에 비견되는 추완청구권에 비견되는 조항임"이라고 하면서도 추완청구권을 채무불이행책임이 아니라 마치 담보책임의 일완으로 이해하는 듯 설명한다.

그러므로 제674조의7 제1항이 아니라 제674조의4 제1항[138]이 불안의 해지가 배속되어야 할 정확한 주소이다.

마지막으로 부득이한 사유로 인한 계약해지를 조문제목으로 하는 제674조의4는 事情變更原則을 반영한 입법이다.[139] 그런데 사정변경의 원칙은 고의·과실로부터 자유롭다. 그렇지만 제674조의4 제1항 단서는 부득이한 사유가 당사자 일방의 잘못으로 생긴 때에는 그는 상대방에게 손해를 배상하여야 한다고 하므로, 이는 제대로 된 사정변경조항이 아니라고 할 것이다. 나아가 불가항력의 다른 표현인 '부득이한 사정'과 '과실'은 서로 충돌하는 개념이기도 하다. 이는 결국 사정변경원칙의 개념과 요건의 변형 또는 왜곡이 될 수 있다. 물론 민법개정위원회는 "부득이한 사유가 당사자의 귀속사유에 의한 것이라도 상관없다"고 변명하나,[140] 그런 취지였다면 차라리 "계약의 유지[준수]를 기대할 수 없는 경우"라고 규정하는 것이 보다 나았을 것이다. 어느 경우에도 막론하고 제674조의7 제1항 후단의 「계약의 내용에 따른 이행을 기대할 수 없는 경우」는 제674조의4 제1항의 해지와 차별화되지 아니한다. 여기에서 이행을 기대할 수 없다는 것은 여행주최자의 고의·과실과 무관하여야 함을 의미한다.

이처럼 하자가 아닌 것을 하자의 이름으로 포장하고 순수한 채무불이행책임을 하자담보책임으로 편성한 어처구니없는 입법이 이루어진 경위가 궁금하다. 신설된 여행계약이 독일민법의 여행계약(제651a조－제651m조)[141]을 본받은 제도임은 익히 알려진 사실이다. 그러나 현행민법의 여행계약은 독일민법의 여행계약과는 완전히 딴판이다. 독일민법 제651c조는 수급인의 권리와 물건의 하자담보책임을 규정한 제633조를 여행계약의 특성과 수요에 맞추어 옮긴 법률규정이라고 한다.[142] 독일민법 제651c조 제1항은 「여행주최자는 여행이 보증한 내용을 가지고 통상적이고 계약으로 약정한 목적을 없애거나 감소하게 하는 缺陷이 없는 상태로 여행을 조직할 의무를 진다.」고 규정함으로써 결함(Fehler) 또는 흠을 기본개념으로 사용한다. 이어서 제651c조 제2항

138) 「부득이한 사유가 있는 경우에는 각 당사자는 계약을 해지할 수 있다. 다만, 그 사유가 당사자 한쪽의 과실로 인하여 생긴 경우에는 상대방에게 손해를 배상하여야 한다.」

139) 법무부, 2013년 법무부 민법개정시안 (채권편 하), 2013, 216 이하.

140) 법무부, 2013년 법무부 민법개정시안 (채권편 하), 2013, 217.

141) 독일민법 제651d조 (1) 제651c조 (1)의 의미에서 여행이 <u>하자가 있을 경우(mangelhaft)</u> 그 하자가 존속하는 동안 여행대금은 제638조 (3)에 따라 감액된다. 제638조 (4)가 준용된다.

제651e조 (1) 여행이 제651c조에 열거된 종류의 <u>하자(Mangel)</u>로 현저히 침해된 경우 여행자는 계약을 해지할 수 있다. 그러한 하자를 원인으로 하여 중대하고 여행주최자가 인식할 수 있는 사유로 여행자에게 여행을 기대할 수 없는 경우에도 그러하다.

제651f조 (1) 여행자는 대금감액 또는 해지에 영향을 받지 않고 채무불이행을 원인으로 손해배상을 청구할 수 있다. 그러나 여행의 결함이 여행주최자에게 책임없는 사정으로 발생한 때에는 그러하지 아니하다.

제651j조 (1) 여행이 계약을 체결할 때에 예상할 수 없었던 불가항력으로 현저히 곤란하게 되거나 위험하게 되거나 침해받게 될 경우 여행주최자와 여행자는 이 조항에 따라 단독으로 해지할 수 있다.

제651k조 (1) 여행주최자는 여행자에게 배상되는 [손해에 대한] 담보를 제공하여야 한다.

142) Hk－BGB/Ebert, §651c Rn.1.

은 시정청구권(Anspruch auf Abhilfe)을, 그리고 제651c조 제3항은 자기시정권(Selbstabhilfe)과 비용상환청구권을 둔다. 다음으로 제651d조 제1항과 제651e조 제1항은 보증한 내용이 없거나 결함이 있을 경우 이를 瑕疵(Mangel)로 정의하고 대금감액 또는 여행계약의 해지를 하자의 법률효과로 한다. 그러므로 여행계약의 하자담보책임은 <결함－하자－대금감액 또는 해지>의 순서로 이루어진다. 이와 함께 하자담보책임으로 대금감액과 해지를 규정한 제651d조에서 제651f조에 의하여 지원되는 제651c조의 시정청구권은 매매의 하자담보책임에 관한 제635조 제1항의 추완청구권(Nacherfüllungsanspruch)에 대응하는 개념으로 해석된다.[143] 이와 같이 적어도 독일민법에서 "하자"개념의 일관성과 통일성이 관철된다. 그러나 제651c조의 시정청구권은 이미 발생한 결함은 결코 치유의 대상으로 하지 않지만 여행의 속성을 고려하여 여행계약을 유지하려는 사람이 여행업자에게 결함과 같은 유형의 불이행을 방지하고 '앞으로 급부를 잘 이행하라'는 내용의 청구이다. 그러므로 시정청구권은 하자담보책임으로 들어가는 다리와 같은 역할을 맡지만, 하자담보책임 그 자체는 아니라고 할 것이다. 그러나 신설된 여행계약에서는 이와 같은 논리구조에 대한 고민이 드러나지 않는다.

Ⅴ. 결론에 갈음하여

법률을 소재로 하는 법학은 개념학이며 동시에 논리와 체계를 생명으로 하는 학문분야이다. 체계와 내용의 모순없이 완결된 법률[규정]의 마련이 근대민법전의 제정 이래 입법을 꿰뚫는 기본정신이며, 이는 완결된 개념에서 출발하며, 이를 바탕으로 보다 나은 논리체계를 구축하여 국민의 권리보호에 기여한다. 이를 위하여는 법률가의 합의로 만들어진 단순하고 명확한 개념에서 출발하여 논리적이고 일관된 체계를 정비하여야 할 것이다.

그러나 도급계약의 검토는 내용에서 서로 충돌하는 않는 법률규정 또는 서로 다른 기초 위의 법률규정, 민법의 전체체계를 고려하지 않은 대법원판결, 그리고 합의되지 않은 기본개념의 적용과 이로 말미암은 민법체계의 혼란과 이해의 곤란을 확인한다. 이는 특히 그때그때의 문제해결을 강조함으로써 전체의 조화를 그르친 경우가 적지 않음을 보여준다. 기본개념의 정확한 이해가 흠결된 민법체계의 구성과 적용은 가능하지 않다. 도급계약과 여행계약의 하자개념에서와 같이 잘못된 개념의 채용으로 빚어진 한번 흐트러진 법률체계의 복원은 멀고 힘든 작업이 될 것이다. 하자개념의 측면에서 보면, 여행계약의 신설은 이미 실패한 입법과 다름 아니며, 그 주된 원인은 기본개념에 대한 이해부족에서 파생한다. 그리고 도급계약에서 완성건물의 소유권 귀속관계에 관한 대법원판결은 민법 전체의 체계와 조화되지 않는 자기만의 이론영역을 이룬다. 일관된 해석과 적용을 위하여 비용을 지출한 주체와 관계없이 완성물은 도급인의 소유라고

143) Palandt/Sprau, § 651c Rn.4.

하여야 한다.

현재는 미래의 출발점이며 기초이다. 잘못된 현재는 미래로 향하는 올바른 방향을 제시하지 않는다. 이는 법률과 법학의 세계에서도 다르지 않다. 그리고 *法律의 善解*는 될 수 있으면 하지 않아야 하는 최후의 보루이다. 너그러운 이해는 자칫 법을 떠난 자의해석으로 이어질 위험과 뗄 수 없는 관계에 있기 때문이다. 좋은 법률이 요구되는 이유가 바로 여기에 있다.

이 글은 언제나 따사하게 후학들에게 격려의 말씀을 주시는 하경효 선생님의 아름다운 정년을 축하하기 위한 연구이다. 비록 근로계약과 직접 관계는 없으나 민법에서 고용계약을 제외하면 근로계약과 가장 가까운 도급계약을 주제로 하는 연구가 평생을 민법과 노동법의 강의와 연구에 헌신하신 하경효 선생님께 드리는 작은 존경과 감사의 표현이 될 수 있기를 바란다.

도의관념에 적합한 비채변제
― 대상판결 : 대법원 2008. 10. 9. 선고 2007다67654 판결
대법원 2014. 8. 20. 선고 2012다54478 판결
대법원 2016. 1. 14. 선고 2015다218068 판결
대법원 2016. 1. 14. 선고 2015다219733 판결 ―

김 제 완*

Ⅰ. 서 론
Ⅱ. 도의관념에 적합한 비채변제의 기본법리
Ⅲ. 평 석
Ⅳ. 결 론

Ⅰ. 서 론

우리 민법상 비채변제, 특히 '도의관념에 적합한 비채변제' 분야는 학설이나 판례에 있어서 그다지 많은 관심을 끌어 온 분야라고 하기는 어렵다. 그런데 최근 몇 년간 이 문제와 관련하여 관심을 기울일 가치가 있는 판결들이 몇 개 선고되었다.

첫 번째 판례는 농협중앙회와 단위농협간 보증책임을 둘러싼 분쟁에서 도의관념에 적합한 비채변제가 주장되었으나 대법원에서 이를 부정한 사례이고(이하 '<판례1>'이라 한다),[1] 두 번째 판례는 공중보건의(公衆保健醫)가 자신이 일으킨 의료사고에 관하여 배상책임을 이행한 후 국가에 대하여 역구상(逆求償)을 하는 과정에서 비채변제가 문제되었는데, 대법원에서 도의관념에 적합한 비채변제라고 인정한 사례이다(이하 '<판례2>'라 한다).[2] 나머지 두 판례는 같은 날 선고된 같은 성격의 판례인데, 장애인복지법과 관련하여 국가가 착오에 의하여 잘못 지급한 급여의 반환을 구하는 사안으로서 대법원에서는 부당이득반환을 인정하지 않은 사례이다. 이 판결의 소

* 고려대학교 법학전문대학원 교수
1) 대법원 2008. 10. 9. 선고 2007다67654 판결.
2) 대법원 2014. 8. 20. 선고 2012다54478 판결.

송과정에서는 쟁점이 되지는 아니하였으나 도의관념에 적합한 비채변제인지 여부에 관하여 생각해 볼 만한 가치가 있다고 생각되는 사례이다(이하 ‘<판례3>’, ‘<판례4>’라 한다).[3]

이 글에서는 이들 판례에 대하여 비판적인 시각에서 평석하는 것을 목표로 한다. 평석을 위하여, 우선 우리 민법상 도의관념에 적합한 비채변제의 기본법리와 거기에 영향을 준 독일과 프랑스 민법의 규정 등을 비교하여 살펴보고(Ⅱ. 1.), 이어서 우리 민법상의 비채변제 제도에 직접 영향을 주지 않았지만, 여러 가지로 시사점을 줄 수 있는 영미법상의 법리를 살펴보기로 한다. 여기에서는 영미법상의 비채변제 제도라고 할 수 있는 이른바 착오에 의한 변제(payment by mistake) 법리를 살펴본다(Ⅱ. 2.). 다음으로 이와 같은 법리에 관한 이론에 기초하여 대상판결들에 관하여 하나씩 비판적으로 평석한 후(Ⅲ), 간략히 결론을 정리하고자 한다.

Ⅱ. 도의관념에 적합한 비채변제의 기본법리

1. 우리 민법상 비채변제의 구조

우리 민법상 비채변제는 부당이득반환 법제의 일부로 구성되어 있는데, 넓은 의미의 비채변제와 좁은 의미의 비채변제로 나누어 설명하는 것이 일반적이다. 즉, 넓은 의미의 비채변제는, ‘채무 없이 변제’한 것을 의미하는데, 이는 민법 제741조의 부당이득에 해당하므로 반환되어야 한다는 법리이다. 반면, 좁은 의미의 비채변제는 ‘채무 없음을 알면서 변제’한 것을 지칭하는데, 이는 ‘악의의 비채변제’라고도 하며, 민법 제742조에 따라 반환청구할 수 없다는 법리이다.

한편, 좁은 의미의 비채변제에 관하여는 몇 가지 주요 유형의 특칙을 두고 있는데, 그 중 하나가 도의관념에 적합한 비채변제(제744조)이다. 즉, 채무 없는 자가 착오로 인하여 변제한 경우에, 그 변제가 도의관념에 적합한 때에는 그 반환을 청구하지 못한다는 법리이다. 이 특칙은 독일 민법과 스위스 채무법 등의 영향을 받은 것으로 알려져 있다.[4]

독일 민법에서는 “채무이행의 목적으로 급부된 것은, 급부자가 급부할 의무가 없음을 알고 있었던 때 또는 급부가 도의적 의무 또는 예의상의 고려에 좇아 행하여진 때에는, 그 반환을 청구할 수 없다”고 규정하고 있다(BGB §814).[5] 우리 민법과 독일 민법의 규정을 비교하자면, 우선 우리 민법의 경우에는 ‘착오로 인하여’ 변제한 경우에 한하여 도의관념에 적합한 비채변제 특칙이 적용될 수 있는 데 비해, 독일의 경우에는 착오로 인한 변제에 한정하지 않는다는 점이 다르다. 다음으로, 우리 민법의 경우에는 ‘고의관념에 적합’이라는 한 가지 기준을 사용하는 반면, 독일의 경우에는 ‘도의적 의무 또는 예의상의 고려’라는 두 가지 기준을 모두 사용하고 있다는 점도 다르다.

---

3) 대법원 2016. 1. 14. 선고 2015다218068 판결; 대법원 2016. 1. 14. 선고 2015다219733 판결.

4) 명순구, 실록 대한민국 민법, 법문사, 2010 참조.

5) 양창수 譯, 독일민법전, 박영사, 2002 참조.

한편, 프랑스 민법에서는 부당이득에 관한 일반규정으로 "자신에게 권리가 없음에도 불구하고 착오 또는 고의로 일정한 이익을 수령한 자는 부적법하게 지급한 자에게 이를 반환하여야 한다"고 규정하는 한편(CC §1376), "착오로 인하여 자신을 채무자로 믿고 채무를 변제한 경우에 변제자는 채권자에 대하여 그 반환을 청구할 권리를 가진다"(CC §1377①)라고 규정하고 있다. "그러나 채권자가 변제에 따라 채권증서를 폐기한 때에는 변제자는 전항에서 정한 권리를 행사할 수 없으며, 변제자는 진정한 채무자에게 구상권을 행사하여야 한다"(CC §1377②)라고 규정하고 있다.[6] 우리 민법과 프랑스 민법의 규정을 비교하자면, 우선 프랑스 민법에서는 우리 민법과 독일 민법에서 규정하고 있는 '도의관념에 적합한' 비채변제의 특례를 따로 규정하고 있지 않다. 다만, 부당이득의 일반규정에 반환청구권자인 지급자의 요건에 '부적법하게 지급한'이라는 제한을 두고 있으므로, 그 제한 요건의 판단 과정에서 도의관념에 적합한 비채변제 문제가 해결되는 것으로 이해될 수 있다. 다음으로, 우리 민법에서는 뒤에 이어서 살피는 바와 같이 제3자로서 타인의 채무를 착오로 변제하는 경우(제745조)를 자신의 채무에 관하여 착오로 변제하는 경우와는 별도로 규정하고 있음에 비해, 프랑스 민법에서는 양자를 '자신을 채무자로 믿고 채무를 변제한 경우'라는 한 가지 유형으로 통합적으로 규정하고 있다.

다른 특칙으로는, 타인의 채무의 변제에 관한 특칙(제745조)을 들 수 있다, 채무자 아닌 자가 착오로 인하여 타인의 채무를 변제한 경우에는, '채무 없이 변제'한 것인데, '채무 없음을 알면서 변제'한 것이 아니므로, 그 반환을 청구할 수 있음이 원칙이다(제742조, 제744조). 그러나 채무자 아닌 자가 착오로 인하여 타인의 채무를 변제한 경우라고 하더라도, 예외적으로 채권자가 선의로 증서를 훼멸하거나 담보를 포기하거나 시효로 인하여 그 채권을 잃은 때에는 변제자는 그 반환을 청구하지 못한다(제745조 제1항).[7] 이는 이른바 타인의 채무 변제에 있어서 권리상실의 항변이라고 칭하기도 한다.

일본 민법은 제705조(채무의 부존재를 알고 한 변제), 제707조(타인의 채무의 변제) 등의 규정을 두고 있다. 일본 민법 제705조는 우리 민법 제742조와, 일본 민법 제707조는 우리 민법 제745조의 규정과 기본적으로 동일하다. 그러나 일본 민법은 우리 민법 제744조와 같은 도의관념에 적합한 비채변제의 규정을 두고 있지는 않다.[8]

2. 영미법상 비채변제 법리

(1) 자발적 변제의 법리(voluntary payment doctrine)

우리나라의 비채변제와 유사한 영미법상의 법제로는 voluntary payment doctrine 또는 volunteer rule을 들 수 있다. 이는 채무가 없음을 잘 알면서(with full knowledge) 자발적으로 이

6) 명순구 譯, 프랑스민법전, 법문사, 2004 참조.
7) 이 경우, 변제자는 채무자에 대하여 구상권을 행사할 수 있다(제745조 제2항).
8) 법무부, 일본민법전, 2011 참조.

루어진 변제(voluntary payment)는 그 반환을 청구할 수 없다는 원칙을 지칭한다.[9] 우리 민법상 협의의 비채변제 또는 악의의 비채변제에 해당한다고 할 것이다.

영미법상으로도 이와 같은 자발적 변제의 경우에도 반환청구가 인정되는 예외를 두고 있다. 즉, 강박(duress), 사기(fraud), 착오(mistake), 소인(訴因)의 결여(failure of consideration) 등의 사유가 있는 경우에는 부당한 이득(unjust enrichment)으로 인정되며, 형평법상의 구제수단으로 그에 대한 반환청구(equitable remedy of restitution)가 인정된다.[10] 영미법상 착오로 지급된 금원의 반환 근거는, 그 반환에 관한 묵시적 약정(implied promise to return)에 두고 있다.[11]

영미법에서는 이와 같이 착오 이외에도 비채변제의 원인이 되는 다양한 사유를 인정하고 있는데, 이는 우리 민법에서는 착오로 인한 경우로 제한하는 것과 비교된다. 우리나라의 경우에 착오 이외에 강박이나 사기로 인한 변제의 경우 반환청구가 인정되는지에 관하여는, 부당이득 영역에서 따로 규정하고 있는 바는 없다.[12]

영미법상으로도 제3자에 의한 변제제도가 있다. 즉, 채무자가 아닌 제3자가 법적 또는 도적적으로 변제할 의무가 없는 상황에서, 채무자의 부탁, 동의 또는 승인 없이 제3자가 변제한 경우, 그 제3자의 변제는 자발적인 변제로 인정한다.[13] 그러나 변제하여야 할 법적인 의무가 없는 제3자가 채무자의 부탁 등이 없는 상황에서 자발적으로 타인의 채무를 대신 변제한다고 하여, 변제한 제3자가 채무자에 대하여 채권을 취득하게 되는 것은 아니라고 본다.[14] 문제는 제3자가 착오로 변제한 경우인데, 이 경우 반환청구할 수 있는지가 문제된다.

(2) 착오에 의한 변제(payment by mistake)의 두 유형

영미법상 착오로 인한 변제의 효력을 논함에 있어서 전통적으로 사실에 관한 착오(mistake of fact)와 법에 관한 착오(mistake of law)를 구별하여 달리 취급하고 있는 것이 가장 큰 특징이다.

즉, 반환청구가 인정되는 것은 사실에 관한 착오에 한정되며, 사실에 관한 착오 없이 법에 관한 착오로 채무 없이 변제한 경우, 반환청구는 부정된다. 대표적으로, 자기 자녀가 실수로 상대방에게 가해를 한 사안에서, 부모가 법적으로 불법행위책임을 부담하지 않는데도 책임을 부담한다고 잘못 알고 변제한 경우, 착오로 인하여 변제를 한 것이지만 부모는 반환을 청구할 수

9) Randazzo v. Harris Bank Palatine, N.A., 262 F.3d 663 (7th Cir. 2001); 66 Am. Jur. 2d Restitution and Implied Contracts §92. Generally; the "voluntary payment doctrine" 참조.

10) 66 Am. Jur. 2d Restitution and Implied Contracts §90. Generally.

11) Jordan v. Mitchell, 705 So. 2d 453 (Ala. Civ. App. 1997).

12) 변제 자체가 사기 또는 강박에 의한 경우는 채권 발생의 원인이 되는 법률행위 자체에 사기나 강박 등 취소사유가 있고 변제 자체에는 하자가 없는 경우와는 구별된다.

13) Hollifield v. Monte Vista Biblical Gardens, Inc., 251 Ga. App. 124, 553 S.E.2d 662 (2001) ; 66 Am. Jur. 2d Restitution and Implied Contracts §94. What constitutes voluntary payment—payment of debt of another 참조.

14) Travelers Ins. Co. v. Nory Const. Co., Inc., 184 Misc. 2d 366, 708 N.Y.S.2d 252 (Sup 2000) ; 66 Am. Jur. 2d Restitution and Implied Contracts §94. What constitutes voluntary payment—payment of debt of another 참조.

없다.[15)]

사실에 관한 착오는 주로 망각이나 부주의(forgetfulness or inadvertence)에 기한 것이 일반적이다. 사실에 관한 착오로 인정되려면, 중요한 사실관계(material facts)에 관한 착오여야 한다. 대표적인 예로는, 채무가 존재하고 그 변제기가 도래하였다고 믿고 수령자에게 채무를 변제하였으나, 실제로는 법적으로나 도덕적으로 변제할 이유가 없었던 경우를 들 수 있다.[16)] 채무의 존재나 유효성에 관한 착오로 변제한 경우, 그 변제 자체에 그와 같은 하자에 대한 포기(waiver)의 의사가 포함되어 있다고 볼 수 있는 경우가 아닌 한, 반환청구가 인정된다.[17)] 채무의 금액에 관한 착오로 추가 변제한 경우도 마찬가지이다.[18)]

다음으로 주관적 요건으로서, 실제로 잘못된 인식을 하여야 한다. 예컨대, 중요한 사실관계에 관하여 의심을 하고 있거나, 이에 관하여 다툼이나 논란이 있는 경우, 또는 중요한 사실관계를 자신이 알지 못하고 있다는 점을 이미 인식하고 있었던 상황에서 변제를 하였다면, 이는 사실의 착오에 의한 변제라고 보지 않으며, 반환청구가 인정되지 않는다.[19)] 어떤 쟁점에 관하여 그 가치를 잘못 평가한 데에 불과한 경우나,[20)] 공무집행과정에서 권한 행사과정에 잘못 판단한 것에 불과한 경우에도 마찬가지이다.[21)]

반면, 착오에 의한 변제에서, 고의 과실은 문제되지 않는다. 즉, 착오를 한 데에 과실이 있다거나,[22)] 착오를 알 수 있는 방법이 있었다거나,[23)] 그와 같은 방법을 택하지 아니하였다거나,[24)] 사실관계에 관하여 다소 의심을 가졌다거나 하는 점만으로는,[25)] 반환청구를 배제하는 사유가 되지 못한다.[26)] 다만, 사실관계를 확인하지 않은 과실이 고의적이고 의도적이었던 경우(willful or intentional neglect)에는 반환청구가 배척되기도 한다.[27)]

영미법상 국고(國庫)에서 착오에 의한 변제가 이루어진 경우에도 반환청구가 인정된다. 국

15) Needles v. Burk, 81 Mo. 569, 1884 WL 9385 (1884); 66 Am. Jur. 2d Restitution and Implied Contracts § 123. Mistake of fact and law 참조.

16) '…under a mistaken belief that the money was due the payee, when in truth, it was neither legally nor morally due…' ; Hibbs v. First Nat. Bank of Alexandria, 133 Va. 94, 112 S.E. 669, 25 A.L.R. 120 (1922).

17) Schleicher v. Schleicher, 120 Conn. 528, 182 A. 162, 104 A.L.R. 572 (1935); 66 Am. Jur. 2d Restitution and Implied Contracts § 124. Generally 참조.

18) Gulf Oil Corp. v. Lone Star Producing Co., 322 F.2d 28 (5th Cir. 1963); 66 Am. Jur. 2d Restitution and Implied Contracts § 124. Generally 참조.

19) MacGregor v. Millar, 166 Kan. 657, 203 P.2d 137 (1949).

20) U.S. v. Barlow, 132 U.S. 271, 10 S. Ct. 77, 33 L. Ed. 346 (1889).

21) Butte, A. & P. Ry. Co. v. U.S., 290 U.S. 127, 54 S. Ct. 108, 78 L. Ed. 222 (1933).

22) Great Am. Ins. Co. v. Yellen, 58 N.J. Super. 240, 156 A.2d 36 (App. Div. 1959).

23) CIT Communication Finance Corp. v. McFadden, Lyon & Rouse, L.L.C., 37 So. 3d 114 (Ala. 2009).

24) Warrior River Towing, Inc. v. Kennedy, 574 So. 2d 843 (Ala. Civ. App. 1990).

25) McDonald v. Northern Ben. Ass'n, 113 Mont. 595, 131 P.2d 479 (1942).

26) 66 Am. Jur. 2d Restitution and Implied Contracts § 131. Means of knowledge; suspicions 참조.

27) Jefferson County Bank v. Hansen Lumber Co., 246 Ky. 384, 55 S.W.2d 54 (1932).

고의 경우에는 사유재산에 비해 오히려 착오에 의한 변제의 가능성이 오히려 크고, 이는 국가재정의 건전성과 국가기능의 정상적인 유지에 미치는 영향도 크기 때문에, 사유재산의 경우와 달리 반환청구를 부정하여야 할 이유가 없기 때문이다.[28] 다만, 선의의 분쟁해결(bona fide settlement) 또는 형평상의 고려(equitable considerations) 등 정책적 고려에 의하여 반환청구가 부정되는 경우도 있다.[29]

이와 같이 착오에 의한 변제의 효과를 사실에 관한 착오와 법에 관한 착오로 나누어 규율하는 영미법상의 전통적인 법리에 관하여, 최근에는 다소 변화의 흐름이 감지되고 있는데, 이는 사실에 관한 착오와 법에 관한 착오의 구별 없이 양자를 단일하게 취급하는 것이다.[30]

(3) 변제수령자의 지위 변화(change of position) 항변

영미법상 착오로 인한 변제임에도 반환청구를 거부할 수 있는 항변으로서, 이른바 변제수령자의 지위 변화(change of position)의 항변이 있다.[31] 착오로 인한 변제이므로 반환청구할 수 있는 경우라 하더라도, 그 변제가 변제수령자의 지위의 변화를 초래하여, 그 반환을 청구하는 것이 정당하지 않은(unjust) 경우, 또는 반환청구를 인정할 경우에 변제수령자가 종전의 지위(status quo)로 돌아갈 수 없는 경우에는 반환청구가 부정된다. 이는 우리 민법 제745조 제1항의 이른바 타인의 채무 변제에 있어서 권리상실의 항변에 해당되는 것이라고 할 수 있다.

대표적으로, 착오로 인한 변제를 수령한 채권자가 담보를 반환하고 다른 법적 구제수단을 상실하여 종전의 지위를 회복할 수 없게 된 경우가 이에 해당한다.[32] 그러나 만일 상실된 담보에 하자가 있었다거나 담보가 불충분한 것이었던 경우에는 비록 담보상실이 있었다고 하더라도 이는 중요한 변화(detrimental change)라고 볼 수 없다는 이유로 반환청구가 인정된 사례도 있다.[33]

착오로 인한 변제로 인하여, 수령자가 그 변제가 없었더라면 인수하지 않았을 책임과 의무를 인수하게 된 경우도 이 항변에 해당되어, 마찬가지로 반환청구가 부정된다.[34] 수령자가 착오로 인한 변제를 신뢰하여, 그 변제가 없었더라면 지출하지 않았을 생활비의 추가 지출과 특별소비를 하거나, 이로 인하여 추가 채무가 발생한 경우, 그와 같은 신뢰의 중대성을 증명하면 반

---

28) U.S. v. Carr, 132 U.S. 644, 10 S. Ct. 182, 33 L. Ed. 483 (1890); 66 Am. Jur. 2d Restitution and Implied Contracts §126. Public money paid by mistake 참조.

29) Sutton v. U.S., 56 Ct. Cl. 477, 256 U.S. 575, 41 S. Ct. 563, 65 L. Ed. 1099, 19 A.L.R. 403 (1921); McKnight v. U.S., 14 Ct. Cl. 584, 98 U.S. 179, 25 L. Ed. 115, 1878 WL 18375 (1878); 66 Am. Jur. 2d Restitution and Implied Contracts §126. Public money paid by mistake 참조.

30) 이에 관하여는, Andrew Burrows, RESTITUTION OF MISTAKEN ENRICHMENTS, 92 B. U. L. Rev. 767 참조.

31) 66 Am. Jur. 2d Restitution and Implied Contracts §134 Generally; change of position 참조.

32) Jefferson County v. McGrath's Ex'r, 205 Ky. 484, 266 S.W. 29, 41 A.L.R. 586 (1924).

33) National Shawmut Bank of Boston v. Fidelity Mut. Life Ins. Co., 318 Mass. 142, 61 N.E.2d 18, 159 A.L.R. 478 (1945).

34) Lake Gogebic Lumber Co. v. Burns, 331 Mich. 315, 49 N.W.2d 310, 40 A.L.R.2d 993 (1951).

환청구를 거부할 수 있다고 본 사례도 있다.[35] 반면, 착오로 변제받은 돈을 일상 생계비에 사용하였고 추가로 특별한 지출이 이루어지지 않은 경우,[36] 착오로 변제받은 돈으로 기존의 채무를 변제한 경우 등에는, 이 항변이 인정될 수 없다고 보아 반환청구가 인정된 사례가 있다.[37]

금전 사용에 대하여 이 항변이 인정되는지에 관한 영미법상의 법리는 우리 민법상 부당이득반환청구에 있어서 금전 사용의 경우 현존 이익의 추정 여부에 관한 법리에 해당하는 것인데, 예컨대 미성년자의 현존이익 반환의무의 범위 등에 참조할 수 있을 것으로 보인다. 참고로 우리 판례상, 법률상 원인 없이 타인의 재산 또는 노무로 인하여 이익을 얻고 그로 인하여 타인에게 손해를 가한 경우, 그 취득한 것이 금전상의 이득인 때에는 그 금전은 이를 취득한 자가 소비하였는가의 여부를 불문하고 현존하는 것으로 추정된다.[38] 금전과 유사한 대체물인 경우에도 마찬가지이다.[39] 한편, 우리 판례상 미성년자가 신용카드발행인과 사이에 신용카드 이용계약을 체결하여 신용카드거래를 하다가 신용카드 이용계약을 취소하는 경우 미성년자는 그 행위로 인하여 받은 이익이 현존하는 한도에서 상환할 책임이 있는데, 이 경우 이러한 이익은 금전상의 이득으로서 특별한 사정이 없는 한 현존하는 것으로 추정된다고 본다.[40]

(4) 영미법상 도의관념에 적합한 비채변제 사례

영미법상으로는 도의관념에 적합한 비채변제를 직접적으로 인정하는 규정이나 판례법리가 있는 것은 아니지만, 다음과 같은 몇 가지 법리에 의하여 우리 민법상의 도의관념에 적합한 비채변제와 유사한 효과를 거두고 있다.

첫째로는, 착오로 인한 변제라 하더라도 형평법과 양심의 법리상(in equity and good conscience) 수령자가 이를 보유하는 것이 정당하다고 인정되는 경우에는 반환청구가 부정된다.[41] 나아가 앞서 살핀 바와 같이, 국가기관에 의하여 착오로 지급된 금원의 반환에 관하여도 일반적으로 부당이득반환이 인정되는데, 선의자 보호와 형평상의 고려에 따라 반환이 부정되는 경우도 있다.[42] 그 결과 도의관념에 적합한 비채변제와 유사한 효과를 거두고 있다. 반환청구에

---

35) PaineWebber, Inc. v. Levy, 293 N.J. Super. 325, 680 A.2d 798 (Law Div. 1995).

36) Westamerica Securities, Inc. v. Cornelius, 214 Kan. 301, 520 P.2d 1262 (1974); PaineWebber, Inc. v. Levy, 293 N.J. Super. 325, 680 A.2d 798 (Law Div. 1995).

37) Leavens v. Sharp, 66 Cal. App. 2d 425, 152 P.2d 460 (2d Dist. 1944); 66 Am. Jur. 2d Restitution and Implied Contracts § 135. What constitutes change of position precluding relief 참조.

38) 대법원 1996. 12. 10. 선고 96다32881 판결.

39) 비디오폰을 부당이득한 경우 그 이익의 현존을 추정한 사례로는, 대법원 2009. 5. 28. 선고 2007다20440, 20457 판결 참조.

40) 대법원 2005. 4. 15. 선고 2003다60297 판결. 이 문제에 관하여는, 이동원, "미성년자의 신용카드 이용계약 취소와 부당이득의 반환" 「재판과 판례」(대구판례연구회) 15집, 2007; 김대원, "미성년자가 신용카드거래 후 신용카드 이용계약을 취소한 경우의 법률관계" 「상사판례연구」 Ⅵ권(2006) 등 참조.

41) Wal−Noon Corp. v. Hill, 45 Cal. App. 3d 605, 119 Cal. Rptr. 646 (3d Dist. 1975); St. Mary's Medical Center, Inc. v. United Farm Bureau Family Life Ins. Co., 624 N.E.2d 939 (Ind. Ct. App.1993). 66 Am. Jur. 2d Restitution and Implied Contracts § 118. Exceptions to and qualifications of rule of recovery 참조.

대하여 금반언(estoppel)의 원칙을 들어 거부할 수도 없다고 본 사례도 있는데,[43] 같은 맥락에서 이해될 수 있다.

다음으로는, 사실에 관한 착오 법리에 따라 간접적으로 도의관념에 적합한 비채변제와 유사한 효과를 얻게 되는 유형이 있다. 즉, 영미 판례 중에는 법적인 책임 없이 도의적인 책임만이 인정되는 상황에서, 변제자의 법률적인 판단의 착오에 따라 변제할 의무가 있다고 오인하여 자발적으로 변제한 경우에 반환청구를 할 수 있는가가 문제된 사례들이 종종 발생한다. 이에 관하여는, 사실에 관한 착오가 없으므로, 상대방 측의 사기 기타 부정한 행위가 없는 한, 그 반환을 청구를 할 수 없는 것이 원칙이다.[44] 별도의 법리로서 도의관념에 적합한 비채변제의 법리를 인정하는 것이라고 평가할 수는 없지만, 결과적으로 우리 민법에서 도의관념에 적합한 비채변제에 관하여 반환청구를 부인한 것과 유사한 효과를 거둔다. 사실에 관한 착오에 의한 변제와 법에 관한 착오에 의한 변제를 구별하는 영미법 고유의 법리에 따른 결과라고 이해될 수도 있다.

마지막으로, 변제할 의무에 관하여 오인한 유형 이외에도, 법에 관한 착오에 의한 변제의 경우에 반환청구의 요건을 엄격히 하여 결과적으로 도의관념에 적합한 비채변제와 유사한 효과를 얻게 되는 유형도 있다. 앞서 살핀 바와 같이, 최근 일부 다른 경향이 있기는 하지만, 영미법상 전통적인 법리는 법에 관한 착오로 인한 변제의 경우에는 반환청구할 수 없는 것이 일반적인 경향이다.[45] 하지만 예외적으로 법에 관한 착오로 인한 변제임에도 불구하고 반환청구를 인정하는 경우도 있다. 예컨대, 수령자가 해당 금원을 보유할 정당한 권원이 없음이 공서양속상 분명하고, 착오에 의한 변제였음을 변제자 측에서 명백히 증명하는 경우에 한하여 반환청구가 인정된다고 본 사례도 있다.[46] 이와 같은 법리는 증명책임을 누가 부담하느냐의 문제 등에 다소 차이가 있을 뿐, 기본적으로 우리 민법상의 도의관념에 적합한 비채변제법리와 유사한 효과가 있다.

영미법에서 법에 관한 착오에 의한 변제시 그 반환청구에 대하여 대체적으로 부정적인 견해를 취하고 있는 논리적 근거는 '법에 대한 무지(無知)는 용서받을 수 없다'는 일반원칙에 두고

---

42) Sutton v. U.S., 56 Ct. Cl. 477, 256 U.S. 575, 41 S. Ct. 563, 65 L. Ed. 1099, 19 A.L.R. 403 (1921); McKnight v. U.S., 14 Ct. Cl. 584, 98 U.S. 179, 25 L. Ed. 115, 1878 WL 18375 (1878).

43) State ex rel. Nielson v. McCarty, 76 Idaho 153, 279 P.2d 879 (1955).

44) "…such payment is voluntarily made, with full knowledge of all the facts, and is not induced by any fraud or improper conduct on the part of the payee, and is made in satisfaction of a moral obligation to such payee or of a contingent liability…" Rhodes v. Driver, 108 Ark. 80, 157 S.W. 147 (1913); Jacobson v. Mohall Telephone Co., 34 N.D. 213, 157 N.W. 1033 (1916); Sawyer v. Mid-Continent Petroleum Corporation, 236 F.2d 518 (10th Cir. 1956).

45) Jordan v. Mitchell, 705 So. 2d 453 (Ala. Civ. App. 1997); Smith v. Prime Cable of Chicago, 276 Ill. App. 3d 843, 213 Ill. Dec. 304, 658 N.E.2d 1325 (1st Dist. 1995); Time Warner Entertainment Co., L.P. v. Whiteman, 802 N.E.2d 886 (Ind. 2004); Pitman v. City of Columbia, 309 S.W.3d 395 (Mo. Ct. App. W.D. 2010); Miga v. Jensen, 299 S.W.3d 98 (Tex. 2009); Thurmon v. Clark, 507 P.2d 142 (Wyo. 1973); 66 Am. Jur. 2d Restitution and Implied Contracts §137 참조.

46) Ficken v. Edward's Inc., 1 Conn. Cir. Ct. 251, 23 Conn. Supp. 378, 183 A.2d 924 (1962).

있다.[47] 만일 이와 같은 무지의 항변을 널리 인정해 준다면 국가의 법질서가 정상적이고 효율적인 운영되는 데에 좋지 않은 영향을 줄 수밖에 없다는 것이다.[48] 다만, 공무원의 착오에 의하여 잘못 지불된 금원에 대하여는 법률에 관한 착오에 관한 일반론이 적용되지 않고, 따라서 반환청구가 가능한 것이 원칙이다.[49] 반면, 공무원이 자신의 권한범위 내에서 변제한 것이라면, 그 과정에 법률에 관한 착오에 의하여 변제한 것이더라도 반환청구를 할 수 없다. 그러나 공무원이 법률을 정면으로 위반하여(in direct violation of law) 지급한 경우는 반환청구의 대상이 된다고 본 사례도 있다.[50]

Ⅲ. 평 석

1. 도의관념에 적합한 비채변제 부정사례 : 〈판례1〉

(1) 사안의 개요

대상판결 중 <판례1>의 사안의 개요는 다음과 같다.

'농림수산업자신용보증법'에서 정한 금융기관인 X(= 단위농협)가 같은 법이 정한 신용보증기금 관리기관인 Y(= 농협중앙회)의 신용보증서를 담보로 농민들에게 농업경영개선자금을 대출해 주었다. 그 후 채무자들의 연체에 따른 보증사고가 발생하자, 채권자인 X는 보증인인 Y에게 보증책임을 물었고, Y는 대위변제를 하였다.

그런데, 그 후 정부의 합동조사결과, X가 대출당시 관련 규정을 위반하여 채무자들의 농외소득이나 영농규모를 과대 계상하는 등의 방법으로 규정상 대출부적격자들에 대하여도 Y의 신용보증 하에 부당하게 대출을 실행하였다는 사실이 밝혀졌다. 이러한 규정위반행위는 X와 Y간의 업무위탁계약서에 정한 보증인 Y의 면책사유에 해당하는 것이었다. 따라서 Y가 X에게 이미 지급한 대위변제금 상당의 부당이득반환을 요구하였다.

그러나 X는 당사자간의 관계와 대출 경위 등을 고려할 때 Y가 X에게 부당이득반환을 구하는 것이 부당하다면서, '도의관념에 적합한 비채변제'를 주장하며, Y를 상대로 채무부존재확인청구의 소를 제기한 사안이다.

원심에서는 Y의 변제가 도의관념에 적합한 비채변제에 해당한다는 X의 항변을 받아들여, X의 채무부존재확인청구를 인용하였다. 그 세부 근거로는, ① 이 사건 대출은 Y가 X에게 대출실행을 독려함으로써 이루어진 점,[51] ② 위 업무처리지침 등의 내용이 복잡하여 해석상 오류의

47) Am. Jur. 2d, Evidence §290.

48) U.S. v. Barker, 546 F.2d 940 (D.C. Cir. 1976).

49) Wisconsin Cent. R. Co. v. U.S., 164 U.S. 190, 17 S. Ct. 45, 41 L. Ed. 399 (1896).

50) Heath v. Albrook, 123 Iowa 559, 98 N.W. 619 (1904).

51) Y는 X의 직원들에게 대출실적 부진에 따른 인사상 불이익까지 경고하면서, 강력히 대출실행을 독려하였다고 한다.

위험이 있었던 점, ③ Y가 X에 대한 감독권을 행사할 수 있었음에도 감독권 행사를 소홀히 한 잘못이 있다는 점, ④ Y가 사전통제나 심사 없이 사후 감사에 따른 책임만을 묻는 것은 신의칙 혹은 공서양속에 반한다는 점, ⑤ 이 사건 대출은 고리의 기존 농업용 대출 등의 원리금 상환용으로 시행된 정책자금대출인데, 대출금 일부가 Y가 기왕에 보증하였던 기존 대출금채무의 원리금 상환에 사용되어 그만큼 Y의 기존 보증채무가 소멸하게 된 점 등을 들었다.

(2) 대상판결의 판시사항

대상판결에서는 도의관념에 적합한 비채변제를 부정하는 취지로, 원심을 파기환송하였다.

먼저 대상판결에서는 도의관념에 적합한 것인지 여부의 판단기준에 관한 일반론을 설시하였다, 즉, 민법 제744조가 정하는 도의관념에 적합한 비채변제에 있어서 그 변제가 도의관념에 적합한 것인지 여부는, 객관적인 관점에서 그 비채변제의 급부가 수령자에게 그대로 보유되는 것이 일반인의 법감정에 부합하는지 여부에 따라 판단되어야 함을 지적하였다.

다음으로, 착오에 의한 비채변제가 강행법규에 위반한 무효의 약정 또는 상대방의 고의·중과실의 위법행위(= 이 사건에서는 X의 규정위반 부당대출)에 기하여 이루어진 것인 경우에 관하여, 그러한 변제행위가 도의관념에 적합한 비채변제라고 속단하여서는 안 된다는 점을 지적하였다.[52)]

나아가 대상판결은, 금융기관이 그 귀책사유로 특약사항을 지키지 못하면 면책약관조항에 따라 보증기관의 책임이 '면책'되는 것이 원칙이라는 점을 강조하였다. 즉, 금융기관이 특약사항을 이행하지 못한 경우, 설사 이 점에 관하여 보증기관 Y의 잘못이 경합되었다고 하더라도, 달리 특별한 사정이 없는 한, 보증기관 Y는 책임을 면하는 것이 원칙이라는 것이다. 따라서 보증기관의 잘못이 경합되어 있는 경우 이를 근거로 하여 별도의 불법행위책임을 추궁할 수 있음은 별론으로 하더라도, 그와 같은 사정을 보증기관의 보증채무 면책범위를 정함에 있어 참작할 근거는 없다는 것이다.[53)]

(3) 평 석

대상판결에서 도의관념에 적합한 비채변제 법리를 적용하지 않은 것은 타당하다고 생각된다.

대상판결의 사안에서 부당이득반환을 청구하게 된 근본적인 원인은 X의 규정위반 부당대출이고, Y는 그와 같은 점을 간과하여 보증인 면책사유인 점을 모른 채 보증책임을 이행한 것이다. 영미법상의 법리에 견주어 본다면, 우선 이것은 단순한 법리에 관한 판단착오가 아니라, 사실관계의 중요 부분에 관한 착오가 있었고, 그 착오로 인하여 변제한 것이라고 인정할 수 있다. 따라서 Y가 반환청구를 하는 데에 별다른 장애가 없을 것으로 생각된다.

대상판결의 경우, 비록 Y가 정책자금의 대출을 독려하였다거나 대상 대출금의 일부가 Y에 대한 기존의 대출금채무의 변제에 사용되었다는 사안의 특수성이 있지만, 그렇다고 하더라도

---

52) 대법원 1996. 12. 20. 선고 95다52222, 52239 판결; 대법원 2007. 10. 12. 선고 2005다64675 판결 등 인용.
53) 대법원 2001. 5. 15. 선고 2000다30035 판결 인용.

그와 같은 점만으로는 반환청구를 부정할만한 정당한 논거가 되지 못한다고 생각된다. 그 경위상 Y가 법적 의무의 유무에도 불구하고 X에게 보증금채무를 이행하여야 하는 도의적인 의무를 부담한다거나, Y가 보증채무를 이행한 이익을 X가 보유하는 것이 정당하다고 평가할만한 특별한 사유가 있다고 인정하기는 어렵기 때문이다. 따라서 대상판결의 결론에 공감한다.

2. 도의관념에 적합한 비채변제 인정사례 : 〈판례2〉

(1) 사안의 개요

대상판결 중 ＜판례2＞의 사안의 개요는 다음과 같다.

공중보건의인 甲에게 치료를 받던 乙이 사망하자 乙의 유족들이 甲 등을 상대로 손해배상청구의 소를 제기하였고, 甲의 의료과실이 인정된다는 이유로 甲 등의 손해배상책임을 인정한 판결이 확정되어, 甲이 乙의 유족들에게 판결금 채무를 지급하였다.

그런데, 공무원이 직무수행 중 불법행위로 타인에게 손해를 입힌 경우, 국가 가 국가배상책임을 부담하는 외에, 공무원 개인도 개인적으로 손해배상책임을 부담하는지가 문제된다. 이 점에 관한 우리 법리상, 공무원 개인에게 고의 또는 중과실이 있는 경우에는 불법행위로 인한 손해배상책임을 지고, 공무원에게 경과실이 있을 뿐인 경우에는 공무원 개인은 손해배상책임을 부담하지 않는다.[54] 따라서 대상판결 사안에서 甲은 공무원으로서 직무 수행 중 '경과실'로 타인에게 손해를 입힌 것이어서, 국가배상법을 적용할 경우 乙과 유족은 국가에 대하여 손해배상을 청구할 수 있을 뿐, '고의 또는 중과실'이 없는 甲에게 개인적으로 배상을 청구할 수 없다. 그럼에도 불구하고, 위 재판과정에 이와 같은 점이 간과되어 甲에게 패소판결이 선고되고 확정된 것이다.

뒤늦게 이와 같은 점을 알게 된 甲은 국가에 대하여 변제금액 상당에 관하여 구상금을 청구하게 된 것이다. 가해자 본인이 국가에 대하여 청구하는 것이므로, 일종의 '역구상(逆求償)'이라고 할 수 있다.[55] 대상사안에서는 가해자 본인의 국가에 대한 역구상이 인정되는지가 쟁점으로 되었는데, 이 점과 관련하여 가해자 본인인 甲이 법률상 채무 없이 乙과 유족에게 변제한 것이 유효한 변제로 되는지가 문제로 된 것이다.

(2) 대상판결의 판시사항

대상판결에서는 우선, 경과실 공무원이 개인배상을 한 경우에 국가에 대한 역구상권을 인정하였는데, 그 근거의 하나로 도의관념에 적합한 비채변제를 들었다.

즉, 경과실이 있는 공무원이 피해자에 대하여 손해배상책임을 부담하지 아니함에도 피해자

54) 대법원 1996. 2. 15. 선고 95다38677 전원합의체 판결.

55) 민법상 사용자책임의 경우에도 가해자 본인이 먼저 전액 배상한 경우, 부담비율 등에 따라 역구상이 인정되기도 한다. 서울고등법원 1991. 4. 3. 선고 90나34405 판결 참조.

에게 손해를 배상하였다면, 그것은 채무자 아닌 사람이 타인의 채무를 변제한 경우에 해당하고, 이는 민법 제469조의 '제3자의 변제' 또는 민법 제744조의 '도의관념에 적합한 비채변제'에 해당한다고 설시하였다. 따라서 피해자는 가해 공무원에 대하여 이를 반환할 의무가 없고, 그에 따라 피해자의 국가에 대한 손해배상청구권이 소멸하게 되므로, 국가는 자신의 출연 없이 채무를 면하게 된다는 것이다. 그러므로 피해자에게 손해를 직접 배상한 경과실이 있는 공무원은 특별한 사정이 없는 한 국가에 대하여 국가의 피해자에 대한 손해배상책임의 범위 내에서 공무원이 변제한 금액에 관하여 구상권을 취득한다고 판시하였다.

따라서 대상판결의 사안에서 甲이 법적인 의무가 없음에도 乙의 유족들에 손해를 배상한 것은 민법 제744조의 도의관념에 적합한 비채변제에 해당하며, 그 결과 乙과 유족들의 국가에 대한 손해배상청구권은 소멸하고 국가는 자신의 출연 없이 채무를 면하였으므로, 甲은 국가에 대하여 변제금액에 관하여 구상권을 취득한다고 한 사례이다.

(3) 평 석

대상판결의 사안에서, 甲은 의료사고를 낸 가해자이므로, 비록 법리상으로는 국가배상법의 특수성에 따라 경과실에 불과한 甲이 개인적으로 배상할 책임은 없지만, 도의적으로는 배상책임을 부정할 수는 없을 것이다. 다음으로, 甲은 변제함에 있어서 사실관계에 관하여는 착오를 일으킨 바가 없고, 오로지 법리적인 판단상의 착오가 있을 뿐이다. 따라서 이와 같은 점을 고려한다면, 대상사안은 도의관념에 적합한 비채변제라고 평가하기에 적절한 사안이라고 생각된다. 영미법상의 법리에 견주어 보더라도, 대상판결의 사안은 사실에 관한 착오 없는 법에 관한 착오에 의한 변제로서, 반환청구권이 부정되는 전형적인 유형에 해당된다고 생각된다. 사견으로는 대상판결의 논지 중 이와 같은 유형의 변제가 도의관념에 적합한 비채변제에 해당한다고 본 부분은 설득력이 있다고 생각한다.

다만, 대상판결 사안의 경우, 비채변제를 논하기 전에 그 전제가 되는 부당이득의 성립 여부에 관하여는 의문이 있다. 즉, 甲과 같은 상황에서 법리상의 착오에 의하여 변제한 금원이 '도의관념에 적합한 비채변제에 해당하므로 반환청구할 수 없다'는 논지에는 공감하지만, 그 전에 甲이 변제한 금원이 '부당이득'이라는 전제에 관하여는 의문의 여지가 있다. 왜냐하면, 甲의 변제는 판결에 의한 지급이라는 특수성이 있기 때문이다. 판결에 따라 지급한 경우, 설사 그 판결이 잘못된 것이더라도, 이 판결이 재심에 의하여 취소되거나 당연무효 사유가 있는 등 특단의 사정이 없는 한, 乙이 확정판결에 기하여 이를 수령한 것을 두고 법률상 원인 없이 수령한 것이라고 할 수 없다. 따라서 이를 부당이득이라고 판단하기는 어렵다고 생각된다. 만일 이를 부당이득으로 인정한다면, 이는 기판력에 저촉되는 결과가 되기 때문이다.

대법원 판례 중에는 확정판결에 따라 지급된 금원에 대해 부당이득반환청구를 배척한 사례가 여러 개 있다. 대표적으로, 편취된 판결에 의한 금원 지급의 경우, 그 판결이 재심의 소 등으로 취소되지 아니하는 한 그 판결의 기판력에 저촉되어 이를 주장할 수 없으므로, 그 확정판결의 강제집행으로 교부받은 금원을 법률상 원인 없는 이득이라고 할 수 없다고 한 사례가 있다.[56] 불법행위로 인한 손해배상청구소송의 판결이 확정된 후 피해자가 그 판결에서 손해배상액 산정의 기초로 인정된 기대여명보다 일찍 사망한 경우, 기지급된 손해배상금 일부를 부당이득으로 반환을 구할 수 있는지가 문제된 사안에서도, 그 판결이 재심의 소 등으로 취소되지 않는 한 그 판결에 기하여 지급받은 손해배상금 중 일부를 법률상 원인 없는 이득이라 하여 반환을 구하는 것은 그 판결의 기판력에 저촉되어 허용될 수 없다고 본 사례도 있다.[57]

대상판결은 甲이 乙에게 반환을 청구하는 사안이 아니고, 국가에 대해 역구상권을 행사하는 사안이다. 따라서 甲이 변제한 금원에 관하여 국가에 대해 구상권을 가지는지가 문제될 뿐, 甲의 변제가 도의관념에 적합한 비채변제에 해당하는지가 거기에 필수불가결한 요건이 되는 것이 아니다. 그렇다면 대상판결에서 甲의 국가에 대한 구상권을 인정하는 근거 중의 하나로 굳이 '도의관념에 적합한 비채변제' 법리를 제시할 필요가 없다. 乙의 이득이 법률상 원인이 없는 것인지 자체가 법리적으로 의문인 사안에 관하여 구상권 인정의 근거로 '도의관념에 적합한 비채변제' 법리를 든 것이 적절한 것이었는지, 사견으로는 의문이다. 구상권 인정의 근거로는 민법 제469조의 '제3자의 변제'만을 제시하였어도 족한 것이 아니었을까 하는 것이 필자의 생각이다.

3. 도의관념에 적합한 비채변제를 인정할 수 있었던 사례 : 〈판례3〉, 〈판례4〉

(1) 사안의 개요

대상판결 중 <판례3>과 <판례4>는 같은 날 선고된 것으로서 사안의 기본적인 사실관계와 기본적인 성격이 유사한데, 사안의 개요는 다음과 같다.

甲은 지체장애 6급의 장애인으로서 복지카드를 발급받고 국가로부터 장애인차량 LPG 지원사업에 따른 세금인상분을 지원받아 왔는데, 국가가 4급 내지 6급 장애인에 대한 지원을 중단하게 되었다. 그런데 지원 중단에 관하여 보건복지부와 신용카드 회사 등과의 협조가 제대로 이루어지지 아니하여, 공식적으로 지원이 중단된 후에도 甲이 약 6개월간 323,520원의 지원을 받았다. 이에 국가는 甲에게 위 금액에 대해 부당이득반환을 청구하였다.

(2) 대상판결의 판시사항

대상판결에서는 국가의 甲에 대한 부당이득반환청구를 부정하였는데, 그 근거를 '법률상 원인의 결여를 인정할 수 없다'는 데에서 찾았다.

---

56) 대법원 1995. 6. 29. 선고 94다41430 판결. 이에 관하여는, 이재환, "확정판결의 집행과 부당이득반환청구, 불법행위로 인한 손해배상청구와의 관계" 「대법원판례해설」 24호, 1996 참조.

57) 대법원 2009. 11. 12. 선고 2009다56665 판결. 이 판결은 정기금배상 및 정기금판결 변경의 소 등 다른 법리와 함께 이해되어야 할 것이다. 이에 관하여는, 조규성, "자동차사고 피해자의 합의 후 사정변경에 따른 손해배상금 산정시 부당이득반환과 기판력에 관한 판례연구" 「재산법연구」 27권 1호, 2010 참조.

먼저, 대상판결에서는 부당이득제도의 취지와 '법률상 원인의 결여'의 판단기준에 관하여 설시하였다. 즉, 부당이득제도는 이득자의 재산상 이득이 법률상 원인을 결여하는 경우에 공평과 정의의 이념에 근거하여 이득자에게 그 반환의무를 부담시키는 것으로서, 특정한 당사자 사이에서 일정한 재산적 가치의 변동이 생기고 그것이 一般的·形式的으로는 정당한 것으로 보이지만 그들 사이의 재산적 가치의 변동이 相對的·實質的인 관점에서 법의 다른 이상인 공평의 이념에 반하는 모순이 생기는 경우 재산적 가치의 취득자에게 가치의 반환을 명함으로써 그와 같은 모순을 해결하려는 제도라는 점을 설시하였다.[58]

다음으로, 부당이득의 성립 요건 중 '법률상 원인의 흠결' 여부에 관하여, 이는 공평의 이념을 기초로 한 규범적 판단의 영역에 속하므로, 급부행위의 성질이나 급부자(손실자)의 해당 급부행위에 관한 책임과 의무 등 여러 사정을 고려하여 합리적으로 판단하여야 한다고 설시하였다.

마지막으로 대상판결의 사안에 관하여, 甲이 할인지원금 혜택을 계속 받았다고 하더라도, 이것은 實質的으로 구 장애인복지법에서 정한 장애인 복지증진 및 장애인 이동수단에 대한 경제적 부담경감 지원이라는 목적을 벗어나지 아니하는 것으로 볼 수 있고, 따라서 '공평과 정의의 이념'에 비추어 볼 때 甲이 할인지원금을 보유하여 그에 상응한 복지 지원을 받는 것이 법률상 원인을 결여한 것으로서 부당이득이 성립된다고 보기 어렵다고 본 사례이다.

(3) 평 석

대상판결에서 국가의 甲에 대한 부당이득반환을 청구를 배척한 결론에 관하여는 공감한다. 하지만, 그 근거로서 甲이 할인지원금을 보유하여 그에 상응한 복지 지원을 받는 것이 '법률상 원인을 결여한 것으로서 부당이득이 성립된다고 보기 어렵다'는 점을 든 것은 설득력이 떨어진다고 생각된다.

대상판결 사안에서는 분명히 국가가 공식적으로 지원을 중단하였으므로, 정부의 정책 의도와 달리 지급된 것이다. 따라서 이는 착오에 의한 변제이며, 법률상 원인이 결여된 것임은 분명하다고 생각된다. 물론 대상판결에서도 지적하고 있는 바와 같이, 구 장애인복지법(2007. 4. 11. 법률 제8367호로 개정되기 전의 것) 제9조 제1항 및 제35조 제1항은 국가와 지방자치단체에게 장애인의 자립을 지원하고 장애인을 보호하여 장애인의 복지를 증진할 책임을 지우고, 나아가 장애인이 이동수단인 자동차 등을 사용하는 데 있어서 편의도모와 경제적 부담경감을 위하여 조세감면 등 필요한 지원시책을 강구하도록 규정하고 있는 것은 사실이다. 하지만, 이와 같은 규정은 추상적인 정책규정만일 뿐, 구체적으로 특정 장애인이 국가로부터 특정 금원은 수령할 수 있는 구체적인 권리를 부여하거나 국가의 구체적인 의무를 확인하는 성격의 조항이라고 보기는 어렵다. 따라서 이 규정만으로 구체적인 지급에 관한 정책이 공식적으로 변경되었음에도 불구하고 착오에 기인하여 이루어진 변제에 대하여, 이를 두고 '법률상 원인이 결여되지 않은 것'이라고

58) 대법원 2015. 6. 25. 선고 2014다5531 전원합의체 판결 인용.

판단하기는 어렵다고 생각된다.

오히려 대상판결에서 '공평과 정의의 이념에 비추어' 국가의 반환청구를 부정하려 하였다면, '법률상 원인을 결여하지 않은 것'이라는 논거보다는, '도의관념에 적합한 비채변제' 법리를 적용하는 것이 적절하지 않았을까 하는 것이 필자의 견해이다. 대상판결 사안의 경우 착오에 의하여 이루어진 것이 명백하기 때문에 법률상 원인을 결여한 것으로 보는 것은 적절하지 않은 반면, 지급된 금원의 규모와 지급 경위, 사용 용도 등을 종합적으로 고려할 때, 이는 도의관념에 적합한 것으로 볼 수 있는 여지가 충분하다고 생각되기 때문이다.

참고로 영미법상의 법리에 비추어 보면, 대상판결의 사안은 일단 사실에 관한 착오 없는 법에 관한 착오에 의한 변제에 해당한다. 나아가 앞서 살핀 바와 같이 영미법상으로 공무원의 착오에 의하여 잘못 지불된 금원에 대하여는 법에 관한 착오라고 하더라도 반환청구가 가능한 것이 원칙이지만, 공무원이 자신의 권한범위 내에서 변제한 것이라면, 법률을 정면으로 위반하여(in direct violation of law) 지급한 경우가 아닌 한, 반환청구를 할 수 없다고 본 사례도 있다. 대상판결의 사안에 관하여 생각해 본다면, 국가 공무원이 착오로 지급한 것이지만, 국가가 자신의 권한범위 내에서 장애인복지법을 정면으로 위배하지 않은 상태에서 지급한 것이므로, 반환청구가 부정될 여지가 있는 사안이라고 생각된다.

Ⅳ. 결 론

우리 민법상 도의관념에 적합한 비채변제에 관한 규정이 매우 간단하고 추상적인 상황에서, 그 구체적인 요건을 둘러싸고 지금까지 충분한 논의가 이루어졌다고 보기는 어렵다. 그러한 가운데 살핀 바와 같이 여러 가지 다양한 사례에서 도의관념에 적합한 비채변제에 해당하는지 여부를 둘러싸고 문제제기가 이루어지는 것은 논의를 더욱 풍성하게 하는 데 도움이 될 것으로서, 반가운 일이라고 생각된다. 그 과정에 위에서 살핀 영미법상 착오에 의한 변제에 관한 구체적인 법리와 주요 사례들은 우리 민법상 도의관념에 적합한 비채변제의 법리를 적용함에 있어서 참고가 될 수 있을 것으로 생각된다.

이 글에서 살핀 <판례1> 내지 <판례4>는 모두 그 자체에서 법리상 중요한 의미가 있겠지만, 향후 도의관념에 적합한 비채변제의 법리를 보다 풍성하고 정치하게 발전시키는 데에 발판이 될 수 있을 것으로 기대한다.

민법상 사용자책임의 입법론*

김 봉 수**

Ⅰ. 서 론
Ⅱ. 민법상 사용자책임
Ⅲ. 비교법적 검토
Ⅳ. 사용자책임의 입법론
Ⅴ. 결 론

Ⅰ. 서 론

현대산업사회의 진전으로 타인을 사용하는 영역이 급속히 확대되었고, 이러한 영역의 확대는 사용관계에 있는 자로 인한 손해발생위험의 증대를 가져오게 되었다. 이러한 손해를 직접 가해자인 피용자에게만 부담시키는 것은 손해를 입은 피해자의 구제에도 적절하지 하지 않을 뿐만 아니라, 타인에게 업무를 부여하여 손해발생의 원인을 제공한 자의 책임을 묻지 않게 되는 부당한 결과를 초래하게 된다. 이런 관점에서 우리나라를 비롯한 각국의 불법행위법에서 사회적으로 발생한 손해의 공평한 분담의 차원에서 타인을 사용한 자, 즉 사용자의 책임을 인정하는 규정을 두고 있다. 비교법적으로 사용자책임에 관한 불법행위의 규정은 상당히 오래전부터 제정되어 시행되어 오고 있는 것인데, 사용자책임이 정립 내지 제정된 시기에 비하면 오늘날 타인을 사용하는 관계는 가사상 사용관계, 소기업적 사용관계부터 대기업의 사용관계에 이르기까지 그 범위가 넓어지고, 그 형태 역시 매우 다양해졌다. 이런 점에 근거하여 우리나라를 포함한 다양한 국가들에서 — 불법행위법의 현대화의 일환으로 — 사용자책임에 대한 새로운 입법론적 시도들이 있었다. 우리나라의 경우만을 보더라도 민법 제756조에서 사용자의 추정적 과실을 전제로 한 책임을 규정하면서(동조 제1항), 동시에 사용자의 피용자에 대한 구상권을 인정(동조 제3항)

---

* 본 논문은 하경효 교수의 사용자책임에 관한 다수의 연구에서 착안한 것인데, 하경효 교수는 그동안 사용자책임의 본질을 규명하고, 오늘날 법현실에 맞추기 위한 다양한 연구를 수행한 바 있다. 특히 하경효 교수는 관련 연구에서 사용자책임의 민법적 측면은 물론이고, 사용자책임이 실제 종속적인 근로관계에서 발생하는 경우가 많음에도 다수의 연구가 간과하고 있는 중요한 노동법적 시각을 제시하였다.

** 대구가톨릭대학교 법행정학부 법학전공 부교수

하고 있다. 하지만 지금까지 사용자책임과 관련한 학설과 판례는 법규정과 달리 사용자의 면책을 사실상 허용하지 않고 있으며, 사용자의 피용자에 대한 구상권 역시 신의칙에 따라서 상당히 제한하고 있다. 이러한 사용자책임규정과 법운용 간의 괴리는 무엇보다도 현재 사용자책임규정이 실제 사용관계를 반영하지 못해서 일어나는 문제라고 생각한다. 따라서 본고에서는 사용자책임을 오늘날 현실적 사용관계에 적합하도록 규율하는 방법이 무엇인지를 고찰하고자 한다. 이를 위해 사용자책임의 법적 성격, 사용자의 면책증명, 그리고 구상권의 허용여부 등과 관련한 지금까지의 주요한 국내외 입법례와 논의를 살펴보고, 마지막으로는 사용자책임의 입법론을 제시하고자 한다.

Ⅱ. 민법상 사용자책임

1. 사용자책임에 관한 민법 제756조

사용자책임의 법적 성격과 관련한 전통적인 구분은 자기책임으로서 사용자책임과 대위책임으로서 사용자책임의 구분이다.[1] 이러한 구분은 사용자의 과실요건과 관련하여 자기책임적 과실책임주의와 대위책임적 무과실책임주의로 연결된다. 사용자책임에 관한 이와 같은 양 입법주의는 각각 차별되는 법률요건과 법률효과로 귀결된다. 즉, 자기책임적 과실책임주의에 입각한 사용자책임에 있어서, 사용자의 책임은 피용자의 선임·감독에 대한 사용자의 주의의무위반에 근거한 것으로서 피용자의 행위가 불법행위의 요건을 충족할 필요가 없고, 사용자는 자신에게 과실없음을 증명하여 면책될 수 있지만, 피용자에 대한 사용자의 구상권의 행사는 원칙적으로 부정 내지 제한된다. 반면 대위책임적 과실책임주의에 따른 경우 사용자책임은 피용자의 행위가 불법행위의 요건을 모두 갖출 것을 전제로 발생하며, 사용자는 자신의 과실여부와 상관없이 피용자의 행위에 대하여 책임을 지고, 사용자에게 면책가능성은 존재하지 않으며, 사용자는 피용자에 대해 전액 구상할 수 있는 것이 원칙이다.

우리 민법 제756조 제1항은 사용관계에 있는 피용자의 사무집행과 관련 있는 가해행위로 인한 제3자의 손해에 대해 사용자에게 손해배상책임이 인정되는 것을 원칙으로 하고, 다만 사용자가 피용자의 선임·감독상 주의를 다했다는 사실 또는 주의를 했더라도 손해가 있었을 것이라는 점을 증명함으로써 면책될 수 있음을 정하고 있다. 그리고 동조 제3항에서는 사용자가 배상책임을 지는 경우에 피용자에 대해 구상권을 행사할 수 있음을 규정하고 있다. 이러한 사용자책임규정에 대하여 학설은 대체로 사용자의 책임은 그의 선임 및 감독상 과실을 전제로 한 과실책임주의를 취한 것으로서, 다만 면책을 위한 증명책임만을 사용자에게 전환하고 있는 것

---

1) 이에 대한 상세로는 김형석, “사용자책임의 입법주의 연구”, 「서울대학교 법학」 제53권 3호, 2012, 420면 이하 참조.

으로 보고 있다.[2] 이러한 우리의 사용자책임규정은 비교법적으로 독일과 스위스에서의 사용자책임규정과 유사하며, 특히 사용자책임을 증명책임이 전환된 과실책임주의로 규정한 것은 독일민법의 영향을 많이 받은 것이다.[3]

사용자책임에 관한 민법 제756조의 법적 성격에 대한 상이한 학설에도 불구하고, 제756조 제1항의 법문을 고려할 때, 동 규정이 비록 사용자의 과실을 추정하고 있지만, 사용자의 과실을 전제한 과실책임주의에 입각해 있다는 점은 분명해 보인다. 즉, 민법 제756조의 법문에 따르면 동 규정은 사용자책임에 관한 입법주의 중에서 자기책임으로서 또한 과실책임으로서 사용자책임을 규정한 것으로 볼 수 있다. 이 점은 민법 제756조의 입법과정에서 입법자가 무과실의 사용자책임이 사용자의 경제활동을 위축시킬 수 있고, 사용자의 무과실책임은 필요한 경우에 특별법에서 고려될 수 있다는 점을 밝혔다는 점에서도 확인할 수 있다.[4]

2. 사용자의 면책과 구상권

민법 제756조 제1항 단서에서는 "사용자가 피용자의 선임 및 그 사무감독에 상당한 주의를 한 때 또는 상당한 주의를 하여도 손해가 있을 경우에는 그러하지 아니하다"라고 하여 법문상 일정한 요건하에 사용자가 면책될 수 있음을 규정하고 있다. 사용자의 면책증명으로 제756조 제1항 단서의 전단은 과실의 추정에 따른 증명책임의 전환을,[5] 그리고 후단은 인과관계의 추정에 따른 증명책임의 전환을 규정한 것으로 이해된다.[6] 그러나 이러한 민법규정과 달리 사용자의 면책증명은 판례에서 매우 엄격하게 제한되어 왔다.[7] 이 점은 사용자책임에 대한 유사한 법규정을 두고 있는 독일, 스위스와 유사한 법운용의 태도이다. 그러나 법률에서 사용자의 면책증명이 규정되어 있음에도 이를 사실상 인정하지 않는 것은 그 결론에 있어서 타당할지는 몰라도 입법정책적 관점에서는 재고의 여지가 있다. 왜냐하면 현행 사용자책임규정의 법적 성격을 자기책임적 과실책임으로 이해한다면, 사용자의 면책증명의 가능성은 열려 있어야 하기 때문에 사용자의 면책증명을 사실상 부정하는 현 판례의 입장은 논리적으로 문제가 있기 때문이다. 사

2) 강봉석, "사용자책임과 그 면책사유의 법적 성질", 「저스티스」 통권 85호, 한국법학원, 2005, 132~133면. 이와 달리 과실책임도 아니고 무과실책임도 아닌 중간책임이라는 입장으로 권오승, "사용자책임", 「민사법학」 제15호, 한국민사법학회, 1997, 193면; 권용우, "사용자책임과 구상권의 제한", 「고시연구」, 고시연구사, 1990, 27~28면; 하경효, "사용자책임과 관련된 몇 가지 문제", 「고시연구」 25권 7호, 1998, 100면.

3) 우리 민법상 사용자책임이 증명책임이 전환된 과책주의로 구성이 된 것은 과실책임주의를 사용자책임에서도 관철시키고자하는 독일의 입법자의 의도를 그대로 수용한 것으로 볼 수 있다(김봉수, "사용자책임의 비교법적 경향", 「고려법학」 제54호, 고려대학교 법학연구원, 2009, 203면).

4) 김형석, "사용자책임의 입법주의 연구", 463~466면.

5) 김형배, "사용자책임과 판례", 2~3면. 그리고 대법원 1991. 1. 11. 선고 90다8947 판결; 대법원 1971. 10. 11. 선고 71다1641 판결.

6) 같은 취지로 강봉석, "사용자책임과 그 면책사유의 법적 성질", 138~139면.

7) 하경효, "사용자책임과 관련된 몇 가지 문제", 102면.

용자책임의 개별 사례에서 판결의 타당성에도 불구하고, 이러한 법률규정과 판례 간의 부조화를 시정하기 위해서는 입법론적으로는 사용자의 면책증명을 인정할지 혹은 어느 정도의 범위에서 인정할지에 대해 사용자책임의 법적 성격과 논리적으로 연관시킬 필요가 있다.[8)]

민법 제756조 제3항은 사용자의 피용자에 대한 구상권만을 규정하고 있을 뿐이고 구체적인 내용에 대하여는 규정하고 있지 않아, 법문내용으로만 보면 사용자가 피해자에게 손해배상을 한 경우 — 이는 피해자와의 관계에서 부진정연대채무로서 이행한 것임을 전제로 — 이를 피용자에게 구상할 수 있다고 규정하고 있다.[9)] 그러나 다수의 학설[10)]은 다양한 근거에서, 그리고 판례[11)]는 신의칙에 근거하여 피용자의 구상권을 제한하고 있다.[12)] 이와 같이 학설과 판례에서 사용자의 피용자에 대한 구상권을 제한하는 취지는 피용자가 업무수행 중에 불법행위를 한 것은 사용자 측의 상당한 원인이 있다는 점, 피용자는 자신을 위해서가 아니라 '사용자'를 위해서 업무를 수행하는 것이라는 점, 그리고 이러한 업무수행에 따른 이익은 전적으로 사용자에게 귀속하고, 손해방지와 손해분산조치로서 보험을 결정할 지위는 사용자만이 가진다는 점 등을 고려한 것이고, 개별사례의 타당성의 관점에서 보면 충분히 수긍할 만하다.[13)] 그러나 사용자책임에서 구상권제한에 관한 법운영실태의 적정성 여부와는 별개로 현행 사용자책임에 관한 민법 제756조를 자기책임적 과실책임으로 이해할 때, — 사용자는 자신의 주의의무위반에 따른 책임을 진 것에 지나지 않으므로 — 사용자의 피용자에 대한 전액 구상을 전제로 한 규정(동조 제3항)은 논리적이지 않다.

3. 피용자의 책임과의 관계

피용자의 가해행위가 일반불법행위책임(제750조)의 요건을 충족하는 경우, 이때 피용자의 책임은 사용자의 책임과 병존하게 되고, 피용자와 사용자는 공동불법행위자로서 이들의 양 책

8) 면책증명을 통한 사용자책임의 배제가 바람직하지 않다는 견해로 하경효, "사용자책임과 관련된 몇 가지 문제", 111면 참조.

9) 대위책임설은 구상권에 대한 제756조 제3항이 대위책임이라는 실질적 근거가 된다고 보고 있다. 대표적으로 권용우, "사용자책임과 구상권의 제한", 31면.

10) 구상권제한의 근거는 과실상계설, 공동불법행위설, 자기책임설, 경영위험설, 신의칙설 등과 같이 다양하다. 노동법상 근로자의 책임제한에 대해서는 김형배, "사용자책임과 구상권의 제한", 227면 이하; 하경효, "근로자의 책임제한 법리에 대한 연구", 「법정고시」 1995년 12월호, 법정고시사, 1995, 88면 이하. 노동법상 근로자책임제한의 법리가 사용자책임에서 피용자책임의 원리와 동일한 것은 아니다. 왜냐하면 노동법상 근로자책임제한법리는 종속노동을 하고 있는 근로자의 행위를 전제하여, 사용자와의 관계에서 불완전이행(적극적 채권침해)으로부터 발생하는 책임으로부터 근로자를 보호하려는 데 그 주된 목적이 있다. 민법상 피용자는 노동법상 근로자보다 넓은 개념이므로 피용자 중에서는 종속노동을 제공하지 않는 자들도 많이 존재한다는 점에서 가장 큰 차이가 있다.

11) 대법원 1987. 9. 8. 선고 86다카1045 판결. 같은 취지로 대법원 1994. 12. 13. 선고 94다17246 판결; 대법원 1992. 9. 25. 선고 92다25595 판결; 대법원 1991. 5. 10. 선고 91다7255 판결.

12) 구상권제한에 대한 학설과 판례에 대해서는 하경효, "사용자책임에서의 구상권제한에 관한 규율동향과 입법방향", 「안암법학」 제40호, 안암법학회, 2013, 560~563면 참조.

13) 김봉수, 사용자책임의 비교법적 경향", 236면.

임은 부진정연대채무관계에 있게 된다. 이러한 논리에서 보면 피해자는 자신의 선택에 따라서 사용자가 아닌 피용자에게 대하여 직접 손해배상을 요구할 수 있다는 결론이 나온다. 이러한 결론은 현행 사용자책임의 법적 성격을 무과실의 대위책임으로 이해할 경우에는 설명이 가능할 수 있겠으나, 자기책임적 과실책임의 입장에서 보면 사용자가 자신의 과책에 따라 책임을 지는 경우 피용자의 책임은 원칙적으로 배제 내지 제한되어야 한다. 피해자의 피용자에 대한 손해배상청구소송의 문제는 사용자의 피용자에 대한 구상권제한과 관련하여 문제가 된다. 즉, 사용자와 관계에서 일정한 부분(제한된 부분)에 대해서만 책임을 부담하거나 전혀 책임을 부담하지 않는 피용자일지라도 피해자가 자신에게 먼저 소송을 제기한다면 손해배상액 전부를 피해자에게 배상해야 하는 문제가 발생하기 때문이다.[14] 그렇다면 이를 해결하기 위하여 피해자의 사용자에 대한 청구를 우선 우선시키거나 피용자에 대한 청구를 일정한 경우에 배제할 수 있는지가 문제된다. 이 문제 또한 사용자책임의 법적성격에 따라 결론을 내릴 것인지, 즉 자기책임적 과실책임의 입장에 의할 경우 피해자의 피용자에 대한 청구는 배제 내지 제한할 것인지 아니면 대위책임적 과실책임에 따라 피해자의 피용자에 대한 청구를 전부 또는 일부 허용할 것인지, 또는 사용자책임의 법적 성격과 무관하게 개별 사례의 상황을 고려하여 피해자의 피용자에 대한 청구를 인정할 것인지로 귀결될 수 있을 것이다.

4. 소 결

사용자책임의 법적 성격에 관한 전통적인 입법주의에 따르면 다음과 같은 결과에 이르게 된다. 먼저 사용자책임을 대위책임으로 보게 되면, 피용자의 가해행위가 불법행위의 요건을 갖추어야 하고, 사용자의 면책가능성이 없으며, 원칙적으로 배상액전액을 사용자가 피용자에 대하여 구상할 수 있게 된다. 반면 자기책임으로 보게 되면, 피용자의 가해행위가 불법행위의 요건을 갖출 필요가 없고, 사용자에게 면책가능성이 인정되며, 원칙적으로 피용자에 대한 구상권이 인정되지 않는다. 우리 민법상 사용자책임에 관한 제756조 규정은 법문과 입법경위를 살펴보면, 사용자의 과실을 전제한 과실책임주의에 입각한 입법주의로 볼 수 있고, 다만 사용자의 과실을 추정함으로써 면책증명에 관한 책임을 사용자에게 전환한 것이다. 이는 자기책임적 과실책임주의와 대위책임적 무과실책임주의 중에서 분명 전자의 입법주의를 취하였다고 볼 수 있는 것이다. 그러나 사용자책임과 관련하여 판례는 사용자책임의 사례에서 사용자의 면책증명을 사실한 부정하는 태도를 취함으로써 자기책임적 과실책임주의적 법규정에도 불구하고 사용자책임을 사실상 대위책임적 무과실책임주의로 운용해오고 있으며, 학설 또한 대체로 이러한 입장에 동조

14) 이러한 불균형을 시정하기 위하여 피용자의 역구상권이나 면책청구권이 제시되고 있다. 피해자가 피용자로부터 배상을 한 경우, 이때 피용자가 사용자에 대하여 하는 구상권을 역구상이라고 하고, 이를 인정하는 것이 일본의 다수설과 판례의 입장이라고 한다(한웅길, “사용자책임에 있어 구상권에 대한 연구”, 「동아법학」 제17호, 동아대학교 법학연구소, 1994, 95~96면).

하고 있는 것으로 보인다.

사용자책임의 자기책임주의 내지 과실책임주의을 구체화한 제756조 제1항에도 불구하고, 동조 제3항은 사용자의 피용자에 대한 구상권을 규정함으로써 논리적인 일관성을 가지고 있지 못하다. 즉, 사용자책임이 결국 사용자 자신의 주의의무 위반에 기한 과실책임이라는 전제에서 피해자에게 손해배상책임을 진 사용자가 피용자에게 전액 또는 일부 구상을 하는 것은 논리적으로 일관되지 않는 것이다. 또한 사용자의 피용자에게 대한 구상권은 사용자책임을 발생시키는 피용자의 가해행위가 사용자가 부여한 업무수행에서 비롯된 것이고, 피용자가 사용자를 위해서 업무수행을 한 것이고, 손해의 직접적 원인이 되는 업무행위에 따른 이익이 전적으로 사용자에게 귀속되며, 손해방지에 대한 결정권이 주로 사용자에게 인정된다는 점 등을 고려하면 실질에도 맞지 않는 것이다. 우리 학설과 판례 역시 이러한 점에 근거하여 구상권에 대한 법규정에도 불구하고 다양한 근거에서 사용자의 피용자에 대한 구상권을 상당하게 제한하는 입장을 취하고 있다. 이러한 학설과 판례의 태도는 한편으로 사용자책임의 법적 성격인 자기책임적 과실책임주의에 반하는 사용자의 구상권규정을 법운용을 통하여 적절하게 시정하고 있는 것으로 평가할 수 있다. 그러나 다른 한편으로는 이러한 학설과 판례의 입장은 현행 민법규정과 괴리가 있다는 점도 부정하기 어렵다. 유사한 문제가 사용자의 책임과 피용자의 책임과의 관계에서서도 발생한다. 즉 피해자와의 관계에서 사용자와 피용자의 책임이 병존하는 것인지, 특히 피해자가 사용자가 아닌 피용자에 대하여 우선적으로 손해배상청구가 가능한지에 대해서도 자기책임적 과실책임주의 관점을 견지할 경우 피해자의 피용자에 대한 우선적인 청구는 배제 내지 제한되어야 할 것이다. 하지만 우리 학설과 판례는 사용자와 피용자의 책임을 부진정연대관계로 이해함으로써 원칙적으로 피해자의 피용자에 대한 청구를 긍정하고 있는데, 이는 논리적으로도 사례의 형평성 측면에서서도 검토의 여지가 있다.

사용자책임을 그 법적 성격에 따라 구분할 경우, 자기책임적 구성을 취하는 경우나 대위책임적 구성을 취하는 경우에도 현 민법상 사용자책임의 법규정과 이에 대한 학설과 판례의 법해석 내지 법운용태도를 일관되게 설명할 수 없다. 이러한 문제를 해결하는 방안으로 양 입법주의 중 어느 하나를 택일하여 규정을 만들고 그에 따라 법운용을 한다면, 일관되고 형평에 맞는 법운용이 가능할 것인가? 사견으로는 현재와 같은 사용자책임에 관한 단일한 규정만으로서 이러한 법규정과 법운용 실제의 괴리와 개별 사례에서의 타당성에 관한 문제를 모두 해결하기 어렵다고 생각한다. 왜냐하면 사용자책임의 전제가 되는 사용관계는 그 범위에 있어서 가사상 사용관계부터 사업상·기업상 사용관계는 물론이고, 위험사업에서의 사용관계까지를 모두 포함하므로, 이러한 사용관계의 특성을 고려하지 않고 이를 일률적으로 규율하고자 하는 것 자체가 무리이기 때문이다.[15] 사용자책임의 개별 사례를 고려하면, 사용자의 전적인 책임이 인정되고 피용

15) 동일한 취지로 강봉석, "사용자책임과 그 면책사유의 법적 성질", 130면; 권오승, "사용자책임", 193면.

자의 책임은 배제되는 것이 타당한 경우가 있을 수 있고, 사용자와 피용자가 동일하게 배상책임을 지는 것이 타당한 경우도 있을 수 있고, 오히려 어떤 사례에서는 사용자보다는 피용자의 배상책임이 더 무겁게 인정되어야 할 경우도 있을 수 있다. 이러한 개별 사례의 특수한 사정을 고려하면, 사용자책임의 법적 성격 중 어느 하나를 택하여 그에 따라 사용자의 전적인 책임 또는 사용자와 피용자 간의 책임분배를 하고자 하는 입법형태는 불완전하고도 일관성을 확보하기 어려운 입법이 될 수밖에 없을 것이다.

Ⅲ. 비교법적 검토

1. 독일 · 스위스

독일민법(BGB)에서 사용자책임에 관한 제831조[16]는 사용자가 자신과 지시종속관계에 있는 피용자가 부여받은 업무집행 중에 제3자에게 가한 손해에 대해서 책임을 진다고 보면서(동조 제1항 1문), 피용자의 선임, 장비나 기구의 설치, 지휘에 있어서 주의를 다하였다는 점 또는 주의를 하였더라도 손해가 발생하였을 경우에 면책될 수 있다고 규정하고 있다(동조 제1항 2문). 독일의 이러한 사용자책임은 사용자의 책임을 피용자의 선임 및 감독상에 근거한 자기책임으로서 과실책임주의에 입각한 것으로서, 다만 그의 과실을 추정하여 면책증명에 대한 책임을 전환하고 있는 입법이다.[17] 이러한 사용자책임규정에 대해 독일의 학설은 오랫동안 비판적 자세를 견지해 왔으며, 판례도 사용자의 면책증명을 엄격하게 제한함으로써 사용자책임을 사실상 엄격책임과 유사하게 운용해오고 있다.[18] 그리고 독일에서 사용자는 유책한 피용자와 함께 연대하여 손해배상책임을 부담하지만(제840조 제1항), 대내적으로는 사용자는 피용자에 대하여 전액을 구상할 수 있다(동조 제2항). 그러나 이에 근거한 사용자의 구상권은 판례에 의한 손해조정이라는 노동법상 원칙들에 따라서 피용자의 과실정도(경과실, 통상과실, 고의 및 중과실)에 따라서 제한되거나 배제될 수 있다.[19] 또한 피용자는 피해자로부터 청구를 받은 경우, 일정한 경우 면책청구권과 (역)구

16) 독일민법 제831조 (1) 타인을 어느 사무에 종사하게 한 자는 그 타인이 사무집행에 관하여 제3자에게 위법하게 가한 손해를 배상할 의무가 있다. 그러나 사용자가 피용자의 선임, 장비나 기구의 장치, 사무집행의 지휘를 함에 있어서 거래상 요구되는 주의를 다한 경우 또는 그러한 주의를 하였음에도 손해가 발생하였을 경우에는 배상의무가 없다.

17) 독일민법상 사용자책임에 관한 입법적 경과에 대해서는 김형석, “사용자책임의 입법주의 연구”, 446면 이하 참조.

18) 학설과 판례는 사용자책임규정의 취약성을 보완하기 위하여 다양한 시도를 해왔는데, 가령 보호의무에 근거하여 채무불이행책임을 확장하거나, 법인책임(독일민법 제31조)을 확대하여 적용하고, 조직과책(Organisations-verschulden)에 근거한 손해배상책임을 거래안전의무의 위반으로서 불법행위 일반규정(독일민법 제823조)에 따라 인정을 함으로써 면책가능성을 제한하는 것이 그 대표적인 예이다. 이에 대해서는 김봉수, 사용자책임의 비교법적 경향”, 219면; 김형석, “사용자책임의 입법주의 연구”, 451~452면; Christian von Bar, Gemeineuropäisches Deliktsrecht, C. H. Beck, 1996, S. 194 f. 197 f.; Hein Kötz/Gerhard Wagner, Deliktrecht, Verlag Franz Vahlen, 2013, S. 1245 ff.

19) 하경효, “사용자책임에서의 구상권제한에 관한 규율동향과 입법방향”, 567~569면.

상권을 가질 수도 있다.[20]

독일민법상 사용자책임에 대해서도 그동안 개정제안이 있었는데,[21] 먼저 1967년에 공표된 「손해배상규정의 개정 및 보충 법률안」(1967)[22]에서 사용자책임의 개정제안이 포함되어 있었다.[23] 동 법률안에서 무과실의 사용자책임이 제안되었는데, 구체적으로는 사용자의 과책이 아닌 피용자의 과책에 초점을 맞추었으며, 가사상 사용자와 영업상 사용자 간의 차이를 두지 않았으며, 위법성과 과책에 대한 증명책임은 피해자가 지게 되었다.[24] 그러나 동 법률안에 대해서는 피용자의 과책을 요건으로 함으로써 책임능력 없는 피용자에 대한 사용자의 책임이 탈락되어 피해자를 불운하게 만들 수 있고, 차별화 되지 않는 사용자에 대한 책임이라는 점 등의 비판이 있어 결국 받아들여지지는 않았다.[25] 다음으로 1981년 채권법개정 감정의견(Gutachten und Vorschläge zur Überarbeitung des Schuldrechts)에서는 1967년 법률안의 문제점을 보완한 개정안을 제시하였는데,[26] 동 법률안은 책임의 근거를 피용자의 과책으로 보았다는 점에서는 1967년 법률안과 동일하지만, 사용자의 피용자의 과책과 관련한 면책증명을 허용하고, 증명책임을 사용자에게 전환하였다는 점에서는 차이가 있다.[27]

스위스채무법(OR) 제55조 제1항[28]은 사용자의 주의의무위반과 인과관계를 추정하면서, 사용자가 손해예방을 위한 주의를 다하였거나 그러한 주의를 하였더라도 손해가 발생하였을 것을 증명한 경우 그의 면책을 인정하고 있다. 그러나 스위스연방법원은 사용자는 자신이 피용자에 대하여 적절한 선임, 지시, 감독을 했다는 것만으로는 부족하고, 손해발생의 방지를 위해 피용자의 행위를 합목적적으로 조직하였다는 증명할 것을 요구함으로서 사용자의 면책증명을 엄격하게 인정하고 있다.[29] 그리고 스위스채무법에 따를 경우 사용자의 근로자에 대한 구상권도 원

20) von Cees Dam, European Tort Law, Oxford University Press, 2006, p. 450.

21) 이에 대한 상세는 김봉수, "사용자책임(제756조)의 구분적 규율에 대한 입법적 검토", 「법학논총」 제22집 1호, 2015, 162면 이하 참조.

22) 원명칭은 "Der Referentenentwurf eines Gesetzes zur Änderung und Ergänzung schadensersatzrechtlicher Vorschriften(1967)"이다.

23) 타인에게 업무를 부여한 자는 그 타인이 업무수행 중에 고의 또는 과실로 인한 위법행위로 인해 제3자에게 가한 손해를 그 타인과 함께 배상할 책임을 진다.

24) Christian von Bar, Deliktsrecht, Bundesminister der Justiz(Hrsg.), Gutachten und Vorschläge zur Überarbeitung des Schuldrechts Band Ⅱ, Bundesanzeiger Verlagsges.mbH., 1981, S. 1754 ff.

25) Christian von Bar, Deliktsrecht, S. 1758 f.

26) 제831조(피용자에 대한 책임) 타인에게 업무를 부여한 자는 타인이 제3자에 대하여 업무수행 중에 위법하게 야기한 손해에 대해서 책임을 진다. 1문에 따른 사용자의 배상의무는 피용자에게 과책이 없는 경우에는 배제된다.

27) 이에 대한 상세는 Christian von Bar, Deliktsrecht, S. 1762, 1776.

28) 스위스채무법 제55조 (1) 사용자는 그의 근로자나 그 밖의 보조자가 직무나 업무의 수행으로 야기한 손해에 대하여 책임을 진다. 그러나 그가 그러한 종류의 손해를 예방하기 위한 모든 사정에 비추어 요구되는 주의를 다하였거나 그러한 주의를 하였더라도 손해가 발생하였을 것을 증명한 경우에는 그러하지 않다. (2) 사용자는 손해를 야기한 자에 대하여 그 자 스스로 손해배상의무를 지는 경우 구상을 할 수 있다.

칙적으로 인정되지만, 이때 근로자의 책임의 범위는 근로자가 수행하는 업무의 위험성, 그의 교육수준과 전문지식의 정도, 그에게 요구되는 주의의무의 수준에 따라서 제한 내지 배제될 수 있다(스위스채무법 제321e조 제1항).[30)]

2. 프랑스 · 오스트리아 · 네덜란드

프랑스에서 사용자책임[31)]은 프랑스민법(Code Civil) 제1384조 제5항[32)]에서 규율하고 있다. 동 규정상 사용자책임의 주체가 되는지 여부는 자신의 고유한 권한으로 피용자(préposé) 또는 부하(subordonné)에게 지시 내지 명령을 하는 자인지, 그리고 피용자가 사용자의 감독 · 지시 · 통제하에 업무를 수행하는지가 중요하다.[33)] 사용자책임을 묻기 위해서는 피해자가 피용자 측의 과실을 증명해야 한다는 점에 대해서는 판례와 학설이 일치한다.[34)] 그리고 프랑스민법 제1384조 제5항에 따른 사용자책임은 반증불가능한 책임(responsabilité de plen droit)이므로, 책임발생의 요건을 갖춘 경우라면, 사용자는 피용자 등이 야기한 손해에 대하여 대위책임을 부담하게 되며, 이때 어떠한 항변도 인정되지 않는다.[35)] 즉, 사용자는 엄격한 책임을 부담함으로 면책될 수 없다.[36)] 또한 프랑스에서 피해를 배상한 사용자는 피해자의 권리를 대위하여 피용자에 대해 구상할 수 있는 것이 원칙이었지만,[37)] 파기원은 사용자의 구상권의 행사가능성을 지속적으로 줄여왔다. 이러한 파기원의 논거는 피용자에게 과책이 있는 경우에만 구상이 가능하다라든지,[38)] 피용자는 그의 업무의 범위를 넘지 않는 이상 가해행위에 대하여 책임을 지지 않는다는 것이었

29) 김봉수, 사용자책임의 비교법적 경향", 219면; Heinrich Honsell, Schweizerisches Haftpflichtrecht, Schulthess Verlag, 2005, S. 136 f.

30) 하경효, "사용자책임에서의 구상권제한에 관한 규율동향과 입법방향", 579~580면.

31) 이에 대한 설명은 김봉수, 사용자책임의 비교법적 경향", 206~207, 218면의 내용을 요약 · 인용한 것이다.

32) 프랑스민법 제1384조 제5항 주인과 사용자는 그들이 고용한 범위 내에서 그의 하인이나 피용자에 의해 발생한 손해에 대하여 책임이 있다.

33) 대기업의 경우에는 사업주만이 사용자이고, 자신의 고유한 권한으로 행위하지 않는 중간 간부직원은 사용자가 아니다. 그리고 가족관계나 친교관계 등으로부터 사용자책임이 발생할 수도 있다. 이에 대해서는 Murad Ferid/Hans Jürgen Sonnenberger, Das Französische Zivilrecht Band 2 Schuldrecht: Die einzelnen Schuldverhältnisse, Sachenrecht, 2 Aufl., Heidelberg 1986, mbH, Rn. 2 O 224 f.

34) Gehard Wagner, Grundstrukturen des Europäishen Deliktsrechts, *Reinhard Zimmermann(Hrsg.), Grundstrukturen des Europäishen Deliktsrechts*, Nomos, 2003, S. 294.

35) Murad Ferid/Hans Jürgen Sonnenberger, Das Französische Zivilrecht, Rn. 2 O 232; S. Galand-Carval, Liability for Damage Caused by Others under French Law, in: Jaap Spier(Ed.), Unification of Tort Law, Kluwer International, 2003, pp. 93~94; Sonnenberger Jürgen/Autexier, Einführung in das französische Recht, Verlag Recht und Wirtschaft, 2000, S. 139.

36) Gehard Wagner, Grundstrukturen des Europäishen Deliktsrechts, S. 294.

37) Ferid/Sonnenberger, Das Französische Zivilrecht, Rn. 2 O 234. 그러나 손해배상을 한 피용자는 피해자의 권리를 대위할 수 없는데, 왜냐하면 사용자책임규정(제1384조 제5항)이 단지 피해자의 보호를 목적으로 하기 때문이다고 한다.

38) Com. 12. October. 1993, D. 1994 124.

고,[39] 2001년에는 피용자가 고의적으로 행위한 경우에만 책임을 진다고 보았다.[40]

오스트리아[41]에서는 오스트리아민법(ABGB) 제1315조[42]가 사용자책임을 규정하고 있는데,[43] 오스트리아의 사용자책임은 다른 나라와 달리 고용이나 사용자와 같은 일반적인 개념을 전제하지 않고, 자신의 사무를 위해 부적격하거나 고의로 위험한 사람을 사용한 자에게 그들이 야기한 손해에 대해 책임을 진다는 점에 특색이 있다. 이를 구체적으로 보면, 오스트리아에서 사용자책임은 부적격한 보조자와 위험한 보조자의 두 가지 경우에만 발생하는데, 우선 부적격한 보조자의 경우 사용자는 자신이 선임한 보조자의 능력이 업무를 수행하기에 부적격하다는 사실에 의하여 책임을 부담하게 된다. 왜냐하면 적성의 결함은 제3자에 대하여 특별한 위험원을 창출하기 때문이다.[44] 다음으로 사용자는 위험한 보조자에 대하여 책임을 지는데, 이때 위험성은 그의 인적인 성질(자질)에 관련한 것으로서 보조자에게 절도습성이 있거나 전염병, 또는 폭력성이 있는 경우가 이에 해당한다. 그러나 단순히 위험한 보조자라는 사실만으로는 부족하고 이에 대하여 사용자가 그 위험성을 알았고, 보조자의 그러한 위험성이 현실화되었을 때에 책임을 진다. 이때 사용자의 인식은 위험성에 대한 것을 말하고, 손해발생의 구체적인 가능성까지 인식해야만 하는 것은 아니다. 이러한 오스트리아의 사용자책임은 그 규정형식과 불법행위법 일반원칙인 제1313조를 고려하면, 사용자가 부적격하거나 위험한 자를 선임한 데 따른 과실에 근거한 책임으로 볼 수 있다. 그러나 오스트리아의 다수의 학설은 사용자책임을 과실에 기초한 책임이 아닌 무과실책임으로 보고 있다. 왜냐하면 부적격한 보조자의 경우 사용자가 그러한 사실의 부지를 증명함으로써 면책될 수 없고, 위험한 보조자의 경우 사용자의 인식의 대상은 손해가 아닌 보조자의 위험성에 대한 것이므로, 사용자가 보조자의 위험성을 인식한 이상 손해의 방지를 위한 조치를 충분히 취했다고 하더라도 면책될 수 없기 때문이다.[45] 그리고 오스트리아에서 사용자의 피용자에 대한 구상권은 원칙적으로 인정되지만(오스트리아민법 제1313조), 사용자와 피용자간에 고용관계가 존재하는 경우 피용자책임제한법(DHG)에 따라 피용자의 과실의 경중에 따라 사용자의 구상권이 제한 내지 배제된다.[46]

---

39) Ass. Plén 25 February 2000, JCP 2000. Ⅱ. 10295.

40) Ass. Plén 14 December 2001, D. 2002. 1230.

41) 이 부분은 김봉수, 사용자책임의 비교법적 경향", 217면의 내용을 요약·인용한 것이다.

42) 오스트리아민법 제1315조 부적격하거나 알면서 위험한 사람을 그의 사무에 종사시킨 자는 그 자가 그러한 특성으로 인하여 제3자에게 끼친 손해에 대하여 책임이 있다.

43) 오스트리아민법 제1313a조는 이행보조자책임을, 그리고 제1315조는 사용자책임을 규정하고 있으며, 민법 이외에도 사용자의 지위에 있는 자들의 책임을 확장하는 많은 특별법(상법, 자본시장법, 정보보호법, 전자서명법 등)을 두고 있다.

44) Rudolf Welser, Schuldrecht Allgemeinter Teil: Schuldrecht Besonderer Teil, Erbrecht, Manzsche− und Universitätsbuchhandlung, 2007, S. 358 f.

45) Helmut Koziol/Klaus Vogel, Liability for Damges Caused by others under Austrian Law, in: Jaap Spier(Ed.), Unification of Tort Law, Kluwer International, 2003, pp. 18~19.

46) 하경효, "사용자책임에서의 구상권제한에 관한 규율동향과 입법방향", 577~579면; H. Koziol/K. Vogel,

네덜란드민법(BW) 제6:107조에서 사용자책임을 정하고 있는데, 그 내용은 다음과 같다. “네덜란드민법 제6:170조 (1) 자신의 사업을 위하여 피용자로 하여금 업무를 이행하도록 한 사용자는 가해행위의 위험이 피용자의 업무수행에 의해 증가되었고, 법률관계에 근거하여 가해행위와 관련한 지시권을 가진 경우, 피용자의 가해행위로 인해 제3자가 입은 손해에 대하여 책임을 진다. (2) 사용자가 자연인이고, 피용자가 사용자의 직무나 사업을 위해서 행위를 한 것이 아닌 경우, 사용자는 피용자가 자신으로부터 부여받은 업무를 수행하면서 가해행위를 한 경우에만 책임을 진다. (3) 사용자와 피해자 모두 손해에 대해 책임이 있는 경우, 피용자는 내부적 관계에서 손해배상을 분담하지 않지만, 손해가 피용자의 고의나 의식적인 부주의로 인한 경우에는 그러하지 아니하다. 사용자와 피용자의 법률관계의 성질을 비롯한 제반사정에 따라서 그와 다를 수 있다.”[47] 동 규정에 따르면, 네덜란드의 사용자책임은 면책가능성이 없다는 점에서 무과실책임으로 볼 수 있다. 그리고 네덜란드에서 사용자는 악의적 또는 의식적인 과실(malice or conscious recklessness)에 의한 피용자의 행위가 있는 경우에만 구상청구를 할 수 있다(네덜란드민법 제6:107조 제3항).[48]

3. 유럽불법행위법원칙과 유럽사법초안

유럽불법행위법원칙(PETL)은 사용자책임을 동 원칙 제6:102조(보조자에 대한 책임)에서 규정하고 있는데, 그 내용은 다음과 같다. “유럽불법행위법원칙 제6:102조 보조자에 대한 책임 제1항 사용자는 보조자가 그에게 요구되는 행위의 기준을 위반하여 그의 업무의 범위 내에서 가한 손해에 대하여 책임이 있다. 제2항 독립적 계약자는 이 규정의 목적에 있어서 보조자로 고려되지 않는다.” 유럽불법행위법원칙은 법문에 따라서 대위책임의 성격을 가지며, 또한 사용자의 면책가능성이 없는 무과실책임으로 볼 수 있다.[49] 왜냐하면 동 원칙에서 사용자책임은 과실에 근거한 책임이 아니라 업무나 이익에 의해서 유발된 위험에 근거하는 책임이기 때문이다.[50] 그리고 유럽불법행위법원칙의 가장 큰 특징은 사용자책임을 구분하여 규율하고 있다는 점이다. 즉, 유럽불법행위법원칙의 제4:202조에서는 기업책임을, 제5:101조 · 제5:102조에서는 엄격책임을, 제6:102조에서는 사용자책임(보조자에 대한 책임)을 정하고 있다.[51]

Liability for Damges Caused by others under Austrian Law in: J. Spier(Ed.), Unification of Tort Law, para. [59].

47) 독일어번역본(Franz Nieper/Arjen S. Westerdiik, Niederländisches Bürgerliches Gesetzbuch, Kluwer Law International, 1995, S. 74)을 참조하였다.

48) 이에 상세한 소개로는 하경효, “사용자책임에서의 구상권제한에 관한 규율동향과 입법방향”, 580~581면.

49) Oliver Moréteau, in: European Group on Tort Law, Principles of European Tort Law. Text and Commentary, Springer, 2005, p. 118.

50) 유럽불법행위법원칙 제6:102조. 그리고 Oliver Moréteau, Principles of European Tort Law, PETL Art. 6:102 pp. 112, 116, 118 참조.

51) 김봉수, “사용자책임(제756조)의 구분적 규율에 대한 입법적 검토”, 167~168면.

유럽사법초안(DCFR)에서는 "법적으로 유의미한 손해를 입은 자는 그 손해를 고의 또는 과실로 야기한 자 또는 그 밖의 사유로 그 손해야기가 귀책되는 자에게 배상에 대한 권리를 가진다"(동 초안 Ⅵ-1:101 제1항)고 하여 비교적 폭넓은 규정을 두고 있다. 또한 이 초안은 사용자의 고의 또는 과실을 전제하지 않는 무과실책임으로서 사용자책임을 규정하고 있는데, "타인을 고용하거나 이와 유사하게 사용하는 자는 노무자나 피용자가 고용 또는 사용에 관하여 손해를 야기하였고, 고의 또는 과실로 혹은 그 밖의 방법으로 손해에 대하여 책임이 있는 경우, 제3자가 입은 손해에 대하여 책임을 진다"고 규정하고 있다(동 초안 Ⅵ-3:201). 규정의 법문에도 명시되었듯이 사용자책임은 사용자의 고의나 과실을 요건으로 하지 않는 무과실책임이다. 이러한 규정을 제안한 취지는 비교법적으로 다수의 국가들이 무과실의 대위책임에 기초한 사용자책임을 두고 있고, 과실책임으로 사용자책임을 규정하고 있는 나라에서도 그 운용에 있어서 사실상 무과실책임에 근접해 있다는 점이라고 한다.[52)]

4. 소 결

사용자책임을 법적 성격에 따라서 구분해 보면, 과책주의에 입각한 입법례로서 독일민법과 스위스채무법이 있고, 이와 달리 프랑스민법 · 오스트라이민법 · 네덜란드민법과 유럽불법행위법원칙(PETL) · 유럽사법초안(DCFR)에서는 무과실책임으로 사용자책임을 규정하고 있다.[53)] 그러나 이러한 구분되는 사용자책임의 입법례에도 불구하고 그 운용에 있어서의 차이는 크지 않는데, 왜냐하면 프랑스, 네덜란드, 유럽불법행위법원칙(PETL), 유럽사법초안(DCFR)과 같이 대위책임적 무과실책임으로 사용자책임을 규정한 입법례에서는 물론이고, 과실책임주의에 따라 사용자책임을 규정한 독일이나 스위스에서도 — 사용자의 면책증명의 엄격한 허용을 통하여 — 사실상 사용자는 사실상 무과실책임을 부담하기 때문이다. 이와 같이 사용자가 엄격한 책임을 지게 되는 것은 사용자책임이 사용자의 자기책임으로의 성격이 강하기 때문이다. 즉, 피용자의 가해행위로 인한 손해가 사용자의 영역에 존재하는 위험이고, 사용자가 피용자를 사용함으로써 자신의 경제적 활동을 확장하고 이익을 증가시키고자 하였기 때문이다.[54)]

---

52) 김형석, "사용자책임의 입법주의 연구", 470면; Hein Kötz/Gerhard Wagner, Deliktrecht, S. 132.

53) 벨기에와 룩셈부르크 민법(제1384조 제3항), 그리스민법(제922조), 이탈리아민법(제2049조), 포르투갈민법(제500조)도 마찬가지라고 한다(Christian von Bar, Gemeineuropäisches Deliktsrecht, S. 190). 이러한 엄격한 사용자책임은 respondeat superior원칙, 즉 보조자의 불법행위는 사용자에게 책임이 귀속된다는 원칙에 근거한 것이다(Hein Kötz/Gerhard Wagner, Deliktrecht, S. 124). 그리고 영미법에서 사용자책임도 사용자의 자기과책이나 면책가능성이 고려되지 않는 무과실책임의 대위책임으로 인정되고 있다(리스테이트먼트 제2.04조 사용자책임 : 사용자는 피용자가 고용의 범위에서 행위한 경우, 피용자에 의해서 범해진 불법행위에 대해 책임을 진다).

54) Helmut Koziol/Klaus Vogel, Liability for Damges Caused by others under Austrian Law in: J. Spier(Ed.), Unification of Tort Law, p. 118. 경제적인 관점에서도 — 위험을 초래하게 되는 — 업무 전체를 조율할 수 있는 자인 사용자가 그에 상응한 위험원을 형성한 것으로 볼 수 있기 때문이다(Christian von Bar, Gemein-

사용자책임에 관한 입법례를 대위책임적 무과실책임주의와 자기책임적 과실책임주의로 구분해 볼 때, 양자 중 어느 하나를 선택하는 것은 다음과 같은 문제를 발생시킨다. 먼저 무과실책임주의를 취하는 경우, 사용자책임은 면책증명이 허용되지 않는 것으로 귀결되는데, 이러한 엄격한 책임은 사용자가 기업이거나 이에 준하는 조직을 갖춘 경우에는 문제가 없지만, 가사상 사용관계를 비롯한 비영업적 사용관계에는 부적합한 측면이 있다. 그리고 무과실책임주의에 따른 국가들에 있어서 피용자에 대한 사용자의 구상권은 상당하게 제안 내지 배제 되는데, 이는 무과실책임주의에 따른 사용자와 피용자간 손해분담의 형평성을 실무적으로 해결한 것으로 볼 수 있다는 점에서 무과실책임주의의 한계를 잘 나타낸 것이라고 생각한다. 반면 사용자책임을 과실책임주의에 따라 규정하는 것 역시 문제를 소지를 안고 있다. 앞서 살펴 본바와 같이 과실책주의에 입각한 나라들은 법규정에서 사용자의 증명책임을 규정하고 있음에도 불구하고 판례와 실무에서 면책증명을 매우 엄격하게 제한하고 있다. 이런 점은 이들 나라에서 사용자책임규정이 면책증명을 허용하기 어려운 경우, 대표적으로 사용자가 기업과 같은 법인의 형태일 경우를 적절하게 포괄하지 못한다는 것을 드러내는 것이다. 또한 법인인 사용자는 가해행위가 법인의 대표자들에 의한 것인 때에는 무조건적 책임을 지는 반면, 그 밖의 다른 직원들의 가해행위에 대해서는 면책될 수 있는 문제가 있어 다양한 방법을 통해서 이를 우회적으로 해결하고 있는 것이다.[55] 또한 과실책임주의를 취하는 경우에도 일정한 요건 하에 사용자의 피용자에 대한 구상권을 인정한다는 점에서 과실책임주의를 구상권에까지 일관되게 적용하는 데 상당한 어려움이 있다.[56] 이와 같이 양자 어느 하나를 취하는 사용자책임의 입법주의로는 사용자의 종류나 사용관계를 포괄하기는 어렵다는 결론을 얻을 수 있다.

Ⅳ. 사용자책임의 입법론

1. 우리나라의 논의현황

우리나라에서도 사용자책임과 관련한 입법론은 지금까지 다양하게 제시되고 있다. 이러한 사용자책임의 입법론은 사용자의 면책증명의 인정여부, 그리고 사용자의 피용자에 대한 구상권의 제한에 관한 것이 주를 이루고 있다. 이러한 입법적 논의 중에서 이하에서는 단일한 규정에 근거한 사용자책임의 규율에 대한 문제의식에 기반하여 사용자책임의 법적성격과 면책증명에 관한 제안을 중심으로 살펴보고자 한다. 사용자책임의 입법론으로서 사용자의 유형이나 사용관계의 내용에 따라 구분하여 규율해야 한다는 견해들이 있다.[57] 예를 들어 기업책임에 대한 별

europäisches Deliktsrecht, S.190).

55) 이에 대해서는 Hein Kötz/Gerhard Wagner, Deliktrecht, S. 124 ff. 이로 인해 우리나라는 물론이고 독일의 판례도 법인의 불법행위책임의 대상이 되는 행위와 대표자의 범위를 확장해오고 있다.

56) 김봉수, “사용자책임(제756조)의 구분적 규율에 대한 입법적 검토”, 169~170면.

도의 입법을 통한 사용자책임의 2원적 규율을 주장하면서, 제756조와 달리 무과실책임으로 이를 구성하여야 한다거나, 기업책임에 대한 특별법의 제정이 필요하다는 견해, 기업책임사례에서 면책사유와 구상권인정이 부적절하므로 이에 대한 수정이 필요하다는 견해 등이 있다.[58] 이 중에서 사용자의 면책과 피용자에 대한 구상권을 규정한 현행 사용자책임만으로 사용자책임사례를 모두 규율하기에는 어렵다고 보고, 가사노동의 사용관계와 기업의 사용관계를 구별하고자 하는 견해가 있는데, 이에 따르면, 가사노동의 사용관계에서는 사용자의 피용자에 대한 선임과 감독이 쉬우므로 이에 대한 충분한 주의의무를 이행할 수 있었다는 점을 들어 면책을 인정할 수 있지만, 대기업에서는 사실상 그러한 면책증명이 불가능하다는 것이다. 따라서 입법론적으로 양자를 구별하여 입법하는 것이 필요하다고 보는 것이다. 특히 이 견해는 양자의 구별기준으로서 중소기업기본법시행령 제3조를 제시하고 있다.[59] 다음으로 사용관계를 그 성질에 따라 나누면서, 그 차이를 과실여부보다는 책임능력과 사용자의 면책여부에 중점을 두는 견해이다. 이 견해는 입법론적으로 사용자와 피용자의 관계를 상사사용관계와 기타 사용관계로 구분하여, 상사사용관계의 경우에는 실질적 지휘감독을 요구하지 않고 조직편입 자체만으로 책임을 인정할 수 있다고 본다. 반면 기타의 사용관계의 경우에는 실질적 지휘감독을 요구할 수 있다고 보고 있다. 그리고 상사사용관계에서는 사용자의 면책을 부정하고, 기타의 경우에는 면책이 가능하다고 본다.[60]

2. 독일 · 스위스의 개정논의

우리의 사용자책임은 비교법적으로 독일과 스위스와 거의 동일하다고 볼 수 있다. 특히 사용자책임을 증명책임이 전환된 과실책임주의로 규정한 것은 독일민법의 영향을 많이 받은 것이다. 또한 과실책임주의에 입각한 사용자책임에 따른 문제를 학설과 판례를 통해서 보완하고 있는 것 역시 독일과 상당히 유사한 측면을 가지고 있다. 따라서 이하에서는 독일과 스위스에서 사용자책임과 관련한 개정제안과 관련한 논의를 소개하고, 아울러 최근의 입법례인 유럽불법행

57) 이에 대한 상세는 김봉수, “사용자책임(제756조)의 구분적 규율에 대한 입법적 검토”, 174~175면.

58) 이에 대한 소개로는 김천수, “사용자책임의 입법론적 쟁점”, 57면 참조.

59) 한삼인 · 정두진, “사용자책임의 본질과 그 면책의 법적 의미”, 「법학연구」 22권 1호, 충남대학교 법학연구소, 2011, 202~203면. 이 견해는 중소기업기본법시행령 제3조에서 정한 기준에 해당하는 경우까지를 기업의 사용관계로 보고, 이에 미치지 못하는 경우를 가사상 사용관계로 보고 있다. 그래서 가사상 사용관계의 경우에는 현행 사용자책임에 관한 제756조에 따른 과실책임을 지우고, 기업의 사용관계로 인한 손해에 대해서는 특별규정으로 두어 무과실의 책임을 지우는 것이 합리적이라는 것이다. 그러나 이 견해는 가사상 사용관계와 기업의 사용관계의 구별을 위한 명확한 기준을 제시하였다는 점에서는 높이 평가할 수 있으나, 중소기업기본법시행령이 양자를 구별하는 기준이 될 수 있다는 점에서는 의문이 없지 않다. 왜냐하면 기업책임을 묻는 것은 기업책임의 요건에 충족하기 때문이지, 동법 시행령에서 말하는 근로자의 수나 자산이나 자본액과 같은 요소만으로 평가할 수 있는 것이 아니기 때문이다. 따라서 동법 시행령의 중소기업에 관한 정의규정은 양자의 구별에 있어서 단순한 참조자료로서의 성격을 가지는 것으로 보는 것이 타당할 것으로 생각한다.

60) 김천수, “한국 불법행위법에 관한 최근 입법 논의”, 「민사법학」 제57호, 한국민사법학회, 2011, 16~17면.

위법원칙(PETL)에 대해서도 간략히 살펴본다.[61] 먼저 독일의 경우, 과실책임주의에 기초한 독일민법상 사용자책임규정에 대해서는 오랫동안 학계와 판례로부터 비판을 받아 왔다. 이러한 비판을 수용하는 차원에서 사용자책임에 대한 개정안이 제시된 바 있다.[62] 앞서 언급한 1967년 법률안은 사용자 자신의 과책에 근거한 과실책임적 구성과는 반대로 피용자의 과책에 근거한 — 또한 면책증명을 허용하지 않는 — 무과실책임형태의 사용자책임을 제안한 바 있다. 그리고 1981년 채권법개정 감정의견도 사용자책임에 관한 제831조 개정사항을 포함하고 있는데, 동 법률안 역시 피용자의 과책에 근거한 사용자책임을 규정하면서, 피용자의 과책이 없는 경우 사용자가 이를 증명하여 면책될 수 있는 가능성을 두고 있었다. 위 두 법률안 모두 사용관계의 유형을 구별하지 않는 것을 전제로 무과실책임으로 사용자책임을 제안하였다는 점에서, 기업적·영업적으로 활동하는 사용자에게는 몰라도 소규모의 가족기업을 운영하거나 가사보조인을 고용한 사용자에게는 가혹한 책임을 묻는 결과를 초래할 우려가 있었다.[63] 사용관계를 구별하지 않은 이유에 대해서 1981년 감정의견에서는 사용자책임에서 중요한 것은 사용자의 형태(가사상 사용자·영업적 사용자 또는 소기업·대기업)에 따른 구분이 아니라 책임을 수반하는 업무를 피용자에게 부여하였고, 이를 사용자가 (책임)보증한 것이라고 보았기 때문이다. 또한 대기업과 소기업 간의 합리적인 구별기준을 설정하기 어려울 뿐더러, 피용자의 수나 규모는 내적인 관계로서 대외적으로 나타나지 않는다는 점도 근거로 들었다.[64]

스위스의 책임법의 개정을 위해 비트머(Widmer) 교수와 베쎄너(Wessener) 교수에 의해 완성된 「책임법의 개정과 통일화」(2001. 10. 9) 예비초안(Vorentwurf)은 책임법 분야의 상당한 개정사항을 담고 있다.[65] 특히 예비초안은 1988년에 결성된 연구위원회(Studienkommission)[66]가 보고서(1991)에서 책임법의 일반적 책임근거로 든 세 가지, 즉 과책책임, 조직책임, 그리고 위험책임을 수용하여 제48조 이하에서 규정하고 있다. 비록 예비초안은 2009년에 최종적으로 좌절되었지만, 사용자책임과 관련한 중요한 제안사항을 담고 있다는 점에서 의미가 크다.[67] 예비초안 제41

61) 아래의 독일과 스위스에서 사용자책임에 관한 개정안에 대한 내용은 김봉수, “사용자책임(제756조)의 구분적 규율에 대한 입법적 검토”, 171~174면을 요약하여 인용한 것이다.

62) 이에 대해서는 앞의 Ⅲ. 1. 참조.

63) Christian von Bar, Deliktsrecht, Deliktsrecht, S. 1758.

64) Christian von Bar, Deliktsrecht, Deliktsrecht, S. 1776.

65) 이 부분은 김봉수, “사용자책임(제756조)의 구분적 규율에 대한 입법적 검토”, 172~174면에서 요약·인용한 것이다.

66) 스위스의 책임법은 1911년 이후 스위스채무법(OR) 제41조 내지 제61조에서 규정되어 실질적 변경 없이 시행되어 왔었다. 그러나 특별법에 산재한 위험책임 등과 같은 법분리문제를 극복하기 위하여 노력을 해오다가 1988년 8월 스위스 할레지역에서 발생한 화학재난 이후 스위스연방 법무경찰부는 정책적 압박으로 인해 초안작성을 위한 연구위원회를 위촉했고, 동 위원회는 연방법의 총체적인 책임법 규정들을 대상으로 한 개정작업을 진행하였다(Daniel Koch, Die Gesamtrevision des schweizerischen Haftpflichtrechts, ZEuP 3/2001, 753).

67) 김형석, “사용자책임의 입법주의 연구”, 455면.

조는 책임귀속근거에 대한 규정인데, 동조 제1항은 사람은 법률에 따라 귀속되는 경우에 손해배상의 의무가 있다고 정하고 있고, 동조 제2항에서는 책임귀속의 근거로서 a. 유책한 행태로 인해 손해를 야기한 자(제48조), b. 하나 또는 여러 명의 보조자를 사용한 자(제49조와 제49a조), c. 특별하게 위험한 활동을 한 자(제50조)를 들고 있다. 특히 동조 제2항은 앞서 언급한 연구위원회의 세 가지의 일반적 책임근거인 과책책임, 조직책임, 그리고 위험책임을 그대로 받아들인 것이다.[68] 예비초안에서 사용자책임은 예비초안 제41조 제2항 b에 따라서 제49조와 제49a조에서 규정되어 있다.[69] 예비초안 제49조는 "보조자를 사용한 자는 보조자가 업무수행 중에 가한 손해에 대해서 책임이 있다. 단, 그가 보조자의 선발, 지시 및 감독에 있어서 손해의 방지하기 위해 요구되는 정도를 다하였다는 것을 증명한 때에는 그러하지 아니하다"라고 하여 현재 스위스채무법 규정과 유사한 일반적인 보조자의 책임을 정하고 있다. 반면 제49a조는 "경제적 또는 직업적 활동을 수행하는 사업을 위한 기업을 위해 하나 또는 다수의 보조자를 사용한 자는 그러한 활동의 범위 내에서 야기된 손해에 대해서 책임이 있다. 단, 사업의 조직이 손해의 방지를 위해 적합하지 않았음을 증명한 경우에는 그러하지 아니하다"라고 하여 종래 스위스채무법 제55조 제1항과 관련한 지배적인 판례에서 인정되어 온 조직(기업)책임을 성문화한 규정이다. 이때 "사업"(Unternehmung)은 종속적인 관계에 있는 자를 고용하는 것을 요건으로 하며, "경제적 또는 직업적 활동"이란 이윤추구적인 사업과 더불어 경제적 활동을 통한 수단을 이용하는 단체도 포함한다. 그리고 "직업적 활동"의 개념에는 노동조합의 활동도 포함된다.[70] 다만 예비초안 제49조와 제49a조는 그 적용범위에서 차이가 있다. 우선 제49조는 경제적·직업적 활동을 수행하는 사업 이외의 영역에서 발생한 손해에 대한 것이다.[71] 반면 제49a조는 조직하자(Organisationsmängel)에 대한 기업책임에 대한 규정으로서 분업화·구조화되고 더 이상 효과적인 통제가 가능하지 않은 근로·생산과정에 따라 증가된 조직위험(Organisationsrisiko)에 대한 것이다.[72] 또한 양 규정은 보조자를 사용하는 자의 면책증명의 요구에 대한 정도에 있어서 차이가 있는데, 예비초안 제49조에서 면책증명은 종래 스위스채무법 제55조 제1항과 같이 주의 깊은 선임, 지시 및 감독이라

68) Daniel Koch, ZEuP 3/2001, 753.

69) 양 규정은 2013년 스위스 법학교수들에 의해 제안된 「채무법개정안 2020」(Der Entwurf Obligationenrecht 2020)에서도 수정없이 그대로 유지되었다. 이에 대한 소개로는 Christoph A. Kern und Nicole Jasmin Bettinger, Schuldrechtsmodernisierung in der Schweizer? – Der Entwurf Obligationenrecht 2020, ZEuP 3/2014, 562 ff.

70) Bundesamt für Justiz, Vorentwurf zu einem Bundesgesetz über die Revision und Vereinheitlichung des Haftpflichtrechts, 2000, S. 14.

71) 따라서 예비초안 제49조가 실제로는 소멸직전인 가사노동자의 범주에서만 효력을 가질 것이라는 지적으로는 Pierre Widmer, Reform und Vereinheitlichung des Haftpflichtrechts auf schweizerrischer und europäischer Ebene, Reinhard Zimmermann(Hrsg.), Grundstrukturen des Europäishen Deliktsrechts, Nomos, 2003, S. 171.

72) Pierre Widmer, Reform und Vereinheitlichung des Haftpflichtrechts auf schweizerrischer und europäischer Eben, S. 171~172.

는 종래의 단계증명에 따른다. 반면 제49a조는 엄격한 책임으로서 적절한 조직편성에 대한 면책증명만을 인정하고 있다.[73]

유럽불법행위법원칙(PETL)에서도 사용자책임은 과실에 근거한 책임이 아니라 업무나 이익에 의해서 유발된 위험에 근거하는 책임인데,[74] 동 원칙성안과정에서 위원회는 각국의 입법례에서 사용자가 피용자의 행위에 대하여 책임을 지기 위한 요건으로서 피용자의 과실을 전제로 한 불법행위를 요구하는지 여부에 대한 비교법적 검토를 한 결과, 피용자의 과실과 책임능력을 요하는 것을 다수의 입장으로 평가하였다. 이에 유럽불법행위원칙도 사용자책임을 보조자가 개인적으로 책임이 있는 경우, 즉 보조자가 요구되는 행위기준을 위반한 경우에만 정당화될 수 있다고 보았다.[75] 따라서 보조자의 과실 있는 행위로 판단되지 않는 경우, 이때 사용자는 책임을 지지 않는다.

3. 소결 : 검토 및 사견

앞서 살펴 본 바와 같이 비교법적으로 보면 우리나라와 달리 무과실책임주의에 입각한 사용자책임을 규정하고 있는 다수의 입법례들이 존재하고 있으며, 과실책임주의에 입각한 사용자책임을 규정한 입법례에서는 그에 따른 여러 가지 문제들을 사용자책임규정의 엄격한 해석과 운용을 통하여 보완하고 있음을 알 수 있다. 이러한 외국의 사용자책임의 엄격화경향과 같은 맥락에서 우리나라에서도 대위책임적 무과실의 사용자책임을 전제로 사용자의 면책가능성을 제한하자는 주장이 있고,[76] 2012년 법무부 민법개정위원회의 개정안연구를 위해 수행된 연구용역보고서에서도 사용자의 면책가능성을 배제한 개정시안을 선보인 바 있다.[77] 그렇다면 피해자의 보호 내지 피용자의 보호 등의 관점을 고려하여 사용자의 무과실책임 내지 엄격한 책임으로 입법하는 것이 바람직한 것인가? 그러나 이러한 엄격한 책임이 일정한 규모 이상의 조직을 갖춘 기업에 대해서는 적정한 책임으로 작용할지 모르지만, 소규모의 기업, 더 나아가 가사상 사용관계나 일시적 사용관계 등에 대해서 까지 적용되게 되면, 사용자적 지위에 있는 자들에게 지나친 부담이 될 수 있다.[78] 비록 보험가입을 통해서 이러한 자들이 그 책임을 분산할 여지가 없지 않지만, 보험에 따른 비용 또한 현실적으로 부담이 될 수 있을 것이다. 그리고 사용자책임을 일률적으로 무과실책임으로 규율하자는 견해에 따르면, 소규모의 기업이나 가사상 사용관계 등을

---

73) Bundesamt für Justiz, Vorentwurf zu einem Bundesgesetz über die Revision und Vereinheitlichung des Haftpflichtrechts, S. 14; Daniel Koch, ZEuP 3/2001, 754.

74) 유럽불법행위법원칙 제6:102조.

75) 이에 대해서는 김봉수, 사용자책임의 비교법적 경향", 205~206면.

76) 권오승, "사용자책임에 대한 검토", 「상사법논총」 하권, 1996, 638~639면; 김형석, "사용자책임의 입법주의 연구", 468면 이하.

77) 사용자책임에 관한 우리나라의 입법경과에 대한 상세로는 하경효, "사용자책임에서의 구상권제한에 관한 규율동향과 입법방향", 566면 이하 참조.

78) Christian von Bar, Gemeineuropäisches Deliktsrecht, S. 194.

오늘날 사회관계에서 드문 경우라고 보고 이를 크게 고려할 필요가 없으며, 또한 소규모의 기준 획정의 어려움을 들어 이에 대하여 무과실책임의 예외를 인정하고 어렵다고 한다.[79] 그러나 이러한 지적은 실제 우리 사회관계 내지 경제활동에 있어서 가사상 사용관계나 소규모의 기업활동 및 사업활동이 상당한 비중을 차지하고 있다는 점을 간과한 것이다. 이와 달리 사용자책임에 대해 과실책임주의를 그대로 관철하는 것도 문제가 있다. 이는 과실책임주의에 입각한 사용자책임을 두고 있는 입법례(우리나라 민법, 독일민법, 스위스민법)들에서 법문과 달리 사용자의 면책증명을 엄격하게 제한하거나 다른 우회적 방법을 통해서 면책을 허용하지 않는 법운용을 해오고 있다는 점이 잘 나타내고 있다. 과실책임주의를 취한 입법례에서 존재했던 사용자의 면책증명의 제한을 위한 많은 복잡한 시도들은 사용자책임규정 제정 시에 — 엄격한 책임이 요구되는 — 기업의 사용자책임에 있어서 애초부터 면책증명을 인정하지 않았다면, 굳이 존재할 필요가 없었던 것이다.[80]

이상과 같이 사용자책임을 무과실책임과 과실책임 어느 하나의 형태만으로 일괄적으로 규율할 때 발생할 수 있는 문제를 해결하기 위해서는 요구되는 사용자책임의 엄격성 정도를 사용관계의 내용에 따라 구별화 내지 유형화해서 입법하는 것이 필요하다고 본다. 사용자와 피용자간의 관계, 즉 사용관계의 유형의 구분에 대해서는 앞서 살펴본 바와 같이 다양한 기준에서 구별할 수 있다. 특히 기업으로서 사용자인지 여부를 구별하려는 입법론이 우리나라와 독일의 과거 개정법률안의 비판적 견해에서 존재하는데, 기업인지 여부를 구별하기는 비교적 쉽지만, 이를 통상적인 기업과 가사상 사용관계에 준하는 소기업·가족기업으로 구분하는 것은 매우 어려운 일로서 법적 명확성을 가지기 쉽지 않다. 오히려 사용관계의 유형은 사용자의 활동이 영업적인지 혹은 비영업적인지를 구별하고, 그에 따라 책임의 수준을 정하는 것이 바람직하다고 생각한다. 왜냐하면 엄격한 사용자책임의 주된 근거가 이윤추구를 위하여 타인을 사용하고 그로 인하여 손해발생의 위험을 증대시켰다는 점에 있으므로, 이윤추구의 여부에 따라서 사용자의 책임유무를 정하는 것이 타당하기 때문이다. 또한 사용관계의 근거가 이윤추구인지 또는 직업적 활동에 근거한 것인지는 비교적 구별하기 쉬울 뿐만 아니라 대기업·소기업과 같은 기업의 규모에 따른 구별상의 어려움을 야기하지 않는다는 점에서도 적절한 기준으로 역할할 수 있다.

관련한 문제로서 사용자의 피용자에 대한 구상권의 인정여부와 인정기준과 관련해서 살펴보면, 구상권의 인정여부는 종래와 같이 사용자책임의 법적 성격에 따라서 그 인정여부나 범위가 달리 질 수 있다. 즉, 이론적으로만 보면 사용자책임을 자기책임적 과실책임으로 이해하는 입장에서는 사용자의 구상권이 원칙적으로 부정되지만, 대위책임적 무과실책임으로 보는 입장에서는 원칙적으로 전액에 대한 구상권이 인정될 수 있다. 그러나 사용자책임을 어떤 입장에서

79) 김형석, "사용자책임의 입법주의 연구", 470면.

80) 김봉수, "사용자책임(제756조)의 구분적 규율에 대한 입법적 검토", 176~177면. 독일민법상 사용자책임에 대한 이러한 지적으로 Christian von Bar, Gemeineuropäisches Deliktsrecht, S. 197.

규율하고 있는지에 상관없이 실제 그 운영에 있어서는 사용자의 구상권을 사안에 따라서 전액 인정·제한적 인정·부정으로 유연하게 판단하고 있음을 확인할 수 있다. 특히 앞서 언급한 바와 같이 우리나라는 자기책임적 과실책임으로서 사용자책임을 규정하고 있으면서도, 법문상 전액 구상이 가능한 것으로 규정하고 있어 논리적으로 문제가 있지만, 이를 실제 법운용을 통해서 해결하고 있다. 이와 관련해서 중요한 논점은 사용자의 면책인정여부는 사용자책임의 대외적 관계(사용자－피해자)에 관한 것으로서 사회적으로 발생한 손해를 사용자 측과 피해자 측 중에서 어느 측이 부담할 것인가를 정하는 문제이지만, 구상권의 문제는 사용자책임의 대내적 관계(사용자－피용자)에서 사용관계의 내용과 손해발생의 기여도 등을 고려하여 누구에서 최종적인 부담을 지울 것인가 하는 문제라는 점에서 차이가 있다는 것이다. 따라서 사용자의 면책인정여부를 사용관계의 영업성 내지 직업성으로 구분해서 인정하는 것과는 별개로 사용자의 피용자의 구상권의 인정여부는 손해발생과 관련한 제반 사정을 고려해서 판단할 문제이다. 그러므로 구상권에 관한 입법적 규율에 있어서도 사용자책임의 법적 성격이 무엇인지 보다는 사용관계를 통해서 발생한 손해배상을 사용자와 피용자 중 누구에게 어느 정도로 분배시키는 것이 적절한 것인지를 개별적으로 판단하는 것이 적절할 것이다. 즉, 사용자의 구상권에 대한 규율은 사용자책임의 성격이 과실책임인지·무과실책임인지 또는 사용관계가 영업적인지·비영업적인지와 상관없이 별도의 기준에 따라서 이루어져야 한다. 사용자의 구상권의 인정기준에 대해서는 종래 문헌과 입법자료 등에서 다양한 견해가 제시되고 있지만,[81] 사견으로는 손해발생의 전제가 되는 사용관계가 사용자의 의도와 목적에 따라 설정된 것이고, 그로 인해 사용자의 사회적 활동범위가 확대되고 이로써 손해발생위험도 커지게 되었다는 점에서 피용자의 고의나 중과실로 인한 손해의 경우에만 구상권이 인정되고, 피용자의 경과실로 인해 손해가 발생한 경우에는 구상권이 배제되는 것으로 보는 것이 타당하다고 본다.

Ⅴ. 결 론

지금까지의 논의를 통한 사용자책임의 입법적 규율방향은 다음과 같이 정리할 수 있다. 먼저 사용자와 피용자 간에 사용관계의 형성이 이윤추구라는 영업적 목적 내지 직업적 활동과 관련이 없거나 약한 경우('비영업적 사용관계')에 사용자는 피용자의 가해행위로 인해 제3자에게 발생한 손해에 대해서 1차적으로 책임을 진다. 그러나 이 경우 사용자에게는 면책가능성이 부여되어야 한다(비영업적 사용관계 : 사용자의 추정적 과실 – 면책가능). 면책가능성이 인정되는 이러한 사용관계는 사용자와 피용자 간에 이윤의 추구가 주된 목적을 이루어 영업적·직업적 영역이라고 볼 수 없는 경우를 일컫는 것으로서, 대표적으로 가사상 사용관계나 일시적 사용관계가 이에 해당

81) 피용자의 고의와 과실, 그리고 과실의 유형에 따른 구상권제한에 관한 상세한 논의에 대해서는 하경효, "사용자책임에서의 구상권제한에 관한 규율동향과 입법방향", 585면 이하 참조.

할 것이다.[82] 이때 영업성의 판단은 단순히 이윤추구의 목적이 개입되었는지만을 가지고 판단할 것이 아니라 사용관계와 관련한 제반사정을 고려할 때, 사용관계의 주된 목적이 이윤추구인지를 가지고 판단해야 한다. 따라서 이윤추구의 의도가 일부 존재하더라도 사용관계의 전체적인 모습을 관찰하여 이윤추구가 부수적인 것에 지나지 않을 때에는 비영업적 사용관계로 볼 수 없을 것이다. 그리고 비영업적 사용관계에서 사용자는 — 현행 민법 제756조와 같이 — 피용자의 선임·감독상 주의를 다하였음을 증명하여 면책될 수 있다.[83] 그리고 피용자에게 가해행위에 대한 과책이 없는 경우 사용자에게 책임이 발생하지 않는 것으로 보아야 하는데, 그렇지 않으면 사용자의 책임범위가 너무 확장되기 때문이다. 반면 사용자가 피용자에 대하여 손해배상책임을 부담한 경우, 그는 피용자가 손해발생에 관하여 고의·중과실이 있는 경우에 한하여 구상권을 행사할 수 있다.

다음으로 사용자와 피용자 간의 사용관계가 이윤추구적인 영업과 관련된 경우('영업적 사용관계')의 경우, 사용자는 피용자의 가해행위로 말미암아 발생한 제3자의 손해에 대해서 책임을 져야 하고, 이때 사용자의 면책증명은 허용되지 않아야 한다(영업적 사용관계 : 사용자의 책임 – 면책불가능). 왜냐하면 사용자의 엄격한 책임의 근거를 타인의 사용함으로써 발생하는 사회적인 위험성, 그리고 그러한 위험성의 출발점이 사용자의 경제적 목적이라는 점에서[84] 그에 따른 손해 역시 피용자에게 업무부여를 통해 이익을 추구하였던 자가 부담하는 것이 타당하기 때문이다.[85] 그리고 영업적 사용관계에서 비롯되는 손해를 — 사용자의 면책을 인정하여 — 피해자 측에 부담시키는 것 역시 손해분담의 공평한 조정이라는 불법행위법의 이상과도 일치하지 않는 것이다. 그러나 과거와 달리 오늘날 영업적 사용자는 널리 보급된 각종 보험을 통하여 사업수행에 따른 위험을 충분히 분산시킬 수 있다는 점에서 그에게 면책증명을 인정하지 않더라도 문제가 없을 것이다.[86] 다만 영업적 사용관계에 기해 손해배상책임을 부담한 사용자는 그 손해가 피용자의

82) 김봉수, "사용자책임(제756조)의 구분적 규율에 대한 입법적 검토", 177면.

83) 사용자의 피용자의 선임·감독상 과실이 사용자책임의 근거라는 전통적인 책임귀속사상은 우리나라와 독일 등과 같은 입법례에서 존재한다. 그러나 이에 대해서 그러한 책임귀속사상이 결정적이었던 시대는 이미 지나갔다는 비판이 있는데, 왜냐하면 통상 사용자의 피용자의 선임·감독상 과실은 추정되므로, 그러한 한도에서 의미가 없어졌기 때문이라고 한다(Christian von Bar, Gemeineuropäisches Deliktsrecht, S. 190 f.). 그러나 사용자의 면책이 가능한 경우로서 사용자의 선임·감독의무를 다한 경우를 제외하는 것은 타당하지 않다고 생각한다.

84) Helmut Koziol/Klaus Vogel, Liability for Damges Caused by others under Austrian Law in: J. Spier(Ed.), Unification of Tort Law, p. 18.

85) 김봉수, "사용자책임(제756조)의 구분적 규율에 대한 입법적 검토", 178면.

86) 앞서 살펴본 바와 같이 스위스 예비초안의 경우 조직편성을 이유로 하는 면책을 인정하고 있다(스위스 예비초안 제49a조). 이는 소상인이나 소기업을 고려한 면책증명으로 이해되는데, 사견으로는 이러한 면책허용은 바람직하지 않다고 본다. 왜냐하면 영업적 활동을 위해 피용자를 사용하여 발생한 손해에 대해서 조직하자(Organisationsmängel)를 근거로 면책을 허용한다면, 피해자가 그러한 위험을 인수하는 것이 되기 때문이다. 조직면책이 허용되는 경우라 하더라도 피용자로 인한 손해를 피해자보다 사용자가 부담하는 것이 보다 적절하다. 또한 조직하자에 따른 면책을 인정하는 것은 책임의 근거를 피용자의 행위가 아닌 사용자의 인적 요

고의나 중과실로 인한 것인 경우에 한하여 피용자에게 구상을 할 수 있다. 그리고 영업적 사용관계에 따른 사용자의 책임도 피용자의 가해행위가 불법행위의 요건을 갖춘 경우에만 인정되어야 한다. 같은 의미로 사용자가 피용자에게 과책이 없다는 것을 증명한 경우라면 그의 책임은 발생하지 않는다. 왜냐하면 피용자를 사용하는 것 자체가 불법행위가 될 수는 없는 것이고, 사용자의 책임은 피용자가 그의 주의의무를 위반한 경우에만 비로소 정당화될 수 있기 때문이다.

소에 귀속시키는 것으로서 영업적 사용관계에 따른 사용자책임의 규범목적과 부합하지 않는다(이에 대해서는 김형석, “사용자책임의 입법주의 연구”, 456면 참조; 스위스 법률안에서 조직면책은 사용자책임의 귀책근거를 사용자의 인적 요소에서 구하는 것으로서 잘못된 독일민법의 논거를 추종한 것이라는 비판으로 Gehard Wagner, Grundstrukturen des Europäishen Deliktsrechts, S. 301 f.). 그리고 대개의 경우 경제적 · 전문적으로 운영되는 사업부분에서의 부득이한 조직흠결(Organisationsversagen)은 그 사업에 있어서 내재화되고 자신들의 비용산정에 포함되어야 하는 것이다. 따라서 그러한 조직흠결에 따른 결과들이 피해자들의 부담으로 돌아가는 부당하다고 볼 수 있다(Pierre Widmer, Reform und Vereinheitlichung des Haftpflichtrechts auf schweizerrischer und europäischer Eben, S. 172~173).

특수불법행위로서의 언론보도에 관한 소고

김 학 웅*

Ⅰ. 들어가며
Ⅱ. 본 론
Ⅲ. 대상판결에 대한 평가
Ⅳ. 결 론

Ⅰ. 들어가며

2016년 미국 대선에서 문제되었던 Fake News가 대선 정국을 맞이한 우리나라에서도 기승을 부리고 있는데, 우리나라에서 Fake News를 가짜 뉴스라고 지칭하는 이면에는 기사의 내용이 (사실이 아니므로) 허위라는 전제가 깔려있다. 그런데 Fake News를 가짜 뉴스라고 칭하고, Fake News가 (사실이 아니므로) 허위를 게재하는 것이라면, Fake News의 반대 개념은 진짜 뉴스가 되어야 하고, 진짜 뉴스는 (사실이므로) 진실을 게재해야 한다. 문제는 대법원 2009다52649 판결(전합)이 판시하고 있는 바와 같이, '사실'이라는 개념 자체가 명확하지도 않고, '사실과 의견'의 구별 기준 자체가 일의적이지도 않다는 것에 있다.

일반적인 소송은 법원이 당사자들 사이에 다툼이 있는 사실관계를 확정하고 그에 대해 법적 견해를 표명함으로써 법률효과를 부여하는 판결을 내리는 식으로 진행되지만, 특수불법행위의 한 종류인 언론보도에 대한 소송의 경우에는 앞서 본 바와 같은 특수성이 존재하는 것이다.

이하에서는 먼저 관련 법규정을 살펴봄으로써 사실과 의견을 구별하는 실익이 무엇인지, 법원의 판결과 언론사의 기사의 異同이 무엇인지, 사실과 의견에 관한 (우리에게 많은 영향을 미친) 미국과 그 밖의 나라들의 태도, 우리나라 판결의 태도, 언론학과 법원이 바라보는 진실과 사실의 관계가 어떻게 다른지를 살펴보고 대법원 2011. 9. 2. 선고 2009다52649 판결(전합) 중 ⑦보도에 대한 다수의견 중 (b)판시내용이 언론중재 및 피해구제 등에 관한 법률(이하 '언론중재법')이 규정하고 있는 사실과 진실의 개념에 부합하는지 살펴본 후, 언론중재법이 지향해야 할 바에 대해 검토해 보고자 한다.

---

* 변호사

Ⅱ. 본 론

1. 관련 법규정과 사실/의견 구별의 실익

특수불법행위로서의 언론보도에 대해서 민법 제764조(명예훼손의 경우의 특칙)는 “타인의 명예를 훼손한 자에 대하여는 법원은 피해자의 청구에 의하여 손해배상에 갈음하거나 손해배상과 함께 명예회복에 적당한 처분을 명할 수 있다.”라는 규정을 두고 있고, 특별법인 언론중재법은 정정보도청구, 반론보도청구 및 손해배상에 관한 규정(언론중재법 제14조, 제16조 및 제26조, 제30조)을 두고 있는데, 해당 언론보도 등이 있음을 안 날부터 3개월 이내, 해당 언론보도 등이 있은 후 6개월 이내라는 제척기간(언론중재법 제14조 제1항, 제16조 제3항)을 도과하지 않는 이상, 언론중재법에 근거하여 소송을 제기함이 실무례이다.[1] 정정보도청구는 사실적 주장에 관한 언론보도 등이 진실하지 아니함으로 인하여 피해[2]를 입은 자(언론중재법 제14조 제1항)가, 반론보도청구는 사실적 주장에 관한 언론보도 등으로 인하여 피해를 입은 자(언론중재법 제16조 제1항, 반론보도청구는 정정보도청구와 달리 보도 내용의 진실 여부와 상관없다. 언론중재법 제16조 제2항)가 청구할 수 있고, 사실 확인을 제대로 하지 못한 언론은 손해배상책임을 지기 때문에, 사실적 주장과 견해 표명의 구별은 소송상 실익이 있다.[3] 한편, 정정보도청구 및 반론보도청구는 그 보도를 한 언론사의 고의·과실을 필요로 하지 않음으로써(언론중재법 제14조 제2항, 제16조 제2항 후문) 고의·과실이라는 귀책사유와 위법성을 필요로 하는 손해배상(언론중재법 제30조 제1항)과 달리, 언론보도로 인한 피해자 구제에 만전을 기하고 있다.[4]

---

1) 한편, 언론중재법도 제31조(명예훼손의 경우의 특칙)에서 민법 제764조와 동일한 규정을 두고 있고, 드물지만 이 규정을 근거로 하여 언론보도를 삭제하는 경우도 있다(대법원 2013. 3. 28. 선고 2010다60950 판결). 이는 명예훼손 인쇄 기술이 발달하기 이전에는 주로 구두(口頭)로 행해졌으나, 인쇄 기술이 발달하면서 문서(文書)에 의한 명예훼손이 중대하게 논의되기 시작했다. 즉 표현을 전달하는 매체가 발달하면서 명예훼손의 양상이 달라졌듯이, 명예훼손은 미디어와 밀접한 관련이 있는데(박아란, 미디어와 명예훼손, 커뮤니케이션북스, 2015, v~vi면), 과거와 달리 신문기사나 방송보도를 인터넷에서 다시보기를 할 수 있음에 따라 언론보도를 삭제하는 것이 가능해졌기 때문이다. 다만 학자들은 위 대법원 2010다60950 판결을 잊혀질 권리와 관련하여 의 시각에서 접근하고 있다(문재완, [2013년분야별중요판례분석] (19) 언론법, 법률신문, 2014. 7. 3. https://www.lawtimes.co.kr/Legal-News/Legal-News-View?serial=85706).

2) 언론보도로 인한 피해, 즉 침해받는 법익은 크게 명예와 프라이버시를 상정할 수 있다. 공인 또는 공적 관심사 관련한 언론보도의 경우에는 명예훼손은 별론, 프라이버시는 문제가 되지 않는다. 프라이버시권과 관련하여 태동된 공인이론이 명예훼손에도 확장됨에 따라, 공인/사인, 공적 관심사/단순한 호기심에 구별에 관한 논의가 있으나, 연구의 범위를 넘어서므로 이 글에서는 제외한다.

3) 언론보도가 분쟁의 대상이 되어 소송이 이루어지는 일반적인 모습은 언론보도의 피해자가 언론사를 상대로 손해배상만을 청구하거나 정정보도 및 손해배상청구를 병합하여 제기하는 것이다.
2015년의 경우 언론보도와 관련한 소송을 유형별로 정리하면, 전체 소송건 수는 370건인데, 그 중 손해배상청구가 153건(41.2%), 정정보도와 손해배상 병합 청구가 117(31.6%)로 전체 소송건의 270건(72.8%)로 대부분을 차지하고 있다(언론중재위원회, 2015년도 언론관련판결분석보고서, 2016. 6. 30., 10면).

4) 이에 대해 언론사 입장에서는 ‘언론사의 고의·과실이나 위법성이 없어도 정정보도를 해야 한다는 규정이 언론 자유를 침해하고 언론의 진실규명 노력을 위축시킬 수 있다.’는 이유로 헌법소원을 하였으나, 헌법재판소

2. 판결과 보도의 異同

가. 판결 : 사실에 대한 법규범의 적용(법원의 법적 의견표명)

모든 소송은 법원이 당사자들 사이에 다툼이 있는 사실관계를 확정한 뒤, 그에 대해 법적 효과를 부여(이는 확정된 사실관계에 대한 법원의 법적 의견표명이다)함으로써 종결된다.

여기서 사실이라 함은 인식할 수 있는 외계의 사실과 내심의 사실(고의·과실, 선의·악의)로서, 과거의 사실이든 현재의 사실이든, 적극적 사실이든 가리지 않으며, 가정적 사실도 포함하는데, 사실은 재판상 자백 또는 의제자백의 대상이 아닌 한, 즉 당사자들이 다투는 한 증명의 대상이 된다. 한편, 사실에 관한 평가적 판단 즉 사실을 법률적 개념으로 정리하거나 전문적 지식에 기해 결론을 도출하는 따위의 순수한 판단사항(법적 추론)은 증명의 대상이 되지 않는다.[5)]

이는 민법이 사실인 관습(제106조)과 관습법(제1조)을 구분하고 있는 태도의 연장선상에 있다.[6)] 강학상, 사실인 관습과 관습법의 차이는 사회적으로 법적 확신이 있는지 여부에 의하여 구분되는데,[7)] 어떠한 관행이 사회적으로 법적 확신을 얻었는지 여부(즉, 사실인 관습인지 관습법인지 여부)는 구체적 분쟁에 있어서 법원이 판단하는 것이므로, 결국 법원의 재량에 속한다. 법원은 구

는 '언론중재법 제14조에서 규정하고 있는 정정보도청구권은 반론보도청구권이나 민법상 불법행위에 기한 청구권과는 전혀 다른 새로운 성격의 청구권이다. 허위의 신문보도로 피해를 입었을 때 피해자는 기존의 민·형사상 구제제도로 보호를 받을 수도 있지만, 신문사 측에 고의·과실이 없거나 위법성조각사유가 인정되는 등의 이유로 민사상의 불법행위책임이나 형사책임을 추궁할 수 없는 경우도 있다. 이러한 경우 피해자에 대한 적합한 구제책은 신문사나 신문기자 개인에 대한 책임추궁이 아니라, 문제의 보도가 허위임을 동일한 매체를 통하여 동일한 비중으로 보도·전파하도록 하는 것이다. 더욱이 정정보도청구권은 그 내용이나 행사방법에 있어 필요 이상으로 신문의 자유를 제한하고 있지 않다. 일정한 경우 정정보도를 거부할 수 있는 사유도 인정하고 있고, 제소기간도 단기간으로 제한하고 있으며, 정정보도의 방법도 동일 지면에 동일 크기로 보도문을 내도록 하여 원래의 보도 이상의 부담을 지우고 있지도 않다. 따라서 언론중재법 제14조 제2항이 신문의 자유를 침해하는 것이라고 볼 수 없으며, 언론중재법 제31조 후문은 그 위치에도 불구하고 제14조 제2항과 동일한 내용을 명예훼손에 관하여 재확인하는 규정으로 보아야 할 것이므로 역시 헌법에 위반되지 않는다.'라는 이유로 재판관 전원일치로 합헌으로 결정하였다[헌재 2006. 6. 29. 2005헌마165·314·555·807, 2006헌가3(병합)].

5) 이시윤, 민사소송법(신정3판), 박영사, 1988, 544~545면.

6) 사실과 법규범의 구별에 관한 대표적인 예로는 헌재 2012. 4. 24. 2009헌마608, 2010헌마248, 2011헌마263, 2012헌마319(병합) 변호사시험법 제5조 제1항 위헌확인 등. '법학전문대학원의 석사학위라는 변호사시험 응시자격의 취득에 있어서 경제력에 따른 사실상의 차별이 존재하는 것은 별론으로 하고, 경제력에 따른 규범적인 차별은 존재하지 아니하므로, 이 사건 법률조항은 청구인들의 평등권을 침해하지 아니한다.'를 들 수 있다.

7) 이영준, 한국민법론[총칙편], 박영사, 2003. 272면; 곽윤직, 민법총칙(제7판), 박영사, 2005, 226면.
한편, 사실과 법규범은 구별되므로, 사회규범은 강행성이 없으므로 법규범이 아니고 따라서 사실이라고 평가되어야 한다. 이렇게 사실과 법규범을 구별하게 입장에서는 '사적 자치가 인정되는 범위에서는, 사실인 관습이나 관습법이나 모두 임의법규에 우선해서 해석의 기준이 되어야 하므로 이 한도에서는 관습법이냐 사실인 관습이냐를 구별한 필요가 없다'는 견해(곽윤직, 전게서, 227면)보다는 '사실인 관습은 법적 확신을 결여하고 있으므로 법이 아니고, 따라서 법률인 임의법규와 동일하게 취급할 수 없고, 법률행위해석의 기준에 불과하므로 이를 직권조사사항이라 하기도 어렵다.'는 견해(이영준, 전게서, 274면)가 더 타당하다.

체적 분쟁에 대해 무엇이 진실인지 밝혀야 할 책무가 있는데, 그러한 진실은 절대적이거나 철학적 의미에서의 진실이 아니라, 법적 절차(입증 여부)를 거쳐서 밝혀지는 사법적 진실이다.[8)]

나. 보도 : 사실에 대한 저널리즘의 적용(언론의 저널리즘적 의견표명)

언론보도는 대부분 취재한 사실에 대해 언론이 의견표명을 하는 방식으로 이루어진다(스트레이트 기사의 경우에는 사실의 비중이 높고, 논평/사설의 경우에는 의견표명의 비중이 높기는 하다). 어떠한 사실을 기사로서의 가치가 있다고 판단할 것인지, 즉 기사로 작성하여 의제를 설정할 것인지 여부(agenda setting)와 어떻게 게이트 키핑(gate keeping)을 할 것인지는 각 언론사의 재량에 달려있으므로, 언론윤리를 지키는 한 언론의 보도는 적법하다고 평가할 수 있다. 법원이 사법적 진실을 추구하는 것과 마찬가지로 언론은 언론 나름의 진실을 추구하는데, 언론학자들은 이를 기능적 진실이라고 부르기도 한다.[9)]

다. 소 결

동일한 사건(사실관계)이 사회적 이슈가 되어 보도되는 한편 소송의 대상이 되어 판결을 받는 경우, 언론의 보도와 법원의 판결이 다를 수 있고, 심지어 언론보도가 소송의 대상이 되었는데 법원이 언론사에 대해 정정보도를 명하는 판결을 할 수도 있으며, 이러한 판결에 대해 언론이 언론의 자유를 침해하는 부당한 판결이라고 비판을 가할 수도 있다. 이는 법원과 언론 각자가 추구하는 진실도 다르고(사법적 진실/기능적 진실), 그 진실을 밝히기 위해 법원과 언론이 사용하는 방법도 다르며, 무엇보다 언론과 사법이 우리 역사 속에서 기본권 옹호의무를 함께 수행한 일이 적지 않지만 둘 다 통제를 거부하는 독립적 권력으로서 양자의 갈등은 언제나 잠재되어 있기[10)] 때문이다. 솔로스키와 베잔슨 교수(Soloski & Bezanson)가 명예훼손법은 한 사회의 저널리즘이 어떻게 작동되고 있는지 들여다보게 해주는 '프리즘'이라고 주장[11)]한 것처럼, 어느 한 국가의 명예훼손법과 판례를 들여다보면 그 나라에서 표현의 자유가 어느 정도로 보호되고 있는지 개인의 명예는 어떻게 보호되고 있는지 짐작할 수 있는데, 그 프리즘은 합리적으로 정비되어야 하고 그 프리즘을 합리적으로 정비하는 데 관련 법률과 판결이 핵심적인 요소임은 재론의

---

8) 형사소송법은 실체적 진실주의를(이재상, 형사소송법(제5판), 박영사, 1998, 20면), 민사소송법은 진실의무를(이시윤, 민사소송법(신정 제3판), 1998, 432면) 각 천명하고 있다. 양자의 구별에 관해서는 이재상, 전게서, 20면 참조.

9) 우리가 기능적 진실(functional truth)이라고 부를 수 있는 것에 도달하기 위해 일정한 절차와 과정을 발전시켰다. 경찰은 사실을 바탕으로 용의자를 추적하고 붙잡는다. 판사는 재판을 연다. 배심원은 유죄와 무죄를 평결한다. 이것이 저널리즘이 추구하는 것이다. 이는 실천적이고 기능적인 형태의 진실이다. 이는 절대적이거나 철학적 의미의 진실이 아니다. 저널리즘은 우리가 하루하루를 살아가는데 필요한 진실을 추구할 수 있고 또 반드시 그렇게 해야 한다(빌 코바치·톰 로젠스틸 지음/이재경 옮김, 저널리즘의 기본원칙(제3판), 한국언론진흥재단, 2014. 62~63면).

10) 신평, "판결에 대한 언론비평 자유의 한계", 「언론중재」 2010 가을호, 언론중재위원회, 2010, 33면.

11) 박아람, 미디어와 명예훼손, 커뮤니케이션북스, 2015, x 면.

여지가 없다.

3. 미국의 경우

가. New York Times 판결[12] 이전

명예훼손에 관한 전통적 영미법 이론은 명예훼손적 표현을 일응 허위라고 추정한다. 나아가 발표의 행위자가 명예훼손적 의미를 전달할 의도를 갖고 있었는지 여부, 발표가 허위라는 점을 알았는지 여부, 발표의 결과 사람의 명예가 훼손될 것을 의도했는지 여부, 그리고 이 같은 점에서 과실이 있었는지 여부조차 문제로 되지 않는 이른바 엄격책임을 졌다. 이 같은 전통적 이론은 헌법상 보장되는 언론의 자유에 대한 심각한 위협을 초래할 수 있다는 점에서 중대한 헌법적 문제를 내포할 여지가 있으나, New York Times 판결 이전의 연방대법원의 태도는 이 문제에 대한 본격적인 대처나 논의는 의도적이건 아니건 피해왔다고 할 수 있다. 미국에서는 형사적 명예훼손을 처벌하려는 1798년의 선동죄법이 언론의 자유에 대한 중대한 위협이라는 격렬한 비판에도 불구하고 그 합헌성 판단의 기회를 놓쳐버렸다. 더구나 연방대법원이 연방법원의 커먼 로(Common Law)의 형사재판관할권을 부정한 것도 작용하여, 자연히 커먼 로상 운위되던 명예훼손의 문제는 오로지 주법의 문제로 되다보니, 헌법의 시각이 명예훼손에 미칠 여지가 없었다. 나아가 연방대법원은 연방수정헌법 제1조는 주에는 적용되지 않는다고 시사한 일도 있다. 그 후 연방수정헌법 제1조가 주에도 적용된다는 점이 승인되고, 실제 Near v. Minnesota 사건에서는 명예훼손을 이유로 하는 출판금지가 사전억제로서 위헌이라고 판시되었다. 하지만 연방헌법수정 제1조의 보호가 각종의 사후처벌에 적용됨이 승인되었음에도 불구하고 명예훼손에 대한 민, 형사상 사후제재가 여전히 의문의 대상으로 떠오르지는 않았다. 즉 명예훼손에 해당하는 표현에는 연방수정헌법 제1조의 보호가 미치지 않는다는 막연한 입장이 계속되어왔다. 그러다가 Beauharnais v. Illinois 사건에서 미연방대법원은 “명예훼손적 언급은 헌법적으로 보호되는 언론의 영역 속에 있지 않다.”는 단정적 판시를 하였다. 명예훼손에 해당하는 표현에는 헌법적 보호가 미치지 않는다는 전통적 이론에서는 개별적 표현이 사람의 명성을 저하시키는 명예훼손에 해당하는 표현인가 여부만을 따지면 되었다. 이러한 전통적 명예훼손이론이 헌법적 차원에서 과연 타당한 것인지, 명예훼손의 이름 아래 과도하게 언론, 출판의 자유가 제한되어온 것은 아닌지 하는 근본적인 고려가 미연방대법원판례에서 처음 나타난 것은 바로 1964년의 New York Times 판결이었다.[13]

---

12) New York Times v. Sullivan, 376 U. S. 254. 84 S. Ct. 710. 11 L. Ed. 2d 686 (1964).

13) 신평, “헌법에 의한 한국 현실의 진단”, 「헌법학연구」 제15권 제4호, 2009, 304~306면.

나. Gertz 판결[14) – 의견특권론(opinion rule)의 수립

미연방대법원은 1974년 Gertz 판결을 통해 사인에 대한 명예훼손은 과실이 있으면 손해배상책임이 인정된다는 것(즉, New York Times 판결에서 선언한 현실적 악의(actual malice) 법리가 사인(私人)에게 적용되지 않는다)이 그 핵심적인 판시내용임에도 불구하고 판결의 방론(dictum)에서 "수정헌법 제1조에 의하면, 틀린 사상(idea)이란 존재하지 않는다. 의견(opinion)이 아무리 유해하다고 보여도 우리는 그 시정을 법관이나 배심의 양심에 의존할 것이 아니라 다른 의견과의 경쟁에서 구해야 한다. 그러나 허위의 사실언급에는 헌법적 가치가 없다. 의도적인 거짓말이나 부주의한 잘못은 '공공의 쟁점에 관한 제한되지 않고 활발하며 넓게 열려진' 토론에서 사회가 가지는 이익을 실질적으로 진보시키지 않는다."고 판시하여 사실과 의견을 구별하여 다르게 취급해야 한다는 취지의 판시를 함으로써 '의견특권론'을 정립하였다.[15)]

다. 1977년 불법행위에 관한 리스테이트먼트 제2판

Gertz 판결을 계기로 의견특권론이 확립되자 1977년 불법행위에 관한 리스테이트먼트(Restatement) 개정이 이루어졌는데, '의견의 표현(Expressions of Opinion)'이란 표제 아래 의견을 순수의견(the pure type)과 혼합의견(the mixed type) 두 가지로 나누고, 순수의견은 표명된 의견의 근거한 사실이 진술되거나 대화의 참여자에게 모두 알려진 혹은 입수해서 이용가능한(available) 상태의 것을 말한다. 혼합의견은 진술되지 않거나 존재하는 것으로 추정되지 않은 사실에 근거한 때 성립되는데, 혼합의견은 의견형성을 정당화시키는 숨은 사실(undisclosed facts)이 있다는 점을 추정케 한다.[16)] 리스테이트먼트는 혼합의견의 표명으로 초래되는 결과는 수정헌법 제1조에 의하거나 공정논평에 관한 커먼 로에 의하거나 차이가 없는바, 의견이 표명이 합리적인 해석에 따라 어떤 사실에 근거한 것으로 순수의견의 범주에 들어가지 않는 것이라면 수정헌법 제1조에 의하건 커먼 로상의 공정논평특권에 의하건 보호받지 못한다.

라. Ollman 판결[17)] – 사실과 의견의 구별 기준

1984년 비록 하급심 판결이지만 의견특권론의 내용상 가장 중요한 사실과 의견의 구별에 관한 기준을 제시한 이 판결에서, 법원은 동일한 말이라 하더라고 그 어의의 풍요성과 다양성 때문에 여러 문맥에서 여러 가지 다른 의미로 쓰이게 될 수 있으므로, 그것이 사실로서 또는 의

14) Gertz v. Robert Welch, Inc., 418 U. S. 323 ; 94 S. Ct. 2997 ; 41 L. Ed. 2d 789 (1974).

15) 신평, 한국의 언론법, 높이깊이, 2011, 405면.

16) 신평(주 15), 405면. 예컨대 아무런 설명을 하지 않고 어떤 사람이 도둑이라고 말하는 것은, 상황에 따라서는, 그가 절도의 일반적 의미에 해당하는 행위를 했다는 주장을 나타낸다고 인정될 수 있다. W. Page Keeton et al. eds., Prosser and Keeton on the Law of Torts (West, 1984), 814면은 이러한 혼합의견을 정보적 의견(informational opinion)이라고 부른다(권태상, "사실과 의견의 구별", 「민사판례연구[ⅩⅩⅩⅥ]」, 박영사, 2014, 715면에서 재인용).

17) Ollman v. Evans, 750 F. 2d 970(D. C. Cir. 1984)(en banc), cert. denied, 471 U.S. 1127(1985).

견으로서 쓰였는가의 여하를 확연히 구별하는 것이 어려운 일임을 전제로 하면서 사례마다 달라질 수 있는 불안정성을 피하기 위해 구별기준이 필요하며, 또 한편 과도한 복잡성을 피하고 의견을 사실로부터 구별하기 위한 기준으로서, ① 사용된 언어의 통상적 의미와 용법(the common usage or meaning of the language), ② 입증가능성(verifiability factor), ③ 문제된 말이 사용된 기사 또는 전부의 문맥(context and cautionary language), ④ 언론이 행해진 사회적 상황(broader social context of the speech)의 4가지 고려요소를 열거하면서 이들을 종합한 "전체적 상황의 접근법(the totality of the circumstances)"에 관하여 판시하였다.[18] Gertz 판결 이래 연방법원이나 주법원에서는 사실과 의견의 구별기준을 세우기 위해 엄청난 노력을 기울여왔고 그 결실이 Ollman 판결이었으나, 여기에서 제시된 기준 자체에 대해 회의가 들기 시작했을 때, 의견과 사실의 구분론의 필요성 혹은 그 이론의 의미 자체에 관하여 생기는 의문은 어쩌면 당연한 것이었다.[19]

마. Milcovich 판결[20] – 사실과 의견 구별기준의 다양화

1990년 미연방대법원은 Gertz 판결로 인해 과도하게 의견특권론에 기울어짐을 우려하여 그 수정을 꾀한 Milcovich 판결이 선고하였는데, Rehnquist 대법원장이 작성한 법정의견에서, 연방대법원은 Gertz 사건의 판시가 어떤 표현이 의견이라는 딱지를 붙일 수 있다는 사실만으로 도매금으로 면책됨을 의미하는 것은 아니라고 하면서, 의견의 표현이 때로는 객관적인 사실의 주장을 내포한다고 판시하였다. 그러면서 표현의 자유가 살아남기 위해 요구하는 숨 쉴 공간(breathing space)은 의견과 사실이라는 인위적인 이분법의 설정에 의해서가 아니라, 기존 연방대법원 판례에서 판시된 헌법상의 제원칙들에 의해 적절히 보장된다고 판시하였다. 연방대법원은 기존의 판례들에 의하여 인정된 헌법상의 원칙들 외에 추가적으로 수정헌법 제1조의 표현의 자유를 보장하기 위해 의견에 관한 별도의 헌법적 특권을 인정하는 것은 수긍할 수 없다고 하면서 공공의 관심사에 관계되는 의견의 표명은 그것이 허위일 개연성을 가진 사실적 함축을 포함하지 않는 경우에는 완전한 헌법의 보호를 받는다고 판시하였다. 즉, 연방대법원은 Milcovich 판결에서 문제가 된 진술이 사실인지 의견인지에 관하여 어떤 선험적 분류를 하는 것을 피하고, 진술의 진실성에 관한 입증가능성조사에 초점을 맞추었다고 할 수 있다. 이렇게 하여 Milcovich 판결에서 제시된 기준의 요체는 어떤 진술에 의견이라는 딱지를 붙일 수 있느냐가 아니라, 그 진술이 합리적으로 보아 객관적 사실 주장을 포함하고 있는가 하는 것이다.[21]

---

18) 박영신, 방송에 있어서 반론권에 관한 연구(석사학위논문), 한양대학교 대학원, 1998, 51면.

19) 신평(주 15), 428면. Stevens v. Tilman, 855 F. 2d 394, 299(7th Cir. 1988), cert, denied, 489 U. S 1065(1989)에서는 의견에서 사실을 분리하는 방정식을 발견하려는 노력은 철학에 있어서 실증주의자와 존재론주의자의 논쟁에 필적하는 어려운 작업이라고 하였다. 그리고 근본적으로 의견과 사실의 구별이 불필요하다고 하는 학설도 생겨났다. Comment, Structuring Defamation Law to Eliminate the Fact–Opinion Determination : A Critique of Ollman v. Evans, 71 *Iowa L. Rev.* 913 (1986) ; Note. The Illusion of The Fact–Opinion Distinction in Defamation Law, 39 *Case Western Reserve Law Rev.* 867 (1989).

20) Milcovich v. Lorain Journal Co., 497 U. S. 1 (1990).

Milkovich 판결은 의견 특권론을 부인하였다고 평가된다. 그러나 이 판결이 의견에 대한 수정헌법 제1조의 보호를 부정하였다고 평가할 수는 없다. 무엇보다 이 판결이 헌법 원칙이라고 하며 인용한 여러 판결들이 사실과 의견을 구별하여 의견을 보호하는 법리를 선언한 판결들로 볼 수 있기 때문이다. 또한 의견 특권론을 없앤다고 하더라도, 의견과 사실을 구분하여 의견표명에 헌법상의 보호를 부여하는 의견과 사실의 이분론 자체가 없어지는 것은 아니라고 설명되기도 한다. 그렇다면 사실과 의견의 구별기준에 대하여 Milkovich 판결은 어떤 의미를 가지는 것일까? 이에 대하여는, 종래의 '의견 대 사실'이라는 구분기준 대신에 '사실이 아닌 것(non−fact) 대 사실(fact)'의 구분을 취했다거나, 어떤 선험적인 분류기준을 채용했다기보다는 진술의 객관성과 입증가능성에 우선을 두는 접근방법을 취했다고 평가된다.

Milkovich 판결 이후의 판결들에 대해서는, Milkovich 판결에서 보이는 실질적으로 의견과 사실을 구분하고자 하는 태도를 기본적으로 전제하되 구체적인 구분의 기준에 관하여는 Milkovich 판결 이전의 것도 참조하여 판결하는 것으로 볼 수 있다고 설명된다.[22]

바. 소 결

미국의 경우, Gertz 판결에서 정립된 의견특권론이 리스테이트먼트 개정과 Ollman 판결에 이르러서 사실/의견의 구별에 관한 하나의 기준을 제시하였는데, 이에 대해 미연방대법원은 과도하게 의견특권론에 기울어짐을 우려하여 Milkovich 판결을 통해 의견특권론에 대해 일정한 제한을 가하였다. Milkovich 판결에 대한 평가는 다양하며 어떤 학자는 Milkovich 판결의 영향을 받았다고 보이는 그 후의 하급심 판례들을 적어도 8가지의 범주로 나누기도 하는데, 리딩 케이스가 되는 하나의 연방대법원 판결을 두고 하급심에서 8가지 이상으로 다르게 받아들였다는 사실은, Milkovich 판결이 그 얼마나 다양한 해석의 가능성을 제공하는지를 웅변해 준다.[23] 이는 결국 사실/의견의 구별에 관하여 하급심 법원의 재량을 인정하는 것이다. 따라서 하급심 법원으로서는 사건별로 그 사건에 걸맞는 최선의 기준을 가지고 사실과 의견을 구별할 수 있는 것이다.

4. 독일과 일본의 경우

가. 독일의 경우

독일은 사실주장이냐 아니면 의견표현 내지 가치판단이냐를 구별하는 데 있어서, 다음과 같은 세 가지 요소를 사실주장의 징표로 삼고 있다. 첫째, 보도내용이 증거에 의한 심사가 가능하여야 한다(Beweisbarkeit). 즉 사실적 주장은 그 가치(wahr oder unwahr)가 문제된다는 점에서 當·

---

21) 신평(주 15), 430~431면.

22) 권태상(주 16), 2014. 719~720면.

23) 신평(주 15), 432면.

不當(richt oder falisch)이 문제되는 의견표현과는 구별된다. 둘째, 객관적인 해명이 가능하여야 한다는 점(Klärbarkeit)에서 주관적 의견이나 개인적 가치평가와는 상이한 성질을 갖는다. 셋째, 행해졌거나 행해지고 있는 사항에 관한 것이란 점에서 역사성(Geschichtlikeit)을 갖는다. 그러나 이러한 징표들만으로는 구별이 용이하지 아니한 때가 많다. 보통의 경우 사실보도에는 보도자의 주관적 의견이 가미되거나, 의견표현은 일정한 사실을 근거로 하는 경우가 많기 때문이다.[24]

독일 연방헌법재판소의 경우 사실주장도 원칙적으로 기본권으로서 보호범위 내에 드는 것이지만, 오류 내지 허위의(unrichtige bzw unwahre) 주장을 기본권 보호로부터 배제하는 것도 가능하고, 그에 대한 법률에 의한 제한은 의견표현의 경우보다 더 쉽게 허용되지만, 구체적인 사건에서 가치판단과 사실주장을 구분하는 것은 어려우므로, 효과적인 기본권보장을 위하여 '의견' 개념을 넓게 이해하고 있고, 사실과 의견이 밀접히 결합되어 있는 표현에서 입장표명, 찬성 또는 의견이라는 요소가 강조되어 있는 경우, 그러한 표현은 의견으로서 기본권에 의하여 보장되고, 가치판단적 부분과 사실서술적 부분을 따로 분리할 경우 표현의 전체적 의미가 상실되거나 오해될 경우에는 특히 그러하다.[25]

나. 일본의 경우

일본은, 最2小判 1998年(平成10年) 1月 30日은 "당해언사가 사실 언명일지 논평일지의 판단, 즉, 증거 등을 가지고 그 존부를 결정하는 것이 가능한 사항일지 아닐지의 판단에 관해서도 일반 독자의 보통의 주의와 읽는 방법을 기준으로 해서 판단하는 것으로 된다."라고 판시하였고, 最3小判1997年 9月9日은 사실언명일지 논평일지의 구별에 관해서 거듭 자세한 설명을 하고 있다. 즉, 일반 독자의 보통의 주의와 읽는 법에 비추어 보면 증거 등을 가지고 그 존부를 결정하는 것이 가능하다고는 직접적으로 해석할 수 없을 때라도, "당해 부분의 전후 문맥이나, 기사의 공표당시에 일반 독자가 가지고 있던 지식 없음과 경험 등을 고려하여, 기사부분이 수사상의 과장 없고 강조를 행할지, 비유적 표현방법을 사용할지, 또는 제3자로부터의 전문내용의 소개나 추론의 형식을 채용하는 등에 따르면서, 간접적이지 않고 완곡하게 전기사항을 주장하는 것과 이해된다고 한다면, 동부분은, 사실을 적시하는 것으로 봄이 상당하다."라고 하면서, 덧붙여 "당해 부분의 전후 문맥 등의 사정을 종합적으로 고려하면 당해 부분의 서술 전제로 해서 전기사항을 묵시적으로 주장하는 것으로 이해된다고 한다면 동부분은, 역시, 사실을 적시하는 것으로 봄이 상당하다."라고 판시하였다. 예를 들면 「매국노는 사형이다」라고 하는 발언도, 그 발언의 상황이나 문맥에 따라 사실설명이 되는 경우도 있고, 논평이 되는 경우도 있는 것이다.[26] 일찍

24) 박영신(주 18), 50면.

25) BVerfGE 85. 1 [15] (박용상, 표현의 자유, 현암사, 2003, 161면에서 재인용).

26) 어떤 존재를 어떤 단계(stage)에 자리매김(positioning)하느냐에 따라 그에 대한 규율이 달라진다는 것이 생경할 수도 있겠지만, 법학은 부지불식중에 positioning이라는 사고방식에 익숙하다. 그 예로, 목적의 일부 불능의 경우, 계약체결단계에 positioning하면 원시적 불능, 계약체결 후 이행기 이전에 positioning하면 위험부

이 「천재 바까본」라고 하는 티비 애니매이션을 두고, 주인공인 바까본의 아버지는 프로그램 마지막의 다음 주 예고의 끝에 "다음 주에 보지 않는 매국노는 사형이다."라고 말했었지만, 이 경우의 "사형이다."라는 설명은 "당해 애니매이션을 보지 않는 시청자는 좋지 않다."라고 하는 취지의 부정적인 논평이었고 사실설명은 아니라는 해석이 가능하다.[27)]

5. 우리나라의 경우

가. 대법원 1999. 2. 9. 선고 98다31356 판결 이전

우리나라의 경우 대법원 1999. 2. 9. 선고 98다31356 판결이 나오기 전까지는 입증 가능 여부를 사실적 주장과 의견표명을 구별하는 기준으로 삼았었는바, 그 예로 서울남부지방법원 1993. 9. 6. 선고 93카합792 판결은 "어떤 보도나 표현이 사실적 주장에 해당하느냐 주관적 가치평가 또는 의견에 해당하느냐는 그 보도·표현 내용에 대한 입증 가능의 여부에서 구해야 할 것인바, '담임선생님이 돈봉투를 요구하였다'는 표현은 증거에 의하여 그 존부를 증명할 수 있는 사항이어서 사실 문제에 해당하므로, 그것이 가치평가 또는 의견에 불과하다는 피신청인의 주장은 이유없다."고 판시하였다.

나. 대법원 1999. 2. 9. 선고 98다31356 판결 — 사실주장과 의견주장을 구별한 최초의 판결

명시적으로 사실적 주장과 의견표명을 구별하는 논의를 한 대법원 판결로는 대법원 1999. 2. 9. 선고 98다31356 판결이 최초의 것이었는데,[28)] 이 판결은 먼저 '사실을 적시하는 표현행위로 인한 명예훼손'과 '의견 또는 논평을 표명하는 표현행위에 의한 명예훼손'을 구별하고 의견진술에 관하여 "어떤 사실을 기초로 하여 의견 또는 논평을 표명함으로써 타인의 명예를 훼손하는 경우에는 그 행위가 공공의 이해에 관한 사항에 관계되고, 그 목적이 공익을 도모하기 위한 것일 때에는 그와 같은 의견 또는 논평의 전제가 되는 사실이 중요한 부분에 있어서 진실이라는 증명이 있거나 그 전제가 되는 사실이 중요한 부분에 있어서 진실이라는 증명이 없더라도 표현행위를 한 사람이 그 전제가 되는 사실이 중요한 부분에 있어서 진실이라고 믿을 만한 상당한 이유가 있는 경우에는 위법성이 없다고 보아야 할 것이다."라고 판시하였는데, 위 판시에 의하면 결국 문제되는 것은 '의견이 일정한 사실을 전제로 하는지 여부'일 것인데, 위 판결은 그 판단기준도 다음과 같이 판시하였다. '신문 등 언론매체가 특정인에 대한 기사를 게재한 경우 그 기사가 특정인의 명예를 훼손하는 내용인지 여부는 (1) 당해 기사의 객관적인 내용과 아울러 일반의 독자가 보통의 주의로 기사를 접하는 방법을 전제로 (1-1) 기사에 사용된 어휘의

담, 이행 이후에 positioning하면 담보책임이 문제되는 것을 보더라도 알 수 있고, 고의를 구성요건단계에 positioning하는지, 책임단계에 positioning하는 지에 따라 논리적 구성이 달라짐을 보더라도 알 수 있다.

27) 佃克彦 著, 名誉毀損の法律実務[第2版], 弘文堂, 平成20年, 75~76면.

28) 김재협외 7인, 한국언론과 명예훼손소송, 나남출판, 2002, 139~140면.

통상적인 의미, (2) 기사의 전체적인 흐름, 문구의 연결 방법 등을 기준으로 하여 판단하여야 할 것인데, 이는 앞에서 본 사실 적시와 의견 또는 논평 표명의 구별, 의견 또는 논평 표명의 경우에 전제되는 사실을 적시하고 있는 것인지 여부의 판별에 있어서도 타당한 기준이 될 것이고, 아울러 사실 적시와 의견 또는 논평 표명의 구별, 의견 또는 논평 표명의 경우에 전제되는 사실을 적시하고 있는 것인지 여부의 판별에 있어서는 당해 기사가 게재된 보다 (3) 넓은 문맥이나 배경이 되는 사회적 흐름 등도 함께 고려하여야 할 것이다.' 즉, 신문기사 가운데 그로 인한 명예훼손의 불법행위책임 인정 여부가 문제로 된 부분에 대하여 거기서 사용된 어휘만을 통상의 의미에 좇아 이해하는 경우에는 그것이 증거에 의하여 그 진위를 결정하는 것이 가능한 타인에 관한 특정의 사항을 주장하고 있는 것이라고 바로 해석되지 아니하는 경우라도 당해 부분 전후의 문맥과 기사가 게재될 당시에 일반의 독자가 가지고 있는 지식 내지 경험 등을 고려하여 볼 때에 그 부분이 간접적으로 증거에 의하여 그 진위를 결정하는 것이 가능한 타인에 관한 특정의 사항을 주장하는 것이라고 이해된다면 그 부분은 사실을 적시하는 것으로 보아야 할 것이고, 이를 묵시적으로 주장하는 것이라고 이해된다면 의견 또는 논평의 표명과 함께 그 전제되는 사실을 적시하는 것으로 보아야 할 것이다.[29]

다. 대법원 2001. 1. 19. 선고 2000다10208 판결 — 사실과 의견의 구별, 순수의견과 혼합의견의 구별

그 뒤인 대법원 2001. 1. 19. 선고 2000다10208 판결은 한 단계 더 발전한 모습을 보이고 있다. 대법원은 명예훼손이 아니라는 같은 점에 있어서는 원심[30]과 동일한 결론에 이르렀지만, "피고는 이 사건 기사로 계엄이 불법이라는 자신의 의견을 표명하면서 그와 같이 보는 근거, 즉

---

29) 김재협외 7인(주 28), 140~141면. 한편, 그 후 대법원 2000. 7. 28. 선고 99다6203 판결도 "의견 또는 논평의 표명이 사실의 적시를 전제로 하지 않은 순수한 의견 또는 논평일 경우에는 명예훼손으로 인한 손해배상책임은 성립되지 아니한다."고 설시하여 위와 같은 입장을 취했다. 다만, 미국의 1977. 리스테이트먼트는 순수한 의견을 의견의 기초가 되는 사실을 진술한 후에 나타내는 의견이라고 하였으나, 대법원 99다6203 판결에 나타난 표현이 리스테이트먼트의 순수의견과 같은 의미인지는 명확하지 않았는데(김시철, "명예훼손·모욕·사실왜곡에 의한 인격권 침해의 성립요건 및 공통점과 차이점", 「대법원판례해설」 제79호(2009년 상반기), 2009. 259면) 그 이후 대법원 2000다10208 판결은 리스테이트먼트와 동일한 의미로 순수한 의견을 사용하였다[권태상(주 16), 723면].

30) 이 명예훼손의 발단은, 피고 한겨레신문사가 1997년 4월 1일자 일간지에서 '4·3 계엄령은 불법'이라는 제목하에 작성한, 제주 4·3 사건 당시 정부에 의해 1948년 11월 17일에 선포된 계엄령의 불법성에 대한 기사였다. 여기서 피고는 "계엄법은 1949년 11월 24일에야 비로소 제정되었는데, 최근 총무처 산하 정부문서기록보존소에서 나온 제주도 지구 계엄선포 관련 문건에 따르면, 이승만 정권은 계엄법을 제정하기도 전인 1948년 11월 17일에 국무회의의 의결을 거쳐 이 사건 계엄을 선포한 것으로 밝혀졌으니, 결국 이 사건 계엄은 법적 근거 없이 이승만 정권에 의하여 불법적으로 선포된 것이 틀림없다"라고 하였다. 이를 두고 원심인 서울고등법원은 "위 계엄의 적법성에 관한 보도는 일제시대의 칙령의 효력에 관한 고도의 법률적 판단이 필요한 것으로서 관계법령의 해석문제이고 이는 가치판단이 필요한 것으로서 단순한 의견의 표명에 불과"하다는 취지로 판시하고 이러한 의견의 표명만으로는 명예훼손이 성립하지 않는다고 판단하였다.

그 의견의 기초가 되는 사실까지 따로 밝히고 있다고 할 것이므로, 피고가 표명한 의견 부분은 이른바 순수의견으로서 타인의 명예를 훼손하는 행위가 될 여지가 없다고 할 것이고, 한편 피고가 따로 밝히고 있는 의견의 기초가 되는 사실, 즉 '계엄법이 1949년 11월 24일에 제정되었다는 사실'과 '이승만 정권이 1948년 11월 17일에 이 사건 계엄을 선포하였다는 사실'은 그 속에 타인의 사회적 평가를 저하시킬만한 내용을 담고 있지 아니함이 명백하므로, 결국 이 사건 기사 중 계엄의 불법성에 관한 기사 부분은 그 전체가 명예훼손이 되지 아니한다고 할 것이다"라고 판시하여, 기사의 문장을 구체적으로 분석하여 기사 전체가 아니라 그 구절구절에서 사실과 의견을 구별하는 기준 및 혼합의견과 순수의견의 차이에 관한 인식을 보여주고 있다.[31]

라. 대법원 2011. 9. 2. 선고 2009다52649 판결(전합) — 사실과 의견의 변전(變轉)

(1) 1심 판결 — 서울남부지방법원 2008. 7. 31. 선고 2008가합10694 판결

피고의 방송 내용 중에서 원고가 문제 삼고 있는 부분을 요약하면 다음과 같다. ①보도 : 미국의 일부 도축장에서는 광우병에 걸렸을지 모르는 주저앉은 소(일명 다우너 소, downer cow)를 억지로 일으켜 세운 뒤 도축하였다. ②보도 : 미국 여성 아레사 빈슨이 2008. 4. 16. 사망하였는데 가족들과 주치의는 그 사망원인으로 인간광우병을 의심하고 있다. ③보도 : 새로운 미국산 쇠고기 수입위생조건에 의하면, 월령 30개월 미만의 소의 경우 7가지 특정위험물질(SRM) 중 2가지를 제외한 나머지 모든 부위의 수입이 허용된다. ④보도 : 특정 유전자형(MM형)을 가진 한국인의 비율이 94%이므로 한국인이 광우병에 걸린 쇠고기를 섭취할 경우 인간광우병이 발병할 확률이 94%에 이르고, 이는 영국인의 경우보다 약 3배, 미국인의 경우보다 약 2배 높은 수치이다. ⑤보도 : 새로운 미국산 쇠고기 수입위생조건에 의하면, 우리 정부는 미국에서 인간광우병이 발생한다고 하더라도 독자적으로 대응할 수 있는 조치가 아무것도 없다. ⑥보도 : 우리 정부는 쇠고기 원산지 표시를 확대한다고 하나, 직접 미국산 쇠고기를 먹지 않아도 미국산 쇠고기 성분이 함유된 라면 스프, 알약캡슐, 화장품 등을 통하여 인간광우병에 감염될 수 있으므로, 그 실효성이 의심된다. ⑦보도 : 협상 결과는 우리 정부가 미국산 쇠고기의 광우병 위험성이나 미국 도축시스템의 실태를 제대로 알지 못한 탓이다.

1심 판결은 ①, ②, ④보도가 허위라고 인정하였다. 그러나 ②보도의 경우 피고의 후속보도로 인하여 정정 또는 반론보도 청구의 목적이 달성되어 정정 또는 반론보도청구권을 행사할 정당한 이익이 없다고 하여, ①, ④보도에 대한 정정보도청구만 인용하였으나, 이에 관한 반론보도청구는 인용하였다. 그러나 ⑤, ⑥, ⑦보도는 모두 평가 또는 의견표명으로 인정하여, 이 보도들이 사실적 주장에 관한 것임을 전제로 정정 내지 반론을 구하는 원고의 청구를 모두 기각하였다.

---

31) 김재협외 7인(주 28), 141~143면.

(2) 2심 판결 — 서울고등법원 2009. 4. 1. 선고 2008나80595 판결

1심 판결에 대하여 원고와 피고가 모두 항소하였다. 2심 판결도 ①보도가 허위라고 인정하였으나, 피고의 후속보도로 원고가 구하는 정정보도가 충분히 이루어졌으므로 정정보도 내지 반론보도청구권을 행사할 정당한 이익이 없다고 하였다. 그리고 ②, ③, ④보도에 대해서는 1심 판결과 동일하게 판단하였다. ⑥보도에 대해서도 1심 판결과 동일하게 평가 또는 의견표명으로 보았다. 그러나 ⑤, ⑦보도에 대해서는 1심 판결과 달리 사실적 주장에 관한 보도라고 인정하였고, 나아가 그 보도가 허위라고 하면서 정정보도를 구하는 원고의 청구를 인용하였다.

(3) 대법원 2011. 9. 2. 선고 2009다52649 판결(전합) — 대상판결

2심 판결에 대하여 원고와 피고가 모두 상고하였다. 대상판결은 2심 판결의 결론을 대부분 그대로 유지하면서 사실/의견 구별에 관한 일반론, 즉 (a−1) <'사실적 주장이란 가치판단이나 평가를 내용으로 하는 의견표명에 대치되는 개념으로서 증거에 의하여 그 존재 여부를 판단할 수 있는 사실관계에 관한 주장을 말한다. 이러한 개념이 반드시 명확한 것은 아니다.> (a−2) 언론보도는 대개 사실적 주장과 의견표명이 혼재하는 형식으로 이루어지는 것이어서 구별기준 자체가 일의적이라고 할 수 없고, 양자를 구별할 때에는 당해 원보도의 객관적인 내용과 아울러 일반의 시청자가 보통의 주의로 원 보도를 접하는 방법을 전제로, 사용된 어휘의 통상적인 의미, 전체적인 흐름, 문구의 연결방법뿐만 아니라 당해 원보도가 게재한 문맥의 보다 넓은 의미나 배경이 되는 사회적 흐름 및 시청자에게 주는 전체적인 인상도 함께 고려하여야 한다.'고 판시한 다음 ⑤, ⑦보도에 대해서는 피고가 의견을 표명한 것으로 보아야 한다고 하여, 2심 판결에 사실적 주장과 의견표명의 구별에 관한 법리를 오해한 위법이 있다고 판단하였다. 이에 따라, 본 사안에서 원고의 청구 중 ③보도에 대한 반론보도청구와 ④보도에 대한 정정보도청구만 인용되는 결과가 되었다. 대상판결이 ⑤보도와 ⑦보도에 대해 판단한 내용은 다음과 같다.

[1] (다수의견) 이 사건 제⑤보도는 종전에는 우리 정부가 미국 내 광우병 위험이 객관적으로 악화되었다고 판단되면 쇠고기 수입위생조건에 의하여 일방적으로 쇠고기 수입을 중단할 수 있었는데 이 사건 미국산 쇠고기 수입위생조건의 합의로 인하여 앞으로 미국에서 인간광우병이 발생하더라도 우리 정부가 쇠고기 수입위생조건에 의해서는 일방적으로 검역중단 등의 조치를 취할 수 없게 된 협상 결과, 즉 미국산 쇠고기 수입위생조건의 개정으로 인한 차이점을 평가하고 이를 비판하는 의견을 표명한 것이라고 보아야 하지 이를 두고 종전부터 가능하였던 GATT 제20조 및 WTO SPS 협정에 기한 수입중단조치도 할 수 없게 되었다는 사실적 주장을 한 것으로 볼 것은 아니다.[32)]

32) (대법관 김능환, 안대희, 양창수, 신영철, 민일영, 박병대의 반대의견) 표현내용이 일반 평균적인 시청자의 이해에 따라 객관적 설명과 입증이 가능하고 그 표현으로부터 증거에 의해 접근 가능한 사실관계를 찾을 수 있다면 비록 그 표현이 평가적인 요소로 윤색된 경우라 할지라도 이는 사실적 주장이라고 할 것이다. … 이 사건 ⑤보도는 문언 자체에서 보도의 객관적인 입증가능성이 인정되는 것이다. 또한 이 사건 방송 이전부터

[2] (다수의견) 일반 시청자가 보통의 주의로 보도를 접하는 방법을 전제로 이 사건 ⑦보도와 관련된 이 사건 방송 부분의 전체적 구성, 사용된 어휘 및 표현 방식, 전후 문맥 등을 종합적으로 고려하면, 이 사건 ⑦보도는 우리 정부가 미국 도축시스템의 실태 중 아무것도 본 적이 없다는 구체적 사실을 적시한 것이 아니라, 우리 정부가 이 사건 미국산 쇠고기 수입위생조건 협상에 필요한 만큼 미국 도축시스템의 실태를 제대로 알지 못하였다는 주관적 평가를 내린 것이라고 봄이 상당하다. 설령 (b)<이 사건 ⑦보도의 내용을 '우리 정부가 미국 도축시스템의 실태를 충분히 파악하지 아니하였고, 광우병 위험성을 은폐·축소하려 하였다'는 사실적 주장과 이 사건 미국산 쇠고기 수입위생조건 합의에 대응한 우리 정부의 소극적인 협상태도에 대한 비판의견의 표명이 결합되어 있는 것으로 볼 여지가 있다고 하더라도, 이 사건 ⑦보도에서 양자를 구분하여 사실적 주장에 해당하는 부분만을 대상으로 허위 여부를 판단하고 나아가 그것을 허위로 판단하여 그에 대한 정정보도청구를 받아들인다면, 그로 인하여 우리 정부의 소극적인 협상 태도에 대한 비판이라는 이 사건 ⑦보도의 전체적인 의미가 그 자체로 부당한 것으로 왜곡될 수 있다는 점에서도 이 사건 ⑦보도는 그 전체를 정정보도청구의 대상이 되지 아니하는 의견표명으로 보아야 할 것>이다.[33)]

Ⅲ. 대상판결에 대한 평가

가. 대상판결 자체에 대한 평가

대상판결 중 사실/의견 구별에 관한 일반론인 (a−1), (a−2)는, Milcovich 판결 이후 미국 하급심 판결은 당해 사건에서 사실과 의견의 구별에 관한 일의적인 기준이 아니라 수정헌법 제

광우병 문제로 미국산 쇠고기 수입재개에 반대하는 의견과 시위가 잇따르고 있었던 사회적 배경 및 이 사건 방송의 전체적인 취지 역시 이 사건 미국산 쇠고기 수입위생조건 합의로 인하여 광우병에 걸린 미국산 쇠고기가 국내에 수입될 수 있고 이로 인하여 국민의 생명과 건강이 위협받고 있다는 것으로 이 사건 미국산 쇠고기 수입위생조건의 문제점을 지적하는 데 있는 것인 점 등을 종합적으로 고려하면, 이 사건 ⑤보도는 종전의 미국산 쇠고기 수입위생조건에 비하여 불리하게 타결된 이 사건 미국산 쇠고기 수입위생조건의 내용에 관한 사실적 주장에 대한 보도에 해당한다.

33) (**대법관 안대희, 양창수, 민일영, 박병대의 반대의견**) 표현내용이 일반 평균적인 시청자의 이해에 따라 객관적 설명과 입증이 가능하고 그 표현으로부터 증거에 의해 접은 가능한 사실관계를 찾을 수 있다면 비록 그 표현이 평가적인 요소로 윤색된 경우라 할지라도 이는 사실적 주장이라고 할 것은 앞서 본 바와 같다. 또한, 보도가 사실적 주장인지, 의견표명인지는 보도와 이에 대하여 게재를 구하는 정정보도문의 비교를 통하여 확인하는 방법으로도 가능하며, 보도와 정정보도문이 서로 다른 구체적인 경과를 알리거나 상황을 묘사하는 내용의 것이라면 보도는 일응 사실적 주장이라고 할 것이다. … 이 사건 ⑦보도 중 원고가 정정을 청구하는 이 사건 미국산 쇠고기 수입위생조건 협의와 관련하여 '원고가 미국 도축시스템을 본 적이 있는지, 보려 했는지 의문'이라는 부분은 비록 피고가 그 말미에 가치평가적인 어휘인 '의문'이라는 표현을 사용하였다고 하더라도 이는 시간과 공간이 특정된 구체적인 과거 시점의 원고의 행위에 속하는 사건에 관한 표현으로 입증 가능한 것이다. 또한 이 사건 ⑦보도와 이에 대하여 원고가 게제를 구하는 정정 및 반론보도문을 비교하여 보아도 이 사건 ⑦보도가 사실적 주장에 해당함은 명백히 드러난다[권태상(주 16), 699~703면].

1조에 정신에 부합하도록 다양한 기준을 적용하고 있고, 사실과 의견의 구별이 어려움에 비추어볼 때 충분히 수긍할 수 있고, 또한 하급심 판결에서도 자주 인용되는 부분이다. ⑤보도와 ⑦보도가 사실인지 의견인지 여부에 대해서는 1심 판결은 의견이라고 보았고, 2심 판결은 사실이라고 보았으며, 대상판결의 다수설은 의견, 반대의견은 사실이라고 보았는데, 문제된 진술의 진위가 증거에 의해 입증 가능한 이상 기존의 태도에 의하면 사실로 보는 것이 타당할 것이다.[34)]

글쓴이가 흥미를 느낀 부분은 ⑦보도에 대한 다수의견 중 (b)의 내용이다. 기존의 법리대로라면 사실적 주장과 의견표명이 결합된 경우, 양자를 구별한 다음 전자에 대하여는 입증여부에 따라 그 사실적 주장이 사실인지 여부를 검토하여 사실이 아니라면 그 부분에 대해서는 정정보도청구를 인용하여야 할 것인데, 다수의견은 <사실적 주장과 의견표명을 전체적인 차원에서 파악한 다음 사실적 주장만을 분리하여 정정보도청구를 인용하면 전체(사실적 주장과 의견표명이 합일융화된)로서의 진술의 취지가 부당하게 왜곡될 수 있을 있으므로> 의견표명으로 보아야 한다고 판시하였다.[35)] 이는 기존의 사실/의견 구별에 대해 거의 혁명에 가까운 변화라고 보아야 할 것인데, 이와 같은 논리대로라면 사실적 주장과 의견표명이 결합된 보도의 경우에 대해 '사실적 주장은 입증을 통하여 사실이라고 밝혀진 경우'라도, '전체로서의 진술에 대해 정정보도청구를 받아들이지 않는다면 그로 인하여 부당한 보도의 전체적인 의미가 그 자체로 정당한 것으로 왜곡될 수 있다.'는 이유로 보도 전체를 정정보도청구의 대상으로 볼 여지가 생기기 때문이다.[36)] 물론 중 (b)의 판시 내용이 문리해석의 범위를 벗어난다는 비판이 충분히 가능하고, (b)의 판시 내용의 논리를 반대해석하여 좇을 경우, 의견 또한 정정보도청구의 대상이 된다는 것은 입법론은 별론, 해석의 한계를 벗어났다는 비판 또한 능히 예상할 수 있다.

나. 법원의, 구체적이고 개별적인 사건에 대해 유일하게 정당한 판결을 내려야 할 책무와 법의 하자를 치유할 책무

법관은 "법률을 그대로 따라서 말하는 법률의 입"(몽테스키외)이 아니므로,[37)] 적극적으로 '법적으로 구속된 재량'을 행사할 수 있고, 선택권한을 행사할 때 고려에 넣어야할 모든 법적 지침

---

34) 권태상 교수는 제⑤보도의 경우는 입증이 용이함에 비추어 볼 때 사실로 보는 것이 타당하고 제⑦보도의 경우는 입증의 곤란에 비추어 볼 때 의견으로 보는 것이 타당하다고 한다[권태상(주 16), 734면 및 736면].

35) 다수의견이 판시한 (b)의 내용은 '사실과 의견이 밀접히 결합되어 있는 표현에서 입장표명, 찬성 또는 의견이라는 요소가 강조되어 있는 경우, 그러한 표현은 의견으로서 기본권에 의하여 보장되고, 가치판단적 부분과 사실서술적 부분을 따로 분리할 경우 표현의 전체적 의미가 상실되거나 오해될 경우에는 특히 그러하다'(독일의 경우, 위 주 25)와 유사한 wording으로 보인다.

36) 그러한 예로 채널A의 <먹거리X파일>이라는 프로그램에서 2017. 3. 12. 방송한 이영돈 pd의 대왕카스테라 관련 방송이다. 위 사건의 경우 사실관계도 문제였지만, "세상에 빵을 만드는데 식용유를 넣다니!"라는 취지의 의견표명이 문제의 핵심이었는데(http://blog.daum.net/_blog/BlogTypeView.do?blogid=0HoBC&article-no=8495121&_bloghome_menu=recenttext), 현행 언론중재법상의 진실을 사실이 아닌 것으로 한정해서 해석하는 한, 정정보도청구를 통한 피해 회복은 불가능하다.

37) 칼 엥기쉬 지음/안법영·윤재왕 옮김, 법학방법론, 세창출판사, 2011, 211면.

들을 엄격히 준수하고, 특히 '개별사례의 모든 사정들'을 주의 깊게 탐구하고 고려하는 가운데 '유일하게 정당한' 결정이라는 목표와 결과에 도달하기 위해 최선을 다해야 한다.[38] 또한 모든 분쟁은 구체적인 동시에 개별적인데, "개별적 '형태'는 개별적인 방식이 아니고서는 달리 체험될 수 없고, 이해는 개별적인 것을 대상으로 할 뿐만 아니라, 반드시 개별적인 방식으로 이루어질 수밖에 없다."는 철학자 테오도르 리트(Theodor Litt)의 말처럼,[39] 사건을 담당한 재판부 또한 개별적인 방식으로 사건을 체험하고 이해할 수밖에 없으며, 그래서 판결 또한 구체적이고 개별적인 사건의 해결에 유일하게 정당한 것이어야 하는 것이다.

구체적 분쟁에 적용되기 전에는 완벽하게 제정된 법도 막상 구체적 분쟁에 적용하면 시간의 흐름과 상황의 변화 때문에 흠결이나 오류가 발생하기도 한다. 법의 '흠결'과 '오류'는 하자있는 법의 두 가지 서로 다른 형태를 지칭한다. 법의 '흠결'이라는 하자는 '법보충'을 통해 제거되는데, 이 경우 법관은 '법률을 넘어서서(praeter legem)' '법률을 보충하는(supplendi causa)' 활동을 하게 된다. 이에 반해 법률의 '오류'라는 하자는 법률수정을 통해 제거되는데, 이 경우 법관은 '법률에 반하여(contra legem)' '법률을 수정하는(corrigendi causa)'활동을 한다.[40]

다. New York Times 판결과 대상판결 당시의 시대적 배경

헌법학 교수인 폴 프로인드(Paul Freund)가 말했듯이 "법원은 무엇을 통해 사회를 이해하게 되는가? 판사들은 신문을 읽으며, 그날의 날씨가 아니라 그 시대의 기후의 영향을 받는다."[41] 미연방대법원으로 하여금 기존의 법리를 뒤집어버리게 만든 뉴욕타임즈 사건의 내용은 무엇이었을까? 뉴욕타임즈 판결이 났던 1964년 미국이라는 시대의 기후는 어땠을까?

New York times 판결의 사실관계를 살펴보면, 민권운동가들이 1960년 3월 29일자 뉴욕타임즈에 '그들이 비등하는 소리에 귀를 기울여라(Heed their rising voices)'라는 제목의 의견광고[42]를 전면에 실었는데, 이 광고는 Marin Luther King Jr. 목사가 앨라배마주 수도 몽고메리시에서

38) 칼 엥기쉬(주 37), 196~197면. 물론 그렇더라도 '완벽하게 정당한' 결정을 내리지 못할 수도 있다.

39) 칼 엥기쉬(주 37), 200면.

40) 칼 엥기쉬(주 37), 228~229면("집정관은 법률의 하자를 보충한다: supplet praetor in eo, quad legi deest" – 학설휘찬 19.5.11). 흠결보충과 법수정의 경계가 항상 뚜렷하고 확실한 것은 아니다.

41) 엔서니 루이스 지음/박지웅·이지은 옮김, 우리가 싫어하는 생각을 위한 자유–미국 수정헌법 1조의 역사, 간장, 2010, 19면.

42) 뉴욕타임즈 사건은 기사가 아니라 의견<광고>에 대한 것이었다. fake news와 관련하여 최근 회자되고 있는 fact checking이란 용어도 1988년대 말 미국 선거 캠페인이 사용한 정치<광고>를 검토하는 '정치광고 바로잡기(Ad Watch)'와 관련하여 강조되었던 용어인데, 여기서 말하는 fact checking은 흥미롭게도 이름과 달리 역무의 내용이 단순한 사실 검증에 제한된 것이 아니었다. fact checking에 사용된 방법을 보면 (가) 정치광고의 사실 주장의 진위여부에 대한 검토(true or false facts)는 물론, (나) 사실이 아닌 의견이라 해도 검증가능한 근거에 기반한 것인지 검토(founded or unfounded claims), (다) 사실에 기초했더라도 오도하는 주장을 제시하는 것인지 검토(misleading claims) 등 다양한 관점에서 정치광고의 타당성 여부를 수행해서 기사화했던 것이다(이준웅, "언론의 사실확인보도 : 개념적, 방법론적 쟁점, 언론 보도 사실확인 어떻게 할 것인가", 「한국언론학회」, 2017. 3. 24. 발제, 7면).

주도한 시위에 가담한 흑인들에 대해 경찰이 가혹한 진압방법을 사용했다고 비난하고 성금모금을 호소하는 내용이었다. 이 광고가 나가자 몽고메리시의 설리번 경찰국장(선출직)이 신문사와 광고주를 상대로 명예훼손으로 손해배상을 요구하는 소송을 제기하면서 광고내용의 여러 부분에 허위 사실이 포함되어 있다고 주장했다. 이에 대해 앨라배마주 법원(1심)에서는 광고에 일부 허위사실이 있음이 입증되어 징벌적 손해배상까지 포함하여 50만 달러의 손해배상판결을 받았고 주 대법원의 지지를 받았다. 이들 주 법원이 원고 승소판결을 내린 이유는 한결같이 '수정헌법 제1조는 명예훼손적 표현까지 보호하지 않는다.'는 것이었다.

그러나 연방대법원이 전원일치로 주 대법원의 판결을 뒤엎고 뉴욕 타임즈에 책임이 없음을 인정, 이른바 현실적 악의의 원칙을 처음으로 천명하였다. 연방 대법원의 원심 파기환송 이유를 살펴보면, 공공의 문제에 관한 토론은 제한 없이, 활발하고 널리 개방되어야 하며 이는 정부나 공직자에 대한 격렬하고, 따갑고 때로는 불쾌한 날카로운 공격을 포함할 수 있다. 자유로운 토론에서 잘못이 있는 말도 불가피한 것이므로 표현의 자유가 확보되기 위해서는 숨 쉴 여지를 가질 수 있어야 한다면 잘못된 말 또한 보호되어야 한다. 만약 법이 공직자의 공무행위를 비판할 때에 그 비판자가 내세우는 주장이 모든 면에서 완전히 진실임을 보증해야 한다고 요구한다면, 또한 진실임을 증명하지 못할 경우 명예훼손으로 엄청난 액수의 손해배상을 각오해야 한다면 그것은 공직자를 비판하려는 국민에게 자기검열(self-sensorship)을 강요하는 결과가 될 것이다. 따라서 지금까지 사적 인물에 대해서 언론사가 스스로 과실 없음을 입증하지 못하면 책임을 면치 못했는데 공적 인물에 대해서는 명예훼손이 성립되려면 미디어가 현실적 악의를 갖고 자신의 명예를 훼손했다는 것을 증명해야 한다.[43]

인종에 따른 차별 금지가 지금은 당연하지만, 1960년대 미국은 Civic Movement(민권운동)가 활발하게 전개되어 흑백차별에 대한 철폐가 지속적으로 주장되던 시기였던 것이다.

한편 뉴욕에서 발행되는 잡지 <뉴요커>를 중심으로 1960년대 중엽부터 본격적으로 나타난 뉴 저널리즘은 여러모로 전통적인 저널리즘의 개념에서 크게 벗어난다. 이 저널리즘은 무엇보다도 객관적 보도라는 전통적 저널리즘의 기본 입장에 쐐기를 박는다. 한 마디로 뉴저널리즘은 사실성을 희석하기 위하여 의식적으로 허구성에 무게를 싣는 저널리즘을 말한다.[44] 그렇다면 논픽션 소설이나 뉴저널리즘이 하필이면 왜 1960년대 중엽에 이르러 갑자기 생겨났을까? 여기에는 여러 까닭이 있을 터이지만 무엇보다도 '공식적인 담론'에 대한 불신에서 그 원인을 찾아야 할 것이다. 공식적 담론이란 국가 기관을 포함하여 대학이나 언론 기관 같은 사회의 모든 제도와 관련된 표현 행위를 말한다. 그런데 미국에서는 존 F. 케네디 대통령이 재임하던 시대까지만 하더라도 공식적 담론은 그런대로 사실이나 진실을 전달하는 것으로 생각하였다. 그러나

43) 김옥조, 미디어법, 2012 개정판, 커뮤니케이션북스, 2012, 419~420면.
44) 김욱동, 포스트모더니즘, 연세대학교 출판부, 2009, 92~93면.

케네디가 암살당한 뒤부터 크게 사정은 크게 달라지기 시작하였다. 린든 B. 존슨 행정부의 실책과 리처드 닉슨 행정부의 거짓말과 조작, 그리고 월남전쟁과 워터게이트 사건 등으로 미국 국민들은 환상과 낙관주의의 꿈에서 점차 깨어나게 되었다. 그리하여 구두로 표현하건 문자로 기록하건 또는 라디오나 텔레비전을 통한 전파나 영상으로 전달하건 매스 미디어를 통한 모든 공식적 담론을 불신하기 시작하였다. 만약 역사의 내용을 대중 매체가 조작하고 텔레비전과 신문이 역사적 사실을 왜곡하고 오도한다면 사실적인 것과 비사실적인 것, 사실과 허구, 저널리즘과 픽션 사이의 구별이란 이제 더 의미를 지닐 수 없게 마련이다.[45] 바로 이러한 미국의 시대적 배경 아래서 역사적 배경 아래서 공직자의 직무행위에 관한 명예훼손적 허위표현의 경우는 '현실적 악의'가 증명되지 않으면 책임지지 않는다는 법리가 나오게 된 것은 아닐까? 그리고 (그 시대의 요청에 부응한 새로운 법리를 적용한) New York times 판결은 일부 정치인들로부터 강한 비판을 받아왔지만 필시 최근 수년간 공적 대화를 저속하게 만드는 데 일익을 담당해왔으며, 이는 우리 모두에게 영향을 끼친다. 컬럼비아대학교와 버지니아대학교에서 수정헌법 제1조를 연구하는 빈센트 블라시(Vincent Blasi) 교수는 이렇게 말했다. "활짝 열려 있고 사실을 건성으로 다루는 오늘날의 라디오 토론 프로그램은 설리번의 결과다. 미국인들은 손해배상금을 지불해야 한다는 두려움 없이 공적 인물에 관해 사실상 그 무엇이든 말할 수 있다."[46][47]

대상판결이 판단의 대상으로 삼았던 MBC PD 수첩 광우병 보도로 되돌아 와보면, 2008년 당시 이른바 '광우병 괴담'이 한국사회를 휩쓸었고 시청 앞은 수만의 인파가 촛불시위를 벌이던 시절이었다. 그때로부터 불과 3년 전인 2005년에는 온국민이 칭송하던 황우석 교수의 네이쳐지 게재 논문이 허위임이 드러나기도 했다. 공적 담론은 붕괴되었고, 인터넷을 통한 찌라시, 괴담(언론중재법의 표현을 살짝 비틀자면 '진실하지 아니할 가능성이 매우 높은 보도')이 횡행했으며, 결과적으로는 찌라시와 괴담이 진실로 밝혀졌다. 대통령이 국기문란이라고 일컬었던 찌라시와 괴담이 진실로 밝혀지고 연인원 1,000만 명이 시청앞에서 촛불시위를 벌였던 작금의 상황 또한 크게 다르지 않다.

라. 언론중재법상 '사실'과 '진실'의 개념

언론중재법은 사실적 주장에 관한 언론보도 등이 진실하지 아니함으로 인하여 피해를 입은 자(언론중재법 제14조 제1항)라고 규정하고 있고, 여기서 진실이란 사실로 이해하는 것이 일반적이다.[48] 그러나 과연 언론중재법이 규정하고 있는 진실을 단순히 사실이 아닌 사실적 주장이라고

---

45) 김욱동(주 44), 97면.

46) 앤서니 루이스(주 41), 97면.

47) 강한 공적 표현에 대한 법적 책임 추궁의 완화에서 더 나아가 명예훼손죄를 폐지하자는 주장과 관련해서는 박경신, "명예의 보호와 형사처벌 제도의 폐지론과 유지론", 「언론중재」 2009년 여름호, 언론중재위원회, 46~61면 참조

48) 김옥조(주 43), 632면.

만 해석해야 하는 것인지 의문이다.

왜냐하면 비록 진실이라는 단어가 불확정개념이고, 또 절대적 진실을 찾을 수 없기에 언론은 기능적 진실을, 사법은 사법적 진실을 추구하지만, 언론학계에서는 이미 오래 전부터 사실과 진실의 개념을 구별하여 사용하여왔고, 사실이 진실을 드러내기도 하지만, 때로는 비사실(non-fact)이 진실을 드러낼 수도 있다는 점에서 이러한 의문제기는 타당하다. Milkovich 판결에 대해 종래의 '의견 대 사실'이라는 구분기준 대신에 '사실이 아닌 것(non-fact) 대 사실(fact)의 구분을 취했다는 평가[49]와 독일연방헌법재판소가 언론에 대해 진실보도의무를 규정[50]하고 있음을 고려할 때 이러한 의문의 제기는 깊이 음미해 볼 가치가 있다. 더구나 일반적인 소송에서의 진실은 증거에 의하여 확정된 사실이지만, 누누이 살펴본 바와 같이 언론소송의 특수성(사실적 주장과 의견의 애매함, 사실적 주장과 의견 구별 기준으로 입증가능성 이외에 다른 사정을 고려하는 사법 현실)에 비추어 볼 때 언론중재법 제14조 제1항의 진실을 일반적인 소송에서의 진실과 같이 증거에 의하여 확정된 사실에 국한시킬 수는 없다.

언론학계에서의 경우, 이미 1947년에 수년의 작업을 통해서 저널리즘의 의무를 기록하고 정리했던 학자들 모임인 허친스위원회(Hutchins Commission)는 "사실적으로는 맞지만 실질적으로는 거짓일 수 있는" 기사를 보도하는 위험에 대해 경고[51]했고, 또 언론규범으로서의 '사실과 의견의 구분'은 '사실 중심적 담론'이 지배적인 영미 언론의 전통 속에서 19세기 초에 "발명"되었고, 사실보도와 해석 보도를 구분하면서 전자를 전형화하고 후자를 사소하게 취급했는데 이렇게 형성된 이념이 거츠 판결을 통해 사실과 의견의 구분가능성과 사실의 검증 가능성이 미국 명예훼손 판례를 관통하는 핵심 원리가 되었는데, 언론인들이 주장하는 '사실과 의견의 분리'를 위한 장치들이 사실은 언론의 입지를 강화하는데 활용되기도 하는데(에트마와 글래서), 우리나라에서 '사실과 의견의 구분'이라는 고전적 언론 규범을 준수함으로써 언론의 경향성을 극복할 수 있는지 의심하고 나아가 우리나라 언론의 경향성을 교정할 수 있는 방법으로 '언론은 사실과 의견을 구분해서 보도해야 한다.'는 전통적 언론 규범을 수정하고 확장해서 '언론은 참과 옳음에 대한 타당성 주장을 구분해서 응답해야 한다.'고 제안하고 있는[52] 현실과 진실이 비사실

49) 권태상(주 16), 719~720면.

50) 독일연방헌법재판소는 슈미트/쉬피겔(Schmidt/Spiegel) 판결의 근거에서 다음과 같이 판시하였다. '언론이 공중에게 정보를 제공하는 권리를 행사할 때 언론은 진실된 보도를 행할 의무를 지니다. 이러한 진실의무 수행은 당사자의 명예보호를 위해 촉구된다. … 진실의무는 자유민주주의 전체 구조 속에서 공적 의견형성이라는 의미에 그 정당성이 있다.' 진실 및 검증의무는 객관적으로 올바른 정보에 관한 보편적 이해를 본질로 한다. 미디어 수용자가 가능성 범위 내에서 제대로 정보를 제공받을 때에만 여론이 올바로 형성될 수 있기 때문이다. 내용면에서 매스 미디어의 진실과 검증의무는 미디어에 의해 전달된 정보를 진실면에서 검증할 것을 요구한다. 중요한 검증기준은 주언론법에서 '상황에 따른 검증'이라는 개념으로 설명되어 있다. 민법적 원칙과 일치해서 이것은 일반적으로 보편적인 기준을 검증에 적용시켜야 한다는 것을 의미한다(마리안 파쉬케 지음/이승우 옮김, 독일 미디어법, 한울아카데미, 1998, 145~146면).

51) 빌 코바치·톰 로젠스틸(주 9), 63~64면.

(non-fact)을 통해서 드러나는 경우도 있음을 고려한다면, 언론보도를 판단의 대상으로 하는 언론중재법의 '사실'과 '진실' 개념을 일반 소송의 경우와 같이 해석할 수는 없는 노릇이다.

따라서 언론중재법이 규정하고 있는 진실은 문언 그대로 진실로 해석해야 하고, 이 진실이 일반 소송이 추구하는 진실인 사법적 진실(=입증된 사실)과는 다른 개념임을 수긍하면 대법원 다수의견 중 ⑦보도와 관련한 (b)의 판시내용[사실적 주장에 관한 언론보도(광우병에 대한 ⑦보도)가 진실하기 때문에 정정보도청구를 기각]은 아무런 혼란 없이 이해가 가능해진다. 물론 대법원 다수의견 중 ⑦보도와 관련한 (b)의 판시내용이 사실/의견 구별 기준에 대해 정면으로 도전한다는 논리적 비판이 있더라도, 그러한 법리가 법률을 뛰어넘을 수는 없는 것이므로, 법률의 규정에 충실하기 위해 법리를 변경하는 것은 얼마든지 가능하다.

나폴레옹이 백마를 탄 세계정신이었다면 판사는 법대에 앉은 시대정신이고, 그러하기에(New York Times 판결이 기존의 법리를 뒤집었듯이) 대상판결의 다수의견 중 ⓑ의 판시내용은 사실과 의견의 구별 기준이라는 기존의 법리에 비추어 보면 '사실이 아닌 것으로 판단된 사실적 주장'을 비록 사실이 아니지만 진실이기에 '의견표명'으로 변전(變轉)시켰던 것임을 쉽게 추론할 수 있다. 만일 그러한 추론이 타당하다면, 대법원 다수의견은 언론중재법이 규정하고 있는 진실을 일반 소송에서의 사법적 진실과 같이 보던 시각에서 벗어나 언론소송이 가지고 있는 특수성을 고려하여 언론중재법의 진실 개념을 새롭게 해석한 것이라고 볼 수 있고, 그러한 해석은 타당하다. 그렇다면 언론중재법이 규정하고 있는 진실은 일반소송의 사법적 진실이 아니라 저널리즘이 지향하는 기능적 진실에 더 가깝다고 보아야 할 것이다. 더구나 대상판결 다수의견 (a-1)이 판시하는 바와 같이 사실과 의견의 개념이 반드시 명확하지도 않고, (a-2)이 판시하는 바와 같이 보도가 사실과 의견의 구별기준 자체가 일의적이지 않으며, 전체적인 흐름, 원보도가 게재한 문맥의 보다 넓은 의미나 배경이 되는 사회적 흐름, 시청자에게 주는 전체적인 인상까지 함께 고려해야 한다면, 전체보도에서 사실과 의견을 기계적으로 구별하는 것 자체가 전체보도의 의미가 부당하게 왜곡될 수도 있음을 고려할 때, 차제에 정정보도청구권의 대상으로 사실적 주장에 관한 언론보도만을 규정하고 있는 언론중재법을 의견에 대해서도 정정보도청구가 가능하도록 개정하는 것도 고려해 봐야 할 것이고, 이와 관련하여서는 프랑스, 벨기에, 룩셈부르크와 같은 나라들의 입법례가 참고가 될 것이다.[53)][54)]

---

52) 이준웅, "한국 언론의 경향성과 이른바 '사실과 의견의 분리 문제'", 「한국언론학회보」 54권 2호(2010년 4월), 197~198면, 200면 및 189면. 이와 같은 취지로, 사실만 담은 저열한 뉴스가 얼마든지 가능하고, 그렇기 때문에 사실 확인은 분명 언론의 중요한 임무 중의 하나이지만, 과연 언론이 추구해야 할 가장 중요한 임무 중 하나인지 의심스럽다고 하면서 모든 뉴스는 공적 사안에 대한 사실 주장을 담고 있으며 이 주장은 해당 내용의 진실성을 함의한다. 모든 뉴스는 '공적 사안에 대한 사실 주장'을 담고 이고, 이 주장은 해당 내용의 진실성을 함의한다. …(중략)… 그리고 사실 주장의 타당성 평가에 따라 참과 거짓을 구분한다[이준웅(주 42), 2면, 6면 및 7면]도 동일한 맥락이다.

53) 마리안 파쉬케(주 50), 165면.

54) 법원이 법률의 개정을 이끈 경우로는, 현행 반론권 제도는 1980년 언론기본법상 '정정보도청구권'이라는 용

Ⅳ. 결 론

언론중재법이 규정하고 있는 진실의 개념이 일반소송에서의 진실의 개념과 다름을 인정한다면 대상판결 다수의견 중 (b)의 판시내용은 언론중재법이 규정하고 있는 진실의 개념에 부합하는 것이고, 이는 언론이 지향하는 기능적 진실개념에 가깝다. 이렇게 해석할 때 Fake News[55] 또한 단순히 보도의 사실적 주장이 사실이 아니라는 이유로 정정보도청구를 인용할 수는 없을 것이다. 대상판결 다수의견 중 (b)의 판시내용을 반대해석하면 진실이 아닌 의견표명에 대해서도 정정보도청구가 가능하게 되고, 해석상의 논란을 불식하기 위해서는 그러한 내용으로 언론중재법이 개정될 필요가 있다. 언론중재법이 개정될 때까지 우리 법원이 언론중재법상의 진실과 사실 개념을 어떻게 해석하고 구체적 사건에 적용할지 기대하며 지켜볼 일이다.

어로 사용되었으나 실제 내용은 반론보도청구권이었음을 헌재 1991. 9. 16. 선고 89헌마165 결정이 확인함에 따라 1995년 법개정시 반론권으로 바꿨고[김옥조(주 43), 635면], 민법상의 면접교섭권 또한 서울고등법원 1987. 2. 23. 선고 86르313 판결에서 인정된 후 1990년 민법 개정시 제837조의2를 신설(박동섭, 친족상속법, 박영사, 2004, 167면)이 있다.

55) 앞서 살펴본 바와 같이 1960년대 미국은, 지금이라면 Fake News라고 불리웠을 뉴미디어가 다수 등장하여 저널리즘의 새로운 단계를 열었다. 또한 2005년에는 'Fake News'를 드러내놓고 표방하는 tv쇼인 <콜베어 프로(The Colbert Report)>가 생겨났다(마이클 셔드슨 지음/이강형 옮김, 뉴스의 사회학, 한국언론진흥재단, 2012, xi면).

전자거래와 개인정보보호

고 세 일*

Ⅰ. 들어가면서
Ⅱ. 개인정보 보호에 대한 입법 접근 방식
Ⅲ. 개인정보보호와 전자거래약관의 문제
Ⅳ. 맺으면서: 전자거래에서 정보보호의 새로운 문제

Ⅰ. 들어가면서

(1) 기술과 법의 딜레마

기술 발전과 법 사이에는 많은 경우 갈등 관계가 있다.[1] 이는 법이 일반적으로 빠르게 변화하는 기술발전 속도를 따르지 못해서 발생한다. 때로는 독일 암호법의 경우처럼 법이 어떤 수준의 기술 발전을 예상하거나 전제함으로써 최상으로 여기는 법을 만들기도 한다.[2] 그러나 이 또한 새로운 암호기술로 말미암아 그 법은 아무런 소용이 없었고, 독일 사람의 자부심도 손상되었다.[3] 따라서 법은 기술 발전을 앞서 나가기에도 어려움이 있고, 대개 법은 기술발전에 뒤진다는 현실 한계를 갖는다. 이런 점에서 기술에는 상대적으로 약한 법전문가들이 모여서, 어떤 기술 영역에 법을 만들면, 새로운 기술 발전으로 말미암아 그 법은 현실에 큰 도움이 되지 못하는 어려움이 있다.

(2) 전자거래와 개인정보 보호 문제 — 창과 방패

전자거래와 개인정보 보호 사이에도 이런 문제가 있다. 어느 정도의 기술 수준을 전자거래 업체와 인터넷서비스제공자(Internet Service Provider)에 요구할 수 있을 것인지의 기준에 대한 문제이다. 아무리 굳건한 방패로 개인정보 보안기술과 시스템을 구축한다 할지라도, 새로운 기술

---

* 충남대학교 법학전문대학원 부교수, 법학박사

1) Frank H. Easterbook, *Cyberspace and the Law of the Horse*, 1996 U. Chi. Legal F. 205, 125~216면 (1996) 참조.

2) 이는 암호기술에 대한 SET(Standards for Efficient Cryptography) 1.0을 전제로 세계 최초로 전자거래에 대한 암호법을 만든 역사를 말한다.

3) 새로운 암호기술인 SET 2.0의 등장으로 기존 독일 암호법은 기술 발전 현실을 담아내지 못한 낡은 법이 되었다.

로 그러한 정보보안기술과 시스템을 뚫을 수 있는 가능성은 여전히 존재한다. 그런 측면에서 옥션 사건을 다룬 대법원 판례[4]를 개인정보보호의 미흡한 사안으로 비판하기도 한다. 그러나 글쓴이가 판단하기에 옥션 사건은 당시의 최고 보안기술을 바탕으로 발생한 정보유출 사건이다. 따라서 절대적인 개인정보 책임을 인터넷 거래업체에 귀속시킬 수는 없다고 판단한다.[5]

(3) 기업의 이익과 소비자(이용자)의 이익

전자거래 업체에게 아주 강한 개인정보 보호를 요구하는 것은 두 가지 문제가 발생할 수 있다. 첫째, 개인정보 보호에 대한 막중한 비용으로 말미암아 중소업체의 전자거래 참여에 큰 제약을 준다는 점이다. 둘째, 전자거래 업체나 인터넷서비스제공자가 이런 비용을 부담한다고 해도, 그런 비용은 결국 전자거래를 이용하는 이용자나 소비자에게 전가될 가능성이 크다는 점이다.[6] 이런 점에서 개인정보 보호에 대한 '기업의 이익'과 '이용자(소비자)'의 이익형량의 문제를 따져 볼 필요성이 있다.[7]

(4) 전통적인 컴퓨터 활용에 따른 전자거래에서 모바일 전자거래와 사물 인터넷 환경의 전자거래로 발전

이는 기존의 전자거래가 주로 컴퓨터를 이용한 거래로 발전했다. 그러나 스마트폰을 이용한 전자거래 시스템 환경과 모바일 전자지불 시스템 구축으로 말미암아 전자거래 환경의 중심축이 모바일 전자거래 환경으로 이동하고 있다. 또한 사물 인터넷과 인공지능을 결합한 전자거래 환경[8]도 등장하고 있어서, 이러한 새로운 전자거래 환경에 대한 개인정보 보호문제[9]의 필요성도 나온다.[10]

---

4) 서울고등법원 2013. 5. 2. 선고 2010나31510, 31527 판결과 대법원 2015. 2. 12. 선고 2013다43994, 44003 판결.

5) 이에 대해서는 예를 들어, 정보주체의 동의 없이 변호사 정보 제공하는 웹사이트 운영에 대한 대법원 2011. 9. 2. 선고 2008다42430 전원합의체 판결 참조.

6) 조금 다른 측면이지만, 고용관계에서 미국 법원은 근로환경에서 근로자가 사용자의 정보기기를 개인 용도로 사용하지 못하는 것을 전제로 하여, 사용자가 근로자의 정보이용에 대한 감시를 허용하는 경향성이 짙다. 이에 대해서는 고세일, "정보화 시대 미국근로자들의 사생활 보호,"「국제노동브리프」 제3권 제11호, 2005, 53~59면 참조. 또한 하경효 · 전윤구, "전자장비를 이용한 근로감시 · 관찰에 따른 법적문제,"「고려법학」 제41호, 2003, 63~93면 참조.

7) 다만 이 점에 대해서는 기업의 재산적 이익이나 비용부담의 문제라고 한다면, 이용자의 개인정보 유출의 문제는 사생활 침해나 인격권 침해 문제가 발생하는 점에서 같은 평면의 문제가 아니라는 반론을 제기할 수 있다.

8) 이는 현재 예를 들면, 미국 아마존에서 판매하는 아마존 에코나 아마존 에코닷을 이용하여 아마존에서 판매하는 물리적 상품이나 디지털 컨텐츠를 구입할 수 있는 환경이다. 구글, 페이스북에서 비슷한 서비스 환경을 구축해 나가고 있다.

9) 예를 들어, 위치정보, 행태정보, 스마트 그리드와 같은 새로운 기술과 정보 보호 문제에 대해서는 고학수 편, 개인정보 보호의 법과 정책, 박영사, 2016, 407~497면 참조. 또한 이대희, "디지털 사이니지 이용에 따른 개인정보 보호 및 활용의 균형,"「경영법률」 제27집 제1호, 2016, 477~506면과 계인국, "빅데이터 시대 전자정부에서의 개인정보보호 — 개인정보보호 원칙의 변화와 도전 —,"「안암법학」 통권 제50호, 2016, 199~242면 참조.

10) 개인 정보의 범위와 개인정보 침해에 대한 손해배상에 대한 논의에 대해서는 송오식, "개인정보침해에 대한

Ⅱ. 개인정보 보호에 대한 입법 접근 방식

1. 전자거래와 통일법

(1) 전자거래에 대한 통일법

전자거래는 가상공간에서 시간과 공간의 제약 없이 자유롭게 거래할 수 있다는 점에서 통일된 법이 요청되는 영역이다. 그런 측면에서 유엔연합이 전자거래와 전자서명에 대한 모델법을 만들었고, 실체법 관계를 규율하는 법도 만들어가는 과정에 있다. 그러나 국제물품매매계약에 관한 국제협약(CISG)을 제정할 때, 통일법 규율이라는 현실 측면 때문에 각국의 서로 다른 실체법 규정을 제정하지 않았다.[11] 이런 측면은 전자거래에 있어서 개인정보에서도 나타난다.

(2) 전자거래에서 개인정보 보호에 대한 통일법

전자거래에서 있어서 개인정보 보호에 대한 일반적인 통일법은 아직 없다. 다만 역사적 측면에서 사생활과 개인정보의 국경을 넘는 이동의 보호에 대한 경제개발을 위한 협력기구(OECD)의 기준(이하 '경제개발협력기구 기준'), 개인정보의 처리와 그 정보의 자유로운 이동에 대한 개인의 보호에 대한 유럽연합(EU) 입법지침(이하 '유럽연합 입법지침')과 전자거래에 대한 미국의 개인정보 보호 안전항 원칙(이하 '미국 안전항 원칙')이 중요하다.[12)]

① 경제개발협력기구 기준(OECD Guidelines on the Pr (1980)

② 유럽연합 입법지침(EU Directive 95/46/EC on the protection of individuals with regard to the processing of personal data and on the free movement of such data)[13)] (1995)

③ 미국 안전항 원칙(US Safe Harbor Privacy Principles) (2000)[14)]

2. 사생활보호와 인격권 보호 법리의 역사적 전개

(1) 미국의 사생활 보호

사생활 권리(Right of Privacy)는 1888년의 Cooley 판사의 '혼자 있을 권리'(the right to be let alone)의 개념과 1890년의 Warren과 Louis의 논문으로 개념 정립되었다.[15)] 사생활 권리의 침해

합리적 구제방안 — 사권으로서 개인정보권의 정립을 위한 시론 —," 정종휴 선생 정년퇴임기념논문집 - 현대 민법학의 진로, Maronie Press, 2016, 791~831면 참조.

11) 전자거래의 통일법적 규율 가능성에 대해서는 고세일, "인터넷 거래와 실체법 규범 — 유엔통일매매법의 가능성," 「비교사법」 통권 제39호, 2007, 77~115면 참조.

12) 안전항원칙은 미국 연방거래위원회법 제5조의 '기만적이거나 불공정한 행위'에 따른 개인정보 처리 조건을 소급하여 변경하는 경우에도 사용된다. 이에 대해서는 이문지, "미국 연방거래위원회법 제5조에 의한 소비자 개인정보 보호 — 자율규제에 의한 소비자 개인정보 보호의 안전장치 —," 「경영법률」 제27집 제1호, 2016, 443~476면 참조.

13) http://eur-lex.europa.eu/LexUriServ/LexUriServ.do?uri=CELEX:31995L0046:en:HTML (마지막 확인 2016년 12월 22일).

14) http://2016.export.gov/safeharbor/ (마지막 확인 2016년 12월 22일).

유형에 대해서는 여러 논의가 있지만, Prosser 교수의 4가지 침해유형이 일반적으로 받아들여졌다.[16] 이는 ① 사생활에 대한 침입(intrusion), ② 사생활의 공개(public disclosure of private facts), ③ 공중에게 그릇된 시각으로 보이게 하는 행위(false light in public eyes), ④ 타인의 성명, 경력, 초상 등을 영업상의 이익을 위하여 사용하는 영리적 이용(appropriation)이 있다.[17]

미국법은 타인의 성명, 경력, 초상 등을 영리상의 이익을 위해서 사용하는 경우를 사생활침해의 한 유형으로 파악한다. 그렇지만 독일은 성명권(Namenrecht)과 초상권(das Rect am eigenen Bild)을 사생활침해와는 다른 개별적 인격권(besonderes Persönlichkeitsrechts)으로 이해하여 개별적인 법률로 보호한다.[18] 따라서 어느 국가의 기준으로 보는지에 따라, 사생활(privacy) 침해의 범위가 달라진다. 예를 들어, 미국의 사생활 권리의 법리에 따르면, 성명권과 초상권 침해도 사생활권의 한 침해유형으로 이해한다. 프랑스법도 대체로 미국법과 비슷한 입장을 취한다.[19]

(2) 유럽법의 인격권 보호

인격권 보호에 있어서는 독일처럼 헌법을 매개로 한 일반적 인격권을 승인하여 인격적 이익이나 인격권의 보호를 추구하기도 한다.[20] 또한 프랑스와 같이 구체적인 사안에서 기존의 불법행위 조항으로 인격권을 보호하는 입법례가 있다.[21] 그러나 새롭게 제정된 여러 민법전은 인격권 보호를 명문으로 규정한다.[22] 예를 들어 1907년의 스위스 민법은 제28조 제1항에서 "인적관계를 불법하게 침해받은 자는 그 방해제거를 소구할 수 있다"라고 규정하고 있고, 제2항에서 "손해배상의 청구 또는 정신적 손해배상으로서 금전배상의 청구는 법이 인정하는 경우에만 허

---

15) Prosser and Keeton, The Law of Torts 849면 (5th ed. 1988) 참조.

16) Edward J. Kionka, Torts 399~403면 (2nd ed. 1992) 참조.

17) 일부 우리 하급심 법원(예를 들어, 서울고등법원 2014. 4. 3. 선고 2013나2022827 판결: 갑 주식회사가 스마트폰 등 통신기기 이용자들이 얼굴을 촬영하여 입력하면 닮은꼴 연예인을 찾아주는 어플리케이션을 개발하여 이용자들에게 무료로 배포하여 인터넷에 공개된 연예인 을 등의 사진과 성명을 사용한 사안에서, 법원은 갑 회사가 무단으로 이러한 어플리케이션으로 을 등의 사진과 성명을 사용한 것은 위법한 행위로 판단한다. 따라서 갑 회사는 을 등에게 위자료를 지급할 의무가 있다고 한다)이 인정하는 퍼블리시티권의 원형은 미국 불법행위침의 한 유형인 사생활권 침해이다.

18) Dieter Medicus, Allgemeiner Teil des BGB, 5. Aufl., 1992, Rn. 1077ff.

19) Viney et Ghestin, Traité de Droit Civil (Les Obligations/La Responsabilite : conditions), 1982, p. 317.

20) 사법질서에 대한 기본권 효력에 대해서는 하경효, "근로관계에 있어서 근로자의 양심의 자유와 자기책임," 김형배교수화갑기념논문집 - 노동법에 있어서 권리와 책임, 박영사, 1994, 168~170면 참조.

21) 독일과 프랑스도 인격권 보호의 출발점은 다르지만, 그 결과에 있어서는 거의 같다.

22) 우리나라도 2000년 민법 개정안 작업에서 인격권 보호를 명문으로 규정하자는 논의(개정안 제750조의2)가 있었지만, 최종안에는 반영되지 않았다. 상대적으로 최근에 개정된 대만민법에서는 인격권보호를 전면에 내세웠다. 법무부 민법개정자료발간팀 편, 2004년 법무부 민법 개정안 채권편·부록, 법무부, 2012, 550~552면 참조. 대만 민법 제18조 제1항은 인격권이 침해를 받은 때에는 법원에 그 침해의 제거를 청구할 수 있고 침해를 받을 염려가 있는 때에는 그 예방을 청구할 수 있다고 한다. 같은 조 제2항은 전항의 경우에 법률에 특별한 정함이 있는 경우에 한하여 손해배상이나 위자료를 청구할 수 있다고 규정한다. 김성수 옮김, 대만민법전, 법무부, 2012, 63~65면 참조.

용된다"라고 규정한다. 또한 1911년의 스위스채무법 제49조 제1항은 "인적 관계를 침해받은 자는 귀책사유 있는 경우 손해배상 청구권을 가지며, 특히 침해 및 귀책사유가 중대한 경우(bei besonderer Schwere der Verletzung und des Verschuldens)에 정당하다고 인정되는 때에는 정신적 손해배상으로써 금전배상청구권을 갖는다"라고 규정하여 인격권을 보호한다.[23]

1970년에 프랑스 민법은 제9조를 신설하여 사생활존중의 권리(droit au respect de sa vie privée)를 규정했고, 침해에 대한 방해배제청구까지 인정한다. 프랑스 판례는 이런 사생활침해(atteintes a la vie privée)에서 성생활, 임신, 종교적 관습, 주소, 초상(image), 통신의 비밀(secret de la correspondance), 재산상태(situation de fortune)의 공개와 같은 것을 포함하는 것으로 파악한다.[24]

독일 불법행위법은 제한적·열거적 구성요건을 채택하고 있고, 독일민법 제253조는 "법률의 규정이 있는 경우에 한해서 정신적 손해배상을 인정한다"라고 규정했다. 독일의 일반적 인격권론은 이러한 독일민법 제253조[25]에 따른 '신체, 건강, 자유가 침해된 경우에 정신적 손해배상을 인정'하는 독일민법 제847조[26]의 보호법익의 한계를 뛰어넘어 개인의 인격권을 보호하기 위해서 논의되었다. 물론 일반적 인격권이 독자편지사건(Leserbriefefall),[27] 남자기수사건(Herrenreiterfall),[28] 인삼뿌리사건(Ginseungwurzelfall)[29] 등과 같은 판례에서 승인되기 이전에도 인격권 보호는 제국법원의 판례와 예술저작권법(KUG)으로 이루어졌다.[30] 그러나 다양한 인격권 침해에서 인격권 보호가 어려워서 일반적 인격권이 정면에 등장하게 되었다.[31]

(3) 차이점

미국법의 사생활권 보호법리와 유럽법의 인격권 보호법리는 그 유형과 내용을 정함에 있어서 차이점을 나타낸다.[32] 이런 점에서 전자거래에서 개인정보 보호[33]라는 측면이 그런 전통에

23) 인격권 논의에 대해서는 고세일, 정신적 손해에 대한 배상청구권의 법적 기초와 인정영역, 고려대학교 석사학위논문, 1995, 13~37면 참조. 인격권 침해에 따른 정신적 손해배상에 대해서는 하경효, "부당해고시의 정신적 손해에 대한 배상책임,"「판례연구」, 1994, 109~131면 참조.

24) Goubeaux et BIHR, Code Civil, 92e éd., 1992~1993, pp. 26~28.

25) 이탈리아 민법 제2059조와 오스트리아 민법(AGBG) 제1325조가 같은 내용을 규정한다.

26) 독일 민법의 채권법개정으로 말미암아 현재 독일민법 제847조는 삭제되었지만, 그런 정신은 독일 민법 제253조 제2항에서 유지된다.

27) BGHZ 13, 334; BGH NJW 1954, 1404.

28) BGHZ 26, 349; BGH NJW 1958, 827.

29) BGHZ 35, 363; BGH NJW 1961, 2059.

30) von Bar, Überarbeitung des Schuldrechts (Deliktsrecht), S. 1713, 1981. 독일연방재판소의 판결에서 승인된 일반적 인격권은 독일헌법재판소의 승인(BVerfGE 34, 269)으로 독일 민법 제12조, 제823조 2항, 제824조, 제825조, 예술저작권법(KUG) 제22조 그리고 저작권법(UrhG) 제97조를 넘어서 명예와 인격보호를 행할 수 있는 하나의 사례군으로 발전했다.

31) von Bar, Überarbeitung des Schuldrechts (Deliktsrecht), S. 1714, 1981. 일반적 인격권에 대한 법정책적 논의는 영업권(Das Rect am Gewerbebetrieb)과 더불어 더욱 논의할 필요가 있는 것으로 평가한다.

32) 정신적 손해배상의 비교법 차이점과 공통점에 대해서는 Se-il Ko, *Non-Economic Damages in Breach of Contract Cases - Comparative Analysis of Korea, Germany, France, and the United States*,「재산법연구」제24

따라서 이러한 두 법제상의 미묘한 차이점을 낳는다. 그리고 전자거래에 대한 정치·경제에 따른 차이는 이 부분에 대해서 더 큰 차이점을 발생시킨다.[34)]

3. 전자거래에 있어서 개인 정보 보호의 두 가치 측면

(1) 시장 중심의 접근 방식

미국은 개인 정보보호에 있어서, 시장 중심 또는 자율 규제 방식을 취한다. 이런 점은 기본적으로 미국의 문화적인 배경에 따른 것이다. 미국 연방헌법에서는 사생활권 보호에 대해서 아무런 언급이 없다. 오히려 미국에서는 사생활의 헌법적 권리는 사인에 대한 정부의 개입을 하지 못하게 하는 보호에 주안점을 둔다.[35)]

광범위한 개인 정보 보호를 취하지 않고, 미국법은 개별적인 구체적인 영역에서 개인정보 보호에 초점을 맞춘다. 유럽연합과 달리, 미국은 개인의 사생활 보호를 위한 정부기관(governmental agency)을 두지 않는다. 시장이 기능을 잘하면, 영업상 경쟁이 시장에서 개인정보 보호를 잘 할 것이라는 전제를 바탕으로 한다. 이는 예를 들어, A라는 전자거래 업체가 좀 더 높은 수준의 개인정보 보호를 한다면, 낮은 수준의 개인정보 보호를 하는 B 업체와 견주어, A 전자거래 업체에 대한 주문량이 많다는 것을 전제한다.[36)] 개별 영역에 기초한 시장 중심의 접근방식은 특정 영역에 초점을 맞추기 때문에 효율적으로 기능할 수 있다. 그러나 시장이 항상 효율적으로 움직일 것이라는 전제는 틀릴 수 있다.[37)]

그런 점에서 때로는 개인정보 보호를 위한 규율이 필요하다. 현실에서 전자거래 업체의 개인정보 보호에 대한 고지 자체가 문제되는 경우도, 개인정보 보호정책이 많은 경우 인터넷거래

권 제2호, 2007, 151~164면 참조.

33) 권영준 교수는 개인정보 보호 문제를 개인정보 자기결정권이라는 인격권의 관점에서 논의한다. 이에 대해서는 권영준, "개인정보 자기결정권과 동의 제도에 대한 고찰," 정종휴 선생 정년퇴임기념논문집 - 현대 민법학의 진로, Maronie Press, 2016, 729~790면 참조.

34) 유럽연합과 미국 개인정보의 규율 동향에 대해서는 최경진, "EU와 미국 개인정보 규율체계 개선동향," 개인정보 보호의 법과 정책, 박영사, 2016, 588~617면 참조.

35) Eric Shapiro, Notes. *All is not fair in the Privacy Trade: The Safe Harbor Agreement and the World Trade Organization*, 71 FordHam L. Rev. 2781, 2785면 (2003).

36) 비슷하게 낮은 수준의 개인정보 보호에 따라서 이용자의 개인정보가 유출된 경우, 많은 이용자가 그 업체를 더 이상 이용하지 않거나 계정을 삭제하는 경우가 그렇다.

37) Tal Z. Zarsky, *Information Privacy in Virtual Worlds: Identifying Unique Concerns Beyond the Online and Offline Worlds*, 49 N.Y.L.SCH. L. Rev. 231, 265면 (2005). Zarsky 교수는 두 가지 점에서 비판한다. 첫째, 이용자가 개인정보 정책 기준을 읽지 않거나 이해하지 못하기 때문에, 개인정보 보호정책이 개인정보 기준을 집행하는데 적합하지 않다고 한다. 둘째, 개인정보보호에 대한 시장중심의 해결방안은 이용자의 높은 비용으로 말미암아 실패할 것이라고 비판한다. 이는 이용하던 전자거래 업체를 바꾸는 데 드는 비용(시간과 노력을 포함한)이 높고, 이용자가 자신의 개인정보가 나중에 어떻게 쓰여질 것을 이해하는 과정 중에 높은 정보비용이 든다는 것을 바탕으로 한다.

약관[38]이 갖고 있는 똑같은 문제가 있다.[39] 더욱이 미국에서 이러한 시장 중심에 따른 개인정보 보호에는 현실적인 한계가 있다. 왜냐하면 미국 정부가 미국 안전항 원칙을 강제하지 않기 때문에, 많은 미국 전자거래 소매업자가 이러한 시장중심의 개인정보 보호원칙 자체를 따르지 않기 때문이다.[40]

(2) 시장 중심이 아닌 접근 방식

유럽연합은 개인정보보호를 위해서 시장 중심이 아닌 접근 방식을 취한다.[41] 이런 방식은 개인정보(또는 사생활)를 인간의 존엄에 바탕을 둔 인격권의 내용으로 파악하는 것이다.[42] 미국과는 다르게, 유럽연합은 개인정보 보호에 광범위한 접근 방식을 취한다. 이런 점에서, 유럽연합은 좀 더 보호하려는 태도를 취하고, 그 결과 유럽연합은 개인정보의 공정한 처리에 대해서 좀 더 적극적인 태도를 갖는다.[43]

인간의 존엄성에 기초한 인격권 사상 아래, 유럽연합은 사업영역에서 강한 정도의 개인정보보호를 요구한다. 이러한 유럽연합의 접근방식은 미국의 경우와 견주어 볼 때 개인정보 보호를 위한 조화로운 모델법을 만드는 것이 상대적으로 쉽다. 왜냐하면 유럽연합의 방식이 일관되고 보편적인 접근방식을 취하기 때문이다.

그러나 이러한 유럽연합의 접근방식에 대해서도 비판이 있다. 첫째 정부의 규율이 시장에 어떻게 효율성을 가져 올 수 있는지에 대한 의구심이 있다.[44] 따라서 전자거래 업체들은 사적 자치를 원하므로, 개인정보보호에 대한 정부규제에 반대한다. 둘째, 이러한 유럽연합의 개인정보 보호에 대한 보편적인 접근방식은 개별 영역의 특수한 사정을 지나칠 수 있다는 비판이 있다.

---

38) 대개의 경우는 browser contract나 clickwrap contract로 존재한다.

39) 예를 들면, 미국 전자제품을 판매하는 대표적인 업체인 BestBuy.com은 자사의 홈페이지를 통해서 제3자의 홈페이지를 간 경우에 면책된다고 규정한다. 따라서 BestBuy.com은 이용자의 개인 정보가 어떻게 수집되고, 이용되고, 다른 업체와 사용되는 면밀하게 읽도록 권유하는데 그치고 있다. 그리고 BestBuy.com은 자사가 사용하는 정보를 이용자가 선택할 수 있는 가능성에 대해서 전혀 언급하고 있지 않다. 또한 BestBuy.com은 이용자가 자사에 전자우편으로 전송하는 정보의 안정성에 대해서 언급하지 않고 이에 대한 책임도 규정하지 않는다.

40) https://safeharbor.export.gov/list.aspx (마지막 확인 2016년 12월 22일).

41) 그러나 EU Personal Data Directive의 일부 조항은 경제적 관점에서 만들어졌다. 예를 들어, 제6조 c항은 개인정보가 수집되고 처리되는 목적과 견주어 그 개인 정보가 과하지 않아야 한다고 규정한다. 또한 제12조는 "상당한 중단 없이 또한 과도한 지연이나 비용 없이"와 같이 규정한다.

42) EU Personal Data Directive Recitals §§ 10 and 37 (1995).

43) Eric Shapiro, Notes. *All is not fair in the Privacy Trade: The Safe Harbor Agreement and the World Trade Organization*, 71 FordHam L. Rev. 2781, 2785면 (2003).

44) 이런 측면에서 미국 정부는 여러 인터넷 거래의 여러 문제를 규율하기를 꺼려한다. David Goldman, *I Always Feel Like Someone Is Watching Me: A Technological Solution for Online Privacy*, 28 Hastings Comm. & Ent. L.J. 353, 378면 (2006).

4. 미국 안전항 원칙

(1) 미국 안전항 원칙의 출발점

개인정보 보호에 있어서 미국의 시장중심과 인간의 존엄성에 바탕을 둔 유럽연합의 방식은 모두 문제가 있다. 국가마다 개인정보보호에 대한 다른 시장상황이 있기 때문에, 시장중심의 접근방식은 문제점이 있다. 따라서 다른 시장 상황에 기초한 개인정보보호에 대한 통일 규정을 만드는 것은 어렵다.[45] 미국 회사들이 개인정보의 강한 보호를 요구하는 유럽연합의 접근방식을 비판했다. 그런 점에서 두 접근 방식을 고려한 실제적인 타협점이 필요했다. 이런 점에서 미국의 안정항 원칙이 만들어졌다.[46]

(2) 미국 안전항 원칙의 구체적 내용

미국 안전항 원칙은 일곱 가지이다. 이는 ① 고지(Notice), ② 선택(Choice), ③ 제3자 전송(Onward Transfer), ④ 보안(Security), ⑤ 데이터 안전성(Data Integrity)[47], ⑥ 접근(Access), ⑦ 집행(Enforcement)이다.

첫째 '고지' 규정은 전자거래업체(organization)가 이용자에게 개인정보를 어떻게 수집하고, 개인정보와 관련해서 그 업체에 어떻게 묻거나 문제제기를 할 수 있는지와 그 업체가 개인정보를 공개하는 제3자(third parties)와 그 업체가 개인정보의 이용과 공개를 위해서 이용자에게 제공하는 선택과 수단을 알려야 하는 것이다.[48] 이러한 고지를 제공함으로써 전자거래의 이용자가 특정 업체를 선택할지(opt−in) 또는 선택하지 않을지(opt−out)를 판단할 수 있다는 것이다. 그런 점에서, 미국 안전항 원칙의 고지의무는 그 거래업체의 개인정보보호를 확인하면서, 이용자가 그 전자거래 사이트를 이용할지에 대한 실질적인 동의의 선택을 제공한다.[49]

둘째 '선택' 규정은 전자거래업체가 이용자에 개인정보가 이용될지 여부와 제3자에게 공개될지 여부와 어떻게 개인정보가 이용되는지와 어떻게 제3자에게 공개되는지는 선택하지 않도록

---

45) 그러나 여러 국가에서 영업을 하는 기업은 각국의 개인정보보호 정책에 대한 일정 부분의 조화가 필요하다. 예를 들어, eBay는 같은 상표로 여러 국가에 인터넷 경매 사이트를 운영한다. 따라서 각 국의 실정법에 적용할 수 있도록 eBay는 전세계의 거래환경에서 일관된 일련의 개인정보 관행을 제공한다.

46) 미국 안전항 원칙에 대해서는 Se−il Ko, The Study of Internet Commerce Model Law, Tulane University Ph.D. Dissertation 349~365면 (2006) 참조. 또한 Se−il Ko, *Privacy Protection in Internet Commerce*, The Asian Business Lawyer, Vol 2 147~152면 (2008) 참조.

47) '데이터 무결성'으로 옮기기도 한다.

48) The Safe Harbor Privacy Principles §Notice (2000) 참조. 또한 Corey Ciocchetti, *Just Click Submit: The Collection, Dissemination, and Tagging of Personally Identifying Information*, 10 Vand. J. Ent. & Tech. L. 553, 559면 (2008) 참조. 연구 결과에 따르면 가장 많이 방문하는 웹사이트의 68%만이 이용자가 인식할 수 있는 개인정보보호 링크를 포함하고 있다고 한다.

49) Stephen R. Bergerson, *E−Commerce Privacy and the Black Hole of Cyberspace*, 27 WM. Mitchell L. Rev. 1527, 1549면 (2001) 참조. 이러한 고지의무는 정보를 제공받은 이용자가 자신을 보호할 수 있는 더 좋은 위치에 있을 수도 있음을 전제한다.

(opt-out) 선택할 수 있음을 뜻한다. 그리고 의료·건강 정보 또는 개인의 성생활과 관련된 것과 같은 민감한 정보는 이용자에게 적극적이거나 명시적으로 선택할 수 있도록(opt-in) 해야 한다.[50] 따라서 선택을 배제하도록(opt-out) 규율하면, 이용자가 구체적으로 배제를 선택하지 않으면, 기본적인 규정은 개인정보 수집을 할 수 있게 된다. 반대로 선택하도록(opt-in) 규율하면, 전자거래 업체는 이용자가 명시적으로 정보 수집을 선택하게 설득해야 한다.

셋째, '제3자 전송' 규정은 이용자의 개인정보를 전자거래업체가 제3자에게 공개할 때 '고지 규정'과 '선택 규정'과 일치하도록 요구하는 것이다.[51] 부가적으로 제3자 전송은 전자거래업체가 개인정보를 제3자업체에게 전송하고자 할 때, 제3자가 안전항 원칙을 따르고 있거나, 또는 제3자업체가 안정항 원칙이 요구하는 것과 같은 정도의 개인정보보호 제공을 요구하는 서면계약을 맺게 한다.[52] 전자거래업체는 정부기관이나 법원이 권한(authorization)이 있을 때만 이용자의 개인정보를 정부기관이나 법원에 제공하게 해야 할 필요가 있다. 그런데 미국 안전항 원칙은 이런 내용을 규정하고 있지 않다.[53]

넷째, '보안' 규정은 개인정보를 만들고, 유지하고, 이용하거나 배포하는 전자거래업체가 개인정보의 의도된 용도로 사용하고 확실히 하고, 개인정보가 손실, 남용, 권한 없는 접근, 공개, 변조, 멸실되지 않도록 보호하는 상당한 예방조치를 해야 한다는 것이다.[54] 유럽연합 입법지침 제17조가 좀 더 상세하게 규정한다. 특히 개인정보 처리가 네트워크상의 데이터 전송을 포함할 경우, 개인정보의 통제권자(controller)가 개인정보가 사고나 위법한 멸실, 또는 사고에 따른 손실, 변조, 권한 없는 공개나 접근이 일어나지 않도록 개인정보를 보호하기에 적합한 기술과 조직의 조치를 이행하도록 한다.[55]

다섯째, '데이터 안전성' 규정은 개인정보는 그 사용되는 목적과 관련되어야 한다는 것이다.[56] 따라서 전자거래업체는 개인정보의 이용목적과 배치되는 방식으로 개인정보를 처리해서는 안 된다. 그러므로 그 목적에 필요한 범위 내에서, 전자거래업체는 데이터가 의도된 이용, 정확성, 완전함과 현재의 측면에서 사용되는 것을 확실히 하는 상당한 조치를 해야 한다. 이러한

50) The Safe Harbor Privacy Principles §Choice (2000) 참조. 유럽연합 입법지침 제8조는 기본적으로 이러한 민감한 정보처리를 금지한다. 다만 이용자의 명백한 동의가 있는 경우에 한해서, 그 정보처리를 허락한다. 이런 점에서 미국의 안전항 원칙과 유럽연합 입법지침이 비슷한 결과에 이른다.

51) The Safe Harbor Privacy Principles §Onward Transfer (2000) 참조.

52) 실제적인 전자거래에서 제3자업체에게 개인정보를 제공하는 것은 아주 중요하다. 그런데 가장 많이 방문하는 25개의 웹사이트 가운데, 애플사만이 자사가 관련 없는 제3자업체에게 정보를 공유하지 않는다는 것을 명시하고 있다. Corey Ciocchetti, *Just Click Submit: The Collection, Dissemination, and Tagging of Personally Identifying Information*, 10 Vand. J. Ent. & Tech. L. 553, 603면 (2008) 참조.

53) 반면에 유럽연합 입법지침 제13조는 (a) 국가안전, (b) 방위, (c) 공공의 안전, (d) 예방, 수사, 탐색과 형사소추절차, (e) 중요한 경제적인 이익, (f) 감시, 조사와 같은 필요성이 인정될 때를 예외적 경우로 규정한다.

54) The Safe Harbor Privacy Principles §Security (2000) 참조.

55) The EU Personal Data Directive §17 (1) (1995) 참조.

56) The Safe Harbor Privacy Principles §Data Integrity (2000) 참조.

안정항의 데이터 안정성의 사고는 유럽연합의 입법지침 제6조에서도 규정한다.[57)]

여섯째, '접근' 규정은 이용자가 전자거래업체가 보유한 개인정보에 접근할 수 있고, 그 개인정보가 부정확한 경우에는 정보를 정정, 수정하거나 삭제할 수 있게 하는 것이다.[58)] 그러나 그러한 접근을 제공하는 부담이나 비용이 문제되는 사안에서 이용자의 사생활침해의 위험과 견주어 균형이 맞지 않는 예외적인 경우가 있다. 유럽연합 입법지침 제12조는 접근성과 관련해서 좀 더 상세하게 규정한다. 정보의 통제권자에게서 얻을 수 있는 데이터 권리는 상당한 중단이라는 제한 없이 또한 과도한 지연이나 비용 없이, (a) 이용자와 관련한 데이터가 처리되는지에 여부에 대한 확인, (b) 데이터의 진행되는 처리과정에서 알 수 있는 형태로 이용자에 대한 통신, (c) 이용자와 관련한 자동화된 처리를 포함하는 논리를 알 수 있음을 담보해야 한다.[59)]

마지막 일곱 번째는 '집행' 조항이다. 효율적인 사생활보호는 안전항 원칙을 준수하는 기구(mechanism), 데이터가 안전항 원칙을 준수하지 않는 것에 영향을 받는 것과 관계된 이용자에 대한 신뢰와 안전항 원칙이 따르지 않을 때, 전자거래업체의 결과를 포함해야 한다는 것이다.[60)] 집행과 관련해서 유럽연합 입법지침은 제22조에서 구제수단, 제23조에서 책임과 제24조에서 제재를 규정한다.[61)]

(3) 미국 안전항 원칙의 현실 한계 문제

미국과 유럽연합 사이에, 전자거래에서 개인정보와 사생활을 보호하는 현실적인 타협점인 미국 안정항 원칙은 2015년 10월 6일의 유럽사법재판소(European Court of Justice)의 판결로 효력을 상실했다.[62)] 이 판결로 말미암아 미국과 유럽 사이의 안전항 체제는 개인정보에 대한 유럽연합 입법지침을 따르는 유효한 체제가 아닌 것이 되었다.[63)]

안전항 원칙에 대한 대안으로 2016년 7월 12일에 미국 상무장관(Secretary of Commerce)은 미국 안전항을 대체하는 것으로 '유럽연합－미국 개인정보 방패구조'(EU－US Privacy Shield Framework)을 승인했다.[64)] 그리고 2016년 8월 1일부터 이에 대한 인증을 부여하기 시작했다. 이로 말미암아

57) The EU Personal Data Directive §6 (1995) 참조.
58) The Safe Harbor Privacy Principles §Access (2000) 참조.
59) The EU Personal Data Directive §12 (1995) 참조.
60) The Safe Harbor Privacy Principles §Enforcement (2000) 참조.
61) The EU Personal Data Directive §§22, 23와 24 (1995) 참조.
62) 이 판결 전문은 http://curia.europa.eu/juris/document/document.jsf?text=&docid=169195&pageIndex=0&doclang-0&doclang=EN&mode=req&dir=&occ =first&part=1&cid=125031 (마지막 확인 2016년 12월 23일) 참조.
63) 그러나 미국과 스위스 사이의 개인정보 안전항 원칙은 여전히 유효하게 작동한다. 이에 대해서는 https://build.export.gov/main/safeharbor/swiss/eg_main_018500 (마지막 확인 2016년 12월 23일) 참조.
64) 새로운 개인정보 방패구조 프로그램의 요구사항은 ① 이용자 개인에게 데이터 처리에 동의하게 하고, ② 자유롭고 접근 가능한 분쟁해결 수단을 제공해야 하고, ③ 미국 상무성과 공조해야 하고, ④ 데이터 안전성과 목적 제한성을 유지해야 하고, ⑤ 제3자에게 전송되는 데이터를 설명할 수 있어야 하고(이는 안전항 원칙의 고지와 선택 조항이다), ⑥ 집행성과 관련된 투명성과 ⑦ 데이터를 보유하는 동안 방패구조 프로그램을 따르고 있다는 서약을 확증해야 한다는 것이다. 이에 대해서는 https://www.privacyshield.gov/Key－New－Requirements (마

미국-유럽연합의 안전항 구조에 대한 자기인증의 새로운 제출을 승인하지 않게 되었다.[65)]

유럽사법재판소는 법리적인 측면에서는 기존 안전항 원칙과 자주 묻고 답하는 내용이 유럽연합의 기본권 장의 제7조, 제8조와 제47조를 위반했고, 개인정보 보호에 대한 유럽연합의 입법지침 제25조 6항과 제28조를 위반했기 때문에, 효력이 없다고 판단했다.[66)]

Ⅲ. 개인정보보호와 전자거래약관의 문제

1. 전자거래약관과 동의

앞서 전자거래에서 개인정보보호에 대한 미국의 안전항 원칙과 유럽연합의 입법지침을 살펴보았다. 그런데 이러한 안전항 원칙과 유럽연합의 입법지침에서 다루는 개인정보 보호를 위한 노력의 출발점은 전자거래약관으로 이루어진다. 왜냐하면 기본적으로 전자거래업체를 이용하는 개인이 그 업체의 전자거래약관에 동의한 경우에 이용자로 가입하여 동산이나 그 밖의 디지털콘텐츠를 구입하거나 이용할 수 있기 때문이다.

2. 미국의 판례 법리

미국 판례는 계약해석에서 전자거래약관을 일반적인 계약문제로 다룬다.[67)] 따라서 법원은 이런 전자거래약관의 유효성을 전통적인 계약법에서 법리를 찾는다.[68)] 이러한 전자거래약관에 대한 미국 법원의 태도를 분석하면, 네 가지 관점으로 정리할 수 있다.[69)]

첫째, 유효성 판단을 위해서 미국법원은 당사자[70)]의 명백한 동의를 중요한 기준으로 삼는다.[71)] 따라서 전자거래업자가 프로그램을 설치할 때, 이용자가 알지 못하게 다른 프로그램을 전

지막 확인 2016년 12월 23일) 참조.

65) 이에 대한 개요에 대해서는 http://2016.export.gov/safeharbor/index.asp (마지막 확인 2016년 12월 23일) 참조.

66) 다만 전자거래 기술과 자본력을 가진 미국 기업들을 견제하기 위해서, 유럽연합이 '개인정보 보호'를 이에 대한 대응책으로 쓴다는 분석도 있다. 이는 구글이나 애플에 대한 유럽연합의 견제와도 같은 맥락이다.

67) 예를 들어 ProCD, Inc. v. Zeidenberg, 86 F.3d 1447, 1450면 (7th Cir. 1996)과 Forrest v. Verizon Communications Inc. 805 A.2d 1007, 1011면 (D.C. 2002) 참조.

68) 예를 들어 ProCD, Inc. v. Zeidenberg, 86 F.3d 1447, 1450면 (7th Cir. 1996)과 Decker v. Circus Circus Hotel, 49 F. Supp. 2d 743, 748면 (D.N.J. 1999) 참조.

69) 이에 대한 상세한 내용은, 고세일, "소프트웨어 라이선스 계약에 대한 민사법 접근 — 스트리밍 소프트웨어를 중심으로 —," 「경영법률」 제20집 2호, 2010, 31~74면 참조.

70) 경우에 따라서는 당사자가 누구인지는 대단히 중요한 문제이다. Hugger-Mugger, L.L.C. v. Netsuite, Inc 2005 U.S. Dist. LEXIS 33003 (D. Utah Sep. 12, 2005).

71) Stomp. Inc. v. NeatO, LL.C, 61 F. Supp.2d 1074, 1080~1081면 (C.D. Cal. 1999), i.Lan Systems, Inc. v. Netscout Service Level Corp., 183 F. Supp. 2d 328, 338면 (D. Mass. 2002), Specht v. Netscape Communications, Inc., 150 F. Supp. 2d 585, 591면 (S. D. N. Y. 2001), Williams v. America Online, Inc., No. 00-0962, 2001 WL 135825, at *1~2면 (Mass. Super. Ct. Feb. 8, 2001)과 SoftMan Prods. Co. v. Adobe Sys., Inc., 171 F. Supp. 2d 1075, 1087~1088면 (C.D. Cal. 2001) 참조.

자거래약관 형태로 숨긴다면, 미국 법원은 그런 전자거래약관의 유효성을 인정하지 않는다.[72)]

둘째, 소비자가 전자거래약관 조항을 읽지 않았으면, 법원은 이용자가 그런 조항을 읽지 않은 것을 소비자의 과실로 다룬다.[73)] 다만 전자거래약관의 유효성을 인정하기 위해서, 전자거래업자가 이용자에 대한 상당한 고지를 요구한다.[74)]

셋째, 재판관할 조항의 효력을 인정하는 것이 그 상황에서 불합리한 것이 아니면, 전자거래약관의 조항을 유효한 것으로 추정한다.[75)]

넷째, 전자거래약관에서 교섭력의 일방성이 절차적·실체적으로 불공정하면, 법원은 전자거래약관의 조항의 효력을 부인한다.[76)]

전자거래약관에서 가장 어려운 문제는 동의를 어디에서 찾을 것인가이다. 왜냐하면 단순히 컴퓨터 화면상에 동의 단추를 누르는 것을 '완전한 승낙'으로 판단하기에는 어려움이 많기 때문이다.[77)]

전자거래약관 사안에서 미국 법원은 몇 가지 논리를 발전시켜, 전통적인 약관의 불공정을 피한다.[78)] 활자 크기와 약관 조항의 언급과 조항의 적법성이 영향을 주는 다른 요소들이 그런 조항이 계약 일부에 속하는지를 판단하는 데 중요한 기능을 한다.[79)] 미국법원은 일정한 상황

72) Specht v. Netscape Communications, Inc., 150 F. Supp. 2d 585, 591면 (S. D. N. Y. 2001), Williams v. America Online, Inc., No. 00-0962, 2001 WL 135825, at *1~2면 (Mass. Super. Ct. Feb. 8, 2001)과 SoftMan Prods. Co. v. Adobe Sys., Inc., 171 F. Supp. 2d 1075, 1087~1088면 (C.D. Cal. 2001) 참조.

73) Capsi v. The Microsoft Network, L.L.C., 732 A.2d 528, 533면 각주 5 (N.J. Super. Ct. App. Div., 1999) 참조. 그러나 현실에 있어 약관을 작성하는 사업자는 이용자가 약관조항을 읽지 않을 뿐만 아니라, 그런 조항을 읽지 않고 서명할 것임을 잘 안다. 통계에 따르면 미국 성인 가운데 3%만이 약관에 나온 법적 의미와 문구를 이해할 수 있다고 한다. Wayne R. Barnes, *Towards a Fairer Model of Consumer Assent to Standard Form Contacts: In Defense of Restatement Subsection 211 (3)*, 82 Wash. L. Rev. 227, 267~268, 271면 (2007) 참조. 실제로 심리학에 바탕을 둔 인지과학의 분석에 따르면, 첫째, 소비자가 약관을 읽지 않는 것은 약관 보다는 물품 구입에 주안점을 둔다고 한다. 둘째, 소비자는 어떤 외부요인에 구애받지 않고 물품구입을 끝내려는 경향이 있다고 한다. 셋째, 소비자가 자신의 판단을 신뢰하는 경향이 있다고 한다. Shmuel I. Becher, *Behavioral Science and Consumer Standard Form Contracts*, 68 La. L. Rev. 117, 129~131면 (2007) 참조.

74) Specht v. Netscape Communications Corp., 306 F.3d 17, 25면 (2d Cir. 2002)과 Forrest v. Verizon Communications Inc. 805 A.2d 1007, 1009면 (D.C. 2002) 참조.

75) Hughes v. McMenamon, 204 F. Supp. 2d 178, 181면 (D. Mass. 2002) 참조.

76) Comb v. PayPal, Inc., 218 F. Supp 2d 1165, 1172면 (N.D. Cal. 2002) 참조. 미국은 대지 크기의 규모로 (또한 관할법원의 복잡성) 말미암아 재판관할을 특수한 문제로 다루는 것으로 판단한다. 이와 같은 공정성 법리는 우리 법해석에 있어서는 재판관할에 한정되는 것이 아니라, 현행 약관법 제6조에 따른 모든 약관조항이 공정성을 잃으면 무효인 조항으로 해석해야 할 것이다.

77) 이 사안에서 영 판사의 표현이 흥미롭다. "귀하는 아마도 귀하의 속마음으로는 동의하지 않지만, 어쩔 수 없이 버튼을 누립니다. 왜냐하면 당신이 기다리는 순간을 골치 아픈 법률 문구가 늦추게 하지 않기 때문입니다. 그런데 이런 전자거래약관이 유효하나요?" i.Lan Systems, Inc. v. Netscout Service Level Corp., 183 F. Supp. 2d 328, 329면 (D. Mass. 2002) 참조.

78) E. Allan Farnsworth, Farnsworth on Contracts, Vol. 1 §4.26 at 536~537면 (Aspen 2d ed. 1998) 참조.

79) E. Allan Farnsworth, Farnsworth on Contracts, Vol. 1 §4.26 at 538면 (Aspen 2d ed. 1998) 참조. 이는 전자거래약관에 대해서도 적용된다. 따라서 전자거래약관의 글꼴의 크기가 아주 작고, 조항을 복사할 수 없고, 확대할 수 없도록 고정된 경우와 같이, 판매자가 의도적으로 그런 조항을 숨길 때, 전자거래약관의 효력은 부인

아래 약관조항이 계약에 편입된 것을 부인하고, 그런 조항들을 작성자에게 불리하게(contra proferentum) 해석하거나 그런 조항들이 특정계약과 충돌할 때 그런 약관의 효력을 부인한다.[80]

3. 우리나라의 경우

우리나라의 경우는 전자거래에 대한 약관에 있어서도 공정거래위원회에서 만든 표준약관을 쓰고, 그에 대한 내용을 전자거래업체의 웹사이트에 공지하도록 되어 있다. 따라서 전자거래 약관의 불리한 점으로 말미암아 이용자가 어려움을 겪는 경우는 많지 않을 것이다. 실제로 문제 제기를 하는 과정에서 시간과 비용 문제가 발생하지만, 소비자원이나 법원의 소액 사건과 같은 경우는 문제되는 약관조항은 현행 약관규제에 관한 법률에 따라 내용통제될 수 있기 때문이다. 다만 다른 국가에 있는 물품을 구매대행하거나 배송대행하는 과정에서는 앞서 본 미국법원의 사안과 같은 전자거래 약관의 문제가 발생할 수 있다.

그러나 전자거래에 있어서 이용자가 전자거래약관을 제대로 읽지 않고, 형식적인 동의를 하는 것이 가장 현실적인 문제이다. 이 경우 전자거래업체의 약관의 중요부분에 대한 설명의무의 내용을 제외한다면, 원칙적으로 약관을 읽지 않은 부담은 이용자가 져야 할 것이다.

Ⅳ. 맺으면서: 전자거래에서 정보보호의 새로운 문제

지금까지 전자거래와 개인정보보호의 문제를 개인정보보호에 대한 입법적 접근 방식으로 미국의 안전항 원칙과 유럽연합의 개인정보보호에 대한 입법지침을 중점으로 살폈다. 이는 앞서 설명한 것과 같이 시장을 중심으로 한 미국의 접근방식과 인간의 존엄성을 바탕으로 한 일반적 인격권에 따른 개인정보 보호를 하려는 유럽연합의 접근방식 사이의 현실적 타협점의 측면에서 논의했다. 다만 이러한 개인정보 보호의 현실적 타협점은 2015년 유럽사법재판소의 판결로 말미암아, 유럽-미국의 개인정보보호 방패구조 프로그램으로 말미암아 조금 더 유럽연합의 의견이 반영되는 결과를 가져왔다. 이는 시장중심으로 한 미국방식에 대해서 일정 부분 정부의 규제로 개인정보 보호를 하려는 측면을 반영한 것이다.

그렇지만 완전하고 완벽한 개인정보 보호는 존재하지 않는다. 컴퓨터 바이러스를 피하기 위해서, 인터넷을 쓰지 않겠다는 용감한 사람처럼, 개인정보 보호를 위해서는 네트워크에 접속하지 않는 이용자는 더 이상 존재하기 어렵다.[81] 또한 창과 방패의 문제처럼, 개인정보 보호를

되어야 할 것이다.

80) Restatement (Second) of Contracts §§203, 206와 211 (1981) 참조. Thomas Wilhelmsson, Standard Form Conditions *in* Arthur Hartkamp and others, Towards a European Civil Code 256, 261면 (Kluwer Law International 2d ed., 1998) 참조. '작성자 불리해석의 원칙'(*in dubio contra stipulatorem*)은 많은 법제에서 이미 잘 알려졌다. 예를 들면 UNIDROIT 원칙 §4.6 참조. 또한 유럽 계약법원칙 §5:103 참조.

81) 가상공간이 아닌 물리적인 상점에서 거래를 하는 경우에도 신용카드 정보, 주소, 휴대폰 번호와 같은 개인정

위한 기술 시스템을 도입한다고 하여도, 여전히 그 방패를 뚫을 수 있는 새로운 기술이 발전하기 때문이다. 더욱이 어려운 점은 이러한 기술영역에 법이 어떤 역할을 하고자 하더라도, 대개의 경우는 법은 기술 발전 속도를 따라 잡을 수 없다.

그럼에도 시장실패나 행동경제학에서 분석하는 것처럼, 인간의 합리성에는 많은 제약이 있다. 따라서 이를 수정하고 보완하는 측면에서 법은 여전히 기능할 공간이 있다. 그런 측면에서 전자거래에서 효율적인 개인정보 보호를 위한 길라잡이로써 법이 존재할 필요가 있다. 첫째 법은 망중립성과 같이 전자거래의 기술에 있어서 중립성을 유지해야 한다. 그런 측면에서 전자거래 초기의 편의성으로 말미암아 우리나라에 특유하게 만들어진 액티브X, 키보드 보안과 같은 보조프로그램을 이용을 제한시킬 필요가 있다. 액티브X와 웹사이트를 화려하게 보이는 플래쉬가 오히려 개인정보 보호를 저해하기 때문이다. 둘째, 개인정보보호법과 같은 법제의 정비에 못지않게 중요한 것이 실제 전자거래에 있어서 업체의 정보보호관행이다. 왜냐하면 최근의 2천 5백만 명 이상의 이용자 정보가 유출된 인터파크의 사건과 같이, 전자거래업체의 기술과 관리상의 보호조치 위반이 계속 문제되기 때문이다.[82]

기술의 발전은 동전의 양면과 같다. 따라서 이용자와 사회에게 주는 장점도 있지만, 그에 따른 그림자도 있다. 그런 점에서 빅데이터의 취급·관리가 많아질수록 개인정보의 이용에 대해서 이용자에게 고지, 선택, 접근가능성이 주어져야 할 것이다. 그리고 알파고 이후에 열풍이 불고 있는 인공지능과 관련해서, 머신러닝이 발전할수록 개인정보 보호에는 어려움이 있다.[83] 이는 최근의 에버노트가 자사를 이용하는 이용자의 노트를 제한 없이 머신러닝을 위한 자료로 쓰겠다는 개인정보처리지침을 2017년 1월부터 발표하겠다고 공표했다가 이용자의 거센 반발로 며칠 뒤에 철회된 사건과도 관련이 있다.[84] 이런 측면에서 인공지능과 관련해서도 개인정보보호를 새롭게 재구성해 볼 필요성이 있을 것이다.[85]

보의 유출 위험을 늘 있기 때문이다.

82) 이에 대해서는 방송통신위원회의 보도자료 참조. http://www.kcc.go.kr/user.do?mode=view&page=A05030000&dc=K00000001&boardId=1113&cp=1&boardSeq=44087 (마지막 확인 2016년 12월 23일). 인터파크 사안에서는 ① 최대 접속 시간에 대한 제한 조치를 하지 않았고, ② 네트워크 망을 분리하지 않아서(개인정보처리자 컴퓨터에서 원격데스크톱의 공유설정 허용과 공용계정), 접근통제가 미흡했고, ③ 인터파크 사가 데이터베이스, 웹서브 등을 포함한 시스템 비밀번호 관리를 소홀히 했고, ④ 정당한 사유 없이 개인정보 유출사실을 이용자에게 통지하지 않고, 이에 대한 신고도 지연했다.

83) 인공지능이 제기하는 계약법상 문제와 해결방안에 대해서는 이상용, "인공지능과 계약법 — 인공 에이전트에 의한 계약과 사적자치의 원칙 —", 「비교사법」 통권 제75호, 2016, 1639~1700면 참조.

84) 이러한 논란에 대해서는 James Temperton, *Evernote abandons controversial privacy policy change*, Wired (Dec. 16, 2016), *available at* http://www.wired.co.uk/article/evernote-cancels-privacy-policy-read-user-note-data (마지막 확인 2016년 12월 23일).

85) 이에 대한 논의는 Omer Tene & Jules Polonetsky, *Big Data for All: Privacy and User Control in the Age of Analytics*, 11 Nw. J. Tech. & Intell. Prop. 239, 240~271면 (2013) 참조.

사이버 보안 정보공유의 법적 문제점과 입법적 해결방안에 대한 고찰
―민사법적 측면의 쟁점을 중심으로―

오 일 석*

Ⅰ. 서 론
Ⅱ. 사이버 보안과 정보공유의 경제성
Ⅲ. 사이버보안 정보공유에 대한 법적 문제
Ⅳ. 입법적 해결 방안의 제안
Ⅴ. 결 론

Ⅰ. 서 론

우리는 지금 제4차 산업혁명을 준비하고 있다. 정보통신기술이 제조업과 결합하는 제4차 산업혁명 시대를 준비함에 있어 가장 핵심적인 과제는 사이버 보안이다. 제4차 산업혁명을 이끌어가고 있는 사물인터넷, 빅데이터, 인공지능 등의 핵심 기술들을 구현하기 위해서는 안전한 사이버 환경이 담보되어야 하기 때문이다.

안전한 사이버 환경을 구축하기 위하여 세계 각국의 기관과 정부는 사이버 보안 체계를 구축하고 협력하여 노력하고 있다. 수많은 사이버 공격이나 위협으로 인하여 피해를 경험한 우리 정부도 안전한 사이버 환경을 구축함으로써 안전한 제4차 산업혁명 시대를 준비하기 위해 노력해왔다. 그렇지만 정보통신기술과 관련 인프라가 발전한 우리의 경우 사이버 공격이나 위협을 완벽하게 차단하는 것은 어려운 실정이다.

효과적인 사이버 보안을 위해서는 각종 사이버 공격이나 위협 등과 관련된 정보가 공유되어야 한다. 그렇지만 사이버 공격이나 위협을 경험한 기업이나 기관은 그러한 정보를 공유하고자 하지 않는다. 그러므로 사이버 공격이나 위협과 관련된 정보공유를 활성화 하는 방안을 마련하여 다가오는 제4차 산업혁명 시대에 효과적으로 대응할 필요가 있다. 이를 위하여 이하에서

* 고려대학교 연구교수, 법학박사

는 사이버 보안과 정보공유의 경제성을 우선 살펴보고, 사이버 보안 정보공유에 따른 법적 문제점을 검토한 다음 사이버 보안 정보공유를 활성화하기 위한 입법적 방안을 고찰해 보기로 한다.

Ⅱ. 사이버 보안과 정보공유의 경제성

1. 사이버 보안의 경제성

사이버 위험은 컴퓨터와 네트워크로 연결된 사이버 공간을 이용한 해킹, 웜·바이러스 유포, 논리폭탄 등과 같은 사이버 공격으로 인하여 불이익이 발생할 개연성 또는 실제로 발생한 불이익으로 정의할 수 있다.[1] 사이버 위험은 과학기술의 발전이 의도하지 않았던 현대적 위험 가운데 하나인바, 사이버 위험을 방지하고 대응하기 위한 사이버 보안 활동은 사이버 공간을 이용하는 모든 사람들의 편익을 증진시킨다.

사이버 공간을 이용하는 모든 사람들은 사이버 위험에 대한 위험분배에 참여하여야 한다. 이에 따라 사이버 공간을 이용하는 사람들은 일정한 사이버 보안 관련 활동을 실행하여야 한다. 사이버 공간을 이용하는 모든 사람들이 사이버 보안 관련 활동을 실행하는 경우, 사이버 위험을 절대적으로 차단할 수는 없겠지만, 상당 수준 감소시킬 수는 있다. 따라서 사이버 공간을 이용하는 모든 당사자들은 계약을 통하여 자신들이 통제할 수 있는 범위 내에서 사이버 위험에 대한 위험분배에 참여하여, 사이버 보안 관련 활동을 실행하거나 관련된 비용을 부담하여야 한다.

이러한 사이버 보안 활동의 일환으로 사이버 공간을 이용하는 특정 개인이나 기업들이 강력한 수준의 사이버 보안을 실행한다면, 이들의 컴퓨터 시스템이나 네트워크에 대하여 사이버 위험이 발생할 가능성은 감소될 수 있다. 이러한 사이버 보안 활동은 이들의 컴퓨터 시스템이나 네트워크를 이용하는 사이버 공격이나 전자적 침해해위 등이 감행되어 사이버 위험이 발생할 가능성이 감소됨으로써 다른 컴퓨터나 네트워크 사용자들에게 편익을 가져다준다. 그렇지만 이러한 사이버 보안 활동을 수행한 개인이나 기업이라 하더라도, 사이버 보안 활동을 수행하지 않은 개인이나 기업에 대하여 사이버 위험의 발생에 대한 책임을 물을 수 없다. 왜냐하면, 당사자들이 계약을 통하여 사이버 위험을 분배하였다 하더라도, 사이버 위험은, 과학기술의 발전으로 인한 의도하지 않은 새로운 위험으로 그 결과를 즉시 알 수 없는 경우가 대부분이고 원인규명도 명확하게 할 수 없는 경우가 많기 때문에 특정인에 대하여 책임을 부담시키기 곤란하기 때문이다. 결국 사이버 보안 활동을 강화한 개인이나 기업은 이러한 활동을 통하여 개별적으로 실질적인 편익을 향유하는 것은 아니다.[2] 왜냐하면 이와 같은 사이버 보안 활동을 수행하지 않는

---

1) 사이버 보안의 경제성에 대한 이하의 내용은 오일석, "위험분배의 관점에 기초한 정보통신기반보호법 개선방안", 「법학논집」 제19권 제1호, 이화여자대학교 법학연구소(2014. 9), 298~301면 참조.

2) Hal R. Varian, "System Reliability and Free Riding." 『Proceedings of the First Workshop on Economics and Information Security』(University of California, Berkeley, 2002년 5월 16일~17일).

개인이나 기업들로 인하여 사이버 위험은 제거되지 않고 더욱 증가될 것이기 때문이다. 따라서 사이버 보안 활동이나 조치를 실행할 능력이 있는 개인이나 기업이 있다하더라도, 이로 인하여 실질적인 편익을 누리는 것이 없으므로, 사이버 보안을 위한 활동이나 조치를 실행하려고 하지 않을 것이다. 따라서 사이버 공간을 이용하는 모든 사람들이 이와 동일한 동인을 갖기 때문에, 모든 사람들이 서로 다른 사람들에게 편익이 되는 사이버 보안 활동이나 조치를 실행하였더라면 얻을 수 있었던 편익을 아무도 향유하지 못하게 된다.[3)] 그러므로 사이버 보안은 사이버 공간을 이용하는 모든 사람들의 사이버 보안 관련 활동에 의하여 영향을 받기 때문에, “공공재(public good)”로 인식되어, 시장 실패적 요소가 내재된 것으로 평가되고 있다.[4)]

한편 사이버 보안을 실행한 개인이나 기업은 자신들에 대한 사이버 위험이 감소되는 편익은 일정부분 향유한다. 예를 들어, 사이버 보안 활동이나 조치로 사이버 공격으로부터 사적인 정보나 중요한 문서 등이 유출되거나 위·변조되는 위험을 방지 또는 감소시킬 수 있다. 비록, 사이버 보안이 공공재로 인식되기 때문에 시장 실패적 요소를 가지고 있지만, 이와 같은 편익을 일정한 수준까지 향유할 수 있다면, 개인이나 기업들은 사이버 보안 활동이나 조치를 실행하고자 할 것이다. 그러나 개인이나 기업들은, 사이버 보안을 위해 지출하여야 할 비용은 막대한 반면에 자신들의 편익이 낮거나 공공의 편익이 증가한다면, 사이버 보안 활동이나 조치를 실행하려고 하지 않을 것이다. 이와는 반대로 사이버 보안에 따른 비용은 적지만, 자신들의 편익이 크다면, 개인이나 기업은 비용대비 편익에 있어 최적 수준의 사이버 보안 조치를 실행하고자 할 것이다.

그러나 최적 수준의 사이버 보안을 식별하는 것은 곤란하다. 왜냐하면 현실적으로 사이버 보안과 관련된 개인적 또는 사회적 비용과 그로 인한 편익을 파악하는 것은 곤란하기 때문이다. 아울러 사이버 보안을 위해 비용을 아무리 투입한다 하여도, 완벽한 사이버 보안을 달성할 수는 없다. 기업의 경우, 해당 기업의 정책결정자들은 투자대비 효용에 대한 명확한 근거 없이 사이버 안보에 대해 투자하는 것을 주저하게 된다.[5)] 민간 기업들은 한정된 예산의 범위 내에서 모든 IT 분야의 서비스 제공은 물론 보안과 관련된 활동도 수행하여야 하므로, 투자대비 효과에 대한 분석 없이 사이버 안보에 대해 일정한 예산을 투입하려고 하지도 않는다.

나아가 사이버 보안과 관련하여 최적 수준의 투자대비 효용을 판단하기 위한 신뢰할 수 있는 데이터를 확보하는 것 또한 현실적으로 매우 곤란하다. 신뢰할 수 있는 투자대비 효용 데이

3) Benjamina Powell, “Is Cybersecurity a Public Good? Evidence from the Financial Services Industry”, 1 Journal of Law, Economics and Policy, 497, 498~499 (2005).

4) Ross Anderson, “Why Information Security is Hard－An Economic Perspective”, 『Proceedings of the 17th Annual Computer Security Applications Conference』, (New Orleans, LA, 2001, https://www.acsac.org/2001/papers/110.pdf, 최종방문일 2017년 8월 28일).

5) Simon Moffatt, “Information Security: Why Bother?”, Infosec Island(2012, 12, 9), http://www.infosecisland.com/blogview/22774－Information－Security－Why－Bother.html, 최종방문일 2017년 8월 28일).

터는 사이버 위험의 빈도, 사이버 위험의 비용 및 이를 감소시키기 위한 방법의 효용성 등에 관한 데이터에 기초하여야 하는데,[6] 이를 담보하는 것이 곤란하다. 우선 기업들이 사이버 위험으로 발생한 피해를 인식하지 못한 경우도 많고, 사이버 공격이나 전자적 침해행위 등으로 인한 피해를 인식하였다 하더라도 보고하지 않는 경향이 있기 때문이다.[7] 기업들의 입장에서는 사이버 공격이나 전자적 침해행위에 대한 피해의 보고로 법령 위반, 소비자의 대응, 다른 기업들에 대한 경쟁력 약화, 비용 증가, 평판 악화 등을 두려워하기 때문이다.[8] 결국 기업들에 대한 신뢰할 수 있는 사이버 위험 관련 정보를 획득하기 곤란하기 때문에, 이를 수치화하여 측정하는 것은 곤란하다. 또한 사이버 위험의 원인이 되는 사이버 공격이나 전자적 침해행위 등과 관련된 유형 · 무형의 비용에 대한 신뢰할 수 있는 정보 또한 부재한 상황이다. 왜냐하면 사이버 공격이나 전자적 침해행위 등으로 인한 기회비용의 상실, 평판악화로 인한 비용 증대, 소비자 신뢰의 상실, 지적재산권의 상실, 소비자 개인정보의 유출 등으로 인한 비용은 측정하기 곤란하기 때문이다.[9]

그런데 사이버 보안과 관련된 정보공유가 활성화된다면 각 기관들은 사이버 보안에 대한 투자 수준과 비용과 관련한 다른 기관의 정보를 바탕으로 자신들에게 유리한 사이버 보안 투자 및 비용 결정을 할 수 있을 것이다.

결국, 사이버 위협에 대한 정보의 공유는 많은 혜택이 있다. 정보 공유에 따라 사람들은 사이버 위협 대응에 따르는 비용과 노력에 대한 중복을 회피할 수 있다. 정보공유는 사이버 위협에 대한 탐지를 보다 신속하게 하며 피해를 최소화할 수 있다. 아울러 사이버 위협 정보를 공유하고 이에 공동으로 대응하는 것은 사이버 보안을 위한 새로운 획기적인 방법을 정립할 수 있다.[10]

---

6) Melanie J. Teplinsky, “Fiddling on the Roof: Recent Developments in Cybersecurity”, 2 American University Law Review 226, 307 (2013).

7) Dmitri Alperovitch, *Revealed Operation Shady Rat* (McAfee White Paper, 2011), p.2 (http://www.mcafee.com/us/resources/white-papers/wp-operation-shady-rat.pdf, 최종방문일, 2017년 8월 28일); Nicole Perlroth, “Nissan Is Latest Company to Get Hacked”, New York Times Bits Blog (Apr. 24, 2012, available at, http://bits.blogs.nytimes.com/2012/04/24/nissan-is-latest-company-to-get-hacked/, 최종방문일 2017년 8월 28일); Tom Kellermann, Panel 1: The Promise and Peril of Being Interconnected, Interoperable, and Intelligent at the American University Law Review Symposium: America the Virtual: Security, Privacy, and Interoperability in an Interconnected World (Oct. 25, 2012, available at http://www.aulawreview.com/index.php?view=vidlink&catid= 278:symposium-2012&id=155:promise-and-peril-of-interconnectivity&option=com_vidlinks&Itemid=150, 최종방문일 2017년 8월 28일).

8) Siobhan Gorman & Shara Tibken, “Security ‘Tokens’ Take Hit”, Wall Street Journal (June 7, 2011, available at http://online.wsj.com/news/articles/SB10001424052702304906004576369990616694366, 최종방문일, 2017년 8월 28일).

9) Ross Anderson et al, “Measuring the Cost of Cybercrime(June 26, 2012, available at http://cseweb.ucsd.edu/~%20savage/papers/WEIS2012.pdf, 최종방문일 2017년 8월 28일).

10) N. Eric Weiss, Legislation to Facilitate Cybersecurity Information Sharing: Economic Analysis, Congressional

2. 정보공유 의의

사이버 보안에 있어 정보공유(information sharing)라 함은 사이버 위협과 관련된 모든 정보를 집적(collection), 분석(analysis), 유통(distribution) 및 사용(utilization)하는 것을 말한다.[11] 특정 웹사이트 주소, 공격자가 이용한 IP 주소, 바이러스에 대한 상세한 내용정보 또는 상용 소프트웨어의 취약점 정보 등이 정보공유의 대상이 될 수 있다.[12] 지난 수년 동안 사이버 보안 회사들이 고객들에게 제품 업데이트 등을 통하여 제공하는 앤티바이러스 정보 등이 정보공유로 알려져 왔다. 그러나 최근 정보공유를 논함에 있어 직접 혹은 신뢰할 수 있는 중개자를 통하여 특정 기관이 다른 특정 기관과 공유하는 정보에 방점을 두고 있다.[13]

건실한 정보공유는 사이버 위협에 대한 올바른 이해를 증진시키고, 특정 기관의 보안을 향상시키는 데 기여한다. 만일 사이버 위협과 관련된 정보가 공유된다면 소프트웨어 개발자들은 자신들의 제품에 진행 중인 취약점에 대하여 인지하게 될 것이며 이를 시정하고자 노력할 것이다. 사이버 보안 전문가들은 사이버 공격자들의 활동을 분석하고자 할 것이며, 악의적 공격에 사용된 방법이나 툴에 대하여 분석하고자 할 것이다. 또한 사이버 보안 전문가들은, 사이버 공격자들이 사용한 방법을 인식함으로써, 사이버 공격을 방어할 수 있는 시스템을 설계·구축하고, 공격을 방어하거나 최소한 공격으로 인한 피해를 감소시킬 수 있을 것이다. 정보공유가 활성화된다면, 정책결정자들이 사이버 공격의 가능성, 사이버 공격에 따른 비용 및 그에 대응하기 위해 필요한 비용, 사이버 공격에 따른 위험을 감소시키기 위한 적절한 투자 수준 등을 결정하는 데 있어 필요한 정보를 충분히 확보할 수 있게 된다. 양적으로 풍부한 정보가 제공될 대 사이버 보안 관련 보험시장에 효율성이 제고되며 이를 통하여 악의적 사이버 공격으로 인하여 발생하는 비용의 분산을 촉진시킬 수 있다.[14]

정보공유를 위해서는 특정 기관이 다른 기관과 자동으로 특정 정보를 주고받을 수 있는 처리 절차만 구축하면 되는바, 발전된 기술을 요하지도 않는다. 사이버 공격이 점점 더 다양화, 지

Research Service(R43821, June 3, 2015), p. 5.

11) Chris Johnson, Lee Badger & David Waltermire, *Guide to Cyber Threat Information Sharing (Draft)*, NIST. 1, 4 (Oct. 2014, http://csrc.nist.gov/publications/drafts/800-150/sp800_150_draft.pdf, 최종방문일 2017년 8월 28일).

12) Id.

13) Executive Order No. 13691, 80 Fed. Reg. 9,347-9,353 (Feb. 20, 2015); *Promoting Private Sector Cybersecurity Information Sharing*, WHITE HOUSE (Feb. 20, 2015), *available at https://www.federalregister.gov/*ar-ticles/2015/02/20/2015-03714/promoting-private-sector-cybersecurity-information-sharing; *Information Sharing Legislative Proposal*, WHITE HOUSE, *available at https://www.whitehouse.gov/sites/default/files/omb/legislative/letters/updated-information-sharing-legislative-proposal.pdf* (최종방문일 2017년 8월 28일).

14) Robert P. Hartwig & Claire Wilkinson, *Cyber Risks: The Growing Threat*, INS. INFO. INsT. 1 (June 2014, http://www.iii.org/sites/default/files/docs/pdf/paperscyberrisk2014.pdf., 최종방문일 2017년 8월 28일).

능화, 첨단화됨에 따라 사이버 보안 전문가들에게든 이러한 사이버 공격의 패턴과 방법에 대한 축적된 정보와 인식이 필요하다. 만일 사이버 공격을 당한 상당수의 기관들이 해당 정보를 다른 기관들과 공유한다면, 사이버 공격자들은 이들 기관이외에 다른 기관에 대한 공격을 시도하는 경우 그 공격 패턴이나 방식 및 기술을 다변화시켜야 한다. 비록 공격자들이 이메일 주소나 도메인 이름을 변경하는 용이한 방법으로 공격 패턴이나 방식을 변경할 수도 있지만, 해킹 또는 바이러스 탐지를 회피하기 위하여 악성 코드의 구조를 변경하여야 하는 경우도 있기 때문에, 사이버 공격자들에게 있어 공격 패턴이나 방식 및 기술을 다변화는 상당한 부담으로 자리잡을 수 있다.

사이버 공격자들로 하여금 사이버 공격에 대한 탐지를 회피하도록 부담을 준다면, 사이버 공격자들의 공격 비용이 증가될 것이다. 만일 사이버 공격에 대한 즉시적으로 전반적인 정보공유 체계가 구축되어 있다면, 사이버 공격자들은 공격을 감행할 때마다 새로운 툴, 공격 방법 및 공격 구조 등을 개발하여야 할 것이다. 현실적으로 사이버 공격의 대상이 되는 각 기관들이 정보공유를 효과적으로 증대하면 할수록 사이버 공격자들이 새로운 사이버 공격 패턴, 방법 및 구조 등의 개발에 따른 투자 비용을 통하여 얻을 수 있는 이득은 상대적으로 적을 수밖에 없다. 왜냐하면 정보공유가 확대될수록 공격비용 또한 증가될 것이기 때문이다.

3. 정보공유와 비용 경제성

가. 정보공유의 장애요인

자신의 경쟁자와 사이버 위협 정보를 공유하기를 원하는 기업들은 상당히 드물 것이다. 나아가 공유된 정보가 해커 등에게 넘어간다면 기업들은 보다 심각한 피해를 입을 수도 있다. 또한 사이버 위협이나 공격에 관한 정보를 공개하는 것은 해당 기업에 대한 신뢰를 상실시켜 매출의 감소로 이어질 것이고 주가 또한 하락할 수 있다.[15)]

그러나 이는 다소 과장된 것으로 조사에 의하면 이와 같은 과장된 근심으로 인하여 기업들이 사이버 위협과 관련된 정보를 공유하는 것을 꺼리는 것으로 파악되었다. 미국 유통회사 Target의 주가와 경쟁업인 Walmart, Best Buy 및 Costco 등을 비교하여 살펴보면 2013년 12월 18일 개인정보 유출 사태가 드러난 이후 3개월 동안 Target의 주가는 무려 19%나 상승하였는데, Costco는 9% 상승한 반면 Walmart와 Best Buy는 각각 3%와 22% 하락하였다. 정보공유분석센터위원회(ISAC Council)는 미국 일반회계원(GAO)에 대하여 정보공유로 인한 혜택은 산정하기 곤란하지만, 위험이나 비용에 대한 공유는 직접적이고 예견가능하다고 강조하였다.[16)] 각급 기

15) N. Eric Weiss, supra notw 10, p.5.

16) U.S. Government Accountability Office, "Critical Infrastructure Protection: Improving Information Sharing with Infrastructure Sectors," July 2004, pp. 9~10, (available at http://www.gao.gov/products/GAO－04－780., 최종방문일 2017년 8월 28일).

관의 정보기술담당자들에 대한 조사에 의하면, 이들은 사이버 공격 등으로 인한 개인정보 유출로 인하여 소비자의 신뢰를 상실하고 이익이 감소되는 것을 극히 염려하고 있다고 하였다.[17]

나. 정보공유의 유인

경쟁 기업들이 잠재적으로 취약한 새로운 사이버 공격이나 위협에 직면하거나 직면할 수 있다는 점을 인식한 기업은 자신의 시스템 특성이나 기업이 추구하는 가치를 고려하여 해당 정보를 공유할 것인지에 대하여 결정할 것이다.[18] 만일 사이버 공격이나 위협의 기업의 이익에 미치는 영향이 작다고 판단한다면, 기업은 이타적으로 정보를 공유하였다는 향후의 긍정적 평판에 대한 가치에 대한 평가에 따라, 대응조치 또는 정보 공유를 선택하거나 선택하지 않을 수도 있다. 어떤 사이버 공격은 사업 운영에 있어 비용이나 절취되는 손실로 간주될 수 있다.

만일 사이버 위협이 심각하다면 기업들은 사이버 보안 전문가를 고용하여 새로운 보안 절차를 수립하거나, 필요한 소프트웨어 및 하드웨어의 구축하는 등 지속적인 대응조치를 개발할 것이다. 만일 해당 기업이 대응조치를 취할 수 없다면, 다른 기관이 대응조치를 개발할 가능성이 있는지 여부에 따라 위협 정보를 공유할 수도 있고 그렇지 아닐 수도 있다. 만일 대응조치의 개발이 불가능하거나 곤란하다고 판단하는 경우 정보공유를 실행할 유인이 없을 것이다.

동일하거나 유사한 제품이나 소프트웨어를 생산하는 기업들 혹은 동일한 기술을 사용하는 기업들은 사이버 보안과 관련한 정보공유를 실시할 유인은 있지만, 이들 기업 사이에서 경쟁력을 높이고자 하는 기업이 있다면 정보공유를 실행하려고 하지 않을 것이다.

다. 정보공유의 경제성

정보공유를 실행하기 위해서 해당 기관들은 정보공유 전문 커뮤니티에 유로 또는 무료로 가입하여 관련 정보를 받아보거나 공유하는 것이 보통이다. 해당 기관의 보안 인력들은 이렇게 수집한 정보를 분석하여 해당 기관이 공유하고자 하는 정보를 배포한다. 공유된 정보의 이용은 주로 다른 기관과 공유한 지표(indicator)에 따라 로그 소스와 시스템을 확인하는 것으로 이루어져 있다. 각 기관들에 의하여 생성된 지표들을 유포함으로써 기관 차원에서 분석된 정보가 수집되고, 이를 배포에 적합하도록 처리되게 만든다.

정보공유 프로그램의 가치를 평가함에 있어 분석과 공유의 차이를 구분하는 것은 매우 중요하다. 분석이라 함은 사이버 보안 전문가들이 매일매일 수행하는 작업을 의미하기 때문에, 한 기관이 정보공유 공동체에 참여하였다 하더라도 그 기관에서 수행하는 분석의 양이 증가하였다는 것을 의미하지 않는다. 여기서 참여는 분석의 결과를 공유하고 다른 기관이 수행한 분석으로부

---

17) Esther Gal－Or and Anindya Ghose, "The Economic Incentives for Sharing Security Information," *Information Systems Research*, vol. 16, no. 2 (June 2005), p. 187 (available at http://pages.stern.nyu.edu/~aghose/ISR.pdf., 최종방문일 2017년 8월 28일).

18) N. Eric Weiss, supra notw 10, p.6.

터 혜택을 받는 것을 의미한다. 사이버 보안 분석(cyber security analysis)은 상당한 비용과 시간이 소요되며 대부분의 기관들은 이미 지불하고 있다. 그렇지만 사이버 보안 분석을 공유하고 다른 기관의 분석을 이용하는 데 소요되는 한계비용은 매우 낮다. 여기에 각 기관들은 새로운 분석 기술을 사용하는 데 따르는 비용의 일부를 정보 공유를 통하여 점감하는 혜택을 누릴 수 있다.[19)]

낮은 한계비용에 비하여 많은 혜택은 정보공유에 참여한 각 기관들에게 투자 대비 고수익을 가져다준다. 낮은 보상의 방어 조치에서 높은 보상의 방어 조치로 이동함으로써, 각 기관들은 사이버 보안에 대한 비대칭적 부담으로부터 자유로울 수 있다.[20)] 정보공유로 인하여 개인정보의 유출이나 감시 등과 관련된 부정적인 영향도 있을 수 있지만, 사이버 공격에 대한 효율적 대응 및 그로 인하여 발생하는 경제성 등의 측면을 고려할 때, 정보공유는 사이버 보안에 있어 매우 중요한 요소를 차지하고 있다.[21)]

Ⅲ. 사이버 보안 정보공유에 대한 법적 문제

1. 개 요

민간 기업이나 비영리단체 등 민간 기관들은 관련 전문가나 업무 담당자들 사이에서 전화나 이메일을 통하여 혹은 정보공유분선센터 등 다양한 방법을 통하여 사이버 위협 정보, 침해사고 및 취약성 등에 대한 정보를 공유할 수 있다.[22)] 그렇지만 민간단체 사이에서의 사이버 보안 관련 정보의 공유는 계약법 및 불법행위법, 주주대표소송, 개인정보 보호, 공정거래 등과 관련된 문제를 야기할 수 있다.[23)]

2. 계약법 및 불법행위법과의 문제

가. 계약상의 손해배상의무

우리 대법원은 최근 이른바 "옥션 사건"에 대한 판결에서 정보통신서비스제공자는 개인정보의 안전성 확보에 필요한 기술적·관리적 조치를 취하여야할 법률상 의무 및 정보통신서비스 이용계약상의 의무를 부담한다고 인정하면서도, 정보통신서비스제공자가 법규[24)]에서 정하고 있는 기술적·관리적 보호조치를 다하였다면, 특별한 사정이 없는 한, 정보통신서비스제공자가 개

19) Trevor Ford, Cybersecurity Legislation for Evolving World, University of San Francisco Law Review, Vol.50 Issue 1, p. 125.

20) Id.

21) Id. p. 126.

22) Kimberly Peretti, *Cyber Threat Intelligence: To Share or Not to Share—What Are the Real Concerns?*, 13 Privacy and Security Law Report 1476 (2014), p. 2.

23) Andrew Nolan, Cybersecurity and Information Sharing: Legal Challenges and Solutions, CRS Reoper—R43941 (2015. 3. 16), pp. 12~39.

24) 「개인정보의 기술적·관리적 보호조치 기준」(정보통신부 고시 제2005—18호 및 제2007—3호).

인정보의 안전성 확보에 필요한 보호조치를 취하여야 할 법률상 또는 계약상 의무를 위반하였다고 보기는 어렵다고 하였다.[25] 다시 말해 대법원은 개인정보 보호에 대한 법률상 및 계약상 의무는 인정되지만, 법규에서 정한 정보보호 조치를 이행하였다면 그 의무를 위반하였다고 할 수 없다는 것이다.

대법원이 정보통신서비스제공자가 정부에서 정한 법규나 지침을 준수하는 경우 개인정보 보호의무에 대한 "위반"이 있다고 할 수 없다고 판단하였지만, 정부의 정보보호 관련 법규나 지침 등은 최고의 기술수준을 반영한 것은 아니며, 그 제·개정에 있어 시간이 소요되므로 업계의 기술수준을 적시에 반영할 수 없는 한계가 있고, 각 사업자의 특성을 반영하지 못한다는 점에서, 당시 개별 정보통신서비스제공자가 알았거나 알 수 있었던 정보보호 조치나, 업계에서 채택되고 있는 최선의 정보보호 기술 수준을 기준으로 개인정보보호 의무의 "위반" 여부를 결정하는 것이 보다 합리적이라고 생각한다.[26]

그런데 정보통신서비스제공자가 정보공유를 통하여 정부에서 정한 지침이나 법규 보다 더 합리적이고 효율적인 사이버 보안 조치가 있음을 알았거나 알 수 있었음에도 불구하고 이를 이행하지 않은 경우라면 계약에 따른 정보보호 의무 불이행에 대한 책임을 부담하여야 할 것이다. 다시 말해 사이버 보안과 관련된 정보공유를 확대하여 사이버 공격을 차단 또는 방지함으로써 정보보호에 대한 계약적 의무를 이행하고자 하는 정보통신서비스제공자 등 민간 기업이나 단체에게 있어 정보공유로 인하여 오히려 사이버 보안 의무가 확대 내지 강화되는 결과가 발생할 수 있는 것이다.

나. 불법행위로 인한 손해배상의무

고의로 사이버 공격을 감행하여 불법행위책임을 부담하는 경우는 아주 예외적인 상황이기 때문에, 대부분의 민간 기업들은 과실에 의하여 사이버 공격에 따른 불법행위로 인한 손해배상 책임을 부담하게 된다. 과실로 인한 불법행위가 성립하기 위해서는 사이버 보안에 대한 주의의무위반이 있고, 그 위반이 위법하며 피해가 발생하여야 하고 피해와 주의의무위반 사이에 인과관계가 성립하여야 한다. 일반적으로 대부분의 민간 기업에 대해서는 개인정보 보호나 사이버 보안에 대한 주의의무가 인정되는 것이 보통이다. 그런데 이러한 주의의무의 "위반"에 대한 판단은 사이버 공격에 대한 당사자의 인식정도에 따라 결정된다고 볼 수 있다. 사이버 공격에 대하여 적절한 대응 수단이나 조치를 알았거나 알 수 있었음에도 불구하고 이를 행하지 않았다면 주의의무 "위반"이 있다고 할 수 있다. 다시 말해 민간 기업 등은 사이버 공격이 발생할 당시 알려지지 않았거나 효과적인지 않은 방어수단을 사용하여 대응할 의무는 없기 때문이다.[27] 그

25) 대법원 2015. 2. 12. 선고 2013다43994 판결.

26) 한편, 개인정보 보호의무의 "위반" 여부의 판단 기준을 정립하기 위한 보다 자세한 논의에 대해서는 권영준, "해킹(hacking) 사고에 대한 개인정보처리자의 과실판단기준", 「저스티스」(한국법학원, 2012. 10), 34~72면 참고.

27) John A. Fisher, *Secure My Data or Pay the Price: Consumer Remedy for Negligent Enablement of Data*

런데 정보공유를 통하여 사이버 공격에 대한 적절한 대응 수간이나 조치에 대한 인식이 증가하였다면, 주의의무 위반 가능성이 증가되어 불법행위책임을 부담한 가능성 또한 증가된다. 예를 들어 한 기업이 같은 정보공유분석센터에 속해있는 다른 기업과 최근 그 기업에 발생한 사이버 공격에 대한 정보를 공유하였다면 이 기업은 사이버 공격에 대하여 예견할 수 있었고 그에 대한 대응 수단을 확립할 수도 있었으므로 만일 이 기업에 대해 동일한 사이버 공격이 감행되어 개인정보가 유출되는 등의 피해가 발생하였다면 이 기업은 불법행위책임을 부담할 가능성이 증대되는 것이다. 마찬가지로 정보공유를 통해 최근에 발생한 사이버 공격의 특징 등에 대하여 통보를 받은 기업이 사이버 공격에 적절하게 대처하지 못하여 피해가 발생하였다면 이 기업은 사이버 공격으로 인한 피해를 예상할 수 없었다는 항변을 하기도 곤란할 것이다. 따라서 불법행위로 인한 손해배상책임의 부담가능성의 증가로 인하여 기업들은 사이버 보안 관련 정보공유에 참여하는 것을 꺼리게 된다.[28)]

사이버 보안 정보공유에 참여함으로써 특정 기업이 사이버 공격으로 인한 불법행위책임을 부담할 가능성은 증대하지만 실제로 원고가 승소할 가능성 또한 그렇게 크게 증가하지는 않는다. 특히 사이버 공격을 받은 기업의 손해나 비용이 증가된 것은 사실이지만, 소비자 등과 같은 원고에 대해 실질적인 손해(actual damage)를 야기한 사이버 공격은 매우 드문 것이 사실이다.[29)]

그렇지만 우리 법원은 개인정보의 침해 또는 유출로 인한 불법행위책임의 성립과 관련하여 정신적 손해의 발생과 배상을 상대적으로 관대하게 인정하고 있는바, 정보공유로 인하여 불법행위로 인한 손해배상책임이 확대될 수 있다. 법원은 이른바 엘지전자 입사지원사이트 정보 유출 사건[30)]에서, 피고 엘지 전자는 입사지원을 위하여 등록한 정보를 스스로 유출하지 않아야 할 뿐만 아니라, 제3자에 의한 침해나 유출에 대비하여 충분한 보안조치를 다함으로써 이를 방지하여야 할 의무가 있음에도 불구하고 이를 방치함으로써 원고들의 등록정보가 열람되도록 하여 위 주의의무를 위반하였다고 하면서, 입사지원 관련 정보를 열람당한 원고에 대하여, 입사지원을 위하여 등록한 정보가 열람당함으로써 정신적 고통을 받았을 것임을 경험칙상 인정할 수 있으므로 피고인 엘지전자는 불법행위책임으로서 위 원고들의 정신적 고통을 금전으로나마 위자할 의무가 있다고 판시하였다. 한편 대법원은 개인정보를 처리하는 자가 수집한 개인정보를 피용자가 정보주체의 의사에 반하여 유출한 경우, 그로 인하여 정보주체에게 위자료로 배상할

Breach, 4 WM. & MARY BUS. L. REV(2013), p. 230.

28) Robert Kenneth Palmer, *Critical Infrastructure: Legislative Factors for Preventing a "Cyber Pearl Harbor,"* 18 VA. J.L. & TECH(2014), p. 323.

29) Jacob W. Schneider, Note, *Preventing Data Breaches: Alternative Approaches to Deter Negligent Handling of Consumer Data*, 15 B.U. J. SCI. & TECH. L.(2009), pp. 281~282.; 사이버 공격으로 인한 "손해"에 대한 보다 자세한 사항은, 오일석, "개인정보 보호의무 위반에 따른 배상 가능한 '손해'에 대한 고찰", 「법학논집」 제19권 제3호, 이화여자대학교 법학연구소(2015. 3) 참조.

30) 서울중앙지방법원 2008. 1. 3. 선고 2006가합87762 판결.

만한 정신적 손해가 발생하였는지는 유출된 개인정보의 종류와 성격이 무엇인지, 개인정보 유출로 정보주체를 식별할 가능성이 발생하였는지, 제3자가 유출된 개인정보를 열람하였는지 또는 제3자의 열람 여부가 밝혀지지 않았다면 제3자의 열람 가능성이 있었거나 앞으로 열람 가능성이 있는지, 유출된 개인정보가 어느 범위까지 확산되었는지, 개인정보 유출로 추가적인 법익침해 가능성이 발생하였는지, 개인정보를 처리하는 자가 개인정보를 관리해온 실태와 개인정보가 유출된 구체적인 경위는 어떠한지, 개인정보 유출로 인한 피해 발생 및 확산을 방지하기 위하여 어떠한 조치가 취하여졌는지 등 여러 사정을 종합적으로 고려하여 구체적 사건에 따라 개별적으로 판단하여야 한다고 하였다.[31)]

이와 같이 우리 판례는 특히 충분한 보안조치를 다하지 아니함으로 인하여 개인정보가 유출된 사건에 있어, 인격권에 근거하여 개인정보가 침해되었는바 정신적 고통이라는 손해가 발생하였고 이에 대하여 위자료를 지급하여야 한다고 하고 있다. 따라서 정보공유를 통하여 사이버 공격에 대한 위험과 가능성 및 취약성 등을 알거나 알 수 있었던 민간 기업이나 단체들은 불법행위책임을 부담 가능성이 더욱 증대할 수 있다.

그러므로 정보공유를 통하여 사이버 공격에 효과적이고 적극적으로 대응하기 위해서는, 특별법 등의 제정 혹은 기존 법령의 개정을 통하여 정보공유에 따른 책임의 감경을 규정하여야 한다.

3. 주주대표소송

주주대표소송은 어느 회사의 이사나 집행임원이 이사로서의 의무에 위반하여 회사에 손해를 발생시킨 경우에 회사가 손해배상청구권을 가지는데 회사가 이러한 청구권을 행사하지 않을 경우 주주가 회사를 대신하여 소송을 제기하는 것을 말한다.[32)] 만일 이사나 집행임원이 임무를 해태하여 회사가 손해를 입게 되면 회사 자신이 그 책임을 추궁하여야 하지만, 이들과 회사의 특수 관계로 인하여 회사가 적극적으로 그 책임을 추궁하는 것은 사실상 기대하기 곤란하다. 이 경우 주주가 간접적으로 자신의 손해를 회복할 수 있는 수단으로서 대표소송을 제기할 수 있는 것이다.[33)]

우리 상법은 집행임원 비설치회사의 경우 이사와 회사 간의 소송에 관하여는 감사나 감사위원회가 회사를 대표하여 회사가 스스로 소를 제기하여야 한다고 명시해 놓고 있다.[34)] 그러나 상법은 감사나 감사위원회가 이사 간의 정실관계로 그 실현을 기대하기 어렵다는 점을 인정하

31) 대법원 2012. 12. 26. 선고 2011다59834, 59858, 59841 판결.

32) 김지환, "대표소송제도의 현황과 과제", 「상장협연구」 제68호, 한국상장사협의회(2013), 96면 참조.

33) 권재열, "주주대표소송제도의 개선방안 — 관련 판례의 취지를 감안하여 —", 「증권법연구」 제16권 제2호(2015), 137면 참조.

34) 상법 제394조, 제415조의2 제6항.

여 영미의 형평법상의 판례로 발전되어 성문화된 미국 회사법상의 대표소송 내지 대위소송의 제도를 도입하였다.[35][36] 즉 주주대표소송은 회사가 이사에 대해 책임을 묻지 아니하거나 게을리 할 때 생기는 주주의 손해를 방지하기 위한 방안으로서 소수주주권의 일종으로 일정한 자격을 갖춘 주주가 회사를 위하여 일정한 절차를 통해 이사의 책임을 추궁하기 위한 것이다.[37]

그런데, 정보공유로 인하여 민간 기업들이 사이버 공격에 관한 정보를 알았거나 알 수 있었음에도 불구하고 적절한 조치를 취하지 않아 해당 기업의 주가가 하락하는 등의 손해가 발생하였다면 그 기업의 주주들이 이사회를 상대로 주주대표소송을 진행할 수도 있다. 2013년 미국의 대표적인 유통업체인 Target에서 개인정보 유출사태가 발생하자 주주들이 Target의 임원들과 이사회를 상대로 주주대표소송을 제기하였다. 즉 주주들은 임원들과 이사회가 사이버 공격을 방지하기 위한 적절한 조치를 취하지 않았고 사이버 공격으로 인한 손해에 대하여도 부정확한 정보를 공개하였기 때문에 신인의무(fiduciary duty)와 선관주의의무(due care) 등을 위반하였다고 하였다.[38] 사이버 공격에 대한 정보공유는 사이버 공격에 대한 적절한 조치의 위반이나 신인의무 혹은 선관주의의무 위반의 증거로 활용될 수도 있다. 예를 들어, 위 Target과 같이 개인정보 유출사태를 경험한 특정 기업이 사이버 공격이 발생하기 전에 ISAC에 사이버 공격 관련 정보를 공유하였다면, 이와 같은 정보 공유는 해당 기업의 임원이나 이사회가 자신들의 사이버 취약점 혹은 사이버 공격 발생 등을 알고 있었다는 점을 입증하는 증거로 활용될 수 있을 것이다.

이와 같이 사이버 공격 정보를 공유함으로 인하여 기업의 이사나 집행임원을 상대로 주주대표소송이 제기될 수 있기 때문에, 기업의 이사나 집행임원들은 사이버 공격 관련 정보를 공유하려고 하지 않을 것이다. 그러므로 기업의 이사나 집행임원 등이 사이버 공격 관련 정보를 공유하는 결정을 한 경우, 이로 인하여 비록 해당 기업에 손해가 발생하였다 하더라도 주주대표소송의 대상에서 제외하도록 할 필요가 있다.

4. 개인정보 보호

우선 사이버 보안과 관련된 정보공유의 대상에는 앞에서 살펴본 바와 같이 이메일 주소나 IP 주소는 물론 로그 정보 등이 포함될 수 있는데 이는 모두 개인 식별이 가능한 개인정보이기 때문에 개인정보 보호법의 대상이 된다. 그런데 우리나라 개인정보 보호법은 정보주체의 동의를 받거나 개인정보를 수집한 목적 범위에서 개인정보를 제공하는 경우에만 개인정보처리자로 하여금 정보주체의 개인정보를 제3자에게 제공할 수 있도록 규정하고 있다.[39] 그렇지만 사이버

35) 장덕조, 회사법, 법문사(2014), 379면 참조.
36) 상법 제403조, 제542조의6 제6항 참조.
37) 배성열, “주주대표소송의 활성화 방안에 관한 연구”, 서강대학교 대학원 석사학위논문(2015. 2), 6면 참조.
38) Collier v. Steinhafel, No. 14-cv-266, Docket #1, Compl. (D. Minn. January 29, 2014).
39) 개인정보 보호법 제15조 제1항 참조.

공격이 발생하고 있는 급박한 상황에서, 사이버 보안 정보공유는 개인정보 수집 목적 범위내로 볼 수 없기 때문에, 사이버 보안과 관련된 정보를 공유함에 있어 개인정보가 포함되는 경우 일일이 정보주체의 동의를 받는다는 것은 불가능하다.

한편 개인정보 보호법은 개인정보의 수집 목적 외 이용을 원칙적으로 제한하고 있다. 즉, 개인정보처리자는 개인정보를 개인정보의 수집·이용 따른 범위를 초과하여 이용하거나 개인정보 제공에 따른 범위를 초과하여 제3자에게 제공할 수 없다.[40] 따라서 사이버 공격이 발생한 경우 관련 민간 단체 사이에서 개인정보를 공유하는 것은 원칙적으로 곤란하다. 그렇지만 개인정보 보호법은 개인정보의 수집 목적 외 이용의 예외를 규정하고 있다. 즉, 1) 정보주체로부터 별도의 동의를 받은 경우, 2) 다른 법률에 특별한 규정이 있는 경우, 3) 정보주체 또는 그 법정대리인이 의사표시를 할 수 없는 상태에 있거나 주소불명 등으로 사전 동의를 받을 수 없는 경우로서 명백히 정보주체 또는 제3자의 급박한 생명, 신체, 재산의 이익을 위하여 필요하다고 인정되는 경우, 4) 통계작성 및 학술연구 등의 목적을 위하여 필요한 경우로서 특정 개인을 알아볼 수 없는 형태로 개인정보를 제공하는 경우, 5) 개인정보를 목적 외의 용도로 이용하거나 이를 제3자에게 제공하지 아니하면 다른 법률에서 정하는 소관 업무를 수행할 수 없는 경우로서 보호위원회의 심의·의결을 거친 경우, 6) 조약, 그 밖의 국제협정의 이행을 위하여 외국정부 또는 국제기구에 제공하기 위하여 필요한 경우, 7) 범죄의 수사와 공소의 제기 및 유지를 위하여 필요한 경우, 8) 법원의 재판업무 수행을 위하여 필요한 경우, 9) 형(刑) 및 감호, 보호처분의 집행을 위하여 필요한 경우 등의 경우에는 정보주체 또는 제3자의 이익을 부당하게 침해할 우려가 있을 때를 제외하고는 개인정보를 목적 외의 용도로 이용하거나 이를 제3자에게 제공할 수 있도록 하고 있다.[41] 그럼에도 불구하고 사이버 공격과 관련된 정보를 공유하는 것은 위 3)부터 9)의 사유에 해당하지 않는바, 사이버 공격과 관련된 이메일, IP 주소, 로그 정보 등에 관한 정보를 민간단체들이 공유하기 위해서는 정보주체로부터 별도의 동의를 받거나 다른 법률에 특별한 규정이 있어야 한다. 비록 위 5)에서 9)에 해당하는 사항은 공공기관에만 적용된다고 하지만, 진행되고 있는 사이버 공격에 대응하기 위한 공공기관 사이의 사이버 보안 정보공유도 위 5)에서 9)에 해당한다고 할 수 없는바, 특별히 범죄의 수사와 공소의 제기 및 유지를 위하여 필요한 경우가 아니면 사실상 정보를 공유하기 어렵다고 할 것이다.

5. 사이버 정보공유 계약과 공정거래법과의 문제

미국의 경우 민간단체 사이의 사이버 보안 관련 정보공유가 공정거래 관련 문제로 곤란하다고 한다.[42] 미국의 공정거래법은 조정된 행위(coordinated action)와 같이 경쟁을 저해하는 시장

40) 개인정보 보호법 제18조 제1항.

41) 개인정보 보호법 제18조 제1항. 다만 위 5)부터 6)에 대하여는 공공기관의 경우로 한정하고 있다.

42) Nathan Sales, *Regulating Cyber-Security*, 107 Northwestern University Law Review(2013), p. 1503; *Exchanging*

참여자의 행위를 규제하는 데 중점을 두고 있다.[43] 특히 미국 대법원은 불합리하게(unreasonably) 거래를 제한하는 모든 계약, 협의, 협약 등이 제한된다고 하였다.[44] 특히 미국 법원은 경쟁업자들 사이의 가격 결정(price fixing) 및 시장 분할(market allocation) 등은 본질적으로 반경쟁적인 것이므로 거래에 대한 실질적인 위해를 가하였는지 여부를 따지지 않고 불법성이 일응 추정된다고 하였다.[45]

결국 시장 참가자들 사이의 특정 계약, 협약, 협정 등이 거래를 제한하는 요소를 가지고 있다면 공정거래법의 적용대상이 되는 것이다. 그러므로 시장참가자들 사이의 사이버 보안을 위한 정보공유 계약, 협약, 협정 등이 그 목적과 성질에 있어 거래를 제한하는 요소를 포함하고 있다면 공정거래법이 적용될 수 있다.[46] 그런데 미국 법원은 시장의 경쟁자들 사이에 정보를 교류(exchange)하는 것은 경제적 효율성을 증가시키는 것으로 시장의 경쟁을 증가시키는 것이기 때문에 기본적으로 공정거래법을 위반하였다고 일응 추정할 수는 없다고 하였다.[47] 사이버 보안과 관련하여 특정 부대비용을 소비자에게 전가하거나[48] 질이 낮은 제품을 사용자에게 제공하여 수용하도록 하는 등의 사이버 보안 관행은 일응의 추정 법리를 적용하기 곤란하게 하는 "실익이 없는 제한(naked restraint)"에 해당한다.[49] 그렇지만 민간단체 특히 동일한 ISAC에 속한 기관들 사이에서 사이버 보안과 관련한 정보를 공유하는 것이 합리성의 법리가 적용되어 거래를 비합리적으로 제한하였는지를 검토하여야 할 가능성이 있다.[50] 이 경우 거래의 제한에 대한 판단 기준은 사이버 보안 관련 정보의 공유가 사이버 공격이나 사기적인 사이버 행위를 차단하는 데 일조하였는지 혹은 경쟁을 감경시키기 위하여 특정 경쟁자들을 사이버 보안 관련 정보의 공유 대상기관에서 제외하였는지에 달려 있다고 할 것이다.[51] 미국에서도 사이버 보안 관련 정보

Cyber Threat Intelligence: There Has to Be a Better Way, *PONEMON INSTITUTE*, (April 2014), p. 4(*available at http://content.internetidentity.com/acton/attachment/8504/f-001b/1/-/-/-/-/Ponemon%20Study.pdf*, 최종방문 2016. 8. 4).

43) Nathan Sales, supra note 42, pp. 1528~1529.

44) Board of Trade of Chicago v. United States, 246 U.S. 231, 238, 38 S. Ct. 242, 62 L. Ed. 683 (1918).

45) National Collegiate Athletic Association v. Bd. of Regents of Univ. of Okla., 468 U.S. 85, 103~104 (1984); Copperweld Corp. v. Independence Tube Corp., 467 U.S. 752, 768 (1984).

46) Info. Tech Industry Council, *ITI Recommendation: Addressing Liability Concerns Impeding More Effective Cybersecurity Information Sharing*(2012), p.3(*available at http://www.itic.org/dotAsset/fae2feab-7b0e-45f4-9e74-64e4c9ece132.pdf*, 최종방문 2016. 8. 5); Dep't of Justice and Fed. Trade Comm'n, *Antitrust Policy Statement on Sharing of Cybersecurity Information*(April 10, 2014), p. 8(*available at http://www.justice.gov/atr/public/guidelines/305027.pdf* 최종방문 2016. 8. 5).

47) United States v. United States Gypsum Co., 438 U.S. 422, 443 n.16 (1978).

48) United States v. Container Corp. of Am., 393 U.S. 333, 338 n.4 (1969).

49) Nathan Sales, supra note 42, pp. 1531~1532.

50) Paladin Assocs. v. Montana Power Co., 328 F.3d 1145, 1156 (9th Cir. 2003); Michelman v. Clark-Schwebel Fiber Glass Corp., 534 F.2d 1036, 1048 (2d Cir. 1976).

51) Regal Multiple Listing Serv. of Minn., Inc. v. Am. Home Realty Network, Inc., 9 F. Supp. 3d 1032, 1039

공유가 공정거래법을 위반하였는지를 판결한 실제 사례는 없기 때문에, 사이버 보안 정보 공유에 대한 공정거래법 적용에 대한 불확실성은 여전히 존재한다.

이와 같은 불확실성을 제거하기 위하여 미국 법무부와 연방공정거래위원회는 사이버 보안 관련 정보의 공유가 공정거래법을 위반하였는지에 대한 공동 정책보고서(joint policy statement)를 발행하였다. 이 보고서에 의하면 정보공유 협약(information sharing agreement)은 원칙적으로 합리성 법리에 의하여 검토되어야 한다고 하면서, 사이버 보안 관련 정보를 교류하는 것은 미국의 네트워크와 정보 자원의 보안을 강화하는 것을 포함하여 긍정적인 효과를 가져온다고 인식되고 있다고 하였다.52) 또한 이 보고서는 기술적인 성질을 가진 사이버 보안 정보는 기본적으로 가격 상승, 생산 감소, 서비스 증대 등 경쟁법적으로 민감한 정보에 포함되지 않는다고 하였다.53) 그렇지만 사이버 보안 관련 정보의 공유에 가격과 비용에 관한 정보, 생산 수준 등 경쟁법적으로 민감한 정보가 포함되어 경쟁자들 사이의 경쟁 조정을 하게 된다면 공정거래법이 적용될 수 있을 것이라고 하였다.54)

우리 공정거래법의 경우에도 시장의 경쟁을 제한하는 부당한 행위를 금지하고 있다. 즉, "사업자는 계약·협정·결의 기타 어떠한 방법으로도 다른 사업자와 공동으로 부당하게 경쟁을 제한하는 행위를 할 것을 합의(이하 "부당한 공동행위"라 한다)하거나 다른 사업자로 하여금 이를 행하도록 하여서는 아니된다."고 규정하고 있다.55) 특정 경쟁업체들이 다른 경쟁업체의 경쟁력을 저하시키기 위하여 자신들만 사이버 보안 관련 정보를 공유하고 최신 사이버 보안 정비를 도입하는 협약을 체결하였다면 '거래상대방을 제한'하거나 생산 또는 용역의 거래를 위한 설비의 신

(D.Minn. 2014).

52) Department of Justice and Federal Trade Commission, *Antitrust Policy Statement on Sharing of Cybersecurity Information*(April 10, 2014), pp.5~6(*available at* http://www.justice.gov/atr/public/guidelines/305027.pdf, 최종방문일 2017년 8월 28일).

53) Id. pp. 7~8.

54) Id. p. 4.

55) 독점규제 및 공정거래에 관한 법률 제19조(부당한 공동행위의 금지) ① 사업자는 계약·협정·결의 기타 어떠한 방법으로도 다른 사업자와 공동으로 부당하게 경쟁을 제한하는 다음 각 호의 어느 하나에 해당하는 행위를 할 것을 합의(이하 "부당한 공동행위"라 한다)하거나 다른 사업자로 하여금 이를 행하도록 하여서는 아니된다.
1. 가격을 결정·유지 또는 변경하는 행위
2. 상품 또는 용역의 거래조건이나, 그 대금 또는 대가의 지급조건을 정하는 행위
3. 상품의 생산·출고·수송 또는 거래의 제한이나 용역의 거래를 제한하는 행위
4. 거래지역 또는 거래상대방을 제한하는 행위
5. 생산 또는 용역의 거래를 위한 설비의 신설 또는 증설이나 장비의 도입을 방해하거나 제한하는 행위
6. 상품 또는 용역의 생산·거래 시에 그 상품 또는 용역의 종류·규격을 제한하는 행위
7. 영업의 주요부문을 공동으로 수행·관리하거나 수행·관리하기 위한 회사등을 설립하는 행위
8. 입찰 또는 경매에 있어 낙찰자, 경락자(競落者), 투찰(投札)가격, 낙찰가격 또는 경락가격, 그 밖에 대통령령으로 정하는 사항을 결정하는 행위
9. 제1호부터 제8호까지 외의 행위로서 다른 사업자(그 행위를 한 사업자를 포함한다)의 사업활동 또는 사업내용을 방해하거나 제한함으로써 일정한 거래분야에서 경쟁을 실질적으로 제한하는 행위

설 또는 증설이나 장비의 도입을 방해하거나 제한하는 행위에 해당할 수도 있을 것이다. 그렇지만 사이버 보안관 관련된 정보는 앞에서 살펴보았듯이 사이버 공격에 대한 효율적 대응 및 그로 인하여 발생하는 경제성 등의 측면을 고려할 때 본질적으로 시장의 거래를 저하시킨다고 볼 수 없다. 또한 미국의 경우와 마찬가지로 부당한 공동행위에 대한 합리성 판단의 원칙에 따를 경우 사이버 보안 정보는 기본적으로 가격 상승, 생산 감소, 서비스 증대 등 경쟁법적으로 민감한 정보에 포함되지 않는다고 할 것이다. 다만 미국의 경우와 마찬가지로 사이버 보안 관련 정보의 공유에 가격과 비용에 관한 정보, 생산 수준 등 경쟁법적으로 민감한 정보가 포함되어 경쟁자들 사이의 경쟁 조정을 하게 된다면 공정거래법이 적용될 수도 있을 것이다.

한편 우리 공정거래법은 부당한 공동행위가 1) 산업합리화, 2) 연구·기술개발, 3) 불황의 극복, 4) 산업구조의 조정, 5) 거래조건의 합리화, 6) 중소기업의 경쟁력향상 등의 목적을 위하여 행하여지는 경우로서 대통령령이 정하는 요건에 해당하고 공정거래위원회의 인가를 받은 경우에는 이를 적용하지 아니한다고 규정하고 있다. 사이버 보안 관련 정보공유가 경쟁법적으로 민감한 정보를 포함하고 있다고 하더라도 연구·기술개발, 거래조건의 합리화, 중소기업의 경쟁력향상 등을 위하여 해당하고 공정거래위원회의 인가를 받았다면 부당한 공동행위에 해당하지 않을 수 있다.

그렇지만 사이버 공격과 관련한 정보공유를 실행한 민간 기관들로 하여금 정보공유가 이러한 사유에 해당하여 부당한 공동행위에 해당하지 않는다는 것을 입증하거나 설명하도록 하는 것 또한 새로운 부담이 될 수 있다. 아울러 이러한 입증이나 설명에 실패한 경우라면 부당한 공동행위에 따른 책임을 부담하여야 한다. 그러므로 특별법 등의 제정 혹은 기존 법령의 개정을 통하여 정보공유에 따른 경쟁법적 책임의 감경을 규정하여야 한다.

Ⅳ. 입법적 해결 방안의 제안

1. 우리나라 기존 법제

우리나라의 사이버 안보 관련 법제는 사이버 공격에 효과적으로 대응하기 위해서는 정보공유가 필요하고 중요하다는 사실에 대한 인식을 기반으로 이를 규정하고 있다.

우선 정보통신기반보호법은 금융·통신 등 분야별 정보통신기반시설을 보호하기 위하여 정보공유·분석센터를 구축·운영할 수 있도록 규정하고 있다. 한편 국가사이버안전관리규정은 중앙행정기관의 장, 지방자치단체의 장 및 공공기관의 장은 국가정보통신망에 대한 사이버 공격의 계획 또는 공격사실, 사이버안전에 위협을 초래할 수 있는 정보를 입수한 경우에는 지체없이 그 사실을 국가안보실장 및 국가정보원장에게 통보하도록 하고 있다.[56] 다만, 수사사항에 대하

56) 국가사이버안전관리규정 제10조 전단.

여는 수사기관의 장이 국가기밀의 유출·훼손 등 국가안보의 위협을 초래한다고 판단되는 경우에 입수한 정보를 국가안보실장 및 국가정보원장에게 통보하도록 하고 있다.[57]

우리나라 현행 법규 가운데 기업 사이의 사이버 보안 관련 정보공유를 명시적으로 규정하고 있는 법규는 없다. 다만 정보통신망 이용촉진 및 정보보호 등에 관한 법률은 미래창조과학부장관 또는 방송통신위원회로 하여금 속이는 행위에 의한 개인정보의 수집금지와 관련하여 속이는 행위로 다른 사람의 정보를 수집하거나 다른 사람이 정보를 제공하도록 유인하는 위반행위로 인한 피해 예방 및 피해 확산을 방지하기 위한 긴급조치를 취하기 위하여 정보통신서비스 제공자 간 정보통신망을 통하여 속이는 행위에 대한 정보 공유 등 필요한 조치를 취하도록 명할 수 있다고 규정하고 있다.[58] 이는 정보통신서비스 제공 영업을 이행하는 기업들의 자발적 정보공유를 규정하고 있는 것이 아니라 정부의 명령에 의해 정보통신망을 이용하여 속이는 행위에 대한 강제적인 정보공유를 규정하고 있다. 아울러 이를 위반하여 적 미래창조과학부장관 또는 방송통신위원회의 명령을 이행하지 아니한 자에 대하여는 1천만원 이하의 과태료를 부과하도록 하고 있다.[59]

따라서 이러한 명령에 따라 속이는 행위와 관련된 정보를 공유함으로써 발생할 수 있는 사법상의 문제, 예를 들어 과도한 정보의 공유 혹은 불필요한 정보의 공유에 따른 개인정보의 침해, 불법행위의 발생이나 계약의 위반, 주주대표소송 및 공정거래와 관련된 문제점에 대해서는 침묵하고 있다.

2. 정보공유 관련 면책규정 입법의 필요성

이와 같이 현행 우리법제는 사이버 공격에 효과적으로 대응하기 위하여 국가·공공기관 사이의 사이버 공격 관련 정보의 공유를 규정하고 있다. 그러나 최근 사이버 공격이 고도화되면서 사회전반에 걸쳐 막대한 손해를 야기하고 있음은 물론, 사이버 공격의 상당수가 국가·공공분야보다 상대적으로 보안관리가 허술한 민간분야에서 대부분 발생하고 있다. 그럼에도 불구하고 앞에서 살펴본 바와 같이, 사이버 보안에 대한 시장실패는 물론 비용부담이나 기술부족 등으로 민간 기업들이 사이버 공격에 대해 신속한 조치를 하지 않아 피해규모가 커지고 있기 때문에, 기업 간 혹은 기업과 정부 사이에 사이버 보안 관련 정보공유를 촉진할 수 있는 법제적 뒷받침이 필요한 상황이다.

57) 국가사이버안전관리규정 제10조 후단.

58) 정보통신망 이용촉진 및 정보보호 등에 관한 법률 제49조의2 제4항.

59) 정보통신망 이용촉진 및 정보보호 등에 관한 법률 제76조 제3항.

3. 사이버 보안 관련 입법안과 문제점

이러한 상황 하에서 최근 국회에서 이철우의원이 사이버위협 요인을 조기에 파악하여 차단하기 위하여 사이버위협정보 공유센터의 설치 등을 주요내용으로 하는 「국가 사이버안보에 관한 법률안」을 발의한 바 있다.[60]

우선 동 법률안은 국가사이버안보정책조정회의의로 하여금 사이버 위협정보의 공유에 관한 사항을 심의·의결하도록 하고 있다.[61] 또한 사이버 위협정보의 공유를 국가차원으로 확대하기 위하여 국가사이버위협정보공유센터를 설치하도록 하고 있다. 즉, 이 법률안은 책임기관[62]의 장으로 하여금 사이버위협정보를 다른 책임기관의 장 및 국가정보원장에게 제공하도록 규정하고 있다.[63] 그리고 이러한 사이버위협정보를 제공하지 않은 경우 1천만원 이하의 과태료에 처하도록 규정하고 있다.[64] 여기서 사이버 위협정보라 함은 1) 전자적 제어·관리시스템, 정보통신망, 정보통신기기 및 정보보호시스템 등에 의해 사이버공격으로 판단되는 정보(사이버공격의 근원지와 목적지 등을 파악하기 위한 인터넷프로토콜 주소(IP)와 네트워크카드주소(MAC)를 포함한다), 2) 악성프로그램 및 이와 관련된 정보, 3) 정보통신망, 정보통신기기 및 소프트웨어 보안취약점에 관한 정보, 4) 그 밖에 사이버공격에 활용될 수 있는 사항에 관한 정보 등을 말한다. 다만, 국회, 법원, 헌법재판소 및 중앙선거관리위원회의 행정사무를 처리하는 기관의 경우에는 해당 기관의 장이 필요하다고 인정하는 경우에 한하여 이를 적용하도록 하고 있다. 또한 이 법률안은 사이버위협정보를 사이버안보에 필요한 업무범위에 한하여 정당하게 사용·관리도록 하고 있으며,[65] 이를 위반한 경우 3년 이하의 징역 또는 3천만 원 이하의 벌금에 처하도록 규정하고 있다.[66]

---

60) 국가사이버안보에관한 법률안(이철우의원 대표발의안 2016. 5. 30, 2000032).

61) 동 법률안 제5조 제1항 제5호.

62) 동 법률안 제2조 제5호. "책임기관"이란 사이버안보에 관한 업무를 수행하는 다음 각 목의 기관을 말한다.
   가. 국회·법원·헌법재판소·중앙선거관리위원회의 행정사무를 처리하는 기관 및 그 소속 기관, 중앙행정기관(대통령 소속 기관과 국무총리 소속 기관을 포함한다. 이하 같다) 및 그 소속 기관, 시·도 및 그 소속기관, 교육청 및 그 소속기관
   나. 「공공기관의 운영에 관한 법률」에 따른 공공기관과 지방 공기업법」에 따른 지방공사 및 지방공단
   다. 「전기통신사업법」 제6조에 따른 기간통신사업의 허가를 받은 자와 정보통신망 이용촉진 및 정보보호 등에 관한 법률」 제46조 제1항에 따른 집적정보통신시설사업자
   라. 「정보통신기반 보호법」 제5조 제1항에 따른 주요정보통신기반시설을 관리하는 기관
   마. 「산업기술의 유출방지 및 보호에 관한 법률」 제9조에 따른 국가핵심기술을 보유한 기업체나 연구기관
   바. 「방위사업법」 제3조 제9호에 따른 방위산업체 및 같은 법 제3조 제10호에 따른 전문연구기관
   사. 「전자금융거래법」 제2조 제21호에 따른 전자금융기반시설을 운영하는 기관이나 단체 또는 사업자
   아. 기타 제4조의 정책조정회의의 심의를 거쳐 회의의 의장이 "책임기관"으로 지정한 기관

63) 동 법률안 제11조 제1항 전단.

64) 동 법률안 제24조 제1항 제1호.

65) 동 법률안 제11조 제5항.

66) 동 법률안 제23조 제1항 제1호.

이 법률안에 의할 경우 집적정보통신시설사업자, 주요정보통신기반시설을 관리하는 기관, 전자금융기반시설을 운영하는 기관이나 단체 또는 사업자 등에 해당하는 민간기업 등이 책임기관이 되는 경우, 이들은 사이버 위협 정보를 다른 민간기업인 책임기관의 장 및 국가정보원장에게 제공하여 공유하여야 한다. 그런데 이와 같이 사이버 위협정보를 공유하지 않거나 공유한 정보를 정당하게 관리 사용하지 않는 경우에 대한 벌칙만이 존재할 뿐이다.

한편 정부도 공공 및 민간 영역의 구분이 없이 광범위하게 발생하는 사이버공격으로 인하여 막대한 경제적 피해와 사회 혼란이 유발되고 있는바, 국가안보를 위협하는 사이버공격을 신속히 차단하고 피해를 최소화하기 위하여 국가사이버안보위원회를 설치하고, 국가기관·지방자치단체 및 국가적으로 중요한 기술을 보유·관리하는 기관 등을 책임기관으로 하여 소관 사이버공간 보호책임을 부여하며, 사이버위협정보의 공유와 사이버공격의 탐지·대응 및 사이버공격으로 인한 사고의 통보·조사 절차를 정하는 등 국가사이버안보를 위한 조직 및 운영에 관한 사항을 체계적으로 정립하기 위하여 2017년 1월 3일 국가사이버안보법안을 제출하였다. 이 법률안은 사이버위협정보의 공유를 위하여 국가정보원장 소속으로 사이버위협정보공유센터를 두고, 책임기관의 장은 소관 사이버위협정보를 사이버위협정보 공유센터의 장에게 제공하도록 하며, 사이버위협정보 공유센터의 장은 위협정보를 공유하는 경우 국민의 권리가 침해되지 아니하도록 기술적·관리적 및 물리적 보호조치를 마련하도록 하였다.[67)]

그렇지만 앞에서 살펴본 바와 같이 민간 기업들 사이 혹은 민간 기업과 정보공유분선텐터와의 사이에서 사이버위협정보를 공유할 경우, 민간기업은 계약위반이나 불법행위책임, 주주대표소송, 개인정보 침해, 공정거래법 위반 등 각종 사법상의 책임을 부담할 수 가능성이 있다. 따

---

67) 제12조(사이버위협정보의 공유) ① 다음 각 호의 정보를 공유하기 위하여 국가정보원장 소속으로 사이버위협정보 공유센터를 둔다.

1. 사이버공격 방법에 관한 정보
2. 악성프로그램 및 이와 관련된 정보
3. 정보통신망, 정보통신기기 및 소프트웨어의 보안상 취약점에 관한 정보
4. 그 밖에 사이버공격의 예방을 위한 정보

② 책임기관의 장은 소관 사이버공간의 제1항에 따른 정보(이하 "위협정보"라 한다)가 다른 책임기관의 사이버안보를 위하여 필요하다고 인정하는 경우 대통령령으로 정하는 바에 따라 소관 사이버공간의 위협정보를 제1항에 따른 사이버위협정보 공유센터(이하 "공유센터"라 한다)의 장에게 제공할 수 있다. 이 경우 공유센터의 장은 사이버안보를 위하여 위협정보의 공유가 필요하다고 판단되는 책임기관의 장에게 위협정보를 제공하여야 한다.

③ 누구든지 제2항에 따라 공유된 위협정보를 사용할 때에는 사이버안보 목적에 필요한 최소한의 범위에서 사용·관리하여야 한다.

④ 공유센터의 장은 위협정보를 공유하는 경우 국민의 권리가 침해되지 아니하도록 기술적·관리적 또는 물리적 보호조치를 마련하여야 한다.

⑤ 공유센터의 장은 제4항에 따른 기술적·관리적 또는 물리적 보호조치에 관한 사항을 심의하기 위하여 책임기관 및 민간 전문가 등이 참여하는 사이버위협정보 공유협의회를 구성·운영하여야 한다.

⑥ 제1항부터 제5항까지의 규정에 따른 공유센터의 설치·운영, 공유센터의 장에게 제공하는 위협정보의 범위 등에 필요한 사항은 대통령령으로 정한다.

라서 사이버 안보 특별법과 같은 법률을 제정함에 있어 정보공유를 강화하여 사이버 공격으로 인한 피해를 최소화하고 사이버 보안을 위해 투입되는 비용을 절감하며 효과적으로 사이버 공격에 대응하기 위해서는 이러한 사법상의 책임으로부터 자유로울 수 있는 면책규정을 도입하여야 할 것이다.

4. 면책규정의 도입

가. 면책규정 관련 미국의 입법례

이와 같은 면책규정의 도입과 관련하여 미국의 입법례는 참고할 가치가 있다. 2015년 12월 18일 오바마 대통령의 서명으로 효력을 갖게 된 미국의 2015년 사이버보안정보공유법(Cybersecurity Information Sharing Act of 2015 : CISA)은 연방 정부와 민간 부문의 사이버 보안 관련 정보공유 체계를 정립하고 있다.[68] 즉, 이 법에 따라 국가정보장관(the Director of National Intelligence), 국방부장관, 법무장관, 국토안보부 장관 등으로 하여금, 미국 연방 정부부처가 다른 연방 기관, 주 및 지방정부는 물론 민간 기관과의 정보공유를 활성화하기 위한 절차를 개발하고 제공하도록 하고 있다.[69]

이 사이버보안정보공유법은 동법에서 규정한 절차와 방법에 따라 사이버 위협 표지(cyber threat indicator) 또는 방어 수단(defensive measure)을 공유 또는 제공받은 민간단체에 대하여 소송을 제기하지 못하도록 규정하고 있다.[70] 즉, 동법 제106조(b)항은 사이버 위협 표지 또는 방어 수단을 공유 또는 제공받은 것을 이유로 민간단체(private entity)에 대하여 소송을 제기하거나 진행할 수 없으며, 만일 이러한 소송이 제기된 경우 법원은 이를 즉시 각하하여야 한다고 규정하고 있다.[71] 이 경우 연방 제정법, 주 또는 지방 정부법 등에서 따로 규정하고 있다고 하더라도 이러한 민간단체는 면책조항의 적용을 받는다.[72]

만일 민간단체가 이러한 사이버 위협 지표 또는 방어 수단을 연방 정부와 공유 또는 연방 정부를 통해 제공받은 경우에는, 위 공유 또는 제공이 국토안보부에서 정한 방법과 절차에 따라 이루어져야 하며, 관련 정책과 절차 및 지침 등이 의회에 제출되기 전 혹은 이 법 시행이 이후 60일 이후에 위 공유 또는 제공이 발생하여야 한다.[73] 이 법으로 인하여 사이버 위협 지표나 방어 수단을 공유하여야 하는 의무가 발생하는 것은 아니며, 사이버 위협 지표나 방어 수단을 제

---

68) Sullivan & Cromwell LLP, The Cybersecurity Act of 2015(December 22, 2015), p. 1.

69) Id. p. 5.

70) Mathew J. Gardner and Moshe B. Broder, “CISA: Hope for More Cybersecurity, Challenges in Implementation and Interpretation, Volume 51, Number 3, the Procurement Lawyer(Spring 2016), p. 26.

71) Cybersecurity Information Sharing Act of 2015 § 106(b)(1).

72) Joint Explanatory Statement to Accompany the Cybersecurity Act of 2015 (available at http://intelligence.house.gov/sites/intelligence.house.gov/files/documents/jes%20for%20cybersecurity%20act%20of%202015.pdf, 최종방문일 2017년 8월 28일), p. 4.

73) Cybersecurity Information Sharing Act of 2015 § 106(b)(2).

공받음으로 인하여 경고를 발령하거나 (특정) 행동을 이행할 의무가 발생하는 것은 아니다.[74]

나. 면책규정의 제안

따라서 우리의 경우도 민간기업이 사이버 보안 관련 정보를 공유하거나 제공받은 경우 계약, 불법행위, 주주대표소송, 공정거래에 따른 책임으로부터 자유로울 수 있는 면책규정을 입법하여야 한다. 현재 이러한 면책규정에 대한 입법례가 없는바, 특히 국가사이버안보법 등의 제정에 있어 이를 규정할 필요가 있다. 즉, 미국의 입법례를 참고로 다음과 같은 조문의 신설하여 사이버 보안 관련 정보를 공유한 민간기업에 대하여 민사상 면책조항을 반드시 도입하여야 할 것이다.

제00조(면책) 이 법에서 정한 방법이나 절차에 따라 사이버 위협 표지 또는 방어 수단을 공유 또는 제공받은 민간단체에 대하여 소송을 제기하거나 진행할 수 없다. 만일 이러한 소송이 제기된 경우 법원은 이를 즉시 각하하여야 한다.

Ⅴ. 결 론

제4차 산업혁명 시대를 준비하고 있는 기업이나 기관들의 입장에서는 자신의 경쟁자와 사이버 공격이나 위협과 관련된 정보를 공유하는 것을 원하지 않을 것이다. 사이버 위협이나 공격에 관한 정보를 공유하는 것은 해당 기업에 대한 신뢰를 상실시켜 매출의 감소로 이어질 것이고 주가 또한 하락할 수 있으며, 경쟁기업이 이를 이용하여 이익을 창출할 수도 있기 때문이다.

그렇지만 사이버 보안 정보공유를 수행함으로써 기업이나 기관은 사이버 공격이나 위협에 대하여 올바르게 이해하고, 사이버 보안 능력을 향상시킬 수 있다. 이러한 정보공유는 사이버 공격이나 위협에 대한 탐지를 보다 신속하게 하며 피해를 최소화할 수 있다. 결국 정보공유로 인하여 개인정보의 유출이나 감시 등과 관련된 부정적인 영향도 있을 수 있지만, 사이버 공격에 대한 효율적 대응 및 그로 인하여 발생하는 경제성 등의 측면을 고려할 때, 정보공유는 사이버 보안에 있어 매우 중요한 요소를 차지하고 있다.

기업이나 기관들은 관련 전문가나 업무 담당자들 사이에서 전화나 이메일을 통하여 혹은 정보공유분석센터 등 다양한 방법을 통하여 사이버 위협이나 공격 정보, 침해사고 및 취약성 등에 대한 정보를 공유할 수 있다. 그렇지만 이러한 사이버 보안 관련 정보의 공유는 계약법 및 불법행위법, 주주대표소송, 개인정보 보호, 공정거래 등과 관련된 문제를 야기할 수 있다.

따라서, 정보공유를 강화하여 사이버 공격으로 인한 피해를 최소화하고 사이버 보안을 위해 투입되는 비용을 절감하며 효과적으로 사이버 공격에 대응하기 위해서는, 기업이나 기관들

74) Cybersecurity Information Sharing Act of 2015 §106(c).

이 사이버 보안 관련 정보를 공유하거나 제공받은 경우 계약, 불법행위, 주주대표소송, 공정거래에 따른 책임으로부터 자유로울 수 있는 면책규정을 입법하여야 한다. 현재 우리 법제는 사이버 보안 관련 정보공유를 활성화하기 위한 제도적 장치의 도입과 운영에만 중점을 두고 있을 뿐 이러한 면책규정의 도입은 고려하지 않고 있다. 사이버 보안 정보공유를 활성화함으로써 사물인터넷, 빅데이터, 인공지능 등 제4차 산업혁명 시대의 핵심 기술을 안전하게 구현하기 위해서는 현재 국회에 계류 중인 국가사이버안보법안에 대한 국회 심사과정에서 이러한 면책규정이 도입되도록 하여야 할 것이다.

‘자에는 자로’: 민법으로 도피한 노동조합법 해석

고 영 남*

Ⅰ. 문제제기
Ⅱ. 발레오만도노동조합 사건의 상고심과 파기환송심
Ⅲ. 흔들리는 노동조합법의 해석
Ⅳ. 비법인사단의 규범과 그 한계
Ⅴ. 맺는 말 : ‘자에는 자로’

Ⅰ. 문제제기

창조컨설팅이 암약했던 사례 중 하나인 발레오만도노동조합 사건(이하 ‘발레오 사건’이라고 함)의 판결들이 속속 정리되고 있다. 먼저, 서울고등법원은 최근 파기환송심을 열어 발레오전장시스템스코리아㈜(이하 ‘발레오’라고 함. 구 ‘발레오만도’)로부터 징계를 받은 금속노조 경주지부 발레오만도지회(‘지회’라고 함)의 해고자 15명과 정직자 13명 전원의 징계를 취소하였고(2017. 2. 3.), 마침내 대법원은 심리불속행기각으로 이를 확정하였다(2017. 6. 29). 무려 8년이라는 해고투쟁의 종착역이었다.[1] 2010년 2월 당시 발레오만도㈜가 창조컨설팅의 의견에 따라 직장폐쇄를 하자 금속노조가 이에 반발하였고, 직장폐쇄가 길어지면서 강경투쟁을 반대한 조합원들이 조직형태변경을 주도하였고 끝내 금속노조의 지회가 기업별 노동조합으로 바뀌는 총회의 의결이 이어지고 징계해고 등이 내려지자 이에 반발한 긴 투쟁이 시작되었었다.

마찬가지로 최근 서울중앙지방법원은 노동조합의 조직 또는 운영을 지배하거나 이에 개입함으로써 부당노동행위 논란을 불렀던 발레오와 이 회사에 노무 컨설팅을 해준 창조컨설팅이 금속노조에 위자료를 지급해야 한다는 판결을 내렸다(2017. 2. 20.). ‘두 업체는 발레오만도지회를 무력화시키려는 목적에 따라 계획적으로 조직형태변경을 초래했는데, 이는 노동조합법이 금지

* 인제대학교 법학과 교수

1) “발레오만도지회 · 서라벌GC 부당해고 승소, 당연한 승리”, <노동과 세계> 2017. 2. 3. 자; “발레오 대법원 부당해고판결, 끝이 아닌 시작”, <참세상>, 2017. 7. 2. 자 참고.

한 부당노동행위에 해당'하고, '금속노조는 단결권을 침해당하고 하부조직인 지회의 단결력이 약화하는 등 무형의 손해를 입게 됐다'며 손해배상 책임을 인정하였다.[2)]

하지만 발레오판결들 가운데 가장 중요한 쟁점은 무엇보다도 '조직형태변경의 주체'를 다룬 사건이다. 금속노조는 2010년 7월 해고자와 정직자를 중심으로 민사소송을 제기하여, 발레오의 지원을 받은 '조합원들을 위한 조합원들의 모임'(이하 '조조모'라고 함)이 주도하여 금속노조 발레오지회가 2010. 5. 19.와 2010. 6. 7. 지회의 조합원총회에서 한 기업별 노동조합으로 조직형태를 변경한 결의, 2010. 5. 19.와 2010. 6. 7. 발레오전장노동조합이 노동조합 총회에서 발레오전장노동조합 규약을 제정하는 결의와 발레오전장노동조합의 위원장과 사무국장을 선출하는 결의는 모두 무효라는 주장을 한다.[3)]

노동조합의 조직형태 변경 유형은 다양하게 설명될 수 있지만, 일반적으로 기업별 노동조합이 산업별·지역별 노동조합의 지부·분회 등으로 조직형태를 변경하는 경우, 산업별·지역별 노동조합의 지부·분회 등이 기업별 노동조합 또는 다른 산업별·지역별 노동조합의 지부·분회 등으로 조직형태를 변경하는 경우, 산업별·지역별 노동조합이 기업별 노동조합으로 변경하는 경우로 설명되고 있다.[4)] 그간 판례를 통해 확인된 조직형태변경의 사례 내지 유형을 보면, 기업별 노조가 산별노조로 변경하는 것, 거꾸로 산별노조의 지부나 분회가 기업별 노조로 변경하는 것 모두를 변경 전후의 조직의 실질적 동일성이 인정되고 있는 한, 대부분 조직형태변경으로 다루고 있다고 보인다.[5)]

이 글에서는 조직형태변경의 요건 가운데, 산별노조의 지회 등이 독자적으로 단체교섭을 진행하거나 단체협약을 체결하지는 못하더라도 법인 아닌 사단의 실질을 가지고 있어 기업별 노동조합과 유사한 근로자단체로서 독립성이 인정되는 경우 조직행태변경의 주체가 되는지 여부를 다룬다. 특히 금속노조의 발레오만도지회를 중심으로 벌어진 조직형태변경에 관한 상고심(파기심)과 그 파기환송심, 그리고 이와 관련하여 형성된 학설들을 대상으로 민법학자의 눈으로 본 법리적용의 오류를 지적하고, 그 논리의 도피현상에 정치적 편견이 있음을 비판하고자 한다.

무엇보다도 이 글은 노동법에 과문한 어느 민법학자의 지적 고민이 스케치된 데 지나지 않지만, 존경하는 하경효 교수님의 정년을 기념하여 헌정하는 인연의 소산임을 기쁜 마음으로 밝힌다.

---

2) "법원, 창조컨설팅 관여 발레오만도 노조파괴 부당노동행위 판결", <경향신문> 2017. 2. 20.자 참고. 한편 대구지법 경주지원은 창조컨설팅과 공모해 노조의 설립에 지배·개입한 발레오의 대표이사에게 징역 8개월을 선고하였다(2017. 6. 16.).

3) 이 청구취지는 원고들이 제1심에서의 청구취지를 항소심에서 위와 같이 변경한 것이다.

4) 고용노동부, 집단적 노사관계 업무매뉴얼, 2013, 86쪽. 이에 반하여 기업노조가 산별노조의 하부조직으로 편입하거나 산별노조의 하부조직에서 기업노조로 분리하는 경우는 조직형태변경에 해당하지 않다는 견해로서 김형배, 노동법(제19판), 박영사, 2010, 789쪽 이하; 박종희, "노조 조직형태변경에 관한 소고", 「노동법학」, 제18호, 2004, 247쪽 이하 참고.

5) 이에 대하여는 이철수, "산별체제로의 전환과 법률적 쟁점의 재조명", 「노동법연구」 제30호, 2011, 63쪽; 강선희, "노동조합의 조직형태변경", 「고려법학」 제71호, 2013, 304쪽 참고.

Ⅱ. 발레오만도노동조합 사건의 상고심과 파기환송심

지회의 조합원 중 '조조모'가 지회장과 포항노동지청장의 반대의견에도 불구하고 스스로 조합원임시총회 소집권자를 선출하여 조직형태변경 안건을 의결처리하면서 기업별 노동조합의 규약 제정과 위원장 등의 선출을 결의하였지만(2010. 5. 19. 제1차 총회), 경주시청은 당시 판례의 태도에 의거하여 기업별 노조설립의 신고를 유보하였다. 한편 이에 반발한 조조모가 경북지방노동위원의 총회소집권자 지명의결과 포항노동지청장의 지명에 이어 조합원총회(2010. 6. 7. 제2차 총회)를 열고 조직변경결의, 규약제정결의와 임원선출결의를 하였고, 경주시장은 기업별 노조에 해당하는 발레오전장노조의 설립신고를 마침내 수리하였다.

서울중앙지방법원은 금속노조의 주장을 받아들여 '산별노조 하부단위인 지부·지회는 단체교섭 및 단체협약체결 능력이 있는 노조로 볼 수 없어 조직형태변경의 주체가 될 수 없다'며 조직형태변경 총회와 기업노조 임원 선출을 무효로 판결하였고[6] 서울고등법원도 1심과 같은 태도를 취하였다. 원심은[7] 노동조합의 조직형태변경에 관하여 노동조합 및 노동관계조정법(이하 '노동조합법'이라 한다) 제16조가 '조직변경의 주체는 노동조합이므로 조직형태 변경에 관한 사항은 총회의 의결을 거쳐야 함'을 전제로, '노동조합이 존속하는 중에 그 조합원의 범위를 변경하는 조직변경은 변경 후의 조합이 변경 전의 조합의 재산관계 및 단체협약의 주체로서의 지위를 그대로 승계한다는 조직변경의 효과에 비추어 볼 때 변경 전후 조합의 실질적 동일성이 인정되는 범위 내에서만 허용되어야'[8] 하는 점을 들어, 초기업적인 산업별·직종별·지역별 단위노동조합의 지부 또는 지회는 독자적인 단체교섭 및 단체협약체결 능력을 가지고 있어 독립된 노동조합으로 볼 수 있는 경우가 아닌 한, 조직형태변경의 주체가 될 수 없다는 일반론을 전개하였다.

아울러 원심은 금속노조규약과 지회의 규칙을 해석한 결과, '금속노조의 발레오만도지회가 독자적인 규약 및 집행기관을 가지고 독립한 단체로서 활동하면서 그 조직이나 조합원의 고유한 사항에 대하여는 독자적인 단체교섭 및 단체협약체결 능력을 가지고 있는 독립된 노동조합이라고 할 수 없으므로' 조직변경의 주체가 될 수 없다고 보았다.[9]

그러나 대법원은 3년이라는 긴 시간을 넘겨 전원합의체 공개변론을 열어 대법관 8대 5의

---

6) 서울중앙지방법원 2011. 7. 26. 선고 2010가합124798 판결.

7) 서울고등법원 2012. 9. 21. 선고 2011나79540 판결.

8) 대법원 2000. 4. 11. 선고 98두1734 판결 참조.

9) 아래 전원합의체 판결 전의 원심에 대한 평석이긴 하지만 규약의 해석보다 노동현장의 관행을 중시하여 노동조합의 '실질적 동일성' 여부를 확인하려는 견해로서 김희성, "산업별 노동조합 지회와 기업별 노동조합 간의 조직형태 변경에 관한 고찰 — 서울고등법원 2012. 9. 21. 선고 2011나79540 판결을 중심으로", 「경영법률」 제25권 제3호, 2015 참고. 이와 유사하게 노동조합 조직형태변경의 법리는 현실적인 노동조합의 조직변경현상을 염두에 두고 '실용적으로' 해석될 필요가 있고 위 원심은 산별노조 규약규정과 실제 운용 사이의 괴리를 간과하였을 것이며 규정에 충실한 파악 방법은 중대한 오류를 범할 수 있다는 견해도 있다(이상희, "산별노조 산하조직의 노동조합 조직형태변경 검토", 「노동법논총」 제35집, 2015, 546쪽, 552쪽 참고).

다수의견으로써 원심을 파기하고 이를 환송하였다.[10] 다수의견의 주요 내용을 본다.

산업별 노동조합의 지회 등이라도 실질적으로 하나의 기업 소속 근로자를 조직대상으로 하여 구성되어 독자적인 규약과 집행기관을 가지고 독립한 단체로서 활동하면서 조직이나 조합원에 고유한 사항에 관하여 독자적인 단체교섭 및 단체협약체결 능력이 있어 기업별 노동조합에 준하는 실질을 가지고 있는 경우[11] 또는 산업별 노동조합의 지회 등이 독자적으로 단체교섭을 진행하고 단체협약을 체결하지는 못하더라도 법인 아닌 사단의 실질을 가지고 있어 기업별 노동조합과 유사한 근로자단체로서 독립성이 인정되는 경우, 지회 등은 스스로 고유한 사항에 관하여 산업별 노동조합과 독립하여 의사를 결정할 수 있는 능력을 가지고 있으므로 노동조합법 제16조 제1항 제8호 및 제2항에서 정한 결의 요건을 갖춘 소속 근로자의 의사 결정을 통하여 종전의 산업별 노동조합의 지회 등이라는 외형에서 벗어나 독립한 기업별 노동조합으로 전환할 수 있다. 이러한 해석이 근로자들에게 결사의 자유 및 노동조합 설립의 자유를 보장한 헌법 및 노동조합법의 정신에 부합한다.

마침내 파기환송심은[12] 산별노조의 지회가 조직형태변경의 주체가 될 수 있는지에 관하여 판단하였는데, 구체적으로는 상고심(파기심)이 요구한대로 '법인 아닌 사단의 실질을 가지고 있어 기업별 노동조합과 유사한 근로자단체로서 독립성을 갖는 단체'인지 여부를 검토하였다. 하지만 파기환송심은 다시 이 문제는 결국, 기업별 노조가 산별노조의 지회로 조직변경이 된 후 이 지회가 종래 기업별 노동조합과 유사한 근로자단체로서의 독립성을 갖는 단체로서의 성질을 유지하였는지를 검토하면 된다고 정리하고, 기존 기업별 노조인 발레오만도노동조합이 조직변경을 통하여 금속노조의 발레오만도지회로 편입된 후에도 자신의 독자적인 규칙과 총회, 지회장 등의 기관을 갖추고 활동하여 법인 아닌 사단으로서의 실질을 가지고 있었다고 보이고 그 편입 경위, 규약내용, 관리운영의 실태 및 구체적인 활동에 비추어 기업별 노조와 유사한 근로자단체로서의 독립성을 보유하였다고 판단하였다.

10) 대법원 2016. 2. 19. 선고 2012다96120 전원합의체 판결.

11) 이인복, 이상훈, 김신, 김소영 그리고 박상옥 대법관도 반대의견을 통하여 '산업별 노조의 지회 등이 노동조합으로서의 실질이 있는 경우에는 산업별 노동조합은 외형과 달리 개별 노동조합과 다름없는 지회 등의 연합단체로서의 성격이 혼합되어 있다고 할 수 있는 만큼 산업별 노동조합의 지회 등은 자체 결의를 통하여 연합단체에서 탈퇴할 수 있고, 그것이 조직형태의 변경 결의 형식으로 이루어졌더라도 탈퇴의 효과가 발생한다고 해석할 여지는 있다'고 보았다. 물론 소수의견은 '산업별 노동조합의 지회 등이 예외적으로 노동조합으로서의 실질이 있는지를 판단할 때에는 제반 요소를 종합적으로 살펴보아야 하고 그러한 예외적인 사정이 존재한다는 점은 이를 주장하는 측에서 증명하여야 한다'고 하였다.

12) 서울고등법원 2016. 11. 30. 선고 2016나4909 판결. 이 파기환송심 판결의 상고가 대법원의 심리불속행으로 기각되면서 2017. 3. 13. 확정되었다.

Ⅲ. 흔들리는 노동조합법의 해석

1. 조직형태변경의 주체를 둘러싼 판례와 학설

발레오사건의 전원합의체 판결과 파기환송심은 산별노조의 지부나 지회가 조직형태변경을 의결할 수 있는 주체가 되는지를 정면에서 다룬 판결이다. 이전의 조직형태변경 관련 판례는 모두 구 노동조합법 아래의 복수노조금지와 관련하거나 총회 소집 절차의 하자로 조직변경을 할 수 없다는 사례였다.[13] 위 전원합의체 판결 이전에도 학설은 대체로 판례와 같이 노동조합 조직형태변경을 실질적 동일성이라는 성질을 중심으로 넓게 파악하는 견해도 있었고[14] 부분적인 사안에 대하여 조직형태변경으로 보지 않는 견해들이 많이 존재하였는데[15] 무엇보다도 산별노조의 지부 내지 분회가 기업별노조로 변경하는 조직형태의 변경을 인정하는 데 부정적이었다. 무엇보다도 지회는 단위 노동조합의 내부 조직으로서 존재하는 측면, 즉 그 형식적 측면을 중시할 경우 노동조합으로 볼 수 없기 때문이다.[16] 또한 실질적 동일성의 요건을 완화하는 등 '판례가 일정한 요건을 갖춘 초기업노조의 지부·지회도 조직형태변경의 주체가 될 수 있다고 봄으로써 제도의 도입취지와 상관없이 기업별 노조체제로 촉진하게 되는 결과'를 낳기 때문이라고 한다.[17]

먼저, 판례의 태도를 간단히 검토하면 이렇다. 조직형태변경 여부와 관련하여 조합원 가입 범위의 변경을 다룬 사건에서 대법원은 아래의 태도를 취하였다.

노동조합이 존속 중 그 조합원의 범위를 변경하는 조직변경은 변경 후의 조합이 변경 전의 조합의 재산관계 및 단체협약의 주체로서의 지위를 그대로 승계한다는 조직변경의 효과에 비추어 볼 때 변경 전후의 조합의 실질적 동일성이 인정되는 범위 내에서 인정된다 할 것이고, 노동조합은 구성원인 근로자가 주체가 되어 자주적으로 단결하고 민주적으로 운영되어야 하므로 어느 사업장의 근로자로 구성된 노동조합이 다른 사업장의 노동조합을 결성하거나 그 조직형태 등을 결정할 수는 없다. 원고가 조직을 변경하여 그 조합원의 자격을 다른 사업장의 근로자에 대해서까지 확장하는 것은 우선 조합의 인적 구성에서 실질적 동일성이 유지되지 아니하여 허용될 수 없을 뿐만 아니라 원고 총회의 결의에 의하여 다른 사업장의 노동조합이 결성되고 그 조직형태나 가입자격 등이 결정되는 결과로 되어 노동조합의 자주성 및 민주성에도 반하게 되므로 어느 모로 보나 허용될 수 없다고 할 것이다.[18]

---

13) 이상희, 앞의 논문, 557쪽 참고.

14) 김유성, 노동법 Ⅱ, 법문사, 2009, 111쪽 이하.

15) 이철수, 앞의 논문, 73~77쪽; 이승욱, "산별노동조합의 노동법상 쟁점과 과제", 「노동법연구」 제12호, 2002, 184쪽; 김진석, "노동조합의 조직형태변경", 「노동법연구」 제13호, 2002, 363~369쪽; 김기덕, "노동조합의 조직형태변경 법리에 관한 재검토", 「노동법연구」 제19호, 2005, 443쪽.

16) 이승욱, 앞의 논문, 198쪽 이하.

17) 강선희, "노동조합의 조직형태변경", 노동판례백선, 2015, 285쪽.

18) 대법원 1997. 7. 25. 선고 95누4377 판결.

다음으로, 좁은 의미의 조직형태변경사안을 살펴본다. 우선 징계해고의 효력에 전제되는 조직변경의 유효 여부를 검토한 사례이다.

지회 조합원들 대다수가 기업별 노조로의 조직형태 변경을 희망하면서 총회 소집을 원하고 있었다고 하더라도 지회 운영규칙상 절차를 거치지 않은 채 그들 스스로 소집권자로 지정하여 총회를 소집한 후 지회의 금속노조 탈퇴 및 지회를 기업단위 노동조합으로 조직형태를 변경하기로 결의한 것은 특별한 사정이 없는 한 그 총회소집 절차에 중대한 하자가 있어 무효라고 보아야 한다.19)

위 사례들과는 달리 발레오 사건은 지회가 독자적으로 총회를 통하여 산별노조 탈퇴와 기업노조 창립을 의결할 수 있는지, 즉 산업별 노동조합의 하부조직인 지회가 조직형태변경의 주체가 될 수 있는지 여부를 정면에서 다룬 사례다. 하지만 위 발레오 사건의 원심에 대하여 상고가 이루어지고 전원합의체에서 변론기일(2015년)이 예정되면서 원심에 비판적인 견해들이 나오기 시작하였다. 원심에 비판적인, 다시 말해서 결과적으로 상고심 다수의견의 태도와 동일한 학설들을 살펴본다.20) 우선 이상희는 단체성에 주목하였다.

산별노조 산하조직이라 하더라도 단결체로서 사단성을 구비한 근로자단체라면 교섭권 등이 없더라도 적어도 자기 단체의 조직형태변경 결정권은 허용하는 것이 근로자단체의 성질에 부합하는 것이라 할 수 있다. 우리 헌법 제33조 제1항이 보장하는 헌법상 단결권 보장에 비추어 보더라도 비록 노동조합 자체의 유지 강화를 위한 보호도 중요하지만, 노동조합의 가장 중요한 생명과 본질이라 할 수 있는 것은 조합원 자치와 조합원 참여의 민주적 운영의 보장이 더 중요하다고 한다.21)

마찬가지로 권혁 역시 단(결)체의 독자성에 주목함으로써 단체교섭능력 여부와 관련 없는 노동조합의 지위를 사고한다.

노동조합 조직형태변경의 주체로서 노동조합 및 그 총회의 개념은 (마치 노동조합 조직에 나선 사단체와 유사한 차원에서) 교섭주체로서 노동조합인가 여부를 판단하는 것과는 차원을 달리하는 것

---

19) 대법원 2009. 3. 12. 선고 2008다2241 판결. 이번 발레오 사건의 상고심 판결서(이하 ‘판결서’라고 함)에 의하면, ‘(물론) 조직형태 변경에 찬성한 조합원들이 금속노조를 탈퇴하고, 기업별 노조를 창립하는 총회로서의 효력이 있는지 여부는 별론으로 한다.’고 하였다.

20) 반면에 발레오 사건의 상고심 이후 이를 비판한 글은 예상보다 아주 적은데, 신수정은 간단한 판례리뷰를 통하여 다수의견을 반박하며 반대의견의 논지를 지지한다(신수정, “산별노조의 지회 등이 조직형태 변경의 주체가 될 수 있는가”, 「노동법학」 제57호, 2016). 한편 박종희는 조직형태변경을 청산절차의 생략과 새로운 조직 설립을 그 본질적 요소로 보면서 사단으로서의 노동조합의 조직형태변경에는 종래 노조 조직유형과는 다른 유형의 노동조합의 설립이 전제되어야 한다는 엄격한 입장에서 발레오 사건 전원합의체 판결의 다수의견과 반대의견 모두를 비판하면서도, 청산절차를 생략해 주는 조직형태변경은 명문의 특별규정이 있는 경우에만 허용되어야 한다‘고 주장한다(박종희, “조직형태변경에 관한 대법원 전원합의체판결의 검토－대법원 2016. 2. 19. 선고 2012다96120 판결”, 「안암법학」 제50호, 2016, 342쪽 이하 및 355쪽 참고).

21) 이상희, 앞의 논문, 551쪽.

이 옳다. 조직형태변경의 주체로서 노동조합이라는 개념은 단체교섭능력 여부와 상관없이 '노동조합으로 독자적 지위를 획득하고, 이어 독자적인 단체교섭에 나아가고자 하는 명확한 의사를 가지고 있고 그 의사가 외부에 구체적으로 표명될 수 있을 정도로 조직화되어 있는 상태라면, 조직형태변경의 주체로서 적격성이 인정된다고 해석해야 한다. 이것이 적극적 단결권 보장과 복수노동조합제도 체계에 부합되는 해석이다.[22]

권혁은 위의 주장을 위해 독일에서의 논의, 즉 노동조합과 그 노조가 아닌 '단결체'라는 대비개념을 원용하면서 조직형태변경의 적격자는 교섭과 협약 체결 능력을 가질 정도의 노동조합이 아니라 그러한 추가적 능력과 관계없이 근로자 단결체로서의 독자적인 지위로써 조직되고 근로조건의 유지 향상 등을 위한 명확한 의사만 있으면 되는 단결체로 된다고 한다.[23] 그러나 독일의 경우 노동조합이라고 하려면 교섭과 협약체결능력을 갖춰야 하고 산별노조의 경우 기업별 지회가 필요하지 않기 때문에 조직행태변경의 주체에 단결체는 포함되지 않는다고 봐야 오히려 논리적이다.[24]

박지순 역시 위와 같은 견해를 취한다고 판단되지만 '단체적 속성의 기준'마저 별도로 제시하고 있음이 눈에 띈다.

산별노조 산하조직의 단체협약체결은 산별노조의 전략상 어느 정도 내부적 통제가능성이 인정되지만 산하조직 조합원의 독립적 의사결정권 여부는 단체로서의 독자성과 민주적 절차에 따라 판단되어야 하기 때문에 산별노조의 산하조직이라도 통상적인 단체적 속성을 기준으로 의사결정의 독립적 주체성을 인정해야 하고 그 기준은 독자적인 규약이나 독립기관의 존재 등으로 파악되어야 한다.[25]

김희성 역시 위와 같은 견해인데, 근로자들의 적극적 단결의사를 존중하여야 한다고 강조한다.

산업별 노동조합 지회 소속 조합원인 근로자들이 산업별 노동조합을 탈퇴하고 기업별 노동조합으로 회귀하고자 하는 의사가 명확하고, 적극적 단결권의 행사를 통해 노동조합을 조직하려는 법적 효과를 지향한다면, 가사 조직형태 변경에 관한 절차적 흠 유무와 상관없이 이러한 적극적 단결의사를 존중하는 방식으로 조직형태 변경을 인정하는 것이 헌법합치적 법률해석이라고 할 수 있다.[26]

---

22) 권혁, "조직형태변경 절차의 주체로서 노동조합의 개념에 관한 해석론", 「노동법논총」 제33집, 2015, 71쪽.

23) 권혁, 위의 논문, 68쪽.

24) 이상희의 지적에 의하면, '독일의 산별노조체제하에서는 지역이나 지구단위 산하조직은 필요하나 기업단위 산하조직은 불필요하여 기업단위 산하조직의 독립성 여부 논란이 거의 없는 노사관계 환경을 가지고 있게 된다. 이 때문에 독일의 산별노조법리는 우리나라 산별노조법리와 큰 차이가 있을 수밖에 없으므로 이를 그대로 적용하여 해석해내는 것은 문제가 많다'(이상희, 앞의 논문, 556쪽 이하 참고).

25) 박지순, "산별노조 지회의 기업별 노동조합으로서의 조직형태변경 결의의 유효성－대상판결: 서울고등법원 2012. 9. 21. 선고 2011나79540 판결", 법률신문, 2015. 3. 10.자 참고.

26) 김희성, 앞의 논문, 413쪽 이하, 특히 418쪽.

2. 노동조합에 대한 민법의 일반원리 적용과 그 의문

노동조합이 사단법인 내지 법인 아닌 사단과 다른 고유성이 있는가? '노동조합은 그 구성원인 근로자가 주체가 되어 자주적으로 단결하고 민주적으로 운영되어야 하므로'[27] 노동조합은 근로자의 단결권에 기초한 조직으로서 근로자의 이익을 집단적·자율적으로 관철하고자 하고 단체협약의 규범적 효력을 유지하기 위한 민주성을 유지하여야 한다. 아울러 노동조합의 기본규범으로서 조합규약은 단체의 의사결정방법, 단체의 집행기관, 그리고 조합원의 지위 등의 규율을 담게 된다.

'노동조합의 조직형태의 변경이라 함은 노동조합이 그 실체의 동일성을 유지하면서 노동조합의 종류를 변경함으로써 구성원의 자격과 그 결합방식을 바꾸는 것을 말한다.'[28] 따라서 노동조합이 아닌 일반적인 근로자단체가 그 목적의 범위에 노동조합활동을 추가하는 정관개정의 결의는 조직형태의 변경이 아니라 새로운 노동조합의 설립결의로 이해된다.[29] 이러한 인식을 발레오 사건에 적용해보면, 조직변경의 주체는 산별노조가 되어야 함은 당연하다.[30] 기업노조가 산별노조 지회로 편입하는 결정도 노동조합이라는 주체가 존재하기 때문에 가능한 결의라고 할 수 있다.[31] 노동조합의 조직형태 변경은 적법한 권한을 가진 소집권자에 의해 개최된 총회에서 의사정족수를 충족하여야 하는 것인데, 노동조합법 제16조의 법문 그대로이다.

전원합의체 판결의 다수의견은 발레오지회의 조직형태변경결의를 기존단체 해산과 새로운 단체의 설립이라는 번거로운 절차를 회피하는[32] 사실상 분할로 이해한다.[33] 하지만 노동조합의 경우라면 그 노동조합의 합병·분할은 노동조합법상 의결요건에 따르면 그만인데 다수의견이 인정하는 자주적 근로자단체의 성질에 비추어 준용할 수 있는 현행 민법 아래에서는[34] 사단법인 자체의 분할은 인정되지 않고 오로지 그 해산결의만 가능하다는 데 유의할 필요가 있다.[35]

---

27) 대법원 2002. 7. 26. 선고 2001두5361 판결 참조.

28) 고용노동부, 집단적 노사관계 업무매뉴얼, 2013, 86쪽 참고.

29) 위 전원합의체 판결의 반대의견(판결서 중 16쪽).

30) 위 전원합의체 판결의 반대의견도 그렇다(판결서 중 12쪽, 33쪽).

31) '합칠 수 있으니 분리할 수 있다'는 단순논리로써 전원합의체 판결의 다수의견에 동조하는 견해가 있다. 즉, '조직형태변경을 통해 산업별 노동조합으로의 편입을 가능하다고 해석한다면 동일한 수단을 통해 산별노동조합에서의 분리도 가능하다고 보는 것이 형평의 원칙에 부합한다고 볼 수 있을 뿐만 아니라 노동현실과 해당 근로자들의 인식에도 부합하는 해석이라고 볼 수 있다'고 한다(김희성, 앞의 논문, 426쪽). 이러한 인식만큼은 박종희의 글에서도 마찬가지로 확인된다(박종희, 앞의 논문, 353쪽 참고).

32) 판결서 중 27쪽.

33) 다수의견의 보충의견(판결서 중 28쪽과 29쪽). 결국 기업별 노조에 대한 찬반의사표시로써 사실상 산별노조 지회를 분할할 수 있다는 논리라고 할 수 있다.

34) 법무부의 민법개정법률안은 합병 및 분할을 인정하지만 그 역시 주체는 법인 그 자체이며, 사단법인의 경우 총 사원의 3/4 이상이 분할에 찬성하여야 하고, 무엇보다도 주무관청의 인가가 필요하다.

35) 반대의견의 보충의견(판결서 중 31쪽)도 동일하게 이해한다.

따라서 '청산절차를 생략해 주는 조직형태변경은 명문의 특별규정이 있는 경우에만 허용'되어야 한다는 아래의 주장은 경청할 만하다.

산별노조 산하에 독립성을 갖는 지회가 기업별 노조로 분리하는 경우 독립성을 갖는 지회 관점에서는 명칭의 변경만 있을 뿐이며 지회 소속 조합원들은 독립한 지회와의 조합원관계를 그대로 유지한 채 단지 산별노조와의 조합원관계만 소멸시키는 것에 불과할 뿐이고 산별노조 또한 소멸함이 없이 그대로 존속하고 있으므로 기존 노조의 해산과 청산 그리고 새로운 노조의 설립이라는 과정의 요인은 전혀 없다. 일종의 '집단 탈퇴'로 볼 수 있는 현상이다. 그럼에도 이를 조직형태 변경이란 방식으로 수용해야 할 필요성이나 타당성은 없다. (중략) 민법의 사단 법리에서는 합병이나 분할·조직형태 변경은 인정되지 않고 기본 조직을 새롭게 변경하고자 하는 경우에는 반드시 해산과 청산절차를 거쳐 새로운 조직으로 전환하여야 함을 원칙으로 하고 있다. 그러므로 현행법체계에서도 특별한 명문의 규정이 있는 경우에만 합병 등과 같은 변경이 허용될 뿐이며, 그와 같은 특별규정은 상법과 노조법 그리고 농업협동조합법이나 협동조합기본법 등과 같은 특별법에서 명문으로 허용하고 있는 경우에만 가능할 뿐이다.[36]

결국, 노동조합이 아닌 '법인 아닌 사단'으로서의 근로자단체가 조직형태의 변경을 결의할 수 있다는 논리는 현행 노동조합법의 논리구조 자체를 부정하는 해석이다.[37] 기업별 노동조합으로의 조직변경에 반대하는 조합원이 존재함에도 불구하고 재산귀속문제 등 일부 이해관계에 치중하여 산별노조의 지회를 소멸시키는 결과를 낳는 해석은 사용자의 지배 개입수단으로 악용될 소지가[38] 너무나 명백하다.

Ⅳ. 비법인사단의 규범과 그 한계

발레오 사건의 파기심은 독자적인 규약과 집행기관을 가지고 독립한 단체로서 독자적인 단체교섭 및 단체협약체결 능력이 있어 기업별 노동조합에 준하는 실질을 가지고 있는 경우가 아니더라도 비법인사단의 실질을 가지고 있어 기업별 노동조합과 유사한 근로자단체로서 독립성이 인정되는 경우에는 조합원총회에서 조직형태변경을 결의할 수 있다는 논리를 전제로 그 독립성 여부의 존부를 따지라며 원심을 파기하고 이를 항소심으로 다시 보냈다.

노동조합법상 노동조합의 기준이 되는 독립성 여부는 규약 등 정관에 의하여 판단되어야 하는데, 다수의견이나 이를 지지하는 학설은 산별노조 지회 등이 '사실상 독립적으로 운영'되고

36) 박종희, 앞의 논문, 344쪽 및 355쪽. 물론 박종희는 위 발레오 사건의 조직형태변경의 개념 자체와 관련하여 다수의견뿐만 아니라 반대의견에 대해서도 비판하고 있다.

37) 김신 대법관의 보충의견도 같은 인식이다(판결서 중 34쪽 참조). 물론 산별노조가 아니라 연합체의 경우에는 독자적인 지회가 조직형태의 변경결의형식으로써 탈퇴할 수 있을 것이다. 특히 복수노조의 시대이므로 탈퇴 뒤 새로운 노조 설립이 가능하다.

38) 위 전원합의체 판결의 반대의견에서도 확인된다(판결서 중 18쪽).

있는지 여부를 중시해야 한다고 한다. 다수의 조합원의 의사 및 목적을 실질적으로 고려하지 아니한 채 조합규약만을 지나치게 형식적으로 해석함으로써 조합의 민주성을 외면하고 단결선택의 자유를 제한한다고 비판하지만,[39] 이는 단체의 법리에 대한 왜곡이다. 단체가 국가나 법질서에 의하여 법인격을 취득하는지 여부와 관계없이, 단체는 그 권리능력의 정체성을 자신의 규범, 즉 규약 등 정관에 드러내야 한다. 물론 그 정관은 그 권리능력을 전제로 하는 의사능력과 행위능력을 정당화하며 구체적인 행위의 규범적 원초(原初)가 된다.

노동조합이 아닌 근로자단체 내지 그 성질을 가진 비법인사단의 독립성은 그 운영을 사실상 그렇게 하는지 여부 또는 지회 소속 근로자들의 의사에 달려 있지 않고 그 자치규범인 정관의 내용에 의하여 판단되어야 한다. 이러한 견해를 지지하는 노동법학계의 학설이나 판례를 확인할 수는 없다.[40] 결국 단체의 일반적 법리에 기초하여 비법인사단으로서 근로자단체의 독립성 여부를 판단하고자 한다.

고영남은 학교법인의 정체성에 관한 연구에서 법인의 정체성은 사단의 사원 또는 재단의 이사가 아닌 설립목적을 담은 정관에 기초하여 판단하여야 한다는 주장을 아래와 같이 전개한다.

학교법인의 설립목적을 영속성 있게 실현되도록 하는 것은 다름 아닌 이사제도라고 하는 인식의 전제는 '설립자의 의사 내지 가정적 의사'를 절대화하는 태도인데, 이는 다름 아닌 재단법인을 설립하는 행위에서의 '의사(意思)'를 일반화·절대화하여 다른 모든 기관과 가치를 부인하는 데로 나아간다. (중략) 이러한 논리는 정관의 효력을 구성하는 관할청의 허가행위를 부인하면서 '설립자의 의사'에만 기초하여 재단법인의 모든 기관에 대한 법적 구속력을 정당화하려고 한다. 하지만 '이사는 이사회에 출석하여 학교법인의 업무에 관한 사항을 심의·결정하며, 이사회 또는 이사장으로부터 위임받은 사항을 처리'할 뿐(사립학교법 제19조 제3항)이라는 점을 고려할 때 학교법인의 설립목적을 영속적으로 실현하는 근거는 정관과 이에 관한 관할청의 허가행위라고 할 수 있다. 따라서 (중략) 학교법인은 연속하는 이사들의 선임에 의하여 그 영속성이 보장되는 것이 아니라, '위임관계의 본지(本旨)'라고 할 수 있는 정관에 의하여 학교법인의 정체성이 영속적으로 보장된다고 보아야 한다. (중략) 결국, 그 법인의 정체성은 설립자가 작성한 그 '정관'이 정하는 목적(目的)에서 드러난다. 결국 설립자의 의사는 법인의 목적에 의하여 구체화되며, 정관에 법인의 목적이 구체화하면 할수록 법인기관에 대한 구속력도 밀접하게 된다. 요컨대 이사(회)는 정관이 정한 법인목적을 실현하는 의결·집행기관에 지나지 않는다. 따라서 정관이 정하는 법인의 목적에 맞게 행위를 하는지의 문제만 남을 뿐이다.[41]

---

39) 김희성, 앞의 논문, 421쪽 이하.

40) 다만 '노동조합과 단결체의 구분은 단체교섭과 단체협약 체결이라는 목적활동을 정관에 규정하고 있는지 여부에 달려 있는 것으로 보고, 그 활동은 비단 지회정관만 갖고 판단할 것이 아니라 산별노조 규약까지 포함하여 판단하여야' 한다는 견해로서 박종희, 앞의 논문, 355쪽 이하 참고.

41) 고영남, "학교법인의 정상화에 관한 종전이사의 이해관련성", 「민주법학」 제42호, 2010 참고.

단체의 정체성을 설립자의 의사나 이사 등의 기관이 실질적으로 활동하는지 여부를 보고 판단할 것이 아니라 그 정관에 의하여 법인의 정체성이 영속적으로 보장된다고 하는 위 학설은 학교법인 개방이사에 관한 사립학교법의 헌법소원사건을 다룬 헌법재판소의 결정문에서 다시 한 번 확인된다.

학교법인은 설립자가 재산을 출연하고 설립 목적이 명시된 정관을 작성함으로써 설립자와 별개의 법인격을 가지게 된다. 학교법인의 권리능력은 설립 목적을 정하고 있는 정관에 의하여 그 범위가 확정되며(사립학교법 제9조, 민법 제34조), 법인의 이사는 정관으로 화체된 설립 목적을 집행하고 실현한다. 법인의 의사를 형성하거나 그 업무를 집행하기 위하여 조직된 인위적 기관인 이사는 법에 의하여 그의 행위가 법인의 행위로 간주될 뿐이고, 법인이 갖는 권리능력의 정당성은 이사에 의해서가 아니라 설립 목적이 담겨 있는 정관에 의하여 담보된다. (중략) 따라서 학교법인의 설립 목적의 영속성도 설립자로부터 이어지는 이사의 인적 연속성보다는 '위임관계의 본지(本旨)'라 할 수 있는 정관에 의하여 보장된다. 설립 목적을 구현하는 이사의 지위 역시 인적 연속성보다는 객관화된 설립 목적인 정관에 기속된다는 측면, 즉 기능적 연관성에서 그 정당성의 근거를 찾아야 할 것이다. 인적 연관성은 개인의 특성이나 시간의 경과에 따라 설립 목적과의 긴밀성이 희석될 개연성이 있는 반면, 정관을 매개로 한 기능적 연관성은 그에 구애받지 않고 면면히 이어질 수 있기 때문이다.[42]

만약 조직형태변경의 주체를 노동조합으로 한정한 노동조합법의 규범이 존재하지 않을 경우 법인의 정체성이 영속하는지 여부는 객관화된 설립목적이라고 할 수 있는 정관에 의하여 보장된다는 위 학설과 헌재의 결정요지를 비법인사단으로서의 근로자단체에도 그대로 적용하여 이해할 수 있을까? 구체적으로 발레오 사건과 관련하여, 만약 조직형태변경의 주체를 굳이 노동조합에 한정하는 규범이 부재하고 산별노조 또는 그 지부나 지회 안에 독립적인 공동체로서 비법인사단인 근로자단체가 존재한다면 이 근로자단체의 구성원들이 탈퇴행위 없이 그대로 다수의결을 근거로써 조직형태를 독립적으로 변경할 수 있을까? 그런 규범이 존재하지 않는 교회와 종중의 사례와 그 법리를 중심으로 이 문제를 풀어보자.

먼저 법인 아닌 사단으로서의 교회의 경우, 비록 교단이나 노회에 소속되어 있는 부분이더라도 이는 하나의 단위로서 교회(=지교회)의 요건이 충족된다. 달리 말해서 전체 교단이나 노회를 하나의 교회로 보지는 않기 때문에 그 단위교회 안에서의 민주적 의사결정에 따라 교단변경의 결의를 할 수 있다고 본다. 관련 판례를 살펴보자. 그동안 판례는[43] '각종의 법인 아닌 사단 중 오직 교회에 대하여서만 법인 아닌 사단에 원칙적으로 적용되는 법리와는 달리 교회의 분열을 허용하고 분열시의 재산관계는 분열 당시 교인들의 총유(또는 합유)'라고 판시하여 왔는데, 아

42) 헌재 2013. 11. 28. 2007헌마1189 결정.

43) 대법원 1971. 2. 9. 선고 70다2478 판결 등 참조.

래 전원합의체 판결을 계기로 새로운 법리의 방향을 제시한 바 있다.

교회가 법인 아닌 사단으로서 존재하는 이상 그 법률관계를 둘러싼 분쟁을 소송 등의 방법으로 해결함에 있어서는 법인 아닌 사단에 관한 민법의 일반 이론에 따라 교회의 실체를 파악하고 교회의 재산 귀속에 대하여 판단하여야 한다. 이에 따라 법인 아닌 사단의 재산관계와 그 재산에 대한 구성원의 권리 및 구성원 탈퇴, 특히 집단적인 탈퇴의 효과 등에 관한 법리는 교회에 대하여도 동일하게 적용되어야 한다. (중략) 특정 교단에 가입한 지교회가 교단이 정한 헌법을 지교회 자신의 자치규범으로 받아들였다고 인정되는 경우에는 소속 교단의 변경은 실질적으로 지교회 자신의 규약에 해당하는 자치규범을 변경하는 결과를 초래하고, 만약 지교회 자신의 규약을 갖춘 경우에는 교단변경으로 인하여 지교회의 명칭이나 목적 등 지교회의 규약에 포함된 사항의 변경까지 수반하기 때문에, 소속 교단에서의 탈퇴 내지 소속 교단의 변경은 사단법인 정관변경에 준하여 의결권을 가진 교인 2/3 이상의 찬성에 의한 결의를 필요로 하고, 그 결의요건을 갖추어 소속 교단을 탈퇴하거나 다른 교단으로 변경한 경우에 종전 교회의 실체는 이와 같이 교단을 탈퇴한 교회로서 존속하고 종전 교회 재산은 위 탈퇴한 교회 소속 교인들의 총유로 귀속된다.[44)]

일견 위 전원합의체 판결은 발레오 사건의 파기심과 그 환송심의 취지와 일맥상통하는 것으로 보이지만, 이 전원합의체 판결의 한계를 강조하지 않을 수 없다. 먼저, 교단변경의 결의에는 내재적 한계가 있다고 위 판결 스스로 지적하면서 '지교회의 독립성과 종교적 자유의 본질을 해하는 소속 교단의 헌법규정은 지교회에 대한 구속력을 인정할 수 없다'고 하였다. 이는 지교회가 교단변경을 하는 결의의 규범적 정당성을 교단의 헌법에서 구하고 있음을 말해준다. 따라서 지교회의 교단변경결의는 소속 교단의 헌법과 지교회의 규약에 기초하여 민법의 비법인사단이 지닌 단체로서의 법률관계를 검토하면 그만이다. 하지만 산별노조의 지회를 독립적인 근로자단체로 이해하고 민주적 절차에 의한 조직형태변경을 결의하였다고 평가하더라도 발레오 사건은 어디까지나 지회와 산별노조를 뛰어넘는 노동조합법이라는 규범의 지배 속에서 이해되어야 한다는 점이다. 이러한 이해는 '교단변경결의에 관한 법리를 사법질서의 통일성 아래에서 구성하고자 한다'고 특별법의 존재를 외면한 위 전원합의체 판결의 판시에서도 그 의도를 확인할 수 있다.

대법원이 종전의 견해를 변경함에 따라, 교회의 신앙단체로서의 성격과 사단으로서의 성격을 모두 인정하면서도 신앙단체로서의 특질에 대하여는 종교의 고유한 영역에 맡기고 사단으로서의 특질에 대하여는 재산분쟁으로서의 실질을 직시하여 민법의 일반원리에 의하여 규율함으로써 사법질서의 통일성을 기할 수 있게 될 것이다.[45)]

---

44) 대법원 2006. 4. 20. 선고 2004다37775 전원합의체 판결.

45) 대법원 2006. 4. 20. 선고 2004다37775 전원합의체 판결.

즉, 별도의 특별법에 의한 사법질서가 없는 경우에 한하여 민법의 일반원리에 의하여 규율할 수 있다는 의견이므로 노동조합법 등 별도의 규범이 존재하는 경우 비법인사단의 법률관계를 민법의 일반원리에 의하여 판단해서는 곤란하다는 것이다. 교회에는 교회의 법을, 노동조합에는 노동조합법을 적용하여야 할 것이다.

마찬가지로 법인 아닌 사단으로서의 종중(宗中)의 경우에도, '종중이 대종회에 소속되어 있더라도 자신의 정관이나 종중총회를 거쳐 의결한 경우 법률행위를 할 수 있는'데,[46] 이러한 결론은 종중이나 대종회 등의 관계에 대한 규범이 별도로 존재하지 않는 한, 종중 자체만으로 그 성질을 법인 아닌 사단이라는 단체성이 존재한다고 보기 때문이며 특히 종중의 규약은 '비법인사단인 종중의 조직, 활동 등 단체법적 법률관계를 스스로 규율하는 것으로 종중과 그 구성원에게 구속력을 가지는 자치법규(법규범)'이기[47] 때문이다.

하지만 이러한 자치법규에 의하여 그 구성원들에게 구속력을 지닌다고 하더라도 그 규약의 한계는 언제나 존재한다. 먼저 그 내재적 한계로서 '종중의 성격과 법적 성질에 비추어 보면 종중에 대하여는 가급적 그 독자성과 자율성을 존중해 주는 것이 바람직하므로 원칙적으로 종중규약이 유효하기 위해서는 종원이 가지는 고유하고 기본적인 권리의 본질적인 내용을 침해하는 등 종중의 본질이나 설립 목적에 크게 위배되지 않아야'[48] 한다. 다음으로 외재적 한계는 법률 외에도 헌법일 수도 있다. 즉, 종중의 규약은 '헌법을 최상위 규범으로 하는 전체 법질서에 반하지 않아야' 한다. 따라서 '종중은 공동선조의 분묘수호와 제사 및 종원 상호간의 친목 등을 목적으로 하여 구성되는 자연발생적인 종족집단이므로 종중의 이러한 목적과 본질에 비추어 볼 때 공동선조와 성과 본을 같이 하는 후손은 성별의 구별 없이 성년이 되면 당연히 그 구성원이 된'다고[49] 봐야 한다.

그럼에도 불구하고 주목할 것은 헌법과 관습법, 그리고 종중의 규약에 의하여 그 정당성과 합리성이 확보되어야 한다고 볼 필요가 굳이 없는 종중 내부의 공동체로서 존재할 것을 전제로, 아래 판결과 같이 남성만을 회원으로 하는 종중 유사의 단체를 구성하는 것은 사적 자치의 원칙과 결사의 자유에 의하여 유효하다는 점이다.

종중 유사단체는 비록 그 목적이나 기능이 고유한 의미의 종중과 별다른 차이가 없다 하더라도 공동선조의 후손 중 일부에 의하여 인위적인 조직행위를 거쳐 성립된 경우에는 사적 임의단체라는 점에서 자연발생적인 종족집단인 고유한 의미의 종중과 그 성질을 달리하므로, 그러한 경우에는 사적 자치의 원칙 내지 결사의 자유에 따라 그 구성원의 자격이나 가입조건을 자유롭게 정할 수 있음이 원칙이다. 따라서 그러한 종중 유사단체의 회칙이나 규약에서 공동선조

---

46) 대법원 2012. 10. 25. 선고 2010다56586 판결 참조.
47) 대법원 2011. 9. 8. 선고 2011다38271 판결 참조.
48) 대법원 2008. 10. 9. 선고 2005다30566 판결 참조.
49) 대법원 2005. 7. 21. 선고 2002다1178 전원합의체 판결 참조.

의 후손 중 남성만으로 그 구성원을 한정하고 있다 하더라도 특별한 사정이 없는 한 이는 사적 자치의 원칙 내지 결사의 자유의 보장범위에 포함되고, 위 사정만으로 그 회칙이나 규약이 양성평등 원칙을 정한 헌법 제11조 및 민법 제103조를 위반하여 무효라고 볼 수는 없다.[50)]

양성평등의 가치에 부합하여야 하는 '종중'과 결사의 자유에 의한 '사적 임의단체'는 그 정당화근거에서 상이하기 때문이다. 다시 말해서 종중이라는 비법인사단이 되기 위해서는 자치법규로서의 규약이 헌법의 양성평등 가치에 부합하여야 하지만, 결코 종중이 아닌 하나의 단체를 구성하는 데 그친다고 한다면 결사의 자유에 의하여 보장되면 그만이다. 따라서 종중이 아닌 하나의 단체가 오로지 결사의 자유라는 가치에만 의존한 채 양성평등의 가치에 반하는 규약을 지닌 종중으로 변경하기로 하는 결의는 유효하다고 볼 수 없을 것이다. 종중에는 양성평등에 부합하는 종중의 규약이, 종중 아닌 사적 단체에는 결사의 자유에 부합하는 규약이 적용될 뿐이다.

Ⅴ. 맺는 말 : '자에는 자로'

법인이 아닌 사단이라고 하더라도 이것이 교회라면 종교의 자유에 기초한 교회의 (헌)법이, 종중이라면 양성평등의 가치에 부합하는 자치법규로서의 규약에 의하여 그 조직과 활동, 그리고 그 법률효과를 검토하여야 할 것이다. 비법인사단조차 단체로서의 성격을 지니므로 사적 자치의 원칙 내지 결사의 자유에 의존한 채 무엇이든 결의할 수 있다고 볼 수는 없다. 따라서 기업노조 내지 근로자단체를 비법인사단으로 보더라도 이는 그 법적 성질을 말하는 것일 뿐이어서 이에 대한 규범은 민법의 해석 내지 법리보다는 특별법인 노동조합법이나 그 법체계의 해석이 적용되어야 한다.[51)]

따라서 노동조합법 스스로 노동조합법에 규정된 것을 제외하고 민법 중 사단법인에 관한 규정을 적용할 수 있도록 한 경우도(제6조 제3항) '법인인 노동조합'에 한정하므로 노동조합이 아닌 비법인사단은 단체의 성질을 가질 수 있을 뿐이지 노동조합의 정체성을 드러내는 자주성을 지닌다고는 볼 수 없다. 다시 말해서 노동조합법이 그 조직형태변경의 주체를 노동조합으로 한정한 이상, 산별노조의 지회에 소속된 근로자들로 구성된 근로자단체의 총회로써 노동조합의 총회로 인정될 수 없다고 생각한다. 이를 발레오 사건과 관련하여 정리하더라도, 이미 발레오지회는 그 자신의 규칙을 통하여(제21조) 조직형태변경 의결을 위한 가중요건을 두고 있을 뿐만 아니라 그 결의에 관하여 지부 운영위원회의 승인을 얻도록 하고 있다. 또한 지회 단위의 쟁의행

---

50) 대법원 2011. 2. 24. 선고 2009다17783 판결.

51) '다수의견은 노동법 형성의 역사적, 연혁적 특수성에 대한 고민이 부족하다. 노동법의 탄생과정에 분명히 드러나는 개별사법과는 다른 단체적 특수성에 대한 고려 없이 결론을 내리고 있다. 우리 헌법이 왜 결사의 자유와 노동 3권을 별도로 규정하고 있는지에 대한 충분한 고민이 필요하다.'는 신수정의 지적은 정확하다(신수정, 앞의 논문, 210쪽 참고). 발레오 사건 상고심 중 반대의견 역시 '노동조합의 단체성과 특수성을 염두에 두어야' 한다고 지적한다(판결서 중 11쪽 참조).

위를 결의하더라도 반드시 산별노조의 규약에 따르도록 규정한 발레오지회 자신의 규칙(제39조)은 지회의 조합원 전원이 준수하여야 할 규범이지, 별도의 근로자단체 스스로 결의한다고 해서 생성되는 규범이 아니다.

그렇다면 노동조합법에 대한 이런 퇴행적 발상의 전환이 일어난 배경은 무엇인가? '노조파괴의 표본'이 되어버렸다며 이번 전원합의체 판결을 비판한 발레오지회의 어느 조합원이 쓴 글을 옮긴다. 노동현장의 관행을 중시한다며 노동운동의 역사를 왜곡하여서는 안 된다고 생각한다.[52] 현장을 보려면 '멈춘 사진'이 아니라 흐르는 역사를 보아야 한다고 본다.

산별노조 하부단위인 지부·지회가 산별노조를 탈퇴할 수 있도록 문을 더욱 넓혀준 것은 자본의 노조파괴를 더욱 쉽게 해주는 결과를 가져 온다. 자본이 자신의 사업장에 산별노조를 인정하면서 새로운 친기업노조를 만드는 것은 더 많은 비용을 필요로 한다. 그러나 조직형태변경을 통해 산별노조를 탈퇴한다면 사업장 내에서 완전히 산별노조를 무력화 시킬 수 있다. 그렇다면 그냥 친기업노조를 만들면 되는 것을 왜 발레오 자본들은 조직형태변경을 통해 통째로 노조를 가지려 했을까? 그것은 기존 금속노조와 맺은 단체협약을 비롯한 합의 상황과 지회 재산 모두를 빼앗고 공장 내부에 금속노조의 잔재를 모두 제거해버리고 싶었기 때문이다.[53]

물론 산별노조운동의 현실을 보면 기업단위 지부나 지회가 상당히 독립성을 가지고 운영되고 있음을 간과해서는 안 된다는 지적을[54] 모르지 않으나 이는 한국의 현실에서 가능한 산별노조운동의 전략 내지 변수가 무엇인지를 검토할 때 고려되어야 하는 것이라고 생각한다. 기업노조를 뛰어넘는 산별교섭으로 연대와 평등에 입각한 동일노동 동일임금을 실현하는 것이 목표였던 지난 20년간 한국산별노조운동의 전략은 실패라고 진단하며 '산별노조가 중앙에 집중된 자원을 활용해 정책역량을 강화하고 정치개입을 확대해 국가를 매개로 한 사회복지 확대 전략을 펴야' 한다는 이철승의 주장은[55] 곱씹어볼 만하다고 생각한다.

무엇보다도 민법논리의 확대는 민법학자에게 어떤 의미일까를 생각해본다. 이 발레오 사건의 판례의 전개와 그 파장을 보면서 사적 공간의 사례가 넓어질수록 민법의 논리 역시 확대되고 있음을 확인할 수 있었다. 그럼에도 불구하고 제대로 된 논증 없이 막무가내로 민법의 논리가 '일반적'이라는 명목 아래에서 확대해가는 데 일단 놀랄 수밖에 없었다.[56] 셰익스피어가 쓴

---

52) 발레오 사건의 파기심과 파기환송심에 대한 우려는 결국 노동조합의 정치활동금지규정을 삭제하고 복수노조의 설립을 허용하는 노동조합법(시행일: 1997.3.1.)의 규범목적에 어긋나는 현실을 초래할 가능성이 크다는 데 있다(같은 견해: 신수정, 앞의 논문, 209쪽 참고).

53) 신시연, "법은 지배 권력을 유지하기 위한 것일 뿐 절대 노동자 편이 아니다.", 「레프트대구」 제11호, 2016, 189쪽 이하 참고.

54) 김희성, 앞의 논문, 421쪽 참고.

55) "산별 임금교섭 한국에선 실현 불가능 … 산별노조, 노동자 위한 싱크탱크로 성장해야", <매일노동뉴스> 2016. 11. 14.자 참고.

56) 2013년 통상임금 사건의 전원합의체 판결(2012다89399)에 대해서도 동일한 의미를 부여할 수 있겠다(고영남, "통상임금 노사합의의 효력 : 근로기준법과 신의칙, 그리고 부당이득", 「민주법학」 제54호, 2014 참고).

희곡 '자에는 자로'(Measure for Measure)의 번역명칭에서 이 글의 제목을 차용하면서 '민법으로의 도피'를 경계한다. 교회에는 교회의 법을, 종중에는 종중의 법을, 근로와 임금에는 근로기준법과 최저임금법을, 마찬가지로 노동조합에는 노동조합법을 적용하고자 하였다.

아울러 이번 발레오 사건이 전원합의체 판결 중 다수의견의 논리대로 확정되게 된 결정적 배경은 민법의 일반원리에 의존하여 비법인사단에 관한 법리를 곡해할 수 있는 재판의 공간을 확보하고 있었기 때문이라고 보는데, 향후 이를 극복하기 위한 근본적인 토대는 어쩌면 '노동(전문)법원'으로의 분화라고 생각한다. 노동운동의 역사가 노동법의 고유성을 생성하였듯이, 노동(전문)법원의 시작은 '노동인권'의 규범을 진전시킬 것이다.

[노동법 분야]

근로계약관계에 대한 법관법 형성과 신의성실의 원칙

권 혁*

Ⅰ. 서설: '근로계약'과 '노동법' 그리고 '법관법'
Ⅱ. 노동관련 분쟁에서의 법관법 형성과 신의성실의 원칙
Ⅲ. 기간제 근로계약관계에서의 갱신기대법리와 기간제법 간의 관계
Ⅳ. 통상임금에 관한 법관법과 신의성실의 원칙
Ⅴ. 신의칙에 관한 해석재량과 사법적 결과에 대한 예측가능성 흠결
Ⅵ. 결 론

Ⅰ. 서설: '근로계약'과 '노동법' 그리고 '법관법[1)]'

1. 근로와 임금을 급부 목적으로 하는 '계약관계'

근로계약은 종속적 노동의 제공과 그 대가로서 금품의 제공을 계약 목적으로 한다. 인간의 노동력을 종속적으로 지배하는 것을 계약의 목적으로 하는 특성 때문에 근로계약은 매우 엄격한 규제의 대상일 수밖에 없었다. 게다가 노동력에 대한 종속적 지배를 감수하게 되는 근로자는 그 대가로서 임금 지급의무를 부담하는 사용자에 비해 계약적 대등성을 갖추지 못하고 있었다. 결국 (i) 급부의 목적이 종속적 노동력의 지배이고, (ii) 계약적 대등성을 흠결한 근로관계에 대해서, 노동법은 매우 적극적으로 개입하게 된다. 사회적 약자로서 근로자를 보호하고자 하는 노

---

* 부산대학교 법학전문대학원 교수

1) 하경효 교수는 민법과 노동법을 연구대상으로 삼아 온 학자다. 독일 민사법학계의 관점에서 보면 일반적인 경우이지만, 학문적 경계의 벽이 매우 뚜렷하고 높은 한국 법학계의 풍토에서 보면 매우 이례적으로 보일 수도 있다. 노동법 체계는 본래 이념적인 속성(Ideologisch)을 가진다. 그 이념성이 계약법 체계 수정의 근거이다. 그렇다고 노동법 체계가 계약법 체계로부터 완전히 자유로울 수는 없다. 본질적으로 계약관계이기 때문이다. 개념법학 체계 하에서 법은 일정한 목적을 달성하기 위한 수단으로 전락해서는 안 된다. 법의 범위 안에서 수단과 전략이 나올 수 있을 뿐이다. 하경효 교수의 노동법 연구는 노동법상의 이념적 속성과 계약법상의 논리성을 조화적으로 접목하기 위한 시도였다고 본다. 이하에는 그가 중시한 '법학방법론적'(Rechtsmethodenlehre) 관점에서 노동법상의 세부 쟁점을 재검토하기로 한다.

동법 체계는 민사계약관계 중 근로계약관계에 대한 규율 체계이다.

근로계약 역시 양 사적 당사자 간의 자유로운 합의의 산물이다.[2] 각 당사자 사이의 의사표시의 합치로서 성립된 근로계약에 대해, 그 규율과 해석에 있어 민사법 원리가 적용될 수 있음은 물론이다. 다만 노동법은 강행규정이다. 양 당사자 간의 합의라도 노동법 규정에 반해서는 안 된다. 법은 완벽할 수 없다. 따라서 노동법상 입법 흠결이 있는 경우, 즉 노동법상에 별도로 마련된 규정이 없는 규정에는 '법관법'을 통해 그러한 입법 흠결이 메워지게 된다.

2. 노동법과 법관법(Richterrecht) 간의 관계

노동법은 사회적 약자로서 근로자를 보호하기 위한 규율체계다. 노동법은 — 앞서 언급한 바대로 사적 당사자 간의 계약 체계에 대한 적극적이며 강행적인 개입으로서 — 입법자가 (i) 인간의 노동력에 대한 종속적 지배관계임과 (ii) 계약적 비대등성을 바로 잡는 차원에서 예외적으로 계약법 원리를 수정한 것이다. 노동법 규정은 이러한 점에서 사회적 약자로서 근로자에 대한 보호의 범위와 방식을 입법자 스스로가 결단을 내린 것이다.

노동법 개별 규정들은 근로자 보호를 위한 '입법자의 가치적 결단'(Wertentscheidung des Gesetzgebers)의 산물이다.[3] 이를 통해 근로계약 관계 양 당사자는 자신이 향유할 수 있는 계약자유의 범위를 확인하고, 또 어느 범위에서 계약자유의 원칙이 제한되는 것인지를 인식하게 된다.[4]

법관법은 법규정의 흠결을 메우기 위한 법관의 해석권한에 기초한 것이다. 다른 한편 법의 흠결로 인해 형성된 법관법은 결과적으로 입법자에 의한 입법을 가져오는 게 상례다. 예컨대 독일에서 별도의 해고보호법체계가 마련되어 있지 않았던 상황에서는 민법상 형평성(Billigkeit) 판단에 의해 해고의 정당성을 합리적으로 규제하였다. 이 과정에서 법관은 많은 해고법원칙을 법관법으로써 창출해냈다.[5] 이러한 법관법에 바탕하여 별도의 단행 법률인 해고제한법(KSchG)이 만들어졌다. 1951년의 일이다.[6]

---

2) 예외적으로 체약강제의 경우도 있을 수 있다. 사후적인 경영환경의 변화에 따라 해고근로자에게 종전 사용자와 다시금 근로계약관계를 재형성할 것으로 요구할 수 있는 법적 청구권을 독일 판례는 인정하고 있다(BAG AP Nr.1 zu §1 KSchG 1969 Wiedereinstellung; BAG NZA 1997, 757; BAG SAE 1998, 317 mit Anm. Bartel). 우리의 경우는 근로기준법상에 재고용의무 규정을 두고 있다. 불법 파견의 경우에도 고용의무 규정이 있다.

3) Reuter, RdA 1973, S. 353.

4) Mummenhoff, Anm. zu BAG SAE 1985, S. 305.

5) Rüthers, NJW 1998, S. 1433.

6) 반대로 법관법으로서 형성된 해석원리가 경우에 따라서는 입법자에 의해 입법화가 이루어지지 않는 경우도 있다. 이러한 경우는 과연 법관법 형성이 입법인지, 법의 해석인지에 대한 논란이 발생할 수밖에 없다.

3. 법관법을 통한 권리의 '발견'

법관법은 법 해석의 일환이다. 법관법은 입법자의 역할을 대신하는 것이 아니다. 입법은 입법자의 고유한 몫이다. 따라서 법관법을 명분으로 하여 판사가 법을 제정해서는 안 된다. 판사는 법을 해석하는 자이다. 법관법의 형성에 있어 유의해야 할 점이 있다. 법관에 의한 법관법 형성은 해당 사안에서의 구체적 타당성을 도모하는 것만을 위해서 실행될 수는 없다. 여기에 더하여 법관법 형성이 가능한 방법론적 전제요건을 충족하여야 한다.[7)]

근로관계에 대한 사회적 보호필요성을 실현하기 위해 입법자가 노동법 규정을 마련하였다면, 마땅히 법관은 노동법상의 개별 규정에 대한 해석과 적용을 엄격히 하여야 한다. 구체적인 노동관련 분쟁에서 법관이 해석을 통해 함부로 새로운 제도를 창출하거나 기존 제도의 적용범위를 확대하는 것은 물론 축소하여서도 안 된다.[8)]

법관법상의 해고원칙과 관련하여 염두에 두어야 할 점은 기존의 해고원칙 이외에도 종래 해고의 정당성 판단과 관련하여 미처 인식하지 못하였거나 간과된 사정이 발견된 경우 언제라도 다양한 해고원칙이 법관법을 통해 새롭게 형성되고 발전될 수 있다는 점이다.[9)] 이것을 법관법을 통한 권리의 '발견'(Rechtsfindung)이라고 한다. 법관법을 통해 권리를 새롭게 '형성'할 수는 없다. 즉, 기존 법 체계에서 마땅히 인정될 수밖에 없는 것이어서, 사실상 기존 법 체계에서 이미 존재하는 것이었지만, 발견하지 못했던 권리를 비로소 법관법을 통해 확인하고 구현하게 된다. 그러나 기존 법 체계에서 상상할 수 없는 권리임에도 불구하고 법관법을 통해 창출해 낼 수는 없다. 이것은 전적으로 입법자의 몫이다.

4. 입법기술적 문제점과 법관법 간의 관계

입법기술적 한계 때문에 아예 법관법의 여지를 크게 열어 놓는 수가 있다. 이른바 '일반규정'의 경우가 그러하다. 예컨대 정당한 이유가 있는 경우에 해고가 유효하다는 식의 규정을 입법자가 두고 있는 데 그친다면, 구체적으로 어떠한 원칙과 방식을 통해 정당한 이유 존부를 확인하고 판단할 것인가는 법관법의 영역에 놓이게 된다. 이 때문에 일반규정 형식에 대한 입법기술적 비판은 늘 상존할 수밖에 없다. 특히나 계약법원리의 본질적 제한과 수정으로서 노동법은 명확성을 수반하여야 함이 옳다. 그런데 법관법을 둘러싼 최근 일련의 노동법상 쟁점은 '일반규정' 형식에 따른 법관법 형성의 문제만이 아니다. 신의성실의 원칙을 근거로 하여 일정한 권리를 부정하거나 인정할 수 있다는 취지의 판결도 나오고 있다. 이로써 근로계약 관계를 둘러싼 갈등은 고도의 모호성에 갇힐 수밖에 없다. 신의성실의 원칙에 부합하는가 여부는 결국 법관의

---

7) Münchener Handbuch/Buchner, Arbeitsrecht Bd. 1, 2.Aufl., 2000, §121, Rn. 85, 86.

8) Nikolai/Noack, ZfA 2000, S. 91f.; Oetker, ZIP 2000, S. 649.

9) Gentges, Prognoseprobleme im Kündigungsschutzrecht, 1995, S. 56.

해석재량에 맡겨지는 것이기 때문이다. 노사관계에서 발생된 법적 갈등을 다시금 애매모호한 법관의 재량적 판단에 맡기도록 하는 것은, 법경제적 관점에서 볼 때 매우 소모적인 것이 아닐 수 없다. 구체적 판단 기준이 명확하게 제시되지 않아서 하급심 판결 결과를 곧장 신뢰하고 승복하는 경우가 드물다. 결과적으로 소송은 계속될 수밖에 없다.

Ⅱ. 노동관련 분쟁에서의 법관법 형성과 신의성실의 원칙

1. 법해석의 근거로서 신의성실의 원칙과 법관법

현행 민법 제2조에서 신의성실의 원칙(이하 '신의칙')에 관하여 규정해 두고 있다. 권리의 행사와 의무의 이행은 신의에 좇아 성실히 하여야 하며(동조 제1항), 권리는 남용하지 못한다(동조 제2항).

신의칙은 조리에 따른 법관의 법률분쟁 해결의 기초가 된다. 명시적이고 구체적인 법률규정이 없는 경우, 법관은 조리에 따라 판단하게 되는데, 이때 조리는 민법 제1조상의 신의칙에 따르게 된다. 하물며 가사 법률분쟁 당사자의 주장이 없는 경우라도 법원은 신의성실의 원칙에 반하는 여부를 직권으로 판단할 수 있다는 것이 판례의 입장이다.[10)]

2. 신의칙의 파생원칙

신의칙은 크게 4가지의 파생원칙으로 구체화된다. 첫 번째는 금반언의 원칙이다. 두 번째는 신뢰보호의 원칙이다. 세 번째는 실효의 원칙이며, 네 번째는 사정변경의 원칙이다.

당초 유효한 계약관계임을 전제로, 권리를 남용하거나(권리남용금지원칙), 모순적 행위를 하거나(금반언의 원칙), 당초 계약 체결상황과는 본질적으로 다른 변화가 발생한 경우(사정변경의 원칙) 혹은 상대방에게 고도의 신뢰를 부여하는(신뢰의 원칙) 등의 경우에 신의칙을 통한 청구권의 배제나 수정과 같은 계약 효력의 변화를 가져오는 것이 신의칙의 일반적인 활용예이다.[11)]

Ⅲ. 기간제 근로계약관계에서의 갱신기대법리와 기간제법 간의 관계

1. 기간제 근로의 개념과 기간제법의 입법[12)]

앞서 언급한 바대로 노동법상의 제반 규정은 계약자유의 원칙과 근로자보호법리 사이에서의 충돌을 합리적으로 고려한 입법자의 가치적 결단(Wertentscheidung des Gesetzgebers)을 의미한다.[13)] 노동법상 '명시적으로' 입법되어 있는가 여부는 매우 중요하다. 법적 규율대상에 대하여

---

10) 대법원 1995. 12. 22. 선고 94다42129 판결.

11) 김형배/김규완/김명숙, 민법학강의, 2013, 36면 이하.

12) 이에 관하여는 권혁, 노동유연화와 해고보호법, 2010 참고.

입법자의 의사가 명확하게 드러난 부분이기 때문이다. 명문의 규정 범위 내에서는 법관법 형성의 여지는 단언컨대 없다. 법관법은 입법흠결을 전제요건으로 하고, 그 입법흠결을 메우는 것이 법관의 해석권한이기 때문이다.

기간제 근로관계는, 당사자의 합의로 근로계약관계의 종료시점을 확정하여 둠으로써, 근로계약관계에 따른 권리와 의무는 해당 시점에서 자동적으로 소멸하게 된다. 기간의 정함은 과거 당사자 간의 계약 내용형성의 자유로 파악해 왔지만, 그러한 합의의 내용이 (i) 사용자에 대한 근로자의 인신적 종속 문제를 초래하거나 (ii) 사실상 기간의 만료를 근거로 해고보호법리를 형해화할 수 있다는 것을 고려하지 않을 수 없게 되었다. 노사 당사자 간의 자유로운 합의 내용은 존중되어야 하지만, 적어도 근로계약 존속기간의 합의에 대하여서는 일정한 규제가 필요하게 된 것이다.

기간제법은 바로 기간합의가 갖는 이러한 문제점을 해결하기 위해 입법화된 노동법이다. 기간제법은 기간제 근로계약관계 하의 근로자 보호범위와 방식을 입법자의 결단으로서 확정한 것이다. 기간제 근로관계를 둘러싼 법적 보호의 방식과 범위를 명확히 하였다면, 이를 넘어서서 법관이 판례법리를 적용할 수는 없다. 이미 입법자가 '노동법적 보호필요성' 범위와 한계를 획정하였기 때문이다.[14]

2. 기간제법상의 보호 방식과 적용 제외 영역

(1) 기간제 근로에 대한 규제방식과 입법자의 결단

현행 기간제법상에서는 기간제 근로에 관한 상한기간규제방식을 취하고 있다.[15] 이는 두 가지를 의미한다. 상한기간의 범위 내에서는 양 당사자의 합의를 존중하여야 한다는 것이 입법자의 의사이다. 문제는 현행법상 상한기간범위 내에서 갱신에 관한 별도의 규정을 두고 있지 않고 있다는 사실이다. 이를 두고 다양한 해석론이 가능할 수 있다.

먼저 갱신에 따른 근로자에의 부담을 간과한 명백한 '입법흠결'로 볼 수 있다. 다른 한편 입법자가 상한기간 범위 내에서는 갱신에 관하여 별도로 규제하지 않겠다는 의사를 표출한 것으로도 볼 수 있다. 후자의 해석론이 옳다. 상한기간 범위 내에서는 사적 자치공간으로 보아야 하기 때문이다. 다만, 명백하게 그 2년의 상한 기간 내에서 무의미한 단기간 반복갱신으로 말미

13) Reuter, RdA 1973, S. 353.

14) 그렇지 아니하면 자칫 법관이 해석의 권한을 넘어서서 '입법'을 하는 셈이 되고 만다.

15) 독일은 이른바 '단시간 및 기간제근로에 관한 법률'(Gesetz über Teilzeitarbeit und befristete Arbeitsverträge: TzBfG)이라는 단행법규를 입법, 시행하고 있다. 독일은 단시간 및 기간제법(TzBfG) 제14조에서 정당한 원인의 존부 심사를 통한 기간통제방식을 취하고 있다. 무엇이 정당한 이유인가와 관련한 문제가 있을 수 있다. 이에 대해 독일에서는 기간제 근로계약의 정당성 요건으로 동 규정 제2문에서 8가지의 사례(Tatbestände)를 예시적으로 기술하고 있다. 사실 이는 종래 판례를 통해 인정되어 온 것을 입법화한 것이다(Kliemt NZA 2001, S. 297).

암아 근로자에게 막대한 손해를 발생하는 경우가 있다면, 이러한 경우에 대한 입법흠결은 인정될 수 있을 것이다.[16]

(2) 갱신기대법리의 변용

기간제법의 입법 이전까지는 입법자의 의사가 명확하지 아니하였고 그러한 상황에서 갱신기대법리가 구축되었다. 지금은 입법자가 기간제법을 통해, 자신의 가치결단을 분명히 내린 상태다.

예외적으로 기간제 근로관계의 반복갱신 사실에 비추어, 양 당사자 간의 기간의 정함에 관한 합의가 사실상 '형식'에 불과하여, 진정한 의사가 오히려 기간의 정함이 없는 것으로 평가될 수 있는 경우에는 처음부터 기간의 정함이 없는 근로관계로 볼 수 있을 것이다. 이는 근로계약 내용에 대한 양 당사자 간의 진의를 밝히는 문제일 뿐이라는 점에서, 갱신기대법리와는 차원을 달리 하는 문제이다. 갱신기대권에 대한 적용범위를 분명히 할 필요가 있는 이유다.

(3) 기간제법 하에서의 갱신기대권 법리의 적용범위

1) 갱신기대법리 적용영역의 유형화

종래 기간제 근로계약을 둘러싸고 갱신기대법리 인정여부가 빈번하게 문제되어 왔다. 갱신기대권을 인정할 수 있는 유형은 두 가지다.

첫 번째는 당사자의 실질적인 의사에 부합하도록 하는 차원에서의 갱신기대권이다. 요컨대 (i) 비록 갱신의 방식을 취했지만, 그 실질은 단지 '형식'에 그쳐, 갱신을 하는 것이 당초 양당사자의 실질적 의사합치에 부합하는 경우인데 갱신을 거절한 경우와 (ii) 이미 양당사자가 일정한 갱신전제조건에 대한 합의를 구축해 놓은 상황에서, 전제조건을 충족하였음에도 갱신을 거절함으로써, 이른바 재량권을 남용한 경우 갱신기대권이 인정되는 경우가 바로 그런 경우다('합의형 갱신기대법리'). 이른바, '합의형 갱신기대법리'의 경우, 여전히 존중되어야 함은 물론이다. 갱신이 단지 형식에 그치고, 당사자의 진정한 합의내용은 근로관계를 지속하는 것이기 때문이다.

두 번째는 단순히 기간제 근로계약의 반복된 갱신 사실로부터 갱신기대권을 인정하는 경우다. 이러한 경우는 — 앞서 본 바와 같은 당사자 간의 합의차원이 아닌 — 어느 일방 당사자의 갱신에 대한 신뢰를 보호하는 문제로서, 전자와 구별된다('신뢰책임형 갱신기대법리'). 이처럼 근로자의 갱신에 대한 기대권(신뢰)를 존중하여 법적 권리로서 인정하기 위해서는 이하에서와 같은 다양한 요건들이 충족되어야 한다. 이 요건들을 검토함에 있어 중요한 고려사항이 바로 '기간제법' 입법 내용이다. (i) 어느 일방 당사자(근로자)에게 그러한 신뢰가 형성되었다고 볼 것인지, 혹은 (ii) 형성된 신뢰가 과연 사회적 보호가치가 있는 것인지 여부는 기간제법 규정을 통해 입법자의 의사를 확인하는 것이 무엇보다 중요하기 때문이다.

---

16) 이러한 경우처럼 갱신의 반복에 따른 문제가 사회적으로 심각하다고 판단되면, 입법자가 반복갱신에 관한 규제를 입법화하는 것이 가장 명확한 해결책이다. 실제로 갱신규제에 대한 법안이 제출된 바가 있었다.

2) 신의칙의 파생법리로서 신뢰책임원칙과 갱신기대법리

단순한 근로계약의 반복 갱신이라는 사실로부터 근로자에게 신뢰가 발생한 경우(이른바, 신뢰책임형 갱신기대법리)는 다음과 같은 요건이 충족되어야 한다. (i) 갱신사실의 반복사실과 (ii) 어느 일방당사자(근로자)에게 신뢰가 발생하되, 그러한 신뢰발생이 타방당사자(사용자)에 의해 유발되어야 하며, (iii) 그러한 신뢰가 노동법적(=사회적) 보호가치가 있어야 한다. 이 전제요건들을 모두 충족하여야 한다. 남은 문제는 언제 갱신에 관한 신뢰에 대해 사회적 보호가치를 인정할 수 있을 것인가 여부다.

3. 기간제법 적용제외 영역에서의 갱신기대법리 적용과 '사회적 보호필요성' 인정 여부

현행 기간제법령에서는 휴직·파견 등으로 결원이 발생하여 당해 근로자가 복귀할 때까지 그 업무를 대신할 필요가 있는 경우에 기간제 근로의 사용상한기간의 제한을 두고 있지 않다.[17] 또한 55세 이상 고령자에 대하여도 기간제 근로 상한기간 규제를 적용하지 않도록 하고 있다.

적어도 입법자의 가치 결단 영역에 대해서는 신의칙을 통한 법관법 형성은 자제되어야 한다. 예를 들어 56세에 이르는 고령근로자가 기간제 근로계약의 갱신이 반복되고, 이러한 사실로부터 해당 근로자에게 향후 계약갱신에 대한 신뢰가 발생하더라도 그러한 신뢰에 대해 노동법적 보호 효력을 인정하기는 어렵다고 보아야 한다. 기간제법에서는 55세 이상 고령근로자에 대해서는 기간제법상의 보호대상에서 배제하고 있기 때문이다. 이 말은 곧 고령자인 근로자와의 기간제 근로계약의 체결은 사적 자치의 원칙이 존중되어야 한다는 의미이다. 만약 사용자가 고령자인 근로자와의 기간제 근로계약에서 기간의 정함에 대한 진정한 의사가 존재하였다고 한다면, 그 상대방에게 주관적인 갱신의 신뢰가 발생하였다고 하여, 곧바로 갱신기대권이 정당한 것으로 평가되기는 어렵다. 이유는 간단하다. 법관이 해석을 통해 입법자의 결단을 배제할 수는 없다. 그것은 해석이 아닌 입법이 될 수 있기 때문이다.

같은 맥락에서 또다른 예외인 고소득 근로자와의 기간제 근로계약의 경우도 마찬가지라고 판단된다. 나아가 정부의 복지정책·실업대책 등에 따라 일자리를 제공하는 경우로서 대통령령이 정하는 경우도 기간제법 상한 규제의 예외이다. 만약 이러한 실업대책 차원에서 일자리가 제공되는 사업에서, 특정 근로자와 수차례 기간제 근로계약이 반복갱신되었다면, 이러한 특정 근로자와의 근로계약을 기간의 정함이 없는 것으로 전환될 수 있다고 볼 수는 없을 것이다.

한편 동일한 사용자와 근로자가 정규직 근로자 대체를 위해 수차례 기간제 근로계약을 반복하였다는 사실로부터 갱신기대권을 인정하기 위해서는 좀더 면밀한 검토가 필요하다. 만약 매 근로계약 체결 때마다 다른 정규직 근로자들의 대체를 목적으로 한 것이 분명하다면 갱신기대권이 인정되기는 어렵다고 보아야 하기 때문이다. 그러한 한도에서는 비록 근로자에게 신뢰

---

17) BAG NZA 2001, S. 1069.

가 발생하더라도, 그러한 신뢰가 사회적 보호가치가 있다고 평가하기는 어렵기 때문이다. 이미 입법자가 사회적 보호가치를 배제하는 결단을 내린 상태에서, 법해석을 통해 판단을 달리할 수는 없다. 요컨대 입법흠결이 없는 상태에서 입법흠결을 메우는 법해석을 할 수는 없는 것이다. 다만, 인력대체가 그저 명분일 뿐이어서, 기간의 정함은 양당사자 사이에서 '형식'에 불과한 경우라면 당연히 기간의 정함이 없는 근로계약으로 파악할 수 있음은 물론이다.

4. 소 결

발생된 신뢰가 사회적 보호가치가 있어야 한다는 요건과 관련하여서도 기간제법 입법전후 해석은 달라질 수 있다. 기간제법의 입법자가 명시적으로 노동법적 보호의 영역에서 배제한 경우가 있기 때문이다. 기간제법이 예외로 규정한 사항에 대해 법관이 해석을 통해 노동법적 보호가치나 필요성을 인정하기는 어렵다고 보아야 한다. 그렇지 않으면 '법관에 의한 해석'이 아닌 '법관에 의한 입법'이 될 위험이 있기 때문이다. 예를 들어 고령자나 고소득자, 인력대체 등의 경우 기간제법상의 보호가 명문으로 배제되어 있다. 입법자가 자신의 결단으로, 스스로 고령자에 대해서는 고용안정보다는 고용기회제공이 더 중요하다고 판단했다고 보아야 하기 때문이다. 예컨대 정년(60세)를 넘어서부터 매 1년마다 기간제 근로계약을 체결하여 근로를 하였고, 수차례 기간제 근로계약이 갱신되었다가 사용자가 갱신거절을 하자 부당해고를 다투기도 한다. 이때 과연 해당 근로자에 대해 갱신기대권을 인정할 수 있을까? 판단컨대 그 기간에 대한 합의가 '형식'에 이르러서, 당사자 간의 진정한 의사합치는 '기간의 정함이 없는 것'이라고 볼 수 없는 한, 갱신기대법리를 인정하기는 어렵다고 본다. 고령 근로자에게 갱신에 대한 '신뢰'가 발생하였더라도 그것이 — 입법자가 예외로서 명시해 놓은 이상 — '노동법적 보호가치가 있는 신뢰'라고 단정하기는 쉽지 않기 때문이다.

결론컨대 기간제 근로계약관계에서 오랫동안 구축되어 온 갱신기대법리는, 비록 기간제법이 입법되었다고 하여 포기되거나 배제된다고 볼 이유는 없다. 갱신기대법리는 민법 제2조에 기해서 신뢰보호라는 고유한 가치에 바탕한 것이기 때문이다. 다만 갱신기대법리의 적용범위와 인정요건은 명확한 입법이 이루어지기 전과 입법 후가 달리 평가될 수 있다고 보아야 한다. 입법 흠결상태에서는 법관법으로 그 흠결이 메워지면 되지만, 입법이 이루어지고 난 이후에는 입법자의 결단을 존중하는 범위 안에서 법해석이 이루어져야 하기 때문이다.

Ⅳ. 통상임금에 관한 법관법과 신의성실의 원칙

1. 문제의 소재

(1) 통상임금에 관한 대법원 전원합의체 판결 재검토

법관법의 노동법적 체계와 관련하여 주목해야 할 법적 분쟁이 바로 통상임금에 관한 소송이다. 통상임금 산정의 오류에 따른 가산임금 소급지급 문제이다. 대법원은 정기상여금의 통상임금성에 대한 사건에 대한 전원합의체 판결을 선고하였다.[18)]

대법원 판결에서 주목받고 있는 것은 바로 통상임금에 관한 노사 간의 합의의 효력과 그 효력에 따른 소급적 추가지급 요구의 허용여부에 관한 문제이다. 대법원은 통상임금에 대한 노사합의에 대하여 근로기준법이 정한 기준보다 낮은 임금 등 불리한 근로조건 계약은 무효로 보았다. 법률상 통상임금을 통상임금 산정에서 제외하기로 한 노사합의는 근로기준법에 위반되어 무효라는 법리에 기초한 것이었다.

그러나 '정기상여금'의 경우에, 이 판결로 정기상여금을 통상임금에서 제외하는 노사합의가 무효임이 명백하게 선언되기 이전에 노사가 정기상여금이 통상임금에 해당하지 않는다고 신뢰한 상태에서 이를 통상임금에서 제외하는 합의를 하고 이를 토대로 임금 등을 정하였는데, 근로자가 그 합의의 무효를 주장하며 추가임금을 청구할 경우 예측하지 못한 새로운 재정적 부담을 떠안게 될 기업에게 중대한 경영상 어려움을 초래하거나 기업의 존립 자체가 위태롭게 된다는 사정이 인정된다면, 추가임금의 청구는 신의칙에 반하여 허용되지 않는다고 판시하였다.

(2) 여전히 남은 문제점: 신의칙에 기초한 소급적 임금지급요구 배제 가능성

대법원은 근로기준법의 강행규정성에 기초하여 통상임금에 관한 노사합의의 무효를 인정하면서도, 그러한 노사합의의 무효에 기초한 과거 추가지급 요구에 대하여는 신의칙에 의거하여 이를 배제한 것이다. 이 판결은 불가피하게 신의칙에 대한 해석논쟁을 유발하게 되었으며 구체적 사례에서 신의칙의 적용 여부에 관한 법적 분쟁이 이어질 것으로 예상되었고, 실제로 그러한 소송이 잇따르고 있다.

2. 노사 간 통상임금 범위에 관한 합의의 무효와 신의칙 간의 관계

신의칙을 근거로 한 임금추가지급의 요구 배제 판결은, 다음과 같은 점에서 여전히 논란의 여지를 남기고 있다.

(1) '무효인 합의'의 해석원리로서 신의칙?

우선 법이론적 관점에서 과연 신의칙을 근거로 하여 해당 청구권 행사를 배척하는 것이 가

---

18) 대법원 2013. 12. 8. 선고 2012다89399 판결.

능한가 하는 의문이 제기될 수 있다. 강행법률로써 당초 합의(계약)가 무효라고 한다면, 이러한 무효에 기초하여 발생된 청구권은 유효하게 인정되어야 함이 강행법규를 둔 취지에 부합하기 때문이다.

만약 신의칙을 인용하여 그러한 청구권 행사를 배척한다면, 사실상 신의칙이 강행법률을 무의미하게 만드는 결과가 되고 만다. 과연 신의칙이 강행법률로써 무효가 된 상황에도 적용이 가능한 것인지는 의문이 아닐 수 없다.

(2) 법적 모호성

두 번째로는 신의칙에 따른 판단은 매우 모호하여서, 결과적으로 법관의 개인적 성향이나 가치관에 따라 그 판단이 달라질 수 있는 위험이 있다. 이는 사법적 결과에 대한 예측가능성이 낮아지는 문제를 초래할 수 있다. 나아가 신의칙에 기초한 판단의 지표로서, '노사가 합의한 임금수준을 훨씬 초과하는 예상외의 이익을 추구하고' 그로 말미암아 사용자에게 예측하지 못한 새로운 재정적 부담을 지워 '중대한 경영상의 어려움을 초래'하거나 '기업의 존립을 위태롭게 한다'는 조건을 제시하고 있다. 과연 기업의 경영적 어려움이 실질적인 사법적 심사의 대상으로 삼기에는 스스로 한계가 있다는 점을 감안하여 본다면, 신의칙에 따른 추가임금지급 배제 문제는 여전히 해명이 필요하다 할 것이다.

임금 관련 제도 개선에 있어서는 법률규정의 명확성 제고와 이를 통한 안정성 확보가 무엇보다도 중요하다. 통상임금의 문제는 규정의 불명확성에 기인하는 바도 크지만, 다른 측면에서는 개별 법률규정 상호간의 일관성을 유지하지 못한 점에도 그 원인이 있다. 이는 관련법령의 규정 형식측면에서도 찾아 볼 수 있으며, 법의 해석이나 운용의 측면에서도 확인될 수 있다.[19]

3. 추가법정수당 지급 요구에 대한 신의칙 상 배제 요건 재검토

(1) 관련 쟁점(신의칙)에 관한 설시내용

대법원은 "임금협상 과정을 거쳐 이루어진 노사합의에서 정기상여금은 그 자체로 통상임금에 해당하지 아니한다고 오인한 나머지 정기상여금을 통상임금 산정 기준에서 제외하기로 합의하고 이를 전제로 임금수준을 정한 경우, 근로자 측이 앞서 본 임금협상의 방법과 경위, 실질적인 목표와 결과 등은 도외시한 채 임금협상 당시 전혀 생각하지 못한 사유를 들어 정기상여금을 통상임금에 가산하고 이를 토대로 추가적인 법정수당의 지급을 구함으로써, 노사가 합의한 임금수준을 훨씬 초과하는 예상 외의 이익을 추구하고 그로 말미암아 사용자에게 예측하지 못한 새로운 재정적 부담을 지워 중대한 경영상의 어려움을 초래하거나 기업의 존립을 위태롭게 한다면 이는 종국적으로 근로자 측에까지 그 피해가 미치게 되어 노사 어느 쪽에도 도움이 되지 않는 결과를 가져오므로 정의와 형평 관념에 비추어 신의에 현저히 반하고 도저히 용인될

---

19) 박종희, 통상임금제도 개선의 입법정책적 과제, 2014. 1 참고.

수 없음이 분명하다. 그러므로 이와 같은 경우 근로자 측의 추가 법정수당 청구는 신의칙에 위배되어 받아들일 수 없다."고 판시하고 있다.

(2) 세부 요건 검토

1) 대상범위요건: 노사 간 정기상여금에 대한 배제합의일 것

대법원은 노사 간 통상임금 배제와 관련한 합의는 무효임을 분명히 하되, 다만 (i) '정기상여금'에 대한 배제합의에 대하여는, 신의칙에 기해 추가적인 임금지급요구가 배제될 수 있음을 인정하고 있다. 정기상여금 이외의 금품에 대한 노사 간의 합의는 신의칙에 기한 배제가 인정되지 않는다.

그리고 (ii) 노사 간의 합의는 노조와 사용자 간의 단체협약에 국한되지 않고, 취업규칙이나 지급관행 그 밖의 합의도 이에 포함된다고 보았다.

2) 과거 상황적 요건: 합의의 배경과 합의 파기를 통한 추가법정수당지급 요구일 것

대법원은 신의칙이 적용되어야 하는 정기상여금 배제 합의 상황에 대하여,

(i) 노사 간 합의당시 정기상여금이 통상임금에 포함되지 아니한다는 '오인'이 있었을 것과,

(ii) 임금협상에서 합의된 '임금이 정기상여금의 통상임금 배제됨을 고려한 상황에서 설정된 것일 것'을 요건으로 제시하고 있다.

(iii) 그 결과 추후 정기상여금을 통상임금에 가산하여 추가적인 법정수당을 요구하는 근로자 측이 — 노사가 당초 합의한 임금수준을 훨씬 초과하는 — '예상 외의 이익을 추구하는 것'이라 평가될 수 있는 경우여야 한다는 것이다.

요컨대 (i)과 (ii)의 관계를 고려할 때, 근로자 측의 추가지급 요구가 임금협상에서 전혀 고려되지 아니한 예상 외의 이익을 추구하는 것이라면 이의 배제가 신의칙상 가능하다고 본 것이다.

3) 미래 가상적 요건

대법원은 근로자 측의 추가지급요구가 결과적으로 사용자에게 예측하지 못한 새로운 재정적 부담을 지워,

(i) 중대한 경영상의 어려움을 초래하거나

(ii) 기업의 존립을 위태롭게 하는 경우에 근로자 측의 추가지급 요구가 신의칙상 배제되어야 한다고 보고 있다.

요컨대 (i) 또는 (ii)의 경우가 발생되면, 이는 종국적으로 근로자 측에까지 그 피해가 미치게 되어 노사 어느 쪽에도 도움이 되지 않는 결과를 가져오기 때문에, 이러한 결과를 초래할 수 있는 근로자 측의 추가지급요구는 정의와 형평 관념에 비추어 신의에 현저히 반하고 도저히 용인될 수 없다고 본 것이다.

4. 강행법률과 신의칙과의 관계

(1) 쟁점 재검토

문제는 강행규정에 위배되는 당사자 간의 약정이 있음을 인정하면서, 그 약정의 무효를 주장하는 것에 대하여 신의칙을 적용하여 배척하는 것이 과연 가능한가 하는 데 있다. 만약 이것이 가능하다면 결과적으로 강행규정에 의하여 배제하려는 결과를 실현시키는 셈이 되기 때문에 잘못[20]이라는 주장이 제기될 수밖에 없으며, 이는 실제로 소수반대견해로 제시되고 있다. 예를 들어 설명하면, 퇴직금 불지급합의에 대하여 강행법규를 위반한 것으로서 무효이며 따라서 비록 당사자 간에 진정한 의사로 그와 같은 합의를 하였다고 하더라도 근로자가 이후 그러한 사전 합의와 상관없이 퇴직금의 지급을 요구하더라도 이는 신의칙에 반하지 않는다고 보는 것과 같은 맥락이다. 만약 이때 신의칙(특히 금반언의 원칙)을 들어 근로자의 사후적인 퇴직금 지급 청구를 부인한다면 이는 결과적으로 퇴직금 불지급합의의 유효성을 인정하는 결과가 되고 만다.

그러나 다른 한편 대법원은 다른 판결[21]에서, 노사합의의 내용이 근로기준법상의 강행규정을 위반한다고 하여 그 노사합의가 '예외 없이 신의칙 적용이 배제되는 것은 아니다'라는 취지로 판결한 바가 있었다는 취지로 판시한 바가 있었다. 대법원 전원합의체 판결의 다수의견은 이를 근거로 위와 같은 소수견해를 반박하고 있다.

(2) 평 가

법이론적 관점에서 볼 때 신의칙원리가 강행법규를 위반함으로써 무효인 합의임을 근거로 제기된 청구권을 부인하는 근거로 사용되는 것은 매우 이례적이라고 할 수 있다. 예컨대 사정변경의 원칙도, 당초 당사자 간 체결한 계약의 유효성을 전제로 하되, 다만 사후적으로 그러한 계약 내용을 그대로 관철하는 것이 신의칙상 받아들일 수 없는 경우에 인정되는 것이기 때문이다.

예컨대 사정변경의 원칙은 다음과 같은 사례를 가장 전형적인 적용례로 본다. 당초 양 계약 당사자가 가옥에 대하여 3천만 원에 가옥을 매매하기로 합의하였으나, 이후 잔금을 지급하여야 하는 시점에서, 극심한 인플레이션으로 사실상 해당 가옥의 금전적 가치가 30억 원에 해당된다고 판단되면, 당초 유효한 매매계약에도 불구하고 매수인에게 30억 원에 해당되는 금품을 지급하도록 하는 것이 신의칙에 부합한다고 보아, 사후적으로 계약내용을 교정(Anpassung)하는 것이 바로 사정변경의 원칙이다.

예컨대 금반언의 원칙이나 신뢰보호의 원칙 역시 최초 당사자 간의 합의가 강행법규를 위반함으로써 무효인 경우라면 적용될 여지가 없다. 왜냐하면 강행법률을 위반한 합의를 하였다면, 이후 그러한 합의에 반하는 행위를 하더라도 그러한 사후적 행위를 두고 모순행위로서 금반

---

20) 대법원 2011. 3. 10. 선고 2007다17482 판결.
21) 대법원 2001. 5. 19. 선고 2001다15422, 15439 판결.

언의 원칙에 반한다고 평가할 수는 없기 때문이다. 또한 강행법률에 위반하여 타방에게 일정한 신뢰를 주었더라도 그러한 신뢰는 법적 보호의 필요성이 인정될 수 없는 것이므로 신뢰의 원칙이 적용될 수도 없다.

이러한 이유로 대법원이 통상임금배제에 관한 노사 간 합의의 무효를 선언한 이상, 통상임금 산정이 잘못되었음을 이유로 하여 추가적인 법정수당의 지급을 요구하는 것에 대하여 신의칙을 통해 배제하기는 어렵다는 소수의견의 지적은 설득력이 있어 보인다.

금번 대법원 전원합의체 판결의 주된 의의는, 모든 경우에 예외 없이 강행법률 위반을 이유로 무효인 노사합의가 '예외 없이 신의칙 적용이 배제되는 것은 아니라'는 종래 대법원 판례 입장을 확인하는 한편 오히려 그러한 구체적인 사례를 제시한 것이라는 점에 있다. 특히 대법원은 이번 판결에서 그러한 '이례적인' 경우를 매우 구체적이고 다양한 전제요건을 제시함으로써 구체화하였다.

(i) 정기상여금에 관한 합의에 국한하여 (ii) 당초 노사 간에 통상임금에의 산입여부에 대한 오해가 있었고, (iii) 그러한 오해를 전제로 하여 노사 간에 합리적인 임금의 협상이 이루어졌고 이에 따라 임금이 결정된 경우에라면, 비록 노사 합의가 무효더라도, 그에 따른 사후적인 추가 임금지급요구가 신의칙상 배척될 수 있다고 본 것이다.

(i), (ii), (iii)에 해당하는 경우, 만약 추후에 근로자 측이 추가적인 지급요구를 하게 되면, 당초 정기상여금을 배제하기로 한 상황을 충분히 고려하여 노사가 임금을 정하고 또 지급하여 왔다면, 통상임금배제를 내용으로 한 노사합의를 무효로 하고, 이에 따라 추가임금지급을 요구할 수 있는 것으로 보자면, 불가피하게 기존에 결정되고 지급된 임금결정액도 다시 검토해야 하는 상황이 벌어질 수 있다. 이 때문에 대법원의 판시내용대로, 근로자 측의 추가지급요구는 임금협상에서 전혀 고려되지 아니한 예상 외의 이익을 추구하는 것으로 평가될 수 있게 된다. 더 나아가 노사 모두에게 이익이 되지 아니하는 상황을 초래하는 근로자 측의 추가지급 요구에 대하여 이를 배척하는 것이 정의와 형평의 관념에도 부합한다는 것이 대법원의 입장이다. 즉, 대법원은 근로자 측의 추가지급요구가 결과적으로 사용자에게 예측하지 못한 새로운 재정적 부담을 지워 (iv) 중대한 경영상의 어려움을 초래하거나 (v) 기업의 존립을 위태롭게 하는 경우에 근로자 측의 추가지급 요구가 신의칙상 배제되어야 한다고 본 것이다.

이상의 점을 고려할 때 — 비록 이례적이기는 하지만 — 대법원 전원합의체의 법리도 소수견해를 충분히 반박할 만한 것으로 보인다. 결국 이번 대법원 판결은, 비록 강행법률을 위반한 노사 합의가 무효이고 따라서 이에 근거하여 발생된 청구권이라도 그 행사가 '일정한 경우에' 신의칙에 반할 수 있는 것임을 확인해 주었다. 요컨대 통상임금에서 정기상여금을 배제하기로 하는 노사간의 합의가 근로기준법을 위반한 것으로서 무효이지만, 일정한 경우(즉, (i)~(v)에 해당하는 경우)에는 그 무효를 주장하면서 추가임금지급을 요구하는 것에 대하여도 신의칙에 의거 이를 배척할 수 있다고 본 것이다.

Ⅴ. 신의칙에 관한 해석재량과 사법적 결과에 대한 예측가능성 흠결

1. 신의칙 적용에 따른 사법적 결과에의 예측불가능성

신의칙은 다른 구체적인 법적 근거를 찾을 수 없는 경우, 최후적으로 법적 분쟁을 합리적으로 해결하는 수단이요, 원칙이다. 신의칙에 대한 해석은 따라서 별도의 기준이 정해져 있지 않다. 그러므로 하급심 판사는 상대적으로 넓은 판단재량을 가지게 된다. 이에 따라 신의칙에 기초한 판단은 불가피하게 법관의 개인적인 성향이나 이념에 상당한 영향을 받을 수밖에 없다.

신의칙을 근거로 하여 사실관계를 판단하도록 한 이번 대법원 판결은 하급심법원 판사의 입장에서 보면 매우 당혹스럽고 부담스러운 일이 아닐 수 없다. 명쾌한 명문규정이 없는 상황이므로 사실상 법관의 자유로운 판단에 맡겨진 셈이 되었기 때문이다. 이는 법관의 개인적 성향과 가치관에 의해 판결의 결과가 상이하게 나타날 수 있음을 암시하는 것이다. 이러한 상황은 분쟁의 당사자도 당혹스럽게 만든다. 사법적 결과에 대한 예측가능성이 낮아지게 되기 때문이다.

2. 신의칙 적용에 따른 소송의 남발

신의칙 관련 소송의 첫 번째 문제점으로는 소송의 남발을 들 수 있을 것이다. 신의칙이라는 애매모호한 원칙을 기초로 하여 법적 분쟁을 해소하여야 한다면, 노사 양측은 혹시나 하는 마음에라도 소송을 제기할 가능성이 높다. 법관이 신의칙의 적용을 어떻게 할지는 그 판결이 나오기 전까지는 아무도 알 수 없는 것이기 때문이다.

두 번째로는 소모적 소송계속의 문제이다. 법원의 사법적 판단이 어느 편에게 유리하게 나오더라도 그 상대방이 그러한 사법적 판단(판결)에 좀처럼 승복하지 못하는 문제를 유발하게 될 것이다. 이렇게 되면, 결과적으로 소송은 대법원의 최종 판단이 나올 때까지 지루하게 반복될 수밖에 없다. 판결에서 불리한 분쟁당사자는 다른 심급법원에서 다른 법관을 만나면 달리 판단될 것이라는 희망을 가지게 되기 때문이다. 이는 노사관계관련 법적 분쟁을 해소함에 있어서 결코 바람직하지 못한 일이다.

Ⅵ. 결 론

근로관계는 힘의 불대등성을 전제로 하는 계약관계다. 이념적 속성을 본질로 하는 계약관계다. 이 때문에 근로관계에 대한 적극적인 국가 권력의 개입은 불가피하다. 노동법은 바로 그 산물이다. 노동법은 근로계약관계에서 사회적 약자인 근로자의 보호방식과 범위를 확정해 놓은 것이다. 노동법상 입법 흠결을 발견하는 것은 사회적 약자인 근로자 보호에 매우 중요한 것이다. 그러나 입법 흠결인지 여부에 대한 판단은 매우 신중하게 판단해야 한다. 자칫하면 입법자의 의도와 달리 법관이 스스로의 이념적 판단에 따라 적극적인 개입을 하고자 할 가능성이 높기 때문이다. 노동관계에서 법관법은 매우 중요한 의미를 가지는 동시에 가장 위험한 것이기도 하다. 양날의 칼인 셈이다.

취업청구권에 관한 입법론적 고찰
—독일의 학설 및 판례와의 비교를 중심으로—

유 성 재*

Ⅰ. 서 론
Ⅱ. 독일법상의 취업청구권
Ⅲ. 우리나라의 판례와 학설
Ⅳ. 입법론적 검토
Ⅴ. 결 론

Ⅰ. 서 론

1. 문제제기

2013. 5. 22.「고용상 연령차별금지 및 고령자고용촉진에 관한 법률」이 개정되어 "사업주가 근로자의 정년을 정하는 경우에는 그 정년이 60세 이상이 되도록 노력하여야 한다"는 규정(제19조)이 "사업주는 근로자의 정년을 60세 이상으로 정하여야 한다"(제1항)와 "사업주가 제1항에도 불구하고 근로자의 정년을 60세 미만으로 정한 경우에는 정년을 60세로 정한 것으로 본다"(제2항)로 변경되었다. 그리고 이러한 개정은 300인 이상의 근로자를 사용하는 사업장과 공공기관 등에서는 2016. 1. 1.부터, 300인 미만의 근로자를 사용하는 사업장에서는 2017. 1. 1.부터 시행되었다. 그러나 주변에서 이러한 법 개정을 통하여 정년이 실질적으로 늦춰졌다는 이야기는 별로 들리지 않는다. 그 이유는 아직도 우리 사회에서는 많은 근로자들이 정년 전에 명예퇴직, 사직 등의 형식으로 근로관계를 종료하고 있기 때문인 것으로 생각된다. 우리나라의 경우 2009년을 기준으로 퇴직근로자의 67.1%가 정년 이전에 퇴직을 하고 있으며, 임금근로자의 51.9%가 비자발적으로 퇴직한다는 통계가 있다.[1] 즉, 근로자 3명 중의 2명은 정년 전에 생애주된 일자리에서 퇴사를 하고 있으며, 퇴사자의 절반은 비자발적으로 퇴사를 하고 있다는 것이

* 중앙대학교 법학전문대학원 교수

1) 방하남 · 신동균 · 이성균 · 한준 · 김지경 · 신인철,「한국 베이비붐 세대의 근로생애(Work Life) 연구」, 한국노동연구원, 2010, 61면 이하.

다. 그러나 이러한 비자발적 퇴사의 경우에도 외형상으로는 자발적 퇴사의 형식을 취하고 있다. 하지만, 실제로는 대부분의 퇴사자가 주변의 압력에 굴복하여 퇴사하고 있는 것으로 추측된다. 그리고 이러한 회사의 압박 중에 가장 무서운 방법이 월급은 주되 일은 시키지 않는 것이라고 생각한다. 과연 사용자의 이러한 행동은 정당한 것일까? 이는 근로자가 사용자를 상대로 임금을 요구할 수 있는 것에 추가하여 일을 시켜 줄 것을 법적으로 요구할 수 있는가의 문제이다. 즉, 사용자는 근로자에게 임금을 지급할 의무 외에 근로자의 노무를 수령할 의무를 부담하는가의 문제이다. 아래에서는 사용자의 노무수령의무 또는 근로자가 일을 시켜 줄 것을 요구할 수 있는 권리 소위 '일반적 취업청구권'(allgemeiner Beschäftigungsanspruch des Arbeitnehmers)이 인정될 수 있는지, 그리고 인정될 수 있다면 그 법적 근거는 무엇인지에 대하여 살펴보기로 한다.

2. 유사개념과의 구별

가. 근로의 권리

헌법 제32조 제1항 제1문은 "모든 국민은 근로의 권리를 가진다"고 규정하고 있다. 여기에서 말하는 '근로의 권리'는 국가가 국민 누구나 직장선택의 자유를 실제로 행사할 수 있도록 사회적·경제적 상황을 형성할 의무를 말한다.[2] 이러한 근로의 권리는 취업청구권과 구별된다. 헌법상의 권리인 '근로의 권리'는 노동할 수 있는 여건의 창출이라는 국가에 대한 권리인데 반하여, 취업청구권은 계약 당사자인 사용자에 대한 권리를 의미한다. 아래에서는 사용자에 대한 권리인 '취업청구권'에 대해서만 살펴보기로 한다.

나. 해고의 효력의 다투는 자의 계속근로청구권과의 구별

또한 '일반적 취업청구권'은 '해고의 효력을 다투는 기간 중의 계속근로청구권'(Weiterbeschäftigungsanspruch während des Kündigungsschutzprozesses)과도 구별된다. '해고의 효력을 다투는 기간 중의 계속근로청구권'은 '취업청구권'을 전제로 하고 있지만, 근본적으로는 해고의 효력을 다투는 기간 동안의 불확실한 법적 지위에 관한 문제이다.[3] 즉, 해고의 효력을 다투는 기간 동안 근로관계가 존재하는 지는 확정판결에 의하여 결정되게 된다. 왜냐하면, 확정판결에서 해고가 무효가 되면 해고의 효력을 다투는 기간 동안 근로관계가 존속하였던 것이 되지만, 확정판결에서 해고의 정당성이 인정되면 근로관계는 해고 시점에 이미 유효하게 소멸되었던 것이 되어 해고의 효력을 다투는 기간 동안 근로관계가 존재하지 않았던 것이 되기 때문이다. 따라서 '해고의 효력을 다투는 기간 중의 계속근로청구권'은 확정판결이 있기 전까지 근로관계가 존재하는 것으로 가정하고 법률관계를 처리할 것인지, 아니면 근로관계가 이미 소멸된 것으로 가정하고

---

2) 한수웅, 「헌법학」(제4판), 2014, 986면 이하.
3) 이에 대하여는 유성재, "해고의 효력을 다투는 자의 계속근로청구권", 「중앙법학」 제22집, 1997, 411면 이하 참조.

법률관계를 처리할 것인지에 관한 법정책적 문제이다.[4] 반면 일반적 취업청구권은 유효하게 존재하고 있는 근로관계에서의 문제이다. 아래에서는 유효하게 존재하는 근로관계 하에서의 취업청구권에 대해서만 살펴보기로 한다.

다. 계약상의 취업청구권

근로자가 취업활동에 대해 특별한 이익이 있어 근로계약에 취업청구권을 명시한 경우 또는 근로계약의 해석을 통하여 사용자의 노무수령의무가 도출될 수 있는 경우가 있다. 예를 들어 배우 또는 교육생 등과 같이 취업활동에 대하여 근로자의 특별한 이익이 인정되는 경우이다. 즉, 근로자의 취업청구권이 근로계약에 명시적 또는 묵시적으로 포함되어 있는 경우이다. 이러한 경우는 근로계약으로부터 취업청구권을 도출할 수 있기 때문에 법해석을 통하여 그러한 권리가 인정되는 지가 문제되는 일반적 취업청구권과 구별된다. 아래에서는 취업활동에 대한 근로자의 특별한 이익이 계약의 내용에 포함되어 있지 않는 경우에 취업청구권이 인정될 수 있는지에 대해서만 살펴보기로 한다.

Ⅱ. 독일법상의 취업청구권

1. 실정법상의 취업청구권

근로자의 취업청구권에 대하여 독일 개별적 근로관계법은 아무런 규정을 두고 있지 않다. 반면 독일 사회법전 제9편 「장애인의 재활과 참여에 관한 법률」(Rehabilitation und Teilhabe behinderter Menschen) 제81조 제4항 제1호[5]는 중증장애인에게 사용자를 상대로 "직업에서의 능력과 지식이 완전히 발휘되고 향상될 수 있는데 필요한 취업"을 청구할 수 있는 권리를 보장하고 있다.

한편 독일 「종업원평의회법」(Betriebsverfassungsgesetz) 제102조 제5항은 "종업원평의회가 일반해고(ordentliche Kündigung)에 대하여 기간과 규정을 준수하여 이의를 제기하고, 근로자가 해고로 인하여 근로관계가 소멸되지 않았음을 확인하는 소송을 「해고제한법」(Kündigungsschutzgesetz)에 따라 제기한 경우에는 사용자는 근로자의 요구에 따라 해고예고기간 이후부터 확정판결 전

---

4) 예를 들어 「노동조합 및 노동관계조정법」 제2조 제4호 라목 단서는 "해고된 자가 노동위원회에 부당노동행위의 구제신청을 한 경우에는 중앙노동위원회의 재심판정이 있을 때까지는 근로자가 아닌 자로 해석하여서는 아니 된다"고 규정하고 있다. 이는 입법자가 집단적 노동관계와 관련해서는 이 기간 중에 근로관계가 존재하였던 것으로 보겠다고 법정책적 결단을 내린 것이다. 그러나 개별적 근로관계와 관련해서는 입법자가 이에 대하여 입장을 표명한 바가 없다.

5) SGB Ⅸ §81 (Pflichten des Arbeitgebers und Rechte schwerbehinderter Menschen) (4) Die schwerbehinderten Menschen haben gegenüber ihren Arbeitgebern Anspruch auf

1. Beschäftigung, bei der sie ihre Fähigkeiten und Kenntnisse möglichst voll verwerten und weiterentwickeln können,

까지 근로자를 근로조건의 변경없이 계속 근무시켜야 한다"고 규정하고 있다.[6] 즉, 사용자의 해고에 대하여 종업원평의회(Betriebsrat)의 반대가 있으면 해고의 효력을 다투는 기간 중에도 근로자가 사업장에서 계속하여 일할 수 있는 '계속근로청구권'(Weiterbeschäftigunsanspruch)이 인정된다.

아래에서는 사회보장법 또는 집단적 노동관계법상의 취업청구권이 아니라, 판례에 의하여 인정되고 있는 개별적 근로관계법상의 취업청구권에 대하여 살펴보기로 한다.

2. 판 례

가. 1955년 이전

독일 제국법원(Reichsgericht)은 1911년 이전까지 근로자의 취업청구권을 인정하지 않았다. 즉, 사용자에 대하여는 임금지급의무만을 인정하고, 근로자의 노무를 수령할 법적 의무인 일반적 취업청구권(allgemeiner Beschäftigungsanspruch des Arbeitnehmers)은 인정하지 않았다.[7] 그러나 1911년 독일 제국법원은 무대공연계약과 같이 근로자에게 취업활동에 대한 특별한 이익이 있고 사용자가 이를 알았거나 알 수 있었을 경우에 한하여 예외적으로 근로계약의 해석을 통하여 사용자의 노무수령의무 또는 근로자의 취업청구권이 인정된다고 보았다.[8]

나. 1955년 판결

독일에서 취업청구권이 일반적으로 인정되게 된 것은 1949년 독일 기본법(Grundgesetz)이 시행되면서 부터이다. 결정적인 계기가 된 것은 연방노동법원의 1955년 판결[9]이다.

(1) 사실관계 및 사건의 경과

원고인 근로자는 내과 전문의로 1933년 종합병원에 입사하여, 1943년부터 수석의사로 과장 직무대행을 수행하였으며, 1947년 X선과의 과장으로 근무하였다. 원고인 근로자는 병원 재건축 과정에서 X선과의 신축 건물로의 이전과 관련하여 의사들의 의견을 결집하는 데 적극적으로 가담하였다. 병원은 1953. 12. 10. 원고인 근로자를 신설되는 엑스레이연구소 소장으로서 자질이 부족하다는 것을 이유로 1954. 6. 30.자로 해고하였다. 원고인 근로자는 1심에서 이 사건 해고의 무효와 그에 따른 근로관계의 존부확인과 X선과장으로서의 계속근로(Weiterbeschäftigung)를 청구하였다.

1심 법원은 해고무효에 대한 근로자의 청구는 인용한 반면, 이 사건 근로자의 계속근로에

6) 한편 「종업원평의회법」 제102조 제5항 제2문에서는 "근로자가 제기한 소송이 승소할 전망이 없거나, 악의적인 것으로 판단된 경우"와 "근로자의 계속고용이 사용자가 수용할 수 없는 경제적인 부담을 초래하는 경우"에 해당할 경우 사용자가 신청하면 법원이 가처분으로 사용자의 계속고용의무를 면제할 수 있도록 하고 있다.

7) MünchArbR/Reichold, 3. Aufl., 2009, §83 Rn. 4. Vgl. RAG 30. 11. 1927 ARS 1, S. 66, 69; RAG 26. 3. 1930. ARS 9, S. 65, 72 f.

8) MünchArbR/Reichold, 3. Aufl., 2009, §83 Rn. 4. Vgl. RG 26. 10. 1910 JW 1911, S. 39. ebenso RAG 26. 3. 1930 ARS 9, S. 72 f.

9) BAG 10. 11. 1955 AP Nr. 2 zu §611 BGB Beschäftigungspflicht.

대한 청구는 기각하였다. 이에 원고인 근로자가 항소를 하였고, 항소심에서 원고인 근로자는 사용자가 엑스레이과장으로서의 근무를 거부하여 발생한 손해에 대하여도 배상할 것을 추가로 청구하였다. 이러한 근로자 측의 청구는 항소심과 상고심에서 모두 인용되었다.

(2) 판결이유

이 판결에서 연방노동법원은 근로관계(Arbeitsverhältnis)를 독립적으로 채무를 이행하는 고용계약(Dienstvertrag)이나, 특정된 개별적 급부만이 문제가 되는 다른 채권관계와 구별되는, 근로자의 삶을 형성하고 인격에 영향을 미치는 '인적 결합관계'(ein personenrechtliches Gemeinschaftsverhältnis)로 이해하였다. 그리고 사람으로서의 근로자에 대한 주의와 존중은 그들의 노동에 대한 경제적 가치(임금의 수준)뿐만 아니라, 그들에게 주어진 과제를 수행하는 방법에서도 필요하다고 보았다. 따라서 사용자들에게는 성실의무(Treupflicht)에서 뿐만 아니라, 기본법 제1조 및 제2조에 근거한 근로자의 존엄과 자유로운 인격의 실현(die Würde des Arbeitnehmers und die freie Entfaltung der Persönlichkeit)을 침해하는 일체의 행위를 하지 않을 의무가 있다고 보았다. 그리고 근로자에게 지금까지 수행하던 업무를 수행함이 없이도 급여를 수령할 수 있도록 하는 것을 기본권 침해로 이해하였다. 왜냐하면, 사용자의 이러한 행위는 단순히 부작위에 대한 강요를 넘어 해당 근로자로 하여금 더 이상 직업공동체의 온전한 일원으로 보여 질 수 없게 하기 때문이다. 그리고 노동을 하지 않고 급여를 수령하는 것을 근로자들이 치욕적으로 여기고 있다고 보았다. 나아가 근로자가 근로관계가 계속되는 동안 자신의 노동력을 제공하지 못하게 된다면, 근로자는 직업적 능력을 유지하고 발전시키지 못하게 되어, 자신의 인격(Persönlichkeit) 실현이 방해받게 된다고 보았다.

(3) 의 미

이 판결에서 연방노동법원은 취업청구권의 근거를 근로관계의 법적 성질인 '인적 결합관계'(personenrechtliches Gemeinschaftsverhältnis)와 헌법상의 인격권(Persönlichkeitsrecht)에서 찾았다.[10] 임금은 지급받으면서 '일하지 않을 것'을 강요받는 것은 근로자의 직업공동체와 공동체의 완벽한 일원으로서의 상(像)을 침해하게 된다고 보았다. 또한 근로자는 지속적으로 일하지 않으면 자신의 직업적 능력과 인격의 발현을 방해받게 된다고 보았다. 이 판결로 인하여 예외적으로만 인정되고 원칙적으로는 인정되지 않던 근로자의 취업청구권이 원칙적으로 인정되고 예외적인 경우에 한하여 부정되는 관계로 바뀌게 되었다. 즉, '일을 시키지 않는 것'(Nichtbeschäftigung)이 정당화되기 위해서는 특별한 근거가 필요하게 되었다.

다. 1985년 판결

학설은 연방노동법원의 1955년 판결과 같은 취지의 이후의 판결과 관련하여 취업청구권을 인정한 판례의 결론에 대하여는 긍정적인 반응이 주를 이루었으나, 기본법상의 인격권으로부터 직접 취업청구권을 도출하는 논리전개에 대하여는 많은 비판이 제기되었다.[11] 연방노동법원은

10) MünchArbR/Reichold, 3. Aufl., 2009, § 83 Rn. 5.

1985년 판결[12]에서 취업청구권이 인정되는 근거를 1955년 판결과는 다른 방법으로 구성하였다.

(1) 사실관계 및 사건의 경과

근로자(원고)는 1974년부터 사용자(피고)인 州의 행정처의 사무원으로 근무하였다. 근로자는 대학의 중앙행정부서에서 조달 업무를 담당하였다. 이 사건 근로자도 지원하였던 취업담당부서의 장에 1978년 새로운 사람이 임명되자 원고가 새로운 부서장의 업무수행 방식에 대하여 고발을 하였고, 부서장 역시 근로자의 업무수행 방식과 태도에 대하여 고발을 하였다. 사용자인 州는 근로자위원회와의 협의를 거쳐 근로자를 즉시해고하고, 즉시 사업장을 떠날 것을 근로자에게 요구하였다. 해고통지서에 의하면 근로자는 부서장의 업무처리방식을 수용 및 실행할 수 없다는 입장과 태도를 보여 왔으며, 부서장의 지시에 대한 계속된 불신과 반항적인 태도가 끊임없이 사업장 질서를 파괴하였다고 한다.

원고가 제기한 부당해고 소송에서 1심인 지방노동법원은 1979. 3. 2. 사용자의 해고를 부당해고로 인정하였다. 사용자인 州가 항소를 하였으나, 항소심인 州노동법원 역시 1979. 12. 12. 사용자의 해고를 부당해고라고 보았다. 해고무효소송이 진행되는 과정에 대학은 근로자위원회의 동의를 얻어 즉시해고를 통상해고로 변경하려 하였으나 실패하였다. 결국 사용자인 州는 1980. 6. 30. 근로자에게 통상해고에 의해 1980. 9. 30. 근로관계가 소멸된다고 통지하였다. 해고통지서에서는 근로자의 복종의무와 충실의무 위반과 부서장을 문서를 통하여 모욕한 것이 해고사유로 제시되었다.

근로자는 1980. 7. 7. 사용자인 州의 통상해고에 대하여 지방노동법원에 소를 제기하였다. 이 소송에서 근로자는 해고가 무효라는 것과 함께 판결이 확정될 때까지 사업장에게 계속 근무할 수 있도록 할 것과 임금을 계속하여 지급할 것으로 청구하였다. 1심인 지방노동법원은 근로자의 청구를 받아들였다. 이에 사용자인 州가 州노동법원에 항소를 하였고, 州노동법원은 사용자인 州의 청구를 기각하였다. 이에 사용자인 州는 연방노동법원에 상고하였다. 사건을 담당한 연방노동법원 7부는 1983. 12. 21. 결정을 통해 통일적인 판례의 확보를 위하여 연방노동법원 대회의(Großer Senat)에 「종업원평의회법」(BetrVG) 제102조 제5항의 요건을 갖추지 못한 경우에도 계속근로청구권을 인정할 것인지와 이를 인정할 경우 그 요건과 범위가 무엇인지에 대하여 질의하였다. 이에 연방노동법원 대회의는 종업원평의회법 제102조 제5항을 넘어선 계속근로청구권을 인정하였는데, 그 이유는 다음과 같다.

(2) 판결이유

독일 기본법 제1조 및 제2조는 인간의 존엄과 인격의 자유로운 발현을 헌법의 핵심적 가치로 제시하고 있다. 근로자의 삶은 대부분이 근로관계에 의하여 결정되고 영향을 받게 된다. 그

11) MünchArbR/Reichold, 3. Aufl., 2009, §83 Rn. 6.

12) BAG 27. 2. 1985 AP Nr. 14 zu §611 BGB Beschäftigungspflicht.

들이 가족 및 친구 동료 등 자신들의 삶의 터전에서 느끼는 자존감과 존중 및 가치는 그들이 일을 수행하는 방법에 의하여 결정적인 영향을 받게 된다. 동시에 근로관계에서의 일은 근로자에게 자신의 정신적 육체적 능력과 인격을 자유롭게 발현할 결정적인 가능성을 제시한다. 만약 근로자들의 이러한 인격발현의 가능성이 근로관계에서 제한되게 된다면, 이는 근로자들의 인간으로서의 존엄을 침해하는 것이라고 보았다. 그러나 연방노동법원은 독일 기본법 제1조 및 제2조에 의하여 보장된 인격권으로부터 직접 그리고 추가적인 조치 없이 근로자의 인격권을 발현시키기 위한 적극적인 조치를 할 사용자의 의무를 도출할 수는 없다고 보았다. 따라서 연방노동법원은 1985. 2. 27. 판결[13]에서 일반적 취업청구권을 위의 헌법 조항들로부터 직접 도출하지 않고, 기본법상의 인격권이 '사용자의 성실의무'(Treuepflicht)를 통해 취업청구권의 근거가 된다고 보았다. 즉, 취업청구권의 근거로 독일 민법 제242조에 규정된 '신의성실의 원칙'(Treu und Glauben)이 언급되게 되었다. 그리고 신의와 성실의 구체적인 내용을 결정함에 있어서 기본법상 기본권에 관한 가치판단이 고려되어야 한다고 보았다. 즉, 헌법 규정에 포함된 객관적 가치규범은 모든 법 분야에 적용되는 헌법적 기본결정으로 사법(私法) 분야에도 영향을 미친다고 보았다.[14] 따라서 헌법상의 인격권 보호가 근로관계와 근로관계에서의 권리와 의무에 의미를 가지게 되었다. 또한 인격적 보호에 기초한 근로관계에서 실제적 활동(tatsächliche Beschäftigung)에 대한 근로자의 정신적 이해관계는 헌법적 가치판단을 통하여 민법의 제정 당시(1896년)의 그것보다는 훨씬 더 강한 법적 중요성과 현저히 높은 법적 지위를 가지게 되었다고 보았다.

근로관계의 특별한 이해관계는 노무급부가 단순히 경제적 재화일 뿐만 아니라, 근로자의 인격의 표출로 이해할 것을 요구하였다. 그리고 이러한 근로자의 정신적 이해관계를 민법의 고용관계법에서 고려하지 않는 것은 헌법적 기초와 독일 기본법 제1조 및 제2조의 가치판단에 비추어 볼 때 법형성을 통하여 보충되어야 할 법적 흠결이라고 보았다. 그리고 이러한 법적 흠결을 법형성을 통해 보충하는 것이 법공동체의 일반적 정의감(allgemeine Gerechtigkeitsvorstellungen der Gemeinschaft)[15]에 부합한다고 보았다. 즉, 연방노동법원은 근로자의 취업청구권이 인격권의 보호에 관한 독일 기본법 제1조 및 제2조의 헌법상 가치판단이 고려된 독일 민법 제242조에서 도출되는 근로자들의 작업이익을 촉진할 사용자의 계약상 의무(arbeitsvertragliche Förderungspflicht)에 근거한다고 보았다.

(3) 의 미

연방노동법원은 1985년 판결에서 취업청구권의 근거를 민법 제242조의 신의칙상 배려의무에서 찾고 있다.[16] 즉, 취업청구권을 독일 기본법 제1조 및 제2조의 가치판단이 일반조항인 독

---

13) BAG 27. 2. 1985 AP Nr. 14 zu §611 BGB Beschäftigungspflicht.
14) BVerfG AP Nr. 21 zu Art. 2 GG.
15) BVerfG AP Nr. 17 zu Art. 12 GG.
16) MünchArbR/Reichold, 3. Aufl., 2009, §83 Rn. 6 f.

일 민법 제242조(신의성실의 원칙)를 통하여 표현된 권리로 보았다.

3. 판례에 대한 비판

위와 같은 연방노동법원의 판례에 대하여 학설[17]은 그 결과에 대해서는 찬성을 하면서도, 그러한 결과를 도출한 논리에 대하여는 비판적인 입장을 취하였다. 1955년의 연방노동법원의 판결과 관련해서는 헌법상 기본권으로부터 직접 근로자의 취업청구권을 도출한 것이 비판의 대상이 되었다.[18] 이러한 문제점을 해결하고자 연방노동법원은 1985년 판결에서 취업청구권의 근거를 헌법상 기본권과 민법상 신의성실의 원칙의 결합에서 찾았다. 따라서 1985년 이후에는 판례에 대한 비판이 신의성실의 원칙에 따른 사용자의 부수적 의무(Nebenpflicht)로부터 법적 의무로서의 취업청구권을 도출한 것에 집중되게 되었다.[19] 즉, 의무(Pflicht)와 책무(Obliegenheit)를 구별하지 않은 것이 주로 비판의 대상이 되었다. 특히, 근로자가 일을 할 의무와 함께 일을 할 권리가 인정된다면 채권자의 지위와 채무자의 지위가 모두 근로자에게 귀속되어 채권이 혼동(Konfusion)에 의하여 소멸하는 문제가 발생한다고 보았다. 따라서 채권자인 사용자에게 인정될 수 있는 것은 노무를 수령할 의무가 아니라 노무를 수령할 책무라는 것이다. 그리고 이러한 책무를 위반한 사용자에 대하여는 채권자지체에 따른 불이익을 감수하면 되고, 채무자와 같이 의무를 이행할 책임이나 채무불이행에 따른 손해배상책임이 발생하는 것은 아니라는 점에서 책무와 의무는 구별되어야 한다는 것이다.

4. 입법론

독일에서는 개별적 근로관계법을 독자적이며 포괄적으로 규율할 근로계약법의 제정이 필요하다는 주장이 19세기 말부터 계속되고 있다.[20] 그 가운데 비중 있는 활동들에서 도출된 법안들은 공통적으로 근로자의 취업청구권에 관한 규정을 포함하고 있다. 그 구체적인 내용은 다음과 같다.

가. 1977년 법안

독일 정부의 계획에 따라 1970년 구성된 '노동법제정을 위한 위원회'(Arbeitsgesetzbuchkommission)가 1977년 발표한 노동법안(Entwurf eines Arbeitsgesetzbuches - Allgemeines Arbeitsvertragsrecht)[21]은 제29

---

17) Dütz, "Der Beschäftigungsanspruch in der Rechtsprechung des Bundesarbeitsgerichts", in: 25 Jahre Bundesarbeitsgericht, 1979, S. 81.

18) Weber/Weber, "Zur Dogmatik eines allgemeinen Beschäftigungsanspruchs im Arbeitsverhältnis", RdA 2007, S. 344, 345 ff.

19) Weber/Weber, a.a.O.(Fn. 18), S. 344, 347 f.

20) 이에 대하여는 유성재, "근로계약법전의 필요성에 관한 연구 — 독일의 노동법제를 중심으로 —", 「비교사법」 제5권 1호(통권 8호), 1998, 455면 이하 참조.

21) Entwurf eines Arbeitsgesetzbuches — Allgemeines Arbeitsvertragsrecht —, hrsg. von Bundesminister für

조 제1항 제1문에서 근로자의 취업청구권에 대하여 규정하고 있었다.

제29조(취업의무) 근로자의 취업활동이 긴박한 경영상 이유 또는 중대한 근로자의 일신상이나 행태상 이유로 인하여 사용자에게 기대할 수 없는 경우가 아니면, 근로자는 자신의 업무에 대한 의무의 범위에서 사용자에게 취업활동을 요구할 수 있다.	§ 29(Anspruch auf Beschäftigung) Der Arbeitnehmer kann vom Arbeitgeber verlangen, ihn im Rahmen seiner Verpflichtung zur Arbeitsleistung zu beschäftigen, es sei denn, die Beschäftigung ist dem Arbeitgeber aus dringenden betrieblichen Gründen oder aus in der Person oder im Verhalten des Arbeitnehmers liegenden Gründen nicht zumutbar.

나. 1992년 법안

독일이 통일을 위하여 1990년 체결한 동·서독 통일조약(Einigungsvertrag)[22] 제30조에 근거하여 동·서독 학계의 대표로 구성된 '독일 노동법의 통일을 위한 모임'(Arbeitskreis Deutsche Rechtseinheit im Arbeitsrecht)이 발표한 독립·통일 근로계약법안[23](Entwurf eines Arbeitsvertragsgesetzes vom Arbeitskreis Deutsche Rechtseinheit im Arbeitsrecht 1992) 제30조에서는 근로자의 취업청구권을 다음과 같이 규정하고 있다.

제30조(취업의무) 근로자의 취업이 긴박한 경영상 이유 또는 중대한 근로자의 일신상이나 행태상 이유와 충돌되지 않는 한, 사용자는 근로자를 합의된 취업활동에 종사하도록 하여야 한다.	§ 30(Beschäftigungspflicht) Der Arbeitgeber hat den Arbeitnehmer mit der vereinbarten Arbeitsaufgabe zu beschäftigen, sofern dem nicht dringende betriebliche oder vorrangige in der Person oder in dem Verhalten des Arbeitnehmers liegende Gründe entgegenstehen.

다. 2007년 법안

2007년 Henssler 교수와 Preis 교수가 Bertelsmann 재단의 지원을 받아 작성한 근로계약법 초안[24](Diskussionsentwurf eines Arbeitsvertragsgesetzes)도 제26조 제1항에서 근로자의 취업청구권을 다음과 같이 규정하였다.

제26조(취업의무) (1) 취업활동의 보장이 경영상의 이유로 불가능하거나 다른 중대한 사용자의 이익과 충돌되지 않는 한, 근로자는 합의에 부합하는 취업활동을 요구할 수 있다.	§ 26(Beschäftigungsanspruch) (1) Der Arbeitnehmer kann verlangen, vereinbarungsgemäß beschäftigt zu werden, sofern dies nicht aus betrieblichen Gründen unmöglich ist oder andere überwiegende Interessen des Arbeitgebers entgegenstehen.

Arbeit und Sozialordnung, 1977.

22) BGBl. Ⅱ 1990, S. 889; Vgl. auch BT-Drucks. 11/7760.

23) Gutachten D für den 59. Deutschen Juristentag, 1992, Arbeitskreis Deutsche Rechtseinheit im Arbeitsrecht, Entwurf eines Arbeitsvertragsgesetzes.

24) Henssler/Preis, "Diskussionsentwurf eines Arbeitsvertragsgesetzes", NZA Beilage 1/2007 S. 11.

Ⅲ. 우리나라의 판례와 학설

1. 판 례

가. 관련 판례

(1) 부당해고와 손해배상청구권

판례[25]는 "근로계약이 근로자의 근로제공과 이에 대한 사용자의 임금지급을 내용으로 하는 쌍무계약임은 원심의 설시와 같다고 할 것이나, 근로계약에 따른 근로자의 근로제공이 단순히 임금의 획득만을 목적으로 하는 것은 아닐 것이므로, 사용자가 근로자를 부당해고한 것이 반드시 임금지급채무를 이행하지 아니한 것에 불과하다고만 말할 수는 없고, 이것이 불법행위를 구성하는 경우도 있을 수 있(다)"고 보았다. 그리고 판례[26]는 "일반적으로 사용자가 근로자를 징계해고한 것이 정당하지 못하여 무효로 판단되는 경우 그 해고가 무효로 되었다는 사유만에 의하여 곧바로 그 해고가 불법행위를 구성하게 된다고 할 수 없음은 당연하다고 하겠으나, 사용자가 근로자를 징계해고할 만한 사유가 전혀 없는데도 오로지 근로자를 사업장에서 몰아내려는 의도 하에 고의로 어떤 명목상의 해고사유를 만들거나 내세워 징계라는 수단을 동원하여 해고한 경우나, 해고의 이유로 된 어느 사실이 소정의 해고사유에 해당되지 아니하거나 해고사유로 삼을 수 없는 것임이 객관적으로 명백하고, 또 조금만 주의를 기울이면 이와 같은 사정을 쉽게 알아볼 수 있는데도 그것을 이유로 징계해고에 나아간 경우 등 징계권의 남용이 우리의 건전한 사회통념이나 사회상규상 용인될 수 없음이 분명한 경우에 있어서는 그 해고가 근로기준법 제27조 제1항에서 말하는 정당성을 갖지 못하여 효력이 부정되는 데 그치는 것이 아니라, 위법하게 상대방에게 정신적 고통을 가하는 것이 되어 근로자에 대한 관계에서 불법행위를 구성할 수 있(다)"고 보았다.

(2) 복직거부와 손해배상청구권

판례[27]는 해고무효판결이 확정되었음에도 불구하고 임금만을 지급하고 근로자의 복직을 거부한 사용자에 대한 손해배상청구를 인정하였다. 즉, 판례는 "근로계약에 따라 계속적으로 근로를 제공하는 근로자는 인간으로서의 존엄과 가치를 지닌 인격체이고 근로자는 자신의 전인격을 사용자의 사업장에 투입하고 있는 점에서 근로관계에 있어서 근로자의 근로제공은 자신의 인격과 분리될 수 없는 것이고 한편 근로계약에 따른 근로자의 근로제공은 단순히 임금획득만을 목적으로 하는 것은 아니고 근로자는 근로를 통하여 자아를 실현하고 나아가 기술을 습득하

---

25) 대법원 1993. 10. 12. 선고 92다43586 판결. 同旨: 대법원 1980. 1. 15. 선고 79다1883 판결.

26) 대법원 1993. 10. 12. 선고 92다43586 판결. 同旨: 대법원 1993. 12. 21. 선고 93다11463 판결; 대법원 1993. 12. 24. 선고 91다36192 판결; 대법원 1996. 2. 27. 선고 95다11696 판결; 대법원 1999. 2. 23. 선고 98다12157 판결.

27) 대법원 1996. 4. 23. 선고 95다6823 판결. 同旨: 대법원 1994. 2. 8. 선고 92다893 판결; 대법원 1994. 2. 8. 선고 92다893 판결.

고 능력을 유지·향상시키며 원만한 인간관계를 형성하는 등으로 참다운 인격의 발전을 도모함으로써 자신의 인격을 실현시키고 있다"고 보았다. 그리고 "사용자는 특별한 사정이 없는 한 근로자와 사이에 근로계약의 체결을 통하여 자신의 업무지휘권·업무명령권의 행사와 조화를 이루는 범위 내에서 근로자가 근로제공을 통하여 이와 같이 참다운 인격의 발전을 도모함으로써 자신의 인격을 실현시킬 수 있도록 배려하여야 할 신의칙상의 의무를 부담한다고 할 것이다. 따라서 사용자가 근로자의 의사에 반하여 정당한 이유 없이 근로자의 근로제공을 계속적으로 거부하는 것은 이와 같은 근로자의 인격적 법익을 침해하는 것이 되어 사용자는 이로 인하여 근로자가 입게 되는 정신적 고통에 대하여 배상할 의무가 있다"고 보았다.

나. 판례의 의미에 대한 학설

(1) 판례가 취업청구권을 인정한 것은 아니라는 견해

하경효 교수[28]는 부당해고에 대하여 손해배상청구권을 인정한 판결[29]과 관련하여 "위자료청구권의 인정근거는 부당해고기간 동안 취업하지 못한 것이 아니라, 부당해고와 관련된 위법행위(예컨대 허위의 명목상의 징계해고사유, 명백한 징계권의 남용)가 근로자의 인격권을 침해했다는 데에 있는 것이다"라고 하면서, "대법원이 판례에서 부당해고가 일정한 경우에 불법행위를 구성할 수 있고 이 경우 근로자의 정신적 고통에 대한 사용자의 위자료지급의무가 인정된다는 점을 밝히고 있는데, 그러한 판단에는 수긍이 가나 불법행위가 인정되는 이유나 위자료청구권의 인정근거가 분명하지 않다는 점이 문제로서 지적된다"고 하였다. 즉, 부당해고 또는 복직거부에 대한 손해배상청구권을 인정한 판례가 근로자의 취업청구권을 인정한 것은 아니라는 견해를 보이고 있다.

(2) 판례가 취업청구권을 인정한 것이라는 견해

반면 정진경 변호사[30]는 판례가 "사용자는 특별한 사정이 없는 한 근로자가 근로제공을 통하여 참다운 인격의 발전을 도모함으로써 자신의 인격을 실현시킬 수 있도록 배려하여야 할 신의칙상 의무를 부담(한다)"고 하면서, "사용자가 근로자의 의사에 반하여 정당한 이유없이 근로자의 근로제공을 계속적으로 거부하는 것은 이와 같은 근로자의 인격적 법익을 침해하는 것"으로 판단하고 있고 근로자에 대한 손해배상책임이 성립하기 위해서는 취업청구권이 전제된다는 이유에서 "사실상 취업청구권을 인정한 판례에 가까운 것으로 생각한다"고 하였다.

---

28) 하경효, "부당해고시의 정신적 손해에 대한 배상책임 — 대판 1993. 10. 12, 92 다 43586 손해배상 — (원심판결: 서울고법 1992. 8. 21, 92 나 15408)", 「판례연구」 제6집, 고려대학교 법학연구소, 1994, 130면.

29) 대법원 1993. 10. 12. 선고 92다43586 판결.

30) 정진경, "복직거부와 위자료 — 취업청구권의 인정여부를 중심으로 — (대법원 1996. 4. 23. 선고, 95다6823 판결 손해배상(기)사건)", 「노동법연구」 제6호, 서울대학교 노동법연구회, 1997, 535면.

2. 학 설

가. 부정설

하경효 교수[31]는 사용자가 부담하는 노무급부수취의무를 단순히 불수령에 따른 불이익이 귀속되는 책무(Obliegenheit)가 아니라 "채무자의 급부의무에 대응하는 법적 의무(Rechtspflicht)로 파악한다면 동일한 급부에 대하여 채권을 가지는 자가 그 수령과 관련해서는 동시에 채무자로 된다는 점에서 다수설과 같이 수령의무를 일반적으로 수긍할 수는 없다"고 보았다. 그리고 취업청구권을 인정할 실익과 관련하여 사안을 "해고무효확인판결(또는 부당해고구제명령) 이후 취업시키지 않은 유형", "부당해고기간 동안 취업시키지 않은 유형", "근로자가 취업활동에 대해 특별한 이익을 지니는 유형"으로 분류하고 계약해석을 통해 명시적 또는 묵시적으로 취업의무가 인정될 수 있는 세 번째 경우를 제외하고는 취업청구권을 인정할 필요가 없다고 보았다.[32] 즉, 첫 번째 유형과 두 번째 유형의 경우에는 인격권 침해를 이유로 한 불법행위법상 손해배상 법리를 통해 취업청구권을 인정하는 것과 동일한 법 효과를 도출할 수 있다는 것이다. 결론적으로 하경효 교수는 "근로자의 취업청구권을 인정하는 것이 법정책적으로는 바람직하다고 할 수 있을지 모르나, 현행법의 해석론상 이를 근로관계에 있어서 일반적으로 인정할 필요는 없다고 판단된다"고 하면서, "다만, 근로자가 취업활동에 대한 특별한 이익을 지니고 있는 경우 예외적으로 근로자의 취업청구권이 긍정될 수 있다"고 하였다.[33]

또한 이희성 교수[34]는 "근로관계에서 사용자는 근로자의 작업급부이행의 실질적인 가능성을 위해 필요한 행위를 해야 한다고 보나 당연히 사용자의 채권자와 채무자로서의 특성을 명확히 구별하여 법적 의무로서의 행위와 책무로서의 행위를 구별하여야 한다"고 주장하면서, 근로자의 일반적 취업청구권을 부정하였다. 사용자가 부담하는 책무란 그 부담자가 자신에게 부여된 협력행위(Mitwirkungshandlungen)를 이행함으로써 권리의 상실을 피할 수 있지만, 그 행위를 이행하지 않는 경우에는 채권자지체에 따르는 불이익을 감수하여야 하는 법적 지위를 의미한다고 보았다. 반면 법적 의무란 상대방에 대하여 이행을 청구하거나 불이행에 따른 손해배상의 청구를 가능하게 하는 법적 지위를 말하는 것으로 보았다.[35] 즉, 채무자의 지위에서 부담하는 법적 의무(Rechtspflicht)와 채권자의 지위에서 부담하는 책무(Obliegenheit)를 구별하고, 사용자에게는 채권자로서 근로자의 노무제공이 가능하도록 할 책무가 있지만, 근로자의 노무를 수령하여야 할 법적 의무는 없다고 보았다. 나아가 취업청구권을 긍정하게 되면 사용자가 근로자에 대하여 근

31) 하경효, "근로자의 취업청구권", 「법실천의 제문제: 동천 김인섭 변호사 화갑기념논문집」, 1996, 416면 이하.
32) 하경효, 앞의 논문(註 31), 424면.
33) 하경효, 앞의 논문(註 31), 430면.
34) 이희성, "독일법에 있어서 근로자를 취업시킬 사용자의 의무", 「비교사법」 제6권 1호(통권 10호), 1999, 538면.
35) 이희성, "독일법에 있어서 근로자의 급부이행을 위한 사용자의 책무", 「비교사법」 제5권 1호(통권 8호), 1998, 234면.

로수령의무를 부담하게 되는데, 이와 같이 급부수령을 법적 의무로 파악한다면 동일한 급부에 대하여 채권을 가지는 자가 그 수령에 관하여 동시에 채무자로 된다는 점에서 이론적으로 문제가 있다고 보았다.[36)]

나. 인정설

김소영 교수[37)]는 "근로관계에 있어서 노무급부에 의해 이루어지는 인격발전의 가능성이 박탈당한다면 이는 인간의 존엄성에 대한 침해에 다름 아니다"는 입장에서 "근로자의 취업청구권은 근로자의 인격권 실현이라는 헌법상의 가치질서에 비추어 그 당위성이 인정되며, 구체적인 법적 근거는 인간의 존엄과 가치를 보장하고 있는 헌법 제10조의 기본이념을 대전제로 하면서 근로관계의 채권관계로서의 본질에 비추어 사용자의 부수적 의무로서의 신의칙에서 구해야 할 것으로 생각된다"고 하였다.

한편 정진경 변호사[38)]는 "근로관계의 특질은 현실의 취업이 불가능한 경우 근로자에게 임금의 지불만으로는 보상될 수 없는 여러 가지 불이익"을 야기하며, "근로자에게 많은 정신적인 고통과 불이익을 주고 그 인간으로서의 긍지를 손상하는 것이며, 그 외에 근로자의 기능저하, 직업경력상 승급, 승진의 제한 기타 대우상의 불이익"을 초래하는 것으로 보았다. 또한 취업청구권이 부정되는 경우에는 임금만 지불하면 근로자를 사업장으로부터 배제하는 것이 허용되게 되고, 근로자가 생활상, 정신상 불이익 때문에 스스로 퇴직함으로써 사용자가 해고제한으로부터 자유로워지는 문제가 발생한다고 보았다. 따라서 사용자에게는 근로자의 근로를 수령하여 적절히 사용함으로써 근로자의 이익을 배려할 의무로서 노무수령의무가 인정된다고 보았다. 그리고 이러한 노무수령의무는 근로계약상의 부수적 의무로서의 배려의무에 근거한다고 보았다.[39)]

Ⅳ. 입법론적 검토

1. 해석론적 한계

현재 판례[40)]와 학설[41)]은 부당해고 또는 복직거부가 불법행위에 해당하는 경우에는 사용자가 손해배상 책임을 지는 것으로 보고 있다. 그리고 근로계약의 해석을 통하여 근로자의 취업청

36) 전윤구, 「부당해고에 따른 근로자의 손해배상청구에 관한 연구」, 고려대학교 대학원 석사학위논문, 1999, 64면.

37) 김소영, "근로자의 취업청구권 — 비교법적 고찰을 중심으로 —", 「한국노동연구」 제5집, 한국노동연구원, 1994, 142면 이하.

38) 정진경, 앞의 논문(註 30), 529면 이하.

39) 정진경, 「부당해고의 구제」, 2009, 258면.

40) 복직거부에 대하여는 대법원 2006. 4. 23. 선고 95다6823 판결; 대법원 1996. 4. 23. 선고 95다6823 판결; 대법원 1994. 2. 8. 선고 92다893 판결이 있고, 부당해고와 관련해서는 대법원 1993. 10. 12. 선고 92다43586 판결 등이 있다.

41) 정진경, 앞의 논문(註 30), 534면; 하경효, 앞의 논문(註 31), 418면 이하 등.

구권에 대한 명시적 또는 묵시적 합의를 도출할 수 있는 경우에 대하여는 근로자의 취업청구권을 인정하는 데 이론이 없는 것으로 판단된다.[42] 문제는 근로계약으로부터 이러한 권리를 도출할 수 없는 경우에도 법률의 해석을 통하여 이를 인정할 것인가와 이를 인정하는 경우에 이에 대한 사용자의 침해에 대하여 취업방해금지 가처분과 같은 사전적 예방조치까지 인정할 것인가가 문제이다.

필자는 해석론을 통하여 법적 의무(Rechtspflicht)로서의 근로자의 취업청구권을 인정하는 것은 동일한 급부에 대하여 채권을 가지는 자가 그 수령과 관련해서는 동시에 채무자로 된다는 점에서 법이론적으로 문제가 있다고 본다.[43] 그리고 사용자의 노무를 수령할 법적 의무(Rechtspflicht)는 사용자가 근로자의 노무를 수령하지 않은데 따른 불이익을 감수하여야 하는 책무(Obliegenheit)와 구별된다는 점[44]에서 사용자에게 근로자의 노무를 수령할 법적 의무를 인정하는 것은 현행 법체계에 부합하지 않는 해석이라고 본다. 나아가 근로자의 취업청구권은 사용자의 불대체적 작위의무를 목적으로 한다는 점과 불법행위에 대하여 방해배제와 방해예방을 인정하지 않고 있는 현행 법체계에 부합하지 않는다는 점[45]에서 해석론으로 취업방해금지 가처분을 인정하기 어렵다고 본다.

2. 취업청구권의 인정 필요성

하경효 교수는 근로자와 사용자 사이에 근로자의 취업청구권에 대한 명시적·묵시적 합의가 있었음을 근로계약으로부터 도출할 수 있는 경우를 제외하고는 취업청구권을 인정할 필요가 없다고 하였다.[46] 그리고 해고무효의 확정판결 이후에도 복직을 거부하는 경우와 해고의 효력을 다투는 기간 중의 계속근로의 문제는 불법행위에 근거한 손해배상청구로 해결이 가능하다고 보았다. 그러나 불법행위에 근거한 손해배상을 통해서는 근로자의 취업이 실질적으로 실현될 수 없고, 취업하지 못함으로 인해 발생한 손해는 사후적 금전보상만으로는 회복될 수 없다. 따라서 근로자의 취업청구권을 통하여 1차적으로 실현하여야 할 법 효과는 금전보상이 아니라, 인격권 침해의 예방 또는 방해의 배제에 있다고 본다.[47] 즉, 근로자의 취업청구권을 통하여 실현하고자 하는 법 효과는 금전보상이 아니라 취업방해의 배제 또는 그 예방에 있고, 이는 근로자의 취업청구권을 피보전권리로 한 가처분의 인정을 통하여 실현될 수 있다고 본다.[48]

---

42) 김형배, 「노동법」(제24판), 2015, 348면 이하; 하경효, 앞의 논문(註 31), 424면 등.
43) 同旨: 하경효, 앞의 논문(註 31), 416면 이하.
44) 同旨: 이희성, 앞의 논문(註 34), 538면.
45) 이에 대하여는 강남진, "인격권의 보호에 대한 하나의 제언", 「민사법학」 제13·14호, 한국민사법학회, 1996, 132면 이하 참조.
46) 하경효, 앞의 논문(註 31), 424면 및 429면.
47) 강남진, 앞의 논문(註 45), 126면.
48) 정진경, 「부당해고의 구제」, 2009, 311면 이하.

근로자의 취업청구권에 대한 주장은 아니지만, 취업청구권의 근거로 논의되고 있는 인격권의 보호와 관련하여 해석론을 통한 인격권 침해의 사전적 예방의 어려움을 극복하기 위하여 위법행위의 중지 및 방해배제에 관한 규정을 신설하자는 주장이 제기된 바 있다.[49] 필자는 같은 취지에서 노동관계법에 근로자의 취업청구권에 관한 규정을 신설할 필요가 있다고 본다. 그리고 근로자의 취업청구권이 실정법상의 권리로 인정될 경우에는 이에 대한 방해배제 가처분과 같은 사전예방조치가 함께 인정되어야 할 것이다.

3. 현행 법체계와의 정합성

우리 판례는 대기발령 · 직위해제 · 휴직명령을 인사명령의 하나로 보고 있고,[50] 이에 대하여 근로기준법 제23조 제1항을 적용하고 있다. 그리고 판례는 이러한 인사명령에 대하여 '정당한 이유'를 요구하고 있으며, '정당한 이유'의 존재여부는 "업무상 필요성과 그에 따른 근로자의 생활상의 불이익과의 비교교량, 근로자와의 협의 등 대기발령을 하는 과정에서 신의칙상 요구되는 협의절차를 거쳤는지의 여부 등"을 기준으로 판단하고 있다. 사용자의 취업의무 위반(부당한 노무수령거부)은 근로관계를 유지하고 임금을 지급하면서 근로자의 노무를 수령하지 않는다는 점에서 대기발령 · 직위해제 · 휴직명령과 유사하다고 본다. 따라서 사용자의 취업의무 위반(부당한 노무수령거부)에 대하여도 대기발령 · 직위해제 · 휴직명령에서와 같이 '정당한 이유'를 요구하고, 그 정당성은 대기발령 · 직위해제 · 휴직명령과 동일한 기준에서 판단하여야 할 것이다. 그렇게 하는 것이 현행 노동관계법이나 판례에 부합하는 것이라고 본다.

그리고 사용자의 취업의무위반에 대하여 손해배상과 같은 금전보상만을 보장할 것인지와 관련해서는 현행법이 대기발령 · 직위해제 · 휴직명령을 노동위원회의 구제대상에 포함시키고 있다는 점에서 이와 유사한 법적 성질을 가진 사용자의 취업의무 위반(부당한 노무수령거부)도 노동위원회의 구제대상이 될 수 있어야 한다고 본다. 즉, 금전보상을 넘어 원상회복 청구의 대상이 될 수 있어야 할 것이다. 그리고 그렇게 하는 것이 현행법의 체계에 부합하는 것이라고 본다. 왜냐하면, 「근로기준법」 제23조 제1항은 부당한 전직과 휴직을 '부당해고등'의 하나로 보고 있고, 동법 제28조 제1항은 '부당해고등'에 대하여 노동위원회에 구제신청을 할 수 있도록 하고 있기 때문이다. 즉, 대기발령 · 직위해제 · 휴직명령을 금전보상이 아니라 원상회복을 목적으로 하고 있는 노동위원회의 구제신청 대상으로 하고 있으므로,[51] 대기발령 · 직위해제 · 휴직명령과

---

49) 강남진, 앞의 논문(註 45), 132면 이하.

50) 대법원 2013. 5. 9. 선고 2012다64833 판결; 대법원 1996. 10. 29. 선고 95누15926 판결; 대법원 2005. 2. 18. 선고 2003다63029 판결 등.

51) 판례는 "해고기간 중의 지급받지 못한 임금을 지급받기 위한 필요가 있다고 하더라도 이는 임금청구소송 등 민사소송절차를 통하여 해결될 수 있어 더 이상 구제절차를 유지할 필요가 없게 되었으므로 구제이익은 소멸 한다"고 보고 있다(대법원 2012. 6. 28. 선고 2012두4036 판결. 同旨: 대법원 2009. 12. 10. 선고 2008두22136 판결; 대법원 2001. 4. 24. 선고 2000두7988 판결 등).

유사한 법적 성질을 가진 취업청구권에 대하여도 금전보상을 넘어, 원상회복을 실현할 수 있는 구제절차를 보장하는 것이 현행 법체계에 부합한다는 것이다.

V. 결 론

「고용상 연령차별금지 및 고령자고용촉진에 관한 법률」의 개정을 통하여 60세의 법정 정년제도를 도입하였다. 그러나 아직도 많은 근로자들이 정년 전에 원하지 않는 퇴사를 강요당하고 있다. 원하지 않는 퇴직의 일반적인 형태는 권고사직일 것이다. 그러나 근로자가 회사의 권고사직에 불응하면, 사용자가 해당 근로자에게 일을 주지 않는 방식으로 사직을 강요하는 경우가 있다. 이때 발생하는 노동법적 문제가 사용자는 근로자에게 임금만 지급한다면 일을 시키지 않아도 되는 것인가라는 것이다.

독일은 해고의 효력을 다투는 자의 '계속근로청구권'과 사회보장법상 취업청구권에 관한 특별규정을 두고 있다. 그러나 근로자의 일반적 취업청구권에 대하여는 실정법은 아무런 규정을 두고 있지 않다. 하지만 독일은 판례로 근로자의 일반적 취업청구권을 인정하고 있다. 우리나라도 근로자의 취업청구권에 대하여 아무런 법규정을 두고 있지 않다. 판례는 부당해고나 복직거부로 인한 정신적 손해에 대하여 사용자의 손해배상책임을 인정하고 있다. 그러나 이러한 판례가 근로자의 취업청구권을 인정한 것은 아닌 것으로 이해된다. 근로자의 취업청구권을 해석론으로 인정하는 것에 대하여는 우리나라에서는 물론 독일에서도 많은 비판이 있었다.

필자는 근로자의 취업청구권을 해석론으로 인정하기는 힘들다고 본다. 그러나 근로관계의 특수성을 고려할 때 근로자의 취업청구권을 인정할 필요성은 매우 크다고 본다. 따라서 필자는 근로자의 취업청구권 문제는 입법론적으로 해결하는 것이 바람직하다고 본다. 그리고 근로자의 취업청구권을 인정한다고 하여, 그것이 우리 법체계에 급격한 변화나 혼란을 초래한다고 보지 않는다. 왜냐하면 우리 판례는 이미 임금은 지급하되 직무에 종사지 못하게 하는 직위해제 · 대기발령 · 휴직명령에 대하여 근로기준법 제23조 제1항의 '정당한 이유'를 요구하고 있기 때문이다. 독일에서는 19세기 말부터 독립 · 통일된 근로계약법을 제정하려는 시도가 계속되어 왔는데, 이 과정에서 제시된 의미 있는 법안들은 모두 근로자의 취업청구권에 관한 규정을 두고 있다는 점도 위와 같은 이유 때문이라고 본다. 필자는 근로자의 취업청구권을 입법론적으로 인정함으로써 사직의 형식을 빌린 강제퇴사를 줄이고 법률로 정한 정년이 실질적으로 보장될 수 있도록 할 법정책적 필요가 있다고 본다.

근로계약의 내용통제

방 준 식*

Ⅰ. 들어가며
Ⅱ. 내용통제의 의의
Ⅲ. 내용통제에 관한 실정법적 근거
Ⅳ. 내용통제의 정당성 요건
Ⅴ. 내용통제의 구조와 효과
Ⅵ. 나오며

Ⅰ. 들어가며

근대 시민법은 자유롭고 대등한 당사자가 자유의사에 따라 계약을 체결할 것을 전제로 하고 있다. 이러한 전제는 근로관계를 형성하는 근로계약에서도 마찬가지로 보장되어야 하기에 현행 근로기준법(이하 '근기법') 제4조에서는 근로조건의 결정에 관하여 근로자와 사용자가 동등한 지위에서 자유의사에 따라 결정하도록 명시적으로 규정하고 있다. 그러나 근로관계의 당사자는 그 특수성으로 인해 계약내용의 형성에 있어서 대등성이 보장되지 않는 것이 현실이다. 근로기준법 등이 그 대등성을 확보하기 위해 다양한 규정내용을 작동하는 이유도 그것이다. 더욱이 근로계약의 내용에 대한 구체적인 통제규범이 존재하지 않음으로 인해 근로계약관계에서 발생되는 근로자의 불이익은 현실적으로 다양하게 발생되고 있다.

한편 근로관계에서 사용자는 근로계약을 근거로 근로자에게 노무급부의무의 이행을 지시하거나 명령할 수 있다. 결국 근로계약상 근로계약의 내용은 사용자의 일방적 지시 내지 명령으로 이행되기 때문에 '당사자의 합의'라는 계약에 대한 흠결의 문제가 발생하게 된다. 실무에서 보더라도 근로계약의 체결은 임금·직종 등의 중요한 사항에 대해서만 합의할 뿐 세부적인 내용은 근로계약의 내용에 따르는 것이 보통이다. 심한 경우에는 이러한 중요사항에 대한 별도의 합의조차 없이 단순히 근로계약에 따르는 것으로 처리하는, 말하자면 채용에 관한 합의만이 존재하는 경우도 드물지 않다. 이렇듯 근로자의 근로조건을 결정하는 근로계약은 근로관계에서의

* 영산대학교 법학과 부교수, 법학박사

힘의 불균형으로 인해 근로자에게 불리하게 작용하는 것이 현실이다.[1)]

결국 근로계약은 사용자의 주도로 작성되어 체결될 뿐만 아니라 사용자의 지시권으로 인해 구체화된다는 점에 문제가 있다. 사용자는 근로자의 노무급부의무에 관해서 사용자 스스로 유리한 계약내용을 작성하는 것이 용이한 반면에, 근로자는 사용자와의 교섭력에 있어서 균형을 유지하기 어려울 뿐만 아니라(종속적 지위) 개개의 계약내용을 명확하게 확인할 수도 없기 때문이다. 이로 인해 근로자는 자신의 이익을 주장할 기회를 가지지 못할 뿐만 아니라 자신에게 불리한 계약내용을 일괄적으로 수락할 수밖에 없다. 그 결과 근로자는 근로계약의 내용에 대해 포괄적인 동의를 할 것인가 아니면 계약체결을 포기할 것인가라는 양자택일(take it or leave it)을 하게 되므로 자유로운 의사에 기초하여 대등하게 교섭할 여지는 없게 되는 것이다.[2)]

이 논문은 법이론적 관점에서 근로계약의 내용통제의 필요성에 대해 사용자의 지시권과 관련하여 기본적인 내용을 살펴보고자 한 것이다. 구체적으로는 근로계약의 내용에 대한 내용통제를 통해 포괄적인 사용자의 지시권의 제한과 그에 대응한 근로자의 노무급부의무를 명확히 하고자 한 것이다. 근본적으로 현행 실정법의 테두리 안에서는 근로계약의 내용에 대한 구체적인 통제장치가 마련되어 있지 않기 때문이다.

Ⅱ. 내용통제의 의의

근로계약의 내용통제란 근로계약의 내용이 추상적이고 포괄적인 내용을 포함하고 있는 경우, 근로조건대등결정의 원칙(근기법 제4조)에 비추어 합리적인 범위로 한정(수정)하는 것을 의미한다.[3)] 즉, 근로계약의 내용은 통상 그 내용을 특정하는 방향으로 해석해야 하지만 실제로 실무에서는 사용자의 포괄적 지시권[4)]을 포함하고 있기 때문에 계약내용의 통제가 요구되는 것이다. 결국 근로계약을 통해 발생된 근로자의 노무급부의무의 내용 그 자체를 합리적인 범위로 한정(수정)하는 것이 내용통제의 중요한 의의라고 할 수 있다.

근로관계에서 근로계약을 근거로 사용자의 지시나 명령이 인정된다 하더라도 그 내용통제를 통해 정당한 권리로서의 요건을 충족하지 않는 한, 그 반대급부로서 근로자의 노무급부의무의 발생자체가 부정된다. 사용자의 지시나 명령이 정당한 권리로서 인정되기 위한 요건은 근로조건대등결정의 원칙에 비추어 만일 근로자가 자유로운 의사에 따라 사용자와 대등한 입장에서 교섭하였다면 어떠한 내용의 노무급부의무를 합의하였을지 판단하여 결정하게 된다. 보다 구체

1) 전윤구, 「근로관계에서의 균등대우원칙에 관한 연구」, 고려대 박사학위논문, 2004, 39면.

2) 결국 근로자의 양자택일의 문제라고 하지만 근로관계의 특수성으로 인해 근로자가 사용자의 지시에 따를 수밖에 없는 약자의 지위임을 강조한 것이다. 이에 관해서는 西谷敏, 「労動法における個人と集團」, 有斐閣, 1994, 88頁.

3) 土田道夫,「勞務指揮權の現代的展開」, 信山社, 1999, 405頁.

4) 사용자의 포괄적 지시권에 관해서는 방준식, 「사용자 지시권에 관한 연구」, 고려대 박사학위논문, 2006 참조.

적으로는 사용자와 근로자가 근로계약을 통해 각각 가지는 일반적 이익을 기초로 하여, 노무급부의무를 구성하는 사용자의 개별적인 지시내용과 그로 인한 근로자의 불이익을 비교형량해야 한다. 예를 들면 근로계약의 포괄적 배치전환조항에 기초한 전직(전근)명령권은 자의적으로 해석해서는 안 되고, 이익형량을 통해 합리적인 내용으로 한정(수정)하여 근로자에게 의무를 부여할 필요가 있다.[5] 그리고 근로계약에 의한 사용자 지시권의 존재를 전제로 그 행사단계에서 개별적인 노무급부의무의 정당성은 권리남용판단에 의해 제한되는 것이다.[6]

결국 근로계약은 내용통제를 통해 '노무급부의무의 정당한 범위'에 부합하는 해석을 얻을 수 있다. 근로조건대등결정의 원칙하에서도 노무급부의무는 당사자가 합의했던 내용에서 벗어나지 않도록 해석해야 하고, 내용통제 하에서도 노무급부의무의 내용은 노사가 대등하게 교섭하였다면 합의하였을 일정한 합리적 범위내로 한정함으로써 근로조건대등결정의 원칙에 따른 한정해석을 할 수 있기 때문이다. 그 결과 사용자의 포괄적 권리(사실상의 지휘명령)는 인정되지 않는 것이고, 사용자와 근로자가 대등한 관계(채권관계)에서 노무급부의무의 실질이 확보되는 것이다.[7] 이는 노사당사자의 실질적 대등성의 확보라는 목적에도 부합하게 된다.

한편 근로계약의 내용통제하에서는 근로자의 노무급부의무가 정당한 범위내에서 인정될 뿐만 아니라, 그 판단과정에서 사용자의 이익 및 근로관계의 특질이 고려되므로 '노무급부의무의 정당한 범위'에도 부응할 수 있다. 더욱이 이하에서 살펴보는 바와 같이 근로계약의 내용통제에 관한 실정법적 근거나 내용통제를 구성하는 정당성 요건의 정립을 통해 노무급부의무의 객관적 내용을 명확히 하고 그 예측과 규제를 가능케 할 수 있다. 따라서 근로계약의 내용통제는 '노무급부의무의 정당한 범위'를 적절히 고려하여 그 한계를 설정한다는 기본적 목표를 실현하는데 적합한 것이다.

Ⅲ. 내용통제에 관한 실정법적 근거

근로계약의 내용통제에 관한 실정법적 근거에 관해서는 그 정당성 요건과는 달리 고려될 필요가 있다.[8] 내용통제를 정당화하는 실질적 요건이 충족되더라도 그것을 근거지우는 실정법상의 규범이 존재하지 않는다면 내용통제의 정당성은 완전히 보장받을 수 없기 때문이다.

---

5) 근로계약의 내용으로서 포괄적 배치전환규정과 관련해서는 방준식, "배치전환의 현대적 의미와 재구성", 「노동법논총」 제16집, 한국비교노동법학회, 2009, 91면 이하 참조.

6) 사용자 지시권의 행사규제에 관해서는 방준식, 「사용자 지시권에 관한 연구」, 고려대 박사학위논문, 2006, 127면 이하 참조.

7) v. Hoyningen−Huene, Billigkeit im Arbeitsrecht, 1978, S. 127ff.

8) 근로계약의 내용통제에 관한 실정법적 근거는 그 정당성에 관한 실질적 근거와 구별된다. 즉 내용통제를 정당화하는 실질적 근거가 완성되기 위해서는 먼저 그에 관한 실정법적 규범이 존재해야 하기 때문이다. 이에 관해서는 土田道夫, 「勞務指揮權の現代的展開」, 信山社, 1999, 415頁 이하.

1. 근로조건 대등결정의 원칙(근기법 제4조)

근로계약의 내용통제의 법적 근거로서 먼저 근기법 제4조의 근로조건 대등결정의 원칙이 제시된다. 근로계약의 특성상 노무급부의 타인(사용자)결정성을 극복하고 근로조건 대등결정의 원칙에 부응하기 위해서는 근로계약의 내용통제가 불가피하기 때문이다. 결국 근로계약의 내용통제는 근로조건 대등결정의 원칙을 실현하기 위한 법적 수단이고, 그 실정법상의 근거는 근기법 제4조이다.

2. 신의성실의 원칙(민법 제2조)

근로계약은 채권계약이므로 당연히 민법상 신의성실의 원칙이 적용된다. 독일의 학설과 판례가 이와 같이 근로계약의 내용통제의 법적 근거를 신의칙에서 구하면서 사용자에게 특별한 의무를 부과한다.[9] 즉, 사용자에 의한 계약내용의 일방적 결정에 관해서 사용자가 계약내용을 형성할 경우, 근로자의 이익을 충분히 고려해야 할 의무를 부담한다고 해석한다.[10]

이러한 해석은 취업규칙에도 동일하게 적용할 수 있을 것이다. 취업규칙이 약관으로서의 성격을 가지고 있기 때문에 취업규칙도 그 작성이나 변경에 있어서 '근로자의 이익을 고려해야 할 의무'가 있다고 보아야 하기 때문이다. 그리고 이러한 의무는 사용자가 취업규칙을 일방적으로 작성 내지 변경함으로 인해 사용자가 근로자로부터 실질적으로 계약내용형성의 자유를 침해한 것에 대한 대가로서 부담하는 의무이고 내용통제의 근거가 된다.

결국 사용자는 근로계약을 체결하는 과정에서 자신의 이익과 함께 근로자의 이익을 배려할 의무를 부담하고, 이를 이행했는지의 여부는 법원의 심사에 따른다고 보는 것이다.[11] 원래 이러한 배려의무는 근로자가 그 존재를 다투는 독립적인 의무는 아니지만 법원이 근로계약내용에까

---

9) MünchArbR/Richardi, Bd. Ⅰ, § 14 Rn. 47ff; BAG Urt. v. 21. 12. 1970 AP Nr. 1 zu § 305 BGB Billigkeitskontrolle.

10) 독일 연방법원의 판결(BGH Urt. v. 4. 6. 1970 BGHZ Bd. 54, S. 107 ; BGH Urt. v. 2. 28. 1973 BGHZ Bd. S. 243.)에 따르면, 보통거래약관에 있어서 약관사용자가 약관내용을 일방적으로 결정하고 계약정의의 실현을 저해할 가능성이 있는 경우, 약관사용자는 자신의 이익만을 추구할 수는 없고 상대방의 이익을 고려할 신의칙상의 의무를 부담한다고 해석하면서, 이러한 약관사용자의 의무이행에 관해서는 법원이 직접 약관내용의 합리성을 판단해야 한다고 하였다.

11) 독일판례(BAG Urt. v. 21. 12. 1970 AP Nr. 1 zu § 305 BGB Billigkeitskontrolle)는 다음과 같이 판시한 바 있다. 즉, "현행 채권법의 기본적인 사상은 계약정의의 실현이고, 그것은 대등한 당사자가 자신의 이익을 주장하면서 교섭하여 공평한 조정을 도출함으로써 보장된다는 것이다. 그럼으로써 형식적 자유가 아닌 실질적 자유에 기초한 계약이 성립되어 정당화되는 것이다. 물론 원칙적으로 계약의 형성은 사법의 심사를 필요로 하지 않는 것이다. 왜냐하면 대등하지 못한 계약의 일방당사자를 보호하기 위해 법률상 최저조건을 설정한 것을 제외한다면 일반적으로 계약내용의 결정은 당사자에게 맡겨져야 하기 때문이다. 그러나 취업규칙과 같은 일방적인 근로조건의 내용통제에 관해서는 계약상 대등한 이익조정이 보장되지 않는 경우, 사용자는 자신의 이익만을 추구할 수 없고 근로자의 이익도 적정하게 고려해야 한다. 결국 취업규칙상 근로조건의 내용은 공정하고 정당해야 하고 그 여부에 관한 판단은 법원이 심사해야 한다"고 판시한 바 있다.

지 개입한다는 의미이고 부당한 내용을 수정하는 것을 정당화하는 근거로 작용하는 것이다. 이 문제는 결국 근로계약의 내용에 대해 사법심사가 가능한지의 문제로 귀결된다.

3. 신의칙과 사법심사

가. 대법원 판례의 태도

대법원은 정년단축을 내용으로 하는 취업규칙의 불이익변경에 대해 노동조합의 동의를 얻는 절차상의 하자가 없다면 개별 근로자(비조합원)의 동의여부와 상관없이 변경된 취업규칙이 적용된다는 판결[12)]을 내린 바 있다. 이 판결의 특징은 대법원이 취업규칙의 불이익변경과 관련하여 별도의 내용심사를 고려하지 않았다는 점이다. 즉, '정년퇴직연령을 단축하는 내용으로 취업규칙의 기존 퇴직규정을 변경하고 이에 관하여 기존 퇴직규정의 적용을 받던 근로자의 과반수로 구성된 노동조합의 동의를 얻은 경우 위 변경 개정은 적법·유효하므로, 일정 직급 이상으로서 노동조합에 가입할 자격은 없지만 기존 퇴직규정의 적용을 받았던 근로자에게도 그의 개별적 동의 여부와 관계없이 당연히 적용된다'고 한 것이다. 결국 대법원은 불이익변경된 취업규칙의 내용심사에는 소극적인 자세를 취하면서, 절차상 노동조합의 동의를 얻은 취업규칙의 불이익변경에 대해서는 조합원이든 비조합원든 당연히 적용된다고 판단한 것이다.

그런데 최근 대법원은 정년단축과 관련하여 이루어진 취업규칙의 변경내용에 대해 적극적으로 심사를 한 판결[13)]을 내려 관심이 증폭되었다. 즉, 사용자와 노동조합은 근로자들의 정년을 60세에서 54세로 단축하기로 합의하고 취업규칙의 정년 규정도 같은 내용으로 변경한 후, 그에 따라 54세 이상인 일반직원 22명을 정년퇴직으로 처리한 사안에서, '일정 연령 이상의 근로자들을 정년 단축의 방법으로 일시에 조기 퇴직시킴으로써 사실상 정리해고의 효과를 도모하기 위하여 마련된 것으로 보이고, 모든 근로자들을 대상으로 하는 객관적·일반적 기준이 아닌 연령만으로 조합원을 차별하는 것이어서 합리적 근거가 있다고 보기 어려우므로, 특별협약 중 정년에 관한 부분 및 이에 근거하여 개정된 취업규칙은 근로조건 불이익변경의 한계를 벗어나 무효이고, 일반직원 22명의 퇴직처리는 사실상 해고에 해당한다'고 본 것이다.[14)]

---

12) 대법원 2008. 2. 29. 선고 2007다85997 판결.

13) 대법원 2011. 7. 28. 선고 2009두7790 판결.

14) 2011년 대법원 판결은 정년단축을 내용으로 하는 불이익변경된 취업규칙에 대해 법원이 적극적으로 내용심사를 한 것으로 판단된다. 그러나 기본적으로 노사자치의 관점에서 보면, 취업규칙의 불이익변경에 대한 합리성 판단 등의 내용심사는 기본적으로 사법심사에 포함되지 않는 것이고, 조합내부의 의사결정 등 공정성의 관점에서 절차심사만이 인정된다는 보는 앞선 판례의 입장과는 모순되는 판결이다. 왜냐하면 노동조합이 관여하는 취업규칙의 불이익변경에 대해 2008년 판결에서는 절차상 하자가 없다면 내용상 차별여부를 묻지 않고 비조합원에게 당연히 적용된다고 하면서, 2011년 판결은 조합원에 대한 합리적 이유없는 차별을 근거로 무효라고 한 것이기 때문이다.

나. 법원에 의한 내용통제의 가능성

근로계약의 내용통제에 관한 실정법상의 근거는 노동법상 근로조건대등결정의 원칙(근기법 제4조)에서 구하지만 결국 그것을 근로계약의 내용에 매개하는 근거는 신의칙(민법 제2조)에서 구한다. 신의칙은 원래 '권리의 행사 및 의무의 이행'에 대해서 기능하는 법규범이지만 더 나아가 권리내용자체의 수정 및 당사자의 의무의 설정에까지 미치고(약관의 내용통제, 당사자의 부수의무의 설정), 근로계약의 내용통제(근로자의 이익배려의무)에 관해서도 그것을 정당화하는 실정법상의 규범적 역할을 한다.[15] 즉, 내용통제는 근로조건대등결정의 원칙을 기초로 하면서 신의칙에 의해 취업규칙의 내용을 통제하는 것을 의미하게 된다.

결론적으로 근로계약의 내용이 근로자의 이익을 부당하게 침해하고 있는 경우, 사용자는 근로자의 이익을 고려해야 할 신의칙상의 의무를 해태한 것으로 평가하고, 그것을 정당화하는 사유를 증명하지 않는 한, 법원에 의해 해당 계약내용이 수정될 수 있다고 보아야 한다.

Ⅳ. 내용통제의 정당성 요건

근로계약의 내용통제는 사적자치의 원칙과의 관계에서 정당성을 판단해야 한다. 원래 사적자치의 원칙은 계약당사자에 의한 계약내용의 자유로운 형성을 본래의 취지로 하는 것이지만 내용통제는 당사자의 주관적 의사와는 무관하게 근로계약의 내용을 객관적으로 규제하고 계약내용형성의 자유에 직접적인 개입을 의미하게 된다.[16] 따라서 이러한 개입을 법적으로 정당화할 수 있는 내용통제의 요건은 자기결정의 원칙과 근로조건대등결정의 원칙에서 구하게 된다.

1. 자기결정의 원칙

가. 사적자치와 자기결정

근로계약의 내용통제를 정당화하는 계약법상의 근거는 사적자치의 원칙이다. 그리고 사적자치에 부합하지 않는 근로계약의 내용을 수정하는 것이 사적자치의 원칙을 실질화하는 것이다. 또한 사적자치의 원칙에는 일반적인 전제조건으로서 자기결정의 원칙이 있다. 자기결정의 원칙이란 계약당사자가 대등한 입장에서 교섭하고 자유로운 의사에 기해서 계약내용을 결정할 수 있다는 것을 의미한다.[17] 이러한 자기결정을 전제로 당사자는 계약내용을 자유로이 형성할 수 있고 동시에 그렇게 형성된 계약내용에 구속되게 된다. 또한 자기결정이 보장되는 한, 계약

---

15) M. Wolf, Inhaltskontrolle von Arbeitsverträgen, RdA 1988, S. 271ff; BGH Urt. b. AP Nr 1 zu §611 BGB Intrernatsvertrag = NJW 1984, S. 2094.

16) Gast, Das Arbeitsrecht als Vertragsrecht, 1984, S. 56.

17) M. Wolf, Rechtsgeschäftliche Entscheidungsfreiheit und vertraglicher Interessenausgleich, 1970, 19ff; Hildebrandt, Disparität und Inhaltskontrolle im Arbeitsrecht, 1987, 17ff.

당사자는 자유의사에 의해 대등한 지위에서 교섭하고 계약을 통해 얻는 이익과 불이익을 비교 형량하면서 계약을 체결할 수 있다. 따라서 그러한 결과로 형성된 계약내용은 당사자 사이의 공정한 이익조정을 거쳐 형성된 것으로 추정할 수 있다. 이것을 계약정의(Vertragsrichtigkeit)[18]라고 한다면, 당사자의 자기결정은 사적자치의 원칙을 규정함과 동시에 계약정의의 전제로 되는 요소이고, 나아가서는 계약의 구속력의 근거를 이룬다고 볼 수 있다.[19] 근로관계에서도 자기결정에 기한 계약관계의 형성을 통해서 임금지급의무과 근로제공의무가 인정되는 점은 당사자사이에 적절한 질서를 형성하므로 자기결정의 원칙은 평균적 정의의 실현과 아울러 사회적으로 배분적 정의까지도 실현할 수 있는 것이다.[20] 따라서 계약당사자의 자기결정이 충분히 보장되기 위해서는 계약내용의 결정을 당사자의 합의에 위임해야 한다. 그리고 원칙적으로는 법원이 당사자의 합의에 개입할 수 없는 것이고, 민사상 강행법규위반이나 양속위반에 해당할 경우만 예외적으로 개입하게 된다.[21]

한편 자기결정이 충분히 보장되지 않음으로 인해 공정한 이익조정이 이루어지지 않는 경우가 있다. 즉, 근로계약상 일방당사자인 근로자에게 대등교섭의 기회를 부여하지 않고 자기결정을 흠결하여 사실상 사용자가 일방적으로 계약내용을 결정하는 경우이다. 이 경우의 근로계약은 당사자간의 자유의사에 기한 대등교섭이 흠결됨으로써 계약내용형성시 일방당사자가 자신의 이익만을 추구하게 되기 때문에 문제가 된다. 더욱이 계약내용은 필연적으로 일방당사자인 사용자의 이익에 편중될 것이고, 결국 당사자간의 계약정의(공정한 이익조정)의 실현은 어렵게 된다. 그리고 이렇게 형성된 계약내용에 관해서는 사적자치의 원칙을 무조건적으로 적용하여 그 구속력을 전면적으로 인정할 수는 없다. 왜냐하면 법은 사인간의 모든 합의에 구속력을 인정하는 것이 아니라 법의 목적이나 이념에 적합한 합의의 경우에만 구속력을 인정하기 때문이다.[22] 다만 법원이 예외적으로 근로계약의 내용에 직접 개입하여 자기결정에 기한 이익조정을 반영한 내용으로 수정할 수 있다. 그것이 근로계약의 내용통제가 되는 것이다. 대체로 이러한 통제는 법원에 의해서 이루어지기 때문에 법원은 당사자가 대등한 입장에서 교섭하였다면 어떠한 내용을 근로계약에 규정할 것인가라는 입장에서 근로계약의 내용을 심사할 권한과 기능을 가지게 된다.

나. 노무의 타인결정성과 자기결정

근로계약은 사용자와 근로자의 사이에 힘의 불균형으로 인해 일방당사자인 사용자의 입장만을 대변하여 작성된다는 점에서 내용통제의 필요성이 제기된다. 마찬가지로 근로계약의 내용

---

18) 당사자의 자기결정과 관련된 계약정의에 관해서는 Gast, Das Arbeitsrecht als Vertragsrecht, 1984, S. 58ff; Fastrich, Richterliche Inhaltskontrolle in Privatrecht, 1992, 53ff.

19) 土田道夫,「労務指揮權の現代的展開」, 信山社, 1999, 407頁.

20) v. Hoyningen－Huene, Billigkeit im Arbeitsrecht, 1978, S. 132f.

21) Söllner, Einseitige Leistungsbestimmung im Arbeitsverhältnis, 1967, S. 114.

22) 土田道夫,「労務指揮權の現代的展開」, 信山社, 1999, 408頁.

변경도 사용자에 의해 일방적으로 이루어지는 경우에 내용통제를 필요로 한다. 근로자는 근로계약의 각각의 내용(근로조건)을 정확히 숙지하기 어려울 뿐만 아니라 설령 그 내용에 불만을 가진다 하더라도 근로자와 사용자간의 교섭력의 불균형으로 인해 근로자 자신의 이익을 주장하여 교섭하기란 거의 불가능하다(노동의 종속성).[23] 더욱이 근로관계는 사회속에서 상하구조적인 특징을 가지는 관계이므로 근로계약의 내용은 대부분 작성자인 사용자의 이익을 우선하게 되므로 그 자체는 공정한 이익조정이 흠결된 것이라고 볼 수밖에 없다. 즉, 이것은 사적자치의 원칙의 요소를 이루는 근로자의 자기결정이 흠결되어 있다고 보는 것이다. 그러나 근로계약의 내용에 대해 무조건적으로 사적자치에 의한 형성만을 인정할 수는 없을 것이다. 오히려 자기결정이 흠결된 근로계약의 내용에 대해서는 근로조건 대등결정의 원칙에 따라 수정하면 될 것이기 때문이다.[24]

결론적으로 사용자에 의한 일방적인 근로계약의 작성 및 변경은 근로자의 자기결정을 침해하거나 근로자의 이익을 침해할 소지가 매우 높다. 그러한 이유로 내용통제의 정당성과 필요성이 제기되는 것은 당연하다 할 것이다. 다시 말해서 근로계약은 통상적으로 사용자의 일방적인 작성 및 변경이라는 간편한 방법에 의해서 계약내용을 구체화할 수 있기 때문에 그에 대한 제한적 요청으로서 내용통제가 필요한 것이다.

다. 사적자치의 원칙의 실질적 보장

근로계약의 내용통제는 한편으로는 그 내용의 사적자치적 형성에 대한 개입을 의미하지만 다른 한편으로는 사적자치의 원칙을 실질적으로 보장하는 것을 의미한다.[25] 즉, 근로계약의 내용통제는 계약의 일방당사자인 사용자에 의해 계약내용이 일방적으로 결정되는 것에 대한 통제이지만, 반대로 보면 그러한 내용통제를 전제로 근로계약의 일방적 형성을 인정하는 것으로서 그 자체로는 계약자유의 원칙에 반하지 않는다는 것을 의미하는 것이다. 그러나 일반적으로 사용자에 의한 일방적인 근로계약의 형성은 계약자유의 침해 및 사용자의 권리남용과 같이 사적자치의 원칙에 반하는 것이다. 원래 사적자치의 원칙이 인간은 자유로운 의사(자기결정)를 매개로 해서만 다른 사람에게서 구속받는다는 근대법사상을 반영한 것이고, 일방 당사자가 상대방의 자기결정이 흠결된 경우 계약내용을 일방적으로 형성할 수 없다는 것을 의미한다.[26] 이에 반해 근로계약의 내용통제는 사용자에 의한 계약자유의 남용과 부당한 계약내용을 시정하여 근로자에게 있어야 할 자기결정(자유의사)을 확보하고, 대등교섭을 전제로 형성될 계약내용의 완성(계약정의)을 실현시킬 것을 목적으로 한다.[27] 결국 근로계약의 내용통제는 계약내용의 사적자치

23) 西谷敏, 「労動法における個人と集團」, 有斐閣, 1994, 82頁.
24) M. Wolf, Inhaltskontrolle von Arbeitsverträgen, RdA 1988, S. 272.
25) 土田道夫, 「勞務指揮權の現代的展開」, 信山社, 1999, 409頁.
26) Flume, Allgemeiner Teil des Bürgerlichen Recht, Bd. Ⅱ, Das Rechtsgeschäft, 3. Aufl., 1979, S. 1f.
27) Gast, Das Arbeitsrecht als Vertragsrecht, 1984, S. 59.

적 형성에 개입하여 사용자의 일방적 결정으로 상실된 근로자의 계약내용형성의 자유를 회복시키고 사적자치와 자기결정을 실질화하도록 기능을 부여한 것이다.[28]

결론적으로 자기결정의 원칙은 이중적인 의미에서 근로계약의 내용통제에 대한 정당성 요건이 된다고 할 수 있다. 첫째, 근로계약에서 근로자의 자기결정이 흠결된 경우에 현실적으로 그때그때마다 합의의 효력을 인정할 수 없고, 오히려 그 내용의 수정이 요청된다는 의미에서 내용통제의 정당성이 있음을 간과해서는 안 된다. 다음으로 노동법상 근로계약의 내용형성에 근로자가 참여할 수 있도록 보장하는 원리로서 자기결정의 원리가 내용통제의 정당성 요건이 된다. 따라서 전자는 자기결정이 계약법상 가지는 의의라고 한다면, 후자는 노동법상 근로계약과 관련하여 의의가 있다고 할 것이다.

2. 근로조건 대등결정의 원칙

가. 근로조건 대등결정과 자기결정

앞서 살펴 본 바와 같이 사적자치의 원칙이 근로계약에 대한 내용통제의 계약법상 정당성 요건으로서 작용하지만 이를 노동법상 법규제로서 정당화하는 근거는 근로조건대등결정의 원칙(근기법 제4조)이다. 이와 같이 근로조건대등결정의 원칙은 근로계약상 노무급부의무의 내용이 사용자에 의해서 일방적으로 결정되는 점을 문제시하여 그 타인결정의 계약내용을 근로자와 사용자가 대등한 입장에서 결정하도록 보장하는 것을 이념으로 한다. 결국 근로자는 근로계약의 내용결정에 사용자와 대등한 입장에서 관여할 기회를 보장받게 된다. 마찬가지로 자기결정의 이념도 노동법상 근로계약의 내용결정에 근로자가 대등한 입장에서 관여할 것을 보장한 이념이라는 점에서 동일한 요청이 제기된다.[29]

근로계약의 내용통제는 근로자와 사용자 사이의 대등교섭을 전제로 근로계약의 내용을 확정하는 기능을 담당하게 된다. 아울러 앞에서 살펴 본 노동법상 자기결정의 이념과의 관계에서도 근로자가 근로계약의 내용결정에 주체적으로 참여하였다면 사용자에게 그 내용을 구체화 또는 확정할 수 있는 권능을 부여함으로서 자기결정의 이념을 실질적으로 보장할 수 있다.[30] 결국 근로계약의 내용통제는 근로자와 사용자 사이의 실질적 대등성을 확보하기 위한 수단이 되는 것이다.

---

28) 土田道夫, 「勞務指揮權の現代的展開」, 信山社, 1999, 409頁.

29) 이와 같이 근로조건대등결정의 원칙은 ① 근로자 의사의 반영 보장, ② 노무급부의무의 객관적 한정해석이라는 2단계로 기능하고, ①은 합의에 기초한 계약내용(노무급부내용)의 특정을 통해 나타난다. 하지만 현실적으로는 근로계약에서 근로자와 사용자 사이에 교섭력의 불균형(노동의 종속성)이 발생하므로 ①의 단계에서 근로조건 대등결정의 원칙이 기능하기 어려운 경우가 많다. 따라서 노무급부의무의 객관적 한정해석이라는 ②의 기능이 중요하게 되어 이를 통한 내용통제가 중요하게 된다. 즉, 취업규칙의 내용은 양당사자가 대등한 입장에서 교섭했다면 합의했을 일정한 합리적 범위내로 한정해야 하고, 그것이 계약내용으로 확정되어야 한다. 이에 관해서는 土田道夫, 「勞務指揮權の現代的展開」, 信山社, 1999, 410頁.

30) Gast, Das Arbeitsrecht als Vertragsrecht, 1984, 61f.

나. 내용통제의 사회법적 성격

근로계약의 내용통제는 근로조건대등결정의 원칙을 실현하기 위한 불가피한 법기술에 해당하고 근로자 보호라는 사회법적 성격에도 부합하게 된다. 더욱이 근로조건대등결정의 원칙과 그 바탕이 되는 실질적 자유의 이념은 근로자와 사용자 사이의 대등관계를 실질적으로 보장할 것을 목적으로 하는 것이다. 따라서 국가(법원)가 이러한 목적을 위해 근로계약관계에 적극적으로 개입하는 것은 시민법원리에는 부합하지 않지만 사회법적인 성격은 충분히 반영하는 것이다.[31] 결국 국가(법원)는 근로계약이 근로조건 대등결정의 원칙에 반하는 내용인지를 심사하고, 만일 이러한 원칙에 반한다고 판단되면 근로계약의 내용을 수정할 수 있는 권한이 근기법 제4조에 의해서 수권되었다고 보는 것이다.[32]

Ⅴ. 내용통제의 구조와 효과

1. 내용통제의 구조

1) 내용통제와 이익형량

내용통제의 수단은 기본적으로 근로조건대등결정의 원칙이지만, 보다 구체적으로는 근로자와 사용자 사이의 객관적 이익형량[33]이라 할 수 있다. 즉, 근로계약의 내용통제는 사용자의 기업경영상의 이익과 근로자의 신분상 내지 생활상의 불이익을 유형적으로 비교형량하여 판단하는 것이다. 물론 이익형량론에는 비판의 여지가 있지만 근로계약상 인정되는 근로자의 권리와 이익을 보호할 필요가 있다는 점과 사용자도 근로계약을 근거로 사용자 지시권을 행사하여 업무를 수행할 이익을 가지고 있기 때문에 이익형량은 무시할 수 없다고 본다.

결국 근로계약의 내용통제는 근로조건대등결정의 원칙에 비추어 당사자가 대등한 입장에서 교섭하였다면 각각 주장할 이익을 확인하고 그 균형점을 근로계약의 내용으로 확정하고자 하는 것이다. 사용자와 근로자가 근로계약에서 확보하는 이익의 객관적 조정을 위해서는 이익형량을 통한 판단이 불가피하기 때문이다. 그리고 이러한 이익형량은 궁극적으로 노사간의 대등관계가 결여된 근로관계의 현실에서 근로자의 이익을 보호하는 기능을 하게 된다.

---

31) 土田道夫, 「勞務指揮權の現代的展開」, 信山社, 1999, 411頁.

32) 근로계약의 내용통제는 기본적으로 근로조건 대등결정의 원칙을 통해 이루어지고, 근로자가 자유의사를 가지고 사용자와 대등한 입장에서 교섭하였다면 어떠한 내용을 설정하였겠는가의 판단을 통해 내용수정적 통제를 가능케 하는 것이다. 이에 관해서는 西谷敏, “勞動法における自己決定の理念”, 「法律時報」 第66巻 9号, 1994, 31頁.

33) 내용통제의 구체적 방법으로서 객관적 이익형량에 관해서는 방준식, 「사용자 지시권에 관한 연구」, 고려대 박사학위논문, 2006, 122면 이하 참조.

2) 이익형량의 구조

가. 객관적 이익형량

내용통제를 구성하는 이익형량의 특색은 개개의 분쟁에 있어서 노사가 가지는 이익의 개별적 비교형량이 아니라 노사쌍방이 가지는 평균적·일반적 이익을 기초로 하는 객관적인 비교형량이라는 점이다(객관적 이익형량론[34]). 즉 내용통제는 근로계약을 근거로 하는 사용자의 지시권과 근로자의 노무급부의무라는 권리의무 그 자체의 내용을 확정하는 것이므로, 사용자가 지시권을 가지는 사용자의 이익과 근로계약상 근로자가 가지는 평균적 이익과의 비교형량이 요청된다.[35]

내용통제의 임무는 권리행사 이전의 단계에서 권리의무 그 자체의 일반적 한계를 설정하는 것이므로 사용자의 일반적인 업무상의 이익과 근로자의 평균적 이익과의 비교형량을 내용으로 한다. 또한 사용자가 근로조건의 집합적·획일적 처리를 위해 준비하는 근로계약 내지 취업규칙은 근로자 사이의 공평한 대우가 중요하다.[36] 결국 내용통제는 근로자집단에 공통하는 평균적·집단적 이익을 기초로 하는 객관적 비교형량일 수밖에 없다.

또한 객관적 이익형량은 노무급부의무를 구성하는 개개의 사용자 지시권의 내용을 가능한 한 명확한 형태로 설정하는 것이다. 하지만 이익형량의 판단을 법원에만 맡긴다면 당사자의 자의적인 판단으로 인해 법적 안정성을 손상시키는 결과가 되므로 이익형량의 판단기준을 개개의 분쟁유형에 따라 명확히 설정함으로써 사전 통제를 꾀할 필요가 있다. 또한 근로계약을 근거로 한 동일한 내용의 사용자의 지시는 근로자의 특성에 따라(예를 들면 직무에 있어서 연구직과 일반사무직) 내용통제의 태도도 달리할 필요성이 제기된다.[37]

나. 가정적 자유의사

이와 같이 내용통제의 기초는 사용자와 근로자 사이의 객관적 이익이지만 동시에 그것은 근로자의 자기결정(자유의사)의 회복이라는 의미를 가지므로 양자의 정합성(의사와 이익과의 관계)이 문제된다.

사용자 측의 업무상의 필요성도 근로자 측의 신분상 내지 생활상의 불이익도 노사가 계약형성과정에서 교섭을 통해 주장(표시)하고자 하는 의사를 형성하는 것이다. 다만 내용통제가 노사의 객관적 이익의 균형점을 확정하는 규제인 이상, 당사자의 의사는 주관적 의사가 아니라 근로조건대등결정의 원칙 하에서 노사가 대등한 입장에서 교섭하였다면 형성될 의사를 의미한다. 특히 내용통제(객관적 이익형량)가 직접 근로자의 의사를 배제하는 수단이 되어서는 안 된다. 여기

---

34) 객관적 이익형량론에 관해서는 土田道夫, 「勞務指揮權の現代的展開」, 信山社, 1999, 422頁 이하 참조.

35) 근로계약을 근거로 하는 사용자의 지시권도 결국 이익형량을 통해 통제되는 것이고, 구체적으로 개개의 사안에 따라 사용자의 업무상의 필요성과 근로자의 신분상 및 생활상의 불이익을 비교형량하여야 한다(방준식, 「사용자 지시권에 관한 연구」, 고려대 박사학위논문, 2006, 122면).

36) v. Hoyningen−Huene, Billigkeit im Arbeitsrecht, 1978, S. 146f.

37) 土田道夫, 「勞務指揮權の現代的展開」, 信山社, 1999, 423頁.

서 근로자의 의사는 '노동의 종속성(교섭력의 불균형)'으로 인해 발생하는 외형적 의사를 의미하지 않을 뿐만 아니라 개별 근로자의 주관적 의사를 의미하지도 않는다.[38] 오직 사용자의 이익과 다른 근로자의 이익을 포함하여 형성된다고 추정되는 의사, 이른바 '가정적 자유의사'를 의미한다.[39] 여기에 내용통제와 근로자의 의사와의 접점이 있고, 자기결정의 이념은 이 '가정적 자유의사'(대등교섭을 전제로 하는 의사)를 보장하는 이념으로서 기능한다.[40] 이 의미에서 근로계약의 내용통제는 근로계약의 해석으로도 볼 수 있는 것이다. 근로계약의 해석은 당사자의 주관적 의사(자기결정)를 기초로 하여 그 합치점을 확인하는 것이기 때문이다.

2. 내용통제의 효과

1) 내용수정적 통제

앞서 살펴본 바와 같이 근로계약의 내용통제는 근로계약상 광범위하게 인정되는 근로자의 노무급부의무의 내용을 합리적인 범위내로 수정(한정)하는 것이다.[41] 다만 내용통제는 그 효과로서 근로계약 전체의 무효(전부무효) 및 노무급부의무에 관한 합의의 전부무효를 초래하는 것은 아니고, 합의된 내용을 수정하여 유효하게 존속시키는 것이다(내용수정적 통제). 즉, 내용통제의 효과는 근로계약 내용의 전부무효가 아니라 부분적 무효이다. 예를 들면 일상적 명령에 관한 합의는 근로자의 인격적 이익을 부당하게 침해하지 않는 범위내에서 노무급부의무의 범위를 설정하는 합의로서 유효하게 존속하는 것이고, 배치전환에 관한 포괄적 합의규정도 그 자체가 무효로 되는 것은 아니라 합리적인 범위내로 수정(한정)하여 효력을 유지하게 된다.

근로계약상 포괄적 의무부여조항도 이 준칙에 의해 합리적 범위내에서 사용자에게 배치전환 명령권을 부여하는 취지의 조항으로서 유효하게 존속하는 것으로 해석해야 한다. 이 점 판례 중에는 근로계약의 업무명령조항 및 전직(전근)조항이 합리적 범위내에서 노무급부의무를 부담케 한다고 해석하지만, 이들은 의식적으로 이러한 수정적 해석론(부분적 무효론)을 채용하고 있다고 본다. 그러나 내용통제의 효과로서 이러한 내용수정적 통제에 대해 비판적 견해[42]가 있다. 즉, 이러한 내용수정적 통제는 사용자가 부당한 계약내용을 설정한다 하더라도 그것이 전면적으로 무효로 될 위험을 부담하는 것은 아니고, 또한 상대방(근로자)이 그 효력을 다투는 경우에

---

38) 결국 이러한 당사자의 의사에 있어서 근로자의 의사는 '노동의 종속성(교섭력의 불균형)을 전제로 하는 의사가 아니라 대등당사자의 자유의사를 의미하게 된다.

39) 내용통제의 구체적 방법으로서 가정적 자유의사에 관해서는 방준식, 「사용자 지시권에 관한 연구」, 고려대 박사학위논문, 2006, 121면 이하 참조.

40) 현행 근기법 제4조에서도 근로조건의 결정은 근로자와 사용자의 '자유의사'를 전제로 하고 있다. 동시에 이러한 자유의사는 근로자의 주관적 의사가 아니라 사용자의 이익과 근로자의 이익을 객관적으로 비교하여 형성하는 가정적 자유의사라고 보아야 한다.

41) 앞의 Ⅱ. 내용통제의 의의 참조.

42) Ulrich Preis/Christoph Kietaibl, Die neueste Entwicking der Vertragsinhaltskontrolle im Arbeitsrecht, ZfA 2006, S. 43ff.

법원에 의해서 정당한 범위로 수정시키는 것에 지나지 않으므로 부당한 계약내용의 설정을 미리 제한할 수 없다는 것이다.

그럼에도 불구하고 다음과 같은 2가지의 이유[43]에서 근로계약은 내용수정적 통제가 타당하다고 본다. 첫째, 당사자의 의사를 존중할 필요가 있기 때문이다. 전면적 무효라고 하면 당사자의 합의의 의의가 없는 것으로 되는데 반해, 내용수정적 통제에 의하면 당사자간의 합의는 내용을 수정하여 효력을 유지하게 된다. 내용통제가 당사자의 객관적 의사를 기초로 하는 이익조정적 통제인 이상, 가능한 한 계약내용을 존속시키고자 하는 당사자의 일반적 의사를 존중할 필요가 있기 때문이다. 둘째는 '사용자 지시권 존중의 요청'이고[44], 이에 의하면 사용자 지시권(에 관한 합의)의 효력을 할 수 있는 한 존속시키는 방향에서 고려할 필요가 있기 때문에 내용수정적 통제가 적절하다고 보아야 할 것이다.

2) 노무급부의무의 불발생

근로계약은 내용통제에 의해서 합리적인 내용의 범위로 존속하게 되지만, 만일 그 범위를 넘는 경우에는 근로자의 노무급부의무는 발생하지 않고,[45] 그에 근거한 사용자의 지시 내지 명령도 근로계약의 범위를 넘는 것으로서 무효로 해석하게 된다.[46] 내용통제는 노무급부의무의 발생요건을 확정하는 법규제이므로 그 요건을 충족하지 않는 한, 노무급부의무 자체가 발생되지 않는다고 보아야 하기 때문이다. 따라서 사용자의 지시가 합리적 범위를 넘는 경우,[47] 근로자는 노무급부의무를 부담하지 않기 때문에 그러한 사용자의 지시에 불응하더라도 노무급부의무위반(채무불이행)의 책임을 부담하지 않는다.[48] 이러한 해석은 내용통제가 권리의무의 내재적 한계를 해명하는 통제라는 점의 귀결일 수밖에 없지만, 구체적인 효과로서 내용통제도 근로자의 채무불이행책임의 불발생과 당해명령을 무효화하는 것을 목표로 하기 때문이다. 그리고 내용통제는 사용자 측이 근로계약을 근거로 한 사용자의 지시가 합리적인 범위라는 주장을 입증

---

43) 2가지 이유에 관해서 자세히는 土田道夫, 「勞務指揮權の現代的展開」, 信山社, 1999, 431頁 이하 참조.

44) 사용자 지시권 존중의 요청에 관해서는 土田道夫, 「勞務指揮權の現代的展開」, 信山社, 1999, 225頁 이하 참조.

45) 대표적으로 헌법상 기본권을 중대하게 침해하는 경우를 예로 들 수 있다. 이와 관련하여 노무제공자의 의무와 기본권의 충돌에 관한 사례와 내용에 관해서는 하경효, 「노동법사례연습」(제2판), 박영사, 2006, 58면 이하 참조.

46) 기본적으로 불합리한 사용자의 지시를 무효화하는 것은 사용자 지시권의 법적 성질을 형성권으로 해석하는 입장(형성권설)의 귀결이다. 이에 관해서는 방준식, 「사용자 지시권에 관한 연구」, 고려대 박사학위논문, 2006, 48면 이하 참조.

47) 사용자의 지시가 합리적인 범위를 넘는 경우는 통상 세 가지 정도로 분류할 수 있는데 근로자는 다음과 같은 경우에 사용자의 근로제공에 대한 요구를 거절할 수 있다. 첫째, 법률로 금지되거나 선량한 풍속에 반하는 근로를 요구하는 경우, 둘째, 근로제공이 근로자에게 예견할 수 없었던 경우, 셋째, 노동보호법규에 위반한 근로제공이 근로자에게 직접 생명이나 건강상의 위험을 초래할 수 있는 경우가 그것이라 할 것이다. 즉 애당초 근로제공이 불가능하거나 이를 기대할 수 없는 경우에 근로자는 사용자의 지시에도 불구하고 이를 거절할 수 있는 것이다. 이에 관해서는 하경효, 「노동법사례연습」(제2판), 박영사, 2006, 61면.

48) 방준식, "사용자의 지시에 대한 근로자의 대응과 그 효과", 「강원법학」 제26권, 2008, 147면.

해야 한다는 점과 사용자의 지시의 내용적 한계를 명확히 함으로써 당사자의 사전예측을 가능케 하여 법적 안정성을 도모한다는 점에서 내용통제의 장점이 있다고 본다.

Ⅵ. 나오며

이상에서 근로계약의 내용통제에 관하여 법이론적 관점에서 살펴보았다. 구체적으로 보면, 첫째, 근로계약의 내용을 통제하는 궁극적인 이유는 내용통제를 구성하는 법적 근거의 정립을 통해 근로자의 노무급부의무의 객관적인 내용을 명확히 하고, 그 예측과 규제를 가능하도록 하는 것이다.

둘째, 근로계약의 내용통제에 관한 실정법상의 근거를 제시하였다. 구체적으로 근로조건대등결정의 원칙(근기법 제4조)과 신의성실의 원칙(민법 제2조)이 법적 근거로서 제시될 수 있는데, 이러한 원칙들이 근로계약의 내용을 어떻게 통제하는지 살펴보았다.

셋째, 근로계약의 내용통제는 사적자치의 원칙과의 관계에서 정당성을 판단해야 한다. 구체적으로 자기결정의 원칙과 근로조건대등결정의 원칙을 제시하고, 근로계약의 내용통제가 근로자와 사용자 사이의 실질적 대등성을 확보하기 위한 수단이 되는 점을 상세하게 밝혔다.

넷째, 근로계약의 내용통제는 현실적으로 사용자의 이익과 근로자의 이익을 비교형량하여 판단할 필요가 있는데, 이에 대해 소위 객관적 이익형량론을 제시하였다. 아울러 내용통제의 기초로 되는 것은 근로자와 사용자의 객관적 이익이지만, 동시에 근로자의 자기결정의 회복이라는 의미를 가지므로 양자의 정합성(자기결정의사와 이익과의 관계)에 대해서도 살펴보았다.

마지막으로 다섯째, 근로계약의 내용통제의 효과에 대해 검토하였다. 특히 내용통제는 그 효과로서 근로계약 전체의 무효(전부무효) 및 노무급부의무에 관한 합의의 전부무효를 초래하는 것은 아니라는 점, 오히려 합의된 내용을 수정하여 유효하게 존속시킨다는 점을 명확히 하였다.

직장 내 집단 괴롭힘에 대한 사용자의 책임

이 준 희*

Ⅰ. 논의에 앞서
Ⅱ. 직장 내 집단 괴롭힘의 의의
Ⅲ. 사용자의 직장 내 집단 괴롭힘 금지 및 방지 의무 인정 근거
Ⅳ. 직장 내 집단 괴롭힘 발생 시 사용자의 책임
Ⅴ. 맺음말

Ⅰ. 논의에 앞서

직장 내 집단 괴롭힘 문제에 대해 처음 공부를 시작한 것은 2007년 9월 경 하경효 교수님께서 고려대학교 대학원 사회법 전공 수업 발표주제로 "직장 내 집단 따돌림"을 제시해주신 것을 받게 되면서부터이다. 마침 몇 해 전에, 당시로서는 노동법학 분야에서는 유일했던 김영문 교수님의 논문을 읽고 마음에 담아두고 있던 차에 하경효 교수님께서 수업 발표주제로 주신 목록 중 이 주제가 있는 것을 발견했다. 대학원 세미나 첫 시간에 이 주제를 받기 위해 설레면서 기다리고 손을 들었던 기억이 아직 생생하다. 그로부터 두 달 여 동안 홀린 듯이 도서관에 소장된 문헌들을 조사하고, 국내에 없던 책들을 ILO와 독일과 일본 아마존에 주문해서 배송되기를 기다리며, 몇 안 되던 국내 판례를 읽어나갔었다. 학생들 사이의 따돌림에 관한 심리학, 교육학, 사회학, 의학 분야의 논문밖에 없던 국내 상황과 비교할 때, 이미 1970년대부터 노동법적 관점에서 다양한 논의가 방대하게 진행되어 온 스웨덴과 독일 등 북유럽, 2000년대 이후 상당한 학문적 성과를 쌓아온 일본, 풍부하고 체계적인 통계 조사를 이어온 ILO의 성과는 놀라웠다. 국내의 척박한 현실에 새삼 주눅이 들기도 했었다. 발제를 마치고 복도에서 하경효 교수님을 마주쳤다. 평소 말씀이 별로 많지 않으신 교수님께서 "열심히 준비했다. 잘 했다."고 말씀하셨을 때 느꼈던 부끄러움과 설렘, 교수님의 표정도 잊을 수 없는 기억이다. 직장 내에서 발생하는 집단 괴롭힘 문제는 그때 이후로 늘 마음 속을 맴돌고 순간 순간 떠오르고 되새김질 하는 주제가 되었

* 한국경영자총협회 노동경제연구원 연구위원, 법학박사

고, 이후 하경효 교수님의 지도를 받으며 석사논문도 이 주제로 작성했다.

직장 내 집단 괴롭힘의 문제를 생각하면 흔히 사무실 안에서 또는 공장 안에서 직접 마주 대하는 근로자들을 생각하게 된다. 국내외의 기존 논의들도 그러한 경우를 상정하여 이루어졌다. 어린 학생들 사이의 따돌림과 괴롭힘 문제가 주로 교실과 학교 주변에서 이루어진다는 것, 학생들 사이의 괴롭힘 문제에 대한 연구가 여타 조직 내 괴롭힘 논의의 출발점이 되어왔다는 것 등이 그 이유일 수도 있다. 또한 전통적인 노동법이 상정하는 환경이 사업장 내에서 마주 대하고 공동생활을 하는 근로자 집단을 전제로 한다는 것이 그 이유일 수도 있다. 하지만 현재의 사회를 생각하면 재택근로, 스마트워크, 인터넷을 활용한 사업 및 작업 수행 등이 일반화되어 가면서 직접 얼굴을 마주 대하는 오프라인 환경에서의 공동체적 모습 이외에 서로 얼굴을 모르거나 자주 만나지 않는 근로자들이 온라인 공간에서 협업을 하는 환경을 함께 전제로 하여 논의를 진행하지 않으면 안 되는 상황이 되었다. 이에 대해서는 현상을 파악하는 차원에서의 연구가 선행되어야 하리라 생각한다.

최근 직장 내 집단 괴롭힘에 대한 입법론과 학술적 차원의 논의가 활발히 이루어지고 있는 것은 매우 고무적이다. 아래에서는 직장 내 집단 괴롭힘과 관련된 노동법학적 쟁점들 중 사용자가 자신이 경영하는 사업장 내에서 발생하는 괴롭힘 문제에 대하여 책임을 져야 하는 근거, 책임의 내용에 대해 설명해보려 한다.

Ⅱ. 직장 내 집단 괴롭힘의 의의

1. 직장 내 집단 괴롭힘 개념의 확정

(1) 직장 내 집단 괴롭힘의 개념과 용어의 정리

직장 내 집단 괴롭힘이란 “직장 내의 상사나 부하직원을 포함한 동료 근로자들이 자신의 상급자로서의 지위나 다수의 우월성 그 밖의 우월한 상황을 이용하여 특정 근로자를 향하여 의식적으로 오랜 기간에 걸쳐 반복적이고 집중적으로 신체적 · 정신적, 직 · 간접적인 수단으로 공격을 가하거나 소외시키는 일체의 행동 또는 의사의 소통”을 말한다.[1] 괴롭힘은 일반적인 선량한 시민을 기준으로 그 행태가 해당 근로자의 품위를 해치는 것으로 판단되는 정도에 이르면 충분하다.[2] 그리고 직장 “내(內)”라는 표현은 장소적 · 공간적인 범위만을 일컫는 것이 아니라 괴롭힘이 발생하는 사람들 사이의 연관관계가 “직장”, 즉 소속된 사업 또는 사업장에서 주어진 업

1) 이준희, 「직장 내 집단 괴롭힘(mobbing)에 대한 연구」, 고려대학교 석사학위논문, 2009, 24면. 1999년 노동부가 발표한 「직장 내 집단따돌림 방지대책」은 직장 내 집단 괴롭힘을 “사업주 · 상급자 또는 근로자들이 집단을 이루어 특정인을 그가 소속한 집단 속에서 소외시켜 구성원으로서의 역할 수행에 제약을 가하거나 인격적으로 무시 혹은 음해하는 정신적 · 육체적 가해행위”라고 정의하고 있다(노사협의과 500−5559).

2) 김형배, 「노동법」, 박영사, 2016, 247면.

무를 매개나 원인으로 해서 맺어지는 것을 표현한다. 따라서 직장 구성원들 사이에서의 괴롭힘 행위가 주로 사업장 밖이나 온라인 단체 채팅방에서 이루어진 경우, 협업을 하는 재택 근로자 사이의 정보교류 과정에서 특정 근로자를 배제하여 정상적인 업무 수행을 불가능하게 만드는 경우도 "직장 내"의 개념에 포섭시킬 수 있다.

우리나라 노동법학 분야에서 "직장 내 집단 괴롭힘" 또는 "직장 내 괴롭힘"이라는 용어가 학계에서 사용된 것은 그리 오래 되지 않았다. 특정 집단이나 조직 내에서 여러 사람이 특정인을 괴롭히는 현상을 나타내는 용어로서 일반적으로 널리 사용되었던 말에는 "왕따"와 "따돌림"이 있다. 왕따는 어린 학생들 사이에서 널리 사용되었던 은어이다. 이지매(いじめ)라는 일본어가 그대로 사용되기도 했다. 그러나 "왕따", "이지매" 등의 용어는 개념이 품고 있는 내용의 외연이나 내포를 확정하기 어렵고 상황에 따라 다른 뜻으로 변화될 가능성을 가지고 있다. 학계, 특히 법학분야에서는 조직 내의 집단적인 괴롭힘 현상을 표현하기 위해 "음해행위"[3]와 "정신적 괴롭힘"[4] 등이 사용되기도 했다. 경영학 분야에서는 "따돌림"[5], "괴롭힘"[6] 등의 용어가 사용되어 왔다. 최근에는 직장 내에서 동료들 사이에서 발생하는 특정인에 대한 집단적인 괴롭힘 현상을 표현하는 용어로 "직장 내 괴롭힘"이라는 용어가 자주 사용되고 있다.[7] harassment, bullying, mobbing과 같은 뜻을 갖는 용어가 그대로 사용되거나 いじめ와 パワハラ 등의 일본 용어가 그대로 사용되던 단계를 지나 "괴롭힘"이 학술적인 용어로서 자리를 잡아가고 있는 단계인 것으로 보인다. 이는 필자가 2009년 "직장 내 집단 괴롭힘"이라는 용어를 논문에서 처음 사용하던 때에는[8] 법학 분야에서 그 사례를 발견하기 어려웠던 것으로서 매우 고무적이라고 생각된다. 집단 괴롭힘이라는 표현에 대해서 괴롭힘이라는 적극적인 공격행위가 부각되어 다수의 무시와 같은 심리적 따돌림을 포섭할 수 없다고 지적하면서 "집단 따돌림"이라는 용어가 적절하다고 주장하는 견해가 있다.[9] 그러나 "집단 따돌림"이라는 용어는 오히려 적극적 공격 행위를 포섭하기 어렵다는 문제가 있고, 어의상 "괴롭힘"이라는 표현이 반드시 적극적 공격행위만을 뜻한다고 볼 것은 아니라고 생각한다.

---

3) 김영문, "직장 내에서의 음해행위(mobbing)에 대한 법적 구제수단", 「법조」 통권 498호, 1998. 3, 128면.
4) 조임영, "프랑스 노동법상 '정신적 괴롭힘'의 금지", 서울대 노동법연구회, 2008년 상반기 발표자료, 1면.
5) 황지연, 「직장 내 집단따돌림이 구성원의 태도에 미치는 영향에 관한 연구」, 서강대학교 석사학위논문), 2004.
6) 박경규, "조직 내 집단 따돌림과 조직행동", 「서강경영논총」, 2005; 이형진, 「직장 내 집단 괴롭힘에 관한 연구」, 고려대 석사학위논문, 2005.
7) 강성태, "내부고발자에 대한 '직장 내 괴롭힘'과 손해배상책임", 「노동법학」, 제35호, 2010. 9, 378면 이하; 노상헌, "일본의 직장 내 괴롭힘에 대한 법적 쟁점", 「노동법논총」 제26집, 2012, 127면 이하; 나이토 시노, "일본의 직장내 괴롭힘", 「국제노동브리프」 Vol.12 No.9, 2014. 9, 39면 이하.
8) 이준희, "직장 내 집단 괴롭힘(mobbing)에 대한 연구", 고려대학교 석사학위논문, 2009. 직장 내 집단 괴롭힘을 나타내는 여러 가지 용어에 대한 자세한 분석은 이 논문 10면 이하 참조.
9) 이상윤, "집단따돌림현상의 헌법적 개념정의와 입법론적 과제", 「공법학연구」 제9권 제2호, 2008, 3면.

직장 내에서의 괴롭힘이 상급자 1인에 의해서 행해지거나, 1대 1의 동료 사이에서 발생할 수도 있다는 점에서 "집단" 개념을 배제하는 견해들도 합리성이 있다. 하지만 조직 내에서의 특정인에 대한 괴롭힘의 대부분은 "집단 괴롭힘"인 경우가 많고, 1대 1의 관계에서 발생하는 괴롭힘도 집단의 힘의 우위에 비견할 수 있는 지위의 상하관계나 실질적인 힘의 우위에 기초하는 경우가 많으므로 "집단"이라는 표현을 반드시 배제할 필요는 없을 것이다. 오히려 "집단 괴롭힘"이라고 표현하는 것이 우리가 표현하고자 하는 대상 행위의 특징을 표현하는 데에도 유용하다. 서구에서 가장 널리 사용되고 있는 용어인 'mobbing'을 보더라도 라틴어의 'mobile vulgus'[10]를 어원으로 하고 영어의 'mob'[11]을 원형으로 하는 것으로서[12] 집단성을 본질적인 의미로 내포하고 있다. 직장 내에서 구성원 사이에서 발생하는 괴롭힘 행위는 "직장 내 집단 괴롭힘"이라고 지칭하기로 한다.

(2) 직장 내 집단 괴롭힘의 개념 표지

직장 내 근로자들 사이에 갈등 발생했을 때 그것이 규범적으로 유의미한 "직장 내 집단 괴롭힘"에 포섭될 수 있을 것인지를 확정하기 위해 직장 내 집단 괴롭힘 행위의 구성요소를 정리할 필요가 있다. 집단 괴롭힘을 당하고 있는 근로자가 있음에도 불구하고 괴롭힘 가해 근로자들은 자신들의 행위가 집단 괴롭힘이 아니라고 주장할 수도 있고, 반대로 특정 근로자가 막연히 자신이 괴롭힘을 당하고 있다고 생각하고 있지만 단순히 근로자들 사이의 일상적인 친소관계에 지나지 않는 경우도 있을 수 있기 때문이다.

먼저 직장 내 집단 괴롭힘 행위의 외적 특징을 말하는 객관적 구성요소로는 "다수인에 의한 괴롭힘"을 들 수 있다. 괴롭힘 행위가 어느 한 당사자에게서 다른 한 당사자에게로 행해진 경우 그것은 두 사람의 다툼에 불과할 뿐이라고 보아야 하기 때문이다. 그러나 1대 1의 개인간 관계라 하더라도 암묵적 힘의 우열, 직급상 권한의 상하관계 등이 존재하여 피해 근로자에 대해서 "집단"에 버금가는 심리적·실질적 우위성을 획득하고 있는 상대방이 있고 그 근로자가 타방을 괴롭히는 상황이라면 이는 "다수인의 괴롭힘"과 동일하게 판단해야 할 것이다. 그리고 그 괴롭힘은 "일방적인 괴롭힘"이어야 한다. 직장 내 집단 괴롭힘에 해당하기 위해서는 괴롭힘 행위가 특정인에 대하여 일방적으로 가해져야 한다.[13] 만약 가해행위를 서로 주고받고 있다면 이는

---

10) en.wikipedia.org/wiki/Ochlocracy에 따르면 "mobile vulgus"는 the easily move –able crowd, 즉 쉽게 동요하는 군중을 뜻한다고 한다.

11) https://en.wikipedia.org/wiki/Mob에 따르면 "mob"은 군중, 집단 등을 의미한다.

12) mobbing이라는 용어가 누구에 의해 최초로 사용되었는가에 대해서도 몇 가지 견해가 있다. 스웨덴 임상의 출신의 Heinz Leymann의 논문과 저서들에 등장하여 1980년대 이후 널리 사용되게 되었다고 보는 견해도 있고(水谷英夫, 「職場のいじめ：「パワハラ」と法」, 2006, 77면), 학생들 사이에서 발생하는 집단 괴롭힘에 대해 연구한 Olweus가 집단 괴롭힘을 지칭하는 용어로 mobbing을 처음 사용했다고 보는 견해도 있다(박경규, "조직 내 집단 따돌림과 조직행동", 「서강경영논총」, 2005, 117면).

13) Martina Benecke, 「Mobbing(Arbeits– und Haftungsrecht)」, 2005, 23면.

상호간의 적대행위 내지 상호 괴롭힘을 수는 있어도 이 논문에서 설명하고자 하는 "직장 내 집단 괴롭힘"의 범주에서는 제외되는 것으로 보아야 한다. 또한 그러한 괴롭힘 행위는 "의도적·반복적인 괴롭힘 행위"이어야 한다. "의도적"이라는 의미는 법률상 고의에 이를 정도의 구성요건적 인식을 말하는 것은 아니다. 이에 대해서는 뒤에서 다시 한 번 설명한다. 또한 반복적이어야 하므로 우발적이거나 일회적인 괴롭힘 행위는 "직장 내 집단 괴롭힘"으로 지칭하여 검토하고자 하는 대상에서는 배제된다. 직장 내 집단 괴롭힘이란, bullying이라는 용어에서 알 수 있듯이 그 괴롭힘 행위가 집요하게 반복적으로 행해져 피해자에게 스스로 감당할 수 없는 피해를 주게 되는 경우를 말하기 때문이다. 2016년 6월 17일 이인영 의원이 대표발의 한 근로기준법 개정안도 "의도와 적극성을 가지고 지속적·반복적으로 소외시키거나 괴롭히는 행위"를 괴롭힘 행위의 유형에 포함시키고 있다.[14] 문자나 언어에 의한 괴롭힘 이외에 직접 신체에 대하여 가해지는 행위도 "직장 내 집단 괴롭힘"에 포함된다. 형사법상 특별형법상의 폭행죄, 특수폭행죄, 상해죄, 폭행치사상죄 등 관련 구성요건의 적용이 가능하다 하더라도 "직장 내 집단 괴롭힘"에서 배제해야 할 이유는 없다. 1999년 노동부가 발표한 「직장 내 집단따돌림 방지대책」[15]은 직장 내 집단 괴롭힘에 "정신적·육체적 가해행위"가 모두 포함된다고 보았으며, 참여정부 시기 정부가 입법예고 했던 차별금지법(안)[16] 제2조 제8호도 집단 괴롭힘을 "개인이나 집단에 대하여 신체적 고통을 가하거나 수치심, 모욕감, 두려움 등 정신적 고통을 주는 일체의 행위"라고 정의하여 신체적 고통을 가하는 행위를 집단 괴롭힘에 포함시키고 있었다.

다음으로 직장 내 집단 괴롭힘이라고 판단하기 위해서는 위와 같은 객관적인 구성요소 외에 자신 또는 자신들이 특정 근로자를 괴롭히고 있다는 것에 대한 인식 또는 인식 가능성이 필요하다. 이러한 인식 또는 인식 가능성은 민법 제750조 이하의 불법행위에 있어서의 고의 또는 과실을 인정할 수 있다면 충분하며 반드시 고의를 필요로 하지 않는다.[17] 이 경우의 고의는 '미필적 고의'로 족하고, 위법성의 인식은 포함되지 않는다.[18] 또한 "다수가 함께 괴롭히고 있다는 인식"까지는 필요하지 않고, 객관적으로 보아 다수 또는 힘의 우위에 있는 자의 괴롭힘 행위가 가해진 사실만 인정되면 충분하다. 다수의 힘을 형성하여 특정 근로자를 괴롭히고 있는 집단에 속해있지 않으면서도 유사한 괴롭힘 행위를 하는 자의 행위를 포함시키기 위해서이다. "직장 내 집단 괴롭힘"으로 인정하기 위해서는 특정 근로자를 "직장으로부터 배제하기 위한 의도"라는 가중된 주관적 구성요건이 필요하다고 보는 견해가 있다.[19] 외국의 입법례 중 1993년 발효된

14) 의안번호 2000318, 제안일자 2016년 6월 17일, 근로기준법 일부개정법률안 참조.
15) 노동부 1999. 5. 10. 보도자료(노사협의과 500－5559).
16) 법무부 공고 제2007－106호.
17) 김형배, 「노동법」, 박영사, 2016, 247면.
18) 대법원 2002. 7. 12. 선고 2001다46400 판결.
19) 김영문, "직장 내에서의 음해행위(mobbing)에 대한 법적 구제수단", 「법조」 통권 498호, 1998. 3, 130면; Heinz Leymann, 「Mobbing」, 2006, 21면.

스웨덴의 직장에서의 학대에 대한 조치에 관한 명령 제1조도 직장 내 집단 괴롭힘을 "근로자 개인을 표적으로 하여 공격적 수단에 의해 집중하여 행해지는 비난 또는 명백하게 부정적인 행동으로서 대상 근로자를 직장 공동체에서 배제하는 결과를 가져오는 행위"라고 정의하는데 이와 유사한 입장이다.[20] 그러나 "직장에서의 배척 또는 배제"라는 가중된 주관적 요건이 반드시 필요하다고 하면, 직장으로부터의 배제를 의도하지 않는 괴롭힘 행위는 개념에서 제외되는 문제가 발생한다. 피해 근로자를 직장이나 소속 부서에서 배제하려는 의도 없이 단지 피해 근로자의 행동이나 성격, 외모 등이 마음에 들지 않는다는 이유로 괴롭히는 경우, 작업 정보를 공유하지 않는 방법으로 성과를 떨어뜨려서 승진이나 연봉인상에 있어서 불이익을 주려는 행위 등을 보호와 규율의 범위에서 제외할 이유는 없다. 괴롭힘을 당하는 근로자가 입는 피해는 가해자들이 조직 배제의도를 갖는지 여부에 따라 달라지지 않는다. 피해 근로자들을 "직장에서 배제"시키려는 주관적 의도는 직장 내 집단 괴롭힘에 해당하는 여러 유형의 행위들 중 일부가 갖는 속성이나 동기라고 볼 수는 있으나 이러한 가중된 주관적 의도를 직장 내 집단 괴롭힘의 일반적 성립요건으로 인정하는 것은 타당하다고 보기 어렵다.

마지막으로 괴롭힘으로 인해 피해 근로자에게 손해가 발생해야 한다. 직장 내 집단 괴롭힘으로 인한 손해는 전통적 의미의 재산상 손해에 국한되지는 않는다. 직장 내 집단 괴롭힘으로 인해 손해는 집단 괴롭힘을 당한 근로자의 인격권이 침해되고 근로제공 환경과 근로자의 심리상태에 영향을 주어 피해 근로자의 신체적·심리적 안전과 건강에 이상 초래되는 한편, 정상적인 근로제공이 어렵게 되는 결과[21]를 가져오는 것이라고 설명할 수 있을 것이다.

2. 직장 내 집단 괴롭힘의 특징[22]

직장 내에서 행해지는 괴롭힘 행위는 법률로 그 유형이나 구성요건을 특정하여 금지하기 어려운 특징이 있다. 괴롭힘 행위로 인해 피해 근로자가 직접 상해를 입거나 자살한 경우, 피해 근로자의 명예나 신용이 훼손된 경우에는 불법행위로서 가해자에게 민형사상 책임을 묻거나 그러한 행위를 하지 못하도록 금지할 수 있다. 그러나 가해 근로자들이 피해 근로자와 단순히 함께 어울리지 않거나 대화를 나누지 않는 행위 등은 이를 법질서에 위반한 행위라고 단정하기 어렵다. 개인의 단순한 취향 내지 대인관계의 문제에 지나지 않을 수 있기 때문이다. 특정인에 대해 호감을 표시하거나, 함께 대화하거나 함께 밥을 먹도록 법률로써 강제할 수도 없다. 그러한 행위를 하도록 강제하는 것이 오히려 헌법 제10조 행복추구권에서 유래하는 일반적 행동자

20) www.av.se/inenglish/lawandjustice/provisions/.

21) 조임영 교수는 이를 "근로조건 악화"라고 표현하나, 통상 "근로조건"이란 근로기준법 제17조에 따라 임금, 소정근로시간, 휴일, 휴가 등을 뜻하는 용어로 쓰이므로 표현의 타당성에 의문이 있다. 조임영, "프랑스 노동법상 '정신적 괴롭힘'의 금지", 서울대 노동법연구회, 2008년 상반기 발표자료, 4면 참조.

22) 이에 대한 자세한 설명은, 이준희, 「직장 내 집단 괴롭힘(mobbing)에 대한 연구」, 고려대학교 석사학위논문, 2009, 32면 이하 참조.

유권 또는 자기결정권[23] 침해에 해당할 수 있다. 또한 호불호의 감정을 형성하고 이를 표현하도록 강제하는 것은 정신적 자유에 대한 침해이기도 하다.

사업장 내에서 근로자들 사이에 괴롭힘 행위가 발생할 경우 이를 발견하고 조정 내지 통제할 수 있는 가장 가까운 거리에 있는 사람이 사용자이다. 많은 경우 사용자가 사업장 질서유지 등을 목적으로 하는 지시권 행사로써 근로자들 사이의 괴롭힘 행위를 해소하거나 금지할 수 있을 것이다. 따라서 직장 내 집단 괴롭힘을 금지하는 효과적인 입법이 이루어지지 않은 현재로서는 사용자에게 이에 대한 통제 의무를 부과하는 것을 고려하지 않을 수 없다. 그러나 직장 내 집단 괴롭힘 행위에 법률적 규율이 곤란한 영역이 존재하는 것과 마찬가지로 사용자가 근로자들에 대하여 지시권을 행사하기 어려운 영역도 역시 존재한다. 점심시간에 특정 근로자와 함께 밥을 먹도록 지시할 수 없다는 것이 가장 전형적인 예이다. 사용자가 근로자들에게 특정 근로자와 함께 점심을 먹도록 지시하는 것은 사용자의 지시권의 본래 기능인 노무급부의 구체화 또는 사업장 질서유지 등[24]과 직접 관련이 없다. 게다가 점심시간은 대개 휴게시간에 해당되고 휴게시간은 근로기준법 제54조 제2항에 따라 근로자의 자유로운 사용이 인정되어 사용자의 지시권이 미치지 않는 시간이다.[25] 직장 내 집단 괴롭힘 행위가 갖는 복합적·다중적 성격으로 인하여 사용자의 지시권 행사를 통한 통제도 일정한 한계를 가지게 된다. 하지만 사용자에 의한 보호가 어렵다고 해서 직장 내에서 발생하는 괴롭힘 행위에 대해 사용자가 방관자로 머물 수는 없다. 피해 근로자로서는 보호를 요청할 수 있는 가장 가까운 거리에 있는 대상이 사용자이고, 사용자 스스로도 직장 내에서 발생하는 괴롭힘과 이로 인한 직장 몰입도 저하와 직장내 조직문화 파괴 현상이 생산성 저하, 이익 감소로 직결될 수 있기 때문에 이를 방지해야만 하는 필요가 있기 때문이다.[26]

하지만 현실에서는 사업장에서 동료 근로자들 사이의 괴롭힘 행위가 발생한 경우 사용자가 자신의 지시권이나 통제권을 효과적으로 행사하여 피해 근로자를 보호하는 조치를 취할 것을 기대하기 어렵게 만드는 현실적 제약도 있음을 부인할 수 없다. 사용자가 직장 내 집단 괴롭힘 행위의 가해자를 징계하거나 기타 불이익을 주면서 피해 근로자를 구제하도록 기대하기 위해서는 사용자가 피해 근로자의 근로의 질이나 직장 기여도를 가해자의 근로의 질이나 기여도보다 높게 평가하거나 적어도 동등하게 평가하고 있어야 하기 때문이다.[27] 만약 사용자가 피해 근로자가 제공하거나 제공할 수 있는 근로의 효용을 가해자의 그것보다 낮게 평가하고 있다면 사용

23) 성낙인, 「헌법학」, 2004, 291면 이하.

24) 방준식, 「사용자의 지시권에 관한 연구」, 고려대학교 박사학위논문, 2006, 62면 이하.

25) 김형배, 「노동법」, 박영사, 2016, 454면; 임종률, 「노동법」, 박영사, 2016, 446면; 대법원 2006. 11. 23. 선고 2006다41990 판결 등.

26) 이에 대한 자세한 내용은, 이준희, "직장 내 집단 괴롭힘 문제와 법률적 취급", 「임금연구」 제20권 제1호, 2012. 3, 99면 참조.

27) 김영문, "직장 내에서의 음해행위(mobbing)에 대한 법적 구제수단", 「법조」 통권 498호, 1998. 3, 155면.

자는 가해 근로자와 근로관계를 유지하고 피해 근로자를 직장에서 배제하는 선택을 할 가능성이 높다. 또한 직장 내 집단 괴롭힘은 종종 사용자가 마음에 들지 않는 근로자를 직장으로부터 배제시키는 수단으로 악용되기도 한다. 향후 구조조정을 계획하고 있는 사용자가 특정 근로자에 대한 좋지 않은 소문을 퍼뜨리거나 무리하게 과중한 업무를 부과하여 성과를 저하시키고 결국 경영상 이유에 의한 해고 대상자 선발 시에 해당 근로자를 해고 대상자에 포함시키는 경우가 대표적인 예이다.

이와 같이 직장 내 집단 괴롭힘 행위는 본질상 또는 입법기술상 일반적인 법률로써 규율할 수 있는 부분이 많지 않다. 오히려 법률이 규율할 수 있는 범위 밖에 남겨진 부분이 훨씬 크다. 직장 내 집단 괴롭힘 행위에 대한 법률적 보호가 완전할 수 없다면, 더구나 현재 우리나라와 같이 이에 대한 규율이 전혀 없는 상황에서는 직장 내에서 발생하는 집단적인 또는 개인과 개인 사이의 괴롭힘 행위를 금지하고 재발을 방지할 수 있는 일차적인 주체로서 사용자의 역할에 다시 주목하지 않을 수 없다. 아래에서는 사용자가 직장 내 집단 괴롭힘에 대해 책임을 부담하는 근거를 어디에서 도출해 낼 수 있는지, 그러한 근거에 의해 부담하게 되는 사용자의 책임은 무엇인지 살펴보려 한다.

Ⅲ. 사용자의 직장 내 집단 괴롭힘 금지 및 방지 의무 인정 근거

직장 내에서 집단 괴롭힘이 발생했을 때 사용자에게 적절하고 신속한 보호·구제 조치 및 재발 방지 조치를 취할 의무를 부담하도록 할 수 있는 근거로는 우선 사용자의 "안전배려의무"를 생각해볼 수 있다. 그리고 사용자가 직접 직장 내 괴롭힘의 주체가 될 경우 "균등대우의무"가 사용자가 그러한 행위를 하지 못하도록 금지할 수 있는 근거가 될 수 있는지 검토하려 한다. 그 외에 해당 사업장의 취업규칙 또는 단체협약도 사용자에게 특별한 의무를 부담하도록 하는 근거로서 검토될 수 있을 것이다. 사용자에는 우리 근로기준법 및 노동조합 및 노동관계조정법 등 관련 법률의 규정에 비추어 사업주, 사업 경영 담당자 외에 근로자와의 관계에서 사용자를 위하여 행위하는 자도 포함된다.

1. 사용자의 안전배려의무

(1) 안전배려의무의 의의와 근거

사용자는 근로계약에 의한 주된 채무인 보수(임금)지급의무 이외에 근로자의 생명·신체·건강 등을 안전하게 보호하여야 하는 안전배려의무를 부담한다.[28] 안전배려의무를 부담하는 근

28) 김형배, 「노동법」, 박영사, 2016, 339면 이하; 송덕수, 「채권법각론」, 박영사, 2016, 321면; 임종률, 「노동법」, 박영사, 2016, 350면; 하경효, 「노동법사례연습」, 박영사, 2006, 262면; 菅野和夫, 「勞働法(第十一版補正版)」, 弘文堂, 2016, 631면; 西谷 敏, 「勞働法の基礎構造」, 2016, 215면; Brox/Rüthers/Henssler, 「Arbeitsrecht」,

거로는 고용관계가 근로자의 인적 노무제공에 의하여 실현되며,[29] 근로계약관계가 지속적 채권관계로서 인적 · 계속적 성격이 강하다는 특성이 있다[30]는 것 등이 제시되고 있다. 안전배려의무는 근로계약의 해석을 통해 도출되는 사용자의 부수적 의무로서 신의칙에 근거하여 인정된다.[31] 안전배려의무의 내용에는 근로제공의 과정에서 근로자의 인격이나 인권이 침해되지 않도록 배려하여야 하는 의무도 포함된다.[32] 우리나라에서는 안전배려의무가 실정법상 의무가 아니기 때문에 안전배려의무의 인정 근거를 놓고 논쟁이 있다. 안전배려의무의 중요성과 현실적 필요성을 고려할 때 실정법에 근거를 마련할 필요가 있다고 생각한다.[33] 일본은 2007년 勞働契約法 제정 시에 제5조에 사용자의 안전배려의무를 규정하였다.[34]

(2) 사용자의 안전배려의무에 근거한 보호조치 강구 의무

사용자의 안전배려의무는 근로자의 생명 · 건강침해에 대한 보호를 넘어서서 육체적 · 정신적 안전을 보장할 수 있도록 사업장 · 작업수단 · 작업과정을 설정해야 할 의무를 포함하므로[35], 사용자는 안전배려의무의 이행으로서 자신의 사업장에서 집단 괴롭힘 등이 발생할 경우 이를 방지하고, 집단 괴롭힘 행위자에 대하여 그러한 행위를 중단하도록 적절한 조치를 취할 의무를 부담한다고 하여야 한다. 그 조치는 크게 집단 괴롭힘 행위를 사전에 예방하기 위한 의무와 사후 조치 의무로 나눌 수 있다. 사전 예방조치에는 사업장 내에서 집단 괴롭힘이 발생할 수 있는 가능성과 환경에 대해 조사하고 개선하는 것, 직장 내 집단 괴롭힘이 발생할 경우 피해 근로자가 구제를 요청할 수 있는 사내 고충처리 절차를 마련하는 것, 근로자들에 대한 복무규정을 비롯한 취업규칙을 정비하는 것 등이 있다. 사후 조치의무에는 직장 내 집단 괴롭힘이 발생했을 경우 신속하게 상황을 파악하고 피해 근로자 보호에 임할 의무, 가해 행위자에 대한 적절한 조치를 취할 의무 등이 있다. 가해 행위자에 대한 조치는 대개 행위자에 대한 감봉 · 견책 · 전직 등의 징계행위와, 배치전환 등의 인사조치가 될 것이고 경우에 따라 해고도 가능할 것이다. 사용자가 직접 작업 수행과정을 통제할 수 없는 경우가 점차 증가함에 따라 통제 수단 이외에 근로자들을 대상으로 하는 "직장 내 집단 괴롭힘 예방 교육"[36]의 지속적인 실시를 고려해야 한다.

2004, 103면; 대법원 2002. 11. 26. 선고 2000다7301 판결; 대법원 2000. 5. 16. 선고 99다47129 판결; 대법원 1997. 4. 25. 선고 96다53086 판결.

29) 김형배, 「채권각론」, 1997, 577면.

30) 김형배, 「노동법」, 박영사, 2016, 339면; 송오식, "사용자의 안전배려의무", 「전남대 법률행정논총」 제23집 제1호, 2003, 154면.

31) 西谷 敏, 「勞働法の基礎構造」, 法律文化社, 2016, 287면.

32) 김형배, 「노동법」, 박영사, 2016, 339면; 임종률 「노동법」, 박영사, 2016, 350면.

33) 법무부가 「민법개정특별분과위원회」를 통해 마련하여 2004년 국무회의 의결까지 마쳤던 민법(재산편) 개정안을 보면 제655조의2에 "사용자는 노무제공에 관하여 노무자의 안전을 배려하여야 한다"고 규정하여 사용자의 안전배려의무를 규정하고 있었다.

34) 菅野和夫, 「勞働法(第十一版補正版)」, 弘文堂, 2016, 631면 이하.

35) 송오식, "사용자의 안전배려의무", 「전남대 법률행정논총」 제23집 제1호, 2003, 138면.

이를 안전배려의무 내용으로 포함시켜서 강제하는 것은 어려움이 있으므로 현재로서는 사용자의 자발적인 선택에 의한 실시를 기대할 수밖에 없다.[37)]

사용자가 부담하는 안전배려의무에 근거하여 사용자가 적절한 조치를 취하도록 하기 위해서는 몇 가지 전제가 필요하다. 우선 사용자가 직장 내에서 발생했거나 진행되고 있는 집단 괴롭힘을 인지할 수 있어야 한다. 사용자가 그러한 사실을 전혀 알 수 없는 경우에는 적절한 조치를 기대할 수도 없고, 알 수 없었던 데에 과실이 인정되지 않는다면 그러한 조치를 취하거나 할 수 있었던 것에 대해 책임을 물을 수도 없다. 대법원도 직장 내 성희롱 사건에서 가해 행위자의 성희롱 행위를 사용자가 알 수 없었던 경우라면 사용자가 피해 근로자에 대하여 근로계약상의 보호의무를 다하지 않았다고는 볼 수 없다고 판시하여 사용자책임의 성립을 부정하였다.[38)] 사용자가 자신이 경영하는 사업장 내에서 집단 괴롭힘 행위가 발생했다는 것을 알 수 있는지 또는 없었는지 여부는 매우 신중하게 판단하여야 한다. 사용자에게는 직장 내에서 발생하는 성희롱을 비롯한 집단 괴롭힘 사건이 발생하지 않도록 하여야 할 특별한 주의의무가 있다고 보아야 하기 때문이다. 그리고 그러한 특별한 주의를 기울였으면 충분히 사건을 인지할 수 있었음에도 불구하고 알지 못한 경우에는 사용자는 안전배려의무 위반 책임을 면할 수 없다. 사용자를 배제하고 근로자들만으로 구성된 온라인 단체 채팅방이나 SNS상에서 집단 괴롭힘 행위가 행해진 경우 사용자가 그러한 정황을 파악하기는 매우 어렵다. 이러한 경우 근로자들이 자발적으로 사용자에게 그러한 행위의 발생을 고지하는 것을 기대할 수밖에 없는데 가해자와 방조자, 피해자로만 구성된 단체 채팅방에서 선량한 사마리아인을 기대하기는 어렵다. 가장 원초적인 대안으로는 사용자가 통제할 수 없는 사설 온라인 채팅방이나 SNS 공간을 통해 업무와 관련된 지시나 정보교환을 할 수 없도록 엄격히 제한하고 이를 위반할 경우 징계할 수 있도록 취업규칙이나 단체협약을 정비할 필요가 있다.

(3) 안전배려의무 위반의 효과

사용자가 자신의 귀책사유로 안전배려의무를 위반하여 직장 내 집단 괴롭힘 행위 발생을 방지하지 못하거나, 이미 발생한 집단 괴롭힘 행위를 중지시키지 못한 경우, 피해자 구제와 보호를 위한 적절한 조치를 취하지 못한 경우에는, 피해 근로자에 대하여 안전배려의무 위반으로 인한 민법 제390조의 채무불이행 책임을 부담하게 된다. 근로자는 사용자가 안전배려의무를 위반함으로 인해 발생한 손해의 배상을 청구할 수 있고, 사용자에게 적절한 조치를 강구할 것을

---

36) 이에 대해 자세한 내용은 이준희, 「직장 내 집단 괴롭힘(mobbing)에 대한 연구」, 고려대학교 석사학위논문, 2009, 55면 이하 참조.

37) 2016년 6월 17일 이인영 의원이 대표발의 한 근로기준법 개정안(의안번호 2000318, 제안일자 2016년 6월 17일, 근로기준법 일부개정법률안) 제15조의2 제2항도 사용자의 직장 내 괴롭힘 예방 교육 실시의무를 규정하고 있다.

38) 대법원 1998. 2. 10. 선고 95다39533 판결.

요구하거나, 안전배려의무 위반 행위의 중지 또는 개선을 청구할 수 있다. 그리고 그 위반행위로 인하여 노무급부를 계속할 수 없을 정도로 급박한 위험이 발생하여 현존하는 때에는 근로자는 작업을 중지할 수 있으며, 사용자의 위반행위가 중대한 것이어서 근로제공을 계속 할 수 없는 때에는 근로계약관계를 해지할 수 있다.[39] 하지만 근로제공 거부권이나 근로계약 해지권은 현실적이지 않다. 비록 근로자가 근로제공을 거부하여도 임금청구권을 보유한다고 하기는 하지만, 오늘날과 같이 실업률이 높고 노동시장이 공급과잉인 상황에서 근로자의 근로제공 거부나 근로계약 해지통고가 사용자에 대한 압박 수단이 될 수 있다고 기대하기는 어렵기 때문이다.

(4) 안전배려의무 이행요구의 한계

사용자가 안전배려의무에 위반하였을 경우 근로자는 사용자에게 이행을 청구할 수 있다고 한다.[40] 손해액의 산정이 가능하다면 손해배상은 문제될 것이 없다. 그러나 사용자에게 집단 괴롭힘 행위에 대한 적절한 보호조치 또는 방지조치를 이행하도록 요구하는 데에는 어려운 점이 있다. 사용자가 근로자들에게 근로계약상 근로제공과 관련된 지시를 할 수 있는 권한은 있지만, 근로자의 전속적 자유에 속하는 영역에 대하여 지시하거나 간섭할 수는 없기 때문이다. 소극적으로 동료 근로자에 대한 가해행위를 이유로 한 징계권을 행사하는 것은 가능하지만, 적극적으로 피해 근로자와 대화하도록 지시하거나, 함께 밥을 먹도록 지시할 의무나 권한 등을 사용자가 갖는다고 인정하기는 어렵다.[41]

2. 사용자의 고충처리 의무

상시 30인 이상의 근로자를 사용하는 사업 또는 사업장에서는 근로자참여 및 협력증진에 관한 법률 제26조에 따라 고충처리위원회를 두어야 한다. 그리고 같은 법 제28조에 따르면 피해 근로자가 고충처리위원회에 고충처리를 신청한 경우 사용자는 10일 이내에 이를 처리하고 근로자에게 통보해야 한다. 만약 고충처리위원회에서 처리하기 곤란한 사정이 있다면 노사협의회에서 협의하여 처리해야 하는데, 같은 법 제21조에 따르면 이 사항은 노사협의회의 의결사항으로서 반드시 노사협의회의 의결을 거쳐야 한다. 이상과 같이 상시 30인 이상의 근로자를 사용하는 사업장의 경우 직장 내 집단 괴롭힘을 당한 피해 근로자가 고충처리위원회에 고충처리를 신청한 경우 사용자는 해당 직장 내 집단 괴롭힘 사안을 고충처리위원회 또는 노사협의회를 통해 해결해야 할 의무를 부담하게 된다.[42] 다만 상시 30인 미만을 사용하는 사업장의 경우 고

---

39) 김형배, 「채권각론」, 박영사, 1997, 578면; 임종률 「노동법」, 박영사, 2016, 351면; 송오식, "사용자의 안전배려의무", 「전남대 법률행정논총」 제23집 제1호, 2003, 157면; 이은영, "산업재해와 안전의무", 「인권과 정의」(대한변협, 제181호), 1991. 9, 27면.

40) 송오식, "사용자의 안전배려의무", 「전남대 법률행정논총」 제23집 제1호, 2003, 157면.

41) 김영문, "직장 내에서의 음해행위(*mobbing*)에 대한 법적 구제수단", 「법조」 통권 498호, 1998. 3, 149면.

42) 독일에서도 근로자들 사이에서 발생하는 차별에 대하여 차별을 당하는 근로자가 경영조직법상 고충처리신

충처리위원회의 설치가 의무적이지 않아 사용자에게 직장 내 집단 괴롭힘을 고충처리절차를 통해 해결하도록 의무를 부과하기는 어려운 한계가 있다.

3. 사용자의 균등대우 의무

이상과 같은 근거로 직장 내 집단 괴롭힘에 있어서 사용자가 다른 근로자의 가해행위를 금지하여야 하는 의무를 인정할 수 있다. 그러나 그러한 지위에 있는 사용자가 오히려 특정 근로자에 대한 집단 괴롭힘의 가해 행위자가 되는 경우도 배제할 수 없다. 이는 과중하고 어려운 직무에 특정 근로자를 지속적으로 배치하거나, 낡은 장비를 사용하도록 하거나, 특정한 복장이나 자세를 강요하는 등의 행위, 불공정한 인사평가, 승진 배제, 연봉 삭감 등의 현상으로 나타날 수 있다. 사용자의 이러한 가해행위를 금지할 수 있는 근거에 대한 검토도 필요하다.

(1) 균등대우의무의 의의

사용자는 정당한 이유가 없는 한 근로자를 차별할 수 없고, 균등하게 대우해야 하는 의무를 부담한다.[43] 사용자가 근로자가 수행해야 할 노무급부 내용을 결정하거나 사업장 질서에 대한 지시나 결정을 함에 있어서 그러한 지시나 결정 또는 그 결과가 근로자들 사이에 평등하여야 한다는 원칙이다.[44] 사용자에게 균등대우의무가 인정된다면, 사용자가 정당한 사유 없이 특정 근로자에게 현저히 불공정하고 차별적인 처우를 하는 경우에는 피해 근로자는 사용자에게 균등대우의무를 근거로 차별적인 괴롭힘 행위를 중지할 것을 요구할 수 있을 것이다.

(2) 균등대우의무의 근거

사용자의 균등대우 의무의 실정법적 근거는 근로기준법 제6조, 남녀고용평등과 일·가정 양립 지원에 관한 법률 제6조에서 제8조, 퇴직급여보장법 제4조, 기간제 및 단시간근로자 보호 등에 관한 법률 제8조 이하, 파견근로자보호 등에 관한 법률 제21조 이하 등에서 찾을 수 있다. 그러나 이 조항들은 특별한 차별금지 사유에 한정하여 법적 효과를 가질 뿐이다. 동일한 조건 하에서는 근로관계의 내용이 원칙적으로 동일해야 한다거나 근로조건에서의 차별이 허용되지 않는다는 의미에서의 일반적인 사용자의 균등대우의무를 인정하려고 할 경우 위의 개별 조항들이 균등대우의무의 근거가 될 수는 없다.[45]

우리 근로기준법 등 노동관련 법률에는 일반적 균등대우에 관한 규정이 없다. 입법자들이 일반적 균등대우의무를 규정하기는 어렵다는 판단 하에 필요한 사안에 대하여 개별적으로 균등

청권(Beschwerderecht)을 행사하여 고충처리 신청을 할 수 있다고 한다(Shih－Hao Liu, 「Arbeitsrechtliche Discriminierung durch Arbeitnehmer」, 2001, 174면 참조).

43) 김형배, 「노동법」, 박영사, 2016, 343면; 임종률, 「노동법」, 박영사, 2016, 370면.

44) 방준식, 「사용자의 지시권에 관한 연구」, 고려대학교 박사학위논문, 2006, 83면.

45) 전윤구, 「근로관계에서의 균등대우원칙에 관한 연구」, 고려대학교 박사학위논문, 2004, 18면.

대우의무를 규정하는 태도를 취한 것으로 보인다. 근로자의 실적에 대한 평가와 인사고과에 있어서 사용자의 자의를 입증하는 것은 사실상 어렵고 인사노무 관리에 있어서 사용자의 자율적인 판단 영역을 존중할 필요도 있다는 점을 고려하면 일반적 균등대우의무를 규정하지 않은 우리나라의 입법태도는 수긍할 수 있는 부분이 있다. 일반적 균등대우의무를 인정해야 한다고 보는 견해들도 그 인정 근거에 대해서는 견해가 다시 여러 가지로 나뉜다. 헌법 제11조 제1항의 평등권 조항, 근로기준법 제6조의 균등한 처우 조항, 민법 제2조 제1항의 신의성실 조항 등 실정법 규정에서 근거를 찾는 견해, 실정법을 초월한 정의에서 균등대우의무의 근거를 찾는 견해, 인법적 공동체관계에서 찾는 견해 등 여러 가지 견해가 제시되고 있다.[46] 신의성실의 원칙, 정의, 평등권 등도 부분적으로 균등대우의무의 근거가 될 수 있다. 그러나 위의 견해들 각각이 개별적으로 사용자의 균등대우의무를 근거지울 수 있는 완벽한 논거가 된다고 보기는 어렵다.

이에 대해 근로자는 인격권으로서 자기가치방어권을 보유하고 있다는 전제하에, 사용자는 근로자의 자기가치방어권에 대응하여 근로계약관계에 부수하는 의무로서 인격적 이익의 침해금지의무를 부담하며 여기에는 근로관계에서의 차별금지의무가 포함된다고 설명하는 견해가 있다.[47] 여기에서 말하는 자기가치방어권이란 근로자의 생명, 신체, 건강뿐만 아니라 정신적 안온성과 관련한 프라이버시권, 명예권, 성적 자기결정권이나 성희롱으로부터의 방어권 등 비교환적인 '고유한 자기가치'에 대한 침해로부터 스스로를 방어할 수 있는 권리를 말한다고 한다.[48] 이 견해는 형식적이고 일반적 균등대우의무를 인정할 때의 문제점을 피하면서 근로자의 자기가치방어권을 부당하게 침해하는 사용자의 차별행위를 금지할 수 있는 근거를 제시했다는 점에서 현재로서는 가장 설득력 있는 논거를 제시하고 있다고 보인다.

(3) 균등대우의무 위반의 효과

직장 내에서 사용자가 근로자를 괴롭히는 방법으로 행한 차별적 처우가 근로기준법 제6조, 남녀고용평등과 일·가정 양립 지원에 관한 법률 제6조에서 제8조, 퇴직급여보장법 제4조 등에 위반하는 행위인 경우에는 각 법률에 벌칙이 규정되어 있으므로 그 벌칙 규정이 적용될 수 있다. 그러나 위의 개별 법률에서 구체적으로 금지하는 행위 이외의 차별적인 처우를 통해 근로자를 괴롭힌 경우 실정법상 제재 규정을 찾을 수는 없다. 다만 근로자는 사용자에게 근로계약관계의 상대방으로서 근로계약에 부수하는 의무인 균등대우의무를 위반한 것에 대한 계약 위반의 책임을 물을 수는 있을 것이다.

구체적으로 보면 사용자의 지시권 행사가 차별적으로 이루어진 경우 근로자는 지시권의 구속력을 부인하고 노무급부를 거절할 수 있으며,[49] 차별적인 배치전환, 징계 등에 대해서 무효확

46) 자세한 내용은 전윤구, 「근로관계에서의 균등대우원칙에 관한 연구」, 고려대학교 박사학위논문, 2004, 13면 이하 참조.

47) 전윤구, 「근로관계에서의 균등대우원칙에 관한 연구」, 고려대학교 박사학위논문, 2004, 30, 37면.

48) 전윤구, 「근로관계에서의 균등대우원칙에 관한 연구」, 고려대학교 박사학위논문, 2004, 35면 이하.

인소송을 제기할 수 있고, 사용자의 차별적 처우로 인해 정신적 또는 물질적 손해가 발생한 경우 손해배상청구가 가능할 것이다. 나아가 원칙론적으로는 근로자는 사용자의 채무불이행을 이유로 근로계약을 해지할 수도 있을 것이다.

4. 관리자의 의무

여기에서 말하는 관리자는 근로기준법 제2조 제2호의 "그 밖에 근로자에 관한 사항에 대하여 사업주를 위하여 행위하는 자"를 말한다.[50] 관리자는 부장, 팀장, 매니저 등 명칭에 불구하고 근로조건의 결정 또는 근로의 실시에 관해서 지휘 · 명령 내지 감독을 할 수 있는 일정한 책임과 권한이 사업주에 의하여 주어진 자를 말한다.[51] 관리자가 휘하 근로자들을 선동하거나 주변 근로자들에게 자신의 지위를 이용한 영향력을 행사하여 특정 근로자를 괴롭히는 경우도 매우 흔한 직장 내 집단 괴롭힘의 유형이다. 이 경우 관리자의 집단 괴롭힘 행위를 금지하거나 방지할 수 있는 근거가 무엇인지가 문제된다.

(1) 근로자로서 사용자에게 부담하는 성실의무

관리자도 사용자와의 관계에서 근로자로서 신의칙상 부수적 의무인 성실의무를 부담한다.[52] 이 의무는 당사자 사이의 특별한 약정이 없어도 인정되는 것으로서 계약 당사자 쌍방이 상대방의 이익을 고려하여 성실히 행동하여야 한다는 것을 내용으로 한다.[53] 근로자는 근로계약관계에 따른 의무를 이행하거나 권리를 행사할 때에 사업장과 관련된 사용자의 이익이 유지되도록 해야 할 의무를 부담한다.[54] 그리고 근로자들이 특정 근로자를 집단적으로 괴롭히는 행위는 피해 근로자의 근로능력이 저하되거나 상실되도록 하는 행동으로서 사업장의 생산능력 저하를 가져오고 결국 사용자의 이익을 저해하는 행위로서 성실의무 위반에 해당한다.[55] 이 성실의무의 일환으로 관리자는 자신의 동료인 다른 관리자 또는 자신의 지휘 · 감독 하에 있는 근로자에 대하여 근로계약관계에 따른 의무를 이행하거나 권리를 행사할 때에 사업장과 관련된 사용자의 이익이 유지되도록 해하여야 의무를 부담한다.[56] 사용자의 관리자가 부수적 의무인 성실의무에 유책하게 위반하여 사용자에게 손해를 끼친 경우 그 관리자는 채무불이행책임을 진다.[57] 사용자는 관리자에 대하여 징계처분을 할 수 있는 것 외에 채무불이행으로 인한 손해배

49) 독일 민법(BGB) 제315조 제3항 참조.

50) "관리자"라는 일반적으로 사용되는 법률상 용어는 아니지만, 이 글에서는 사용자로부터 근로자에 대한 관리 · 감독 권한이 부여된 일정한 권한을 가진 직급의 근로자를 지칭하는 개념으로 사용하기로 한다.

51) 김형배, 「노동법」, 박영사, 2016, 204면; 임종률, 「노동법」, 박영사, 2016, 41면.

52) 김형배, 「노동법」, 박영사, 2016, 205면; Brox/Rüthers/Henssler, 「Arbeitsrecht」, 2004, 76면.

53) 菅野和夫, 「勞働法(第十一版補正版)」, 弘文堂, 2016, 672면.

54) Brox/Rüthers/Henssler, 「Arbeitsrecht」, 2004, 76면.

55) Shih-Hao Liu, 「Arbeitsrechtliche Discriminierung durch Arbeitnehmer」, 2001, 71면.

56) Brox/Rüthers/Henssler, 「Arbeitsrecht」, 2004, 75면.

상을 청구하거나 근로계약을 해지할 수 있을 것이다.[58]

(2) 사용자의 이행보조자로서의 책임

특정 부서의 근로자를 관리·감독할 지위에 있는 중간 책임자인 관리자는 사용자와의 관계에서는 근로자로 볼 수 있으나, 자신이 관리·감독하는 근로자들에 대하여는 안전배려의무, 균등대우의무 등을 이행하는 사용자의 이행보조자로 볼 수 있다. 팀장·본부장 등 피해 근로자의 상급자인 관리자가 피해 근로자에 대한 집단 괴롭힘에 가담하였거나 이를 주도한 경우, 그리고 안전배려의무를 소홀히 하여 직장 내 집단 괴롭힘을 방치한 경우에는 사용자에게 이행보조자 책임을 인정할 수 있다.

관리자에게 고의 또는 과실이 인정되는 경우에 사용자가 관리자에 대한 선임·감독상의 주의의무를 다했다면 사용자는 책임을 면하게 되는가에 논란이 있을 수 있다. 그러나 관리자를 선임하고 자신의 역할을 일정부분 수행하게 하고 그로부터 사업 경영상의 이익을 취한 사용자가 단지 선임·감독상의 주의의무만을 진다고 보는 것은 타당하지 않다. 비록 사용자가 선임·감독상의 주의의무를 다했다 하더라도 사용자의 책임이 면제되지는 않는다.[59] 관리자가 직장 내 집단 괴롭힘의 가해 행위자가 되었거나 자기의 과실로 직장 내 집단 괴롭힘을 방지하지 못하여 근로자에게 손해가 발생한 경우 사용자가 민법 제391조에 따라 피해 근로자에 대하여 손해배상 등의 책임을 지게 된다.[60] 사용자는 이행보조자에 대하여 구상청구를 할 수 있다.[61]

Ⅳ. 직장 내 집단 괴롭힘 발생 시 사용자의 책임

직장 내 집단 괴롭힘이 발생한 경우 직접 가해자인 근로자들도 피해 근로자에 대하여 발생한 손해를 배상하여야 하지만, 직장 내 집단 괴롭힘이 발생하지 않도록 방지하고 이미 발생한 사건에 대해서는 적절한 조치를 취하여야 할 의무를 부담하는 사용자도 피해 근로자에 대하여 일정한 책임을 부담하게 된다.

1. 사용자가 괴롭힘 행위자인 경우

사용자가 직접 집단 괴롭힘 행위자로서 책임을 지게 되는 경우는 다시 사용자가 직접 집단 괴롭힘을 주도하거나 적극 가담한 경우와 비록 적극 가담하지는 않았으나 다른 근로자들을 교

57) 김형배, 「노동법」, 박영사, 2016, 324면; 菅野和夫, 「勞働法(第十一版補正版)」, 弘文堂, 2016, 111면 이하.
58) 임종률, 「노동법」, 박영사, 2016, 350면; 菅野和夫, 「勞働法(第十一版補正版)」, 弘文堂, 2016, 672면.
59) 양창수/김재형, 「계약법」, 박영사, 2015, 417면.
60) 명순구, 「민법학원론」, 박영사, 2015, 159면; 송덕수, 「채권법각론」, 박영사, 2016, 526면; 양창수/김재형, 「계약법」, 박영사, 2015, 416면.
61) 이은영, 「채권총론」, 박영사, 2006, 259면.

사하거나 방조하여 특정 근로자를 집단적으로 괴롭히도록 한 경우 등으로 나누어 볼 수 있다.

우선 사용자가 다른 근로자들과 함께 특정 근로자에 대한 집단 괴롭힘을 직접 행한 경우에는 위에서 설명한 직접 괴롭힘 행위를 한 근로자의 책임과 동일한 책임을 부담하게 된다. 물론 사업주와 관리자는 사용자로서 근로자에 대한 안전배려의무와 균등대우의무 등을 부담하기 때문에 일반 근로자에 비하여 책임이 가중되어야 한다. 사용자 등의 괴롭힘 행위가 특정 근로자를 모욕하거나 폭행을 가하는 등 형법 구성요건에 해당하는 행위일 경우에는 그 행위에 대하여 형법 규정이 적용될 수 있을 것이다.

사용자 또는 관리자가 근로자들의 집단 괴롭힘 행위를 교사 또는 방조하거나 적극적으로 가담한 경우에는 구체적인 집단 괴롭힘 행위가 특정 범죄 형태에 해당하는 한 해당 범죄에 대한 교사범, 방조범, 공동정범이 성립할 수 있다. 사용자의 행위 가담의 정도가 교사나 방조에 그친다 하더라도 민법 제760조 제3항에 의하여 교사자나 방조자는 공동행위자로 보게 되므로 가해 행위자와 함께 공동불법행위자로서의 책임을 지게 된다. 비록 직접 가해 행위를 한 근로자의 행위가 위법성이 조각되는 것으로 평가되어 교사나 방조를 행한 사용자나 관리자가 형사상 처벌을 받지 않게 된 경우에도, 그 행위가 사업장에서 사용자나 관리자가 마땅히 부담하여야 할 안전배려의무나 균등대우의무 등에 위반되는 행위인지 여부에 대한 평가는 별도로 이루어져야 한다. 평가의 결과 안전배려의무나 균등대우의무 등에 위반되는 행위라고 인정된다면 피해 근로자에 대한 손해배상책임을 부담해야 한다.

2. 사용자가 괴롭힘 행위자가 아닌 경우

사용자가 사업장에서 발생한 집단 괴롭힘 행위자가 아닌 경우 사용자에게 사업장 내에서 발생한 집단 괴롭힘 행위로 인해 발생한 피해 근로자의 손해에 대하여 책임을 부과할 수 있는가 하는 것이 문제된다.

(1) 이행보조자책임

사용자가 자기의 귀책사유로 안전배려의무를 위반하여 직장 내 집단 괴롭힘 행위의 발생을 방지하지 못하거나, 이미 발생한 집단 괴롭힘 행위를 중지시키지 못한 경우, 피해자의 구제와 보호를 위한 적절한 조치를 취하지 못한 경우에는 앞에서 설명한 바와 같이 사용자는 피해 근로자에 대하여 안전배려의무 위반으로 인한 민법 제390조의 채무불이행 책임을 부담한다. 관리자의 위반행위로 인해 손해가 발생한 경우에 사용자가 이행보조자책임을 지게 되는 것도 앞에서 설명한 바와 같다.

직장 내에서 동료 근로자에 의해 발생하는 집단 괴롭힘의 경우 제3자인 가해 행위자를 동료 근로자에 대한 사용자의 안전배려의무에 있어서의 이행보조자로 볼 수 있는가 하는 문제가 남는다. 사용자나 관리자의 경우와 달리 근로자는 다른 동료 근로자와 근로계약을 포함하여 아무런 계약관계를 인정할 수 없기 때문이다. 근로자가 다른 동료 근로자에 대하여 사용자가 부담하는 안전배려의무의 이행보조자가 될 수 있는가에 대해서는 견해가 대립한다. 우선 사업장 내의 다른 근로자는 사용자의 이행보조자의 지위에 있게 되므로 사업장 내 다른 근로자에 의해 특정 근로자가 재해를 당하는 등 법익이 침해된 경우 사용자는 민법 제391조의 이행보조자 책임을 부담하게 된다는 견해가 있다.[62] 이에 대하여 사용자가 안전배려의무 이행을 위하여 이행보조자를 두었다면 그 이행보조자의 행위에 의하여 재해가 발생한 때에는 이를 곧 사용자의 안전배려의무 불이행으로 볼 수 있지만 그 이외의 통상적인 동료 근로자는 안전배려의무와 관련한 이행보조자로 볼 수 없다고 하면서, 동료 근로자에 의한 침해에 대해서 사용자는 원칙적으로 민법 제391조의 채무불이행 책임을 부담하지 않는다고 하는 반대 견해도 있다.[63]

근로자는 사용자에 대하여 근로제공 의무와 근로계약에 수반하는 부수적 의무를 부담하지만 이 의무가 사용자가 근로자에 대하여 부담하는 안전배려의무와 같은 것이라고 할 수는 없다. 즉, 사용자가 특정 근로자를 지정하여 특별히 안전배려의무의 이행보조자로 지정한 경우, 특정 근로자가 관리자의 직위를 가지고 있는 경우 등을 제외한다면 모든 근로자가 일반적으로 사용자가 사용자로서 부담하는 안전배려의무의 이행을 보조하는 자라고 볼 수는 없다. 따라서 동료 근로자들의 집단 괴롭힘 행위에 대하여 사용자에게 민법 제391조의 이행보조자 책임을 적용할 수 없다고 생각한다.[64]

(2) 민법 제756조의 사용자책임

민법 제756조 제1항은 “타인을 사용하여 어느 사무에 종사하게 한 자는 피용자가 그 사무집행에 관하여 제삼자에게 가한 손해를 배상할 책임이 있다”고 규정하고 있다. 민법 제756조 제2항에 따라 사업주에 갈음하여 그 사무를 감독하는 자, 즉 관리자도 사용자책임을 부담하게 된다. 관리자가 책임을 지는 경우에도 사용자는 자신에게 선임·감독상의 과실이 없음을 입증하지 못하는 한 배상책임을 부담하며, 사업주와 관리자가 부담하는 채무는 부진정연대채무 관계에 있다.[65]

사용자책임이 인정되는 근거에 대해서는 대위책임설과 고유책임설의 대립이 있다. 직장 내 집단 괴롭힘에 있어서는 가해 근로자들의 행위가 불법행위를 구성하지 않는 경우에도 피해 근로자에게는 신체적·심리적 안전과 건강에 이상 초래되고 정상적인 근로제공이 어렵게 되며 인격권이 침해되는 손해가 발생할 수 있다. 이러한 손해에 대해 사업장 내에서 발생하는 집단 괴

62) 김형배, 「노동법」, 박영사, 2016, 548면; 임종률 「노동법」, 박영사, 2016, 496면; Shih－Hao Liu, 「Arbeits－rechtliche Discriminierung durch Arbeitnehmer」, 2001, 80면.

63) 김영문, “직장 내에서의 음해행위(mobbing)에 대한 법적 구제수단”, 「법조」 통권 498호, 1998. 3, 150면; 하경효, 「노동법사례연습」, 박영사, 2006, 262면.

64) 水谷英夫, 「職場のいじめ：「パワハラ」と法」, 2006, 209면.

65) 대법원 1963. 6. 24. 선고 69다441 판결.

롭힘을 예방하고 이를 위한 적절한 조치를 취하지 못한 사용자에게 책임이 없다고 할 수 없으므로, 피용자의 행위가 민법 제750조의 불법행위에 해당하지 않는 경우에도 사용자의 책임을 인정해야 할 것이다. 사용자책임이 인정되기 위해서는 사용자와 근로자 사이에 사무감독관계, 즉 사용관계가 있어야 하고, 근로자의 불법행위 책임을 발생시킬 정도의 가해행위가 있어야 한다. 그 가해행위에는 사무집행 관련성이 인정되어야 한다. 여기에 더해 사용자가 선임·감독상의 주의의무를 다하지 못하였다는 사실이 인정되어야 한다. 사업장 내에서 집단 괴롭힘이 발생한 경우 가해 행위자들과 사용자 사이에는 근로계약관계가 존재하므로 사무감독관계를 인정하는 것은 비교적 용이하고, 집단 괴롭힘 행위가 행해진 것이 명백한 경우 가해행위의 존재도 인정될 수 있다.

그러나 집단 괴롭힘 행위가 사무집행에 관련된 행위인지에 대해서는 반드시 별도의 검토가 필요하다. 일반적으로는 집단 괴롭힘 행위가 근로계약상 근로자의 근로제공에 관련된 행위라고 하기 어렵기 때문이다. 피용자의 가해 행위가 사무집행 관련성이 있는가에 대해서 판례는 "피용자의 본래의 직무와 불법행위와의 관련 정도 및 사용자에게 손해발생에 대한 위험 창출과 방지조치 결여의 책임이 어느 정도인지를 고려하여" 외형상 객관적으로 판단하여야 한다고 본다.[66] 그러나 이와 같이 외형이론을 적용한 판례의 결론이 반드시 일관성을 보이는 것은 아니다. 회사 생산현장 청소 등의 업무로서 파지와 고철을 수집하여 정리하는 업무를 담당하던 근로자가 고철을 수집하러 온 사람에게 농약을 음료수로 오인하고 건네주어 사망하게 한 사례,[67] 택시회사 운전기사가 승객을 강간한 사례,[68] 호텔의 종업원이 고객에 대하여 사해행위를 한 사례[69] 등에 대해서는 피용자의 본래의 사무집행 행위는 아니라 할지라도 외형상 객관적으로 그 사무집행행위와 밀접하게 관련된 행위라고 본 반면, 국립대학교 교수가 조교를 성희롱 한 사례[70]에서는 본래의 직무범위에 속하지도 않고 외관상으로도 그의 직무권한 내의 행위와 밀접하여 직무권한 내의 행위로 보이는 경우로 볼 수 없다고 판단했다. 택시운전기사의 사무집행 범위에 강간이 포함되지 않으며, 호텔 종업원의 사무집행 범위에 사해행위도 포함되지 않는다는 것이 분명함에도 불구하고 외형상 사무집행 관련성이 있다고 하면서, 대학교수의 사무집행 범위에 성적 괴롭힘 행위가 포함되지 않는다고 하는 것은 비록 대학 당국과 교수의 관계의 특수성을 고려한 것이라 하더라도 일관성이 있는 태도라고 보기는 어렵다.

판례의 태도에 비추어 보았을 때, 직장 내에서 발생한 집단 괴롭힘 행위에 대하여 외형상 객관적으로 사무집행 관련성이 인정된다고 볼 수 있는가 하는 것은 단언하기 어렵다. 근로자의

66) 대법원 2000. 2. 11. 선고 99다47297 판결; 대법원 2003. 12. 26. 선고 2003다49542 판결 등.
67) 대법원 1997. 10. 10. 선고 97다16572 판결.
68) 대법원 1991. 1. 11. 선고 90다8954 판결.
69) 대법원 2000. 2. 11. 선고 99다47297 판결.
70) 대법원 1998. 2. 10. 선고 95다39533 판결.

사무집행 범위에 동료 근로자에 대한 괴롭힘 행위가 포함된다고 보기 어렵고, 폭행·협박을 가하거나 함께 이야기 나누는 것을 거부하는 등의 행위가 직무 수행행위의 외관을 가지고 있다고 보기 어렵다고 할 수도 있다. 다른 한편으로는 직장 내 집단 괴롭힘이 매우 은밀하게 이루어지는 경우가 많고 피해자로서도 이를 공개적으로 문제 삼지 못하는 경우가 많다는 점에서 성적 괴롭힘, 즉 성희롱과 유사한 면이 있기 때문에, 국립대학교 조교 성희롱 사건에서와 마찬가지로 법원은 사무집행 관련성을 부정할 가능성도 높다.

그러나 사무집행 관련성을 엄격하게 판단하는 것은 타당하지 않다. 직무의 개별성이 강조되고 근로자 개개인의 창의적이고 독자적인 직무수행 능력을 요구하며 근로제공의 장소적·시간적 제한이 완화되고 있는 현대의 작업방식 변화 양상에 부합하게 사무집행 관련성 판단을 유연화할 필요가 있다. 직장 내에서의 집단적인 괴롭힘이 대개는 직장 내에서 담당하고 있는 업무와 관련하여 연관을 맺게 된 동일한 부서 내 근로자들 사이에서 발생하는 것이 대부분이라는 점, 주어진 직무를 수행하는 과정에서 정보교류를 차단하거나 업무 수행에서 배제시키는 등의 형태로 괴롭힘 행위가 이루어지는 경우가 많다는 점, 사용자에 의한 괴롭힘의 경우 업무지시를 내리는 외형을 갖추어 부당한 업무를 부여하거나 특정 근로자를 업무에서 배제시키는 방법으로 이루어지는 경우가 많다는 점 등을 고려하면 직장 내에서 발생하는 집단 괴롭힘 행위는 외형상 객관적으로 사무집행 관련성이 인정된다고 보는 것이 타당할 것이다.[71)]

3. 업무상 재해 인정 가능성

직장 내 집단 괴롭힘으로 인하여 피해 근로자가 상병을 얻게 된 경우에 이를 업무상 재해로 인정할 수 있을 것인지가 문제된다. 업무상 재해로 인정할 수 있는가를 판단하는 가장 기본적인 기준은 업무수행성과 업무기인성이 있는가 여부이다. 직장 내 집단 괴롭힘은 사업장 내에서 뿐만 아니라 사업장 밖에서 행해질 수도 있다. 심지어 온라인 단체 채팅방이나 SNS상에서 괴롭힘이 이루어질 수도 있다. 괴롭히는 행위가 업무 수행과 관련하여 행해질 수도 있지만 그와 관련 없는 사적인 영역에서 행해질 수도 있다. 그러므로 경우에 따라서는 업무수행성과 업무기인성을 인정하기가 매우 곤란한 사안도 얼마든지 있을 수 있다. 업무수행성과 업무기인성이 모두 갖추어져야 업무상 재해로 인정되는 것이 원칙이지만, 두 가지 요건이 동시에 모두 충족되어야만 한다고 할 수만은 없으며 대체로 업무수행성이 인정되면 업무기인성은 추정된다고 보는 견해가 유력하다.[72)] 반면 업무수행성이 있어도 업무기인성에 대한 별도의 판단이 필요하다는 견해도 설득력이 있다.[73)]

직장 내 집단 괴롭힘으로 인해 피해 근로자가 상병을 얻게 된 경우, 다른 근로자들의 괴롭

71) Shih-Hao Liu, 「Arbeitsrechtliche Discriminierung durch Arbeitnehmer」, 2001, 88면.
72) 김유성, 「노동법 I」, 법문사, 2005, 223면; 김형배, 「노동법」, 박영사, 2016, 519면.
73) 임종률, 「노동법」, 박영사, 2016, 476면; 대법원 1990. 10. 23. 선고 88누5037 판결 등.

힘 행위가 업무를 수행하는 행위에 해당한다고 보기 어렵고 괴롭힘 행위가 식당, 통근버스, 퇴근 후 회식자리, 온라인 단체 채팅방 등 직장 내외에 걸쳐 다양하게 발생할 수 있다는 점에서 엄격한 의미의 업무수행성을 인정하기는 어려운 경우가 많을 것이다. 그러나 직장 내 집단 괴롭힘으로 인해 상병이 발생한 경우 업무수행성을 엄격하게 요구하지 않고, 과로사 사안의 경우와 같이 업무와 질병 발생간의 인과관계가 인정되는 것으로 충분하다고 본다면 직장 내 집단 괴롭힘 행위로 인해 발생한 상병을 업무상 재해로 볼 여지도 있다. 인과관계에 관하여 상당인과관계설에 따를 경우 그러한 업무에 종사하지 않았다면 그와 같은 재해는 발생하지 않았을 것이라는 인과성이 인정된다면 인과관계가 있다고 볼 수 있다.[74] 따라서 근로자가 사업장에서 동료 근로자들로부터 집단적인 괴롭힘을 당해 우울증이 발생하거나, 괴롭힘에 수반되는 행위로 인해 상해를 입게 된 경우, 우울증이 악화되어 자살한 경우 업무상 재해를 인정하기 위한 요건을 충족한다고 볼 수 있을 것이다.

회사 부서원들로 구성된 온라인 단체 채팅방에서 욕설과 모욕, 무응답 등 괴롭힘이 행해진 경우에 그로 인한 우울증, 정신분열증 발생 등에 대해 업무수행성 등을 인정할 수 있는가에 대해서는 별도의 논의가 필요하다. 해당 온라인 단체 채팅방의 개설 목적이 회사 업무와 관련된 지시사항이나 공지사항을 전달하는 것이었다면 업무수행성을 인정하기에 용이할 것이다. 그러나 그와 관계없이 같은 직장 직원들 몇몇이 임의로 개설해 운영한 채팅방이라면 문제가 다르다. 업무수행성을 인정하기 어려울 뿐만 아니라 그러한 온라인상 공간의 존재에 대한 사용자의 인식도 확인하기 어렵기 때문이다. 온라인 단체 채팅방 구성원들이 직장 생활의 연장선상에서 특정 근로자를 괴롭히기 위한 목적으로 채팅방을 개설해 온 경우, 우연히 만들어진 온라인 단체 채팅방에서 그와 같은 괴롭힘이 행해진 경우 등은 행위자들의 책임 여부에 대한 검토가 필요한 것과는 별개로, 업무기인성을 곧바로 인정하기에는 무리가 있을 것으로 생각된다.

그렇다면 업무상 재해의 인정요건인 업무수행성과 업무기인성을 완화하여 직장 내 집단 괴롭힘으로 인해 발생한 재해를 업무상 재해로 인정하는 우회적 방법보다는 관련 법령을 개정하여, 직장 내 집단 괴롭힘으로 인해 발생한 재해 등 업무수행성과 업무기인성 요건을 직접 충족하지는 못하지만 업무상 재해로 인정할 필요가 있는 사항들을 업무상 재해로 직접 인정하는 규정을 두는 것이 타당하다고 생각된다. 법원은 직장 내에서 집단 괴롭힘을 당해 이에 항의하는 과정에서 다른 부서로 전보된 근로자가 부당전보구제신청을 하여 노동위원회에 출석하여 심사관의 조사에 응하던 중 졸도하여 적응장애·우울장애 등으로 치료를 받은 사안에서 "집단 따돌림 등 업무상 사유로 인하여 받은 스트레스가 복합하여 발병하였음을 추인할 수 있으므로 업무상 재해이다"[75]라고 하여 집단 괴롭힘으로 인한 스트레스로 발병한 상병에 대하여 업무상 재해

---

74) 김형배, 「노동법」, 박영사, 2016, 517면, 각주 2).

75) 서울행법 2002. 8. 14. 선고 2000구34224 판결. 이 사건의 원고는 부당해고 사건인 대법원 2004. 2. 27. 선고 2003두13601 판결의 원고와 동일하다. 관련 사건 전체를 이해하기 위해서는 대법원 판결문을 같이 검토하는

를 인정하였다.

캐나다 브리티시컬럼비아 주의 1993년 직업 보건 및 안전 규정은 근로자가 재해를 입을 우려가 있다는 합리적인 우려를 갖게 하는 육체적 폭력, 폭언, 위협적인 행동 등을 직장 내 폭력으로 규정하면서 그로 인한 부상을 보상의 대상이 되는 업무상 재해로 인정하고 있다고 한다.[76] 2016년 10월 13일 김삼화 의원이 대표발의 한 지속적 괴롭힘범죄의 처벌 등에 관한 특례법안[77]도 비록 스토킹과 데이트폭력에 관한 법률안이기는 하지만 일반인들 사이에서의 괴롭힘 행위에 대해 규정하고 금지하는 내용을 갖고 있다는 점에서 참조할 필요가 있다. 직장 내라는 범위의 제한을 두지 않고 "집단 괴롭힘" 일반을 규정하고 이를 금지하며 피해자를 보호하는 조치를 담은 법률의 제정 가능성과 필요성에 대한 논의도 필요한 시점이라고 생각한다.

4. 부작위범으로서의 책임

직장에서 근로자들 사이에 집단 괴롭힘 행위가 일어나고 있는 것을 알면서도 이를 방치한 경우 사용자는 부작위범이 될 수도 있다. 부작위범이 되기 위해서는 사용자가 보증인 지위를 갖고 있다고 인정할 수 있어야 하고,[78] 사용자가 직장 내 집단 괴롭힘을 방지하지 않은 행위가 직접 괴롭힘 행위를 한 것과 같은 정도의 행위양태와 동가치성 내지 상응성이 있다고 평가될 수 있어야 한다.[79] 사용자는 사업장 내에서 위험발생방지의무가 포함된 안전배려의무를 부담하는 보증인적 지위에 있다고 볼 수 있다. 따라서 사용자가 사업장 내에서의 집단 괴롭힘 행위를 적극적으로 인식하고 그로 인한 위험발생 가능성을 예견하였으면서도 그러한 위험의 발생을 저지하지 않고 오히려 이를 방치하는 태도를 보여 집단 괴롭힘 행위가 아무런 통제 없이 자행되었고 그로 인해 형법상 구성요건에 해당하는 가해행위에 이르게 된 경우에는 집단 괴롭힘 행위의 결과 발생한 범죄행위의 부작위범으로 처벌될 수 있다.

Ⅴ. 맺음말

현대인의 삶은 직업, 직장과 떼어놓고 생각할 수 없을 만큼 밀접하게 연관되어 있다. 직장에서의 인간관계가 인생 전체 인간관계의 상당히 큰 부분을 구성하며 소속된 직장에서 관계를 맺은 사람들과의 소통은 직업생활뿐만 아니라 일상생활의 질을 좌우하는 매우 중요한 요소가

것이 유익하다.

76) Duncan Chappell/Vittorio Di Martino, 「Violence at Work」, 2006, 149면 이하.

77) 의안번호 2002641, 제안일자 2016년 10월 13일, 지속적 괴롭힘범죄의 처벌 등에 관한 특례법안 참조.

78) 김일수·서보학, 「새로 쓴 형법총론」, 박영사, 2005, 490면; 배종대, 홍문사, 「형법총론」, 2006, 637면; 이재상, 「형법총론」, 박영사, 2004, 528면.

79) 대법원 2002. 1. 22. 선고 2001도2254 판결; 대법원 1996. 9. 6. 선고 95도2551 판결; 대법원 1992. 2. 11. 선고 91도2951 판결.

되었다. 그러한 가운데 소통이나 관계맺음 과정에서 발생하는 소외와 괴롭힘은 이미 주변에서 흔히 발견할 수 있는 만연한 현상이 되어버렸다. 그러나 그에 대한 논의와 입법적 규율 수준은 거의 진전이 없다. 그리고 현재의 상황도 제대로 인식하지 못한 상황에서 근로관계와 근로제공 방식의 다양성이 현저히 높아지면서 직장 내 집단 괴롭힘이 발생하는 양상도 걷잡을 수 없이 다양해지고 있다.

전통적인 사용자의 의무와 책임에 관한 논의와 사무집행 관련성, 업무수행성 등에 관한 법리만 가지고 현대의 다양한 모습을 인식하고 설명하는 데에는 너무나 분명한 한계가 존재한다. 그러나 이 글은 가능한 한 전통적인 인식의 틀을 가지고 직장 내에서 발생하는 집단 괴롭힘과 관련된 사용자의 책임과 의무에 대해 규명해보고자 했다. 사무집행 관련성과 업무수행성을 매우 폭넓게 인정하는 태도를 취했고, 직장 내라는 장소적 인식범위를 온라인 채팅방이나 SNS공간으로까지 넓혀보고자 했다. 사용자의 안전배려의무와 균등대우의무의 인정 범위도 되도록 넓게 인정하는 태도를 취했다. 그러나 최근 활발하게 전개되고 있는 제4차 산업혁명의 흐름을 고려할 때 이러한 사고틀의 유연성은 더욱 높아져야 하리라 본다. 그러한 측면에서 직장 내 집단 괴롭힘의 범주를 넘어서 일반적인 집단 괴롭힘 현상을 규율하는 입법의 필요성까지도 조심스럽게 제안했다.

이상의 논의가 향후 우리 사회가 직장 내 집단 괴롭힘 문제를 정확히 인식하고 그에 대한 규범적인 대응 방안을 논의하는 데에 작으나마 도움이 될 수 있기를 바란다.

통상임금 관련 노사합의에 대한 신의칙 적용상의 쟁점

박 지 순*

Ⅰ. 서 설
Ⅱ. 대법원 전원합의체 판결의 다수의견에 나타난 신의칙 적용 요건
Ⅲ. 대법원 전원합의체 판결 이후 신의칙 항변 사례의 개요와 문제점
Ⅳ. 신의칙 항변에 대한 비판과 반론
Ⅴ. 근로자 측의 예상외의 이익과 기업의 중대한 경제적 어려움
Ⅵ. 결 론

Ⅰ. 서 설

최근 수년간 가장 큰 노동법학의 이슈를 들라고 하면 지난 2103년 12월 18일의 통상임금에 관한 대법원 전원합의체 판결도 상위권의 한자리를 차지하지 않을까 생각된다. 지난 수십년간 상당수 기업에서는 임금의 구성항목이 많아지고 그 지급조건이 복잡하여 각종 법정수당의 산정을 위한 기준임금(통상임금)이 얼마인지 알 수 없을 정도로 혼돈상태가 극에 이르렀다. 정기상여금의 통상임금 해당성을 둘러싼 관련법령의 불명확성, 일관성 없는 판결 그리고 현장의 변화와 판례의 변천을 수용하지 못한 정부의 행정지침 등이 그에 대하여 절대적인 영향을 미쳤음은 주지하는 바다. 이런 상황에서 대법원이 전원합의체 판결[1])로 정기상여금의 통상임금 해당성에 관한 오랜 논란을 정리한 것은 우리 기업들의 불합리한 임금체계를 개선할 수 있는 중요한 단초를 제공한 것으로 큰 의의를 지닌다.

대법원은 원칙적으로 정기상여금을 소정근로의 대가로서 기본급과 유사한 성격을 가진 임

---

* 고려대학교 법학전문대학원 교수

1) 대법원 2013. 12. 18. 선고 2012다89399 전원합의체 판결.

금으로 인정하되, 고정성이 없는 경우에만 통상임금에서 제외할 수 있는 것으로 보았다. 그 동안 통상임금 산정에서 제외되었던 정기상여금이 앞으로는 고정성만 인정되면 법정수당 산정을 위한 기준임금에 반영되어 전체 임금의 증가가 불가피하게 된 것이다. 다만, 대법원은 근로자 측이 정기상여금을 통상임금에서 제외한 기존 노사합의를 무효라고 주장하면서 추가수당지급을 소급해서 요구할 경우 그로 인한 결과의 불공정성을 고려하여 그 요구가 신의성실의 원칙(신의칙)에 위배되는지 여부를 판단하였다. 다수의견은 이를 긍정하면서 단체협약 등 노사합의의 내용이 근로기준법의 강행규정을 위반하여 무효인 경우에는 그 무효를 주장하는 것이 신의칙에 반하지 않는 것이 원칙이나, 상대방에게 신의를 공여하였거나 객관적으로 상대방이 신의를 가지는 것이 정당한 상태에 이르러야 하고, 이와 같은 상대방의 신의에 반하여 권리를 행사하는 것이 정의관념에 비추어 용인될 수 없는 상태에 이르러야 함은 물론 근로기준법의 강행규정성에도 불구하고 신의칙을 우선 적용하는 것을 수긍할 만한 특별한 사정이 있는 예외적인 경우에 한하여 그 노사합의의 무효를 주장하는 것은 신의칙에 위배되어 허용될 수 없다고 보았다. 이에 대하여 반대의견은 강행규정에 위반되는 약정의 당사자가 그 약정의 무효를 주장하는 것이 신의칙에 위반되는 권리의 행사라는 이유로 그 주장을 배척한다면 강행규정에 의하여 배제하려는 결과를 실현시키는 셈이 되어 입법취지를 완전히 몰각하게 되므로 그러한 주장은 신의칙에 반하는 것이 아니라고 한다. 즉, 어떠한 경우에도 신의칙은 강행규정을 앞설 수 없다고 한다.

대법원은 위의 의견의 대립이 보여주는 바와 같이 상당한 법리적 논란을 감수하더라도 법령과 판례, 행정해석 그리고 노사합의가 만들어 놓은 법적 혼란을 수습하고 불합리한 근로조건을 미래지향적으로 개선하기 위한 법적 판단을 제시한 것으로 볼 수 있다. 그러나 대법원의 의도와 달리 전원합의체 판결 이후에도 통상임금 소송이 끊이지 않고, 최근에는 주로 통상임금 확대에 따른 추가수당 지급을 둘러싸고 신의칙 적용 여부에 소송이 집중되고 있다. 같은 사건이라도 1심과 2심이 서로 다르게 선고되는 등 일관성 없는 판결이 잇따르고 있어 요즘같이 구조조정, 임금체계개편 등으로 바람 잘 날 없는 한국의 노사관계에 새로운 뇌관으로 작용하고 있다. 해당 기업에서는 통상임금에 관한 노사협상 자체가 지연되고, 재정상태가 유사한 동종업체라도 영업현황에 따라 법원별로 신의칙 인정 여부가 달라져 그로 인해 경쟁업체보다 경영환경이 불리해지거나 근로자의 근로조건에도 영향을 주어 이를 조정하기 위한 추가적인 임금인상 요구가 발생하는 등 그 부작용이 적지 않다.

신의칙 법리에 대한 하급심의 혼란을 막고 노사간 제2차 통상임금 전쟁을 종식시키기 위해서는 노사 모두 객관적으로 예측할 수 있는 세부적이고 안정적인 신의칙 판단기준이 제시되어야 한다. 이를 위해서 본고에서는 강행규정에 대한 신의칙 적용의 불가피성과 그 판단기준을 검토하기로 한다.

Ⅱ. 대법원 전원합의체 판결의 다수의견에 나타난 신의칙 적용 요건

1. 신의칙 적용 일반론

통상임금에 관한 대법원 전원합의체 판결에서 문제된 신의칙 법리는 ‘선행행위에 모순되는 행위의 금지 원칙’(venire contra factum preprium)이다. 금반언의 원칙이라고 불리는 이 원칙은 어떠한 자의 행태가 그의 선행하는 행태와는 모순되는 것이어서 그러한 후행행위에 대하여 원래대로의 효력을 인정하게 되면 그 선행행태로 인하여 야기된 다른 사람의 신뢰를 부당하게 침해하게 되는 경우에 그 후행행위의 효력이 제한되는 법원칙을 말한다.[2)]

금반언의 원칙이 적용되기 위한 요건으로 ① 선행행위의 존재, ② 상대방의 보호가치 있는 신뢰, ③ 선행행위에 반하는 후행행위(신의칙 위반 행위)가 필요하다.

전원합의체 판결 다수의견(다음부터는 “다수의견”이라고 한다)은 단체협약 등 노사합의의 내용이 근로기준법의 강행규정을 위반하여 무효인 경우에 그 무효를 주장하는 것이 신의칙에 위배되는 권리의 행사라는 이유로 이를 배척한다면 강행규정으로 정한 입법 취지를 몰각시키는 결과가 될 것이므로, 원칙적으로 그러한 주장이 신의칙에 위배된다고 볼 수 없다고 한다.

그러나 특별한 경우에는 노사합의의 무효를 주장하는 것이 신의칙에 위반되어 허용될 수 없다고 보았다. 그 요건으로는 ① 상대방에게 신의를 공여하였거나 객관적으로 보아 상대방이 신의를 가지는 것이 정당한 상태이고, ② 이와 같은 상대방의 신의에 반하여 권리를 행사하는 것이 정의관념에 비추어 용인될 수 없는 정도의 상태이며, ③ 근로기준법의 강행규정성에도 불구하고 신의칙을 우선하여 적용하는 것을 수긍할 만한 특별한 사정이 있는 때여야 한다고 판시하였다.

2. 신의칙 적용의 요건

신의칙 항변이 인정되기 위해서는 구체적으로 다음의 요건을 갖추어야 한다.[3)] 첫째, ‘단체협약 등 노사합의’에 의하여 통상임금에 관한 합의가 이루어진 경우일 것이어야 한다. 다수의견은 ‘단체협약 등 노사합의’ 또는 ‘임금협상’을 강조하였다. 노사간의 임금협상이 전제되어 임금결정에서 근로자 측의 의사가 실질적으로 반영된 경우로 국한하여 신의칙 적용을 검토하여야 한다.

---

2) 김형배/김규완/김명숙, 민법학강의(제15판), 2016, 43면 이하; Erman/Hohloch, BGB, 12. Aufl., § 242 Rn. 106. 신의칙의 가장 대표적인 유형인 모순행위금지의 원칙에 따르면 당사자의 모순된 행동이 남용에 해당될 경우에는 신의칙에 비춰 법적 효력을 그대로 인정하기 어렵다. 권리자가 자신의 의사표시나 행동을 통해 의도적이든 그렇지 않든 상대방이 신뢰할 수 있었거나 신뢰한 사안이나 권리상태를 만들었다면 그 상대방의 신뢰는 배려되어야 한다. 권리자(무효를 주장하는 자)가 과거 자신의 의사표시, 자신의 행태와 모순되는 행동을 할 수 있도록 허용한다면 신의칙에 반할 뿐 아니라 거래상의 신뢰를 무너뜨릴 수 있기 때문이다(BGH NJW 1986, 2107, NJW 1997, 3377).

3) 박순영, “대법원 전원합의체 판결에 나타난 통상임금의 의의와 그 구체적 적용”, 「사법논집」 제58집(2015), 305~308면.

둘째, 성질상 통상임금에 포함되는 '정기상여금'을 통상임금에서 제외하기로 하는 합의를 전제로 임금수준을 정한 경우여야 한다. 정기상여금은 통상임금에 포함시킬지 여부에 따라 통상임금의 액수 및 근로자에게 지급되는 임금총액의 차이가 클 수밖에 없다. 특히 1996년 이래로 대법원[4]이 통상임금에 포함된다고 판시하여 온 각종 수당에 비하여 정기상여금은 그 금액이 크기 때문에 정기상여금을 통상임금에 포함시킬 경우 결과적으로 근로자 측이 노사가 합의한 임금수준을 훨씬 초과하는 예상외의 이익을 추구한다는 점, 사용자 측에 중대한 경영상의 어려움을 야기하거나 기업의 존립을 위태롭게 한다는 점을 인정할 수 있다.

셋째, 노사 간에 임금협상을 하면서 임금 총액을 기준으로 기본급 등의 인상률과 각종 수당의 증액 및 단체협약상 통상임금을 전제로 한 법정수당의 규모를 정한 경우여야 한다. 전원합의체 판결에서 판시한 바처럼 우리나라 사업장에서는 통상임금을 전제로 법정수당 규모를 정하는 것이 일반적인 임금협상 방식이었다. 이 요건은 반대사정이 없는 한 대부분의 사안에서 그 충족여부가 문제되는 경우는 거의 없을 것이다.

넷째, 임금협상 당시 노사 간에 정기상여금이 통상임금에 해당할 수 있다는 점에 관하여 인식하지 못한 채 정기상여금을 통상임금 산입에서 제외한 경우여야 한다. 이전부터 정기상여금을 통상임금에 포함하지 않고 임금을 지급했고, 이에 대해 노조 측에서 이의를 제기하지 않은 사업장이며, 단체협상 등 과정에서 정기상여금이 통상임금에 포함되어야 한다는 주장이 있었다는 특별한 사정이 없는 한 위 요건은 충족된 것으로 보아야 할 것이다.

다섯째, 근로자 측이 추가 법정수당 청구로 예상외의 수익을 추구하고, 그로 말미암아 사용자에게 예측하지 못한 새로운 재정적 부담을 지워 중대한 경영상의 어려움을 초래하거나 기업의 존립을 위태롭게 할 수 있는 경우여야 한다. 이때 추가 법정수당 청구로 인한 통상임금의 상승 정도, 임금인상률, 현재 기업의 재무상태, 총인건비 대비 법정수당 청구로 인한 추가지출액, 당기순이익 대비 추가지급액, 과거 회사의 지급여력, 법정수당 청구와 경영상 위기간의 상관관계 등이 판단의 지표로 활용된다.

Ⅲ. 대법원 전원합의체 판결 이후 신의칙 항변 사례의 개요와 문제점

1. 신의칙 관련 판결[5]의 주요 내용

(1) 현대중공업 사건

현대중공업은 통상임금 재산정에 따라 추가 법정수당 규모가 6,295억 원에 이른다. 이 사건 1심 판결[6]은 회사 측의 신의칙 항변을 배척하면서, 본건 추가 지출액이 총인건비에서 차지하는

4) 대표적으로 대법원 1996. 2. 9. 선고 94다19501 판결.
5) 여기서는 2016년까지 간행된 주요 하급심 판결을 검토대상으로 하였다.
6) 울산지법 2015. 1. 22. 선고 2012가합10108 판결.

비율이 약 4.4%라는 점과, 추가 지급액이 이 사건 청구기간의 회사의 당기순이익에서 차지하는 비율이 2009~2012년에 각각 약 6.2%, 약 4.9%, 약 7.1%, 약 12.5%여서 회사의 지급 여력이 있다는 점, 회사는 2009~2012년 근로자들에게 격려금을 지급했고, 2012년까지는 당기순이익이 발생하였으며, 이 사건 청구로 회사에 중대한 경영상 위기가 발생한다고는 보기 어렵고, 2014년에 발생한 회사의 경영상태 악화는 우연한 사정이며 향후 회복될 것으로 보인다는 점을 든다.

이에 반하여 2심 판결[7]은 신의칙 항변을 인용하였다. 이 사건 청구로 통상임금이 약 58.3% 상승하고, 임금 인상률은 4~11배 증가하며, 2015년 2분기 동안 피고의 영업손실은 1분기 대비 약 1.4배, 당기순손실은 약 3.5배를 기록하였으며, 추가부담액은 2013년도의 당기순이익을 훨씬 초과하는 금액인데, 피고가 2014년도 이후 거액의 당기순손실이 예상되므로 예측하지 못한 새로운 재정적 부담을 안게 되어 재무적인 위기가 더욱 심화될 것으로 보인다는 점을 들고 있다.

(2) 삼성중공업 사건

현재 1심[8]이 진행된 이 사건에서 재판부는 신의칙 항변을 배척하였다. 그 근거로는 추가 법정수당이 피고의 직영 근로자에 대한 연간 인건비 총액에서 차지하는 비율이 약 1.13%에 불과하다는 점, 실질임금 인상률을 금액으로 환산하면 피고가 근로자 1인당 추가로 지급하여야 하는 금액은 연간 250만 원 정도에 불과하다는 점, 피고는 2009~2015년까지 근로자들에게 상당한 규모의 특별격려금, 목표달성 격려금, 초과이익분배금 등을 지급하였음에 비춰보면 위 250만 원은 초과이익분배금의 절반에도 미치지 못한다는 점, 피고는 이 사건 추가 법정수당액을 이미 2013년에 충당부채항목에 포함시켰으며, 2015. 9. 30. 현재 피고의 현금 및 현금성 자산은 약 8,360억 원, 이익잉여금은 약 3조 4,125억 원에 달한다는 점, 신의칙은 강행규정인 근로기준법에 기한 권리 행사를 제한하는 것이므로 근로기준법보다 신의칙을 우선하여 적용하는 것을 수긍할 만한 특별한 사정이 있는 예외적인 경우에 한하여 적용되는 것이라고 보아야 하는데, 이 사건은 그와 같은 경우가 아니라는 점, 피고의 현재 경영상태가 좋지 않다는 점은 우연한 사정이므로, 신의칙 항변의 인용 여부를 판단하는 결정적인 사유가 될 수 없다는 점을 들고 있다.

(3) 현대미포조선 사건

이 사건 1심 판결[9]은 피고의 신의칙 항변을 배척하였는바, 그 근거는 다음과 같다. 추가 지출액이 총인건비에서 차지하는 비율이 약 6.3%에 불과하다는 점, 추가 지급액이 이 사건 청구기간 동안의 당기순이익에서 차지하는 비율을 보면, 2009년도 약 5%, 2010년도 약 4.2%, 2011년도 약 9.3%, 2012년도 약 21.8% 가량이어서 피고에게 지급 여력이 있다는 점, 피고는 2009~2012

7) 부산고법 2016. 1. 13. 선고 2015나1888 판결.
8) 창원지법 통영지원 2016. 2. 16. 선고 2012가합2237 판결.
9) 울산지법 2015. 2. 12. 선고 2013가합2487 판결.

년 사이의 기간 동안 근로자들에게 상당한 규모의 성과금을 지급하였다는 점, 피고는 2013년 들어 경영상태가 악화되긴 하였으나, 이와 같은 사정은 우연에 불과하다는 점 등이다.

반면에 이 사건 2심 판결[10]은 피고의 신의칙 항변을 인용하였다. 원고들의 청구가 받아들여질 경우 통상임금은 약 66.6% 상승하고, 이 사건 추가 법정수당의 규모는 868억 원에 이른다는 점, 피고의 2014년도 매출액은 2011년도 매출액 대비 20.4% 감소하였고, 이는 2009년 이후 물동량 감소로 인한 초과 공급 및 2012년, 2013년 조선사들의 가격 경쟁으로 인하여 신조선가가 하락하면서 피고가 저가로 수주한 물량이 매출액에 반영되기 시작하였기 때문인 것으로 추정된다는 점, 피고의 2015년 1분기 당기순이익이 119억 원으로서 일시적으로 흑자를 기록하기는 하였으나, 피고의 2014년 공사손실충당부채 전입액은 약 2,690억 원 정도로서, 이는 2015년 이후 건조될 선박으로부터 발생할 손실을 미리 인식한 것인데, 만약 피고가 2014년에 손실을 미리 인식하지 않았다면 2015년에도 여전히 거액의 적자를 기록하였을 것으로 보인다는 점, 피고의 2010년부터 2014년까지의 누적 당기순이익은 약 −902억 원 정도인데, 추가부담액 약 868억 원은 해당기간 중 실적이 가장 양호한 2010년도 당기순이익의 약 20%, 2011년도 당기순이익의 약 40%, 2012년도 당기순이익의 약 80%에 달하는 금액으로서, 피고가 과거 5년 동안의 평균적인 수익성을 유지한다고 하더라도 추가 부담액을 감당할 수 있기는커녕 예측하지 못한 새로운 재정적 부담으로 인해 적자가 지속적으로 누적되어 재무적인 위기가 심화될 수밖에 없을 것으로 보인다는 점, 2010년부터 피고의 순차입금비율이 악화되고 있고, 피고는 2012년 이후 영업활동의 부족으로 외부차입 또는 사채발행 등의 재무활동으로 필요한 현금을 조달하고 있으며, 피고의 신용등급은 2013년 말부터 지속적으로 하락하고 있다는 점 등이다.

(4) 한국지엠 사건

대법원[11]은 이 사건에서 원고들의 이 사건 청구가 받아들여지면, 그 동안 노사합의로 정해온 통상임금의 액수가 훨씬 커질 것으로 보이며, 피고의 근로자들은 상시적으로 연장근로 등을 하므로, 이 사건 청구가 받아들여지게 되면 추가법정수당 규모가 7,000억 원에 이르러 임금인상률 또한 상당히 상승할 것으로 보인다는 점, 위와 같은 결과는 피고에게 예측하지 못한 새로운 재정적 부담을 지게 하여, 이로 인해 피고에 중대한 경영상의 어려움이 초래된다고 볼 여지가 있다는 점을 이유로 신의칙 항변을 배척한 원심을 파기환송하였다.

(5) 아시아나항공 사건

이 사건 1심 판결[12]은 신의칙 항변을 배척하였는바, 피고는 2010~2012년 사이에 당기순이익을 기록하였고 피고 회사의 매출액은 매년 상승 추세에 있으며, 피고 회사는 자본금이 8,000억

10) 부산고법 2016. 1. 13. 선고 2015나1956 판결.
11) 대법원 2014. 5. 29. 선고 2012다116871 판결.
12) 서울중앙지법 2014. 5. 29. 선고 2012가합33469 판결.

원이 넘는 규모의 회사라는 점, 이 사건 매년 추가 법정수당이 피고의 매년 인건비에서 차지하는 비율은 약 1.3%에 불과하다는 점, 피고가 주장하는 통상임금 인상률(최대 48.6%) 및 실질임금 인상률(최대 30.6%)을 뒷받침할 수 있는 증거가 부족하다는 점을 그 근거로 제시하였다.

이에 반하여 2심 판결[13]은 신의칙 항변을 인용하였는데, 원고들의 이 사건 청구가 받아들여지게 되면, 피고의 통상임금이 원고 A의 경우 47%, B의 경우 43% 각 상승한다는 점, 임금 상승률도 기존 상승률에 비해 상당히 상승한다는 점(2009년도에는 임금 동결이었는데, 원고 B의 경우 14.3% 상승함), 피고는 2010. 5. 일종의 구조조정 절차인 자율협약 절차에 들어간 후 2014. 12. 위 절차를 종결하였는데, 그 때에도 피고는 여전히 채권단에 대해 약 5,866억 원의 채무를 부담하고 있고, 채권단이 피고의 자금 상황을 고려하여 채무의 상환을 2년 유예해준 것일 뿐이라는 점, 피고는 설립 이후 한 차례도 누적 당기손익이 플러스인 적이 없었고, 본건 항소심 변론종결일 무렵 피고의 누적 당기순손실은 1조 110억 원에 이르고 있다는 점, 피고의 부채비율은 2008년 662%, 2009년 694%, 2010년 636%, 2011년 550%, 2012년 505%, 2013년 642%, 2014년 715%로 위 자율협약 절차에서 정한 목표 400%를 달성하지 못했고 오히려 증가하고 있으며, 게다가 피고는 신규 항공기 도입시 항공기 구입비용이 부채로 계상되는 금융리스를 이용하지 않고 운용리스를 이용하고 있는데, 운용리스로 인하여 회계장부에 직접 반영되지 않는 부외부채를 고려하면 사실상의 부채비율은 위 수치보다 더 높을 것으로 보인다는 점, 피고의 이자보상배율은 2010년 250%, 2011년 179%로 100%를 넘은 적도 있으나, 2008년 −23%, 2009년 −105%, 2012년 89%, 2013년 −46%, 2014년 31%로 위 기간 전체의 이자보상배율은 60%에 불과하다는 점, 저비용항공사와의 경쟁으로 인한 과점적 시장환경의 붕괴와 그에 따른 운임하락이 피고의 수익성 악화의 주요 원인 중의 하나인데, 국내선과 단거리 국제선의 경우에는 품질 차별화가 어렵기에 피고의 수익성 악화는 산업구조적인 측면의 문제인 것으로 보이고, 따라서 피고의 수익성 개선이 단기간 내에 이루어질 것으로 기대하기 어렵다는 점, 피고는 2014. 12. 경 취업규칙을 변경하여 상여금에 재직조건을 삽입하는 대신 근로자들에게 노사화합격려금(상여금 75%)을 일시금으로 지급하면서, 취업규칙 변경 동의서에 "노사화합격려금은 2014. 4. 1.부터 2014. 12. 31.까지 정기상여 통상임금 적용분을 대체하는 것으로 한다."는 내용을 포함시켰는바, 피고의 근로자 과반수는 위 취업규칙 변경에 동의하였으며, 피고의 근로자들은 피고의 경영상태를 고려하여 위와 같은 결단을 내린 것으로 보인다는 점 등을 그 근거로 제시하였다.

(6) 쌍용자동차 사건

이 사건 1심 판결[14]은 원고들의 청구가 받아들여지게 되면, 통상임금은 약 64% 상승하고 실질임금 인상률은 기존 인상률에 비해 1.5~3배 정도 상승하며, 추가 법정수당의 규모는 약

13) 서울고법 2015. 8. 28. 선고 2014나32153 판결.
14) 수원지법 평택지원 2016. 1. 27. 선고 2013가합4922 판결.

846억 원에 이른다는 점, 피고는 2011년에 약 1,124억 원의 당기순손실, 2012년에 약 1,060억 원의 당기순손실, 2013년에 약 37억 원의 당기순손실을 기록할 정도로 경영상태가 좋지 않다는 점 등을 들어 피고의 신의칙 항변을 인용하였다.

(7) 보쉬전장 사건

이 사건 1심 판결[15]은 통상임금은 근로기준법이 정한 각종 수당 산정의 기초가 되는바, 피고와 노조가 상여금이 통상임금에 해당할 수 있다는 점을 인식하였다면, 기본급과 수당 등의 인상률을 조정하고 지급형태나 조건 등을 변경하는 등의 조치를 취함으로써 결과적으로 근로자들에게 지급되는 임금 총액이 상여금이 통상임금에 산입되는 경우와 그렇지 않은 경우 사이에 실질적인 차이가 없도록 하였을 것으로 보인다는 점, 추가 법정수당의 규모는 약 111억 원인 반면, 피고의 2010년부터 2013년까지 당기순이익의 합산액은 약 32억 원에 불과한바, 상여금이 통상임금에 산입될 경우 피고는 결국 최근 4년간 당기순이익의 3배가 넘는 금액을 생산직 근로자들에게 추가로 지급해야 하는 상황에 처하게 되므로, 당기순이익이 향후 회사의 시설투자, 생산개발 등에 사용될 재원이라는 점을 감안할 때, 향후 피고의 투자활동의 위축 내지 지장을 불러올 것으로 보인다는 점, 피고와 노조는 2014. 1. 1. 이후에는 통상임금 관련 소송을 제기하지 아니하기로 합의하였고, 2014년 단체협약을 체결하면서 상여금을 포함한 전체 상여금의 지급조건에 재직 요건을 추가하였는바, 이러한 노사간의 합의 또한 피고의 최근 재정적인 상황을 고려한 조치로 보인다는 점을 이유로 피고의 신의칙 항변을 인용하였다.

반면에 2심 판결[16]은 기업의 중대한 경영상 어려움이라는 신의칙 항변의 요건은, 통상임금 범위의 확대에 따른 기업의 추가 부담 정도가 극심한 경우에만 항변을 인용하기 위한 제한 요건이라는 점을 전제로 하면서, 피고는 2009~2013년 사이의 기간 동안 매년 약 66~159억 원의 미처분 이익잉여금을 유보해 왔고, 이 중 약 66억~110억 원을 차기로 이월시키는 등 일정한 사내유보금을 확보해두고 있었다는 점, 피고의 부채비율은 2013년에 260%에 이르렀으나, 피고는 관계회사 외에 다른 금융기관 등에 대해 자금차입을 한 바 없고, 피고의 부채 70% 이상은 영업활동 과정에서 발생한 것인데, 피고의 자금팀은 피고의 영업자금 수요를 항시 점검하면서 유동성이 확보될 수 있도록 조치해 왔다는 점, 피고는 이 사건 소송 결과에 따라 원고들 외에 다른 생산직 근로자들을 동일하게 대우한다고 확인하였는바, 이를 통해서도 피고가 이 사건 추가 법정수당을 부담함으로 인해 피고에 중대한 경영상 어려움이 발생하지 않는다는 점을 알 수 있다는 점을 들어 피고의 신의칙 항변을 배척하였다.

(8) 만도 사건

이 사건 1심 판결[17]은 상여금이 통상임금에 포함되게 되면 피고의 통상임금은 약 60% 상승

---

15) 대전지법 2015. 1. 26. 선고 2013가합1789, 2013가합3877(병합) 판결.
16) 대전고법 2016. 8. 18. 선고 2015나791, 2015나807(병합) 판결.

하고, 실질 임금 인상률은 예전 인상률에 비해 5배 정도 상승하며, 이 사건 추가 법정수당의 총 규모는 50억 원 이상에 이른다는 점, 피고가 2010년부터 2013년까지 연평균 115,902,350,397원 상당의 당기순이익을 얻었다고 하더라도, 이 사건 추가 법정수당의 규모는 50억 원이 넘기 때문에 피고는 위 당기순이익의 상당 부분을 제수당을 지급하는 데 사용해야 할 것으로 예상되며, 따라서 앞으로 '시설투자, 생산개발 등 피고의 투자활동'에 위축 내지 지장이 초래될 것으로 보인다는 점을 들어 피고의 신의칙 항변을 인용하였다.

(9) 타타대우상용차 사건

이 사건 2심 판결[18]은 통상임금이 근로기준법에서 정한 각종 수당 산정의 기초가 되므로, 피고와 노조가 상여금이 통상임금에 해당할 수 있다는 점을 인식하였다면, 기본급과 수당 등의 인상률을 조정하고 지급형태나 조건 등을 변경하는 등의 조치를 취함으로써 결과적으로 근로자들에게 지급되는 임금 총액이 상여금이 통상임금에 산입되는 경우와 그렇지 않은 경우 사이에 실질적인 차이가 없도록 하였을 것으로 보인다는 점, 상여금이 통상임금에 해당하게 되면 통상임금이 상당히 증가하고(사무직 62%, 기술직 112%), 임금 인상률은 기존 인상률에 비해 8~12% 정도 상승하며, 이 사건 추가 법정수당의 규모는 200억 원을 넘게 된다는 점, 위 200억 원 이상의 추가 법정수당은 피고의 2012년 당기순이익인 96억 원을 현저히 초과한다는 점, 피고의 미처분 이익잉여금이 2013. 3.경 668억 원에 이르기는 하나 위 이익잉여금 중 상당 부분을 본건 법정수당 지급에 사용해야 할 것이므로, 피고는 앞으로 '시설투자, 생산개발 등의 투자활동'에 상당한 지장을 받을 것으로 보인다는 점을 들어 피고의 신의칙 항변을 인용하였다.

2. 신의칙 항변 판결의 주요 판시 내용

(1) 신의칙 항변 배척 판결

위의 신의칙 항변 관련 판결의 판단기준을 정리해 본다. 먼저 신의칙 항변을 배척한 판결의 주요 근거를 보면 다음과 같다.

- 회사의 총인건비 대비 추가 법정수당의 비율이 미미함.
- 청구기간 동안의 추가 법정수당의 총합과 청구기간 동안의 당기순이익 등의 총합을 비교하지 않고, 각 연도별 추가 법정수당과 각 연도별 당기순이익을 비교하여 각 연도별 당기순이익에서 추가법정수당액이 차지하는 비율을 고려함.
- 회사의 과거 실적, 규모 등을 중시하며, '성과급, 격려금 등이 지급된 점' 등을 중요한 사실관계로 파악함.

---

17) 수원지법 평택지원 2016. 1. 13. 선고 2012가합5010, 2013가합135, 2013가합845(병합) 판결.

18) 서울고법 2014. 12. 24. 선고 2013나19894 판결.

- 회사가 현재 겪고 있는 경영상 어려움을 우연적인 요소라고 이해함.
- 회사의 사내유보금(이익잉여금) 규모를 상당히 중시함.
- 신의칙 항변은 그 성질상 예외적으로만 인정되어야 한다고 판시함.
- 부채비율이 높다는 점을 부차적인 사실관계로 파악함.

(2) 신의칙 항변 인용 판결의 주요 판시 내용

신의칙 항변을 인용한 판결의 주요 판시 내용을 정리하면 다음과 같다.

- 사실관계 인정 부분이 아닌 "판단" 부분에, i) 추가 법정수당액을 명시하고, ii) 추가 법정수당의 부담으로 인해 회사의 통상임금 및 실질임금 인상률이 크게 상승한다는 점 또한 명시하는 경우가 많음.
- 청구기간 동안의 전체 추가 법정수당액을 전체 당기순이익 등과 비교하는 척도로 삼는 경우가 많음(즉, 연도별로 비교하지 아니함).
- 신의칙 항변의 인용 여부를 판단함에 있어, "순차입금비율, 이자보상배율, 신용등급" 등 회사의 재무사정에 직접적인 영향을 주는 요소들을 중시함.
- 회사의 규모가 크거나 과거의 실적이 좋다고 해도, 현재의 재무수치들이 좋지 않을 경우 신의칙 항변을 받아들임.
- 항공운수산업, 조선산업 등 산업 자체에 구조적인 성장 장애 요소가 있을 경우, 이와 같은 점을 중시함.
- 회사가 자율협약절차에 들어간 적이 있다거나, 재무구조개선약정체결 가능성이 있다는 점 등을 상당히 중시함.
- 회사가 추가 법정수당을 실제로 부담할 경우 그 회사의 시설투자비용, 연구비용 등이 삭감될 수밖에 없다는 점을 중시하는바, 이는 회사의 지속적인 존속 가능성을 중시하는 것으로 보임.

3. 평 가

신의칙 항변을 인용한 판결들과 신의칙 항변을 배척한 판결들이 동일한 사실관계를 완전히 다른 관점에서 이해했는지를 살펴보았으나, 신의칙 항변을 배척한 판결들도 '상여금 등이 통상임금에 포함될 경우, 통상임금 및 실질임금 인상률이 꽤 상승하며, 회사에 상당한 규모의 재정적 부담이 초래된다는 점'은 대체로 인정하고 있다. 다만, 이를 판단 부분이 아닌 사실관계 인정 부분에 기재하는 경우가 많은 것으로 보인다.

신의칙 항변을 인용한 판결들의 경우 '회사가 영위하고 있는 산업의 현황, 당기순이익, 부채비율, 이자보상배율' 등 구체적인 재무수치들에 주목하는 경우가 다수 발견되는데 반하여, 신의칙 항변을 배척하는 판결들의 경우 주로 '사내유보금(이익잉여금)의 규모, 추가 법정수당이 총인건비에서 차지하는 비율' 등에 주목하는 경우가 많은 것으로 보인다.

반면에 신의칙 항변을 배척한 판결을 보면 회사 측이 제시한 사유들을 실질적으로 판단하지 아니하고 명목적인 수치로만 판단하는 경향이 나타난다(총인건비 액수와 추가 법정수당의 액수의 절대치를 비교). 그리고 신의칙의 항변을 성질상 예외적으로만 인정한다고 하면서 신의칙 판단이 전적으로 하급심 법원의 재량사항이라고 보는데, 이는 회사 측이 재판 결과에 불복하는 원인이 되고 있다. 이로 인하여 분쟁의 지속화·장기화가 초래될 여지도 있다. 그리고 청구기간 동안의 추가 법정수당의 총합과 청구기간 동안의 당기순이익 등의 총합을 비교하지 않고, 각 연도별 추가 법정수당과 각 연도별 당기순이익을 비교한 것은 근로자 측에 다소 유리한 판단 방식이 될 수 있다. 이에 비하여 회사의 과거 실적, 규모 등은 중시하면서도 현재 회사의 부채비율이 높다는 측면은 부차적인 사실관계라고 판단함으로써 회사의 구체적인 경영 상황을 충분히 고려하지 않았다는 지적도 있을 수 있다.

위와 같은 점들을 종합하면, 신의칙 항변의 인용 여부는 결국 각 재판부의 '노사관계를 바라보는 근본적인 관점'에 따라 결정되는 경우가 많은 것으로 생각된다. 특히, 신의칙 항변을 배척하는 판결들은 "신의칙 항변의 인용은 근로기준법에 위배되는 행위를 받아들이는 결과를 초래하는 것이므로, 신의칙 항변은 극히 예외적으로만 인정되어야 한다"고 명시적으로 판시하는 경우가 많은 것은 이 점을 의식한 것으로 보인다.

Ⅳ. 신의칙 항변에 대한 비판과 반론

1. 대법원의 신의칙 적용에 대한 비판적 견해

(1) 대법원 전원합의체 반대의견

(가) 신의칙이 강행규정을 앞설 수 있는가?

먼저 대법원 전원합의체 판결의 반대의견(다음부터는 "반대의견"이라 한다)은 실정법의 개별 조항에 의하여 명백히 인정되는 권리·의무의 내용이 신의칙을 이유로 변경되는 것은 법체계에 심각한 혼란을 초래하여 법의 권위와 법적 안정성에 큰 위협이 될 수 있다. 따라서 신의칙을 적용하여 그와 같은 실정법상의 권리를 제한하는 것은, 개별적인 사안의 특수성 때문에 법률을 그대로 적용하면 도저히 참을 수 없는 부당한 결과가 야기되는 경우에 최후 수단으로, 그것도 법의 정신이나 입법자의 결단과 모순되지 않는 범위 안에서만 고려해 볼 수 있는 방안에 불과하다고 본다.

또한 공익을 추구하는 강행규정은 그 입법 목적을 달성하기 위하여 그에 위배된 행위의 효력을 부정함으로써 계약자유의 원칙을 제한한다. 그리고 강행규정은 해당 규정에 대한 행위자의 인식 여부를 불문하고 적용된다. 신의칙을 이용하여 강행규정을 위반한 법률행위의 효력을 유지하는 것은 전체 법질서 내에서 작동하여야 할 신의칙이 법질서에 역행하는 결과를 초래한다. 강행규정에 위배되는 약정의 당사자가 그 약정의 무효를 주장하는 것이 신의칙에 위반되는 권리의 행사라는 이유로 그 주장을 배척한다면, 이는 강행규정에 의하여 배제하려는 결과를 실현시키는 셈이 되어 입법 취지를 완전히 몰각하게 되므로 신의칙은 강행규정에 앞설 수 없다고 전제한다.[19]

(나) 노사합의가 신의칙 적용의 일반적 요건이라고 할 수 있는가?

신의칙에 위배된다는 이유로 권리행사를 부정하기 위해서는 상대방에게 신의를 공여하였거나 객관적으로 보아 상대방이 신의를 가지는 것이 정당하여야 하고, 이와 같은 상대방의 신의에 반하여 권리를 행사하는 것이 정의관념에 비추어 도저히 참을 수 없는 정도의 상태에 이르러야 한다. 여기서 신의칙의 적용을 통하여 보호되어야 할 상대방의 신뢰는 정당한 신뢰이어야 하므로, 신뢰할 만하지 아니한 것을 과실로 신뢰한 경우나 신뢰할 만하지 아니하다는 것을 알고 있었던 경우에는 그 신뢰의 보호를 주장할 수 없다. 또한 신뢰보호는 상대방이 어떠한 사태를 신뢰하고 있고 또 그러한 신뢰를 가질 만하다고 하여서 곧바로 인정되는 것이 아니고, 그 신뢰의 보호로 말미암아 불이익을 입는 자에게 그 불이익을 받을 만한 귀책근거가 있어야 한다.

정기상여금을 통상임금에서 제외하기로 하는 노사합의의 관행이 있다고 볼 근거가 없음은 물론이고, 만에 하나 그런 관행이 있다고 한들 그것이 근로자에 의하여 유발되었거나 그 주된 원인이 근로자에게 있다고 볼 근거는 어디에도 없다. 또한 다수의견이 정기상여금을 통상임금에서 제외하는 노사합의에 대한 근로자의 무효 주장이 신의칙에 위반된다고 하면서 내세우는 근거나 기준도 합리성이 없다.[20]

다수의견은, 정기상여금을 통상임금에서 제외하기로 한 노사합의의 무효를 주장함으로써 근로자가 얻는 것이 '예상외의 이익'이라고 하면서 이를 신의칙 위반의 중요한 근거로 들고 있다. 그러나 근로자가 초과근로를 함으로써 얻는 초과근로수당청구권은 근로기준법이 명시적으로 인정하는 근로자의 권리로서, 예상외의 이익, 즉 뜻밖의 횡재가 아니다. 노사합의 당시 정기상여금이 통상임금에 포함된다는 사정을 알았더라면 사용자로서는 초과근로시간을 줄이고 근로

19) 그에 따르면 임금과 같은 근로조건의 기준은 강행규정성을 가지고 있음에도 신의칙의 적용을 통하여 임금청구권과 같은 법률상 강행규정으로 보장된 근로자의 기본적 권리를 제약하려 시도하는 것은 이와 같은 헌법적 가치나 근로기준법의 강행규정성에 정면으로 반하게 된다.

20) 그에 따르면 다수의견은, 노사가 임금협상 당시 정기상여금을 통상임금에서 제외하는 노사합의가 근로기준법의 강행규정에 위배되어 무효라는 점을 알았더라면 기본급의 인상률을 낮추거나 상여금·수당의 지급형태나 조건을 변경하는 조치를 취함으로써 통상임금을 기초로 산정되는 각종 법정수당을 포함하여 근로자에게 지급되는 임금 총액이 당초 노사합의에서 정한 통상임금을 기초로 산정되는 각종 법정수당을 포함한 임금 총액과 실질적인 차이가 없도록 하였을 것이라고 한다. 그러나 그러한 노사협의가 이루어졌을 것이라는 전제는 오로지 사용자의 관점에서만 바라본 주관적·가정적 의사를 밝힌 것에 불과하다. 근로자의 관점에서 보면 임금 수준은 유지하면서 연장·야간·휴일근로 등 초과근로를 축소하는 방향으로 노사협의를 진행하였을 가능성도 충분하다.

자로서도 초과근로를 적게 하였을 것이므로, 사용자가 정당한 대가를 치르지 않고 근로자의 초과근로를 제공받은 것이 오히려 '예상외의 이익'인 셈이다.[21]

(다) 사용자의 경제적 어려움이 신의칙 적용 사유가 될 수 있는가?

사용자의 경제적 어려움도 근로자의 권리를 희생시킬 수 있는 근거가 될 수 없다. 사용자의 경제적 어려움은 근로조건의 설정과정에서 근로자의 이해와 양보를 구할 수 있는 근거가 될 수 있을지언정 이미 정해진 근로조건에 따라 사용자가 이행하여야 할 법적 의무를 면하는 이유가 될 수는 없다.

다수의견은 '법정수당의 추가 지급으로 사용자에게 예측하지 못한 새로운 재정적 부담을 지게 함으로써 중대한 경영상의 어려움을 초래하거나 기업의 존립을 위태롭게 한다'는 것을 신의칙 위반의 또 다른 요건으로 들고 있다. 그러나 이러한 '중대한 경영상의 어려움'이나 '기업존립의 위태'는 모두 모호하고 불확정적인 내용으로서, 도대체 추가 부담액이 어느 정도가 되어야 그러한 요건을 충족한다는 것인지 알 수 없다.

이처럼 모호하고 불명확한 기준을 신의칙의 적용 요건으로 보게 되면 근로기준법상 보장되는 권리가 사업장이나 개개 소송마다 달라질 가능성이 커지게 되고, 이는 곧 근로기준법상 근로자들에게 고루 보장되어야 하는 권리가 형평에 맞지 않게 인정되거나 부정되는 결과를 초래할 수 있다.

(2) 신의칙 적용에 대한 비판적 견해

대법원 전원합의체의 다수의견을 비판하는 대부분의 문헌은 동 판결의 반대의견을 사실상 그대로 인용하면서 근로기준법과 같은 강행규정은 신의칙에 우선한다는 원칙을 반복해서 주장하고 있다. 다만, 다음의 문헌은 좀더 구체적으로 전원합의체 판결의 다수의견을 비판하고 있는 듯 하여 여기에 인용한다.

도재형의 논문[22]은 기본적으로 반대의견에 터잡아 다수의견이 신의칙의 일반 법리, 근로기준법의 입법취지에 어긋난다는 점을 확인하면서, 여기에 덧붙여 기업경영사항과 근로자의 관계에 대한 판례법리와의 모순을 지적하고 있다.[23]

먼저 노동법과 근로기준법은 그 자체가 사회적 형평의 이념, 사회적 조정원칙을 실현하기 위한 특별법이며 신의칙 또한 동일한 이념과 원리를 위해 적용되어야 하는 것이므로 노동법에 대한 신의칙의 적용은 노동법을 무력화할 수 있다고 본다.

도재형은 대법원이 사용자의 경영권에 대하여 단체교섭 및 쟁의행위를 제한하고 있음에도 개별근로자의 가산임금 청구권 행사에 대해서는 근로자를 사용자와 함께 기업을 운영하고 경영

21) 그렇지만 다수의견이 사용자관점에서 주관적, 가정적 의사를 토대로 한 것이라면, 반대의견도 근로자 측 관점에서 주관적, 가정적 의사를 기초로 한 것은 아닌지 의문이 제기된다.

22) 도재형, "통상임금 전원합의체 판결의 검토", 「노동법연구」 제36호(2014), 179면 이하.

23) 도재형, 앞의 논문, 197면 이하.

책임을 공동부담하는 주체로 설명하는 것은 일관성이 없다고 주장한다. 또한 신의칙 적용의 특별한 사정으로서 사용자에게 '중대한 경영상의 어려움'이 존재해야 하는바, 그 판단기준과 관련하여 사용자의 임금체불시 책임조각사유를 준용할 수 있다고 한다. 그에 따르면 회사가 채무를 변제할 수 없고 경제활동을 유지하는 것이 불가능하게 된 경제적 파탄 상태에 이른 경우 임금을 체불한 사용자의 형사책임이 면제된다. 사용자가 단순히 경영부진 등으로 자금압박을 받아 이를 지급할 수 없었다는 것만으로는 책임을 면할 수 없다고 본다.[24)]

위 논문에서는 통상임금이 연장근로 등의 가산임금 산정 기준이며, 이는 우리 근로자의 장시간근로 문제의 해결을 위한 관점에서 접근해야 한다는 점을 들어 다수의견이 통상임금문제를 단순히 임금문제로 전환시킨 것은 잘못된 것이라고 주장한다.[25)]

김제완의 논문[26)]에서는 강행규정이 주로 사회질서와 약자보호를 위한 것이므로 그에 반하는 약정의 효력을 인정하게 되면 법 제정의 취지가 몰각된다는 점을 지적하고, 법원이 만연히 기업의 국제경쟁력에 부담이 된다든가 투자심리의 위축 등 경제적 측면에서 신의칙을 적용한다면 그 결과가 정의에 반할 수 있으나, 반대로 신의칙 요건과 효과에 세심한 기준을 제시한다면 법체계와 정의관념을 유지하면서도 신의칙 적용영역을 확대하여 좀 더 높은 수준에서 구체적 타당성을 추구하는 새로운 경지를 열 수도 있음을 지적한다. 이를 위해서 영미법에서 발전된 금반언(estoppel) 원칙의 검토 및 시사점을 제시한다. 그 핵심은 정의와 형평을 고려한 불이익의 공평한 분담의 원칙이라고 한다.[27)]

김제완은 영미법의 금반언 원칙을 통상임금 사례에 적용되려면, 먼저 노동조합의 신뢰유도행위가 있어야 하며, 그에 대하여 사용자가 이를 신뢰하였고 그와 같은 신뢰가 합리적이어야 한다고 본다. 다음으로 그와 같은 약정을 신뢰한 사용자 측이 불이익을 입게 되어야 한다. 즉, 신의칙 적용을 위해서는 단체협약 체결시 통상임금에 관한 노사합의를 추가하게 된 구체적인 경위와 그 약정을 추가한 전후에 어떤 내용적 변화가 있었고 그로 인해 사용자 측이 입게 된 불이익이 무엇인지 판단해야 한다고 본다. 그리고 끝으로 근로자 측에서 이 합의가 무효라고 주장하는 것이 현저히 형평에 반하는 것이어서 이를 받아들일 수 없는 정도에 이르러야 한다. 이 점을 판단하기 위해서는 사용자 측의 불이익의 정도가 중요하며, 이는 사용자 측의 자산, 재정, 임금총액 등을 함께 고려하여 상대적·비율적으로 판단해야 한다.

김제완은 이 경우 사용자의 자산 및 재정상태를 고려함에 있어서 현재의 상태를 고려할 것인지 아니면 노사합의 당시의 상태를 고려해야 할 것인지에 대하여, estoppel의 이념상 약정 당시와 현재 시점을 모두 충족시키는 경우에 한하여 인정하는 것이 타당하다고 한다. 또한 사용자

24) 도재형, 앞의 논문, 199~201면.

25) 도재형, 앞의 논문, 188~190면.

26) 김제완, "통상임금성을 배제하는 노사합의와 신의칙", 「인권과 정의」 제443호(2014), 94면 이하.

27) 김제완, 앞의 논문, 118면.

의 부담 과다의 기준으로서 신의칙은 최후의 수단으로 예외적으로 인정되어야 하므로 기업으로서 도산이나 이에 준하는 재정적 어려움이 급박하고 명백히 예상되는 경우에 한하여 인정되어야 한다고 본다. 즉, 현실적인 지급능력의 곤란이나 정상적인 기업운영상 재정적 어려움만으로는 신의칙을 적용하기 어렵다고 본다.[28]

(3) 비판적 견해의 논지

비판적 견해의 주된 논지를 요약하면 다음과 같다. 먼저 신의칙이 강행규정에 앞설 수 없다는 반대의견의 논지를 사실상 그대로 유지하면서, 도재형의 경우는 통상임금의 기능이 장시간근로 억제를 위한 것인데 그에 역행하는 결과를 만들어 냈다는 점을 지적하고 있다. 김제완은 예외적으로 신의칙이 적용될 수 있음을 인정하되 정의와 형평을 위하여 최후의 수단으로 인정되어야 하고, 그 요건도 엄격하게 해석해야 한다고 본다.

2. 비판에 대한 반론

(1) 강행규정과 신의칙의 관계

(가) 신의칙의 적용범위 — 강행규정에 대한 신의칙 적용은 배척되는가?

대법원 전원합의체 판결의 반대의견과 그에 터잡아 신의칙 적용을 부정하는 견해들은 노동법과 같은 강행규정에 대하여 신의칙을 적용할 수 없다는 점을 강력하게 유지한다. 비록 신중한 접근, 가능한 배제라는 수사를 사용하고 있지만, 근로기준법의 강행규정에 대해서는 신의칙을 적용할 수 없다는 점을 핵심 논거로 한다. 그 결과 강행규정은 위반은 언제나 무효이고 그 법률행위는 소급해서 효력이 부정된다(ex-tunc-Wirkung).

그렇지만 강행규정 위반행위라도 그 이행 후에 소급적으로 원상회복을 목적으로 하는 무효주장의 인정은 신중해야 한다는 것이 일반적 견해이다.[29] 이행 후 소급적 무효주장의 인정은 거래안전을 해할 수 있을 뿐만 아니라 신의칙에도 반할 수 있기 때문이다. 따라서 거래안전의 보호, 당사자간의 이해관계 보호 및 신의관계 유지의 필요성과 위법행위로 인한 위법상태의 제거에 의한 사회질서 유지의 필요성을 비교교량하여 (소급효를 가진) 무효의 필요성이 강력하게 요청되어야 한다.[30] 이와 같이 강행규정 위반이 소급해서 특정 법률행위를 무효로 하는지 여부는 법률의 의미와 목적에 비춰 명백한 경우에만 인정되며, 법률의 의미와 목적에 따라 예컨대 장래효(ex-nunc-Wirkung) 인정 등 다른 방법으로도 법규의 보호목적을 달성하는 데 충분하거나 강행법규 위반을 이유로 (소급적) 무효의 효과를 주장하는 것이 그로 인해 피해를 입게 되는 상대방 당사자의 보호를 위해서 바람직하지 아니한 경우에는 예외적으로 소급효를 인정하지 않을

28) 김제완, 앞의 논문, 112~116면.

29) 민법주해/민일영, 제103조, 267면 참고.

30) 민법주해/민일영, 앞의 책, 같은 곳.

수 있다.[31)]

신의칙은 사법영역뿐만 아니라 공법영역과 특히 노동법 분야에서 노동관행과 신뢰책임의 인정근거로서 전통적으로 강조되어 온 법원칙이다.[32)] 특별한 인적 신뢰관계 및 계속적 계약관계를 기초로 근로관계 당사자는 신의칙에 기하여 높은 수준의 배려의무와 충실의무를 부담하고 있다. 그와 같은 의무의 상당수가 개별 법령에 의하여 실체법적 근거를 갖게 되는 경우도 적지 않으나, 대부분 강행적 성격을 가진 공법적 규정에 대해서도 비록 신의칙이 법률관계를 변화시키는 효과는 예외적으로만 인정되지만, 당사자의 행동은 신의에 기초해야 한다는 관점에서 신뢰구속(Treubindung)의 원칙이 오래전부터 승인되어 왔다.[33)]

대법원도 강행규정에 대해서 신의칙을 근거로 그 효력을 제한할 수 있다는 판례를 적지 않게 만들어 냈다.[34)] 같은 강행규정이라도 근로기준법과 같은 노동관계법령이 다른 법령과 서로 다른 가치를 가진다고 할 수 없을 뿐만 아니라 근로기준법상 해고규정의 적용에 있어서도 장기간 권리행사를 부작위한 경우 근로자의 해고무효에 대한 권리주장을 배척한 사례도 있다.[35)]

다수의 문헌이 타당하게 제시하듯이 신의칙은 특정 사건에 있어서 구체적 타당성을 발견하기 위하여 기존의 법을 구체화하고, 보충하며 더 나아가 이를 보정하는 기능을 수행한다.[36)] 이를 통해 사회적, 제도적 변화에 수반하여 제정법이 가진 경직성을 보완함으로써 법적 안정성을 확보할 수 있게 하는 중요한 사명을 가지고 있다. 다만, 신의칙을 지나치게 자의적으로 운영할 경우 법적 안정성이 오히려 크게 훼손될 수 있으므로 그 적용에 신중을 기해야 한다는 점은 다언을 요하지 않는다. 법률이 명확히 규정하고 있거나 계약 해석을 통해 충분히 해결될 수 있는 경우에는 당연히 신의칙의 적용이 배제될 것이다. 신의칙은 법관에게 자의적인 법형성 권한을 부여한 것이 아니라 적극적 법발견의 사명을 부여한 것이므로 법관은 법의 취지를 무시해서도 아니되지만 당사자의 의도에 어긋나는 결과를 강요해서도 안 된다.[37)]

---

31) 독일의 통설: Erman/Palm, BGB, 12. Aufl., §134 Rn. 11 ff. 및 그에 인용된 판결 참조. 계약의 취소 또는 무효로 인하여 당사자간에 급부의 현저한 불균형이 발생하는 경우, 과잉이익 또는 부당이익이 발생하는 경우에는 신의칙을 통하여 이를 시정할 수 있는 가능성을 인정하는 것이 일반적인 입법례이다. 이에 관해서는 최명구, "유럽계약법상 신의성실의 원칙의 내용과 우리 민법의 시사점", 「재산법연구」 제27권 제1호(2010), 69~70면 참고.

32) Erman/Hohloch, BGB, 12.Aufl., §242 Rn. 47. 신의칙은 국제상사계약법(CISG, PICC, PECL)에서도 일반원칙으로 승인되고 있다. 이에 관해서는 Erman/Hohloch, BGB, 12.Aufl., §242 Rn. 59 참조. 특히 유럽계약법원칙(PECL)은 계약당사자 간 강행규정으로서 신의칙을 명시적으로 규정하고 있다. 이에 관해서는 오현석, "국제상사계약상 신의성실의 원칙", 「성균관법학」 제24권 제2호(2012), 533면; 최명구, 앞의 글, 65면 이하 참고.

33) Erman/Hohloch, BGB, 12.Aufl., §242 Rn. 55.

34) 김제완, 99면 이하는 우리 판례가 강행규정에 반하여 무효라는 항변에 대하여 신의칙을 들어 이를 배척할 수 없다는 일관된 입장을 가지고 있다고 평가하고 있으나, 반드시 그러하지는 않다. 참고로 신의칙이 강행법률에 우선하여 적용될 수 있다고 한 판결로, 대법원 1973. 7. 24. 선고 73다152 판결; 대법원 1983. 4. 26. 선고 80다580 판결; 대법원 1992. 1. 21. 선고 91다30118 판결; 대법원 2000. 8. 22. 선고 99다62609, 62616 판결.

35) 대법원 1992. 1. 21. 선고 91다30118 판결.

36) 백태승, 현대계약법(2007), 74면.

(나) 근로기준법의 강행적 성격과 규정의 명확성 문제

대법원은 노동조합 및 노동관계조정법(다음부터 "노조법"이라 한다) 제31조 제1항이 정한 방식을 갖추지 아니한 단체협약의 효력(무효) 및 위 규정에 위반된 단체협약의 무효를 주장하는 것이 신의칙에 반하는지 여부에 대하여 해당 법률이 단체협약은 서면으로 작성하여 당사자 쌍방이 서명날인 하여야 한다고 규정하고 있는 취지는 단체협약의 내용을 명확히 함으로써 장래 그 내용을 둘러싼 분쟁을 방지하고 아울러 체결당사자 및 그의 최종적 의사를 확인함으로써 단체협약의 진정성을 확보하기 위한 것이므로, 그 방식을 갖추지 아니하는 경우 단체협약은 효력을 가질 수 없다고 할 것인바, 강행규정인 위 규정에 위반된 단체협약의 무효를 주장하는 것이 신의칙에 위배되는 권리의 행사라는 이유로 이를 배척한다면 위와 같은 입법 취지를 완전히 몰각시키는 결과가 될 것이므로 특별한 사정이 없는 한 그러한 주장이 신의칙에 위반된다고 볼 수 없다고 판시한 바 있다.[38]

특정 법률행위에 대하여 법률이 일정한 형식을 강제하는 것은 법적 명확성과 안정성을 위해 필요불가결하다고 인정하기 때문이다. 따라서 각 당사자는 당연히 형식적 흠결을 이유로 무효를 주장할 수 있다. 그렇지만 법적 경험을 통해 형식위반의 무효를 고수할 경우 실체적 정의와 공정성의 관점에서 감당하기 어려운 결과를 발생시킬 수 있는 사례도 있을 수 있다는 점을 알 수 있다. 이 경우 형식에 의하여 엄격히 보호되는 법적 안정성과 실체적 정의가 서로 충돌한다면 후자를 우선해야 하는 것은 아닌지 문제된다.[39] 이 경우에도 신의칙으로부터 특별한 사정 하에서 실체적 정의가 우선시되어야 한다는 결론을 이끌어낼 수 있다. 신의칙이 강행규정의 적용을 제한하고 심지어 깨뜨릴 수 있다는 원칙이 이 경우에도 적용될 수 있는 것이다. 결국 중요한 것은 강행규정(여기서는 형식의 흠결로 인한 무효)과 신의칙 간의 경계획정 및 이익교량이라고 할 수 있다.[40]

위의 대법원 판결에서 다투고 있는 노조법 제31조 제1항의 위반 여부는 누구도 오해할 수 없을 정도로 명백하다. 그러나 이 사건에서 문제되고 있는 정기상여금의 통상임금 불산입에 관한 노사합의는 어제 오늘의 문제가 아니라 근로기준법 제정 이래로 정기상여금이 임금구성항목으로 정착되면서 일반화된 관행이었다. 그리고 무엇보다 장기간 판례의 태도에 관하여 많은 변화에도 불구하고 이 문제에 대해서 노동조합과 사용자, 개별근로자 모두 이의를 제기하지 않았고 당연한 것으로 수용하였다. 그 원인은 근로기준법의 불명확성과, 그에 연유하여 우리 기업들이 가지고 있는 임금구성상의 특성 때문이다.

통상임금은 같은 도구개념인 평균임금과 달리 그 정의(구체적 요건)가 법률에 명시되어 있지 않다. 따라서 오랫동안 통상임금 산입 범위에 관하여 다양한 내용의 판례가 축적되어 왔다. 그

---

37) 백태승, 현대계약법(2007), 75면.
38) 대법원 2001. 5. 29. 선고 2001다15422 판결.
39) 이러한 관점에서 BGHZ 23, 249 참고.
40) Erman/Hohloch, BGB, § 242 Rn. 117 ff.; Armbrüster, NJW 2007, 3317.

런데 여기에 임금의 개념과 통상임금의 범위에 대해서도 판례가 언제나 일관된 태도를 취한 것이 아니었다. 더욱이 기업현장에서 상당한 규범력을 가지고 있는 고용노동부의 행정지침(통상임금산정지침)은 1988년 이래로 정기상여금을 통상임금에서 제외하는 일관된 태도를 유지해 왔다. 이처럼 정의규정 없이 그 요건도 불명확한 채로 법정수당의 산정을 위한 도구개념으로 기능해 왔던 통상임금에 대하여 사용자와 노동조합 등 노동관계 당사자는 임금협상에서 중요한 고려사항으로 늘 다뤄 온 것이 사실이다. 기본급 인상 또는 임금항목(수당)의 신설 또는 상여금 인상 및 추가 등의 임금교섭시 통상임금 계산을 통한 법정수당의 예상 가능한 인상 폭을 측정하여 근로자들의 전체 임금인상률에 대한 대략적인 가이드라인이 정해지기 때문이다. 여기에 상여금이 우리 근로자의 임금구성에서 차지하는 의미와 역할 그리고 변천 과정도 상당한 특수성을 가지고 있다.[41]

일부 견해가 이미 대법원의 임금관련 판결의 변경이 있었고 1개월을 초과하는 임금의 통상임금 해당성을 인정하는 판결이 나오기 시작했음을 지적하지만 그럼에도 불구하고 사실상 금아리무진 사건(대법원 2012. 3. 29. 선고 2010다91046 판결) 이전까지 정기상여금의 통상임금성에 대한 직접적인 문제제기가 없었다는 점을 어떻게 평가해야 할 것인지도 의문이다.

결국 규범내용의 불명확성, 여기에 기반한 판례의 불완전성 및 행정해석의 오류, 기업현장의 오랜 관행 등이 정기상여금의 통상임금 배제의 원인으로 작용하였음을 인정하지 않을 수 없다. 아무리 강행규정이 우선한다고 하지만 강행규정이 안고 있는 규범적 문제(불명확성으로 인해 오랜 기간 동안 잘못된 해석과 적용)는 의도하지 않은 법률적 흠결을 구성한다고 보지 않을 수 없다. 이를 단순히 사용자의 법에 대한 무지로 폄훼하여 오랜 기간 유지되어 온 (결과적으로) 잘못된 해석과 관행에 대한 책임을 당사자 일방에게 전가하는 것은 가혹하다고 하지 않을 수 없다.[42] 그 때문에 신의칙은 예외적으로 강행규정의 불완전성을 보완하는 조정적 장치로서 정의와 형평에 기여할 수 있는 것이다.

(2) 노사합의와 신의칙: 단체협약의 성격과 기능에 대한 오해

단체협약은 일반 사인 간의 계약과는 그 성격을 달리 한다. 단체협약은 법률이 추상적으로

---

41) 이에 관해서는 이미선, "통상임금", 「사법」 제27호(2014), 365~366면.

42) 일부 견해는 사용자의 이익을 위하여 사용자의 주도하에 정기상여금을 통상임금에서 배제하는 합의가 관행으로 전개되었다고 주장한다(김제완, 112면). 그렇게 되면 근로자 측(노동조합)의 신뢰공여에 대한 책임이 깨지게 되어 신의칙 항변의 적용요건이 무너지게 된다. 이는 노사관계의 현실에 대한 주관적 가정을 전제로 하는 근거 없는 주장이다. 임금에 관한 교섭은 사용자의 의도대로 이뤄진다는 것은 현실과 부합하지 않으며, 특히 상여금의 특별한 취급은 이미 1970년대부터 정부의 저임금정책에 대한 노사의 우회전략에서 비롯된 것으로 통상임금 산입배제는 사실상 전체 사업장에 일반화되어 온 것이라는 점, 기본급 인상 억제 및 가산임금 지급액 인상 억제 등에 대한 반대급부 내지 보상정책으로 상여금과 제 수당이 확대되어 왔다는 점에서 상여금의 통상임금 배제에 따른 조정적 임금구조(상여금 범위 확대, 수당 항목 확대 등)가 형성되었다는 역사적 사실을 간과한 것이다.

규율하고 있거나 규율하지 아니한 사항에 대하여 단체협약의 당사자 및 그 구성원(조합원)들을 구속하는 준법률적 성격을 가지고 있기 때문이다(규범적 효력). 단체교섭에 참여하는 당사자는 더 이상 강자와 약자의 관계에 있는 것이 아니라 대등관계를 전제로 하며, 그렇기 때문에 단체협약의 내용에 대하여 규범적 효력을 부여하는 것이다. 노동법의 법정책도 이점을 고려하여 단체교섭의 실질적 힘의 균형성이 무너지지 않도록 하는 데 관심을 가지고 있으며, 단체협약의 내용에 대한 통제는 상당히 엄격한 기준(위법한 내용이 있는 경우, 노조법 제31조 제3항 참고)에 의해서만 가능하다. 따라서 현행법에 대한 잘못된 평가와 적용은 사용자의 법의 무지가 문제되는 것이 아니라 권리자인 노동조합의 법의 무지도 함께 문제된 것이다. 이러한 단체협약의 성격에 비춰, 단체교섭에서 근로자 측이 약자라거나 사용자의 일방적 강요를 주장하는 것은 단체협약의 성격이나 노동법의 취지를 오해하고 있는 것이다.

심지어 노동법은 강행적 기준에 대해서 단체협약이나 노사간 합의를 통한 예외 가능성을 인정하고 있다(근로자대표와 서면합의에 의한 근로기준 적용의 예외). 독일에서는 단체협약을 통해 최저기준을 하회하는 노사의 합의결과도 승인하는 입법례를 풍부하게 보유하고 있다.[43] 향후 근로기준의 유연성 문제와 관련하여 근로자대표 또는 노동조합에 의한 교섭제도를 폭넓게 활용해야 한다는 주장도 여기에서 비롯된다.

이와 같이 단체협약 등 노사합의를 통해 임금체계와 임금구성, 통상임금의 산입범위의 확정 및 임금인상률 등 제반사항이 교섭되고 합의되는 과정은 우리 노동법뿐만 아니라 모든 산업국가의 노사관계의 핵심영역이다. 따라서 단체교섭을 개별 근로자와 사용자의 근로계약 체결과정과 동일시해서는 아니 된다.

그럼에도 불구하고 대법원 다수의견은 고정성을 가진 정기상여금을 통상임금에서 배제하는 노사합의는 무효라고 선언하였다. 즉, 강행규정과 노사합의의 딜레마를 해소하기 위하여 정기상여금을 제외한 통상임금 산정에 대한 노사합의는 그 효력을 인정하지 않겠다고 천명한 것이다. 그러한 이유에서 근로자들은 고정성을 가진 정기상여금이 포함된 결과 통상임금이 인상되는 효과를 얻었고 이를 토대로 임금인상률 및 임금체계 개선 문제가 본격적으로 논의될 것이다. 뿐만 아니라 인상된 통상임금의 부담을 고려하여 시간외, 휴일근로의 조정도 이뤄질 것이다.[44] 문제는 과거로 이를 소급해서 추가임금 지급 청구권을 인정할 것인지 하는 점이다. 그럼

43) 개별 근로계약에 대해서는 강행규정이나 단체협약에 대해서는 임의규정으로 본다는 의미에서 "대단체협약임의법률"(tarifdispositives Gesetz)이라고 표현한다.

44) 도재형(189면)은 대법원의 신의칙 인정이 통상임금에 관한 노동조합과 사용자의 담합구조를 법률적으로 용인하는 것은 우리나라의 장시간 근로 실태를 타개하는 데 부정적 영향을 미칠 것이라고 우려하지만, 그 논지대로라면 (적어도 고정성을 갖춘) 정기상여금의 통상임금 산입으로 가산수당의 부담이 커진 사용자로서는 과거의 담합구조를 그대로 유지하기 어려울 것이기 때문에 앞으로 이를 시정하게 될 것이다. 다만, 그 견해에 따라 신의칙 적용을 배제할 경우에는 장시간근로에 대한 노사의 담합구조임에도 일방 당사자에게는 추가적인 이익을 제공해주는 부당한 결과가 발생하게 된다는 점을 어떻게 이해해야 할지 의문이다.

에도 일부 문헌에서 현재와 미래에도 마치 정기상여금이 계속해서 통상임금에서 제외된다는 취지로 문제를 제기하는 것은 타당하지 않다. 이미 대법원 전원합의체 판결에 따라 이후 기업은 정기상여금을 배제한 통상임금을 더 이상 유지할 수 없기 때문이다. 신의칙 적용 문제는 과거를 어떻게 해결할 것인지 하는 점이다.

명백한 강행규정을 위반한 노사합의는 법에 대한 무지 또는 의도적인 법의 무력화 시도가 혼재되어 있는 측면이 없지 않지만, 수십년간 기업실무를 지배해온 불명확한 규정과 그에 기반한 노사합의의 정신을 무조건 부정하는 것은 법적 안정성을 오히려 해치는 것이다. 특히 그와 같은 합의가 대등성의 기초가 되는 집단적 교섭 및 협상을 통해 이뤄진 것이라면 일응 그에 대한 신뢰공여 및 합리적 신뢰기반을 갖추고 있는 것이라고 평가하지 않을 수 없다.

대법원 반대의견은 정기상여금을 통상임금에서 제외하기로 하는 노사합의의 관행이 있다고 볼 근거가 없으며, 관행이 있다고 한들 그것이 근로자에 의하여 유발되었거나 주된 원인이 근로자에게 있지 않다고 본다. 즉, 반대의견은 금반언 원칙의 적용을 위한 선행행위의 존재에 대해 인정하지 않는 입장이다. 근로자는 협상 당시에 정기상여금이 통상임금에 포함되지 않는다는 것을 전제로 정기상여금의 인상을 통한 임금총액의 상승(대신 연장·야간·휴일근로에 대한 임금은 고정)을 회사로부터 얻어내는 대신(①), 정기상여금이 통상임금에 포함된다는 것을 전제로 통상임금의 상승 및 그로 인한 자발적 초과근로의 축소하는 선택을 할 수도 있었던 것(②)이기 때문에 결론적으로 근로자 측은 정기상여금이 통상임금에 포함된다는 것에 대한 인식을 갖고 있지 않았다는 입장을 취한다.[45]

하지만 반대의견에서 말하는 근로자의 ② 선택지는 현실에서 좀처럼 찾아보기 어려운 순수한 가정적 전제이다. 일반적으로 근로자들은 추가 소득의 기회가 주어졌을 경우에 추가적인 근로제공을 통한 추가 소득을 얻으려고 하지, 자신의 근로제공에 대한 한계 비효용을 생각하여 소득 감소를 감수하면서 근로제공을 거절할 것으로 보는 것은 현실적인 분석이 아니다. 이는 근로자들이 사측에서 실시하는 인사노무관리제도에 현실적으로 저항할 수 있는 수단이 거의 없다는 점을 생각해 볼 때 명확해진다.

따라서 노동조합의 입장에서는 임금협상 당시에 정기성과급은 통상임금 산정에서 배제되는 것이라는 관행을 당연한 것으로 받아들이고, 초과근로에 따른 수당의 증대에 대해서는 협상대상으로 삼지 않으려는 의사를 갖고 있었다고 보는 다수견해의 입장이 현실에 부합하는 타당한 주장임에는 의문의 여지가 없다.

(3) 공정성을 위한 신의칙 적용

신의칙 항변을 통해 근로자 측의 추가임금 지급 청구권을 배제하기 위해서는 단순히 정기상여금을 통상임금 산정 기준임금에서 제외하는 노사합의가 있었다는 사실만으로는 부족하다.

---

45) 반대의견의 취지를 따르는 문헌도 같은 입장을 제시하고 있다.

근로자는 금반언 원칙을 위배하여 예상외의 추가이익(과잉이익)을 얻고 사용자는 추가부담으로 인하여 기업경영상의 어려움을 겪게 될 것이 우려되는 상황이 발생되어야 한다. 그러한 상황이 아니라면 여러 문헌에서 지적하는 것처럼 근로자는 법률에 기한 정당한 권리 행사 자체가 부정되고 근로의 정상적인 대가를 받지 못하는 불의한 상황이 발생하기 때문이다.

전통적으로 1970년대까지 공공부문과 대기업을 중심으로 연간 기본급의 300~400%에 해당하는 상여금이 분기별, 명절에 지급되어 왔고, 전체 기업의 70% 이상은 300% 이하의 상여금이 지급되었으며, 통상임금은 기본급과 월 고정수당을 기초로 산정되는 것이 일반적이었다. 상여금은 1980년대 이후 인건비 증가를 우려하여 기본급의 인상을 억제한 정부 방침에 따라 장시간 근로(연장, 야간 및 휴일근로)에 따른 가산임금의 비중에 영향을 주지 않는다는 이유로 그 비중이 점차 늘어났다. 상여금 지급율이 600% 이상인 사업체의 비중은 1980년대 1.9%에서 1996년에는 35%로 크게 증가하였다. 이와 같이 우리 임금체계에서 상여금은 기본급 인상의 억제에 따른 임금조정 수단으로 확대된 측면이 있다.[46)]

상여금은 노사의 교섭을 통해 그 지급기준과 지급액이 결정되며, 여기에는 기본급 인상 및 그로 인한 통상임금 인상의 효과를 우회하려는 노사의 합의가 전제되어 있다는 점을 부정하기 어렵다. 다수의견이 밝힌 것처럼 우리나라의 임금협상 양태를 보면 사실상 전체 매출액에서 임금총액의 비중을 고려하여 이를 기본급, 상여금, 제수당, 통상임금을 기초로 산정된 법정수당 등의 규모를 예측하여 배분하는 방식을 취하는 것이 대다수이다.

다수의견이 밝힌 것처럼 ① 정기상여금을 통상임금 산입에서 제외하는 노사간 합의가 있음에도 불구하고, 사용자의 신의에 반하여 근로자 측이 권리를 행사하는 것이 정의관념에 비추어 용인될 수 없을 정도의 상태에 해당되는 경우에만 신의칙을 통해 근로자의 권리주장을 배척할 수 있다. 이를 다수의견과 보충의견은 강행규정에 우선하여 신의칙을 적용하기 위한 특별한 사정으로 설명한다. 그와 같은 특별한 사정이 없는 한 단순히 노사간 교섭을 통한 신의 또는 신뢰의 형성 또는 통상임금의 관행만으로는 노사합의 무효의 소급효를 부정하기 어렵다. 그런데 위에서 본 우리 기업의 임금협상 방식과 구조, 정기상여금의 특수성, 임금액 결정 메커니즘(임금협상의 관행)을 토대로, 여기에 대다수 우리 기업들이 가지고 있는 복잡하고 비정상적인 임금체계를 감안할 때, ② 노사 양측이 정기상여금은 그 자체로 통상임금에 해당하지 아니하였는데 근로자 측이 정기상여금의 통상임금 산입을 주장하면서 법정수당의 추가 지급을 구함으로써 당초 노사가 합의한 임금수준을 훨씬 초과하는 예상외의 이익을 추구하고 ③ 그로 말미암아 사용자에게 예측하지 못한 새로운 재정적 부담을 지워 (앞으로) 중대한 경영상의 어려움을 초래하거나 기업의 존립을 위태롭게 할 경우 근로자 측의 추가임금 청구는 신의칙에 위배될 수 있다고 판단한 것이다.

---

46) 상여금제도의 역사적 전개과정에 대해서는 김동배, “통상임금과 임금구성체계의 합리화 방향 — 상여금을 중심으로 —”, 「월간 노동리뷰」(2013. 8), 63~65면, 한국노동연구원 참고.

이중에서 특별한 사정으로 언급된 ② 근로자 측의 예상외의 이익과 ③ 중대한 경영상의 어려움에 대한 판단기준이 특히 문제된다. 이에 대해서는 항을 바꾸어 설명한다.

Ⅴ. 근로자 측의 예상외의 이익과 기업의 중대한 경제적 어려움

1. 예상외의 이익 판단

노사 임금협상 당시 정기상여금이 통상임금에 포함되지 않는다는 노사 관행 또는 묵시적 합의가 존재하였다는 것은 추가 법정수당 청구로 근로자 측이 예상외의 이익을 추구하였음을 인정하기 위한 논리적인 전제이다. '예상외의 이익'이라는 표현 자체가 과거 근로자 측의 신뢰유도행위 및 그에 대한 사용자의 합리적 신뢰 형성, 이후 추가 법정수당청구로 신뢰에 반하는(예상밖의) 이익 추구를 인정하는 논리 선상에 있기 때문이다.

견해에 따라서는 근로자 측의 신뢰유도행위 자체가 존재하지 않았다는 입장도 있는데, 이 견해는 임금인상을 함에 있어서 근로자(노조) 측으로서는 당연히 통상임금 인상을 선호하나, 사용자로서는 통상임금을 인상하는 대신 통상임금 산정 기초가 되지 않는 다른 수당을 인상하거나 신설하는 쪽을 선호할 것이라고 전제한다. 그렇기 때문에 현실에서 통상임금 산정시 정기상여금이 배제된다는 취지로 노사가 합의를 하였는데, 그 배경에는 사용자 측이 협상의 주도권을 갖고 있었다고 본다.[47]

하지만 위 입장의 전제는 현실과 동떨어져 있다. 근로자(노조) 측이 통상임금의 인상(즉, 기본급 및 고정수당의 인상)을 선호할 것이라는 데는 이견이 없다. 그러나 통상임금 인상이라는 선택지와 통상임금의 산정 기초가 되지 않는 다른 수당의 인상 및 신설이라는 선택지 중에서 경우에 따라서는 후자 쪽을 선호할 수도 있다는 점을 고려하지 않는 것은 현실적이지 않다.

또한 위의 입장은 근로자(노조) 측이 경제적 약자의 지위에 있다는 것을 전제로, 경제적 약자는 신뢰유도행위 자체가 불가능하다는 주장인데, 앞에서 언급한 바대로 단체교섭에 참여하는 당사자는 더 이상 강자와 약자의 관계에 있는 것이 아니라 대등관계를 전제로 한다. '노동조합에 가입하여 노동조합의 집단적 교섭력을 통해 근로조건을 교섭하는 근로자'와 '노동조합에 가입하지 않은 근로자'는 구별하여야 한다. 전자의 경우에도 노사 교섭에 있어서 법적 지위가 대등하지 않다고 전제하는 것은 현행 노조법 전반의 취지를 고려하지 못한 해석이 된다. 또한 통상임금 규범내용의 불명확성, 판례의 일관성 결여, 행정해석의 오류, 기업현장의 오랜 관행을 단순히 사용자 일방만의 책임으로 전가하는 것은 타당하지 않으며, 노조와 사용자가 단체협약 과정에서 택한 협상과 합의 지점을 사용자 일방이 주도하여 왔다고 보는 것도 현실과 괴리된 해석론이다.

---

47) 예를 들어 김제완, "통상임금에 관한 현안을 중심으로", 「인권과 정의」 vol.443, 112면.

다음으로, 사용자의 합리적인 신뢰 역시 노조 측의 예상외의 이익을 판단하는 기준이다. 정기상여금이 통상임금의 산정 대상 급여인지 여부는 오랫동안 불명확하였다. 실무에서 묵시적으로 체결된 정기상여금의 통상임금 배제 약정의 효력을 어떻게 보는지는 사용자가 배제 약정에 대해 어느 정도의 신뢰를 형성하였고, 노조가 신뢰에 반대되는 주장을 하는 경우에 그것이 예상 가능한 범위 내의 주장인지에 대한 판단기준이 된다는 점에서 의미가 있다.

사용자의 신뢰 정도와 관련하여 노조로서는 해당 임금의 통상임금성을 종국적으로 포기한다는 취지의 노사합의가 아니었다거나, 신사협정에 해당한다거나, 분쟁의 소지를 알면서도 현실화를 유예하는 협정이라는 주장이 있다.[48] 하지만 노조나 사용자가 단체협약을 체결하면서 대략적인 명목임금액수를 산정해보지도 않는다는 것은 비현실적이다. 또한 경우에 따라서는 기존 통상임금의 50%에 달하기도 하는 인상요인이 되는 정기상여금에 대해 사용자 측이 어렴풋이 통상임금 산정 기초에 해당할지도 모른다는 막연한 예상만을 갖고 단체협약을 체결하였다는 것도 단체협약체결의 실제와는 거리가 멀다. 사용자는 임금 항목으로 지출될 비용에 대해 큰 틀에서 비교적 명확한 인식을 갖고 단체협약을 체결하였을 것이라고 보는 것이 현실적이다.

이와 같이 사용자가 단체협약 체결 단계에서 사용자의 신뢰 정도의 판단은 사용자의 배제 약정에 대한 의사를 추측해보는 방법으로도 판단할 수 있지만, 사용자가 지급한 상여금의 규모, 초과근로의 상시성 여부, 상여금이 통상임금에 산입될 경우에 피고가 추가로 부담하게 될 가산 법정수당액 등을 통해서도 간접적으로 추정 가능하다. 사용자는 정기상여금이 통상임금에 포함된다고 신뢰하였다면 일정 규모 이상의 정기상여금을 지출하지 않았을 것이기 때문이다.[49]

예상외의 이익을 인정한 대법원 전원합의체 판결에서 나타난 판단기준에 대해 살펴본다. 전원합의체 판결에서는 단체협약에서 노동조합이 통상임금에 산입될 임금 범위를 정하면서 동 사건의 상여금을 통상임금 산입에서 제외한 점, 동 사건의 상여금이 통상임금의 산정기초 임금의 약 600%를 넘는 규모라는 점, 사용자 직원 수가 관리직을 제외하고 400여 명에 달하는데, 생산직 직원의 경우 연장·야간·휴일 근로 등 초과근로가 상시적으로 이뤄지는 점, 사용자와 노조의 임금협상 실태, 상여금이 통상임금에 산입될 경우에 피고가 추가로 부담하게 될 가산 법정수당액과 전년도 대비 실질임금 인상률 및 그에 관한 과거 수년간의 평균치 등이 판단기준이 된다고 본다.

동 판결에서 노동조합에 가입하여 임금협상 등을 통해 자신의 의사를 반영시킨 약 10%의 소수 근로자들만 정기상여금을 통상임금에 포함시켜 가산수당을 추가 청구하는 것이 법원의 신의칙 적용에 큰 영향을 끼쳤다는 해석도 있다.[50]

---

48) 김제완, 앞의 글 113면.

49) 앞의 각주 46)의 김동배의 글 참고. 1990년대 이후 고정 상여금의 비중이 확대된 것을 고려하면 통상임금 불포함에 대한 이해와 관련성을 부인하기 어렵다. 만약 통상임금의 산입범위에 대한 명확한 규정과 기준이 존재하였다면 기업의 경영성과에 따라 상여금이 변동하는 이른바 변동상여금의 범위가 확대되었을 것이라는 점에서 더욱 그러하다.

50) 박순영, 앞의 글, 310면

2. 기업의 경제적 어려움의 판단 기준

(1) 판단기준

대법원은 노사합의 외에 신의칙 적용을 위한 기준인 '중대한 경영상 어려움'의 판단요소로 초과근로의 상시성, 정기상여금 비율, 추가지급에 따른 실질임금 인상률 등을 고려하였다. 즉, 정기상여금 비율이 높고 고액의 초과근로수당이 지급되는 기업들의 경우에는 신의칙에 따라 추가수당 청구가 인정되지 않을 소지가 높았다는 뜻이다.

하급심에서 신의칙 항변을 인용한 판결(앞의 Ⅲ. 참고)도 그와 같은 관점에서 그 구체적 판단기준을 제시하고 있음을 알 수 있다.

법원은 먼저 추가 법정수당액을 기준으로 판단한다. 추가 법정수당액의 규모 자체로도 상당한 금액으로 평가할 수 있는지, 추가 법정수당의 부담으로 인해 회사의 통상임금 및 실질임금 인상률이 크게 상승하는지 여부가 그 판단대상이다. 이는 청구기간 동안의 전체 추가 법정수당액의 규모가 커서 만약 그 금원을 현실적으로 부담하게 된다면 자본의 집약과 그것을 통한 사업의 실현이라는 회사의 본질에 반하는 결과가 초래될 수도 있기 때문이다.

구체적인 판단기준으로서 청구기간을 통산하여 전체 추가법정수당액을 같은 기간 전체 당기순이익 등과 비교하는 방식이 선호된다. 그리고 신의칙 항변의 인용 여부를 판단함에 있어, '순차입금비율', '이자보상배율', '신용등급' 등 회사의 재무사정에 직접적인 영향을 주는 요소도 활용한다. 이러한 판단기준들은 사용자 입장에서 겪을 것으로 예상되는 경제적 어려움을 일반적이고 통상적으로 널리 사용되는 재무제표 분석방법을 적용한 것이다. 재무제표 분석 방식은 기본적으로 ① 과거와 비교(동일 기업의 시기별 비교), ② 경쟁사 또는 동업종의 평균 수치와 비교, ③ 목표와의 비교(중장기 경영계획이나 연도예산 및 실적과 비교) 등이 있다. 법원의 판단 방식도 여기에서 크게 벗어나지 않고 있다.

다음으로 법원은 재무레버리지와 안전성 분석의 관점을 활용한다. 예를 들어 회사가 추가 법정수당을 실제로 부담할 경우 앞으로의 시설투자, 생산개발 등 피고의 투자활동에 위축 내지 지장이 초래될 것으로 보인다는 점을 들어 신의칙 항변을 인용한 사례도 있다.

기업의 입장에서는 무차입 경영이 바람직하나 회사가 처한 상황과 환경에 따라 적절한 재무레버리지를 동원하여 적극적으로 수익을 창출하려고 노력한다. 재무레버리지를 적절히 활용하기 위해서는 안전성 분석이 선행되어야 한다. 안전성 분석은 보통 기간에 따라 장기와 단기로 분류한다. 이중 단기 안정성 분석에서는 유동비율(=유동자산/유동부채)이 중요한 지표가 된다. 최근처럼 경제상황에 대한 전망이 어려운 상황에서 기업은 유동자산을 최대한 많이 확보하여 유동비율을 높게 유지하려고 한다. 그렇게 함으로써 적절한 투자기회를 포착하였을 때 레버리지를 활용할 수 있으며, 기업경영의 불확실성이 높아질 때 이를 가지고 불확실성을 해소할 수 있기 때문이다. 경우에 따라 법원이 사내유보금이 충분히 있음에도 신의칙 적용을 긍정하는 때가 있는데, 이는 사내유보금이 회사의 향후 투자 계획(회사의 시설투자비용, 연구비용 등)과 밀접한 관련을 갖고 있다는 점을 고려한 것이다. 다시 말해 회사의 사내유보금은 근로자가 갖는 임금채권이라는 채무의 변제를 그 목적사항으로 하는 것이 아니고 기존 사업분야에 지속적으로 투자하거나 새로운 사업 분야의 개척 등을 통하여 투자자들에게 이익을 보전하는 것을 목적으로 하는바, 법원의 판결로 인하여 예측하지 못했던 상당한 채무가 발생하여 회사의 존속과 발전에 악영향을 초래한다면 신의칙을 통해 근로자의 일부 권리행사를 제한하는 것도 가능하다고 해석한 것으로 보인다. 위의 관점에서 이는 타당한 판결로 보인다.

그밖에도 법원은 산업 자체에 구조적인 성장 장애 요소가 있는 경우, 근로자가 아닌 다른 채무자들이 다수 존재하여 그들과 미리 자율협약절차에 들어가거나, 재무구조개선약정을 체결하는 등으로 기타 회사채권자들까지도 고려하여야 할 필요성이 있는지 여부 및 회사의 채무 이행의 노력 정도 등도 판단기준으로 삼고 있다. 예컨대 항공사의 경우 과점적 시장환경의 붕괴와 그에 따른 운임하락 및 수익성 악화라는 단기간에 개선이 어려운 사정들이 있을 수 있다. 조선사의 경우 2009년 이후 물동량 감소로 인한 초과 공급 및 2012년, 2013년 조선사들의 가격 경쟁으로 인하여 신조선가의 하락 등 산업구조적인 위기상황을 적시하기도 하였다.

(2) 경제적 어려움의 판단시점

경제환경의 변화와 시기에 따라 사용자의 재무상태는 지속적으로 변화한다. 추가 청구에 대한 신의칙의 항변을 판단함에 있어서 사용자의 경제적 어려움 발생이 그 판단요소가 된다. 그렇다면 사용자의 경제적 어려움을 판단하기 위한 구체적인 사정의 발생 기준 시점을 언제로 하는 것이 타당한지 의문이 제기된다. 대법원 반대의견처럼 추가청구를 근로자의 권리행사로 논리를 구성하는 입장은 권리행사 시점 이후 사용자의 경제적 어려움은 우연적 사정에 불과하기 때문에 고려 대상에서 제외되는 것이 타당하다고 주장한다. 권리행사에 대한 무자력의 항변이 배척되어야 하는 것처럼 경제적 어려움의 발생이라는 후발적인 사정만 가지고 근로자의 권리행사를 제한하는 것은 타당하지 않다는 점이 그 논리적 전제라고 볼 수 있다.

사실심 변론종결시까지 발생한 사정을 모두 고려하자는 입장에서는 법원이 판결함에 있어서 고려하여야 하는 사정은 당연히 사실심 변론종결시까지 발생한 사정이라는 재판의 일반 원칙, 신의칙이라는 항변의 논리적인 구조를 제시한다.

신의칙 항변은 권리저지항변에 해당한다. 그리고 신의칙, 특히 금반언에 해당하기 위한 '선행행위－신뢰의 형성－모순된 후행행위 등'에 해당하는 사실은 따라서 권리저지사실에 해당한다.[51] 권리저지사실이란 권리근거규정에 기하여 이미 권리가 발생하였으나, 그 권리의 행사를 일시적·잠정적으로 거절하거나, 권리의 행사를 제한하는 사실이다. 특히 신의칙은 권리행사를

51) 권리근거규정에 기하여 이미 발생한 권리의 행사를 저지시키는 권리저지규정의 요건사실을 주장하는 경우이다.

제한하는 항변에 해당한다.

신의칙 항변과 관련한 대법원의 일반론은 다음 판시내용과 같다. 사안에서는 피고의 소멸시효 원용 항변에 대하여 원고가 재항변으로 소멸시효 완성 항변이 신의칙에 위반된다고 한 사안이었다.

> "신의성실의 원칙은 당사자로 하여금 어떠한 법규칙에서 법률요건 등으로 수용되지 아니한 사정을 법관 등 법적용자에게 제시하면서 그러한 사정 아래서 법규칙을 그대로 적용하게 되면 도저히 받아들일 수 없는 가혹한 결과가 됨을 법적용자의 법감정 내지 윤리감각에 호소하여 법규칙을 원래의 모습대로 적용하는 것을 제한 또는 배제하게 하는 하나의 법적 장치로서 기능……(한다.) 이와 같은 법발동의 방식은 일반적으로 '포섭'이라는 논리적 사고형식으로 적용가능한 구체적 법률요건 및 법률효과로써 구성되는 법규칙의 경우와는 현저한 대비를 이룬다. 법은 개별 법제도와 관련을 가질 수 있는 모든 사정을 남김없이 법률요건 및 법률효과의 구성에 반영하지 아니하며, 당해 법제도에서 전형적으로 문제되는 중요한 사정만을 추출하고 그것들에 앞서 말한 바와 같은 '포섭'이 행하여질 수 있도록 일정한 언어표현을 부여함으로써 법률요건과 법률효과를 마련하는 것이 통상인 것이다."[52]

대법원의 입장에 따르면, 신의칙 항변에 있어서 항변하려는 자가 주장·입증하여야 하는 사실은 어떠한 법규칙에서 법률요건으로서 수용되지 않은 사실이다. 법적 효과발생을 위한 요건사실과는 반대로, 그러한 요건사실에 해당하지 않는 사실들을 주장하여 항변하는 것이다. 따라서 신의칙 항변의 본질은 비법규성·비정형성이다. 따라서 소제기 당시의 사실들만으로 제한되어야 한다는 입장은 신의칙 항변의 본질과 배치된다.

본 사건의 경우를 예로 들어보면 근로자(노조) 측 청구를 그대로 인용하는 경우에는 도저히 받아들일 수 없는 가혹한 결과가 된다는 점을 뒷받침하는 사실이라면 법원은 폭넓게 받아들일 수 있는 것이다. 그럼에도 불구하고 청구시점까지 발생한 사실이 아니면 주장할 수 없다고 하는 것은 경영상 이유에 의한 해고의 유효 요건 중 긴박한 경영상의 필요성에 해당하는 사실이 '(해고 당시) 현재의 경영위기'로 국한되어야 한다는 주장과 맥을 같이 하는 것이라고 추측해 볼 수 있다. 하지만 통상임금과 관련한 대법원 판결에서의 신의칙은 법원이 재판에서 정당한 결론을 도출하기 위한 법리이기 때문에 경영상해고의 긴박한 경영상 판단시점과 같은 판단기준을 취하여야 할 논리적인 근거는 없다.[53] 통상임금과 관련하여 신의칙 항변을 현재의 시점에서 판단하지 않으면 현재 재무적 위기를 겪고 있는 회사가 추가 법정 수당을 지급해야 하는 결과가 초래되어 이로 인해 근로자들도 실제적인 피해(구조조정 등)를 입는 불합리한 결과가 발생할 수 있으

52) 대법원 2010. 5. 27. 선고 2009다44327 판결.

53) 판례는 실제로는 '장래의 경영위기'까지 긴박한 경영상의 필요와 연계하여 긴박성의 요건을 완화하고 있다. 대법원 2002. 7. 9. 선고 2001다29452 판결.

며 이는 대법원 전원합의체 판결 취지에도 어긋난다.

3. 신의칙의 구체적 항변 사유의 폭넓은 인정 필요성

앞서 Ⅴ.2.(2)에서 살펴본 바와 같이 신의칙의 항변에 있어서 항변하려는 자가 주장·입증하여야 하는 사실은 어떠한 법규칙에서 법률요건으로서 수용되지 않은 사실을 그 대상으로 한다. 그렇기 때문에 정기상여금의 통상임금성이 문제된 사건에서도 강행규정성에도 불구하고 신의칙을 우선 적용할 만한 특별한 사정들을 인정함에 있어서는 법원의 폭넓은 사실인정이 요청된다. 한편, 정기상여금의 통상임금성이 문제된 사건은 기존에 법원이 인정해 온 '강행규정 영역에서의 신의칙 항변의 배척 법리'가 그대로 통용되기에는 양 사건 유형들 간의 사실관계가 유의미한 상이성을 갖고 있다. 다른 대부분의 사건에서는 계약 당사자들이 자신들의 법률관계가 강행규정에 위반된다는 사정을 이미 알고 있었거나, 거래계에서는 당연히 알고 있었어야 하는 사정에 가까운 것들이 대부분이다(예를 들어 대법원 2000. 8. 22. 선고 99다62609, 62616 판결 등). 그리하여 법적으로 보호할 만한 신뢰가 형성되지 않았다는 것이 신의칙 항변의 주된 배척사유가 된다. 하지만 정기상여금의 통상임금성이 문제된 사건에서는 기존의 계속되어 온 단체협약 그 자체로서 법적으로 보호할 가치가 있는 신뢰가 형성되어 왔음을 인정할 수 있다. 오랜 기간에 걸쳐 형성되고 발전된 임금체계에 관한 노사관행, 명시적인 입법의 미비, 행정 지침의 오류 등이 있었기 때문에 관행의 인정 여부가 다른 사건들에 비해 용이하다. 이런 사정 하에서 당사자의 관행에 반하는 조치로서 정기상여금의 통상임금 판단 기준이 법원의 판단에 의해 제시되었고, 그로 인해 발생하는 구체적인 당사자간 이해관계의 조정 문제는 법원의 신의칙 항변 인정 여부에 의해 결정되는 상황에 놓이게 되었다. 이러한 현실 하에서 신의칙의 구체적 항변 사유를 좁게 제약한다면 1차적으로는 대법원이 고심 끝에 신의칙 항변을 인정하기로 하는 판단을 한 결정의 취지를 충분히 고려하지 못한 판결이 될 가능성이 있다.

Ⅵ. 결 론

전원합의체 판결로 더 이상 고정성을 가진 정기상여금을 통상임금에서 제외할 수 없게 되었다. 그와 같은 결정은 우리 기업들의 임금체계와 구성이 더 이상 과거와 같이 비정상적이고 기형적인 방식을 유지할 수 없게 한 변곡점이 되었다. 그렇지만 근로기준법의 모호한 규율내용과 정부, 기업, 노사에 의하여 형성된 통상임금의 관행으로 정기상여금이 비대해졌고 그로 인하여 복잡한 후속적인 문제를 남겼다. 이제 정기상여금 중 고정성이 인정되는 상여금은 통상임금에 산입됨으로써 법정수당 산정을 위한 기준임금도 인상되었다. 그 때문에 기업들은 연장 및 야간근로 등에 대한 조정이 불가피해졌고, 근로자들은 통상임금 인상과 연장근로 등의 감소에 따른 임금조정 국면에 진입하게 될 것이다.

문제는 과거의 연장근로 등에 대한 추가 법정수당 청구가 허용되는지 하는 여부이다. 정기상여금을 제외하는 노사합의는 무효임에도 불구하고 통상임금 재산정을 통해 과거에 대한 추가 임금 지급 청구권에 대하여 신의칙을 적용하여 그 요구를 배제하는 것은 위에서 검토한 바와 같이 근로자의 권리박탈 등 정의롭지 못한 결과를 정당화시키는 것이 아니다. 오히려 실체적 정의의 관점에서 소급적 적용의 배제가 요청된다. 소급효를 인정하지 않더라도 근로자들이 객관적으로 금전적 불이익을 입었다고 보기 어렵기 때문이다. 앞에서 지적한대로 정기상여금과 수당의 확대는 통상임금규모의 축소에 대한 반대급부적 성격이 명백하다. 또한 근로자 측이 제기하는 소제기 이전의 추기임금 청구 부분은 장래 청구 부분에 비해 상대적으로 그 액수가 적을 것으로 예상할 수 있으며, 기존의 임금협약을 통해 당사자 간에 일정한 신뢰가 형성되었던 점을 고려하면 대법원의 견해처럼 신의칙을 적용하여 청구를 제한한다고 해도 실질적인 타격은 크지 않다고 볼 수 있을 것이다. 그러한 의미에서 입법정책적 제안으로 통상임금 등 임금에 관한 법적 규제를 노사합의에 맡겨야 한다는 견해도 다수 제시되고 있다.

이와 같이 대법원 전원합의체 판결의 다수의견이 과거의 추가 법정수당 청구에 대하여 신의칙 항변을 제한적 요건하에서 한시적으로 인정한 것은 법적 안정성 또는 실체적 정의와 강행규정의 조화를 도모한 것이라고 볼 수 있다. 법원은 현재 법원에 계속 중이거나 향후 법원에 제기될 동종·유사 사건들에서 신의칙의 항변이 인용되는 판단 기준을 점차 명확히 할 것으로 예상된다.

영업양도의 의미와 판단기준
—특히 아파트 관리 주체 변경의 영업양도 해당성 여부와 관련하여—

박 종 희*

Ⅰ. 들어가는 말
Ⅱ. 영업양도와 그 법률효과로서 근로관계 승계 이론에 관한 선생의 입장
Ⅲ. 아파트 관리업체 변경과 고용승계 관련 쟁점에 관한 선생의 입장
Ⅳ. 나가는 말

Ⅰ. 들어가는 말

영업양도와 근로관계 승계 문제가 본격적으로 불거지기 시작한 것은 1997년 말 외환유동성 위기(소위 'IMF 사태') 이후의 산업 및 기업 구조조정과 관련해서이며, 특히 세간의 주목을 받았던 대표적인 사례가 창원특수강과 ㈜삼미종합특수강 사이에 이루어진 일부 사업에 대한 자산양수도 계약을 둘러싼 법적 분쟁이었다. 본 건은 대법원에서 종국적으로 영업양도로 볼 수 없다는 판결로 마무리되었지만, 중앙노동위원회 및 원심과 결론을 달리 함에 따라 영업양도와 근로관계 승계에 관하여 세간의 이목을 집중시키는 데 큰 몫을 담당했다.[1] 당시 학계에서도 이 문제에 관한 논의가 활발하게 제기되었는데, 논의를 선도하고 쟁점을 중추적으로 이끈 대표적인 학자가 바로 하경효 선생이었다. 선생은 당시 영업양도의 개념, (특히) 기능이전과의 관계, 비교법적 논의의 소개, 그리고 아파트 관리업체의 경우를 특화하여 논의를 집중한 논문들을 잇달아 발표하였다.[2] 그 후 영업양도에 관한 논의는 판례가 — 비록 판단기준에 관한 이견이 있기는 하지

* 고려대학교 법학전문대학원 교수

1) 대법원 2001. 7. 27. 선고 99두2680 판결; 서울고법 1999. 1. 22. 선고 97구53801 판결; 중노위 1997. 12. 17. 97부해207, 97부해212; 경남지노위 1997부해91.

2) "고용승계 요건으로서 영업양도의 판단기준", 「판례연구」 제9집, 고려대학교 법학연구원, 1998; "기업의 구조조정과 단체협약, 노사협정 및 취업규칙의 효력", 「기업구조조정과 노동법적 과제」(하경효/박종희), 한국노

만[3] – 근로관계 승계를 일관되게 인정함에 따라 어느 정도 정착되어 갔다. 이와 더불어 관련 내용을 입법으로 적극 도입하자는 논의도 어느 틈엔가는 서서히 관심에서 벗어나 버린 것이 사실이다.

그런데 판례가 원칙적으로 영업양도시 근로관계 승계를 인정하면서도 영업양도에 해당하지 않는 것으로 보아 근로관계 승계를 부인하는 경우가 있는데 아파트 관리업체 변경의 경우와 법률에 의한 공법인의 소멸로 인한 경우이다. 노동위원회의 사건 중에서 상당부분을 차지하고 있는 경우가 아파트 관리업무 종사자들의 구제신청이며, 그 대부분도 근로관계의 부당한 종료에 관한 다툼이다. 아파트의 관리는 관계법령에 의거하여 의무관리에서 자치관리 혹은 위탁관리의 형태로 이루어지도록 되어 있으며, 대부분의 분쟁은 자치관리와 위탁관리의 형태에서 발생하고 있다. 자치관리는 아파트입주자대표회의(이하 '입대의'로 약칭함)가 직접 사용자의 지위에서 종사자들을 고용·관리하는 형태를 말하며, 위탁관리는 아파트입대의가 전문관리업체와 아파트관리에 관한 용역계약을 체결하고 관리업체가 종사자들을 고용·관리하는 형태를 취하고 있다. 이러한 관리형태에서 관리주체가 변경되는 경우, 즉 자치관리가 위탁관리로 변경되는 경우, 위탁관리의 경우 다른 수탁업체로 변경되거나 위탁관리에서 자치관리로 변경되는 경우에 업무 종사자들의 고용관계가 유지되는지가 문제된다. 이 문제의 근저에는 이러한 관리 주체 변경을 영업양도로 볼 수 있느냐에 관한 쟁점이 자리잡고 있다. 특히 판례는 위탁관리업체가 변경되는 경우에는 위탁업체 간의 법률행위, 즉 영업양도행위가 없기 때문에 이를 부인하고 있다. 그러므로 이 문제의 핵심은 영업양도를 어떻게 이해하느냐에 직결되고 있다. 이런 문제의식을 기초로 하여 이하에서는 선생이 취하고 있는 영업양도의 개념과 판단기준에 관한 입장을 살펴보고 이를 토대로 아파트 관리업체 변경의 경우 어떻게 해결하는 것이 합리적인 것인지에 관한 선생의 제안에 관하여 함께 고민해 보고자 한다.

Ⅱ. 영업양도와 그 법률효과로서 근로관계 승계 이론에 관한 선생의 입장

1. 영업양도의 개념

선생은 영업양도와 근로관계 승계문제에 관하여 다음과 같은 입장을 피력하였다. 판례는

동연구원, 1998; "아파트관리업체 변경시 고용승계 여부", 「판례월보」 제336호, 1998; "영업양도와 고용승계", 「기업의 인수합병과 고용조정」 경총신서 53권, 한국경영자총협회, 1997; "영업양도에 따른 노조의 존속과 협약승계의 문제", 「월간 경영계」 제251호, 1999; "영업양도와 근로관계의 승계", 「월간 경영계」 제238호, 한국경영자총협회, 1998; "기업의 구조조정과 근로관계의 존속보호", 「저스티스」 제32권 제2호, 1999; "아파트 관리주체 변경에 따른 노동법적 쟁점과 입법과제", 「노동법포럼」 제14호, 노동법이론실무학회, 2015; 김형배/하경효/김영문, 「영업양도와 근로관계의 승계」, 신조사, 1999; 「기업구조조정 등에 따른 근로관계 이전 관련 법제 국제비교 및 입법론 검토」(하경효/박종희), 노동부 용역보고서, 2001.

3) 영업양도를 판단하는 대표적 기준으로는 물적·인적 동일성을 유지해야 한다는 점을 들고 있지만 각 사안의 구체적 내용에 따라 개별적으로 판단하고 있다.

지속적으로 영업양도시 근로관계의 승계를 인정하여 왔는데, 이때 근로관계 이전이라는 법률효과가 인정될 수 있느냐 하는 문제는 영업양도 요건에 관한 것이며, 따라서 근로관계가 양수인에게 이전되느냐 하는 문제의 선결과제도 어느 경우에 영업양도를 인정할 것인가의 문제에 귀결되는 것으로 보았다. 영업양도 개념에 관하여 판례는 "일정한 영업목적에 의하여 조직화된 총체, 즉 인적·물적 조직을 그 동일성을 유지하면서 일체로서 이전하는 것"으로 파악하고 있는데, 근로관계 승계에 관한 명문의 규정이 없는 경우 사적 자치의 원칙적 관점에서는 근로관계 승계 관련 3 당사자들의 합의에 의해서만 법률효과가 발생하게 되지만 우리 판례는 영업양도시 근로관계 승계를 원칙적으로 인정함으로써 결과적으로는 입법규정을 두고 있는 유럽연합 및 독일의 경우와 유사한 모습을 띠게 된다고 선생은 평가하였다. 이에 따라 선생은 영업양도에 관한 논의의 초점은 대법원 판결의 규범적 근거에 맞추어져야 한다는 입장을 피력하였다.[4)]

이러한 출발점에서 대법원이 영업양도와 관련하여 일관되게 설시하고 있는 '인적·물적 조직을 그 동일성을 유지하면서 일체로 이전'된다는 판단기준에 대해 선생은 이를 기업요소가 아닌 사업요소에 관한 것으로 이해해야 한다고 보았다. 즉 기업요소는 기업가가 독자적으로 보유하는 수단이기 보다는 시장에서 경쟁과 영업활동의 결과물이며 이를 영업양도 인정의 표지로 파악하는 것은 부적합하다는 것이다.[5)] 이러한 관점에서 출발한다면 영업(사업)양도[6)]란 종래 사업목적을 기존의 사업수단으로 계속 추구하는 것으로 이해되므로 적어도 사업의 기능능력을 보유한 상태로 양도되어야 하며 이런 의미에서 인적 요소는 불가피한 요소로 파악되는 것으로 보았다.[7)] 다만 어느 정도의 인력이 이전되어야 사업의 기능능력을 보유한 상태로 이전되는 것으로 인정할 것인지는 사업의 특성에 따라 달리 판단되는 것으로 보았다. 다시 말하면 종래와 동일한 사업활동을 위한 인력이 인수되었는지는 계속 고용된 근로자의 수와 전문성에 따라 판단되는 것으로 보았고 이는 사업의 유형이나 성격에 따라 개별적으로 달리 판단될 수밖에 없는 불가피한 현상으로 이해하였다.[8)] 이렇게 이해한 바는 유럽연합법원에서 판단하고 있는 영업양도 기준과도 상응하는 것으로 이해된다. 즉 선생의 이러한 입장은 유럽법원이 취하고 있는 경제적 통일체(wirtschaftliche Einheit)의 양도가 있는 경우에 영업양도가 인정되는 것과 맥을 같이 하는 것으로 평가할 수 있는데, 유럽법원의 입장에 의하면 경제적 통일체란 독자적 목적에 따라 경제

---

4) 하경효, "고용승계 요건으로서 영업양도의 판단기준", 「판례연구」 제9집, 고려대학교 법학연구원, 1998, 246~248면; 하경효, "기업의 구조조정과 근로관계의 존속보호", 「저스티스」 제32권 제2호, 1999, 59~60면.

5) 하경효, "기업의 구조조정과 근로관계의 존속보호", 「저스티스」 제32권 제2호, 1999, 61면.

6) 선생을 비롯하여 학계에서는 영업양도 용어 외에도 사업양도 사업이전 등이 함께 사용되고 있다. 이하에서는 영업양도, 사업양도 그리고 사업이전이 같은 의미로 사용됨을 전제한다. 이에 관해서는 후술하는 Ⅱ. 2 참조.

7) 하경효, "고용승계 요건으로서 영업양도의 판단기준", 「판례연구」 제9집, 고려대학교 법학연구원, 1998; 하경효, "아파트관리업체 변경시 고용승계 여부", 「판례월보」 제336호, 10~11면.

8) 하경효, "아파트 관리주체 변경에 따른 노동법적 쟁점과 입법과제", 「노동법포럼」 제14호, 노동법이론실무학회, 2015, 161~162면.

적 활동을 수행하기 위해 조직된 인적·물적 요소의 총체라고 정의함으로써 사업의 동일성은 단순히 업무의 동일성이나 유사성이라고만 이해될 수는 없고 인원·노동조직·사업방식이나 사업수단 등의 다른 요소들을 함께 고려하여 판단되어야 한다는 것이다.[9)]

이에 덧붙여 선생은 판례의 기본 입장이 양수인이 취득한 것을 이용하는 목적, 즉 영업의 동일성에 중심을 두고 있는바, 이를 판단하는 기준과 관련하여 독일에서 논의가 되었던 영업계(지)속가능성설과 영업동일성설을 소개하면서 논의의 깊이를 심화시켰다. 영업계(지)속가능성설은 "종래의 영업목적의 추구에 필요한 본질적 영업수단이 양수인에게 양도되면 족하다"고 보는 입장으로 양수시점에 종래의 사업목적 하에 양수인이 계속 영업을 할 수 있는 가능성이 존재하면 되고 추후 폐업이나 목적변경이 발생했느냐 여부는 문제되지 않는다는 입장이다. 그러므로 "객관적으로 고찰할 때 양수인이 지금까지의 노동조직적 관점에서 독자적 사업목적을 계속 추구할 수 있느냐 하는 것과 사업의 경영권한·조직권한을 인수했느냐 하는 점이 결정적 사항"으로 된다.[10)] 이에 반해 영업동일성설은 "양수인이 종래 사업목적을 위해 양도인의 사업수단으로 계속 사업을 운영하는 경우에 영업양도가 인정될 수 있다"고 보는 입장이다. 이에 따르면 영업목적, 생산목적이 양수인에게서 변경되어 양도인의 그것과 다를 경우 영업동일성이 없게 되어 영업양도로 인정되지 않는다. 예를 들어 사업에 관련된 부동산을 취득하여 사업을 계속 영위하는 대신 아파트를 건립하거나 종전(종이공장)과는 전혀 다른 목적인 호텔을 운영하고자 하는 경우에는 영업양도가 인정될 수 없다. 다만 이론 구성상 예외적으로 폐업의 경우, (예를 들면 양도인의 폐업에 따라 양수인이 단순히 물적 재화를 취득하는 경우) 양수인이 추구하는 노동기술적 조직의 이용가능성과 양수인 자신이 별도로 투입하는 수단과 조직상의 급부내용도 고려대상이 되어 영업양도로 인정될 여지가 있다.[11)]

이러한 비교검토를 통하여 판례의 일관된 입장을 수용하지만, 그 법적 논거, 즉 양수인의 의사와 관계없이 고용이 승계되는 규범적 근거와 내용에 대해서 끊임없는 질문을 던졌다. 이러한 질문은 특히나 경영적 이유에서 양도 당시 양도인과의 근로관계 존속이 객관적으로 기대불가능 한 경우까지도 양수인에게 고용승계를 부담시킬 수 있을 것인지에 대한 의문을 제기하였다.[12)]

---

9) 하경효, "고용승계 요건으로서 영업양도의 판단기준", 「판례연구」 제9집, 고려대학교 법학연구원, 1998, 235~236면.

10) 하경효, "고용승계 요건으로서 영업양도의 판단기준", 「판례연구」 제9집, 고려대학교 법학연구원, 1998, 249~250면.

11) 하경효, "고용승계 요건으로서 영업양도의 판단기준", 「판례연구」 제9집, 고려대학교 법학연구원, 1998, 249~250면; 하경효, "기업의 구조조정과 근로관계의 존속보호", 「저스티스」 제32권 제2호, 1999, 61~62면; 하경효, "영업양도와 고용승계", 「기업의 인수합병과 고용조정」 경총신서 53권, 한국경영자총협회, 1997, 74~76면.

12) 하경효, "기업의 구조조정과 근로관계의 존속보호", 「저스티스」 제32권 제2호, 1999, 65면. 이와 더불어 양수인이 근로자의 실직을 회피하고자 계속고용을 많이 하면 할수록 영업양도로 인정되어 모든 근로자를 고용하

2. 결과로서 영업양도

영업양도의 개념을 위에서 살펴본 바와 같이 판단함에 따라 선생은 영업양도와 영업양도를 야기하는 선행행위는 구별해야 하는 것으로 보았다. 예컨대 영업양도는 영업양도계약과 구별되어야 하고 따라서 근로관계 승계는 영업양도에 따른 효과이지 영업양도계약의 효과에서 비롯하는 것이 아니라는 점을 제시하고 있다. 영업양도계약이 영업양도라는 결과를 가져오기는 하지만, 영업양도를 위해서 반드시 영업양도계약이 필요한 것은 아니라고 보았다. 즉 영업양도계약은 영업양도라는 목적 달성을 위해 선택할 수 있는 수단 중의 하나일 뿐이라는 것이다. 즉 영업양도라는 결과를 대상으로 이해하는 관점인 것이다. 그리하여 인적·물적 조직을 그 동일성을 유지하면서 일체로서 이전하는 결과가 발생하면 근로관계 승계의 효과가 인정된다는 것으로 이해할 수 있다.[13)]

이에 따라 선생은, 영업양도를 사업의 기능요소로서 인적 요소를 포함한 사업 기능능력(조직)의 이전이 있었는지에 따라 판단하여야 한다는 입장에서 보면, 조직체의 이전 없이 단순한 업무나 사업활동이 동일하거나 유사하다는 점만으로는 영업양도가 인정될 수는 없다고 한다. 선생은 이런 경우를 업무이전 혹은 기능이전으로 파악하고 영업양도와 구별하고 있다. 업무(혹은 기능)이전의 형태는 다시 도급인 스스로가 수행하던 업무를 수급인에게 위탁하거나 위탁한 업무를 도급인이 다시 되돌려 받아 직접 수행하는 경우와, 이미 외주화된 업무가 수급인 간에 이전되는 경우로써 구수급인이 하던 (미완성의) 업무가 신수급인에게로 이전되거나(업무인계) 또는 구수급인의 계약이 종료되고(주로 기간만료) 신수급인과 도급계약을 체결하는 형태(업무승계)로 나누어 볼 수 있다고 한다.[14)] 다만 이러한 업무(기능)이전은 기존 조직체가 이전되지 않고 업무만 넘겨받아 수급인이 자신의 독자적인 조직체를 통해 수행하는 경우에만 인정되며, 만약에 업무이전과 더불어 기존 사업조직까지 이전받아 행하는 경우라면 업무이전이 아닌 영업양도에 해당하게 된다. 그러므로 선생이 구별하는 영업양도와 업무(기능)이전은 기존의 영업조직이 함께 이전되었는지의 여부에 따라 결정된다.[15)]

영업양도를 인적·물적 조직이 그 동일성을 유지하면서 일체로 이전하는 경우로 파악하고 이를 영업양도계약과 같이 원인이 되는 법률행위에 따라서가 아니라 사업조직의 이전이 있었는지 여부, 나아가 인적 요소의 경우 (예컨대 신규채용이든 다른 형태이든) 그 형식에 관계없이 파악되

여야 하는 반면, 기존인력 활용을 최소화할수록 고용승계가 강제되지 않는 바람직하지 않은 결과가 초래될 수 있다는 점에 대해서도 의문을 함께 제기하고 있다.

13) 하경효, “기업의 구조조정과 근로관계의 존속보호”, 「저스티스」 제32권 제2호, 1999, 63면; 하경효, “아파트관리업체 변경시 고용승계 여부”, 「판례월보」 제336호, 25면 이하. 하경효, “영업양도와 근로관계의 승계”, 「월간 경영계」 제238호, 한국경영자총협회, 1998, 82면.

14) 하경효, “아파트관리업체 변경시 고용승계 여부”, 「판례월보」 제336호, 7면.

15) 하경효, “아파트관리업체 변경시 고용승계 여부”, 「판례월보」 제336호, 8면.

는 것으로 본다면 이는 법률행위적인 측면보다는, 결과적인 측면에서 파악한 것으로 평가할 수 있다. 이런 이유로 인해, 근로관계 승계 효과를 수반하는 영업양도에 관하여 그 용어에 대해서도 다양한 견해들이 제시되고 있다. 일반적으로는 판례가 사용한 예에 따라 영업양도(혹은 영업의 양도)라는 용어를 사용하고 있다. 이에 대해 학계의 일부에서는 영업양도에서 영업이란 영리사업을 대상범주로 하는 의미가 내포되어 있는 반면, 근로기준법은 영리사업 뿐만 아니라 비영리사업도 규율대상으로 포함하고 있다는 점에서 사업양도라는 용어가 더 적합하다고 주장하기도 하고,[16] 또 다른 일부 견해는 영업양도 혹은 사업양도라는 용어에서는 '양도'라는 행위적인 측면이 부각되는 반면 근로관계 승계라는 법률효과 측면에서는 양도라는 행위 차원이 아닌 근로관계 존속보호의 측면에서 '이전'이라는 결과적인 측면에서 접근할 필요가 있다는 주장에서 사업이전이라는 용어가 적합하다고 주장도 제기되고 있다.[17]

선생은 초기에는 통상적인 예에 따라 영업양도라는 표현을 주로 사용하였지만 그 핵심논지는 결과적인 측면에서 사업조직체가 이전되었느냐를 기준으로 판단해야 한다는 입장을 취함으로써, 사실상 사업이전과 같은 의미성을 지향하였다. 그래서 후반에 이르러서는 영업양도라는 용어 보다는 사업양도, 그리고 부분적으로 사업의 이전이라는 점을 부각하여 기술하는 방식을 취하고 있다.[18]

3. 영업양도의 효과로서 근로관계 승계

판례가 영업양도시 근로관계 승계 효과를 인정한 것에 대해서, 학계에서는 논란이 있었다. 이는 법원이 취할 수 있는 한계를 넘어선 법형성적 판단이라고 주장하는 입장[19]이 있는 한편, 다른 한편에서는 법체계적 관점에서 수용가능한 해석의 범주에서 이루어진 것으로 보는 입장[20]도 있었다. 이에 대해서 선생은 다음과 같은 입장을 취하고 있다. 즉 영업양도시 근로관계가 승계되지 못하고 양도인과의 계속취업가능성이 보장될 수 없는 경우 이는 실제에 있어 영업양도로 인한 해고와 다를 바가 없으며 영업양도 그 자체가 해고의 정당사유로 될 수 없다는 점에서 기본적으로 판례의 입장과 같이 하고 있다. 이는 영업양도가 결코 근로관계의 존립보호를 위한

---

16) 이승욱, 사업양도에 있어서 사업의 개념, 「기업의 구조조정과 노동법적 과제」, 한국노동연구원, 1998, 11면 이하; 이승욱, "사업양도에 있어서 사업의 동일성과 근로관계의 이전", 「노동법연구」 제6호, 서울대 노동법연구회, 1997, 20면.

17) 하경효/박종희, 「기업구조조정 등에 따른 근로관계 이전 관련 법제 국제비교 및 입법론 검토」, 노동부 용역보고서, 2001, 178면 이하.

18) 하경효, "아파트 관리주체 변경에 따른 노동법적 쟁점과 입법과제", 「노동법포럼」 제14호, 노동법이론실무학회, 2015, 160~163면.

19) 김영문, "영업양도시 근로관계의 승계에 관한 쟁점별 검토 : 삼미특수강 사건을 중심으로", 「노동법학」 제10호, 한국노동법학회, 2000, 19면 이하; 유성재, "사업주교체와 근로관계의 이전", 「중앙법학」 제3호, 2001, 326면 이하.

20) 이용구, "영업양도와 근로관계", 「노동법연구」 제6호, 서울대학교 노동법연구회, 1997, 133면 이하.

해고제한을 회피하는 수단으로 기능하게 할 수 없다는 것이다. 영업양도에 관한 당사자의 합의 내용이 해고제한법리와 상충하는 경우 근로관계 존립보호의 관점에서 그 효력이 부인될 수 있으며, 따라서 양도계약의 내용에 관계없이 근로관계 이전이 승인될 수 있다고 보면서 그에 따른 기업운영과 관련된 부담은 양도 전후의 긴박한 경영상의 필요성에 기한 고용조정을 통해 해결해야 한다고 보았다.[21] 비록 민법의 기본원리에 비추어 보면 근로관계 3 당사자 간의 합의를 통해서 승계의 효과가 발생하는 것으로 그 논리를 구성하는 것이 맞지만 근로관계 존속보호라는 노동법의 기본이념에 비추어 볼 때 근로관계 승계효과를 직접 인정하는 것도 가능한 해석으로 보았다.[22] 특히 사업의 조직체 이전에 근로관계 승계라는 효과를 부여함으로써 그 조직체가 새 기업가에게 이전되면 그 기업가는 이전된 '조직체＝사업의 기초'를 가지고 자기가 설정하는 기업활동을 수행할 수 있게 된다는 것이다. 이때 조직체를 객관적 실체의 측면에서 보면 기업가에 대해 사업을 계속 운영할 수 있는 가능성을 보장해 주게 되어 기업가 목적에 기여할 수 있는 기능능력을 유지하게 하는 것이다. 그러므로 기업가란 주체적 측면에서 보자면 조직체를 취득함으로써 사업운영의 계속 가능성을 가지게 되므로 이러한 조직체의 취득이 있다면 근로자를 승계시켜도 기업가의 영업의 자유에 대한 제한은 있되 침해하지는 않는다는 점에서 영업양도시 고용승계 규범이 헌법적 근거를 가질 수 있는 것으로 본다.[23]

그리고 선생은 위에서 언급한 바와 같이 영업양도의 판단기준을 영업계(지)속가능성설의 입장에서 파악해야 한다는 입장을 견지함으로써 양도인의 영업이 동일하게 양수인에게 이전되어야만 하는 것이 아니라 그 기업의 핵심인력을 양수인이 사실상 이전받아 취업시키고 있다면 이전과정 내지 이전형식은 영업양도 인정 여부에 영향을 미치지 않는 것이라고 한다. 그러므로 양도회사의 근로자 중 핵심인력이 신규채용 형식을 포함한 어떤 형태로든 간에 양수인에게로 이전되어 기존의 조직체가 운영된다면 영업양도로 인정되고 따라서 인수되지 못한 부수인력도 승계되어야 하는 것으로 보고 있다.[24]

4. 기여 Ⅰ: '영업양도와 근로관계 승계' 이론에 대한 체계적 정립에의 기여

a) 이상과 같은 선생의 이론 전개는 우리나라에서 영업양도와 그 효과로서 근로관계 승계

21) 하경효, "고용승계 요건으로서 영업양도의 판단기준", 「판례연구」 제9집, 고려대학교 법학연구원, 1998, 251~252면.

22) 하경효, "고용승계 요건으로서 영업양도의 판단기준", 「판례연구」 제9집, 고려대학교 법학연구원, 1998, 251면; 하경효, "기업의 구조조정과 근로관계의 존속보호", 「저스티스」 제32권 제2호, 1999, 60면.

23) 하경효, "아파트관리업체 변경시 고용승계 여부", 「판례월보」 제336호, 9면.

24) 하경효, "아파트관리업체 변경시 고용승계 여부", 「판례월보」 제336호, 11면: 하경효, "기업의 구조조정과 근로관계의 존속보호", 「저스티스」 제32권 제2호, 1999, 63면. 이때 영업양도로 인정된다면 신규채용 형식으로 양수인에게로 이전된 근로자의 근로관계 역시 기존 양도인과 형성된 부분에 대한 보호, 예컨대 양수인 사업장에서 근로하다 퇴직하는 경우 퇴직금 산정을 위한 근속년수에는 양도인 사업장에서 근무한 근속연수를 합산하여 보호되어야 한다(동 논문, 56~57면).

문제를 체계적·논리적으로 정착시키는 데에 큰 기여를 하였다. 위에서 언급한 바와 같이 우리나라의 경우 영업양도시 근로관계 승계에 관한 명문의 규정이 없음에도 불구하고 대법원이 이를 사실상 인정하여 왔다. 이러한 대법원의 결론은 명문의 규정을 두고 있는 유럽연합이나 독일 등의 경우와 유사한 결론, 즉 원칙승계설과 비슷한 입장에 이르고 있다. 이를 두고 대법원의 판결이 법형성적 작용으로 보아야 할지, 아니면 해석의 범주에서 가능한 결론인지에 관해 논란이 있지만 이는 큰 의미가 없다. 왜냐하면 대법원은 근로관계의 존속보호 자체에 그 논거의 출발점을 두고 있으며, 이후 지속적인 판결을 통해 영업양도의 경우 근로관계의 승계를 인정하는 입장을 견지하고 있기 때문이다.[25] 사실 인적·물적 조직을 그 동일성을 유지하면서 일체로 이전하는 경우를 경제적 관점에서 접근·파악하자면, 영업을 양수하는 자는 그 영업(또는 사업)의 가치, 즉 그 영업을 계속 유지하면서 영업에 체화된 경제적 가치를 향유하고자 하는 의도를 가진 것으로 볼 수 있는데, 이는 사업의 기능능력을 유지한 영업의 조직체를 인수하는 데에서 찾을 수 있다. 이때 조직체의 경제적 가치에는 투하된 물적 가치 외에 인적 요소가 기여한 가치도 함께 포함되어 있다. 그러므로 양수인이 경제활동 조직체를 처음부터 만드는 것이 아니라 이미 기능적 활동이 가능한 조직체 인수를 통해 유리한 위치에서 경제활동을 하는 것이라면,[26] 인적 요소가 형성한 경제적 가치의 몫은 인적 요소에 귀속시키는 것이 마땅하다. 그럼에도 불구하고 물적 수단 외에 인적 요소에 대해서는 일부만 인수하거나 인적 요소를 신규채용하는 방식으로 그 가치를 낮추는 것은 인적 요소의 일정한 몫을 대가없이 취득하는 것으로 볼 수밖에 없다. 따라서 조직체 인수를 통한 경제활동 가치를 향유하는 양수인에게 기존 조직체의 구성부분이라 할 수 있는 인적 요소에게 그 몫이 귀속될 수 있도록 보호하는 조치가 바로 근로관계 승계의 효과를 부여하는 방안인 것이다. 우리 헌법은 한편에서는 사적 자치나 영업의 자유를 보장하고 있지만, 또 다른 한편으로는 사회적 약자인 근로자를 보호하는 것을 그 이념으로 하고 있다. 영업양도시 고용승계는 양수인에게 새로운 일자리를 창설하게 하는 것이 아니라, 영업양도 과정에서 배제될 수 있는 근로자에 대한 일자리 존속보호를 위한 흠결을 보충하는 것이다. 그러므로 영업양도에 근로관계 승계라는 효과를 인정하더라도 이는 비례성 원칙에 반하는 것은 아니다. 만약 근로관계 승계로 인하여 양수인에게 과잉인력이 발생하게 된다면 이는 정리해고(경우에 따라서는 양도인의 정리해고)로서 조정이 가능하다. 경우에 따라서는 인적 요소의 경제적 투여가치에 대한 부당한 취득이 발생하지 않는 경우를 상정할 수도 있다. 예컨대 조직체를 해체하여 경제적 가치가 더 이상 유지되지 않는 상태에서 물적 자산만을 이전하는 경우, 혹은 기업이 도산상태에 이르러 인적 요소의 기여가치에 대한 몫이 사실상 없는 경우에는 근로관계 승계를 인정하는 논거가 더 이상 유지되기 어렵다. 그러므로 각각의 경우에는 영업양도의 범주에 해당하지 않는 것으

25) 하경효, “아파트관리업체 변경시 고용승계 여부”, 「판례월보」 제336호, 9~10면 참조.
26) 대법원 1997. 11. 25. 선고 97다35085 판결.

로 보거나 또는 근로관계 승계의 효과를 제한하는 방안을 강구할 필요가 있다. 이런 점을 선생도 잘 지적하고 있다.[27]

b) 이러한 논지의 연장선상에서 영업양도는 행위적인 측면이 아니라 결과적인 관점에서 파악되어야 한다는 선생의 입장은 영업양도 판단기준에 관한 핵심을 지적하고 있다. 그렇기 때문에 조직체의 이전의 형식은 중요하지 않다. 예컨대 물적 자산에 관한 매매계약과 그와 별도로 양도사업장에 종사하던 근로자 일부에 대한 신규채용이 있더라도 결과적으로는 이들 행위를 통해 양수인이 종전 영업 조직체가 가지고 있던 경제적 효용가치를 그대로 인수하여 활용하고자 하는 의도를 인정할 수 있다면 사후 결과적인 관점에서 영업양도에 해당하는 것으로 판단하여야 한다. 이를 지적한 선생의 논지는 영업양도의 판단기준에 관한 중요한 지침을 마련하는 기초가 된다.[28] 그러므로 영업양도 판단의 요체가 되는 동일성 유지의 판단은 객관적인 관점에서 영업계(지)속가능성을 인정할 수 있는지 여부로 이어진다. 결론적으로 영업양도란 영업양도계약뿐만 아니라 그 어떤 방식을 통해서든 간에 조직체의 기능능력이 사실상 유지되고 있느냐에 핵심이 있음을 선생은 명확하게 지적한 것이다.

이러한 관점은 삼미특수강 사안에서 잘 드러난다. 먼저 삼미특수강 사건에서 노동위원회는 구제신청 기간 산정과 관련하여 초심[29]과 재심[30]에서의 입장 차이를 드러냈다. 지노위는 자동고용승계일 또는 해고일은 양수인이 '사업을 인수함으로써 경영자로서의 지위를 취득하게 된 그 시점'으로 파악하였지만,[31] 중노위는 그 기산점을 '신청인들이 채용에서 배제되거나 근로관계의 승계가 이루어지지 않는다는 점을 알 수 있었던 시기'로 파악하여 신규입사자로 응시한 자는 삼미특수강의 봉강사업부를 인수한 창원특수강으로부터 불합격 통보를 받은 때로부터, 창원특수강에 응시하지 않은 자는 입사지원 마감일의 익일부터 기산되는 것으로 보았다. 즉 지노위는 양도인과 양수인 간의 물적 소유권 이전의 법률행위에 초점을 맞추었다면 중노위는 조직체가 이전되는 결과시점에 초점을 맞춘 것이다. 나아가 동 사안에 대해 고등법원은 영업양도로 판단한 반면 대법원은 영업양도가 아닌 것으로 판단하였다. 고등법원[32]은 영업조직이 이전되었는

27) 하경효, "영업양도와 고용승계", 「기업의 인수합병과 고용조정」 경총신서 53권, 한국경영자총협회, 1997, 67면; 하경효, "기업의 구조조정과 근로관계의 존속보호", 「저스티스」 제32권 제2호, 1999, 65면.

28) 선생은 영업양도에 따라 근로관계가 승계되는 논리적 구조에서 영업양도에 관한 입증책임을 승계에서 배제된 근로자가 부담해야 하는 것이 아니라 그것이 영업양도가 아님을 양수인 측에서 부담해야 하는 것으로 보았다. 즉 선생은 이러한 주장을 대법원 판결의 구도를 분석하면서 근로관계 승계가 인정되는 논리적 구조 속에서 입증책임을 누가 부담해야 하는가를 도출하였다. 즉 "반대특약이 없는 한 근로관계도 원칙적으로 승계"되며 "영업양도 당사자 사이에 근로관계 일부를 승계의 대상에서 제외하기로 하는 특약이 있는 경우에는 승계가 이루어지지 않을 수 있으나 그러한 특약은 실질적인 해고와 다름이 없다"는 구조 속에서 근기법 제23조의 정당한 사유를 기준으로 반대특약을 심사하는 것으로 파악하였다.

29) 경남지방노동위원회 1997부해91.

30) 중앙노동위원회 1997. 12. 8. 97부해207, 212 병합.

31) 그리하여 결과적으로는 구제신청 제척기간을 도과하여 신청한 것으로 판단하여 각하 결정을 하였다.

32) 서울고법 1999. 1. 22. 선고 97구53801 판결.

지의 관점에 초점을 두어 물적 설비의 전과 더불어 인적 요소의 60.6%(그 외 15%는 포항제철의 관련 계열사에 입사)가 이전(신규채용)된 점에 주목하여 기존 사업조직이 사실상 이전된 것으로 보아 영업양도를 인정하였다면, 대법원[33]은 판단의 주된 관점을 양도인인 삼미가 당시 처해 있던 도산상태에 주목하면서 영업양도가 아닌 것으로 판단하였다. 이를 전체적인 관점에서 본다면 삼미특수강 사안은 영업양도로서의 외형은 띠지만 도산상태 하에서 이루어진 것으로 근로관계 승계효과를 동일하게 유지·적용하여야 할 것인지의 문제로 귀결되는 것이다. 그렇다면 대법원이 영업양도의 외형은 인정하되 고용승계 효과가 제한되는 예외적인 경우로 전체적인 논지를 전개하였더라면 보다 설득력을 지닐 수 있었을 것이다. 이런 점을 선생도 함께 지적하고 있는 것이다.[34]

c) 영업양도를 판단함에 있어 근로자를 어느 정도로 이전받아야 물적 설비와 더불어 조직체를 이전받은 것으로 인정될 것인지에 대해서는 일률적으로 말할 수는 없으며 해당 사업의 유형과 특성에 따라 달리 판단되어야 한다는 선생의 지적은 매우 타당하다. 예컨대 주로 인력의 사용을 중심으로 영위되던 서비스사업의 경우와, 물적 설비 가동을 통해 사업을 영위하는 제조업의 경우 조직체의 이전에 관한 판단은 각기 달리할 수밖에 없는 것이다. 결국은 객관적인 관점에서 종전 사업조직을 그 목적에 따라 계속 운영할 수 있는 가능성 여부로 판단할 수밖에 없다. 왜냐하면 근로관계 승계 효과를 부여하는 것은 상법상 영업양도에서처럼 외관신뢰보호에서 요구되는 것이 아니라 근로관계 존속보호의 관점에서 요구되는 것이기 때문이다.[35] 따라서 물적 요소와 사업계속에 필요한 근로자를 이전받아 그 사업을 계속 영위함으로써 영업양도로 볼 수 있다면 근로자 중 승계에서 배제된 근로자에 대해서도 양수인이 승계 받아야 하는 것이다. 만약 사업 조직체를 기능능력을 유지한 채 일체로 이전된 경우가 아닌 업무만 이전된 경우에는 영업양도에 해당하지 않는다. 이 점을 기능이전으로 표현하면서 영업양도와 개념적으로 구분하여야 한다는 선생의 주장은 타당하다. 예컨대 인수자가 수행할 업무만 이전받고 자신의 물적·인적 자산을 이용하여 그 업무를 처리하였다면 이는 영업양도가 아닌 것이다. 이 점은 후술하는 아파트 관리업체 변경 형태 중의 하나를 판단함에 유용한 판단준거를 이룬다.

나아가 영업양도가 인정되기 위한 요건은 사업조직에 필요한 인적 요소가 이전되는 것(인수인력)이고, 영업양도가 인정된다면 승계에서 배제된 근로자(미인수인력)의 근로관계가 양수인에게로 승계되는 것이므로 이는 순환논리가 아니다. 그러므로 미인수인력에 대한 고용을 승계하여야 할 의무는 적어도 사업조직을 이전받은 것으로 평가될 수 있느냐에 따라 좌우되는 것이다. 이에 반해 영업양도로 인정되기 위해 인수받은 근로자에 대해서는 일자리 존속은 이미 확보된

33) 대법원 2001. 7. 27. 선고 99두2680 판결.

34) 하경효, "영업양도와 고용승계", 「기업의 인수합병과 고용조정」 경총신서 53권, 한국경영자총협회, 1997, 82~83면; 하경효, "기업의 구조조정과 근로관계의 존속보호", 「저스티스」 제32권 제2호, 1999, 65면.

35) 하경효, "아파트관리업체 변경시 고용승계 여부", 「판례월보」 제336호, 10면.

상태이므로 기득이익 상태의 보호가 주된 논의의 대상을 이룬다.[36] 이러한 점들을 명확하게 적시함으로써 보호 대상별로 논리가 구성·정리되어야 한다는 선생의 지적은 매우 큰 의미를 가진다.

d) 이상과 같이 선생이 분석하고 이론적으로 정립한 내용은 영업양도와 근로관계 승계의 법리를 체계적으로 이해할 수 있는 이론적 기초를 다졌다고 할 수 있다. 이는 한편에서는 논거를 명확하게 제시함이 없이 판단하고 있는 판례에 대한 보완적 측면에서, 다른 한편에서는 판단기준을 유월한 판례에 대해서는 비판을 가함으로써 올바른 해석과 적용이 가능하도록 하는 학계의 역할을 선도적으로 수행한 것으로 평가할 수 있다. 영업양도와 그에 따른 근로관계 승계 문제는 아직까지 종결된 것은 아니다. 행위적인 측면에서가 아니라 결과적인 관점에서 근로자의 일자리 존속보호를 도모하기 위함이라면 이로부터 누락되는 사각지대에 대해서도 적절하게 보호할 수 있는 해석방안 혹은 입법론적 방안의 강구가 필요하다. 이 점을 선생도 잘 지적하고 있는바, 이에 관해서는 후술하는 아파트 관리업체 변경에 따른 문제점을 기술하면서 다시 살펴보기로 한다.

Ⅲ. 아파트 관리업체 변경과 고용승계 관련 쟁점에 관한 선생의 입장

위에서 살펴 본 영업양도와 근로관계 승계 효과에 관한 이론은 아파트 관리업체 변경의 영역에서 이론적 갈래를 만들면서 견해의 대립을 낳고 있다. 선생은 이에 주목하여 아파트 관리업체 변경과 관련된 쟁점을 집중 규명한 논문들을 발표하였다. 판례에 의한다면 아파트 관리주체의 변경은 그 변경방식에 따라, 그리고 변경 주체 쌍방간의 법률행위 유무에 따라 각각 다른 결론으로 이어지고 있다. 이러한 점을 비판적으로 고찰한 선생의 주장을 이하에서 살펴보고자 한다.

1. 아파트 관리업체 변경의 영업양도 해당 여부

선생이 아파트 관리업체 변경에 관한 문제점을 집중적으로 다룬 것은 1998년에 발표한 "아파트 관리업체 변경시 고용승계 여부"와 2015년에 발표한 "아파트 관리주체 변경에 따른 노동법적 쟁점과 입법과제"라는 논문에서이다.

a) 첫 번째 논문은 서울고등법원이 1998년 1월 9일에 선고한 97구32774 판결에 대한 평석으로 작성된 것이다. 동 사안은 관련 법령[37]에 의하면 공동주택을 건설한 사업체가 입주자들이 자치관리기구를 구성할 때까지 직접 관리하여야 하는데 건설업체는 이 의무관리 업무를 A사에 위탁하였다. 그 후 입대의가 구성되자 입대의는 아파트 관리를 직접 수행하지 않고 B사에게 위

36) 하경효, "기업의 구조조정과 근로관계의 존속보호", 「저스티스」 제32권 제2호, 1999, 56~57면.

37) 구 주택건설촉진법(일부개정 1999.2.8 법률 제5835호) 제38조 제5항.

탁하기로 하였다. 이에 B사는 자체 인력으로 관리업무를 편성하고 A사가 관리하던 근로자 12명 중에서는 1명만 인수받았다. 이에 채용에서 배제된 11명이 B사를 상대로 부당해고 구제신청을 하였던 사안이었다.[38] 서울고등법원은 업무의 동일성을 인정할 수 있어도 구수급인과 신수급인 간의 직접관계가 없고 설령 수급인과 직접관계가 있다고 하여도 근로관계 승계에 대한 합의(영업양도계약)가 없다고 판단하였다. 이에 대해 선생은 영업양도는 반드시 영업양도계약만으로 이루어지는 것이 아니지만, 이 사안 자체는 영업양도가 아닌 기능이전이기 때문에 고용승계의무가 없고, 따라서 부당해고가 아니라고 보았다. 결론에서는 서울고등법원과 같이 하지만 그 이유를 달리 했는바, 선생이 판단한 주요 논지는 다음과 같다.

우선 입대의와 관리업체 간의 법률관계는 업무처리도급(위임)계약관계로 보는 것이 타당하다고 보았다. 관리업체는 입대의의 지시에 좇아 관리사무를 처리하여야 하므로 비록 관리업체에 고용된 근로자에 대해 입대의가 도급인(위임인)의 지위에서 영향력을 줄 수 있고 이 점에서 사용자의 근로자에 대한 지시권과 혼동될 여지가 있을 수 있더라도, 이러한 점에서 입대의를 관리업체 근로자의 사용자로 파악할 수는 없는 것으로 보았다. 즉 업무처리도급(위임)계약의 성질상 수급인(수임인)이 자신의 근로자를 사용하여 도급인(위임인)에게 자신의 관리의무를 이행해야 하므로 원칙적으로 근로자에 대한 지시권은 관리업체가 가지며 따라서 사용자는 관리업체로 보아야 한다고 판단하였다.[39]

아파트 관리업무가 이전되는 형태로는 도급인이 자신이 행하던 업무를 도급계약 체결로 수급인에게 이전하거나 도급계약의 종료로 반환된 위탁업무를 도급인이 다시 직접 하는 경우가 있다. 뿐만 아니라 외주화된 업무가 수급인(수임인)에게서 다른 수급인(수임인)에게로 이전되는 경우가 있는데, 이는 구수급인과는 계약이 종료되고(주로 기간만료의 사유) 신수급인과 도급계약을 새로이 체결하는 방식이다. 그런데 선생은 이러한 업무이전의 방식 그 자체에서 영업양도 해당성 여부가 곧바로 결정되는 것은 아니며, 단순한 업무이전과 동시에 조직체가 이전되어야 영업양도에 해당하는 것으로 보았다.[40] 그러므로 업무이전에서도 조직체의 이전이 있는가를 판단해야 한다는 것이다. 조직체 이전 없이는 업무의 동일성이 인정되더라도 이는 영업양도에 해당하지 않는다는 것이다. 영업양도가 인정되기 위하여 조직체 이전 외에 업무의 동일성이 추가로 요구되는지에 대해서는, 영업양도 법리는 외관신뢰보호에 있는 것이 아니라 근로관계 존속보호에 있으므로 조직체의 기능능력이 객관적으로 유지되는 것만으로 충분하다고 보았다.[41]

---

38) 초심 지노위와 재심 중노위(1997. 7. 9. 97부해38)는 B사가 A사로부터 서류를 인계받았고 업무의 동일성이 유지되고 있다는 점에서 관리주체인 사업주의 변경인 영업양도로 보아 근로자를 승계하여야 한다고 보았다. 이에 불복하여 제기한 행정소송인 서울고등법원은 이를 영업양도로 볼 수 없어 11명을 업무에서 배제한 행위는 해고가 아닌 것으로 판단하였다(당시에는 중노위 판정에 대한 행정소송은 서울고등법원이 담당하였다).

39) 하경효, "아파트관리업체 변경시 고용승계 여부", 「판례월보」 제336호, 4~7면.

40) 하경효, "아파트관리업체 변경시 고용승계 여부", 「판례월보」 제336호, 7~8면.

41) 하경효, "아파트관리업체 변경시 고용승계 여부", 「판례월보」 제336호, 8~10면.

또한 선생은 조직체가 기능능력을 유지하면서 이전되는지의 여부에 관해서는 일률적으로 판단할 기준이 있는 것이 아니라 각 사업마다 개별적으로 고찰되어야 한다고 보았다. 이런 관점에서 아파트 관리업무는 전형적인 서비스사업이며, 인력집중적 성격을 가지므로 물적 수단 이전은 영업양도 판단에 중요한 요소가 아니며, 오히려 인력의 인수 여부가 중요한 판단기준으로 작용하는 것으로 보았다. 즉 인원 수와 전문성에 비추어 사업수행을 계속 가능하게 할 정도면 영업양도에 해당한다는 것이다. 이에 따라 주요 인력 인수로 신수급인이 사업을 계속 운영하는 것이 가능한 것으로 판단되면 부수적으로 잔여 인력을 승계시키더라도 이는 비례성 원칙에 부합하는 정도 내에서 신수급인의 영업의 자유가 제한되는 것으로 보았다.[42]

선생이 이렇게 파악하는 근저에는 사업의 기초를 이루는 조직체 자체는 물권의 대상이 아니며 따라서 물권의 승계취득(이는 당사자 간의 직접 관련성을 전제로 한다)을 통해서가 아니라 사업에 대한 이용가능성의 지위(이용 및 경영권한) 취득에 요체가 있다는 것이다. 이러한 이용가능성의 지위는 개별구성요소의 물권자라는 지위에서도 가능하지만 기업 외부의 물권자의 이용승인 하에서도 가능한 것으로 보았다. 특히 이용승인은 채권계약적 이용계약에서 이용권자의 지위 취득으로도 가능하므로 이용권자의 교체만으로도 영업양도의 성립이 가능하다고 보았다.[43]

또한 선생은 사업의 계속운영가능성은 이전되는 실질적 요소, 즉 주요 인력의 이전에 따라 판단되는 것이지 주요 인력이 어떤 형식으로 이전되는가는 중요하지 않다고 보았다. 이전의 형식에 의해 기능적 연관성이 부인되거나 변화되는 것은 아니라는 것이다. 그러므로 신규채용, 전적 등의 형식 또는 양도계약 내의 포괄적 승계약정에 대한 주요 인력의 묵시적 동의든 그 형식은 영업양도의 판단기준인 기능적 연관성 및 사업계속운영가능성 여부에 영향을 미치지 않는 것으로 보았다. 결론적으로 업무승계든 업무인계든 그 형식에 불문하고 조직체의 이전없는 단순한 업무이전이면 영업양도가 아닌 반면, 신수급인이 기존 조직체를 사실상 인수·취득하였다면 영업양도로 판단되어야 하는 것으로 보았다.[44]

이러한 논지에 따라 위 사안의 경우 신수급인이 구수급인의 조직체를 이전받는 것이 아니라 자신의 조직체를 이용하여 이전된 업무를 수행하는 것이라는 점에서 영업양도가 아닌 것이지 판례가 언급하는 바처럼 구수급인과 신수급인 사이에 직접적인 법률관계가 없다는 점에서 부인되는 것은 아니므로 결론에 있어서는 동일하지만 그 논거를 달리하였던 것이다.

b) 선생은 두 번째 논문에서 영업양도가 법률행위가 아닌 법령에 의하여 사업이 이전되는 경우[45]와 용역서비스를 위탁한 업체를 변경한 경우처럼 사업주가 변경되는 경우에도 영업양도

---

42) 하경효, “아파트관리업체 변경시 고용승계 여부”, 「판례월보」 제336호, 10~11면.

43) 하경효, “아파트관리업체 변경시 고용승계 여부”, 「판례월보」 제336호, 12~13면.

44) 하경효, “아파트관리업체 변경시 고용승계 여부”, 「판례월보」 제336호, 11~12면.

45) 이에 관해서는 박종희, “특별법으로 설립되는 특수법인은 고용승계 의무”, 「노동교육」 2005년 제5호, 한국노동교육원, 2005, 98면 이하 참고.

가 인정되는지에 관해 의문을 제기하면서 후자의 대표적인 경우라 할 수 있는 아파트 관리주체의 변경을 중심으로 고찰하였다.

관련법령에 의거한 아파트 관리방식으로는 의무관리, 자치관리 그리고 위탁관리 방식이 있다. 이들 관리방식에서 고용승계가 문제되는 경우는 의무관리에서 자치관리(혹은 위탁관리), 자치관리에서 위탁관리(또는 그 반대의 경우) 그리고 위탁관리에서 위탁관리로 변경되는 경우를 들 수 있다. 이 중 첫 번째와 세 번째 유형에서는 관련법령에 의하거나 당사자 사이에 영업양도계약이 없으므로 영업양도가 인정되지 않는 것으로 보고 있으며 두 번째 경우만 조직체의 이전과 업무의 동질성이 유지되면 원칙적으로 고용승계가 인정되는 것으로 보는 것이 실무의 기본입장임을 전제하면서, 신·구 사업주 사이에 직접적인 계약관계(그 명칭은 무관)가 전제되어야만 영(사)업양도로 보아 고용승계 인정을 판단하고 있는 판례 태도를 비판적으로 검토하였다.[46]

선생은 물적 사업수단 없이 근로자집단에 의한 순수한 용역서비스의 제공도 경제적 단일체(조직체)로서의 의미를 가지므로 물적 사업수단에 별다른 의미가 없는 아파트 관리업무 수행[47]에서도 관리업무에 종사하는 근로자들의 인수만으로도 사업양도가 인정될 수 있다고 보았다.

이러한 점에 기초하여 아파트 관리업무와 같이 수탁받은 용역서비스가 일련의 근로자들의 노동력에 의해 지속적으로 수행되는 경우에는 용역수행으로 결합된 해당 근로자집단이 경제적 동일체를 이루게 되며 새로운 용역업체가 종래 업체가 그 용역을 수행하기 위해 사용하던 인력을 그 수와 전문성 면에서 대부분 인수한 경우에는 경제적 단일체로서의 사업이 이전된 것으로 판단될 수 있다고 보았다. 종래와 동일한 사업활동을 계속하는데 필요한 인력이 충분히 인수되었는지는 개별 사안별로 판단할 수밖에 없는데 아파트 관리업무의 경우는 특별한 전문성을 요하는 경우가 아니므로 종래 근로자의 대다수를 계속 고용하여 관리업무를 수행하는 한 사업의 이전(영업양도)으로 볼 수 있다는 것이다.

따라서 관리업무의 이전이 법령이 아닌 계약관계에 근거해야 하고 특히 관리용역업체의 변경의 경우에는 신·구 위탁업체 사이의 영업양도(사업이전)에 관한 직접적인 계약관계가 있을 것이 전제되어야만 하는 것이 아니라 새로운 관리주체가 종전 관리주체가 고용한 근로자들의 대다수를 계속 고용하는 경우 경제적 활동을 위한 조직적 실체인 영업의 양도(사업의 이전)를 인정

46) 물론 선생은 아파트 관리가 관리주체가 변경될 시점에 근로자의 근로계약기간도 만료되는 것이 일반적이어서 새로운 관리주체가 면접과정에서 일부 근로자를 제외하고 근로계약을 체결하는 실태에 비추어 볼 때 논의의 실질적 의의가 제한적일 수 있지만, 그 중에는 기간의 정함이 없는 근로자도 있으며 계약기간 종료 이전에 관리방식이 변경되는 경우도 없지 않으므로 부분적으로 논의의 실익이 있다는 점을 함께 지적하고 있다(하경효, "아파트 관리주체 변경에 따른 노동법적 쟁점과 입법과제", 「노동법포럼」 제14호, 노동법이론실무학회, 2015, 151면).

47) 관리사무실, 전기기계시설, 경비초소 등은 용역을 맡기는 측에서 소유하면서 제공한 것이므로 이는 이와 같은 물적 자산 없이도 공동주택관리사업을 할 수 있다는 점을 보여주는 것이므로 영업양도를 인정하는 가능성을 높이는 요인으로 볼 수 있다고 한다(하경효, "아파트 관리주체 변경에 따른 노동법적 쟁점과 입법과제", 「노동법포럼」 제14호, 노동법이론실무학회, 2015, 161면).

할 수 있다는 것이다.[48)]

2. 기여 II : '사업 이전'이란 영업양도 개념구성을 통한 사각지대로의 보호영역 확대 방안 정립에의 기여

a) 당사자 간의 직접적인 법률관계(즉 행위적인 측면)를 영업양도의 요건으로 파악한다면 의무관리에서 자치관리로 변경되는 경우는 주택법과 동법시행령에 따라 사업주가 변경된 것이므로 관리업무의 동질성이 유지되는지 여부에 상관없이 근로관계는 승계되지 않는 것으로 보게 되며, 위탁관리에서 위탁관리로 변경되는 경우에도 입대의와 구수탁업체와의 법률관계 종료에 따라 새로운 수탁업체와의 계약관계를 형성하는 것이고 입대의와 신·구 관리주체 간에는 단순한 업무이전을 대상으로 하는 계약관계가 형성되었을 뿐이므로 결과적으로는 영업양도에 해당하지 않게 된다. 이는 판례가 취하고 있는 입장이기도 하다.[49)]

그러나 선생이 지적한 가장 중요한 논지는 영업양도를 행위적인 측면에서 파악해야 하는 것이 아니라 종래 사업조직이 일체로서 이전되었는가의 결과적인 관점에서 판단해야 한다는 점이다. 이에 의하면 신·구 사업주 사이에 직접적인 법률관계를 형성하고 있는지 여부가 중요한 것이 아니라 결과적으로 사업의 이전이 있었다고 볼 수 있는지 여부가 판단의 핵심을 이룬다. 이러한 선생의 입장에서는 ① 의무관리가 자치관리로 변경되는 것은 비록 관련 법령에 따라 이루어지기는 하지만 동 법령에 의해 바로 관리업무가 이전되는 것이 아니라, 아파트건설 사업주체가 입대의에게로 관리업무를 이전하여야 할 의무 이행으로 관리업무를 입대의에게 인계함으로써 비로소 관리업무가 이전되는 것이며, 따라서 법적 의무와 그 의무의 이행으로 나타난 결과와는 구분하여야 하고, 결과로서 사업의 이전이 인정된다면 영업양도로써 근로관계 승계 효과가 인정되어야 한다는 것이다.[50)] 또한 ② 신·구 관리업체 사이에서 관리업무가 이전되는 경우

---

48) 아파트 관리업체 종사자 보호를 위하여 파견근로관계의 구조에서 분석·판단한 견해가 있는바(조성혜, "아파트 위탁관리가 근로관계에 미치는 영향", 「노동법학」 제42호, 2012, 279면 이하; 조성혜, "공동주택의 위탁관리시 실질적 사용자의 판단", 「노동정책연구」 제11권 제3호, 2011, 109면 이하 참조), 이 또한 주목할 만한 견해이다. 또 다른 견해로는 위탁관리 계약의 해석을 통해서 아파트 입대의가 관리업체에 관리업무를 전적으로 위탁한 경우 영업양도의 한 형태로 근로관계의 승계를 인정하고, 관리업체 일부 지시권한과 감독한만 부여한 경우에는 입대의에 사용자적 지위를 인정하여 근로자를 보호해야 한다는 주장이 있다. 이대형/김상호/유정엽/류경석, 「아파트 근로자의 고용승계에 관한 연구」, 한국노총 중앙연구원, 1999, 53~67면.

49) 대법원 2000. 3. 10. 선고 98두4146 판결 등.

50) 이러한 판단은 종전의 금융산업 구조조정 과정에서 구 금융산업의 구조개선에 관한 법률 제14조 제2항에 기초한 계약이전 결정에 따라 이루어진 계약이전의 경우도 동일하게 적용될 수 있어 영업양도를 부인한 판례(대법원 2002. 4. 12. 선고 2001다38807 판결)에 대해서도 동일한 비판이 가해질 수 있다(김기선/전형배/최석환, 「아웃소싱과 고용관계의 법제도 개선방안」, 한국노동연구원, 2012, 46면 참고). 다만 이 경우에도 정상적인 경영상태 하에서가 아니라 도산과정 하에서 이루어졌다는 점에서 달리 취급할 수 있는 여지가 있다(이와 관련해서는 박종희, "도산 절차에 있는 기업의 변동시 근로관계 승계법리에 대한 입법정책적 고찰", 「법학연구」 제17권, 충남대학교 법학연구소, 2006, 103면 이하 참고). 이후 입법개정을 통해 계약이전 결정에 따라 이전받는 금융기관은 결정 내용에 포함된 계약에 의한 부실금융기관의 권리의무를 승계하는 것으로 입법 개정

에도 신·구 관리업체 사이에 직접적인 계약관계가 있었는지 보다는 경제적 통일체로서의 사업의 전부 또는 일부가 다른 사업주에게 이전되어 종래와 동일한 사업활동을 하는지 여부를 가지고 영업양도 여부를 판단하여야 한다는 것이다. 이 모든 판단의 근저에는 영업양도가 영업을 양도하는 행위적인 측면에서가 아니라 결과적인 관점에서 종래의 영업조직이 기능의 동일성을 유지하면서 일체로 이전되어 새로운 사업주가 종래 조직이 갖던 경제적 가치를 계속 활용하는 상태에 들어서는지 여부가 영업양도 판단의 핵심을 이룬다는 것이다.[51] 이러한 선생의 입장은 현재 판례가 인정하는 영업양도의 인정범위를 더욱 확대하는 것을 가능하게 하고 그 결과 사각지대에 놓여있는 부분을 해소할 수 있는 합리적 방안으로 평가할 수 있다.

b) 이러한 선생의 이론은 다음과 같은 점에서 특별한 의의가 있다. 즉 노동법상 영업양도 이론은 그 주된 초점을 근로관계 승계에 두고 있다. 즉 근로자의 일자리 존속보호를 위해 영업양도의 경우를 상정하는 것이다. 이를 달리 표현한다면 관계당사자의 법률행위(의사)에서 근로관계 승계라는 법적 효과를 결(인)정하려는 것이 아니라, 그러한 행위의 결과로 빚어내는 근로자들의 일자리의 존속보호 관점에서 판단하여야 한다는 것이다. 그렇기 때문에 영업양도의 의미를 파악함에 있어 이러한 목적적 관점을 주목한다면 근로관계의 존속보호 문제를 발생하게 하는 영업 혹은 사업 이전의 모든 경우가 이에 해당하게 된다.

입대의와 관리업체 사이에 체결되는 아파트 관리위탁계약의 법적 성질은 업무처리 도급계약으로, 자치관리에서 위탁관리 혹은 그 반대가 되거나 위탁관리가 위탁관리로 변경되는 경우는 아파트에 관한 물권적 권리의 변동을 초래함이 없이 관리업무 수행 주체의 교체만 발생할 뿐이다. 이러한 경우에도 영업양도(혹은 사업의 이전)를 인정할 수 있다는 것은 법률행위적인 측면에서의 합병이나 분할과 같이 소유권의 이전뿐만 아니라 영업을 지배할 수 있는 권리의 이전을 포함하는 의미로 이해할 수 있다. 이렇게 본다면 사업의 이전이란 사업조직에 대한 지배권의 이전을 뜻하는 것이다. 근로계약관계는 타인의 지시에 따르면서 타인이 조직하고 영위하는 (노동)조직 내에서 노동력을 제공(노무급부)하는 법률관계이다.[52] 그러므로 근로관계란 사용자의 사업조직으로의 근로자의 편입(엄밀하게 말하면 노동력의 투입이 될 것이다), 즉 사업조직의 구성부분을 이루는 것이 계약의 본질적 요소를 이루며, 그 결과 근로자가 사용자 사업조직으로부터 관련성 상실(이탈)은 근로계약관계의 기초 상실을 뜻하여 근로계약관계의 존립에 직접적인 영향을 미치게 된다. 예컨대 사용자가 더 이상 사업을 영위하지 않는 경우(아파트 관리라는 도급사업의 종료)에는 근로자의 사업조직성과의 관련성이 상실되고, 이에 따라 근로계약관계가 계속 유지되어야 하는 계약관계의 기초가 없어졌기 때문에 근로관계 존속을 더 이상 기대할 수 없게 된다. 그렇지만 이 경우에도 폐업과 같이 사업조직이 없어지는 것이 아니라 위탁관리 사업의 지배권이 다른 자

함으로써 근로관계 승계를 실제적으로 배제하는 법적 근거를 마련하였다(동법 제14조의2 1998년 신설).

51) 같은 입장으로 박제성, 「사업이전과 고용보장」, 한국노동연구원, 2014, 63면 이하.

52) 김형배, 「새로 쓴 노동법」(제25판 전면개정판), 박영사, 2017, 33면 이하 참조.

에게로 이전되는 것이며 그에 따라 근로관계 존속보호 문제가 수반되게 되는 것이다.

이런 점에서 근로관계의 존속 보호, 즉 근로자의 일자리 존속문제는 바로 사용자의 사업조직 내에서의 구성인자로서의 지위 유지와 관련된 판단문제라 할 수 있다. 그러므로 결과로서 영업양도의 의미는 사업조직에 대한 지배권 내지 관리권(Leitungs- oder Verwaltungsmacht), 즉 사업 관련성을 지닌 근로자의 근로관계에 대한 사용자적인 권한의 이전을 의미한다.[53] 다시 말하면 근로관계 존속보호의 문제 영역은 사업조직에 대한 지배권을 취득하면서 근로관계에 대해 사용자로서의 권한을 직접적으로 행사할 수 있는 지위가 승계되는 경우이며, 이는 비단 합병·분할·(상법상의) 영업양도의 경우뿐만 아니라 경영 주체의 변경이 초래되는 영업임대차·경영위임계약 등 위탁업무 주체가 변동되는 경우 모두가 포함되는 것으로 넓게 이해된다.[54] 선생의 사업이전이라는 결과 중심의 논지는 이러한 결론을 만들어 내는 핵심논거를 제공하는 것이다.

c) 선생의 이론에 따르면 위탁관리업체가 변경되는 경우라도 결과적으로 사업 조직의 이전이 인정된다면 영업양도로 인정된다. 하지만 이는 판례의 입장과는 다른 결론이다. 판례는 당사자간의 직접적인 법률행위가 매개되지 않으므로 영업양도가 아니라는 것이다. 그런데 사업조직의 이전이라는 논거에서가 아니라, 판례 입장에서도 아파트 위탁관리업체 변경을 법률행위를 매개로 하는 영업양도에 포섭할 방안을 해석론으로 강구해 볼 수도 있다. 즉 양도인과 양수인 사이에 제3자가 매개되어 있는 경우에도 당사자 간의 직접적인 법률행위가 매개된 것과 같이 취급하는 것으로 구성하는 방안이다. 근로관계 존속보호라는 사회정책적 배려가 다른 법익보호보다 우위에 놓여지는 것이라면, 그래서 양도인이 사업조직을 제3자를 통해 궁극적으로 양수인에게 이전하는 경우에도 직접적인 영업양도와 같은 결과책임을 인수인에게 부담지우는 것이 부당하지 않다면 영업양도를 인정하는 해석방안도 가능할 수 있을 것이다. 다시 말하면 영업양도를 직접적인 법률관계 당사자 간에 이루어지는 것이 아니라 중간단계를 설정함으로써 영업양도의 법적 효과를 회피할 수 있는 경우를 방지하기 위해서 제3자를 매개로 하는 형식적인 단절의 경우에도 실질적으로 직접적인 법률관계 당사자로 구성하는 것이다.[55] 판례도 영업조직의 사실상 이전이라는 측면에 판단의 초점을 두면서도 굳이 당사자 간의 법률행위 매개를 고집하는 이유는 명문의 근거규정이 없는 상태에서 가능한 해석의 방법으로 해결하려는 고충에서 비롯하는 것으로 이

---

53) 이러한 지배권 내지 처분권을 선생은 사업에 대한 이용권 및 처분권(Nutzungs- und Verfügungsgewalt)의 취득으로 표현하고 있다(하경효, 「노동법사례연습」(제2판), 박영사, 2006, 288면 이하). 지배권의 의미에 관하여 자세한 내용으로는 박종희, "영업임대차와 근로관계의 승계", 「노동법의 이론과 실천」 신인령선생 정년기념논문집, 박영사, 2008, 183면 이하 참조.

54) 박종희, "영업임대차와 근로관계의 승계", 「노동법의 이론과 실천」 신인령선생 정년기념논문집, 박영사, 2008, 171면 이하.

55) 실제로 독일의 경우도 법률행위를 통한 사업이전의 경우, 몇 차례 중대한 전환을 통하여 근로관계 존속보호에 보다 만전을 기하는 오늘의 입장에 이르고 있다. 그 하나가 용익임대차의 경우를 포함하는 것이며(BAG NJW 1979, S. 2634), 나아가 포괄승계 외의 모든 경우에 대해서 확대적용을 인정한 판결에 의한 바이다(BAG AP Nr. 24, 36 zu §613 a BGB; BAG ZIP 1985, S. 1525).

해된다. 하지만 영업양도시 근로관계 승계의 효과를 인정하는 판례 입장이 확고하게 굳어져 법적 타당성에 관한 논쟁이 더 이상 의미성을 상실한 현재로서는 형식론에 얽매여 오히려 우회적·간접적 회피방안에 대해 적용을 배제할 것이 아니라 이를 포함하여 함께 규율대상으로 삼는 것이 형평성 관점에서는 더욱 부합할 수 있을 것이다. 그러나 이러한 필요성이 인정되더라도 그 범위를 제한없이 인정한다면 사적 자치의 기본 질서가 왜곡될 수도 있으므로 일정한 범주로의 한정할 것이 요구된다. 즉 관련 당사자 간에 궁극적으로 사업이전의 목적성을 서로 공유하고 의도한 경우로 한정하는 것이 필요하다고 본다. 그러므로 인수자가 의도하지 않게 여러 차례의 법률행위와 인수과정을 통하여 결과적으로 사업을 인수한 모습을 보이는 경우에는 당사자 간에 영업양도의 목적성이 배제되어 있으므로 이런 경우에 대해서까지 영업양도의 법적 효과를 인정하는 것은 타당하지 않을 것이다. 그러나 외형상 사업조직이 이전되어 종전의 기능의 동일성이 수행되는 경우라면 일단 영업양도가 있은 것으로 추정하는 강한 징표로서의 효력은 긍정될 수 있을 것이다. 이를 통해 사각지대에 놓여있는 근로자의 근로관계 존속보호가 더욱 두텁게 실현되는 것이 법적용에서의 타당성과 수용도를 높이는 방안이 될 것이다.

Ⅳ. 나가는 말

근로관계 존속 보호는 근로자 보호 관점에서 핵심을 이룬다. 합병과 분할 등과 같은 기업의 변동에 관해서는 상법 규정의 유추적용을 통해 근로관계 존속보호가 인정되지만 상법상 영업양도의 경우에는 개별승계의 원칙이라 존속보호가 보장되지 않는다. 이런 상황에서 판례는 노동법적으로 유의미한 영업양도의 의미, 즉 일정한 영업목적에 의하여 조직화된 인적·물적 조직을 그 동일성을 유지하면서 일체로서 이전하는 경우로 파악하여 이 경우에는 근로관계 승계를 인정하고 있다. 선생은 이를 법률행위 측면에서가 아니라 결과적으로 영업조직이 이전하였는지의 관점에서 파악하여야 하는 점을 제시하였다. 이런 선생의 논지는 판례의 입장을 보다 이론적으로 정비하고 완성된 논리체계를 갖추도록 하는데 선도적인 역할을 담당하였다.

또한 선생의 이론에 따르면 당사자 간에 직접적인 법률행위가 매개되지 않는 경우, 그 전형적인 예로 아파트 관리업체가 다른 관리업체로 변경되는 경우에도 그 사업조직의 이전 여부에 따라 근로관계 승계 효과를 인정하여야 한다. 이러한 이론적 구성은 아파트 관리업체 종사자들과 같이 현행 판례에 의해 보호받지 못하고 사각지대로 빠져있는 근로자들의 근로관계 존속보호를 위한 중요한 이론적 배경을 마련하였다. 만약에 아파트 관리업무 종사 근로자에 대해서도 관리업체 변경에도 불문하고 영업조직이 이전되는 경우 근로관계 존속보호를 인정한다면 실무에서의 빈번한 분쟁을 줄이는 데 절대적으로 작용할 뿐만 아니라, 이들의 근로관계 승계보호와 더불어 승계되는 근로조건 보호하는 데도 기여하게 되어 근로조건이 열악해지는 것을 방지할 수 있는 효과도 십분 구할 수 있다.

이와 같은 선생의 이론은, 노동법상 영업양도의 체계를 올바르게 정립하고 이를 바탕으로 노동시장의 양극화를 가능한 한 심화시키지 않도록 할 수 있는 데에 결정적인 역할을 담당할 수 있다. 향후에는 판례뿐만 아니라 입법정책적으로도 선생의 이론을 적극 수용하여 노동법상 영업양도에 관한 체계와 구조가 올바르고 완전하게 정립될 수 있게 되기를 희망한다.

대학구조조정의 영향과 교원의 법적 지위

전 윤 구*

Ⅰ. 논의의 배경
Ⅱ. 문제의 제기
Ⅲ. 대학구조조정에 대한 비교사례로부터의 시사점
Ⅳ. 대학구조개혁정책이 근로자성 판단에 미치는 영향관계
Ⅴ. 대학통폐합의 유형과 노동법적 쟁점
Ⅵ. 결 론

Ⅰ. 논의의 배경

대학의 일반 직원은 정규직이든 비정규직이든 당연히 노동법의 보호대상이 된다. 또한 사용자가 교섭을 거부할 수 없도록 제도적 보장을 받는 노동조합이 그들의 이해관계를 대표하는 단체로 기능할 수 있다. 그들이 근로자이기 때문이다. 반면에 그 이외의 이해관계자들, 즉 교수를 포함하여 시간강사, 대학원생 조교, 부설연구소 연구원 등은 노동법 적용여부가 명확하지 않을 뿐 아니라 그들의 이해를 대변할 수 있는 법적인 권한과 지위를 갖춘 단체도 부재한 상태에 있다. 직원의 고용을 논외로 하면 대학 내의 고용관계는 정년 혹은 비정년트랙 전임교원 및 비전임교원, 시간강사, 연구원, 조교 등 다양한 형태로 이루어지고 있다. 이들의 고용조건은 대학구조개편과 맞물려서 그 법적 지위를 특정하기 곤란할 정도로 점점 더 복잡하게 전개되고 있다. 이러한 고용상황을 촉진하는 대학구조개편의 사회경제적 배경과 그것이 미칠 영향을 거칠게나마 열거하면 다음과 같다.

① 4년제 대학, 산업 및 전문대학을 모두 포함하면, 오늘날 고교졸업자의 약 80%가 대학에 진학한다. 이와 같은 현실은 대학의 사회적 기능을 일반 직업교육 쪽으로 이동시키고 있다. 1980년대 중반까지 한국사회에서 대학은 정치, 사회, 경제면에서 중산층 이상이 될 수 있는 엘리트 집단을 양성하는 기지였다. 그러나 고교 졸업자의 대다수가 대학에 진학하고 청년 실업률

---

* 경기대학교 법학과 교수

이 높은 상황에서 상당수의 대학 졸업자는 불안정 고용형태로 취업하고 있다. 과거에는 중등교육 이수자의 취업 대상으로 여겨졌던 저임금 단순사무직, 하위직 공무원, 개인비서직, 자영업자 등에도 대학 졸업자가 다수 진입하고 있다. 현실적으로 우리 사회에서 대학교육 수료는 더 이상 중산층 엘리트 집단의 징표가 되지 못한다. 즉, 사회가 대학에 요구하는 기능은 보편적인 지식 생산과 고급인재 양성이 아니라, 일반시민 대다수를 대상으로 하는 일반 직업교육으로 바뀐 것이다.[1] ② 동시에 한국경제의 근간이 토목, 건설, 중화학 등의 산업 중심에서 유통, 대인, 금융 등의 서비스산업과 IT산업으로 이동하고 있다. 그에 따라 서비스산업이 창출하는 일자리가 더 많아지고 있다. 이는 한국기업들이 필요로 하는 인력의 특징이 달라진 것을 의미한다. 또한 경제활동인구에서 자영업자가 차지하는 비율이 30%대에 육박하고 있는 취업구조의 변화도 있다. 지금까지 대학의 교육은 대부분의 졸업생들이 민간과 공공부문 대기업에 취업할 수 있는 성장경제 국면을 전제로 구성되어 왔다. 그러나 이제 한국의 경제구조는 고도성장의 단계를 벗어났을 뿐 아니라, 저성장과 지체의 단계에 다다랐다는 평가까지 나오고 있다. 이러한 상황의 변화는 대학교육의 기반을 바꾸도록 요구하고 있다.

③ 이러한 상황에서 대학구조개혁의 가장 선명한 명제는 '학령인구의 감소'이다. 대학에 입학할 수 있는 연령의 인구가 절대적으로 감소하기 때문에 대학교육이 그 수요보다 과잉 공급된다는 것이다. 이와 같은 현실이 대학의 구조조정을 요구한다는 것에는 큰 이의가 없을 것이다.[2] 그러나 이해관계자들이 갑작스럽게 불이익을 당하는 것이 아니라 장기적으로 대비할 수 있는 제도를 함께 구축할 필요가 있다. 그렇지 않으면 대학구조조정의 연착륙과 실효성을 보장할 수 없을 것이다.

④ 이런 상황에서 한국의 고등교육계에는 여전히 대학서열화가 엄존하고 있다는 것도 문제를 복잡하게 만든다. 각 대학의 재정 상태에 직접적인 영향을 주는 사회적 저평가(서열화)를 회피하기 위하여 대학들은 다른 대학과 경쟁에서 좀 더 우월한 지위를 차지해야 생존할 수 있다는 인식을 갖고 있다. 이는 소위 '시장원리의 지배'라고도 한다. 그와 같은 인식하에 많은 대학들이 영리기업의 경영기법과 인사관리 방식을 도입하였다. 각 대학들이 교내 기숙사, 식당, 카페 등의 외주화와 공간 임대 등으로 영리행위를 확대하고 있는 것이 대표적인 사례라고 할 수 있다. 일부 대학은 단순히 기업의 경영기법을 도입하는 것에 그치지 않고, 중앙대학교의 사

---

1) 물론 4차 산업혁명이라는 말에서 단적으로 드러나듯 여전히 고도의 융합 내지 전문인재 양성 요청은 고등교육기관의 교육목표에서 배제될 수 없다. 소위 '연구중심대학'과 '교육중심대학'의 상은 이러한 모순적인 교육과제에 대응하여 그 해결책의 하나로서 나타난 것으로 이해할 수 있다.

2) 2000년대 들어서 주요한 대학구조조정 유도 사업으로서는 국립대학 통폐합 지원 사업(2005년과 2008년 시행, 8,903명 감축), 구조개혁 선도대학 지원 사업(2005년, 5,876명 감축), (동일 재단 내) 사립대학 통폐합(2004~2013년, 12,263명 감축), 산업대 · 전문대의 일반대로의 전환(2004년 이후 지속, 4,777명 감축), 폐교조치(2014년 기준 6개교 2,329명 감축) 등이 있었다. 이영, "대학 구조개혁 정책의 쟁점과 과제", 「The HRD Review」, 한국직업능력개발원, 2014. 11., 23~24면 참고.

례와 같이 아예 영리기업을 그 운영의 주체로 수용하기도 했다. 과거에 대기업과 대학의 연계는 기업이 재산을 기부하는 수준이었지만, 오늘날 몇몇 대기업은 한국사회 주요 대학에 투자하는 데 그치지 않고 직접 경영에 나섬으로써 기업의 경영원리를 그대로 이식하고 있다. 이와 같은 '대학의 기업화' 현상에 직면하고 있음에도 불구하고 대학 내 교원들의 고용구조와 법적 지위, 특히 노동법적 지위는 심하게 말하자면 거의 무규율 상태에 가깝다. 그 이유는 지금까지 대학 내 교원의 법적 지위는 교육공무원법과 사립학교법 등에 의한 규율로 충분할 정도로 공익적 신분과 그에 따른 처우가 당연시 되었기 때문일 것이다. 그러나 대학의 기업화 현상은 그들의 신분과 처우를 공익이 아니라 영리적 관점에서 재구성하고 있기 때문에, 그에 대응할 새로운 규율 방식이 요청되고 있다. 이에 대한 적합한 규율이 이루어지지 않는다면, 앞으로 법적 분쟁은 피할 수 없는 상황으로 치닫게 될 것이다.

Ⅱ. 문제의 제기

1. 대학교원의 근로자성 인정의 가능성

(1) 대학시간강사가 근로자에 해당한다는 대법원 판결[3]은 그 이전 입시학원 단과반강사가 근로자가 아니라는 대법원 판단[4]과 일견 조화되기 어려운 것으로 받아들여져 대학사회에서 혼란을 가져 온 것이 사실이다(반면에 입시학원 종합반 강사는 근로자라고 한 판결[5]은 이미 나온 바 있다). 그러나 단과반 강사에 대한 대법원 판결을 실제로 살펴보면 양자의 결론이 달라진 경위, 즉 양자는 어느 정도 사정이 다르다는 점을 알 수 있다.

입시학원의 단과반에서 일정과목을 담당하는 학원강사에 대한 대법원 판례는 다음과 같은 사정을 인정하였다. 즉 ① 학원과 강사간에 근로시간 등 근로조건에 관한 구체적인 내용을 담은 근로계약·고용계약 등을 체결하지 아니한 채, 학원 단과반에서 수학 등을 강의하고 강사료는 단지 수강생이 납입하는 수강료 수입의 50%씩을 위 학원 측과 배분하기로 하였다는 점, ② 강사의 수강료 수입이 담당과목에 따라 그리고 월마다 달라서 같은 강사의 경우에도 매월 그 강사료가 다르다는 점, ③ 수강생의 감소 등으로 인하여 담당과목의 수강료 수입이 전혀 발생하지 않게 된 경우에는 당해 과목을 담당하는 학원강사의 강사료는 전혀 지급되지 않는다는 점, ④ 학원 측은 강사의 강사료 수입에 대하여 근로소득세를 원천징수하지 아니한 채 오히려 사업소득세를 납부하였다는 사실, ⑤ 강사는 그 업무수행과정에서 학원 측으로부터 강의내용 등에 대하여 구체적이고 직접적인 지휘·감독을 받고 있지 아니한 채 단지 같은 시설 내에서 이루어지는 다른 강의와의 조정을 위하여 행하여지는 강의시간 및 강의장소에 관한 규제를 받고 있을

3) 대법원 2007. 3. 29. 선고 2005두13018 판결.
4) 대법원 1996. 7. 30. 선고 96도732 판결.
5) 대법원 2006. 12. 7. 선고 2004다29736 판결.

뿐인 점, ⑥ 강사들은 자신들이 담당하는 해당 과목의 강의시간 외에는 시간적 구속을 받는 출퇴근시간의 정함이 없으며, ⑦ 강사가 강의를 게을리하거나 이를 해태하여도 단순히 학원 측과 계속적 거래관계가 해지될 뿐 학원 측이 위와 같은 형태의 학원강사에 대하여 학원의 복무질서 위배 등을 이유로 한 징계처분을 하고 있다는 사정이 엿보이지도 아니하는 점 등이다. 대법원은 이를 이유로 하여 학원강사의 근로자성을 부인하였다.

그러나 대학시간강사는 사전에 정해진 시간당 강사료만을 지급받을 뿐 그 수강생수에 따른 추가강사료나 이익배분을 받지 않는다는 점에서 단과반 학원강사와 큰 차이를 보인다.[6]

(2) 만약 대학시간강사가 대법원과 같이 근로자라고 한다면 대학전임교원도 근로자라고 볼 가능성은 높아진다. 왜냐하면 대학시간강사의 강의와 대학전임교원의 강의가 본질적으로 다르지 않는데, 이에 더해 대학전임교원은 학교의 제반규정의 적용을 받을 뿐만 아니라 연구 및 학생상담에 관한 실적을 내야하고 대학의 위원회 등 각종 행정업무에 종사하기 때문이다. 실제로 대학교원의 분쟁사례와 관련하여 대법원은, 비록 판결문의 방언 부분에서 언급하긴 하였지만 그 법률관계의 성격을 사법상 고용관계라고 명시한 경우도 적지 않은 실정이다. 그 동안은 교원은 교원소청위원회로 갈 수 있었기 때문에 근로자성을 따질 실익이 크지 아니하였을 뿐이지만 대학구조개편이 본격화된다면 이 문제에 대한 논쟁은 점점 더 빈번해질 것으로 예상된다.

물론 사립학교법은 교원의 자격, 임면, 복무, 신분보장, 징계 등에 대해 특별히 규정하고 있다. 따라서 우리 대법원판례는 사립학교법이 근로기준법에 대하여 우선적용되기 때문에(특별법우선의 원칙) 그 부분에 대하여는 근로기준법의 적용이 배제된다고 본다(예: 교원의 징계에 대해서는 부당노동행위가 아닌 한 노동위원회가 아닌 교원소청심사위원회의 관할에 속한다). 그럼에도 불구하고 사립학교법 등 관련 교육법령이 교원의 복무와 관련한 모든 부분을 규율하고 있지 못한 실정이기 때문에 다른 근로조건에 관하여는 근로기준법이 일반법으로서 적용된다고 보고 있다.[7]

(3) 그런데 우리 법원판결에서 종종 중요하게 참고하는 일본의 판례를 살펴보면 대학교원과 관련해서는 징계를 포함한 해고와 취업청구권 및 사업양도의 고용승계, 심지어 부당노동행위에 이르기까지 다양한 노동법적 분쟁사례에서 그 청구의 인용 여부와 상관없이 대학교원의 근로자성은 기본적인 전제로서 큰 이견 없이 인정하고 있다.[8] 일본도 우리나라와 같이 사립대학의 비중이 높고 고등교육체제의 구조와 정책이 비슷할 뿐만 아니라 이미 1990년대부터 대학구조개혁을 앞서서 경험하였다는 점에서 우리나라 대학교원의 노동법적 지위와 관련한 분쟁이 본격화된다면 일본의 판례태도는 우리에게도 큰 영향을 미칠 수밖에 없을 것이다.

---

6) 각종 강사업무 종사자에 대한 근로자성을 판단한 대법원 판례를 소개하고 그 의미를 분석한 중요한 논문으로서는 최홍엽, "판례수정 이후의 근로자 여부 판단 — 강의업무 종사자를 중심으로 —", 「노동법연구」 제26호(2009), 279면 이하 참고.

7) 대법원 1979. 9. 25. 선고 78다2312 판결; 대법원 1997. 7. 22. 선고 96다38995 판결 등.

8) 金澤地裁 平成 19年 8月 10日 決定(平成 19年(ヨ) 第30号 地位保全·賃金假拂假處分命令申立); 東京高判平一七·七·一三 勞判八九九號 判決; 大阪高裁 平成 1年 2月 8日 決定(四天王寺國際佛教大學事件) 등.

만약 대학교원이 근로자로서의 법적 지위를 갖는 것이라면 대학구조조정 과정에서 어떤 법적 분쟁양태가 벌어질 것인지 예상하는 것은 어렵지 않다. 이하에서 이에 대한 몇 가지 예시를 들어 살펴본다.

2. 대학교원에 대한 노동법 적용에 따른 잠재적 분쟁양태

(1) 대학교수의 연구년 조건을 위반한 대학 간 이동과 위약예정의 금지

근로기준법 제20조(위약 예정의 금지) 사용자는 근로계약 불이행에 대한 위약금 또는 손해배상액을 예정하는 계약을 체결하지 못한다.

대학교원에게 연구년을 부여하는 대학에는 예컨대 "연구년 교원은 연구기간 종료일로부터 연구기간의 3배수 기간 동안 본교에 의무적으로 재직하여야 한다."(경기대 교수 연구년제도에 관한 규정 제8조 제7항)고 규정하고 있는 경우가 많다. 이때 연구년 선정시 의무재직기간과 그 위반시 급여 반환을 약정하는 서약서를 제출하도록 할 수 있다.

한편 대학 전임교원의 대학간 이동의 실태를 사립대학을 중심으로 분석한 논문[9]에 의하면 대학간 경쟁이 격화되면서 사립대학 전임교원의 대학 간 이동은 추세적으로 활성화되고 있으며 특히 이런 경향이 2000년대 들어 더욱 가속화되고 있다고 한다.[10] 또한 쉽게 예측가능하지만 이 조사는 임금수준이 낮거나 이직 전 대학의 명성이 낮을수록 전임교수의 타 대학 이동 가능성이 커진다고 분석하였다. 이처럼 대학구조조정의 압박이 계속되어 상대적으로 열악한 교육연구환경이 지속되는 대학의 소속교원은 위와 같은 연구년 서약의 내용을 무시하고 다른 학교로 이직할 수 있다. 이러한 교원이탈을 막기 위하여 각 대학은 위약금예정을 추가할 수 있을 것이다. 이때 근로기준법 제20조의 적용 여부는 해당 교원과 대학 사이의 법적 분쟁에서 중요한 조문이 될 수 있다.

(2) 연구교육 등 근무조건의 저하와 취업규칙 불이익변경

근로기준법 제94조(규칙의 작성, 변경 절차) ① 사용자는 취업규칙의 작성 또는 변경에 관하여 해당 사업 또는 사업장에 근로자의 과반수로 조직된 노동조합이 있는 경우에는 그 노동조합, 근로자의 과반수로 조직된 노동조합이 없는 경우에는 근로자의 과반수의 의견을 들어야 한다. 다만, 취업규칙을 근로자에게 불리하게 변경하는 경우에는 그 동의를 받아야 한다.

9) 채창균/김미란, "대학교수의 고용구조와 대학 간 이동", 「e-HRD Review」(14-6호), 한국직업능력개발원, 2011. 4. 20., 27면.

10) 이 논문은 4년제 대학 교수들이 전문대학 교수들보다 더 활발하게 이동하고 있다고 지적하면서 4년제 대학의 경우 2000년대 들어 신규 채용한 교수의 절반 정도가 타 대학에서 이직한 경력직 교수였다고 한다. 채창균/김미란, 앞의 글, 27면.

대학교원의 학기당 책임시수를 1학기당 6학점 내지 9학점으로 정하고 있는 경우에 그 책임시수를 강의하지 못하는 경우에는 급여삭감이 이루어질 수 있고, 반대로 책임시수를 초과하게 되면 교원은 초과강의수당을 받을 수 있다. 그런데 실험실습과목과 같이 해당 교과목의 특성이나 기타 사정을 반영하여 해당 과목의 취득학점은 3학점이지만 3시간 수업을 하지 않고 4시간 수업을 하는 경우가 있을 수 있다. 이때 그 강의시수 계산에서 이를 그대로 4시수로 인정하든가, 3시수로 인정하든가 아니면 기타 절충적인 계산방법을 적용하여 그 중간시수를 인정하든가 할 수 있다. 예컨대 4시수로 인정해 오던 대학에서 대학교원들에게 별도의 동의여부를 거치지 않고 단순히 교무처의 발의로 단대 학장회의 등을 통해 3시수로 낮추는 경우가 있을 수 있다. 물론 이와 같은 개편의 사유는 여러 가지가 있을 수 있지만 경비절감 차원에서 시수감축이 이루어질 수도 있다. 향후 대학구조조정 과정에서 예컨대 등록금의 동결 상황에서 입학정원의 감축 등에 따른 재정압박으로 인하여 교육 및 연구 혹은 그 밖의 복무조건에서 이와 유사하게 근무조건에서의 불리한 규정개정이 빈번하게 일어날 가능성이 높다.[11] 만약 대학교원에게 위의 근로기준법 제94조가 적용된다면 이와 같은 불리한 규정개정은 대학교원들의 과반수동의를 얻지 못하여 효력이 없다고 볼 수 있을 것이다.[12]

실제 사례로서 4년제 탐라대학교와 2년제인 제주산업정보대학이 2012년도에 통합한 제주국제대는 어려움에 처한 재정상황을 이유로 2017년 5월에 20% 정도의 기본급 삭감을 담은 보수조정안을 교원과 직원 전체를 상대로 찬반투표를 실시한 바 있다. 이 보수조정안에 따르면 삭감되는 금액은 총액으로서는 20%를 넘는 수준일 뿐만 아니라 장기근속 교원일수록 급여삭감 규모는 더 커지는 것이었다. 투표 결과 교원의 과반수는 찬성하고 직원의 과반수는 찬성하지 않았는데, 교직원 전체를 놓고 보면 과반수 찬성이 이루어지지 않았다. 그럼에도 불구하고 학교법인은 교원집단은 보수조정안에 동의한 것으로 보고, 직원에 대해서만 재협상을 통해 동의를 확보하려고 함으로써 일부 교직원들의 반발을 불러일으키고 있다. 여하튼 제주국제대 사례는 근로기준법상 취업규칙 불이익변경과 관련한 법적 절차가 대학교원에게도 적용된 거의 최초의 사

---

11) 구조조정의 결과 책임시수 미달 및 기타의 사유로 급여나 수당을 삭감하는 것은 쉽게 예상할 수 있는 불이익변경 사례일 것이다.

12) 예컨대 경기대학교에는 각종의 교원인사규정이라든지 교직원의 복무규정, 혹은 연구관리규정 등이 있다. 이는 근로기준법이라는 관점에서 본다면 취업규칙의 별칭에 지나지 않는다. 하지만 이런 규정의 개정은 관련 부서에서의 개정안 제출→규정심의위원회/학사운영위원회 등 관련 위원회→교무위원회→필요한 경우 평의원회→총장/이사장의 결재를 거치고 있다. 즉 교원의 교육 및 연구 혹은 신분보장과 관련한 근무조건을 불이익하게 변경하는 경우에도 직원의 경우와는 달리 근로자(교원)대표의 동의를 받고 있지 않다. 그 기저에는 대학교원이 근로자가 아니라는 인식이 깔려 있는 것이고 설령 근로자라고 해도 지금까지는 근로기준법의 해당 규정의 적용을 주장할 실익이 크지 않았기 때문이다. 그러나 대학구조개편이 본격화된다면 이러한 지금까지의 관행은 크게 변모될 가능성이 있고 이렇게 된다면 고스란히 대학경영의 혼란 내지 분쟁의 격화로 이어질 개연성이 높다. 대학구조조정을 위한 학교경영상의 결단조차도 법원판결로 취소되는 사태가 발생할 수 있다. 그만큼 대학교원의 근로자성 문제는 대학사회에 상당한 영향을 미칠 수도 있다고 본다.

례라고 할 수 있으며 앞으로 이와 유사한 사례가 더 나올 수 있다는 것을 시사한다는 점에서 주목할 필요가 있다.

(3) 폐과면직

> **근로기준법 제24조(경영상 이유에 의한 해고의 제한)** ① 사용자가 경영상 이유에 의하여 근로자를 해고하려면 긴박한 경영상의 필요가 있어야 한다. 이 경우 경영 악화를 방지하기 위한 사업의 양도·인수·합병은 긴박한 경영상의 필요가 있는 것으로 본다.
>
> ② 제1항의 경우에 사용자는 해고를 피하기 위한 노력을 다하여야 하며, 합리적이고 공정한 해고의 기준을 정하고 이에 따라 그 대상자를 선정하여야 한다. 이 경우 남녀의 성을 이유로 차별하여서는 아니 된다.
>
> ③ 사용자는 제2항에 따른 해고를 피하기 위한 방법과 해고의 기준 등에 관하여 그 사업 또는 사업장에 근로자의 과반수로 조직된 노동조합이 있는 경우에는 그 노동조합(근로자의 과반수로 조직된 노동조합이 없는 경우에는 근로자의 과반수를 대표하는 자를 말한다. 이하 "근로자대표"라 한다)에 해고를 하려는 날의 50일 전까지 통보하고 성실하게 협의하여야 한다.

> **사립학교법 제56조(의사에 반한 휴직 · 면직등의 금지)** ① 사립학교 교원은 형의 선고·징계처분 또는 이 법에 정하는 사유에 의하지 아니하고는 본인의 의사에 반하여 휴직 또는 면직 등 불리한 처분을 받지 아니한다. 다만, 학급·학과의 개폐에 의하여 폐직이나 과원이 된 때에는 그러하지 아니하다.
>
> ② 사립학교 교원은 권고에 의하여 사직을 당하지 아니한다.

> **대학구조개혁에 관한 법률안[13] 제29조(교직원의 면직 등)** ① 대학의 교직원이 이 법에 따른 학교법인의 해산 및 다른 학교법인과의 합병, 대학 폐쇄·폐지 또는 다른 대학과의 통폐합에 의하여 폐직이나 과원이 되는 경우 교직원의 면직에 관하여는 「사립학교법」 제56조 제1항 단서를 준용한다.
>
> ② 학교법인은 대학 구조개혁 과정에서 교직원 면직이 발생한 날부터 2년 이내에 신규 채용하려는 경우 해당 교직원을 우선하여 채용하여야 한다. 다만, 신규 채용일이 속하는 연도에 정년에 이른 사람은 제외한다.
>
> ③ 학교법인은 교직원의 감축이 필요한 경우 조기 퇴직에 대한 보상금 지급 등 적절한 보상을 내용으로 하는 명예퇴직제도를 적극적으로 시행하여야 한다.

① 폐과나 통폐합과 같은 대학구조조정의 결과 폐과나 과원이 발생한 경우에 대하여 사립학교법 제56조는 면직을 허용하고 있다. 이때의 면직기준이나 면직대상자의 선발과 이를 위한 협의에 대해서는 아무런 규정을 하고 있지 않다. 이와 관련해서는 대학구조개혁법안의 내용도 크게 다르지 않다. 물론 이에 대해서는 「교원의 지위 향상 및 교육활동 보호를 위한 특별법」[14](이하 '교원지위향상법')에 따른 교원소청심사위원회의 결정례 및 이와 관련한 대법원판결이 폐과면직의 정당성에 대한 일정한 판단기준을 제시함으로써 대학교원을 일정정도 보호하고 있긴 하지만 근로기준법의 경영상 해고에 관한 요건규정과 같은 수준이라고 보기는 힘들 것이다.[15]

② 한편 대학구조개혁법안에 따르면 부실경영대학의 자발적 퇴출을 촉진하기 위한 방도로서 해산한 학교법인이 그 잔여재산의 전부 또는 일부를 공익법인(공익법인의 설립운영에 관한 법률 제2조)에 대해 출연하거나 잔여재산처분계획서에서 정한 자에게로 귀속되도록 하고 있는바, 만약 그 입법이 되는 경우를 가정한다고 하더라도 후자의 경우 잔여재산처분계획서의 작성에 학교법인 이사회뿐만 아니라 학생을 제외한 학내구성원들인 교직원의 참여를 요구할 가능성도 있다.[16] 왜냐하면 학교법인의 재산은 그 학교경영기간 학생의 등록금으로 조성된 재산이 상당하고 그 재산가치의 증액에 학내구성원의 기여도가 적다고 말할 수 없기 때문이다. 이때 그 잔여재산을 어떻게 처분할 것인지에 대해서는 일자리를 상실하는 교직원의 대표(교원 및 직원의 각 대표)와의 교섭이 이루어져야 한다면 그 교섭대표를 누구로 할 것인지가 바로 문제가 될 것이다. 직원이야 직원과반수로 조직된 과반수노동조합이든 아니든 어떤 식으로든 노동조합의 참여가 있겠지만 교원의 경우 누가 그 대표성을 가지고 교섭에 참여할 지는 정해진 바가 없다. 교수회나 교수협의회는 현행법상 임의기구에 불과할 뿐이기 때문이다. 구조조정기금 또는 잔여재산을 재원으로 한 퇴직수당 지급이 그 구조개혁법안의 내용이 되었다면 교원들의 이러한 잔여재산 처분계획의 수립에의 참여를 부정하기는 곤란할 것이다.

(4) 노동조합 및 노동관계조정법상 대학교원의 노동조합 설립 문제

> **노동조합 및 노동관계조정법 제5조(노동조합의 조직·가입)** 근로자는 자유로이 노동조합을 조직하거나 이에 가입할 수 있다. 다만, 공무원과 교원에 대하여는 따로 법률로 정한다.

---

13) 제19대 국회시기인 2015. 10. 23.에 안홍준 의원 외 12인이 발의한 법률안(이하 '안홍준의원안')으로서 19대 국회종료로 폐기된 안이다

14) 법률 제13936호, 2016. 2. 3. 일부 개정. 한편 교원소청심사위원회의 구성과 설치 및 운영에 대해서는 교원소청에 관한 규정(대통령령 제27418호, 2016. 8. 2. 타법개정)에서 규율하고 있다.

15) 이에 대해서는 김재호 외 6인, 「교원 징계 및 기타 불이익처분에 대한 교원소청심사결정 및 법원 판례 분석 연구」(2010년 교육과학기술부 연구용역 보고서) 중 76명 이하의 '제4절 폐과면직사건 분석' 참고.

16) 대학구조개협법안이 제정되어 시행된다면 하위 시행령을 통해서 퇴출 학교법인의 잔여재산 처분 시 대학구조개혁위원회의 심의 및 해산인가신청서에 대한 이해관계인의 의견 수렴이 요청될 개연성이 크다.

교원의 노동조합 설립 및 운영 등에 관한 법률 제2조(정의) 이 법에서 "교원"이란 「초·중등교육법」 제19조 제1항에서 규정하고 있는 교원을 말한다. (단서 생략)

비정규교수노조를 제외한다면 현재까지 전임교원으로 구성된 교수노조는 인정되고 있지 않다. 노동조합 및 노동관계조정법 제5조 단서에도 불구하고 교원노조법 제2조가 초중등교육법상의 교원만을 교원 노동조합을 설립할 수 있는 교원이라고 정의하고 있기 때문이다. 그런데 전국교수노조(당시 위원장 노중기 한신대 교수)가 고용노동부 장관을 상대로 낸 노동조합설립신고 반려처분 취소소송에서 2015년 12월 18일 서울행정법원은 노동조합 및 노동관계조정법(이하 '노조법') 제5조 단서와 교원의 노동조합 설립 및 운영 등에 관한 법률(이하 '교원노조법') 제2조 본문에 대해 위헌법률심판을 제청한 바 있다.

위헌제청을 한 재판부는 "대학 교수에 한해 헌법이 보장하고 있는 단결권, 단체교섭권, 단체행동권 등 노동3권을 모두 제한해 전혀 보장하고 있지 않아 헌법을 위반했다는 강한 의심이 든다"며 "대학 교수가 학문의 자유, 교수의 자유를 높게 보장받고 있다 해도 노동3권과는 보호영역이 다른 기본권이기 때문에 노동3권을 제한하는 근거가 될 수 없다"고 설명했다. 나아가 "교원노조법은 초·중등학교 교사만 노조에 가입할 수 있도록 해 대학 교수와의 사이에 차별이 발생했다"며 "대학 교수가 노동3권을 행사해도 대학생들의 교육권이 침해될 우려는 초·중등학교 학생들에 비해 오히려 적다"고 지적한 바 있다.

사립학교법이나 고등교육법에 아무런 규정을 두고 있지 않은 교수회와 비교하여 교수노조의 인정은 대학구조조정의 시대에 대학운영에 적지 않은 영향을 미칠 수 있다. 이것이 이론적인 논의에 그치지 않는다는 것을 일본의 사례가 말해 준다. 실제로 일본에서는 대학교원의 노동조합 설립과 활동이 인정되고 심지어 조합활동을 이유로 한 불이익처우 등에 대하여 부당노동행위를 인정하기도 하기 때문이다.[17]

(5) 근로자참여 및 협력증진에 관한 법률상 대학교원의 노사협의회 참여

근로자참여 및 협력증진에 관한 법률 제6조(협의회의 구성) ① 협의회는 근로자와 사용자를 대표하는 같은 수의 위원으로 구성하되, 각 3명 이상 10명 이하로 한다. ② 근로자를 대표하는 위원(이하 "근로자위원"이라 한다)은 근로자가 선출하되, 근로자의 과반수

17) 앞의 각주 8)에서 언급한 金澤地裁 平成 19年 8月 10日 決定(平成19年(ヨ) 第30号 地位保全·賃金假拂假處分命令申立)에서 원고인 北陸大學의 전임교원들은 1996년에 北陸大學 敎職員組合을 결성하고 상부단체에 가맹하여 활발히 활동해 오던 중에 담당과목인 독일어강의의 폐지를 이유로 해고된 자들이었다. 부당노동행위 판단은 이들과 함께 조합활동을 해 온 교원들의 배치전환과 관련해 별도로 이시카와(石川)현 노동위원회가 내린 것이다.

> 로 조직된 노동조합이 있는 경우에는 노동조합의 대표자와 그 노동조합이 위촉하는 자로 한다.
> **제20조(협의 사항)** ① 협의회가 협의하여야 할 사항은 다음 각 호와 같다.
> 6. 경영상 또는 기술상의 사정으로 인한 인력의 배치전환·재훈련·해고 등 고용조정의 일반원칙
>
> **제21조(의결 사항)** 사용자는 다음 각 호의 어느 하나에 해당하는 사항에 대하여는 협의회의 의결을 거쳐야 한다.
> 5. 각종 노사공동위원회의 설치
>
> **제22조(보고 사항 등)** ① 사용자는 정기회의에 다음 각 호의 어느 하나에 해당하는 사항에 관하여 성실하게 보고하거나 설명하여야 한다.
> 1. 경영계획 전반 및 실적에 관한 사항
> 3. 인력계획에 관한 사항
> 4. 기업의 경제적·재정적 상황

근로자참여 및 협력증진에 관한 법률(이하 '근참법') 제22조에 따르면 사용자는 노사협의회에 경영계획 전반 및 실적에 관한 사항과 기업의 경제적, 재정적 상황 및 인력계획에 관한 사항을 보고하도록 하고 있으며(동법 제22조 제1항 제1호, 제3호 내지 제4호), 협의사항으로서 경영상 또는 기술상의 사정으로 인한 인력의 배치전환, 재훈련, 해고 등 고용조정의 일반원칙을 정하고 있다(동법 제20조 제1항 제6호). 나아가 근참법은 각종 노사공동위원회의 설치를 노사협의회의 의결사항으로 규정하고 있다(동법 제21조 제5호). 이처럼 노사협의회는 대학구조조정과정에서 발생하는 여러 가지 문제를 논의할 중요한 기능을 수행할 수 있다. 이때 대학교원들이 임의단체에 불과한 교수회나 교수협의회를 넘어서서 상대적으로 법적 지위가 보장된 노사협의회에 참여할 수 있는지가 문제된다.

그런데 여기에서 고려할 것은 노사협의회 측의 근로자위원의 선출에 관한 규정이다. 근참법에 따르면 노사협의회의 근로자위원은 근로자가 선출하되, 근로자의 과반수로 조직된 노동조합이 있는 경우에는 노동조합의 대표자와 그 노동조합이 위촉하는 자로 한다고 규정하고 있다(동법 제6조 제2항). 지금까지는 대학직원들로 구성된 노동조합이 과반수노조로서 근로자위원을 위촉할 자격을 갖춘 경우가 많았지만, 통상 대학교의 직원수는 교원의 수보다 적기 때문에 만약 대학교원들도 근로자라고 본다면 앞으로는 대학교의 직원노조가 교직원들(교원+직원)의 과반수로 조직되어 있다고 말하기 어렵게 된다. 그렇다면 근로자위원은 교원을 포함한 교직원들의 선출로 이루어져야 하기 때문에 직원이나 직원노조의 대표자가 당연히 근로자위원이 되지는 않는다.

Ⅲ. 대학구조조정에 대한 비교사례로부터의 시사점

(1) 미국의 노조조직화

대학의 폐교와 통폐합, 재정축소 등으로 중대하게 불이익을 당한 대학 내 이해관계자들이 어떻게 대응할 것인지는 미국 대학의 사례를 통해서 추정해 볼 수 있다. 미국 대학들은 자의든 타의든 간에 이미 1990년대 초반부터 대학의 구조조정 과정을 겪었다. 그 과정에서 대학의 정년보장제(테뉴어) 조건이 엄격해지고, 정규직 교수의 채용은 위축되었으며, 그 고용조건이 악화되었다. 그 결과로 교수와 직원의 비정규직 고용이 급격히 증가하고, 조교와 시간강사 제도를 왜곡한 형태의 기형적 고용관계도 확산되었다.

이러한 상황에 대한 대학 내 이해관계자들의 대응은 1차적으로 '노조 조직화'였다. 교수, 시간강사, 대학원생 조교, 비전임 연구원 등 대표적인 대학구성원들은 그 전까지는 자신의 신분과 노동조합 조직을 연결시키지 않았다. 그러나 이들의 이해를 대변하는 단체는 아예 없었거나 있었다 하더라도 그 법적 지위가 제한적이었기 때문에 현실적으로 이들 중 일부는 노동조합 조직으로 나아갈 수밖에 없었던 것이다. 더욱이 노동조합과 단체교섭의무를 관할하는 연방기관인 NLRB(연방노동관계위원회)는 그들의 단체교섭권을 승인하겠다는 정책을 표명하자 노동조합이 대학 내 비정규 및 불안정 고용집단의 이해단체로서 급부상해왔다. 최근 서울대학교에서 비학생 조교들이 전국대학노동조합 서울대지부에 다수가 가입한 배경에는 고용불안정 우려라는 것은 논란의 여지가 없다.[18)]

(2) 새로운 문제의식: 노동법에 의한 보호가 최선인가?

한국 정부의 대학구조개편안이 현재 상태로 계속된다면, 한국 대학 내 이해관계자들도 그와 유사한 대응으로 내몰릴 것이다. 만약 대학교원이 근로자라는 점이 분명해진다면 실로 큰 변화와 분쟁발생이 예상된다.[19)] 그런데 우리나라의 현행 노동법체제는 근로자에 해당할 경우 노동보호법을 비롯한 노동법의 전면적용을 받고, 근로자에 해당하지 않을 경우에는 노동법의 적용을 배제한다. 그 중간지대 혹은 제3의 방법에 의한 별도의 관리방안은 현재 별다른 것이 없기 때문에 노동법 적용의 관문으로서 교원이 근로자인지의 여부가 중요하게 된 것이다.

그러나 한 사회에서 대학의 특별한 지위는 단지 인재양성을 위한 고등교육을 담당한다는 것에만 있지 않다. 그 사회의 지적 토대를 구축하는 학문연구를 수행하고 학문의 다양성이 유지될 수 있는 정도로 연구자를 재생산하는 기능에도 그 근거가 있다. 이와 같은 학문연구의 기능은 대학에 속해 있는 교수 이하 여러 연구자의 자율성과 독립성 보장을 필수요소로 한다. 이는

18) 최근 노동위원회에서는 이들을 위한 교섭단위의 분리신청이 있었고 받아들여졌다.

19) 가령 대학구조개혁평가에서 전임교원으로 분류되는 강의중점이나 연구중점, 산학협력중점교원과 같은 이른바 비정년트랙교원 혹은 전문교원은 정년트랙교원들이 가입하는 교수회에 가입하지 못하는 경우가 많다. 이들이 대학구조조정 과정에서 노동조합이나 새로운 제2의 교수회를 설립할 가능성도 배제할 수 없을 것이다.

학문의 자유에 기초한 법적 지위 내지 보장의 영역이라고 할 수 있다. 대학의 구성원들이 노동조합으로 조직화되거나 나아가 그 고용관계가 노동법의 법리에 포섭되는 것만으로는 충분히 보호할 수 없는 부분이 남는다. 따라서 공익을 위한 대학의 구조개혁 정책이 교수 이하 여러 연구자들의 사회적 신분을 하락시키고, 그로 인해 대학교원의 '노동분쟁'이라는 사회적 쟁점으로 번지지 않도록 하는 내용과 논의가 필요하다.

대학구조개편 과정에서 대학 내 이해관계당사자들이 노동조합체계로 편입되는 것이 반드시 최선의 방안이라고 보기도 어렵다. 대학 내 이해관계 당사자들의 지위와 역할이 근로자의 그것과 확실히 동일하다고 보기 어려운 특성이 있고, 대학 역시 공적 교육 서비스 기관으로서의 지위를 가지기 때문에 기업의 운영원리와 같을 수 없다.

결국 대학과 그 내부의 구성원 사이의 관계는 적어도 기업 내 노사 간의 단결질서와는 다른 고유성을 가지고 있다. 그럼에도 불구하고 아직 우리나라에서는 이에 대한 충분한 제도적 근거와 매뉴얼이 마련되어 있지 않다. 그 결과 대학구조개편 논의가 마치 기업구조조정 과정에서의 갈등과 유사하게 실행될 공산이 크다. 이는 매우 소모적인 분쟁이 될 수밖에 없을 것이기에 우려하지 않을 수 없다.

현재까지의 상황을 보자면 이 문제를 관리할 별다른 합리적 제도틀이 제시되지 않고 있기에 이런 상황 속에서는 불안정한 지위에 놓인 교원과 강사들은 1차적으로 노동법의 적용을 통한 보호를 요구할 개연성이 크다. 이들이 노동법의 적용영역으로 들어가기 위해서 넘어야 할 첫 번째 관문이 근로자성 여부이다.

Ⅳ. 대학구조개혁정책이 근로자성 판단에 미치는 영향관계

1. 노동법상 근로자성 판단의 핵심논리

(1) 근로기준법상 규정과 해석

근로기준법 제2조 1호에서는 근로자의 개념에 관한 규정을 두고 있다. 즉, "근로자란 직업의 종류와 관계없이 임금을 목적으로 사업이나 사업장에 근로를 제공하는 자를 말한다"고 규정하고 있다. 이 규정은 1953년 근로기준법이 제정된 이래 줄곧 이어져 왔고, 대법원은 관련 분쟁사건에서 그때그때마다 유형별로 근로자성을 판단하였다.[20] 다시 말해서 근로기준법상 근로자성 판단의 본질적인 요소는 '임금[21]'과 '근로제공'에 있지만, 대법원은 이에 머무르지 않고 도급이나 위임과는 구별되는 고용의 특성에서 도출될 수 있는 사용종속관계를 통해 근로자성을 판

20) 1980년 중반까지 근로자성 판단에 관한 대법원 판결은 대법원 1972. 3. 28. 선고 72도334 판결; 대법원 1984. 12. 26. 선고 84도2534 판결을 참고.

21) 근로기준법 제2조 제5호의 "임금"이란 사용자가 근로의 대가로 근로자에게 임금, 봉급, 그 밖에 어떠한 명칭으로든지 지급하는 일체의 금품을 말한다.

단한다. 따라서 근로제공과 관련하여 노무의 타인결정성 여부가 근로자성 판단에 중요한 요소가 된다.

(2) 근로자성 판단기준과 관련한 최근 대법원의 판례법리

대학입시학원 종합반 강사가 노동법상 퇴직금을 청구한 사건에서 주요 쟁점인 근로자성 판단과 관련하여 대법원은 기존의 관련 판시를 부분적으로 다듬어 다음과 같은 새로운 판시를 하였는데 그 후 근로자성 판단과 관련한 후속 판결에서도 이것이 일관되게 제시되고 있다.

> ① 근로기준법상의 근로자에 해당하는지 여부는 계약의 형식이 고용계약인지 도급계약인지보다 그 실질에 있어 근로자가 사업 또는 사업장에 임금을 목적으로 종속적인 관계에서 사용자에게 근로를 제공하였는지 여부에 따라 판단하여야 하고, 위에서 말하는 종속적인 관계가 있는지 여부는 업무 내용을 사용자가 정하고 취업규칙 또는 복무(인사)규정 등의 적용을 받으며 업무 수행 과정에서 사용자가 상당한 지휘·감독을 하는지, 사용자가 근무시간과 근무 장소를 지정하고 근로자가 이에 구속을 받는지, 노무제공자가 스스로 비품·원자재나 작업도구 등을 소유하거나 제3자를 고용하여 업무를 대행하게 하는 등 독립하여 자신의 계산으로 사업을 영위할 수 있는지, 노무제공을 통한 이윤의 창출과 손실의 초래 등 위험을 스스로 안고 있는지와, 보수의 성격이 근로 자체의 대상적(對償的) 성격인지, 기본급이나 고정급이 정하여졌는지 및 근로소득세의 원천징수 여부 등 보수에 관한 사항, 근로 제공 관계의 계속성과 사용자에 대한 전속성의 유무와 그 정도, 사회보장제도에 관한 법령에서 근로자로서 지위를 인정받는지 등의 경제적·사회적 여러 조건을 종합하여 판단하여야 한다.
>
> ② 다만, 기본급이나 고정급이 정하여졌는지, 근로소득세를 원천징수하였는지, 사회보장제도에 관하여 근로자로 인정받는지 등의 사정은 사용자가 경제적으로 우월한 지위를 이용하여 임의로 정할 여지가 크다는 점에서, 그러한 점들이 인정되지 않는다는 것만으로 근로자성을 쉽게 부정하여서는 안 된다.

기존 판결에서 표현되었던 '구체적인 직접적인' 지휘·감독은 '상당한' 지휘감독이라는 표현으로 바뀌었는데, 이 사건 원고가 근로자로 인정된 학원 종합강사였다는 점을 고려하면 이때의 '상당한'이라는 의미를 '그 수가 매우 많거나 그 정도나 수준이 높은'이라고 이해하는 것은 잘못된 것이다. 동 판결에서 대법원이 더 이상 '구체적이고 직접적인' 지휘감독을 버리고 '상당한' 지휘감독을 판단기준으로 삼은 배경은 "담임강사 등이 학원으로부터 강의내용이나 방법 등에 관한 구체적인 지휘감독을 받지 않은 것은 지적 활동으로 이루어지는 강의업무의 특성에 기인하는 것"이라는 후속 대법원 판결의 판시[22]에서 쉽게 짐작할 수 있다.

---

22) 대법원 2007. 1. 25. 선고 2005두8436 판결. 이에 대한 자세한 분석으로는 최홍엽, 앞의 논문, 285~287면 참고.

2. 대학구조조정과 대학교원의 근로자성

노동법이 적용되는 고용 내지 근로관계는 근로자의 근로제공 과정에서 사용자가 그 근로의 내용을 지시권 행사를 통해 결정한다는 노무의 타인결정성을 본질적인 속성으로 하여 파악되어 왔다. 그러한 관점에서 고등교육기관 교원은 교육과 연구라는 고도의 지적 활동을 수행한다는 점에서 노동법의 주된 관심대상이 되지 않았던 것이 저간의 사정이다. 그러나 대학구조개편기에 대학간 경쟁이 점점 치열해지는 가운데 대학교원의 강의와 연구활동 내지 심지어 대외활동의 자율성이 침식되었거나 침식될 개연성이 높아졌다. 가령 교육부가 주도해 온 대학구조개혁평가나 대학기관평가인증 내지 대학정보공시(대학알리미) 항목, 그리고 특성화사업 등 교육부 재정지원사업 신청 등과 관련한 지표상승을 위해 수업관리 및 성적(평가)관리 강화, 전임교원 강의담당비율 향상을 위한 책임시수 이상의 강의독려, 재학생 중도탈락률을 낮추고 재학생 충원율을 높이기 위한 방안으로서 학생상담 독려, 졸업생취업률 제고(提高)활동, 기타 이를 위한 각종 행정업무의 부과가 계속 이루어지고 있다(이는 지방소재 대학의 경우 그 정도가 더 심하다고 할 수 있다). 이러한 상황이 지속된다면 대학교원에게도 노무의 타인결정성 혹은 지시권 구속성이라는 사용종속노동의 특징이 종래에 비해 상대적으로 강화되었다는 평가를 내릴 수 있을 지도 모른다. 즉 대학구조개편은 — 특히 지방사립대학을 중심으로 — 대학교원의 근로자성 요소들을 점점 더 강화하는 쪽으로 진행될 개연성이 크다고 본다.

Ⅴ. 대학통폐합의 유형과 노동법적 쟁점

사립의 개별 대학과는 별도로 대학설치 · 경영 주체로서 '학교법인[23]'이 존재하는 상황에서 대학통폐합의 유형을 법적인 측면에서 분류하자면 다음과 같다. 첫째, 복수의 학교법인 간에 합병이 이루어지는 '법인 통폐합'으로 인해 대학 통폐합이 이루어지는 경우이다. 이 경우 흡수합병과 신설합병이 모두 가능하다. 사립학교법 제36조에 의하면, 학교법인간 합병을 위해서는 이사정수의 3분의 2 이상의 동의와 교육부장관의 인가를 받아야 한다. 이외에도 제34조(해산사유)에서는 학교법인의 해산 사유로서 '다른 학교법인과의 합병'을 규정하는 한편, 제40조(합병의 효과)에서는 합병후 존속하는 학교법인 또는 합병에 의하여 설립된 학교법인은 합병에 의하여 소멸된 학교법인의 권리 · 의무를 승계해야 함을 규정하고 있다. 이와 같이 학교법인간 합병이 이루어질 경우, 원칙적으로 통폐합 대상이 되는 대학 소속 교직원의 고용승계 및 기존 권리도 그대로 유지된다고 볼 수 있다.

둘째, 동일한 학교법인이 설치한 학교기관인, 2개 이상의 대학들을 합치는 통폐합이 있을

23) 사립학교법 제3조 제1항에 의하면, 학교법인만이 대학을 설치 · 경영할 수 있다.

수 있다. 가령 동일한 학교법인 산하의 4년제 대학과 2년제 전문대학을 통합하여 단일한 4년제 대학이 만들어질 수 있다. 이러한 통폐합은 교직원의 입장에서는 원칙적으로 계약 상대방이었던 학교법인이 그대로 존속하는 것이기 때문에 고용관계 등 신분관계 자체는 변동하지 않는 것이 원칙이다. 다만 승진 및 정년자격, 그리고 교육 및 연구환경에 관련된 근무조건의 통일을 위한 제반 자치법규(그 노동법적 성질은 취업규칙)의 단일한 정비 등이 과제가 된다.

셋째, 일종의 사업양도로서 어떤 학교법인 산하의 다수 학교 중에서 일부 학교를 다른 학교법인에 양도하는 형태로 통폐합이 이루어질 수도 있다. 즉 A학교법인의 甲 대학의 전부 혹은 일부 캠퍼스를 B학교법인의 乙 대학에 흡수통합시키는 방식이다. 이때 甲 대학을 양도한 A학교법인은 양도 후에도 그대로 존속하면서 나머지 산하 학교기관을 계속 경영할 수 있다는 점에서 기존 학교법인의 소멸을 전제로 하는 학교법인 간의 합병과는 구별된다. 이는 상법상 영업양도의 외관을 갖추고 있어서 영업양도와 유사한 사업승계행위라고 볼 수 있지만 엄격히 말해서 학교법인에 대해서는 상법이 적용되지 않는다.[24] 다만 노동법적 관심사항은 종사 근로자들의 고용안정이기 때문에 노동법상으로는 사업양도라고 보아야 할 것이다. 그러나 대학구조조정의 일환으로 이루어지는 다른 학교법인의 일부 캠퍼스의 통합이 말 그대로 언제나 사업양도에 해당할 수 있는지는 의문이다. 왜냐하면 대학구조조정의 경우에는 부실대학의 인수일 가능성이 높고 그렇지 않더라도 중복학과에 대해서는 폐과나 학과통합의 형태로 구조조정이 이루어지기 때문에 이런 경우에 대해서까지 그 사업의 인적, 물적 조직이 동일성을 유지한 채 양도된 것으로 보기 힘든 경우도 있을 것이기 때문이다. 특히 사립학교법은 우리 사립학교법 제28조(재산의 관리 및 보호) 제2항은 학교교육에 직접 사용되는 학교법인의 재산 중 대통령령으로 정하는 교지(校地), 교사(校舍), 체육장 등은 이를 매도하거나 담보에 제공할 수 없다고 규정하면서 예외적으로 사립학교법 시행령 제12조 제2항은 “교육·연구의 경쟁력 강화 및 특성화를 위하여 학교법인 간에 교환의 방법으로 처분하는” 교지 등의 재산의 경우에는 학교법인이 매도하거나 담보로 제공할 수 없는 재산에서 제외하고 있다. 후자의 경우는 엄격히 말해서 사업양도보다는 단순한 자산매각에 해당할 여지도 크다고 할 것이다. 물론 교육부장관의 허가를 받는다면 상이한 학교법인 사이에 산하 학교기관을 사업양도하는 것이 불가능한 것은 아니겠지만 그만큼 일반 기업체의 사업성격과는 구분되는, 고등교육기관으로서 대학기관의 특성이 사업양도 판단에도 영향을 미칠 수 있다고 본다.

끝으로 대학통폐합이 아닌 단순폐교는 또 다른 법적 문제를 가진다. 이 경우가 대학교직원에게 미치는 영향은 다시 두 가지 경우로 나누어 살펴볼 수 있다. ① 만약 산하 대학교를 폐교하면서 학교법인마저 합병이나 파산없이 해산하는 것이라면 사립학교법 제35조(잔여재산의 귀속) 제1항에 따라 학교법인의 잔여재산(부지와 校舍)은 정관에서 지정한 자에게 귀속된다. 이 경우 해

24) 이 경우 乙 대학으로 양도되는 甲 대학의 교직원들의 고용관계는 양 대학 간의 합의 내용에 따라서는 고용승계 또는 정리해고라는 전혀 상반된 조치가 모두 가능한 상황이 초래될 수 있다.

당 대학의 교직원은 그 잔여재산의 처리와 관련하여 법적으로는 어떠한 교섭권한도 보장되어 있지 않은 것이 현실이다. 왜냐하면 계약상 사용자인 학교법인이 소멸하는 것은 고용관계의 당연종료일 뿐, 해고가 아니기 때문에 현재의 법령으로는 정리해고의 절차를 지킬 어떤 법적 의무도 발생하지 않기 때문이다. 이때 대학 교직원이 받는 피해가 가장 크다고 할 것이다.[25] 그렇지 않고 학교법인은 그대로 존속하고 산하 대학교만 폐교시키는 것이라면(가령 동일 학교법인 산하에 다른 교육기관이 유지되는 경우), 엄밀히 보자면 그 교직원의 고용계약상 사용자인 학교법인은 여전히 존속한다. 그러므로 폐교에 따라 교직원의 정리해고 문제가 발생하긴 하겠지만(즉 일자리의 존속 자체를 요구하는 것은 힘들겠지만) 예컨대 해고위로금 등과 같이 그 해고의 조건 등에 관한 협상을 학교법인과 수행할 수 있는 여지는 있다(근로기준법 제24조). 이 문제도 현실적으로는 대학 교직원의 이해관계에 큰 영향을 미칠 수 있다는 점에 유의할 필요가 있다고 본다.

Ⅵ. 결 론

(1) 대학교원의 지위와 역할은 전통적인 근로자상과 달라 보이는 것이 사실이다. 또 어떤 면에서는 대학교원에게는 학문의 자유가 더 중요하게 보장되어야 한다고 볼 수도 있다. 그러나 대학구조조정이 임박한 상황에서 교원에 대한 노동법의 적용과 대안에 대한 노동법적 연구는 아직 미진하다. 학령인구의 감소에 따른 대학구조개편이 피할 수 없는 대세라고 하더라도 그에 따른 대학구조조정과 고학력층의 일자리 감소 상황은 여론의 커다란 관심사가 될 수밖에 없고, 그를 둘러싼 다양한 법적 다툼은 사회문제로 비화될 개연성이 매우 높다. 따라서 이 문제를 해결하라는 정치적 압력이 높아지면 정부와 정치권은 부득이 어떤 정책적 수단을 동원할 수밖에 없다. 그러나 그 정책적 수단의 법률효과가 미리 해명되고 규명되지 않아 법원마다 판결이 달라지거나 그 판결을 일정하게 예측할 수 없다고 한다면, 그렇게 동원된 정책수단조차 애초의 정책적 목적을 달성하기란 쉽지 않을 것이다. 계속 시행이 연기된 강사법(고등교육법 제14조의2)의 예에서 보듯이 오히려 역효과와 부작용만 불러일으킬 수도 있다. 따라서 대학고용관계의 법적 특성과 기초연구가 미리 이루어지지 않는다면, 그로 인해 우리 사회가 부담해야 할 분쟁해결 비용은 매우 높아지게 될 것이다.

---

25) 일본의 판례 중에는 부당노동행위의 성립 여부를 다툰 사건이긴 하지만 그 판단의 전제로서 고용승계의무가 논란이 된 사례도 있다. 이 사례에서 3개의 전문학교를 경영하는 A학교법인(法商學園)이 경영파산으로 해산하게 되자 그 학교를 새로 설립된 X학교법인(東京日新學園)에게 인수하도록 하면서도 양수한 X법인이 종전 교직원을 고용승계하는 대신에 별도의 신규채용절차를 통해 선별채용을 하였다. 이 과정에서 노동조합 간부 출신인 교원이 해당 채용절차에서 탈락하자, 고용승계를 주장하면서 자신이 해고된 것이고 승계거부는 부당노동행위에 해당한다고 주장한 것이다. 이 사건에서 1심 판결은 고용승계의무를 인정한 바 있지만 2심 판결의 재판부는 동 사건이 영업양도에 유사하긴 하지만 당사자 사이에 고용승계가 이루어지기 위해서는 양도계약 당사자 사이에 승계에 관한 별도의 합의가 있어야 한다고 판단하여 원고인 해당 교원의 부당노동행위 주장을 기각하였다. 東京高判平一七·七·一三 勞判八九九號 判決.

문제는 대학구조개편을 주도해 온 교육부가 이를 위한 대비, 즉 교원의 노동법적 지위나 분쟁양태의 변화에 따른 혼란을 방지하기 위한 제도적 대응책을 함께 제시하지 않고 있다는 점이다. 교육부가 마련한 대응책은 기껏해야 대학구조개혁법의 제정 추진인 것으로 보이지만 지난 국회까지 제출된 대학구조개혁법안들은 대학구조개혁을 위한 법제도적 장치의 일부이자 시작에 불과하다. 특히 노동법적 관점에서 보면 이상에서 검토한 중요한 법적 쟁점과 시각들이 대학구조개혁법안에서 고민되지 않은 채 누락되었다고 평가하지 않을 수 없다. 이 문제에 대해서는 고용노동부도 교수노조의 설립신고반려처분 사건에서 보듯이 별다른 대책을 강구하지 않고 있다는 점에서 우려스럽다.

(2) 이 문제에 대응하는 방안은 크게 두 가지이다.

한 가지 방안은 대학교원은 근로계약이 아닌 위임계약, 혹은 사법상 고용계약이라고 하더라도 적어도 종속노동이 아닌 자유노동을 통해 교육과 연구활동을 하는 자로서 헌법상 학문의 자유와 교원지위 법정주의에 따른 범위에서 법적 보호를 받는 자로 위치지우는 방법이고, 다른 한 가지 방법은 대학교원은 근로자임과 동시에 학문의 자유를 구가해야 하는 특수한 법적 지위를 갖는 존재라는 점을 모두 인정하는 방법이다.

(3) 그러나 대학구조개혁평가가 상시화되고 있는 대학구조개편기에 대학들은 대학구조개혁평가지표 등을 올리고 관리하기 위해 교원에 대한 통제를 더욱 가속화할 것이다. 현재의 상황은 점점 더 대학교원의 근로자성이 인정받기 쉬운 쪽으로 옮겨가고 있다고 본다. 그런데 대학교원의 근로자성이 인정되더라도 노동법의 적용에 모든 것을 맡기는 것은 그리 바람직하지는 않을 것이다. 따라서 근로자성 여부에 관한 법원의 해석 및 판단과는 상관없이 대학교원의 지위를 규율할 입법적 정비, 즉 특별법을 제정하는 것이 요청된다. 이를 통해 임박한 대학구조개편기에 교원의 지위와 관련하여 발생가능한 혼란을 예방하고 예측성을 확보하고 관리하는 것이 중요하다고 본다.

(4) 특별법의 내용도 헌법상 교원지위 법정주의의 구체적 실현을 위해 크게 개별적 법률관계와 집단적 법률관계 양 측면에서 고민되어야 할 것으로 생각한다. 전자와 관련해서는 사립학교법과 고등교육법, 교육공무원법 등 관련 법률과 그 하위 대통령령들을 중등학교의 교원과는 구별되는 고등교육기관의 교원의 특성에 맞추어 재정비함으로써 그 근로조건과 복무, 교육연구 등에 관한 기본적인 권리의무를 마련하는 것이 시급하다. 그러나 교원개인의 권리의무에 관한 모든 사항을 개별법령으로 보장하고 규율하는 것은 한계가 있고 효율적이지도 않을 것이다. 따라서 후자와 같이 집단적 법률관계를 규율할 방안을 마련하는 것이 동시에 요청된다. 이는 교원의 지위와 대우 등에 관하여 학교법인(사립대학교의 경우)이나 국가 및 지방자치단체(국공립대학의 경우)와 교섭함으로써 교원들의 대우에 관한 자치법규를 만들어 낼 교섭대표의 법적 지위와 권한을 법적으로 제도화하는 것이 핵심을 이룰 것이다. 이때 교원의 이익을 대변하는 교섭대표는 노

동조합의 일종이라기보다는 비유하자면 노사협의회의 운영원리와 유사한 원리가 좀 더 중시되어 설계될 필요가 있다고 본다. 다만 그러한 교섭대표의 권한은 현재의 근참법상 노사협의회가 가지고 있는 권한보다는 넓게 보장될 필요가 있을 것이다. 이로써 교원들의 교섭대표조직은, 좀 더 대학의 학사, 연구, 교무 등과 관련한 학교경영 사항에 대해 안정적으로 참여를 보장받아 대학교원들을 효과적으로 보호할 수 있을 것이다.

영국의 해고구제방법과 절차*

전 형 배**

Ⅰ. 들어가며
Ⅱ. 해고의 유형과 구제절차
Ⅲ. 법원을 통한 구제절차
Ⅳ. 불공정해고와 고용심판소의 구제절차
Ⅴ. 정원감축해고 등에 대한 추가적 구제수단
Ⅵ. 나가며 — 요약

Ⅰ. 들어가며

해고는 기왕의 지속되어 온 고용관계를 일방적으로 소멸시키는 사용자의 법률행위로서 노동법 영역 가운데 가장 민감하고 중요할 뿐만 아니라,[1] 실무적으로도 노동분쟁의 상당수를 차지하고 있다. 나아가 해고 규제는 노동시장 규제에 대한 국가의 태도를 가늠할 수 있는 주요한 지표가 되기 때문에 한 국가의 해고제도 전반을 분석하는 작업은 그 나라의 개별적 고용관계의 핵심 영역을 이해하는 데 큰 도움을 준다. 나아가 집단적 노사관계 또한 그 대부분이 개별적인 고용을 전제로 하여 구성되는 것이기 때문에 기존의 집단적 노사관계에 관한 연구를 보다 심도 있게 이해하거나 이를 다른 관점에서 접근할 수 있는 계기를 마련한다는 점에서도 고용관계의 종료를 규율하는 해고 제도를 이해하는 것은 큰 도움이 된다. 따라서 해고에 대한 구제절차와 수단을 고찰하는 것은 해고 혹은 고용관계를 바라보는 해당 국가의 관점을 이해하는 데 유용한 수단이 된다.

이 글은 영국의 해고 구제 절차와 내용을 개관한 글이다. 일반적으로는 영국은 고용보호의 정도가 매우 낮다는 평가를 받고 있으나 사용자의 자유로운 해고권한을 축소하려는 근대 노동법의 궤적을 따르고 있는 것에는 다른 대륙법계 국가와 다르지 아니하다. 그런 면에서 영국 해고법제

---

* 본 논문은 저자의 박사학위 논문인 "영국의 해고법제에 관한 연구"의 일부분을 발췌·정리하고 학위논문 발행 후 변동된 법제 내용을 보완한 것이다.

** 강원대학교 법학전문대학원 교수

1) 권혁, "해고의 개념에 대한 미시적 분석", 「강원법학」(제35권), 강원대학교 비교법학연구소, 2012, 135면.

와 구제수단을 살펴보는 것은 고용보호를 성취하는 또 다른 경향에 대한 이해의 폭을 넓혀준다.

이글의 전반부에서는 해고의 유형 두 가지를 간략하게 살펴보았고, 이후 민사법원과 고용심판소를 통한 구제 절차와 내용을 서술하였다. 특히, 영국에서 해고 구제와 내용의 중핵을 이루는 고용심판소를 통한 구제 절차와 내용에 강조점을 두었다. 끝으로 결론에서는 본문의 내용을 요약하고, 우리나라 제도와 짧게 비교하였다.

Ⅱ. 해고의 유형과 구제절차

영국 법제에서 해고의 유형 혹은 종류는 크게 제정법상 해고 제한의 통제를 받는 불공정해고(unfair dismissal)와 보통법의 규제를 받는 위법해고(wrongful dismissal)가 있다.

위법해고는 보통법에 기반을 둔 해고의 유형으로서 널리 고용계약에서 정한 조건을 위반한 해고를 의미하지만 분쟁에서 실질적으로 나타나는 유형은 보통법 혹은 고용계약에서 정한 해고예고기간을 준수하지 아니하거나 해고예고통보를 하지 아니하고 이루어진 해고를 말한다. 위법해고는 계약의 자유라는 보통법의 원리에 따라 규율되는 해고의 유형이고 그 구제도 민사법원을 통하여 해고를 불법행위로 구성하여 그에 따른 손해배상책임을 사용자가 부담하는 방식을 채택하고 있다. 따라서 우리나라 해고의 원직복직 개념은 희박하다. 그런데 보통법상의 해고가 위법하게 되는 경우는 매우 드물고 그 구제도 매우 미흡하다. 다만, 불공정해고 구제절차를 사용할 수 없는 근로자는 민사법원의 해고구제절차를 이용할 수밖에 없다는 점에서 여전히 제도상으로는 의미가 있다.

1971년 노사관계법(Industrial Relations Act)을 통하여 제정법상 제도로 도입된 불공정해고는 일정한 자격 조건을 갖춘 근로자에게 해고의 당부를 다툴 수 있는, 제정법이 새롭게 규정한 해고의 유형이다. 불공정해고는 기존의 위법해고보다 신속하고 효율적인 권리구제를 목표로 한 영국 해고법제의 중핵을 이루는 제도이다. 해고의 당부를 다루는 법리 구성에 있어서 여전히 보통법 법리의 영향을 많이 받고는 있으나 해고의 공정한 이유를 법정(法定)하고 권리구제에 있어서 불법행위로 인한 손해배상보다 근로자에게 훨씬 유리한 금전배상제도를 도입하고 있으며, 무엇보다 일반 민사법원이 아닌 고용심판소라고 하는 노사의 대표자가 참여하는 일종의 참심제 노동법원을 통한 절차 진행이 큰 특징이다. 해고된 근로자가 고용심판소에서 재판을 받을 자격이 있는가는 사실상 실질적인 권리구제를 받을 수 있는 가능성과 곧바로 연결되기 때문에 불공정해고제도의 운영방식은 영국 집권당의 노동정책을 가늠하는 중요한 지표가 되기도 한다.[2)]

2) 원고 적격에 관한 최저 근속연수를 요구하는 규정은 그 동안 많은 변화를 거쳐 왔다. 노동당 정부 아래인 1975. 3.부터 1979. 10.까지는 26주의 짧은 근속기간을 요구하다가 이후 보수당 정부로 정권이 바뀌면서 1년의 근속기간을 요구하기도 하였다. 이후 2년으로 그 기간이 길어졌다가 1999년 다시 1년으로 환원되었고 보수당 정부가 집권한 이후인 2012년 다시 2년으로 바뀌어 현재에 이르고 있다.

한편, 위와 같이 보통법의 권리구제상 한계를 해결하기 위하여 도입된 제정법상 제도라는 불공정해고의 특징으로 인하여 고용종료에 따른 근로자 보호가 문제되는 분쟁 사안에 대해서도 고용심판소의 관할과 구제를 넓혀 나가고 있다. 예를 들어, 우리나라의 부당노동행위에 해당한다고 말할 수 있는 조합원임을 이유로 하거나 혹은 조합원의 지위를 가지고 한 활동을 이유로 한 해고에 대하여는 불공정해고제도를 이용할 수 있도록 하고 특히, 이 경우에는 당연불공정해고라고 하여 해고를 다툴 수 있는 제소 요건을 완화하고 그 심리에 있어서도 사용자의 인사에 관한 재량권을 축소하고 있다.[3] 경영상 해고는 1996년 고용권법 제11장에서 규정하고 있는 정원감축해고와 제11장의 정원감축해고의 정의에 포섭되지 아니하는 형태의 대량해고가 있다. 양자의 공정성에 다툼이 있을 경우 해당 근로자는 불공정해고를 다툴 수 있는 법정 자격이 있는 경우에는 역시 불공정해고제도를 통하여 당부를 판단하며, 이와는 별도로 정원감축급여의 액수에 관한 다툼도 고용심판소에 소를 제기할 수 있다.[4]

Ⅲ. 법원을 통한 구제절차

1. 절차진행의 특징

앞서 언급한 대로 위법해고를 다투는 소송은 고용심판소가 아닌 민사법원에 제기하는 것이 원칙이지만 최근에는 고용계약 위반으로 인하여 발생한 손해배상소송에 대해서도 고용심판소의 관할권을 인정하여 권리구제의 실효성을 높이고 있다.

민사법원에 제기하는 위법해고소송의 제소기간은 6년이다.[5] 고용심판소에 대한 제소기간이 고용계약의 만료일로부터 3개월인 것과 비교하면 매우 장기의 제소기간을 정하고 있다. 위법해고소송이 민사법원과 고용심판소에 중복제소된 때에는 일반적으로 고용심판소의 소송절차가 중단된다. 고용심판소에 위법해고소송을 제기한 때에는 법원의 민사소송과 달리 손해배상액의 상한이 25,000파운드로 제한된다. 민사법원의 위법해고소송에서 인정하는 손해배상액이 그다지 많지 아니하다는 점을 고려하면 고용심판소의 상한 규정은 일반적으로 큰 실효성이 없다고 볼 수도 있으나 고액의 임금을 지급받는 근로자에 대해서는 의미가 있는 규정이다. 근로자가 고용심판소에서 승소하여 25,000파운드의 손해배상을 받은 후 다시 민사법원에 25,000파운드를 초과하는 손해의 배상을 청구할 수는 없다.[6]

3) 또한, 2010년 평등법을 위반한 사용자의 차별적 해고에 관한 다툼도 불공정해고제도 안에서 해결하고 있으며 아울러, 구제수단인 금전배상액의 상한도 정하지 아니하는 과감한 수단을 동원하고 있다.

4) 한편, 사업이전 혹은 영업양도가 이루어지면서 해고가 발생한 때에는 2006년 사업이전(고용보호)명령(Transfer of Undertakings (Protection of Employment) Regulations)에서 정한 바에 따라 불공정해고에 준하여 그 당부를 고용심판소에서 다투게 된다.

5) Limitation Act 1980 s5.

6) Fraser v HLMAC Ltd [2006] IRLR 687.

2. 구제내용의 특징

1996년 고용권법 제91조(5)는 사용자가 제86조에서 정한 해고예고기간을 준수하지 아니한 때에는 1996년 고용권법 제87조부터 제90조[7]에서 정한 해고예고기간 중 사용자의 임금지급의무에 관한 규정을 고려하여 손해배상액을 산정하여야 한다는 특례를 규정하고 있다. 그러나 제정법은 해고예고의무의 위반에 따라 해고가 위법하게 되었을 경우에 구체적으로 어떤 방식의 구제가 가능한지에 관해서는 침묵하고 있고 이 부분은 보통법의 법리에 의하여 해결되고 있다. 아래에서는 판례를 중심으로 위법해고에 대한 민사법원의 구제수단을 검토하고자 한다.[8]

3. 구제수단의 유형과 내용

가. 해고의 효력정지가처분

보통법의 법리에 따르면 법원은 종전에 해고의 정당성이 문제된 사례에서 가처분을 거의 발령하지 아니하였으나 최근 근로자의 경업금지에 관한 가처분을 허용하면서 이 법리를 보다 발전시켜 예외적인 상황에서는 해고의 효력을 정지하는 가처분을 발령하는 경우도 있다. 그러나 위법해고의 구제수단으로서 일반적이지는 아니하다.[9] 판례를 종합하면 가처분을 발령하기 위해서는 ① 사용자와 근로자 사이의 고용관계가 돌이킬 수 없는 정도로 파괴되어서는 아니 되고, ② 손해배상이 해당 사안에서 적절한 구제수단이 될 수 없으며, ③ 나아가 가처분을 하지 아니하면 최종 판결의 효력이 무의미해지는 경우에 해당하여야 한다.[10] 해고의 효력을 정지시키는 초기의 사례는 Hill v C. A. Parsons and Co. Ltd 사건[11]이다. 엔지니어로 35년간 일하였던 근로자에 대하여 사용자가 노동조합과 체결한 클로즈드 숍(closed shop)협정에 따라 근로자를 해고한 사안인데 법원은 해고가 제3자인 노동조합의 개입에 따른 것으로서 근로자와 사용자 사이에는 여전히 계속적인 신뢰관계가 존재하고 손해의 배상은 적절한 구제방법이 아니라고 보아 해고의 효력을 정지하는 가처분을 발령하였다. 위 판결은 명문의 규정으로 가처분을 인정하는 불공정해고제도가 입법되기 직전에 이루어진 것으로 당시 위 판지가 향후에도 계속 유지될 것인가 큰 관심을 불러 일으켰었다.[12]

---

7) 위 규정은 해고예고기간 중 주급에 상당하는 임금을 근로자에게 지급하여야 한다는 내용을 담고 있다.

8) 직접적인 해고에 대한 구제수단은 아니지만 사용자가 임금의 일방적 감액을 할 경우, 근로자는 의제해고를 주장할 수도 있지만 기존의 고용계약에 따른 고용관계의 존속을 전제로 하여 감액된 임금 상당액의 금전 지급을 구하는 소송(Claim in debt)을 제기할 수 있다(Slade DBE, *Tolley's Employment Handbook*(26th ed), LexisNexis, 2012, p. 1243).

9) Slade DBE, *Tolley's Employment Handbook*(26th ed), LexisNexis, 2012, p. 1243.

10) Simon Honeyball, *Employment Law*(12th ed), Oxford University Press, 2012, p. 86.

11) [1971] 3 All ER 1345.

12) Simon Honeyball, *Employment Law*(12th ed), Oxford University Press, 2012, p. 85.

나. 고용관계의 존재 확인

근로자는 가처분 이외에도 사용자의 고용계약 위반을 이유로 고용관계의 존재를 확인하는 판결을 받을 수 있다. 법원은 사용자가 한 해고가 무효(void)라고 선언한다. 주로 고용계약에 규정된 징계절차 등 명문의 규정을 사용자가 위반한 때에 계약위반을 이유로 계약의 존속을 확인받는다.[13] 종전 보통법의 법리에서는 위와 같은 판결은 부두노동[14]이나 노조전임자[15]의 고용관계에서만 인정되었으나 현재는 일반적인 고용관계[16]에서도 허용이 된다. 사용자의 해고에도 불구하고 고용관계가 존속하며 사용자의 이행거절을 근로자가 수락하지 아니한 것으로 보기 때문에 근로자는 위 판결을 근거로 고용관계 존속에 따른 임금 상당액의 청구를 할 수 있다.

다. 손해배상

손해배상은 계약위반에 대한 일반적인 구제수단으로서 고용계약위반에 대한 손해배상의 액은 근로자가 적법하게 해고예고통지를 받을 수 있었던 기간에 해당하는 임금액이다. 따라서 근로자가 사용자와 약정한 해고예고기간을 넘어서는 기간에 대해서는 실제로 근로자에게 손해가 발생하였는지를 묻지 아니하고 손해배상액의 산정에 일률적으로 고려하지 아니하는데 이 점이 위법해고에 대한 민사구제의 최대 약점이다.[17] 그러나 특별한 사정이 있는 경우에는 해고예고기간에 해당하는 임금 이상의 손해배상을 받을 수 있는데, 예를 들어 영화배우의 활동과 같이 작품의 성공이 고용계약에서 약정한 임금 이외에 더 큰 경제적 이익을 가져다 줄 수 있다고 인정되는 때에는 추가적인 손해배상이 있을 수 있다.[18]

근로자가 해고를 당하였다는 사실로 인하여 이후 새로운 직장을 구하는 데 어려움을 겪는 등의 손해(stigma damage)는 원칙적으로 위법해고의 손해배상 범위에 들어가지 아니하지만[19] 경영진의 조직적인 부정행위로 인하여 회사가 청산에 들어가고 이로 인해 근로자가 해고되는 것은 사용자가 주도적으로 신뢰의무를 붕괴시키는 것이므로 이런 매우 예외적인 경우에는 '스티그마 손해'도 배상을 하여야 한다는 판결이 있다.[20]

---

13) Astra Emir, *Selwyn's Law of Employment*(17th ed), Oxford University Press, 2012, p. 437.

14) Vine v National Dock Labour Board [1956] 2 AC 488.

15) Stevenson v United Road Transport Union [1977] ICR 893. 이 사건은 사용자가 고용계약상 해고이유를 통지하지 아니한 절차위반이 문제된 사례였다.

16) Gunton v Richmond－upon－Thames LBC [1980] IRLR 321.

17) Malcolm Sargeant/David Lewis, *Employment Law*(6th ed), Pearson Education Limited, 2012, p. 92. 이러한 영국의 보통법 이론에 대하여 캐나다 대법원이 보통법 이론을 계수하면서도 사용자의 해고방식(manner of dismissal)에 위법이 있는 경우 사용자의 위자료배상의무를 인정한다는 논의의 소개와 함께 고용계약이 갖는 인적 속성을 고려한 보통법 법리의 개혁을 요구하는 견해로, Douglas Brodie, "The Beginning of the End for Addis v The Gramophone Company?", (2009) 38 *ILJ* 228 참조.

18) Marbe v George Edwardes (Daly's Theathers) Ltd [1928] 1 KB 269.

19) Addis v Gramophone Co. Ltd [1909] AC 488.

20) Malik v Bank of Credit and Commerce International [1997] IRLR 462.

한편, 근로자들은 계약법 일반이론에 따라 계약위반으로 인해 발생하는 손해를 경감하기 위한 노력을 하여야 할 의무를 부담한다. 따라서 일반적으로는 새로운 일자리를 찾기 위한 노력을 하여야 한다. 만일, 해고예고기간과 중복되는 기간에 새로운 일자리를 구하여 임금을 지급받은 때에는 해당 금액은 손해배상액에서 공제가 된다. 근로자의 손해경감의무가 일정한 경우에는 제한되기도 하는데, 예를 들어 근로자는 해고 후 제안 받은 첫 번째 취업기회를 반드시 받아들어야 하는 것은 아니고 근로자의 상황에 비추어 합리적인 결정을 할 권리가 있다. 따라서 근로자를 해고한 사용자로부터 다른 보직에 대한 취업을 제안 받았더라도 이를 거부할 수도 있는데 예를 들어, 화가에게 일반적인 육체노동에 종사할 것을 요구한 경우 이를 거부할 수 있다.[21]

Ⅳ. 불공정해고와 고용심판소의 구제절차

1. 고용심판소제도 개관

가. 고용심판소제도의 의의

고용심판소(Employment Tribunal: ET)는 1964년 직업훈련법(Industrial Training Act)에 의하여 노동심판소(Industrial Tribunal)라는 명칭으로 설립되었는데 초기에는 사용자가 부담하는 훈련비용에 관한 분쟁을 다루는 기관이었다. 이 후 여러 번의 법률 개정을 통하여 다양한 종류의 노동분쟁을 해결하는 대표적인 기관이 되었다. 1965년부터 정원감축급여 분쟁에 대한 관할권을 갖으면서 권한이 점차 확대되었고 1971년 불공정해고제도의 도입과 이에 대한 고용심판소의 관할권 인정은 고용심판소의 역할과 위상에 중요한 영향을 미쳤다.[22]

고용심판소제도는 노동분쟁을 신속하고 간편하게 해결하기 위하여 도입한 제도로서 재판제도에서 중시되는 증명책임이나 변론절차에 관한 규정이 엄격하게 적용되지 아니하고 2004년 명령을 통해서 독자적으로 절차를 규율하고 있다. 이에 따라 원고와 피고 당사자를 대리할 수 있는 자를 변호사 자격을 가진 자로 제한하지 아니하며[23] 당사자들은 절차 내내 자리에 앉아서 참여한다. 소송절차를 지휘하는 법관도 민사재판절차에서 사용하는 가발과 가운을 입지 아니하며 당사자를 지칭하는 명칭으로 Sir 혹은 Madam과 아울러 Mr 혹은 Ms라는 용어를 자유롭게 사용한다.[24] 그러나 사법적 기능을 수행하고 노동분쟁을 해결하는 일종의 재판절차라는 특징도 있기

---

21) Edwards v SOGAT [1970] 3 All ER 689.

22) 지금의 고용심판소제도를 규율하는 대표적인 법령은 1996년 고용심판소법(Employment Tribunal Act)과 2004년 고용심판소(설립 및 심판절차)명령(Employment Tribunals (Constitution and Rules of Procedure) Regulations) 및 2004년 고용심판소심판절차규칙(Employment Tribunals Rules of Procedure)을 들 수 있다.

23) ETA 1996 s6. 그러나 2015/2016년 통계를 살펴보면 전체 대리 사건 중 84%를 법률전문가(lawyers)가 소송대리를 하고 있다(Employment Tribunal and Employment Appeal Tribunal Tables 2015 to 2016, 영국 정부 홈페이지 자료, 2016. 10. 10. 방문).

24) YouTube에서 “employment tribunal”이라는 검색어로 검색을 하면 절차진행과정을 볼 수 있다.

때문에 법률용어가 사용되고 사건이 복잡한 경우에는 변론절차가 상당기간 진행되기도 한다.

고용심판소는 1심과 2심으로 구분되며 항소심은 고용항소심판소(Employment Appeals Tribunal: EAT)라고 부른다. 고용항소심판소의 판결에 대해서는 3심이라고 할 수 있는 항소법원(Court of Appeal)에 항소할 수 있다. 고용심판소의 판결은 다른 고용심판소 혹은 법원을 구속하지 아니하지만 고용항소심판소의 판결은 선례로서 고용심판소와 잉글랜드와 웨일즈의 카운티 법원[25]을 구속한다.[26] 고용항소심판소 및 항소법원의 판결에 대한 불복은 고용항소심판소 혹은 항소법원의 허가를 얻어야 한다. 항소는 사실인정에 관한 다툼을 문제 삼을 수 없고 법리적 관점(points of law)에 대해서만 할 수 있다. 항소법원의 판결에 대해서는 예외적으로 대법원(Supreme Court)에 상고를 제기할 수 있다.

고용심판소는 법관이 심판절차의 지휘와 판결의 선고를 주도한다. 한편, 고용심판소의 절차에 대해서도 1981년 법정모독법(Contempt of Court Act)을 적용하여 당사자의 법정모독행위에 대하여 구금을 할 수 있는데, Peach Grey & Co (a Firm) v Sommers 사건[27]에서 고용심판소는 사법기능을 수행하는 하위재판소(inferior court)에 해당한다고 보아 증인의 증언을 방해한 원고에 대하여 구금형을 선고한 사례가 있다. 고용항소심판소는 상위법원(superior court)으로 분류한다.

나. 고용심판소의 구성

영국에는 39개의 1심 고용심판소가 설치되어 있는데 전국의 고용심판소의 수장인 소장(President)은 법무부장관(Lord Chancellor)이 임명한다. 고용심판소는 법조실무경력 7년 이상의 자격을 가진 자 중에서 임명되는 의장 1인과 노사를 대표하는 단체와 협의한 후 법무부장관이 임명하는 2명의 참심원(lay member)으로 구성된다.[28] 고용심판소의 판사는 전임과 비전임으로 나눠지는데 전체 처리 사건 중 3분의 1 가량을 비전임 판사가 관여하여 처리하고 있다.[29] 참심원의 임기는 원칙적으로 3년으로 하며 이들은 노사의 이익을 대표하는 것이 아니라 중립적 지위에서 사건을 판단하여야 한다. 최근에는 평등법위반 사건을 적정하게 다루기 위하여 여성, 인종, 장애 관련 전문가의 참여를 촉진하는 선정절차를 도입하고 있다.[30]

고용심판소의 2심 항소절차인 고용항소심판소는 1인의 법관과 2인 혹은 4인의 참심원으로 구성되는데, 1인의 법관은 고등법원 혹은 항소법원의 법관 중에서 대법원장이 법무부장관과 협

---

25) 같은 기능을 하는 스코틀랜드의 sheriff court도 구속한다.

26) ETA 1996 s20(3).

27) [1995] ICR 549.

28) 2004 reg8. 그러나 2012. 4. 6.부터는 판사의 재량에 따른 결정으로 단독심으로 사건을 심리할 수 있도록 하였다(The Employment Tribunals Act 1996 (Composition) Order 2012).

29) Jeremy McMullen/Rebecca Tuck/Betsan Criddle, *Employment Tribunal Procedure*, LAC, 2004, p. 8. 비상임 법관이 사건에 관여하는 것은 처리 사건수가 지역에 따라 편차가 크기 때문이기도 하지만, 만성적인 재정압박도 큰 원인이다.

30) Astra Emir, *Selwyn's Law of Employment*(17th ed), Oxford University Press, 2012, p. 9.

의한 후 임명하고[31] 대법원장은 고용항소심판소의 법관들 중에서 1인을 고용항소심판소의 소장으로 임명한다.[32] 항소심 절차도 양 당사자의 동의가 있으면 1인의 법관과 1인 혹은 3인의 참심원으로 구성되는 부에서 진행할 수 있다.[33]

다. 고용심판소의 제소 절차

(1) 분쟁유형

고용심판소가 담당하는 노동분쟁은 약 60여 가지나 되는데 불공정해고(41%), 임금의 불법공제 등 근로조건위반(18%), 정원감축해고(15%) 등이 3대 분쟁유형이다.[34] 그 중 특히 근로자가 고용심판소에 불공정해고를 주장하려면 적어도 2년 이상의 계속근로기간을 유지하여야 한다.[35][36] 이처럼 불공정해고를 다투기 위해서는 통상 2년 이라는 장기의 자격기간이 필요하기 때문에 단절 없는 2년의 고용기간(continuity of employment)의 계산에 관하여 세밀한 법리가 발달하여 있다.[37]

(2) 소송비용 도입과 제소 건수의 급감

영국 보수당 정부는 고용심판소에 대한 남소로 인하여 사용자의 법적 대응비용이 지나치게 상승한다는 것을 이유로 2013년 제소비용을 대폭 증액하였다.[38] 아래는 1심 소제기 시 소용되는 비용을 나타난 표이다.

표 1. 1심 고용심판소 소제기 비용

소송유형	제소비용	본안심리비용	합계
임금	£160	£230	£390
정원감축급여	£160	£230	£390
계약위반	£160	£230	£390
불공정해고	£250	£950	£1,200
동일임금	£250	£950	£1,200
차별시정	£250	£950	£1,200
공익제보	£250	£950	£1,200

31) ETA 1996 s22(1).

32) ETA 1996 s22(3).

33) ETA 1996 s28(3).

34) EAT, *Employment Appeals Tribunal Annual Report 2015*, 2016, p. 9.

35) ERA 1996 s108(1); The Unfair Dismassal and Statement of Reasons for Dismissal (Variation of Qualifying Period) Order 2012.

36) ERA 1996 s108(3).

37) 그러나 불공정해고가 노동조합활동, 임신이나 결혼, 산업안전보건, 공민권의 행사, 일요일 강제근로 등 당연 불공정해고이유와 관련이 있을 때에는 최저 근속년수 규정은 적용되지 아니한다.

38) Employment Appeal Tribunal Fees Order 2013. 2017. 6. 19. 기준으로 1파운드는 한화로 약 1,400원이다. 따라서 불공정해고 소송의 본안 판단을 받는 데는 약 168만 원이 든다.

위와 같은 제소비용의 증가로 고용심판소의 소 제기 건수가 급감하고 있다. 아래 【그림1】은 이를 보여주는 표이다. 구체적으로, 2014년 7월부터 9월의 사건수를 전년도 같은 기간과 비교하여 보면 개인소송은 약61%가 감소하였다.

그림 1. 1심 고용심판소 제소 건수 변화 추이[39]

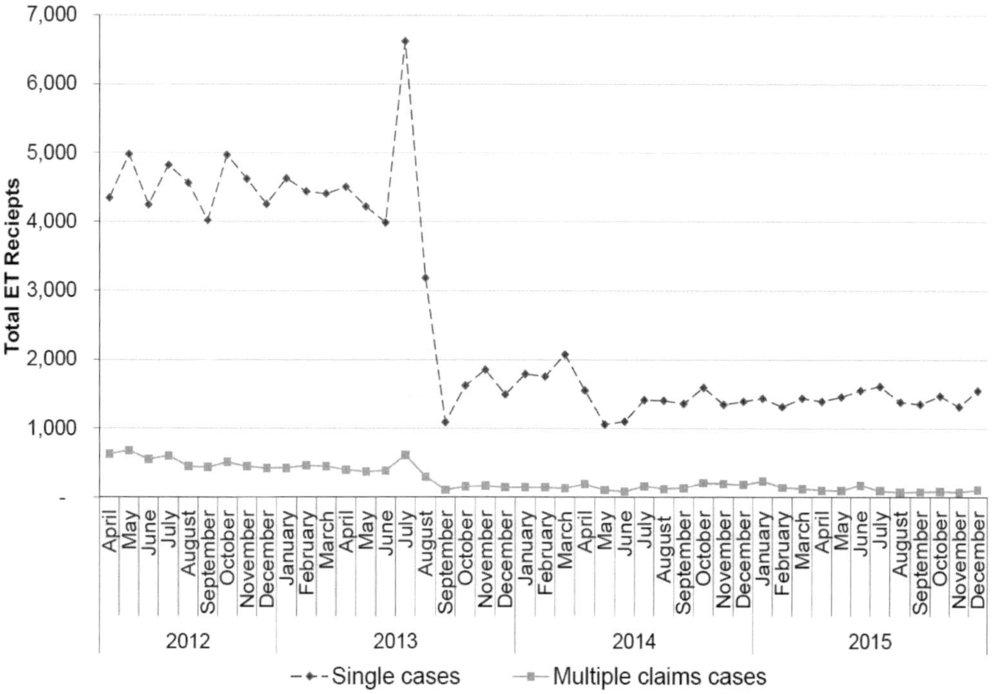

(3) 심리절차

고용심판소는 본안전심리절차(Case management discussion),[40] 중간심리절차(Pre-hearing review),[41] 본안심리절차(Hearing), 이의심리절차(Review Hearing) 등 4가지의 심리절차(Hearing)를 운영하고 있다. 본안전 심리절차란 본안의 심리에 들어가기 전에 사건의 절차적 사항을 정리하는 비공개 절차이다. 본안전 심리절차는 법관이 단독으로 진행하며 절차의 특성상 양 당사자의 실체적 권리의무에 영향을 미치는 사항에 대해서는 결정을 하지 못한다. 중간심리절차란 본안전심리절차와 본안심리절차의 중간적인 성격을 가진 절차로서 법관과 참심원 3인으로 구성되는 심판소는 절

39) Ministry of Justice, *Tribunals and Gender Recognition Certificate*, 2016, p. 34의 표 참조.

40) rule 2004 r17.

41) rule 2004 r18.

차와 관련된 임시의 조치를 취할 수 있고, 소송비용에 관한 결정을 할 수 있으며 소가 주장 자체로 이유가 없는 때에는 그대로 각하할 수도 있다. 본안심리절차는 법관과 참심원이 참여하는 본안의 심리절차로서 양 당사자는 청구원인에 관한 주장의 요지를 진술하고 유리한 증거를 제출할 수 있으며 당사자 상호간 신문도 가능하다. 출석한 증인은 증인선서 후 증언을 할 수 있다. 절차의 진행은 의장인 법관이 주재하며 참심원은 주로 보충적인 질문을 한다. 심리가 끝나면 통상 당일 재판의 결과를 당사자에게 통지한다. 끝으로 이의심리절차는 법관 혹은 심판소가 한 명령 혹은 판결에 대하여 당사자 일방이 이의신청을 한 경우에 진행되는 심리절차이다. 특히, 본안심리절차에서 당사자 일방이 불출석 한 때 이루어지는 불출석판결(Default)에 대하여 당사자가 이의신청할 경우 의장이 이를 심사하여 불출석판결의 변경, 취소, 인가 등의 판결을 할 수 있다.[42] 한편, 불출석판결이 아닌 경우에도 이의신청을 할 수는 있으나 그 사유가 행정상의 위법한 오류의 수정 등으로 매우 제한된다.[43]

심리절차는 법관과 참심원이 참여하는 합의절차와 법관 1인이 참여하는 단독절차로도 구분할 수 있는데 1996년 고용심판소법은 단독절차로 진행할 수 있는 사안을 명문으로 규정하고 있다.[44] 단독절차의 경우에도 동종의 사건이 다른 심리절차에 계속되어 있는 등 합의절차를 진행할 필요성이 있다면 의장은 합의절차로의 진행을 결정할 수 있다.[45]

(4) 화해에 의한 분쟁해결절차

화해에 의한 해고분쟁해결 절차는 종전에는 당사자 일방이 조언 · 화해 · 중재국(Advisory, Conciliation and Arbitration Service: ACAS)에 직접 화해의 지원을 신청하면 화해담당관(conciliation officer)의 조력을 받아 당사자 간에 화해를 하는 제소전 임의화해절차(Pre－Claim Conciliation)였다. 그러나 2014. 4.부터는 소 제기 전 당사자에게 강제적으로 ACAS에 화해의 조정을 신청하도록 변경하였다. 이를 조기화해절차(Early Conciliation)라고 부른다. 이 화해절차의 담당자를 조기화해지원관(Early Conciliation Support Officer)이라고 한다. 화해여부는 당사자의 자유의사에 맡겨지며, 화해가 성립하지 아니하면 근로자는 화해절차를 거쳤다는 서면을 고용심판소에 제출하면서 소 제기를 할 수 있다. 해고 사건만의 화해율은 자료상 찾기 어려우나 2015/2016년의 전체 사건 중 화해를 통한 분쟁해결 비율은 접수 사건의 73.1%이다.[46] 한편, 보고서에 따르면, 2015년 처리된 1심 불공정해고사건 1,002건 중 근로자 승소로 종결된 사건은 181건이고, 패소는 183건이었으며 나머지는 소취하 등으로 종결되었다.[47]

42) rule 2004 r33(4).
43) rule 2004 r34(3).
44) ETA 1996 s4(3).
45) ETA 1996 s4(5).
46) ACAS, *Annual Report and Accounts 2015/2016*, p. 41.
47) EAT, *Employment Appeals Tribunal Annual Report 2015*, 2016, p. 10.

2. 불공정해고의 구제 유형[48)]

가. 구제 유형의 개관

불공정해고에 대한 구제방법은 원직복직(reinstatement), 재고용(re-engagement), 금전배상(compensation) 세 가지가 있다. 원직복직은 민사재판에서 원상회복을, 재고용은 유사한 업무로의 복귀를, 끝으로 금전배상은 고용관계의 종료를 전제로 한 금전적 배상을 의미한다. 고용심판소는 해고가 불공정하다고 판단되면 원고에게 위 세 가지의 구제방법을 설명하고 그 중에서 구제의 방식을 선택할 수 있도록 하여야 한다.[49)] 위 세 가지 구제방식 중 앞의 두 가지 방식이 이론적으론 주된 구제의 방식이 되어야 하지만 실무적으로는 매우 드물게 이루어진다. 한편, 고용심판소는 해고가 산업안전보건에 관한 활동, 노동조합의 대의원활동 등을 이유로 하여 이루어진 때에 한하여 가처분을 발령할 수 있다.[50)]

불공정해고에 대한 위와 같은 구제 유형은 일반적인 형태의 불공정해고에 대하여 적용될 뿐만 아니라 불공정해고가 성립하는 사업이전에 따른 해고에 대해서도 적용이 되며, 차별적 해고 및 정원감축해고가 불공정한 때에도 적용이 된다. 다만, 차별적 해고에 대해서는 소송절차상 증명책임과 증거수집에 대한 특례와 더불어 금전배상 상한 제한이 없는 특징이 있다. 또 불공정한 정원감축해고의 경우 정원감축급여의 지급과 관련한 제도상의 특례가 있다.

나. 고용명령

(1) 원직복직

원직복직은 사용자가 근로자를 해고하지 아니하였더라면 그에게 하였어야 하는 모든 측면의 대우를 하도록 명령하는 구제방식이다.[51)] 고용심판소가 원직복직 명령을 하기 위해서는 먼저 근로자가 이를 원하는지, 사용자가 이를 이행할 수 있는 지, 나아가 근로자가 해고의 원인을 제공하였거나 기여한 정도로 보아 원직복직 명령이 정당한 것인지를 평가하여야 한다.[52)] 원직복직은 원직에 대한 복직의 의미가 있기 때문에 사용자가 만일 재고용 후 부담하는 의무의 내용을 달리 하는 경우에는 명령의 이행으로 보지 아니한다. 따라서 경비원으로 근무하던 근로자를 불공정하게 해고한 후 복직시키면서 주로 청소업무를 담당하게 하면서 경비원 업무를 부수적으로 하도록 지시하는 것은 의무의 불이행이 된다.[53)]

---

48) 이 부분은 전형배, “영국의 부당해고 구제시스템과 시사점”, 「법조」(제673호), 법조협회, 2012, 141면 이하의 부분을 수정·보완하여 인용한 것이다.

49) Pirelli General Cable Works Ltd v Murray [1979] IRLR 190.

50) ERA 1996 s128.

51) ERA 1996 s114(1).

52) ERA 1996 s116(1).

53) Artisan Press v Strawley and Parker [1986] IRLR 126.

고용심판소가 원직복직 명령을 할 때에는 ① 불공정해고기간 동안 근로자가 해고되지 아니하였더라면 사용자로부터 받을 수 있었으리라 합리적으로 기대되는 모든 형태의 급여(benefit)를 금전으로 환산한 가액의 지급, ② 근로자에게 회복되어야 하는 각종 연금상의 권리를 포함한 모든 권리나 특권의 회복, ③ 해당 명령이 이행되어야 하는 특정 일자도 동시에 명시하여야 한다.[54] 나아가 해고 기간 중 고용계약상 근로조건의 유리한 향상이 있는 때에도 이를 해고된 근로자가 받을 수 있도록 조치를 취하여야 한다.[55] 만약, 위와 같은 금전배상 명령을 병행할 때에는 사용자가 해고기간 중 근로자에게 지급한 금전이 있거나 다른 사용자가 근로자에게 지급한 금전이 있을 때는 그 사정을 적절히 고려하여 금전배상액을 감액하여야 한다.[56]

(2) 재고용

재고용은 원직복직처럼 사용자와 다시 고용관계를 맺는다는 점에서는 동일한 효과가 있으나 종전에 담당하던 바로 그 업무(same post)가 아닌 종전 업무와 동등한 혹은 적절한 업무(employment comparable to that from which he was dismissed or other suitable employment)를 담당한다는 점에서 차이가 있다. 이에 따라 종전에 고용했던 그 사용자뿐만 아니라 종전 사용자의 권리의무를 승계한 자, 종전 사용자와 동업관계에 있는(associated) 사용자도 재고용명령의 수범자가 될 수 있다.[57]

고용심판소는 원직복직이 사업장의 여러 가지 사정에 비추어 적절하지 아니하다고 판단되면 재고용을 고려하게 되는데, 재고용 명령을 할 때에는 수범자인 사용자를 특정하여 업무의 내용, 급여, 의무이행일을 정하여야 하고 나아가 원직복직 명령을 할 때 수반하는 각종 금전 배상에 관한 내용도 명령하여야 한다.[58] 임금 등 금전배상을 지급할 때에도 원직복직 명령과 마찬가지로 공제가 있다.[59]

(3) 고용명령에 대한 항변 — 실행가능성

사용자가 고용심판소의 고용명령에 대하여 그것이 실행가능성(practicability)이 없다는 점을 주장·증명하면 해고의 구제는 금전배상으로 종결된다. 사용자의 실행가능성을 평가할 때 근로자가 복직할 업무에 이미 다른 정규 근로자(permanent replacement)가 근무하고 있는지는 고려의 대상이 아니다.[60] 다만, 사용자가 새로 채용된 정규 근로자가 아니고서는 해고된 근로자가 담당하던 업무를 수행하는 것이 실행가능하지 아니하다는 점을 증명하거나, 해고 후 해고된 근로자가 원직으로의 복직을 원한다는 사정을 알지 못한 상태에서 합리적인 기간을 두고 기다렸다가

54) ERA 1996 s114(2).
55) ERA 1996 s114(3).
56) ERA 1996 s114(4).
57) ERA 1996 s115(1).
58) ERA 1996 s115(2).
59) ERA 1996 s115(3).
60) ERA 1996 s116(5).

정규 근로자를 채용하였고 더불어 정규 근로자를 채용할 당시 정규 근로자 이외의 자로 하여금 해고된 근로자가 담당하던 업무를 수행하도록 요구하는 것이 더 이상 합리적이지 아니하였다는 사정을 증명하면 고용명령을 하지 아니하게 된다.[61] 따라서 근로자의 입장에서는 불공정해고의 구제수단으로서 원직복직을 선택한다고 하더라도 반드시 그 선택이 실현된다고 볼 수는 없다.

(4) 고용명령의 이행강제배상제도

사용자가, 고용심판소가 한 고용(reinstatement, re-engagement)에 관한 명령을 이행하지 아니하더라도 불이행 자체는 법정모독죄가 성립하지 아니하기 때문에 명령의 집행을 강제하기 위하여 일종의 징벌적인(exemplary or punitive) 이행강제배상(additional award)제도를 두고 있다.

먼저, 사용자가 고용에 관한 명령을 이행은 하였으나 고용심판소가 정한 구체적인 조건을 완전히 이행하지 아니한 때에는 뒤에서 설명할 금전 배상의 기준에서 정한 금액을 해고 근로자에게 지급하여야 하여야 한다.[62] 이 때 금전 배상액은 해당 근로자의 52주치 급여와 80,541파운드 중 적은 금액을 상한으로 하여 고용심판소가 정한 금액이다.[63]

다음, 사용자가 고용심판소의 명령을 전혀 이행하지 아니한 때에는 불공정해고에 관하여 금전배상을 구제수단으로 정할 때 지급되는 금액의 지급을 명령할 수 있고, 여기에 보태어 26주부터 52주치에 해당하는 임금액을 추가적인 배상액으로 지급을 명한다.[64] 배상액의 상한은 12,714파운드부터 25,428파운드이다.

다. 금전배상

금전배상은 1975년 고용보호법 이래로 기본배상(basic award)와 추가배상(compensatory award)로 구성되어 있다.[65] 금전배상은 사용자의 불공정해고가 법적으로 승인할 수 없다는 점을 선언하며 나아가 해고된 근로자가 직업을 잃게 되면서 생기는 손해를 보전하는 기능을 수행한다.[66] 후자의 기능은 정원감축급여(redundancy payment)와 비슷한 기능이라고 할 수 있으며 실제로 금전배상의 계산 방식은 정원감축급여의 계산 방식[67]과 매우 유사하다.

(1) 기본배상

기본배상은 해고 근로자의 계속근로기간에 비례하여 상당한 금액(appropriate amount)을 지급하게 되는데, 상당한 금액은 근로자의 연령에 연동하여 계산한다. 즉, 해고 근로자의 나이가 41세 초과이면 1년의 계속근로기간에 대하여 1.5주의 임금을 지급하여야 하고, 22세 초과 41세

---

61) ERA 1996 s116(6).

62) ERA 1996 s117(1), (2).

63) ERA 1996 s124(1). 다만, 근로자의 연령이 65세를 초과하거나 근로자의 방해 행위가 인정되면 감액이 있다. 본 논문에서 언급되는 각종 금전배상액은 2017. 4. 6. 관련 법령개정으로 인상된 금액이다.

64) ERA 1996 s117(3).

65) ERA 1996 s118.

66) Simon Honeyball, *Employment Law*(12th ed), Oxford University Press, 2012, p. 191.

67) ERA 1996 s162(2).

이하이면 1년의 계속근로기간에 대하여 1주의 임금을 지급하며, 22세 이하인 때에는 1년이 계속근로기간에 대하여 0.5주의 임금을 지급한다.[68] 다만, 계속근로기간이 20년을 초과할 때에는 20년에 해당하는 기간에 대해서만 기본배상을 하고[69] 한 주의 임금이 관련 규칙(oder)이 정한 상한액을 넘는 때에는 그 금액을 1주의 임금으로 계산한다.[70] 기본배상으로 계산된 금액이 최저임금을 기준으로 계산한 금액을 하회할 때에는 최저임금을 기준으로 계산한 금액을 기본배상금액으로 한다.[71]

한편, 특정한 사안의 경우에는 기본배상액의 하한을 규정하고 있는데, 예를 들어 조합활동을 한 근로자에 대하여 차별 등 불이익을 줄 목적으로 작성된 블랙리스트에 의하여 근로자를 해고한 때에는 5,970파운드를 기본배상의 하한으로 정하고 있다.[72]

기본배상은 일정한 사유가 있으면 감액을 하여야 한다.[73] 예를 들어, 사용자가 고용심판소의 원직복직 명령에 따라 직무를 제공하였으나 근로자가 불합리하게 이를 거절한 때에는 고용심판소는 정당하고 공평하다고(just and equitably) 인정하는 한도 내에서 기본배상액을 감액한다.

(2) 추가배상

(가) 추가배상의 대상

추가배상은 사용자의 해고로 인하여 해고 근로자가 입었다고 인정되는 손해 중 고용심판소가 정당하고 공평하다고 인정하는 금액이다.[74] 추가배상의 이론 전반은 손해배상법리가 적용된다. 추가배상의 액은 근로자가 주장·증명해야 하지만 배상의 모든 내역을 상세하게 증명할 필요는 없다. 추가배상에는 해고로 인하여 해고 근로자가 합리적인 범위 내에서 지출한 비용과 해고가 없었다면 해고 근로자가 합리적으로 수령을 예상할 수 있었던 모든 형태의 급여(benefit)가 포함된다.[75]

배상에 포함되는 기본적인 손해로는 근로자에게 해고된 날로부터 판결 선고 시까지 발생한 즉각적인 소득의 손실(immediate loss of earnings)이 있다. 이때 그 사이 지급받은 구직수당은 고려하지 아니한다.

다음으로, 장래의 소득손실(future loss of earnings)이 배상의 대상이 된다. 일실소득은 근로자의 실업기간, 해고 후 새로 취업할 때의 임금 등 근로조건을 고려하여 결정하는데 일반적으로는

68) ERA 1996 s119(2).
69) ERA 1996 s119(3).
70) 2017. 6. 기준으로 기본배상의 상한은 14,670파운드이다.
71) Paggetti v Cobb [2002] IRLR 861.
72) ERA 1996 s120(1), (1C).
73) ERA 1996 s122.
74) ERA 1996 s123(1).
75) ERA 1996 s123(2).

종전의 임금 수준과 새로운 임금 수준의 차액을 배상하며 일반적인 손해배상 사건(tort cases)에 사용되는 산식을 이용한다.

해고로 인하여 근로자 잃게 된 후생복지급여(fringe benefit)도 추가배상의 내용이 된다. 여기에는 회사의 자동차 사용,[76] 무료 주택, 식사, 특별 여행 수당, 회사주식인수제도에 따른 급여[77] 등이 포함된다. 근로자가 구직을 위해 소요한 비용도 추가배상의 대상이 되며[78] 합리적인 범위 내에서 인정되는 창업비용도 추가배상을 한다.[79] 그러나 해고의 불공정을 다투는 데 소요된 법률비용은 배상의 대상이 아니다.

연금에 관한 권리도 추가배상의 대상이 되지만[80] 구체적인 권리로 확정된 수급권이 아닌 때에는 공제가 따른다. 예를 들어, 일반적으로 예상되지 아니하는 인사이동으로 근로자의 보직이 갑작스럽게 높아져 이를 기준으로 하면 장래에 수급하게 될 연금의 액이 높아진다고 인정되는 때에는 감액을 할 수 있다.[81]

추가배상은 경제적인 손해만을 배상하며 위자료는 포함하지 아니한다.[82] 고용심판소가 추가배상액을 산정할 때에는 손해배상 사건처럼 각 손해의 항목을 구체적으로 정밀하게 계산할 필요가 없으며,[83] 사건의 전체적인 사정을 종합적으로 고려한다. 고용항소심판소는 고용심판소의 금전배상액에 관한 판단이 합리적인 법원이라면 도저히 도달할 수 없는 위법한 결론(perverse)이 아닌 한 이를 존중한다.[84]

(나) 추가배상의 공제와 감액

추가배상액이 지나치게 커지는 것을 방지하기 위하여 추가배상에는 정원감축해고시 근로자가 받을 수 있었던 각종 금원이 포함된 것으로 간주하고, 당해 해고로 인하여 근로자가 사용자에게 요구할 수 있는 금원 중 기본배상을 초과하는 금원에 관련된 손해도 추가배상으로 지급된 것으로 간주하며[85] 아울러 정원감축해고로 인하여 근로자가 사용자로부터 받은 임금 등은 추가배상에서 공제하게 된다.[86] 해고예고에 갈음하여 지급하던 해고예고수당에 관해서는 한 때 공제의 대상이 되지 아니한다고 판단한 바 있으나 지금은 금전배상의 취지는 어디까지나 해고

76) Mohar v Granitstone Galloway Ltd [1974] ICR 273.
77) Bradshaw v Rugby Portland Cement Co. Ltd [1972] IRLR 46.
78) CWA v Squirrell [1974] 9 ITR 191.
79) Scottish Co-operative Wholesale Society Ltd v Lloyd [1973] ICR 137.
80) Aegon UK Corp Services Ltd v Roberts [2009] IRLR 1042.
81) Manpower Ltd v Hearne [1983] ICR 567.
82) Norton Tool Co. Ltd v Tewson [1972] IRLR 86; Dunnachie v Kingston-upon-Hull City Council [2004] IRLR 727.
83) Courtaulds Northern Spinning Ltd v Moosa [1984] ICR 218.
84) Manpower Ltd v Hearne [1983] ICR 567.
85) ERA 1996 s123(3).
86) ERA 1996 s123(7).

로 근로자 입는 실질적인 경제적 손해를 배상하는 것이므로 공제의 대상으로 삼고 있다.[87] 비슷한 취지로 해고 근로자가 해고예고기간 동안 다른 곳에 재취업한 때에는 해당 기간과 중첩되는 기간 동안 근로자가 임금으로 받은 금원은 모두 공제한다.[88] 나아가 사용자가 정원감축해고를 하면서 근로자에게 지급한 해고예고수당 704파운드의 공제가 문제된 사안에서 항소법원은 고용항소심판소의 견해와 달리 공제를 하여야 한다는 입장을 보였고,[89] 해고예고수당뿐만 아니라 호의적(ex gratia) 금원도 공제한다는 입장도 있으며,[90] 장애급여(incapacity benefit)도 공제의 대상으로 본다.[91] 그러나 사회보장수급권으로서 실업 중인 근로자에게 지급되는 구직수당(jobseeker's allowance)은 공제대상이 아니며, 만일 해고가 불공정한 것으로 확정되면 국가는 해당 사용자에게 구상권을 행사한다.[92] 연금과 세금도 공제대상이 아니다.

한편, 추가배상을 산정하면서 근로자가 손해를 줄이기 위한 노력을 게을리 한 때에는 보통법의 법리에 따라 추가배상의 감액을 할 수 있으며 아울러 고용심판소는 해고에 이르게 된 경위를 살펴 해고 근로자가 기여한 바를 비례적으로 고려하여 정당하고 공평하다고 판단되는 한도 안에서 추가배상을 감액할 수 있게 하고 있다.[93] 흔히 근로자의 기여과실(contributory negligence)라고 표현된다.[94] 예를 들어, 근로자의 개인적 범죄행위로 18개월 징역형을 선고받아 근로를 제공할 수 없는 사안에 대해서 계약목적의 달성 불능(frustration)에 해당하지는 아니하지만 해고에 이르기까지 3분의 2에 해당하는 근로자의 과실이 인정된다고 보았다.[95]

(다) 추가배상의 상한과 적용제외

추가배상에도 기본배상과 같이 상한 규정을 두어 추가배상은 80,541파운드를 넘지 못하도록 하되[96] 해고 사유가 산업안전보건위원회의 활동이나 노동조합의 대표자 활동 등 법령에 규정된 사유에 해당하는 때에는 상한 규정을 적용하지 아니한다.[97] 배상한상 규정은 최종 배상액에 대하여 적용되는 것이므로 공제나 감액에 관한 규정이 적용될 때에는 공제 혹은 감액을 한 후 결정된 금액에 관하여 상한을 초과하는 지를 검토하게 된다.[98]

나아가 정의와 공평의 견지에서 해고 근로자에게 추가배상을 할 필요가 없다고 판단되는

---

87) Tradewinds Airways Ltd v Fletcher [1981] IRLR 272.
88) Peters Ltd v Bell [2009] IRLR 941.
89) FATA Ltd v Addison [1987] ICR 805.
90) Horizon Holidays Ltd v Grassi [1987] ICR 851.
91) Morgans v Alpha Plus Security Ltd [2005] IRLR 234.
92) Simon Honeyball, *Employment Law*(12th ed), Oxford University Press, 2012, p. 193.
93) ERA 1996 s123(4), (6).
94) Devis & Sons Ltd v Atkins [1977] AC 931.
95) Nelson v BBC (No.2) [1979] ICR 649
96) ERA 1996 s124(1).
97) ERA 1996 s124(1A).
98) Walter Braund (London) Ltd v Murray [1991] IRLR 100.

때에는 추가배상을 하지 아니하여도 된다는 것이 고용심판소의 입장인데, 예를 들어 해고를 위한 적법한 절차를 모두 거쳤다고 하더라도 해고가 불가피하고 근로자가 해고 즉시 보다 좋은 근로조건의 직장에 취직한 경우에는 추가배상이 고려되지 아니한다.[99]

2015년 통계에 따르면 불공정해고에 따른 금전배상 최고액은 23,216파운드였고, 중간액은 6,955파운드, 평균액은 12,362파운드였다.[100]

V. 정원감축해고 등에 대한 추가적 구제수단

1. 정원감축해고

불공정한 정원감축해고는 본질적으로 불공정해고의 하나이기 때문에 구제수단도 불공정해고의 구제수단과 동일하다. 다만, 일반적인 불공정해고와 비교하여 사용자가 협의 요건을 위반한 때에는 해고의 효력을 인정하는지 여부와 관계없이 제정법이 규정한 보호배상금을 지급하여야 한다는 추가적인 구제절차가 있다.

정원감축급여과 관련하여 고용심판소가 제공하는 구제수단은 크게 두 가지가 있다. 하나는 정원감축급여청구권이 있는지, 있다면 그 금액이 얼마인지에 관하여 사용자와 다툼이 있는 경우 근로자가 고용심판소에 질의회신을 하는 것이다. 사전적 구제수단이라고 표현할 수 있는데 고용심판소는 급여청구권의 자격여부와 구체적인 금액을 특정하여 사용자에게 지급을 명할 수 있다.[101] 다른 하나는 소송을 통하여 권리를 행사하는 것인데 근로자는 해고의 효력발생일로부터 6개월 내에 고용심판소에 정원감축급여의 지급을 구하는 소송을 제기하는 것이다. 제소기간과 관련하여 근로자가 6개월의 기간을 준수하지 못한 정당한 사유를 증명한 때에는 고용심판소는 여러 가지 사정을 고려하여 제소기간을 6개월 더 연장할 수 있다.[102]

정원감축급여은 1년의 근속년수에 1주의 주급을 지급하는 방식을 기초로 한 후 해당 근로자의 근속년수와 나이에 따라 인정 주급을 가감하는 형태로 계산한다.[103] 즉, 22세 미만인 근로자가 정원감축된 때에는 1년의 근속년수에 대하여 0.5주의 주급에 상당하는 금액을 정원감축급여으로 지급하고, 22세 이상 41세 미만인 해고 근로자에 대해서는 1년의 근속년수에 대하여 1주의 주급을 지급한다. 정원감축 근로자가 41세 이상이면 1년의 근속년수에 1.5주의 주급을 지급한다. 따라서 정원감축 근로자가 41세 이상이고 근속년수가 위 세 가지 구간에 모두 걸쳐있는 때에는 각 구간별로 주급액을 계산한 후 이를 모두 합산한 금액이 정원감축급여이 된다.

99) Simon Honeyball, *Employment Law*(12th ed), Oxford University Press, 2012, p. 192.
100) http://www.morton-fraser.com의 보도 자료(2016. 10. 10. 방문).
101) ERA 1996 s163.
102) ERA 1996 s164.
103) ERA 1996 s162.

2017. 6. 기준으로 정원감축 근로자가 받을 수 있는 정원감축급여의 최고액은 41세 이상 20년의 근속년수를 인정받은 경우로서 14,670파운드이다.

2. 차별적 해고

차별행위에 대한 구제수단을 차별행위의 전후로 나누면 사전적 구제수단으로서 사용자의 적극적 개선조치와 사후적 구제수단으로 고용심판소을 통한 구제와 평등·인권위원회를 통한 구제로 구별할 수 있다. 그런데 주로 취업에 있어 성적 불균형을 차별로 보고 이를 지정하려는 사용자의 적극적 개선조치[104]는 고용관계의 종료를 본질로 하는 해고의 구제수단으로는 크게 논의할 실익이 없고 그 내용도 사용자가 2010년 평등법에서 보호하는 인적 속성을 가진 자들에게 일정한 우대조치를 할 수 있다는 것이어서 여기서는 자세히 논하지 아니한다. 차별에 관한 고용심판소의 구제방법으로는 권리확인선언(declaration),[105] 시정권고(recommendation),[106] 계약조항의 삭제 또는 조정[107]도 있으나 이글에서는 금전배상 명령을 중심으로 설명한다.[108]

차별적 해고는 제정법상의 불법행위로 취급하기 때문에 차별적 해고에 대한 구제수단인 금전배상(추가배상)의 액은 불법행위 책임이 인정될 경우 원고가 지급받을 수 있는 금액과 동일한 형태로 산정한다.[109] 따라서 금전배상액을 산정하는 일반적인 원칙에 따라 차별적 해고가 존재하지 아니하였다면 원고 근로자가 받았으리라고 인정되는 손해액 전체가 금전배상액에 포함된다.

임금상당액이나 연금 등의 손해액은 근로자의 개별적인 고용계약의 내용에 따라 정해지는 사항이기 때문에 그 금액산정방식에 대한 일반적인 원리를 논할 실익이 그다지 없지만, 위자료의 정도, 가중적 손해배상(aggravated damages)[110] 혹은 징벌적 손해배상(exemplary or punitive

104) EqA 2010 ss158, 159.

105) EqA 2010 s124(2)(a). 권리선언판결은 영국 민사재판의 판결 형태 중 하나로서 당사자의 권리 존재를 확인하는 판결이다. 주로 계속되는 권리침해를 방지하기 위하여 권리의 존재를 확인하여 반복되는 침해를 예방하고 판결 이후 침해행위에 대한 위법성을 인정하는 강력한 수단이 된다. 최근에는 영국 행정법 분야에서 행정청에 의한 처분의 위법성을 확인하는 수단으로도 중요성이 부각되고 있다(Gray Slapper/David Kelly, *The English Legal System*(13th ed), Routledge, 2012, p. 470).

106) EqA 2010 s124(1)(c).

107) EqA 2010 s142,

108) 해고뿐만 아니라 차별 전반에 걸쳐서는 우리나라의 국가인권위원회가 비슷한 기능을 하는 평등·인권위원회의 구제절차도 중요하나 여기서는 생략한다. 아울러 소송절차에서 차별 사건은 증명책임이 완화되고, 증거수집에 대한 지원 제도도 있으나 이 역시 설명을 생략한다.

109) EqA 2010 ss124(6), 119. 종전의 관행에 따라 임신한 여군을 해고한 국방부의 해고가 차별적 해고에 해당하며 이때 산정되는 금전배상은 계약책임에 근거한 것이 아니라 불법행위 책임에 근거한 것이라는 점은 확인한 대표적 판례로는 Ministry of Defence v Cannock [1994] IRLR 509. 이 소송을 비롯하여 동종 소송에서 약 4,000명의 여성들이 승소판결을 받았고, 다수의 소송이 진행되면서 금전배상의 범위에 관한 법리가 보다 정치하게 다듬어졌다.

110) 가중적 손해배상은 피해자에 대한 불법행위가 의도적 혹은 악의적인 것인 때에 피해자의 정신적 손해를 위자하기 위하여 인정되는 손해배상이다.

damages)에 관한 판단이 개별 사건에서 이루어지고 있다.

위자료의 액수는 개별 사건의 내용에 따라 법관의 자유재량으로 정하는 것이기 때문에 일반적으로 확립된 기준은 없지만 Vento v Chief Constable of West Yorkshire Police (No 2) 사건[111]에서 항소법원이 세 가지로 유형화를 시도하였고 고용항소심판소는 이를 Da'Bell v National Society for Prevention of Cruelty To Children 사건[112]에서 인플레이션을 고려하여 지급액수의 범위를 상향시킨바 있다. 이에 따르면 가장 심각한 사례에서는 18,000~30,000파운드를, 심각한 사례에서는 6,000~18,000파운드를, 덜 심각한 사례에서는 500~6,000파운드를 제시하면서 500파운드 미만의 손해액을 인정하게 되면 사용자가 차별행위를 자제할 경제적 동인이 없다는 점을 지적하면서 위 금액 미만의 인정은 피할 것을 권하고 있다.

가중적 손해배상은 차별 사건에서 일반적으로 인정할 수 있는 금전배상의 형태라고 말할 수 있다. 법원은 Armitage v Johnson 사건[113]에서 차별행위가 있다고 인정할 수 있는 경우 원고에 대하여 위자료 이외에 추가하여 가중적 손해배상을 할 수 있다고 판단하였고 이후 많은 사건에서 이를 인정하고 있으며 영국의 법률 개혁을 담당하는 기관인 법률위원회(Law Commission)도 차별행위 등 민사적 불법행위에 관한 정신적 손해배상으로서 가중적 손해배상의 입법적 정비를 조언하고 있다.[114]

차별행위에 대한 징벌적 손해배상에 관하여 법원은 징벌적 손해배상은 불법행위에서 인정되는 특유한 제도로서 차별행위에 대해서는 인정할 수 없었다는 입장을 보이다가 Sivanadan v London borough of Hackney 사건[115]에서 차별행위가 강압적, 독단적, 위헌적이어서 다른 금전배상만으로는 충분하게 징벌 혹은 제재한 것이 아니라고 인정할 수 있을 때에는 차별행위에 대하여 징벌적 손해배상을 할 수 있다는 취지의 판단을 하였다.

3. 사업이전에 따른 해고와 구제

2006년 사업이전(고용보호)명령이 적용되는 사업이전의 경우 인수인의 자동적 고용승계의무가 인정되고, 이를 위반한 때에는 당연불공정해고가 성립한다. 따라서 사업이전에 따른 해고의 구제수단은 불공정해고의 일반적 구제수단과 동일하다.

한편, 2006년 명령은 사업이전을 하면서 이에 영향을 받는 근로자들에게 사업이전과 관련한 정보를 제공하고 협의할 의무를 사용자에게 부과하고 이에 대한 구제수단을 규정하고 있다. 사용자가 근로자대표 등에게 제공하여야 할 정보로는 ① 사업이전이 일어난 사실, 이전의 날짜

---

111) [2003] IRLR 102.

112) [2010] IRLR 19.

113) [1997] IRLR 163.

114) Law Commission, *Aggravated, Exemplary and Restitutionary Damages(Report No 247)*, 1997, PartⅡ 참조.

115) [2011] IRLR 740.

혹은 제한된 날짜, 그리고 그에 관한 이유, ② 사업이전이 영향을 받는 근로자에게 미치는 법적, 경제적, 사회적 의미, ③ 사업이전과 관련하여 영향을 받는 근로자에게 취하거나 취하려고 예정하고 있는 조치, 또는 아무런 조치를 취할 것이 아니라면 그 사실, ④ 만일 사용자가 이전인이라면, 이전과 관련하여 인수인이 영향을 받는 근로자에 대하여 취할 것으로 예상되는 조치, 만일 아무런 조치를 취할 것으로 예상되지 아니하면, 그 사실 등이 포함된다.[116] 사용자가 위와 같은 의무를 이행하지 아니한 때에는 근로자대표, 노동조합 혹은 근로자 등은 고용심판소에 소를 제기할 수 있는데, 고용심판소는 소가 이유가 있다고 인정하는 때에는 적절하다고 판단되는 금전배상명령을 할 수 있다.[117] 금전배상액의 상한은 13주의 임금상당액으로 하며 금전배상액의 감액을 인정하여야 할 특별한 사정이 없는 한 원칙적으로 13주의 임금상당액에 해당하는 금전배상을 명하여야 한다.[118]

Ⅵ. 나가며 — 요약

1. 구제절차의 구조

영국의 부당해고 구제절차는 형식적으로는 민사법원과 고용심판소로 이원화되어 있다고 평가할 수 있으나 민사법원에 의한 위법해고의 구제는 매우 제한적인 경우에만 해고 구제수단으로서 실효성이 있으며 일반적으로는 고용심판소를 통한 구제가 해고 구제의 주요 수단이 된다. 여기에는 보통법상 인정되어 오던 위법해고의 법리를 수정하기 위하여 불공정해고제도를 도입하고 고용심판소로 하여금 불공정해고의 구제를 전담하도록 한 입법적 배경이 있다. 따라서 영국의 부당해고 구제절차는 형식적으로는 이원화된 제도라고 말할 수 있지만 실질적으로는 고용심판소를 중심으로 한 구제절차에 예외적으로 민사법원을 통한 구제가 수반된다고 설명할 수 있다. 그러나 구제절차의 이원화란 표현은 어디까지나 하급심의 구제절차가 민사법원와 고용심판소로 양분되어 있다는 것을 의미할 뿐 상급심으로 가면 항소법원의 민사부가 모든 해고분쟁을 처리하는 사법기관이 되고 항소사건 중 일부만이 대법원의 법률적 판단을 받는다는 점에서 종국적으로는 구제절차가 법원으로 일원화된다고 표현할 수도 있다.

2. 권리구제의 자격 제한

고용심판소에 불공정해고의 당부를 다투기 위해서는 앞서 살펴본 것처럼 2년의 계속고용기간이라는 요건을 갖추어야 한다. 이러한 자격기간의 제한은 불공정해고소송의 남발을 막겠다는 취지로 이해할 수 있지만 다른 한편, 불공정해고소송에 대응하는 사용자의 비용을 절감하고

116) TUPE reg13(2)(a).
117) TUPE reg15(8), (11).
118) Sweetin v Coral Racing [2006] IRLR 252.

해고를 다툴 수 있는 문호를 좁게 하여 고용의 유연성을 더하려는 취지도 있다. 이런 정책적 배경이 있기 때문에 앞서 살핀 것처럼 영국의 불공정해고제도는 단순히 부당해고구제 기능을 넘어서 고용안정성과 연결된 노동시장정책의 함의도 있다.

3. 권리구제의 방식

가. 화해제도

영국의 경우 불공정해고를 고용심판소에서 다투기 위해서는 필요적으로 화해절차를 거쳐야 한다. 해고 분쟁을 비롯한 노동분쟁이 당사자 간의 화해로 종결되는 것은 계속적 신뢰관계라는 특징이 있는 노사관계에서 바람직한 현상이라고 일반적으로 이해할 수 있다. 그러나 영국의 사례는 최근 높게 규정된 제소비용과 재판을 할 경우 10% 내외에 불과한 낮은 근로자 승소율이 화해를 강제하고 있다는 점도 고려하여야 한다. 우리나라 노동위원회의 화해에 대해서는 그 공정성에 대하여 불신이 있다.[119] 심판담당 공익위원이나 조사관이 주도하는 화해는 특히, 화해가 불성립되었을 때 심판에 대한 공정성에 큰 시비를 일으키기도 하며 심판 전 화해절차에서도 사건에 대한 예단을 갖고 있다는 비판을 받기 쉽다.[120] 따라서 화해를 전문적으로 수행하는 제3자의 서비스를 도입하는 방안을 적극 고려할 필요가 있는데[121] 당사자가 승복할 수 있는 온전한 화해가 성립하기 위해서는 영국의 ACAS와 같은 독립적인 공적 기관을 화해전담기관으로 선정할 수도 있고, 아니면 화해를 전담하는 공익위원 풀을 별도로 구성하여 화해유도를 하는 것이 바람직할 수 있다.

나. 금전배상

불공정해고의 구제수단으로서 금전배상제도는 배상금의 지급이 실무적으론 원칙적 구제수단으로 인식되고 있고, 배상금 지급액이 해고기간 동안 발생하는 임금상당액을 상회하는 다액이고, 해고기간 동안 발생한 중간수익 혹은 이제 준하는 경제적 이익에 대한 공제 법리가 폭넓게 형성되어 있으며, 최고 금액에 대한 상한 규정과 아울러 고용심판소에 의한 재량적 조정을 허용하는 특징이 있다.

금전배상체계와 관련하여 우리나라의 제도는 해고기간동안 발생한 임금상당액을 하한으로 정하고 있으나 이를 초과하는 금액을 어떻게 산정할 것인가에 대한 법령상의 명확한 기준이 없고 실무적으로도 임금상당액을 초과하는 금전의 지급을 명하는 경우가 드물다. 게다가 복직판

119) 김선수, “노동위원회의 역할과 과제”, 「노동법학」(제29호), 한국노동법학회, 2009, 28~29면.

120) 같은 취지로 이승길/조성관, “노동위원회의 운영상 개선방안에 대한 소고”, 「노동법논총」(제27집), 한국비교노동법학회, 2013, 263~264면.

121) 장기적으로는 노동위원회가 영국의 ACAS와 같이 조정 혹은 화해 촉진의 역할만을 하고 판정 기능은 노동법원에 맡기는 것이 적절하다는 견해도 있다(김홍영, “영국의 부당해고 구제에 관한 고찰”, 「충남대학교 법학연구」(제16권 제1호), 충남대학교 법학연구소, 2005, 155~157면).

정을 받으면 임금상당액은 당연히 받을 수 있는 금전적 보상이기 때문에 우리나라의 금전보상제도는 활성화되기 어렵다. 따라서 금전보상제도를 활성하려면 부당한 해고임에도 고용관계를 종료하는 것에 대한 추가보상이 필요한데 영국식 시스템은 이런 점에서 상세한 논리를 전개하고 충분한 실무례를 확보하고 있다는 점에서 유용한 선례가 될 수 있다.

다. 권리구제의 실효성 확보

법원 단계의 권리구제는 민사판결의 집행력에 의하여 그 실효성이 보장된다는 점에서 영국과 우리나라의 제도가 큰 차이가 없다고 평가할 수 있다. 그러나 노동위원회의 구제명령과 영국 고용심판소의 판결을 비교하면 주로 해당 기관의 법적 성격에 기인한 차이를 확인할 수 있다. 그러한 차이가 곧바로 권리구제의 실효성의 차이로 연결되는지는 명확하지 아니하다. 오히려 분쟁해결에 소요되는 기간이라는 측면에서는 영국이 더 길고, 그렇다고 해당 기간 동안 근로자의 지위를 보전하는 가처분이 우리나라보다 더욱 활성화되어 있다고 보기도 어렵다. 따라서 노동위원회를 통한 부당해고에 관한 권리구제 문제에 관해서는 행정처분이 갖는 고유한 특징을 고려한 실효성 확보방안이 중시되어야 하는데 그런 면에서 현행 이행강제금 제도는 운영상 아직 부족한 점이 있으나 노동위원회의 성격에 비추어 고려할 수 있는 권리구제의 적절한 실효성 확보 수단이라고 평가할 수 있다.

미국과 영국의 대체근로

김 희 성*

제 1 절 노사간 교섭력 균형확보를 위한 대체근로 허용의 필요성
제 2 절 미국의 경우
Ⅰ. 서 론
Ⅱ. 파업에 대한 현행법과 대체근로
Ⅲ. 파업 중인 근로자 대체원칙
Ⅳ. 사례: 항공관제사 파업시 대체근로 사례
Ⅴ. 결론 — 영구적 또는 임시적 대체 근로 가능
제 3 절 영국의 경우
Ⅰ. 파업 중 파견근로자 사용: 법 개정
Ⅱ. 근거 기초
제 4 절 결론 — 합리적 개선방안

제 1 절 노사간 교섭력 균형확보를 위한 대체근로 허용의 필요성

현행법은 쟁의행위기간 중 노동조합의 쟁의행위에 대항하는 사용자의 행위수단에 일정한 제한을 가하고 있다. 노동조합 및 노동관계조정법 제43조(사용자의 채용제한)에서는 "사용자는 쟁의행위 기간중 그 쟁의행위로 중단된 업무의 수행을 위하여 당해 사업과 관계없는 자를 채용 또는 대체할 수 없다(동조 제1항). 사용자는 쟁의행위기간 중 그 쟁의행위로 중단된 업무를 도급 또는 하도급 줄 수 없다(동조 제2항)"고 규정하고 있으며(위반할 경우 1년 이하의 징역 또는 1천만 원 이하의 벌금: 제91조), 파견근로자보호 등에 관한 법률 제16조(근로자 파견의 제한)에서 "파견사업주는 쟁의행위 중인 사업장에 그 쟁의행위로 중단된 업무의 수행을 위하여 근로자를 파견하여서는 아니된다"고 규정하고 있다. 쟁의행위기간 중의 대체근로제한규정의 취지는 사용자의 쟁의대항행

* 강원대학교 법학전문대학원 교수

위가 제한 없이 허용됨에 따라 노동조합의 쟁의행위가 아무런 실효성을 거둘 수 없다면 근로자의 쟁의권 행사의 본질적인 내용이 침해받게 될 것이므로 이를 합리적인 범위 안에서 인정하기 위한 것이다.

그러나 이 규정의 입법취지가 이와 같더라도 그 타당성에 관해 논란이 많았고, 다른 나라에서는 찾아볼 수 없는 독특한 입법례여서 대체근로제한규정을 완화하는 방향으로 개선안을 마련하는 것이 바람직하다는 의견이 계속 제기되었다.[1)]

근로자의 노동3권 행사는 근로자들이 사용자와 대등한 지위에서 공정한 거래를 목적으로 행해져야 한다. 그러나 노동3권 행사가 불법인 경우라도 사용자들이 대처할 방안이 없다. 회사는 그저 감내할 수밖에 없는 것이 산업현장의 현실이다. 이제라도 노조나 조합원들의 불법쟁의행위 내지 그 남용을 어떻게 방지할 수 있는 방안을 모색해야 한다.

쟁의행위는 노사 간 평화적 단체교섭이 결렬되어 더 이상 교섭을 진행시키는 것이 무의미한 경우에 최후의 수단으로 사용되어야 하는 원칙에도 불구하고 현행 법제상 합법적인 쟁의행위(파업)의 손쉬운 확보로 많은 국내 노동조합(이하 '노조'라 한다)는 파업을 노사협상 과정에서 자신들의 요구조건을 관철시키기 위한 수단으로 활용하고 있다. 반면, 회사는 노동조합의 파업 돌입으로 인해 생산차질 발생과 함께 국내외 고객들의 불만, 대외신인도 하락 등의 위험이 발생하므로 이를 방지하기 위해서는 어쩔 수 없이 노조에게 교섭 우위권을 줄 수밖에 없는 상황이다. 이와 같이 노사 간 교섭에 가장 중요한 당사자 간 균형적인 교섭력 확보가 어려운 구조를 가지고 있어 합리적 교섭 진행을 위한 노사 간 교섭력 균형 확보 방안이 요구되는 상황이다.

특히 현행 노조법이 노동조합의 쟁의행위 돌입에 대한 사용자의 대항행위로 조업을 중단하는 직장폐쇄만을 규정하고 있고, 파업 중 대체근로는 명문으로 금지하고 있어 조업 유지 · 계속에 관한 사용자의 권리는 헌법이 보장하는 본질적인 기본권임에도 불구하고 노동조합의 단체행동권에 비해 지나치게 침해되고 있는 실정이다. 우리나라의 대체근로 전면금지는 대체근로 제한 입법을 두고 있지 않거나 두고 있는 경우에도 최소한에 그치는 외국 입법례와 비교해볼 때, 지나치게 과도한 측면이 있어 노동조합의 단체행동권과 회사의 경영권이 조화롭게 보장될 수 있는 범위에서의 대체근로 허용에 관한 재검토가 요구된다.

따라서 본 연구에서는 선진국 가운데 특히 대체근로를 제한하는 특별한 입법규정을 두고 있지 않은 미국에서 논의되어 온 대체근로금지 사례를 찾아보고, 파업 시 대체근로의 전면사용으로 파업의 효과를 감소시키고자 그나마 존재하였던 쟁의행위 중인 근로자를 대체하기 위해

---

1) 대부분의 국가에서는 쟁의행위시 사용자의 조업의 자유, 즉 대체근로를 제한없이 허용하고 있다. 외국의 입법례 및 개정에 관한 문제에 관해서는 김준, 「쟁의행위기간 중의 대체근로: 쟁점 및 외국의 입법례」, 국회도서관 입법조사분석실, 1996. 12; 노사관계제도선진화연구위원회, 「노사관계법 · 제도 선진화 방안」, 2003. 11; 한국경영자총협회, 「쟁의행위시 대체근로에 관한 법적 검토」, 2002. 2; 선진노사문화연구원, 「선진쟁의질서에 대한 연구」, 2009. 11 등 참고.

임시파견근로자의 공급을 금지하였던 규정도 삭제하려 하고 있는 영국을 비교법적으로 연구함으로써 입법정책적 개선방향을 제시하는 데 주된 목적이 있다.

제 2 절 미국의 경우

Ⅰ. 서 론

미국은 사용자가 파업 중인 근로자를 대신하여 대체근로자를 사용할 수 있다. 그러나 이에 대한 직접적인 현행규정은 없으며 다만 근로자의 파업에 대한 권리(전국노동관계법 제7조), 사용자의 부당노동행위(동법 제8조 (a)(1)), 파업 중 근로자의 권리와 지위(동법 제13조와 제2조 (3)) 등을 전국노동관계법에서 명시하고 있다. 반면, 판례는 '파업 중인 근로자 대체원칙(The Striker Replacement Doctrine or Mackay Doctrine)'에 따라, 사용자는 파업 중 사업을 유지하기 위하여 영구적인 대체근로자(Permanent replacement workers)를 고용할 수 있다고 판시하고 있으며 현재까지 이 원칙을 유지하고 있다. 이에, 몇몇 주들은 파업 중인 근로자 대체원칙을 법률로 규정하고 있다.[2)]

한편, 전국노동관계위원회는 파업이 합법 또는 불법이냐를 판단하여 합법인 경우, 사용자는 파업 중인 근로자를 영구적 또는 임시적으로 대체할 수 있는 권리를 갖게 되며, 파업 중인 근로자는 파업 종료 후, 복직할 수 있는 권리를 갖게 된다는 것을 명시하고 있다. 합법적인 파업은 두 종류로 나뉘는바, 경제적 파업과 사용자의 부당노동행위에 대한 파업이다.

경제적 파업은 사용자로 하여금 파업 중인 근로자를 대체할 수 있으며 사용자가 선의의 영구적인 대체근로자(Bona fide permanent replacements)를 고용하는 경우, 파업근로자는 그 시점에 복직할 권리를 보호받지 못한다. 반면, 사용자의 부당노동행위에 대한 파업은 파업 중인 근로자를 영구적으로 해고하거나 대체할 수 없다. 다만, 전국노동관계위원회는 사용자에게 일시적인 대체근로자를 사용할 수 있도록 허용하고 있다.[3)] 따라서 파업이 종료된 후, 파업 중인 근로자는 대체근로자가 해고될 지라도 복직할 권리가 있다.

결론적으로, 미국은 파업 중 대체근로는 판례에 의하여 도출되는 것이며, 사용자가 파업 중인 근로자를 영구적으로 대체할 수 있는 권한은 근로자의 경제적 파업에 한하는 것임을 알 수 있고 임시적으로 대체할 수 있는 권한은 경제적 파업과 사용자의 부당노동행위파업 모두 가능하다는 것을 알 수 있다.

---

2) Minnesota Striker Replacement Law, Minn.Stat.Sec. 179.12(9) (1993).

3) Scobell Chem. Co., 121 N.L.R.B. 1130, 1132 (1958).

Ⅱ. 파업에 대한 현행법과 대체근로

1. 전국노동관계법(The National Labor Relations Act)

미국은 전국노동관계법 제7조를 근거로 근로자의 쟁의행위, 즉 파업권을 규정하고 있다. 즉, 전국노동관계법 제7조는 “근로자는 노동조합을 조직, 설립, 또는 지원할 수 있고, 근로자대표를 통하여 집단적으로 단체교섭을 할 수 있으며, 단체교섭을 위해 단체행동을 할 수 있는 권리가 있다.”고 명시하고 있다. 이러한 권리를 보호하기 위해, 동법 제8조 (a)(1)은 근로자의 권리이행을 방해하는 사용자는 부당노동행위에 해당한다고 규정하고 있다.

더불어, 전국노동관계법 제13조는 “이법 내, 어떠한 것도 파업권을 방해, 침해, 악화 또는 이러한 권리의 제한과 자격에 영향을 미칠 수 없다.”고 하여 근로자의 단체행동권을 적극적으로 보호하고 있다. 더욱이, 동법 제2조 (3)은 파업 중인 근로자는 여전히 근로자의 지위를 유지함을 확인하고 있다.

결론적으로, 미국은 전국노동관계법을 근거로 근로자의 파업에 대한 권리, 사용자의 부당노동행위, 파업 중 근로자의 권리와 지위 등을 보호하고 있다. 즉, 파업 중 대체근로에 대해서 현행법은 이렇다 할 명문규정을 가지고 있지 않음을 확인할 수 있다. 다만, 쟁의행위 중 사용자의 대체근로권은 근로자의 단체행동권(합법적 파업)에 따른 근로자의 복귀권과 마찬가지로 전국노동관계법이 근거가 된다고 해석한다.[4)]

2. 쟁의행위 중 대체근로

(1) 서 설

전국노동관계법은 근로자에게 파업권과 단체행동권을 보장하고 있다.[5)] 여기서 중요한 것은 쟁의행위, 즉 근로자의 파업이 전국노동관계법상 합법적 또는 불법적이냐에 따라 근로자와 사용자의 권리가 허용 또는 제한된다는 점이다. 따라서 파업의 합법성은 파업 중인 근로자로 하여금 파업 종료 후, 복직할 수 있는 권리를 부여하며 사용자에게 파업 중인 근로자를 대체할 수 있는 권리를 부여하게 된다.

파업의 합법성과 불법성은 파업의 목적, 시점 그리고 파업근로자의 행위로 판단될 수 있다. 그러나 이러한 판단은 쉽지 않기 때문에 파업의 합법성 유무가 있는 경우, 전국노동관계위원회에 의해 결정하게 된다.[6)]

---

4) Charles E. Wilson, *The Replacement of Lawful Economic Strikers in the Public Sector in Ohio*, 46 Ohio St. L.J. 639, 642 and accompanying text (1985).

5) 근로자는 공공부문과 사적부문 근로자가 있으며 공공부문 근로자는 파업권이 제한된다. 예들 들어, 오하이오주는 법률(Public Employee Collective Bargaining Law)에 따라 적절한 통지와 모든 교착된 절차가 해소된 후, 경제적 파업을 특정한 위험군 공공부문 근로자에게 허용하고 있다(OHIO REV. CODE ANN. §4117. 14(D)(2)).

이에, 합법적인 파업은 두 종류로 나뉜다. 첫째는 경제적 파업(Economic Strikes)이며 둘째는 사용자의 부당노동행위에 대한 파업(Unfair Labor Practice Strikes)이다.

경제적 파업의 경우, 사용자는 파업 중인 근로자를 대체할 수 있으며 사용자가 선의의 영구적인 대체근로자(Bona fide permanent replacements)를 고용하는 경우, 파업근로자는 그 시점에 복직할 권리가 없다. 다만, 사용자가 파업 중인 근로자를 대체하기 위해 임시 근로자를 고용한 경우, 파업 종료 후, 사용자는 파업근로자가 업무 복귀 요청을 하는 시점에 그들을 복귀시켜야 한다.[7] 또한 영구적인 대체근로자를 고용한 경우, 파업근로자가 정규적이고 실질적인 동등 업무를 획득하지 못한 상태에서 사용자가 채용공고를 내는 경우, 그 근로자와 교섭대표가 복직요청을 할 수 있다.[8]

반면, 사용자의 부당노동행위에 대한 파업의 경우, 파업근로자는 해고되거나 영구적인 대체근로자로 교체될 수 없다.[9] 다만, 사용자는 임시적 대체근로자를 고용할 뿐이다.[10] 따라서 파업이 종료된 후, 파업근로자는 대체된 근로자가 해고될지라도 복직할 권리가 있다.[11] 특히, 파업근로자의 자리가 복귀시점에 없어진 경우라도 파업근로자는 즉각적이고 실질적인 동등한 자리로 복귀할 권리가 있다.[12]

(2) 경제적 파업(Economic Strikes)

경제적 파업은 일반적으로 사용자로 하여금 노동조합의 단체교섭을 강제할 목적을 가지는 바, 임금, 근로시간, 근로조건 등에 대한 파업을 말한다.[13] 앞서 설명한 바와 같이, 전국노동관계법 제7조는 근로자에게 근로자대표를 통하여 집단적으로 단체교섭을 할 수 있으며, 단체교섭을 위해 단체행동을 할 수 있는 권리가 있다고 명시하고 있는바, 경제적 파업의 법적 근거라 할 수 있다.[14]

경제적 파업의 경우, 법원은 사용자가 사업을 운영할 수 있도록 파업 중인 근로자를 대신

---

6) National Labor Relations Board, The Right to Strike, Lawful and unlawful strikes, https://www.nlrb.gov/strikes.

7) Robert A. Gorman, Basic Text on Labor Law: Unionization and Collective Bargaining 349 (1976).

8) *NLRB v. Fleetwood Trailer Co.*, 389 U.S. 375 (1967); National Labor Relations Board, The Right to Strike, Economic strikers defined, https://www.nlrb.gov/strikes.

9) *Mastro Plastics Corp. v. NLRB*, 350 U.S. 270, 278 (1956); *Clear Pine Mouldings, Inc.*, 268 N.L.R.B. 1044 (1984).

10) *Northern Wire Corp. v. NLRB*, 887 F.2d 1313, 1319 (7th Cir. 1989).

11) *George Banta Co. v. NLRB*, 604 F.2d 830, 832 n.1 (4th Cir. 1979); National Labor Relations Board, The Right to Strike, Unfair labor practice strikers defined, https://www.nlrb.gov/strikes.

12) *Airport Parking Management*, 264 N.L.R.B. 5, 14 (1982); *Inta−Roto, Inc.*, 252 N.L.R.B. 764, 773 (1980); *Rogers Mfg. Co.*, 197 N.L.R.B. 1264, 1269 (1972).

13) Matthew T. Golden, *On Replacing the Replacement Worker Doctrine*, 25 Colum.J.L. & Soc. Probs. 51, 73 (1991).

14) 29 U.S.C. §157 (1982).

해 임시적 또는 영구적 대체근로자를 고용할 권리를 부여하고 있다.[15] 이와 같은 사용자의 권리는 연방과 주의 재산권의 보호, 즉 사용자의 재산권 보호를 근거로 한다는 학설이 있다.[16] 반면, 파업 중인 근로자는 파업이 종료된 후, 무조건적이고 절대적인 복직권을 갖지 못한다.

(3) 사용자의 부당노동행위에 대한 파업(Unfair Labor Practice Strikes)

사용자의 부당노동행위에 대한 파업은 사용자가 전국노동관계법 제8조를 위반한 경우, 근로자에 의한 합법적인 파업이다.[17] 관련 규정으로, 전국노동관계법 제8조는 "사용자로 하여금 노동조합 설립 또는 단체행동에 관여하는 근로자를 방해하거나 제한할 수 없다"고 하여 사용자가 이를 위반한 경우, 근로자에 대한 부당노동행위에 해당한다[18]고 규정하고 있다.

법원은 사용자가 전국노동관계법을 위반한 경우, 근로자에게 부당노동행위파업권을 부여하고 있다.[19] 이를 근거로, 파업 중인 근로자는 부당노동행위파업이 종료되는 시점에 절대적인 복직권을 갖는다. 그러나 이러한 복직권은 파업 중 근로자가 폭력(violence) 또는 불법행위(misconduct)를 저지른 경우, 상실하게 된다.[20]

Ⅲ. 파업 중인 근로자 대체원칙(Mackay 원칙이라 칭함)

1. 서 설

미국 전체 중 1/2 이상의 주들은 파업 중인 근로자를 대체할 수 있는 또는 없게 하는 법률을 규정하고 있다.[21] 몇몇 주들은 파업 중인 근로자를 대체하지 못하도록 금지 규정을 부과하고 있으며,[22] 다른 주들은 단지 쟁의행위 중 파업 중인 근로자를 대체할 수 있도록 채용공고를 공지할 수 있도록 규정하고 있다.[23]

---

15) *See Adair v. U.S.*, 208 U.S. 161 (1908); *Union Pac. Ry. v. Ruef*, 120 F. 102, 108, 114 (C.C.D.Neb.1902).

16) Nicholis Unkovic & James Q. Harty, *Management's Legal Problems in Continuing Plant Operations During an Economic Strike Under Federal and Pennsylvania Law*, 67 Dick.L.Rev. 63 nn. 3-4 (1962).

17) *See George Banta Co., Banta Div. v. NLRB*, 686 F.2d 14 n. 5 (1971).

18) 29 U.S.C. §158 (1982).

19) *NLRB v. Safeway Steel Scaffolds Co. of Ga.*, 383 F.2d 273, 280 (5th Cir.1967); *Northern Wire Corp. v. NLRB*, 887 F.2d 1313, 1319 (7th Cir.1989).

20) *Clear Pine Mouldings, Inc.*, 268 N.L.R.B. 1044, 1046-47 (1984).

21) Arkansas, California, Colorado, Connecticut, Delaware, Hawaii, Illinois, Indiana, Iowa, Louisiana, Maine, Maryland, Michigan, Montana, New Hampshire, New Jersey, North Dakota, Pennsylvania, Ohio, Oklahoma, Oregon, Rhode Island, Tennessee, Texas, Washington, Wisconsin(Walter Fisher & James J. McDonald, Jr., *State Anti-Strikerbreaker Laws: Unconstitutional Interference with Employers' Right to Self-help*, 3.1 Hofstra Labor and Employment Law Journal 59 (1985).

22) *Id* (Hawaii, Illinois, Iowa, Louisiana, Maine, Maryland, Michigan, Montana, New Hampshire, Oklahoma, Oregon, Pennsylvania, Rhode Island, Wisconsin).

23) *Id* (California, Colorado, Connecticut, Hawaii, Illinois, Indiana, Iowa, Michigan, Montana, New Hampshire,

반면, 미연방대법원은 1938년 Mackay 판결에 따라 쟁의행위 중 대체근로에 대하여 파업 중인 근로자 대체원칙을 도출하였다. 파업 중인 근로자 대체원칙은 경제적 파업의 경우, 사용자가 파업 중인 근로자를 대체하기 위해 영구적 대체근로자를 고용할 수 있다는 원칙이다. 사실상, 이 원칙은 현재까지 노사 간에 논쟁이 되고 있다.

2. 사실관계[24)]

Mackay Radio and Telegraph Company는 1883년에 설립된 캘리포니아 회사로 Mackay system으로 잘 알려져 있으며 국내와 해외 통신의 전신, 라디오, 전선에 대한 송수신을 관리하는 회사이다. Mackay의 주요 사무실은 샌프란시스코의 서부 해안가에 위치하고 있으며 캘리포니아주의 오클랜드, 로스앤젤레스, 샌디애고, 오래곤주의 포틀랜드, 워싱턴주의 시애틀과 타코마, 하와이의 호누룰루, 필리핀의 마닐라에 지부를 두고 있다.

반면, American Radio Telegraphists' Association은 전국적인 노동조직으로 조직원 중 라디오 교환원을 구성하고 있으며, San Francisco Local은 이 조직의 하나로 1934년 초에 설립되었다. Leo K. Bash는 이 회사의 근로자로 American Radio Telegraphists' Association(ARTA)가 조직한 San Francisco Local 3의 위원장을 맡고 있었으며 1935년 10월 4일, Mackay와 단체협상을 체결하려 했으나 결렬되어 파업을 결정하였다. 그러나 파업은 성공적이지 못하였다. 그 이유는 시애틀의 파업은 단지 몇 시간 정도 시행되었고 로스앤젤레스의 파업은 남성 한 명만이 참여하였기 때문이다. 또한 워싱턴 D.C 등에서는 아무도 Mackay 사무실 밖으로 나오는 사람이 없었기 때문이다.

다만, 포틀랜드와 오래곤만이 파업에 성공한 듯 보였다.

이에, Mackay Radio and Telegraph Company는 업무를 유지하기 위하여 로스앤젤레스 교환원들을 샌프란시스코에 즉시 파견하였고, 10월 7일, 뉴욕으로부터 7명의 교환원과 시카고로부터 2명의 교환원이 샌프란시스코에 파견되었다. 파업이 종료된 후, 샌프란시스코에서 파업 중인 교환원 5명은 업무에 복귀하려 했으나 실패하였다. 그 이유는 업무에 복귀할 자리가 없었기 때문이다. 따라서 그들은 재고용을 위해 지원서를 뉴욕에 제출하였으나 현재 채용할 자리가 없다는 답변을 회사로부터 받았다.

전국노동관계위원회는 Mackay Radio and Telegraph Company가 5명의 교환원을 업무복귀하지 못하도록 하는 것은 San Francisco Local 3을 조직하고 원조했다는 이유로 전국노동관계법 제7조를 위반한 것이고 동법 제8조 (1)에 해당하는 사용자의 부당노동행위에 해당한다고

North Dakota, Ohio, Oklahoma, Oregon, Rhode Island, Tennessee, Texas).

24) In the Matter of Mackay Radio & Telegraph Company, a Corporation and American Radio Telegraphists' Association, San Francisco Local No. 3 Case No. C−16 Decided February 20, 1936; *NLRB v. Mackay Radio and Telegraph Co.*, 304 U.S. 333 (1938).

결정하였다. 더불어, 이러한 행위는 San Francisco Local 3의 조직활동과 고용측면에서 차별에 해당하는 것으로 동법 제8조 (3)에 해당하는 부당노동행위라고 결정하였다.

이에, 전국노동관계위원회는 Mackay Radio and Telegraph Company가 노동조합 설립과 단체교섭을 방해하지 말 것과 5명의 교환원을 복직시키고 실업기간 동안 상실된 보상을 하라는 결정에 관한 집행의 소를 9번째 순회재판소에 제기하였다. 그러나 9번째 순회재판소는 전국노동관계위원회의 결정을 받아들이지 않았고 이에, 전국노동관계위원회는 대법원에 상고한 사안으로 연방대법원은 9번째 순회재판소의 판결을 뒤집어 파기 환송하였다.

3. 쟁점사항

이 사안에서 ① 첫 번째 쟁점은 경제적 파업의 경우, 파업근로자가 업무에 복귀할 권리를 가지고 있느냐이며, ② 두 번째 쟁점은 파업근로자가 파업 종료 후, 업무 복귀 신청을 하는 경우, 사용자의 거절행위가 전국노동관계법 제8조 (1)과 (3)의 부당노동행위에 해당하는지이다.

4. 판결내용

9번째 순회재판소에 따르면, 첫 번째 쟁점에 대하여 파업근로자는 업무에 복귀할 권리를 상실한다고 판시하였다. 그 판결이유는 파업근로자가 파업이라는 자발적 행위로 인해 근로자로서의 지위를 상실했기 때문에 전국노동관계법은 근로자의 고용과 재고용(복직)에 적용되지 않는다. 따라서 전국노동관계위원회의 복직명령은 권한을 넘어서는 것이며 집행할 수 없다고 판결이유를 제시하였다. 더불어, 전국노동관계법은 사용자에게 단체협상을 거절할 수 있고 개별근로자를 고용하는 것을 금지하지 않으며 근로자를 선택할 권리와 해고할 권리가 있다는 판결이유를 역시 제시하였다.

두 번째 쟁점사안에 대해, 법원은 복직신청에 대한 사용자의 거절행위는 전국노동관계법 제8조의 부당노동행위에 해당하지 않는다고 판시하였다. 그 이유는 복직명령에 대한 사용자의 거절행위가 부당노동행위로 판단하기 위해서는 그 시점에 근로자의 지위를 파악해야 하며 파업 종료 후 근로자의 지위를 상실하였기 때문에 부당노동행위에 해당되지 않는다고 판결이유를 제시하였다.

그러나 연방대법원은 파업근로자들은 전국노동관계법 제2조 (3)에 따라 근로자로서의 지위를 가지고 있다고 보았으며, 사용자가 업무를 수행하기 위해 파업근로자를 대체근로자로 대신하는 것은 부당노동행위가 아니라고 판시하였다. 판결 이유로 사용자는 사업을 보호하고 운영을 계속해야 하는 합법적이고 중요한 경영상의 필요성이 있는 한 영구적 대체근로자를 고용할 수 있다고 보았다.

Ⅳ. 사례: 항공관제사 파업시 대체근로 사례: The PATCO(Professional Air Traffic Controllers Organization) Strike of 1981(PATCO v. FAA)

○ 파업 경과[25]

– PATCO는 항공관제사 노동조합으로 항공관제의 책임을 담당함.[26]

– 연방항공청(The Federal Aviation Administration: FAA)은 정부의 기관임.[27]

– 1981년 8월 3일 오전 7시, PATCO는 파업을 공식 선언함.

– 13,500명 이상의 항공관제사들이 파업에 참가함.

– 1981년 8월 3일~8월 5일까지: 48시간 파업시행.

– PATCO는 1956년 테프트 하틀리 법에 의거, 연방정부근로자는 파업이 금지된다는 규정을 위반한 것으로 불법파업을 시행한 것으로 인정됨.[28]

– 1981년 8월 3일 오전 10시 55분, 레이건 대통령은 국가안전에 대한 위협을 이유로 파업 시작 후 48시간 내에 파업관제사들에게 업무 복귀를 명령함. 이에, 업무복귀하지 않는 모든 항공 관제사들을 해고하기로 결정함.

– 1981년 8월 3일, 교통부 장관인 Drew Lewis는 긴급대책으로 대체인력을 동원하여 50% 정도의 주요노선만 항공편을 운행함.

– 8월 4일, 14,000개의 비행 스케줄이 계획되었으나 6,000개의 비행스케줄이 취소됨. 이로 인해, 정부는 연방항공청을 위한 재정기금을 약 3백 5십만 달러로 동결함.

– 13,500명 중 1,650명만이 업무 복귀함. 1981년 8월 5일, 나머지 11,650명은 해고됨(전체 근로자의 약 70%에 해당함). 해고된 근로자들은 평생 동안 연방과 관련된 일을 하지 못하도록 금지함.

○ 파업 사유

– 근로시간 단축: 현행 5일간 40시간 근무→4일간 32시간 단축 근무.

– 임금인상: 현행 관제사 근로자: $20,462–$49,229→년간 $10,000 인상요구.

– 퇴직연금: 20년 후 full 퇴직연금 요청함→변경되는 경우, 7억7천만 달러 소요됨.

---

25) The PATCO Strike of 1981: The Rise of the Working Man, Sep. 14, 2012, https://sites.google.com/site/americanlaborcrises/labor–crises/patco–strike.

26) PATCO는 1968년 설립된 미국 항공관제사의 노동조합으로 1981년에 해산되기 전까지 유지함.

27) 연방항공청은 정부기관으로 재정을 지원받고 있는 상태임.

28) 5 U.S.C. (Supp. Ⅲ 1956); 5 U.S.C. §7311(현행 규정임).

○ 레이건의 영구적 대체 근로 시행

- 법적 근거: PATCO는 1956년 테프트 하틀리 법(5 U.S.C. (Supp. Ⅲ 1956); 5 U.S.C. § 7311(현행 규정임))에 의거, 연방정부근로자는 파업이 금지된다는 규정을 위반한 것으로 불법파업임.
- PATCO 파업근로자들은 파업권이 없기 때문에 레이건 대통령은 업무복귀 명령에 응하지 않는 11,650명 항공 관제사들을 해고하고 영구적으로 대체함.
- 1981년 8월 3일, 교통부 장관인 Drew Lewis는 긴급대책으로 대체인력을 동원하여 50% 정도의 주요노선만 항공편을 운행함.
    - 파업 초기 대체인력: 파업에 참가하지 않은 관제사, 감독자, 직원과 파업과 관련이 없는 개인, 다른 시설에서 일시적으로 파견된 관제사
    - 파업이 끝난 후 대체인력: 대체근로자들이 훈련을 마칠 때까지 군인관제사가 맡음.

○ 파업 결과

- PATCO 파업은 미국 노동 역사상 20세기 말 가장 중요한 사건의 하나로 인식되고 있음.
- 1981년 8월 17일, 연방항공청은 새로운 항공관제사를 고용하기 위해 신청서를 접수함.
- PATCO 파업 후, 새로운 관제사들을 훈련시키는 데 3년이 소요되었고 항공 관제사가 정상화되는데 10년이 소요됨.
- 1981년 10월 22일, 연방노사관계국(The Federal Labor Relations Authority)은 PATCO를 해산시킴. 추후 새로운 항공관제사는 새로운 노동조합, 전미항공관제사 연합(The National Air Traffic Controllers Association: NATCA)을 조직함.
- 1987년 1월 19일, NATCA는 연방항공청에 의해 고용된 항공 관제사의 유일한 교섭단위로 인정됨.
- 1993년 8월 12일, 클린턴 대통령은 1981년 파업에 참가한 항공관제사 재고용 금지를 해제함(약 850명의 PATCO 파업참가자임).
- 1996년 10월 3일, 의회는 연방항공갱신법(The Federal Aviation Reauthorization Act)을 제정하여 NATCA가 연방항공청과 단체교섭을 할 수 있다고 법제화함.

Ⅴ. 결론 — 영구적 또는 임시적 대체 근로 가능

미국은 공공부문과 사적부문 근로자에 따라 파업권이 제한 또는 허용되고 있다. 마찬가지로, 파업근로자는 파업의 유형에 따라 복직권의 존부를 확인할 수 있다. 즉, 파업의 종류가 경제적 파업 또는 부당노동행위파업 인가에 따라 무조건적이고 절대적인 복직권의 존부와 연계될

수 있을 것이다. 마찬가지로, 사용자는 파업의 종류에 따라 영구적 또는 임시적 대체근로자를 사용할 수 있는지를 확인할 수 있다.

앞서 설명한 바와 같이, 사용자의 대체근로에 대해 직접적인 규정은 없다. 다만 근로자의 파업에 대한 권리(전국노동관계법 제7조), 사용자의 부당노동행위(동법 제8조 (a)(1)), 파업 중 근로자의 권리와 지위(동법 제13조와 제2조 (3)) 등을 전국노동관계법에서 명시하고 있을 뿐이다. 반면, 판례는 Mackay 원칙이라 불리는 '파업 중인 근로자 대체원칙'에 따라, 사용자는 파업 중 영업을 유지하기 위하여 영구적인 대체근로자를 고용할 수 있다고 판시하고 있으며 현재까지 이 원칙을 유지하고 있다.

한편, 전국노동관계위원회는 파업이 합법 또는 불법이냐를 판단하여 합법인 경우, 사용자는 파업 중인 근로자를 영구적 또는 임시적으로 대체할 수 있는 권리를 갖게 되며, 파업 중인 근로자는 파업 후, 복직할 수 있는 권리를 갖게 된다는 것을 명시하고 있다. 합법적인 파업은 두 종류로 나뉘는바, 경제적 파업과 사용자의 부당노동행위에 대한 파업이다.

결론적으로, 미국은 파업 중 대체근로는 판례에 의하여 도출되는 것이며, 사용자가 파업 중인 근로자를 영구적으로 대체할 수 있는 권한은 근로자의 경제적 파업에 한하는 것임을 알 수 있고 임시적으로 대체할 수 있는 권한은 경제적 파업과 사용자의 부당노동행위파업 모두 가능하다는 것을 알 수 있다.

제 3 절 영국의 경우

Ⅰ. 파업 중 파견근로자 사용: 법 개정

파견부문은 the Employment Agencies Act 1973 and the Conduct of Employment Agencies and Employment Businesses Regulations 2003(the 'Conduct Regulations')으로 규율된다. 현행 행위규제 제7조는 파견사업자(employment businesses)로 하여금 파업 중 또는 다른 쟁의행위에 참가 중인 근로자에 의해 일반적으로 수행되는 의무를 대체하기 위해 또는 파업 중 또는 다른 쟁의행위에 참가 중인 근로자의 의무를 대체하고 있는 이 근로자의 업무를 대체하기 위해 파견근로자를 제공하지 못하도록 금지하고 있다.

정부는 파업이 단지 명확하고 민주적인 결정의 결과이기를 원하고 중요한 공공서비스에 대한 파업의 불합리한 영향을 다루고 있다. 행위규제 조항을 폐기하는 것은 쟁의행위에 직면한 사용자로 하여금 파견사업자로부터 파견근로자를 고용할 수 있게 할 것이다.

1. 영국 보수당 성명서(2015년 4월 14일 발간된)에 따르면, 정부는 사용자로 하여금 파업기간

동안 파견근로자를 고용하는 것을 금지하는 무의미한 제한을 폐기하는 것이라고 설명하고 있다.

2. 정부는 파업이 단지 명확하고 민주적인 결정의 결과이기를 원하고 중요한 공공서비스에 대한 파업의 불합리한 영향을 다루고 있다. 정부는 행위규제 조항을 폐기하는 것을 목적으로 하고 있으며 쟁의행위에 직면한 사용자로 하여금 파견근로자를 고용할 수 있게 할 것이다.

Ⅱ. 근거 기초

1. 고려할 문제

영국은 뉴질랜드, 미국, 캐나다에 이어 정규직 근로자를 위한 부분은 4위, 캐나다, 미국에 이어 파견계약은 3위에 해당하는 선진국 중 가장 낮은 규제를 가진 노동시장 중 하나이다.[29] 영국의 노동시장 유연성은 취업 중인 사람들에게 쉽게 이동할 수 있고 사용자에게는 경제변동에 빠르게 대응할 수 있게 한다. 정부는 고용법이 영국의 유연한 노동시장을 유지하고 지탱할 수 있도록 시행하고 있다.

파견부문은 직업의 수요를 근로자의 수요에 맞추도록 효율성을 향상시킴으로써 영국의 노동시장을 효과적으로 운영하는 데 중요한 역할을 한다. 매년 약 1.7백만 사람들이 일자리에 참여하고 있다.[30] 이러한 파견부문은 the Employment Agencies Act 1973[31]과 the Conduct of Employment Agencies and Employment Businesses Regulations 2003(the "Conduct Regulations")[32]에 의해 규율되었다. 이 법과 행위규제는 파견사업, 고용주와 구직자라는 3자 관계를 규율하고 있다. 행위규제 제7조는 파견사업자로 하여금 파견근로자를 a) 통상적으로 파업 또는 다른 쟁의행위를 하는 근로자에 수행되는 또는 b) 통상적으로 쟁위행위 중 근로자의 업무를 일시적으로 수행하는 근로자에게 수행되는 업무를 이행할 수 있도록 파견근로자를 제공하는 것을 금지하고 있다. 이러한 제한은 the Trade Union and Labour Relations(Consolidation) Act 1992에 정의된 비공식적인 쟁의행위의 경우에는 적용하지 아니한다.

영국의 근로자들은 사용자를 대상으로 쟁의행위를 할 수 있다.[33] 이러한 쟁의행위는 근로

---

29) OECD (2013) "Protecting jobs, enhancing flexibility: A new look at employment protection legislation" in OECD Employment Outlook 2013, OECD publishing http://dx.doi.org/10.1787/emp_outlook-2013-6-en.

30) The Recruitment and Employment Confederation's Industry Trends Survey 2012/13.

31) Employment Agencies Act 1973, http://www.legislation.gov.uk/ukpga/1973/35/pdfs/ukpga_19730035_en.p

32) The Conduct of Employment Agencies and Businesses Regulations 2003 http://www.legislation.gov.uk/uksi/2003/3319/pdfs/uksi_20033319_en.pdf.

33) GOV.UK, Taking part in industrial action and strikes, https://www.gov.uk/industrial-action-strikes/your-employment-rights-during-industrial-action (accessed 10 June 2015).

자들이 고용관계의 측면에서 사용자에게 불만(고충)이 있는 경우, 마지막 방법으로써 사용된다. 쟁의행위는 사용자로 하여금 고충을 해결할 수 있도록 사용자에게 경제적 비용을 부과할 수 있다. 쟁의행위를 하는 근로자들 역시 파업기간동안 근로를 제공하지 않는 시간에 지불받지 못한 상실비용에 직면해 있다.

그러나 쟁위행위는 부정적인 외부영향을 발생시킨다: 파업에 관여하지 않은 개인과 사용자의 비용, 예를 들어 교육과 같은 필수적인 공공서비스 내 파업은 부모님들이 일하는 대신, 아이들을 돌봐야 할 필요가 발생한다. 왜냐하면 몇몇 학교들은 파업기간동안 학생들을 돌볼 의무를 이행할 수 없기 때문이다. 이는 노동력을 제공하지 못하는 부모의 사용자에게 부정적인 영향을 끼칠 수 있다. 교육부장관, Michael Gove[34]에 의하면, 2011년 11월, 공공부문의 파업은 잉글랜드 주 내에서 운영되는 학교전체의 76%(65% 휴교)에 영향을 미쳤다. 유사하게, 우체국 근로자들이 파업을 하는 경우, 개인과 사용자들은 배달지연으로 인해 피해를 입게 되었다.[35]

2014년, 10명의 근로자 또는 그 이상이 관련되거나 최하 하루가 지속된 155번의 조업중지가 있었으며, 788,000의 근로일이 추산되었다.[36] 최근, 쟁위행위에 직면한 사용자는 직접적으로 새로운 근로자를 고용하거나 서비스 제공자와 업무계약을 체결함으로써 이로 인해 발생한 업무를 회복할 수 있는 몇 가지 방법이 있다. 그러나 행위규제 제7조는 파견사업자로 하여금 파업 중에 있는 사용자에게 파견근로자를 제공하지 못하도록 금지하고 있다. 이는 쟁위행위에 직면한 사용자가 폭넓은 부문과 직업에 걸쳐 일시적으로 노동력을 제공받지 못한다. 이는 역시 파견근로자가 일할 수 있는 기회를 갖지 못하고 파견사업자가 노동력을 제공할 기회를 갖지 못하게 한다. 이러한 파견근로자를 사용함으로써, 쟁의행위에 직면한 사용자들은 노동분쟁과 관련이 없는 사용자와 개인에게 영향을 미치는 조업중지의 충격을 감소시킬 수 있다.

2. 배 경

파견부문은 2012년, 250억 파운드 이상을 기여하는 경제의 중요한 부분이다.[37] 2014년, 파견부문에서 대략 10,500개의 파견사업자가 존재했다.[38] 파견사업자는 일시적인 측면에서 고용

---

34) BBC News, Public Sector strikes disrupt services across England, 30 November 2011, http://www.bbc.co.uk/news/uk-england-15954967 (Accessed 12 June 2015).

35) S. Treanor, Royal Mail Strike: What will the impact be?, BBC News, 16 October 2013 http://www.bbc.co.uk/news/business-24551650 (Accessed 12 June 2015).

36) ONS, Labour Market Statistics February 2015, table LABD03: Labour disputes stoppages in progress http://www.ons.gov.uk/ons/publications/re-reference-tables.html?newquery=*&new-offset=50&pageSize=25&edition=tcm%3A77-350752 (Accessed 12 June 2015).

37) ONS Annual business Survey 2012. In comparison, according to the same source, the manufacture of transport equipment (including motor vehicles and aerospace manufacture) contributed around £20.5 bn in 2012, while telecommunications contributed around £26 bn.

38) ONS, UK Business: Activity, size and location 2014. The official Standard Industrial Classification places

주에게 근로자를 제공한다(표 1). 대부분의 파견사업자들은 소규모 사업자인 반면, 소규모 사업자로 추산되는 비율은 대체적으로 더 낮다.

표 1: 규모별 채용사업자, 2014 영국통계청(ONS(Office for National Statistics)) 자료

기업 규모(근로자 수)					
사업 종류	영세기업 (0-9)	소기업 (10-49)	중기업 (50-249)	대기업 (250+)	총합
파견사업자	7,040	2,045	1,095	355	10,535
	67%	19%	10%	3%	100%
전체 경제	1,998,850	218,060	37,655	9,080	2,263,645
	88%	10%	2%	0%	100%

2013년과 2014년, 파견사업자는 2.4%에 해당하는 약 1,156,000의 개인을 파견배치하였다. 이러한 파견배치는 2013/14년, 영국 내 총 고용의 3.8%에 해당한다.

이 부문은 근로자에게 높은 수준의 기술에서 매우 낮은 급여와 기술에 해당하는 다양한 범위의 직업을 제공한다. Recruitment and Employment Convention(REC) Industry Trends에 따르면, 파견사업자에 의한 임시 또는 기간의 정함이 있는 계약 배치의 1/5은 다른 산업의 직업에 해당하며, 15%는 기술적/공학적인 직업에 해당, 14%는 비서/사무직에 해당한다. 이는 간호/간병/돌봄 직업은 6%보다 더 낮은 비율로 떨어졌으며 교육/교직에 대한 직업은 5%로 떨어졌다.[39]

2010년에서 2014년에 걸쳐, 연평균 128번의 조업중지가 있었고 647,000일의 근로일을 상실하였다. 2014년까지 5년 동안, 공공부문(정부, 교육, 건강과 사회보장)은 거의 근로일의 90%에 해당한다.

3. 쟁의행위에 직면한 사용자의 현행 대안

최근, 쟁의행위에 직면한 사용자는 파업중인 근로자가 통상 이행하여야 하는 업무를 수행

businesses within industries on the basis of their primary activity. These figures relate to the number of enterprises that are registered for VAT and/or PAYE, and rounded to the nearest 5. There are two legally defined types of business models in the sector; *employment agencies* who introduce people to hirers for permanent employment; and *employment businesses* (also known as temping agencies) who introduce people to hirers for temporary work. Many recruitment businesses operate as both employment agencies and employment businesses.

39) Recruitment and Employment Confederation, Recruitment Industry Trends 2013/14, October 2014.

하기 위해 다른 근로자를 고용하기 위해 다음과 같은 몇 가지 대안을 고려할 수 있다.

- ◆ 파견사업을 이용하지 않고 사용자가 직접고용
- ◆ 지원자를 구인광고, 검토, 선발하는 데 있어 직업소개소의 도움으로 사용자가 직접고용－사용자는 직접 고용할 수 있는 적합한 근로자를 구인, 검토, 선발하기 위해 법적으로 직업소개소와 업무계약를 체결하거나 다른 제3자와 업무계약체결을 할 수 있다. 이러한 관계는 어쩌면 사용자에게 낮은 유연성을 제공하며 추가비용과 행정적 부담을 지울 수 있다.
- ◆ 직업훈련기관을 사용하거나 훈련을 시키는 사람을 사용함으로써 사용자가 직접고용
- ◆ 다른 사용자와 하도급계약

이러한 대안들은 크게 임시 근로자를 직접적으로 고용하는 것과 관련이 있다. 이는 급여관리, 연금문제, 채용과정, 계약형태 차원에서 행정적 부담을 가져온다. 사용자들은 또한 짧은 기간 동안, 통보에 따라 직접 고용해야 한다는 노동력의 공급차원에 어려움을 겪고 있다. 임시적인 차원의 짧은 통보기간동안, 하도급계약은 역시 상대적으로 비용이 비싸다는 것을 알 수 있다. The Employment Agency Standards Inspectorate은 행위규제를 집행하고 행위규제 제7조의(2012/13에 2번이며 2013/14에 5번, 각각 조업중지의 경우의 2%와 4%에 해당) 잠재적 침해에 해당하는 몇 가지 고충, 현행 대안의 낮은 수준의 사용에 대하여 인정하고 있다.

4. 개입의 합리성

행위규제 제7조는 파견사업자로 하여금 파업 중인 근로자 또는 파업 중인 근로자가 통상적으로 할당받은 업무를 수행하는 사람들을 대신해 파견근로자를 제공하지 못하도록 금지하고 있다.

이 규정은 쟁의행위에 직면한 사용자로 하여금 파업기간 동안, 고객들에게 서비스를 제공하기 위하여 이용 가능한, 합리적인 비용의 효율적인 노동력을 공급할 수 있는 접근성을 금지하고 있다. 이는 사업상, 노동분쟁에 관여하지 않은 사용자와 근로자에게 영향(쟁의행위의 부정적 외부영향)을 미칠 수 있다. 행위규제로부터 제7조를 폐기하는 것은 쟁의행위에 직면한 사용자로 하여금 파견근로자를 고용하게 함으로써 파업의 부정적인 외부영향의 효과를 최소화하고 서비스/생산량을 제공할 수 있다. 이러한 상황에서 사용자가 파견근로자를 사용하는 것은 경영평가를 통하여 결정될 것이며, 사용자의 업무형태와 특별한 상황에 따라 달라질 것이다

행위규제 제7조의 폐기는 역시 다른 구직자들과 마찬가지로 동등한 기회를 주는 차원에서 파업에 영향을 미치는 업무가 이상이 없도록 파견근로자의 접근성에 대한 제한을 제거할 것이다.

또한 이것은 파견사업자들에게 노동력 공급에 대한 추가적인 기회를 제공할 것이다.

5. 정책 목적

이 정책의 목적은 중요 공공서비스에 영향을 주는 파업의 부정적인 영향을 논하는 것이며

파견근로자를 위해 배치 접근성의 제한을 감소시키기 위한 것이다. 파업에 직면한 사용자는 파견사업자로부터 파견근로자를 사용함으로써, 그 사용자는 파견근로자의 사용이 회사 또는 조직에 이익이 된다고 여길 것이며 파견근로자는 쟁의행위 때문에 수행하지 못한 기능을 수행할 수 있을 것이다. 이는 쟁의행위가 시작되는 경우, 사용자를 위한 몇 가지 기능성, 즉 교육서비스와 같은 몇 가지 중요한 서비스를 수행하고 폭 넓은 경제와 사회 속에서 발생하는 분쟁의 충격을 감소시킬 수 있다. 행위규제 제7조의 폐기는 역시 쟁의행위로 인해 업무에 이상이 없도록 파견근로자를 업무배치하고 파견사업자에 의해 업무를 수행할 수 있는 파견근로자를 공급함으로써 그 제한을 없애는 것이다.

행위규제 제7조는 삭제될 것으로 파견사업자들은 쟁의행위에 직면한 사용자에게 파견근로자를 제공할 수 있을 것이며 파견근로자들은 통상적으로 a) 파업 중인 근로자 b) 파업 중인 근로자에 의해 통상적으로 수행된 업무배치를 받은 근로자가 이행한 업무를 수행할 수 있다.

제 4 절 결론 — 합리적 개선방안

주요 외국의 사례에서 보듯이 주요 외국은 대체근로를 제한하는 특별한 입법규정을 두고 있지 않고 있거나(예: 미국, 일본 등), 제한하는 경우에도 기 파견근로계약을 이용한 대체근로를 금지(예: 영국)하는 정도이다. 특히 최근 영국은 파업 시 대체근로의 전면사용으로 파업의 효과를 감소시키려고 그나마 존재하였던 쟁의행위 중인 근로자를 대체하기 위해 임시파견근로자의 공급을 금지하였던 규정도 삭제하려 하고 있다. 외국법제와 우리 법제를 비교하여 우리의 경우 대체근로에 대해 포괄적으로 대체근로를 금지하는 국가는 거의 없는 것으로 확인되었고, 또한 우리나라와 같이 대체근로금지를 폭넓게 인정하는 것은 헌법상의 사용자의 재산권 또는 직업의 자유를 제한하는 문제를 야기한다는 결론이 도출된다. 따라서 법리적으로 위헌적 소지가 높고 외국에서의 입법례를 찾기 어려우며 우리나라 노동시장의 양극화 내지 노사관계의 악화현상을 초래하고 있는 쟁의행위 기간 중 대체근로금지규정은 조속하게 개정되어야 한다.

파업시 대체근로의 실행은 여러 가지 유용한 수단 내지 기능을 한다. 앞에서도 보았듯이 특히 대체근로를 가장 강하게 실행하고 영구적 대체근로까지 운용 경험을 가진 미국의 경우 노사관계가 불안정하여 법과 원칙이 안정되지 못한 국가에 대해 긍정적인 시사를 보여준다. 미국의 항공관제사 파업의 경우 그 이전 미국노동운동사에서 관제사 파업에 대해 정부가 계속 밀리는 사적 유산을 가지고 있었지만, 강력한 대체근로 투입을 통해 불법파업을 처리한 사례에 속한다. 말하자면 노동조합이 기대를 걸고 있는 집요하게 떼쓰면 성취를 할 수 있다는 기대가능성을 무너뜨리고 법과 원칙대로 처리한 사례에 속한다. 확실히 대체근로는 오랜 기간 동안 잘못되어

온 노사간 관행을 깨는 중요한 시기에 노사간 교섭력 균형을 다시 바로 잡을 수 있는 기회를 제공한다. 그러나 원천적으로 대체근로가 금지되어 있는 현행법 하에서 이러한 시도를 도모하기가 쉽지 않다.

또한 앞에서도 보았듯이 대체근로금지규정의 개정과 관련하여 영국의 최근의 움직임이 주목된다. 특히 법안 내용 중 하나로 쟁의행위 중 사업장에 파견근로자 사용을 금지하는 규정을 폐지하는 것이다. 영국에서 익히 볼 수 있는 파업은 — 최근의 영국전철노조 파업의 경우에서 보이듯 — 2~3주에 걸쳐 매주 수요일 하루 혹은 화요일 저녁부터 목요일 아침까지 만 48시간 동안 파업하는 등 파업의 비용은 최소화하고 효과를 극대화하려는 모습을 보이고 있다. 이러한 경우 사용자 입장에서 단기근로자를 직접 고용한다는 것은 다소 어려울 수 있기 때문에 만약 파견근로자를 사용할 수 있다면 파업의 효과가 상당부분 감소될 것이다. 즉 파업 시 대체근로의 전면사용으로 파업의 효과를 감소시키려는 것이 그 주목적인 것이다.

이렇게 쟁의행위기간 중 대체근로를 금지하는 우리나라의 법제도는 글로벌 스탠다드에도 맞지 않을 뿐만 아니라 우리나라 노동시장의 양극화 내지 노사관계의 악화를 유발하는 주된 원인이 되고 있으므로 하루빨리 개선되어야 한다.

특히 우리 헌법 제37조에 모든 기본권은 공공복리를 위해 제한될 가능성이 있기 때문에, 공공복리의 관점에서 대체근로를 살펴볼 필요가 있다.

헌법 제37조 제2항은 국민의 모든 자유와 권리는 公共福利를 위하여 필요한 경우에 법률로써 제한할 수 있다고 규정하고 있다. 근로자들에게 보장된 노동3권도 국민의 권리에 포함된다. 따라서 기본권인 단체행동권도 공공복리를 위해서 필요한 경우에 제한될 수 있다. 공공복리라는 개념은 불확정적이고 多義的이긴 하지만, 적어도 공동체 전체의 관점에서 사회정의에 맞게 조정된 국민의 공익이라고 이해될 수 있을 것이다.[40] 오늘날과 같이 모든 국민이 밀접한 관계 속에서 상호 의존적인 조직사회를 구성하면서 생활하는 상황하에서 쟁의행위는 일반국민에 대해서 크고 작은 불이익을 주게 된다. 따라서 쟁의행위시에는 사회의 경제적 여건이 고려되어야 하고, 명백한 공공이익의 침해가 있어서는 안 될 것이다.[41] 따라서 헌법 제37조 제2항이 규정하고 있는 공공복리는 단체행동권을 제한할 수 있는 근거로 이해될 수 있다.[42] 특히 공공복

---

40) BGHZ 70, 277ff., 281f.

41) Birk u.a., S.18f., S.20 u. S.34.; Konzen, AcP(1977), 473, 513ff.; ders., Anm. zu BVerfG 26.6.1991 SAE 1991, 329, 340; MünchHbArbR/Otto, § 278 Rn.123; Seiter, S.151f. u. S.538ff. 참고. 특히 Seiter(S.538ff. u. S.151ff.)는 투쟁행위가 실행된 후에 그 구체적 행위가 비례성의 원칙에 적합한지를 사후적으로 검토하는 것은 협약자치의 내용통제가 은폐·왜곡될 수 있는 위험을 가져올 수 있다고 지적한다. 따라서 비례성에 어긋나는 행위의 금지(Verbot der Unverhältnismäßigkeit)라는 관점에서 투쟁행위는 입법자 및 법관에 의한 규제를 받아야 한다고 한다. 다시 말하면 비례성에 어긋나는 행위의 금지원칙을 기초로 입법적으로 그 구체적 기준이 마련되어야 한다는 견해를 취하고 있다.

42) 공공복리의 개념은 매우 넓은 그리고 다의적이기 때문에 쟁의행위와 공공복리를 대립적인 관계에서만 이해하는 것은 옳지 않다. 적어도 근로자들은 협약자치라는 제도적 틀안에서 분쟁상대방과 (투쟁적)교섭을 하는

리는 분쟁당사자가 아닌 제3자 또는 일반국민(Allgemeinheit)의 이익이 침해되거나 국가의 산업이 곤경에 빠지는 등 사회적 피해가 감내할 수 있는 한도를 넘었을 경우에 문제된다. 그러므로 공공복리에 의한 단체행동권의 제한은 우선적으로 쟁의행위의 당사자가 아닌 제3자를 보호하기 위한 것이라고 볼 수 있다.[43] 따라서 일반적인 학설에 의하면 인간의 존엄성, 신체, 생명, 건강, 소유권 침해, 장기간의 사회생활수준의 중대한 침해 등은 공공복리에 대한 심각한 위협으로서 쟁의행위를 제한하는 구체적 사유라고 이해되고 있다.

쟁의행위가 제3자 또는 일반국민의 권익을 침해하지 않고 공공복리에 적합하게 행사되어야 한다는 의미는 다음과 같이 이해되어야 한다. 분쟁당사자가 헌법상 인정된 단체행동권의 행사를 통해서 추구할 수 있는 이익과 이와 상충되는 제3자 및 일반국민의 법익과의 조화를 공공복리라는 기준이 얼마큼 보장해 줄 수 있느냐 하는 것이 문제된다. 쟁의행위는 법적으로 인정되는 것이므로 그 행사로 인해서 분쟁당사자가 아닌 제3자도 일정한 정도의 피해를 감수하지 않을 수 없음은 위에서 여러번 언급하였다. 그러나 여기서 공공복리에 의하여 쟁의행위를 금지하는 주된 취지는 분쟁당사자(파업의 경우 사용자)를 보호하기 위한 것이 아니라, 제3자와 일반국민을 보호하기 위한 것이다. 공공복리에의 구속이라는 원리에 의해서 필수공익사업에서의 쟁의행위제한의 문제가 만족스럽게 설명될 수는 없다. 왜냐하면 공공복리에의 「구속」이라는 원리도 궁극적으로는 단체행동권의 享有主體에 대한 권리의 제한이라는 소극적 측면에서 마련된 것이고, 결코 제3자의 권리를 적극적으로 보호한다는 의도에서 정립된 원리는 아니기 때문이다.[44] 따라서 필수공익사업에서의 쟁의행위로 인한 피해의 문제는 제3자 및 일반국민에 대한 직접적인 법익침해 내지 권리침해라는 관점에서 보다 적극적으로 고찰되지 않으면 안 될 것이다.

즉 필수공익사업에서 대체근로의 비율을 제한하고 있는데 공공복리의 차원에서 본다면 우선적으로 대체근로의 비율을 삭제하는 것이 바람직하다고 생각한다.

것은 헌법상 보장되어 있으므로 근로자들이 쟁의행위의 행사를 통해서 그들의 임금 기타 근로조건을 개선하는 것은 — 이보다 더 적절한 수단이나 절차가 존재하지 않는 한 — 공공복리에 합치하는 것이라고도 볼 수 있을 것이다(Seiter, S.545; Häberle, AöR 95(1970), 86(112ff., 266); ders., Öffentliches Interesse als Rechtsproblem, 1972, S.710).

43) BAG AP Nr.43 zu Art.9 GG Arbeitskampf.

44) Seiter, S.545.

사용자의 경비원조와 부당노동행위

송 강 직*

Ⅰ. 서 설
Ⅱ. 단체협약의 효력·부당노동행위와 대법원 판례법리
Ⅲ. 대법원 등의 판례 검토
Ⅳ. 결 론

Ⅰ. 서 설

「노동조합 및 노동관계조정법」(이하 '노조법'이라 함) 제81조(부당노동행위) 제4호는, "근로자가 노동조합을 조직 또는 운영하는 것을 지배하거나 이에 개입하는 행위와 노동조합의 전임자에게 급여를 지원하거나 노동조합의 운영비를 원조하는 행위. 다만, 근로자가 근로시간 중에 제24조 제4항에 따른 활동을 하는 것을 사용자가 허용함은 무방하며, 또한 근로자의 후생자금 또는 경제상의 불행 기타 재액의 방지와 구제등을 위한 기금의 기부와 최소한의 규모의 노동조합사무소의 제공은 예외로 한다."고 규정하고, 이에 위반하는 경우에는 2년 이하의 징역 또는 2천만원 이하의 벌금에 처한다(제90조).

다른 한편 동법 제92조 제2호는 단체협약의 사항 중, "가. 임금·복리후생비, 퇴직금에 관한 사항 나. 근로 및 휴게시간, 휴일, 휴가에 관한 사항 마. 시설·편의제공 및 근무시간중 회의참석에 관한 사항"에 위반하는 경우 1천만원 이하의 벌금에 처하여진다. 단체협약 불이행에 대한 형사처벌은 당해 단체협약 불이행은 그 불이행의 대상이 채무적 부분인가 아니면 규범적 부분인가에 따라 전자인 경우에는 노동조합 사무실 제공과 같은 경비원조는 단체협약 불이행 자체의 효력에 직접적 영향을 미치지는 않고 채무불이행의 문제와 함께 위 위반 사항에 대한 형사책임의 문제가, 규범적 부분에 대한 불이행은 근로시간면제의 경우와 같이 단체협약의 불이행위 자체가 무효로 됨과 동시에 형사처벌의 대상이 된다는 점에서 차이가 있다.

그런데 사용자가 단체협약상의 이행을 위하여 노동조합 사무소를 제공하면서 그에 따른 사무실 운영비 등을 지급하는 경우에 있어서, 적어도 입법형식상 그것이 부당노동행위가 성립하

---

* 동아대학교 법학전문대학원 교수

는 것으로 판단하는 경우에는 사용자는 노조법 제90조의 부당노동행위로 인한 형사처벌이 예정되고, 부당노동행위를 회피하기 위하여 운영비 등을 지급하지 않는 경우에는 동법 제92조 제2호의 단체협약 불이행으로 채무불이행책임 외에 형사처벌의 대상이 된다. 그렇다고 하여 이 경우에 경합범으로서의 문제는 발생하지 않을 것이다. 왜냐하면 부당노동행위가 성립하는 경우 당해 규범적 합의는 그러한 합의 자체가 그 범위 내에서 효력을 상실하게 될 것이기 때문이다. 그렇지만 사용자에게는 단체협약의 불이행의 문제와 부당노동행위라고 하는 사이에서 적어도 그 어느 하나의 책임은 반드시 질 수밖에 없는 상황에 처하여진다.

본고는 사용자의 입장에서 매우 가혹하다고 할 수 있는 단체협약에 의한 합의내용의 부당노동행위 성립이라고 하는 문제를 검토하기 위한 소재로서, 2016년 대법원에 의하여, 단체협약에 의하여 사용자가 노동조합에게 경비를 원조하는 행위와, 그리고 사용자가 복수노동조합하에서 교섭대표노동조합의 대표자에게 과다한 면제시간을 부여하고 이를 소정근로시간으로 보아 그에 대한 임금을 지급한 행위를 부당노동행위로 판단한 사건을 검토하는 것에 그 목적이 있다.

Ⅱ. 단체협약의 효력 · 부당노동행위와 대법원 판례법리

2016년 초에 대법원은 단체협약에서 합의를 본 편의제공과 관련한 내용에 대하여 부당노동행위의 성립 여부에 대하여 쉽게 간과할 수 없는 두 개의 판결을 내렸다. 그 가운데 하나는 단체협약에 의한 노동조합운영비 지원에 대하여, 다른 하나는 사업장 내에 복수노동조합이 존재하는 상황에서 교섭대표노동조합의 대표자에게 근로시간 면제에 대한 임금지급에 있어서 당해 사업장의 소정근로시간 및 근속년수 등에 의한 계산보다도 높은 임금을 지급한 것에 대하여 다른 소수노동조합이 부당노동행위의 성립을 주장한 것에 대하여 각각 부당노동행위 성립을 인정한 것이다.

여기서 먼제 각각의 대법원 등의 판결에 대한 내용을 정리하고, 그 특징적인 것을 보면 다음과 같다.

1. 대법원 판결사례

1) 전국플랜트건설노조사건과 편의제공의 부당노동행위

(1) 법원의 판단

대법원 및 대구고등법원이 인정한 사실관계에 따르면, 1992년 단체협약 이후에 이 사건 판결에 이르기까지 사용자는 노동조합에 노동조합운영비 지원을 해오고 있었다. 이 사건에서 단체협약은 노동조합과 46개의 회사와의 사이에 체결된 것으로, 이들 46개 회사들이 조합원 20명 미만의 경우 8만 원, 70명 미만 12만 원, 70명 이상 15만 원을 매월 노조 측에 조합비와 함께 납부할 것을 포함하고 있었다.

실제로 이들 46개 회사들이 납부한 사무보조비 지원 금액은 전체적으로, 2005년도에는 64,450,000원, 2008년도 24,420,000원, 2009년도 33,399,500원, 2010년도 43,328,000로, 각각 노동조합 총수입 대비 9,15%, 6.12%, 11.17%, 4.22%였다.

여기서 위 46개 회사들이 노동조합에게 사무보조비 지원을 한 것이 노조법 제81조 제4호, '노동조합의 운영비를 원조하는 행위'인 부당노동행위에 해당하는가 하는 것이 문제된 사건이다.

대구고등법원은,[1] "다만, 사용자로부터 최소한의 규모의 노동조합 사무소를 제공받는 것은 허용되는데(노동조합법 제81조 제4호 단서), 그 사무소와 함께 통상 비치되어야 할 책상, 의자, 전기시설 등의 비품과 시설을 제공받는 것도 허용된다 할 것이나 사회통념상 당연히 인정될 수 없는 비용을 지급받는 것은 금지되는 경비원조에 해당한다고 할 것이다."라고 하고, "이 사건 사무보조비 조항은 노동조합이 회사로부터 최소한의 규모의 노동조합 사무소와 함께 통상 비치되어야 할 책상, 의자, 전기시설 등의 비품과 시설을 제공받는 것을 넘어서 매월 상당한 금액의 돈을 지급받는 것을 내용으로 하고 있어 이 사건 사무보조비 조항으로 인하여 노동조합의 자주성을 침해할 현저한 위험성이 없다고 보기 어려워 노동조합법 제81조 제4호에서 정한 부당노동행위에 해당한다 할 것이므로 원고의 주장은 이유가 없다. ① 이 사건 사무보조비 조항은 사무비품, 보조비 명목으로 사용자에게 매월 노조원의 수에 따라 일정금액의 돈을 지급하도록 정하고 있어 노동조합이 사용자로부터 제공받을 수 있는 사무실과 사무실 운영에 필요하여 사회통념상 용인되는 정도의 부대시설비 및 비품비의 범위 내인지 여부, 실제 비용의 사용 여부와 상관없이 매월 정액으로 일정 금액을 지급하도록 하고 있다. ② 원고 조합 포항지부의 총수입은 조합비, 사무보조비, 기타(찬조금, 후원금 등)로 구성되는데, 아래표와 같이 이 사건 사무보조비 조항에 따라 원고 조합 포항지부에 지급된 사무보조비의 연도별 금액은 24,420,000원(2008년도 10개월 합산 금액임.) 내지 64,450,000원, 총수입에서 사무보조비가 차지하는 비율은 4.22% 내지 11.17%에 이르고 있고(갑 제6호증의 1 내지 12, 을 제2호증의 2), 원고 조합 포항지부는 이 사건 사무보조비를 별도로 회계처리하지 않고 조합비와 합하여 관리하면서 주로 노동조합 사무실 여직원 임금 등으로 지출하여 왔는바(갑 제1호증의 3), 이러한 사무보조비의 금액 정도, 총수입에서 차지하는 비율, 지급된 사무보조비의 관리 및 사용처 등을 고려하면 이 사건 사무보조비 조항으로 인해 노동조합이 사용자와 대항관계에 있는 단체로서의 자주성을 잃게 되거나 사용자에게 노동조합에 대한 지배·개입을 용이하게 하는 기회를 제공할 우려가 있어 보인다. ③ 이 사건 사무보조비 조항이 사용자로 하여금 매월 일정금액의 돈을 지급하도록 정하고 있어 사용자로서는 관련 법규에 따라 노동조합에 제공할 수 있는 비용를 넘는 부분에 대해서도 이 사건 단체협약

1) 대구고등법원 2012. 5. 4. 선고 2011누2768 판결.

집행단계에서 노동조합의 지급 요구를 거절할 수 없게 된다. ④ 이 사건 사무보조비 조항으로 인하여 노동조합도 실제 노동조합 사무실과 부대시설비 및 비품비의 사용 여부와 상관없이 매월 일정금액의 사무보조비를 지원받게 되어 재정적으로 사용자에 대한 의존을 심화시켜 사용자에게 노동조합에 대한 지배·개입을 용이하게 하는 기회를 제공할 우려가 있게 된다. ⑤ 이 사건 노무보조비 조항이 1992년 최초 단체협약(갑 제3호증) 체결 당시부터 원고가 사용자에게 사무비품 및 보조비 등의 지급을 요구하여 사용자가 이를 제공하기로 합의한 규정으로 그 후 현재까지 시행해 오고 있다고 하더라도, 이 사건 사무보조비 조항으로 인하여 앞서 본 바와 같이 단체협약의 형태로 오랜 기간 노동조합이 실제 노동조합 사무실과 부대시설비 및 비품비의 사용 여부와 상관없이 매월 상당한 금액의 사무보조비를 지원받게 되어 사용자에게 노동조합에 대한 지배·개입을 용이하게 하는 기회를 제공할 우려가 있게 되었다면 이는 노동조합법 제81조 제4호에 의하여 사용자로부터 제공받는 것이 금지되는 경비원조에 해당한다."고 하여, 원심을[2] 지지하였다.

대법원 또한[3] "그런데 노동조합법 제2조 제4호가 노동조합은 '근로자가 주체가 되어 자주적으로 단결하여 근로조건의 유지·개선 기타 근로자의 경제적·사회적 지위의 향상을 도모함을 목적으로 조직하는 단체 또는 그 연합단체를 말한다'고 하면서, 그 (나)목에서 '경비의 주된 부분을 사용자로부터 원조받은 경우'에는 노동조합으로 보지 않고 있으므로, 이에 비추어 보면, 노동조합이 사용자로부터 경비를 원조받는 행위는 노동조합의 자주성을 해칠 우려가 큰 것이라고 할 수 있다. 그리고 노동조합법 제81조 제4호 본문은 종전에 운영비 원조 행위의 하나로서 해석되던 "노동조합의 전임자(이하 '노조전임자'라 한다)에게 급여를 지원하는 행위(이하 '노조전임자 급여 지원 행위'라 한다)"를 운영비 원조 행위와 병렬적으로 규정하고 이를 금지하고 있다. 한편 노조전임자라 하더라도 노동조합법 제24조 제4항에 따라 근로시간 면제 한도를 초과하지 아니하는 범위에서 임금의 손실 없이 사용자와의 협의·교섭 등의 업무를 할 수 있지만, 그 외에는 노동조합법 제24조 제2항에 따라 전임기간 동안 사용자로부터 일체의 급여를 지급받는 것이 금지되며, 노동조합법 제81조 제4호 본문과 단서는 이를 반영하여 규정하고 있으므로, 노조전임자 급여 지원 행위는 별도로 노동조합의 자주성을 저해할 위험성이 있는지 가릴 필요 없이 그 자체로 부당노동행위를 구성한다고 해석된다. 따라서 노조전임자 급여 지원 행위와 대등하게 규정되어 있는 운영비 원조 행위의 경우에도 이와 마찬가지로 해석할 수 있을 것이다. 또한 노동조합법 제81조 제4호 단서에서는 '근로자의 후생 및 재액의 방지와 구제 등 목적의 기금에 대한 기부와 최소한 규모의 노동조합사무소 제공'을 예외적으로 허용하고 있을 뿐이므로, 그 예외를 둔 노동조합법의 입법 목적 등에 비추어 사회통념상 통상적으로 위 단서에서 정한 경우에 포함

2) 대구지방법원 2011. 9. 28. 선고 2011구합1544 판결.
3) 대법원 2016. 1. 28. 선고 2012두12457 판결.

되는 행위나 그와 동일시할 수 있는 성질의 것이라고 평가될 수 있는 행위는 허용될 수 있지만, 이를 벗어나는 운영비 원조 행위는 노동조합법 제81조 제4호 본문에 의하여 금지된다고 할 것이다. 위와 같은 노동조합법 관련 규정의 입법 취지와 내용을 종합하여 보면, 노동조합법 제81조 제4호 단서에서 정한 행위를 벗어나서 주기적이나 고정적으로 이루어지는 운영비 원조 행위는 노조전임자 급여 지원 행위와 마찬가지로 노동조합의 자주성을 잃게 할 위험성을 지닌 것으로서 노동조합법 제81조 제4호 본문에서 금지하는 부당노동행위라고 해석되고, 비록 그 운영비 원조가 노동조합의 적극적인 요구 내지 투쟁으로 얻어진 결과라 하더라도 이러한 사정만을 가지고 달리 볼 것은 아니다. 2. 원심은 판시와 같은 이유를 들어, 이 사건 단체협약 중 이 사건 사무보조비 조항은 노동조합이 사용자로부터 최소한의 규모의 노동조합사무소와 함께 통상 비치되어야 할 책상, 의자, 전기시설 등의 비품과 시설을 제공받는 것을 넘어 매월 상당한 금액의 돈을 지급받는 것을 내용으로 하고 있으므로, 그로 인하여 노동조합의 자주성을 침해할 현저한 위험성이 없다고 보기 어려워 노동조합법 제81조 제4호 본문에서 정한 부당노동행위에 해당한다고 판단하고, 이와 달리 이 사건 사무보조비 조항이 1992년 단체협약 체결 당시 원고가 그 지급을 요구하여 합의된 규정으로 현재까지 시행해 오고 있다는 사정 등을 내세워 부당노동행위에 해당하지 아니하므로 그에 대한 시정명령이 위법하다는 원고의 주장을 받아들이지 아니하였다."고 하여 결론적으로 "따라서 원심판결에 상고이유 주장과 같이 논리와 경험의 법칙을 위반하여 자유심증주의의 한계를 벗어나고 부당노동행위로서 금지되는 운영비 원조 행위에 관한 법리를 오해하거나 필요한 심리를 다하지 아니하고 판단을 누락하는 등의 사유로 판결에 영향을 미친 위법이 없다."고 하여 상고를 기각하였다.

(2) 검토 대상

위 판례에 대한 사견의 입장에서의 검토는 후술하기로 하고 그에 앞서 대구고등법원 및 대법원의 부당노동행위 성립 판단의 근거를 정리하여 두고자 한다.

먼저 대구고등법원의 판단의 근거이다.

① 사회통념상 당연히 인정될 수 없는 비용을 지급받는 것은 금지되는 경비원조에 해당한다는 것, ② 사회통념상 용인되는 정도의 부대시설비 및 비품비의 범위 내인지 여부, 실제 비용의 사용 여부와 상관없이 매월 정액으로 일정 금액을 지급하도록 하고 있다는 것, ③ 노동조합 총수입에서 사무보조비가 차지하는 비율은 4.22% 내지 11.17%에 이르고 있다는 것, ④ 사무보조비를 별도로 회계처리하지 않고 조합비와 합하여 관리하면서 주로 노동조합 사무실 여직원 임금 등으로 지출하여 왔다는 것, ⑤ 재정적으로 사용자에 대한 의존을 심화시켜 사용자에게 노동조합에 대한 지배·개입을 용이하게 하는 기회를 제공할 우려가 있다는 것, ⑥ 1992년 최초 단체협약(갑 제3호증) 체결 당시부터 원고가 사용자에게 사무비품 및 보조비 등의 지급을 요구하여 사용자가 이를 제공하기로 합의한 규정으로 그 후 현재까지 시행해 오고 있다고 하더라도,

이 사건 사무보조비 조항으로 인하여 앞서 본 바와 같이 단체협약의 형태로 오랜 기간 노동조합이 실제 노동조합 사무실과 부대시설비 및 비품비의 사용 여부와 상관없이 매월 상당한 금액의 사무보조비를 지원받게 되어 사용자에게 노동조합에 대한 지배 · 개입을 용이하게 하는 기회를 제공할 우려가 있게 되었다면 이는 노동조합법 제81조 제4호에 의하여 사용자로부터 제공받는 것이 금지되는 경비원조에 해당한다는 것이다.

다음으로 대법원의 판단의 근거를 다음과 같다.

① '경비의 주된 부분을 사용자로부터 원조받은 경우'에는 노동조합으로 보지 않고 있으므로, 이에 비추어 보면, 노동조합이 사용자로부터 경비를 원조받는 행위는 노동조합의 자주성을 해칠 우려가 큰 것이라고 할 수 있다는 것, ② "노동조합의 전임자(이하 '노조전임자'라 한다)에게 급여를 지원하는 행위(이하 '노조전임자 급여 지원 행위'라 한다)"를 운영비 원조 행위와 병렬적으로 규정하고 이를 금지하고 있다는 것, ③ 노동조합법 제81조 제4호 본문과 단서는 이를 반영하여 규정하고 있으므로, 노조전임자 급여 지원 행위는 별도로 노동조합의 자주성을 저해할 위험성이 있는지 가릴 필요 없이 그 자체로 부당노동행위를 구성한다고 해석되므로 노조전임자 급여 지원 행위와 대등하게 규정되어 있는 운영비 원조 행위의 경우에도 이와 마찬가지로 해석할 수 있다는 것, ④ '근로자의 후생 및 재액의 방지와 구제 등 목적의 기금에 대한 기부와 최소한 규모의 노동조합사무소 제공'을 예외적으로 허용하고 있을 뿐이므로, 그 예외를 둔 노동조합법의 입법 목적 등에 비추어 사회통념상 통상적으로 위 단서에서 정한 경우에 포함되는 행위나 그와 동일시할 수 있는 성질의 것이라고 평가될 수 있는 행위는 허용될 수 있지만, 이를 벗어나는 운영비 원조 행위는 노동조합법 제81조 제4호 본문에 의하여 금지된다는 것, ⑤ 주기적이나 고정적으로 이루어지는 운영비 원조 행위는 노조전임자 급여 지원 행위와 마찬가지로 노동조합의 자주성을 잃게 할 위험성을 지닌 것으로서 노동조합법 제81조 제4호 본문에서 금지하는 부당노동행위라고 해석되고, 비록 그 운영비 원조가 노동조합의 적극적인 요구 내지 투쟁으로 얻어진 결과라 하더라도 이러한 사정만을 가지고 달리 볼 것은 아니라는 것이다.

2) 신흥여객사건과 근로시간면제자에 대한 과도한 급여지급의 부당노동행위

(1) 법원의 판단

본 사례는 사업 내의 모든 노동조합의 조합원 규모가 사건 발생 당시 107명으로 근로시간면제 한도가 최대 3,000시간이 가능한 경우였다. 당해 사업의 경우 주 40시간을 기준으로 할 때에 연간 소정근로시간은 52주에 2,080시간이 되는데, 사용자가 교섭대표노동조합의 대표자에게 근로시간면제 최대한도인 연간 3,000시간의 근로시간에 해당하는 임금을 지급한 예이다. 이러한 임금지급이 부당노동행위에 해당하는가 하는 것이 문제된 것이다. 그 결과 교섭대표노동조합 대표자에게 지급인 임금이 근속년수가 비슷한 일반조합원에게 지급한 임금과 비교할 때에 월 150여만 원에서 200여만 원이 높은 금액이었다.

서울고등법원은, 먼저 사업 또는 사업장 내에 복수노동조합이 존재하고 교섭대표노동조합의 대표자에게 근로시간면제 외에 과도한 임금을 지급한 것에 대하여 다른 소수노동조합이 이러한 급여지원에 대하여 부당노동행위 구제신청을 할 수 있는 구제신청의 이익이 존재한다고 판단하였다.[4)]

다음으로 교섭대표노동조합의 대표자 등에게 과도한 임금지급의 부당노동행위 성립 여부에 대하여, "노조법이 2010. 1. 1. 법률 제9930호로 개정됨으로써 2010. 7. 1.부터 노조 전임자가 사용자로부터 급여를 지급받는 행위 및 사용자가 전임자에게 급여를 지원하는 행위가 모두 금지되고, 다만 근로자는 단체협약으로 정하거나 사용자의 동의가 있는 경우에 한해 근로시간면제 한도를 초과하지 않는 범위에서 제24조 제4항에서 정한 활동을 할 수 있게 됐으며, 노동조합이 이에 위반하는 급여 지급을 요구하고 이를 관철할 목적으로 쟁의행위를 하는 것도 금지됐다. 이는 노동조합의 업무만 담당하는 전임자가 사용자로부터 급여를 지급받는 것은 노동조합의 자주성이라는 측면에서 불합리한 노사관행으로 그 시정의 필요성이 있었으나, 한편 사용자의 노무관리업무를 담당함으로써 안정된 노사관계 형성에 기여한다는 노조 전임자 제도의 순기능적 측면을 고려해, 노동조합 활동을 일정 수준 계속 보호·지원해야 할 필요성에서 '노조 전임자 급여 지원의 원칙적 금지, 예외적 근로시간 면제 한도 허용'이라는 구조를 수용한 것으로 해석된다(헌법재판소 2014. 5. 29. 2010헌마606 결정 참조). 앞서 살펴본 노조법 제81조 제4호의 규정형식 외에 노조법의 이런 내용 및 입법취지 등에 비추어 보더라도 원고가 소외인에게 소정근로시간을 초과한 근로시간을 인정하고 과다한 급여를 지급한 행위는 부당노동행위의사의 존부와 상관없이 노조법 제81조 제4호 후단의 부당노동행위에 해당한다."고 하여,[5)] 중앙노동위원회가 부당노동행위를 인정한 것을[6)] 유지한 서울행정법원의 판결을[7)] 유지하였다.

또한 대법원은, "근로시간 면제자로 하여금 근로제공의무가 있는 근로시간을 면제받아 경

4) 서울고등법원은, 구제신청의 이익이 존재하는 근거로, 교섭청구단일화절차에 참가한 소수노동조합도 교섭대표노동조합을 통해 사용자와 실질적 대등성의 토대 위에서 이뤄낸 결과를 함께 공유하는 주체가 된다는 것, 교섭대표노동조합의 자주성이 사용자에 의해 침해될 경우에 소수노동조합의 단체교섭권도 침해될 수밖에 없다는 것, 단체교섭절차상 소수노동조합도 교섭대표노동조합이 될 수 있고 소수노동조합 조합원도 위임 또는 연합의 방법으로 교섭대표노동조합이 되거나 공동교섭대표단에 참여할 수 있다는 것, 공정대표의무에 의한 소수노동조합의 보호도 있을 수 있지만 교섭대표노동조합의 자주성 침해가 있는 경우 여전히 부당노동행위제도를 통해 소수노동조합을 보호할 필요가 있다는 것, 교섭대표노동조합의 대표자 등에 대한 급여지원에 대한 구제신청의 이익이 당해 노동조합의 노동조합 내지 조합원에게만 있다고 한다면 위 소수노동조합의 지위 등이 사문화될 우려가 있다는 것을 들고 있다(서울고등법원 2014. 7. 23. 선고 2013누27762 판결). 필자의 사견에 의하면 이러한 근거 외에 복수노동조합하의 사용자의 중립의무가 요청된다고 하는 입장에서 교섭대표노동조합의 대표 등에게 과다한 급여를 지급하는 것은 그 자체 사용자의 중립의무 위반으로서 부당노동행위가 된다고 생각한다.

5) 서울고등법원 2014. 7. 23. 선고 2013누27762 판결.

6) 중앙노동위원회 2012. 9. 11. 중앙2012부노242. 그러나 전북지방노동위원회는 부당노동행위의 성립을 부정하였다(2012. 8. 17. 전북2012부노16).

7) 서울행정법원 2013. 9. 12. 선고 2013구합1102 판결.

제적인 손실 없이 노동조합 활동을 할 수 있게 하려는 근로시간 면제 제도 본연의 취지에 비추어 볼 때, 근로시간 면제자에게 지급하는 급여는 근로제공의무가 면제되는 근로시간에 상응하는 것이어야 한다. 그러므로 단체협약 등 노사 간 합의에 의한 경우라도 타당한 근거 없이 과다하게 책정된 급여를 근로시간 면제자에게 지급하는 사용자의 행위는 노동조합법 제81조 제4호 단서에서 허용하는 범위를 벗어나는 것으로서 노조전임자 급여 지원 행위나 노동조합 운영비 원조 행위에 해당하는 부당노동행위가 될 수 있다. 여기서 근로시간 면제자에 대한 급여 지급이 과다하여 부당노동행위에 해당하는지는 근로시간 면제자가 받은 급여 수준이나 지급 기준이 그가 근로시간 면제자로 지정되지 아니하고 일반 근로자로 근로하였다면 해당 사업장에서 동종 혹은 유사 업무에 종사하는 동일 또는 유사 직급·호봉의 일반 근로자의 통상 근로시간과 근로조건 등을 기준으로 받을 수 있는 급여 수준이나 지급 기준을 사회통념상 수긍할 만한 합리적인 범위를 초과할 정도로 과다한지 등의 사정을 살펴서 판단하여야 한다. 한편 위와 같은 노동조합법 관련 규정의 형식이나 내용, 그 입법 목적, 다른 부당노동행위 유형과 구별되는 특성 등을 종합하여 보면, 노조전임자 급여 지원 행위 또는 노동조합 운영비 원조 행위에서 부당노동행위 의사는 노동조합법 제81조 제4호 단서에 의하여 예외적으로 허용되는 경우가 아님을 인식하면서도 급여 지원 행위 혹은 운영비 원조 행위를 하는 것 자체로 인정할 수 있고, 지배·개입의 적극적·구체적인 의도나 동기까지 필요한 것은 아니다. 이는 근로시간 면제자에게 과다한 급여를 지급한 것이 노조전임자 급여 지원 행위나 노동조합 운영비 원조 행위로 평가되는 경우에도 마찬가지이다."라고 하여 상고를 기각하였다.[8)]

(2) 검토 대상

서울고등법원은 "노동조합의 업무만 담당하는 전임자가 사용자로부터 급여를 지급받는 것은 노동조합의 자주성이라는 측면에서 불합리한 노사관행으로 그 시정의 필요성이 있었으나, 한편 사용자의 노무관리업무를 담당함으로써 안정된 노사관계 형성에 기여한다는 노조 전임자 제도의 순기능적 측면을 고려해, 노동조합 활동을 일정 수준 계속 보호·지원해야 할 필요성에서 '노조 전임자 급여 지원의 원칙적 금지, 예외적 근로시간 면제 한도 허용'이라는 구조"의 헌법재판소의 해석을 소개한 뒤, "소정근로시간을 초과한 근로시간을 인정하고 과다한 급여를 지급한 행위는 부당노동행위의사의 존부와 상관없이 노조법 제81조 제4호 후단의 부당노동행위에 해당한다."는 것이다.

다른 한편 대법원은, "근로시간 면제자에게 지급하는 급여는 근로제공의무가 면제되는 근로시간에 상응하는 것이어야 한다."고 하면서, "근로시간 면제자에 대한 급여 지급이 과다하여 부당노동행위에 해당하는지는 근로시간 면제자가 받은 급여 수준이나 지급 기준이 그가 근로시간 면제자로 지정되지 아니하고 일반 근로자로 근로하였다면 해당 사업장에서 동종 혹은 유사

8) 대법원 2016. 4. 28. 선고 2014두11137 판결. 대법원에서는 부당노동행위의 구제신청의 이익은 다투지 않은 것으로 보이는데 이 문제는 상고이유로 하지 않은 결과에 따른 것으로 이해된다.

업무에 종사하는 동일 또는 유사 직급·호봉의 일반 근로자의 통상 근로시간과 근로조건 등을 기준으로 받을 수 있는 급여 수준이나 지급 기준을 사회통념상 수긍할 만한 합리적인 범위를 초과할 정도로 과다한지 등의 사정을 살펴서 판단하여야 한다."고 하여 노동조합대표자에 대한 임금 우대가 합리적인 범위 내의 것이라면 가능하다는 여지를 남기는 기준을 설정하고 있다.

Ⅲ. 대법원 등의 판례 검토

전국플랜트건설노조사건은 매월 일정한 금액을 46개 건설회사가 노동조합에게 지급한 사무보조비를 지급하도록 되어 있는 단체협약에 대하여 관할 행정관청이 관할 노동위원회의 의결을 구하여 시정명령을 내린 사건이다(노조법 제31조 제3항. 위반 시 500만원 이하의 벌금-제93조 제2호). 그리고 신흥여객사건은 복수의 노동조합하에서 교섭대표노동조합의 대표자에게 근로시간 면제 최대한도인 3,000시간을 소정근로시간으로 보고 임금을 지급하여 근속년수가 비슷한 일반 조합원에 비하여 매월 150여만 원에서 200여만 원의 임금을 더하여 지급한 것에 대하여 다른 소수 노동조합이 경비원조에 해당하는 부당노동행위라고 하여 그 구제신청을 한 사건이다.

여기서 전자의 사건은 행정관청에 의한 시정명령이라는 점에서 국가권력기관이 노사관계에 직접 개입한 것으로 노동법의 연혁적 관점에서 볼 때에 바람직스럽지 못한 일면을 보여주고 있다고도 할 수 있다. 그러나 현행법이 이를 인정하고 있어 입법론적으로 검토를 하는 것은 별론으로 하더라도 이를 두고 곧 국가권력에 의한 노사관계에 대한 개입이라고 비판할 수 없는 것이다. 일본 노동조합법에서는 이러한 규정을 찾아 볼 수 없기 때문에, 게다가 적어도 외형적으로 사용자에 의한 노동조합 전임자에 대한 급여지원 등은 없기 때문에 우리나라와 사정은 다르다.[9] 그렇지만 46개의 사용자들이 평균적으로 볼 때에 월 10만 원 미만의 부담으로 노동조합 사무보조비를 지출한 것을 볼 때에 과연 이것을 두고 사용자의 부당노동행위로서 금지되는 대상으로서의 경비원조에 해당하는 것으로 평가할 수 있는 것인지, 그리하여 행정관청의 이에 대한 시정명령이 적법한 행정처분이었는지에 대하여는 의문이 남는다.

나아가 후자는 복수노동조합하에서 교섭대표노동조합의 대표자에 대한 임금지급이 당해 사업자의 소정근로시간을 초과하여 지급하고 그것이 합리적인 범위를 초과한 과다한 것으로 평가

9) 일본 노동조합법 제2조는 단체의 운영을 위하여 경비의 지출에 대하여 최소한 넓이의 노동조합사무소 제공, 근무시간 중의 임금상실 없는 협의 등을 제외하고 사용자의 경리상 원조를 받는 경우에는 노동조합이 아니라고 규정하고, 동법 제5조 제1항은 노동조합이 이 법상의 절차(부당노동행위 구제신청 등)에 참여할 자격을 갖추기 위해서는 노동위원회에 자주성(제2조) 및 노동조합규약(제5조 제2항)의 규정에 적합한 것이어야 한다는 규정을 두고 있지만, 노동위원회의 이른바 자격심사는 지극히 형식적이어서 노동위원회가 노동조합의 자격을 인정하지 않은 예를 들어 보지 못했으며, 실제로 이 규정은 사문화되어 있다고 할 수 있다. 그리고 일본 노동조합전임자 문제에 대한 급여지원 등에 대한 학설 및 판례에 대하여는, 송강직, "일본 노동조합 전임자", 『노조전임자』(노동과 법 제7호), 금속법률원, 2006, 73~99면 참조.

되어 사용자의 부당노동행위에 해당하는지 여부에 초점을 맞추고 있다. 그러나 이 사건은 통상의 교섭대표노동조합의 대표자의 경우 연간 2,000시간을 풀타임 전임자로 하고 나머지 근로시간면제시간을 대표자 외의 당해 교섭대표 노동조합간부에게 부여하는 형태이거나 교섭창구단일화절차에 참가한 다른 소수노동조합의 간부에게 부여하는 형식이 아니라, 교섭대표노동조합 대표자에게 연간 3,000시간을 부여한 노동조합 내부의 사정에 따라 사용자가 그에 대하여 임금을 지급하였다.[10] 이는 교섭창구단일화절차에 참가한 다른 노동조합에 대한 교섭대포노동조합 및 사용자의 공정대표의무 위반의 문제가 제기될 수 있는 사안이고, 사용자가 임금을 지급한 사실에서 사용자의 중립의무위반에 의한 부당노동행위의 문제고 발생할 여지가 있는 경우라고 생각한다. 그런데 대법원 등의 판단에 있어서는 오로지 근로시간면제시간 3,000시간을 소정근로시간으로 보고 임금을 지급한 것이 과다하다는 것에 초점을 맞추어 부당노동행위로 판단하였다.

이하에서는 이러한 의문을 포함하여 두 사례를 통하여 음미해볼만한 문제들을 검토하기로 한다.

1. 편의제공 · 과도한 임금지급의 문제발생의 진원지

노사 간에 합의된 편의제공에 대하여 왜 그것에 문제가 발생할 수 있는 것인가. 전국플랜트건설노조사건에서는 단체협약에 대한 시정명령이, 신흥여객사건에서는 노동조합 사이의 분쟁이 사건의 발단이 되었다.

전자의 경우 현행법상 행정관청이 노동위원회의 의결을 거쳐 위법한 내용의 단체협약에 대한 시정명령에[11] 대한 행정처분으로 이는 노조법상 명문규정에 따른 것이기는 하나 행정관청이 노사자치 문제에 시정명령을 내릴 수 있도록 하고, 그에 위반하는 경우 형사처벌을 하는 규정을 두는 것이 과연 바람직한 입법으로 평가할 수 있는 것인가. 필자는 노동조합의 설립문제는 결사의 자유의 한 일종으로 적어도 설립 자체의 자유는 보장할 것이고 그 이후에 노조법상 부당노동행위 등의 구제신청을 위하여 노동위원회 등에 의한 자격심사를 거치도록 하는 일본의 입법이 헌법상 노동기본권 보장을 두고 있는 법체계하에서[12] 바람직하다고 생각한다.[13] 이 문제는

---

10) 신흥여객주식회사의 경우, 당해 사업장에 교섭대표노동조합인 전국자동차노동조합연맹전북지역자동차노동조합(조합원 60명), 신흥여객노동조합(조합원 40명), 전국공공운수사회서비스노동조합(산업별노동조합으로 소송에서 피고보조참가인임, 조합원 7명)이었다.

11) 행정관청의 노동조합설립 및 단체협약에 대한 개입을 규정한 것에 따르면, 노동조합의 설립 단계에서 노동조합규약에 기재사항의 누락 등으로 보완이 필요한 경우에 보완요구, 그에 대한 불이행의 경우에 설립신고서반려를(노조법 제12조 제2항 및 제3항), 노동조합규약이나 단체협약이 법령에 위반하는 경우 노동위원회의 의결을 얻어 시정명령을(노조법 제21조 제1항, 제31조 제3항. 위반 시 500만원 이하의 벌금－제93조 제1호), 노동조합이 설립신고증을 교부받은 후 법 노동조합의 소극적 요건(제2조 제4호)을 결여한 경우로 설립신고서의 반려사유가 발생한 경우에는 행정관청은 30일의 기간을 정하여 시정을 요구하고 그 기간 내에 이를 이행하지 아니하는 경우에는 당해 노동조합에 대하여 이 법에 의한 노동조합으로 보지 아니함을 통보하여야 한다(노조법 시행령 제9조 제3항).

특수고용형태 노무에 종사하는 자들에 대한 노동조합설립(골프장 경기보조원은 대법원 판례에 의하여 노동조합 설립이 인정되었지만)[14] 문제 등 우리나라 사회의 큰 문제를 안고 있는 부분과도 연계되는 것이지만 여기에서는 더 이상 검토하지 않기로 한다.

후자의 경우 복수노동조합하에서 노동조합 상호간의 대립 등에 의한 조직 간의 갈등에서 비롯된 것으로 보인다. 신흥여객주식회사의 경우, 당해 사업장에 교섭대표노동조합인 전국자동차노동조합연맹전북지역자동차노동조합의 조합원은 60명, 신흥여객노동조합의 조합원은 40명, 전국공공운수사회서비스노동조합의 조합원은 7명이었는데, 전국자동차노동조합연맹전북지역자동차노동조합이 교섭창구단일화 절차에 참가한 조합원(신흥여객노동조합 또는 전국공공운수사회서비스노동조합이 참여하였지는 불분명) 과반수 조합원을 확보하여 교섭대표노동조합이 된 것으로 보여진다. 만약에 이들 노동조합들이 교섭창구단일화에 참가한 경우였다면 교섭대표노동조합이 근로시간 면제 최대한도인 3,000시간을 전부 사용하게 되었는지, 나아가 교섭대표노동조합의 대표자에게만 통상의 경우와 달리 3,000시간 전부를 사용하게 되었는지, 혹시 그 과정에서 사용자의 개입은 없었는지, 소수노동조합이 이에 대하여 공정대표의무 위반의 문제를[15] 삼지 않았던 이유는 무엇인지 등의 의문이 남는다.

덧붙이면 복수노동조합하의 노동조합 상호간의 갈등은 사용자의 단체교섭과정에서의 개별교섭 선택이라는 것에 큰 맹점이 존재한다고 생각한다. 즉 사용자가 선호하는 특정 노동조합이 과반수를 점하고 있다면 당해 교섭창구단일화절차를, 그렇지 않은 경우에는 개별교섭을 선택하여 적어도 결과적으로 노동조합 상호간의 갈등을 불러일으키는 것이 현실이다. 필자는 교섭창구단일화제도에 대하여 그것이 반드시 위헌이라고는 단정하지 않지만,[16] 노동조합의 신청에 의하여 사용자가 개별교섭을 택하는 길을 열어 두고 있다는 것은 법리적으로 근로자의 단체교섭권을 실질적으로 사용자가 행사하게 된다는 점, 나아가 복수노동조합하의 개별교섭의 실태를 볼 때에도 위헌이라고 생각한다.

이 사건의 경우에 개별교섭은 행하져지지 않은 것으로 보이지만 교섭대표노동조합에게 그것도 단순히 소수노동조합이라고 하기에는 주저할 수밖에 없는 40명이나 되는 조합원을 신흥여

---

12) 필자는 평소 노동법 해석론에 있어서 헌법의 역할의 중요성을 강조한다, 이러한 관점에서 논의한 것으로, 송강직, "노동법학에서의 헌법학의 역할", 「동아법학」 제48호, 동아대학교 법학연구소, 2010, 807~856면.

13) 일본의 노동조합 설립에 대하여는, 송강직, "일본 노동조합법상 근로자 개념 — 최고재판소 판례법리를 중심으로 —", 「법제연구」 제41호, 한국법제연구원, 2011, 337~366면; 동 "일본의 특수고용형태 종사자에 대한 논의 향방", 「법학연구」 제17권 제1호, 인하대학교 법학연구소, 2014, 169~196면 참조.

14) 대법원 2014. 2. 13. 선고 2011다78804 판결.

15) 공정대표의무 위반에 대한 검토로서, 송강직, "미국의 공정대표의무", 「노동법연구」 제33호, 서울대학교노동법연구회, 2012, 351~402면; 동, "교섭대표노동조합의 공정대표의무", 「노동법연구」 제34호, 서울대학교노동법연구회, 2013, 245~287면; 동, "일본의 공정대표의무론", 「노동법학」 제45호, 한국노동법학회, 2013, 279~310면 참조.

16) 송강직, "복수노동조합보장과 집단적 노동관계 형성방향", 「노동법학」 제31호, 한국노동법학회, 2009, 833면.

객노동조합이 확보하고 있는 상황에서 근로시간면제 시간 전부가 어떻게 하여 교섭대표노동조합에게 부여되었고, 그것도 대표자 개인에게 모두 사용되는 형태로 되었는지 알 수 없지만, 그 결과 과도한 임금지급의 문제가 발생한 것은 사실이 아닌가. 복수노동조합하의 사용자의 중립의무가 공정하게 지켜졌다고 볼 수는 없다. 동시에 우리나라에서 복수노동조합하의 노사관계의 정립 내지 정착에서의 난맥상을 엿볼 수 있는 사례라고도 생각된다.

2. 입법취지에 대한 해석론

대법원은 행정관청의 시정명령의 정당성 및 부당노동행위 구제신청 사건에서 부당노동행위 성립을 판단함에 있어서 노조법상의 관련 조문을 들면서 직접적·간접적으로 그 입법취지를 밝히고 있다.

예를 들면, 전국플랜트건설노조사건에서 대법원은 노동조합에 대한 사용자의 운영비 지원은, 노동조합의 전임자에게 급여를 지원하는 행위를 운영비 원조 행위와 병렬적으로 규정하고 있다고 하면서 제81조 제4호 본문과 단서는 이를 반영하여 규정하고 있으므로, 노조전임자 급여 지원 행위는 노동조합의 자주성을 저해할 위험성이 있는지 가릴 필요 없이 그 자체로 부당노동행위를 구성한다고 해석되므로 노조전임자 급여 지원 행위와 대등하게 규정되어 있는 운영비 원조 행위의 경우에도 이와 마찬가지로 해석할 수 있을 있다는 것, 주기적이나 고정적으로 이루어지는 운영비 원조 행위는 노조전임자 급여 지원 행위와 마찬가지로 노동조합의 자주성을 잃게 할 위험성을 지닌 것으로서 노동조합법 제81조 제4호 본문에서 금지하는 부당노동행위라고 해석되고, 비록 그 운영비 원조가 노동조합의 적극적인 요구 내지 투쟁으로 얻어진 결과라 하더라도 이러한 사정만을 가지고 달리 볼 것은 아니라는 해석론을 펴고 있다.[17)]

또한 신흥여객사건에서 대법원은 근로시간면제자에 대한 임금지급의 부당노동행위 성립 여부에 대하여, '노조 전임자 급여 지원의 원칙적 금지, 예외적 근로시간 면제 한도 허용'이라는 구조를 수용한 것으로 해석된다는 헌법재판소의 해석을 인용하면서, 노조법 제81조 제4호의 규정형식 외에 노조법의 이런 내용 및 입법취지 등에 비추어 보더라도 원고가 소외인에게 소정근로시간을 초과한 근로시간을 인정하고 과다한 급여를 지급한 행위는 부당노동행위의사의 존부와 상관없이 노조법 제81조 제4호 후단의 부당노동행위에 해당한다는 논리를 서울고등법원이 펼쳤고, 이를 대법원은 유지하였다.[18)] 그리고 근로시간 면제 제도 본연의 취지에 비추어 볼 때, 근로시간 면제자에게 지급하는 급여는 근로제공의무가 면제되는 근로시간에 상응하는 것이어야 한다는 것이고 근로시간에 상응하는 것이란 근로시간 면제자로 지정되지 아니하고 일반 근로자로 근로하였다면 해당 사업장에서 동종 혹은 유사 업무에 종사하는 동일 또는 유사 직급·호봉

17) 대법원 2016. 1. 28. 선고 2012두12457 판결.

18) 서울고등법원 2014. 7. 23. 선고 2013누27762 판결; 대법원 2016. 4. 28. 선고 2014두11137 판결.

의 일반 근로자의 통상 근로시간과 근로조건 등을 기준으로 받을 수 있는 급여 수준이나 지급 기준을 사회통념상 수긍할 만한 합리적인 범위를 초과할 정도로 과다한지 등의 사정을 살펴서 판단하여야 한다고 하면서, 합리적 범위의 초과 여부는 결국 실제로 근로시간이 면제되는 근로시간에 상응하는 것으로 보고, 이 경우의 부당노동행위 의사는 노동조합법 제81조 제4호 단서에 의하여 예외적으로 허용되는 경우가 아님을 인식하면서도 급여를 지원하는 행위 혹은 운영비 원조 행위를 하는 것 자체로 인정할 수 있다고 하였다.[19]

이러한 대법원 등의 해석론은 타당한 것인가.

먼저 사용자의 노동조합 운영비 지원 금지의 입법취지는, 학설상 노동조합의 자주성을 구체적으로 침해할 우려가 없다고 하더라도 부당노동행위가 성립한다는 입장과 실질적으로 자주성을 침해한 경우에 부당노동행위가 성립한다는 입장 등으로 나뉘어진다.[20] 노조법 제81조 제4호 단서의 경비원조의 예외의 범위에 대한 입법취지는 우리나라 노동조합이 종업원을 대표하는 기능을 수행하기 때문에 그러한 한도 내에서 사용자의 원조행위는 부당노동행위로 보지 않겠다는 것으로 해석하는 입장도 있는데,[21] 이는 기업별노동조합이라는 노사관계의 순기능적 측면에 대한 경비원조행위의 부당노동행위에 대한 예외 범위를 명문규정의 범위로 한정하고 있다는 점에서 의문을 낳는다.

여기서 노조법 제81조 제4호 단서와 유사한 규정을 두고 있는 일본 노동조합법 제7조 제3호 단서의 해석론을 보면, 일본의 경우 노동조합법상 경비원조의 예외의 범위를 훨씬 초과한 경비원조와 편의제공이 되고 있다고 하면서, 이는 노동조합이 획득한 성과라는 평가를 하는 입장에서, 이러한 경비원조의 예외는 열거적인 것이 아니라 예시적인 것으로 해석되어야 하고, 경비원조와 편의제공이 부당노동행위에 해당하는가의 여부는 그것이 도입된 경위, 사용자의 의도, 노동조합의 자주성을 상실시킬 위험성 등을 구체적으로 고려하여 실질적으로 판단하여야 한다고 해석한다.[22] 다른 한편 노동조합이 어용화되지만 않는다면 어떠한 사용자의 경비원조를 받더라도 부당노동행위는 성립하지 않는다고 말할 수는 없지만 노동조합법 제7조 제3호에 의한 경비원조 금지는 좁게 해석하여 예외를 확대하는 해석론이 되어야 한다고 하는 입장도 보인다.[23] 이러한 해석론의 일본의 통설이라고 할 수 있다. 사례에서는, 노동조합전임자에 대한 급여부담은 통상 부당노동행위에 해당한다는 것,[24] 일시금 형태의 경비원조는 부당노동행위에 해당하지 않는다는 것이[25] 있다.

---

19) 대법원 2016. 4. 28. 선고 2014두11137 판결.
20) 임종률, 앞의 책, 290면.
21) 김형배, 앞의 책, 1175면.
22) 西谷敏, 『労働法』, 日本評論社, 2013, 584면.
23) 菅野和夫, 『労働法』, 弘文堂, 2016, 985면.
24) 安田生命保険事件, 東京地方裁判所 1992. 5. 29., 労働判例 615号, 31면.
25) 北港タクシー事件, 大阪地方裁判所 1982. 2. 4., 労働経済続報 1117号, 8면.

그렇다면 우리나라 대법원 등에 의한 사용자의 노동조합 운영비 지원의 부당노동행위 성립 여부의 판단에 대한 해석론을 어떻게 평가할 것인가. 적어도 노동조합 전임자에 대한 급여지원과 경비원조 행위를 병렬적으로 보고, 경비원조의 예외의 범위와 관련된 노조법 제81조 제4호 단서를 열거로 해석하는 것은 지극히 형식적 논리라고 할 것이며, 경비원조가 노동조합의 자주성을 구체적으로 침해할 우려가 없다고 하더라도 부당노동행위가 성립한다는 학설상 입장과 그 궤를 같이 하고 있다고 하겠다. 그러나 경비원조의 노동조합의 자주성 침해, 나아가 부당노동행위 성립을 판단함에 있어서는 우리나라 노동조합의 조직형태가 기업별노동조합이라는 것에서 동시에 근로자를 대표하는 기능을 수행하고 있다는 것, 노동조합이 획득한 성과적 측면 등을 종합적으로 고려하여 구체적 타당성을 추구하는 것이 해석론으로서는 타당하다고 생각한다. 이러한 의미에서 자주성 침해의 우려라는 기준 또한 경계하여야 할 것이다. 자주성 침해에 따른 부당노동행위에 반드시 침해라는 현실적 현상이 발생하여야 하는 것은 아니지만 그 우려는 구체적인 성격의 우려이어야 한다는 것이다.

사용자의 노동조합 등에 대한 편의제공을 부당노동행위로 금지하는 이유는, 노동조합의 자주성 침해 여부가 가장 큰 이유이다. 노조법 제81조 제4호의 '최소한'이라는 문구는 노동조합 사무소 제공과 관련한 것이지 사용자의 편의제공 일반에 대한 것으로 확대 해석하여서는 아니 된다. 왜냐하면 사용자의 부당노동행위는 형사처벌의 대상이 되는 것이므로 경비원조의 부당노동행위 성립 여부를 판단함에 있어서는 매우 신중하고도 엄격하게 해석할 것이고, 동시에 노사 간의 사적 자치의 결과로서 합의에 의한 편의제공 등에 대하여 제3자인 국가 내지 법원 등이 개입하여 그 합의의 효력을 부정함에 있어서 권리의 남용 인정 등에서와 같이 매우 신중하여야 하기 때문이다.

가령 형식적 논리에 따르게 되면, 이는 우리나라에서 사용자에 의한 노사 간의 친목 내지는 노사협력적인 관계증진 등을 위한 야외 모임 또는 행사에 있어서, 사용자의 전적인 비용 부담은 일반화되어 있는데, 당해 사업 또는 사업장에 하나의 노동조합이 존재하고, 노동조합 가입 대상자인 당해 사업 또는 사업장의 근로자가 모두 당해 기업별노동조합의 조합원인 경우에 그러한 행사는 실질적으로 자주성을 침해하는 경비원조로 볼 수도 있게 되는 것과 다를 바 없는 것이다.

부연하면 필요 최소한 넓이의 노동조합사무실 제공을 부당노동행위에서 제외한 일본의 부당노동행위 규정은 이를 계수한 미국의 부당노동행위 제도에서는 볼 수 없는 것으로[26] 일본의 경우 기업별노동조합이라는 특징을 고려하여 부당노동행위의 예외로 규정한 것으로 이해되고 있다는[27] 해석이야말로 입법취지에 대한 올바른 이해라고 할 것이다.

---

26) 미국의 부당노동행위에 대하여, 문무기 · 김홍영 · 송강직 · 박은정, 『부당노동행위제도 연구』, 한국노동연구원, 2006, 237~301면 참조.

27) 清水洋二, "支配介入", 『現代労働法講座7』(不当労働行為 · Ⅰ), 日本労働法学会編, 1982, 326(주 58)면.

3. 주기적 · 고정적 편의제공의 의미

전국플렌트건설노동조합사건에서 법원은, 실제 비용의 사용 여부와 상관없이 매월 정액으로 일정 금액을 지급하도록 하고 있다는 것, 주기적이나 고정적으로 이루어지는 운영비 원조 행위는 노조전임자 급여 지원 행위와 마찬가지로 노동조합의 자주성을 잃게 할 위험성을 지닌 것이라고 해석하였다. 일반론으로서 필요에 따라 일시적으로 경비를 지원하는 것과 주기적·고정적으로 경비원조를 하는 것과는 부당노동행위의 성립 유무를 인정함에 있어서 후자의 경비원조가 보다 더 부당노동행위의 성립 가능성이 크다고 하겠다. 그러나 경비원조의 부당노동행위 판단에 있어서는 구체적으로 당해 경비원조가 노동조합의 자주성을 침해하는 정도의 것인가 하는 것에 먼저 초점을 맞추어야 할 것이다. 그렇지 않고 단순히 사용자의 경비지원이 주기적·고정적으로 행하여졌다는 것에서만 초점을 맞추어서는 아니 된다.

앞에서 본 일본의 사례 가운데 일시금 형태의 경비원조는 부당노동행위에 해당하지 않는다는 것이[28] 있었다. 이를 단순히 반대해석을 하면 일시금 형태가 아니라 주기적·고정적으로, 우리나라 법원의 해석론상의 주기적이나 고정적인 경비원조는 부당노동행위가 성립될 수 있다는 것이 될 수도 있다. 그러나 우리나라와 같이 행정관청에 의한 단체협약 시정명령제도도 두지 않는 일본에서는 단체협약 당사자 사이에서 합의 내용을 갖고 다투는 것은 내재적으로 기대하기 곤란할 것이며, 실제로 일본 사례에서는 복수노동조합하의 노동조합 간의 차별적 경비원조 등의 행위와 관련된 부당노동행위 사건을 제외하고는 주기적·고정적 경비원조 행위의 부당노동행위 성립여부를 판단한 사례는 보이지 않는다.

그런데 사용자의 경비원조를 포함한 편의제공이 노동조합의 자주성을 침해하는 행위로서 그것이 부당노동행위라고 판단함에 있어서 주기적·고정적 내지는 매월 정액이라는 것 그 자체 부당노동행위 성립을 단정하는 절대적 판단기준이 될 수 있는 것인가에 대하여 의문이 남는다. 그렇다고 한다면 역으로 비정기적이거나 비고정적으로 이루어지는 운영비 원조 행위는 그 자체로는 부당노동행위로는 되지 않는다는 것인가. 그리하여 경비원조 등에 대한 부당노동행위에 대한 판단에 있어서 법원은 노조법 제81조 제4호 단서의 범위를 초과하는 경비원조의 경우에 그것이 주기적·고정적인 건인가 아닌가에 따라서는 위 단서의 범위를 초과하는 경비원조라고 하더라도 부당노동행위가 성립하지 않을 수 있다는 것인가. 아니면 주기적·고정적 경비원조이면 무조건적으로 부당노동행위가 성립하는 것으로 해석하는 것인가, 이에 대하여는 불명확하다.

다른 한편 노조전임자 급여 지원 행위를 운영비 원조 행위와 병렬적으로 규정하고 이를 금지하고 있다는 법원의 판단에 비추어 볼 때에 노동조합 운영비 지원은 그것이 주기적·고정적이든, 아니면 비주기적이거나 비고정적이든 그 어느 경우에도 부당노동행위가 성립한다고 해석

28) 北港タクシー事件, 大阪地方裁判所 1982.2.4., 労働経済続報 1117号, 8면.

하는 것으로 이해할 수 있지 않는가. 그렇다고 한다면 법원이 노동조합 운영비 지원 등의 경비지원의 부당노동행위 성립 여부를 판단함에 있어서 별도로 주기적이나 고정적이라는 판단기준을 내세울 이유는 없으며, 이는 오히려 상호 모순되는 판단기준이라는 비판이 가능하지 않는가.

필자는 사용자의 경비원조 등의 지원 행위가 부당노동행위에 해당하는가 함을 판단함에 있어서도 기본적으로 당해 지원 행위가 노동조합의 자주성을 침해하는 것인가 하는 것이 가장 중심적 내지 핵심적 판단기준이 되어야 한다고 생각한다. 따라서 사용자의 경비지원 등의 편의제공이 부당노동행위에 해당하는가 하는 판단을 함에 있어서 법원의 주기적·고정적이라는 판단기준은 불필요한 것이고, 이 또한 구체적 타당성을 추구하는 것과는 거리가 먼 지극히 형식적인 것임과 동시에 노동조합 전임자에 대한 급여지급 금지와 병렬적 규정으로 해석하는 법원의 스스로의 판단기준과 모순되는 것이라는 비판을 면할 수 없을 것이다.

4. 사회통념 개념의 전면적 등장

경비원조 또는 근로시간면제자에 대한 임금지급의 부당노동행위 성립 여부의 판단에 있어서 대법원 등은 사회통념이라는 개념을 원용하고 있다.

법원은 왜 경비원조 등의 부당노동행위 성립 여부에 대한 판단을 함에 있어서 사회통념이라는 용어를 원용하고 있는가. 물론 사회통념이라는 용어는 공서양속 등과 함께 해석론상 법적 효력 등을 판단하는 기준으로 등장할 수 있는 보편성을 지니고 있다는 것을 부정하고자 하는 것은 아니다. 그러나 사용자의 노동조합에 대한 경비원조 내지 편의제공 등이 부당노동행위인가를 판단함에 있어서는 당해 경비지원 등으로 인하여 노동조합의 자주성이 침해되었는가 하는 것을 판단하는 구체적 타당성과는 거리가 먼 일반적인 해석론상의 기준인 사회통념이라는 용어를 직접적·전면적으로 원용할 필요성은 없을 것이며, 그렇게 해석되어서도 아니 된다고 생각한다.

그럼에도 불구하고 법원은 전국플랜트건설노조사건에서 사회통념에 비추어 노조법 제81조 단서에서 정한 경우에 포함되는 행위나 그와 동일시할 수 있는 성질의 것이라고 평가될 수 있는 행위는 허용될 수 있지만, 이를 벗어나는 운영비 원조 행위는 노동조합법 제81조 제4호 본문에 의하여 금지된다고 하는 일반론을 내세웠다. 그리하여 노동조합 총수입에서 사용자들에 의한 사무보조비가 차지하는 비율의 정도가 사회통념에 비추어 허용될 수 있는 것이 아니라고 하였다. 이러한 판단 접근방법은 노동조합이 자주성 침해를 판단함에 있어서 사회통념은 부차적 판단요소가 되어야 함에도 이를 일차적인 판단기준으로 삼고 있다는 점에서 비판할 면할 수 없을 것이다. 바꾸어 말하면 당해 운영비 원조행위가 노동조합의 자주성을 침해하는 것인가 하는 것을 일차적으로 판단하고 사회통념은 그 자주성 침해의 위험 정도가 사회통념에 비추어 볼 때에 상당성을 초과하는 것으로서 부당노동행위가 성립한다는 부차적인 형태의 접근이 되어야 한다는 것이다.

5. 기업별노동조합의 특징 및 재정적 상황

먼저 기업별노동조합의 조직 형태에 대한 해석론적 의미이다.

신흥여객사건에서 서울고등법원은 '안정된 노사관계 형성에 기여한다는 노조 전임자 제도의 순기능적 측면'이라는 측면을 고려하는 것과 같은 표현을 하고 있다. 기업별노동조합이 거의 대다수인 우리나라에서 이러한 기업별노동조합의 기능에 대한 부당노동행위를 포함한 법적 평가에 있어서 이는 실질적으로 고려하여야 할 요소라고 생각한다.

일본의 학설은[29] 우리나라와 같이 기업별노동조합이 일반적 조직형태를 띠고 있는데, 이에 대한 법적 평가를 단순히 언어적으로 장식하는 형태의 것이 아니라 구체적으로 부당노동행위를 판단함에 있어서 부여하고 있다.[30]

물론 일본은 필수공익사업에서의 근로시간면제라는 제도를 설정하고 있지 아니하며, 운수, 우편, 전기통신, 수도 등의 공익사업에 대하여 쟁의행위를 할 경우에 노동관계당사자에게 10일 전까지 노동위원회 및 후생노동성대신 또는 도부현지사에게 통지할 의무를 부여하고 있지만(노동관계조정법 제8조, 제37조 제1항), 그 외의 일반 민간영역의 사업 또는 사업장의 경우에는 이와 같은 제한이 없다. 그리고 공익사업에서의 쟁의행위를 함에 있어서 위의 10일 전까지의 신고의무 위반에 대하여 사용자 또는 사용자, 근로자단체, 그 외의 자 또는 그 단체에게 10만엔 이하의 벌금에 처하도록 하여 단체벌을 예정하고 있을 뿐이고(동법 제39조 제1항), 이러한 절차 위반은 당해 쟁의행위의 민사면책 및 형사면책에 영향을 미치지 않는 것으로 학설 및 판례는 해석을 하고 있다.[31]

그러나 우리나라의 경우 필수공익사업체의 경우 종래 존재하던 직권중재제도를 폐지하고 이에 대신하여 이른바 근로시간면제제도를 도입하고 있다. 근로시간면제제도와 사용자의 임금 지급 문제에 대하여 하급심에서는, 결과적으로는 기업별노동조합의 노사관계에서의 순기능적 측면을 고려하지 않고, 오로지 근로시간면제 한도에 초점을 맞추어 이를 초과하는 면제시간에 대하여 소정근로시간으로 보고 임금을 지급하는 것 일체를 경비원조로서 부당노동행위라고 해석하는 점에서 형식적 논리를 관철하고 있다고 할 것이고 그러한 의미에서 한계를 지닌 법리라고 할 것이다. 즉 '소정근로시간을 초과한 근로시간을 인정하고 과다한 급여를 지급한 행위'라고

---

29) 판례상 사용자의 경비지원에 대한 부당노동행위 사례는 거의 보이지 않는다. 왜냐하면 그 속성상 노사가 이를 문제삼을 필요가 없기 때문인 것에 기인하는 것으로 생각된다. 다만 후술하는 복수의 노동조합이 존재하는 경우에 노동조합 간의 차별의 문제로 사건이 많이 존재한다.

30) 앞의 Ⅲ.2(입법취지) 참조. 나아가 학설상 보기 드물게 우리나라 노조법 제81조 제4호 단서의 예외에 해당하는 일본 노동조합법 제7조 제3호 단서에 한정한 경비원조만을 부당노동행위의 예외로 보는 입장도 있지만(荒木尚志, 『労働法』, 有斐閣, 2009, 585면), 동 교수 또한 이 문제는 노동조합의 자주성 침해의 유무의 문제와 기업별노동조합의 종업원대표의 측면을 같이 고려하여 향후 검토할 문제라고 하고 있다(荒木尚志, 위의 책, 587~588면).

31) 西谷敏, 앞의 책, 648면 참조.

하고 있으나, 여기서 말하는 '과다한 급여'란 기업별노동조합의 노사관계의 순기능적 측면을 고려한 어느 정도의 높은 임금이 허용될 수 있다는 의미가 아니라 소정근로시간을 초과한 근로시간을 인정하여 지급하는 임금을 과다한 임금으로 보는 매우 형식적인 논리를 펴고 있다는 것이다.[32]

다만 대법원은,[33] "근로시간 면제자에 대한 급여 지급이 과다하여 부당노동행위에 해당하는지는 근로시간 면제자가 … 일반 근로자로 근로하였다면 해당 사업장에서 동종 혹은 유사 업무에 종사하는 동일 또는 유사 직급·호봉의 일반 근로자의 통상 근로시간과 근로조건 등을 기준으로 받을 수 있는 급여 수준이나 지급 기준을 사회통념상 수긍할 만한 합리적인 범위를 초과할 정도로 과다한지 등의 사정을 살펴서 판단하여야 한다."고 하여, '사회통념상 수긍할 만한 합리적인 범위'라고 하여, 단순히 근로시간면제에 대한 임금이라는 형식적인 논리가 아니라 합리적인 범위라는 새로운 판단기준을 내세우고 있다. 이러한 합리적 범위의 기준의 설정은 노동조합 대표자의 노사관계에서의 순기능을 고려한 것으로 보고, 어느 정도의 우대적 임금지급은 허용될 수 있다고 하는 것으로 해석된다면, 구체적인 사례에서 어느 정도의 우대가 합리적인 것인지 하는 문제는 별론으로 하더라도 구체적 타당성 추구라고 하는 판결 본래의 기능과 합치될 수 있는 판단기준으로 평가할 수 있다. 나아가 신흥여객사건에서 노동조합 전임자에 대한 3,000시간의 근로시간면제에 대한 임금지급, 통상의 근로자에 비하여 월 200여만 원의 차이가 발생하는 결과를 초래한 사용자의 행위는 후술하는 복수노동조합이 병존하는 상황에서의 사용자의 중립의무를 논할 것도 없이, 동시에 기업별노동조합이라는 노사관계의 순기능적 측면을 고려하더라도 사용자의 경비원조행위로서 부당노동행위가 성립하는 경우였다고 하겠다.

다음으로 노동조합의 재정적 상황이다.

전국플랜트건설노조사건은 46개의 건설회사 상대로 하는 노동조합이 각각의 회사로부터 조합원 수에 따라 10여만 내외의 경비원조를 받은 경우였다. 금액전체로는 과다한 금액이라고 할 수는 있겠으나 현재 우리나라 노동조합이 일반적으로 근로시간면제제도를 통하여 노동조합 활동을 보장할 수밖에 없는 재정적 상황, 따라서 노동조합이 스스로 독자적인 전임자제도를 활용할 수 없는 재정적 상황, 나아가 노사관계의 순기능적 측면 등을 고려할 때에 이러한 형태의 복수의 회사로부터의 일정한 금액의 경비지원을 과연 사용자의 경비지원행위로 보고 이를 부당

---

32) 일본에서는 노동조합전임자에 대한 사용자의 임금상당액의 금원지급이 부당노동행위에 해당하는 것으로 해석되고 있지만, 종래 지급하여 오던 전임자급여지원을 사용자가 폐지한 것에 대하여는 그 폐지가 사용자의 권한 행사라고 하더라도 오로지 노동조합에게 타격을 주기 위한 것인 경우에는 부당노동행위가 성립한다고 하고 구체적인 사례에서 부당노동행위를 인정하고 있다(駿河銀行사건, 東京地方裁判所 1990. 5. 20., 労働判例 563号, 6면). 다만 우리나라의 경우에는 노조법 제81조 제3호 본문에서 노동조합전임자에 대한 급여지원을 금지하고 있어 해석론상 사용자의 노동조합전임자에 대한 급여지원폐지의 부당노동행위 성립 여부에 대하여 실질적으로 판단할 수 없는 여지가 없다고 하겠다.

33) 위 신흥여객사건(대법원 2016. 4. 28. 선고 2014두11137 판결).

노동행위로 단정할 수 있는 것인가. 이러한 형태의 경비지원에 의하여 노동조합의 자주성이 침해되었다고 볼 여지가 있는가. 필자는 오히려 이러한 형태의 경비지원은 다수의 건설회사를 상대로 단체교섭 등을 행하기 위하여 노동조합이 존재할 수 있게 하는 역할을 하는 경비지원으로 볼 수 있고, 나아가 복수의 회사를 상대로 노사관계의 순기능적 측면을 강화하는 긍정적 측면이 강한 것으로 노동조합의 자주성이 침해되었는가 대한 검토를 행하되 그러한 자주성침해의 요소가 특별히 발견되지 않은 경우에는 그러한 복수의 사용자로부터의 경비지원은 그 자체만으로 부당노동행위라 성립하는 것으로 단정할 수 없다는 결론으로 이어질 수 있는 사례였다고 생각한다.

6. 노동조합 병존 하에서의 일방의 노동조합에 대한 경비원조 행위

노동조합이 병존하는 상황하에서 사용자의 중립의무는[34] 노동조합 상호 간의 단결권 평등보장의 관점에서 당연히 도출되는 것으로 이해할 수 있다. 우리나라에서 복수노동조합하에서 교섭창구단일화제도를 도입하였다고 하여 사용자의 중립의무가 부정되는 것은 아니며 오히려 더욱 강조되어야 할 것이다.

일본 최고재판소는 사용자이 중립의무에 대하여, "동일 기업 노동조합이 병존하는 경우에는 사용자는 모든 경우에 각 노동조합에 대하여 중립적인 태도를 유비하고, 그 단결권을 평등하게 승인, 존중할 것이며, 각 노동조합의 성격, 경향, 종래의 노동운동 노선 등 어떠한 사정에 따라 일방의 노동조합을 보다 더 선호하여 그 조직을 강화한다든지 다른 노동조합의 약체화를 도모하는 행위를 하여서는 아니된다."고 하고 있다.[35] 이러한 일본 최고재판소의 입장은 매우 엄격하게 해석되어 오고 있다. 그리고 단결권평등은 복수노동조합하에서 단체교섭창구단일화제도를 도입 논의 자체를 금기시하는 것으로 이어지고 있다.[36]

신흥여객사건은 통상의 근로시간면제 제도의 운영상황과 다른 형태를 취하고 있다. 일반적으로 근로시간면제시간이 3,000시간인 경우에 2,000시간은 교섭대표노동조합의 대표자가 풀타임 전임자로 사용하고, 나머지 1,000시간은 다른 조합원이 수시사용 내지 고정적으로 사용하는 형태이거나, 아니면 복수의 노동조합이 병존하는 경우에 조합원수의 규모 등에 따라 각각의 노동조합의 대표자들이 배분하는 방법을 취하고 있기 때문이다.

이러한 관점에서 볼 때에 위 사건에서 특정 교섭대표노동조합의 대표자에게 근로시간 면제 3,000시간을 전부 부여하고, 이를 임금지급의 대상이 되는 근로시간으로 본 것 자체를 오히려

---

34) 일본의 노동조합 병존하에서의 사용자의 중립의무는 매우 엄격하게 요구되는데, 이에 대하여는, 송강직, "복수노동조합하의 단체교섭거부와 부당노동행위", 「노동법논총」 제11집, 한국비교노동법학회, 2007, 60면.

35) 日産自動車事件 1987. 5. 8., 労働判例第496号, 6면(동, 1985. 4. 23., 最高裁判所民事判例集 第39巻 第3号, 7430면).

36) 일본의 복수노동조합하의 단체교섭창구단일화 논의는, 송강직, 앞의 논문 "일본의 공정대표의무론", 302~304면. 나아가 공정대표의무논의는 해석론상으로 노동조합민주주의 관점에서 논의되고 있다(동, 279~310면 참조).

부당노동행위의 성립여부를 판단하는 기준 내지 대상으로 삼는 것도 가능한 사례로 생각된다. 즉 복수노동조합하에서 사용자가 중립의무에 위반하여 1주 40시간, 연간 52주로 2,080시간을 초과하는 연 3,000시간을 교섭대표노동조합의 대표자의 소정근로시간으로 보고, 그 시간에 대하여 임금을 지급한 행위는 다른 단체교섭창구단일화절차에 참가한 노동조합 간의 차별행위로서 그 자체 중립의무위반의 성격이 강하고, 근로시간면제 배분에 있어서 공정대표의무를 위반한 것으로도 볼 수 있는 여지가 있다. 교섭대표노동조합인 전국자동차노동조합연맹전북지역자동차노동조합은 조합원 60명, 신흥여객노동조합은 조합원 40명, 전국공공운수사회서비스노동조합은 7명이었다. 이들 노동조합이 모두 교섭창구단일화절차에 참가한 경우였다면, 조합원 수가 7명인 노동조합은 별론으로 하더라도 조합원 수가 40명인 신흥여객노동조합에 대한 근로시간면제 배분이 없었다는 것은 당해 노동조합이 이를 포기하는 등의 특별한 사정이 없었다면 그 자체 교섭대표노동조합 및 사용자는 공정대표의무에 위반한 것이고, 사용자의 중립의무 위반에 따른 노동조합 간의 차별적 행위로서 노조법 제81조 제4호 지배·개입의 부당노동행위가 성립한다고 할 수 있다.

Ⅳ. 결 론

이상에서 살펴 본 전국플랜트건설노조사건 및 신흥여객사건에서의 대법원을 비롯한 하급심 법원의 판례법리는 극단적으로 평가를 하면 논리적 판단이라기보다는 매우 정책적 의도가 있는 판결로 보인다. 일본 사례에서와 같이 자주성 침해의 여부에 대한 구체적 판단, 이를 통한 타당성을 추구하여야 하였다고 생각한다. 입법론적 과제는 피하고 해석론상의 문제로서 부당노동행위에 대한 판결에 대한 문제점을 지적하면 다음과 같다.

첫째, 입법취지에 대한 해석론이다. 대법원 등은 노조법 제81조 제4호 본문과 단서를 병렬적으로 보고 형식적인 해석으로 일관하고 있다.

본문에서 노동조합전임자 등에 대한 급여 지원이 금지되고 있으나 단서에서 그 예외를 규정하고 있으니 예외적인 경비지원의 범위는 위 단서의 예외적인 경비지원에 한정된다는 것이다. 그러나 사용자의 경비지원이 부당노동행위가 되는가 하는 것에 대한 판단에 있어서 위 단서의 규정을 열거로 해석할 필연성은 어디서 나올 수 있는 것인가. 이들 본문과 단서를 병렬적으로 보고 단서의 예외를 열거적인 것으로 해석할 것이 아니라 단서의 예외적 경비원조는 어디까지나 예시적인 것으로서, 특정한 사용자의 경비원조가 부당노동행위에 해당하는가를 판단함에 있어서는 당해 경비원조가 노동조합의 자주성을 침해하였는가 아닌가 하는 것을 검토함으로써 충분하지 않겠는가.

둘째, 주기적·고정적 경비지원의 부당노동행위 성립여부이다.

대법원 등이 경비원조의 부당노동행위 성립 여부에 대한 판단을 함에 있어서 사용자의 노동조합에 대한 경비지원의 주기적·고정적 성격을 하나의 판단요소로 들고 이를 구체적인 사례에서 적용시켰다. 앞에서 본 바와 같이 대법원 등이 노동조합전임자에 대한 급여 지원 금지와 예외적으로 인정되는 경비원조 등을 병렬적인 관계로 해석하였다. 그렇다고 한다면 대법원 등이 굳이 주기적·고정적이라는 판단기준을 내세울 필요는 없지 않는가. 왜냐하면 위 단서에서 인정하는 예외적인 경비원조만을 부당노동행위의 성립으로부터 벗어나게 하는 해석론을 전개하게 되면 그 외의 다른 사용자의 경비지원은 부당노동행위에 해당하게 된다. 대법원 등은 위 단서 외에 일시적인 경비원조의 경우 부당노동행위의 성립으로부터 자유로운 영역을 인정한다는 것인가. 일견 대법원은 상호 모순되는 해석론을 전개하고 있는 것은 아닌지 한은 의문이 남는다. 이 또한 노동조합의 자주성 침해 여부에 대한 직접적·전면적 판단을 하지 않은 것에서 비롯되는 해석론상의 난맥상이라고 생각된다.

셋째, 사회통념의 판단기준의 직접적·전면적 등장이다.

경비원조의 부당노동행위 성립 여부의 판단에 있어서는 무엇보다도 당해 경비원조에 의하여 노동조합의 자주성이 침해되었는가 하는 것에서 출발하여야 한다.

그러나 대법원 등은 사용자의 경비원조의 부당노동행위 성립 여부에 대하여 노동조합의 자주성 침해에 대하여 언급은 하고 있지만, 구체적 판단단계에서는 자주성 침해 내지 그 위험성에 대한 판단을 적극적으로 하지 않았다. 오히려 사회통념을 전면에 내세워 사용자의 경비지원의 상당성 여부에 초점을 맞추어 판단하였다. 이러한 사회통념의 판단기준의 전면적, 직접적 원용은 노동조합의 자주성 침해 여부에 대한 판단기준에 부수적 형태로 판단되어야 하는 것이다.

넷째, 근로시간면제에 임금지급의 부당노동행위 성립 여부이다.

근로시간면제에 대한 임금지급의 부당노동행이 성립여부에 대하여 대법원은 해당 사업장에서 동종 혹은 유사 업무에 종사하는 동일 또는 유사 직급·호봉의 일반 근로자의 통상 근로시간과 근로조건 등을 기준으로 받을 수 있는 급여 수준이나 지급 기준을 사회통념상 수긍할 만한 합리적인 범위를 초과할 정도로 과다한지 등의 사정을 살펴서 판단하여야 한다고 한다. 일반론으로서 '합리적인 범위를 초과'라고 하지만 여기서 말하는 합리적인 범위란 동일 또는 유사 직급·호봉의 일반 근로자의 통상 근로시간과 근로조건 등을 기준으로 받을 수 있는 급여 수준이나 지급기준이라고 하지만 이는 법적으로 허용되는 근로시간면제의 최대한의 한도를 기준으로 이에 대한 임금지급을 의미하는 것으로 해석되기 때문에 노동조합의 노사관계의 순기능적 측면을 고려한 임금지급은 허용되지 않는 것으로 이어지고 있다. 신흥여객사건에서 대법원은 근로시간면제의 최대한을 한도로 하여 이에 기초하여 소정근로시간을 책정하고 이에 대한 임금지급을 의미하는 것으로 해석하는 지극히 형식적인 판단을 하고 있다. 그리고 전국플랜트건설노조사건에서와 같이 노동조합이 노사관계 형성을 위하여 복수의 사용자로부터 노동조합운영비를 지원받는 경우에 각 사용자의 부담액은 크지 않지만 이를 전체적으로 보면 상당한 금액에 이르게 되는데 그것을 이유로 과다한 경비지원으로 평가하는 것은 당해 노동조합의 특성을 고려하지 않은 것이라고 하겠다. 구체적으로 이와 같은 경비원조가 노동조합의 자주성을 침해하거나 침해할 우려가 큰 경우인가 아닌가 하는 실질적 판단을 하여야 비로소 구체적인 사례에서 구체적 타당성을 추구할 수 있게 될 것이 아닌가.

끝으로, 복수노동조합하에서 사용자의 엄정한 중립의무이다. 신흥여객사건에서 사용자는 교섭대표노동조합의 대표자에게 연간 3,000시간의 근로시간면제를 책정하고 이 시간을 소정근로시간으로 보아 이에 대한 임금을 지급하였다. 이에 대하여 대법원은 당해 교섭대표노동조합의 대표자에게 지급한 임금이 과다하여 부당노동행위로 판단하였는데, 사견에 의하면 특정 노동조합의 대표자에게 과다한 경비를 지원한 것으로서 다른 소수 노동조합에 대한 단결권 등의 기본권을 침해한 것이라고 할 것이고 따라서 사용자의 중립의무를 위반하여 노조법 제81조 제4호의 지배·개입의 부당노동행위에 해당한다고 생각한다.

근로자 경영참가의 방법과 수준에 관한 고찰

황 용 연*

Ⅰ. 들어가며
Ⅱ. 경영참가제도의 유형
Ⅲ. 주요국가 경영참가제도의 특징
Ⅳ. 기업 상층기구에의 참가에 대한 고찰
Ⅴ. 결 론

Ⅰ. 들어가며

서울시가 2016년 5월 10일 기자설명회를 통해 서울메트로 등 근로자 30명 이상의 15개 공단·공사·출연기관에 비상임이사의 1/3 수준, 기관별 1~2명을 비상임 근로자이사로 임명키로 하는 '근로자이사제' 도입방안을 밝혔다. 그리고 6월 16일에는 "서울특별시 근로자이사제 운영에 관한 조례"의 입법을 예고했다. 이에 대해 학계에서는 "조례를 통한 근로자이사제 도입이 현행법의 테두리 내에서 가능한 것인가, 사용자의 경영권 침해는 아닌가"라는 문제가 제기되었다. 경영계에서는 독일의 근로자이사제[1]는 이미 실패한 제도로 평가받는 제도로서 주주자본주의에 반하는 등 본질적으로 우리나라의 자유시장경제체제에 적합하지 않고, 정치·경제·문화적 배경이 다름에도 도입할 경우 부작용만 초래할 것이라고 비판했다.

근로자의 경영참가는 인식주체에 따라 매우 다양한 형태로 인식되고 있으며, 각국의 정치·경제적, 사회적, 역사적 제 조건에 따라서 매우 다양한 형태와 내용으로 전개되고 있다. 특히, 경영참가는 근로자와 사용자라는 두 주체가 존재하기 때문에 그 중 어느 집단이 경영참가를 주도하는가, 그리고 노사 양 집단의 경영참가에 대한 태도가 어떠한가 등에 따라 그 내용과 형식에 있어서 큰 편차를 보일 수 있다.

노사가 경영참가와 관련하여 절충점에 도달하려면 무엇보다 노사 당사자를 포함한 사회적 공감대를 형성할 수 있어야 하는데, 그 핵심적인 과제는 경영참가의 사회적 최적 수준을 결정하

---

* 한국경영자총협회 노사대책본부장, 법학박사

1) 감사회, 이사회 등 기업의 상층의사결정기구에 참여하는 근로자대표가 근로자이사, 노무이사, 노동이사 등 다양하게 명명되고 있으나, 이하에서는 '근로자이사', '근로자이사제'로 통일하고자 한다.

는 것이다. 이를 위해 근로자의 경영참가가 어떠한 수준이 되어야 국민경제적인 관점에서 가장 적합한 것일까 하는 질문과 관련된 논의가 진행되어야 할 것이다.

이를 통해 경영참가와 관련한 노사간 분쟁을 줄이는 한편, 현재의 노사관계 및 경제 환경 하에서 노사협력과 국민경제 발전에 기여하는 최적의 근로자 경영참가 방법과 수준이 모색되어야 할 것이다.

Ⅱ. 경영참가제도의 유형[2)]

근로자 참가제도는 단순한 제안제도부터 정보열람, 품질관리, 의사결정참여까지 다양한 형태가 있다. 주주 자본주의(shareholder capitalism)가 발달한 미국과 영국에서는 종업원지주제, 스톡옵션 등 이익배분 형태의 제도가 발달해 왔으나, 이해관계자 자본주의(stakeholder capitalism)가 발달한 독일의 경우 근로자이사, 종업원평의회와 같은 공동의사결정제도를 중심으로 근로자 경영참가제도가 발전해 왔다. ILO는 1974년 '기업의 의사결정에 대한 근로자참가'라는 주제로 오슬로 국제회의에서 논의한 내용을 요약하여 종합보고서를 내고, 근로자 참가의 유형을 제시한 바, 이는 의사결정참가 경로기준으로 설명하고 있다. 즉, ① 노사협의제에 의한 참가, ② 단체교섭에 의한 참가, ③ 기업 상층기구에의 참가, ④ 작업장 참가의 네 가지 방식을 들었다.[3)]

1. 노사협의제에 의한 참가

노사협의제에 의한 참가는 통상 사업 또는 사업장 단위로 노사협의회[4)]를 설치하여 노사간에 주로 단체교섭에 포함되지 않는 근로조건, 인사, 생산계획, 작업공정, 기업의 경영·경제적 사항, 기타 기업경영 전반에 관한 중요한 사항에 대해 노사간에 대등한 입장에서 협의·협력 또는 공동의결 및 결정을 행하는 제도로서, 오늘날 각국에서 도입·실시되고 있는 제도 중 가장 오래되고 또 널리 시행되고 있는 제도이다.[5)] 흔히 최협의의 근로자 경영참가란 바로 노사협의제를 통한 경영참가를 의미하는 것이다.

그러나 실제로 노사협의제에 의한 참가방식도 그 구체적인 설치운영이나 도입경위 등은 국가나 시대에 따라 다소간의 차이가 있기 때문에 일률적으로 설명하기는 매우 곤란하다. 이를테

2) 황용연, "한국의 경영참가제도의 법적 구조와 개선방안에 관한 연구", 고려대학교대학원 박사학위논문, 2010, 31~36면 참고.

3) Schregle, Workers' Participation in Decision Making within Undertakings, pp. 6~14.

4) 국가에 따라 종업원평의회, 종업원대표위원회, 노사협의회, 공장위원회, 기업위원회 등의 다양한 명칭으로 사용되고 있다.

5) 大河內一男, 吾妻光俊編, 『勞動事典』, 青林書院新社, 1975, 486頁; 윤성천, "근로자의 경영참가문제 — 참가방식과 이에 따른 문제의 검토를 중심으로 —", 『노동경제논집』 제2권 제1호, 한국노동경제학회, 1978, 94면; 이완영, 『근로자참가 유형과 경영성과 — 우리나라 근로자 의사결정참가 모형 개발 —』, 한국항공대학교 박사학위논문, 2001, 39~40면.

면 설치방법이 법률에 의하여 강제되어 있는 경우(독일, 프랑스, 우리나라 등)가 있는가 하면, 노사간에 단체협약을 통하여 자주적으로 설치하는 경우(영국, 일본 등)도 있다. 설치의 동기는 근로자 측의 요구나 노동운동에 의한 경우(영국의 shop steward 운동과 공장위원회)가 있는가 하면, 근로자 측의 공세로부터 기업방위를 목적으로 한 경우(제1차 세계대전 이후에 등장한 각국의 노사협의제)도 있으며, 국가에 의한 생산증강과 산업평화의 일환책으로 추진된 경우(대체로 개발도상국가의 경우)도 있다 할 것이다.[6]

노사협의제를 그 역할과 기능면에서 살펴보면, 대체로 이 제도가 도입된 시기에는 주로 사용자가 근로자에게 사업의 상태에 관하여 설명하거나 작업방법의 변화에 관하여 사전에 알려주는 통지·설명방식이 주종을 이루다가, 근로자가 사용자에 대하여 인사·생산·경영사항에 대하여 의견을 표명하거나 진언하는 의견표명·자문방식을 취하는 매우 한정된 역할을 하는 데 불과하였다. 그러다 시간이 지나면서 노사협의제의 기능과 권한도 점차적으로 확대되어 노사간에 기업경영에 관한 제반문제나 이익공동관계에 있는 제반사항에 관하여 동등한 입장에서 상호 협의하고 결정하는 공동협의방식 내지는 공동결정방식까지 취하는 경향을 보이고 있다.[7] 동시에 협의안건도 종전에는 고용·인사 및 노무사항이 주종을 이루어 왔으나, 이것이 점차 확대되어 기업의 투자, 자금계획, 생산·기술계획 등에까지 이르고 있다.

노사협의제는 일반적으로 능률과 생산성 향상, 근로자의 복지증진과 산업평화에의 기여, 근로자의 기업과 경영진에 대한 이해의 증진, 사용자의 근로자에 대한 이해의 증진과 경영관리층의 책임감 증대, 근로자의 경영개선을 위한 아이디어 발굴의 촉진, 기업의 민주적 운영방식의 제공, 노사관계의 개선 등의 효과를 기대할 수 있기 때문에 그 중요성이 점차 증대되고 있다.[8]

2. 단체교섭에 의한 참가

단체교섭의 대상은 나라마다 다소간 차이는 있지만, 대체로 근로조건의 결정에 한정되고 인사·경영권 등 기업경영과 관련된 영역들에 대해서는 사용자의 의사결정에 맡겨져 있는 경향이 있다.

단체교섭에 의한 참가란 단체교섭의 기능강화나 교섭범위의 확대를 통하여 사업 또는 사업장내의 의사결정과정에 근로자가 참가하는 방법을 말한다. 그러나 근로자의 경영참가는 통상 협조적 관계에서 파악되고 있는 만큼, 대립적인 노사관계의 산물로서 인식되어 온 단체교섭을 통한 근로자 참가의 시도는 오히려 단체교섭의 고유기능을 약화시킬 수 있다는 지적이 있다.

---

6) 윤성천, "근로자의 경영참가문제 — 참가방식과 이에 따른 문제의 검토를 중심으로 —", 94~95면.

7) 大河內一男, 吾妻光俊編, 『勞動事典』, 486~487頁; 윤성천, "근로자의 경영참가문제 — 참가방식과 이에 따른 문제의 검토를 중심으로 —", 95면; 이완영, 『근로자참가 유형과 경영성과 — 우리나라 근로자 의사결정참가 모형 개발 —』, 40면.

8) 이광회, "근로자 경영참가의 범위에 관한 연구", 『동림경영연구』 제1집, 한국동림경영학회, 1994, 223면.

즉, 단체교섭의 주요한 기능이 산출된 성과배분에 관한 노사간의 교섭·흥정이고, 성과를 산출하기 위한 계획결정이나 생산과정의 관리에 참가하는 것이 근로자 경영참가의 의의라고 볼 때 단체교섭을 경영참가에 포함시킬 수 없다는 것이다.[9)]

그러나 단체교섭의 기능이나 역할 또는 단체교섭권이 정립되기까지의 노사관계의 전개과정을 보더라도 단체교섭을 통하여 근로조건 등 근로관계의 내용을 사용자와 더불어 결정하고, 사용자의 경영권에 대해 어느 정도의 견제역할을 해온 것은 사실이다.[10)] 즉, 그동안 사용자가 일방적으로 결정하던 것을 노사간에 협상을 통해서 집단적인 합의를 도출해 낸다는 측면에서 근로자의 의사를 가장 강력하게 경영측에 전달할 수 있는 제도적 장치요 수단으로서 기능하여 왔다. 또 실제 노사간에 발생하는 각종 문제를 전통적으로 노사자치 내지 집단적 노사방임주의에 입각하여 해결해 온 국가들의 경우에는 단체교섭이 때로는 경영참가 역할도 수행해 왔음을 부인할 수 없다.[11)] 1981년 헤이그에서 개최되었던 ILO 심포지엄의 토의내용을 요약한 코르도바(E. Córdova)도 다양한 형태의 근로자 경영참가 중에서 단체교섭이 가장 널리 사용되고, 가장 활력이 있으며 선진국과 개발도상국에서 공히 가장 일반적으로 받아들여지고 있다고 지적하고 있다.[12)]

3. 기업 상층기구에의 참가

1970년대에 들어오면서 근로자의 경영참가문제에 관한 두드러진 현상 중의 하나이며 주목할 사실은 노사협의제의 강화와는 별도로 기업의 최고의사결정기관에의 근로자참가, 즉 근로자중역제[13)]가 추진되고 있다는 점이다. 기업 상층기구에 참가하는 형태는 감사회 참가나 근로자이사제 등을 들 수 있다.[14)] 독일에서는 근로자대표가 감사회나 이사회에 참가하여 기업의 전략

---

9) 關口功, 勞使關係論, 東京 : 青林書院新社, 1981, 133頁. 강성태 교수는 협의의 근로자참가와 관련하여 "통상적인 의미에서는 근로자가 그 대표 등을 통해 경영의 의사결정에 단체교섭이 아닌 방식으로 참가하는 것을 가리킨다"라고 하여 단체교섭을 경영참가의 방식에서 제외하고 있다(강성태, "근로자참가제도의 신동향과 과제", 『법학논총』 제24집 제3호, 한양대 법학연구소, 2007, 445면).

10) Kahn−Freund, Labour and the Law, 2nd ed., 1977, p. 122.

11) 스웨덴이나 노르웨이 등은 1973년의 입법에 의하여, 덴마크는 1974년의 입법에 의하여 근로자중역제가 도입되었지만, 그 이전에는 거의 노사간의 단체협약에 의하여 경영참가를 시도해 온 국가들이다. 그 예로서 덴마크의 협동 및 기술협약(Cooperation and Technology Agreement), 노르웨이의 데이터협약(Data Agreement), 영국의 직업안전협약(Job Security Agreement) 등이 있다. ILO, Workers' Participation in Decisions within Undertakings, Geneva, 1981 참조.

12) Córdova, "Workers' Participation in Decisions within Enterprises; Recent Trends and Programs", International Labor Review 121, March−April, 1982, p. 128.

13) 감사와 이사를 통칭하는 법률상 용어가 없기 때문에 일반적으로 두 명칭을 통칭하는 重役이라는 말을 사용하여 편의상 勤勞者重役制라 하였지만 원래는 공동결정제도(the Co−determination System)라 한다.

14) 근로자중역제란 근로자가 근로자대표가 되어서 기업의 경영기관에 주주 등 자본가로부터 선출된 중역과 동등한 권리와 의무를 가지고 중역으로서 기업의 경영에 참여하는 것이다. 따라서 근로자가 주주이기 때문에 중역이 되거나 또는 승진에 의해 중역이 되는 경우는 여기에서 말하는 근로자중역이 아니다(大橋昭一·奥田

적 수준의 의사결정에 영향력을 행사하고 있다. 또한 스웨덴 등은 근로자이사제를 통해 노조의 입장을 제시하고 기업경영에 직접 노조가 참가하고 있다. 기업 상층기구 참가의 장점은 근로자들이 기업의 사정을 인식할 수 있고, 사용자들도 근로자들의 의견을 파악할 수 있는 기회를 제공하여 노사 간에 불필요한 갈등을 감소시킬 수 있다는 것이다. 단점으로는 시장경제질서 및 주주자본주의 체제와의 괴리, 신속한 의사결정 지연, 근로자대표의 전문성 부족과 책임소재 불분명 등이 제기되고 있다.

이러한 근로자중역제는 기존의 노사협의제에 의한 근로자 경영참가가 그 자체에 한계성을 가지고 있고 동시에 단체교섭의 기능약화라는 문제점을 지니고 있음을 인식한 근로자 측이 이를 보완하려는 요구에서 발생하였다.[15]

4. 작업장 참가

작업장 참가는 근로자 개인이 자신의 업무와 관련하여 일방적인 지시만을 받는 것이 아니라 작업현장에서 근로자들 자신이나 그들의 작업환경에 직접 영향을 미치는 의사결정에 근로자들이 직접 참가하여 노동의 인간화, 근로생활의 질 향상, 작업수행에 있어서의 소외감 극복, 작업환경의 개선 등을 추구하기 위한 것이다.

작업장 참가의 형태들은 직무확대(job enlargement), 직무충실(job enrichment), 직무순환(job rotation), 자율적 작업집단(autonomous works group) 등으로 각국에서 폭넓은 이론연구와 실험이 이루어졌다. 그러나 이것을 두고 본래적인 의미의 근로자 경영참가라고는 할 수는 없다. 이는 주요한 의사결정에 참가하는 것이 아니라, 주로 생산성 향상을 위한 제한된 영역에의 참가이다. 따라서 산업민주주의를 증진하기 위한 목적보다는 생산성을 높이기 위한 목적에서 도입되는 경우가 많다.

Ⅲ. 주요국가 경영참가제도의 특징[16]

주요 선진국의 경영참가제도는 각국의 사회·경제적 조건이나 노사관계의 역사적 전개과정 등에 따라 다양한 형태와 경로를 통해 발전해 왔다. 이하에서는 독일, 프랑스, 스웨덴의 경영참가제도에 대해 개략적으로 소개해 보고자 한다.

1. 독 일

독일에서의 근로자 경영참가 방법으로 종업원평의회를 통한 참가와 근로자 또는 노동조합

幸助·奥林康司, 『經營參加の思想』, 136頁).

15) 윤성천, "근로자의 경영참가문제 — 참가방식과 이에 따른 문제의 검토를 중심으로 —", 99~100면 참조.

16) 황용연, "한국의 경영참가제도의 법적 구조와 개선방안에 관한 연구", 64~98면 참고.

의 대표자가 사용자와 함께 회사의 의결기관 및 집행기관에 참가하여 직접적으로 회사의 의사결정을 담당하는 형태가 있다. 이는 근로자의 경영기관 참가를 통한 공동결정으로서 근로자대표가 감사회의 구성원이 되거나 또는 근로자이사로 선임되어 직접 회사의 기관에 참가하여 기업의 전략적 의사결정과정에 참여하는 방식이다. 이 때의 근로자대표는 회사전체의 이익을 위하여 활동하여야 한다.[17)]

독일은 종업원평의회를 통한 사업장 수준에서의 근로자 참여와 마찬가지로 기업의 전략적 의사결정에의 근로자 참여 역시 참여의 범위와 절차를 규정하고 있는 법제도에 기초하고 있다.[18)] 이러한 참여의 법적 근거는 석탄 및 철강산업에 적용되는 1951년 몬탄공동결정법(MontanmitbestG), 1952년 경영조직법(BetrVG), 1956년 공동결정보충법(MitbestErgG), 1976년 공동결정법(MitbstG)이다.

독일에서의 근로자의 경영참가제도를 이해하는 데 있어서는 우선 독일의 일반 기업의 이해와 이러한 경영체에 어떠한 방식으로 어느 정도까지의 참가가 허용되는가에 대한 총체적인 인식이 선행되어야 한다.

독일의 기업조직은 미국이나 우리나라의 경영조직과는 달리 경영체계를 이사회(Vorstand)와 감사회(Aufsichtsrat)로 이분하여 감사회라는 최고의 경영의사결정기구가 경영을 담당하는 이사회 위에 있고, 이 기구가 노사 양측의 대표로 구성되는 데 그 특징이 있다. 그리고 근로자가 경영에 참가하는 방식은 크게 감사회에의 근로자대표 참여와 근로자이사의 이사회 임면(공동결정의 방식), 종업원평의회에의 참가(공동결정을 포함한 일반적 참가)가 있다. 종업원평의회는 근로자만으로 구성되어 있고, 따라서 체계상으로는 경영기구라고는 할 수 없으며, 작업장 수준에서의 관리적이고 사무적인 경영의사결정에 참가하는 근로자 대표기구라고 할 수 있다. 독일의 주식법(Aktiengesetz)에 규정된 감사회는 업무집행기관인 이사회(Vorstand)의 구성원인 이사의 임면권과 이사회장 선임권, 주요한 경영전략(중대한 투자계획과 같은 기업차원에서의 결정)과 경영에 대한 감독 및 평가 그리고 원칙적으로 업무집행에는 관여하지 못하지만 일정한 사항에 대하여 동의권을 가지고 있으므로 종업원평의회에 의한 공동결정 대상과는 원칙적으로 다르다고 할 수 있다.[19)] 이처럼 독일에 있어 감사회는 우리나라의 감사와는 근본적으로 다른 강력한 권한을 행사하는 회사의 기관이다. 그러므로 독일에서 채택되고 있는 각종의 공동결정제도를 이해하는데 있어서는 이러한 사실을 염두에 두어야 할 것이다.

독일에서의 공동결정제도는 크게 4개의 법률이 있는데, 제정순서대로 보면, 1951년 몬탄공

---

17) Hromadka/Maschmann, Arbeitsrecht Band 2, §15 Rn. 1.

18) 이주희·이승협, 『경영참여의 실태와 과제』, 한국노동연구원, 2005, 97면.

19) Pichot, Arbeitnehmervertreter in Europa und ihre Befugnisse im Unternehmen, EUROPÄISCHE KOMMISSION, 1996, S. 27 ff. 참조; 김형배, “근로자참가제도에 관한 사회적·정치적 배경 — 서독을 중심으로 —”, 『한국사회개발연구』 제13권, 고려대학교 아세아문제연구소, 1985, 38면; 신홍, 『근로자의 경영참가에 관한 법제도연구』, 서울대학교 박사학위논문, 1983, 51~52면.

동결정법(MontanmitbestG), 1952년, 1972년, 2001년 경영조직법(BetrVG), 1956년 공동결정보충법(MitbestErgG), 1976년 공동결정법(MitbstG)이 있다. 독일에서의 공동결정유형은 단체협약을 포함하여 크게 세 가지로 나눌 수 있으나, 상기법률에 의하면 첫째로 공동결정법을 통한 기업의사결정에의 참여로서 몬탄공동결정법, 경영조직법(1952년)의 제76조 · 제77조, 공동결정보충법, 공동결정법, 둘째로 경영조직법을 통한 작업장 수준에서의 참여라는 두 차원에서 지속적으로 확대 · 발전하였다.[20]

1951년 실시된 몬탄공동결정제도는 "광산 및 철강기업의 감사회 및 이사회에 대한 근로자의 공동결정에 관한 법률(Montan－Mitbestimmungsgesetz)"을 통해 실시되었다. 이 법은 한편으로는 근로자이사를 통한 근로자의 이사회참여[21]와 근로자 대표의 감사회 동수참여[22]를 그 특징으로 한다. 다만, 이 법의 적용은 1,000명을 초과하는 근로자가 고용된 광산 및 철강기업으로 제한되어 있었다. 1952년 경영조직법(BetrVG 제76조 · 제77조)은 2,000명 미만 고용의 중소규모 기업에 대해 주주대표 3분의 2와 근로자대표 3분의 1의 감사회 참여를 인정하고 있다. 1956년 공동결정보충법(MitbestErgG)은 몬탄산업에서 발생한 콘체른지배기업에 적용하기 위한 법이다.[23] 그리고 1976년 공동결정법은 상시 2,000명 이상을 고용하는 철강산업 이외의 기업에게도 공동결정법을 적용하도록 하였다.[24] 감사회는 동수의 주주대표와 근로자대표로 구성하되, 감사의 수는 근로자의 수에 따른 규모에 따라 12명, 16명, 20명으로 한다(동법 제7조 제1항). 그리고 근로자이사는 몬탄공동결정법과는 달리 근로자대표감사의 특별한 신임 없이도 선출될 수 있도록 하였다.[25]

---

20) 이에 대해서는 Hromadka/Maschmann, Arbeitsrecht Band 2, S. 206 ff. "Überblick über Unternehmensverfassung" 비교표 참조.

21) 노무이사의 선임 · 해임권은 다른 이사의 선임 · 해임의 경우와 마찬가지로 감사회의 전속권한(Aktiengesetz(AktG) 제84조 제1항, 제4항)이나, 근로자대표감사의 다수의견에 반하여 해임 · 선임될 수는 없다(MontanmitbestG 제13조 제1항 제1문, 제2문).

22) 원칙적으로 총 11명의 감사로 구성되며, 주주대표와 근로자대표가 각각 4명씩이며, 나머지 3명중 2명은 주주측과 근로자 측에서 각각 지명한 자를 선임하며, 1명은 중립적 감사로서 노사 양측의 합의하에 그 선임을 주주총회 또는 사원총회에서 추천한다(동법 제6조, 제8조).

23) 동법의 적용대상기업은 기업이 몬탄공동결정법이 적용되는 기업을 지배하는 기업이어야 하며, 지배는 기관구성에 의할 것(MitbestErgG 제1조 제2항)이 요구되며, 지배기업의 법형태가 주식회사, 유한회사 또는 고유한 법인격을 가진 광산법상의 노동조합이어야 한다. 감사회는 총 15명의 감사로 구성되며 주주대표 7명, 근로자대표 7명, 기타 1명이다(동법 제5조 제1항).

24) 1976년 공동결정법은 경향사업체나 종교단체 및 자선시설과 교육시설에는 적용되지 않는다(MitbstG 제1조 제4항). 적용제외기업은 당해 기업이 추구하는 기업목적을 근로자 내지는 노동조합에 의해서 영향을 받지 않고 실현할 수 있도록 하기 위해서 적용을 제외한 것이다(Wiedemann, Gesellschaftsrecht, C.H.Becksche Verlagsbuchbandiung, München, 1980, S. 61 ff.).

25) 몬탄공동결정법과 동일하게 근로자이사의 선임 · 해임권이 감사회에 있으나(MitbstG 제31조 제1항), 몬탄공동결정법과 구별되는 점은 근로자이사를 포함한 모든 이사의 선임 · 해임의 방법에 대해 특별규정을 두고 있다(동법 제31조 제2항 내지 제5항). ① 1차 투표에서의 이사의 선임 · 해임에는 감사회 구성원의 3분의 2의 다수결을 요한다(동법 제31조 제2항). ② 1차 투표에서 필요한 다수를 얻지 못한 경우에는 2차 투표를 실시한다. 이에는 공동결정법상의 위원회(의장, 의장대리, 주주대표, 근로자대표의 감사 각 1명으로 구성, 동법 제

다음으로 작업장 수준에서의 근로자 참여는 주로 종업원평의회를 통해서 이루어지는데, 이러한 참여는 1952년 경영조직법과 동법의 1972년, 2001년 개정을 통해 제도화 되었다.

1952년 10월 11일 격렬한 정치적 논쟁 끝에 연방법으로 경영조직법이 제정되었다. 노동조합은 사용자의 경제적 모든 결정에 참여할 수 있는 권한을 인정해 줄 것을 요구하였다. 그러나 1952년 경영조직법은 노동조합의 요구대로 이루어지지 않고 자유경제질서의 토대 위에서 종업원평의회에게 일정한 권한을 인정하는 형태로 매듭지어졌다. 1952년 경영조직법의 특징으로는, 사용자에 대한 종업원평의회의 독립성, 상대방에 대한 평화의무의 강조, 사업 내의 파트너 관계의 설정을 특징으로 들 수 있다. 이후 1972년 1월 18일 새로이 경영조직법이 제정되었는데, 동법은 1952년 규정을 전체적인 모델로 하면서 이를 개선하고자 하는 데 머물렀다. 1972년 경영조직법의 특징을 보면, 우선 사용자와 종업원평의회에게는 신뢰에 기초한 협력원칙이 의무로 지워졌다. 또한 종업원평의회의 권한이 확대되었을 뿐만 아니라 직장 내 개별 근로자의 공동결정권한에 관한 근거를 마련코자 개별근로자가 행사할 수 있는 권한이 법률에 규정되었다. 한편 노동조합의 경영조직법상의 지위가 강화되었다.

1972년 경영조직법 이후 여러 번 소규모 개정작업이 있었지만, 이는 1972년 경영조직법의 전체 모습에는 별다른 영향을 주지 못했고, 경영조직법개정법률(Gesetz zur Reform des Betriebsverfassungsgesetz)이 2001년 7월 23일에 가결되고 2001년 9월 25일 공포되었다.

개정의 범위와 관련하여 보면, 이번 개정은 형식상 전체 81개 조문이 개정되었기 때문에 경영조직법의 3분의 2에 해당하는 대폭적인 개정이었다고 할 수 있지만, 내용상으로는 종전 판례의 태도를 입법화한 것이 대부분을 차지한다.[26]

2. 프랑스

프랑스에서 기업활동에의 근로자 참가는 전통적으로 단체교섭이나 근로자대표기구를 통한 제도화된 참가, 재산참가, 경영에의 참가 등 다양한 형태가 있다. 프랑스에서는 1884년에 노동조합이 법적으로 승인되었음에도 불구하고 개별 기업내에 노동조합의 지부를 설치할 수 있는 권한은 1968년에야 비로서 인정되었다.[27] 노동조합이 법적으로 승인된 이래 장기간에 걸친 기

27조 제3항)에 의하여 1개월 이내에 권고안이 제출되어야 한다(동법 제31조 제3항 제1문). ③ 2차 투표에서도 결정되지 아니하면 감사회의장이 재투표에서 2개의 투표권을 행사함으로써(동법 제31조 제4항 제1문) 이미 과반수를 획득한 후보자를 이사로 선출한다. 감사회의장이 사실상 주주대표 중에서 선출되고 이사선임에 있어 노사대표간에 대립이 있는 경우 최종적으로 의장이 2개의 투표권을 행사할 수 있다는 점에 비추어 이사구성에 있어서는 주주 측에 우위를 두고 있다고 평가할 수 있다.

26) v. Hoyningen－Huene, Betriebsverfassungsrecht, 5. Aufl., 2002, S. 16.

27) 프랑스의 노동운동은 분권주의, 다원주의, 노조간의 경쟁 그리고 조직의 취약성 등으로 특징 지워진다. 특히, 노조원과 비노조원간의 단체교섭혜택의 비차별성과 정부의 직접개입이라는 프랑스 노동법의 고유한 특징 때문에 낮은 노동조합 가입률을 보이고 있다(노동조합 가입률은 1970년대 중반 23%였고, 1985년 약 16%. 90년대 중반에는 11%로 지속적으로 감소한 이후 2000년 이후에는 약 9%대를 유지하고 있다). 프랑스의 대표

업 수준에서의 노동조합의 부재 및 역할의 미비는 '기업위원회'나 '종업원대표' 등 다른 제도적 장치의 발전을 가져온 중요한 요인이 되었다.[28)]

1946년 프랑스공화국 헌법전문은 "모든 근로자는 자신의 대표를 통하여 근로조건의 집단적 결정과 기업의 경영에 참여한다"고 함으로써 경제민주주의 이념에 기초한 경영참가제도를 명시하였고 이는 제5공화국헌법에서도 계속하여 이어지고 있다. 하지만 헌법의 명시적인 선언에도 불구하고 기업의 기관에 구성원으로 참여하여 의결권을 행사하는 독일식의 공동결정제도는 발전하지 못하였고 맹아적인 수준에 머무르고 있다. 그 대신 경영상황과 경영결정에 대한 사전정보제공과 협의권에 기초한 기업위원회제도가 종업원대표제와 함께 근로자대표기구로 발전하여 근로자 경영참가의 중요한 통로가 되고 있다. 시기적으로는 1936년 마띠뇽협약(Matignon agreement)에 의해 종업원대표제가 일찍부터 발전하였고 그 다음으로 1945년 오르드낭스[29)]에 의한 기업위원회 그리고 공동결정제도의 도입이 시도되었다.[30)]

1982년 오루법(Auroux Acts)은 노사관계의 새로운 제도적 틀을 마련하였다. 이 법은 사용자에게 매년 기업단위의 노동조합과 임금 및 근로시간에 관하여 교섭할 의무를 부과하였다. 이 법에 의해 노동조합은 기업내부에서 사용자와의 주된 파트너가 되었다. 이러한 기능적인 강화에도 불구하고 노동조합의 집중도에 관해서는 구조적인 취약성으로 인해 제한된 영향밖에 미치지 못하는 한계가 있다.[31)]

프랑스에서 기업수준의 공동결정에 관한 입법적인 개입은 좌파연합정부의 국유화 정책에

노조들은 산업과 직종, 지역에 구분 없이 조합원을 확보하기 때문에 노동조합간의 신규가입자를 둘러싼 경쟁이 심하다. 1884년에 노동조합이 합법성을 인정받은 이후에 전통적으로 노동조합운동은 사업장보다는 지역단위의 노조들이 주축을 이루었으며, 중앙집권에 반대하는 분권적인 노동조합운동이 발달하였다. 2차 세계대전 이후의 노조분열(CGT와 FO의 분열, CFDT와 CFTC간의 분열 등)이 보여주듯이 이념적, 종교적 혹은 정치적 지향성의 차이는 노조의 내부분열과 파편화를 초래하였다.

28) Rojot/Neveu, "Employee Involvement in France", 『Handbook on Employee Involvement in Europe』, KLUWER LAW INTERNATIONAL, 2004. 2, p. France－5.

29) 프랑스에는 일반적 법률(loi) 이외에도 다양한 행정규범이 존재한다. 간략히 설명하면 다음과 같다.
- 데크레(décret) : 일반적으로 대통령이나 총리가 법률의 적용을 위해서 발하는 명령으로 우리의 '시행령'에 해당한다. 그러나 모든 데크레가 법률의 적용을 위한 것은 아니다. 법률의 관할 영역에 속하지 않는 사항에 관하여 정부가 자율적으로 제정하는 행정규범도 역시 데크레라고 부른다.
- 아레떼(arrêté) : 각 정부부처 및 정부기관 또는 지방자치단체의 장이 제정하는 '규칙'을 가리킨다.
- 데크레－루라(décret－loi) : 법률의 관할 영역에 속하는 사항에 관하여 정부가 의회의 승인을 얻어서 한시적으로 정하는 행정규범을 말한다. 이 제도는 1934년부터 나타나기 시작했는데, 1946년 헌법으로 금지되었다가 1958년 제5공화국 헌법에 의해 으르드낭스라는 이름으로 다시 도입되었다.
- 오르드낭스(ordonnance) : 법률의 관할 영역에 속하는 사항에 관하여 정부가 (일반적으로) 입법권의 위임에 관한 수권법률이나 헌법상의 직접적인 규정에 의하여 제정하는 행정규범('입법적 행정명령')을 말한다. 오르드낭스는 의회의 승인을 얻은 경우에는 법률의 효력을 갖지만, 그렇지 못한 경우에는 일반적인 행정규범으로서의 효력만을 갖는다. 따라서 법률에 저촉되는 경우에는 그 효력을 상실하게 된다.

30) 강성태 · 박수근 · 조경배 · 이승길, 『노사신뢰 구축을 위한 근로자 경영참가 방안』, 93면.

31) Rojot/Neveu, "Employee Involvement in France", p. France－5.

따른 공공부문의 민주화에 관한 1983년 7월 26일의 법률과 뒤이은 우파다수당의 민영화정책에 따른 1986년 10월 21일 오르드낭스와 1993년 7월 19일 법률에 의해 시도되었다.[32)]

1986년 7월 2일 법률 제3조는 정부에게 오르드낭스로 상사회사법제를 개정하여 주식회사에게 근로자가 이사회에 참고인 자격으로 참석할 것을 규정하는 조항들을 정관에 도입할 수 있도록 할 권한을 허용하였다. 이에 따라 1986년 10월 21일의 86－1135 오르드낭스는 1966년 7월 24일의 기업법을 개정하여 근로자이사에 관한 규정을 신설함으로써 사기업에서의 노사 공동경영을 위한 근거규정을 마련하였다. 근로자이사는 종업원대표나 협의권만을 갖는 기업위원회와 비교할 때 의결권을 비롯하여 고유한 법적 지위를 갖는다. 즉 근로자이사는 다른 이사와 동일한 지위, 권리, 권한과 책임을 가지고 있다. 근로자이사는 회사설립이 2년이 되지 않은 경우를 제외하고는 근속기간 2년 이상인 자로서 대표성이 있는 노동조합의 추천 또는 5% 이상의 근로자들이 추천한 자 가운데 투표로서 선출되고 노동조합의 독점권은 인정되지 않는다. 근로자이사는 최대 4명까지 선출될 수 있으나,[33)] 전체 이사 수의 3분의 1을 초과할 수 없으며, 다른 모든 선출직이나 노동조합 직무의 겸직이 허용되지 않고 최대 6년의 임기가 보장되며 연임할 수 있다.[34)]

3. 스웨덴

스웨덴에 있어서 근로자의 경영참가 방안은 작업장위원회, 이사회, 단체교섭을 통한 참가 등 크게 세 가지로 구분할 수 있다.

근로자참가에 대한 요구는 20세기 초 혁명적 공장평의회운동 시기부터 있어 왔지만, 당시에는 노동운동세력이 산업민주주의를 실현할 만한 정치적 능력을 가지고 있지 않았다. 뿐만 아니라 사용자도 노동생산성을 향상시키기 위한 수단으로 노사협력에 대해 관심을 갖고 있지 않았다. 즉 1930년대 사회민주당이 정권을 장악하기 전까지는 대립적 노사관계가 지속되었기 때문에 근로자참가의 문제는 현실적인 쟁점으로 떠오르지 않은 것이다.[35)] 경영참가가 시작되기 시작한 것은 1946년 작업장위원회법이 제정된 이후이다.

스웨덴의 경영참가는 공동결정제로 널리 알려져 있지만, 1977년에 공동결정법이 시행되기 이전에는 작업장위원회(1946년), 이사회를 통한 근로자참가제도(1972년)가 있었다. 그러나 LO는 20세기 초반의 대립적 노사관계 전통 때문에 작업장위원회나 이사회를 통한 경영참가보다는 노조의 단체교섭을 통한 경영참가제도를 선호하였다. 실제로 작업장위원회는 우리나라의 노사협의회

---

32) 강성태 · 박수근 · 조경배 · 이승길, 『노사신뢰 구축을 위한 근로자 경영참가 방안』, 98면.

33) 상장사의 경우, 경우에 따라서는 5명까지 가능.

34) Rojot/Neveu, “Employee Involvement in France”, p. France－13; 조르즈 리뻬르 著[르네 로블로 · 미셀 제르멩 改訂/정진세 譯], 『프랑스 會社法論』, 1996, 439면; 강성태 · 박수근 · 조경배 · 이승길, 『노사신뢰 구축을 위한 근로자 경영참가 방안』, 100면.

35) Tsiganou, “The Scandinavian Model of Workers’ Participation”, Workers’ Participative Schemes, Greenwood Press, 1991, p. 21.

와 같은 형식을 갖추고 있는데, 공동결정법의 실시와 함께 공동결정법에 통합되게 되었다.[36)]

작업장위원회는 독일의 종업원평의회나 프랑스의 기업위원회처럼 법상 강제되는 기구가 아니고 노사간 자율적으로 설치하도록 되어 있다. 작업장위원회가 협의·공동결정할 수 있는 사항은 근로조건의 일부에 불과하고 생산·경제·인사적 사항은 설명이나 통보 정도에 불과하다. 그리고 종업원대표도 로칼조합에서 선출하는 등 노조의 활동영역으로 통합된 것이 특징이다.

다음으로 회사와 단체협약을 체결하고 있는 노동조합의 지명에 의해서 근로자대표를 이사회에 참가시킬 수 있다. 스웨덴 법률에서는 기업의 최고의사결정기구에 근로자들이 어떠한 형태로든 참가하는 것이 모든 노동시장에 확대되어 있지만, 그 규정들은 민간부문과 공공부문간에 현격한 차이가 있다.

1987년 민간부문 종업원의 이사회 참가에 관한 법률[37)](1972년 제정)은 노동조합과 단체협약을 체결하고 있는 근로자 25명 이상을 가진 모든 기업[38)]에 적용된다. 독일 회사와는 달리, 스웨덴 회사들은 단층 지배구조를 가지고 있다. 독일은 이사회와 감사회의 중층 시스템으로 되어 있지만, 스웨덴은 비록 집행위원회, 이사회 또는 유사한 기구가 존재한다 하더라도 오직 하나의 이사회(styrelse)만이 존재한다.

근로자 측은 대표 2명을 이사회에 대표로 참가시킬 수 있다(근로자 1,000명 이상의 경우 3명). 그러나 근로자 측 대표의 수가 회사 측 대표의 수를 초과할 수는 없으므로 항상 소수를 점한다. 예외는 있지만, 회사에서 근로자와 관련된 모든 문제와 관련하여 근로자 측 대표는 이사회의 모든 사안에 대해 참여한다. 근로자대표는 투표권을 가지고 있고 책임에 있어서도 기업 소유주와 마찬가지로 동등한 책임을 진다. 이것은 그들의 임무가 자신들을 선출한 노동조합을 대표하는 데 한정되는 것이 아니라 전체 근로자를 대표한다는 것을 의미한다. 비밀유지의무와 충성도는 이사회의 다른 참가자들과 동등하게 이들에게도 적용된다. 근로자대표는 거부권이 없기 때문에 자신들의 의사와 반대된다 하더라도 다수결의 원칙에 의해 결정된 사안에 대해서는 중지시킬 수 없다.

근로자대표는 근로자들에 의해 직접 선출되는 것이 아니고 회사와 단체협약을 체결하는 노동조합의 지명에 의해 선출되고, 근로자대표를 지명한 노동조합은 자유재량으로 그들을 해임시킬 수 있다. 회사와 단체협약을 체결한 노동조합이 둘 이상인 경우에 대해 법률은 그들 사이에 근로자대표 선출권에 대해 상세히 규정하고 있다. 노동운동이 주로 생산직, 사무직 그리고 전문직의 세 부류를 기준으로 분화되어 왔기 때문에 이러한 경우가 흔히 발생한다. 그리고 근로자대표는 반드시는 아니지만 가급적 소속된 회사의 근로자이어야 하고, 허용이 되지 않는 한 다른

---

36) 인수범, “스웨덴 노동조합의 경영참가”, 『노동조합의 경영참가』, 전국민주노동조합총연맹·한국노동사회연구소, 1996, 44면 참조.

37) The 1987 Act on Private-Sector Employee Representation on the Board.

38) 합자회사, 은행, 보험회사 그리고 협동조합(생산자, 소비자 또는 기타 협동조합) 등.

회사 이사회의 위원이 될 수는 없다. 근로자대표는 평상적으로 회사의 집행위원회, 이사회 등에의 출석권과 참가권을 갖는다.

공공부문에서의 근로자대표의 이사회 참가는 민간부문에 비해 훨씬 제한적이다. 주로 회의에 참석하고 의견을 표명하는 정도로 운영되고 있다.[39]

4. 우리나라 제도와의 비교 검토

이상으로 유럽 주요국가의 경영참가제도에 대해 살펴보았다. 그러나 경영참가와 관련된 선진국 모델들의 장점에도 불구하고, 이 모델들의 한국에의 직접도입은 어려운 과제로 보인다. 그 주된 이유는 아래와 같이 노사관계 전개 과정, 노동시장 구조, 경영참가에 대한 법률적 근거 등이 우리나라와 상이하기 때문이다.

첫째, 독일, 프랑스 등 일부 서구제국에서는 감사회나 이사회에 근로자대표를 참가시켜 기업운영의 책임을 분담하는 근로자중역제를 헌법에 기초하여 법률에 의해 채택하고 있다는 것이다. 그러나 우리나라의 경우에는 현재 우리사주조합에 의한 주식 취득을 통해 주주로서 주주총회에서 의결권을 행사[40]하는 외에 근로자나 노동조합의 대표자가 이사회나 감사회 등 회사 기구에 참가할 수 있는 별도의 제도가 없다.

둘째, 독일, 프랑스, 스웨덴의 노동조합은 조직, 기능면에서 우리나라의 노동조합과 상당한 차이가 있다. 이들 국가의 노동조합은 산업별 또는 지역별로 조직되고 사업장단위에서는 노조조직이 매우 약하다. 따라서 단체교섭은 대개 지역단위로 산업별 사용자단체와 산업별노조 사이에 이루어진다. 그러나 우리나라의 경우에는 노동조합의 조직형태가 산업별로 전환하는 추세에는 있으나, 2015년도에 전체 노동조합 5,794개 중 기업별노조가 5,218개, 초기업노조가 676개로 아직까지도 기업별노조의 수가 훨씬 더 많다(단, 조합원 수에 있어서는 산별노조와 지역별·업종별노조를 포함한 초기업노조의 조합원 수가 전체 조합원 수의 56.7%를 차지함). 단체교섭 방식에 있어서는 산별교섭이 증가 추세에 있으나 아직까지도 기업별교섭이 주를 이루고 있고, 산별교섭의 형식을 취하고 있는 경우에는 실질적으로는 기업별교섭의 형태로 진행되고 있는 경우가 상당수다. 가입방식과 관련하여서도, 이들 국가의 산별노조는 지역사회에 기반을 둔 개인가입방식을 갖는 횡적조직이나, 우리나라의 산별노조는 개인가입방식을 형식상 취한 것도 있지만 일반적으로 기업별노조의 연합체 성격이 강하다.

셋째, 우리나라의 노사협의회는 노사 각 대표가 동수로 참여하는 노사합동위원회 조직이

---

39) Fahlbeck, “Employee Involvement in Europe: Sweden”, 「Handbook on Employee Involvement in Europe」, KLUWER LAW INTERNATIONAL, 2004. 2, p. 17.

40) 근로복지기본법은 근로자로 하여금 자사주를 취득·보유할 수 있는 우리사주조합을 설립할 수 있도록 하고 있다(동법 제32조, 제33조). 우리사주조합의 대표자는 주주로서 주주총회에 출석하여 의안에 대한 의결권을 행사할 수 있도록 하여 자본참가제도를 부분적으로 도입하고 있다(동법 제46조).

다. 반면에 독일의 종업원평의회는 근로자 일방적 구성에 의한 단독위원회이다. 그리고 프랑스의 기업위원회는 사용자, 종업원대표위원, 조합대표위원의 3자 구성방식을 취하고 있다.

넷째, 독일과 프랑스는 노사의 대립적 기능(단체교섭)과 협조적 기능(종업원평의회)이 산업별과 기업별 레벨로 분리되어 있다. 반면에 우리나라는 단체교섭과 노사협의회가 사실상 개별기업 내부에서 운영되고 있다.

다섯째, 기업경영조직면에서도 독일은 감독기관(감사회)과 경영기관(이사회)이 엄격히 분리되어 있다. 우리나라의 경우 전자는 이사회가, 후자는 대표이사가 담당한다는 점에서는 유사하나, 독일처럼 엄격하게 분리되어 있지 못하고 사실상 일원화되어 있다.

Ⅳ. 기업 상층기구에의 참가에 대한 고찰

1. 문제의 제기

이상에서 경영참가제도 유형 및 주요국가 경영참가제도의 특징에 대해 개략적으로 살펴보았다. 우리나라의 경우에도 방식과 정도에 있어서는 차이가 있으나, 노사협의제에 의한 참가, 단체교섭에 의한 참가, 작업장 참가 형태의 경영참가제도는 제도적으로 도입·시행되고 있는 것으로 평가된다.

대표적인 경영참가 방법인 노사협의제는 법률에 의해 도입되어 있으며, 노사협의회의 임무인 협의·의결·보고사항을 법률로 정하고 있다. 노사협의회에 의한 참가수준을 보면, 경영계획 및 실적, 생산계획 및 실적 그리고 기업의 경제적·재정적 상황 등 경영권 사항과 인력계획에 대해서는 사용자가 노사협의회에 보고·설명하도록 하는 정보교환수준에 있다. 그리고 생산성 향상과 성과 배분, 근로자의 채용·배치, 인사·노무관리의 제도개선, 경영상 해고 등 고용조정의 일반원칙, 작업과 휴게시간의 운용, 임금 관련 제도개선, 종업원지주제 등 근로자의 재산형성에 관한 지원과 복지증진 등 근로자의 근로조건과 관련이 있는 생산·인사·노무·복지 관련 사항에 대해서는 공동으로 협의하도록 하고 있다. 마지막으로 교육훈련, 복지시설, 사내근로복지기금의 설치 및 각종 노사공동위원회의 설치 등 교육과 복지에 관련된 사항에 대해서는 공동결정수준에 이르고 있다.

다음으로 근로자의 단체교섭권은 헌법 제33조에서 헌법상의 기본권으로 인정하고 있다. 이러한 단체교섭권에 의해 노동조합이 근로자의 근로조건에 대해 사용자와 공동으로 결정한다는 것에 대해서는 이견이 없다. 그러나 단체교섭에 의한 경영참가와 관련하여 단체교섭권의 범위를 어디까지 인정할 것인지, 즉 근로조건 이외에 사용자의 경영권 사항에 대해서도 단체교섭을 요구할 수 있는 권한이 있는지가 문제되고 있다. 경영권 사항에 대한 단체교섭 대상성 인정 여부는 사용자의 경영상의 의사결정과정에의 참가문제로서, 이를 인정한다는 것은 노동조합이 사용자와 기업 경영상의 의사결정에 대해서도 공동으로 결정한다는 것으로 경영참가의 가장 강력한 수단이 될 것이다. 이는 헌법상의 단체교섭권의 범위가 어디까지 미치는지 그리고 단체교섭권과 사용자의 경영권 충돌시 어떠한 방법에 의해 해결해야 하는지에 대한 고찰이 필요하다.[41]

그러나 기업 상층기구에의 참가는 그 도입 여부를 둘러싸고 장기간에 걸쳐 노사간에 첨예하게 대립하고 있다. 노동계는 현행 「근로자참여 및 협력증진에 관한 법률」을 대체하는 「노동자 경영참가법」 제정을 요구하고 있다. 주요 내용으로는 정리해고, 감원조치, 외주화 결정 등 주요 인사 및 경영사항을 의결사항에 포함시키는 노사 공동결정제도를 도입하고, 근로자 경영참가를 실질적으로 보장하기 위해 근로자대표의 이사회 출석과 의견진술의 기회를 보장(노동이사제 도입)하는 한편, 근로자대표의 사외이사 1인과 감사 1인에 대한 추천·선임권 부여 등을 포함하고 있다.[42] 반면에 경영계는 사외이사 및 감사에 관해 단체협약에 규정하지 않도록 하는 한편 노동조합의 사외이사 및 사외감사에 대한 추천권 요구를 수용하지 않도록 지침을 내리고 있다.[43]

2016년 9월 서울시가 조례를 통해 근로자이사제를 도입하면서 정치권을 중심으로 근로자 경영참가제도를 강화해야 한다는 주장이 제기되고 있다. 서울시가 2016. 9. 29 「서울특별시 근로자이사제 운영에 관한 조례」를 공포·시행함에 따라 근로자 정원이 100명 이상인 서울시 산하기관에서는 근로자이사를 포함하여 이사회를 구성하여야 한다. 산하기관의 근로자이사 수는 '근로자 수가 300명 이상인 경우 2명, 정원이 300명 미만인 경우 1명'의 범위 안에서 해당기관의 정관으로 정하도록 되어 있다. 이 경우 근로자이사의 정수가 비상임이사 정수의 3분의 1을 초과할 수 없다. 근로자이사는 공개모집과 임원추천위원회의 추천에 의해 임명되고, 노동조합원이 비상임 이사가 됐을 경우 노동조합을 탈퇴해야 한다. 임기는 지방공기업법에서 정하는 3년으로 하고, 무보수로 하되, 이사회 회의참석 시 안건 및 자료검토 등에 소요되는 수당 등 실비를 지급하도록 하고 있다.

성남시는 근로자이사제 도입을 선언했고, 최근에는 정치권에서도 재벌개혁 방안 중 하나로 근로자추천이사제 도입을 대선공약으로 제시했다. 더불어민주당은 제19대 대선공약으로 "공공부문과 4대재벌부터 노동이사제를 도입하고, 민간으로 확산하겠다"고 공약하였고, 그 내용으로는 "근로자대표 1~2명이 이사회에 참여하여 의사결정에 참여토록 보장"하는 방안을 제시했다.[44]

---

41) 이에 대한 자세한 내용은 황용연, "한국의 경영참가제도의 법적 구조와 개선방안에 관한 연구", 113면 이하 참조.

42) 한국노동조합총연맹, 「노동자 삶의 변화, 세상을 바꾸는 2000만 노동자의 요구」(한국노총 19대 대통령 선거 정책요구안), 2017. 3, 28~29면.
민주노총 『2014년 단체협약(안)』 제※조 【사외이사 및 감사】 회사는 사외이사와 감사 중 노동조합이 추천하는 이사, 감사 각 1명을 이사회에 포함시킨다.

43) 한국경총 『표준단체협약(안)』 제※조 【사외이사·사외감사】 사외이사 및 사외감사에 관해서는 단체협약에 규정하지 않음. 사외이사제도의 확대도입 취지는 기업경영의 투명한 공개를 통해 일반투자자의 보호를 위한 것이므로, 노조의 사외이사 및 사외감사에 대한 추천권 요구를 수용해서는 안 됨(2015년 단체협약 체결지침, 경제단체협의회, 2015, 1131면).

앞에서 살펴보았듯이 독일, 프랑스, 스웨덴 등 일부 서구제국에서는 감사회와 이사회에 노동조합대표와 근로자대표를 참가시켜 기업운영의 책임을 분담하는 근로자중역제를 법률에 의해 채택하고 있다.

그러나 우리나라의 경우에는 우리사주조합에 의한 주식 취득을 통해 주주로서 주주총회에서 의결권을 행사하는 외에 근로자나 노동조합의 대표자가 이사회나 감사회 등 회사 기구에의 참가에 대해서는 별도의 제도가 없다.

이하에서는 기업 상층기구에의 참가를 중심으로 제도 도입시 현행법 체계와 정책적인 면에서 문제가 없는지에 대해 검토하고자 한다. 근로자나 노동조합의 대표자를 기업 상층기구에 참가하도록 하는 것은 필연적으로 사용자의 경영권을 침해 또는 제약하게 될 것이다. 따라서 사용자의 경영권의 실체성(사실상의 권리에 불과한지 아니면 헌법상의 기본권에 해당하는지) 여부와 근로자 경영참가권에 대한 헌법상 근거가 있는지 여부가 검토되어야 할 것이다. 그리고 근로자나 노동조합의 대표자가 이사회나 감사회 등 회사 상층기구에 참가하도록 하는 별도의 제도가 없는 현행법 체계 내에서 이를 강제할 수 있는지 여부가 검토되어야 할 것이다.

2. 경영권 개념의 실체성 및 근로자 경영참가제도의 헌법적 정당성 기초

(1) 경영권 개념의 실체성

자유로운 시장경제를 전제로 하는 자본주의 체제에 있어서는, 생산수단을 소유하는 자본가가 생산물의 종류·품질·수량·생산방법·가격 등 경영의 기본정책을 사적으로 결정하는데, 이러한 자본가에 의한 사적인 결정을 법적으로 보장하는 것을 경영권이라고 한다.[45] 이러한 경영권에 근거해 사용자는 근로자 또는 노동조합과 사전합의 없이 기업 경영상의 의사결정을 하고, 그 실시를 근로자에게 지시할 수 있는 경영관리상의 권리를 행사하게 된다.

대법원은 경영권의 헌법적 근거를 헌법 제119조 제1항, 제23조 제1항 및 제15조에서 찾고 있다. 이 판례는 "모든 기업은 그가 선택한 사업 또는 영업을 자유롭게 경영하고 이를 위한 의사결정의 자유를 가지며, 기업 또는 영업을 변경하거나 처분할 수 있는 자유를 가지고 있고 이는 헌법에 의하여 보장"되고 있다고 함으로써 경영권의 법적 실체성을 인정하고 있다.[46]

즉, 헌법 제23조 제1항 전문은 '모든 국민의 재산권은 보장된다'라고 규정하고 있고, 제119조 제1항은 '대한민국의 경제질서는 개인과 기업의 경제상의 자유와 창의를 존중함을 기본으로 한다'라고 규정함으로써, 우리 헌법이 사유재산제도와 경제활동에 관한 사적자치의 원칙을 기초로 하는 자본주의 시장경제질서를 기본으로 하고 있음을 선언하고 있다.

헌법 제23조의 재산권에는 개인의 재산권뿐만 아니라 기업의 재산권도 포함되고, 기업의

---

44) 더불어민주당, 제19대 대선 공약, 2017. 4, 99면.

45) 大橋昭一·奥田幸助·奥林康司,『經營參加の思想』, 178頁.

46) 대법원 2003. 7. 22. 선고 2002도7225 판결(한국가스공사 사건); 대법원 2003. 11. 13. 선고 2003도687 판결.

재산권의 범위에는 투하한 자본이 화체된 물적 생산시설 뿐만 아니라 여기에는 인적조직 등이 유기적으로 결합된 종합체로서의 '사업' 내지 '영업'도 포함된다. 그리고 이러한 재산권을 보장하기 위하여는 그 재산의 자유로운 이용·수익뿐만 아니라 그 처분·상속도 보장되어야 한다.

한편 헌법 제15조는 '모든 국민은 직업선택의 자유를 가진다'라고 규정하고 있는바, 여기에는 기업의 설립과 경영의 자유를 의미하는 기업의 자유를 포함하고 있다.

이러한 규정들의 취지를 기업활동의 측면에서 보면, 모든 기업은 그가 선택한 사업 또는 영업을 자유롭게 경영하고 이를 위한 의사결정의 자유를 가지며, 사업 또는 영업을 변경(확장·축소·전환)하거나 처분(폐지·양도)할 수 있는 자유를 가지고 있고 이는 헌법에 의하여 보장되고 있는 것이다. 이를 통틀어 경영권이라고 부르기도 한다."[47]고 판시하고 있다. 이상을 종합해 보면, 판례는 경영권의 정당성 또는 실체성 근거를 자본주의 시장경제질서와 재산권 보장 및 직업선택의 자유라는 기본권에서 그 주된 내용과 의미를 도출하고 있다. 따라서 경영권은 법적(특히 헌법상의) 실체성을 가지는 권리로서 이해해야 하고, 이념적 또는 관념적 용어라는 주장은 타당하지 않다.[48]

(2) 근로자 경영참가제도의 헌법적 정당성 기초

우리나라와 같이 사유재산제도와 시장경제체제를 근간으로 하는 자본주의사회에 있어서는 근로자로 하여금 경영에의 참가를 인정한다는 것은 사용자의 경영권에 대한 제약을 의미하지 않을 수 없다.[49] 따라서 근로자 경영참가가 어떠한 헌법적 원리와 기초에 근거하고 있는지가 규명되어야 할 것이다. 헌법적 기본 원리에 적합한 방식을 구성해야만 다른 제도와의 조화 및 참가제도의 기능과 목적을 달성할 수 있기 때문이다.

근로자 경영참가의 헌법적 근거와 관련하여, 독일에서는 제1차 세계대전이 끝난 이후 근로자들과 사회주의세력의 지지를 받는 독일사회민주당이 의회에 많이 진출하여 강력한 영향력을 행사할 수 있게 되자 이들은 바이마르공화국헌법 제165조에 근로자의 참여와 공동결정의 사상을 명문화 하였다.[50] 이에 관한 조항을 보면 "임금근로자 및 봉급생활자들은 임금 기타 근로조건의 결정은 물론 생산활동에 관한 계획 등의 결정에 기업가와 동등하게 참여할 것이 요구되며, 근로자단체와 사용자단체의 조직과 그 협약은 승인 되어야 한다"고 되어 있었다. 그러나 현행 독일 기본법에는 근로자의 사업장 또는 기업에 있어서의 경영참가제도에 대한 직접적인 근거규정이 없어서, 학계에서는 그 근거와 관련하여 이견이 있다. 즉, 기본법 제20조 제1항[51]의 사회국가원리에 의하여 입법자가 헌법상의 자유권에 기초가 되는 자기결정사상을 실현하기 위한 근

47) 대법원 2003. 7. 22. 선고 2002도7225 판결(한국가스공사 사건).

48) 김형배·박지순, 『노동법강의』, 신조사, 2016, 59면.

49) 김형배·박지순, 『노동법강의』, 651면.

50) Maerker, Mitbestimmung : Industrial Democracy in West Germany, Friedrich-Ebert-Stiftung, 1978, S. 10.

51) 제20조 【연방국가적 헌법, 저항권】 ① 독일연방공화국은 민주적·사회적 연방국가이다.

로자의 공동결정권을 제도화할 의무를 부담한다고 하는 견해,[52] 인격의 자유로운 발현에 관한 기본법 제2조 제1항[53]에서 찾는 견해[54]가 있고, 재산권의 사회성에 관한 기본법 제14조 제2항[55] 및 직업의 자유에 관한 기본법 제12조[56]가 헌법상의 정당성 기초로 거론된다.[57]

그리고 프랑스에서의 경영참가의 헌법적 근거로서 일반적으로 "모든 근로자는 자신의 대표를 통하여 근로조건의 집단적 결정과 기업의 경영에 참가한다"라고 규정한 1946년 헌법 전문 제8항이 들어지고 있다. 이러한 헌법에 근거해서 근로자들은 각종 경영참가제에 의하여 기업의 의사결정과정에 참여하고 있다.

그러나 소유권을 보유하고 있지 아니한 근로자의 경영참가를 강제하는 것은 필연적으로 사용자의 재산권 제한이라는 문제를 야기하기 때문에 경영참가에 대한 한계의 문제가 발생하게 된다. 독일에서는 1977년에 9개 대기업, 29개의 사용자단체가 1976년 공동결정법이 기본법에 반한다고 하여 연방헌법재판소에 헌법소원을 제기하였다.

위헌여부가 문제된 조항은 제1조 제1항(적용기업), 제7조 제1항 및 제2항(감사회 구성원칙), 제27조(감사회의장·부의장 선출방식), 제29조 제2항(감사회의장의 복수의결권), 제31조(이사의 선임) 그리고 제33조(근로자이사선임)였다. 위헌주장의 근거는 감사회에서의 합의강제에 비추어 사실상 대등한 공동결정제이므로 이는 기업의 기능을 해치는 한편 시장경제적 원리와 행동방식이 영향을 받게 되며 이로 인해 헌법상의 재산권보장이 침해받는다는 점과 단결의 자유 및 직업선택의 자유에도 반한다는 점을 지적하였다. 관련 기본권조항은 제14조 제1항(재산권의 보장, Eigentumsgrantie), 제9조 제1항(결사의 자유, Vereinigungsfreiheit), 제12조 제1항(직업선택의 자유, Berufsfreiheit), 제2조 제1항(인격발현의 자유), 제9조 제3항(단결의 자유, Koalitionsfreiheit) 등이다.[58]

이에 대해 연방헌법재판소는 다음과 같은 근거로 합헌판결을 내렸다.[59] 우선 헌법적 판단으로서 ① 기업의 기능능력이 상실되는 경우에 주주의 재산처분권이 침해될 수 있는데, 공동결정법에 따른 공동결정에 의하여 기업의 기능능력이 크게 영향받지 않는다는 입법자의 이성적 예견이 기초가 되어 있다는 관점에서 기본법 제14조에 반하지 않는다고 보았다. ② 단결의 자

52) Dietz/Richardi, Betriebsverfassungsgesetz, Bd. 1, 6. Aufl., 1981, Vorbem. §1 Rn. 21 f.

53) 제2조 【일반적 인격권】 ① 누구든지 타인의 권리를 침해하지 않고 헌법질서나 도덕률에 반하지 않는 한, 자신의 인격을 자유로이 발현할 권리를 가진다.

54) v. Hoyningen-Huene, Betriebsverfassungsrecht, S. 3.

55) 제14조 【재산권, 상속권 및 공용수용】 ① 재산권은 의무를 수반한다. 그 행사는 동시에 공공복리에 봉사하여야 한다.

56) 제12조 【직업의 자유】 ① 모든 독일인은 직업, 직장 및 직업훈련장을 자유로이 선택할 권리를 가진다. 직업행사는 법률에 의하여 또는 법률에 근거하여 규제될 수 있다.

57) BVerfGE 50, 290, 349.

58) 김형배, "근로자참가제도에 관한 사회적·정치적 배경 — 서독을 중심으로 —", 59~60면; 김치선, "서독의 노동자 경영기관 참가제도 — 1976년 공동결정법을 중심으로", 『상사법논집』(서돈각 교수 정년기념), 1986, 註 28), 29) 참조.

59) BVerfG, 1. 3. 1979, -1 BvR 532, 533/77, 419/78 und BvL 21/78.

유의 본질적인 내용인 단체협약체계가 공동결정법상의 규정에 상관없이 법적으로 그대로 기능할 수 있다고 판단하였다. 또한 기업의 대표기관은 기업이익을 대표하도록 법적으로 의무 지워져 있기 때문에 결코 노조이익의 대변자가 될 수 없다는 점에서 근로자대표감사를 통한 사용자단체에의 영향력행사 가능성을 부인하고 이른바 사용자단체의 상대방에 대한 독립성은 본질적으로 유지된다고 보았다. 그러므로 기본법 제9조 제3항과도 부합된다고 판단하였다. ③ 공동결정법에 따른 공동결정은 기업의 공익에 대한 이성적인 고려에서 비롯된 것이니 만큼 결코 기업활동의 자유를 침해하지 않는다는 관점에서 기본법 제12조나 제2조 제1항에 반하지 않는다고 판단하였다. 다음으로 법정책적 판단으로서 감사회 의장의 복수의결권에 따라 사실상 주주 측이 최종결정권을 유보하고 있으며, 기업의 경영자 선임에서도 통제를 상실하지 않는다는 점에서 공동결정법 제33조의 위헌성을 부인하는 한편 동법이 노사의 완전 대등성을 보장한 법률이 아니라는 사실을 확인하였다.[60]

근로자 경영참가에 대한 헌법적 근거로 독일은 바이마르공화국헌법에 명시적으로 명문화하였고, 기본법에서는 명시적인 규정은 없으나 제20조 제1항의 사회국가원리에서 그 근거를 찾을 수 있을 것으로 보인다. 프랑스의 경우에는 1946년 헌법 전문에서 경영참가의 근거를 찾을 수 있다. 그리고 독일 연방헌법재판소의 판결의 취지를 보면, 기업의 기능능력이 상실되는 경우에는 주주의 재산처분권 침해될 수 있다는 점, 감사회 의장의 복수의결권에 따라 사실상 주주측이 최종결정권을 유보하고 있고, 기업의 경영자 선임에서도 통제를 상실하지 않는다는 점 등을 위헌성을 부인하는 근거로 들고, 특히, 동법이 노사의 완전 대등성을 보장한 법률이 아니라는 사실을 확인하였다는 점에 시사하는 바가 크다고 본다.

지금까지 살펴본 바와 같이 경영참가제도는 정치·경제·사회의 여러 상황과 현실적인 필요성에 상응하여 발전하여 왔으며, 사용자의 독점적인 영역에 대한 근로자의 참가 역시 이에 따라 변천해 온 사실을 생각할 때에 경영참가의 한계에 관하여는 그 제도가 성립하게 된 배경과 구체적인 법질서와의 상호관련 하에서 이해되어야 한다. 특히, 사유재산권이 인정되는 법체계하에서는 아무리 근로자들의 경영참가가 인정된다 하더라도 기업의 이윤추구를 위한 최고의사결정과정에 근로자들이 대등한 지위를 가지고 참가할 수는 없고, 기업경영에 대해서는 기업주에게 우월적 지위가 보장되어야 한다는 한계를 인정하여야 할 것이다.[61]

3. 법제도상의 문제점

독일 회사의 조직은 주주총회 외에 기업의 최고의사결정기구인 감사회와 업무집행기관인 이사회의 이중적 구조로 되어 있어서 감사회는 이사의 선임과 해임, 이사의 활동에 대한 감독,

---

60) Martens, Das Recht der unternemerischen Mitbestimmung, JuS 1983, S. 338 f.(김형배, "근로자참가제도에 관한 사회적·정치적 배경 — 서독을 중심으로 —", 60~61면에서 재인용).

61) 김형배·박지순, 『노동법강의』, 651면.

정관상 인정된 이사회의 중요한 결정에 대한 승인 등의 권한을 갖고 있다. 이는 우리나라 회사법상의 이사와 감사의 선임이나 권한과는 다른 제도로서 우리나라에 직접 도입하는 것은 법제도상 많은 문제점을 내포하고 있다. 그리고 현행법상 근로자의 경영기관 참가 인정 여부와 관련하여 우선적으로 고려해야 할 사항은 노동법과 상법상의 문제를 해결하여야 한다는 점이다.

이에 대해 근로자 측 이사의 이사회 참가는 근로자이사가 다른 이사와 동등한 권한을 가지고 참여하도록 하되, 독일의 경우처럼 의사결정의 최종결정권은 출자자를 대표하는 이사가 가지도록 보장한다면 현행 법질서에 위배되지 않는다는 견해가 있을 수 있다. 그러나 근로자의 경영기관에의 참가는 상법상의 회사제도의 기본개념(회사재산은 지분권을 가진 출자자에 귀속하고 기업의 경영은 출자자의 의사에 따라서 결정하는 회사의 자본개념)에 위배된다고 할 수 있다.[62] 우리나라 주식회사의 경우에 출자자가 최종결정권을 가지기 위하여 주주총회에서 업무집행기관인 이사를 선임·해임하고 이의 감독기관인 감사를 선임·해임하며 주주총회에서 선임한 이사로서 이사회를 구성하여 여기서 대표이사를 선임하고, 위임의 법리에 의해서 대표이사가 주주의 권한을 受權하고 있는 것이다. 그런데 근로자나 노동조합이 주주총회·이사회 및 감사 등의 기관에 참가한다면 출자자의 이탈 내지는 소외현상이 나타날 수 있다.

독일의 경제체제는 우리나라가 채택하고 있는 영미식 주주 자본주의(shareholder capitalism)와 대비되는 이해관계자 자본주의(stakeholder capitalism)를 기반으로 하고 있다.[63] 또한 독일은 주식시장 중심의 시장 금융주의가 아닌 은행이 산업을 지배하는 은행자본 중심의 은행 금융주의다. 전체 기업의 90% 이상이 유한회사이고, 주식회사는 1%에 불과한데,[64] 주식회사가 성장하지 못한 주요 원인으로 근로자이사제를 꼽기도 한다. 감사회의 근로자대표 참여는 감사회의 효율성을 저하시키며, 근로자 측 대표들이 역할을 수행하기 위하여 필요한 능력을 갖추지 못하고 있다는 지적과 함께 공동결정제도는 경쟁 지향적 기업전략을 회피하며, 의사결정의 지체로 인해 새로운 시장변화에 대한 즉각적인 대응과 기업의 성장을 방해하고 있다는 지적이 제기되고 있다. 실제로 독일경제연구소의 조사에 따르면 근로자대표의 참여가 의사결정 과정을 "더디게 만든다(48.8%)"는 의견이 "가속화시킨다(11.3%)"는 의견보다 월등히 높게 나타났다.[65] 전략적 의사결정으로 인한 손해는 결국 주주가 부담하게 되는 결과를 초래하게 되고, 결국 소액투자자의 유입을 막게 되고 결과론적으로는 자본시장 발전의 장애요인으로 작용하는 악순환이 지속된다는 비난이 제기되고 있다. 실제로 근로자이사제의 비효율성과 부담을 이유로 독일 DAX 30 기업 중 알리안츠 그룹, 바스프 그룹, 이온(EON) 등 대기업들이 유럽주식회사법(SE)을 적용받기 위해 독일

62) 涉谷光子, 『勞働者の共同決定と會社法(下)』, 1977, 116頁.

63) 이해관계자 자본주의는 주주 이외에도 근로자, 채권자, 지역사회를 위한 기업경영을 목표로 하며, 기업을 사회의 구성요소이자 공동체의 일원으로 파악한다.

64) 전삼현, 공기업 근로자이사제 도입의 문제점과 대책, 바른사회시민회의 토론회, 2016, 10면.

65) 이정언, "독일공동결정제도 30년 : 효율성 논의와 개선노력". 「국제노동브리프」, 한국노동연구원, 2007, 77면.

국적을 포기하였고,[66] 클라이슬러 주주들은 노동이사제 등 근로자의 경영참가를 피하기 위해 종업원이 없는 일종의 지주회사를 만들어 다임러와 합병했다.

노동이사제에 대한 독일경제연구소 조사결과

• 공동결정은 기업에…	긍정적이다 (34.2%)	부정적이다 (37.8%)
• 감독위원회의 기업측 위원은 경영의사결정의 조언자 및 동반자로서…	전문적 능력이 충분하다 (73.6%)	능력이 충분치 못하다 (5.0%)
• 감독위원회의 근로자측 위원은 경영의사결정의 조언자 및 동반자로서…	전문적 능력이 충분하다 (48.8%)	능력이 충분치 못하다 (41.3%)
• 감독위원회의 근로자측 대표에게 회사의 비밀 정보를 넘겨 줄 때…	우려되지 않는다 (18.8%)	우려가 된다 (67.6%)
• 외부 노조대표의 참여가…	도움이 된다 (21.3%)	방해가 된다 (53.8%)
• 근로자 대표의 참여는 의사결정 과정을…	가속화시킨다 (11.3%)	더디게 만든다 (48.8%)
• 근로자대표의 참여는 의사결정의 질적인 측면에	긍정적이다 (36.3%)	부정적이다 (20.1%)

자료 : Institut der deutschen Wirtschaft Köln (eds.), 'Untemehmensmitbestimmung : Schwieriger Abstimmungsprozess." (2006)

또한 노동조합의 대표를 참가시키는 것은 노동조합의 본래의 성격상으로 보아도 문제가 있다. 왜냐하면 노동조합의 대표가 회사의 중역이 된다는 것은 필연적으로 경영에 대하여 공동책임을 분담하지 않을 수 없으며 노동조합 본래의 임무를 이탈하게 되고 경영에 대하여 노동조합의 자주성을 상실하게 될 위험이 따르기 때문이다.

V. 결 론

기업의 운영 내지 활동을 위해서는 필수적으로 사용자의 의사결정이 전제되어야 한다. 우리 헌법은 개인의 경제상의 자유와 창의의 존중을 기본적 바탕으로 하는 자본주의 시장경제질서를 보장하고 있고, 이는 재산권 행사의 자유와 직업의 자유 보장에 의해 실현된다. 즉, 사용자는 그가 선택한 사업 또는 영업을 자유롭게 경영하고 변경·처분할 수 있는 자유를 가지는데, 이러한 사용자의 경영상의 의사결정의 자유인 경영권은 경제질서에 관한 헌법 제119조 제1항, 재산권 보장에 관한 제23조 제1항 그리고 직업선택의 자유에 관한 제15조에 의해서 보장되는 실체적 권리이다. 따라서 근로자의 채용·배치, 인사·노무관리 그리고 경영계획과 생산계획 등 인사·경영에 관한 결정권은 원칙적으로 사용자에게 귀속되어 있다. 그러므로 이러한 사항에 대

66) 최준선, "공공기관 근로자이사제 논의", 국회 토론회 자료, 26면.

해 사용자가 노동조합과 단체교섭을 통해 결정하거나 노사협의회에 보고하고 근로자위원들과 협의·의결하도록 하는 것은 사용자의 인사·경영권에 대한 제약으로서 헌법상의 재산권질서에 대한 수정을 의미하지 않을 수 없다.

단체교섭에 의해 사용자의 기업경영조직에 관한 권한이 본질적으로 침해되어서도 안 될 것이나, 기업경영상의 사항은 근로조건이 아니므로 이와 관련된 모든 문제를 교섭대상에서 제외하고 일체의 논의 자체를 하지 않는다는 것에 대해서는 현실적 타당성 면에서 의문이 제기될 수 있다. 이러한 인사·경영사항에 대해서는 이해당사자인 근로자들의 참여가 제도적으로 수용되는 것이 바람직하다. 이른바 노사협의제도가 그것이다. 따라서 단체교섭에 의해 규율될 수 있는 사항의 한계 및 그 기준을 정립하는 한편 단체교섭의 대상이 아닌 인사·경영사항에 대해서는 이해당사자인 근로자들이 실질적으로 참여할 수 있도록 노사협의제도를 정비하여야 할 것이다.

그리고 근로자대표의 이사회 이사 및 감사회 감사로서의 참여는 사용자의 소유권 침해문제, 노사간의 힘의 균형성 붕괴 문제 그리고 회사법상의 한계 문제로 인해 현행법 체계 하에서는 어려움이 있다. 더구나 우리 상법은 이사는 주주총회에서 선임되며 주주와 회사를 위하여 그 직무를 충실히 수행해야 하는 이른바 선량한 관리자로서의 의무를 강조하고 있으므로, 근로자대표를 이사로 선임하는 유럽식 이해관계자 자본주의(stakeholder capitalism)와는 근본적으로 다른 체계를 가지고 있다. 특히, 근로자대표가 기업의 의사결정기구에 참여함으로 인해 회사의 이익대변자 역할과 근로자 대표로서의 역할이 상충하는 이중성의 문제가 발생한다는 점에서 사용자 측만이 아니라 노조 내부에서도 비판이 제기되고 있다. 유럽에서도 근로자이사제는 여전히 논란의 대상이 되고 있다. 독일산업총연맹(BDI)과 독일경영자협회(BDA) 등 산업계는 지속적으로 근로자이사제의 축소를 주장하고 있으며, 많은 기업들이 근로자이사제가 기업 경쟁력에 불이익을 주고 이사회 의사결정이 지연된다는 문제를 제기하고 있다.

최근 스페인, 그리스, 아일랜드, 폴란드, 체코 등 다수의 유럽 국가에서 경제위기로 근로자이사제가 축소되거나 폐지되는 방향으로 진행되고 있으며, EU주식회사법(SE)이 시행됨에 따라 SE로 전환함으로써 근로자 경영참가를 회피하는 경향이 있다. 결국 근로자이사제 시행을 위한 오랜 역사와 경험, 경제·사회적 배경을 갖추고 있는 유럽에서도 근로자이사제가 갖고 있는 한계와 문제점들이 노출되고 있다.

결론적으로 '이사회' 및 '감사회'에의 근로자대표의 참여는 도입시 효과 및 문제점 등에 대한 현실적인 논의를 통한 사회적 공감대 형성과 노사관계 및 노사협의회 운영이 보다 성숙해진 단계에서 장기적으로 검토할 과제라고 생각한다.

노동시장의 구조개선과 노동법제 개정 논의 小考

이 형 준*

Ⅰ. 들어가며
Ⅱ. 노동시장 구조개선에 대한 노사정 합의와 노동법 개정 논의
Ⅲ. 선진국의 노동시장 활성화 관련 노동법 개정 사례
Ⅳ. 나오며

Ⅰ. 들어가며

저출산·고령화로 인한 노동공급 측면의 문제뿐만 아니라 노동수요 역시 충분하지 않은 저상장에 접어들면서 우리나라 노동시장이 활력을 잃고 있는 상황에서 최근에는 정보통신기술의 급격한 발전으로 소위 '4차 산업혁명'으로 불리우는 디지털화가 노동시장 및 노사관계에 미칠 영향에 대한 논의까지 우리나라 노동시장이 준비하고 대응해야 할 과제들은 더욱 쌓이고 있다고 해도 과언이 아니다.

아시다시피 세계경제는 공급과잉과 그로 인한 침체로 총체적인 위기 상황에 직면해 있다. 현재의 위기는 특정 지역에 국한된 문제라거나 일시적인 유동성 위기가 아니라 구조적 문제로서, 상당기간 돌파구를 찾기 어려울 것이라는 어두운 전망이 나오고 있는 것도 사실이다. 이미 일자리 부족, 특히 청년실업문제가 많은 국가에서 심각한 사회문제로 떠오르면서 일자리 창출을 위한 다양한 정책들이 추진되고 있다.

하지만 우리나라 노동시장은 지난 수십 년 동안 경제·사회 환경이 급변하였음에도 불구하고 여전히 과거 공장제 대량생산체제에 만들어진 노동법제에 의해 규율되면서, 괜찮은 일자리의 수가 지속적으로 감소하고 이중구조의 고착화에 대한 해법을 찾지 못하고 있다. 더군다나, 노동시장의 변두리로 밀려나는 근로자들이 계속 늘어났는데 이들을 보호하기 위한 고용안정 관점에서의 지속적인 노동법제 강화가 오히려 전체 노동시장 활력 측면에서는 물론 현실적 문제해결 가능성마저 저하시키는 부정적 영향을 미쳤다는 지적도 제기되어 왔다.

---

* 한국경영자총협회 노동경제연구원 노동법제연구실장, 법학박사

노사정은 2013년 5월에 '고용률 70% 달성을 위한 노사정 일자리협약'을 체결한 이래 경제사회발전노사정위원회(이하 '노사정위원회'라 함)내 의제별 · 업종별위원회, 협의회, 연구회, 포럼 등을 통해[1] 다양한 과제들을 논의하였다.

나아가 기존 노동시장 체제로는 좋은 일자리 창출과 노동시장 이중구조 문제 해결이 어렵다는 공감대 하에 노동시장 구조개선을 논의하기 위해서 2014년 9월에 '노동시장구조개선특별위원회'를 노사정위원회에 설치하여[2] 2015년 9월 15일에 노사정합의를 이끌어냈다.

그러나 합의 주체인 한국노동조합총연맹(이하 '한국노총'이라 함)이 2016년 1월 11일에 합의 파탄 선언을 하면서 그 이행 및 후속 논의가 중단되면서, 합의되었던 노동법 개정 사항들도 20대 국회에서 논의가 제대로 이루어지지 못하고, 사실상 2017년 5월 출범한 새 정부 과제로 넘겨졌다.

이에 산업현장의 갈등과 불확실성 해소를 위해서 통상임금 정의 규정과 휴일근로의 연장근로 포함 여부 관련 노동법 개정을 포함하여[3] 우리나라 노동시장의 구조개선을 둘러싼 노사정의 최근 논의 및 합의와 그에 따른 노동법 개정의 진척에 대해 살펴보고자 한다. 그리고 비교법적 관점에서 우리나라 보다 앞서 저상장으로 인한 일자리 감소 문제 등 노동시장의 침체를 해결하기 위해서 선진국들이 추진했던 노동법제 개혁 사례를 함께 살펴봄으로써 향후 우리나라 노동시장의 구조개선을 통한 일자리 창출 등 노동시장 활성화에 필요한 노동법제 개정 추진에 참고할 시사점을 찾아보고자 한다.

Ⅱ. 노동시장 구조개선에 대한 노사정 합의와 노동법 개정 논의

지금까지 국가 전체 차원에서 유의미한 노사정간 사회적 대화 및 합의에서 확인되는 경제 · 노동시장에 대한 인식과 공감대는 주로 '위기 극복'이라는 반복되는 공통적 상황에 기초하고 있었지만,[4] 그 원인에 대한 진단과 분석은 노사정간 완전히 일치했다고 할 수는 없다.

---

1) 일 · 가정 양립을 위한 일자리위원회(2013. 8~2015. 6), 고용유인형 직업능력개발개선위원회(2013. 9~2015. 7), 자동차부품 업종위원회(2013. 11~2015. 11(2014. 11. 1년 연장), 청년고용협의회(2015. 11~2016. 11), 임금연구회(2015. 2~2016. 2) 등이 설치되었다.

2) 2013년 12월 한국노총의 사회적 대화 중단선언이 있은 이후 8개월 만인 2014년 7월 정부가 마련한 노사정대표자 간담회 자리에서 노사정대표들은 어려운 경제상황 극복을 위해 사회적 대화와 타협이 필요하다는 데 의견을 같이하였다. 이어 8월에 노사정위원회 제86차 본위원회에서 노동시장의 여러 이슈들을 구조개선의 큰 틀에서 논의하고 미래지향적 제도 개편 방안을 마련하기 위해 특별위원회를 만들기로 의결하였다.

3) 국회 환경노동위원회는 2014년 2월부터 약 2개월에 걸쳐 노사정소위원회를 구성해 통상임금, 근로시간 단축, 경영상 해고 등 핵심 노동이슈의 해법을 모색했는데, 큰 틀에서의 공감대 형성에도 불구하고 세부사항에 대한 이견으로 합의 도출에 실패하였다

4) 경제위기 극복을 위한 사회협약(1998년 2월 9일), 일자리만들기 사회협약(2004년 2월 10일), 경제위기 극복을 위한 노 · 사 · 민 · 정 합의문(2009년 2월 23일) 등이 있다.

그동안 맞닥뜨린 현실 내지 극복해야 할 상황에서 늘 제시되었던 '노·사·정이 각자, 그리고 함께 할 것'을 합의했던 것과는 다른 차원인 중·장기적 관점에서 개선되지 않고 누적되는 노동시장의 구조적 문제들에 대한 보다 근본적·종합적인 노사정간 논의가 '노동시장구조개선특별위원회(이하 '특별위원회'라고 함)'에서 이루어졌고,[5] 우여곡절 끝에 노사정합의도 도출되었다.

하지만 노사정이 우리나라 노동시장의 문제점에 대한 공통된 인식과 공감대를 충분히 가지고 해법을 마련했다고 단언할 수는 없다. '노사정위원회'라는 사회적 대화 체계의 구조적 한계로 노동계 내에서 합의사항에 대한 입장 차이를 보이고, 합의사항을 반영하는 노동법 개정을 위한 논의도 난항을 겪고 있다.

1. 노동시장 구조개선을 위한 노사정 합의

(1) 1차 기본합의

2014년 9월 19일 출범한 특별위원회는 3개월간 논의과정을 거쳐 1단계로 12월 23일 '노동시장 구조개선의 원칙과 방향'에 관한 기본합의를 도출하였는데, 2대 원칙하에 5대 의제 및 14개 세부과제를 채택하였다.

– 노동시장 구조개선의 원칙과 방향 전문 발췌 –

세계화, 고령화, 정보사회화, 서비스경제화, 저성장시대 도래 등 우리를 둘러싼 환경이 급변하고 세계경제의 불확실성과 불안정성이 심화되는 가운데, <u>산업화를 통한 고도 성장기에 형성된 우리나라의 경제와 노동 질서는 이러한 변화에 능동적으로 대응하지 못하고 있다</u>. 그 결과, 경제 활력이 저하되고 좋은 일자리가 충분히 창출되지 못하는 가운데 노동시장의 이중구조와 사회 양극화가 고착화되고 있어, 시스템의 지속가능성에 대한 우려가 제기되고 있는 상황이다.

과거 고도 성장기에 형성된 기존 경제·노동질서의 문제점과 함께 지속가능한 시스템 구축의 필요성에 대한 인식을 바탕으로 노동시장 구조개선의 원칙으로서 노사정이 동반자적 입장에서 공동체 전체를 위한 노동시장 구조개선을 추진함에 있어서 현재 노동시장 상황에 대한 각자의 책임을 인정하고 그 부담을 나누어지기로 분명히 한 점은 지금까지 노사정 합의에서 진일보한 것으로 평가할 만하다. 다만, 세부논의과제로 선정된 사항들이 지금까지 산업현장에서 논쟁대상이었던 사항들이 중심이 되면서 미래 노동시장을 준비(대비)하는 관점의 과제가 두드러지지 않고 있어서 장기적 관점의 논의가 충분히 이루어지지 못할 개연성을 내포하고 있었다.

---

5) 특별위원회와 같은 시기에 산업안전혁신위원회(2014. 9~2016. 9(2015. 9. 1년 연장)), 공공부문발전위원회(2014. 9.~2015. 3.(2015. 9. 6개월 연장))도 구성되었다.

표 1. 노동시장 구조개선의 원칙과 방향 기본합의 내용

<table>
<tr><td>원칙</td><td colspan="2">1. 노사정은 동반자적 입장에서 장기적 관점과 노와 사, 현세대와 미래 세대를 아우르는 공동체적 시각을 가지고 노동시장 구조개선을 추진한다.
2. 노사정은 노동시장 현실에 대한 책무성을 바탕으로 향후 노동시장 구조개선의 사회적 책임과 부담을 나누어진다.</td></tr>
<tr><td rowspan="7">방향</td><td>5대 의제</td><td>14개 세부 과제</td></tr>
<tr><td>1. 노동시장 이중구조 문제*</td><td>1) 원·하청, 대중소기업 상생협력 등 동반성장 방안
2) 비정규 고용 규제 및 차별 시정 제도 개선
3) 노동이동성, 고용·임금·근무방식 등 노동시장의 활성화</td></tr>
<tr><td>2. 임금·근로시간·정년 등 현안문제*</td><td>1) 통상임금 제도 개선 방안
2) 실근로시간 단축 연착륙을 위한 법제도 정비
3) 정년연장 연착륙을 위한 임금제도 등 개선 방안</td></tr>
<tr><td>3. 노사정 파트너십 구축</td><td>1) 노동기본권 사각지대 해소 및 비조직부문 대표성 강화
2) 중앙·지역·업종별 사회적 대화 활성화
3) 합리적 노사관계 발전 및 노사의 사회적 책무성 강화</td></tr>
<tr><td>4. 사회안전망 정비*</td><td>1) 사회보장제도 사각지대 해소 및 효율성 제고
2) 취약 근로자 소득 향상
3) 직업능력개발 및 고용서비스선진화 등 선제적 보호 장치 강화</td></tr>
<tr><td>5. 기타 구조개선 관련 사항</td><td>1) 노동시장 구조개선을 위한 관련 법제도 현대화 및 정책 연계 강화
2) 생산성 향상과 일터 혁신</td></tr>
<tr><td colspan="2">(*표시는 우선과제로 2015년 3월까지 논의 마무리)</td></tr>
</table>

(2) 2차 합의

합의했던 2015년 3월을 넘겨 4월 초까지 합의를 위한 협상이 계속되었으나, 4월 8일 한국노총이 긴급 중앙집행위원회를 열고 협상 결렬을 선언하면서[6] 4개월간 논의가 중단되었다가, 8월 26일 한국노총이 복귀 결정을 하면서 논의가 재개되었는데, '노사정대표자회의'를 중심으로 집중 논의를 통해 2차 합의로 '노동시장 구조개선을 위한 노사정 합의문'이 노사정위원회 본위원회에서 9월 15일 채택되면서[7] 1년여에 걸친 논의가 일단락되었다.

노사정 합의에 대해서 '합의를 위한 합의', '알맹이 없는 추상적 문구의 나열에 불과한 것 아니냐'는 평가부터 노동계 내에서 일부 합의사항이 '기업 입맛에만 맞춘 것'이라는 비판도 있지

6) 2015년 4월 9일 정부는 한국노총 결렬선언 관련 정부 입장 발표 기자회견을 통해 합의 실패를 시인하면서, 그동안 특별위원회에서 논의된 주요 의제를 중심으로 향후 정부의 노동시장 구조개선 추진 계획을 발표하였다.

7) 노사정 합의문은 크게 'Ⅰ. 노사정 협력을 통한 청년고용 활성화, Ⅱ. 노동시장 이중구조 개선, Ⅲ. 사회안전망 확충, Ⅳ. 3대 현안의 해결을 통한 불확실성 제거, Ⅴ. 노사정 파트너십 구축' 등 6개 부문으로 나누어져 있다.

만, 우리 경제·사회가 당면한 심각한 위기의 기저에 '일자리 부족'이 있다는 점에 노사정이 인식을 같이한 점, 그 해결을 위해서 산업화시대에 형성된 현재의 노동시장에 대한 근본적인 혁신, 즉 '노동개혁'이 필요하다는 공동 인식하에 그 첫 논의를 시작했다는 점에서 진전이 있었다고 볼 수 있다.

– 노동시장 구조개선을 위한 노사정 합의문 전문 발췌 –

> 현재 한국 사회는 새로운 재도약과 기약 없는 정체 사이의 분수령에 서 있다. 급속한 세계화, 저출산 고령화, 지식·정보·서비스 중심으로의 산업구조 변동 등 우리 경제가 직면하고 있는 도전은 매우 엄중하다. 그러나 이를 극복하기 위한 노동시장 기능은 효율적으로 작동하지 않을 뿐 아니라 경제성장과 일자리 창출에 제대로 기여하지 못하고 있다. 노동시장 내 기업규모, 고용형태 등에 따른 양극화가 심화되고 있으며, 특히 우리의 미래인 청년층은 극심한 취업난을 겪고 있는 실정이다. 이에 노사정은 <u>한국 경제사회의 새로운 도약과 일자리 문제 해결을 위해 산업화시대에 형성된 현재의 노동시장에 대한 근본적인 혁신이 필요하다</u>는 공동 인식 아래…

특히 1차 기본합의에서 정리한 노동개혁에 필수적인 고용·노동 분야 쟁점들에 관해 포괄적으로 합의하는 소위 '패키지 딜' 방식의 2단계 합의가 이루어짐으로써 노동개혁에 관한 전국민적 관심을 불러일으키고 그 필요성에 대한 공감대를 형성한 점, 노동개혁의 방향에 관해 수많은 사회적 논의를 이끌어낸 점은 그 자체로서 유의미하다.

2차 합의는 노동시장의 이중구조 개선, 비정규직 등 취약계층 근로자의 고용안정과 보호, 장시간 근로의 개선에 관해서는 구체적인 사항들이 상당히 도출되었으나, 노동시장의 효율성을 높이는 노동이동성 내지 노동시장 활성화 과제들은 상대적으로 대부분 구체적 합의에 이르지 못하고 추가 논의 과제로 넘겨졌다.

과제별 주요 합의내용을 구체성 정도에 따라 살펴보면, 첫째, 임금·근로시간·정년[8] 관련 3대 현안 해결과 관련하여 통상임금 문제는 개념 정의를 법률에 "그 명칭 여하를 불문하고 소정근로에 대하여 사용자가 근로자에게 정기적·일률적으로 지급하기로 사전에 정한 일체의 금품"으로 규정하면서,[9] "근로의 양 또는 질과 관계없거나 근로자의 개인적 사정에 따라 달리 지

---

8) 2013년 4월 국회는 '고용상 연령차별금지 및 고령자고용촉진에 관한 법률'을 개정하여 근로자의 정년을 60세로 하도록 의무화하였다.

9) 통상임금 문제는 2013년 대법원 전원합의체 판결 이후 하급심 법원들이 '신의칙, 재직자 조건' 부분에서 엇갈리는 판결을 내리면서 여전히 산업현장의 혼란과 갈등이 지속되고 있다. 특별위원회 논의 과정에서 노동계는 정기상여금은 재직자 조건이나 근무일수 충족기준에 관계없이 통상임금에 포함해야 한다는 입장을, 경영계는 '1개월'의 시간적 제한을 두는 방식의 통상임금 범위 명확화(1개월 넘는 기간마다 지급되는 금품은 통상임금에서 제외)와 통상임금 제외금품의 하위법령 명시 및 노사합의에 의한 통상임금 산입범위 결정의 허용 등을, 정부는 대법원 전원합의체 판결 취지를 반영하여 법률에 정의규정을 명시하고 시행령에 제외금품 근거를 마련하며 노사합의로 통상임금 산입범위를 정할 수 있는 방안도 검토한다는 입장을, 공익전문가

급하기로 정한 금품은 제외하도록 법률에 규정하되, 구체적인 유형은 시행령에 위임할 수 있도록 한다[10]"고 합의하였다.

근로시간 문제에 대해서는 '휴일근로의 연장근로시간 한도 포함 등 근로시간 총량 규제(주 68시간에서 52시간으로 근로시간 상한 축소)[11], 탄력·재량근로시간제 등 근로시간 유연화제도 개선, 근로시간 적용제외제도 개선, 휴식 및 휴가제도 개선' 등이 주요 쟁점으로 다루어졌다. 합의내용으로 근로시간 단축 및 연착륙 방안(휴일근로를 연장근로에 포함하되, 규모별 4단계 시행 (1단계) 1000인 이상 → (2단계) 300~999인 → (3단계) 100~299인 → (4단계) 5~99인), 특별연장근로의 한시적 허용(사유(주문량 급증 등)·절차(노사대표 서면합의)·상한(1주 8시간) 설정), 특례업종 축소(26개 → 10개) 및 적용제외제도 개선 방안 논의 마련,[12] 탄력적 근로시간제 단위기간 확대(2주 → 1개월, 3개월 → 6개월, 특별연장근로 허용이 종료되는 시점부터 적용), 재량 근로시간제 대상업무 조정 추진, 휴가소진 촉진 등이 있다.

정년연장 연착륙 등을 위한 임금제도 개선과 관련하여[13] 임금·근로시간 피크제 확산, 고용친화적 임금체계 개편 및 지원 조치, 임금피크제 도입을 비롯한 임금체계 개편 관련 단체협약·취업규칙 개정을 위한 요건·절차 명확화 추진 등이 포함되었다.

둘째, 노사정협력을 통한 청년고용 활성화와 관련하여 청년고용 확대 노력으로서 대·공기

그룹은 임금체계 개선원칙에 부합하고, 근로자간 임금격차 해소에 기여하는 방향으로 입법화 하되, 노사의 자율적 이익조정을 인정할 필요가 있지만, 노사가 적극 원치 않을 경우 장기과제로 검토할 수 있다고 제안하였다(자세한 내용은 2015년 2월 27일 개최된 제11차 특별위원회의 전문가 1그룹 보고 안건인 '전문가 1그룹 3대 현안 논의 결과' 자료 참조).

10) 시행령에서 규정할 제외금품의 예시로 ① 근로자의 건강, 노후생활 보장, 안전 등을 위한 보험료, ② 근로자 업적·성과 등 추가적인 조건의 충족 여부에 따라 지급여부·지급액이 미리 확정되지 아니한 임금, ③ 경영성과에 따라 사후적으로 지급되는 금품을 명시하고, 노사는 통상임금 포함 여부 등을 둘러싼 소모적인 갈등을 방지하고 근로자의 안정적인 소득 확보와 기업의 생산성 향상에 기여할 수 있도록 임금구성 단순화와 지급요건 명확화가 이루어질 수 있도록 상호 협력한다는 데 합의하였다.

11) 고용노동부가 근로감독에 있어서 유지하고 있는 현행법 해석상 주당 근로시간 68시간(법정근로(40)+연장근로(12)+휴일근로(16))에서 주당 근로시간 52시간(법정근로(40)+연장근로(12))으로 줄이는 것이다.

12) 2016년 5월 말까지 실태조사 및 논의 통해 개선방안을 마련키로 하였으나, 한국노총의 논의 불참 선언으로 논의되지 못하였다.

13) 노동계는 정년이 60세를 넘는 경우에 한해 임금피크제를 도입하고, 직무성과중심의 임금체계 개편은 장기근속자에 대한 임금삭감 논리로 악용될 것이라며 반대 입장을 표명하였다. 경영계는 정년연장과 연계한 임금피크제 도입을 의무화하거나 정년연장에 따른 임금피크제 도입 시 취업규칙 변경 요건을 완화하는 등의 최소한의 입법적 보완조치 마련을 제안하고, 근본적으로 정년연장으로 인한 일자리 감소를 최소화하기 위해서는 연공급 중심의 임금체계를 직무성과 중심으로 개편하는 것이 필요하다는 의견을 제시하였다. 정부는 기업들의 임금피크제 도입을 적극 지원하는 한편, 직무·능력·성과 중심의 임금체계 개편을 위해 기업 지원을 강화하고 공공부문이 선도적 역할을 할 수 있는 방안을 마련해 정년연장에 따른 일자리 충격을 완화하겠다는 입장을 밝혔다. 공익전문가그룹은 임금피크제 도입이 고용친화적 방향으로 이루어질 수 있도록 노사가 협력하고 다양한 임금피크제 방안을 개발해 선택의 폭을 넓혀줄 필요성이 있음을 지적하면서, 노사자율로 임금체계 개편을 추진하여 과도한 연공성을 탈피하고 이에 대한 정부의 지원 강화를 제안하였다(자세한 내용은 앞의 2015년 2월 27일 개최된 제11차 특별위원회 보고자료 참조).

업 청년채용 확대조치 강구, 임금피크제 실시로 절감된 재원의 청년고용 활용, 고소득 임직원의 임금인상 자제와 이에 상응하는 기업의 기여분을 활용한 청년고용 확대, 중소기업 경쟁력 강화, 청년고용촉진협의체 구성[14] 등이 담겼다. 사회적 지원 강화로서 사회적 기업·협동조합·공공사회서비스 일자리 등에 대한 지원 강화로 진출 기회 확대, 재학단계부터 취업지원 강화 등에 합의하였다.

셋째, 사회안전망 확충은 노동시장 이중구조 완화 및 고용유연성 제고 문제와 밀접한 관련이 있는 문제로 함께 가야 한다는 데 노사정이 공감대를 형성한 사안으로 합의내용은 사회보험 사각지대 해소 및 효율성 제고(두루누리 사업의[15] 지원 대상 조정 및 효율화 방안 강구, 특수형태업무종사자 사회적 보호 단계적 확대, 출퇴근재해 보상, 감정노동의 업무상 질병 인정기준 등 산재보험제도 개선방안의 노사정위원회 논의 등[16]), 실업급여제도 개선 및 운영 개선, 취약계층 취업지원 프로그램 개선(내일희망찾기 사업 효율성 제고 등), 취약근로자 보호 및 소득 향상, 최저임금의 중·장기적 목표 설정 및 단계적 인상 노력과 제반 쟁점사항에 대한 종합적인 개선방안의 2016년 5월 말까지 논의 마련[17], 일·가정 양립 지원 강화, 수요자 맞춤형 고용복지 서비스 강화(고용복지플러스센터 지속 확대 등), 직업능력개발 활성화를 통한 직업능력중심사회 구축(NCS 기반 채용 단계적 확대 및 확산, 일과 학습 병행 체제 구축 및 대상 확대 , 노사공동 직업능력개발사업 활성화 등) 등이다.

넷째, 노동시장 이중구조 개선은[18] 원·하청, 대·중소기업 상생협력 등 동반성장[19], 비정

---

14) 2015년 11월에 청년고용협의회가 구성되어 2016년 11월에 논의기간을 연장해 2017년 11월까지 운영된다.

15) 두리누리 사회보험 지원사업은 10명 미만 소규모 사업장에 고용보험과 국민연금의 보험료 일부를 지원하는 사업으로 2012년 2월부터 시행되고 있다.

16) 감정근로의 업무상 질병 인정기준 마련 등 산재보험제도 개선 필요성에 대해 경영계는 고객응대 근로자에게서 발생할 수 있는 정신질환은 이미 산재로 인정되고 있는 점, 감정근로가 특정 질병 발생에 연관성을 갖는다는 의학적 인과관계가 불분명한 점, 외국 입법례를 보더라도 감정근로에 대한 별도의 정의나 인정기준이 마련되어 있지 않는 점 등을 들어 별도의 법제화는 불필요하고 부적절하다는 입장이다.

17) 2016년 5월 말까지 노사정 논의를 통해 개선방안을 마련하기로 하였으나, 한국노총의 논의 불참 선언으로 논의되지 못하였다.

18) 이하에서 관련 논의 과정에서 밝힌 노·사·정·공익전문가그룹 의견의 자세한 내용은 2015년 3월 6일 개최된 제12차 특별위원회의 전문가 2그룹 보고 안건인 '전문가 2그룹 논의 결과' 자료 참조.

19) 노동계는 원·하청 업종별 노사협의체 구성·운영, 원·하청간 초과이익공유제 도입, 불공정거래행위 의무고발권 주체 확대(현재 공정거래위원회, 감사원, 조달청, 중소기업청에서 관련 산업의 전국단위 노사단체까지로 확대), 납품단가협의권 등 관련 제도 강화, 표준하도급계약서 작성 의무화, 최저가낙찰제 개선, 노조의 경영참가 보장(노동자 경영참가법 제정) 등을 제시하였다. 경영계는 지나치게 원청의 책임만 강조할 경우 오히려 기업 활동을 위축시켜 시장의 비효율성을 초래할 수 있다는 점, 정부의 정책 방향은 기업의 자율적인 상생협력을 지원하는 쪽으로 가야한다는 점을 지적하고, 동반성장위원회 등 다른 전문적 회의체에서 다루는 것이 타당하다는 입장을 표명하면서, 대기업 노사의 자발적 임금안정을 위해 상위 10% 정규직 근로자들의 임금을 향후 5년간 동결하고 그 재원으로 신규채용 확대 및 협력업체 근로자의 근로조건 개선에 노력할 것을 제안하였다. 정부는 대·중소기업 간 민간 상생협약인 성과공유제 모델 개발 및 배포, 대기업이 사내근로복지기금을 통해 협력업체 근로자 지원 시 비용 일부 지원, 기업이 공동으로 기금법인을 설립하는 공동근로복지기금제 도입 및 비용 지원, 공공부문이 시중노임단가를 통해 적정임금지불 선도, 파견·사내하도급 근로자의 사용사업장 내지 원청사업장 노사협의회에 참여 보장 등을 동반성장 방안으로 제시하였다. 공익전문가그룹은

규 고용 및 차별시정 제도 개선, 노동시장 활성화 등 세 부문으로 나누어 논의해 합의내용을 도출하였는데, 동반성장 부문은 노동시장적 측면의 접근으로 보기 어려운 반면 나머지 두 부문은 노동시장에 직접적이고 즉각적인 영향을 미치는 부문으로서 노사간 입장 차이가 분명히 드러나면서 구체적 합의에 이르지 못하고 추가적 논의를 거쳐 법제도적 개선 방안을 마련한다는 수준의 합의에 그쳤다.

원·하청, 대·중소기업 상생협력 등 동반성장과 관련한 합의 내용은 성과공유 활성화, 노사정의 부담 분담(근로소득 상위 10% 이상인 임·직원 자율 임금인상 억제, 이로 인한 발생 여유 재원과 이에 상응하는 기업 기여 재원으로 청년 채용 확대 및 비정규직·협력기업 근로자 처우개선), 상생협력을 위한 노사정 파트너십 강화, 공정한 거래질서 확립 및 시장경제 활성화(표준하도급 계약서 작성 활성화, 종합심사낙찰제의 적용대상의 단계적 확대, 공공부문에 있어서 업종·업무별 시중노임단가 세분화 등 개선방안 강구) 등이다.

비정규 고용 및 차별시정 제도 개선과 관련한 논의에서 노동계는 비정규직 규모 감축과 임금수준 향상을 위해 상시·지속적 업무의 정규직 직접고용 원칙 명문화, 기간제근로자 사용사유 제한 도입, 동일가치노동 동일임금원칙 명시, 차별시정제도 강화(노동조합의 차별시정신청권 인정 등) 등의 법적 규제 강화가 필요하다는 입장을 제시하였다. 외주화 저지를 위해 도급과 파견의 판단기준 명문화, 불법파견 시 즉시고용의제, 노동관계법상 사용자 연대책임 범위 확대 등을 주장하고, 특수형태근로종사자의 사회보험 적용 확대, 노동관계법상 근로자 지위 인정 등도 요구하였다.

경영계는 노동계와 정부의 안이 과도한 고용규제를 개선하여 노동시장의 유연성을 높이고 이를 통해 이중구조 완화와 일자리 창출을 도모한다는 구조개선의 취지에 역행하여 오히려 고용경직성을 높이는 방안이라고 비판하고 추가 규제 도입에 반대 입장을 분명히 하였다.

특히 도급계약이나 특수형태종사자에 대해 노동법적 규제를 가하려는 접근 방식은 해당 계약관계의 특성과도 맞지 않는 것으로 도리어 해당 산업의 경쟁력 저하를 불러올 것이라는 점을 거듭 지적하였다. 또한 관련 규제의 현실화와 완화 필요성을 적극 제기하면서, 기간제 근로자 사용기간 제한 완화(획일적 사용기간 제한규정 폐지, 신규창업 시 사용기간연장 특례 도입, 당사자 의사에 따른 기간연장 인정 등), 파견규제 합리화(고소득자에 대한 사용기간제한 적용 배제, 제조업 직접생산공정업무에 파견 허용, 파견허용업무 규정방식을 현행 positive 방식에서 negative 방식으로 전환) 등의 제도개선안을 제시하였다. 또한 최근 몇 년간 계속해서 입법으로 차별시정제도 등 관련 규제가 강화[20]되어 온 사실을

대기업의 성과가 2·3차 협력업체로 흘러가 '중소 하청·협력업체 근로자의 임금상승 → 생산성 향상 → 하청기업에 대한 투자지원 확대'로 이어지는 선순환 구조를 형성해야 한다는 점을 강조하고, 구체적 방안으로 기업의 성과 및 임금인상 재원 일부를 기금으로 출연하여 청년실업자·비정규직·협력업체 근로자들의 고용안정과 처우개선을 지원할 것, 세제·최저가 입찰방식 개선 등을 통해 원청사업장의 하청기업 및 근로조건 관련 투자 지원 촉진방안을 모색할 것, 사내하도급 근로자의 노사협의회 참여를 보장할 것 등을 제시하였다(자세한 것은 앞의 2015년 3월 6일 개최된 제11차 특별위원회 보고자료 참조).

20) 근로감독관에 의한 차별감독 근거 마련(2012. 8), 불법파견 시 즉시고용의무(2012. 8), 고용형태공시제 도입(2013.

상기시키고 추가적인 규제 강화보다 현행 제도의 내실화에 집중할 것을 요구하였다.

정부는 '기간제근로자 고용안정 가이드라인'을 마련해 정규직 전환과 차별 개선을 유도하는 한편, 3개월 이상 근무한 기간제 · 파견근로자에게 퇴직급여 적용 확대, 근로자 신청 시 사용기간 제한 연장(2년 범위 내, 35세 이상자 대상) 및 그 이후 계약해지 시 이직수당 지급, 계약기간 내 갱신 횟수 제한(총 3회), 노동조합의 차별시정신청대리권 인정, 생명 · 안전 관련 핵심업무에 기간제 · 파견근로자 사용제한 등의 법제도 개선 방안을 제시하였다.

그리고 특수형태근로종사자에 대해 고용 · 산재보험의 적용을 확대하고 '특수형태업무종사자 보호 가이드라인'[21]을 마련하는 한편 가사종사자 고용개선을 위해 '가사서비스 이용 및 가사종사자 고용촉진에 관한 법률'[22] 제정 추진 계획을 밝혔다. 도급 등 외주화 문제와 관련해서는 입법이나 지침마련 등의 방법으로 도급과 파견의 구별을 명확히 하여 현장의 혼란을 줄이고 불법파견 등 편법적 외주화에 대한 감독 강화 방침도 제시하였다.

공익전문가그룹은 기본적으로 상시 · 지속업무에는 정규직 고용을 원칙으로 해야 한다는 입장을 표명하면서도 기간제근로자의 현실적인 고용불안 문제 해소를 위해 직무별 · 직군별 임금 등의 임금체계 개편을 통한 고용안정에 따른 비용완화, 부작용 방지 장치 마련을 전제로 근로자 희망 시 기간제한 예외 인정[23] 등의 방안 마련이 필요하다는 의견을 제시하였다. 차별시정제도와 관련해서 징벌적 손해배상명령제도 등 최근 도입된 제도의 실효성 제고를 우선으로 하되 노조의 차별시정신청대리권 허용, 차별의 비교대상 확대(동종업무 → 동일 사업장 내) 방안 모색 등을 제안하고, 직무 · 숙련에 기초한 임금 · 직무체계설계 등 차별의 근원적 해소를 위한 여건 조성의 필요성을 강조하였다.

또한 사내도급 등 외주화 이슈에 관해서는 노무도급(사내하도급)의 활용 유인 억제를 위해 노무도급업에 대한 법률적 규제방안을 모색하고, '사내하도급 근로자 보호법' 등 관련 법률을 제정하여 그 활용에 따른 비용을 확대하는 방안 등을 제시하였다.[24]

치열한 논의를 거쳐 건전한 고용 질서 확립, 공공부문의 선도 역할 강화, 차별시정제도의 실효성 제고, 비정규직 보호 강화[25] 및 규제 합리화, 기간제 · 파견근로자 등의 고용안정 및 규

---

6), 경영성과금 · 상여금의 차별금지대상 명문화(2013. 9), 고의 · 반복적 차별행위 시 징벌적 금전보상제 도입(2014. 9), 단시간근로자 법내초과근로 시 가산임금 50% 할증의무 부과(2014. 9) 등 법 개정이 매년 있었다.

21) 서면계약의 체결 및 교부, 계약해지의 예고 및 부당계약해지 제한, 보수 지급시기 · 방식, 보수지급내역 열람, 고충처리 등을 주요 내용으로 제시하고 있다.

22) 가사서비스 제공 기관의 종사자 직접 고용 쿠폰이나 바우처 등을 통한 거래 공식화, 참여 활성화를 위한 인센티브 방안 등을 포함하고 있다.

23) 그러나 기간제 근로자가 원할 경우 기간제한의 예외를 인정하여 사용기간 연장을 허용하는 방안에 대해서는 공익전문가그룹 내에서도 기간제 고착화 등 부작용에 대한 우려를 들어 시기상조라는 견해가 병존하였다.

24) 공익전문가그룹 내에서 사내도급 수요를 파견으로 전환할 경우 고용유연성을 유지하면서 근로조건과 고용안정을 어느 정도 확보할 수 있다는 점을 들어 파견규제 완화를 통해 현재의 도급 수요를 파견으로 전환할 필요가 있다는 일부 견해도 있었으나, 이에 대해 파견의 오남용 가능성이 있는 만큼 신중해야 한다는 지적이 있었다.

제 합리화에 합의했으나, 구체적인 법 개정 쟁점 사항이 논의된 '기간제·파견근로자 등의 고용안정 및 규제 합리화'와 관련하여 ▲ 기간제의 사용기간 및 갱신횟수, ▲ 파견근로 대상 업무, ▲ 생명·안전 분야 핵심업무에 대한 비정규직 사용제한, ▲ 노동조합의 차별신청대리권, ▲ 파견과 도급 구분기준의 명확화 방안, ▲ 근로소득 상위 10% 근로자에 대한 파견규제 미적용, ▲ 퇴직급여 적용문제 등을 추가논의 과제로 명시하고 노사정이 관련 당사자를 참여시켜 공동실태조사, 전문가 의견수렴 등을 집중적으로 진행하고 추가 논의를 거쳐 합의안을 만들어 2015년 가을 정기국회 때 반영한다는 수준에서 합의가 이루졌다.[26]

노동시장 활성화 관련 논의는 환경변화에 능동적으로 대응해 양질의 일자리를 지속적으로 창출하기 위해서는 내·외부 노동시장의 활력을 높여야 한다는 문제의식에서 비롯되었다. 이 논의에서 노동계는 경영상 해고 제한을 더욱 강화하는 안을 제시하면서, 경영악화로 사업을 계속할 수 없는 경우에만 긴박한 경영상 필요성을 인정하고 절차적 요건을 더 엄격히 할 것을 요구하였다. 반면 근로계약 일반해지 제도화에 대해서 일상적 해고 조장 가능성을 이유로, 취업규칙 변경요건 완화에 대해서 근로조건 하향변경 수단으로 악용될 소지가 있다는 이유로 수용불가 입장을 고수하였다.

경영계는 노동시장 활성화 방안으로 근로계약 일반해지제도 법제화, 취업규칙 불이익 변경 절차 간소화 등을 제안하였다. 근로계약 일반해지제도를 통해 근로자의 현저한 업무부진 등으로 당초 약속한 계약 목적을 달성할 수 없는 경우 근로계약을 자유롭게 해지할 수 있도록 하고, 취업규칙 변경 절차를 간소화하여 정년연장에 따른 임금피크제 도입이나 임금체계 개편 등 사회통념상 상당성·합리성 있는 경우에 근로조건을 용이하게 변경할 수 있도록 해 노동시장의 숨통을 틔워줘야 한다는 점을 강조하였다.

정부는 근로계약 종료와 관련해 발생하는 노사간 분쟁을 줄이고자 근로계약 해지 기준과 절차를 명확히 하겠다고 밝히면서, 일반적인 고용해지 기준 및 절차에 관한 가이드라인 마련,[27] 경영상 해고의 절차적 요건 강화 추진 등을 구체적 방안으로 제시하였다. 취업규칙 변경제도 개선과 관련해서는 정년연장 등 근로환경 변화에 따른 근로조건의 합리적 적용을 뒷받침하기 위해 판례상 인정되는 '사회통념상 합리성' 요건의 명확화 등 취업규칙 변경 기준과 절차를 분명히 하는 방안을 추진하기로 하였다.

공익전문가그룹은 근로계약해지를 둘러싼 노사갈등으로 사회적 비용이 유발되고 그에 따라 타 근로자들의 고용기회가 제약되고 있어 고용해지 기준 및 절차 마련 등 고용조정제도에

---

25) 관련 합의 이행으로 2016년 1월 28일 고용노동부는 열정페이 근절을 위하여 인턴·실습생 등 '일경험 수련생에 대한 법적 지위 판단과 보호를 위한 가이드라인'을 마련하여 2월 1일부터 시행한다고 발표하였다.

26) 후속 논의 과정에서도 합의점을 찾지 못하였으며, 노사정 논의를 정리한 보고서를 2015년 11월 국회에 제출하였다.

27) ① 객관적·합리적 기준에 의한 평가, ② 교정기회 부여, 직무·배치전환 등 해고회피 노력, ③ 공정한 절차와 관련 내부규정 운영 등을 제시코자 하였다(고용노동부, '비정규직 종합대책안', 2014. 12. 29, 22면).

대한 종합적 개선이 필요하다는 점에 공감하면서도, 오남용 내지 경영상 해고를 위한 우회적 방법으로 악용될 소지를 우려해 충분한 사회적 논의를 거쳐 입법적으로 해결해야 한다는 의견을 제시하였다. 취업규칙 변경 제도 개선에 대해서는 현재의 법제도 하에서는 경영환경의 변화에 신속하고 능동적인 대처가 어려우므로 판례를 통해 형성된 기준을 명확히 하여 제시할 필요성이 있음을 지적하였다. 다만 아직 체계적 논의가 부족하므로 추가적인 사회적 논의를 거쳐 구체적 방안을 마련하고 시행시기를 결정해야 한다는 의견도 있었다.

논의 결과 합의된 내용은 합리적 인사원칙 정립을 통한 고용안정, 근로계약 해지 등의 기준과 절차 명확화를 위한 근로계약 전반에 관한 제도개선 방안 마련과 함께 개선 시까지 분쟁예방 등을 위한 정부의 노사와 충분한 협의를 통한 근로계약 체결 · 해지 기준 · 절차의 법과 판례에 입각한 명확화,[28] 경영상 해고 시 고용안정 노력 강화, 경영상 고용조정 절차의 명확화 등이다.

2. 노사정 합의문에 기초한 노동법 개정 추진 등 논의

합의 이후에 합의했던 후속 논의가 원활하게 진행되지 않았다. 합의가 이루어진 다음 날인 2015년 9월 16일에 여당인 새누리당이 노사정 합의를 토대로 했다면서, 당론으로 '근로기준법, 고용보험법, 산업재해보상보험법, 기간제 및 단시간근로자 보호 등에 관한 법률, 파견근로자 보호 등에 관한 법률'의 개정 법률안을 노동개혁 5대 법안(이하 '5개 법안'이라 함)으로 발의했는데, 합의문에서 추후 논의 과제로 남긴 쟁점들이 일부 포함되면서 노동계가 강하게 반발하였다.

또한 정부가 '근로계약 체결 및 해지의 기준과 절차를 명확히' 하고, '취업규칙 개정 요건과 절차를 명확히'하기로 한 합의문에 따라 관련 정부지침 마련을 추진하면서, 공청회 등 의견수렴 과정을 거쳐 2016년 1월 22일「공정인사 지침」과「취업규칙 해석 및 운영 지침」을 확정 · 발표하였다. 이러한 여당과 정부의 행보가 노사정 합의에 반하는 것이라며 한국노총은 강하게 반발하였고, 정부가 위 지침을 발표하기 전인 1월 19일 노사정 대타협의 파탄을 선언하고 향후 노사정위원회 논의에 불참할 것임을 표명하였다.

이후 노사정의 후속 논의 및 조치가 중단되었고, 공익위원들을 중심으로 후속 논의과제들에 대한 연구 및 논의가 이루어졌고, 2016년 9월에 특별위원회 논의는 종료되었다.

한편 고용노동부 등 관계부처는 2016년 3월 10일에 '노동시장 해소를 통한 상생고용촉진 대책'을 발표하였고, 그 후속조치로 4월 7일에 '기간제근로자 고용안정 가이드라인'을 제정하고,[29] '사내하도급근로자 근로조건 보호 가이드라인'을 개정(2011년 8월 제정)해,[30] 4월 8일부터

---

28) 2015년 4월에 노동계가 5대 수용불가 사항으로 '근로계약해지 기준 및 절차의 명확화와 취업규칙 제도 개선'을 제시해 협상이 중단된 직후 고용노동부는 브리핑을 통해 전문가 의견 수렴과정을 거쳐 당초 계획대로 '근로계약 해지 기준 · 절차에 관한 가이드라인'과 '취업규칙 변경기준 판단 지침' 마련을 추진하겠다는 입장을 밝혔었다.

시행한다고 밝혔다.

앞서 언급한 5개 법안에 대한 국회 논의는 노동계와 야당의 반대로 지연되면서, '기간제 및 단시간근로자 보호 등에 관한 법률(이하 '기간제법'이라 함)'은 중장기적 개정 법률로 빠지면서[31] 4개 법안의 개정이 여당과 정부에 의해 추진되었지만, 19대 국회 임기만료로 폐기됐고, 20대 국회 개원 첫날인 5월 30일 새누리당이 당론으로 노동개혁 4대 법안을 국회에 재발의하였다. 이하에서는 노동이동성 내지 노동시장 활성화 관점에서 각 법안별 검토 필요사항을 살펴보고자 한다.

(1) 파견근로자 보호 등에 관한 법률 일부개정법률안

가. 개정 내용

첫째, 국민의 생명·안전 관련 핵심 업무(파견금지업무에 '유·도선 선원 업무, 철도종사자 업무, 산업안전보건법상 안전·보건관리자 업무' 추가)에 파견근로자 사용을 원칙적으로 금지한다.

둘째, 현행 32개로 한정된 파견허용업무를 확대하는 것으로 고령자(55세 이상)의 경우 고용기회 확대 차원에서 제조업 직접 생산공정 및 파견금지업무를 제외한 모든 업무에 파견을 허용하고, 전문직에 종사하는 고소득자에[32] 대해 관련 업무의 파견을 허용함과 동시에 사용기간 제한을 없애며, 뿌리산업(금형, 주조, 용접, 소성가공, 표면처리, 열처리 등의 공정기술을 활용하여 사업을 영위하는 6개 업종)에 뿌리기술 활용 업무 및 뿌리기술에 활용되는 장비제조업무에 파견을 허용한다

셋째, 협력업체와 근로계약을 체결한 근로자가 진정한 협력업체의 근로자인지 아니면 그 실질이 파견으로서 불법파견인지를 놓고 분쟁이 계속됨에 따라 법률관계를 명확히 하기 위한

---

29) 주요 내용은, '① 상시·지속적 업무(연중 지속되는 업무로서 과거 2년 이상 지속되어 왔고, 향후에도 지속될 것으로 예상되는 업무)에 종사하는 기간제근로자를 무기계약으로 전환하고, 전환 후 근로조건은 기간제 근무경력을 반영하되 기존 정규직에 비해 불합리한 차별이 없도록 함, ② 동종·유사 업무에 정규직이 없더라도, 해당 사업장 모든 근로자에게 적용함이 타당한 각종 복리후생 등(명절선물, 작업복, 기념품, 식대, 출장비, 통근버스, 식당, 체력단련장 이용 등)에 있어서는 기간제근로자를 적용 배제하는 등의 불합리한 차별이 없도록 한다' 등이다.

30) 주요 개정 내용을 살펴보면, '원사업주와 수급사업주는 동종·유사 업무를 수행하는 원·하수급인 근로자 간에 임금·근로조건 등에 있어 불합리한 차별이 없도록 필요한 정보를 제공하는 등 상호 협력하여 적정한 도급대금을 보장·확보하도록 노력한다' 등이다.

31) 개정안 내용을 보면 첫째, 생명·안전 관련 핵심업무 사용 제한으로서 국민의 생명·안전과 밀접하게 관련된 핵심업무(선박, 철도(도시철도 포함), 항공기, 자동차를 이용하여 여객을 운송하는 사업 중 국민의 생명·안전과 밀접하게 관련된 업무로서 대통령령으로 정하는 업무)에 원칙적으로 기간제근로자의 사용을 금지한다. 둘째, 소위 '쪼개기 계약' 규제를 위해 2년의 범위 내에서 3회를 초과하여 근로계약을 반복·갱신할 수 없도록 기간제 계약 반복갱신 횟수를 제한한다. 셋째, 기간제근로자의 고용안정성과 정규직 전환 가능성을 높이고자 35세 이상 근로자가 신청할 경우 사용기간을 2년을 더 연장할 수 있도록 하였다. 현행 사용기간 2년에 추가 2년이 더해져 최대 4년까지 기간연장이 가능하게 되며 연장된 기간이 만료될 경우 사용자는 원칙적으로 정규직 전환의무를 지며, 근로계약을 종료하려면 이직수당을 지급토록 하는 내용이다.

32) '한국표준직업분류'의 대분류 1(관리자) 및 2(전문가)에 해당하는 자로서 근로계약으로 정한 임금이 '고용형태별근로실태조사'의 한국표준직업분류 대분류 2(전문가) 종사자의 근로소득 상위 25%에 속하는 자이다.

파견과 도급의 구별기준의 법제화다. 파견근로로 보는 기준으로 도급인(원청회사)이 수급인(협력회사)이 고용한 근로자의 작업에 대한 배치 및 변경을 결정하는 경우, 도급인이 수급인의 근로자에 대해 업무상 지휘·명령을 하는 경우, 도급인이 수급인의 근로자에 대해 근로시간·휴가 등의 관리 및 징계에 관한 권한을 행사하는 경우 등을 법률에 명시적으로 규정한다.

나. 검토 필요사항

생명·안전업무 파견사용 제한은 고용형태 다양화를 제한하는 측면이 있을 뿐만아니라 우리나라 대다수를 차지하는 중소기업의 현실을 감안할 때 부담능력 측면은 물론 안전사고 발생과 파견근로 활용간 인과관계 문제, 더 높은 수준의 전문성을 가진 전문자격 인력과 특수장비를 보유한 파견업체의 파견근로자 활용이 안전성을 확보할 수 있다는 실효성 문제 제기 등에 대한 검토가 있어야 한다.

그리고 파견허용업무 확대는 산업현장의 실수요를 반영한 일자리 창출 관점에서 노동시장의 수요 확대에 기여하고, 파견근로보다 낮은 처우를 받는 임시·일용직이나 용역 일자리 위주로 (재)취업이 이루어지는 (경력단절)여성, 고령자 등 취업취약 계층에게 일할 기회 확보와 함께 고용안정에 기여하는 측면이 있다는 점도 살펴보아야 한다.

한편 파견과 도급의 구별기준의 법제화는 경제법과 노동법간 경계의 모호화 내지 교착 문제는 별론으로 하더라도 산업구조 및 시장 변화에 따른 생산방식 다변화를 제한할 수 있어 전체 노동시장의 활성화 차원에 긍정적 영향을 미칠 것으로 단언하기 어려울 뿐만 아니라 혼재된 다양한 사실관계로 인해 제시된 소수의 기준만으로 충분히 당사자간 법적 분쟁화를 예방할 수 있다고 할 정도로 법적 규율의 현실적합성과 예측가능성을 제고할 것이라고 예단할 수 있는지도 신중하게 검토되어야 한다.

(2) 근로기준법 일부개정법률안

가. 개정 내용

첫째, 현행 '근로기준법 시행령'에서 규정된 통상임금 정의규정을 법률에서 보다 명확히 규정하고, 통상임금 범위에서 제외되는 금품(개인적 사정 또는 업적, 성과 그 밖에 추가적인 조건 등에 따라 지급여부·지급액이 달라지는 금품 등)을 시행령이 규정할 수 있도록 위임 규정을 마련하였다.

둘째, 근로시간 단축과 관련해서 ① 1주간 근로시간을 연장·휴일근로시간을 포함하여 52시간으로 명확히 규정하되, 대기업부터 4단계에 걸쳐 순차적으로 적용하며, 노사합의가 있을 경우 1주 8시간의 특별연장근로제도를[33] 도입한다. ② 현행 2주 또는 1개월 이내 기간 설정으로 운영되는 탄력적 근로시간제의 단위기간을 3개월 또는 6개월로 확대한다. ③ 연장근로 및 휴게

33) 노사가 특별연장근로에 합의하였다면 그 사업장에서 근로자 1인이 1주간(7일) 최대 60시간까지 일을 할 수 있는데, 개정안은 특별연장근로제도를 2023년까지 한시적으로 운영되며, 이후 제도의 존속 여부를 재검토하는 것으로 부칙에 규정하고 있다.

시간을 법규정과 달리 변경할 수 있도록 한 '근로시간 특례업종'의 수를 현행 26개에서 10개로 축소한다. ④ 휴일근로 시 임금 할증률의 명확화로 근로자가 휴일에 근로할 경우, 8시간 이내의 범위에 대해서는 기본임금의 50%를 가산하여 지급하고, 8시간을 초과한 부분에는 100%를 가산하여 지급하도록 한다. ⑤ 연장·야간·휴일근로를 할 경우 임금을 받는 대신 일한 시간만큼을 휴가로 환원하여 사용하는 제도인 보상휴가제를 '근로시간저축휴가제'로 확대·개편하는 내용 등이 포함되어 있다.

나. 검토 필요사항

통상임금 정의의 법률 규정화와 휴일근로의 연장근로 포함 및 할증률을 명확히 하는 근로시간법제 개정은 그동안 산업현장에서의 오랜 노사관행과 법령해석을 둘러싼 법적 분쟁의 소지를 줄이는 측면에서는 근로자 보호 측면에서 유의미하지만, 노동시장 활성화에 직접적이고 긍정적 영향을 반드시 미칠 것이라고 보기에는 중소기업들이 지적하는 부담 가중 문제와 현실적인 생산력 약화 문제에 대한 검토가 신중히 이루어질 필요가 있다.

나아가 주 40시간제가 시행된 지 상당한 기간이 경과되었음에도 법정 근로시간 준수가 제대로 이루어지지 못하는 현재의 산업현장 상황과 함께 미래 노동력 공급 전망까지 고려할 때 과연 일자리 기회 창출로 이어질 수 있는지가 검토되어야 한다. 특히 대기업 차원에서 이루어진 근로시간 단축의 노동시장에 미친 긍정적·부정적 영향은 무엇이었는지, 동일한 긍정적 영향을 중소영세기업에 미칠 것으로 기대할 수 있을지에 대해 세분화된 분석이 충분히 있어야 한다.

특히 대·중소기업 근로자간 격차 확대, 일자리 유지력 감소 등 '노동시장의 활력 저하'라는 부정적 결과가 심화될 뿐이라는 비판적 지적, 저성장기에 접어든 상황에서 근로자들의 추가소득을 목적으로 한 초과근로 선호 현상을 줄이지 못하고, 생산성 제고 문제는 도외시된 채 결과적으로 기존 일자리를 가진 근로자들의 근로조건 및 처우 개선에만 기여하게 될 개연성이 크다는 문제 제기 등에 대해서 검토가 필요하다.

오히려 통상임금 정의 규정 법제화로 가산임금 산정의 임금액 차이가 초래할 수 있는 근로자간 (소득)격차의 심화 가능성에 대한 면밀한 분석 등을 바탕으로 종합적 관점에서 근로자의 삶의 질 개선과 기업의 지속가능성 제고를 동시에 달성할 수 있는 균형잡힌 최적화된 법 개정방안이 계속해서 검토되어야 할 것이다.

(3) 고용보험법 및 산업재해보상보험법 일부개정법률안

가. 개정 내용

고용보험법 개정안은 실직 전 평균임금의 50%인 현행 실업급여 지급수준을 60%로 올리고, 실업급여를 받을 수 있는 기간을 현행 90~240일에서 120~270일로 확대하는 등 실업급여의 보장성을 강화하는 내용과 함께 실업급여를 지급받기 위한 기여요건을 이직 전 '18개월 간 피보험단위기간이 180일 이상일 것'에서 '24개월 동안 270일 이상일 것'으로 강화하고, 현재 최저임금의 90%인 실업급여액 하한을 80%로 조정하는 내용을 포함하고 있다.

산업재해보상보험법 개정안은 통상적인 출퇴근 중에 발생한 재해라면 원칙적으로 산재보상이 이루어지도록 하면서 도보·대중교통을 이용한 경우부터 우선 적용하고 자동차를 이용한 경우까지 단계적으로 확대하되, 근로자의 중과실에 의한 경우 보험급여를 일부 제한하고, 자동차 사고 시 자동차보험을 우선 적용하는 것 등을 담고 있다.

나. 검토 필요사항

고용보험법 개정 내용이 구직급여제도의 남용(또는 악용) 소지를 줄이면서 적극적인 구직활동을 촉진하여 고용가능성 제고에 기여하는 방안이 될 수 있는지가 우선 검토되어야 하며, 급여기간 확대에 따른 재정소요 최소화와 수급자의 재정적 책임과의 연계성 검토는 당연히 병행되어야 할 것이다. 특히 기여보다 많은 혜택이 주어질 것으로 인식될 경우 발생하는 경제·사회적 부정적 영향은 노동시장 전반의 건전한 질서 확립에 악영향을 미칠 수 있는 만큼 충분한 시나리오적 분석이 뒷받침되어야 한다.

출퇴근 재해의 산재 대상 법제화는 기존 산재와 달리 재해 예방수단이 사실상 근로자에게 있는 만큼 기존의 산재와 달리 급여지급 제한 여부 등도 충분히 검토되어야 한다. 특히 출퇴근 재해의 대부분을 차지할 것으로 예상되는 자동차를 이용한 출퇴근 시 사고에 대한 산재보험 적용은 재정영향력 등을 고려한 장기적 관점에서의 정부 부처간·이해관계자(고용부, 국토부, 금융감독위, 손해보험협회)간 충분한 협의 및 검토가 필요하다.

여하튼 사회보험법제 개정이 사용자의 부담능력을 초과하는 비용 발생으로 이어질 경우에 노동시장의 전체 수요 측면에 간접적이겠지만 부정적 영향을 미칠 수 있는 점에 대한 검토는 항상 이루어져야 한다.

Ⅲ. 선진국의 노동시장 활성화 관련 노동법 개정 사례

대외환경 변화에 민감한 경제구조를 가진 우리나라는 글로벌 경기 침체의 지속으로 일자리 창출에 심각한 어려움을 겪고, 양질의 일자리와 그렇지 못한 일자리, 일자리를 가진 근로자와 일자리를 찾는 취업준비자간 격차가 심화되는 상황에 직면하여 앞서 살펴본 것처럼 노동시장 구조개선을 위한 노동법제 개정 논의가 진행 중인데, 우리나라 보다 먼저 저성장에 직면했던 시기에 일본·프랑스·독일·영국에서 추진되었던 노동법제 개정 사례들은[34] 비교법적 측면에서도 참고가 될 수 있다.

---

34) 이하 4개국의 노동법제 개정 사례는 이형준, “선진국(일본, 프랑스, 독일, 영국) 노동법제 개혁의 시사점 — 고용형태·근로조건·근로관계 종료를 중심으로 —”, 「노동경제연구원 Brief」 2016－03, 2017. 7. 12에서 발췌·정리하였다.

1. 일 본

1991년 이후 거품경제 붕괴로 인한 장기 불황에 정부는 실업대책에 나서는 한편 노동이동 지원대책의 일환으로 실업자를 임시적인 고용으로 흡수하는 방안을 강구하기 시작했다. 특히 노동분야에서 경쟁력 확보를 위한 구조개혁 차원에서 '노동시장의 유연성 제고'와 '고용의 다양화'에 초점을 맞추었다[35].

2000년대 고이즈미(小泉內閣) 내각은 '개혁 없이 성장 없다'를 표어로 내세우면서 2003년 7월 '재정경제 일체 개혁회의'에서 결정한 '경제성장전략대강'을 시작으로 '고이즈미 개혁'으로 불리는 규제완화와 노동시장 자유화가 성장전략의 중심이 되었다.

저출산·고령화로 인한 중장기적 노동인력 감소에 대응하기 위한 방안으로 2000년대 중반부터 여성, 고령자, 청년 등의 취업 촉진을 노동시장 정책의 기본과제로 삼으면서, 고용을 더 늘리기 위해 관련 노동법 규제를 완화했다. 일본형 장기고용시스템과의 조화를 도모하면서 일시적 인력수요와 상시 고용이 어려운 전문인력 수요에 대처하기 위해 1985년 제정된 '노동자파견사업의 적정한 운영의 확보 및 파견노동자의 취업조건의 정비 등에 관한 법률(이하 '노동자파견법'이라 함)'이 1999년, 2003년 개정으로 파견근로규제를 대폭 완화해 고용유연성을 제고하였고, 1993년 제정된 '파트타임노동자의 고용관리개선에 관한 법률'도 2007년에 개정되었다.

또한 2003년 노동기준법 개정으로 재량근로제 도입을 위한 절차적 요건이 완화되었으며, 판례에 의해 규율되었던 취업규칙의 변경 관련 법리를 성문화한 '노동계약법'이 2007년에 제정되면서, 2000년대 중반은 일본 노동법제에서 큰 전환기였다.

2009년에 집권한 민주당의 하토야마 내각은 환경, 건강, 관광 등에서 새로운 수요와 고용을 창출하겠다는 신성장전략을 2010년에 채택하였지만, 2008년 미국발 글로벌 금융위기 여파가 자동차산업 등 상당수 제조업에서 파견근로자나 기간제근로자의 대대적인 인원 감축으로 이어져 비정규직 문제의 심각성이 사회적으로 큰 반향을 일으키면서, 2012년 3월 노동자파견법 개정으로 파견규제를 강화하면서 이전의 노동시장 유연화 방식과 달리 고용보호 강화 방향으로 일부 선회하였다.

하지만 2013년 재집권한 자민당의 제2차 아베(安倍內閣) 내각[36]에서는 일본재흥전략으로 기업투자 활성화, 고용(제도)개혁, 농업·의료 등 전략산업 육성, 입지경쟁력 강화 등을 내세워 신성장산업 육성과 함께 다시 규제개혁과 노동시장 개혁을 추진하고 있다.

고용개혁에는 인구 감소와 경직적 노동시장을 해결하고자 여성·고령자의 활약 촉진, 외국인재의 활용, 일하는 방식의 개혁 등이 포함되었는데, 일하는 방식의 개혁은 과다한 근로시간을

35) 노상헌, "상대적 빈곤의 주요 원인은 노동시장 양극화 — 일본 노동개혁의 비판적 성찰", 「노사공포럼」 2015년 제4호(통권 제36호), (사)노사공포럼, 2015. 12, 91면.
36) 제1차 아베 내각은 2006년 9월 26일부터 2007년 8월 27일까지 존재한 내각이다.

줄여 생산성 향상과 함께 여성 등의 고용기회를 늘리고, 근로시간이 아닌 성과 위주의 보상체계를 도입하는 등 일하는 방식의 다양화에 맞추어진 정책 추진이다.

성장정책[37]과 관련 '산업경쟁력회의'와 '규제개혁위원회'에서 고용(노동)부문 규제개혁으로 노동법제와 관련 '일본형 화이트칼라 이그젬션(white−collar exemption) 제도 도입' 등을 포함한 근로시간규제 완화, 해고규제 완화 등이 제안되었다.[38]

한편 2012년과 2014년 법 개정으로 유기근로계약의 총 기간 상한을 5년으로 하고, 유기계약근로자와 파트타임근로자 모두 무기계약근로자 또는 통상의 근로자에 비해 불합리한 처우를 받지 않도록 하였다.

2015년 6월에는 사용사업주가 계속해서 동일업무에 대해서 파견근로자를 3년마다 교체할 수 있게 허용하는 노동자파견법 개정과 함께 파견근로자와 사용기업 정규직간 대우 격차 시정을 목표로 하는 '동일노동 동일임금 추진법'이 제정되어 법제화 논의가 진행되고 있다.

2016년 5월 18일에 발표된 '일본 1억 총활약 플랜'에서 젊은 비정규직의 처우개선을 위한 정책의 일환으로 직무내용이 동일하거나 동등한 근로자에 대해 동일한 임금을 지불해야 한다는 방침에 입각해 '동일노동 · 동일임금'[39]과 관련 파트타임노동법, 노동계약법 등을 개정해 정사원과 비정규직의 임금 격차를 축소하겠다고 밝혔다.[40] 전반적으로 저출산 · 고령화로 인한 노동력 부족 사태의 진전을 억제하기 위한 노동력 공급 강화 대책으로 볼 수 있는데, 소비 진작을 위한

---

37) 디플레이션에서 탈피하기 위한 금융정책, 수요를 증가시켜 경제를 활성화시키기 위한 재정정책과 함께 '세 가지 화살(３本の矢)'이라고 불리는 '아베노믹스(アベノミクス)'중 하나로 민간의 투자를 환기하기 위한 정책이다.

38) 2015년 4월 노동기준법 개정안은 건강복지 확보조치 강구를 전제로 각종 근로시간규제의 적용이 제외되는 '고도 프로패셔널 제도' 도입, 중소기업에도 월 60시간 이상 초과근로에 대한 50% 할증률 적용, 연 10일 이상 연차유급휴가 중 5일에 대한 사용자의 시기지정 의무화, 탄력근로제의 정산기간을 3개월로 확대하는 내용을 담고 있다. 특히 2015년 10월부터 후생노동성에서 부당해고에 대한 금전보상해결제도의 논의가 시작되었다.

39) 동일노동 동일임금은 일본 노동계에서도 주장하는 것으로 언뜻 보면 노동계와 보수정권의 합의로 쉽게 정책화될 것처럼 보이지만. 이를 실행하는 것은 말처럼 쉽지 않다. 첫째, 일본에서 동일한 노동인지를 평가할 직무평가가 정착되어 있지 않기 때문이다. 일본의 주요한 임금체계는 직능자격제도라 불리는 시스템인데, 이는 능력 고과, 업적 고과, 태도 · 의욕 고과 등 세 가지의 항목으로 평가된다. 일견 그 사람의 능력, 직무성과, 태도 등을 종합적으로 평가하는 시스템으로 보이지만 직무성과를 평가하는 업적 고과는 거의 유명무실했고, 그 사람의 잠재적 능력과 회사에 대한 충성심 등이 주요한 평가 기준이었다. 엄밀한 직무평가의 기준이 존재하지 않았고, 직무평가보다는 속인적 평가에 따른 임금체계가 정착되어 왔던 것이다. 이러한 주관적인 평가 기준은 노동자의 불만을 높일 수 있기 때문에 이를 무마하는 측면에서 연공임금 테두리 내에서 직능자격제도가 실시되었다. 따라서 현 임금체계와 고용관행에서 동일노동인지 아닌지를 규정하는 것이 쉽지 않다. 둘째, 동일노동 동일임금 논의는 임금 형평성을 재구축하는 일이기 때문에 이해관계자들의 엄청난 대립을 수반하기 때문이다. 일본과 한국처럼 기업규모, 고용형태와 성별에 따라 임금격차가 심한 국가에서는 동일노동 동일임금 논의가 기존의 남성 대기업 정규직의 기득권을 내려놓으라는 주장이 될 수도 있다. 대기업 정규직에게는 연공체계의 임금, 기업 내 복리후생제도, 퇴직금제도가 적용되지만 이러한 혜택은 비정규직에게는 거의 돌아가지 않고 있다(안주영, "'동일노동 동일임금'으로 가기 위한 머나먼 여정", 복지국가 SOCIETY, 2016. 6. 7).

40) 2016년 3월에는 후생노동성 내에 '동일노동 동일임금의 실현을 위한 검토회'를 설치하여 동일노동 동일임금의 조기실현을 목적으로 한 논의를 시작하였다.

측면도 있다고 할 수 있다. 동일한 직무내용인 경우 정규직·비정규직 등의 고용형태나 나이, 성별, 국적에 관계없이 동일하게 임금을 지급해야 한다는 구상으로 법제화 논의 과정에서 상당한 논란을 일으킬 것으로 예상된다.

일본의 노동개혁 내지 노동시장 규제완화를 요약하면 경제성장전략의 일환으로서 장기불황을 극복하고, 국제경쟁력을 확보하기 위해 장기고용과 정규직 중심의 경직된 내부노동시장의 유연화와 업무를 중심으로 한 외부노동시장의 형성 및 발달에 맞춘 고용형태의 다양화를 통한 고용기회 확대로 정리된다. 다만 최근의 동일노동 동일임금 법제화 추진, 정사원 대비 일정 임금 수준 확보 등에 맞춘 고용형태 간 격차 해소 추진 등은 고용보호 측면의 보완책 마련이라고 할 수 있다.

2. 프랑스

프랑스는 사회적 대화 체제 하에 전국단위 노사단체의 사회적 합의에 기반한 노동법 제·개정이 이루어지고, 해당 법령의 시행에 있어서 산업별, 기업별로 구체화해야 할 사항도 노사 단체교섭을 통해 결정되는 노동시장 시스템을 유지해왔다.

또한 파견근로와 기간제근로 같은 불안정고용은 '정규직 보완' 차원에서만 허용할 뿐 '원칙적 금지 예외적 허용'이라는 직접·상용고용의 노동법 원칙으로[41] 높은 수준의 고용보호법제를 가진 국가로 분류되어 왔다.

2000대 중반에 소규모기업의 신규 고용 활성화 차원에서 해고 관련 고용보호법제를 일부 완화하려고 개혁이 추진되었다. 20인 이하의 기업에 있어서 신규 채용하는 근로자(무제한 또는 26세 미만자)에 대한 해고 제한을 완화하는 대신 해고에 대한 금전적 지원과 직업훈련을 강화하는 내용의 새로운 근로계약 형태로 2005년 8월에 신규채용계약(CNE: contrat nouvelles embauches), 2006년 3월에 최초채용계약(CPE: contrat première embauche)이 각각 법제화 되었지만, 학생과 노동계의 강력한 반대로 최초고용계약은 채 1개월 되지 않은 4월에, 신규채용계약은 2008년에 폐지되면서, 개혁이 완결되지 못하는 선례를 남겼다.

한편 20세기 초부터 노동조합 요구 혹은 기업 필요에 의하여 지속적으로 근로시간이 단축(RTT: Réduction du Temps de travail)되어 왔다. '일자리 나누기를 통한 고용촉진'이라는 정부의 정책이 더해지면서 1998년과 2000년의 Aubry Ⅰ, Ⅱ법에 의해 주 35시간제 근로가 2000년 1월 1일부터 시행되었는데, 새로운 정부마다 늘 개혁 대상으로 실근로시간을 늘리려는 노동법제 개혁을 시도했지만, 노동계의 강력한 저지로 주 35시간제 법률 조문은 유지한 채 근로시간의 탄력적 조정을 증대시키는 보완 정책들이 추진되었다.

---

41) 2002년 1월 17일의 '사회적 현대화에 관한 법률(Loi de modernisation sociale 제2002-73호, 이하 '사회현대화법'이라 함)'은 파견근로와 기간제근로가 정규직의 일자리를 어떠한 경우에도 대체하는 목적으로 활용될 수 없도록 규정함으로써 고용의 불안정화 방지와 상용고용을 촉진하고자 하였다.

2002년에 집권한 Jean－Pierre Raffarin 정부는 2003년 1월 17일의 '임금, 근로시간, 고용증진법(loi Fillon n°2003－47 du 17 janvier 2003, Fillon법)'과 2005년 3월 31일의 '사업장내 근로시간 조직화 개혁법(loi Larcher n°2005－ 296 du 31 mars 2005, Larcher법)'으로 추가근로시간(heures supplémentaires)에 대한 법적 요건을 완화하는 방식으로 실근로시간을 늘렸다.

2000년대 이후 추진되었던 노동법제·개정(및 폐지) 과정을 살펴보면, '정부 제안과 전국단위 노사협의(또는 합의) 후 노동법제 개정안 제시 → 노동계, 학생, 시민사회계의 반대 → (재협의 및 의견수렴을 통한 수정안 제시) → 반대 여론에 주목한 의회 논의, 정부의 헌법상 권한 행사 → 헌법위원회 제소와 정부 불신임안 제출 → 법 공포 시행(→ 지속되는 법 철회 요구로 정부의 법 폐지)'로 사회 전반의 대립과 분열이 경제적 신뢰를 훼손하는 양상을 보였다.[42]

추진된 노동법제 개정은 직접적인 고용창출이 아닌 기업의 노동비용 하락과 위험부담 감소를 통한 경쟁력 향상에 초점이 맞추어졌고, 여전히 노사간 교섭에 기댄 기업 내 자율성 증대를 도모하고 있어서 그 폭과 내용이 매우 제한적이다. 맞춤형 근로계약 신설 시도, 추가 근로시간 확보와 근로시간 조직방식, 근로시간 계획의 다양화[43] 등 부분적인 개혁으로 사회적 대화를 유지하려는 수준에서 벗어나지 못하였지만. 정치적 진영에 불구하고 정부가 지속적으로 노동시장 시스템의 문제점을 제기하고 그 해결의 필요성을 일관되게 설득하는 정책을 추진하였다.

대표적 사례로 2007년 5월에 Nicolas Sarkozy 대통령은[44] '일하는 프랑스'로 시스템을 바꾸기 위해 세제 및 노동개혁을 포함한 성장 중심의 과감한 국가 주도형 경제개혁을 통해 저성장·고비용·고실업에 빠진 프랑스를 경쟁력 있는 국가로 만들고자 하였다. 2007년 10월 1일부터 시작된 François Fillon 정부는 근로시간과 노동공급 확대를 위해 노동시장 시스템 개혁을 추진하였다.

2012년에 취임한 François Hollande 대통령은 노동법이 경제성장에 발목을 잡고 있는 현실을 더 이상 두고 볼 수 없다는 입장에서 복잡한 노동법령의 단순화 추진을 밝혔다.[45]

전통적으로 프랑스는 노동시장 유연화에 반대하는 노동계(노동조합)으로 인해 고용형태의 다양화, 아웃소싱 등에 대한 부정적인 사회적 통념이 자리 잡고 있어 노동시장의 이중구조화(dualization)에 대한 우려로 유연화 또는 불안정화에 대한 절차적 통제와 모니터링 등 절차적인 법적 규제가 평등의 원칙에 의해 더 강화되면서 그 완화는 미미한 수준으로 억제되고 있다고

---

42) 이형준, 앞의 글, 14면.

43) Pierre－Yves Sanséa, "프랑스의 근로시간 단축 : 동향, 교훈 및 전망", 「국제노동브리프」 Vol.13 No.9, 한국노동연구원, 2015. 9, 28면.

44) Nicolas Sarkozy는 대선과정에서 '노동가치 회복(revalorisation du travail)'과 '더 많은 노동을 통한 더 많은 수입(travailler plus pour gagner plus)'을 노동정책의 슬로건으로 내세웠다.

45) 2013년 12월 31일 신년 인사와 2014년 1월 14일에 열린 연두 기자회견을 통해 François Hollande 대통령은 기업과의 공조체제하에서 시행하는 '책임협약(Pacte de responsabilité)'이라는 새로운 전략 발표를 시작으로 높은 실업률 문제를 극복하고 경제를 살리기 위해 보다 적극적으로 친기업, 규제완화 정책을 추진하였다.

평가할 수 있다.

그러나 2008년 미국발 금융위기를 계기로 세계경제가 흔들리면서 2009년부터 남유럽국가들의 국가부채위기의 도미노 현상으로 야기된 경기침체와 고용위기를 극복해야 하는 상황과 직면하면서 높은 실업률 해소의 기반 조성을 위한 노동법제 개혁 추진되었다.

2013년 6월 제정된 고용안정화법(Loi relativea la securisation de l'emploi)에 따라 2014년 7월 1일부터 체결되는 모든 신규 파트타임근로의 주당 최저 근로시간을 24시간으로 규정하면서도 계약 이외의 추가근로시간에 대한 시간당 10% 가산임금 지급, 1년 중 8차례 가산임금 지급을 적용받지 않는 추가근로시간 조항의 계약서 삽입 허용 등 규제를 완화하였다.

2015년 8월에 헌법 규정에 따라 하원에서의 표결 없이 제정된 '성장, 활동 및 경제기회균등을 위한 법(loi n°2015-990 du 6 août 2015 pour la croissance, l'activité et l'égalité des chances économiques(Macron법))'[46]에서는 경영상 해고가 사업장 단위에서 보다 짧은 시간 내 간소화 절차를 통해 원활히 이루지게 하여 기업 안정성을 도모하였다.

또한 높은 청년 실업률을 낮추고 소비 활성화를 위해서 1906년의 법으로 근로자의 휴식권을 보호하기 위해 금지해왔던 일요일 영업이 109년 만에 허용되었다. 그리고 8월부터 시행된 '사회적 대화와 고용에 관한 법률(제2015-994호)'에서는 기간제 근로계약의 갱신 횟수를 2회로 늘렸다.

그리고 2016년 1월에 '고용증진을 위한 긴급대책'이 발표된 후, 바댕테르위원회(Comité Badinter)에서 제출한 보고서를 기반으로 추진한 '노동법 개혁 프로젝트(Projet de loi travail 2016)'에 따라 그동안 정규직 중심의 노동법적 보호를 완화함으로써 기업에 추가 고용의 여지를 만들어주고 청년층 고용도 늘리겠다는 취지로 마련된 '기업과 경제활동을 위한 새로운 보장과 자유 확립을 위한 법(Khomri법)'이 8월 9일에 공식 발효되면서, 기업단위 노사합의에 의한 초과근로 확대 및 초과근로수당 축소 허용과 함께 경영상 해고 요건 완화하였다.

이처럼 노동시장의 경직성을 문제로 인식하고 노동시장의 유연화라는 방향성에 부합하는 노동법제 개혁이 미흡하지만 진행되고 있는 것은 분명하다. 2017년 5월 취임한 Emmanuel Macron 대통령의 노동개혁 추진에서도 확인된다.

3. 독 일

독일은 2000년 초반 통일비용 지출과 과도한 복지비용, 유로존의 경제단일화에 따른 노동력 유입 등으로 장기적 경기침체 상황에 놓였고, 경제 전반의 개혁이 논의되기 시작하였다. 10%대에 달하는 실업률 등 노동·복지분야에서 전면적 개혁을 기본 목표로 완전고용을 달성하기 위한 일자리 창출이 설정되면서, 재정·통화정책 및 사회복지 제도의 확대와 급여수준의 상

---

46) 이 법은 노동법, 교통법, 도로법, 행정재판법, 소비자법, 상법, 사회보장법전, 환경법, 보험법, 통화금융법, 세법, 공중보건법 등을 일부 개정하는 방대한 법으로 총 308조항으로 구성되어 있다.

승, 노동조합의 권한 확대 등 전통적인 사회적 시장경제(Soziale Marktwirtschaft)의 연대성에 기반한 노사자율주의 내지 협약자치주의에 대해서 적극적이고 강력한 국가적 개입이 시작되었다.

1998년 집권한 Schröder 정부는 하르츠위원회(Hartz-Kommission)가 2002년 8월 16일 제시한 '노동시장의 현대화를 위한 개혁안'에 기초한 'Agenda 2010'에 따라 2003~2005년 연차적으로 노동개혁을 추진했다. 네 차례에 걸쳐 법제화된 '노동시장의 현대적 서비스를 위한 법률(Gesetz für moderne Dienstleistungen am Arbeitsmark)[47]'을 통해 취업기회를 확대하고 기업의 고용촉진을 유도할 수 있는 노동시장 여건 조성 차원의 노동법적 규제완화와 함께 실업급여, 실업부조 등 사회복지체계의 자기책임성을 강화한 소위 'Hartz개혁'이 추진되었다.

2002년 12월 23일 제정, 2003년 1월 1일 시행된 제1·2차의 '노동시장의 현대적 서비스를 위한 법률'은 취업촉진법(Arbeitsförderung) 및 근로자파견법(Arbeitnehmerüberlassungsgesetz)을 개정하여 파견근로 관련 규제를 대폭 완화하면서, 고용노동청에 민간 직업알선 대행기관인 취업지원기관(Personal Service Agency, PSA) 설치, 직업소개업무와 사회부조업무의 통일적 운영, 생계형 창업인 자기회사(Ich-AG)[48] 설립 지원, 저소득 직업(Mini-jobs) 육성을 통한 고용 촉진을 추진하였다. 2003년 12월 23일 제정, 대부분 규정이 2004년 1월 1일 시행된 제3차 '노동시장의 현대적 서비스를 위한 법률'은 근로시간법과 해고제한법에 대한 개정과 함께 노동시장에서 사용자와 근로자가 서로 신속하게 노동력을 교환할 수 있도록 하기 위하여 연방노동청(Bundesanstalt für Arbeit)의 지방조직을 노동사무소에서 고용센터(Job Center)로 전환하고, 구직자 상담·보호, 중소기업 인력요구 프로파일링 등 구인·구직자 일자리 매칭 중심으로 기능을 개편하였다. 2003년 12월 24일 제정, 2005년 1월 1일 시행된 제4차 '노동시장의 현대적 서비스를 위한 법률'은 장기실업자의 취업가능성을 향상시키고 실업급여와 사회부조의 통일적 실시, 실업급여기간 축소(최장 32개월 → 12~18개월) 등 실직자에 대한 근로유인을 강화하였다.

Hartz개혁을 시작으로 노동시장의 변화하는 수급여건과 경제·사회적 변화에 개별 사업장의 고용여력이 확대되도록 경직성 완화로 점진적 선회를 한 것으로 보인다. 고용형태의 다양화, 유연화와 함께 사회복지 축소를 중심으로 추진된 개혁이 거둔 고용의 양적 측면에서의 긍정적 효과는 비록 노동시장내 격차 심화와 고용의 질 또는 고용안정성 측면의 부정적 영향에 대한 정치적 이슈화에도 불구하고, 근본적인 재규제화 논의에 있어서 과거 유연화 이전의 엄격한 노

---

47) 이형준, 앞의 글, 17면.

48) 1인 창업을 지원하는 제도로서 완전한 독립사업자로 가는 전단계로 자영업 촉진을 통한 실업 감소를 목적으로 하였다. 실업 중인 자로서 실업기간 중 노동청이 실시하는 실업프로그램에 참여한 자가 자기주식회사의 설립으로 실업 상태를 종료하면 3년간 생계형 창업보조금을 수령할 수 있지만, 연간 25,000유로이하의 수입이 예상되어야 하고 가족구성원이 업무보조를 하는 것 외에는 제3자를 근로자로 고용해서는 안 된다는 조건을 전제로 한다. 자기회사제도는 대체로 실업 극복에 긍정적 영향을 끼친 것으로 평가되었는데 2005년 연정출범 이후에는 기존의 다른 창업지원제도와 통합됨에 따라 폐지되었다(박귀천, "독일 노동개혁은 무엇을 남겼나—하르츠 개혁을 중심으로", 「노사공포럼」 2015년 제4호, (사)노사공포럼, 2015. 12, 69~70면).

동법제로의 회귀에 신중한 태도를 갖게 하였다.

무엇보다 네 차례의 Hartz개혁이 완료된 2005년 새로 구성된 '흑적대연정'에 의한 1기 Merkel 정부는 Schröder정부의 노동개혁을 이어받아서 신규 근로계약 체결 시 객관적인 사유가 없어도 근로관계 종료가 가능한 수습기간(Probezeit, 수련기간) 설정의 상한을 6개월에서 24개월로 연장하고, 고용보험료율도 인하하는 등 기업의 고용여력을 높이기 위한 노동시장 개혁을 추진하였으며, 기업의 법인세 부담도 축소하여 기업을 통한 경제력 회복을 계속해서 추진했다.

2009년 글로벌 경제위기에도 2기 Merkel 정부는 노동시장 개혁과 사회전반에 걸친 사회시스템 개혁이 포함된 장기발전계획이었던 Hartz개혁의 기본방향을 지속적으로 유지하였고, 다른 유럽연합 국가에 비해 임금의 하향 안정화와 힘든 구조조정을 통해 위기 이전에 비해 실업률이 더 낮아지는 등 높은 노동시장 성과를 거두었다.

2013년 3기 Merkel 정부도[49] 경제정책과 연계한 노동정책을 고용활성화를 위한 고용기회 확대에 맞추면서, 전문 인력 유입 확대 및 이민자 정책 개선과 함께 저소득 일자리 증가 및 격차 심화의 문제점 해소의 일환으로 2014년 8월 제정한 최저임금법(Mindestlohngesetz)에 따라 법정 최저임금제를 2015년 1월 1일부터 시행하는 한편, 단일 단체협약 적용원칙의 법제화를 위해 2015년 6월 제정된 단일단체협약적용법(Tarifeinheitsgesetz)[50] 시행, 단시간근로제의 개선[51] 등 노동법제 개정을 병행하였다.

이처럼 정치적 진영사이 입장 차이와 정권 교체, 노동조합의 강력한 반발에도 불구하고 연정체제 하 정부가 이해당사자들을 포함한 광범위한 의견 수렴·조율과정을 거쳐 일관된 개혁 추진한 것 이외에 금융위기 이후 전 세계적 수요 급감에도 낮은 수준의 임금인상 유지, 근로시간계좌제 활용, 근로시간 단축과 임금감소 수용 등 기업단위 협조적 노사관계도 독일의 노동법제 개혁이 성과를 거두는 데 기여한 측면이 있다.

정리하면 거시경제정책과 노동시장정책의 조화를 통해 생산성이 높은 부문을 집중 지원하고, 고용서비스 지원도 함께 강화하여 보다 나은 생산과 이윤의 증대로 국가적 이익과 근로자의

---

49) 1기 Merkel정부(2005~2009년)에 이어 다시 사회민주당과 연합정부를 구성하면서 마련한 연정협약서에서 기본적 경제정책은 독일 경제의 강화 및 성장을 내용으로, 특히 중소기업 강화와 함께 산업의 현대화 및 역동성 확보를 바탕으로, 국제경쟁력을 갖춘 경제체제를 확립하겠다는 목표를 세웠으며, 이를 달성하기 위한 정부의 경제정책은 혁신(Innovation), 투자(Investitionen), 통합(Integration), 국제화(Internationalisierung)라는 '4I'로 설명되었다(이형준, 앞의 글, 18면).

50) 충돌을 일으키는 단체협약이 체결된 시점에 해당 사업장에서 근로관계를 유지하고 있는 근로자들 중 다수가 속해 있는 노동조합이 체결한 단체협약이 해당 사업장에 적용되도록 하였다(이승현, "독일 단일단체협약 원칙의 법제화 과정과 내용", 「국제노동브리프」 Vol.13 No.11, 한국노동연구원, 2015. 11, 85면).

51) 자녀양육, 요양 등의 사유로 근로자가 자발적으로 기한을 정하여 단시간 근로계약으로 전환하였다가 기한의 종료와 함께 원래의 근로조건으로 회귀하는 데 있어서 근로자가 불이익을 받지 않도록 하는 것을 내용으로 담았다. 즉 기한을 정한 단시간근로의 경우 근로계약 유형의 변경을 신청할 권한을 근로자에게 인정한 것이다(이승현, "독일 정부구성 합의내용과 노동정책", 「국제노동브리프」 Vol.12 No.2, 한국노동연구원, 2014. 2, 97~98면).

이익을 함께 도모했다고 할 수 있다. 장기적 관점에서 전문 숙련 인력 확보, 노동비용 증가 억제, 생산성이 높은 분야의 성장 지원, 생산과정에서 개발도상국가 적극 활용 등 독일 산업의 국제경쟁력 확보를 지원함으로써 고용기회도 더불어 확대되는 정책 추진 과정에서 노동법제의 지속적 개혁이 이루어진다고 볼 수 있다.

4. 영 국

영국은 자유주의적 전통으로 정부의 노동시장 규제 최소주의와 자치주의적(voluntarism) 노사관계로 기업은 고용형태 결정에 있어서 충분한 자율성을 확보할 수 있었다.

1997년 5월 총선에서 Blair가 이끈 노동당이 승리했으나, 이전 18년간 보수당에서 마련된 노동법의 폐기나 개정에 적극적 모습을 보이지 않았다.[52] '뉴레이버(New Labour)'를 표방한 Blair 정부는 2000년에 '파트타임근로자규정(the Part-time Workers (Prevention of Less Favourable Treatment) Regulations 2000, SI 2000/1551), 2002년에 기간제근로자규정(Fixed-Term Employees (Prevention of Less Favourable Treatment) Regulations 2002)을 제정하여 비교대상 근로자와 동등한 급여, 복지 혜택, 연금제도, 훈련에 대한 접근을 보장하였다.

또한 2000년부터 정부는 일과 가정생활의 병행을 촉진하는 새로운 캠페인을 시작해 고용주들에게 보다 가족친화적인 정책을 고려할 것을 요구했고, 2002년에 출산휴가제도 변경과 남성의 육아휴직 제도 도입, 근로자들이 일과 가정생활을 병행하도록 지원하는 맞벌이 부부에 대한 세금감면이 이루어졌다.

2003년에 '유연근로(자격, 이의제기, 구제수단)규정(Flexible Working(Eligibility, Complaints and Remedies) Regulations 2002)'은 근로자가 고용주에게 각종 형태의 유연근무계약을 요청할 권리(청구권)를 부여하였다. 2006년에 일과 가족법(Work and Families Act) 제정으로 대다수 근로자들이 한 가지 이상의 방식으로 유연근로를 선택할 수 있게 되면서 유연근로가 비교적 빠르게 확대되는 추세를 보였다.

한편 2002년에 제정된 '고용법(Employment Act 2002)'에서 사업장내 징계해고 절차와 관련하여 '3단계 필수절차'를 도입했으나, 오히려 법원 해석상 혼란 등 부정적 영향을 미쳐서 2008년 11월 개정을 통해 폐지하였다.

2008년 금융위기 이후 영국은 저성장, 고실업, 불안한 노사관계 등을 한동안 경험했는데, 2010년 5월 총선이 있기 전 1월 20일에 파견근로자에 대한 동등대우 원칙을 명시한 파견근로자규정(The Agency Workers Regulations, 2010, No.93)이 제정되었다.[53]

---

52) 선거공약으로 내건 노동정책도 최저임금제 부활, 단체교섭 의무제 도입, 유럽연합의 사회헌장 비준 등 크게 세 가지 사항에 불과하였으며, 노사 양측의 자발적인 참여에 기초한 노사관계 개선에 노력하였다(이형준, 앞의 글, 21면).

53) 2004년 영국 노동당 정부는 2005년 국회의원 총선거를 앞두고, 노동조합의 지지를 얻기 위해 명시적으로 유

총선 직후 출범한 보수당과 자유민주당의 연립정부는 기업혁신기술부(Department of Business, Innovation and Skills : BIS) 주도로 노동관계 법령 전반에 대한 재검토 작업을 진행하였다(The Employment Law Review－2010 to 2015). 정부는 노동관계법령 재검토 작업의 목표가 "사용자와 근로자들을 위한 유연성을 극대화하고, 공정성을 보호하면서도 기업 활성화에 필요한 경쟁력 있는 환경을 조성하는 것"이라고 밝혔다[54].

2011년에는 국가 경제발전전략으로서 범정부 차원의 성장계획이 수립되면서 노동법제 전반의 재검토가 추진되었다. 근로자를 보호하는 가운데 취업활성화를 위해 정부 및 기업 운영에 부담이 되는 요소들을 최대한 제거하여 정부 지출을 줄이고 기업의 자유재량권을 보다 확대시키는 방향으로의 변화를 추진하였다.

2011년에 개정된 유연근로규정과 2014년 10월부터 시행된 '아동 및 가족법(Children and Families Act 2014)'를 통해 근로자의 유연근무청구권을 더 확대하는 방식의 유연근로 활성화를 추진하였다. 정부는 유연근무청구권이 기존 근로자들의 휴식권 확대를 통한 일 · 가정 양립에 기여하고, 공백을 메우기 위한 부분적 고용 활성화로 실업률을 낮추는 데 긍정적 영향을 미칠 것으로 보았다[55].

또한 2012년 '불공정해고 및 해고사유 서면(청구기간의 변경)에 관한 명령(The Unfair Dismissal and Statement of Reasons for Dismissal (Variation of Qualifying Period) Order 2012)'은 불공정해고의 청구자격을 엄격하게 강화하였고, 2013년 4월부터 시행된 '노동조합 및 노사관계(통합)법 (수정)명령(the Trade Union and Labour Relations(Consolidation) Act 1992 (Amendment) Order 2013)'은 경영상 해고시 최소 협의개시 기간을 단축하였다.

2015년 5월 총선에서 압승한 Cameron 총리는 재임동안 영국 경제를 부활시키겠다는 의지를 강하게 보이면서, 공무원 정원 감축, 복지 축소 등 '강한 영국 만들기'를 위해서 강력한 긴축정책과 복지 · 노동개혁[56]을 추진해 '제2의 영국병' 치유에 총력을 기울였다.

2016년 6월 23일 국민투표로 유럽연합 탈퇴(Brexit)가 결정되어 그동안 강력한 노동개혁을 다시 추진해온 Cameron 총리가 물러나면서 계획된 방향대로 노동법제의 개혁이 지속될 수 있

럽연합 파견지침안 통과를 지지하겠다는 내용을 포함한 소위 워릭협정(Warick Agreement)에 합의하였고, 2008년 11월 19일 파견근로 관련 유럽연합지침이 의결되자, 'The Agency Workers Regulations 2010'을 제정하였다(김기선 · 김근주, 「파견근로유럽연합지침과 유럽연합 주요 회원국의 파견법제 및 그 변화」, 경제사회발전노사정위원회 연구사업보고서, (사)노동법이론실무학회, 2011. 9, 53면).

54) 권병희, "영국 보수－자민 연립정부의 노동관계법 개정 동향", 「국제노동브리프」 Vol.9 No.12, 한국노동연구원, 2011. 12, 91면.

55) 김근주, "일－가정 양립을 위한 영국의 유연근무제", 「국제노동브리프」 Vol.11 No.3, 한국노동연구원, 2013. 3, 46면.

56) 노동계의 강력한 반대에도 불구하고 2016년 5월에 제정된 '노동조합법(Trade Union Act 2016)'은 파업 찬반투표 요건 강화, 파업 찬반투표 유효기간 지정, 노조의 정치활동기금 자동공제 금지와 운영 내역 공개 등 노동조합 활동의 투명성 제고, 노동조합의 파업에 대한 사용자의 대응력 강화 내용이 담겼다.

을지 주목된다. 그동안 노사 당사자간 선택과 시장에 맡겨졌던 노동시장 규율체계 내에 근로자 보호 측면에 중점을 둔 유럽연합의 고용관련 지침들을 반영하기 위해 제정되었던 '노동법'이라는 경성법이 자리를 확대하면서, 노동시장 유연성을 더 확대해 경제전반의 효율성을 제고하고자 한 정부 계획과의 충돌이 있기 때문이다. 7월에 취임한 May 총리가 정치적 기반을 다지기 위해 2017년 6월 총선과정에서 친노동공약을 제시해 향후 변화 여부를 지켜볼 필요가 있다.

Ⅳ. 나오며

우리나라가 직면하고 있는 경제·사회 문제들과 관련하여 현재의 노동시장 기능이 효율적으로 작동하지 않을 뿐 아니라 경제성장과 일자리 창출에 제대로 기여하지 못하고 있는 점에 대한 노사정의 인식과 공감대 형성은 2015년 9월 15일 노사정 합의문에서도 보듯이 외견상 확인할 수 있다.

하지만 이러한 공통된 인식의 토대가 노동시장 구조개선을 위한 구체적 정책 또는 노동법제 개선으로 어떻게 이어질 것인지에 대한 기대 내지 전망은 합의문이 채택된 이후 전개된 일련의 과정들을 반추해보면 안타깝게도 노사정간 합의 도출 과정에 비해 더 비관적이라는 우려를 낳고 있다.

더욱이 2016년 1월에 스위스 다보스에서 개최된 세계경제포럼(WEF)이 "4차 산업혁명"을 주제로 개막하면서 발표된 '일자리의 미래(The Future of Jobs)' 보고서를 계기로 확산되고 있는 미래 의 산업생태계 및 노동시장 변화를 둘러싼 선진국들에서의 논의들은 우리나라 보다 더 많은 준비와 분명하고 구체적 목표를 가지고 진행되고, 각종 전망들도 나오고 있어서, 우리나라에서 노동시장 구조개선을 위한 국가 전체 공동체 관점에서의 노동법제 개정이 이루질 것인지 여부에 대한 불확실성에 또 하나의 간단치 않고 피할 수 없는 무거운 과제를 안겨주고 있다.

국가 경제의 지속가능한 성장과 사회의 발전을 이루기 위한 핵심적 수단인 노동시장 구조개선에 가장 최적화된 노동법제 개정의 구체적 내용들에 대해서 노사정이 합의를 이끌어낼 각오와 준비가 충분히 되어 있다고 자평할 수 있는지에 대해서 각 주체들은 재차 심도 있는 자문과 성찰을 해보아야 한다.

특히 악화 일로에 있는 청년실업 등 일자리 창출을 위해서 현 세대들이 동반자적 관점에서 현실에 대한 책무성에 따라 부담을 나누는, 미래 세대를 위한 법제 개정이어야 함을 반드시 중심에 두어야 한다. 고용안정 및 근로조건 개선과 동시에 지속적 고용창출이 가능하려면 노동시장의 '진입-이동-퇴출'이라는 구조가 경제·산업 생태계 변화에 최적화되어 원활히 선순환되어야 한다는 점은 부인하기 쉽지 않다.

앞서 살펴보았듯이 일본·프랑스·독일·영국은 각각 역사적, 제도적, 정치적, 사회적 여건이 기본적으로 다르고, 국민들의 가치관 및 성숙도, 산업구조와 산업현장의 노사관계 수준, 고용·노동문제를 해결해온 프로세스 등 고용 및 노동을 바라보는 이해당사자들의 인식 차이, 노동법적 접근 관점과 그 운용에 분명한 차이가 있다. 그럼에도 '저성장·고실업·생산인구 감소'라는 문제와 함께 선진적 복지체계 유지의 한계를 극복하기 위한 정책적 대응과 각종 법제도적 변화를 추구하면서, 노동개혁의 핵심 방향으로서 노동시장의 유연화·효율화·개별화 요구와 흐름을 반영한 고용·노동규제의 지속적 완화 및 조정·보완을 추진한 공통점이 있다.

비록 충분하지 않은 단편적 고찰에 불과했지만 과거부터 누적된 현재의 문제해결뿐만 아니라 다가올 미래를 위한 준비를 동시에 해야만 하는 우리나라가 직면한 '노동시장 구조개선'이라는 난제를 풀기 위해서는 "'과거'라는 기준점에서의 인식·관행·틀로 더 이상 접근해서도, 접근되어서도 안 되며, 확보된 기득권에 안주하려는 근시안적 사고와 태도를 과감하게 버리고, 공동체 구성원 모두에게 더 많은 고용기회가 제공되는 노동시장 활성화를 위한 노동법제 개정을 해야 한다"는 점에 대한 최소한의 공감만이라도 우리 모두가 공유하게 되는 출발점이 되기를 소박하게 기대해본다.

하경효 교수 정년기념논문집 간행위원회

고세일, 권 혁, 김명숙, 김봉수, 김상중, 김상호, 방준식, 신국미, 이병준, 전윤구, 조승현

(가나다 順)

하경효 교수 정년기념논문집
계약과 책임

초판발행 2017년 9월 15일

지은이 하경효 교수 정년기념논문집 간행위원회
펴낸이 안종만

편 집 이승현
기획/마케팅 조성호
표지디자인 조아라
제 작 우인도·고철민

펴낸곳 (주) 박영사
서울특별시 종로구 새문안로3길 36, 1601
등록 1959. 3. 11. 제300-1959-1호(倫)
전 화 02)733-6771
f a x 02)736-4818
e-mail pys@pybook.co.kr
homepage www.pybook.co.kr
ISBN 979-11-303-3081-5 93360